# 사회정서발달 원서 3판

SOCIAL DEVELOPMENT 3rd ed.

Ross D. Parke · Glenn I. Roisman · Amanda J. Rose 공저
이승연 · 송경희 · 신희영 · 장희순 공역

학지사

Social Development, 3rd edition
by Ross D. Parke, Glenn I. Roisman and Amanda J. Rose

# 역자 서문

이 책은 Ross Parke, Glenn Roisman, Amanda Rose가 저술한 『Social Development』 제3판을 번역한 것이다. 인간의 발달은 크게 신체적 발달, 인지적 발달, 그리고 사회적 발달로 그 영역을 구분해 볼 수 있으며, 사회적 발달은 좀 더 구체적으로 인간의 사회적 행동과 정서 경험의 두 축으로 구분할 수 있다. 이러한 구분은 이 책이 원제목과 달리 '사회정서발달'로 명명된 이유이기도 하다. 사회정서발달은 부모-자녀 간 애착관계나 가족관계, 또래관계 등 관계적 측면뿐 아니라, 기질적 차이, 자기개념과 정체성 발달, 도덕성 발달, 공격성 등의 주제는 물론이고, 정서의 인식과 표현, 조절에 대한 이론적 설명과 연구 결과를 다룬다. 이러한 주제들은 사회적 동물로서의 인간을 특징짓는 매우 중요한 것임에도 학부생에게 이를 통합적이고 체계적으로 소개할 수 있는 국내 전공 서적은 매우 드물고, 있다고 하더라도 너무 오래전에 출판되어 최신의 연구 결과를 반영하고 있지 않다는 한계가 있었다. 이에 역자들은 학부생이나 대학원생 또는 영아기, 아동기, 청소년기의 사회정서발달에 관심 있는 누구라도 쉽게 읽고 이해할 수 있는 개론서를 번역하기로 의견을 모으게 되었다.

이 책을 선택한 이유 중 하나는 이 책이 사회정서발달에 대한 최신의 이론적 설명과 연구 결과를 소개하는 동시에, 이를 가장 효과적으로 전달하기 위한 많은 장치를 마련하고 있기 때문이다. 비록 영아기부터 청소년기까지의 사회정서발달을 다루고 있지만 전 생애 발달을 강조하는 현 흐름에 맞게 어렸을 때의 사회성 발달이 성인기에 어떻게 영향을 미치는지를 다룬다든지(성인기로의 확장), 일반적 발달궤도에서 벗어난 극단적인 사례들을 소개함으로써 사회성 발달에 대한 통찰을 불러일으키며(극단적 사례로부터의 통찰), 이론적 발견이 실생활에서 어떻게 응용되는지를 보여 주기도 하고(실생활 적용), 사회성 발달이 문화적 맥락에 따라 어떻게 달라지는지를 소개하기도 하는(문화적 맥락) 등 이 책은 매우 흥미로운 요소들로 구성되어 있다. 이 외에도 원저에는 각 장의 주제에 대한 저명한 연구자들을 소개한다든지, 각 장의 내용을 들여다볼 수 있는 영화들을 간략히 소개하는 등 다른 책에서는 잘 볼 수 없는 접근들도 포함되어 있지만, 책 내용의 방대함으로 인해 그 부분은 아쉽게도 번역에서 제외하였다. 마찬가지의 이유로 연구방법론에 대한 장과 사회정책에 대한 부분 역시 제외되었음을 밝히는 바이다. 아울러 참고문헌 목록은 지면상의 한계로 학지사 홈페이지에 탑재해 두었으니 참고하기 바란다.

이 책에서 제1, 2, 4, 8장은 이승연, 제5, 6장은 장희순, 제7, 11장은 신희영, 제9, 10장은 송경희가 번역하였으며 제3장은 장희순과 송경희가 공동 번역하였다. 역자들은 사회정서발달에 대한 개론서로서 이 책이 만들어진 원래의 소임을 다할 수 있도록 최대한 신중하게 번역을 마무리하였다. 혹시 있을지 모르는 번역의 오류나 어색한 문장표현에 대해서는 추후 보완해 나아갈 것을 약속드린다. 번역의 전 과정 동안 너무나도 당연했던 인간의 삶의 방식이 COVID-19 때문에 제한받는 것을 직접 경험하며, 인간이 누리는 사회적 관계의 소중함과 삶의 의미에 대해 다시 한번 생각해 볼 수 있는 기회가 되었다. 이 책이 인간의 사회적 행동과 정서 경험에 대해 좀 더 깊이 있는 발달심리학적 이해를 전달하고 모두의 행복한 삶에 기여할 수 있기를 바라며, 이 책이 출판되기까지 애써 주신 학지사 김진환 사장님과 편집부 박나리 선생님께 감사의 마음을 전한다.

2021년

역자 일동

# 저자 서문

『사회정서발달(Social Development)』 제3판의 목적은 학부생과 강사들에게 사회성 발달 분야의 이론적 통찰과 경험적 연구에 대해 포괄적이고 학술적이며 흥미로운 최신의 정보를 제공하기 위한 것이다. 이 책을 쓰고 업데이트하는 과정에서 우리는 이 분야의 기초 지식과 함께 흥분되는 최근 연구 결과들을 전달하기 위해 노력했다. 우리는 이 개정판에서 학부생들이 더 쉽게 사용하고 흥미를 유지할 수 있도록 사회성 발달에 대한 최신 연구 결과를 더 많이 인용하고, 이론에 기초한 결론을 전달하기 위해 아동의 생생한 예시를 사용하였다. 우리는 강사들이 사회성 발달 수업의 내용을 조직화하는 방식이 다양하다는 것을 알기에 순서에 상관없이 이 책의 각 장을 읽을 수 있고 서로 다른 교수 목표에 맞게 각 절을 활용할 수 있게 만들었다.

## 이론적 지향

전통적인 이론들을 다루기는 하지만, 우리는 체계(systems), 생태학적 접근, 사회적 현상의 다차원적이고 다요인적이며 역동적으로 서로 관련된 성질을 강조하는 현대적 사고에 기초하고 있다. 다수준적 설명에 대한 이러한 강조는 우리가 발달의 문화적, 맥락적, 생물학적 기반을 포함시키고 여러 수준 간의 상호작용을 다루는 이유이다.

## 문화적 다양성에 대한 강조

우리는 비교문화연구와 각 문화 속 민족적, 인종적 다양성에 초점을 맞춘 연구들로부터 얻어진 정보를 사회성 발달에 대한 논의에 포함시켰다. 각 장에서 우리는 본문과 예시 모두에서 이러한 문화적 다양성을 다룸으로써 특정 문화나 문화적 이슈에 대한 더 구체적인 설명을 제공하였다.

### 생물학적 기초에 대한 강조

사회성 발달의 생물학적 기초를 탐색해야만 한다는 인식이 증가함에 따라 우리는 한 장을 사회성 발달에 대한 생물학적 영향에 할애했을 뿐 아니라, 다른 장들에서 사회성 발달의 특정 측면을 다룰 때마다 생물학적 요소에 대한 논의를 포함시켰다. 우리는 분자 및 행동유전학, 후성학, 신경학적 검사[예: 기능적 자기공명 영상법(fMRI)], 사회성 발달의 호르몬 관련 요소에 대한 새로운 발견을 강조하였다.

### 연령 범위

이 책은 영아기, 아동기, 청소년기의 사회성 발달을 다룬다. 그러나 사회성 발달이 여기서 끝나는 것이 아니라는 것을 알기에 우리는 사회적 행동이 성인기에 어떻게 변화하는지, 성인의 사회적 행동이 아동기와 청소년기의 이전 사건들에 의해 어떻게 영향을 받는지, 또는 청소년이 성인기로의 전환을 어떻게 다루는지를 설명하기 위해 각 장에 '성인기로의 확장'이라는 특별한 내용을 추가하였다.

### 각 장의 요소

각 장은 우리가 그 장에서 다루는 사회적 행동을 보이는 다양한 연령의 가설적 아동의 예로 시작한다. 각 장의 끝에는 핵심 개념과 주요 생각들을 정리하는 요약 부분이 있다. 본문에서 강조된 핵심 용어들도 그 중요성을 상기시키기 위해 각 장의 끝에 정리되어 있다.

### 각 장의 특징

각 장은 사회성 발달의 흥미로운 이슈들을 다루기 위해 다음의 내용들을 포함한다. 이들은 각 장의 주요 주제를 강조하고 확장하기 위한 것으로, 일반 본문 자료와 함께 읽도록 의도된 것이다. 이 내용의 목적은 각 장의 전반적 목표를 달성하기 위해 중요한 주제들에 대해 학생들의 흥미와 이해도를 높이기 위한 것이다.

#### 연구 들여다보기

이 부분에서 우리는 사회성 발달 연구의 방법론적 복잡성을 더 잘 이해할 수 있도록 학생들에게 단일 연구 또는 일련의 연구들을 더 상세하게 설명한다. 예를 들어, 어떤 장에서는 고아원에서 자랐고, '사랑' 호르몬인 옥시토신 결핍과 상관이 있는 것으로 알려진 친밀한 관계 형성에 어려움을 보이는 아동들에 대한 연구를 다룬다. 다른 장에서는 아동 거짓말의 빈도와 본질에서의 발달적 변화에 대한 연구를 소개한다.

### 실생활 적용

이 부분은 폭력을 통제하는 새로운 방법, 아동의 사회성 기술을 향상시키기 위한 학교 프로그램, 사이버불링의 결과처럼 기초 과학이 실생활에 어떻게 적용되는지는 보여 주는 예들을 소개한다. 우리의 목표는 기초 연구가 실생활 문제를 이해하고 해결하는 데 어떻게 적용될 수 있는지 보여 주는 것이다.

### 문화적 맥락

이 부분은 문화가 어떻게 아동과 성인의 행동 및 신념을 만들어 가는지 보여 주기 위한 것이다. 이 부분은 아동의 기질, 애착관계, 자기개념에서 전 세계적으로 어떤 유사점과 차이점이 있는지를 보여 준다. 또한 체벌의 효과가 그 문화에서 처벌이 규준적인지 여부에 따라 어떻게 달라지는지, 그리고 집단주의와 개인주의 문화에서 양육에서의 차이점이 무엇인지를 설명하기도 한다.

### … 라고 생각하였는가?

이 부분의 목적은 직관적이지 않은 예들을 제공함으로써, 사회성 발달이 작용하는 방식에 대한 우리의 가정에 도전하기 위한 것이다. 예를 들어, 모든 영아의 미소는 동일하지 않으며, 유전자 단독으로는 사회적 잠재력을 결정하지 못하고, 아기들은 '마음을 읽을 수 있으며', 양육은 뇌를 소모시키는 것이 아니라 뇌를 촉진시키는 것이다.

### 성인기로의 확장

전생애 발달에 대한 강조가 증가하는 이 시대에 발달궤도가 18세나 21세에 끝나지 않음을 이해하는 것은 중요하다. 이 때문에 각 장에는 청소년기를 넘어서는 발달의 측면을 기술하는 부분이 포함되었다. 아동 초기에 공격적 행동을 시작한 아동들이 어떻게 성인기에 폭력 범죄의 위험이 증가하게 되는지를 기술하는 부분, 초기 애착 양상이 어떻게 이후의 연인관계 질의 전조가 되는지에 대한 논의, 성인들의 삶이 그들이 어렸을 때 수줍었는지 대범했는지에 따라 어떻게 달라지는지에 대한 개관이 그 예라고 할 수 있다.

### 극단적 사례로부터의 통찰

이 부분에서 우리는 사회성 발달에 대한 통찰로 이끄는 극단적인 사례들을 다룬다. 이러한 사례들은 기관에서 자란 아동, 13세가 될 때까지 사회적 접촉이 없었던 아동, 군인이 되도록 강요당한 아동, 자폐증을 지닌 아동, 트랜스젠더인 아동에 관한 것이다.

### 이 책의 독특성

본문의 몇몇 구성요소는 이 주제에 관한 다른 책들과 차별화된다. 첫째, 별도의 장이나 다른 장들의 하위 내용으로 사회성 발달의 생물학적 기초를 다룬 점이다. 논의는 코르티솔이나 테스토스테론 같은 호르몬의 역할을 강조한다. 뇌 활동을 조사하는 새로운 기술을 소개하고, 공감, 도덕적 의사결정, 미디어의 폭력에 대한 반응 같은 사회적 행동에 뇌 특유의 요인들이 있음을 시사하는, 거울 뉴런과 '사회적 뇌'에 관한 최근 연구들을 개관한다. 이 구성요소는 유전적 선천성의 발현을 통제하는 환경의 역할을 강조하는 행동 유전학의 새로운 연구를 포함한다. 둘째, 이 책은 전 세계의 여러 사회 간 그리고 우리 자신의 사회 속에 있는 문화적 다양성을 다룬다. 셋째, 이 책은 '…라고 생각하였는가?', '극단적 사례로부터의 통찰', 그리고 '성인기로의 확장' 같은 독특한 내용을 포함한다. 넷째, 이 책은 이 분야의 최근 진전이 내포한 흥분을 전달하고자, 최첨단의 연구에 대한 논의를 포함하고 있다. 이러한 논의를 쓰기 위해서 우리는 출간된 자료를 사용했을 뿐 아니라, 전문가의 출간 예정인 논문, 인터넷의 핫한 주제들을 포함하여 여러 출처에서 아직 출간되지 않은 정보들을 찾아냈다. 우리는 이 책이 사회성 발달에 대한 신선하고 독특한 관점을 학생들에게 제공할 것이라 믿는다.

### 3판의 하이라이트

내용 및 스타일의 변화를 포함한 몇몇 새로운 부분이 이 새로운 개정판에 통합되었다.

### 사회정서발달을 보다 독자 친화적으로 만들기

첫 번째 새로운 부분은 실존이거나 가설적인 아동, 부모로부터의 인용문을 책 전반에 걸쳐 추가한 점이다. 이는 핵심 연구 결과들이 어떻게 아동 및 가족에게 관련이 있는지를 보여 주기 위한 것이다. 우리는 이러한 변화가 이 책을 살아 있게 하고 학생들의 이해를 도울 것으로 기대한다.

### 새로운 연구 결과와 통찰로 사회정서발달을 업데이트하기

우리는 이 책이 이론과 연구에서 가장 최신의 발달을 보여 주도록 개정하였다. 이 목표를 위해, 우리는 신중하게 최신의 출판물을 검토하였고 사회성 발달 분야의 개관에 900개 이상의 새로운 연구를 추가하였다.

### 아동 연령을 강조하기

이 개정판에서 우리는 연구 참여자들의 연령에 대한 기술을 포함하여, 학생들이 아동의 발달적 역량에서의 변화를 더 잘 이해할 수 있게 하였다.

### 새로운 주제들

개정판에 포함된 새로운 주제들은 다음과 같다.

- 유전적, 신경학적, 호르몬적 요소와 같은, 사회성 발달의 생물학적 기초에 대한 새로운 소개(제2장 생물학적 기초)
- 차별민감성에 대한 새로운 절처럼, 발달을 만들어 가는 데 있어 유전자와 환경 간 상호작용에 대한 더 많은 강조(제2장 생물학적 기초와 다른 장들)
- 아동에 대한 상실과 애도의 효과를 다룬 새로운 절(제3장 애착)
- 사회적 세상을 이해하는 영아의 조숙성에 대한 새로운 증거(제5장 자신과 타인, 제10장 도덕성)
- 전 세계의 다른 사회 아동에 대한 더 많은 소개(제6장 가족)

### 개별 장의 구체적인 새로운 내용들

이 개정판의 업데이트된 주제들은 다음과 같다.

### 제1장-서론: 사회성 발달의 이론들

- 제1장에 개관된 이론과 이후 장들에서 다루어지는 주제들 간의 추가적 연결(학생들이 연구와 이론의 관련성을 이해할 수 있도록 추가됨)
- 기초 연구와 응용 연구의 상호적으로 유익한 성질에 집중
- Vygotsky의 근접발달영역 개념이 양육의 질 연구에 어떻게 영향을 미치는지에 대한 추가적 강조
- 잠재적인 유전적 혼입으로 인해 특히 사회화 연구 결과, 그리고 일반적으로 사회성 발달에 대한 비실험적 연구 결과를 해석하는 것과 관련된 주요 도전 소개

### 제2장-생물학적 기초: 뉴런과 유전자

- 신생아들이 얼굴에 반응하기 위해 생물학적으로 어떻게 준비되어 있는가에 대한 추가적 세부사항
- 행동-유전적 접근의 논리에 대한 추가적 세부사항
- 유전적 표현이 환경적 요소에 의해 조절될 수 있다는 후성학(epigenetics)을 포함하여, 유전적 영향에 대한 업데이트된 이해
- 유전자-환경 상호작용 모델 두 가지, 즉 이중 위험 모델(dual-risk model)과 차별민감성 모델(differential susceptibility model) 간의 차이에 대한 추가적 세부사항
- 유전자-환경 상호작용의 새로운 연구들로 유전적 전달 모델에 대해 추가 설명
- 미국의 자폐증 비율에 대한 최신 통계치

### 제3장-애착: 친밀한 관계 형성

- 고전적 애착 유형을 기반으로 하는 애착 차원(attachment dimensions)의 측정법에 대한 추가적 세부사항
- 다른 유형의 애착을 지닌 성인들에서 뇌의 차이에 대한 새로운 증거
- 양육과 애착의 질 사이의 연결에 대한 업데이트
- 세대에 걸친 애착 안정성 전달에 대한 업데이트된 메타분석 결과
- 부모의 수감과 애착의 시사점에 대한 새로운 정보
- 불안정애착과 기질 간 연결에 대한 최근의 메타분석, 그리고 애착의 질에서의 개인

차에 대한 잠재적 유전적 기여에 초점을 맞춘 연구들에 대한 논의
- 생후 2년간 애착의 안정성에 대한 업데이트
- 부모의 죽음이 아동에게 미치는 영향과 관련된 개입전략에 대한 새로운 하위 섹션
- 불안정 및 비조직화된 애착과 이후의 사회적 역량, 외현화 행동, 내재화 문제들 간의 연결에 대한 최근 메타분석 요약

제4장-정서: 감정에 대한 생각
- 시간에 걸쳐 정서적 강도를 추적하는 새로운 컴퓨터 자동 기술
- Duchenne 미소와 Duchenne 고통 표현 모두에 대한 업데이트
- 수치심과 자부심에 대한 새로운 비교문화 연구
- 아동이 진짜 고통과 가짜 고통을 구별하는 것에 대한 새로운 연구 결과
- 표현 규칙 사용의 문화 차에 대한 최근 연구
- 성인기의 정서조절에 대한 업데이트
- 아동 · 청소년의 우울 및 자살에 대한 최근 통계치

제5장-자신과 타인: 나를 알게 되고, 타인도 알게 되는 것
- 여아와 남아 모두에서 신체적 외양과 자기개념 간 연결에 대한 업데이트
- 인기도와 자아존중감의 연결에 대한 새로운 연구
- 시간에 걸친 성장 마인드셋(growth mind sets) 발달에 대한 새로운 연구
- 정체성 형성 기저의 과정에 대한 새로운 연구
- 자기 인종 선호의 초기 발달에 대한 새로운 연구
- 이중 인종 및 이중 문화 정체성(biracial and bicultural identity)에 대한 업데이트
- 청소년의 성적 지향성(sexual orientation)에 대한 업데이트된 수치
- 조망수용을 향상시키기 위한 프로그램 효과성에 초점을 맞춘 새로운 메타분석
- 언어와 의사소통의 사회적 측면에 초점을 맞춘, 개정된 언어 섹션

제6장-가족: 초기 및 지속적 영향
- 부모가 되는 것으로 이행하는 것에 대한 새로운 연구

- 부모 거부의 효과에 대한 국가 비교 연구
- 신체적 처벌과 아동의 결과 간 연결에 대한 새로운 메타분석
- 어머니가 되는 것과 학습 간 관계에 대한 새로운 연구
- 아동과 젊은 성인 모두에서 형제자매 간 상호작용의 효과에 대한 업데이트
- 가족의 일과가 아동에게 갖는 효과에 대한 새로운 연구
- 신체적 처벌을 금지하려는 국제적 노력에 대한 업데이트
- 어머니의 취업, 입양, 동성 부모 가족에 대한 새로운 연구 결과
- 아동에 대한 늦은 양육 시작의 효과

第7장–또래: 그들만의 세상

- 영아기처럼 이른 시기의 공격적 행동에 대한 증거
- 상상놀이의 비교문화 차이에 대한 새로운 관점
- 친구들 간 행동과 정서의 '전염' 효과에 대한 새로운 연구
- 또래 사이에서 '인기가 있을 수 있는' 다른 방법들에 대한 업데이트된 설명
- 또래에게 접근하는 경향성 기저의 신경체계에 대한 새로운 논의
- 상호 혐오로 특징지을 수 있는 또래관계, 즉 '반감'이라는 개념 소개
- 친밀한 우정을 맺게 되는 과정에서 문화적/성별 차이에 대한 업데이트된 관점
- 동성 연인관계의 유병률과 관련 요인에 대한 최신 정보

第8장–학교, 멘토 그리고 미디어: 사회와의 연결

- 학생들이 학교 전이에서 가장 힘들어하는 것에 대한 새로운 연구
- 학교에서 타민족 간 우정에 대한 새로운 연구
- 단일 성 교육(single–sex education)의 단점과 이득에 대한 확대된 논의
- '거꾸로' 교실(flipped classroom) 등 협력학습에 대한 확대된 논의
- 위기 학생의 학교 정학이나 퇴학의 위험에 대한 새로운 논의
- 인종적/민족적으로 통합된 학교의 긍정적 효과에 대한 새로운 논의
- 스마트폰, 소셜 미디어, 다른 사람의 소셜 미디어 사이트를 '훔쳐보는 것(lurking)'의 위험 등 아동 · 청소년의 미디어 사용에 대한 최신 연구

- 사이버불링에 대한 확장된 정보

제9장–성과 젠더: 차이는 있는가

- 성 유형화된 성격 특성(예: 여성의 표현성)에 대한 역사적 전환에 대한 새로운 논의
- 트랜스젠더 청소년에 대한 새로운 연구와 논의
- 남아는 평균적으로 여아보다 더 공격적이라는 것과 같은 평균 수준 성차와 그는 남아이고 따라서 그는 공격적이어야만 한다는 식의 고정관념 간 차이에 대한 새로운 논의
- 여아의 스포츠 참여에 대한 업데이트된 정보
- 태내기 호르몬 이상이 여아가 놀이친구로 남아를 선택하고 남성적인 장난감을 선호할 가능성에 미치는 영향에 대한 업데이트된 정보

제10장–도덕성: 옳은 일을 아는 것, 선한 일을 행하는 것

- 양육의 권리(돌봄/보호)와 자기결정권에 대한 아동 · 청소년의 이해를 다룬 새로운 연구
- 도덕적 추론의 신경학적 관련 요인에 대한 업데이트
- 사회–관습적 규칙과 도덕 규칙을 구분하는 아동의 능력에 대한 새로운 비교문화적 증거
- 성 소수자 청소년에 대한 청소년의 추론에 대한 최근 연구
- 사회 간 소득 불균형에 대한 청소년의 이해
- 부모가 아동의 도덕적 판단에 미치는 긍정적, 부정적 영향에 대한 새로운 연구
- 자기–조절과 친사회적 행동의 신경학적 관련 요인에 대한 최신 연구
- 도덕적 정서(수치심, 죄책감)가 청소년의 적응에 미치는 효과에 대한 진전된 이해
- 영아와 학령전기 아동의 친사회적/친사회적이 아닌 타인 행동에 대한 이해를 다룬 최신 연구
- 민족성, 문화적응(acculturation), 친사회적 행동에 대한 새로운 연구

제11장-공격성: 언어적 모욕과 신체적 상해

- 십대 데이트 폭력에 대한 새로운 정보
- 유전이 공격성에 최대의 효과를 가지게 되는 맥락(예: 더 위험한 이웃 대 더 안전한 이웃)에 대한 새로운 증거
- '차별민감성 가설(differential susceptibility hypothesis)'의 새로운 모습
- 학생들이 집단주의 문화보다는 개인주의 문화의 학교에서 더 공격적임을 시사하는 연구 결과처럼, 문화의 역할에 대한 확장된 논의
- 불링(bullying) 프로그램 효과성에서의 문화 차와 문화적으로 민감한 개입의 필요성에 대한 새로운 논의

# 차례

▶ 역자 서문 3
▶ 저자 서문 5

## 제1장 서론: 사회성 발달의 이론들 21

- 사회성 발달: 간략한 역사 ........... 23
- 사회성 발달에 대한 핵심 질문 ........... 23
- 사회성 발달에 대한 이론적 관점 ........... 38
- 요약 ........... 68
- 핵심 용어 ........... 73

## 제2장 생물학적 기초: 뉴런과 유전자 75

- 사회적 상호작용을 위한 생물학적 준비 ........... 76
- 사회성 발달의 신경학적 기초 ........... 83
- 유전학과 사회성 발달 ........... 94
- 기질: 원인과 결과 .......... 113
- 요약 ........... 123
- 핵심 용어 ........... 125

## 제 3 장 애착: 친밀한 관계 형성 127


- 애착이론 ........... 128
- 애착의 발달 ........... 134
- 초기 애착의 본질과 특성 ........... 138
- 애착 안정성과 결과 ........... 158
- 요약 ........... 168
- 핵심 용어 ........... 171


## 제 4 장 정서: 감정에 대한 생각 173


- 정서란 무엇인가 ........... 174
- 정서는 왜 중요한가 ........... 174
- 정서발달의 관점 ........... 175
- 정서의 발달 ........... 177
- 정서 이해의 발달 ........... 197
- 정서 조절 ........... 204
- 정서 사회화 ........... 208
- 정서발달이 잘못될 때 ........... 216
- 요약 ........... 222
- 핵심 용어 ........... 224

## 제5장 자신과 타인: 나를 알게 되고, 타인도 알게 되는 것 225


- 자기개념 ·········· 226
- 자기인식 ··········232
- 정체성 형성 ·········· 239
- 타인에 대한 지식의 발달 ··········254
- 나와 너 사이의 의사소통: 언어의 역할 ·········· 270
- 요약 ·········· 276
- 핵심 용어 ·········· 278


## 제6장 가족: 초기 및 지속적 영향 279


- 가족체계 ·········· 280
- 가족의 차이: 사회계층과 문화 ·········· 312
- 변화하는 미국 가족 ·········· 317
- 요약 ·········· 338
- 핵심 용어 ·········· 341

## 제7장 또래: 그들만의 세상 343


- 용어의 정의와 용어 간의 구분 ········· 344
- 또래 상호작용의 발달적 패턴 ········· 344
- 또래를 통한 사회화 ········· 354
- 또래 지위 ········· 358
- 또래 선호에 영향을 미치는 요인 ········· 374
- 또래가 친구가 될 때 ········· 384
- 또래 그룹 내의 상호작용 ········· 395
- 요약 ·········· 400
- 핵심 용어 ·········· 403


## 제8장 학교, 멘토 그리고 미디어: 사회와의 연결 405


- 사회성 발달에서 학교의 역할 ········· 406
- 사회성 발달을 돕는 멘토 ········· 428
- 전자 미디어와 아동의 사회생활 ·········· 431
- 스마트폰과 소셜 미디어 ········· 447
- 요약 ·········· 456
- 핵심 용어 ·········· 459

## 제9장 성과 젠더: 차이는 있는가 461


- 들어가기: 성과 젠더의 정의 ......... 462
- 성장, 능력, 활동 그리고 흥미에서 젠더의 차이 ......... 462
- 젠더 유형 ......... 471
- 젠더 차이의 생물학적 요인 ......... 474
- 젠더 유형화에서 인지적 요인 ......... 483
- 젠더 유형화에 대한 사회적 영향 ......... 487
- 양성성 ......... 510
- 요약 ......... 512
- 핵심 용어 ......... 515


## 제10장 도덕성: 옳은 일을 아는 것, 선한 일을 행하는 것 517


- 도덕 판단 ......... 518
- 도덕 행동 ......... 542
- 도덕 정서 ......... 549
- 전인적 도덕적 아동 ......... 554
- 친사회적, 이타적 행동 ......... 556
- 요약 ......... 569
- 핵심 용어 ......... 572

## 제 11 장 공격성: 언어적 모욕과 신체적 상해 573


- 공격성의 형태 ········· 574
- 공격성의 패턴 ········· 576
- 공격성의 원인 ········· 585
- 또래 공격의 가해자와 피해자 ········· 606
- 공격성의 억제 ········· 614
- 요약 ········· 621
- 핵심 용어 ········· 623

▶ 찾아보기 625


※ 참고문헌은 학지사 홈페이지(www.hakjisa.co.kr) 내 자료실에서 내려받으실 수 있습니다.

제 **1** 장

# 서론

## 사회성 발달의 이론들

4개월 된 애비는 엄마의 눈을 쳐다보고 있다. 그녀의 엄마는 시선을 돌려 애비를 쳐다보고 미소 짓는다. 애비는 엄마에게 미소 짓고 옹알이를 한다. 이러한 단순한 사회적 상호작용은 사회성 발달의 시작을 나타낸다.

Alan Tobey/istockphoto

4세 제이슨은 또래들을 괴롭히는 아동이다. 그는 같은 반 친구들을 공포에 떨게 하고, 장난감을 뺏거나, 때리고, 나쁜 말로 괴롭힌다. 그의 또래 에이든은 조용하고, 협동적이며, 순응적이다. 그는 자신의 장난감을 공유하고, 다툼을 평화롭게 해결한다. 또래들이 제이슨보다 에이든을 더 좋아하는 것은 놀랍지 않다. 이러한 패턴은 아동 초기 동안 사회적 행동에서의 개인차를 반영한다.

12세 엠마는 절친인 메그와 시간을 보내는 것을 좋아한다. 그들은 함께 학교에 가고, 쉬는 시간에 만나며, 점심을 먹을 때 나란히 같이 앉고, 같은 팀으로 축구를 하며, 숙제를 상의하고 늦은 밤에도 문자를 주고받는다. 그들의 친밀한 관계는 최고의 우정을 보여 주는 아동 중기의 전형적인 예이다. 이러한 세 개의 가설적 예시들은 아동기의 사회성 발달 현상을 보여 준다. 이번 장에서 우리는 이러한 현상들을 설명하는 이론들과 사회성 발달 연구에 핵심적인 질문들을 논의한다.

사회성 발달(social development) 연구는 무엇일까? 그것은 여러 가지이다. 사회성 발달 연구는 아동들의 사회적 행동에 대한 기술이며, 아동이 나이 들어 가면서 그것이 어떻게 변화하는가에 대한 연구이다. 그것은 자신과 다른 사람들에 대한 아동의 생각, 또래 및 어른들과의 관계, 그들의 정서적 표현과 표시, 그리고 사회적 집단 내에서 기능하는 그들의 능력에 대한 기술이다. 그것은 시간의 경과와 함께 아동의 사회적 행동, 관계, 그리고 생각이 연속성, 불연속성을 가지는지에 대해 추적한다. 그것은 또한 사회적 행동의 변화와 아동 간의 개인차를 이끄는 과정에 대한 설명이다. 그것은 인지, 지각, 언어 그리고 운동발달과 같은 다른 발달적 측면들이 어떻게 아동의 사회적 행동에 기초가 되는지

## 신생아가 냄새로 엄마를 식별할 수 있다는 것을 알고 있었는가

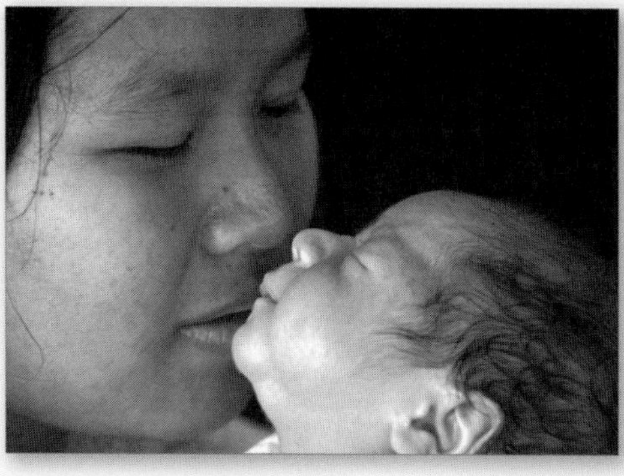
oneclearvision/istockphoto

이 책의 각 장들은 당신을 놀라게 할 사회적 행동 혹은 사회성 발달에 대한 중요한 설명을 포함하고 있다. 당신은 다음 사실을 알고 있었는가?

- 신생아는 냄새로 자신의 엄마를 식별할 수 있다.
- 겨우 두 살 된 영아도 질투심을 느낀다.
- 8세 아동의 공격적 행동은 30세 때의 범죄 행동을 예측할 수 있다.
- 고아원의 영아는 '사랑' 호르몬인 옥시토신의 수준이 더 낮다.
- 아동학대는 아동의 뇌 기능 변화를 초래할 수 있다.
- 친밀한 친구를 갖는 것은 학급 또래들로부터 거부당하는 것을 만회시켜 준다.
- 아버지 없이 자란 여자 청소년은 아버지와 함께 자란 사람들보다 십대 어머니가 될 확률이 훨씬 더 높다.

당신은 이 책을 읽음으로써 사회성 발달에 대한 여러 가지 흥미로운 사실들을 배우게 될 것이다.

에 대한 검토를 포함한다.

사회성 발달 영역의 연구자들은 아동의 사회적 행동과 생각에 대한 부모와 또래, 학교와 미디어, 그리고 문화와 생물학의 영향을 조사한다. 일부 학자들에게는 사회성 발달의 미스터리를 푸는 것이 그 자체로 목표가 되기도 한다. 그러한 연구들은 왜 일부 아동들이 비행 청소년이 되는지, 왜 다른 청소년들은 모범적 십대가 되는지에 대한 연구자들의 호기심을 충족시킨다. 이러한 연구는 사회적 상호작용을 지배하는 원리와 법칙에 대한 통찰을 제공한다.

다른 연구자들은 더 실용적인 관심을 갖고 있다. 그들은 사람들이 아동의 삶에 대해 더 나은 결정을 내릴 수 있도록 사회성 발달에 대한 정보를 수집한다. 그들은 부모들이 아동 양육전략을 향상시킬 수 있도록 정보를 제공한다. 그들은 교사들에게 아동의 사회적 욕구를 충족시키기 위해 교실을 재조직하는 방법에 대한 정보를 제공한다. 그들은 보육규정, 학교정책 그리고 가족복지에 대한 정책결정자들의 결정을 안내하기 위해 정보를 제공한다. 그들은 건강 전문가들이 비전형적인 발달의 신호를 보이고 있는 아동을 발견하여 치료할 수 있도록 정보를 제공한다. 이러한 모든 것이 사회성 발달의 연구 안에서 합당한 목표들이다.

## 사회성 발달: 간략한 역사

아동발달에 대한 연구는 상대적으로 최근에 시작되었다. 중세시대에 사람들은 아동을 작은 어른으로 생각했으며, 아동기를 특별한 관심이 필요한, 별개의 시기로 인식하지 못했다(Aries, 1962). 아동들은 오늘날과 같은 방식으로 존중받지 않았거나 주의 깊게 다루어지지 않았다. 많은 아동은 영아기와 아동 초기에 죽었고, 만약 생존을 했다면 그들은 광산이나 밭에서 노동을 강요당했다. 아동의 건강과 복지를 보호하는 아동노동법은 1800년대까지 소개되지 못했다. 사람들이 아동의 가치와 취약성을 인식하기 시작하면서, 과학적 연구를 통해 아동의 발달을 이해할 필요성도 마찬가지로 명확해졌다.

아동발달에 대한 과학적 연구는 진화생물학자인 Charles Darwin의 선구적인 업적으로부터 시작되었다. Darwin(1872)은 자신과 다른 사람들의 자녀를 대상으로 한 정서발달 연구를 통해, 사회성 발달의 핵심 요소인 정서에 대한 현대적 연구의 길을 닦았다. Darwin 이후에 심리학자인 G. Stanley Hall(1904)은 아동의 활동, 감정 그리고 태도를 상세히 기록하기 위해 질문지를 사용했다. 몇 년 후에 John B. Watson(1913)은 조건화(conditioning)와 학습(learning)이 사회·정서적 행동의 획득과 수정을 위한 과정이라 주장했다. 조건화를 통해 영아가 공포 반응을 획득하는 방법에 대한 그의 초기 연구는 정서적 반응이 학습 가능하며, 사회적 행동이 과학적으로 연구될 수 있음을 보여 주었다. 같은 시기에 Sigmund Freud(1905, 1910)는 더 생물학적인 견해를 보였는데, 사회성 발달은 영아의 빨기 추동(drives) 같은, 아동의 기본적 욕구를 성인이 어떻게 다루는지에 따른 결과라고 주장하였다. 미국 심리학자이자 소아과 의사인 Arnold Gesell(1928)은 사회성 발달에 대해 다른 견해를 제시했다. 그는 운동 기술처럼 사회적 기술도 영아기와 아동기 과정에 걸쳐 단순히 드러나는 것이라 주장하였다. 이처럼 이 분야는 사회성 발달에 대한 경쟁적인 견해들로 시작하였다(Parke & Clarke-Stewart, 2012). 이 장에서 우리는 사회성 발달에 대한 전통적 및 현대적 이론 모두를 탐색하고자 한다(사회성 발달 연구의 최근 역사를 알고자 한다면, Collins, 2011을 보라).

## 사회성 발달에 대한 핵심 질문

과학자들은 아동의 사회성 발달을 연구하면서 많은 핵심적 질문에 직면하고 이를 논의해 왔다. 이 절에서 우리가 논의할 이러한 질문들은 발달 연구의 틀을 구성해 왔고 사회성 발달의 다양한 이론을 만들어 냈다.

## 어떻게 생물학적 요소와 환경적 요소가 사회성 발달에 영향을 주는가

발달심리학의 초기 역사에서, 학자들은 '천성-양육(nature-nurture)' 이슈로 알려진 것에 대해 서로 반대되는 입장을 취해 왔다. 몇몇 학자들은 천성의 역할, 즉 유전과 성숙을 강조했고 다른 학자들은 양육의 역할, 즉 학습과 경험을 강조해 왔다. 전자는 생물학은 운명이며, 발달의 과정은 **자연적 성숙(natural maturation)**, 또는 점점 더 복잡해지는 사회적 기술과 능력의 전개를 안내하는 유전적 요소에 의해 대부분 이미 결정된 것이라고 주장하였다. Gesell은 이러한 견해의 초기 옹호자였다. 이와 같은 견해를 반대하면서, Watson(1928)과 같은 학자들은 환경의 영향을 매우 강조했다. 그들은 유전적 요소는 환경적 사건이 아동의 발달과정을 조형하는 방식에 거의 제약을 가하지 않는다고 가정하였고, 환경을 적절하게 조직화함으로써 어떤 영아이든 운동선수, 건축가, 또는 변호사가 되도록 훈련할 수 있다고 주장하였다.

오늘날에는 어느 누구도 이렇게 극단적인 견해를 취하지 않는다. 비록 각각의 상대적 중요성에 대한 견해는 불일치할지라도, 현대의 학자들은 생물학과 환경적 요소 모두가 사회성 발달에 영향을 미친다는 것을 이해하고 있다. 지금은 생물학적 요소와 환경적 요소가 어떻게 상호작용하여 아동의 사회적 능력에 변화와 개인차를 가져오는지를 탐색하는 것이 과제이다. 최근에 연구자들은 다양한 방법으로 이러한 요소들을 연구해 오고 있다. 예를 들어, 어떤 연구자들은 아동의 공격성이 그들의 테스토스테론 수준(생물학)과 공격적 상호작용에 대한 그들의 노출(환경) 모두의 함수라는 것을 보여 주었다(Moffitt et al., 2006). 또 다른 연구자는 아동의 또래와의 사회성이 초기 기질적 특성(생물학)과 가족에서의 초기 경험(환경) 모두에 기인하는 것으로 보았다(Rothbart, 2011). 그러나 다른 저명한 발달 과학자인 Jay Belsky는 까다로운 기질과 일련의 분자유전학적 지표 등 어떤 생물학적으로 기반된 요소들이 일부 아동을 긍정적, 부정적 양육 경험 모두에 더 반응적이고 더 많이 영향받게 만든다는 '차별민감성(differential susceptibility)' 가설을 발전시켰다(더 알고자 한다면 제2장 '생물학적 기초'를 보라)(Belsky & Pluess, 2009). 오늘날 질문은 생물학 또는 환경적 요소, 어떤 것이 발달을 결정하는지가 아니라, 오히려 어떻게 유전된 특정 생물학적 특징이 일련의 환경적 맥락에 의해 조형되고 수정되며 안내되는지이다.

## 아동은 그들 자신의 발달에 어떤 역할을 하는가

사회성 발달에 대한 두 번째 핵심 질문은 아동이 그들 자신의 발달에 기여하는 정도에 대한 것이다. 초기 학자들은 아동을 외부의 영향에 의해 조형되는 단순히 수동적인 유기체로 간주하는 경향이 있었다. 오늘날, 대부분의 학자는 이러한 단순한 견해로부터 멀어져 왔다. 몇몇은 아동들이 그들의 부모가 아동을 기르는 방식 때문에 주장이 강하거나 수줍게 된다든지, 또래 압력 때문에 청소년들이 비행 청소년이 된다고 여전히 주장하기도 한다. 그러나 일반적으로, 현재 발달 과학자들은 아동이 어느 정도 그들의 발달과정을 조형하고, 통제하며, 안내할 수 있는 능동적인 존재라고 믿는다(Kuczynski & Parkin, 2007; Kuczynski et al., 2015). 그들의 주장에 따르면, 아동은 그들을 둘러싼 환경을 이해하고 탐색하려고 의도적으로 노력하는 호기심 많은 정보 추구자이다. 그들은 능동적으로 특정한 정보와 상호작용을 추구한다. 게다가 그들은 자신이 만나는 사람들의 행동을 능동적으로 수정한다. 발달과정에서 아동은 이러한 다른 사람들과의 상호적 교환, 즉 '**교류적**(transactional)'으로 가장 잘 기술되는 교환에 참여한다(Sameroff, 2009, 2010). 예를 들어, 아동은 부모에게 사회적 문제를 해결하는 것을 도와달라고 요청하고, 부모는 조언을 제공하며, 결과적으로 아동의 부모 및 또래들과의 상호작용은 수정된다. 발달과정에서 아동의 사회적 행동은 이처럼 상호 영향을 주고받는 과정을 통해 항시 변화를 겪게 된다.

## 사회성 발달연구를 위한 적절한 단위는 무엇일까

사회성 발달에 대한 심리학자의 연구는 전형적인 분석의 단위로 개별 아동에게 초점을 맞추었다. 그러나 최근 수십 년간 심리학자들은 다른 분석 단위들에도 주의를 기울일 필요가 있음을 점차 인식해 왔다. 아동은 다른 사람들과 상호작용하는 존재라는 인식의 파생물로서, **사회적 쌍**(social dyad)으로 초점이 이동되었다. 연구자들은 이제 아동 간 혹은 아동과 그들 부모 간의 사회적 상호작용과 교환의 본질을 연구하며, 이러한 개인들 간의 사회적 관계를 탐구한다(Collins & Madsen, 2006). 어머니–아버지–아동 또는 세 명의 친구들 같은 사회적 3인조를 포함한 더 큰 단위에도 주목하게 되었다(Collins, 2011). 게다가 연구자들은 가족 외에 아동이 만들거나 참여하는 사회적 집단도 연구한다. 이러한 집단들은 그들만의 규칙이 있으며, 아동의 사회성 발달을 위한 의미 있는 맥락을 제

## 극단적 사례로부터의 통찰: 지니, '사나운 아이'

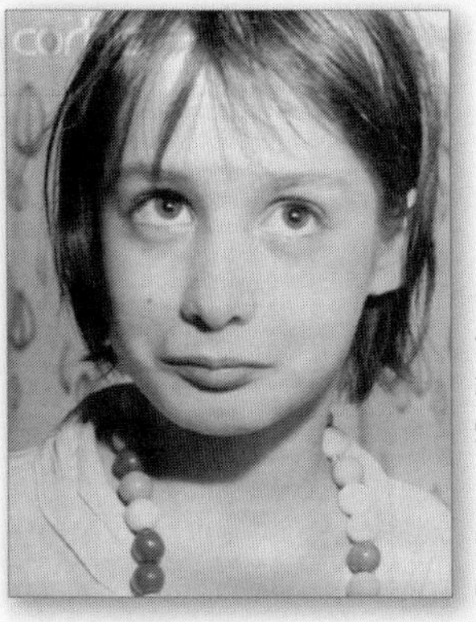
Bettmann/Getty Images

1970년 11월, 영아기 이래 침실에 갇힌 채 고립되어 살아온 13세 여아의 발견만큼 대중의 많은 관심과 전문적 조사를 일으킨 극단적 사례는 거의 없다(Rymer, 1994). '지니'라고 알려진 소녀가 살았던 집은 완전히 어두웠는데, 모든 블라인드는 내려져 있었고 장난감이라곤 하나도 없었다. 집의 뒤쪽에 있었던 그녀의 침실은 철로 된 우리와 변기의자만 있었다. 지니는 낮 동안에는 변기의자에 묶여 있었고, 밤에는 철로 만든 우리 안에 놓인 침대에 묶여 있었다. 가족들 중 누구도 그녀에게 말을 걸지 않았고, 그녀의 음식은 말없이 빠르게 제공되었을 뿐이었다. 만약 그녀의 아버지가 그녀가 말하는 소리를 듣게 될 경우, 그는 그녀가 조용히 하도록 때리거나 개처럼 짖고 으르렁거렸다. 지니의 아버지에 의해 마찬가지로 학대를 당했고 거의 눈이 보이지 않던 그녀의 어머니가 지니를 데리고 남편으로부터 도망쳤을 때 지니는 기관에 의해 발견되었다.

이 사례는 인간적인 비극일 뿐 아니라 아동발달에 대한 극단적 환경의 영향을 평가하는 기회이기도 하였다. 그녀가 구조되었을 때, 지니는 똑바로 서 있지 못했다. 그녀는 손을 앞발처럼 세우고, '토끼 걸음'으로 걸었다. 그녀는 대소변을 가리지 못했고, 사회화되지 않았으며, 영양실조였고, 정상적으로 음식을 씹을 수가 없었다. 그녀는 무서울 정도로 조용했다. 그녀는 "멈춰"와 "그만해"와 같은 몇 개의 단어와 짧은 문장만을 말했다. 치료와 훈련을 통해, 지니는 최종적으로 단어 몇 개를 학습했다. 그녀는 웃는 것도 배웠다. 그녀의 태도가 달라졌고, 친숙한 어른들에게 친근하게 대했다. 그녀는 클래식 피아노 음악에 매료되었고, 연구자들은 그녀가 고립된 침실에서 이웃집 아이가 피아노를 연습하는 것을 들었을 것으로 추측했다. 지니는 또한 수화를 통해 자신을 표현하는 것을 배웠고, 비언어적인 의사소통 기술을 현저하게 향상시켰다. 종종 그녀와 그녀의 양육자들은 요청하지 않았음에도 지니에게 자발적으로 선물이나 물품을 주었던 낯선 사람들을 만나기도 하였다. 위탁 부모와 함께 사는 경험과 치료에도 불구하고, 지니는 결코 문법을 통달할 수 없었고, 분노 폭발을 통제하지 못했다. 그녀는 결코 독립적으로 기능할 수 없었고, 60대 초반인 현재에도 장애가 있는 성인들을 위한 보호소에서 살고 있는데, 거의 말하지 않지만 수화를 통해서는 의사소통을 잘하고 있는 편이다.

이러한 극단적 사례는 삶의 초기에 결정적 혹은 민감한 시기가 있으며, 이 시기 동안 아동이 환경에서 받는 감각적 및 사회적 자극이 결여된다면, 복구할 수 없을 정도로 발달이 손상됨을 보여 주었다. 이 사례는 뇌의 기능과 의사소통 및 사회적 기술의 발달을 위한 사회적 자극의 역할에 대해 연구자들과 대중의 관심을 불러일으켰다.

공한다. 현재의 사회성 발달 학자들은 이 모든 단위들—개인, 쌍, 3인조—을 사회성 발달 연구에 중요한 것으로 간주한다.

## 발달은 연속적일까 비연속적일까

발달심리학자들이 묻는 네 번째 질문은 발달적 변화의 본질을 어떻게 특징지을 것인가이다. 어떤 이들은 발달을 각 변화가 이전 경험을 기반으로 질서 있게 쌓이는 연속적 과정으로 본다. 그들은 발달을 경로상에 어떤 급격한 변화가 없는 부드럽고 점진적인 것으로 간주한다([그림 1-1a]). 다른 이들은 발달을 일련의 개별적 단계로 간주하며, 행동의 조직화가 각각의 새로운 단계나 안정기에 질적으로 다르다고 본다([그림 1-1b]). 발달의 각 단계에서의 관심사와 그 단계에서 학습되는 기술은 모든 단계마다 서로 다르다. Jean Piaget와 Sigmund Freud 모두 발달의 단계이론을 제안했는데, 아동이 성장하면서 다른 단계들을 거치며, 각각의 새로운 단계에서 지식을 이해하고 습득하며 대인관계를 관리하는 새로운 전략을 배우고, 이러한 새로운 전략들이 세상을 다루는 이전 방식들을 대체한다고 설명한다. 발달의 연속적 관점을 지지하는 과학자들은 행동에서의 주목할 만한 변화는 단순히 일련의 더 작은 변화들의 일부일 뿐이라고 설명한다.

최근에 몇몇 발달심리학자들은 연속성이나 비연속성에 대한 우리의 판단이 우리가 연령에 따른 변화를 볼 때 사용하는 렌즈의 힘에 따라 달라질 수 있다고 제안했다(Siegler, 2006). 만약 우리가 멀리서 혹은 상당히 긴 시간 동안 본다면, 주목할 만한 차이가 눈에 띌 것이고, 사회적 행동과 사회적 관계에서 서로 구분되는 발달적 단계가 있음을 보게 될 것이다. 그러나 만약 우리가 더 가까이서 본다면, 우리는 그러한 변화들이 갑자기 생긴 것이 아님을 알게 된다. 사실상 우리는 같은 시점에서도 사회적 행동의 상당한 다양성을 발견한다. 아동은 때때로 정교하며 사회적으로 적절한 전략을 사용하여 친구들과 상호작용하고, 다른 때에는 상대적으로 원시적인 전술을 사용한다. 예를 들면, 사회적 기술의 학습과정에서 걸음마기 아동은 어떤 때에는 순서를 따르고 친구의 장난감을 가지고 놀아도 되는지 물을 수 있지만, 바로 다음 날에는 요청이나 기다림 없이 장난감을 뺏을 수 있다. 친구들과 장난감을 여러 번 접한 후에야 아동은 차례를 지키고, 요청하는 행동을 일관되게 할 것이다. 이런 식으로 보다 강력한 렌즈를 사용하여 사회적 상호작용을 조사할 때, 아동들이 천천히 새로운 전략을 배우고 점차적으로 가장 우수하고 발전된 전략을 채택하는 점진적 전환과 변화([그림 1-1c])라는 발달의 매우 다른 그림이 나타난다. 이처럼 시간이 지나면서 변화는 연속적 또는 단계 이론이 제안하는 것보다 덜 선형적이고 덜 단계적인 방식으로 진행된다.

오늘날 대다수의 사회성 발달 연구자들은 연속성과 비연속성 관점 모두를 인식하고 있다. 그들은 발달은 기본적으로 연속적이지만, 변화가 상대적으로 갑작스럽거나 성장이 이전 단계들에 비해 가속화되는 전환 시기가 끼어 있다고 본다. 이러한 전환 시기는 걷는 것을 학습하는 것 같은 신체적 변화의 결과일 수 있는데, 이는 영아에게 상호작용의 새로운 기회를 제공한다(Karasik et al., 2011). 또는 전환 시기는 사춘기의 시작일 수 있는데, 이는 자신에 대해 생각하는 방식을 변화시킨다(Caspi & Shiner, 2006; Ge et al., 2001). 다른 전환기는 중학교 입학과 같은 문화적 변화의 결과일 수도 있는데, 이는 아동으로 하여금 더 큰 사회적 집단과 더 복잡한 사회적 기관에 들어가게 한다. 어떤 학자들은 이러한 재조직의 전환기를 개입이나 발달궤도(developmental trajectories)의 변화를 위한 기회로 간주한다.

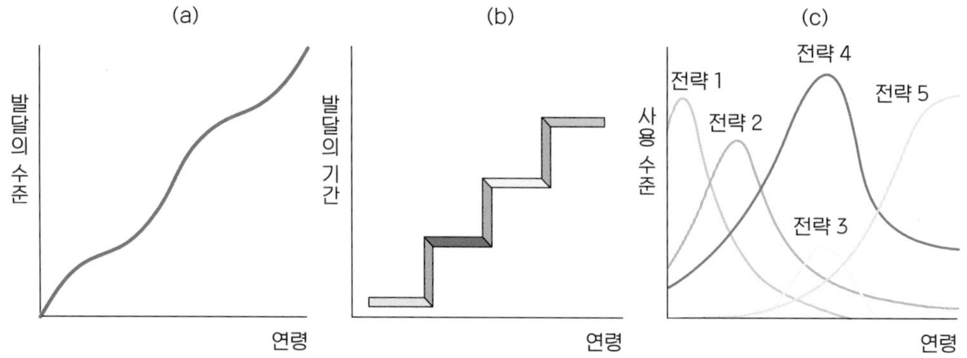


[그림 1-1] 발달의 연속성 또는 불연속성

(a) 연속적 견해는 발달을 급격한 변화 없이 기술들과 행동에서 발생하는 일련의 점진적인 변화로 바라본다. (b) 불연속적 견해는 단계식의 변화가 각 단계를 이전 단계와는 질적으로 다른 것으로 만든다고 간주한다. (c) 세 번째 견해는 나이가 들어 가면서 서로 다른 전략들이 나타났다 사라지며, 가장 성공적인 전략들이 점진적으로 우세하게 된다고 설명한다.

## 사회적 행동은 상황의 결과인가 아동 때문인가

사회성 발달에 대한 다른 중대한 문제는 아동의 행동이 학교, 집, 놀이터 그리고 길 등 서로 다른 상황에서 동일한가이다. 아동은 다른 상황에서 다르게 행동할 수 있는가 아니면, 그들의 개인적 특성이 상황과 상관없이 유사한 행동으로 이끄는가? 우리는 어떤 아동을 정직하고, 믿을 만하며, 그리고 도움이 되는 것으로 기술하고 모든 경우에 그들이 이런 특성을 보일 것이라 기대할 수 있는가? 이러한 특성들이 어려운 시험을 보거나 화가 난 부모와 다투거나 경쟁적인 게임을 할 때, 혹은 친구가 도움을 필요로 할 때 등 서로 다른 상황에서 어떻게 나타날 수 있을까? 발달심리학자들은 '사람 변인' 대 '상황 변인'에 할당하는 중요성에서 차이가 있다. 많은 학자는 성격과 상황적 요소 모두의 이중적 기여를 강조함으로써 이 딜레마를 해결한다. 그들은 아동이 자신의 성격을 드러낼 수 있는 상황을 찾는다고 지적한다. 예를 들어, 공격적인 아동은 교회 성가대나 우표 수집 동아리에 가입하기보다는 폭력조직에 가입하거나 가라데(karate) 수업에 등록할 가능성이 크다(Bullock & Merrill, 1980). 그러나 공격적 행동이 허용되거나 촉진되지 않는 상황에서는 이 동일한 아동들도 우호적이며, 이성적이고, 협동적일 수 있다. 제2장 '생물학적 기초'에서 논의하겠지만, 유전적 성향은 아동으로 하여금 그들의 유전적 구성과 일치하는 편안한 상황으로 이끈다(Scarr & McCartney, 1983). 동시에, 이러한 경험을 아동이 선택하는 것은 공격적으로 행동하는 경향성과 같은 그들의 성향을 나이가 들어 갈수록 강화시킬 수 있다.

## 사회성 발달은 문화 전반에 걸쳐 보편적인가

중국의 농장에서 자란 아동, 이스라엘의 키부츠에서 자란 아동, 페루의 마을에서 자란 아동, 미국의 교외에서 자란 아동은 모두 매우 다른 경험을 가진다. 심지어 미국 내에서도, 인종 및 민족 집단은 아동들에게 서로 다른 경험을 제공한다(Buriel, 2011; Parke & Buriel, 2006). 사회성 발달에 대한 또 다른 핵심 질문은 이러한 상이한 경험들이 아동의 사회적 행동에 미치는 영향의 정도에 관한 것이다. 심리학자들은 문화가 얼마나 중요한지에 대해 견해 차이를 보인다. 어떤 학자들은 문화와 상관없는 발달 법칙이 모든 문화의 모든 아동에게 적용된다고 주장한다. 예를 들어, 모든 문화의 아동들은 다른 사람의 정서적 표현을 인식하고 언어를 사용하여 그들의 바람과 욕구를 다른 사람들과 의사소통하는 것을 배우는 것처럼, 사회적 삶의 기초적 토대를 획득한다. 다른 심리학자들은 아동이 성장하는 문화적 환경이 그들의 발달에 주요한 역할을 한다는 사실을 강조한다. 예를 들어, 어떤 문화에서는 더 나이 든 형제자매가 아동을 돌보게 하는 반면, 다른 문화에서는 전문적 양육자가 집단 세팅에서 그들을 돌본다. 핵가족 내에서 성장하는 아동은 매우 다른 양육 경험을 지닌 아동들과는 서로 다른 사회적 태도와 행동을 발달시키게 될 것이다. 그러나 다른 심리학자들은 사회성 발달의 어떤 측면들은 보편적인 반면, 다른 측면들은 문화적으로 특수하다고 제안한다. 예를 들어, 모든 아동이 사회적 이해를 발달시킨다 할지라도, 사회적 이정표에 도달하는 속도는 문화마다 다르다. 오늘날 대부분의 발달심리학자는 문화적 맥락을 고려하는 것의 중요성뿐 아니라 발달의 보편적 측면을 인식하는 이 세 번째 입장을 취한다(Fung, 2011; Rogoff, 2003; Sera, Maratsos, & Carlson, 2016).

## 문화적 맥락: 전 세계의 양육 조언

북아메리카와 서유럽에서는 매년 무수히 많은 양육(parenting) 매뉴얼들이 어떻게 하면 좋은 부모가 되고 자녀를 적절히 키울 수 있을지 배우고자 하는 엄마와 아빠들에게 팔리고 있다. Benjamin Spock 박사의 『Baby and Child Care』의 아홉 개 발행판 모두 1946년에 처음 출간된 이래 수천만 권이 팔렸다. 20세기에 이 책보다 많이 팔린 책은 성경뿐이다. 그러나 Spock 박사의 책이 다른 문화의 부모들에게도 유용한 안내서가 되었을까? 아마도 아닐 것이다. 서양인들이 영아를 돌보는 자신들의 방법이 단순히 상식의 문제처럼, 명확하고, 적절하며, 자연스러운 방법이라고 생각함에도 불구하고, 한 사회에서 상식으로 받아들여지는 것은 다른 사회에서는 이상하고, 이국적이거나 심지어 야만적인 것으로 간주될 수도 있다(DeLoache & Gottlieb, 2000). 서로 다른 문화들은 적절하거나 바람직한 아동의 특성과 부모의 행동에 대해 상이한 견해들을 갖고 있다.

우리 문화에서 가치 있게 여기는 특성은 개인의 독특성과 독립성이다. 자유 의지에 대한 우리의 믿음과 스스로 자신의 운명을 만드는 능력에 기초하여, 우리는 아동의 자율성, 적극성, 야망, 심지어 경쟁을 가치 있게 여긴다. 우리 문화에서 부모들은 이러한 바람직한 특성을 지닌 아동을 만들어 내는 주요한 책임을 가지고 있다. 모든 문화가 아동을 보호하고 안전하게 하려는 목표를 가지고 있다고 할지라도, 우리 문화의 구성원들은 아동을 보호하기 위해 영아 카시트, 아기 모니터 그리고 육아 도우미 카메라를 개발해 왔다. 우리는 우리 아이들과 우리 자신을 포함하여 상황을 더 좋게 만드는 기술과 혁신의 힘을 믿는다. 우리의 양육 조언 매뉴얼들은 이러한 신념을 반영한다.

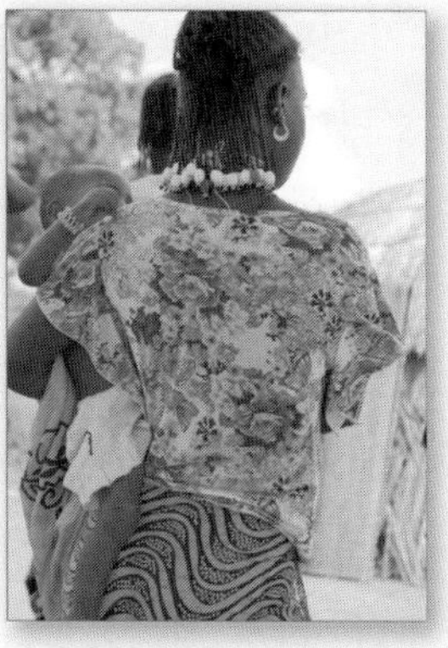
Alan Tobey/iStockphoto
아이와 함께 있는 풀라니족 여성

다른 문화들은 어떤 아동의 특성이 바람직한지, 누가 양육에 책임을 져야만 하는지, 심지어 아동이 직면하는 위협의 본질에 대해 우리와 같은 생각을 공유하지 않는다. 많은 다른 문화에서는 우리의 상식은 상식이 아니다! 자신감과 자기과시에 대한 관심 대신에, 많은 비(非)서구권 문화에서는 상호의존, 겸손, 그리고 자신을 드러내지 않음에 가치를 둔다. 서아프리카의 가장 큰 집단 중 하나인 풀라니(Fulani, 사진 참조)는 사하라 사막 가장자리에 사는데, 가장 가치 있는 특성은 *soemteende*(겸손과 과묵함), *munyal*(인내와 용기) 그리고 *hakkilo*(돌봄과 신중함)를 포함한다(Johnson, 2000). 인도네시아의 섬 중 하나인 발리에 사는 아동들은 학교에서 좋은 성적을 받았을 때 기쁨과 같은 긍정적 정서를 표현하지 않거나 다른 사람들 앞에서 분노와 같은 부정적 정서를 드러내지 않도록 배운다(Diener, 2000).

많은 비서구권 사회는 또한 아동 양육에 대한 공유된 책임감을 가치 있게 여기며, 더 넓은 지역사회의 구성원들이 아동 양육에 참여한다. 서아프리카 아이보리코스트(Ivory Coast)의 벵(Beng)족은 확대가족들이 함께 살면서 모든 가족 구성원뿐 아니라, 다른 가정의 마을 사람들까지도 함께 아동 보육에 참여한다. 실제로 다른 가정의 구성원들은 출산 몇 시간 내에 신생아를 방문하도록 기대된다(Gottlieb, 2000). 공유된 아동 양육 책임의 극단적 예는 북태평양 마이크로네시아섬인 이팔루크(Ifaluk)에서 나타난다. 그곳에서는 ⅓ 이상의 아동들이 두 번째 가정에 입양된다. 이렇게 입양된 아동들은 생물학적 부모와 양부모 둘 다의 자원을 공유하게 된다. 아동들은 어느 부모이든 한 가족의 집에서 자고, 생물학적 부모와 양부모 모두로부터 쉼터, 보호 및 안전을 제공받는다. 사실상, 입양된 아동들은 두 개의 가족 네트워크를 가진다(Le, 2000).

몇몇 문화에서는 사회적 유대는 살아 있는 사람뿐 아니라 죽은 사람들과도 형성된다. 동아프리카 지역의 바간다(Baganda)족은 영아들이 죽은 조상의 환생이라 여기며, 문화적 목표 중 하나는 아동과 조상의 영혼 간에 연결을 유지하는 것이다. 아동의 이름은 어떤 조상의 이름에 아기가 미소를 지었는지에 따라 선택된다(DeLoache & Gottlieb,

2000). 아동의 보호도 문화적으로 결정되는데, 흔히 마녀 혹은 악한 영혼이 아동을 해칠 수 있다는 종교적 신념에 기인한다. 풀라니족의 어머니들은 암소의 똥에 아기를 굴려서 악령이 덜 원하게 만들거나, 아기의 베개 밑에 작은 칼을 넣어 둠으로써 악령을 피할 수 있다고 믿는다(Johnson, 2000).

만약 서구권 양육전문가가 다른 문화의 어머니들에게 그들의 자녀 양육서를 팔고자 한다면, 그들은 상당 부분을 다시 작성해야 할 것이다. 아이를 키우는 우리의 방법만이 옳다는 가정은 명백히 틀리다. 아동 양육에 대해 Spock 박사가 부모에게 한 조언은 풀라니족, 발리족, 벵족, 이팔루크족 아동들에게는 그렇게 적응적이지 않을 것이다. 이러한 문화의 부모들은 그들의 문화권에서 자라고 그들 문화의 생산적이고 적응적인 구성원으로 자랄 수 있기 위해 아동들이 필요한 기술을 아는 사람들이 쓴 양육 매뉴얼이 필요하다. 물론, 이러한 문화의 부모들은 서구 부모들만큼 자녀 양육서에 대한 필요성을 느끼지 않는다. 그들은 책을 읽는 것이 아니라 그들의 전통과 관찰했던 바에 따라 양육한다.

## 사회성 발달은 역사적 시대에 따라 어떻게 다른가

문화는 서로 다를 뿐 아니라 시간에 따라서도 다르다. 그러므로 또 다른 결정적 질문은 어떻게 이러한 변화가 아동의 사회성 발달에 영향을 주는가이다. 우리 문화에서는 지난 수십 년간 가족의 구조와 사람들의 의사소통 방식에서 급격한 변화가 있었다. 이혼과 재혼의 비율이 증가했고, 출산이 지연되었으며, 가족의 크기도 줄어들었고, 집 밖에서 일하는 어머니의 비율도 늘어났으며, 탁아 시설에서 아동의 또래 노출도 증가했고, 아는 사람들뿐 아니라 우리가 전혀 만나 본 적 없는 사람들과 의사소통하기 위해 컴퓨터와 스마트폰이 더 많이 사용되고 있다. 질문은 아동이 그들을 둘러싼 문화에서의 그러한 변화들과 상관없이 같은 방식으로 발달하는지의 여부이다. 현재 이론가들은 이러한 역사적 변화들이 아동의 발달을 조형하는 데 기여한다고 믿는다(Elder & Shanahan, 2006; Elder & George, 2015). 아동과 그들 가족의 사회적 삶은 1960년대 베트남 전쟁, 1960년대 후반 북아일랜드의 천주교와 개신교 간 분쟁, 1980년대 미국 중서부의 농장 위기, 1989년 독일의 베를린 장벽 붕괴, 2001년 9/11 테러리스트 참극, 2004년 인도네시아 지진해일, 2005년 허리케인 카트리나, 2008년 글로벌 경기 침체와 같은 특별한 역사적 사건에 의해서도 영향을 받는다. 개별적인 역사적 사건들 및 생활환경과 사회적 가치에서의 점진적 변화 모두는 아동의 사회적 그리고 정서적 발달에 기여한다. 세대 간 아동의 행동을 비교할 때 이 두 가지 유형의 변화 모두를 고려하는 것은 중요하다.

심지어 만화가들도 아동기에 영향을 미치는 역사적 변화를 인식하고 있다.

## 사회성 발달은 다른 발달적 영역과 관련이 있는가

사회성 발달 연구의 일부인 또 다른 질문은 아동의 사회적 행동 변화가 인지, 언어, 정서 그리고 운동발달과 같은 다른 발달영역에서의 변화와 어떻게 연관되는가이다. Darwin(1872)은 정서가 아동의 사회적 상호작용을 조절하는 데 중요한 역할을 한다고 제안했다. 오늘날 심리학자들은 아동의 사회성 발달에서 정서의 역할을 흔히 연구한다(Denham et al., 2012). 그들은 또한 인지발달도 연구한다. 예를 들어, 다른 사람의 의도를 올바르게 해석할 수 있는 아동의 인지적 역량은 사회적 상호작용에서 핵심적인 부분으로, 다른 사람의 행동에 대한 아동의 반응에 영향을 미친다(Dodge, Coie, et al., 2006). 언어 영역의 발달은 의사소통의 기본적 수단을 제공함으로써 사회성 발달에 중요한 역할을 한다(Bloom & Tinker, 2001). 심지어 운동발달도 사회성 발달에 있어 중요하다. 예를 들어, 기는 것과 걷는 것은 영아가 다른 사람들과의 신체적 근접성을 시도하거나 유지하도록 허용한다. 가리키거나 몸짓을 보이는 것은 그들이 말할 수 있기 전에 사회적 교환을 가능하게 하는 방법이다(Saarni et al., 2006). 이러한 예시들이 보여 주는 것처럼, 다른 발달 영역에서의 발전이 사회성 발달의 변화를 촉진하기 때문에 사회성 발달은 다른 발달 영역의 맥락에서 연구를 함으로써 가장 잘 이해된다. 이러한 영역 간 영향의 상호적 본질을 인식하는 것 또한 중요하다. 사회적 영역에서의 역량 변화는 다른 영역에서의 아동발달에 영향을 미칠 뿐 아니라 그 반대도 가능하다(Bell & Calkins, 2012; Garuvain, 2001a, 2001b).

## 어머니는 아동의 사회성 발달에 얼마나 중요한가

한때 어머니는 아동의 사회성 발달에 가장 중요한 영향을 미치며, 아동이 정상적으로 발달하기 위해 필수적이고, 다른 누구도 그만큼 중요하지 않다고 생각되었다. Sigmund Freud 이래 논평가들과 연구자들은 아동의 사회적 세계에서 가장 중요한 기여자로 어머니를 강조하였고, 일부는 더 나아가 그들이 유일한 핵심 기여자라고 제안하기도 하였다. 오늘날 어느 누구도 어머니가 중요하고 심지어 아동의 초기 사회성 발달에서 가장 중요한 사람이라는 것을 부인하지는 않지만, 심리학자들은 이제 다른 사람들 역시 중요하다고 본다. 아버지, 형제자매, 조부모 그리고 다른 친척들도 아동의 사회성 발달에 영향을 미치는 것으로 인식되고 있다(Dunn, 2002, 2005, 2015; Lamb, 2010; Parke, 2013). 교사, 보육 제공자, 코치 그리고 종교 지도자도 기여할 것이다(Clarke-Stewart & Allhusen, 2005; Lerner et al., 2011). 우리는 지금 많은 사람이 건강한 사회적 관계와 기술을 향한 아동의 발달과정을 안내하고 지원하는 사회적 매트릭스 속에 아동의 사회성 발달이 내재되어 있다는 것을 안다. 사회역사학자 Stephanie Coontz(1992)에 의하면,

> "아동들은 아동양육이 전적으로 부모에게만 맡겨지기에는 너무나 중요하다고 간주되는 사회에서 가장 잘 자란다."

## 사회성 발달의 단일 경로가 있는가

사회성 발달의 또 다른 핵심 질문은 아동 모두가 동일한 일반적 경로를 따르는가이다. Gesell과 같은 사회성 발달의 초기 연구자들은 모든 아동이 사회적 성숙으로의 여정에서 취하는 규준적 단계들에 초점을 맞추는 경향이 있었다. 오늘날 대부분의 이론가는 발달에는 다양한 경로가 있음을 인지한다. 사회적 성공 혹은 실패에 대한 단일경로는 존재하지 않는다. 발달 초기에 같은 곳에서 시작한 아동들은 이후에 완전히 다른 곳에 다다를 수 있다. 두 명의 개인이 비슷하게 시작해서 매우 다른 곳에서 끝나는, 발달경로의 이러한 다양성을 **다중결과론(multifinality)**이라고 한다(Cicchetti & Rogosch, 1996; 35쪽 사진 참

## 연구 들여다보기: 대공황의 아동들

Glen Elder(1974)는 1929년 주식시장 붕괴와 뒤이은 대공황을 이용하여 어떻게 역사적 시기가 아동의 사회성 발달에 영향을 미칠 수 있는지를 연구하였다. 그는 캘리포니아 종단연구 프로젝트의 일부 참여자들이 경제가 붕괴했을 때 막 학교에 들어갔다는 것을 알게 되었다. 다른 참여자들은 십대 청소년이었다. 그들 부모의 일부는 대공황 시 직장을 잃거나 경제적 고통을 받았고, 다른 부모들은 여전히 부유했다. 이러한 자연스러운 차이는 연구자로 하여금 심각하게 박탈된 가족과 그렇지 않았던 가족을 비교하고 어떻게 가족 차이가 서로 다른 연령의 아동들에 영향을 미치는지를 연구할 수 있게 하였다.

경제적으로 박탈된 가족의 경우, 가족 역할과 관계에서 극적인 변화가 생겨났다. 가족 내에서 노동과 힘의 배분이 이동하였다. 아버지의 직장이 사라지고 수입이 감소했을 때 어머니가 노동 시장에 들어가거나 하숙을 운영하였다. 결과적으로 어머니의 힘이 증가하고 아버지의 힘, 권위, 정서적 유의성은 감소하였다. 이혼, 별거, 유기 비율이 증가했는데, 경제가 나빠지기 전부터도 관계가 흔들렸던 커플들 사이에서 특히 그러하였다. 부모-자녀 관계도 경제적 어려움에 반응하여 변화하였다. 아버지는 자녀들에게 특히 더 처벌적이고 덜 지지적으로 변했다.

아동의 경우에도 역할이 변화하였다. 여아들은 더 많은 집안일을 하도록 요구되었고 더 나이 든 남아들은 밖에서 일을 찾았다. 남아는 가정 밖으로 나가 더 또래 지향적이 되는 경향이 있었다. 그들은 또한 성질이 더 까다로워지고 화도 더 많이 냈다. 수입의 거의 ⅔를 잃고 친척의 비좁은 집으로 막 이사를 갔던 집의 어머니는 아들이 "긴장해 있고 쉽게 화를 내며 학급 친구들이 그를 좋아하고 학생 활동에서 두각을 나타냈음에도 불구하고, 친구들을 집에 데려오는 것을 창피해했다"고 보고하였다.

남아와 여아 모두 울적해하고 더 쉽게 무시당했으며 덜 침착했다. 더 어린 아동들은 부모에게 더 많이 의존했고 더 오랜 시간 변화된 가정 상황에 노출되었기 때문에, 대공황의 효과는 재앙이 닥쳤을 때 어렸던 아동들에게 더 크게 나타났다. 그들이 성인이 되었을 때 그들의 가치, 업무 패턴, 결혼은 그들의 이전 경험의 흔적을 지니고 있었다. 십대 청소년으로 직업 시장에 들어가야만 했던 남성들은 더 위험한 고위직보다는 안정적이지만 보통 정도의 직장을 선호하였다. 그들은 또한 자신의 일과 수입에 덜 만족하였다. 대공황 때문에 적응 문제를 겪었던 남성과 여성들은 결혼생활도 덜 성공적이었다. 대공황 시 아동으로서 폭발적으로 화를 내곤 했던 여성들은 성질이 까다로운 어머니가 되었다. 이처럼 대공황은 세 개 세대에 걸쳐 사회적 역할, 정서 그리고 행동에 영향을 미쳤다.

조). 아동과 부모 간의 지속적인 교류(transaction) 패턴은 아동의 발달에 영향을 미친다. 다음의 예를 고려해 보라(Cummings et al., 2000, p. 39).

> 로빈과 스테이시는 둘 다 부모와 안정적인 관계를 가졌고, 걸음마기 때 잘 기능하였다. 그러나 이후 스테이시의 어머니와 아버지는 직업을 잃었고, 부부관계에 문제가 생겨났다. 그녀의 부모는 스테이시의 요구에 덜 반응하게 되고 그녀의 늘어나는 파괴적 행동에 주의를 덜 기울였다. 반대로, 로빈의 부모는 직장에서 승진을 했으며, 행복하고 보람된 결혼생활을 유지했다. 그들은 온정적이고 반응적이었으며, 가족의 문제를 건설적으로 관리하였다. 5세 때 평가 시, 로빈은 여전히 부모

와 안정적 관계를 갖고 사회적 역량도 평균 이상이었다. 스테이시는 불안정했고, 적응 문제 척도에서 임상 범위의 점수를 보였다.

(Cummings, E. M., Davies, P. T., & Campbell, S. B. (2000). *Developmental psychopathology and family process*. New York: Guilford Press)

대조적으로, 서로 다른 아동이 다른 곳에서 시작하지만 유사한 발달적 결과를 갖게 되기도 한다. 매우 다양한 경로를 따라 동일한 발달적 결과물에 도달하게 되는 이러한 양상을 **동일결과론**(equifinality)이라 부른다. 예를 한번 보자(Cummings et al., 2000, p. 40).

앤과 에이미는 매우 다른 가족 환경에서 자랐다. 앤은 부유한 가족에서 자랐다. 그녀의 부모는 친밀한 결혼생활을 즐겼고, 자녀양육도 잘 수행했다. 에이미는 험악한 이혼을 경험했던 아버지와 살았다. 6세였을 때, 앤은 잘 적응했다. 에이미는 우울했고 위축되었다. 그러나 다음 몇 년 동안 에이미는 자신의 사회적 기술과 운동기술을 이용하여 학급 친구들과 좋은 사회적 관계를 유지했으며, 그녀의 이혼한 부모들은 더 우호적으로 상호작용하는 방법을 배웠다. 아동들이 10세가 되었을 때 가족 환경이 계속해서 지지적이고 긍정적이었던 앤은 여전히 잘 적응하는 소녀였지만, 에이미도 잘 적응했고, 사회적 역량에서 평균이상을 보였다.

이 두 예는 아동들이 사회적 기술을 발달시키는 데 단일 경로를 따르지 않음을 명확히 보여 준다. 또한 개별 아동은 그들의 삶의 상황에 매우 다른 방식으로 반응한다. 부정적 상황을 겪은 어떤 아동들은 영구적인 발달의 중단 또는 지연으로 고통받는다. 다른 아동들은 수면자 효과(sleeper effect)를 보이는데,

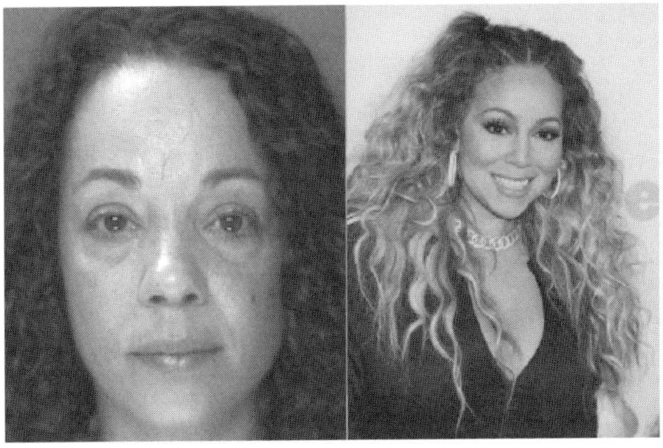
Splash News and Pictures/Newscom
Michel Bourquard/Tsuni/USA/Alamy Live News

다중결과론 개념의 예로 Alison과 Mariah Carey 자매를 들 수 있다. Alison은 아버지와 살았고 약물 중독자가 되었으며, 매춘으로 두 번이나 체포되었다. Mariah는 어머니와 살았고 아버지와는 거의 만난 적이 없었으며 2000년도 World Music Awards에서 여성 팝 아티스트 최고 업적상을 받았다.

초기에는 잘 대응하는 것으로 보이지만, 이후 발달에서 문제를 보인다. 여전히 어떤 사람들은 가장 어려운 환경 속에서 탄력성(resilience)을 보이며, 몇몇 사람들은 위험에 대처할 수 있을 뿐 아니라, 실제로 위험 속에서 빛을 발하는 듯 보인다. 그들이 나중에 새로운 위험에 직면할 때, 이 아동들은 위험을 거의 겪지 않았던 아동들보다 도전에 잘 적응할 수 있다. 그들은 자신의 이전 경험으로 예방주사를 맞아 왔고, 그로부터 배운 것이다(Egeland et al., 1993; Luthar & Barkin, 2012; Masten & Tellegen, 2012).

## 우리가 아동의 사회적 행동을 판단하는 방식에 무엇이 영향을 미치는가

아동의 사회적 결과가 다른 것처럼, 성인이 그들의 사회적 행동을 판단하고 명명하는 방식도 다르다. 공격성, 정서 그리고 이타주의와 같은 행동들은 정의하기 어렵다. 자나 체중계로 측정될 수 있는 키나 몸무게와는 다르다. 사람들이 사회적 행동을 판단할 때 무엇이 영향을 미칠까? 이는 우리가 누군가의 행동을 판단하거나 명명하는 방식이 우리가 그것에 대응하는 방식에 영향을 미치기 때문에 흥미로운 이슈이다. 예를 들면, 어떤 행동을 '공격적'이라고 명명하는 것은 그것을 '주장적'이라고 명명하는 것보다 부정적인 반응으로 이끌 가능성이 더 높다.

아동, 성인, 맥락의 특성이라는 세 가지 요인은 사회적 판단과 사회적 행동의 명명에 미묘하게 영향을 미친다. 우리는 행동이 남아에게 발생할 경우, 그리고 영아였을 때 까다로운 기질이었던 아동, 매력적이지 않은 아동, 다른 형태의 일탈을 보였던 아동, 지위가 낮은 가족 출신인 아동에게 발생할 경우, 행동을 더 부정적으로 판단하거나 명명할 가능성이 높다(Cummings et al., 2000; Moeller, 2001; Putnam et al., 2002). 우리는 또한 자신이 우울하거나 학대적이라면 아동의 행동을 부정적으로 판단할 가능성이 더 많다(Cicchetti & Toth, 2015; Gotlib & Colich, 2014). 마지막으로, 우리는 만약 아동의 행동이 더 엄격하고 통제적인 맥락(예: 공원보다는 교실에서)에서 발생한다면 그 행동을 더 부정적으로 판단하기 쉽다. 부정적 명명은 우리의 행동에 영향을 미칠 뿐 아니라, 아동 스스로 자신을 부정적으로 명명하고 그들이 더 부정적인 행동을 하도록 떠미는 추가적 위험에 노출시킬 수 있다.

## 발달심리학자들은 사회성 발달을 '소유하고' 있는가

발달심리학자들은 가장 흔하게 아동의 사회성 발달을 연구하는 과학자들이다. 그러나 발달심리학자들이 사회성 발달을 연구하는 유일한 사람들인가? 간단한 답은 '아니다'이다. 소아과, 정신의학, 철학, 인구통계학, 인류학, 경제학, 사회학, 법학, 역사학, 그리고 유전학을 포함한 다른 영역의 학자들도 아동의 사회성 발달에 대한 우리의 이해에 기여해 왔다. 소아과 의사들은 어린 영아의 초기 사회적 그리고 인지적 역량을 평가, 식별, 그리고 이해하기 위한 최상의 방법 및 이후 발달에 대한 초기 경험의 함의에 대한 우리의 지식을 확장시켰다(Ellis & Boyce, 2011; Shonkoff, 2012). 임상심리학자들과 정신과 의사들은 자폐증과 품행장애 같은 비정상적인 사회성 발달에 주목하였다(Cicchetti & Toth, 2015; Rutter, 2011). 인류학자들은 아동의 사회적 삶에 대한 비교문화적 차이를 기록해 왔다(Weisner, 2008). 인구통계학자들은 우리 사회와 다른 사회들에서 가족의 민족 및 인종 구성에서의 변화를 기록해 왔다(Hernandez, 2012). 경제학자들은 아동과 가족에 대한 가난의 영향을 다루어 왔다(Duncan et al., 2017). 사회학자들은 사회적 계급과 사회적 이동성이 어떻게 아동의 사회적 결과를 변화시키는지에 대한 더 좋은 이해를 제공해 주었다(Lareau, 2011). 역사학자들과 철학자들은 역사적 시대가 아동의 사회적 태도, 열망 그리고 행동을 조형한다는 것을 증명해 주었다(Matthews, 2010; Mintz, 2004). 법률학자들은 도덕적 행동에 대해 알아내고 사회적 정책의 가이드라인을 제공해 주었다(Wald, 2013). 유전학자들은 유전과 환경 간 상호작용의 중요성을 보여 주었고, 아동의 사회적 행동을 조절하는 유전자 및 유전자 군집을 확인해 왔으며(Gregory et al., 2011; Plomin et al., 2012), 더욱 최근에는 발달심리학에 후성유전학, 즉 유전적 표현이 경험에 의해 수정되는 기제에 대한 연구(Lickliter, 2017)를 소개하였다. 최종적으로, 아동과 그들의 사회성 발달은 단일의 학문 분야에 맡겨지기에는 너무나 중요하다. 다양한 학문적 관점을 통합하고 다른 학문 분야의 학자들이 공통의 문제를 함께 연구하도록 격려함으로써, 우리는 아동 사회성 발달의 복잡성을 더 잘 이해하게 될 것이다(Sameroff, 2009, 2010).

### 사회성 발달은 기초 연구에만 초점을 맞추는가, 아니면 응용 및 정책 관련 문제들에도 초점을 맞추는가

사회성 발달을 설명하는 데 도움을 주는 기본적 원리와 과정에 대한 탐색은 아동 사회성 발달 연구의 핵심 목표이다. 그러나 비행, 아동 양육, 입양과 같은 중요한 사회적 문제들에 대한 응용 연구도 흥미로우며, 결국 기본 연구의 질문을 만들어 낸다. 가정 밖 양육자에 의한 양육 증가의 효과와 부모 및 다른 사람들과의 아동 애착관계는 아동이 친밀한 관계를 발달시킬 수 있는 애착대상의 범위와 같은 애착 과정에 대한 이슈들을 탐색할 기회를 제공할 수 있다. 입양 연구는 부모-영아 관계에서 유전적 연결과 생물학적으로 관련되지 않은 양육자와의 사회적 경험의 상대적 중요성에 대해 알려 준다. 마지막으로, 기본적이든 응용이든 연구는 아동 복지프로그램이나 헤드스타트(Headstart)와 같은 초기 교육 기회처럼, 아동의 삶을 바꾸는 사회적 정책을 알아낼 수 있다. 분명히 기본, 응용 그리고 정책 연구는 상호적으로 서로에게 영향을 미친다.

## 사회성 발달에 대한 이론적 관점

아동이 어떻게 성장하고 성숙하는가에 대한 이론들은 아동 사회성 발달에 대한 과학적 연구의 핵심적 부분이다. 이론은 두 가지 주요 기능을 담당한다. 먼저, 이론은 기존에 존재하는 정보들을 조직화하고 통합하여 아동발달에 대한 논리정연하고 흥미로운 설명이 되도록 돕는다. 둘째, 이론은 아동발달에 대해 검증할 수 있고, 중요하게는 반증할 수 있는 가설과 예측으로 이끈다. 비록 어떤 이론도 (아직까지) 사회성 발달의 모든 측면을 설명할 수는 없지만, Freud의 심리역동적 이론, Piaget의 인지구조이론, 그리고 Watson의 학습이론과 같은, 과거의 몇몇 거대이론은 일반적 방식으로 발달을 설명하려는 시도였다. 대조적으로, 많은 현재의 이론은 발달의 단일한 측면이나 영역에 초점을 맞추고 있다. 이러한 이론들은 어떤 공통된 과정이 여러 영역에 걸쳐 적용된다고 가정하지 않는다. 다른 영역에는 다른 과정들이 작동할 것이다. 이론들은 그들의 초점과 우리가 논의해 온 핵심질문들에서의 그들 위치에 따라 차이가 있다. 이 절을 읽으면서 〈표 1-1〉을 참고하는 것이 도움이 될 텐데, 이 표는 이론들이 이러한 핵심질문에 어떻게 연관되는지에 대한 개관을 제공한다.

〈표 1-1〉 일부 핵심질문에 대한 이론적 관점의 입장

| 이론가/이론 | 질문 1: 생물학(B) 대 환경(E) | 질문 4: 연속성(C) 대 불연속성(D) | 질문 5: 상황(S) 대 개인(I) | 질문 6: 보편적(U) 대 문화적(C) |
|---|---|---|---|---|
| Freud | B+E | D | I | C+U |
| Erikson | E | D | I | C+U |
| 학습 | E | C | S | U |
| 인지사회학습 | E | C | S+I | U |
| 사회정보처리 | E | C | S+I | U |
| Piaget | B×E | D | I | U |
| Vygotsky | E | C | S | C |
| 생태학적 | E | C | S | C |
| 비교행동학적 (ethological) | B+E | D | S | U |
| 진화론적 | B+E | | S | U |
| 행동유전학 | B+E, B×E | | I+S | U |
| 전생애 | B+E | C | S+I | C |

\+ 둘 다 중요함
× 둘이 발달적 결과를 산출 시 상호작용함

## 심리역동적 관점

Sigmund Freud는 우리가 발달에 대해 생각하는 방식에 혁명을 일으켰다. 본능적 충동과 아동 초기의 경험이 결정적 역할을 한다는 그의 견해는 초기 1900년대에 급진적이었고, 심리학과 정신의학적 사고에 엄청난 영향을 주었다. 이 절에서 우리는 Freud 이론과 Freud의 기본적 생각을 많이 수용했지만 아동기부터 노인기까지 전생애를 포함하여 확장시킨 Erik Erikson의 발달이론 모두를 다룬다.

**Freud의 이론** Freud의 발달에 대한 **심리역동적 이론**에 따르면, 심리적 성장은 무의식적인 생물학적 기반의 추동(drives)과 성, 공격성, 배고픔과 같은 본능(instincts)에 의해 지배되며, 환경, 특히 다른 가족 구성원들과의 접촉에 의해 만들어진다. 발달 중인 성격

은 세 개의 상호 관련된 부분, 즉 원초아(id), 자아(ego) 그리고 초자아(superego)로 구성된다. 영아는 쾌락원리에 의해 작용하며 쾌락을 극대화하고 욕구를 즉각적으로 만족시키고자 하는, 본능적인 **원초아**의 통제하에 있다. 영아가 자라면서, 합리적인 **자아**가 등장하고, 적절하고 사회적으로 건설적인 방법을 통해 욕구를 만족시키고자 노력하게 된다. **초자아**는 아동이 부모나 사회의 도덕성, 가치 그리고 역할을 내재화, 즉 수용하고 흡수하며, 양심, 즉 자신의 행동에 도덕적 가치를 적용할 수 있는 능력이 발달할 때 출현한다.

Freud에게 발달은 다섯 개의 개별 단계로 조직화된 불연속적 과정이었다(〈표 1-2〉 참조). 구강기(oral stage)에서 영아는 먹기, 빨기, 깨물기와 같은 행동, 그리고 입 안에 넣을 수 있는 음식과 같은 대상에 몰두한다. Freud는 영아가 이러한 구강 행동으로부터 큰 즐거움과 만족감을 얻는다고 생각했다. 두 번째 혹은 때로 세 번째 해에 우선순위는 달라진다. 항문기(anal stage)에 부모가 배변훈련 과제로 씨름을 하면서, 아동은 변을 배출하는 즐거움을 지연시키는 것을 강제적으로 배우게 된다. 항문기의 끝에서 다섯 또는 여섯 번째 해까지, 아동은 Freud가 남근기(phallic stage)라 명명한 기간에 있게 된다. 성적인 호기심이 증가하고, 자신의 성적인 구조와 생식기 자극의 즐거움에 몰두하면서 그들은 남녀 간 성적 구조에서 차이가 있음을 알게 된다. 이 기간 동안 남아들은 **오이디푸스 콤플렉스(Oedipus complex)**에 사로잡히게 되는데, 이는 자신의 어머니에게 매력을 느끼며 아버지를 경쟁자로 느끼지만, 아버지가 그의 생식기를 잘라 처벌할 것이라고 두려워하는 현상이다. 오이디푸스 콤플렉스는 아동이 어머니에 대한 성적인 감정을 포기하고, 아버지와 동일시하게 될 때 해결된다. Carl Jung이 말한 **엘렉트라 콤플렉스(Electra complex)**는 여아가 남근이 없는 것에 대해 자신의 어머니를 비난하고, 자신의 성적인 감정을 아버지에 집중하는 현상이다. 아버지가 배우자가 될 수 없다는 것을 마침내 깨닫게 될 때, 여아들은 자신의 감정을 다른 남성들에게 전이시킨다. 그들은 자신의 어머니에 대한 분노를 버리고, 대신 그녀와 동일시하기 시작한다.

이러한 극적인 사건들 후에 잠재기(latency period)가 오게 되는데, Freud는 성적인 추동이 이 시기에 일시적으로 가라앉는다고 믿었다. 약 6세부터 사춘기까지 지속되는 이 시기에 아동들은 반대 성의 또래들과의 관계를 피하고, 동성 또래들과 밀접하게 어울리게 된다. 가족에서 또래집단으로의 이러한 전환은 세상에서 효율적으로 기능하는 데 필요한 사회적 기술의 획득과 관련이 있다. Freud 이론의 마지막 단계인 성기기(genital period)에는 성적인 욕구가 다시 출현하지만, 이 시기에는 더욱 적절하게 또래들로 향한다. 다시 한번 생물학적 변화, 이 경우에는 사춘기가 발달의 초점을 정의하는 데 중요한 역할을 한다.

Freud에 따르면, 아동이 이러한 단계들을 지나는 방식은 이후 행동과 성격에 중요한 영향을 미친다. 예를 들어, 영아기에 구강 자극의 욕구를 만족시키는 데 실패하게 되면, 성인기에 담배 피우기, 껌 씹기, 수다스럽거나 키스를 많이 하게 되는 이유가 된다. 일찍이 엄격하게 배변훈련을 경험한 아동은 성인이 되어 자신의 방과 파트너에게 깔끔함, 청결함, 질서정연함을 요구할 가능성이 더 높다. 연구는 Freud의 구체적인 이론적 제안 대부분을 지지하지 않지만, 영아기와 아동기의 사건이 이후의 발달을 형성하는 데 영향을 미친다는 일반적 견해는 발달심리학의 핵심 신념으로 남아 있다.

**Erikson의 이론** Erik Erikson은 Freud의 많은 일반적 원리를 수용했지만, 발달에 있어 사회적 환경의 영향을 더 강조했다. 그의 **심리사회적 이론**은 Freud의 심리성적 이론처럼 발달은 불연속적이며 일련의 단계를 통해 일어난다는 믿음에 기초한다. 그러나 Erikson은 성인기까지 그의 단계를 확장시켰다(〈표 1-2〉 참조). 모든 단계마다 그는 개인이 성취해야만 하는 개인적, 사회적 과제뿐 아니라 특정한 단계의 과업을 성취하지 못했을 때 직면하게 될 위험에 대해서도 명시하였다(Erikson, 1950, 1959, 1980).

Erikson의 첫 단계에서 주요한 과제는 기본적 신뢰를 획득하는 것이다. 부모나 양육자를 신뢰하는 것을 배움으로써, 영아는 그들의 환경과 자신을 신뢰하는 것을 학습한다. 만약 영아들이 다른 사람들을 신뢰할 수 없다고 생각하게 된다면, 그들은 자신과 세상 모두에 대한 불신을 발달시킨다. 두 번째 단계에서 아동 초기의 아동들은 자기-통제를 배우고 자율성을 발달시켜야 한다. 자신의 계속되는 의존성과 성인의 기대에 부응하지 못하는 것에 대해 걱정하게 된다면, 그들은 수치심과 자기의심을 발달시킨다. 3세부터 6세까지 놀이 시기인 세 번째 단계 동안, 아동은 주도성을 발달시키고 그들의 환경을 숙달하도록 애쓰게 되지만, 동시에 자신이 너무 공격적이거나 대담해질 때 종종 죄책감을 느낀다. 6세부터 12세까지 학령기 시기 동안, 아동은 대체로 학교에서 성공함으로써 근면성을 발달시키고자 노력한다. 이 시기는 또한 아동이 자신의 능력을 또래의 능력에 비추어 평가하는, 끊임없는 사회적 비교의 시기이다. 학업이나 사회적 과제 중 하나에서 실제 혹은 상상된 실패는 열등감을 경험하게 할 것이다.

다섯 번째 단계에서 청소년의 주요 관심사는 자신에 대한 안정된 정의인 자아정체성(self-identity)을 탐색하는 것이고, 위험은 만약 자신이 어떤 사람 또는 무엇이 되고 싶은지를 결정하지 못할 경우 경험하게 될 역할 혼란이다. 다음 단계인 성인 초기(young

〈표 1-2〉 Freud와 Erikson의 발달 단계

| 연령 시기 | 발달 단계 | | | |
|---|---|---|---|---|
| | Freud | | Erikson | |
| 0~1세 | **구강기** | 먹는 것에 집중하고 어떤 것이든 입에 넣음 | **영아기** | 과제: 자신과 타인에 대한 기본적 신뢰 발달시키기<br>위험: 타인 불신과 자신감 결여 |
| 1~3세 | **항문기** | 배변훈련에 대한 강조, 훈육과 권위에 대한 첫 경험 | **아동 초기** | 과제: 자기-통제를 학습하고 자율성 확립하기<br>위험: 자신의 능력에 대한 수치심과 의심 |
| 3~6세 | **남근기** | 증가된 성적 충동이 호기심을 일깨우고 아동들로 하여금 남녀 차이에 주목하게 함, 성 정체성 형성에 결정적인 시기 | **놀이 시기** | 과제: 환경을 숙달하는 주도성 발달시키기<br>위험: 공격성과 무모함에 대한 죄책감 |
| 6~12세 | **잠재기** | 성적 충동이 억압됨, 교육에 대한 강조와 타인에 대한 걱정의 시작 | **학령기** | 과제: 근면성 발달시키기<br>위험: 과제를 숙달하는 데 실제 또는 상상으로 실패한 것에 대한 열등감 |
| 12~20세 | **성기기** | 사춘기와 함께, 성적 욕구가 다시 나타나고 청소년과 성인들은 아마도 생식을 위해, 이러한 욕구를 또래들과의 연인관계에서 표현함 | **청소년기** | 과제: 정체감 성취하기<br>위험: 자신이 어떤 사람이고 어떤 사람이 되기를 원하는지에 대한 역할 혼란 |
| 20~30세 | | | **성인 초기** (young adulthood) | 과제: 타인과 친밀감 성취하기<br>위험: 흔들리는 정체성은 타인 회피와 고립으로 이끌 수 있음 |
| 30~65세 | | | **성인기** (adulthood) | 과제: 생산성을 통해 자신을 표현하기<br>위험: 자녀, 생각 또는 결과물을 만들지 못하는 것은 침체로 이끌 수 있음 |
| 65세 이상 | | | **성숙기** (mature age) | 과제: 통합감 성취하기<br>위험: 의심과 채워지지 않은 욕구는 절망으로 이끌 수 있음 |

adulthood)에서 과업은 다른 사람들과 친밀감을 형성하고, 특히 안정적이고 친밀한, 성적 관계를 맺는 데 있다. 불안정한 정체성과 같은 이전 단계들에서의 문제는 다른 사람과의 관계를 피하게 만들어 고립으로 이어질 것이다. 중년기 성인이 직면하는 과업은 자녀, 생각 또는 생산물과 같은 것들을 창조하는 것이다. 만약 표현되지 않는다면, 이러한 **생산성**(generativity)의 질은 침체로 악화될 수 있다. Erikson의 마지막 단계에서 자아 통합감은 더 나이 든 성인의 목표이다. 과거의 성취와 실패에 대한 숙고가 의심과 후회로 이어질 때, 절망이 생겨날 것이다.

**심리역동적 관점: 평가** Freud와 Erikson의 발달이론은 이후의 행동에 대한 초기 경험의 영향, 사회적 행동에 대한 가족의 영향, 그리고 발달에서의 사회적 상호작용의 영향을 포함하여, 사회성 발달의 현대 연구 기저의 많은 관심사를 조형해 왔다. Freud와 Erikson은 공격성, 도덕성, 성역할, 애착, 정체성을 포함한 많은 현재의 주제를 중요한 것으로 다루었다. 제3장 '애착'에서는 초기 어머니-자녀의 관계에 대한 Freud의 초점이 여전히 영향력 있음을 알게 될 것이다. 제9장 '성과 젠더'에서 논의하듯이, Freud는 성역할이 우리가 부모와 함께 발달시키는 관계의 종류뿐 아니라, 부분적으로는 생물학적 요인에 의해 만들어진다고 제안하였다. Freud는 기본적인 생물학적 추동으로서의 공격성을 지지한 초기 연구자로, 이는 제11장에서 다루어진 공격성의 근원에 대한 논의에서 여전히 계속되는 견해이다. 비록 Freud가 무의식적인 생각과 동기를 측정할 수는 없었지만, 이러한 것들이 제5장 '자신과 타인'에서 다루어진 것처럼, 편견과 고정관념의 기초를 이룬다는 것은 오늘날의 과학자들에 의해서도 확인되고 있다. 현대적 이론화에 끼친 Erikson의 영향도 역시 명백하다. 예를 들어, 제5장의 '자신과 타인'에서 읽을 수 있듯이, Erikson은 발달에서 정체성의 중요성을 우리에게 강조해 왔다. 마찬가지로 중요한 것은 발달이 전생애적 과정이라는 그의 인식이었는데, 이는 제6장 '가족'에서 성인 삶 내 사건들(실직, 이혼, 출산 등)의 타이밍의 중요성에 대한 우리 논의에서 알 수 있듯이 현대에도 계속해서 드러난다.

그러나 이러한 이론적 관점에는 많은 문제가 있다. 먼저, Freud의 핵심 주장은 경험적으로 검증하는 것이 어렵다. 둘째, 그의 이론은 사회적으로 행동하고 있는 아동보다는 오히려 회고적 방법을 통해 성인들로부터 수집한 정보에 기초하였다. 셋째, 자유연상, 아동기 경험의 회상, 성인의 꿈 보고와 같이 Freud가 정보를 수집하는 방법들은 잠재적으로 편향되어 있다. Freud는 선택적으로 특정 아동기 경험에 주의를 두었고, 환자

## 성인기로의 확장: 부성(fatherhood)과 생산성

Erikson은 중년기의 주요한 심리사회적 과제가 생산성과 자기 몰두 간의 좋은 균형을 이루는 것이라고 주장하였다. 그는 생산성을 어떤 식으로든 미래 세대의 긍정적 발전과 격려에 기여하는 창조적 행동으로 정의하였다. 그것은 새로운 아이디어, 예술이나 문학에서의 새로운 업적, 새로운 생산품, 다른 개인들의 성장을 육성하는 것, 더 큰 커뮤니티의 발달을 안내하는 일과 같은 다양한 노력을 포함한다. 성인들은 부모나 멘토가 됨으로써 그들의 생산성을 표현할 수 있다. John Snarey(1993)는 남성이 참여할 수 있는 생산성의 세 유형을 구분하였는데, 먼저 생물학적인 생산성은 그들이 생물학적인 자녀의 출생을 경험할 때 나타난다. 둘째, 부모로서의 생산성은 그들 자녀를 양육하는 데 관여할 때 나타난다. 셋째, 사회적 생산성은 멘토가 되어 주거나, 리더십을 발휘하거나, 세대 간 연속성에 기여하면서 더 어린 성인들을 돌볼 때 나타난다. 이 마지막 유형의 생산성은 수습생을 가르치고, 운동 팀 코치가 되며, 지역발전 위원회를 창립하고, 지역사회 기관 이사회에서 일하고, 학생들에게 조언을 하거나 감독하는 등의 예시들을 포함한다.

Snarey(1993)는 240명의 남성을 대상으로 청소년기(14세)부터 중년기(47세)까지 추적하여 생산성을 연구했다. 그는 아버지가 되고 생물학적인 생산성을 경험한 남성들이 자녀가 없는 남성들보다 중년기에 더 사회적으로 생산적이라고 보고했다. 자녀의 사회정서적 발달에 적극적으로 관여함으로써 부모로서의 생산성을 더 많이 경험했던 남성들이 덜 관여하는 아버지들보다 가정 밖의 생산적 활동에 더 많이 참여하는 경향이 있었다. 생산성 유형들 간의 이러한 연합은 남성의 소득, 교육 또는 IQ 때문이 아니었다. 그것들은 기저의 태도를 나타냈다. 한 아들은 자신에게 깊이 관여하는 아버지가 더 넓은 지역사회에 어떤 태도를 가지고 있는지 다음과 같이 기술하였다.

> "우리 아빠는 항상 다른 사람들의 문제를 떠맡아요. 우리 아빠는 넓은 마음을 지녔어요."

또한 더 생산적인 남성은 사회적 이득을 경험하였다. 부모로서 생산적인 아버지는 더 좋은 결혼생활을 하며, 더 많은 직업적 이동성을 경험하였다. 아마도 그들의 사회정서적 발달은 양육의 요구들을 만족시키도록 학습함으로써 촉진되었을 것이다. 아버지는 자기에만 몰두할 수 없으며, 반드시 자녀의 요구에 반응을 해야만 한다. 이러한 경험은 그가 자신의 시간과 재능을 나누어 더 넓은 지역사회에서 타인들을 도울 수 있는 길을 열어 줄 것이다. Erikson의 용어로는 양육의 경험은 자신에 대한 초점을 줄이고 다른 사람들을 위한 생산적인 행동을 자극한다. 이러한 생산적인 남성은 Erikson의 황금 규칙을 따른다(Erikson, 1980, p. 36). "타인의 성장을 도울 무엇인가를 타인에게 하라. 동시에 당신 자신의 성장도 촉진될 것이다."

들은 자신의 아동기 경험을 망각하거나 왜곡시켰을 수 있는데, 이는 앞으로가 아니라 회고적인 자료 수집 방법의 흔한 문제점이다. 마지막으로, 아동기 성(sexuality)에 대한 초점은 너무 좁고, 너무 과장되어 있어서 발달이론의 견고한 기초를 형성할 수 없었다. 게다가 남성의 우월성을 시사한다는 점에서 편향되어 있다(예: 여아들이 자신이 남근을 가지고 있지 않기 때문에 분노한다는 견해). 그러나 남성과 여성에 대한 이러한 관점은 당시의 일반적 견해를 반영하였다. 비록 Erikson이 실제 아동을 연구하긴 했지만, 그의 연구도 Freud만큼이나 비슷한 방법론적 문제들을 지니고 있다. 예를 들어, 아동의 놀이에 대한 Erikson의 관찰은 대안적인 해석이 가능하며, 그의 결론은 쉽게 검증되지 않았다. 한 단계에서 다음 단계로의 발달을 설명하는 기제의 구체성이 부족하다는 것도 또 다른 약점이다. 이러한 제한점에도 불구하고, 심리역동적 관점은 사회성 발달 분야에 길고 영향력 있는 그림자를 드리우고 있다.

## 전통적인 학습이론 관점

학습이론은 발달에 대해 상당히 다른 관점을 제공한다. 이번 절에서 우리는 사회성 발달을 설명하는 데 사용되어 온 고전적 조건형성, 조작적 조건형성 그리고 추동감소이론 등 몇몇 학습이론을 살펴볼 것이다.

**고전적 그리고 조작적 조건형성** 발달에 대한 조건형성 접근은 John Watson, Ivan Pavlov, B. F. Skinner의 연구로 대표된다. 이들 이론가에 따르면, 동일한 학습 원리가 아동기를 통해 그리고 사실 전생애에 걸쳐 발달을 만들어 가며, 발달이 단계로 일어나는 것이 아니라 연속적 과정이고, 아동이 환경 내 사건에 의해 영향을 받는 상대적으로 수동적인 존재이다.

**고전적 조건형성(classical conditioning)**의 좋은 예는 만약 종소리가 음식 제시와 매번 연합된다면, 개는 종소리만 듣고도 침을 흘리는 것을 학습한다는 Pavlov의 유명한 실험이다(Pavlov, 1927). 종소리와 음식의 반복적 짝짓기 후에, 개는 종소리만 들어도 침을 흘린다. Watson은 아동의 행동과 정서를 조작하기 위해 고전적 조건형성을 사용하였다. 그는 큰 소리에 쉽게 놀라는 11개월 된 어린 알버트(Little Albert)에게 흰 쥐를 반복적으로 보여 주고 이와 동시에 큰 소리가 나도록 함으로써 털 있는 동물을 무서워하도록 조건화하였고, 이 실험은 매우 유명하다(Beck, Levinson, & Irons, 2009). 그의 연구를 기반으로 Watson은 다음과 같이 호언장담했다(1926, p. 10).

> 내게 12명의 건강한 아기들을 달라. 그들을 나의 특별한 세상에서 키울 수 있게 한다면, 나는 아무나 한 명을 뽑아 그가 의사, 변호사, 예술가, 사장, 심지어 거지, 도둑 등 내가 선택한 어떤 유형의 전문가든 될 수 있게 훈련시킬 수 있다. 그의 재능, 기호, 성향, 능력, 소명의식 그리고 조상의 인종과는 상관없이 말이다.

(Watson, J. B. (1926). What the nursery has to say about instincts. In C. Murcheson (Ed.), *Psychologies of 1925* (pp. 1–35). Reprinted by permission of Taylor & Francis Ltd., http://www.informaworld.com)

**조작적 조건형성**(operant conditioning)은 행동 후에 체계적으로 보상이나 처벌이 따를 때 발생한다. 아동의 행동 후에 친절한 미소, 칭찬, 특별대우의 형태로 긍정적 강화가 따라온다면, 아동은 그 행동을 다시 보이게 될 것이다. 반대로, 눈살을 찌푸리고, 비난하거나 텔레비전 시청 같은 특권을 빼앗는 형태의 처벌은 아동이 그 행동을 다시 할 가능성을 감소시킨다. Skinner(1953)는 조작적 강화의 원리를 사용하여 다양한 행동을 설명하였고, 그의 추종자들은 1960년대와 1970년대 행동수정 운동의 일부로서, 교실, 기관, 집에서 아동의 사회적 행동을 수정하는 데 이러한 원리를 적용하였다(Bijou & Baer, 1961, 1978). 또한 Skinner는 강화계획의 중요성을 강조했고, 만약 강화가 지속적(행동이 발생할 때마다)이 아니라 간헐적으로 제공된다면 강화된 행동이 더 오래 지속되고 소거(extinction)에 저항하게 됨을 보여 주었다.

학습이론의 또 다른 예는 **추동감소이론**(drive-reduction theory)이다. Clark Hull(1943)은 고전적 및 조작적 조건형성에서의 자극과 반응 연합은 추동 감소를 동반해야만 학습을 일으킬 수 있다고 강조했다. 배고픔과 목마름과 같은 기본적 추동은 동기 요인(motivator)으로 작용한다. 그것들은 사람이 먹고 마실 때에야 감소되는 긴장을 만들어 내며, 결과적으로 먹거나 마시는 행동은 강화되고 더욱더 강한 습관이 된다. 고전적 조건형성을 통해, 기본적 추동의 만족에서 생겨난 긍정적 감정과 연합된 자극은 보상적이고 되고 가치 있게 된다. 추동감소이론은 이후에 사회적 관계 발달의 결정적 맥락으로서 음식을 먹이는 상황에 집중한 Freud 이론과 융합되었다. 아동의 초기 사회적 애착을 연구하는 연구자들은 모유 수유는 영아의 배고픔을 감소시키고, 이것이 영아가 어머니를 사랑하는 것을 학습하게 되는 이유라고 제안하였다. 이 의견은 이후의 연구자들에게 도전받았는데, 제3장 '애착'에서 더 깊이 다루게 될 것이다.

**학습이론 접근: 평가** 학습이론은 아동 사회성 발달의 어떤 측면을 설명하는 데 여전히 유용한 이론이다. 고전적 조건형성은 특정한 물체에 대한 반응으로 강한 감정을 발달시키는 것을 설명하며, 더 중요하게는 **체계적 둔감화**(systematic desensitization)를 통해 그러한 강한 감정을 줄이기 위해 사용될 수도 있다(Gelfand & Drew, 2003; Szigethy et al., 2012). 아동은 두려워하는 물체나 사건에 대한 점진적 노출을 통하여 뱀, 개, 의사 혹은 어둠에 대한 공포를 극복하도록 학습할 수 있다. 예를 들어, 뱀을 무서워하는 아동은 뱀을 상상하도록 지시를 받고, 그다음에 멀리서 우리 안에 있는 뱀을 본 다음, 뱀에게 조금 더 가까이 가도록 지시를 받으며, 결국 뱀을 직접 만져 보도록 격려될 것이다. 각 단계에

서, 아동은 공포나 불안과 관련된 근육 긴장을 상쇄시키기 위해 이완하는 법을 배운다.

현재의 연구자들은 아동의 행동이 어떻게 발달하는지, 그리고 어떻게 수정될 수 있는지를 이해하는 데 있어 조작적 조건형성의 가치를 입증해 왔다. Gerald Patterson(1993, 2002; Patterson & Forgatch, 2010)은 아동의 공격적 행동이 때리거나 놀리는 것과 같은 행동에 부모가 주의(긍정적 강화)를 줌으로써 종종 증가하게 됨을 보여 주었다. 그는 또한 다른 사람들로부터 짧게 고립되는 타임아웃으로 이러한 행동을 처벌하는 것이 아동의 공격적 행동을 줄일 수 있음도 보여 주었다. 조작적 조건형성은 교사나 부모가 아동의 행동을 변화시키도록 돕는 많은 응용 프로그램에 통합되었다.

이러한 접근이 아동의 바람직하지 않은 행동을 수정하고 그런 행동의 원인에 대해 단서를 제공한다고 해도, 충분하지는 않다. 한 가지 이유는 이러한 접근이 아동의 인지적, 정서적, 사회적 능력에서의 발달적 변화에 민감하지 않다는 점이다. 두루 적용되도록 만든 그들의 접근은 다른 연령대의 아동들을 구분하지 않는다. 아동이 나이가 들고, 인지와 언어적 능력이 향상됨에 따라, 조건형성의 기술은 행동을 수정하는 데 덜 효과적이거나 덜 효율적일 수 있다. 아동의 인지와 언어적 기술을 사용하는 추론이나 문제해결 같은 대안적인 전략이 더 효과적이다(Gershoff, 2010, 2013). 또한 조건형성 이론들은 아동의 기질, 성향과 같은 생물학적 차이에 거의 주의를 기울이지 않는데, 이는 서로 다른 아동에 대한 이러한 접근의 효과성에 영향을 줄 수 있다(Kim & Kochanska, 2012; Kochanska et al., 2015). 학습이론은 사회성 발달의 일반적 원리를 제공하지만, 아동들 간의 모든 개인차에 대해 완전한 설명을 제공하지는 않는다.

## 인지학습 관점

**인지사회학습이론** **인지사회학습이론**(cognitive social-learning theory)에 의하면, 아동은 다른 사람을 관찰하거나 모방함으로써 사회적 행동을 배운다. Albert Bandura는 아동이 공격적으로 행동하는 사람을 본 후에 그 사람의 공격적 행동을 모방할 가능성이 커진다는 사실을 처음으로 증명하였다. 아동은 보상을 받거나 추동을 만족시킬 필요가 없으며, 맞았기 때문에 공격성이 생겨난 것도 아니었다. Bandura는 학령전기 아동에게 직접 혹은 비디오 영상을 사용하여 성인이 큰 보보 인형(맞은 후에 다시 튀어 오르는 풍선 인형)을 때리거나 발로 차는 모습을 보여 주었다(Bandura et al., 1963). 이후에 아동들에게 인형과 놀 기회를 주었을 때, 그들은 공격적인 모델을 본 적이 없는 아동들에 비해 더 많이 인형을 때리고 공격적으로 놀았다. 게다가 아동들은 모델 행동의 많은 부분을 정확하게 재현했다. 성인 모델이나 아동 모두 겉으로 드러나는 어떠한 보상도 받지 못했지만, 분명히 아동들은 특정한 사회적 행동을 학습하였다. Bandura에 의하면(1977, p. 38),

> "관찰학습 능력이 완전히 발달된 후에는 어느 누구도 사람들로 하여금 그들이 본 것을 학습하지 못하게 막을 수 없다."

인지(cognitive)사회학습이론이라는 이름이 시사하듯이, 관찰학습은 단순한 모방 그 이상을 설명한다. 아동들은 자동적으로 모방하지 않는다. 인지는 그 과정의 일부분이다. Bandura(1997)는 아동이 다른 사람의 행동을 관찰함으로써 어떻게 잘 학습할 수 있는지가 네 세트의 요인들에 의해 결정된다고 제안하였다. 먼저, 아동이 모델의 행동에 주의(attention)를 줄 것인지 여부에 영향을 미치는 요인들이 있다. 아동은 그들의 과거 경험, 모델과의 관계, 관찰이 일어나는 상황, 그들 자신의 성격에 기초하여 그들이 관찰한 사회적 행동을 해석하고 처리한다. 과거에 모델을 모방함으로써 보상을 받은 경우, 모델과 긍정적인 관계를 가지고 있거나, 모델을 권위자로서 생각할 경우, 아동이 그 상황에서 어떻게 행동을 해야 할지 확신이 없는 경우, 그리고 아동의 성격이 강한 주의집중력을 가진 경우에, 모델의 행동에 더 많이 주의를 기울이게 될 것이다. 둘째, 관찰된 행동을 아동이 기억(retention)할 것인가에 영향을 미치는 요인들이 있다. 행동의 모방이 가능하기 위해, 아동은 반드시 그 행동을 기억할 수 있어야 하며, 관찰된 행동을 회상하기 위해 시연, 조직화, 다른 전략들을 사용하는 아동들은 더 효과적인 학습자가 될 수 있다. 셋째, 관찰된 행동을 아동이 재현(reproduction)하는 데 영향을 미치는 요인들이 있다. 더 나이 든 아동이나 성인이 복잡한 사회적 의식을 수행하는 것을 본 어린 아동들은 그 행동에 아무리 많이 주의를 기울이고 그것을 따라 하기 위해 아무리 자주 애쓴다 해도 그것을 재현해 내기 어렵다. 마지막으로, 인지적 요인의 이러한 세 가지 구성 외에도, 모델의 행동을 재현하고자 하는 아동의 동기(motivation)가 그들의 학습에 영향을 미친다. 만약 아동이 외부적 혹은 내재적 보상으로 모델을 모방하게끔 동기화된다면 모델을 더 많이 모방하게 될 것이다.

**모델링 그 이상: 상호적 결정과 자기효능감** 심리학 실험실이 아닌, 실제 세상에서 아동들은 모델의 행동으로부터 학습할 뿐 아니라, Bandura가 상호적 결정(reciprocal determination)이라 불렀던 과정에 의해 모델에게도 영향을 미친다. 아동의 행동은 다른 사람들의 반응을 만들어 내며, 사회적 환경에서의 변화와 아동에서의 변화를 이끈다. 이는 발달심리학자들이 교류 과정(transactional process)이라 명명한 사회적 핑퐁게임과 같다([그림 1-2] 참조). 예를 들어, 3세 된 알렉스는 또래들과 장난감을 공유한다. 또래들은 웃으면서 긍정적으로 반응한다. 알렉스는 그의 행동에 대해 강화를 받게 되고 장난감을 공유하는 그 행동을 반복하게 된다. 또래는 공유된 놀이를 통해 긍정적인 상호작용을 계속한다. 궁극적으로 알렉스는 긍정적인 사회적 태도를 발달시키게 되고, 두 아동은 관계를 형성하게 된다. 이 예에서 알렉스는 그의 긍정적인 행동을 통하여 자신을 위한 긍정적인 놀이 환경을 만들게 된다. 다른 아동들을 의심하거나 적대적인 또 다른 아동은 또래로부터 부정적인 반응을 더 많이 유도하고, 지속적인 적대감을 통해 친밀하지 않으며 아마도 외로운 환경을 만들게 된다. 이처럼 인지사회학습이론에 의하면, 사회적 상호작용은 양방향적이며, 아동은 그들의 사회성 발달에 적극적으로 기여하게 된다.

이 이론의 강점 중 하나는 사회적 행동을 이끄는 인지에 초점을 두었다는 것이다. Bandura(1986, p. 15)는 이렇게 주장했다.

> "생각이 행동을 조절할 수 있음을 부정하는 이론은 복잡한 인간의 행동을 그 자체로 쉽게 설명하지 못한다."

사회성 발달의 이론적 설명에서 인지의 역할을 설명하기 위해, Bandura는 아동이 자기효능감(self-efficacy)을 발달시키며, 자신이 얼마나 유능한지를 지각함으로써 자신의 사회성 발달에 기여하게 된다고 이야기하였다. Bandura(2006)에 따르면, 자신을 유능하다고 지각하는 아동은 **자기효능감**이 높은데, 그들은 자신이 사회적 문제를 해결할 수 있고 기꺼이 노력할 것이라 믿는다. *The Little Engine that Could*(Piper, 1930)[1]처럼 그들은 자신에게 "나는 할 수 있다고 생각해. 나는 할 수 있다고 생각해. 나는 할 수 있다고 생각해."라고 말한다. 낮은 자기효능감을 가진 아동은 사회적 상황을 다루는 그들의 능력에 대해 비관적이며, 사회적 장소에 들어가거나 사회적 문제에 직면할 때 시도하려 하지 않거나 아니면 약간의 노력만을 들인다. 자기효능감은 아동이나 성인이 실패나 거절에

---

1) 역자 주:『넌 할 수 있어, 꼬마 기관차』로 번안된 동화책

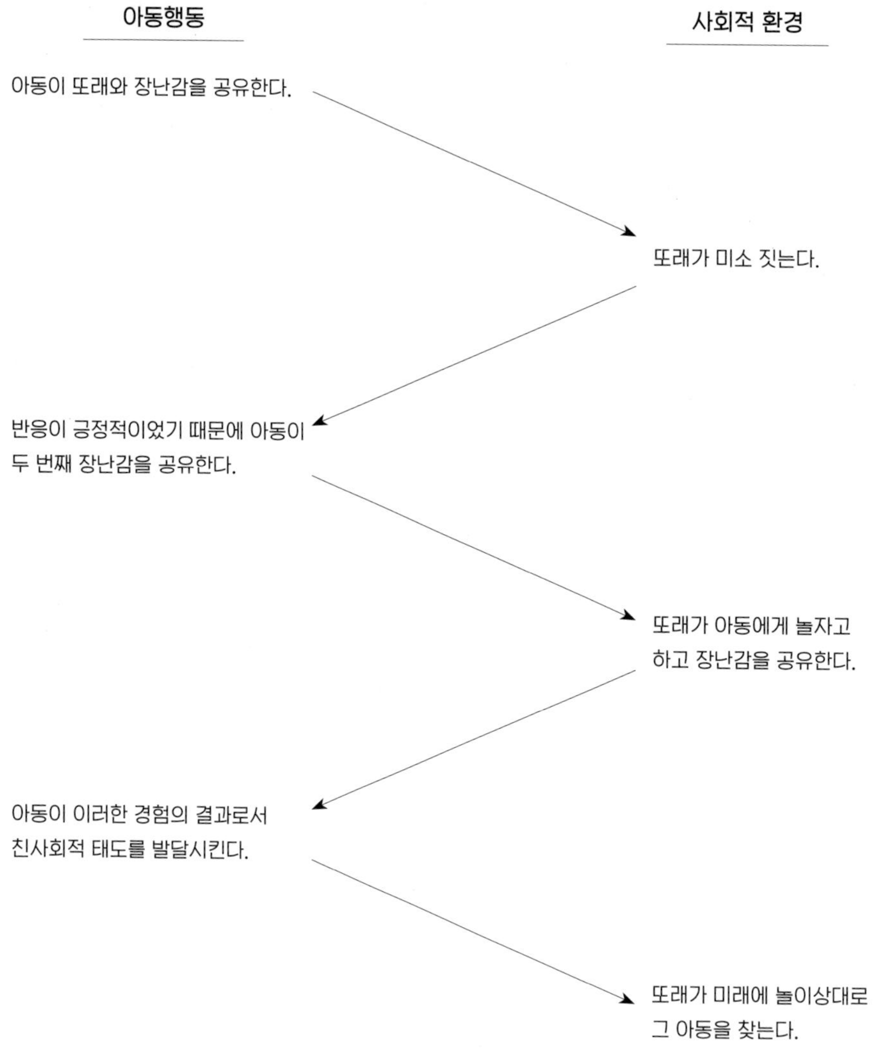


[그림 1-2] 공유하기의 발달에 대한 가능한 경로: 행동에서의 상호적 결정

직면했음에도 지속했는지를 결정하기 위해 특히 중요하다. 높은 자기효능감을 가진 사람만이 에이브러햄 링컨이 그랬듯이 두 번의 미국 상원, 한 번의 미국 하원, 한 번의 부통령직을 포함하여 여덟 번의 선거에 패배했을 때에도 지속할 수 있을 것이다. 또는 비틀즈가 그랬듯이, “우리는 그들의 음악을 좋아하지 않는다”는 말 때문에 비틀즈가 음반 계약에 실패했을 때도 지속할 수 있다.

Bandura에 따르면, 아동은 다양한 근원을 통해 자기효능감을 발달시킨다. 먼저, 자기효능감은 아동이 이전의 유사한 시도들에서 성공할 때 직접적 경험으로부터 생긴다. 둘째, 자기효능감은 아동이 그들과 어떤 식으로든 비슷한 다른 사람들이 비슷한 과제에서 성공하는 것을 관찰할 때 대리적인 경험을 통해 생긴다. 셋째, 부모나 또래가 자기효능감의 근원이 될 수 있는데, 예를 들면 한 청소년이 고등학교 댄스파티에 함께 가길 간절히 원했던 파트너에게 거절당할 때, 그의 또래들이 그에게 다시 한번 시도해야 한다고 확신을 심어 줄 수 있고 이는 그의 사회적 자기효능감을 높여 줄 것이다. 넷째, 자기효능감은 사회적 상황에 대한 생물학적, 정서적 반응으로부터 생겨난다. 만약 한 여아가 낯선 사람에게 접근하는 것을 생각할 때마다 공포와 불안을 경험한다면, 새로운 사람과의 성공적인 사회적 관여에 대한 자기효능감은 낮을 것이다. 만약 낯선 사람과의 접근에 대해 생각할 때 그녀가 차분하다면, 그녀의 자기효능감은 높을 것이다. 마지막으로, 자기효능감은 또래집단, 가족, 학교, 심지어 이웃과 같은 집단으로부터 생겨날 수도 있다. 하나의 구성단위(unit)로서 어떤 목표를 달성하는 능력에 대한 집단의 공유된 신념은 **집단효능감(collective efficacy)**으로 명명된다(Bandura, 2006).

**인지사회학습이론: 평가** 인지사회학습이론의 가치는 논쟁의 여지가 없다(Grusec, 2011; Miller, 2011). 이 책에는 이 이론에 의해 영감받은, 사회성 발달에 대한 통찰의 많은 예가 제시되어 있다. 인지사회학습이론, 특히 관찰학습에 대한 초점은 제8장 '학교, 멘토 그리고 미디어', 제10장 '도덕성' 및 제11장 '공격성'에서 설명된, 아동의 공격성, 친사회적 행동에 미치는 TV 노출의 효과에 대한 우리의 이해를 확장시켜 왔다. 이 이론은 또한 성역할(제9장 '성과 젠더'), 도덕적 행동(제10장 '도덕성')에 대한 우리의 이해에도 기여했다. 이 이론은 임상아동심리학에도 영향을 미쳤으며, 점진적으로 자신의 공포를 극복하는 모델에 대한 노출을 통해 아동이 두려움과 공포를 극복하도록 돕는 치료 접근의 발달을 안내해 왔다. 이는 엄격한 실험적 검증을 받아 왔다. Bandura의 자기효능감 개념은 사회적 실패를 아동이 어떤 식으로 다루는지를 설명하는 데 유용하며(제7장 '또래'), 그의 집단효능감(collective efficacy) 개념은 왜 다른 학교와 지역사회와는 달리, 일부 학교나 지역사회는 잘 기능하고 그들의 구성원에게 권한을 부여하는지 설명하는 데 사용되어 왔다(제8장 '학교, 멘토 그리고 미디어').

그러나 이러한 강점에도 불구하고, 제한점도 있다. 먼저, 이 이론이 사회성 발달 연구에 영향을 미치긴 했지만, 인지사회학습이론은 그렇게 발달적이지 않다. Bandura는 연령에 따라 관찰학습이나 자기효능감이 변화하는 방식에는 거의 주의를 기울이지 않았다. 둘째, 이 이론이 개인차를 인식하고는 있지만, 유전, 호르몬, 또는 다른 생물학적 영향의 역할에 대한 정교한 설명이 부족하다. 셋째, 환경이 이 이론에서 중요한 부분이라 할지라도, 증거의 대부분은 실험실에서 진행된 실험연구를 기반으로 한다. 연구 결과가 실험실 밖의 실제 맥락에 일반화되는 정도는 분명하지 않다. 마지막으로, 문화적 차이에 대한 이러한 원리의 민감성은 상대적으로 거의 주목받지 못했다.

## 정보처리이론

정보처리이론(information-processing theories)은 사람들이 생각하는 방식에 대한 은유로서 컴퓨터 처리를 사용한다(Klahr & MacWhinney, 1998; Siegler, 2016; Siegler & Alibali, 2005). 사람은 입력 정보에 주의를 기울이고, 이를 정신적 표상으로 변화시키며, 기억에 저장시키고, 다른 기억들과 비교하며, 반응가능성을 만들어 내고, 가장 적절한 반응에 대한 결정을 내리게 되어, 마침내 행동을 하게 된다. 이러한 작동은 상징의 형태로 정보가 시스템에 입력되고, 일련의 변형을 겪으면서, 최종적으로 답이나 결과물을 제공하는 컴퓨터 처리와 유사하다. 발달을 연구하는 정보처리이론가들은 발달을 연속적으로 보며, 어떤 연령에서의 사고의 질은 그 사람이 표상할 수 있는 정보, 정보를 가동할 수 있는 방식, 그 사람이 한번에 마음속에 지닐 수 있는 정보의 양에 의존한다(Siegler, 2000, 2016).

**사회적 정보처리** **사회정보처리이론(social information-processing theory)**은 사회적 문제해결, 공격성과 같은 사회적 행동을 이해하기 위한 강력한 분석도구를 제공하는 정보처리이론의 한 유형이다(Arsenio & Lemerise, 2010; Dodge, 2011). 이 이론에 따르면, 사회적 상황에서 아동은 다른 아동의 의도에 대한 파악, 가능한 반응의 결정, 다양한 행동의 가능한 결과에 대한 평가, 그리고 마지막으로 행동을 선택하고 그 결정에 따라 행동하는 것과 같은, 일련의 인지처리 결정이나 단계를 거치게 된다([그림 1-3], 더 많은 정보는 제7장 '또래', 제11장 '공격성' 참조).

**사회적 정보처리: 평가** 사회정보처리이론은 아동이 사회적 상황을 다룰 때 거치는 정신적 단계에 대한 많은 통찰을 양산하였다. 이 이론은 인지적 이해와 사회적 행동 간 관련성을 강조하며, 인지적 과정이 아동의 사회적 결정과 행동에 어떻게 영향을 미치는가에 대한 수많은 증명을 이끌어 냈다(Crick & Dodge, 1994; Gifford-Smith & Rabiner, 2004).

제7장 '또래'에서 우리는 아동의 또래상호작용을 이해하는 데 있어 이 이론의 관련성을 볼 것이며, 제11장 '공격성'에서 이 이론은 어떻게 사회적 만남에 대한 아동의 평가가 어떤 때에는 공격성, 어떤 때에는 평화로운 문제해결로 이끌게 되는지 이해할 수 있게 돕는다. 그러나 이 이론은 어떻게 사회인지적 처리가 연령에 따라 변화하는지에 대한 통찰은 거의 제공하지 않는다. 이 이론은 정서적 요인, 그리고 정서적 요인이 어떻게 사회적 상황에서 인지적 의사결정을 수정하는지에 대해 주의를 기울이지 않았다는 점에서 비난

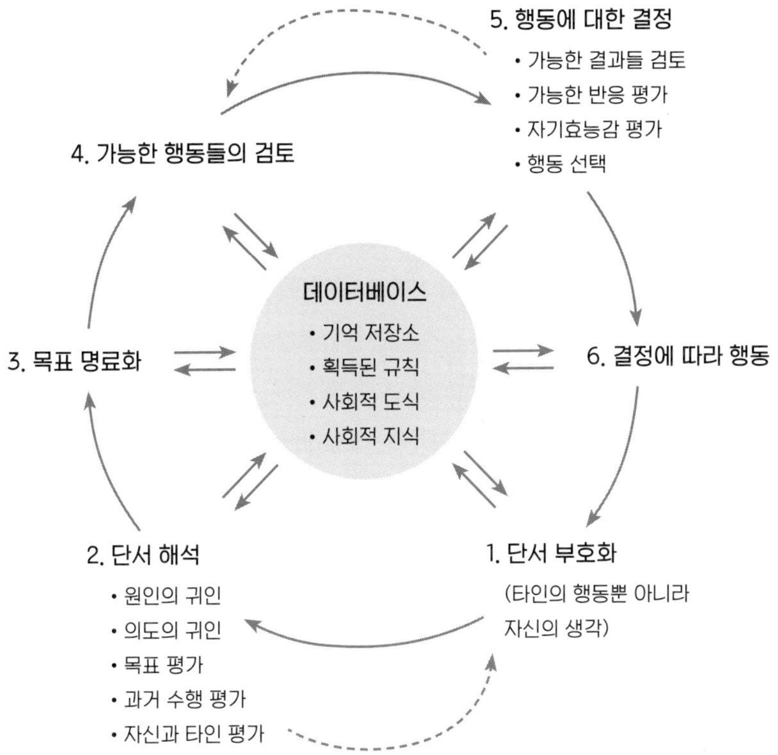


[그림 1-3] 아동의 사회적 행동에 대한 정보처리 모델

아동은 사회적 상황을 지각하고 해석하며, 그들이 성취하고 싶은 것이 무엇인지 결정하고, 가능한 반응들을 검토하고, 그들이 목표를 이룰 수 있다고 생각하는 행동을 선택하며 그들의 결정에 따라 행동한다. 아동의 데이터베이스는 다른 상황들에 대한 기억, 사회적 규칙과 경험에 대한 지식으로 구성된다. 양방향적 화살표가 나타내듯이, 아동의 사고와 행동은 데이터베이스에 의존하며 그것에 기여한다.

출처: Copyright © 1994 by the American Psychological Association. Reproduced with permission. The official citation that should be used in referencing this material is "Crick, N. R., & Dodge, K. A. (1994). A review and reformulation of social information processing mechanisms in children's social adjustment. *Psychological Bulletin, 115*(1), 74–101." The use of APA information does not imply endorsement by APA.

받았다(Arsenio & Lemerise, 2010; Lemerise & Arsenio, 2000). 이 이론은 행동하기 전에 일련의 신중한 인지적 처리 단계를 거치는 사려 깊고 사색적인 아동의 모습을 제시한다. 이 이론은 대부분의 사회적 상호작용이 통상적이고 자동적이며, 숙고를 요하지 않는다는 사실을 설명하지도 않는다. 이 이론은 친숙한 사람들과 친숙한 상황에서의 사회적 반응이 충동적, 반응적, 심지어 무의식적 본질을 갖는다는 것에 대해서 설명하지 못한다. 사회정보처리 접근의 가치는 아마도 새롭거나 친숙하지 않은 사회적 상황에서의 사회적 행동을 설명할 때나 사회적 행동 양상이 처음에 어떻게 획득되는지에 대한 설명에서 가장 분명할 것이다.

## 인지발달적 관점

아동들의 사회성 발달을 이해하기 위해, 그들의 인지적 발달 또한 이해하는 것이 중요하다. 두 명의 유명한 이론가, Jean Piaget와 Lev Vygotsky는 아동기 인지에 대한 우리의 이해에 기여하였다.

**Piaget의 인지발달이론** 스위스 심리학자인 Piaget(1928)에 따르면, 두 과정이 아동의 인지적 이해를 증가시키는 데 중요한 역할을 한다. 먼저, 아동은 새로운 경험의 흡수 또는 **동화**(assimilation)를 위한 틀로서 그들의 현재 지식을 사용한다. 둘째, 아동은 정신적 구조의 **조절**(accommodation) 과정을 통해 그들의 기존 지식을 수정한다. 아동은 자라면서, 이러한 두 개의 상호보완적 과정 간 상호작용을 통해 그들의 이해를 증가시킨다.

이 견해에 따르면, 아동은 그들이 접하는 정보와 사건을 능동적으로 해석하고 이해한다. 아동은 단지 강화와 그들이 어떤 모델에 노출되는지에 따라 만들어지는, 경험의 수동적 수혜자가 아니다. 그들은 지식을 증가시키기 위하여 능동적으로 경험을 구한다. 경험에 대한 그들의 지속적인 해석과 재조직화를 통해 아동들은 자기 자신의 현실을 구축하는데, 이는 어른들이 지각하는 객관적 현실과는 차이가 있을 것이다. 아동이 새로운 정보를 지각하고 조직화하는 방법은 그들의 인지적 발달 수준에 달려 있다. Piaget는 모든 아동이 인지적 발달의 많은 단계를 거치며, 각 단계는 질적으로 다른 방식의 사고, 지식의 조직화, 문제해결로 특징지어진다고 제안하였다([그림 1-1b], 〈표 1-3〉).

어린 아동들은 청소년, 성인들보다 감각적이며 운동적인 정보에 더 많이 의존하며, 덜 유연하고, 상징적이며 추상적으로 생각하는 능력이 덜 발달되어 있다. 청소년기가 되어

서야, 논리를 사용하고 연역적 추론을 할 수 있는 능력이 나타난다. 어린 아동들은 더 **자기중심적**(egocentric)이다. 즉, 그들은 나이 든 아동보다 자신의 관점에 더 집중하며, 다른 사람의 관점을 취하거나 감정과 지각을 이해하는 것에 미숙하다. Piaget에 따르면, 우리는 인지발달을 아동이 자신, 즉각적인 감각적 경험, 단일 요소의 문제에 대한 주의로부터 세상에 대한 더 복잡하고 다면적이며 추상적인 관점으로 이동하는 탈중심화(de-centering) 과정으로 생각해 볼 수 있다.

**Piaget 이론: 평가** 비록 Piaget 자신은 그 시사점에 대해 충분히 이해하지 못했을 수 있지만, 사회성 발달에 대해 Piaget가 가진 아이디어들의 중요성을 과소평가하는 것은 실수가 될 것이다. 그는 아동이 무생물인 사물과 상호작용하는 것을 관찰하기 바빴는데, 이러한 사물들이 흔히 다른 사람들의 손에 있다는 사실과 아동들이 사회적 상호작용의 맥락에서 사물들에 대해 배운다는 사실을 간과했다. Piaget의 이론은 어떻게 아동의 인지발달이 그들의 사회적 반응을 수정하는지를 설명하는 데 유용하다. 예를 들어, 사물과 사람들이 더 이상 보이지 않아도 존재한다는 깨달음인 **대상영속성**(object permanence) 개념은 제3장 '애착'에서 논의하듯이, 아동이 양육자에게 정서적 애착을 발달시키는 방법을 설명할 때 사용되어 왔다. 그의 자기중심성 관점도 유용하다. 아동이 나이가 들고 덜 자기중심적이 될 때, 아동들은 다른 관점들로 전환할 수 있으며 이러한 능력은 제5장 '자신과 타인'에서 논의하듯이, 다른 사람의 견해를 이해할 수 있게 허용한다. 사회성 발달에서 Piaget의 가장 잘 알려진 기여 중 하나는 도덕적 결정의 옳고 그름에 대한 아동 판단에서의 변화에 대한 그의 설명이다. 이는 제10장 '도덕성'에서 다루어진다.

그러나 Piaget의 이론은 발달이 일련의 보편적이며, 불변의, 되돌릴 수 없는 단계를 통해 진행된다는 주장(Bjorklund, 2011; Miller, 2011)과 발달에서의 사회적, 정서적, 문화적 영향을 간과했다는 점(Gauvain, 2001b) 때문에 비판받아 왔다. 특히 아동을 인터뷰한 Piaget의 방법은 과학적인 엄격함이 부족하다는 평가를 받는다(Baillargeon, 2002; Dunn, 1988). 이러한 비판에도 불구하고, 사회인지, 마음이론, 도덕적 발달에 대한 이후 논의에서 보게 되겠지만 사회성 발달 연구에 대한 Piaget의 영향은 광범위하다.

〈표 1-3〉 Piaget의 인지발달 단계

| 단계 | 연령 범위(햇수) | 특징과 성취 |
|---|---|---|
| 감각운동 | 0~2 | 자신과 사물, 타인을 구분함. 흥미로운 장면을 찾음. 대상영속성과 인과성에 대한 기본적 이해를 발달시킴. 모방을 시작하고 상상놀이를 함 |
| 전조작 | 2~7 | 상징과 언어를 사용하기 시작함. 문제해결은 직관적이고 사고는 자기중심적이고, 비가역적이고, 한 가지에만 집중됨 |
| 구체적 조작 | 7~12 | 현재의 사물에 대해 논리적으로 추론할 수 있음. 보존 개념을 이해함. 타인의 관점을 취할 수 있음. 사물을 범주나 연쇄로 조직화할 수 있음 |
| 형식적 조작 | >12 | 사고는 유연하며 복잡함. 추상적 아이디어와 가설들에 대해 생각할 수 있음 |

**사회적 인지영역 이론** Piaget가 아동의 사회성 발달을 설명하기 위해 많은 에너지를 투자하지 않았음에도 불구하고, 그는 사회성 발달에 대한 현대의 이론가, 연구자들에게 영향을 주었다. 예를 들어, Lawrence Kohlberg(1969, 1985)와 Elliot Turiel(1983, 2015)은 아동이 어떻게 그들의 세상에 대해 사회적 판단을 하는지, 그리고 어떻게 사회적, 도덕적 규칙을 이해하는지를 설명하기 위해 Piaget의 이론을 사용하였다. Brian Bigelow(1977)는 아동의 우정에 대한 개념이 어떻게 세 개 단계를 통해, 친구들을 돕고 공유한다는 상당히 구체적인 기대로부터 진정성, 친밀성 그리고 자기노출에 대한 기대를 포함한 더 추상적인 개념으로 진전되는지를 보여 주었다. 아마도 발달적 인지 관점이 제공했던 주요한 진전은 아동은 사회적 이슈들을 특정한 영역으로 분류하며, 그 영역에 따라 달리 판단한다는 인식을 이끌었다는 것이다(Smetana, 2017). 이러한 **영역 특수성(domain specificity)** 개념은 지식의 모든 영역이 동일한 인지적 과정과 원리를 따른다고 주장한 Piaget의 이론에 도전했다. 사회적 인지영역 이론(social cognitive-domain theory)은 아동의 사회적 이슈에 대한 이해에 초점을 두며, 이해와 사회적 행동 간 연결이나 영역 특수적 판단을 하는 아동의 능력 기저의 과정들에 덜 관심을 둔다(Grusec & Davidov, 2010).

**Vygotsky의 사회문화적 이론** 소련 심리학자인 Lev Vygotsky가 제안한 발달이론은 아동의 사회적 환경의 중요성을 강조한다는 점에서 독특하다(Daniels et al., 2007). 비록

Vygotsky가 Piaget와 동시대 사람이긴 하지만, 그의 발달에 대한 사회문화적 이론은 주목할 만한 차이를 보였다. 그는 문화적 영향의 세 가지 원리를 제안하였다. 첫째, 문화는 상황과 그들이 제공하는 관습에 따라 달라진다. 둘째, 이러한 상황과 관습은 아동의 발달을 촉진시킨다. 셋째, 아동은 그 문화의 경험 많은 구성원으로부터 그들의 문화에 대해 학습한다. Piaget가 일반적으로 사회적 맥락에 대한 고려 없이 개인에 의해 성취되는 발달에 초점을 두었던 반면, Vygotsky는 발달이 사회적 상호작용의 산물로 가장 잘 이해된다고 보았다. 그는 발달은 아동과 그들의 더 성숙한 사회적 파트너들(예: 부모, 교사, 그리고 나이가 더 많은 아동)이 문제를 함께 해결할 때 나타난다고 보았다. 이처럼 그의 이론은 개인적 행동보다 양자 간 상호작용에 초점을 두었다. 그는 또한 특정 시점의 아동의 능력보다는 성장을 위한 그들의 잠재력에 더 관심을 두었다. 이러한 잠재력을 평가하고 발달이 어떻게 발생하는지에 대해 이해하기 위해, 그는 아동이 혼자 작업할 때의 수행 수준과 경험 많은 파트너와 작업할 때의 수행 수준 간 차이, 즉 **근접발달영역(zone of proximal development)**에 관심을 두었다. Vygotsky에 따르면, 다른 사람들의 도움은 아동이 자신의 완전한 발달적 잠재력을 실현하고 점진적으로 혼자서 기능할 수 있도록 배우게 한다. 모든 아동은 일련의 선천적 능력을 지니고 있지만, 사회로부터의 투입, 즉 더 능력 있는 성인 및 또래와의 상호작용은 이러한 기초적 능력들을 고차적 기능이 되도록 만든다.

**Vygotsky의 이론: 평가** Vygotsky는 근접발달영역의 평가를 통해 아동의 잠재적 능력을 평가하는 새로운 방법과 아동을 가르치는 새로운 방식 등 아동발달에 대한 새로운 관점을 제공했다(Gauvain, 2001a; Rogoff, 1998, 2003). 그는 문화적 다양성과 역사적 변화의 중요성에 대한 인식 증가를 가져왔다. 이 책에서 우리는 '문화적 맥락'이란 제목의 내용을 각 장마다 포함시켰는데, 이 부분은 아동의 사회성 발달에 대한 문화적 차이의 효과를 설명한다. 예를 들어, 제3장 '애착'에서 우리는 문화적 관습이 영아가 부모와의 분리에 반응하는 방식에 영향을 미칠 수 있음을 설명한다. 제4장 '정서'에서 우리는 다른 문화의 부모들이 아동의 정서 사회화에서 어떻게 다른지를 설명하는데, 어떤 부모들은 과묵함을 중시하고 외적인 정서표현에 인상을 찌푸리는 반면, 다른 부모들은 정서표현을 완전히 드러내는 것을 격려한다. 제6장 '가족'에서 우리는 가족의 역할이 역사적 시간에 따라 어떻게 변화하였는지 설명한다.

많은 사람이 Vygotsky의 이론을 Piaget가 사회적 맥락 요인을 무시한 것을 수정한 이론으로 생각한다. 부정적 측면에서 볼 때, Vygotsky는 그렇게 발달적이지 않으며, 서로 다른 수준의 역량을 가진 파트너들 간 사회적 상호작용이 발달과정에서 어떻게 변화되는지에 대해서도 거의 설명하지 않았다. 그는 부모와 타인들을 통해 사회가 아동에게 제공하는 맥락의 유형이 아동의 신체적, 인지적, 혹은 사회·정서적 발달에서의 변화로 인해 어떻게 달라지는지도 설명하지 않았다.

마지막으로, 근접발달영역의 측정은 아동 혼자의 기능과 파트너와 함께할 때의 기능 간의 거리를 측정할 수 있는 간단한 방식이 없기 때문에 어렵다(Cross & Paris, 1988). 이러한 문제점에도 불구하고, 이 이론은 발달의 사회적 그리고 문화적 측면에 대한 많은 연구를 자극해 왔다(Gauvain, 2001b; Rogoff, 2003). 게다가 근접발달영역이란 아이디어는 효과적인 양육을 정의하도록 돕는 수단이 되어 왔는데, 즉 효과적인 양육이란 아동이 자신의 능력을 약간 벗어난 과제에서 그들 스스로 성공할 수 있게 지원하는 방식으로 적절한 발판화(scaffolding)를 제공하는 것이다.

## 체계이론 관점

오랫동안 발달심리학자들은 아동이 가족, 학교, 지역사회, 문화 등 많은 수의 다른 **체계**(systems)들에 의해 영향을 받는다는 사실을 인식해 왔다. 체계이론 접근을 취한다는 것은 아동발달이 체계 내의 단일 요소뿐 아니라 체계들 가운데 하나인 상호작용하는 구성요소들에 의해 어떻게 영향을 받는지를 기술함을 의미한다(Molenaar et al., 2014). 예를 들어, 집에서 아동이 다른 사람과 협력하는 것을 어떻게 배우는지를 설명하기 위해, 가족체계 접근을 취하는 연구자는 개별 가족 구성원과의 아동의 경험, 그리고 이러한 개인들이 어떻게 하나의 가족 집단으로 기능하여 그 행동을 촉진하게 되는지를 분석하게 될 것이다. 그 설명은 아동의 형제 및 부모와의 상호작용, 엄마-아빠-아동 3인 간의 상호작용, 사회적 단위로서의 가족의 상호작용을 포함할 것이다. 체계이론의 목적은 사회적 상호작용과 관계에서의 조직화 수준을 발견하고, 사회적 경험의 이러한 수준이나 맥락들이 서로 어떻게 관련되고 결과적으로 아동의 사회성 발달을 어떻게 촉진하는지를 발견하는 것이다.

**Bronfenbrenner의 생태학적 이론** Urie Bronfenbrenner의 **생태학적 이론(ecological theory)**은 체계이론을 적용한 중요한 예이다(Bronfenbrenner & Morris, 2006). 생태학적 이

론은 아동을 둘러싼 다수의 체계와 어떻게 이러한 체계들이 연결되어 있는지에 초점을 맞추며, 아동과 이러한 체계들 간의 관계뿐 아니라 체계들 간의 관계의 중요성을 강조한다. Bronfenbrenner의 관점에서 아동의 세계는 러시아 인형, 마트료시카(Matryoshka) 세트처럼 가장 즉각적이거나 가까운(가족이나 또래집단) 영역부터 가장 멀거나 중심에서 떨어진 영역(사회적 가치와 법)에 이르기까지 내포된(nested) 체계나 맥락들의 집합으로 조직화된다([그림 1-4]). **미시체계**(microsystem)는 아동이 사람 및 기관들과 직접적으로 상호작용하는 체계이다. 시간이 지나면서, 이 사람들의 상대적 중요성은 변화한다. 부모는 영아기와 아동 초기에 가장 중요하다. 또래와 교사들은 아동 중기와 청소년기에 더 중요해진다. **중간체계**(mesosystem)는 부모와 교사들 간, 부모와 또래들 간 혹은 가족 구성원과 종교기관 간 등 미시체계 구성요소들 간의 상호작용으로 구성된다. **외체계**(exosystem)는 아동발달에 영향을 주는 환경들을 포함하지만, 아동은 대개 간접적으로만 접촉하는 환경이다. 예를 들어, 부모의 직장이 부모로 하여금 오랜 시간 출장을 가게 하거나 밤늦게까지 일을 하도록 한다면 아동의 삶에 영향을 줄 수 있다. **거시체계**(macrosystem)는 특정한 문화나 하위문화의 관념적이며 제도적인 패턴을 나타낸다. 마지막으로, 이러한 네 가지 체계는 시간에 걸쳐 변화하게 되는데, 즉 변화는 아동 내에서 또는 체계 중 하나에서 발생하며, 이를 Bronfenbrenner는 **시간체계**(chronosystem)라고 명명하였다. Bronfenbrenner의 이론에서 발달은 변화하는 아동과 변화하는 생태학적 체계가 서로 복잡하게 얽힌 상호작용을 포함한다.

**생태학적 체계이론: 평가** 생태학적 관점은 아동의 사회성 발달에 영향을 주는 가족, 또래집단, 학교, 이웃, 종교기관과 같은 광범위한 사회적 맥락에 대해 우리에게 알려 줬다는 점에서 가치가 있다. 이 관점은 이 책의 거의 모든 장에서 볼 수 있다. 또한 이 이론은 다른 분야들에 의해 제시된 관점의 가치를 설명해 준다. 예를 들어, 제11장 '공격성'에서 논의했듯이, 이웃이라는 맥락을 고려하는 것은 이웃의 가난과 비행 활동 간 연결을 보여 주었던 사회학자와 범죄학자의 연구를 통합하게 된다(Elliott et al., 2006; Leventhal et al., 2015; Sampson & Laub, 1994). 제6장 '가족'에서 설명하는 것처럼, 부모의 직장 맥락을 고려하는 것은 경제학자들과 조직 과학자들의 연구를 통합시켜 준다(Duncan, 2005; Fobre, 2008). 문화적 맥락을 포함하는 것은 인류학자의 연구를 통합시켜 준다(Weisner, 2011).

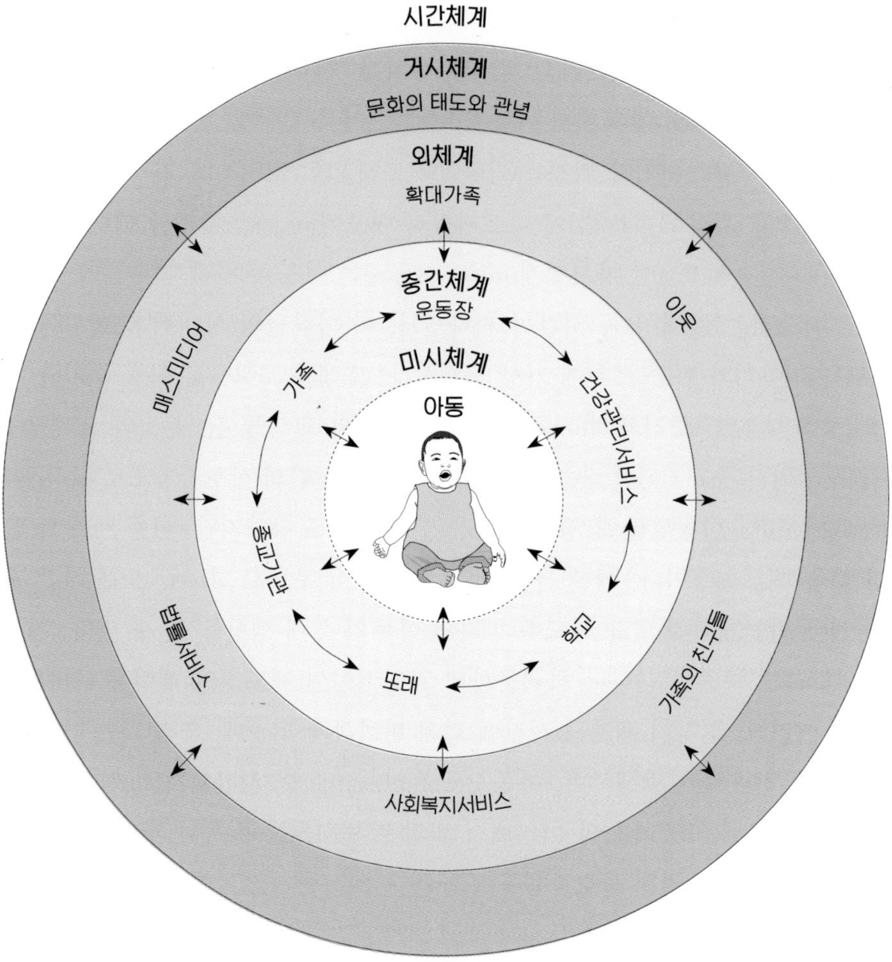


[그림 1-4] Bronfenbrenner의 발달의 생태학적 모델

이 모델은 미시체계와 중간체계 내 그들에게 가장 가까운 사람, 기관들과 아동의 상호작용, 그리고 외체계와 거시체계 내 광범위한 사회적, 문화적 기관, 태도, 신념의 효과들의 중요성을 강조한다. 이 체계들 모두가 시간에 따라 변화한다는 사실은 시간체계로 나타내고 있다.

이 이론적 관점은 제한점도 있다. 이 관점이 검증이 필요한 다양한 맥락이나 체계에 대한 유용한 안내서를 제공한다고는 해도, 각 체계가 아동의 발달에 영향을 미치는 과정들은 대개 사회학습이론이나 사회문화적 이론과 같은 다른 이론적 관점으로부터 도출된다. 이 관점의 발달적 측면은 세부적으로 명시되지 않았으며, 어떻게 아동의 변화하는 능력이 다른 맥락들에 대한 노출의 효과를 변화시키는지에 대한 정보도 여전히 부족하다.

## 생물학적 관점

생물학적 요인의 중요성을 강조하는 이론적 접근은 사회성 발달 연구에 점차 더 많이 적용되고 있다. 생물학에 기반을 둔 이론적 관점의 세 가지의 예는 비교행동학 이론(ethological theory), 진화론(evolutionary theory), 행동유전학(behavior genetics)이다.

**비교행동학 이론** 유럽의 동물학자인 Konrad Lorenz(1952)와 Niko Tinbergen(1951)에 의해 발달된 **비교행동학 이론**은 행동을 이해하기 위해서는 과학자들이 행동을 특정한 상황에서 발생하고, 적응적이거나 생존적인 가치를 지닌 것으로 판단해야 하며, 유기체의 생명작용과 유기체가 기능하는 생태계와 관련지어 행동을 연구해야 한다는 신념에 기반한다. 따라서 아동의 사회성 발달에 대해 학습하려면, 연구자들은 아동의 욕구와 그들의 행동이 발생하는 교실이나 놀이터, 도서관과 같은 상황의 본질을 고려해야 한다.

비교행동학 연구자들은 어떤 행동이 '종 특수적(species specific)'인지 그리고 어떤 행동이 생존을 가능케 하는 기능적 역할을 하는지 밝히기 위해 영아와 아동을 관찰해 왔다. 그들은 태어난 문화와는 상관없이 모든 아동에게 공통적인 행동들을 확인해 왔다. 예를 들어, 기쁨, 슬픔, 역겨움, 분노와 같은 정서적 표현은 브라질, 일본, 미국을 포함하는 다양한 현대 문화뿐 아니라, 뉴기니의 포레(Fore)와 도리(Dori) 부족처럼 산업화가 되지 않은 문화에서도 비슷하다(Ekman, 1994; Ekman et al., 1987; LaFreniere, 2010). 이러한 행동들은 생물학적 기초를 지니며, 양육자가 아동의 욕구를 만족시킬 수 있도록 돕는 듯하다. 비록 비교행동학자들이 행동을 생물학적 기초를 지닌 것으로 보긴 하지만, 그들 또한 행동이 경험에 의해 수정될 수 있음을 가정한다. 예를 들어, 부모와 또래들로부터의 피드백을 통해, 아동은 불행할 때에도 미소를 지음으로써 그들의 정서를 숨기는 법을 배운다(McDowell & Parke, 2009; Saarni, 2011; Saarni et al., 2006). 이처럼 현대의 비교행동학자들은 아동을 그들의 생물학적 근원에만 매인 존재가 아닌, 환경으로부터 영향을 받는 열린 존재로 간주한다. 비교행동학에서의 중요한 개념 하나는 **결정적 시기(critical period)**이며, 이는 외부 요인들이 독특하고 돌이킬 수 없는 영향을 미치게 되는 유기체 발달상의 특정 시기를 뜻한다.

**비교행동학 이론: 평가** 비교행동학자들은 사회성 발달에 대한 우리의 이해에 많은 중요한 기여를 해 왔다. 한 가지 기여는 몸짓, 자세, 얼굴 표정과 같은 비언어적인 사회적

행동이 사회적 교환을 조절한다는 발견이다. 예를 들어, 원숭이는 공격자를 막기 위해 빤히 쳐다보고 이빨을 드러내는 것과 같은 위협적인 몸짓을 사용하며, 싸움을 멈추기 위해 목을 드러내거나 자신을 작아 보이게 하는 것 같은 달래는 신호를 보낸다. 아동들도 무릎을 꿇거나 절하거나 드러눕는 등 자신을 작아 보이게 만들어서 양보를 표현한다(Ginsburg et al., 1977). 사회성 발달에 대한 우리의 이해와 관련하여 비교행동학의 특별히 중요한 기여는 울거나 미소 짓는 것과 같은 영아의 신호 행동이 양육자와의 친밀감을 촉진시킨다는 제안이다. 이 제안은 John Bowlby의 애착발달이론의 핵심 요소가 되었다(제3장 '애착'에서 설명됨). 비교행동학의 또 다른 기여는 아동의 집단들이 어떻게 조직화되는지에 대해 더 잘 이해할 수 있게 한 점이다. 제7장 '또래'에서 설명하듯이, 아동은 원숭이와 닭처럼, 특수한 조직 구조와 지배 위계 또는 '서열(pecking orders)'을 발달시킨다(Hawley, 2010). 또 다른 기여는 비교행동학에서 사용하는 연구 방법이다. 비교행동학자들은 자연스러운 환경에서 아동과 동물을 관찰하고, 행동의 세분화된 기술과 분류를 만들어서 의미 있는 양상으로 그것들을 조직화하려 애쓴다. 예를 들어, 비교행동학자들은 때리기, 찌르기, 차기, 고함치기의 비율을 계산하여, 공격성을 정의하는 데 사용하였다. 비교행동학자들은 유혹하는 행동을 정의하기 위해 눈썹을 약간 치켜올리는 것, 암시적인 미소, 머리를 기울이는 것을 관찰한다. 비교행동학적 연구의 결과, 아동을 연구하기 위한 관찰적 접근은 더 많은 인기를 끌고 있다.

그러나 비교행동학으로부터 배우는 것에는 한계가 있다. 첫째, 이 이론은 거의 기술적이다. 이것이 첫 번째 유용한 단계이기는 해도, 더 많은 설명 원리가 필요하다. 둘째, 인간 발달에 결정적 시기 개념을 적용하는 것은 비판을 받고 있는데, 이는 이후의 환경적 경험이 이전 경험의 효과를 극복할 수 있게 만든다는 사실을 인정하지 않았기 때문이다. 좁게 정의된 '결정적' 시기라는 개념은 현재는 훨씬 융통적인 '민감한(sensitive)' 시기라는 개념으로 대체되고 있다(Bornstein, 1989; Wiedenmayer, 2010). 결정적 시기 개념의 유용성은 발달 영역에 따라 차이가 있음이 밝혀졌다. 어떤 행동은 좁은 결정적 혹은 민감한 시기를 갖고 있으며, 어떤 행동은 넓은 창문을 가지고 있다. 예를 들어, 양육자에 대한 애착발달을 위한 창문은 생애 첫 해인 듯한데, 제2외국어를 학습할 수 있는 기간은 태어나서부터 청소년기까지 넓게 펼쳐져 있다.

**진화론적 발달이론** 비록 생태학자들과 진화심리학자들이 많은 기본적 가정을 공유한다고는 해도, 진화심리학은 과거에 종의 생존을 보장했던 행동에 초점을 둔다. 진화심리학자들은 우리의 조상들이 자손 번식을 위해 성공적으로 파트너를 선택하고, 생식력을 갖출 때까지 자식을 양육하며, 사냥하고 음식을 확보하고, 사회집단의 구성원들과 의사소통하고 협력하면서, 생존을 보장하는 복잡한 기술들을 발달시켰다고 가정한다. 이러한 과정들은 더 넓게는 인간의 기능에, 그리고 구체적으로는 사회성 발달에 기여한 것으로 간주되고 있다(Bjorklund & Ellis, 2014; Bugental & Grusec, 2006). 무엇보다도 진화의 특징은 친숙한 집단 구성원을 인식하고 위험하거나 위협적인 적으로부터 도망치는 방법을 알아내는 것처럼, 인간이 모든 유형의 상황에서 추론하고 문제를 해결하는 데 그들의 능력을 사용한다는 것이다. 발달적 진화심리학자를 위한 주요 질문은 아동기 중 언제, 어떻게 이러한 적응적인 능력들이 출현하는가이다.

진화론적 발달이론의 핵심 원리 중 하나는 우리가 번식하여 우리의 유전자를 다음 세대에 전달하도록 프로그램되어 있다는 것이다. 이 개념은 자녀에 대한 부모의 투자를 설명하는 데 유용하다. 이는 또한 생물학적 가정과 비교하여 의붓가정에서 학대나 살해의 비율이 더 높다는 것을 설명하는 데도 도움이 된다(Daly & Wilson, 1996). 진화이론에 따르면, 계부모는 생물학적 자녀보다는 의붓자녀를 덜 보호하고 자원을 덜 투자하는데, 의붓자녀와 어떤 유전적 연관성도 없기 때문이다.

진화이론에 따르면, 부모는 자신의 유전자를 다음 세대에 전달할 수 있도록 그들 자녀에게 주의를 기울이고 자원을 제공한다.

진화론적 발달 심리학자들은 다른 사람과의 상호작용으로부터 배울 수 있도록 아동이 발달시키는 능력들에 관심을 두고 있는데, 다른 사람의 의도를 이해하는 능력은 그 예라고 할 수 있다. 그들은 이러한 능력은 인간의 진화에서 상대적으로 늦게 나타나고, 다른 영장류와 차별화되는 인간의 특성이라고 설명한다(Tomasello, 2008, 2014). 그들은 또한 미성숙의 적응적인 가치에도 관심을 둔다. 예를 들어, 아동기 놀이는 목적이 없는 행동으로 보이지만, 성인기 기능을 위한 장기적 결과와는 상관없이, 사실상 아동의 자기효능감, 사회적 단서의 학습과 연습, 호기심과 창의성 촉진에 중요할 수 있다(Bjorklund, 2008).

진화론적 발달이론의 최근 적용은 **생명역사이론**(life history theory)이다. 생명역사이론은 인생 과정 중 주요 사건의 스케줄은 살아남은 자손 수를 가능한 한 크게 하고 유기체 유전자의 성공적 전달을 극대화하는 자연선택에 의해 영향을 받는다고 제안한다. 이러한 주요 사건들은 성적 성숙과 첫 생식의 나이, 출산한 자녀의 수, 자녀에 대한 부모의 투자 수준을 포함한다. 생명역사이론에 따르면, 빈곤, 부모의 거친 양육, 빈번한 주거 환경의 변화, 아버지의 지방 발령, 부모의 직업 변화와 같이 스트레스가 많고 예측 가능하지 않은 환경의 아동은 덜 거칠고 덜 불안정한 환경의 아동과 비교하여 더 빠르게 성적 성숙에 도달하고 더 일찍 자녀를 만들기 시작하며 더 많은 성적인 파트너를 갖게 될 수 있다. 그러한 어려운 환경의 아동은 자신이 오래 살 수 있다는 확신이 부족하기 때문에, 이른 생식은 자신의 유전자를 성공적으로 전달할 확률을 극대화하는 데 진화론적 가치가 있다. 이 이론은 부모-자녀 갈등이 심한 가정의 아동이 더 일찍 사춘기에 도달한다는 것을 보여 준 자료(Ellis, 2004), 그리고 아버지가 없는 가정에서 자란 소녀가 더 어린 시기에 임신을 하게 된다는 연구(Ellis, 2011)를 통해 지지된다. 마찬가지로, 영아기에 주 양육자와 안정애착을 형성할 경우 그런 연결이 약화되는 것 같기는 하지만(Sung et al., 2016), 가난하고 불안정한 가정의 아동은 15세에 성적인 행동을 보일 가능성이 더 높다(Belsky et al., 2012).

**진화론적 발달이론: 평가** 진화론적 이론은 사회적 이해를 가능케 하고 사회적 행동을 조절하는 능력들을 포함하여 몇 가지 기초적인 사회적 과정을 설명한다. 예를 들어, 우리가 제2장 '생물학적 기초'에서 살펴보겠지만, 출생 전부터 영아가 그들의 양육자와 사회적으로 관여할 수 있게 준비되는 놀라운 방식들은 진화에 기반한 일련의 기술들로 보이는데, 이 방식들은 적응적인 사회적 기능 때문에 지속되어 왔을 것이다. 제11장 '공격성'에서 다루어지는 공격성에 대한 우리의 이해는 사회적 행동을 조절하는 데 있어 공격적 행동이 갖는 적응적 기능에 초점을 맞춤으로써 향상되었다. 진화론적 이론은 몇몇 어린아이 같은 독특한 행동들의 적응적 기능에 주목하며, 생물학적 친족 관계의 역할에 대해 통찰력을 제공한다. 그러나 이러한 접근은 새로운 기술의 진보나 갑작스러운 사회적 변화와 같이 빠른 변화와 관련된 이슈들을 다루는 데는 적절하지 않다고 비판받는다. 진화론적 이론의 또 다른 문제는 그것의 많은 설명이 사후적(post hoc) 또는 사실 후에 생겨나며, 특정 행동이 종의 생존을 보장하는 적응적 가치를 지녔다는 일반적 논의에 의존한다는 점이다. 특정 행동의 기능을 결정하는 것은 그렇게 쉽지 않다. 한 회의론자가 관찰한 대로(Miller, 2011, p. 365)

"해부학적인 구조의 진화는 화석으로부터 수집될 수 있지만, 인간의 행동에 대한 화석은 없다."

따라서 수 세기 전에 어떤 행동이 무슨 기능을 담당했었는지를 아는 것은 어렵다. 더욱이, 고대에 적응적이었던 행동은 현재 사회에는 적응적이지 않을 수 있다. 예를 들면, 비록 다른 사람의 의도를 이해하는 것은 지속적으로 유용한 기술이기는 하지만, 어떤 유형의 신체적 공격성과 지방이 많은 음식을 좋아하는 것은 덜 적응적일 것이다. 또한 진화론적 이론의 몇몇 가정은 뇌 기능을 연구함으로써 직접적으로 평가될 수 있기 때문에, 진화론적 이론은 뇌 과학의 진보와 통합되어야 한다고 제안되어 왔다(Panksepp & Panksepp, 2000; Panksepp et al., 2017).

**인간 행동유전학** 인간 행동유전학(human behavior genetics) 분야는 과학자들이 인간 행동의 개인차에 대한 유전과 환경의 상대적 기여에 주의를 기울였던 1960년대에 출현하였다(Plomin et al., 2001). 이 연구자들은 어떤 아동은 외향적이고 사회적인 반면, 어떤 아동들은 내향적이고 수줍어하는지, 그리고 어떤 아동과 성인들은 만성적으로 공격적인 반면, 다른 이들은 협력하고 대립을 피하려고 애쓰는지에 대해 호기심을 가졌다. 유전을 연구하는 생물학자들과 달리, 행동유전학자들은 원래 염색체, 유전자나 DNA를 직접적으로 측정하지 않고 연구를 진행했다. 그들의 기본 전략은 특정한 능력이나 행동 유형에 대한 유전의 기여를 추정하기 위해 통계적 기법을 사용하는 것이었다. 더 최근에는 유전 과학의 진보로 인해 행동유전학자들이 유전자 역시 평가할 수 있게 되었다(Gregory et al., 2011; Plomin, 2013).

1960년대 이래로 행동유전학자들은 사교성, 두려움, 과민함 같은 아동의 사회적 행동에서의 많은 차이점을 연구해 왔다. 이러한 차이들은 생의 초기에 나타나서 어느 정도는 아동기 동안 지속되는 것으로 보이며(Rothbart, 2011; Sanson et al., 2011; Thomas & Chess, 1986), 이는 유전자가 이러한 행동들에 영향을 준다는 것을 시사한다. 그러나 이러한 행동들이 서로 다른 아동들에서 항상 동일한 결과를 만들어 내지는 않는다는 사실은, 그 행동들이 환경적 영향에도 취약함을 나타낸다(Grigorenko, 2002; Knopik et al., 2014). 행동유전학자들은 유전과 환경 모두 정서성(emotionality), 행동수준, 사교성에서 개인차를 만든다는 것을 보여 주었다(Kochanska et al., 2011; Plomin et al., 2016; Rutter, 2006). 이 정보는 사회성 발달을 이해하고 예측하려는 우리의 노력에 상당한 가치를 지닌다. 행동

유전학 연구자들은 중요하게도 사회화에 대한 많은 연구가 지닌 주요한 제한점, 즉 그러한 많은 연구가 종종 부모의 행동과 아동의 결과 간 상관을 검토하지만, 부모와 그들의 생물학적 자녀가 평균적으로 종-특유의 유전적 변이 중 50%를 공유하고 있기 때문에 공유된 유전자와 공유된 환경 각각의 효과를 구분하지 못한다는 점을 해결해 왔다(Roisman & Fraley, 2006; Turkheimer, 2000).

**인간 행동유전학: 평가** 행동유전학의 관점은 사회화 연구 분야에서 사용되어 온 연구설계의 종류를 크게 변화시키면서, 행동의 원인으로 오래도록 환경을 강조해 온 심리학자들에게 중요한 변화를 가져왔다. 즉, 이제는 환경과 경험의 실제 효과를 더 잘 증명하는 것으로 알려진 유전적으로 더 잘 고안된 설계(예: 쌍생아 및 입양 연구)와 다른 수단들(예: 무선할당 실험설계에 기반한 개입과 예방 연구)을 사용한다. 물론, 많은 사회적 행동은 명백하게 유전적 요인에 의해 영향을 받는다. 이는 공격성과 도움행동에서의 개인차에 의해 설명이 되는데, 물론 제11장 '공격성', 제10장 '도덕성'에서 설명하듯이 공격적 또는 이타적으로 행동하게 만드는 생물학적 선천성을 설명하는 특정 유전자 또는 유전자 조합은 여전히 완전하게 알려지지 않았다. 초창기에 행동유전학자들은 유전적 요인이 환경적 요인보다 더 중요하다고 가정하는 것에 대해 비난을 받았다. 그러나 현재의 행동유전학자들은 유전에서부터 문화까지 다양한 요인이 사회성 발달을 설명하는 데 중요함을 인정하고 있다. 이러한 인정에도 불구하고, 많은 행동유전학 연구에서 환경의 측정은 여전히 너무 일반적이며 특수하지 않다. 따라서 유전적 표현이 특정한 환경에 의해 달라지는 방식은 설명될 필요가 있다.

## 전생애적 관점

전생애적 발달이론(life span theory of development)은 사람들이 그들의 전생애를 거치며 변화할 수 있기 때문에 발달의 틀을 아동기를 넘어 성인기를 지나는 것으로 확장시킨다(Baltes et al., 2006; Elder & Conger, 2000; Elder & George, 2015). 이 관점에 따르면, 시간에 따른 변화는 세 가지 원인으로 정리해 볼 수 있다. 먼저, 대부분의 사람이 같은 나이에 경험하는 규준적 사건(normative events)이다. 이런 사건들의 일부는 여자 청소년의 초경 시작처럼 생물학적이거나 성숙에 따른 것이다. 다른 규준적 사건들은 사회에 의해 프로그램되는데, 예를 들어 5세나 6세에 학교에 들어가고, 17세나 18세에 대학에 입학하고, 20대나 30대 초반에 결혼을 하고, 20대나 30대에 임신을 하게 된다. 임신했던 22세 여성이 한 다음의 말은 이러한 규준적 사건에 대한 사회적 기대를 설명한다(Elder & Shanahan, 2006, p. 697).

> "나는 준비되었고, 내 남편도 준비되었고, 내 어머니도 준비되었고, 내 아버지도 준비되었으며, 내 할머니는 더 이상 기다릴 수 없었다."

두 번째 유형의 변화 원인은 새로운 방향으로 발달을 이끄는 기대하지 못했던 사건들이다. 전생애 이론가들은 이를 비규준적 사건(nonnormative events)이라고 명명하는데, 이 사건들이 정상적인 발달과정에 있는 모든 사람에게 발생하지 않으며, 미리 설정된 스케줄을 따르지도 않기 때문이다. 대신, 비규준적 사건들은 어떤 아동이나 가족에게 어느 때나 발생하며, 흔히 어떤 경고나 예측 없이 그러하다. 이혼, 실직, 주거지의 변화, 십대 임신은 발달에 영향을 미치는 비규준적 사건들이다. 예를 들면, 여기 자신의 십대 딸이 임신했음을 막 알게 된 30세의 여성의 반응을 보자.

> "나는 동시에 젊은 엄마이자 할머니가 될 수는 없어. 뭔가 웃긴 것 같아. 그렇지 않니?"

역사적 사건(historical events)은 발달에 영향을 미치는 세 번째 유형의 요인이다. 같은 해나 연령주기에 태어난 사람들은 동일한 역사적 경험을 공유하는 **연령 코호트(age cohort)**를 구성한다. 예를 들어, 1950년에 태어난 사람들은 엄청난 대변혁과 사회불안의 시대였던 1960년대 후반에 청소년이었다. 1970년에 태어난 사람들은 유럽에서 공산주의 독재가 무너지고 냉전이 끝났던 1989년에 청소년이었다. 1980년에 태어난 사람들은 인터넷 사용이 폭발적으로 증가하고 우리가 의사소통하는 방식이 변화했던 1990년대에 청소년이었다.

**전생애적 관점: 평가** 전생애적 관점은 우리에게 발달은 일생 동안 지속되는 과정이며, 규준적, 비규준적 사건 모두 발달적 궤도와 결과에 영향을 미친다는 것을 상기시켜 주었다. 예를 들어, 제6장 '가족'에서 강조하듯이, 1950년대에 성장한 아동은 오늘날 성장하고 있는 아동들과는 매우 다른 사회적 경험을 했을 것이다. 연령 코호트에 대한 전생애

적 관점의 초점은 역사적인 시대가 발달을 수정한다는 사실을 강조한다. 이 관점의 또 다른 기여는 그것이 성인 삶에서의 변화를 강조하며, 이는 거꾸로 아동의 발달에 영향을 줄 수 있다는 점이다. 예를 들어, 실직이나 이혼 같은 비규준적인 스트레스 사건을 경험한 부모는 자녀를 덜 적절하게 양육하고, 제6장 '가족'에서 논의되겠지만, 이는 아동의 나이에 따라 다른 식으로 영향을 미친다. 간단히 말해서, 부모와 아동의 발달적 궤적은 연결되며, 아동의 발달을 이해하기 위해서는 부모와 아동 둘 다 고려되어야 한다. 이 관점이 아동의 사회성 발달 연구에 더 많은 영향을 미치지 않는 이유 중 하나는 이론의 상당 부분이 더 나이 든 성인을 포함했다는 점이다. 결과적으로, 사회성 발달 연구자들은 이 관점을 서술적 측면에서 주로 사용해 왔고, 더 나이 든 성인에 대한 이론에 의해 제안된 과정들은 아동의 사회성 발달을 설명하는 데 거의 반영되지 못하였다.

### 이론적 관점의 다양성

오늘날 아무리 중요한 이론도 그 자체로는 사회성 발달의 모든 측면을 제대로 다루지 않는다. 대신, 발달은 다양한 관점에 의해 설명될 수 있다. 발달의 넓은 범위를 설명하고자 시도했던 Freud와 Piaget와 같은 거대이론은 보통의 범위를 다루는 현대 이론들에 의해 상당 부분 대체되었다. 이러한 현대 이론들은 특정한 영역이나 발달 현상에 대해 상세한 설명을 제공하며, 결과적으로 어떤 이론들은 발달의 특정 측면에 대해 다른 이론들에 비해 더 뛰어나고 완벽한 설명을 제공한다. 비교행동학 이론은 정서적 표현과 의사소통의 발달, 그리고 아동의 사회적 집단이 어떻게 조직화되는지를 기술하는 데 특히 유용하다. 인지사회학습이론과 사회정보처리이론은 공격성을 설명하는 데 유용한 관점을 제공해 준다. 체계이론은 사회성 발달에 대한 가족과 사회적 기관의 영향을 연구하는 틀을 제공한다. 이러한 이론적 관점 모두가 사회성 발달의 폭넓은 연구에 기여하고 있으며, 특정한 연구문제를 검토하기 위해 몇몇 이론에 의지하는 것은 흔히 도움이 된다.

## 요약

### 사회성 발달

- 사회성 발달 분야는 사회적 행동의 기술, 사회적 행동에서의 개인차, 연령에 따른

사회적 행동의 변화뿐 아니라, 이러한 변화와 차이에 대한 설명도 포함한다.

### 사회성 발달: 간략한 역사

- 사회성 발달에 대한 과학적 연구는 1800년대 Darwin의 연구와 함께 시작되었다. 그 이후, 여러 경쟁적 견해가 Watson의 행동적으로 지향된 이론, Freud의 생물학적으로 영감을 얻은 이론, Gesell의 성숙이론으로 표현되었다.

### 사회성 발달에 대한 핵심 질문

- 어떻게 생물학적 요소와 환경적 요소가 사회성 발달에 영향을 주는가?
  현대의 발달심리학자들은 생물학적 영향과 환경적 영향 모두의 중요성을 인식하고 있으며, 이러한 요인들이 상호작용하여 발달적 차이를 만들어 내는 방식을 발견하는 데 관심이 있다.
- 아동은 그들 자신의 발달에 어떤 역할을 하는가?
  대부분의 발달심리학자는 아동이 능동적으로 자신의 발달과정을 조형하고, 통제하며, 지휘한다고 믿는다.
- 사회성 발달연구를 위한 적절한 단위는 무엇일까?
  비록 연구자들이 전형적으로 개별 아동에게 초점을 맞추어 왔다고는 해도, 연구자들은 쌍, 3인조, 사회적 집단 같은 다른 단위 역시 중요하다는 것을 점차 인식해 왔다.
- 발달은 연속적일까 비연속적일까?
  어떤 이론가들은 사회성 발달을 부드럽고 점진적으로 변화가 일어나는 연속적인 과정으로 간주한다. 다른 이론가들은 발달을 일련의 질적으로 다른 단계들로 생각한다. 발달을 더 면밀히 살펴볼수록, 우리는 사회적 기술 획득에서의 변동을 더 많이 보게 된다.
- 사회적 행동은 상황의 결과인가 아동 때문인가?
  대부분의 발달심리학자는 상황적인 요인과 아동의 차이가 상호보완적인 역할을 한다고 강조한다.
- 사회성 발달은 문화 전반에 걸쳐 보편적인가?
  대부분의 발달심리학자는 문화적 맥락이 고려되어야 함에 동의하지만, 정서, 언어, 의사소통과 같은 발달의 보편적 측면이 문화적 차이와 공존한다고 믿는다.
- 사회성 발달은 역사적 시대에 따라 어떻게 다른가?

사회의 급격한 변화와 점진적 변화 모두 사회성 발달에 영향을 미친다.

- 사회성 발달은 다른 발달적 영역과 관련이 있는가?
  사회성 발달은 정서, 인지, 언어, 지각, 운동발달에 영향을 미치며 그러한 발달에 의해 영향을 받는다.
- 어머니는 아동의 사회성 발달에 얼마나 중요한가?
  비록 어머니가 아동의 사회성 발달에 매우 중요하다고는 해도, 아버지, 형제, 조부모, 또래, 교사, 종교지도자 등 다른 사람들 역시 중요한 영향을 미친다.
- 사회성 발달의 단일 경로가 있는가?
  아동들은 비슷한 곳에서 시작할 수 있지만, 매우 다른 지점에 도달할 수 있다(다중결과론). 또는 그들은 다른 경로들을 따라가지만 같은 지점에 도달할 수도 있다(동일결과론).
- 우리가 아동의 사회적 행동을 판단하는 방식에 무엇이 영향을 미치는가?
  아동, 성인, 맥락의 특성, 이 세 가지 요인이 사회적 판단에 영향을 미치고 결과적으로 어떻게 사회적 행동이 명명되는지에 영향을 미친다.
- 발달심리학자들은 사회성 발달을 '소유하고' 있는가?
  소아과, 정신의학, 인류학, 경제학, 법학, 사회학, 역사학, 유전학과 같은 다양한 분야의 학자들이 사회성 발달 분야에 의미 있게 기여해 왔다.
- 사회성 발달은 기초 연구에만 초점을 맞추는가, 아니면 응용 및 정책 관련 문제들에도 초점을 맞추는가?
  사실상, 둘 다 사회성 발달연구에서 주요 강조점이며 흔히 상호적으로 서로에게 영향을 미친다.

## 사회성 발달에 대한 이론적 관점

- 이론들은 어떻게 아동이 발달하는가에 대한 응집력 있는 설명으로 지식을 조직화하고 통합하는 데 도움을 주며, 행동에 대한 검증 가능한 예측을 제공함으로써 연구를 촉진시킨다. 역사적으로, 거대이론들은 발달의 모든 측면을 설명하기 위한 시도를 반영하였다. 현대의 이론들은 더 좁게 초점을 맞추어 사회성 발달의 특정 측면을 설명하기 위해 노력하는 경향이 있다.

## 심리역동적 관점

- Freud의 심리역동적 이론에 따르면, 기본적인 생물학적 추동이 아동을 동기화시킨다. 초기 경험들은 이후의 행동을 결정하는 데 필수적이다.
- Erikson은 발달에 대한 사회적, 문화적 영향을 포함하기 위해 Freud의 이론을 확장시켰다. 그의 심리사회적 이론은 개인이 각 단계에서 반드시 성취해야 하는 일련의 근본적인 개인적 · 사회적인 과업을 중심으로 조직화되어 있다.
- 심리역동적 이론은 가족 내 초기 경험의 영향, 공격성, 도덕성, 성역할, 애착의 심리학적 원인과 중요성 등 현대 사회성 발달의 많은 관심사에 기여해 왔다. 그러나 이 이론의 핵심 주장들은 경험적으로 검증하기 어렵다.

## 전통적인 학습이론 관점

- 전통적인 학습이론들은 어떻게 새로운 행동이 점진적이고 연속적인 학습 과정을 통해 습득되는지를 강조한다. 이론들은 중요한 함의를 가졌으며, 가정, 학교, 병원에서 아동의 행동문제를 줄이기 위해 사용되어 왔다. 제한점은 발달적 변화에 대한 주의 부족이다.

## 인지사회학습이론

- Bandura는 관찰 가능한 학습에 초점을 두었다. 상호결정론(reciprocal determination)과 자기효능감 개념은 이 이론적 입장의 중요한 부분이다. 발달적 이슈에 대한 관심 부족, 연구 결과의 제한된 생태학적 타당성, 생물학과 문화의 역할에 대한 인식 부족은 이 이론의 단점이다.

## 사회정보처리이론

- 사회정보처리 접근은 아동이 어떻게 정보를 받아들이고, 사용하며, 기억하여 사회적 행동에 대한 결정을 내리는지에 초점을 두었다. 발달적 초점 부족, 정서의 역할 제한, 자동적이거나 습관적 반응보다는 의도적인 의사결정을 지나치게 강조하는 것이 이 관점의 제한점이다.

## 인지발달적 관점

- Piaget의 발달이론에 따르면, 아동은 능동적으로 새로운 경험을 찾으며, 이를 통해

정신적 구조를 구성한다. 아동은 새로운 정보를 기존의 구조에 동화시키거나 정보가 잘 들어맞지 않을 때에는 구조를 조절한다. 단계들에 대한 Piaget의 강조, 그리고 정서, 문화, 사회적 행동에 대한 강조 결여가 그의 이론이 사회성 발달영역에서 제한적으로 사용되는 이유이다.

### Vygotsky의 사회문화적 이론

- Vygotsky의 이론은 아동발달에 대한 사회적, 문화적 요인의 기여에 초점을 맞춘다. 아동은 자신의 노력과 숙련된 다른 사람들의 안내를 통해 성장하고 변화한다. 이 이론은 발달과정에서 이러한 상호작용들이 어떻게 변화하는지를 설명하지 않는다.

### 체계이론

- 체계이론에 따르면, 체계의 다른 요인이나 구성원들이 개인의 행동에 영향을 미친다.
- Bronfenbrenner의 생태학적 체계이론은 아동과 가족, 학교, 지역사회, 문화와 같은 환경적 체계 간의 관계의 중요성을 강조한다. 발달은 아동과 미시체계, 중간체계, 외체계, 거시체계, 시간체계 간의 상호작용을 포함한다. 체계 간 연결을 다스리는 과정에 대한 설명 부족뿐 아니라 발달적 초점의 결여는 이 이론의 제한점이다.

### 생물학적 관점

- 비교행동학자는 자연스러운 환경에서 행동을 관찰하고, 인간과 유인원, 그리고 인간의 여러 사회와 문화에 걸쳐 행동 양상을 연구한다. 이 이론은 대부분 기술적이다.
- 진화론적 심리학은 사회적 행동이 생존 욕구와 인간 진화의 과정을 반영한다고 주장한다. 유전자의 세대 간 연속성을 보장하는 방법으로서 부모의 투자와 미성숙의 적응적 가치에 주목한다. 진화론적 발달이론의 최근 적용은 '생명역사이론'이다. '생명역사이론'은 생존 가능한 자손의 수를 가능한 한 많이 만들고 유기체 유전자의 성공적 전달을 극대화하기 위해, 일생 동안 주요 사건들의 스케줄이 자연 선택에 의해 영향을 받게 된다고 설명한다. 이러한 주요 사건에는 성적 성숙과 첫 출산의 나이, 출산한 자녀의 수, 자녀에 대한 부모의 투자 수준이 포함된다. 진화론적 접근은 빠른 변화와 관련된 문제를 다루는 데는 적절하지 않다. 다른 제한점은 설명들이 사후적(post hoc)이라는 것이다.
- 행동유전학은 사회성 발달에 대한 유전과 환경의 상대적인 기여를 다루며, 환경적

조건과 유전자가 과연 행동으로 발현이 되는지, 언제 그러한지 사이의 상호의존성을 다룬다. 사회적 결과를 설명하는 특정한 유전자나 유전자의 조합은 여전히 잘 알 수 없으며, 환경을 측정하는 방식은 보통 매우 일반적이다.

### 전생애적 이론

- 전생애적 이론은 인간의 전생애에 걸친 발달을 강조한다. 변화들은 학교에 입학하는 것과 같은 규준적인 연령-구분적 사건(normative age-graded events), 이혼과 같은 비규준적 사건, 대공황이나 베트남 전쟁과 같은 역사적 혹은 코호트 관련 사건들에 의해 생겨날 수 있다.
- 이 관점의 영향력은 이론화의 상당 부분이 나이 든 성인을 포함해 왔다는 사실로 인해 제한된다.

### 이론적 관점의 다양성

- 사회성 발달은 다양한 관점으로 접근될 수 있으며, 아동발달을 설명하기 위해 여러 이론에 의지하는 것은 흔히 유용하다.

## 핵심 용어

- 거시체계
- 결정적 시기
- 고전적 조건형성
- 교류적
- 근접발달영역
- 다중결과론
- 대상영속성
- 동일결과론
- 동화
- 둔감화
- 미시체계
- 비교행동학 이론
- 사회문화적 이론
- 사회적 쌍
- 사회정보처리이론
- 생명역사이론
- 생산성
- 생태학적 이론
- 성숙
- 시간체계
- 심리사회적 이론
- 심리역동적 이론
- 엘렉트라 콤플렉스
- 연령 코호트
- 영역 특수성
- 오이디푸스 콤플렉스
- 외체계
- 원초아
- 인지사회학습이론
- 자아
- 자아중심적
- 조작적 조건형성
- 조절
- 중간체계
- 체계
- 초자아
- 추동감소이론

제 2 장

# 생물학적 기초

## 뉴런과 유전자

아기 엠마는 모유 수유를 하는 동안 엄마의 얼굴을 응시한다. 영아 에이든은 아빠가 아기용 침대 옆으로 몸을 숙일 때 이를 관찰한다. 태어나서 몇 분 되지 않아서부터 아기들은 쳐다보고 꼼지락거리고 운다. 그들은 주의를 끄는 데 능숙하며, 상당히 효과적으로 자신들의 요구를 의사소통할 수 있다. 옆집 아기 레헤마는 보통 때처럼 울고 있다. 그녀는 짜증이 심하고 진정시키기가 어렵다. 그녀의 부모는 레헤마가 그녀의 오빠나 '엄마와 나 놀이학교'에 다니는 다른 아기들과 너무나 다르다는 것을 받아들이기가 어렵다. 길 아래에 사는 네 살짜리 쌍생아 캐시와 새시는 서로 똑같이 옷을 입고 비슷하게 말을 하며, 크리스마스에도 같은 인형을 원한다. 아동들의 이러한 행동 기저에는 사회성 발달의 생물학적 기초가 있으며, 이것이 바로 제2장의 주제이다.

Kirill Zdorov/iStockphoto

생물학은 여러 방식으로 사회성 발달의 기초를 제공한다. 반사와 다른 신체적 능력뿐 아니라, 호르몬과 뇌 활동, DNA와 신체적 외모는 사회성 발달의 기초가 되는 생물학의 핵심 영역이다. 우리는 아동 사회성 발달에 기여하는 생물학의 네 가지 측면을 선택했고, 이를 논의할 것이다. 첫 번째는 아기들에게 발달적 여정의 출발을 제공하는 생물학적 준비성이다. 출생 시 존재하는 시각, 청각, 후각 그리고 촉각 능력은 영아들로 하여금 사회적 상호작용을 할 수 있게 하고, 생존을 보장할 수 있게 한다. 우리가 논의할 두 번째 생물학적 기초는 신경학적인 것으로, 특히 뇌의 영역과 성장, 그리고 그것들이 어떻게 사회적 행동과 관련이 있고 사회성 발달을 진전시키는지에 관한 것이다. 세 번째 생물학적 기초는 유전학이다. 유전자는 각 개인을 독특하게 만드는데, 유전자는 아동의 특성을 만들고 사회적 세계가 그들에게 반응하는 방식에도 영향을 미친다. 우리는 유전자가 무엇인지, 어떻게 세대에서 세대로 전달이 되는지, 어떻게 유전자가 사회성 발달을 안내하는지, 그리고 유전자가 사회성 발달을 조형하기 위해 환경적 요인들과 어떻게 상호작용하는지를 살펴볼 것이다. 마지막으로, 우리는 유전자와 뉴런 모두에 관련이 있는 네 번째 생물학적 기초, 즉 기질의 차이를 살펴본다. 태어나는 순간부터 아기들은 얼마나 많이 그리고 얼마나 강렬하게 응시하고 우는지에 따라 서로 다르다. 한 아기는 대부분의 시간을 자겠지만, 다른 아기는 환경을 계속해서 훑어볼 것이다. 한 아기는 짜증을 내고 많이 울지만, 다른 아기는 조용하게 누워 있을 것이다. 이러한 차이들은 영아의 기질을 반영하며 이것들 또한 사회성 발달에 영향을 미친다.

## 사회적 상호작용을 위한 생물학적 준비

모든 아동은 감정을 느끼고, 배울 수 있게 프로그램된 채 태어난다(Shonkoff & Phillips, 2000, p. 4). 한 엄마는 아기가 태어난 후 크게 기뻐했다.

> "아기들이 사회적 파트너로서의 역할을 할 수 있게 준비된 채 이 세상에 오기 때문에 엄마의 일은 훨씬 더 쉬워진다."

영아들은 그들의 사회적 환경에 반응하도록 잘 준비되어 있다. 그들의 감각 및 지각체계는 인간의 목소리, 얼굴, 냄새 같은 사회적 자극에 민감하도록 생물학적으로 준비되어 있으며, 사회적 자극을 알아차려 이에 반응하는 그들의 능력은 사회적 상호작용을 할 수 있게 만든다. 그러한 준비는 매우 적응적인데, 다른 사람들에 대한 아기들의 반응성은 양육자의 흥미와 주의를 증가시키고 영아의 안녕을 보장하기 때문이다.

### 아기들은 얼마나 준비되어 있는가

**생물학적 리듬에서 사회적 리듬으로** 아기들이 사회적 상호작용에 생물학적으로 준비되는 한 가지 방식은 그들의 행동이 생물학적 리듬을 따른다는 것으로, 아기들은 금방 이를 통제하고 조절하는 것을 배운다. 첫 3개월간 생물학적 통제 기술을 획득하는 아기들은 엄마와 동시적으로 상호작용할 수 있다(Feldman, 2015). **동시성(synchrony)**이란 엄마와 영아가 짧은 상호작용 동안, 서로의 신호에 대해 예측 가능한 정도의 반응성을 보이는 것을 의미한다. 영아가 6~10주 미리 태어날 때, 수면–각성 주기(sleep–wake cycle)

같은 생물학적 리듬은 아직 완전하게 발달하지 않은 상태이다. 이는 이후의 각성 조절 결함과 함께, 3개월 때 엄마와의 사회적 상호작용 동시성이 좋지 않은 것과 관련된다. 이는 전형적인 발달 조건에서 아기들이 사회적 상호작용의 시간적 성격을 다룰 수 있도록 생물학적 리듬을 발달시킨다는 것을 시사한다.

**사회적 상호작용을 위한 시각적 준비** 영아가 사회적 상호작용을 위해 생물학적으로 준비되는 두 번째 방식은 그들이 시각적인 사회적 자극에 끌린다는 점이다. 그들은 눈에 띄는 큰 요소, 움직임, 명확한 윤곽, 그리고 많은 대비를 가진 사물을 가장 길게 응시하는데, 이 특징들은 모두 인간의 얼굴에 존재하는 것이다(Farroni et al., 2005). 얼굴은 머리선과 턱 같은 경계, 그리고 어두운 입술과 밝은 피부 같은 대비를 가지고 있고, 종종 움직이고 흔들리기 때문에 매력적이다. 사람들은 또한 아기와 상호작용할 때 자신의 얼굴 표정을 과장하는 경향이 있는데, 더 오래 얼굴을 찌푸리고 더 오래 얼굴 표정을 지속하는 식이다(Schaffer, 1996). 어린 영아는 그들이 가장 잘 볼 수 있는 특징들, 즉 눈, 입, 머리 등을 보면서 얼굴을 살핀다([그림 2-1]; Haith et al., 1977; Maurer & Salapatek, 1976). 영아는 자신을 직접 바라보고 있는 얼굴에 대한 그들의 선호에서 볼 수 있듯이, 특히 눈에 관심이 있다(Farroni et al., 2002). 사실, 연구들은 옥시토신(출산과정에서 여성에게 많은 양이 분비되어 태반을 통해 영아에게 전달되는 신경전달물질 호르몬)을 성인의 코에 분무했을 때, 그들이 마치 영아처럼 얼굴의 눈 부위에 더 많이 주의를 기울이고(Guastella et al., 2008), 얼굴을 더 잘 기억한다는 것을 보고해 왔다(Rimmele et al., 2009). 약 3세경, 영아는 전체로서의 고유한 얼굴을 식별하게 된다(Dannemiller & Stephens, 1988). 그들은 사물보다는 얼굴을(Johnson, 2000), 그리고 낯선 얼굴보다는 엄마의 얼굴을(Carlsson et al., 2008; de Haan & Carver, 2013; de Haan & Nelson, 1999; Nakato et al., 2011) 더 오래 쳐다보고 더 많은 대뇌 활동을 보인다. 첫 1년간, 영아는 인간의 얼굴을 처리하는 데 더 능숙해지고 더 빨라진다(Rose et al., 2002; Turati, 2004). 정보를 빠르게 그리고 확실하게 추출하는 능력은 사회적 능력 발달에 결정적이다. 기능적 자기공명 영상법(functional magnetic resonance imaging: fMRI) 연구에 따르면, 피질 영역은 얼굴 인식에 특화되어 있다(Kanwisher & Yovel, 2006; Tsao et al., 2006). Farroni 등(2013)은 최근 이 영역의 뇌세포가 출생 시 인간 영아에 특화되어 있는지, 아니면 전문적 세포를 완전히 활성화시키기 위해 경험을 필요로 하는지를 검토하였다. 이 연구는 1~5일 정도밖에 안 된 신생아도 사회적으로 준비되어 있고, 기계적인 행동(움직이는 팔)에 대한 비디오보다는 인간의 얼굴(움직이는 얼굴)에 더 큰 대뇌 활성화를 보인다는 것을 증명하였다. 아기들이 출생 시부터 사회적 자극에 반응하기는 하지만, 생후 첫 며칠에 걸쳐 사회적 자극에 대한 반응성이 증가했는데, 이는 다른 사람들과의 제한된 대면(face-to-face) 상호작용이 관련된 피질 영역의 활성화를 강화시킬 수 있음을 시사한다. 분명히, 아기들은 매우 일찍부터 대뇌 구조를 통해 얼굴에 반응할 수 있게 생물학적으로 준비되어 있다.

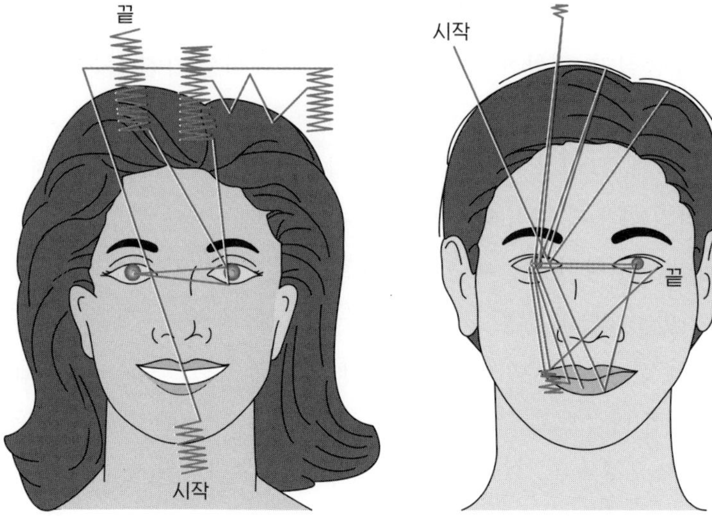


**[그림 2-1] 영아가 사람 얼굴을 살펴보는 방법**

a) 1개월 된 아기는 눈에 약간의 관심을 보이긴 하지만, 얼굴의 바깥 둘레에 초점을 맞춘다.

b) 2개월 된 아기는 더 넓게 훑어보며, 눈과 입에 주의를 기울이면서 얼굴의 속성들에 초점을 맞춘다. 이는 일종의 형태 탐지가 일어나고 있음을 의미한다.

출처: Maurer, D., & Salapatek, P. (1976). Developmental changes in scanning of faces by young infants. *Child Development, 47*, 523-527. This material is reproduced with permission of John Wiley & Sons, Inc.

**사회적 상호작용에 대한 청각적 준비** 아기의 청각 시스템은 출생 이전부터 잘 발달되어 있다. 연구자들이 태아의 몸 움직임과 심장박동의 변화를 모니터링했을 때, 그들은 아기들이 엄마의 몸 밖에서 나는 복잡한 소리를 들을 수 있음을 발견하였다(Kisilevsky & Muir, 1991). 아기들은 심지어 태어나기도 전에 그들이 들어 왔던 이야기를 기억할 수 있다. 한 연구에서, 연구자들은 임신 여성에게 Dr. Suess의 *The Cat in the Hat*을 임신 마지막 6½주 동안 매일 두 번씩 크게 읽으라고 요청했다. 출산 후, 그들의 영아는 친숙하지 않은 책보다 *The Cat in the Hat*을 더 선호하였다(DeCasper & Spence, 1986). 분명하게, 태아들은 소리와 리듬을 구별할 수 있다. 그들은 심지어 인간의 목소리에 반응하도록 생물학적으로 준비되어 있을 수 있다(Johnson & Hannon, 2015; Saffran et al., 2006). 아기들은 목소리를 들을 때 눈을 크게 뜨고 말하는 사람을 쳐다본다. 약 4개월경, 그들은 성인의 언어에서 50개 이상의 음성적 대비 거의 모두를 구분할 수 있다(Hespos & Spelke, 2004).

아기들은 특히 과장된 음높이 유형을 지닌 고음조의 목소리를 좋아한다(Butler et al., 2014; Fernald, 1992; Saffran et al., 2006). 사실, 매우 어린 아기들은 낮은 음조의 소리보다는 고음조의 소리를 더 잘 들을 수 있다(Saffran et al., 2006). 성인들은 보통 높은 음조와 멜로디가 있는 목소리를 사용하여 영아들에게 이야기하기 때문에, 이를 자각하고 있을 수 있다(Fernald & Mazzie, 1991). 엄마와 아빠는 자신의 말하기를 과장하는 경향이 있다. 그들은 다른 사람들에게 말할 때보다 영아 자녀에게 말할 때 더 크게, 더 느리게 말하며, 더 긴 모음을 사용한다. 엄마는 이렇게 말할지 모른다. "아~안~녀~엉, 귀염둥이~이, 아~안~녕, 무얼 보고 있니~이? 그~래~애? 맞~아~아, 그래~애. 엄마야, 으~응" (Stern, 1974, p. 192). 성인들은 또한 영아와 어린 아동에게 더 짧은 문장으로, 더 느리게, 그리고 문장의 끝에는 억양을 높여서 말한다(Fernald & Morikawa, 1993). 영아-지향적인 이러한 말하기는 어머니의 옥시토신 수준 증가와 함께 늘어나는데(Feldman & Eidelman, 2007), 이는 이러한 말하기가 호르몬에 기초한 양육 행동의 일부로, 영아의 주의를 끌도록 고안되어 있음을 시사한다. 실제로 영아들은 이런 종류의 아기 말(baby talk)을 듣기를 선호하며, 어른을 향한 말하기보다 아기 말을 더 즐긴다(Cooper & Aslin, 1990; Werker et al., 1994). 이는 말하는 사람이 남자든 여자든 간에 그러하며(Pegg et al., 1992), 심지어 모국어가 아닌 경우에조차 그러하다(Werker et al., 1994). 곧 아기들은 주변에서 그들이 듣는 언어에 대한 선호를 발달시키고(Kinzler et al., 2007; Mehler et al., 1988), 모국어가 아닌 언어로 말하는 사람보다는 모국어를 말하는 사람에 의해 언급된 사물에 더 많이 주의를 기울이는데, 이는 그들이 정보를 위해 모국어를 말하는 사람에게 더 의존하게 됨을 시사한다(Marno et al., 2016). 9개월경이면, 그들은 다른 언어에서 사용되는 단어와 소리는 걸러내게 된다(Jusczyk et al., 1993). 그들이 듣는 친숙한 음조와 말하기 패턴은 언어획득뿐 아니라 초기 사회적 유대를 촉진시키는, 영아와 부모 간 상호작용 양상에 기여한다(Golinkoff et al., 2015). 영아들은 또한 말하는 사람의 정서적 톤에 반응하는데, 따뜻하고 친절한 발화에는 긍정적으로 반응하고 화나고 금지시키는 발화에는 부정적으로 반응한다(Mumme et al., 1996). 초기 청각 능력과 선호는 이처럼 사회성 발달을 위한 기능적 의미를 갖는다.

**후각, 미각, 촉각** 영아의 후각, 미각, 촉각 능력은 사회성 발달의 다른 가지를 제공한다. 신생아는 다른 냄새와 맛을 구분할 수 있으며 성인들이 좋아하는 냄새와 맛을 선호한다(Rosenstein & Oster, 1988; Steiner, 1979). 그들은 어머니의 가슴 냄새를 맡을 때 덜 울고 눈을 뜨고 빨고자 하며, 다른 어머니가 아니라 자기 어머니의 젖 냄새를 선호한다(Doucet et al., 2007; Marin et al., 2015; Porter, 2004). 어머니들 또한 하루 이틀만 지나면 자기 아기의 냄새를 인식하며(Forestell & Mennella, 2015; Mennella & Beauchamp, 1996), 친숙하지 않은 아기보다는 자기 아기의 냄새를 선호한다(Corter & Fleming, 2002). 분명, 영아의 후각은 그들 세계 내 사람들에게 초기 안내를 제공하며, 냄새로 서로를 식별하는 아기와 어머니의 능력은 그들의 관계 발달에 주요한 역할을 할 것이다(Porter & Winberg, 1999). 영아들은 또한 어머니가 먹은 음식 냄새에 대한 선호를 발달시킨다(Forstell & Mennella, 2015; Mennella & Beauchamp, 1996). 아마도 모유 수유의 한 가지 이점은 그것이 영아에게 어머니, 어머니의 가족, 그리고 어머니의 문화에 의해 선호되는 음식 냄새에 친숙하게 되는 기회를 제공한다는 것이다.

촉각은 처음으로 발달하는 것 중의 하나이다. 피부는 신체 내 가장 넓은 감각기관이고, 태아기 시작부터 아기의 피부는 따뜻한 액체와 조직에 의해 둘러싸여 접촉된다. 출생 후, 영아가 부드러운 어루만짐부터 출혈의 고통까지, 다른 종류의 접촉에 반응한다는 것은 분명하다(Field, 2014). 그들은 토닥거려지고, 쓰다듬어지며, 어루만져질 때 더 많이 미소 짓고 옹알이를 하며 덜 보챈다(Field, 2001a, 2014; Peláez-Nogueras et al., 1996). 한 연구에서 연구자들은 조산아들에게 10일간 매일 세 번씩 15분 동안 마사지를 해 주었다. 다른 조산아들은 마사지를 받지 않았다. 추가적인 촉각적 접촉을 받았던 영아들은 평균 47%의 체중 증가가 있었고, 대부분 시간에 깨어 있고 활발했으며, 더 성숙한 행동을 보였고, 다른 영아들보다 병원에 6일 더 적게 있었다(Field, 2001b). 영아들은 또한 그들의 촉감만을 사용해서 사물들을 변별할 수 있다(Streri & Pecheux, 1986; Streri et al., 2000). 영아들은 얼굴 생김새뿐 아니라, 피부결과 손길만으로 자신의 어머니와 아버지를 인식할 수 있는 것 같다.

**얼굴과 목소리를 넘어서: 사회적 파트너가 되도록 준비됨** 영아들은 얼굴, 목소리, 냄새와 촉감 때문에만 사람들에게 끌리는 것은 아니다. 그들은 사람들의 행동 또한 좋아한다. 2~3개월경에 영아들은 부모와의 대면놀이를 즐긴다. 그들은 장난감을 가지고 놀 때보다 부모와의 상호작용에서 더 긍정적인 얼굴 표정을 보이고 더 많이 옹알이를 하며, 고통을 덜 보인다(Legerstee, 1997). 이러한 대면 상호작용에서 부모들은 영아의 몸짓과 정서적 표현에 상응하게 그리고 예측 가능하게 반응한다. 그들은 긍정적 정서표현을 모델링하고 영아가 똑같이 하기를 격려한다. 그들은 영아와 번갈아 가며 행동하는데, 아기의 반복된 옹알이나 빠는 행동이 멈출 때마다 그 사이에 자신의 행동을 끼워 넣는다. 영아는 응시하고 미소 지으며, 옹알이를 하고 팔을 뻗는 행동을 함으로써 이러한 상호작용에 기여한다(Bornstein, 2013). 그들은 주로 그들의 시선으로 상호작용을 조절한다. 즉, 자극의 양이 너무 많아지거나 놀이가 너무 오래 계속될 때, 영아는 외면하거나 울거나 다른 것으로 주의를 돌린다. 부모는 과장된 얼굴 표정이나 리듬이 있는 반복적인 소리로 영아가 계속해서 관심을 갖도록 최선을 다한다(예: http://www.youtube.com/watch?v=_wEic3Oo9j4&feature=related). 그러나 아기들이 다른 곳을 쳐다볼 때, 부모는 쉬고 싶은 아기의 욕구를 존중할 필요가 있는데, 그들의 자극을 줄이고 영아가 다음 활동을 재개하도록 기다려 주어야 한다(Schaffer, 1996). 이러한 상호 반응성 패턴은 **부모-자녀 조율(parent-infant attunement)**로 명명되어 왔다(Bornstein, 2013).

부모의 최선의 노력에도 불구하고, 종종 일이 잘 풀리지 않기도 한다. 부모나 아기가 사회적 신호를 잘못 읽거나 다른 사람의 미소나 몸짓에 너무 늦게 반응하기 때문에 실수가 생겨난다. 한 조사에 따르면, 어머니와 영아 간 대면 상호작용의 약 30%만이 부드럽고 잘 협응된 것이었다(Tronick & Cohn, 1989). 어떤 어머니와 아동들은 그들의 상호작용에 특별한 어려움을 지니고 있다. 임신 중에 코카인에 노출된 영아들은 대면 상호작용을 잘 다루지 못한다. 그들은 더 수동적이고 위축되어 있으며 부정적 정서를 더 많이 표현한다(Tronick et al., 2005). 유사하게, 조산된 영아들은 정상적으로 달을 다 채워 태어난 영아들에 비해 대면 상호작용 시 더 많은 조절 문제를 보인다(Montirosso et al., 2010). 우울한 어머니들 또한 어려움이 있다. 그들의 상호작용 행동은 종종 시간상 맞지 않거나 갑작스럽다. 그들의 정서표현은 흔히 부정적이다(Campbell et al., 1995). 결과적으로 영아는 더 부정적인 정서와 자기-지시적 조절행동을 보이게 된다. 연구자들은 이러한 과정을 연구하기 위해, 어머니들에게 우울한 어머니의 행동과 유사하게 행동하도록 요청하였다. 어머니들은 영아와 대면 상호작용 동안 아무런 반응을 보이지 않고 아무 말도

하지 않으며, 무덤덤하고 표정이 없는 얼굴을 보이도록 지시받았다. 2~3개월경이면, 영아들은 어머니의 표정 없는 얼굴에 부정적으로 반응하고 불편해한다(Tronick, 1989). 어머니와 성공적으로 상호작용해 온 영아들은 앞으로 몸을 기울이고 옹알이를 하고 미소 지으며 손을 뻗는 등 어머니의 정상적 행동을 이끌어 내기 위해 특히 열심히 노력한다. 어머니를 되돌리려는 시도가 실패한 후, 그들은 외면하고 침을 흘리며, 자세가 흐트러지고, 엄지손가락을 빨고 몸을 흔들면서 자신을 진정시키려 노력한다.

이러한 초점화된 대면 상호작용은 영아의 사회적 기술과 기대를 발달시키는 데 기여한다(Bornstein, 2013; Thompson, 2015). 영아들은 어른들이 그들의 접근에 반응적이며, 자신의 행동을 통해 다른 사람들의 행동을 통제할 수 있다는 점을 학습한다. 영아들은 자신의 행동과 정서적 표현에 의해 상호작용 과정을 변화시킬 수 있다는 것도 학습한다(Malatesta et al., 1989). 그들은 주거니 받거니 하는 것에 대해 학습한다. 시간이 흐르면서, 영아들은 하나의 가까운 위치나 사람에게서 다른 사람으로 주의를 돌리는 능력을 향상시킨다(Nelson et al., 2006). 그들은 더 오랜 시간 동안 주의를 지속시킬 수도 있다(Bornstein et al., 2011). 그들은 사회적 교환 규칙의 일부를 학습하며, 그들의 역할이 시작하는 사람이면서 동시에 반응자라는 것을 깨닫기 시작한다. 부모들 역시 중요한 교훈을 학습한다. 그들은 아기의 신호를 더 민감하고 정확하게 읽어 내고 아기의 주의와 흥미를 유지시키기 위해 자신의 행동을 수정할 수 있게 된다. 이러한 초기 대화를 통해, 부모들은 자기 아기에게 더 많이 맞추고, 거꾸로 영아도 그들의 부모에게 더 많이 맞추게 된다.

## 아기들은 왜 준비되어 있는가

영아들은 특정 유형의 환경을 기대하고 어떤 유형의 정보를 다른 것보다 더 효율적으로 처리하도록 진화적으로 준비되어 있다. 진화이론가에 따르면, 이러한 준비성은 인간 영아 그리고 더 일반적으로는 종의 생존을 보장하는 데 적응적이고 유용하다. 영아들은 오랫동안 부모와 다른 양육자의 지원 및 양육에 의존하기 때문에, 그들은 사회적 파트너에게 반응적이고, 자신의 욕구가 채워질 수 있도록 돕는 일련의 사회적 반응을 보이게끔 생물학적으로 프로그램된다. 영아가 자신을 매력적인 사회적 파트너가 되게 하고 성인으로부터 돌봄을 유도하는 이러한 사회적 경향성을 가지고 있지 않다고 상상해 보라! 이러한 적응적 행동들은 포식자의 위협으로부터 자신을 보호하고 생존하기 위해 필요한 행동이었으며, 매우 오래된 과거부터 존재했다. 그러나 이러한 능력들은 원래 목적이 사라졌음에도 불구하고, 부모를 관여시키고 투자하게끔 유지되어 왔다. 진화적 관점은 초기 사회적 반응 및 신호 체계의 심화된 학습과 정교화가 더 이상 없다는 것을 의미하지 않는다. 현대 진화이론가들에 따르면, 발달은 사회적 메시지를 보내고, 받고, 이해하는 능력 같은 적응적 행동을 지원하는 종-전형적인(species-typical) 환경에 태어나 자라는 것에 달려 있다(Bjorklund & Pellegrini, 2011; Tomasello & Gonzalez-Cabrera, 2017).

## 사회성 발달의 신경학적 기초

> 빵 덩어리처럼 생긴 우리의 뇌는 끊이지 않는 신경학적 대화로 가득 찬, 붐비는 화학 실험실이다. 반짝이는 존재의 언덕, 세포의 회색 빛 모임, 꿈의 공장, 뼈로 된 공 안의 작은 폭군, 모든 연극을 지휘하는 뉴런들의 덩어리, 작은 구석구석, 변덕스러운 아방궁, 운동용 가방에 채워진 너무 많은 옷처럼 두개골 속에 채워진 자아(selves)라는 주름진 옷장이다(Ackerman, 2004, pp. 3-4).

뇌는 사회성 발달의 두 번째 생물학적 기초를 제공한다. 뇌는 단순히 글자와 숫자를 배우기 위해서만 좋은 것이 아니라, 사회적 세계를 탐험하도록 돕는 측면에서도 좋다. 여기서 우리는 뇌 발달의 기초와 뇌 발달과 사회적 행동 간 연결에 대해 개관한다.

### 뇌

인간 뇌의 가장 큰 부분은 **대뇌**(cerebrum)를 이루는 두 개의 연결된 반구로 구성된다. 이 조직 덩어리는 우리가 말하기와 자기인식 같은 우리를 인간답게 하는 속성들, 그리고 감각지각, 운동능력, 기억처럼 다른 포유동물과 공유하는 속성들도 지니게끔 허용한다. 대뇌의 표면층, **대뇌피질**(cerebral cortex)은 뇌 세포체의 약 90%를 함유하는 매우 구불구불한 표면이다. 우리는 아직까지 어떻게 해서 이 세포들이 복잡한 속성들을 통제하는지 알지 못하지만, 보고, 듣고, 움직이고, 느끼고, 생각하며, 말하는 것 같은 특수한 기능들이 대뇌피질의 특정 영역에서 비롯된다는 것을 알고 있다([그림 2-2] 참조). 예를 들어, 전두피질(frontal cortex)은 정서적 정보의 처리와 연합된다(LeDoux, 2000). 변연계, 즉 피질의 내부 경계를 형성하는 일련의 뇌 구조는 정서와 사회적 행동의 조절에 주로 작용한다. 변연계 구조물의 하나인 편도체는 공포와 놀람 표현을 인식하는 데 주요 역할을 한다(Akirav & Maroun, 2007; Gee et al., 2013; Kim et al., 2003).

## 뇌 성장과 발달

뇌는 태아기에 매우 빠르게 성장하며 출생 후에도 놀라운 속도로 계속해서 성장한다. 신생아의 뇌는 성숙한 뇌의 약 ¼ 정도 무게이지만, 생후 약 6개월경 뇌는 성인 뇌의 ½ 정도 무게가 되며, 2세경 뇌의 무게는 성인 뇌의 ¾ 정도가 된다(Shonkoff & Phillips, 2000). 뇌 발달은 이 시기 동안 순차적으로 이루어지지만, 발달이 일정한 속도로 이루어지는 것은 아니다. 일련의 점진적이고 지속적인 성장뿐 아니라, 사회정서발달의 진전과 연계된 상대적으로 빠른 발달 시기가 생겨난다(Fischer & Bidell, 2006). 연구자들은 다양한 뇌 기록 기술을 사용하여, 영아기와 아동기의 몇몇 뇌 성장급등을 식별해 왔다.

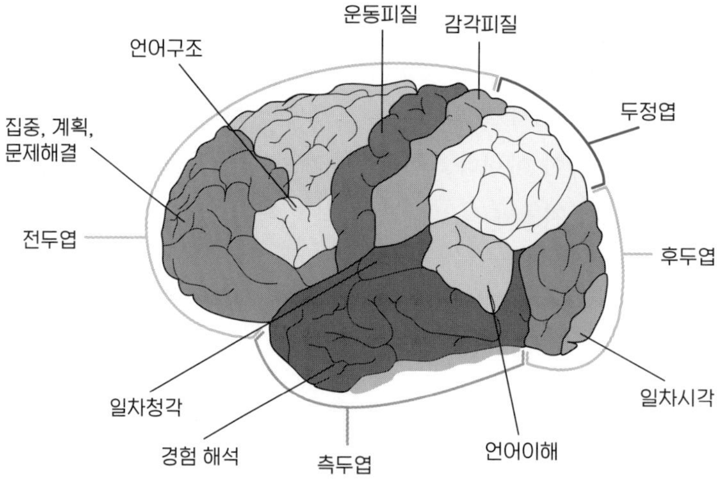


[그림 2-2] 뇌의 피질. 피질은 전두엽, 측두엽, 후두엽, 두정엽 등 네 개의 엽으로 구분되어 있으며 각 엽 내의 특정 영역들이 특수한 기능을 담당하도록 전문화되어 있는 듯하다.

출처: Republished with permission of McGraw-Hill Companies, Inc. From Postlethwait, J. H., & Hopson, J. L. (1995). *The nature of life* (3rd ed.). New York: McGraw-Hill. Permission conveyed through Copyright Clearance Center, Inc.

첫째, 운동피질은 성장급등을 보인다. 아기가 생의 첫 몇 개월 동안 보이는 대부분의 반사적 행동으로부터 움직임에 대한 자발적 통제로 이동할 때, 뇌의 운동 영역은 급속히 발달한다. 영아가 약 2개월경이 되면 전두 운동피질은 빠른 변화의 시기를 겪는데, 이와 동시에 루팅(rooting, 자동으로 자극 쪽으로 얼굴을 돌리고 볼이나 입술이 만져질 때 빠는 움직임을 보이는 것)과 놀람 반응 같은 운동 반사는 사라지고, 사물을 향해 손을 뻗는 능력이 향상된다. 운동 기술에서의 이러한 전환은 영아가 손을 뻗음으로 인해 사회적 관계를 시작하고 다른 사람의 주의를 끌 수 있기 때문에 사회적 상호작용의 본질을 변화시킨다. 약 8개월경, 또 다른 뇌 성장급등이 일어난다. 이는 기어 다니고, 숨겨진 물체와 사람을 찾는 영아의 능력과 연합된다. 12개월경의 뇌 성장급등은 걷는 것과 관련되는데, 어느 부모든 걷기가 영아와 다른 사람들과의 관계를 극적으로 변화시킨다고 말할 수 있다. 걸을 수 있는 아기들은 환경을 더 완전하게 탐색하고 다른 사람들과의 접촉을 더 쉽게 시작할 수 있게 된다. 그들의 새로 발견된 독립성은 양육자가 반응하는 방식을 바꾸게 된다. 즉, 부모는 한계와 제한을 설정하기 시작하고, 인내력을 더 많이 시험당할 것이다(Biringen et al., 1995).

변화는 또한 시각 피질에도 생겨나며, 이러한 발달은 성장급등으로 나타난다(Cameron, 2012). 아기가 3개월경일 때의 성장급등은 얼굴이 아닌 자극보다는, 얼굴과 같은 자극을 더 오래 응시하는 것과 관련된다(Nelson et al., 2006). 청각 피질에서의 성장급등은 영아로 하여금 인간의 목소리와 양육자로부터의 언어적 입력에 더 민감하게 만든다(Nelson et al., 2006). 18~24개월 사이의 성장은 언어발달의 급격한 성장과 연합된다(Goldman-Rakic, 1997).

피질에서의 또 다른 주요한 성장급등은 6~7세 사이에 발생한다. 이는 전전두피질(prefrontal cortex)의 발달을 포함하며, 실행적 처리과정의 등장과 연합된다. 이 과정은 아동에게 유연하게 생각하고 도전적인 상황에서 적절히 행동하며, 계획하고 조직하며, 충동을 통제하고, 주의를 할당하는 능력을 제공한다(Del Giudice, 2014; Diamond, 2002). 이러한 기술들은 사회성 발달에 중요하다. 예를 들어, 주의를 조절하는 아동의 능력은 더 높은 수준의 또래와의 사회적 능력과 연합된다(NICHD Early Child Care Research Network, 2009).

마지막으로, 청소년기의 뇌 변화는 사회적 행동과 연합된다(Blakemore, 2012; Steinberg, 2007). 사춘기가 시작될 때, 급격한 변화가 내부 변연계 및 변연계 주위 영역에서 일어나는데, 편도체와 내측 전전두피질(medial prefrontal cortex)을 포함한다. 이러한 변화는 사회적, 정서적 처리와 관련된다. 측면 전전두 영역(lateral prefrontal region)을 포함하는 또 다른 뇌 영역은 사춘기에 성장급등이나 재조직화를 보이지는 않지만, 청소년기 후기와 성인기 초기까지 점진적으로 발달한다(Chambers et al., 2003; Keil, 2006; Kuhn, 2006). 이 영역은 실행 기능과 관련된다. 사회정서적 처리가 청소년 초기에 급격히 향상되지만, 충동 통제는 더 점진적으로 발달한다는 사실은 청소년의 정서적 변덕과 위험 추구를 설명한다. 성인 초기쯤에는 측면 전전두 영역의 점진적 성숙으로 두 개 시스템 사이의 더 좋은 균형과 위험 추구 감소를 낳는다(Steinberg, 2014). 이러한 내용이 설명하듯이, 뇌 발달은 사회성 발달의 중요한 기여자이다.

## 반구 전문화

뇌의 가장 중요한 조직 특성 중 하나는 그것이 두 쪽, 즉 **대뇌반구(cerebral hemispheres)**로 나뉘어 있다는 점이다. 신경섬유 다발인 **뇌량(corpus callosum)**으로 연결된 좌우 반구는 해부학적으로 다르며, 일반적으로 다른 기능을 통제한다(Kandel et al., 2000). 그러나 둘 사이의 상당한 상호 연결 때문에, 완벽한 분리는 어렵다. 두 반구 모두 대부분의 기능에서 어떤 역할을 할 뿐 아니라, 하나의 반구가 손상을 입었을 때 다른 쪽 반구가 그 기능의 일부를 대체한다. **반구 편재화(hemispheric lateralization)**는 특정 과제에 대한 각 반구의 전문화를 뜻하는 용어이다.

우반구는 신체의 왼쪽을 통제한다. 우반구는 시각-공간적 정보, 음악과 같은 비언어적 소리, 얼굴 지각을 처리한다(De Heering & Rossion, 2015; Nelson, 2013; Nelson et al., 2006). 뇌의 오른쪽이 손상될 때, 사람들은 보통 시각-공간적 지각을 요하는 과제를 어려워하며, 그림 그리는 기술은 저하되고, 지도를 따라가거나 친구를 인식하는 데 어려움이 생기며, 또 다른 사람의 관점을 취하는 것도 잘 못하며, 공간적으로 방향을 잃게 된다(Carter et al., 1995; Krall et al., 2016). 우반구가 손상된 사람들이 얼굴 표정을 해석하는 데 어려움이 있다는 사실이 시사하는 것처럼, 우반구는

© Barbara Smaller/The New Yorker Collection/The Cartoon Bank

"젊은이, 당신 방으로 가서 대뇌피질이 성숙할 때까지 거기 머물도록 하게."

정서적 정보를 처리하는 것에도 관여한다(Dawson, 1994; Nelson et al., 2006). 동시에 우반구 손상은 사람들로 하여금 보통의 경우라면 그들을 힘들게 했을 것들에 대해 때로 무관심하게 만들거나 심지어 명랑하게 반응하도록 만들 수도 있다. 이는 사람들로 하여금 피하거나 위축되게 만드는 고통, 혐오, 공포 같은 정서들로 인해 우반구가 활성화되기 때문이다(Davidson, 1994; Fox, 1991).

좌반구는 신체 오른쪽의 단순한 움직임을 통제한다. 좌반구는 기쁨, 흥미, 분노와 같은 접근 정서(approach emotions)에서 활성화된다. 또한 언어처리와도 연합된다. 뇌영상 연구에 따르면, 말하기 자극은 2~3개월 된 영아들에게서도 우반구보다는 좌반구를 더 많이 활성화시킨다(Dehaene-Lambertz et al., 2002; 2010). 좌반구 손상을 지닌 사람들은 친숙한 노래를 인식하고, 오래된 친구와 낯선 사람의 얼굴을 구분할 수 있지만, 그들이 들은 내용을 이해하거나 명확히 말하는 데 어려움이 있을 것이다(Springer & Deutsch, 1993). 사람들의 뇌가 편재화 또는 전문화된 정도는 유전적 요소를 가지고 있다. 예를 들어, 부모와 자식은 비슷한 수준의 언어 편재화를 보인다(Anneken et al., 2004).

편재화는 태내에서 시작되며(Kasprian et al., 2011), 인생 초기에 계속해서 발달한다(Stephan et al., 2003). 그러나 아동이 뇌 손상을 경험한다면, 그들의 뇌가 아직 완전하게 발달하지 않았고 반구 전문화도 아직 완전하지 않은 상태이기 때문에, 종종 기능을 회복한다(Fox et al., 1994; Stiles, 2000). 예를 들어, 영아기 초기에 좌반구가 손상될 때, 아동은 여전히 거의 정상적인 언어 능력을 발달시킬 수 있다(Bates & Roe, 2001). 듣지 못하고 의사소통을 위해 수화(sign language, 손의 움직임을 포함하는 언어)를 사용해야 하는 사람들의 경우, 우반구는 언어기능을 대체할 수 있다(Neville & Bruer, 2001; Sanders et al., 2007). 성인들조차 여전히 상당한 수정 가능성을 가지고 있으며, 상실된 기능은 흔히 치료와 연습을 통해 부분적으로 회복될 수 있다(Black et al., 1998; Briones et al., 2004; Sailor et al., 2017). 게다가 성인 뇌는 신경 세포를 재생시킬 수 있는 능력을 가지고 있다(Rosenzweig et al., 1996; Sailor et al., 2017).

## 뉴런과 시냅스

출생 시 아기의 뇌는 신경세포, 즉 **뉴런(neuron)**의 대부분(100조에서 200조)을 가지고 있다(LeDoux, 2002). 사실, 대부분의 뉴런은 임신 7개월 정도에 뇌에 존재한다(Goldman-Rakie, 1997). 뉴런은 태아기 동안 매우 빠른 속도로 증식하는데, **뉴런 급증(neuron**

**proliferation)**이라는 과정에서 1분마다 약 250,000개의 새로운 뉴런이 추가된다(Kolb et al., 2003). 출생 후, 뇌는 기존의 뉴런들이 성장하고 뉴런 간 연결이 증가하기 때문에 크기가 증가하게 된다. 뉴런을 둘러싸고 보호하는 **교세포(glial cells)** 또한 성장한다. 이러한 세포들은 뉴런에 구조적 지지를 제공하며, 영양분을 조절하고, 신경 조직을 수리한다. 어떤 교세포는 **수초화(myelination)**에 기여하는데, 수초화는 수초(myelin)라는 여러 층의 지방질 막으로 뉴런의 일부를 감싸는 것이다. 이러한 절연 처리는 뉴런이 더 효율적으로 정보를 전달하도록 만든다(Johnson, 1998; Nelson et al., 2006). 대부분의 수초화는 첫 2년 동안 일어나지만, 일부는 성인기까지 계속된다(Lebel & Deoni, in press; Sampaio & Truwit, 2001). 뉴런들은 항상 이동 중인데, 신경화학적 과정을 통해 뇌 속의 최종 위치로 이주한다(Poduri & Vople, 2018; Rosenzweig et al., 1996). 이러한 **뉴런 이주(neuron migration)**는 뇌의 모든 부분에 충분한 수의 뉴런이 있을 수 있게 한다. 적합한 위치에 충분한 수의 뉴런이 없다는 것은 다양한 형태의 정신적 장애, 그리고 난독증(dyslexia)과 조현병 같은 장애와 연합된다(Johnson, 1998; Kolb et al., 2003; Nelson et al., 2006).

뉴런들 간의 연결, 즉 **시냅스(synapses)**는 뉴런 그 자체만큼이나 필수적이다. 시냅스는 한 뉴런의 축색(axon)이 다른 뉴런의 돌출된 수상돌기(dendrite)로 메시지를 전달할 때(보통 이는 그들 사이의 작은 공간을 건너가는 화학물질로 가능해짐) 뉴런들 사이에 교차점을 형성한다. **시냅스 생성(synaptogenesis)**은 뉴런이 생겨나자마자 태아기 초기에 시작되며, 곧 뉴런보다 더 많은 수의 시냅스가 존재하게 된다. 예를 들어, 출생 시 영아는 뇌의 시각 피질에 있는 뉴런마다 각각 2,500개의 시냅스를 가지고 있다. 약 2세경의 아동은 뉴런마다 약 15,000개의 시냅스를 가지고 있다(Huttenlocher, 1994; Huttenlocher & Dabholkar, 1997). 시각 피질에서는 뉴런 하나당 시냅스 수가 첫 2년 내에 6배로 증가한다. 그 결과, 영아의 시각 능력은 엄청나게 향상된다. 예를 들어, 그들은 다양한 거리의 사물과 사람에 더 능숙하게 초점을 맞출 수 있게 된다(Johnson & Hannon, 2015; Nelson et al., 2006).

이 모든 뉴런과 시냅스가 필요한가? 그것들이 전생애에 걸쳐 계속 기능하는가? 이 두 질문에 대한 답은 '아니요'이다. 뇌는 필요한 것보다 더 많은 뉴런과 시냅스를 만들도록 프로그램되어 있다. 발달과 함께, 두 개의 과정이 뉴런과 연결의 수를 감소시키게 된다(Sowell et al., 2003). **프로그램된 뉴런 사망(programmed neuronal death)**은 새로운 시냅스 주변의 미성숙한 뉴런들을 제거한다(Kandel et al., 2000; Yamaguchi & Miura, 2015). 이는 정보 전달의 결정적 위치에서 더 많은 공간을 제공한다. **시냅스 가지치기(synaptic pruning)**는 덜 활성화된 뉴런의 축색과 수상돌기를 제거한다(Abitz et al., 2007). 이는 새로운 시냅스 연결을 위한 공간을 확보한다. 뉴런 사망과 시냅스 가지치기의 목적은 뉴런 간 전달의 속도, 효율성 그리고 복잡성을 증가시키고, 아동이 새로운 경험을 하게 되면서 발달시키게 될 새로운 연결을 위한 공간을 만드는 것이다(Huttenlocher, 1994; Kolb et al., 2003). 성인기가 되면 각 뇌의 대략 1조 개의 뉴런들은 다른 뉴런들과 100~1,000개의 연결을 만든다. 이는 성인 인간의 뇌에 약 1,000조의 시냅스를 만들게 된다(Huttenlocher & Dabholkar, 1997).

## 뇌 발달과 경험

두 개의 처리과정이 뇌의 발달에 영향을 줄 수 있다(Greenough & Black, 1999). **경험-기대적 처리과정**(experience-expectant processes)은 촉각, 무늬가 있는 시각적 입력, 언어의 소리, 양육자의 애정적 표현, 영양 등과 같이 정상적 환경에서 거의 항상 경험되는 경험들을 필요로 한다. 이러한 처리과정은 시냅스 발달과 가지치기를 촉발시키며, 정상적인 뇌 발달에 결정적이다.

> "모든 자장가, 키득거림, 까꿍놀이는 신경 경로를 따라 타닥거리는 소리를 내며, 언젠가 예술에 대한 사랑 또는 축구에 대한 재능, 또는 친구를 만들고 유지하는 능력이 될 수 있는 무언가를 위한 기초 작업을 한다."(Kantrowitz, 1997, p. 7)

아동이 이러한 경험이 없을 때, 그들의 기초적 능력은 손상된다. 예를 들어, 아동이 선천적 백내장을 가지고 있을 때, 그들의 시각체계는 자극이 결핍되고 적절하게 발달하지 못하게 되어, 백내장이 후에 제거가 된다고 해도 그 아동은 기능적으로 시각장애인이 된다. **경험-의존적 처리과정**(experience-dependent processes)은 개인에게 고유한 경험들, 즉 특정 가족, 지역사회, 문화에 의해 발생하는 경험에 의존한다. 뇌는 독특한 경험들을 부호화하는 시냅스 연결을 발달시킴으로써 이러한 특수한 경험들에 반응한다. 예를 들어, 모잠비크에서는 아동의 운동 피질은 사냥과 고기잡이와 연합된 능력을 반영한다. 반면, 미국에서 아동의 뇌는 비디오 게임에 성공하기 위해 필요한 소근육 운동과 눈-손 협응을 반영하는 영역에서 더 발달한다.

인간과 다른 동물에 대한 연구들은 경험이 뇌의 크기, 구조, 생화학을 수정하는 방법을 증명해 왔다(Black et al., 1998; Rosenzweig, 2003). 외상 사건에 대한 노출뿐 아니라 자극의 결여는 뇌를 손상시키고 역기능을 초래할 수 있다. 예를 들어, 학대받은 아동들의 경우, 정서와 사회적 관계에 관여된 피질과 변연계 모두, 학대받지 않은 아동들에 비해 20~30% 더 작고, 시냅스 또한 더 적다(Perry, 1997). 자극이 결여된 고아원에서 자란 아동들 역시 뇌 활동이 감소하고 뇌의 영역들 간에 더 적은 연결성을 보였다([그림 2-3] 참조; Eluvathingal et al., 2006; Gee et al., 2013; Nelson, 2007; Pollak, 2012; Pollak et al., 2010). 이는 그들이 사회적 신호를 인식하고 타인과 관계를 형성하는 데 보이는 어려움을 설명할 수 있다.

## 거울뉴런과 사회적 뇌

영화를 볼 때, 우리는 흔히 배우의 경험을 공유한다. 배우가 높은 건물의 지붕에서 미끄러지는 것을 볼 때 우리의 심장은 빠르게 뛴다. 가해자가 피해자를 스토킹하는 것을 보면서 우리는 숨을 멈춘다. 왜 그럴까? 뇌의 특정 뉴런과 영역이 우리가 보는 것을 동일한 상황에서 우리가 했거나 느꼈을 것으로 변환시키기 때문이다. 결과적으로, 다른 사람을 이해하는 것은 오랜, 의도적인 사고를 요하지 않으며, 오히려 정서, 감각, 행동에 대한 직관적인 공유에 기초한다. 우리의 뇌는 우리가 보거나 상호작용하는 사람의 상태에 자신을 맞추며, 다른 사람의 감정과 행동과 일치하게 우리 자신의 감정, 행동을 조절한다(Winkielman & Harmon-Jones, 2006).

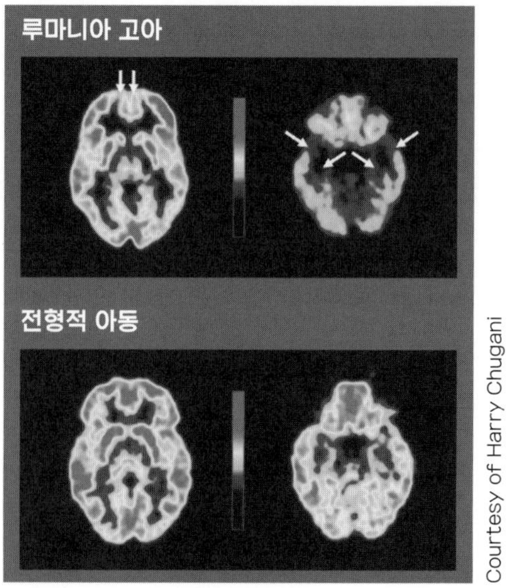


[그림 2-3]
**초기 결핍이 뇌 활동에 영향을 미치는 방법**

전형적 아동의 뇌에서 양전자 방사 단층촬영법(positron-emission tomography: PET)은 활발히 활동하는 많은 영역을 보여 주는 반면, 출생부터 극심한 결핍을 겪고 보호시설에 사는 루마니아 고아의 뇌는 활동 영역이 훨씬 적다. 화살표는 뇌에서 가장 영향을 받은 부분인 측두엽을 가리킨다.

**거울뉴런**(mirror neuron)은 이러한 공유의 열쇠이다. 거울뉴런은 사람이 행동할 때뿐 아니라 사람이 동일한 행동을 다른 사람이 행하는 것을 볼 때 모두 발화한다(http://www.pbs.org/wgbh/nova/sciencenow/3204/01.html 참조). 이 뉴런들은 원숭이에게서 직접적으로 관찰되어 왔으며, 거울뉴런과 일치하는 활동은 운동 피질(Fadiga et al., 1995), 체성감각 피질(somatosensory cortex; Gazzola & Keysers, 2009), 하전두회(inferior frontal gyrus, Kilner et al., 2009) 같은 많은 수의 특정 뇌 영역에서 발견되어 왔다. 예를 들어, 연구자들은 fMRI를 사용해서 사람이 다른 사람의 신체적 행동을 관찰할 때 운동피질이 활성화됨을 발견해 왔다(Fadiga et al., 1995). 이러한 뇌 영역들은 **인간 거울뉴런 시스템**(**human mirror neuron system**)으로 정의되어 왔다(Iacoboni et al., 2005).

인간 거울뉴런 시스템은 사회적 행동과 분명한 연결이 있다. 거울뉴런들은 모방에 의해 새로운 기술을 학습하는 데 중요하며(Dinstein et al., 2008; Iacoboni, 2008; Lanzoni, 2016), 타인의 행동과 의도를 이해할 때에도 중요한 듯 보인다. 한 연구에서 연구자들은 거울뉴런과 사회적 이해 간 연결을 알아보기 위해 원숭이를 활용했다. 원숭이들은 실험자가 사과를 집어서 입으로 가져가거나 사물을 집어 컵 속에 넣는 것 중 하나를 관찰하였다. 원숭이가 '집어서 먹는' 움직임을 관찰했을 때 15개의 거울뉴런이 발화했지만, 실험자가 단순히 사물을 집어 컵 속에 넣는 것을 보았을 때에는 어떤 거울뉴런도 발화하지 않았다(Fogassi et al., 2005). 분명히, 뉴런의 활동은 사과를 먹으려는 실험자의 의도를 원숭이가 알고 있음을 반영하였다. 인간 영아 연구 결과도 마찬가지로, 거울뉴런 시스템이 타인의 행동을 이해하는 것을 돕는다는 것을 시사한다(Falck-Ytter et al., 2006).

거울뉴런들은 또한 언어 획득(Théoret & Pascual-Leone, 2002), 마음이론 기술(즉, 타인의 정신 상태에 대한 이해로 제5장 '자신과 타인'에서 이에 대해 다룰 것이다)의 발달(Keysers & Gazzola, 2006), 그리고 공감 감정(Decety & Jackson, 2004)과도 연결되어 왔다. 연구자들은 자신이 더 공감적이라고 보고한 사람들이 거울뉴런 시스템이 더 강하게 활성화됨을 발견해 왔다(Jabbi et al., 2007). 또한 거울뉴런 시스템의 문제가 인지적 장애를 일으킬 수 있으며, 특히 자폐증을 가진 사람들이 거울뉴런이 부족하기 때문에 사회적 기술, 모방, 공감, 마음이론에 결함을 갖게 된다는 것이 보고되어 왔다(Dapretto et al., 2006; Hamilton, 2013; Hadjikhani et al., 2006; Oberman et al., 2005).

인간 거울뉴런 시스템이 발견되는 한 영역은 사회적 뇌라고 명명되어 온 부분, 즉 타인을 이해하는 데 관여하는 뇌 영역들의 네트워크이다. 뇌의 이 부분은 최근의 진화를 통해 그 크기가 증가되어 왔다. 그 영역들은 내측 전전두피질(medial prefrontal cortex:

mPFC), 하전두회(inferior frontal gyrus: IFG), 측두-두정 접합(temporoparietal junction: TPJ), 상측 두구(superior temporal sulcus: STS), 두정간구(interparietal sulcus: IPS), 전측 대상피질(anterior cingulate cortex: ACC), 전측뇌섬엽(anterior insula: AI) 그리고 편도체(amygdala)를 포함한다([그림 2-4] 참조). 이 뇌 영역들은 얼굴과 신체 움직임을 이해하는 것부터 다른 사람들이 무엇을 생각하거나 느끼는지 평가하는 것, 다음에 바로 무엇을 할지 예측하는 것, 그리고 그들과 의사소통하는 것까지 사회적 기능에 관여한다(Blakemore, 2008; 2012). 뇌 영상 연구들은 이 뇌 영역들이 사람들이 공감을 경험하고, 타인의 감정을 이해하거나 다른 사람들과 상호작용할 때 활성화됨을 보여 주고 있다.

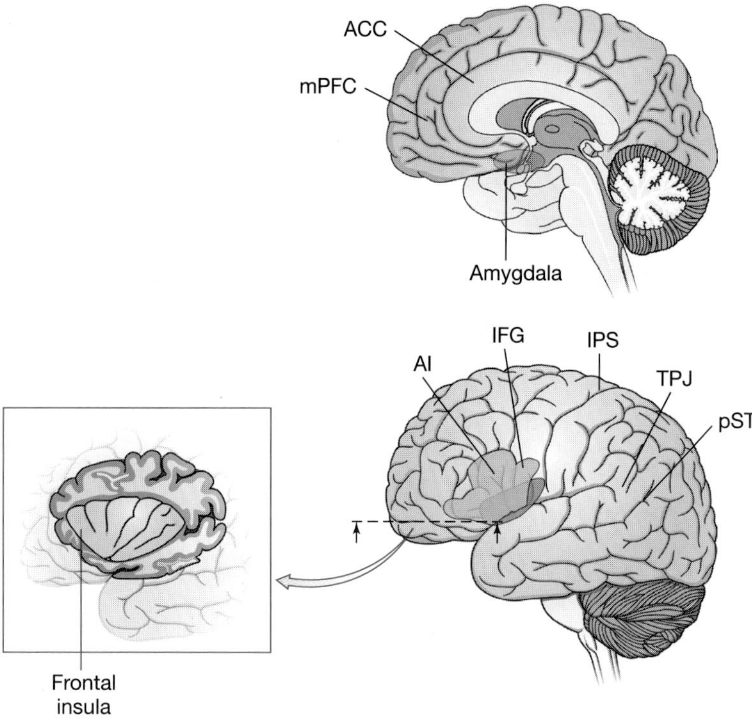


[그림 2-4] 사회적 뇌의 영역

영역들에는 내측 전전두피질(mPFC), 측두-두정 접합(temporoparietal junction: TPJ), 후측 상측 두구(posterior superior temporal sulcus: pSTS), 하전두회(inferior frontal gyrus: IFG), 두정간구(interparietal sulcus: IPS), 전측대상피질(anterior cingulate cortex: ACC), 전측뇌섬엽(anterior insula: AI), 편도체(amygdala) 그리고 전두-뇌섬엽(frontal insula)이 있다.

출처: Reprinted by permission from Macmillan Publishers Ltd. Blakemore, S.-J. The social brain in adolescence. *Nature Reviews Neuroscience, 9*, 267-277. (fig 1, p. 269) ©2008.

내측 전전두피질은 우리 자신과 타인의 의사소통 의도를 이해하는 데 특수한 역할을 하는 것으로 보인다(D'Argembeau et al., 2007; Grossmann, 2013; Kruegera et al., 2009). 내측 전전두피질은 우리로 하여금 사회적 사건 지식을 부호화하게 해서 우리가 자신의 행동을 계획하고 모니터링하며 타인의 행동을 이해하고 예측할 수 있게 한다. 예를 들어, 한 연구에서 엄마가 자기 아기의 미소 짓는 얼굴을 보았을 때, 그들의 mPFC가 활성화되었지만, 아기 얼굴이 중립적이었을 때에는 활성화되지 않았다. 유사하게 영아가 자기 엄마의 미소를 보았을 때, 아기의 전두피질을 활성화시켰다(Minagawa-Kawai et al., 2009).

편도체와 상측 두구(STS)는 얼굴의 정서표현을 처리하는 데 관여하는 사회적 뇌의 영역들이다(Adolphs & Tranel, 2004; Decety et al., 2014; Narumoto et al., 2001). 한 fMRI 연구에서 이러한 연결을 증명하였는데, 대학생들은 움직이는 남성 캐릭터가 복도에서 그들 쪽으로 접근하면서 행복한 얼굴이거나 화난 얼굴을 짓는 것을 시청하였다(Carter & Pelphrey, 2008). 화난 얼굴 표정을 보았을 때, 대학생들은 편도체와 STS에서 증가된 활성화를 경험하였다.

사람들이 정서를 경험할 때 특히 활동적인 사회적 뇌의 또 다른 영역은 전두-뇌섬엽(frontal insula: FI)이다. 이 영역은 공감, 신뢰, 죄책감, 당황 그리고 사랑 같은 사회적 정서를 만들어 낼 때 역할을 하는 것 같다(Chen, 2009). 이 영역은 또한 엄마가 아기가 우는 것을 듣거나 어떤 사람이 타인의 감정을 결정하기 위해 얼굴을 살필 때 활성화된다. FI는 자신의 감정과 다른 사람의 감정 간에 연결을 제공하여, 타인의 감정을 이해하는 것을 가능케 한다. 비정상적으로 큰 폰 이코노모 뉴런(von Economo neuron)들은 FI와 뇌의 나머지 영역 간 의사소통을 촉진시키며 사람들로 하여금 변화하는 사회적 맥락에 빠르게 적응할 수 있게 한다. 오랜 과거에 이런 신경 회로는 누구를 신뢰할 수 있는지에 대해 우리 조상들이 순식간에 정확한 판단을 할 수 있게 하여 생존에 유리하게 만들었을 수 있다.

연구자들은 사회적 뇌가 출생부터 성인기까지 어떻게 발달하는지를 학습하기 시작하고 있다. 그들은 성인의 사회적 뇌 모든 영역이 영아기에도 부분적인 반응을 보인다는 것을 알게 되었다. 심지어 3개월경에도 전전두 영역은 아기가 얼굴을 처리할 때 활성화된다(Johnson et al., 2005). 그러나 성숙한 반응은 1세는 되어야 관찰된다. 이 연령의 아기들은 어른처럼 위-아래가 제대로인 그리고 위-아래가 뒤집힌 인간의 얼굴을 구분하지만, 원숭이의 얼굴일 때는 그 둘을 구분하지 못한다. 이러한 결과들은 얼굴에 대한 영아의 피질 처리가 초기에는 상대적으로 대략적이고 잘 조율되어 있지 않으며, 좀 더 발달한 후에야 제대로 위치한 인간의 얼굴에 더 민감하게 된다는 생각과 일치한다. 사람의 감정과 행동을 지각하는 영아의 능력에 대한 연구를 포함하여, 영아기 사회적 뇌 네트워크의 전조에 대한 연구들은 뇌는 사회적 맥락 내에서 발달하도록 맞춰져 있으며 이러한 맥락이 성인 피질의 전문화에 기여함을 시사한다(Grossmann & Johnson, 2007).

발달과 함께, 사회적 처리를 지원하는 피질 조직들은 점점 더 전문화된다. mPFC 활성화는 아동 후기와 청소년기에 감소하며, 성인의 경우 mPFC의 전문화된 하위영역들이 활성화되는 것으로 대체된다(Blakemore, 2008, 2012; Dumontheil, 2015). 이러한 발달적 전환을 증명한 한 fMRI 연구에서 연구자들은 참가자들에게 "당신 아버지가 슈퍼마켓에서 로큰롤 댄스를 추기 시작했다."와 같은 당혹스러운 사회적 상황에 대해 생각하도록 하였다(Burnett et al., 2009). 이러한 상황을 생각하는 것은 청소년과 성인 모두에게서 사회적 뇌를 활성화시켰다. 그러나 mPFC는 성인보다는 청소년에게서 더 활성화되었고, 측두극(temporal pole)은 청소년보다는 성인에게서 더 활성화되었다. 이처럼 서로 다른 영역들의 상대적 역할이 연령과 함께 변했고, 활동은 전방 영역(mPFC)에서 STS와 같은 후방(측두엽) 영역으로 이동했다.

더 전문화되어 가는 것에 더하여, 사회적 뇌의 다른 피질 영역은 발달이 진전되면서 네트워크로 체계화된다(Johnson et al., 2009). 연구자들은 이제 어떤 특수한 기능이 어떤 특정 피질 영역에 위치하는지 찾아내려고 하는 것보다는 사회적 뇌의 영역들 간에 기능적 연결성의 패턴을 이해하는 것을 더 강조하는 쪽으로 변화하고 있다.

## 유전학과 사회성 발달

유전적 전달은 사회성 발달을 위한 세 번째로 중요한 생물학적 기초이다. 유전적 전달은 각 세포핵에 들어 있는 염색체(chromosomes)라는 실 같은 구조와 함께 시작된다. 이 염색체 위에 유전적 부호를 함유한 DNA 분자의 일부인 **유전자(genes)**가 있다. 유전자는 염색체의 특정 위치에 놓여 있는데, 특정 유형의 단백질을 생성하라는 것을 코드화한다. 유전자가 활성화될 때, 그것의 복사본이 세포핵으로부터 세포체로 이동하며, 거기에서 단백질 분자를 만드는 형판으로 작용한다. 인간 신체 내의 많은 다른 단백질은 서로 다른 기능을 담당한다. 그것들 모두가 함께 작용하여 살아 있는 유기체라는 것을 만들게 된다. 유전적 변이는 세 가지 현상의 결과인데, 정자세포와 난세포의 형성 동안 가능한

## 유전자가 당신의 잠재력을 결정한다고 생각하였는가

유전학에 대한 근거 없는 믿음과 오해는 무수히 많다. 당신은 아마도 그중 일부를 가지고 있을 수 있다.

만약 당신이 유전자가 잠재력을 결정한다고 생각했다면, 당신이 틀렸다. 유전적 요소는 개인의 잠재력에 영향을 미치긴 하지만, 환경적 요인도 그러하다. 환경을 변화시키면, 잠재력도 변한다. 이 사실의 놀라운 예시는 태내 발달시기 동안 일란성 쌍생아 한쪽이 하나의 태반을 통해 다른 한쪽에 혈액을 보낼 때 일어난다. 쌍생아 대 쌍생아 혈액 주입 증후군(twin-to-twin transfusion syndrome)으로 명명되는 이 희귀한 장애에서 혈액을 주는 쌍생아는 심각하게 저체중으로 태어나며 위험군이다. 이는 정확하게 동일한 유전형에도 불구하고 적절한 발달에 대한 아기들의 잠재력에 큰 차이를 가져온다(http://www.dailymail.co.uk/health/article-452163/The-amazing-little-large-identical-twins.html).

만약 당신이 본성(nature)과 양육(nurture)이 개별적으로 작용한다고 생각했다면, 당신은 이번에도 틀렸다. 유전자와 환경은 발달에 필수적이다. "유전자가 없으면 유기체도 없고, 환경이 없어도 유기체는 없다."(Scarr & Weinberg, 1983)

당신은 아마도 DNA는 유전의 고정된 형판이라고 가정했을 것이다. 그러나 DNA조차 상당한 정도의 환경적으로 유도된 변화를 어머니 자궁 내에서부터 겪게 된다.

유전학에 대한 또 다른 신화는 '강한 유전적 효과=중요하지 않은 환경적 효과'라는 것이다. 유전에 강하게 연관된 특질조차 환경을 변화시킴으로써 수정할 수 있다. 유전자(또는 더 흔하게 유전자 집합)는 사람들 사이에 변이(variability)를 초래한다. 환경은 전집에서 그 특질의 전반적 증가 또는 감소를 야기할 수 있다.

당신은 또한 유전적 영향이 연령과 함께 줄어든다고 생각했을 수 있다. 그러나 그렇지 않다. 유전자와 연령의 관계는 복잡하다. 어떤 특징은 발달의 초기 단계에서 유전과 가장 강하게 관련되지만, 다른 특징은 삶의 더 늦은 시기에 유전적 요소와 더 강하게 연합된다.

마지막으로 어떤 사람들은 유전자가 단지 정적인(static) 특징을 조절한다고 생각한다. 이 역시 잘못된 것이다. 유전자는 발달의 역동성에도 영향을 미친다.

출처: Charney, 2012; Rutter, 1992, 2006.

엄청난 수의 염색체 결합, 여자로부터의 23개 염색체와 남자로부터의 23개 염색체가 접합체를 이루게 되는 정자와 난자의 결합, 그리고 수정된 난자 내 세포분열 동안 발생하는 교차(crossing-over), 즉 서로 상응하는 염색체 상의 유전자 교환이 그것이다.

유전자는 사회적 상호작용을 위한 영아의 생물학적 준비성처럼 인간 종의 공유된 특성과 어떤 사람의 외향적이고 사회적인 성향과 다른 사람의 내향적인 수줍음 같은 개인차에 기여한다. 오래도록 사회성 발달에 관심이 있는 심리학자들은 인간 행동의 이러한 차이가 어디에서 비롯되는지 궁금해했고, **인간 행동유전학**(**human behavior genetics**) 분야가 형성된 20세기 초부터 사회적 행동의 일련의 개인차에 대한 유전적 기여도를 추정하는 것에 주의를 기울였다(Knopik et al., 2016; Rutter, 2006).

먼저, 행동유전학은 염색체, 유전자, 또는 DNA를 직접 측정하지 않으면서 연구를 진행했다. 대신, 정교한 통계적 기술을 사용해서 유전성 계수(heritability coefficients), 즉 가산적인(additive) 유전적 변이가 특정한 능력 또는 사회적 행동에 기여하는 정도를 계산했다. 유전(heredity)의 백분율 기여도는 환경적 영향에 따라 달라진다. 아동들이 거의 동일한 환경을 경험할 때, 사회적 행동에서의 개인차는 유전적 기여의 결과이다. 환경이 다를 때, 아동의 사회적 행동 차이는 환경적 요인의 결과일 수 있고, 때로 이는 유전적 영향을 불명확하게 만든다. 행동유전학자는 유전자와 환경의 상호작용 또한 측정하고자 시도하며, 각각이 특성이나 행동에 어느 정도 기여하는지 추정하고자 한다.

**유전형**(genotype) 또는 **표현형**(phenotype)이라는 개념은 유전자와 환경의 상호작용을 이해하기 위한 틀을 제공한다. 유전형은 부모로부터 물려받은 특정 세트의 유전자로, 키와 눈동자 색깔 같은 특성을 결정한다. 발달과정 동안, 유전형은 환경과 상호작용하여 표현형을 만드는데, 이는 개인의 신체적, 행동적 특성의 관찰 가능하고 측정 가능한 유전적 표현이다.

## 발달에 대한 유전적 기여를 연구하는 방법

행동유전학자가 개인차에 대한 유전적 및 환경적 변이의 기여를 탐구하기 위해 가장 흔히 사용하는 방법은 생물학적 연관성의 정도가 알려진 가족 구성원에 대해 연구하는 것이다. 이런 유형의 연구를 하는 연구자들은 일반적으로 입양된 아동을 그들의 생물학적 부모, 입양 부모와 비교하거나, 이란성 쌍생아와 일란성 쌍생아 간의 유사점과 차이점을 검토하고, 또는 쌍생아와 형제들에 대한 유사한 그리고 차이 있는 환경의 효과를 탐색한다(Gregory et al., 2011; Knopik et al., 2016; Rutter, 2006).

**행동유전학: 입양과 쌍생아 연구** 입양 연구에서 연구자들은 입양된 아동의 특징을 입양 부모의 특징과 비교하고, 가능할 경우 생물학적 부모와도 비교한다(Knopik et al., 2016; Moffitt & Caspi, 2007; Plomin et al., 2001; Rutter, 2006). 그들은 입양 부모와 아동 간에 어떤 유전적 연결도 없고, 따라서 그들 간의 유사점은 환경적 영향에 의한 것이라고 가정한다. 입양된 아동과 생물학적 부모에 대해 그 반대도 가능하다. 즉, 그들의 연결은 유일하게 유전적인 것이고, 따라서 어떤 유사점도 유사한 유전적 구성의 결과여야만 한다(이런 연구들은 이상적으로 생물학적 부모와의 접촉이 전혀 없이 입양된 아동만을 포함한다). 입양 연

구의 연구자들은 또한 같은 가정에서 살고 있는 생물학적 형제들과 입양된 아동들 간의 유사점을 종종 연구하기도 한다.

쌍생아 연구에서 연구자들은 주어진 사회적 행동 차원에서 일란성 쌍생아가 이란성 쌍생아보다 서로 더 유사한지를 탐구한다. **일란성 쌍생아(identical or monozygotic twins)**는 단일의 접합체(zygote)가 반으로 분리되어 각각이 정확히 동일한 유전자를 가진 별개의 배아(embryo)가 될 때 생겨난다. 모든 배아는 하나의 접합체로부터 왔기에(*mono*는 '하나'라는 뜻임), 그들은 정확히 동일한 유전자를 갖고 시작한다. 따라서 그들은 대략적으로 종 특유(species-specific)의 유전적 변이 100%를 공유한다. **이란성 쌍생아(fraternal or dizygotic twins)**는 두 개의 서로 다른 정자에 의해 수정된 두 개의 다른 난자로부터 생겨나며, 두 개의 서로 다른 접합체를 형성한다(*di*는 '둘'이라는 뜻임). 이란성 쌍생아는 다른 형제 쌍들보다 유전적으로 더 유사하지 않으며, 평균적으로 그들은 그들(종 특유의) 유전자의 절반을 공유한다. 연구자들은 일란성 쌍생아가 특정 특성에서 이란성 쌍생아보다 더 유사하다면, 유사성은 유전에 의해 영향받은 것이라고 가정한다. 반대로, 어떤 특성에서 두 유형의 쌍생아들이 서로 거의 동일하게 닮았다면, 연구자들은 그 유사성이 환경에 의한 것이라고 가정한다.

행동유전학 연구 설계는 제한점이 있다(Gregory et al., 2011). 예를 들어, 쌍생아인 것은 그 자체로 사회성 발달에 영향을 미칠 수 있어서, 쌍생아 연구의 결과는 쌍생아가 아닌 전집에 일반화되지 않을 수 있다. 게다가 일란성 쌍생아는 이란성 쌍생아보다 선천적 장애를 경험할 가능성이 더 높고 이는 그들 간의 차이에 기여할 수 있다. 마지막으로, 아동 쌍생아 연구 결과를 해석할 때, 행동유전학 연구자들은 같은 가족 내 쌍생아들이 기본적으로 동일한 환경을 경험한다고 흔히 가정한다[이는 동일 환경 가정(equal environments assumption)으로 명명됨]. 그러나 과연 타당한 가정일까? 어떤 연구자들은 일란성과 이란성 쌍생아 쌍이 유사한 환경적 조건하에 있는지 의심한다. 그 연구자들은 일란성 쌍생아는 동일한 유전자와 유전된 경향성 때문에 이란성 쌍생아에 비해 부모에 의해 더 유사하게 취급되며, 가족 밖의 사람들로부터 더 유사한 반응을 끌어내고, 더 유사한 장소, 친구, 활동을 선택하게 된다고 주장한다(Scarr, 1996; Scarr & McCartney, 1983). 이러한 제한점에도 불구하고, 쌍생아 설계는 사회적 행동에 대한 유전적 영향을 측정하는 유용한 전략으로 남아 있다.

쌍생아 설계의 변형 중 하나는 일란성 쌍생아인 어머니들의 자녀를 연구하는 것이다. 이 설계는 자녀가 아니라 부모의 쌍생아 지위에 기초하기 때문에, 양육에서의 차이를 유전적 근원과 환경적 요인에 귀인하기 위해 나누어 볼 수 있으며, 자녀의 결과에서 각각의 효과를 분리해 볼 수도 있다(Lynch et al., 2006; Narusyte et al., 2011; Neiderhiser et al., 2004). 예를 들면, 만약 한 쌍생아 어머니가 거친 처벌을 사용하고 다른 쪽은 그렇지 않다면, 그들 자녀(즉, 유전적으로 연관된 사촌들)의 비교는 부모의 가혹함과 아동의 결과 사이의 인과적 연결에 대한 강한 검증을 제공하는데, 이런 유형의 불일치-쌍생아 비교(discordant-twin comparison)에서 대부분의 유전적 및 공유된 환경 요인은 통제되기 때문이다.

또 다른 변형은 어떤 특징이나 행동에 대한 유전적 기여가 시간이나 환경적 조건에 따라 변화하는지 여부를 연구하는 것이다. 예를 들어, 일반적 정신 능력은 우리가 나이가 들어 감에 따라 더 유전적이라는 증거가 있다(Briley & Tucker-Drob, 2013; McCartney et al., 1990). 어떤 학자들은 이를 청소년이 젊은 성인이 되어 가면서 점점 더 자신의 유전적 잠재력에 맞는 환경(예: 대학, 직장)을 선택할 수 있게 된다는 것의 증거로 해석하고 있다. 마찬가지로, 유전성(heritability)이 다른 환경 조건에 따라 어떻게 변화하는지를 연구하는 것은 유전과 환경의 상호작용을 연구하기 위해 쌍생아 연구를 사용할 기회를 제공한다. 이에 대해서는 다음에 더 자세하게 기술될 것이다. 예를 들어, 미국 표본에서 지능에 대한 유전적 기여는 가난 속에서 성장한 아동에게서 더 약하고 소득이 높은 가정의 아동에게서 더 강하다는 강력한 메타분석 증거가 있으며, 이는 열악한 환경에서 유전적 잠재력은 환경적 요인에 압도됨을 시사한다(Tucker-Drob & Bates, 2016). 흥미롭게도, 사회 정책상 수준 높은 교육과 의료 시스템에 더 동등한 접근을 보장하는 서구 유럽과 호주 연구에 따르면, 이런 종류의 유전자-환경 상호작용은 관찰되지 않는 경향이 있다.

**공유된 그리고 비공유된 환경** 앞서 언급된 대로, 쌍생아 자료에 대한 대부분의 기초적 행동유전학 분석에서, 사회적 행동이나 특성의 유전성은 일란성 및 이란성 쌍생아들이 주어진 사회성 발달결과의 유사성에서 어느 정도 다른지를 살펴봄으로써 추정된다. 이란성 쌍생아는 평균적으로 유전적 변이의 50%, 일란성 쌍생아는 100%를 공유하기 때문에, 일란성 쌍생아 쌍이 이란성 쌍생아 쌍보다 평균적으로 더 유사하다는 증거는 사회적 행동의 발달에서 유전적 변이의 역할을 시사한다. 더 구체적으로 유전성(유전적 관계성과 관심 있는 특성이나 사회적 행동 간 상관을 반영하는 지표)은 관심 있는 어떤 결과에서 일란성 쌍생아 간의 유사성으로부터 이란성 쌍생아 쌍의 유사성을 뺀 후, 그 값에 2를 곱하여 추정된다(2를 곱하는 것은 일란성 및 이란성 쌍생아의 행동유전학적 비교가 완전한 범위의 유전적 변이의 절반만을 반영하기 때문인데, 즉 이러한 분석은 유전적으로 관련이 없는 형제자매들

쌍의 비교에는 흔히 포함하지 않는다).

쌍생아 설계는 유전적 변이가 관심 있는 결과와 어느 정도 상관이 있는지를 먼저 설명한 후, 행동유전학자가 **공유된 환경**(shared environment) 및 **비공유된 환경**(nonshared environment)으로 부르는 효과의 추정치를 구할 수 있게 한다. 행동유전학 연구 맥락에서 공유된 환경은 한 가정에서 살고 있는 형제자매들의 특정 사회적 행동이 비(非)유전적인 이유로 인해 서로 얼마나 유사한지의 정도를 뜻하는 기술적 용어로, 단순히 형제자매 쌍들이 관찰 가능한, 객관적으로 유사한 경험을 가졌는지의 여부를 말하는 것은 아니다. 더 구체적으로, 행동유전학에서의 공유된 환경은 일란성 쌍생아들이 관심 있는 사회적 행동에서 얼마나 유사한지를 결정한 후, 유전적 변이로 귀결시킬 수 있는(즉, 유전적 변이에 의해 통계적으로 설명되는) 유사성을 빼는 것으로 추정된다. 마지막으로, 비공유된 환경은 형제자매들을 서로 다르게 만드는 가정 내와 밖의 (비유전적) 요인들을 포함하며, 측정오류(measurement error) 또한 포함한다. 다른 식으로 말하면, 비공유된 환경은 문자 그대로 특정 사회적 행동이나 특성에 대한 유전적 및 공유된 환경의 합산된 기여도가 설명하고 '남은(left over)', 결과의 나머지 분산에 해당한다.

행동유전학자가 공유된 그리고 비공유된 환경 요인에 대해 생각하고 궁극적으로 측정하는 방식은 그렇게 직관적이지 않을 수 있다. 그러므로 두 명의 쌍생아 형제자매 간에 어떤 경험이 객관적으로 공유된다고 해도, 예를 들어 똑같이 알코올 중독자인 아버지 밑에서 성장한다고 해도, 만약 그 경험이 비유전적 이유에서 쌍생아들을 공격성 같은 특정 속성에서 더 유사하게 만들었다면, 그때에만 그 경험의 효과는 공유된 환경 효과로 간주될 수 있다. 대신, 알코올 중독자인 아버지를 갖는 경험이 환경적인 이유로 자녀들을 서로 다르게 만드는 경향이 있다면(즉, 형제자매 쌍 내에서 한 형제는 공격적이 되고, 다른 형제는 우울하게 됨), 그 시나리오는 아마 역설적이게도 행동유전학 모델에서는 비공유된 환경적 효과로서 간주될 것이다.

**분자유전학: 인간 게놈 프로젝트** 인간 게놈 프로젝트(Human Genome Project)는 인간 게놈에 있는 모든 유전자를 찾아 기술하려는 주된 목표하에 이루어진 국제협력 과학 연구이다. 과학자들은 이 과제를 2003년에 완수했는데, James Watson과 Francis Crick(1953)이 DNA의 구조와 기능을 발견한 지 정확히 50년 후에 약 20,000개의 단백질-코딩 유전자들의 지도를 작성하고 염기서열을 분석하였다. 그러나 이러한 유전자들을 식별하는 것이 과학자들이 유전적 영향에 대해 모든 것을 알게 되었음을 의미하지는

않는다. 어떤 유전학자는 인간 게놈의 유전자 조작들을 도서관 책장의 책들과 비교한다. 책들은 올바른 순서로 정리되어 있지만, 과학자들은 여전히 책들 내의 대부분의 구절(유전자)과 철자(염기서열)의 의미를 해독하지 못하고 있다. 인간 게놈에 대한 작업에 더하여 과학자들은 인간 게놈을 진화적 맥락에서 이해하기 위해 동물 게놈 또한 연구해 왔다(National Institutes of Health, 2002; U.S. Department of Energy, 2002). 연구자들은 설치류에는 없는 1,000개 이상의 유전자가 인간 게놈에서 나타남을 발견해 왔는데, 인간 고유의 긴 임신 기간에 관여된 단백질을 부호화하는 두 종류의 유전자 집합이 그 예이다. 다른 유전자들은 더 이상 기능하지 않게 되었는데, 예를 들어 후각 수용기에 관여된 유전자가 그러하다. 이는 인간이 쥐보다 후각이 떨어지는 이유를 설명할 것이다.

인간 게놈 프로젝트가 인간 신체의 기본적 작동에 대해 정보를 제공하기는 하지만, 암이나 심장병 등 대부분의 질병과, 공격성이나 도움과 같은 많은 사회적 행동은 다수의 유전자에 의해 결정된다. 이러한 질병과 행동들을 초래하는 유전자 패키지를 알아내는 것은 정말로 엄청난 과제이다(Benson, 2004; Plomin, 2013). 이 과제는 오로지 새로운 테크놀로지가 연구자들로 하여금 DNA 마이크로어레이(microarrays)를 실시하고 수백 만 개의 DNA 지표(markers)를 동시에 분석해 내는 것을 허용하기 때문에 가능하다. 이러한 테크놀로지를 사용한 연구들은 한 개인의 전체 게놈을 서열화하려는 궁극적 목표하에 전장유전체 연관 분석 연구(studies of genome-wide associations) 쪽으로 전환하고 있다(Plomin, 2013). 가격이 내려가면서, 의학적 결정을 위해 자신의 게놈 서열을 구매하는 것이 가능해지고 있다. 지금까지 게놈 연구 결과들은 대부분의 복잡한 사회적 속성의 경우 유전적 효과는 이전에 생각했던 것보다 훨씬 작으며, 수백 수천 개의 유전자가 아동기 사회적 행동의 유전성에 책임이 있음을 시사하고 있다. 유전자 패키지를 식별하는 것은 대부분의 사회적 속성이 다수의 유전자에 의해 결정되고 각각의 유전자는 사회적 결과에 작은 기여만을 한다는 것을 알게 되면서, 기대했던 것보다 더 느린 진전을 보이고 있다(Plomin, 2013).

그럼에도 연구자들은 사회성 발달에 대한 탐구를 진전시키기 위해 인간 게놈 프로젝트의 결과를 이미 사용하고 있다. Avshalom Caspi와 그의 동료들은 인간 게놈 프로젝트를 통해 뇌에서 신경전달물질의 분해와 재흡수에 영향을 미치는 유전자 하나를 연구해 왔다(Caspi et al., 2002; Moffitt & Caspi, 2007). 그들은 이 유전자가 아동의 반사회적 행동을 증가시키는데, 특히 아동이 학대를 함께 경험했을 때에만 그러함을 발견하였다. 과학자들이 유전자가 어떻게 인간의 발달에 영향을 미치는지를 더 많이 학습하게 되면서, 그들은 유전자는 결코 혼자 작용하지 않으며 항상 환경적 영향과 함께 작용한다는 것을 발견하게 되었다(Rutter, 2006; Turkheimer, 2000). 실제로, 유전자의 부호화된 메시지는 그것이 언제 어떻게 반응해야만 하는지를 신호하는 어떤 환경 속에 심어져 있지 않다면 읽을 수조차 없다.

## 유전적 영향의 모델

유전적 전달이라는 주제는 너무나 복잡하기 때문에, 과학자들은 이 과정을 우리가 이해하도록 돕기 위해 점차 세분화된 많은 모델을 제공해 왔다. 이 절에서 우리는 이러한 모델들 중 일부를 다룬다.

**특성의 전달: 기본 모델** 유전자 전달의 가장 단순한 모델은 단일 유전자에 의해 결정되는 특성에 적용된다. 그러나 이는 복잡한 인간 행동의 경우에 흔하지 않다. 두 가지 기본 개념이 이 모델에서 중요하다. 먼저, 사람들은 염색체 쌍을 가지기 때문에, 각 유전자의 한 가지 이상의 형태를 가질 수 있다. 이러한 대안적 형태들을 **대립 유전자**(alleles)라고 부른다. 대립 유전자 하나는 어머니에게서 오고, 다른 대립 유전자는 아버지에게서 온다. 다음으로, 부모로부터 받은 대립 유전자가 동일하다면, 그 사람은 그 특정 유전자 또는 그와 관련된 특성에서 **동형접합**(homozygous)이다. 만약, 두 개의 대립 유전자가 서로 다르다면, 그 사람은 그 속성에 대해 **이형접합**(heterozygous)이다. 동형접합인 사람은 양쪽 대립 유전자에 의해 전달되는 특성을 보인다. 예를 들어, 어두운 피부에 대해 두 개의 동형 대립 유전자를 가진 사람은 어두운 피부를 지닌다. 밝은 피부에 대해 두 개의 동형 대립 유전자를 가진 사람은 밝은 피부를 지닌다. 이형접합성(heterozygosity)은 여러 방식으로 표현될 수 있다. 첫째, 이형접합인 특성은 두 개 대립 유전자가 섞인(blend) 것일 수 있다. 밝은 피부와 어두운 피부색의 이형접합인 사람은 중간색의 피부를 가지고 있을 수 있다. 둘째, 이형접합인 특성은 두 개 대립 유전자의 조합(combination)일 수 있다. 혈액형에 대해 이형접합인 사람은 혈액형 A와 B가 결합되지만 섞이지는 않기 때문에 AB 혈액을 가질 수 있다. 셋째, 이형접합인 특성은 우성 대립 유전자를 반영할 수 있다. 곱슬머리와 직모에 대해 이형접합인 사람은 곱슬머리 대립 유전자가 직모와 관련된 더 약하고 열성인 대립 유전자보다 우세하기 때문에, 곱슬머리를 갖게 된다. 다행스럽게도 심각한 장애를 일으키는 많은 유해한 대립 유전자는 열성이고, 따라서 전집에서 유전적 이상의 발생을 크게 줄인다. 사회가 가까운 혈족 간의 결혼을 금하는 이유 중 하나는

한 친척이 소유한 해로운 열성 대립 유전자가 또 다른 친척에게 발생할 가능성이 더 높고, 결국 그들 자녀가 해로운 특성에 대해 동형접합일 가능성이 증가하기 때문이다.

**유전자 간 상호작용** 유전적 영향에 대한 더 복잡한 모델은 다수 유전자의 상호작용, 즉 **상위성**(epistasis)이라고 알려진 현상에 기초한다. 한 쌍의 대립 유전자가 사회성, 사회적 문제해결, 정서표현 양식 등 사회성 발달의 속성 대부분을 결정하지는 않는다. 이러한 속성들은 다수의 유전자 쌍들이 함께 작용하는 것과 관련이 있다. 이는 유전자에 의해 영향을 받은 어떤 특성이 왜 가족 내에서 전달되지 않는지를 설명할 수 있다. 예를 들어, 사회적으로 외향적인 사람들은 종종 수줍음이 많은 부모에게서 태어나며, 그들 역시 상대적으로 수줍음이 많은 다른 자녀들을 갖게 된다. 수줍음과 외향성 같은 특성의 발달은 많은 유전자의 특정 구성에 달려 있으며, 그 특정 구성이 부모에게서 자녀로 반드시 전달되는 것은 아니다(Turkheimer, 2000). 발달에 대한 유전적 영향의 복잡성에 더하여, 한 쌍의 대립 유전자는 한 가지 이상의 특성에 영향을 줄 수 있고, 만약 그들이 **수정 유전자**(**modifier gene**)라면 그들은 직접적으로 영향을 주는 것이 아니라, 다른 유전자들이 표현되는 방식에 영향을 줌으로써 간접적으로 영향을 줄 수 있다.

**환경은 유전자 표현에 영향을 미친다** 유전적 전달에 또 다른 복잡성을 더한 것이 유전적 표현에 대한 환경적 효과를 통합시킨 모델이다. 예를 들어, 이 모델의 고전적 버전에 따르면, 유전은 행동을 엄격하게 고정하지 않지만, 서로 다른 환경에서 발생하는 일련의 가능한 발달적 결과를 확립한다(Gottesman, 1963; Knopik et al., 2016). 유전과 환경의 상호작용을 강조한 이 모델은 이전 두 개 모델보다 사회성 발달의 복잡성을 설명하는 데 더 유용하다. [그림 2-5]는 이 모델의 예이다. 세 아동 각각(A, B 그리고 C)은 사회성 측정치에서 서로 다른 범위의 가능한 점수를 갖는다. 만약 세 명의 아동 모두 비슷한 환경적 조건을 경험한다면, 아동 C가 아동 A, B보다 점수가 더 높을 것이다. 그러나 아동 B가 사회적으로 더 풍부한 환경을 경험하게 된다면, 아동 C보다 더 높은 점수를 얻을 수 있다. 아동 C는 가장 넓은 **반응 범위**(**reaction range**)를 갖는데, 즉 제한된 환경과 풍부한 환경에서 아동 C의 수행 간 차이는 아동 B와 A에서 보이는 유사한 차이보다도 더 크다. 아동 A는 가장 낮고 가장 제한된 반응 범위를 보인다. 자극이 풍부한 상황에서 키워지든, 자극이 없는 상황에서 키워지든 간에, 이 아동은 평균 이하의 점수를 보일 뿐 아니라 환경적 강화에 반응하는 능력 또한 적다.

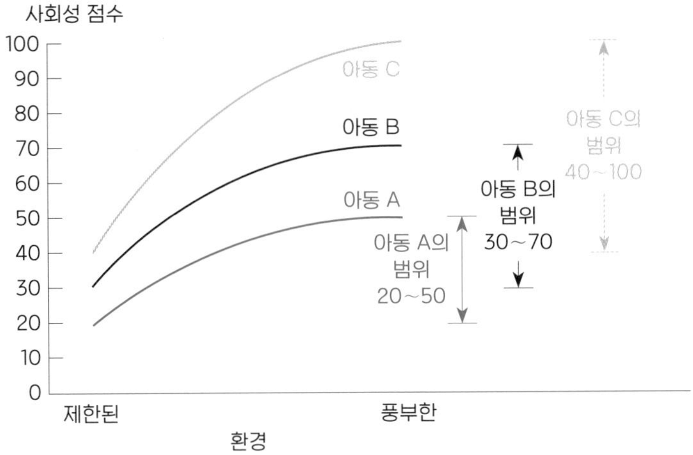


[그림 2-5] 환경과 유전형의 상호작용

아동에게 풍부한 사회적 환경을 제공하는 것은 사회성 측정 시 아동의 수행을 향상시킬 수 있다. 그러나 아동의 유전형은 그의 수행이 변화할 수 있는 한계를 결정한다.

어떤 특성에 대한 반응 범위가 좁을 때, 이를 매우 **수로화되었다(canalized)**고 말한다(Waddington, 1966). 어떤 특성이 수로화된 정도는 그것이 얼마나 환경에 의해 영향을 받는지에 영향을 미친다. 매우 수로화된 특성의 발달은 소수의 발달경로로만 제한되며, 발달경로를 변화시키기 위해서는 강력한 환경적 자극이 요구된다. 예를 들어, 아기가 옹알이를 하는 경향성은 강하게 수로화된 특성인데, 이는 태어날 때부터 청각 장애가 있어 인간의 목소리를 전혀 들어 본 적이 없는 아기에게서도 옹알이가 나타나기 때문이다. 사회성과 지능은 덜 수로화된 특성인데, 다양한 사회적, 교육적 경험에 의해 수정될 수 있다.

이러한 일반적 모델의 더 최근 버전은 유전적 표현을 직접적으로 조형하는 환경의 잠재력을 강조하는데, **후성학(epigenetics**, 문자 그대로 유전의 '위에 있는')이라는 상대적으로 새로운 과학을 포함한다. 더 구체적으로, 후성학은 기저의 유전적 배열을 변화시키지 않고도 유전적 표현이 활성화되거나 억제되는 방식과 관련된, 유전적 변화에 대한 과학이다. 사회성 발달을 연구하는 사람들은 사회성 발달에 대한 유전적 기여가 어떻게 이전 노출에 결정적으로 의존할 수 있는지를 이해하기 위해 후성학이라는 도구를 이제 막 활용하기 시작하고 있다(예: Van IJzendoorn, Bakermans-Kranenburg, & Ebstein, 2011).

**유전적 구성이 환경을 조형하는 데 도움이 된다** 환경이 유전자의 표현에 영향을 미칠 뿐 아니라, 유전자도 여러 방식으로 환경에 영향을 미칠 수 있다(Moffitt & Caspi, 2007;

Price & Jaffe, 2008; Scarr, 1966; Scarr & McCartney, 1983). 한 가지 방식은 어떤 유전적 성향을 지닌 부모가 그러한 타고난 경향성에 잘 맞고 그들 자녀에게서 이러한 유전된 성향을 격려하는 가정환경을 만든다는 것이다. 사회적으로 유능하고 외향적인 부모들은 손님들이 많이 찾아오고 자극이 풍부한 대화가 오가는 가정을 제공하기 쉬운데, 이는 사회적이 되도록 하는 자녀의 유전적 성향을 증진시키고 사회적 관계를 즐기며 발달시키도록 장려하게 될 것이다. 반대로 짜증을 내고 행복하지 않은 부모는 사회적 자극이 별로 없는 부정적인 환경을 제공하기 쉬우며, 이는 비슷한 유전적 성향을 지닌 그들 자녀를 반사회적이거나 우울하도록 만들 것이다. 이는 **수동적 유전-환경 연합(passive gene-environment association)**으로 명명된다.

수동적 유전-환경 연합의 증거는 두 가지에서 찾을 수 있다(Reiss, 2005). 첫째, 부모가 된 쌍생아를 활용한 연구들은 양육에 대한 유전적 영향을 증명해 왔다. 예를 들어, 한 연구에서 따뜻함, 적대감, 그리고 자기 자녀의 모니터링에 대한 쌍생아 엄마의 보고는 그들이 이란성 쌍생아일 때보다는 일란성 쌍생아일 때 더 강하게 상관이 있었다(Neiderhiser et al., 2004). 둘째, 입양아 연구는 양육과 아동의 행동 간에 유전적 연결을 증명해 왔다. 부모의 유전자가 그들의 양육행동에 영향을 미치고, 이어서 그들의 행동에 영향을 미치는 수동적 유전적 효과는 아동이 관련이 없는 입양 부모에 의해 키워질 때가 아니라 부모가 자신의 생물학적 자녀를 키우고 있는 가정에서만 존재하였다. 기대했던 대로, 연구자들은 청소년의 행동문제와 가족관계의 질에 대한 평정 간 상관이 입양 가정보다는 생물학적 가정에서 더 높음을 발견하였다(McGue et al., 1996). 이 두 가지 발견들은 부모들 사이의 유전형 차이가 양육에 영향을 미치고 자녀에게 전달됨을 보여 주는데, 자녀들은 자신의 행동으로 유전적 차이를 드러낸다.

유전자는 또한 자신의 사회적 세계 속 다른 사람들에게서 특정 반응을 이끌어 내는 유전된 경향성을 통해 환경에 영향을 미친다. 이는 **유발적 유전자-환경 연합(evocative gene-environment association)**이라 명명된다. 예를 들어, 미소 짓는 유전적 경향성을 타고난 아기들은 우울하고 무반응적인 영아들에 비해 다른 사람들로부터 더 많은 긍정적 반응을 이끌어 내는 경향이 있다(LaFreniere, 2010; Plomin, 1995). 이러한 유전자 → 환경 연결에 대한 한 연구에서, 연구자들은 1,000명 이상의 5세 쌍생아 표본을 사용하여 부모의 신체적 체벌은 반사회적이고 저항적인 아동의 유전적 성향에 의해 강하게 영향을 받음을 발견하였다. 부모의 처벌과 자녀의 반사회적 경향성 간 연결은 이란성 쌍생아 쌍보다는 일란성 쌍생아 쌍에서 훨씬 더 강했다(Jaffee et al., 2004). 두 번째 연구에서, 연구자들은 한 일란성 쌍생아 청소년을 향한 어머니의 부정성과 다른 일란성 쌍생아 청소년이 보이는 반사회적 행동 간에 높은 상관($r$=.62)을 발견하였다. 상관은 이란성 쌍생아($r$=.27)와 유전적으로 관련이 없는 재혼가정 형제($r$=.06)의 경우 훨씬 더 낮았다(Reiss et al., 2000; Reiss, 2005). 이러한 연구들은 유사한 일련의 유전적 영향이 아동의 반사회적 행동을 일으키고 그들 부모의 부정적 행동을 촉발하며, 결국 청소년의 반사회적 행동을 더 증가시킨다는 강한 증거를 제공한다.

유전자가 환경에 영향을 미치는 세 번째 방식은 사람들의 유전적 성향이 그들로 하여금 자신의 유전된 경향성과 잘 어울리는 경험을 구하도록 장려한다는 것이다(McCartney et al., 1990; Scarr, 1996; Scarr & McCartney, 1983). 그들은 자신의 특성과 잘 맞는 환경이나 안식처를 찾고 선택하며 만들어 간다. 따라서 유전적으로 명랑한 성격을 가진 사람들은 적극적으로 다른 사람들과의 모임을 추구하고 일련의 사회적 활동에 참여한다. 공격적인 사람들은 체스 클럽보다는 축구팀에 들어간다(Bullock & Merrill, 1980). 이는 **능동적 유전자-환경 연합**(active gene-environment association)으로 명명된다. **적소 찾기**(niche-picking)의 중요성은 아동이 나이가 들어 가면서 활동과 친구들을 선택할 더 많은 자유를 갖게 됨에 따라 점차 더 증가한다.

**유전자-환경 상호작용(G×E)** 유전적 전달의 다른 모델인 유전자-환경 상호작용 모델(gene by environment interaction model)은 유전자와 환경 모두의 적극적 역할을 확인하며, 그들의 기여는 각각의 영향을 합산한 것 이상이다. 실제로 **유전자-환경 상호작용(G×E) 모델**에는 여러 다른 종류가 있는데, 유전자가 특정 환경적 조건에서 외현적 행동으로 더 강하게 표현된다거나 반대로 특정 환경이 특정 유전적 성향을 지닌 개인들에게 더 큰 영향을 미친다. 이러한 경우에, 유전자와 환경 간에 상호작용이 존재하여 구체적 행동 결과는 적절한 조합에서만 나타난다. 사회성 발달연구의 초점으로 가장 흔하게 연구되어 온 유전자-환경 상호작용 모델은 **소인-스트레스**[**diathesis-stress**, 때때로 이중 위험(dual risk)으로 명명됨] 모델과 **차별민감성**(**differential susceptibility**) 모델이다. 더 구체적으로, 소인-스트레스 모델에 따르면, 좋지 않은 발달적 경험(예: 낮은 질의 양육)은 유전적 취약성 또는 소인을 지닌 사람들의 발달에 더 많이 영향을 미친다. 많은 잠재적인 유전적 취약성 요인이 사회성 발달연구의 초점이 되어 왔는데, 다음에 더 자세하게 설명이 되는 세로토닌 운송 유전자의 짧은 대립 유전자(short allele of the serotonin transporter gene)가 그 예이다(Caspi, Sugden, et al., 2003). 반대로 차별민감성 모델은 그러한 많은 유전적 지표가 모두 위험요인은 아니지만 대신 아동을 그들의 경험에 일반적으로 더 취약하게 만드는 기능을 한다고 설명한다(Belsky & Pluess, 2011). 즉, 차별민감성 가설에 따르면, 많은 명백한 유전적 취약성은 더 정확하게는 가소성(plasticity) 요인이라고 할 수 있는데, 유전적 취약성이 좋지 않은 양육 경험 시 나쁜 결과의 위험을 높일 뿐 아니라 우수한 양육을 경험할 때 아동에게서 긍정적 결과의 가능성 또한 높이기 때문이다(Belsky & Pluess, 2009; Roisman, Newman, et al., 2012).

이러한 G×E 모델은 공감, 공격성, 사회성 같은 사회성 발달에 흔한 복잡한 특성과 행동을 연구할 때 특히 중요하다(Leve et al., 2010; Meaney, 2010; Rutter, 2007). 앞서 언급한 대로, 이제 특정 사회적 환경과 관계된 어떤 구체적인 유전자를 식별하고 이러한 유전자를 지닌 아동이 특정 환경적 위험요소에 더 민감한지 여부를 질문하는 것도 가능하다(Plomin, 2013). 예를 들어, 한 연구의 연구자들은 1,000명의 젊은 성인 표본에서 유전자, 환경, 행동을 평가했는데, 우울의 유전적 성향이 그 사람이 이전 몇 년간 많은 생활 스트레스를 경험해 왔고 아동기에 학대를 받았을 때에만 우울 증상으로 나타남을 발견하였다(Caspi, Sugden, et al., 2003). 즉, 우울에 대한 유전형과 스트레스적인 환경 간에 유의한 상호작용이 발생하였다([그림 2-6] 참조). 유인원에 대한 연구도 비슷한 이야기를 해 준다. 예를 들어, 우울한 유전자를 지닌 붉은 털 원숭이는 그런 유전자가 없는 원숭이에 비해 거친 양육 환경에서 더 많은 스트레스를 보였다(Barr et al., 2004). 인간 뇌 영상 연구 또

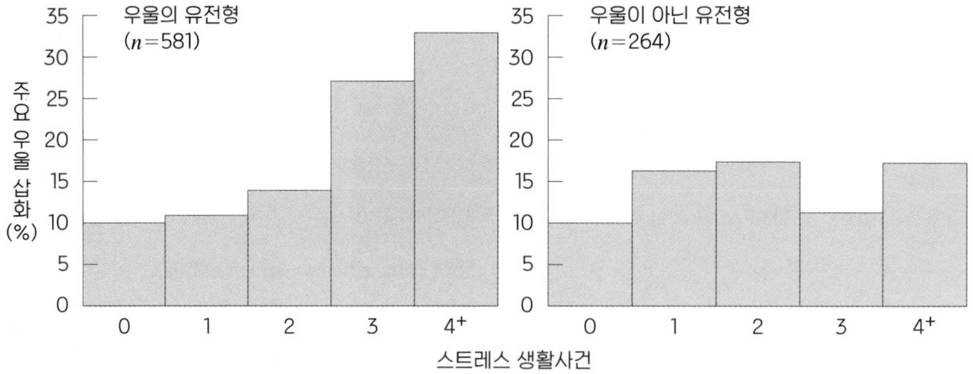


**[그림 2-6] 유전자-환경 상호작용(G×E) 모델**

우울의 유전형과 21~26세 사이에 발생한 스트레스 생활사건 수의 함수로 설명한, 26세 때 우울의 진단기준을 만족시킨 사람들의 비율

출처: Caspi, A., Sugden, K., Moffitt, T. E., Taylor, A., Craig, I. W., Harrington, H. …, & Poulton, R. (2003). Influence of life stress on depression: Moderation by a polymorphism in the 5-HTT gene. *Science, 301*, 386-389. Reprinted with permission from AAAS.

한 우울한 유전자를 지닌 사람들의 경우 두려운 자극에 반응하여 편도체에서 더 많은 신경활동이 나타남을 보여 주었다(Heinz et al., 2005). 최근에 G×E 상호작용을 보고한 많은 연구가 행해지긴 했지만(예: Brendgen et al., 2011; Latendresse et al., 2011; Leve et al., 2010; Petersen et al., 2012; Sulik et al., 2012), 특히 상대적으로 적은 표본을 사용한 초기 연구들을 고려해 볼 때, 요즘 들어 사회성 발달연구에서는 그러한 발견이 얼마나 견고하고 검증 가능한지에 대해 건강한 논의가 활성화되고 있다(Belsky et al., 2015; Munafò et al., 2009; Risch et al., 2009; Rutter et al., 2009; Uher & McGuffin, 2010).

**유전자-환경 피드백 루프** 유전적 전달의 훨씬 더 복잡한 모델은 유전자와 환경이 유전자가 환경에 영향을 미치고 그것이 이어서 유전자에 영향을 미치는 복잡한 피드백 루프로 발달을 조형한다고 제안한다(Meaney, 2010; Rutter, 2006). [그림 2-7]은 이러한 피드백 루프의 예를 보여 준다(Gottlieb & Lickliter, 2004). 그림이 표시하듯이, 아래에서 위로, 위에서 아래로 양방향적인 영향들이 작용한다. 게다가 각 수준이 일반적으로 위나 아래 수준에 직접적으로 영향을 미치긴 하지만, 근접하지 않은 수준들 간의 상호작용 또한 가능하다. 피드백 루프 모델의 가장 중요한 점은 유전자는 전체 시스템의 일부이고 유전자의 표현은 환경을 포함한, 시스템 내 다른 수준에서의 사건들에 의해 영향을 받는다는 것이다. 이 모델이 말하고자 하는 바는 분명하다. 유전자와 환경은 복잡하게 연결되고 상호 의존적인 방식으로 작동한다.

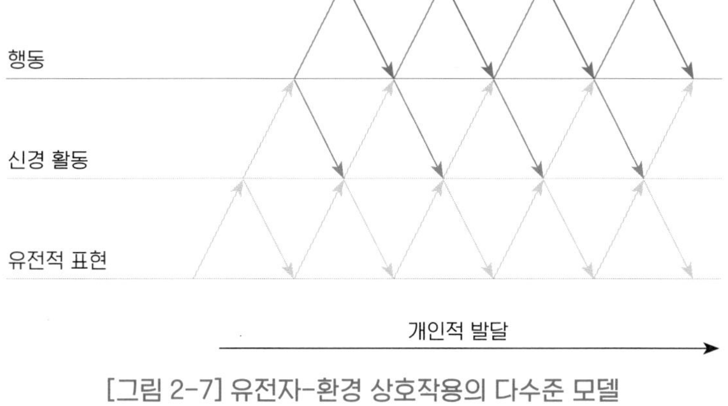


[그림 2-7] 유전자-환경 상호작용의 다수준 모델

출처: Gottlieb, G., & Lickliter, R. (2004). The various roles of animal models in understanding human development. *Social Development, 13*, 311-325. This material is reproduced with permission of John Wiley & Sons, Inc.

## 유전적 이상

유전적 이상을 가지고 태어난 아동들 또한 생물학과 사회적 행동 간 연결을 보여 준다. 염색체는 한 종류의 유전적 이상을 제공한다. 정상적인 사람들의 경우, 여자는 두 개의 큰 X 염색체를 가지고 있고 남자는 큰 X와 작은 Y 염색체를 가지고 있다. **터너 증후군(Turner syndrome)**으로 명명되는, 하나의 X 염색체만 가진 여자는 이상한 사회적 행동 양상을 보인다. 그들은 유순하고 유쾌하며 쉽게 성내지 않지만, 내부의 생식기관과 이차 성징이 정상적으로 발달하지 않았고 미성숙하며 자기주장성이 결여되고 정서적 단서를 처리하고 해석하는 어려움이 있기 때문에 사회적 관계에 문제를 가지게 된다(Hong et al., 2011; Kesler, 2007). **취약 X 증후군(fragile X syndrome)**, 즉 집힌(pinched) 또는 좁아진 X 염색체를 지닌 사람들 또한 불안, 우울, 과잉행동, 주의결함, 이상한 의사소통 방식 등 심리, 사회적 문제들을 보인다(Garrret et al., 2004; Reiss & Hall, 2007). 7번 염색체의 장완(long arm) 결손을 보이는 아동들은 **윌리엄스 증후군(Williams syndrome)**을 겪는다. 제한된 지능과 시공간 능력 결함을 가지고 있긴 하지만, 이들은 이상할 정도로 사회적이고 공감적이며, 친사회적이다(Järvinen et al., 2013; Semel & Rosner, 2003).

이러한 염색체 이상보다 더 흔한 것은 특정 유전자 또는 유전자 집합에 연결된 장애이다. **주의력 결핍 과잉행동 장애(attention-deficit/hyperactivity disorder: ADHD)**는 가정, 교실, 그리고 급우들과의 어려움을 낳는 지속적인 행동패턴이다(American Psychiatric Association, 2013; Barkley, 2015). ADHD를 지닌 아동들은 주의를 지속시키기 어렵고, 어른들과 계속 갈등을 일으키며, 스스로를 '좋지 않은' 아이라고 생각하는 경향이 있다(Campbell, 2000; Whalen et al., 2006). 그들은 교실과 같은 구조화된 상황에서 꼼지락거리고 발을 구르고 옆의 아이들을 찌르고 자기 순서가 아님에도 말을 한다. 이러한 행동은 또래들을 괴롭히고 수업을 방해하며, 이는 ADHD를 지닌 아동의 50~60%가 또래들에 의해 거부된다는 사실을 설명해 준다(Henker & Whalen, 1999). 그들은 종종 생각하기도 전에 행동하는 듯 보이며, "동생이 네 장난감 가져갈 때 동생 때리지 마. 동생을 때리면 너는 네 방에 들어가 있어야 해."와 같은 규칙을 따르는 것이 어려운데 이는 그들이 유관성을 추적하는 어려움이 있기 때문이다(Barkley, 2015). 우리는 뇌 영상 기법이 여러 뇌 영역에서의 이상을 보여 주고(Liddle et al., 2011), 더 심각한 ADHD를 지닌 아동들이 도파민 수용기 유전자 *DRD4*처럼 상당수 유전자에서 특정 변이를 지니고 있는 것으로 보이기 때문에(Kebir et al., 2009), 이 장애에 생물학적 기초가 작용함을 알고 있다. ADHD

## 연구 들여다보기: 약물 사용의 유전적 위험

Yvan Dubé/iStockphoto

유전 연구는 세로토닌 전달을 조절하는 *5-HTT*라는 유전자 하나를 발견했다. 이 유전자는 우울의 증가된 위험, 자기-통제 결여, 그리고 약물 사용과 연결된 듯이 보인다. 대부분의 사람은 이 유전자의 긴 버전으로 두 개의 복사본을 가지고 있지만, 약 40%의 사람들은 짧은 버전으로 하나 또는 두 개의 복사본을 물려받는다. 이 유전자의 짧은 버전을 가지고 있는 것은 세로토닌 전달을 감소시키고 약물 문제의 위험을 증가시키는 매우 분명한 원인이다. 그러나 이 유전자가 표현이 되는지 그리고 실제 약물 사용으로 이어지는지 여부는 아동이 성장하는 환경에 달려 있다. Gene Brody와 그의 동료들의 연구(2009)에서 유전자-환경 상호작용(G×E interaction)의 예시를 확인할 수 있다.

이 연구자들은 253명의 아프리칸 미국인 아동을 11세 때부터 추적하였다. 이 연구의 참가자들은 연구 시작 시, 그리고 14세가 될 때까지 매 해마다 담배, 알코올, 마리화나의 사용에 대한 인터뷰에 참여하였다. 아동의 환경을 평가하기 위해 연구자들은 그들 어머니가 자신의 양육 행동에 대해 보고하도록 하였다. 아동의 유전자를 측정하기 위해 연구자들은 아동의 침 표본에서 얻어진 DNA를 분석하였다. 아동의 약 43%가 짧은 버전의 *5-HTT* 유전자 한 개 또는 두 개의 복사본을 가지고 있었고, 따라서 약물 남용에 유전적으로 취약하였다.

이 아동들은 유전적 위험이 없는 아동들에 비해 더 높은 비율의 약물 사용을 보고하였고, 11~14세 사이에 더 빠른 속도로 약물 사용 증가를 보였다. 그러나 그들의 부모 행동 또한 차이가 있었다. 부모들이 자녀에게 잘 관여하고 지지적일 때, 약물 사용은 11~14세 사이에 단지 7%만 증가하였다. 부모가 관여하지도 지지적이지도 않았을 때 증가는 21%에 달하였다. 이 G×E 상호작용에 대한 지지는 흡연에 대한 유전적 성향을 지닌 청소년이 부모가 그들의 활동을 더 면밀하게 모니터링할 경우 흡연을 감소시켰다는 한 연구에서 나온다(Dick et al., 2007).

이 발견에 대한 여러 설명이 주어졌는데, 하나는 약물 사용에 대한 유전적 성향이 더 낮은 자기-통제, 더 큰 충동성과 연결되고 이는 더 많은 약물 남용으로 이어진다는 것이다. 또 다른 설명은 이러한 유전적 성향을 지닌 사람들은 환경적 영향에 더 민감하기 때문에, 관여하고 보호적인 양육에도 더 민감하고 더 많이 이득을 얻게 된다는 것이다. 연구들이 이러한 설명들을 완전히 증명하지는 않지만, 이러한 발견들은 G×E 상호작용을 지지하며 유전적 표현이 서로 다른 사회적 환경에서 변화한다는 사실을 강조한다. 연구들은 약물 사용을 예견하기 위해 분자 유전적 자료(molecular genetic data)(DNA)와 환경적 자료(양육행동의 측정)를 통합한 것으로 유명하며, 분명하게 유전자와 양육 모두의 중요성을 증명하고 있다.

행동이 이란성 쌍생아보다는 일란성 쌍생아에서 더 유사하게 나타난다는 증거도 있다(Frieteg & Retz, 2010). 이와 같은 유전적 이상은 분명하게 그리고 극적으로 생물학과 사회적 행동 간 강한 연결을 보여 준다.

## 극단적 사례로부터의 통찰: 자폐증

natasa778/iStockphoto

1943년에 최초의 아동 정신의학자인 Leo Kanner는 그가 존스 홉킨스 대학교에서 관찰했던 아동 11명의 위축된 행동을 기술하기 위해 **자폐증(autism)**이라는 단어를 사용하였다(Kanner, 1943). 사례 1, 도널드 T는 5세 때 처음 만났다. 도널드의 부모는 아들이 혼자 있을 때 가장 행복하다는 것에 주목했다. 영아로서 그는 결코 엄마와 함께 가기 위해 울지 않았으며, 아버지가 집에 돌아오는 것도 알아차리지 못했고 집에 오는 친척들에게도 관심이 없었다. 다른 사람들이 그를 어루만질 때 그는 어떤 애정도 표현하지 않았다. "그는 자신의 껍질 속에 있는 것이 끌리는 듯 보였고 자신의 내부에서 살고 있는 듯했어요." 도널드가 4세였을 때 그의 부모는 그들과 여름을 보내기 위해 한 남자아이를 데려 왔지만, 도널드는 그 아이에게 어떤 질문도 하지 않았고 질문에 답하지도 않았으며 함께 뒹굴며 놀지도 않았다. 도널드는 환경의 변화를 위해 폐결핵 예방 시설에 보내졌고 거기 있는 동안에도 아이들과 놀려는 의지를 보이지 않았다. 존스 홉킨스 병원의 임상가들이 그를 관찰했을 때 그는 미소를 지은 채 허공에서 손가락을 교차하는 상동증적 움직임을 보이면서 돌아다녔다. 그는 동일한 세 개의 음조를 흥얼거리면서 머리를 좌우로 흔들었다.

그의 행동 대부분은 반복적이었다. 말하기 또한 의례적(ritualistic)이었다. 그의 어머니는 그가 접촉하는 유일한 사람이었으며 그녀는 거의 모든 시간을 그가 관여되도록 하는 방법을 개발하는 데 썼다.

오늘날, 자폐증 또는 비슷한 장애군에 대한 포괄적 용어인 **자폐스펙트럼장애(autism spectrum disorder: ASD)**는 아동기에 시작하여 평생을 지속하며 한 사람의 사회적, 의사소통 기술을 망가뜨리는 힘든 조건으로 알려져 있다. 자폐 아동은 다른 사람들에 대한 흥미가 결여된 듯 보인다. 때때로 그들은 사람과의 접촉을 혐오하는 듯 보이기도 한다. 그들은 눈맞춤을 피하고 사회적 상호작용을 조절하는 데 실패한다. 초기의 집중적인 개입이 없다면, 그들은 정상적인 사회적 애착을 발달시키거나 사회적 관계에서 공감을 표현하지 못한다. 많은 아동이 우정을 발달시키지 못하고 사회적으로 고립된다(American Psychiatric Association, 2013; Baron-Cohen, 2003). 의사소통을 시작하기 위한 제스처, 말하기, 눈맞춤의 결여와 얼굴 표정으로부터 단서를 얻지 못하는 것 등 자폐증의 증상들은 생애 첫 해에 뚜렷하다. 미국의 Centers for Disease Control and Prevention은 최근에 ASD 비율이 아동 1,000명당 14.6명, 학령기 아동 68명당 1명에 해당한다고 추정하였다(Centers for Disease Control and Prevention, 2016). ASD로 진단받는 경우는 소녀보다 소년에게서 3~5배 더 흔하다(American Psychiatric Association, 2000).

Kanner는 자폐증을 선천적 장애로 기술하였고 유전적 정보의 전달자로서 DNA가 처음 확인되었던 때와 비슷한 시기에 자폐증의 유전학을 연구할 필요가 있음을 예견하였다. 1943년에 그러한 가설을 제시하는 것은 용기가 필요한 일이었는데, 그 당시 지배적인 의견은 Freud식 심리학에 기초하여 이런 행동 양상이 잘못된 훈육 때문이라는 것이었고, 특히 자녀를 거부하는 '엄격'하거나 '냉장고처럼 차가운' 엄마를 비난하였다. 오늘날, 자폐증의 정확한 원인은 여전히 밝혀지지 않았지만, 장애가 유전적 기초를 갖는다는 것은 거의 보편적으로 수용된다. 자폐증을 지닌 아동 일부에게서 염색체 이상이 발견되었고(Drew et al., 1996), 쌍생아 연구는 유전이 강력한 기여 요인임을 분명히 해 왔다(Nigg & Goldsmith, 1994; Robinson et al., 2012; Rutter, 2007). 이제 유전성(heritability)은 자폐증 위험의 90% 이상을 설명하며 그 외 다른 유전적 또는 의학적 조건은 없는 것으로 추정된다(Caglayan, 2010). 그러나 자폐증이 단순한 방식으로 유전되지 않는다는 것도 분명하다. 많은 유전자가 관여하고, 각각이 자폐증의 위험에 더해진다(Abrahams & Geschwind, 2008). DNA 염기서열의 변화, 돌연변이를 포함한 DNA의 구조적 재배열, DNA를 변화시키지는 않지만 유전적이고 유전자의 표현에 영향을 주는 DNA의 후성학적 변화에 대한 증거가 보고되고 있다(Volkmar et al., 2009). 최근 증거는 자폐증 위험의 증가와 연관된 세 가지 구체적 유전자 돌연변이를 밝혀냈다(Sanders et al., 2012). 유전적 요인, 그리고 그것들이 금속, 살충제 등의 환경적 요인, 부모의 고연령과 출생 시 저체중 같은 생물학적 기여요인과 어떻게 상호작용하는지를 밝히는 것은 자폐증의 원인을 이해하는 중요한 단계가 될 것이다.

연구는 또한 뇌에서 자폐증의 생물학적 기초를 보여 주고 있다(Dawson & Sterling, 2008; Waddle & Saunders, 2014). 신경해부학적 연구는 자폐증이 수정 직후에 뇌 발달을 변화시키고 뇌의 많은 부분에 영향을 미친다고 제안한다(Arndt et al., 2005). ASD를 지닌 아동들은 정상 아동들보다 사회적 정보를 처리할 때 전측대상피질(anterior cingulate cortex), 오른쪽 전측뇌섬엽(right anterior insula) 같은 사회적 뇌의 영역에서 더 적은 활동을 보인다(Di Martino et al., 2009). 그들은 또한 다른 사람들을 모방할 때 뇌의 거울뉴런 영역에서 더 적은 활동을 보인다(Dapretto et al., 2006; Hamilton, 2013; Oberman et al., 2005). 게다가 ASD를 지닌 성인은 그렇지 않은 성인과 비교했을 때 이러한 대뇌 영역들이 더 얇다(Hadjikhani et al., 2006). 자폐증을 지닌 사람들은 사회적 뇌의 구조물들 간 연결성도 떨어진다(Maximo et al., 2014; Pelphrey & Carter, 2008; Wicker et al., 2008). 자폐증의 과소연결 이론(underconnectivity theory of autism)에 따르면, 자폐증이 고수준(high-level) 신경 연결의 기능 저하, 그리고 너무 많은 저수준(low-level) 처리 과정이 이와 동시에 발생하는 것으로 특징지어진다(Just et al., 2007; Mostofsky et al., 2009). 비정상적인 뇌의 과잉성장(아마도 시냅스 가지치기의 결여로 인한)이 자폐 아동에게서 관찰되는데, 특히 고차 인지, 사회, 정서, 언어기능을 다루는 구조에서 그러하다. 사망한 자폐 아동의 뇌 세포 연구는 그들이 자폐증이 없는 아동들에 비해 전전두피질(prefrontal cortex)에 평균적으로 67%나 더 많은 뉴런을 가지고 있음을 보여 주었다(Courchesne et al., 2011; Stoner et al., 2014).

자폐증의 생물학적 기초에 대한 탐색이 계속되면서 소수 아동의 극단적인 행동 양상에 대한 Kanner의 기술이 오늘날 행해지는 많은 연구에 영감을 주었고, 여전히 이 장애의 신경학적 기초에 대해 단서를 주고 있다는 사실에 주목할 필요가 있다. 자폐증을 지닌 아동의 예들을 보려면, https://www.youtube.com/watch?v=FeGafflJvHM, http://www.youtube.com/watch?v=O0vCz2KWMM0, 또는 YouTube에 'autism'으로 검색하라.

## 실생활 적용: 유전 상담, 유전적 선택

생물학과 유전학에서의 진보는 부모가 자녀의 발달문제에 대해 미리 경고받을 수 있는 새로운 기회를 열어 왔다. 요즘은 발달 중인 태아로부터 세포를 채취하여 특정 장애의 유전자를 가지고 있는지 결정하는 것이 가능하다. 양수천자(amniocentesis)나 융모막 추출(chorionic villi sampling)로부터 얻어진 태아의 세포 표본을 가지고, 염색체 이상을 나타내는 태아의 염색체와 유전자를 검사하는 것이 가능하다. 염색체 결여나 추가와 같은 결정적 이상은 고성능 현미경하에서 명확하게 관찰 가능하다. 게다가 과학자들은 하나 이상의 결함 유전자로 야기되는 많은 장애를 나타낼 수 있는 특정 DNA 조각들, 즉 **유전적 지표(genetic markers)**를 식별해 왔다. 이러한 지식으로 부모들은 임신 종결을 선택하거나 특별한 관리가 필요한 자녀의 출생을 준비할 수 있다.

대부분의 사람에게 이는 매우 어려운 결정이며 임신 종결이 타당할 정도로 이상이 심각한 때를 결정하는 것은 윤리적 딜레마를 야기한다. 태아가 몇 개월 또는 몇 년 내에 고통스러운 죽음을 맞게 될 치명적인 유전적 장애를 가지고 있다면, 장애의 심각도가 덜한 경우보다 임신 종결을 선택하는 것이 더 쉬울 수 있다. 터너 증후군(XO)이나 클라인펠터 증후군(Klinefelter syndrome: XXY)을 가지고 있는 태아에 대해서 부모는 무엇을 해야만 할까? 이 아동들은 신체적 이상과 인지적 손상을 모두 가지고 있기는 해도 생산적인 삶을 꾸려 갈 수 있다. 그런 어려운 윤리적 선택에 미래의 부모를 직면시키는 것은 염색체와 유전자를 분석하는 기술 발달의 한 가지 결과이다(Murray, 1996). 유전자와 그 영향에 대한 연구는 커플들에게 예방적인 유전 상담을 제공하는 것을 가능케 한다. 자녀를 갖기 원하는 커플들은 스스로 유전자 결함에 대해 검사를 받을 수 있다. 그들이 만약 결함 있는 대립 유전자를 가지고 있음을 발견하게 된다면, 그들은 자녀를 입양하거나 기부자의 난자나 정자로 자신의 것을 대체하는 생식보조기술을 통해 자녀를 임신하는 것을 선택할 수 있다.

언젠가 우리는 태아의 결함 있는 유전자를 유전자 치료로 대체할 수 있어서 사전에 유전적으로 결정된 장애를 예방할 수 있게 될 것이다. 유전자 치료는 결함 있는 대립 유전자를 보상하기 위해 환자의 세포 내에 정상적인 대립 유전자를 삽입하는 것을 포함한다. 현재 가장 효과적인 기법은 환자의 세포 내로 새로운 유전자를 운반하기 위해 수정된 바이러스(해로운 성질이 제거된 바이러스)를 사용하는 것이다. 과학자들은 바이러스가 본질적으로 다른 유기체의 세포를 관통하도록 조정이 되기 때문에 이 전략을 선택해 왔다. 가장 흔하게, 목표 세포가 먼저 환자의 신체에서 제거되고 바이러스 방식으로 새로운 유전자와 융합되며, 그런 다음에 신체로 되돌려진다. 이 절차는 면역 체계를 정지시켜서 전염에 무방비 상태로 만드는 치명적인 유전적 장애가 있는 4세 여아를 치료하기 위해 1990년에 최초로 사용되었다. 의사들은 그녀의 면역 체계에 없는 결정적 효소를 만들기 위해 필요한 유전자를 아이의 혈액 속에 투입하였다. 10년 후, 소녀는 추가적인 약물 투여로 잘 살고 있었다(Thompson, 2000). 그 이후로 과학자들은 면역 결함에 대한 유전자 치료에서 비일관적이기는 하지만 점차 더 많은 성공을 거두고 있다(Gaspar, 2012).

과학이 유전적 선별, 선택 그리고 설계의 새로운 시대로 진입하면서, 부모들은 계속해서 더 많은 윤리적 이슈에 직면하게 될 것이다(Kass, 2002; Murray, 1996; Parke, Gailey, et al., 2012). 가까운 미래에, 부모들은 그들이 임신하게 될 자녀에 대해 그들이 원하는 속성을 골라서 선택할 수 있을 것이다. 미국 전역의 클리닉에서는 이미 장래의 부모들에게 잠재적 정자, 난자 기증자의 세부적인 프로파일을 제공하고 있다. 예를 들어, 애틀랜타에 위치한 Xytex Corporation은 눈썹 길이, 주근깨 여부 등 유전적으로 부호화된 신체적 특성의 긴 리스트를 제공한다. 전문가들은 부모들이 머지않아, 유전적 결함뿐 아니라 바람직한 속성에 대해서도 체크하기 위해 배아의 '착상 전 유전 진단(preimplantation genetic diagnosis)'을 위해 등록하게 될 것이라고 믿는다.

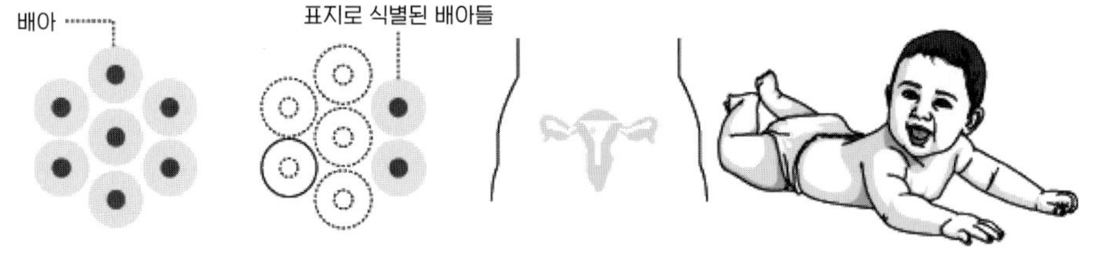


[그림 2-8] 파란 눈, 빨간 머리의 딸을 가질 가능성을 높이는 방법

유전적 선택에서 유전적 설계로의 도약은 더 문제가 될 수 있다. 심각하게 아픈 사람의 결함 있는 대립 유전자를 대체하는 것은 그렇다 쳐도, 수행이나 외모를 향상시키기 위해 유전자 치료를 사용하는 것은 어떠한가(Kiuru & Crystal, 2008). 유전자 치료는 치유를 위해 아픈 기관 내 유전자를 변화시키지만, 머지않은 미래에 유전자 치료는 청사진 그 자체, 즉 인간 게놈을 변화시키고 후손에게 물려줄 수 있을 것이다. 실제로 연구자들은 요구만 있으면 개인적 DNA 프로파일을 제공할 저렴한 기계를 개발하기 직전에 와 있다. 〈가타카(Gattaca)〉라는 영화에서처럼, 유전적 선택은 그것이 엄청난 고통을 예방할 수 있기 때문에 매력적이다. 선천적으로 고통스럽고 치유 불가능한 질병을 갖게끔 만들어

진 아기들은 대단히 적게 태어날 것이고, 일부 윤리학자는 그러한 미래를 지원해야 한다고 믿는다(Savulescu, 2008, 2009). 궁극적으로 부모들이 결정을 하는 당사자이고 보통 그들은 건강하고 잘 적응하며 성공적인 자녀를 세상에 나오게 하려고 그들이 할 수 있는 무엇이든 할 수 있기 때문에, 유전적 선택이 널리 퍼지게 될 것이라는 것은 피할 수 없는 현실이다. 당신은 그러한 결정을 안내할 윤리적 고려에 대해 생각을 해 두어야 할 것이다.

## 기질: 원인과 결과

우리가 이 장에서 논할 사회성 발달의 마지막 생물학적 기초는 영아의 기질이다.

### 기질의 정의와 측정

태어난 지 몇 시간 안 된 영아들도 환경에 대한 전형적 반응에서 큰 차이가 있다. 한 아기는 중간 정도로 자극적인 놀이에조차 쉽게 울고 쉽게 산만해진다. 또 다른 아기는 자극적인 놀이를 즐기고 좋은 주의 지속시간을 보인다. 이러한 행동 패턴들은 아기의 **기질(temperament)**을 반영하는데, 이는 환경에 대한 개인의 전형적인 반응 양식으로 정의된다(Beekman et al., 2015; Posner et al., 2007).

Alexander Thomas와 Stella Chess는 어머니와의 인터뷰를 통해 영아의 다양한 기질 차원을 확인하였다(Thomas et al., 1968). 이러한 차원은 활동 수준, 기분, 산만성, 접근 또는 회피 경향성을 포함한다. 이러한 차원들을 사용해서, Thomas와 Chess는 영아를 '까다로운', '쉬운', 또는 '천천히 익숙해지는(slow-to-warm-up)' 기질로 구분하였다. 까다로운 영아들(약 10%)은 불규칙하게 먹고 잠을 잤으며, 새로운 상황에서 쉽게 성내고, 극심하게 보채고 울었다.

> 크리스와는 어떤 것도 쉽지 않았다. 그에게 우유를 조금 먹이는 데만 한 시간 반이 걸리고 두 시간 후면 그는 다시 배고파질 것이었다. 첫 2년간 그가 울지 않고 잠자러 갔던 적을 단 한 번도 기억할 수가 없다. 나는 그를 좌우로 살살 흔들어 재우려고 애쓰지만 침대에 눕히기 위해 발끝으로 걸어가자마자, 그는 머리를 들고 큰 소리로 울기 시작하곤 했다. 그는 그의 일정에서 어떤 변화도 용납하지 않았다. 새로운 사람과 장소는 그를 화나게 해서 그를 어디에든 데리고 가는 것이 어려웠다(Chess & Thomas, 1986, p. 31).

제이슨이 아기 침대에 누워 있을 때 그는 신경질적이고 보채는 듯 보였다. 그의 입은 찌그러져 있고 얼굴과 두피는 빨갛게 되고 눈을 뜨자마자 칭얼댔다. 우리는 그가 배가 고플 것이라 생각했다. 찰리는 그를 부드럽게 안아 올렸고, 나는 그에게 수유하기 위해 준비하기 시작했다. 몇 초 안 되어 그는 팔을 마구 흔들어 대고 다리를 차고 있었다. 그의 작은 몸은 긴장으로 뻣뻣해졌고, 그의 눈은 질끈 감겼다. 나는 어떻게 해야 그가 젖을 빨도록 할 수 있을지 알 수 없었다. 나는 찰리를 바라보고 울음을 터뜨렸다.

쉬운 아기들(약 40%)은 친절하고 행복하며 순응적이었다.

존은 다른 사람이 자신을 만지는 것을 좋아하는 아기였다. 병원 첫 날부터 그는 폭 안겼고 안기는 것을 좋아하는 듯 보여서 나는 결코 그를 내려놓을 수가 없었다. 그는 오줌을 싸거나 배가 고프거나 피곤하거나 뭔가 잘못되지 않는 한 울지 않았다. 그는 새로운 것들을 즐기는 듯 보였기 때문에 어디에든 데리고 갔다. 그를 구석에 앉히면 그는 혼자서 놀았다. 때로 나는 그가 웃거나 말을 하지 않으면, 그가 거기에 있다는 것도 잊을 지경이었다(Chess & Thomas, 1986, p. 28).

애비는 아기 때 세 시간마다 배가 고팠다. 그녀는 매우 건강하고 강했고 성격도 좋아서 그녀가 충분히 먹었는지, 너무 많은 사람이 그녀를 만지게 하고 있진 않은지, 또는 초짜 엄마로서 상상했던 무서운 것들에 대해 내가 걱정하지 않을 수 있게 했다.

천천히 익숙해지는 아기들은 활동 수준이 낮고 처음에는 새로운 자극에 부정적으로 반응하지만 반복적인 접촉 후에는 새로운 사물과 경험에 천천히 적응하는 경향이 있었다. 본질적으로 이 아동들은 까다로운 아동과 쉬운 아동 사이에 위치했다. 낯선 것에 대한 첫 노출에서는 까다로운 아동처럼 보이지만, 쉬운 아동들처럼 점차적으로 조용한 흥미를 보였다.

엠마가 태어난 지 몇 개월쯤 되었을 때, 나는 분명하게 그녀가 어떤 것들에 익숙해지려면 긴 시간이 필요하고 이는 우리가 함께 살기 위해 배워야만 하는 어떤 것임을 알게 되었다. 나는 그녀가 천천히 젖어들도록 충분한 시간을 주려고 애쓴다. 나는 새로운 음식과 새로운 장소를 매우 천천히 소개한다. 그녀가 세 살 반쯤 되어 어린이집에 가기 시작했을 때 그녀는 첫 몇 주 동안 애착 담요를 필요로 했다. 나는 에이든의 엄마와 카풀을 했는데, 비록 엠마가 그녀를 오래도록 알아 왔음에도 나 없이 그들 차에 올라타기까지 한 달이나 걸렸다. 내가 엠마를 너무 빨리, 그리고 너무 일찍 밀어붙일 경우, 그녀는 그 상황을 다룰 수 없었다.

Thomas와 Chess의 초기 작업 이래, Mary Rothbart와 동료들은 동물에게서 발견되었던 것과 비슷한, 세 개의 넓은 차원으로 구성된 기질 측정 도구들을 개발하였다(Rothbart, 2011). 이 차원들은 더 개별적이고 Thomas와 Chess의 전반적 기질 유형보다도 더 정확하게 측정될 수 있다. Rothbart의 세 기질 차원은 주의 초점, 억제적 통제, 지각적 민감성, 낮은 강도의 즐거움을 포함하는 **의도적 통제(effortful control)**, 두려움, 좌절, 슬픔,

## 문화적 맥락: 기질은 전 세계 어디에서나 똑같을까

Kirill Zdorov/iStockphoto

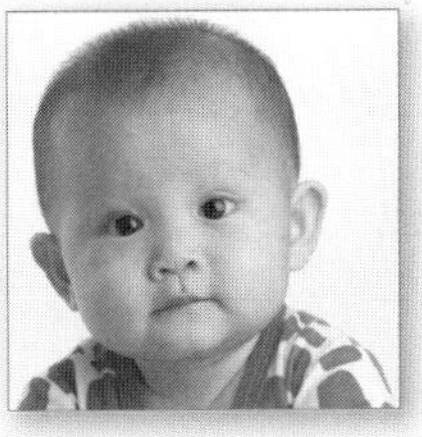
Okea/iStockphoto

연구자들은 서로 다른 문화가 기질에서 차이를 보이는지에 대한 증거를 수집해 왔다. 그들의 증거에 따르면, 〈표 2-1〉에 기술된 기질의 넓은 차원들은 다른 문화에서도 발견된다. 그러나 문화에 따른 유의한 차이 역시 존재한다(Chen & Schmidt, 2015). 아마도 가장 일관된 차이는 아시아 아기들과 백인 아기들의 기질 차이이다. 사진이 보여 주듯이, 백인 아기들에 비해, 중국 아기들은 더 침착하고, 달래기 더 쉽고, 운 후에 스스로를 진정시킬 수 있고, 더 빨리 외부 자극이나 변화에 적응한다(Freedman, 1974; Kagan, 1994). 비슷하게, 일본 영아들도 평균적으로 아기 건강 검사 동안 백인 아기들보다 덜 반응적이고 주사를 맞을 때 강한 고통을 덜 보이는 경향이 있다(Lewis et al., 1993). 학령전기 중국 아동들은 백인 아동들보다 충동을 더 잘 조절하는데, 예를 들어 다른 사람이 장난감 탑을 쌓는 것을 도울 때 자신의 순서를 기다린다(Sabbagh et al., 2006).

ADHD의 충동문제와 연합된 유전적 패턴은 미국 아동의 거의 절반(48%)에서 발견된다. 중국에서 ADHD는 사실상 알려져 있지 않으며, 유전적 패턴은 거의 나타나지 않는다(Chang 등의 1996년 연구에서 2%). 기질 차원들 간의 연결 역시 두 문화에서 다르다. 의도적 통제가 강한 중국 아동들은 덜 외향적인 대신, 의도적 통제가 강한 미국 아동들은 덜 부정적이다(Ahadi et al., 1993; Rothbart, 2011). 이러한 차이의 원인은 두 문화에서 가치 있게 여기는 행동이 다르기 때문에 생겨날 수 있다. 중국에서 부모들은 자녀들이 2세경이면 자신의 충동을 조절할 것을 기대한다. 미국에서 부모들은 학령전기는 되어야 그들 자녀에게서 충동 통제를 기대한다. 기질의 생물학적 과정은 문화에 걸쳐 공유될 것이다. 그러나 결과는 문화적 가치에 따라 분명하게 다르다. 기질이 행동을 조형하는 것처럼, 문화적 신념은 기질을 조형한다(Kerr, 2001; Rothbart, 2011; Sameroff, 2009).

불편감을 포함하는 부정적 정서성(negative affectivity), 그리고 긍정적 기대, 충동성, 높은 활동 수준, 감각 추구를 포함하는 외향성(extravesion)-정열성(surgency)(〈표 2-1〉 참조)이다. 물론, 기질은 아동이 성장하면서 다른 방식으로 표현된다. 예를 들어, 영아기에 주의 초점은 아기가 어떤 사물을 바라보는 시간의 길이로 나타날 수 있지만, 아동기에 이 요소는 아동이 퍼즐이나 문제를 풀기 위해 지속하는 시간의 길이로 측정될 수 있다. 특정 행동에서의 이러한 변화에도 불구하고 기질 특성은 영아기에서 성인기까지 지속되는 것으로 보인다.

〈표 2-1〉 아동 행동 질문지(Children's Behavior Questionnaire)와 청소년기 초기 기질 질문지(Early Adolescent Temperament Questionnaire)의 기질의 정의

| 넓은 차원과 척도 | 척도 정의 |
|---|---|
| 의도적 통제 | |
| 주의 초점 | 주의를 집중시킬 수 있을 뿐 아니라 필요할 때 주의를 전환할 수 있다. |
| 억제적 통제 | 미래 행동을 계획하고 부적절한 반응을 억누를 수 있다. |
| 지각적 민감성 | 환경 내 미묘한, 저강도(low-intensity) 자극을 알아차린다. |
| 저강도 즐거움 | 낮은 강도, 비율, 복잡성, 새로움 그리고 부조화를 포함한 활동이나 자극에서 즐거움을 구한다. |
| 부정적 정서성 | |
| 좌절 | 진행 중인 과제의 간섭이나 목표 방해에 부정적으로 반응한다. |
| 두려움 | 고통을 예상하여 부정적으로 반응한다. |
| 불편함 | 빛, 움직임, 소리나 촉감의 강도, 비율, 또는 복잡성을 포함한 자극의 감각적 속성에 부정적으로 반응한다. |
| 슬픔 | 고통, 실망 그리고 대상 상실에 노출 시 부정적으로 반응한다. |
| 진정될 수 있는 능력 | 고통, 흥분 또는 일반적 각성의 최고조로부터 회복 속도가 느리다. |
| 외향성-정열성 | |
| 활동 | 운동의 비율과 정도를 포함한, 높은 수준의 대근육 운동 |
| 수줍음(낮은) | 새로움과 도전, 특히 사회적인 면에 대한 낮은 억제 |
| 고강도 즐거움 | 즐거움이 높은 강도나 새로움을 포함하는 활동에서 얻어진다. |
| 미소와 웃음 | 자극 강도, 비율, 복잡성, 부조화에서의 변화에 긍정적으로 반응한다. |
| 충동성 | 반응 개시의 짧은 잠재시간 |
| 긍정적 예상 | 기대되는 즐거운 활동을 예상하며 흥분한다. |
| 제휴 | 타인과의 따뜻함과 친밀함을 원한다(청소년 질문지에서만). |

출처: Rothbart, 2007.

## 기질의 생물학적 기초

**유전적 요인** 과학자들은 기질이 적어도 부분적으로는 유전적으로 조직화되어 있고, 유전적 영향은 아동 초기 동안 점차 강해진다고 믿는다(Dunn & Plomin, 1991; Wachs & Kohnstamm, 2001). 그들은 정서성, 두려움, 불안, 활동 수준, 주의 범위, 지속성, 사회성 같은 기질의 차원에서 유전(heredity)이 개인차를 만들어 낸다는 것을 발견하였다(Kagan & Fox, 2006; Knopik et al., 2016). 기질의 분산과 연합된 유전자 또는 유전자 집합을 확인하는 데 진전이 있어 왔다. 예를 들어, 초기 증거에 따르면, 특정 유전자들이 1세의 낯선 사람에 대한 반응 강도(Lakatos et al., 2003) 그리고 3세의 새로운 사건에 대한 반응(De Luca et al., 2003)과 관련되어 있다. 그렇다 해도 환경은 이러한 유전적 영향이 표현되는 방식을 조절한다. 영아의 기질은 태내 환경과 출산 시 환경적 요인에 의해 영향을 받는다(Riese, 1990). 아동기 기질은 가족 구성원들과의 상호작용에 의해 영향을 받는다(Rutter, 2006). 예를 들면, 한 연구에서 주의를 조절하는 것으로 알려진 *DRD4* 유전자의 한 유형은 특히 의도적 통제 결함의 위험을 높이며, 만약 이들이 높은 수준의 부정적 양육에 노출된다면 부정적 결과로 이끄는 초기 경로에 놓일 위험성 또한 높아진다(Smith et al., 2012). 성인기에 기질은 유전적 요소에 덜 밀접하게 연결이 되며 생활 경험이 훨씬 중요해진다(Knopik et al., 2016; Plomin et al., 1988). 오늘날 대부분의 심리학자는 기질이 유전과 환경적 요소 모두의 결과라고 간주한다.

**신경학적 상관요인** 연구자들은 기질의 신경화학적 및 신경학적 기초의 일부를 발견해 왔다. 에피네프린, 도파민, 바소프레신(vasopressin), 옥시토신 같은 신경화학적 분자들이 중요한 역할을 하는 듯 보인다(Irizarry & Galbraith, 2004). 예를 들어, 외향성은 도파민의 가용성과 연결되어 왔다(Rothbart & Posner, 2006). 신경학적으로, 의도적 통제, 충동성, 좌절 경향성에서의 개인차는 뇌의 전전두엽 전방 및 측면 영역 활동과 연결되어 왔다(Posner & Rothbart, 2007; Rothbart et al., 2011). Jerome Kagan과 동료들은 친숙하지 않은 사건에 매우 반응적인 영아와 아동들, 즉 소심한 아동들이 반응성이 낮은, 즉 대담한 아동들에 비해 새로운 상황에서 편도체(amygdala) 영역의 더 많은 활성화를 보임을 발견했다(Kagan & Snidman, 2004; Kagan et al., 2007). 더 최근에는 편도체 활성화뿐 아니라, 소심하거나 행동적으로 억제된 청소년들이 접근과 회피 모두를 개시하는 데 결정적 역할을 담당하는 뇌 영역인 선조체(striatum)에서 높은 활성화를 보인다는 것을 보여 주었다(Helfinstein et al., 2012). 연구가 계속됨에 따라 우리는 기질의 신경화학적 및 신경학적 기초에 대해 더 많이 알게 될 것이다.

## 기질의 초기 증거

기질적 특성은 초기에, 심지어 태아기에도 나타난다. 임신한 여성은 종종 그들의 아기가 얼마나 활동적인지 이야기하며, 이후 다시 임신했을 때 그들은 태아들이 꼼지락거림과 발로 차기에서 차이가 있음을 알게 된다. 출생 후, 신생아는 고통과 회피에서 차이를 보이며, 몇 개월 후에는 그들이 사회적 자극을 보고 얼마나 미소 짓고 접근하는지에서 차이를 보인다. 2~3개월경, 아기들은 분노와 좌절 같은 부정적 정서의 표현에서 차이를 보이며, 7~10개월경이면 두려움의 수준에서도 차이를 보인다. 이후 몇 년에 걸쳐, 그들은 기질의 또 다른 차원인 의도적 통제(effortful control)를 통해 이러한 정서의 표현을 통제하고 조절할 수 있게 된다(Rothbart, 2011). 의도적 통제는 아동으로 하여금 정서나 행동을 억제하도록 하고(디저트 먹지 않기), 행동을 촉진시키며(고기 먹기), 미래의 행위를 계획하고(야채 더 많이 먹기), 행동 실수를 탐지하게 한다(갈색으로 변한 과일은 먹지 않기).

이러한 조절능력은 아동들이 자신의 행동을 통제하는 다양한 과제를 사용해서 실험실에서 측정되어 왔다. 이러한 과제들은 만족 지연(투명한 뚜껑 아래 보이는 사탕을 먹기 전에 기다리기), 통제된 운동 행위(선을 아주, 아주 느리게 그리기), 통제된 멈춤과 시작['시몬 가라사대(Simon says)…'와 같은 가라-서라 게임을 하기], 통제된 주의(큰 도형에 숨겨진 작은 도형을 찾기), 그리고 통제된 목소리 내기(목소리의 성량을 줄이기)를 포함한다(Kochaska et al., 2000). 2세 반경에 아동들은 이러한 과제들을 일관된 방식으로 수행하게 되고, 4세경이면 의도적 통제는 개별 아동의 안정적 속성이 되는 듯하다(Rothbart et al., 2008). 1~3세에 측정된 의도적 통제는 14년 후의 실행 기능(계획하는 능력) 또한 예측한다(Friedkan et al., 2011). 외향성-정열성은 영아기에 측정될 수 있고 그때부터 5세 사이에 안정적이 되는 기질의 또 다른 측면이다(Degnan et al., 2011).

## 기질의 결과와 상관요인

기질 특성은 아동의 사회성 발달에 영향을 미친다. 짜증을 내고, 까다로우며, 충동적이고, 정서적인 아동들은 이후 삶에서 더 높은 수준의 문제를 경험한다(Goldsmith et al.,

2001; Halverson & Deal, 2001; Rothbart, 2011). 기질적으로 낮은 수준의 외향성-정열성을 보이는, 두려워하고, 수줍으며, 억제된 아동은 두려움, 슬픔, 위축된 행동, 불안 증상 및 장애, 죄책감, 낮은 공감 같은 **내재화 문제**를 더 많이 가지게 될 것이다(Lindhout et al., 2009; Muris et al., 2009; Ormel et al., 2005; Rothbart, 2011; Tarullo et al., 2011). 의도적 통제가 좋지 않은 아동들은 파괴적이고 공격적이며, 과잉활동적인 행동을 포함하여 더 많은 **외현화 문제**를 보인다(Ormel et al., 2005; Vailente et al., 2003). 유사하게, 높은 부정적 정서성을 지닌 아동들은 공격적이고 때로 과잉활동적인 문제를 보이기 쉬우며(Mathiesen & Prior, 2006; Sanson et al., 1993), 매우 활기 넘치는 아동들은 더 지배적이고 분노하고 갈등적이다(Tarullo et al., 2011).

> "제이슨은 신경질적이고 고집이 센 영아였고, 신경질적이고 고집이 센 아동이 되었다. 이제 그는 다른 아이들을 매우 자주 때리고 싸워서, 정말로 인내력이 있는 그의 유치원 교사들조차 그가 '몹시 신경질적'이라는 것에 동의한다. 그는 항상 각성되어 있는 한편, 예민하고 부산하며, 싸움을 많이 한다."

몇몇 요인이 기질과 이후의 문제 간 관계에 기여할 것이다.

첫째, 까다로운 기질을 지닌 아동들은 환경적 요구에 적응하는 것이 더 어렵고 스트레스와 그로 인해 저하된 정서적 안녕감에 의해 더 많이 영향을 받는다. 이는 단순히 기질적 취약성이 직접적으로 계속되는 것이다.

둘째, 까다로운 기질을 지닌 아동들은 다른 사람들로부터 더 혐오적인 반응을 유발할 수 있고 거친 양육과 사회적 거부에 의해 야기된 심리적 손상을 겪을 수 있다(Reiss et al., 2000). 연구자들은 까다로운 기질을 지닌 아동들이 종종 부모의 짜증을 받아내는 대상이 된다는 것을 발견해 왔다. 이 경우에 기질의 효과는 간접적이다. 행동적 결과는 다른 기질을 지닌 아동의 서로 다른 경험의 결과이다.

셋째, 기질은 환경 내의 조건들과 상호작용할 수 있는데, 기질과 환경 간 상호작용은 우리가 앞서 논의했던 유전자와 환경의 상호작용에 비교해 볼 수 있다. 만약 부모가 스트레스하에 있고, 결혼 갈등을 겪고, 스스로에게 적대적이며, 지지적인 가족이나 친구 네트워크가 없는 상태라면, 아동의 까다로운 기질은 가족이 긍정적이고 평화로운 경우에 비해 더 쉽게 외현화 문제로 발전될 것이다(Morris et al., 2002; Tschann et al., 1996). 까다로운 기질과 거칠거나 민감하지 않은 어머니를 갖는 두 가지 위험을 겪고 있는 아동들은 공격성과 행동문제(Lorber & Egeland, 2011; Mincer & Clarke-Stewart, 2008), 자기-조절문제(Kim & Kochanska, 2012), 불안과 우울 문제(Paulussen-Hoogeboom et al., 2008), 학업 및 사회적 문제(Stright et al., 2008)를 어느 한 가지 위험만을 가지고 있는 아동들에 비해 더 많이 발달시키는 것 같다(Roisman, Newman, et al., 2012). 84개 연구에 대한 최근 메타분석은 이러한 발견을 확증해 주었다(Slagt et al., 2016). 부모가 거친 훈육을 사용하는 기질적으로 두려운 아동은 두렵지 않거나 부모가 거칠지 않은 아동들에 비해 내재화 문제(Colder et al., 1997), 정서조절 문제(Schwartz & Bugental, 2004), 낮은 수준의 양심(Kochanska, 1997)을 더 많이 발달시키는 경향이 있다. 우울한 어머니를 둔, 두려움이 많은 아동들은 더 두려워하고 불안하게 된다(Garstein et al., 2010). 마찬가지로, 소심한 기질을 갖고 있고, 지지적이지 않고 부정적 또는 우울한 어머니를 둔 아동들은 두려움이 많고(Gilissen et al., 2008), 사회적으로 위축되기 쉽다(Hane et al., 2008). 그들은 더 부정적인 기분을 느끼며 자신의 부정적인 정서를 조절할 더 부적응적인 방식을 발달시킨다(Feng et al., 2008; Mills et al., 2012). 그러나 만약 부모가 침착하고 지지적이라면, 까다로운 아동들도 장기적인 부정적 효과를 덜 겪는다(Calkins, 2002; Rothbart, 2011). 더 까다로운 기질을 지닌 아동들은 심지어 긍정적인 양육으로 더 많은 이득을 보는데, 더 높은 수준의 사회적, 인지적 역량을 발달시킨다(Slagt et al., 2016). 마찬가지로, 두려운 아동들은 만약 부모가 거칠지 않고 부드러운 훈육을 사용한다면 자기-통제를 더 많이 발달시키도록 도움을 받을 수 있다(Kagan & Snidman, 2004; Kochanska, 1997). 이러한 결과들은 차별민감성 모델(differential susceptibility model)을 지지하는데, 다양한 기질의 아동들은 아동양육 환경에 서로 다른 방식으로 반응함을 보여 준다.

기질적 성향의 결과는 어느 정도는 부모와 타인이 아동의 어떤 특징을 얼마나 잘 수용하고 그에 적응하는가에 달려 있다. Thomas와 Chess(1986)는 아동의 기질과 아동 양육 환경의 이러한 일치를 '적합도(goodness of fit)'라고 명명하였다.

> "나는 결코 오래 껴안고 있는 법이 없었다. 그렇게 하기에는 나는 한순간도 가만히 있지 못하는 편이다. 내 스타일은 아이들을 더 많이 튕기고 흔들어 주고 함께 박수를 치고 서성거리는 것이다. 돌아보면, 아마도 제이슨은 더 많은 포옹과 진정시키기를 사용했을 수도 있다. 그러나 우리는 처음부터 그냥 잘 맞았다."

그들은 부모와 아동이 서로 잘 맞고 부모가 자연스럽게 자신의 아기에게 조율하거나 자녀의 기질에 맞게 그들의 접근방식을 조정할 때 발달이 더 부드럽게 진행된다고 제안하였다. 덜 행복한 가정에서는 부모와 아동이 시간의 경과와 함께, 영아의 부정성이 덜 적합한 양육방식을 이끌어 내고 거꾸로 이는 다시 아동의 부정성을 증가시키며, 그에 대한 반응으로 나쁜 양육방식이 계속해서 유발되는 교류적 과정(transactional process)에 관여하게 된다(Sameroff, 2009). 예를 들어, 몇몇 연구에서 연구자들은 어떻게 아동의 정서적 반응성에서의 변화가 거친 양육을 증가시키고 거꾸로 아동의 증가된 반응성에 기여하게 되는지를 보고해 왔다(Lipscomb et al., 2011; Scaramella et al., 2008).

마지막으로, 기질과 이후의 문제 간 연합은 아동이 지닌 기질 패키지에 달려 있다. 기질 특성은 기질과 기질의 상호작용을 보이는데, 두려움이나 높은 의도적 통제 같은 한 가지 기질 특성이 충동성이나 부정적 정서성과 같은 또 다른 기질 속성의 부정적 효과로부터 아동을 보호하게 된다. 연구자들은 아동이 높은 수준의 주의적 통제를 지니고 있을 경우, 충동성이 외현화 행동문제로 덜 이어진다는 것을 발견하였다(Eisenberg et al., 2004). 이러한 아동들은 집중하고 계획적이 됨으로써 그들이 지닌 충동적 기질의 부정적 효과를 상쇄할 수 있다.

기질은 흔히 성격의 핵심으로 간주된다. 성격 특성은 동시적 그리고 종단적으로 기질 변인과 분명한 연결을 가지고 있다. 둘 다 긍정적, 부정적인 정서에 의해 특징지어지며, 둘 다 분명한 유전적 상관요인들을 지니고 있고 경험에 의해 영향을 받는다. 기질 속성은 Big Five 성격 요인들—외향성(extraversion, 명랑하고 밝고 에너지 넘치는), 신경증(neuroticism, 두려워하고 민감하며 울기 잘하는), 성실성(conscientiousness, 부지런하고, 계획적이며, 집중하는), 우호성(agreeableness, 배려 깊고 믿을 만한) 그리고 개방성(openness, 호기심이 많고 통찰력 있는)—의 하위요인인, 더 좁고 더 낮은 수준의 특성으로 정의되곤 한다. 이 Big Five 요인들은 성인뿐 아니라, 부모와 교사 보고에 따르면 아동에게서도 나타나며, 비슷한 기질 속성과 강하게 관련이 있다($rs = 0.5 \sim 0.7$). 성격 외향성은 기질적 외향성-정열성과, 신경증은 부정적 정서성과, 성실성은 의도적 통제와, 우호성은 제휴(청소년기에 나타나는 기질 특성)와, 개방성은 지향 민감성(orienting sensitivity)과 상관이 있다(Caspi & Shiner, 2006; Evans & Rothbart, 2007, 2009).

핀란드의 한 연구에서 아동기, 청소년기 기질과 50세였을 때 성인기 성격 사이의 연결을 발견하였다(Pulkkinen, 2017). 아동기 행동적 활동은 성인기 외향성과 개방성을 예측하였다. 행동적 조절은 성인의 성실성을 예측하였고, 부정적 정서성은 성인기 공격성과 연관되었다. 그러나 기질에 비해 성격은 넓은 범위의 감정, 사고, 행동에서의 개인차를 포함하며,

여기에는 태도, 신념, 목표, 가치, 동기, 대처 양식 그리고 고차 인지 기능이 포함된다(Soto & Tackett, 2015). 연구자들이 기질과 성격 모두의 측정치를 조합했을 때 아동의 행동 문제를 예측하는 것은 어느 한쪽만 사용했을 때보다 훨씬 더 강력해진다(De Pauw et al., 2009).

## 성인기로의 확장: 30년 후의 수줍은 아동들

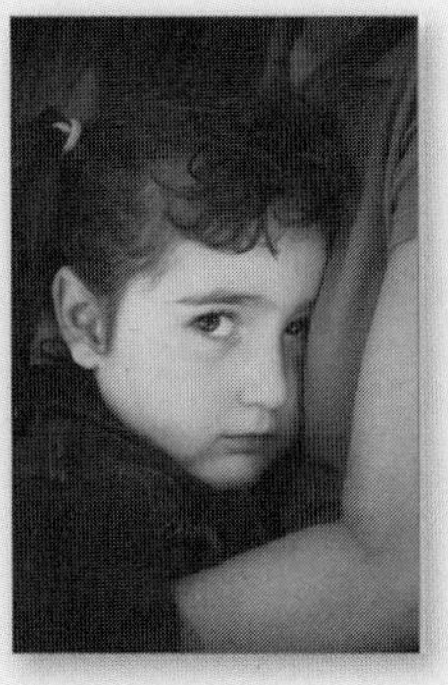
YazolinoGirl/iStockphoto

수줍은 아동들이 성장하면 어떻게 될까? 그들은 여전히 부끄러워할까 아니면 사람들과 어울리는 것을 좋아하는 사람이 될까? 그들은 사회적으로 불리할까 아니면 초기의 과묵함을 보상하게 될까? 이를 알아내기 위해 연구자들은 수줍은 아동들을 아동기부터 성인기까지 추적했다. 한 연구에서 검사자들이 3세경에 수줍고 두려우며 억제되어 있다고 평가했던 아동들은 성인으로서도 수줍고 신중하였다(Caspi, Harrington, et al., 2003). 그들은 위험한 활동보다는 안전한 활동들을 선호했고, 충동적이기보다는 신중했으며, 지도자 역할보다는 따르는 역할을 즐겼고, 다른 사람들에게 영향을 끼치려는 욕구가 적었다. 또 다른 연구에서 초등학교 교사들이 '매우 수줍은(사회적 상황에서 몹시 불편해하고 극심한 공포를 느끼는)'부터 '외향적인(새로운 사람들을 만나는 것을 즐기는)'까지 포함한 한 척도상에서 그들의 학생들을 평정하였다(Caspi et al., 1988). 매우 수줍은 아동들은 정서적으로 너무나 억제되어 있어서 다른 사람들은 그들과 함께 있으면 긴장되고 이상하다고 보고하였다. 그들은 다른 아동들보다 덜 친절하고, 덜 사교적이며, 더 내성적이고, 더 위축되어 있었다. 그들의 교사들에 따르면, 그들은 지도자라기보다는 추종자였다.

연구자들이 아동들을 추적하여 그들을 20~30년 후에 인터뷰했을 때 아동기에 수줍은 것으로 평가되었던 남아들은 결혼하는 것, 자녀를 갖는 것, 안정적 직업을 확립하는 것을 지연시켜 왔다. 그들은 외향적인 또래들에 비해 덜 명망 있는 직업을 가지고 있었다. 이 남성들은 실제로 그들의 수줍음에 의해 불리함을 겪고 있는 듯 보였다. 수줍은 여아들은 결혼, 출산, 그리고 가사의 전형적인 패턴을 따르고 있었다. 절반 이상(56%)이 가정 밖에서 고용되어 있지 않거나 그들이 결혼하거나 자녀가 생겼을 때 노동 시장을 떠났는데, 이는 외향적 여아들의 ⅓(36%)만이 그러했던 것과 대조된다. 전형적으로, 수줍은 여아들은 외향적 여아의 남편들보다 중년기에 더 높은 직업적 지위에 있는 남성들과 결혼하였다. 이 아동들이 성장했을 때, 여성의 수줍음은 아내-어머니-가사 관리자 역할에 맞는, 긍정적인 여성적 속성으로 간주되었다. 이는 이 여아들에게는 좋은 소식이지만, 우리가 여성과 남성 모두로부터 외향적 행동을 기대하는 오늘날에는 상황이 좀 다를 수 있다.

아마도 몇몇 요인이 이러한 연구들에서 관찰된 수줍음의 연속성을 설명할 것이다. 유전적 요소들이 설명의 한 부분이다(Rothbart, 2011). 일란성 쌍생아는 이란성 쌍생아에 비해 수줍음에서 더 유사하며(Bartels et al., 2004), 특정 유전자와 호르몬 집합이 수줍음에서의 개인차와 시간에 따른 수줍음의 연속성과 관련이 있다(Hartl & Jones, 2005; Kagan & Fox, 2006). 예를 들어, 편도체 내 신경학적 활동의 변이 또한 기여한다(Kagan et al., 2007). 물론, 환경적 요소들이 시간에 걸친 수줍음의 안정성을 늘리거나 줄일 수 있다. 수줍어하는 2세 아동은 그들 어머니가 덜 보호적이고 그들의 수줍어하는 행동을 말린다면(Rubin et al., 2002), 또는 만약 그들이 2세 생일 전에 어린이집에 맡겨진다면(Fox et al., 2001), 자라면서 더 사교적이 될 가능성이 있다.

아마도 어떤 수줍은 아동도 수줍음이 좋은 것이라고 생각해 본 적은 없을 것이다. 다행스럽게도, 이제 수줍은 아동이 침착함과 자신감을 얻도록 돕는 프로그램들이 있다. 아동들은 코칭, 모델링 그리고 가르침을 통해 그들의 수줍음을 극복할 수 있다(Bierman & Powers, 2009; Rubin et al., 2015).

# 요약

## 생물학적 준비

- 아기들은 그들의 생물학적 리듬과 그것들을 조절하는 능력 때문에 태어날 때부터 사회적 상호작용을 위해 생물학적으로 준비되어 있다. 생물학적 리듬을 더 잘 조절하는 영아들은 그들의 어머니와 더 조화로운 사회적 상호작용을 하게 된다.
- 신생아들은 얼굴의 움직임뿐 아니라, 경계, 머리선, 턱 등 인간 얼굴의 속성에 끌린다. 3개월경, 영아들은 얼굴을 고유한 패턴으로 식별한다. 뇌는 얼굴 인식을 담당하는 전문화된 세포를 가지고 있다.
- 출생 시, 아기들은 고음조의 소리에 끌리며, 이는 부모들이 아기에게 말할 때 흔히 사용한다.
- 신생아들은 다른 여성의 냄새와 그들 어머니의 냄새를 구분할 수 있다. 그들은 또한 서로 다른 맛을 식별할 수 있고 모유 수유 동안 자신이 경험하는 맛을 선호한다.
- 신생아들은 촉각에 반응하며 이에 의해 진정된다.
- 아기들은 대면 놀이에서 그들 어머니의 반응성과 표현성에 끌린다. 그들은 3개월경이면 조화롭게 상호작용한다.
- 사회적 상호작용을 위한 준비성은 진화적 기초를 가지는데, 이는 적응적이고 영아의 생존을 보장한다.

## 사회성 발달의 신경학적 기초

- 대뇌피질은 여러 영역으로 구분되어 있는데, 각 영역 내 세포들은 말하기, 운동능력, 기억 등 특정 기능을 통제한다. 피질과 변연계는 정서와 사회적 행동을 조절하는 데 주요한 역할을 한다.
- 영아기 동안의 대뇌 발달은 질서 정연한 순서가 있는데, 점진적인 연속적 변화와 상대적으로 급격한 발달 시기 모두를 포함한다.
- 5~7세 시기에, 전전두피질의 발달은 주의, 억제적 통제, 계획과 같은 실행과정의 발달과 연합된다. 전전두피질의 성숙은 청소년기까지 계속된다.
- 우반구는 신체의 왼편을 통제하며 시공간 정보의 처리, 얼굴 인지, 정서 표현에 관여한다. 좌반구는 신체의 오른편을 통제하며 언어를 이해하고 사용하는 데 중요하다. 반구 전문화와 편재화는 영아기 초기에 분명하며 3세경이면 잘 발달된다.

- 대뇌 뉴런의 대부분은 출생 시 존재하지만, 크기, 연결(시냅스)의 수, 주변의 지지적 교세포의 생산에서 변화가 생겨난다. 수초화는 뉴런 간 소통의 속도, 효율성, 복잡성을 증가시킨다.
- 뉴런 이주는 뇌 영역들 간에 뉴런을 분산시킨다. 많은 수의 뉴런과 시냅스들이 뉴런 사망과 시냅스 가지치기를 통해 시간이 흐르면서 다듬어진다.
- 환경은 뇌 발달에 결정적 역할을 한다. 풍부한 환경은 대뇌 크기, 뉴런 간 연결, 주요 뇌 화학물질의 활동이 증가되는 것과 관련된다. 추가적 경험은 뇌의 한 영역이나 반구의 손상이나 결함을 줄이는 것을 도울 수도 있다.
- 두 가지 유형의 과정이 아동의 뇌 발달에 영향을 미친다. 경험-기대적 과정은 보편적인데, 즉 진화과정 동안 모든 인간에 의해 공유된다. 경험-의존적 과정은 특정한 가족이나 문화에서의 경험과 관련된다.

## 유전학과 사회성 발달

- 유전적 기여는 사회성 발달의 중요한 생물학적 기초를 나타내며 외향적이고 사교적인 경향 대 내성적이고 수줍어하는 경향 같은 개인차를 설명한다.
- 유전적 전달은 염색체에서 시작하는데, 염색체에는 유전적 부호를 함유한 DNA 분자의 일부, 즉 유전자가 있다.
- 유전적 다양성은 유성 생식의 과정에서 여성으로부터의 23개 염색체가 남성으로부터의 23개 염색체와 결합하고 수정란의 세포분열 동안 교차하면서 엄청난 수의 염색체 조합이 생겨난 결과이다.
- 유전형은 어떤 사람이 물려받은 특정 세트의 유전자이다. 이는 환경과 상호작용해서 표현형을 만들어 내는데, 표현형은 신체적, 행동적 특징의 관찰 가능한 표현을 뜻한다.
- 행동유전학자가 개인차에 대한 유전적 변산(variation)과 환경적 변산의 기여를 연구하기 위해 가장 흔히 사용하는 방법은 생물학적 관련성의 정도가 알려진 가족 구성원들을 연구하는 것이다.
- 유전적 전달의 가장 단순한 모델은 단일 유전자에 의해 결정된 특성에 적용된다. 더 복잡한 모델은 다수의 유전자 간 상호작용에 기초한다. 사회성 발달의 대부분의 특성은 함께 작용하는 다수의 유전자를 포함한다. 세 번째 모델은 유전자와 환경 간 상호작용을 강조한다.

- 환경은 유전자에 영향을 미치고 유전자는 환경에 영향을 미친다. 유전자와 환경의 수동적 연합에서 부모는 그들의 유전적 선천성에 잘 맞고 또한 그들 자녀가 지닌 이러한 유전된 성향을 장려하는 환경을 만든다. 유발적 유전-환경 연합에서 사람들의 유전된 경향성은 타인들로부터 특정 반응을 이끌어 낸다. 능동적 유전-환경 연합에서, 각 개인의 유전적 구성은 그 사람으로 하여금 유전된 성향과 잘 맞는 경험을 찾아내도록 장려한다(적소 찾기로 알려져 있음).
- 유전적 전달에 대한 유전자-환경 상호작용(G×E) 모델에서는(소인-스트레스 모델과 차별민감성 모델을 포함하여) 유전자와 환경 모두에게 적극적 역할이 부여되며 그들의 기여는 합산적 영향을 넘어선다.

### 기질: 원인과 결과

- 기질은 환경에 반응하는 개인의 전형적 양식으로 정의된다. 기질적 특성은 초기 영아기에 나타난다.
- 세 가지 흔한 기질 차원은 의도적 통제, 부정적 정서성, 외향성-정열성이다.
- 유전(heredity)은 기질 차이, 특히 정서성, 활동 수준, 사회성에서의 차이에 기여한다.
- 기질은 신경학적 그리고 신경화학적 기초를 지닌다.
- 기질 속성은 성격 요소의 기본인 더 좁은 하위수준 속성들로서 정의되는 듯하다.
- 덜 적절한 기질 프로파일을 지닌 아동들은 이후 삶에서 더 높은 비율로 문제를 경험한다.
- 문제의 가능성은 아동이 길러지는 환경과 그 환경이 아동의 기질적 특성에 얼마나 잘 맞는지에 의해 어느 정도 달라진다.

## 핵심 용어

- 거울뉴런
- 경험-기대적 처리과정
- 경험-의존적 처리과정
- 공유된 환경
- 교세포
- 기질
- 내재화 문제
- 뇌량
- 뉴런
- 뉴런 급증
- 뉴런 이주
- 능동적 유전자-환경 연합
- 대뇌반구
- 대뇌피질
- 대립 유전자

- 동형접합
- 반응 범위
- 비공유된 환경
- 상위성
- 소뇌
- 소인-스트레스(또는 이중 위험) 모델
- 수동적 유전-환경 연합
- 수정 유전자
- 수초화
- 시냅스
- 시냅스 가지치기
- 시냅스 생성
- 외현화 문제
- 유발적 유전자-환경 연합
- 유전자
- 유전자-환경 상호작용(G×E) 모델
- 유전형
- 이란성
- 이형접합
- 인간 행동유전학
- 일란성
- 자폐증
- 적소 찾기
- 조율
- 주의력 결핍 과잉행동 장애(ADHD)
- 차별민감성 모델
- 편재화
- 표현형
- 프로그램된 뉴런 사망
- 후성학

제 3 장

# 애착

## 친밀한 관계 형성

3개월경, 엠마는 어머니가 방을 떠나는 것을 보고도 저항하지 않았다. 대신에 그녀는 아기용 침대 위에 있는 밝은 색의 모빌을 보기 시작했다. 9개월이 되었을 때, 엠마는 어머니가 떠나는 것에 저항하고자 얼굴을 찌푸리고, 울며, 침대 위에서 일어섰다. 15개월경, 엠마는 어머니가 집안일을 할 때 집 안에서 어머니를 따라다녔고, 어머니가 우편함에 갔을 때는 문 앞에 서서 어머니를 불렀다. 엠마는 분명히, 어머니와 특별한 관계를 형성했다. 이 놀라운 발달적 이정표—특정한 애착의 발달—를 탐색하고 설명하는 것이 이 장의 목표이다.

Nick Stevens/Cultura/Getty Images

애착관계의 발달은 영아의 초기 사회적 삶에 있어 중요한 성취이다. 생애 첫 며칠, 몇 주, 몇 달 동안 영아는 친숙한 사람과 낯선 사람을 구별하게 되고, 생후 첫 해 말 정도가 되면 자신의 삶에 지속적으로 함께하는 한두 명의 특별한 사람에 대해 애정 어린 애착을 발달시킨다: 어머니, 아버지, 손위 형제자매들, 혹은 조부모. 애착에 관한 뚜렷한 징후는 아이들이 애착을 형성한 사람에게 다정한 눈빛을 보이고, 그러한 사람에게 다가갈 때 미소를 짓고, 손을 뻗으며, 바짝 다가가서 신체적인 접촉을 시작하는 데서 볼 수 있다. 아이들은 또한 낯선상황에서 애착대상에게 기어가거나 뛰어가 팔이나 다리를 붙잡으면서 애착대상 옆에 머무르려고 한다. 아이들은 종종 이런 특별한 사람이 일시적으로 곁을 떠나면 고통스러워한다. 아이들은 이러한 중요한 대상에게 깊고, 애정 어리고, 친밀하며, 지속적인 **애착**을 형성한다.

애착은 강렬하고 극적이며 아동의 사회성 발달과 정서적 안녕에 대해 살펴볼 수 있는 창구를 제공해 주기 때문에 연구자들에게 흥미로운 주제이다. 이 장에서 우리는 아이들이 생애 최초의 애정적 관계를 발달시켜 나가는 놀라운 여정을 따라간다. 우리는 애착관계 형성을 설명하기 위해 심리학자들이 제안한 몇몇 이론을 소개하고자 한다. 그런 다음, 영아의 행동 변화를 애착의 형태로 설명하고, 애착관계 발달에 영향을 미치는 요인들을 살펴본 뒤, 애착관계에서의 개인차에 대해 검토한다. 또한 아동발달의 다른 측면에 미치는 애착의 결과와 애착이 한 세대에서 다음 세대로 어떻게 전이되는지에 대해 살펴본다.

## 애착이론

역사적으로, 정신역동이론, 학습이론, 인지이론, 생태학적 이론을 포함한 많은 이론이 애착발달에 관한 설명을 제공하였다. 각 이론은 아동이 주 양육자에 대해 갖는 유대의 본질에 관한 고유한 정의를 가지고 있다. 또한 각 이론들은 애착관계 발달 기저에 놓인 서로 다른 기제를 강조하고, 애착발달에 중요한 요인들에 관해서도 다른 가정을 가지고 있다.

### 정신역동적 이론

Freud에 의하면, 영아는 빨기와 구강적 자극을 통해 쾌락을 얻으려는 본능적 욕구의 충족을 어머니와 연결 짓기 때문에 어머니에게 애착을 형성하게 된다. 자신의 아기에게 젖을 주는 어머니가 특히 중요한 애착대상이다. 영아는 처음에는 엄마의 젖가슴에 대해 애착을 형성한 뒤, 구강기(Freud's oral stage) 동안에 어머니 자체에 애착을 형성하게 된다. 비록 정신역동적 설명이 맞지 않는 것으로 확인되었지만—영아는 자신에게 먹을 것을 주지 않는 사람에게도 애착을 형성하고, 빠는 즐거움 이외의 다른 이유로도 애착을 형성한다—, 이러한 설명은 최초로 애착이라는 개념에 주의를 기울이고 어머니-영아 사이의 초기 접촉의 중요성을 강조했다는 점에서 중요하다.

### 학습이론

일부 학습이론가들 역시 어머니-영아 애착을 어머니-영아의 수유와 관련지었다. 추동감소 학습이론가들은 어머니가 아기의 배고픔 욕구를 감소시켜 주기 때문에 애착대상

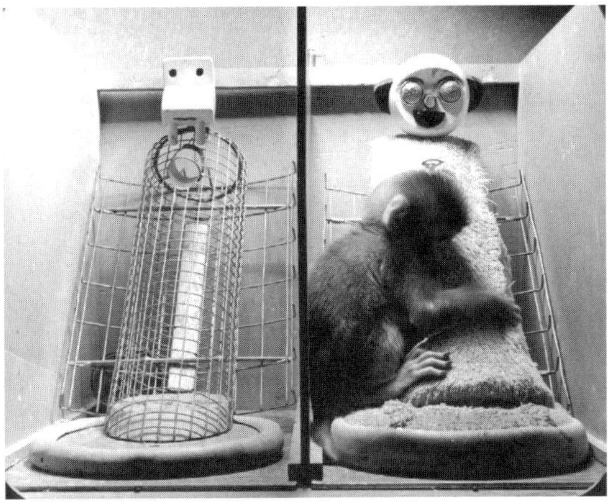

새끼 원숭이는 먹이를 주는 철사 대리모보다 포근함을 주는 헝겊 대리모를 더 선호한다.

이 된다고 하였다. 어머니가 배고픔 및 긴장의 감소와 연결되기 때문에 어머니의 존재를 추구하는 것은 이차적인 동기 혹은 학습된 동기가 된다(Sears et al., 1957). 그러나 연구결과들은 수유가 애착발달에 결정적이라는 관점에 이의를 제기한다. Harry Harlow는 새끼 원숭이들을 실제 어미로부터 분리시켜 두 '대리모'와 함께 키웠다. 한 '어미'는 단단한 철사로 만들어졌고, 젖병이 달려 있어 먹이를 제공해 주기는 하나 신체적인 안락함은 제공해 주지 않았다. 또 다른 '어미'는 부드러운 천으로 만들어졌지만 젖병이 없었고, 그래서 편안함은 주지만 음식은 제공하지 않았다(Harlow & Zimmerman, 1959). 추동감소 학습이론의 예측과 달리, 새끼 원숭이들은 천 '어미'—특히 스트레스를 받을 때—에 매달리는 것을 더 선호했다—심지어 음식을 제공해 주지 않음에도 불구하고(사진 참조). 인간 영아에 대한 연구에서도 비슷한 결과가 있다. 음식은 주지만 애정을 거의 주지 않는 어머니와 자극을 주고 놀아 주는 데 더 많은 시간을 쓰는 아버지에게서 양육된 영아는 어머니보다 아버지에게 애착을 형성할 가능성이 높았다(Schaffer & Emerson, 1964).

조작적-조건형성 학습이론가들은 애착발달의 기초는 수유가 아니라, 영아가 양육자로부터 받는 시각, 청각, 촉각 자극이라고 제안했다(Gewirtz, 1969). 이 관점에 따르면, 아기는 처음에 양육자에게 끌리는데, 왜냐하면 양육자가 이런 유형의 자극들을 제공해 주는 가장 중요하고 신뢰할 수 있는 공급원이기 때문이다. 이 같은 양육자와의 상호작용이 몇 주, 몇 달 동안 계속됨에 따라 영아는 이 특별한 성인에게 의존하여 그 사람을 소중하게 여기는 법을 배우고, 애착이 생기게 된다. 이 학습이론 설명의 핵심은 애착이 자동적인 것이 아니라는 점이다. 그것은 반응적인 성인과의 만족스러운 상호작용의 결과로 시간이 지남에 따라 발달한다. 이러한 설명은 맞지만 완전하지 않은 것으로 드러났다. 한 가지 문제는 가용한 유일한 양육자가 학대를 하는 부모인 경우 아기가 왜 그런 양육자에게 애착을 형성하게 되는지를 설명할 수 없다는 것이다. 유사한 현상이 동물연구에서도 나타났는데, 자신의 어미들로부터 난폭한 대우를 받았던 새끼들이 계속해서 그 어미들에게 신체적 접촉을 추구하는 것이 관찰되었다(Seay et al., 1964).

## 인지발달이론

인지발달이론은 영아의 애착발달에 있어 또 다른 중요한 요소들을 지적한다. 한 가지는 친숙한 사람과 낯선 사람을 구분하는 영아의 능력이다. 또 다른 요인은 사람이 보이지 않을 때도 계속 존재한다는 것을 아는 영아의 인식이다. 영아는 사람들의 생김새를 기억하는 능력과 Piaget가 **대상영속성**(사람을 포함한 대상들과 자신이 직접적으로 상호작용하는 것과는 별개로 대상들이 계속해서 존재한다는 것을 아는 것)으로 지칭한 지식을 갖추어야만 한다. 비록 Piaget는 7~8개월 전까지는 이러한 인식이 출현하지 않는다고 믿었지만, 일부 증거들은 3½개월의 유아들도 일부 대상영속성 개념이 있음을 시사한다(Baillargeon, 2002).

영아의 인지발달은 또한 애착을 표현하는 방식에서의 점진적 변화를 설명하는 데 도움을 준다. 영아가 성장할수록 애착대상과의 물리적 근접성은 덜 중요해진다. 아동은 점점 더 언어, 미소 그리고 표정을 통해 부모와의 접촉을 유지할 수 있게 된다. 또한 아동은 부모의 부재가 때로는 어쩔 수 없고 대개는 잠깐이라는 것을 이해할 수 있기 때문에 분리에 대해 덜 괴로워한다. 부모는 아동에게 떠나는 이유를 설명해 줌으로써 분리로 인한 아동의 고통을 줄여 줄 수 있다. 예를 들어, 한 연구에서 2세 유아들은 어머니가 아무 말 없이 떠났을 때보다 분명한 정보("나는 지금 잠깐 외출할 거야. 하지만 곧 돌아올게.")를 주었을 때, 어머니와의 분리를 더 잘 받아들였다(Weinraub & Lewis, 1977). 그러므로 인지발달이론은 애착발달에 관한 부분적인 설명이긴 하지만, 또 다른 중요한 설명을 제공해 준다.

## 생태학적 이론

영국의 정신과 의사 John Bowlby(1958, 1969, 1973)는 애착에 대한 가장 완벽한 설명과 오늘날의 애착 연구자들이 합의하는 견해를 제시했다. Bowlby는 1907년 런던의 중상류층 가정에서 태어났다. 그는 유모 손에서 자랐는데, 그의 어머니는 자녀에게 관심과 애정을 주는 것이 아이를 망치는 것이라고 생각했기 때문에, 그는 매일 아주 짧은 시간 동안만 어머니를 만났다. Bowlby가 4세쯤 되었을 때, 사랑하는 유모는 가족을 떠났고,

7세가 되었을 때, 그는 기숙학교로 보내졌다. 당연스럽게 Bowlby는 비극적이며 끔찍하다고 묘사했던 분리를 경험하면서 이후 초기 애착발달을 연구하는 데 마음이 끌렸다. 이후에 그는 제2차 세계대전에서 고아가 된 아이들을 관찰할 기회를 갖게 되었다. 이 어린이들의 우울증과 다른 감정적 상처들은 Bowlby가 1차 양육자에 대한 강한 애착—이것은 일반적으로 영아가 양육자 곁에 있게 함으로써, 따라서 안전하게 해 준다—을 발달시키는 것의 중요성에 관한 이론을 발전시키도록 하였다.

Bowlby는 정신분석학을 훈련받았지만, 진화생물학, 윤리학, 발달심리학, 인지과학 등의 분야를 살펴보면서 영아의 애착을 유발하는 메커니즘이 진화적 압력의 결과로 생겨났다는 혁신적 명제를 공식화했다. Bowlby에게 영향을 준 일련의 연구들은 새끼 오리들의 각인에 관한 Lorenz(1952)의 증명이었다. Lorenz는 갓 태어난 새들이, **각인**이라고 부르는 과정에서, 출생 후 짧고 결정적인 시기 동안에 처음 본 대상에게 애착을 발달시키는 것을 관찰했다. Lorenz가 연구한 새끼 오리들 중에는 Lorenz에게도 애착이 형성되어 그를 따라다니기도 했다.

Bowlby는 애착이 종의 보호와 생존에 중요한 본능적 반응들과 유사한(동일하지는 않지만) 뿌리를 갖고 있다고 제안했다. 울고, 미소 짓고, 목소리를 내고, 빨고, 매달리고, 따라가는 아기의 반응(처음엔 시각적으로 나중에는 신체적으로)은 아기가 필요로 하는 보살핌과 보호를 이끌어 내고, 영아와 부모 사이의 접촉을 촉진시킨다. 제2장 '생물학적 기초'에서 논의한 바와 같이, 영아는 부모가 제공하는 장면, 소리, 보살핌에 대해 생물학적으로 반응할 준비가 되어 있다. 동시에 부모는 울기, 미소 짓기, 목소리 내기 같은 아기의 유발행동(즉, 애착 '신호')에 대해 생물학적으로 반응할 준비가 되어 있다. 이러한 생물학적으로 프로그래밍된 반응의 결과로 부모와 유아는 상호 애착을 발달시킨다. 영아의 학습 능력에서의 진화적 편향은 또한 부모의 지원과 상호작용하여 영아가 부모를 안전기지로 사용하게 하고, 이는 영아가 위험이나 스트레스가 있을 때 돌아갈 수 있는 안전기지가 된다. Bowlby에 의하면 애착은 탐색과 관련이 있다. 환경에 대해 배우려면 아동은 탐색을 해야 하지만, 탐색은 힘들 수도 있고 심지어 위험할 수도 있기 때문에 근처에 보호자를 두는 것이 바람직하다. 탐색 체계는 애착대상이 가용하고 반응적일 때만 최적으로 기능한다.

Bowlby 이론의 독특한 가치 중 하나는 미소와 울음 같은 영아의 초기 사회적 신호 체계가 적극적 역할을 수행한다는 점을 강조하는 데 있다. 또 다른 중요한 특징은 부모와 자녀가 서로 애착을 형성하는 상호 애착발달에 관한 이론을 강조한다는 것이다(Cassidy,

2008; Thompson, 2016). 세 번째 특징은 애착이 단순히 영아나 부모 어느 한쪽의 행동이 아니라, 관계라는 점이다(Sroufe, 2002). 더 논란이 되는 것은 영아의 초기 행동이 생물학적으로 프로그래밍되어 있다는 Bowlby의 주장이다. 우리가 보았듯이, 미소 짓기와 같은 어떤 애착 행동은 생물학적인 기원은 물론 사회적 기원을 가지고 있음을 시사하는 상당한 증거가 있다. 또 다른 논란은 영아의 애착발달을 촉진하는 보살핌과 지원을 제공해 주는 유일한 사람이 어머니뿐인가 하는 점이다. Bowlby는 어머니가 가장 좋은 양육자라고 가정했다. 그러나 그는 아이들이 전적으로 어머니—혹은 보모들—에 의해 보살핌을 받는 시대에 자신의 이론을 정립했으며, 그 자신이 애착을 촉진한다고 주장한 자신의 어머니와의 지지적 접촉을 놓쳤음을 기억하라. 후속 연구는 어머니가 애착발달에 필수적이라는 생각을 지지하지 않았다.

## 극단적 사례로부터의 통찰: 어머니와의 유대감

1976년, 두 명의 소아과 의사인 Marshall Klaus와 John Kennell은 획기적인 책 *Maternal-Infant Bonding*을 출판했다. 그들은 신생아 중환자실에서의 근무 경험을 바탕으로, 흔히 어머니나 영아가 아프거나 영아가 조산아로 태어나서 아기와 어머니가 출생 직후에 분리되었을 때 어머니가 아기를 방임하거나 학대할 가능성이 더 많다는 것을 발견했다. 어머니들은 영아가 정말 자신의 아이라는 것에 대해 편안함과 확신을 덜 느꼈다(p. 10).

Nick Stevens/Cultura/Getty Images

"네가 내 아이니? 네가 정말 내 아이니? 넌 살아 있는 거니? 넌 정말 살아 있는 거니?"

다른 아이를 성공적으로 키운 어머니들조차도 중환자실에 있었던 영아에 대해서는 어려움이 있는 것 같았다. 초기의 접촉을 놓쳤던 한 어머니에 따르면(Sutherland, 1983, p. 17),

> "나는 내 아기를 11시간 동안 못 봤어요…. 나의 상실감은 꼭 누군가 가까운 사람이 방금 죽은 것처럼 심했어요. … 몇 시간 뒤 아이가 내게 왔을 때, 나는 내가 그를 안고 싶어 하지 않는다는 것을 바로 알았어요."

Kennell과 Klaus는 출생 직후의 분리가 어머니와 신생아 사이의 어떤 기본적인 과정을 방해한다고 추측했다. "생의 첫 몇 분 또는 몇 시간 내에 어머니와 신생아가 밀접한 접촉을 해야 이후 최적의 발달을 할 수 있는 민감한 기간이 있다(Klaus & Kennell, 1976, p. 14). 양과 염소와 같은 동물 종에 대한 연구에서, 어미가 새끼와 접촉하는 것이 허용되지 않을 경우 이후 어미가 새끼를 거부하는 것을 보여 줌으로써, 그들의 가설이 지지되었다. Klaus와 Kennell은, 영아가 깊고 정서적인 **어머니와의 유대감**을 형성하기 위해서는 영아가 안정된 각성 상태에서 옥시토신 호르몬 수치의 상승으로 아기의 신호에 특히 반응적인 어머니와 출생 직후 바로 피부 접촉을 해야 한다고 주장했다. Klaus와 Kennell은 출산 직후와 그다음 며칠 동안 살을 맞대는 접촉을 포함하여 산모가 자신의 아기와 추가적인 접촉을 하는 실험을 진행했다.

> 조그만 얼굴 좀 봐. 손톱도 작네. 오! 작고 납작한 코. 머리색이 빨갛네. 거품을 물고 있네. 작은 손에 온통 주름이 잡혀 있어. 꼭 설거지를 한 것 같아. 그렇지? 오, 눈을 떴다. 봐. 안녕(아기가 처음으로 눈을 떴을 때)!

연구자들은 이런 어머니들이 자신의 아기들과 더 좋은 관계를 형성하고, 더 편안하게 아기를 안으며, 아기에게 더 많이 웃어 주고 말을 건다는 점을 발견했다. 이런 어머니들은 자신의 아기를 더 가까이 두고, 뽀뽀하고, 더 자주 어루만져 주었다(Hales et al., 1977; Kennell et al., 1974). 다른 연구자들은 유사한 결과를 보인 다른 연구들을 수행하여 아기와의 초기 접촉 경험을 한 어머니들이 모유 수유를 할 가능성이 더 높고, 더 오래 모유 수유를 지속하며, 그들의 자녀에게 좀 더 민감하게 말하고 행동한다는 것을 보여 주었다(de Chateau, 1980).

어머니와의 유대감의 중요성이 의학계와 대중언론에서 홍보되었다. 어머니들에게 인기 있는 한 책에서, 저자는 출생 후 첫 몇 시간 동안의 어머니와 자녀의 상호적 감정에 관하여 '발견의 길(avenue of discovery)'이라고 썼다(Kitzinger, 1979, p. 49). 다른 저자는 "1~4시간 정도의 짧은 시간 동안 어머니와 아기가 분리되는 것이 어머니의 양육 패턴을 깨뜨릴 수 있다"고 주장했다(Elkins, 1978, p. 204). Klaus와 Kennell의 유대감 이론을 확실한 것으로 받아들이는 것은 영아와 초기에 접촉을 경험하지 못했던 어머니들에게 많은 불안과 죄책감을 불러일으켰다. 좋지 못한 발달적 결과—식이장애, 사이비종교 신봉자, 심리적 부적응, 성격장애, 물질 남용—가 모두 유대감 형성에서의 실패 때문으로 간주되었다(Crouch & Manderson, 1995; Davis, 1990).

이러한 끔찍한 예측들은 비전형적인 고위험 표본들에 기반한 것들이기 때문에 대체로 부적절한 것으로 밝혀졌고(Lamb & Hwang, 1982; Meyers, 1984), 그들의 초기 연구에서 나온 주요 결과들은 저위험 표본에서는 반복적으로 확인되지 않는 경향이 있었다. 그러나 긍정적인 실제적 변화는 어머니와의 정서적 유대와 접촉이 중요하다고 제안한 Klaus와 Kennell의 주장으로부터 비롯되었다. 『모-아 유대감(Maternal-Infant Bonding)』이 출판되었을 당시, 신생아들은 태어난 직후 관례적으로 어머니에게서 분리되어 젖을 먹을 때를 제외하고는 신생아실에서 돌봄을 받았다. 이러한 관행은 출산 예정의 부모와 병원 직원들이 모-아 유대에 대해 알게 된 이후 변화되었다. 진통과 분만 동안 아버지와 식구들이 어머니 곁에 머무는 것이 허용되었다. 어머니에게는 출산 직후 자신의 아기를 안는 것이 허용되었고, 많은 경우 아기는 병원에 있는 동안 어머니가 있는 방에 같이 있을 수 있게 되었다. 유대에 대한 관심은 또한 출생 시의 영아의 자연적 능력에 대한 인식을 높이는 결과를 가져왔고, 따라서 산모와 영아의 반응성을 떨어뜨리는 마취를 하지 않고 아기를 분만하는 것이 장려되었다.

후속 연구들은 어머니와 영아 사이의 접촉이 둘 간의 밀접한 유대를 형성하는 데 필요하지 않음을 보여 주었다. 인간 어머니들은 양과 염소보다 더 유연해서 초기 민감기를 놓쳤다 하더라도 자녀와 긴밀한 유대감을 형성할 수 있다. 어머니가 제왕절개로 출산을 하거나 아이가 미숙아로 태어나 출생 직후 아이를 안을 수 없거나 혹은 입양된 아이라 할지라도 강한 유대를 형성할 수 있다. 아버지 역시 옥시토신의 혜택이나 살을 맞대는 접촉이 아니더라도 자신의 아기와 유대감을 형성할 수 있다. 초기 접촉이 이 과정을 시작하게 할 수는 있지만, 깊고 지속적인 유대감의 발달을 위해서는 이후의 지속적인 접촉도 그만큼 중요하다. 부모-영아 간 유대의 발달은 순간적인 마법이 아니라 계속되는 사회적 과정이다.

# 애착의 발달

영아 애착이론으로부터 영감을 받아 연구자들은 영아의 초기 사회정서발달에 대해 조사했다. 연구자들은 영아의 애착이 갑자기 생겨나는 것이 아니라 점차적으로 나타난다는 것을 발견했다.

## 애착의 형성 및 초기 발달

애착의 초기 발달과정은 4단계로 구분된다(〈표 3-1〉 참조).

겨우 한두 달 정도 지속되는 첫 번째 단계에서 아기의 사회적 반응은 비교적 무차별적으로 나타난다. 아기를 안아 주고 미소를 보여 주는 사람이 엄마든, 집집마다 방문하는 영업사원이든, 상관없다. 두 번째 단계에서 영아는 낯익은 사람과 낯선 사람을 구별하는 법을 학습한다. 영아는 주 양육자의 얼굴, 목소리, 체취를 다른 어른들의 것과 구별한다.

> "매튜는 첫 두 달 동안 정말 까다로운 아이였어요. 계속해서 울었죠. 우리는 안절부절못하면서 계속해서 몇 시간을 아기랑 같이 왔다 갔다 했어요. 아기는 젖병의 우유를 먹는 순간에만 겨우 울음을 멈췄어요. 그러고서는 다 뱉어 버렸죠. 그러던 어느 날, 내가 기저귀를 갈면서 손을 아기의 배에 올려놓고 있었는데, 매튜가 버둥거리는 것을 멈추더니 눈을 크게 뜨고 저를 쳐다보는 거예요. 저는 너무 흥분했어요! 몇 주가 고문의 기간이었지만, 이제는 다 괜찮았어요. 아기의 머릿속에 그 누군가가 있었어요."

그러나 이러한 구별을 할 수 있고 낯선 사람보다 친숙한 양육자를 더 좋아하지만, 영아는 친숙한 양육자가 떠나더라도 저항하지 않는다. 영아는 아직 이 특정 인물에게 진정한 애착을 형성하지 않는다. 약 생후 7개월 정도에 시작되는 3단계에서 영아는 명확한 애착이 생겨난다. 이제 영아는 어머니와 같은 일정한 양육자와의 접촉을 적극적으로 추구하고, 행복한 반응을 보이며, 그 사람이 떠날 때 운다. 아기는 이러한 행동을 아무에게나 나타내지 않는다—오로지 특정한 애착대상에게만 나타낸다. 아동이 2세가 넘으면, 애착관계는 **목표수정적 동반관계(goal-corrected partnership)**라고 부르는 단계로 넘어간다. 이 시점에서, 인지발달의 결과로 아동은 타인의 감정, 목표, 계획을 알게 되고, 자신의 행동을 구성하는 데 이러한 사항들을 고려하기 시작한다. 양육자–아동 쌍은 분리를 어떻게 다룰 것인지에 대한 계획을 세우는 파트너가 된다.

〈표 3-1〉 애착의 초기 발달 단계

| 단계 | 나이 | 설명 |
|---|---|---|
| 1. 전 애착 단계 | 0~2개월 | 무분별한 사회적 반응성 |
| 2. 애착 형성 단계 | 2~7개월 | 익숙한 사람들에 대한 인식 |
| 3. 명확한 애착 단계 | 7~24개월 | 분리에 대한 저항, 낯선 사람에 대한 경계, 의도적인 의사소통 |
| 4. 목표–수정적 동반관계 단계 | 24개월 이상 | 보다 양방향적인 관계, 아동은 부모의 욕구를 이해함 |

출처: Schaffer, 1996.

## 애착의 의미

아동이 약 1세 정도까지 정해진 양육자 없이 보호 기관이나 계속 바뀌는 위탁 돌봄 속에서 양육되지 않는다면, 특정한 한 사람에게 애착을 형성하게 된다. 아동은 이 사람을 다른 사람보다 더 좋아한다. 아동은 다른 어떤 사람보다도 그 사람에게 적극적인 접촉과 근접성을 추구한다. 아동은 그 사람을 따라다니며, 껴안고, 가까이 달라붙는다. 아동은 그 사람과 행복하게 논다. 이를 위해서 아동은 애착대상으로부터 잠시 떨어져 있을 수도 있지만, 탐색을 위한 안전기지로 애착대상을 이용하여 주기적으로 되돌아온다. 피곤하거나, 아프거나, 배가 고프거나, 두렵거나, 다치거나, 마음이 상하면 위안을 구하기 위해 애착대상에게 간다. 종종 애착대상이 잠시 떠날 경우, **분리에 대한 고통과 저항**을 표현하면서 화를 내거나 울기도 한다. 애착대상이 다시 나타나면 기쁘게 맞이한다. 만약에 애착대상이 긴 시간 동안(일주일 이상) 자리를 비우면, 아동은 슬픔과 애도를 나타낸다.

> 에이든이 약 한 살 정도였을 때, 나와 남편이 휴가를 보내는 동안 에이든의 조부모께서 에이든을 데리고 가겠다고 제안하셨다. 아이를 두고 가는 것에 대해 고민을 했지만, 우리는 결국 휴가가 우리에게 도움이 될 거라고 결정했다. 우리가 2주 동안 집을 떠났다가 돌아왔을 때, 나는 에이든을 보려고 집으로 뛰어 들어갔다. 그러나 아이는 나를 한 번 쳐다보고는 등을 돌려 버렸다. 나는 정말 마음이 무너져 내

렸다. 눈물이 터져 나왔다. 에이든이 나를 받아들이는 데 몇 주가 걸렸다. 그건 정말 너무 힘들었다.

에비가 한 살 때 눈 수술을 받아야 했다. 그 병원의 정책은 아기의 욕구에 매우 민감했다. 에비 옆에 내 침대가 있어서 우리는 밤새 에비 옆을 떠날 필요가 없었고, 나는 에비가 수술실에 들어갔을 때를 제외하고는 항상 에비와 함께 있을 수 있었다.

## 애착대상

영아는 친숙한 누구와도 애착을 형성할 수 있지만, 대개 어머니가 그 첫 번째 애정의 대상이 된다. 애착발달의 초기 연구에서 연구자들이 60명의 스코틀랜드 영아를 관찰했는데, 이 아기들의 대부분은 양쪽 부모와 함께 살고 있는 노동자 계층 가정 출신이었다. 방에 혼자 남겨진 경우, 다른 사람들과 함께 있는 경우, 그리고 밤에 혼자 침대에 있는 경우를 포함해서, 총 일곱 가지의 일상적 상황에서 영아의 분리에 대한 반응이 기록되었다(Schaffer & Emerson, 1964). 생후 첫 해에는 93%의 영아들이 어머니로부터 분리될 때 더 자주 격렬하게 저항함으로써 어머니와 특정한 애착을 형성했음을 보여 주었고, 단지 7%만이 또 다른 누군가에게 일차적 애착을 형성한 것으로 나타났다. 이후 또 다른 연구자들도 어머니에 대한 유사한 선호 수준을 보고했다(Ban & Lewis, 1974; Lamb, 1976; Lytton, 1980).

영아가 어머니에게 최초의 애착을 형성할 가능성이 높지만, 자주 친근하게 교류하는 또 다른 친숙한 사람에게 애착을 형성할 수도 있다. 스코틀랜드의 연구에서, 아기가 18개월이 되었을 때, 단지 5%만이 어머니에게만 애착을 형성했다. 나머지는 아버지(75%), 조부모(45%), 혹은 형제자매(24%)에게도 애착을 형성했다. 이러한 애착 형성은 진화론적 관점에서 매우 중요할 수 있다. 왜냐하면 주 양육자를 이용할 수 없게 됐을 때 다양한 양육자와 관계를 형성할 수 있는 영아의 능력은 생존을 보장해 주기 때문이다. 대부분의 영아에게 있어 생후 첫 1년 동안 어머니가 주 양육자이기 때문에 영아가 자신의 어머니에게 전형적으로 최초의 애착을 형성한다는 사실은 놀랄 만한 것이 아니다(Roopnarine et al., 2005). 생존에 필요한 식량과 생필품을 얻기 위해 남성과 여성 모두의 수고가 필요한 수렵-채집 사회에서조차 일차 양육자는 어머니들이다(Griffin & Griffin, 1992; Morelli & Tronick, 1992). 연구자들이 아버지들에게 집에서 어머니들이 하는 것만큼 아기를 안아 주고, 만져 주고, 말을 걸고, 입맞춤을 할 기회를 주면 아버지들도 그렇게 하긴 한다. 하지만 아버지들은 부인이 개입을 지지해 주고 남편의 양육행동을 유능하게 보아 주거나 혹은 부인이 제왕절개 수술로 인해 회복 중이거나 혹은 부인이 직업을 가진 경우와 같이 부인이 할 수 없는 상황이라야 양육에 참여할 가능성이 더 높다(Parke & Cookston, 2019).

## 아기들이 자신의 테디베어와 담요에 애착을 느낀다고 생각하였는가

Vyacheslav Oshokin/iStockphoto

당신은 어린아이들이 해진 담요나 널리 사랑받는 테디베어를 잡고 한쪽 귀퉁이나 귀를 빠는 모습을 본 적이 있을 것이다. 그들은 분명, 낮잠을 자러 갈 때 그 꼬질꼬질한 털뭉치들을 가지고 가려 할 것이고, 부모들은 아이가 잠들었을 때 그것을 빨기 위해 몰래 빼내야 한다. **안심담요(security blanket)**라는 단어는 미네소타 출신 Charles Schulz의 연재 만화인 〈Peanuts〉를 통해 유명해졌는데, 이 만화에서 리너스는 항상 자신의 담요를 끌고 다닌다.

Bowlby 역시 이러한 물건들이 영아에게 편안함과 안정감을 제공할 수 있음을 인식했다. 실제로 미국에서 60퍼센트 이상의 아동이 생의 어떤 시기에 '안심대상(security object)' 혹은 '위로인형(comfort toy)'을 가지고 있다(Hobara, 2003; Passman, 1998). 이 대상을 갖는 것이 어머니로부터의 분리와 같이 낯설고 스트레스적인 상황에서 더 잘 대처할 수 있게 한다(Passman, 1998). 이 대상은 낯선 곳에서 잠드는 것을 도와주고 집에 있는 것처럼 느끼게 해 준다. 예를 들어, 전일제 보육시설에 있는 3세 아동들이 반일제 보육시설에 있는 아이들보다 안심대상을 더 많이 사용하는 경향이 있다(Fortuna et al., 2014). 이 대상물이 의존에서 독립으로의 정서적 이행을 도와주기 때문에 '과도기적 대상(transitional object)/중간대상'으로 불릴 수도 있다. 그것은 기분이 좋기 때문에—부드럽고 껴안고 싶은—그리고 친숙하기 때문에 효과가 있다.

> 매트는 껴안는 것을 좋아하지만, 내가 항상 거기 있을 수는 없어요. 내가 곁에 없을 때, 그는 어디든지 Pooh 곰인형을 끌고 다녀요. 가끔씩 귀를 잡거나 다리를 잡고. 내가 없을 때 정말 Pooh 인형이 그에게 안전하다고 느끼게 해 주는 것 같아요.

어머니가 모유 수유를 하지 않고, 자는 동안 안아 주지 않고, 같은 침대에서 함께 자지 않을 때, 안심대상을 갖게 되는 것 같다(Green et al., 2004; Hobara, 2003). 고양이나 강아지와 같은 애완동물들 또한 안심대상이 될 수 있고, 아이들에게 편안함과 정서적 지지를 제공한다(Melson, 2003; Triebenbacher, 1998). 하지만 아이들이 정말 이런 대상에 '애착을 형성'할까? 기술적 의미에서, 그렇지 않다. 애착은 단순히 아동의 고통감을 감소시켜 주는 것이 아니다. 애착대상은 아동의 다른 요구에 반응해 주고, 세상과의 상호작용을 지원한다. 애착대상은 아동에게 가용성에 대한 기대를 제공해 주고, 다른 아이보다 더 강하고 똑똑하다는 느낌을 제공해 준다. 이것은 가장 부드러운 담요, 가장 충성스러운 강아지, 가장 껴안고 싶은 새끼 고양이가 할 수 있는 것을 뛰어넘는다. 이런 것들은 부모들이 하는 특별한 발판화와 수반적 반응성을 제공해 주지 못한다. 게다가 이것들은 '진짜' 애착관계를 대체할 수 없다. 반려동물이나 담요가 있다고 하더라도 아이들은 여전히 양육자로부터의 사랑과 관심이 필요하다.

아버지는 일차적인 양육자가 되기보다는 놀이상대로서 아기의 삶에 특별한 역할을 할 수도 있다. 일반적으로 아버지들은 아기를 돌봐주는 것보다 아기와 놀아 주는 데 4~5배나 더 많은 시간을 쓰고, 어머니들에 비해 좀 더 신체적으로 자극적이고 특이한 게임을 더 많이 한다—특히 아들과(Parke & Cookston, 2019). 따라서 아버지는 독특한 형태의 사회적 경험을 제공함으로써 영아의 사회적 발달을 풍부하게 하고, 영아는 다수의 애착을 형성할 수 있기 때문에 아버지 역시 흔히 애착대상이 되는 경우가 많다. 조부모와 형제자매도 마찬가지로 애착대상이 될 수 있다(Howes & Spieker, 2016; Smith & Wild, 2018). 그러나 한 아동이 형성할 수 있는 애착대상의 수는 제한적이다. 애착 형성은 빈번하며 밀접하고 일대일의 상호작용을 필요로 하며, 아기가 다수의 상대와 이와 같은 강렬한 상호작용을 하는 것은 도전적이고 지칠 수 있다.

## 초기 애착의 본질과 특성

초기 애착이 모두 같은 것은 아니다. 애착은 관계마다, 그리고 아이마다 그 특성이 다르다. 아동의 대부분은 부모에게 안정애착을 형성한다. **안정애착**은 영아가 부모의 가용성과 반응성, 이와 동시에 탐색의 '안전기지'와 괴로울 때의 '피난처'로서 기능할 것에 대한 확실성을 신뢰하는 것을 의미한다. 이러한 영아들은 환경이 위협적이 될 때 부모가 그들을 지원해 주고 안전망이 되어 줄 것으로 믿는다(Waters et al., 2002). 부모로부터 멀리 떠나는 탐색과 부모에게 다시 돌아간 뒤의 접촉 모두 애착 체계의 중요한 부분이며, 안전하게 애착된 영아는 세상 밖으로의 모험과 스트레스와 불확실한 때에 부모에게 가까이 머무는 것 사이의 균형을 보여 준다. 그러나 모든 아동이 부모에게 안전하고 신뢰할 수 있는 애착을 형성하는 것은 아니다. 부모에 대한 아동의 애착 안정성의 유형을 연구한 최초의 연구자 중 한 명은 Bowlby의 학생인 Mary Ainsworth이다.

### 다양한 유형의 애착관계

Ainsworth(1969)는 우간다와 볼티모어의 영아를 관찰해서 그들이 어떻게 일상생활에서 어머니를 안전기지로 사용하는지를 연구했다. 그녀는 영아들의 행동에서 상당한 차이에 주목했다. 어떤 아기들은 세상을 탐색하는 것과 어머니 옆에 있는 것 사이에 순조로운 균형을 이루었다. 다른 아기들은 적극적으로 탐색을 하긴 했지만 어머니의 행방에는 별다른 관심을 보이지 않았고, 어머니에게 가까이 다가가려고 하는 모습도 거의 보이지 않았다. 또 다른 아기들은 근접-추구 행동, 탐색 혹은 이 두 가지 모두에서 소극적이었다. 자연적인 관찰을 통해 애착 행동을 측정하는 데 너무 많은 시간이 걸렸기 때문에 Ainsworth는, 영아가 어머니를 안전기지로 사용하는 데 있어서의 차이를 측정하기 위한 간단하고 시간이 더 적게 걸리는 실험실 기반의 시나리오를 고안했다. **낯선상황 절차(Strange Situation Procedure: SSP)**로 알려진 시나리오에서, 어머니는 낯선 방에 아기를 혼자 두고 나가고, 처음에 아기는 낯선 사람과 있다가 다음에는 혼자 남겨지게 된다(〈표 3-2〉 참조). 어머니가 다시 방으로 돌아왔을 때, 아기의 행동이 둘 사이의 관계적 특성을 반영하여 코딩된다. 이 코딩에 대한 간략한 설명이 〈표 3-3〉에 제시되어 있다.

〈표 3-2〉 낯선상황 절차

| 에피소드 | 참여자 | 시간 | 시나리오 |
|---|---|---|---|
| 1 | 주 양육자, 아기, 관찰자 | 30초 | 관찰자가 주 양육자와 아기에게 실험실을 소개하고 떠난다(방에는 흥미를 끄는 놀잇감들이 흩어져 있다). |
| 2 | 주 양육자, 아기 | 3분 | 아동이 탐색하는 동안 주 양육자는 조용히 앉아 있는다. 필요할 경우, 2분 뒤에 놀이가 촉진된다. |
| 3 | 낯선 사람, 주 양육자, 아기 | 3분 | 낯선 여성이 들어온다. 처음 1분: 낯선 사람은 조용히 있는다. 2분경: 낯선 사람이 주 양육자에게 말을 건다. 3분경: 낯선 사람이 아기에게 다가간다. 그다음에, 주 양육자가 눈에 띄지 않게 방을 나간다. |
| 4 | 낯선 사람, 아기 | 3분 내지 그 이하 | 첫 번째 분리 사건. 낯선 사람은 아기에게 반응적이다. |
| 5 | 주 양육자, 아기 | 3분 내지 그 이상 | 첫 재결합 사건. 주 양육자가 방에 돌아오고 아기에게 인사를 하고/하거나 아기를 달래며, 다시 아기가 놀이를 할 수 있게 한다. 주 양육자는 그 후에 "안녕"이라 말하며 떠난다. |
| 6 | 아기 혼자 | 3분 내지 그 이하 | 두 번째 분리 사건 |
| 7 | 낯선 사람, 아기 | 3분 내지 그 이하 | 두 번째 분리의 지속. 낯선 사람이 들어오고 아기의 행동에 반응한다. |
| 8 | 주 양육자, 아기 | 3분 | 두 번째 재결합 사건. 주 양육자가 들어오고, 인사를 하고 나서 아기를 들어올린다. 그러는 동안 낯선 사람은 눈에 띄지 않게 방을 나간다. |

〈표 3-3〉 낯선상황 절차에서의 애착 유형

| 1세 | 6세 |
|---|---|
| 안정애착 | |
| 부모와의 짧은 분리 이후의 재결합 시, 아동은 신체적 접촉, 근접성, 상호작용을 추구. 종종 신체적 접촉을 유지하려고 노력한다. 부모에 의해 쉽게 달래지고 다시 탐색과 놀이를 한다. | 재결합 시, 아동은 부모와의 대화와 즐거운 상호작용을 시작하거나 부모의 접근에 매우 반응적이다. 미묘하게 부모에게 가까이 다가가거나 부모와 신체적 접촉을 할 수 있는데, 보통 놀잇감을 찾는 것과 같은 이유를 댄다. 내내 차분함을 유지한다. |
| 불안정-회피애착 | |
| 재결합 시, 아동은 눈길을 돌리며 놀잇감에 집중하면서 적극적으로 부모를 피하고 무시한다. 부모에게서 떨어져 의사소통을 하려는 부모의 노력을 무시할 수 있다. | 재결합 시, 아동은 필요할 때만 쳐다보고 말을 하고 놀잇감이나 활동에 계속해서 몰두하면서 상호작용의 기회를 최소화하고 제한한다. 놀잇감을 되찾아오는 등의 이유로 미묘하게 부모에게서 떨어질 수 있다. |
| 불안정-양가애착 | |
| 영아가 친밀함과 접촉을 원하는 것처럼 보임에도 불구하고, 부모는 짧은 분리 후의 아동의 고통을 효과적으로 줄여 주지 못한다. 아동은 근접성을 추구하다가도 저항하면서 분노에 대한 미묘하거나 명확한 징후를 보일 수 있다. | 움직임, 자세, 목소리 톤에서 아동은 부모에게 친밀감과 의존성을 모두 과장하려고 하는 것 같다. 부모와의 친밀함을 추구하면서도 불편해 보일 수 있는데, 예를 들면 부모의 무릎에 누워 있으면서도 몸부림을 치거나 꼼지락댈 수 있다. 또한 미묘한 적대감의 징후를 나타낸다. |
| 불안정-혼란애착 | |
| 아동은 혼란이나(예: 문 앞에서 울며 어머니를 찾다가 문이 열리면 빠르게 도망친다) 방향감각 상실(예: 몇 초 동안 얼어붙은 것처럼 보인다)의 징후를 보인다. | 아동은 부모를 당황스럽게 혹은 창피하게 만들거나 혹은 재결합에 대한 극도의 흥분이나 과도한 간청을 하는 식으로 부모의 행동을 통제하고 지시하려고 하면서, 마치 아동 자신이 부모의 역할을 하려는 것 같이 보인다. |

출처: Ainsworth et al., 1978; Kerns & Brumariu, 2016; Main & Cassidy, 1988; Main & Hesse, 1990; and Solomon & George, 2016.

**Ainsworth의 애착 유형 분류** Ainsworth가 조사한 볼티모어 백인 중산층 영아들 가운데 60~65%는 어머니에 대해 안정애착을 보였다. 이 영아들은 초반에는 매우 고통스러워했지만, 친숙하지 않은 상황에서 어머니가 떠난 것에 대해 스트레스를 받은 이후에 어머니와의 접촉을 추구하고 빠르게 어머니로부터 위안을 얻었다. 이 영아들은 또한 어머니가 있을 때 새로운 환경을 탐색할 만큼 충분히 안심했다. 이들은 어머니에게 칭얼거리며 매달리지 않고, 마치 어머니의 존재가 자신감을 주는 것처럼 적극적으로 주변 상황을 탐색했다. 집과 같이 친숙한 상황에서 이 아동들은 어머니와의 사소한 분리 시 최소한의 영향을 받았고, 어머니가 돌아왔을 때 반갑게 맞이했다. Ainsworth의 코딩 체계에서 이 영아들은 안정애착을 가진 것으로 분류되었다(Type B).

나머지 아동들은 불안(불안정)애착으로 분류되었다—**불안정-회피애착**(Type A) 혹은 **불안정-양가애착**(Type C; 또한 저항애착으로 알려진) 중 한 가지이다. 불안정-회피애착 아동들은 심지어 어머니가 처음 떠났을 때도 어머니의 부재에 대해 거의 고통스러워하지 않았고, 어머니가 돌아왔을 때도 적극적으로 회피했다. 이들은 어머니를 멀리하고, 어머니와 거리를 두었으며, 아무런 주의도 기울이지 않았다. 어머니가 두 번째로 떠난 기간 동안 영아들은 가끔씩 눈에 띄는 고통을 보였는데, 그 이후에 또다시 어머니를 피했다. Ainsworth와 다른 연구자들의 연구에서 아동의 약 20%가 불안정-회피애착이었다. 불안정-양가애착 아동들은 낯선상황 절차에서 어머니가 떠날 때 극도로 고통스러워할 수 있지만, 어머니가 돌아왔을 때 이상하게도 양가적이거나 저항적이었다. 이들은 어머니와 접촉을 추구하려고 하다가 화가 나서 어머니를 밀쳐 내는 것 같았다. 미국 내 아동의 약 10~15%가 이 유형의 애착을 보인다.

**Ainsworth의 A-B-C 분류를 넘어** 이후 연구자들은 또 다른 불안정애착 유형을 확인했다. **불안정-혼란애착**(Type D)(Solomon & George, 2016)이다. 불안정-혼란애착 영아들은 낯선상황 절차에서 어머니와 재회할 때 혼란스럽게 행동했다. 이들은 멍하거나, 움직이던 중간에 얼어붙거나, 혹은 흔들기 같은 반복적 행동을 보였다. 이 아동들은 애착 대상에 대해 불안하고 두려워하는 것처럼 보이고, 어머니가 가용할 때조차도 일관되고 효율적으로 고통을 처리할 수 없다. 이 네 가지 애착 유형(A, B, C, D)은 아동이 약 1세 정도에 낯선상황 절차를 통해 확인할 수 있다. 낯선상황 절차에서 아동의 성숙 수준을 반영해서 어머니-아동의 분리 시간을 더 길게 할 경우, 유사한 애착 패턴이 더 나이 든 아동, 3세와 6세에서도 관찰되었다(Cassidy & Marvin, 1992; Main & Cassidy, 1988; Solomon & George, 2016). 원래의 낯선상황 절차에서와 마찬가지로 변형된 낯선상황 절차에서도 아동의 물리적 근접 추구와 정서적 반응을 측정하지만, 좀 더 나이 든 아동에 대한 평가에서는 아동과 부모 간의 대화가 좀 더 핵심적이다. 변형된 낯선상황 절차에 대한 간략한 코딩 설명은 〈표 3-3〉에도 수록되어 있다.

**애착 평가를 위한 기타 전략** 애착을 평가하는 또 다른 방법들도 개발되었다. 한 가지 방법은 아동을 애착 유형으로 분류하는 것이 아니라, 특정 척도들을 사용해서 낯선상황 절차에서 아동의 행동을 코딩하는 것이다(Fraley & Spieker, 2003). 연구자들은 두 차례의 재결합 에피소드에서 아동의 행동을 네 가지 척도로 코딩했다. 근접성 및 접촉 추구, 접촉 유지, 회피, 저항(부루퉁, 야단법석, 화남). 그런 다음, 이 척도들을 요인 분석과 수리분류학적(taxometric) 분석을 사용해서 두 개의 차원으로 축소시켰다. 한 가지 차원은 근접성-추구 대 근접성-회피로, 이것은 아동의 애착 체계가 양육자를 안전한 피난처로 사용하는 것에서부터 양육자와의 접촉을 최소화하는 것까지 근접성 유지를 중심으로 조직화되는 정도를 반영한다. 두 번째 차원은 분노와 저항으로, 이것은 양육자를 향해 표현되는 외현적인 갈등과 분노의 정도를 나타낸다. 전통적인 세 가지 애착 유형(안정, 회피, 양가)의 분류체계와 비교해서 이 같은 연속적인 측정법은 회피애착과 저항애착의 고유한 본질을 확인하는 능력을 증대시켜 주는 것을 포함하여 통계적 이점을 제공해 준다(Groh, Propper, Mills-Koonce, Moore, & Calkins, in press). 더욱 중요하게, 이런 종류의 연구는 애착 연구자들로 하여금 안정성에서의 개인차가 지금까지 널리 알려진 바와 같이 모집단에서 범주적으로 분포(즉, 자연 범주, natural kinds)되는 것으로 가장 잘 이해되는가에 대한 의문을 갖게 했다.

애착 Q-Set(AQS; Waters, 1995)는 아동을 잘 알고 있는 부모나 다른 양육자의 판단이나 혹은 장기간 가정에서 아동을 관찰한 것에 기초한다. 아동의 행동을 기술한 구절이 적힌 90개의 카드를 어머니, 또 다른 양육자 혹은 관찰자가 아동을 가장 잘 묘사하는 것에서부터 가장 적게 일치하는 것까지의 범위 내에서 분류한다(예시 항목은 〈표 3-4〉 참조). 1~5세 연령의 아동에게 가장 유용한 이 방법은 해당 아동이 전형적인 안정애착 아동과 얼마나 일치하는지를 반영하는 점수를 제공해 주지만, 불안정애착 유형을 분류해 주지는 않는다. ASQ를 사용해서 평가된 아동 대상 연구들의 메타분석 결과, ASQ 점수는 낯선 상황 절차에서의 안정성과 중간 정도의 관련이 있었으며, ASQ는 정상 발달 아동과 임상적인 문제를 가진 아동을 잘 변별해 주었다(Van IJzendoorn et al., 2004). 객관적인 관찰자에 의해 제공된 ASQ 평정이 좀 더 상관이 높았고, 따라서 어머니에 의한 평정보다 더 타당했다.

캘리포니아 애착 절차(The California Attachment Procedure: CAP)는 아동이 어머니와 분리 후 재회하는 상황 대신, 소음이나 무서운 로봇과 같은 스트레스적인 사건을 경험할 때 어머니를 안전기지로 사용하는 방법에 초점이 맞추어져 있다(Clarke-Stewart et al., 2001). 낯선상황 절차와 마찬가지로 이 평가 방식은 Ainsworth의 애착 유형으로 분류된다. 다만, 어머니와의 일상적인 분리에 익숙해져 있는 어린이집의 아동들과 같은 아이들에게는 낯선상황 절차보다 더 타당한 애착 측정치를 제공해 주는 것으로 나타났다.

〈표 3-4〉 어머니에게 안정애착 혹은 불안정애착을 형성한 아동이 집에서 나타내는 행동을 보여 주는 애착 Q-Set의 문항들

| 안정애착 | 불안정애착 |
|---|---|
| 아동은 어머니가 요구하면, 물건을 기꺼이 나누거나 어머니가 만질 수 있게 허락한다. | 아동은 어머니와 나누는 것을 거부한다. |
| 아동은 놀이를 하는 도중이나 놀이를 끝내고 어머니에게 돌아갈 때, 행복해하거나 애정이 넘친다. | 아동은 놀이 이후에 어머니에게 돌아갈 때, 가끔 명백한 이유 없이 신경질적이다. |
| 아동이 화가 나거나 다쳤을 때, 자신을 달랠 수 있도록 허락하는 유일한 사람이 어머니이다. | 화가 나거나 다쳤을 때, 아동은 어머니 외의 다른 성인들로부터 위로를 받는 것을 허락한다. |
| 아동은 어머니가 요청하지 않아도 종종 어머니를 끌어안거나 껴안는다. | 아동은 어머니가 먼저 안아 주거나 안아 달라고 요청하지 않는 한 많이 안아 주거나 껴안지 않는다. |
| 아동이 뭔가 새로운 놀잇감을 찾으면, 그것을 어머니에게 가지고 가거나 방 건너편에서 어머니에게 보여 준다. | 아동은 새로운 물건을 가지고 조용히 놀거나 방해받지 않을 곳으로 간다. |
| 아동은 집 안에서 놀면서 어머니가 어디 있는지를 지속적으로 파악하고 있다. | 아동은 어머니의 위치를 계속 파악하려고 하지 않는다. |
| 아동은 어머니의 무릎에서 휴식을 취하는 것을 즐긴다. | 아동은 바닥이나 가구 위에서 휴식을 취하는 것을 선호한다. |
| 아동은 화가 나거나 울 때 적극적으로 어머니를 찾는다. | 아동은 어머니가 떠나는 것에 화가 날 때, 있던 그 자리에서 울고 어머니를 따라가지 않는다. |
| 아동은 탐색 시 어머니를 안전기지로 사용하는 패턴이 명확하게 나타난다. 놀이를 하러 갔다가 되돌아오거나 혹은 어머니 곁에 머물고, 다시 놀이를 하러 가는 식으로. | 아동은 항상 어머니에게서 떨어져 있거나 혹은 항상 어머니 가까이에 머물러 있다. |

출처: Waters, 1987; Attachment Q-Set, Version 3;
http://www.psychology.sunysb.edu/attachment/measures/content/aqs_items.pdf

## 문화적 맥락: 여러 문화에서의 애착 평가

Marcus Mok/Getty Images Inc

많은 연구자는 Ainsworth의 낯선상황 절차가 미국 외의 다른 문화권에서도 유효한지 확인하고자 전 세계의 다른 나라에서도 이 실험을 시도해 보았다. 결과에 따르면, 다른 양육 경험을 한 아동들이 애착 평가에서 다소 다르게 행동하는 것으로 나타났다(Mesman et al., 2016). 낯선상황 절차는 다소 스트레스를 느끼게 되고 그래서 애착대상에게 근접 추구 행동을 나타내는 상황에 달려 있지만, 영아들은 이 시나리오의 요인들—어머니가 떠나고 혼자 남겨지는 것과 낯선 여성과 상호작용하는 것—에 얼마나 친숙한지에 차이가 있고, 이것은 영아가 얼마나 스트레스를 받을지에 영향을 미친다.

미국에서 대부분의 부모는 아기에게 놀잇감을 가지고 놀고 운동기술을 연습하고 혼자 자도록 격려한다. 이들은 활동적이고 탐색적인 행동을 강조한다. 아기와 한 침대에서 자는 부모는 거의 없다. 반면, 케냐의 구시(Gusii) 부족의 영아들은 1세 전까지 하루의 거의 대부분을 어머니 품에 안긴 채 지내는 데 익숙하다(Fouts, 2013). 푸에르토리코(Puerto Rican)의 어머니들 역시 아기와의 밀접한 접촉을 강조한다(Harwood et al., 1995). 일본의 영아들 역시 태어날 때부터 어머니와 밀접하게 접촉한다. 어머니는 거의 아기를 혼자 두지 않고, 안거나 데리고 다니고, 바닥에 거의 내려 두지 않으며, 대개 한 침대에서 아기와 함께 잔다(Colin, 1996; Mesman et al., 2016; Rothbaum, Weisz et al., 2000). 우간다의 영아들은 어머니와 잠깐 떨어지는 것에도 익숙하지 않다. 어머니가 일을 하러 가는 동안에만 긴 분리를 경험한다(Colin, 1996). 미국의 아기들과 비교했을 때, 이 모든 문화권에서의 영아들은 낯선상황 절차에서의 분리를 더 낯설어하고 스트레스를 받는 것으로 나타났다. 더 많은 고통감을 나타내고 어머니의 위로를 받아들이는 것도 더 어려워한다. 이들은 미국 영아들보다 양가애착을 더 많이 보이고, 회피애착을 덜 나타내는 경향이 있다. 독일, 스웨덴, 영국의 부모들은 미국 부모들보다 영아의 빠른 독립을 더 강조한다. 당연히, 독일, 스웨덴, 영국의 영아들이 미국의 영아들보다 낯선상황 실험에서 회피적일 가능성이 높다(Colin, 1996; Schaffer, 1996).

이러한 결과들을 고려하면, 우리는 낯선상황 절차가 다른 문화권에서 애착관계를 평가하는 데 있어 가장 좋은 도구인가에 의문을 품을 수 있다. 미국의 방식과는 다르게 아기들을 다루는 문화권의 경우, 낯선상황 절차가 가정에서의 영아의 행동을 가장 잘 예측하는지를 애착 Q-Set를 사용해서 확인하는 것이 좋다. 만일 두 측정치가 일치하지 않는다면, 집에서 애착 행동을 직접 관찰하는 것이 연구와 임상적 평가를 위해 더 나을 것이다. 비록 ASQ의 일부 문항들이 문화와 밀접하게 관련되어 있기는 해도, 연구자들은 중국, 콜롬비아, 독일, 이스라엘, 일본, 노르웨이, 미국 어머니들의 Q-분류에 있어 상당한 문화 간 일관성을 확인했다(Posada et al., 1995).

**애착 유형과 대뇌** Geraldine Dawson과 동료들은 낯선상황 절차와 유사한 일련의 에피소드 동안 1세 영아의 전두엽 피질에서의 뇌파 활동(electroencephalograph activity)을 측정했다. 어머니가 아기와 함께 놀고, 낯선 사람이 들어오고, 친숙한 실험자가 아기와 놀다가, 어머니가 떠난다(Dawson et al., 2001). 연구자들은 단축된 낯선상황 절차에서 불안정애착 영아들이 안정애착 영아들보다 전전두엽 좌측에서는 상대적으로 활동성이 더 낮고, 우측에서는 상대적으로 활동성이 더 크다는 점을 발견했다. 다른 연구자들이 좌측 전전두피질은 기쁨, 흥미와 같은 긍정적 접근 정서의 표현에 특화되어 있는 반면, 우측 전전두피질은 고통, 혐오, 두려움과 같은 부정적 정서 표현에 특화되어 있다는 것을 발견했기 때문에(Coan et al., 2006; Dawson, 1994) 애착과 뇌의 활동성 간의 분명하고도 논리적인 관계가 제안되었다. 낯선상황 절차 동안 어머니와 함께 행복해하고 상호작용하는 데 관심을 가진 안정애착 영아들은 이러한 활동을 하는 동안 전전두피질의 긍정적 측면(좌측)에서 더 많은 활동성을 나타냈다. 낯선상황 절차에서 어머니에게서 철수하거나 분노를 표현했던 불안정애착 영아들은 이러한 상황에서 부정적 측면(우측)에서 더 높은 활동성을 나타냈다. 좀 더 최근에, 저소득층 남성 참가자들을 대상으로 한 종단연구에서 영아기에 측정된 불안정성은, 20세에 기능적 자기공명 영상(fMRI) 스캔의 일부로 보상기반의 과제를 수행하는 동안 측정된 보상과 손실에 대한 신경학적 활성화 패턴을 예측함을 보여 주었다(Quevedo et al., 2017). 이러한 연구들에서 나온 결과는 애착 안정성이 애착-유발 맥락에서 측정된 신경학적 활동성에 반영되며, 때로는 상당히 오래 지속되는 방식으로 반영됨을 시사한다. 미래의 연구자들은 애착 연구를 위해 뇌영상 기술을 더 많이 사용하고자 할 것이다(Coan, 2016; Cozolino, 2014). 생물학적 도구들은 초기 애착 경험이 행동에 반영되는 메커니즘에 관한 중요한 관점을 제공한다.

## 영아 애착발달에서 부모의 역할

애착은 두 사람 간의 상호작용에 의해 발달하는 관계임이 분명하다. 부모에 대한 영아의 애착은 체중이나 지능과 같은, 영아가 가진 특징이 아니다. 이것은 영아의 소인과 행동, 그리고 부모의 소인과 행동 둘 다의 산물이다. 이 장에서는 영아의 애착발달에 투입되는 부모 요인에 대해 논의한다.

**생물학적 준비** 아기가 태어나기 전에도 부모는 아기의 애착발달에 필요한 유형의 돌봄을 제공할 준비가 되어 있다. 첫째, 가임기 젊은 여성의 에스트로겐 수치는 아기의 귀여움에 반응하게 만든다(Sprengelmeyer et al., 2009). 둘째, 임신과 출산 동안 어머니들은 호르몬 변화를 겪는데, 이것은 어머니가 영아의 울음에 민감해지고 모성과 관련된 일에 준비되도록 만든다(Barrett & Fleming, 2011). 셋째, 모유 수유 중 분비되는 옥시토신은 모성 행동에 좀 더 동기화되고 민감해지는 것과 관련이 있다(Feldman, 2019; Feldman &

Eidelman, 2007; MacDonald & MacDonald, 2010). 아버지들 역시 호르몬 변화를 겪는다(Storey & Walsh, 2013). 많은 남성의 경우, 아기가 태어난 후 처음으로 아기와 상호작용을 할 때 테스토스테론 수치가 떨어진다. 테스토스테론 수치가 떨어진 남성들은 더 많은 연민을 느낀다고 보고하고, 아기의 울음과 같은 단서에 좀 더 반응적이며, 테스토스테론 수치가 감소하지 않은 남성보다 아기 인형을 더 오래 잡고 있을 가능성이 높다(Fleming et al., 2002; Kuzawa et al., 2009). 호르몬에서의 변화는 특히 부인의 임신 기간 동안 더 친밀한 관계에 있는 남성들에게 두드러진다. 이것은 임신 기간 동안 파트너들 간의 친밀한 유대가 호르몬의 변화를 자극할 수 있음을 시사한다.

> 나는 평소 경쟁적인 사람이지만, 엠마가 태어난 뒤 경쟁심이 사라지는 것을 느꼈다. 그 대신 새로 태어난 어린 딸을 보자마자 연민과 동정심을 느꼈다. 아빠가 되고 나니 정말 달라진 것 같고, 내가 좀 더 민감한 사람이 된 것 같았다.

아기에 대한 경험도 중요하다. 육아에 하루 3시간 이상 시간을 쓰는 아버지들은 육아에 전혀 참여하지 않는 아버지들에 비해 테스토스테론 수치가 더 낮았고(Gettler et al., 2011), 한 명 이상의 자녀가 있어서 아기와의 경험이 더 많은 아버지들은 심지어 처음 아빠가 된 경우(Corter & Fleming, 2002)나 아이가 없는 남성(Gray et al., 2006)보다도 더 테스토스테론 수치가 낮았다. 간단히 말해, 호르몬은 어머니와 아버지의 육아를 준비시키고 지속하게 한다. 또한 어머니의 뇌는 자신의 아기에게 애착을 갖도록 준비된다. fMRI 기술을 사용한 뇌영상 연구에서 편도체와 같은 어머니의 뇌 영역은 낯선 영아의 웃음보다 자기 아이의 웃음에 좀 더 반응하는 것으로 나타났다(Strathearn et al., 2008).

**돌봄과 애착의 관계** 아기의 출생 이후 안정애착의 발달은 아동이 받은 돌봄(caregiving)에 의존한다.

아기는 부모(혹은 다른 주 양육자)와 긴밀한 접촉을 필요로 한다. 이스라엘 연구는 이를 명백히 보여 준다. 이스라엘의 경우, 어떤 가족들은 *kibbutzim* 혹은 공동체 마을에서 생활하며, 그들의 자녀는 그룹 케어센터에서 하루를 보낸다. 몇몇 kibbutzim에서는 영아가 밤에도 센터에 머무른다. 또 다른 kibbutzim에서는 영아들이 가족과 함께 밤을 보낸다. Avi Sagi-Schwartz와 동료들은 이처럼 다른 경험이 아동의 애착관계 발달에 미치는 효과를 연구하였다(Sagi et al., 1994). 밤에 집에서 가족과 함께 시간을 보낸 영아는 센터에서 머무른 영아보다 안정애착을 발달시키는 경향이 있었다(60% 대 26%). 추측건대, 이는 부모가 아동과 긴밀하게 상호작용할 수 있는 기회를 더 많이 가졌기 때문이다. 연구자들은 두 집단의 초기 생활 사건, 어머니-영아 놀이의 질, 그리고 케어센터의 질적 특성과 같은 다른 요소들은 모두 동일하게 하였다.

**아기는 부모의 민감하고 반응적인 돌봄을 필요로 한다.** 안정애착 발달에 있어 부모 행동의 구체적 측면 역시 중요하다. Ainthworth는 영아 애착과 관련된 어머니의 행동 특성을 네 가지로 구분하였다(Ainsworth et al., 1978). 첫째, 안정애착 영아의 어머니는 아기의 신호에 민감하고, 그 신호를 정확히 해석하며, 즉각적이고 적절한 방식으로 반응하였다. 둘째, 안정애착 영아의 어머니는 아동의 상태, 기분 그리고 흥미에 반응적이었고, 아기의 활동을 방해하거나 중단하지도 않았다. 셋째, 안정애착 영아의 어머니는 아기를 수용하였는데, 어머니의 수용은 자신이 느끼는 어떤 좌절, 짜증, 혹은 한계를 뛰어넘는 것이었기에 그들은 절대 아기를 거부하지 않았다. 넷째, 안정애착 영아의 어머니는 신체적, 심리적으로 **가용하였다**. 이들은 아기를 인식하고, 아기의 신호에 기민하게 반응하며, 아기의 신호를 적극적으로 인정하고 그것에 반응적이었다. 이들은 아기를 무시하지 않았다. 이러한 종류의 민감하고 수용적인 돌봄을 경험한 영아가 어머니의 가용성과 반응성에 대하여 긍정적 기대를 가질 수 있으며, 어머니와 안정애착 관계를 발달시킨다는 것은 이해할 만하다. 소수 사례를 대상으로 한 초기 연구의 발견에 비하여, 최신 연구는 관계성의 크기가 다소 약함에도 불구하고, 민감하고 반응적인 양육이 안정애착 발달과 연관되어 있다는 사실을 일관되게 밝힘으로써 Ainsworth의 초기 발견을 지지하였다. 이러한 발견은 상관 연구를 대상으로 메타분석을 실시한 연구(Atkinson et al., 2000; Van IJzendoorn et al., 2004), 개입 연구(Bakermans-Kranenburg et al., 2003), 그리고 어머니(Fearon & Belsky, 2016)와 아버지에 대한 후속 연구(Brown et al., 2012; Lucassen et al., 2011)에서도 확인할 수 있다.

**아기는 통찰력 있는 부모를 필요로 한다.** 안정애착의 발달은 부모의 통찰력에 달려 있기도 하다. 통찰력이 높은 부모는 영아의 감정을 정확히 평가하고, 아기의 신호에 대해 정확하고 공감적인 해석을 하며, 아기의 필요에 맞추어 반응을 수정한다. 통찰력이 높은 부모들은 아동의 행동에 지나치게 주의를 기울이거나, 영아가 가져야만 하는, 혹은 원해야만 한다고 믿는 사전 지식을 따르기보다 아동의 특정 동기와 의도를 유연하게 받아들인다. 어머니의 통찰력을 평가하기 위하여, 연구자들은 아기와 상호작용하는 어머니 자신의 모습(놀기, 기저귀 교체, 주의 분산하기)을 비디오로 녹화하여 보여 주고 다음과 같이 물었다. "아기의 머릿속에 스쳐 지나간 것은 무엇일까요? 아기는 무엇을 생각하고 느꼈을까요?"(Koren-Karie et al., 2002). 보다 통찰력 있는 답변을 제공한 어머니는 영아에게 더욱 민감하였고, 이들의 자녀는 더욱 안정애착을 보였다. 어머니 통찰력 증진에 목표를 둔 개입은 애착과 강력한 상관을 가진 어머니의 정서적 가용성을 증가시키는 결과를 보여 주었다(Ziv et al., 2016).

**아동이 성장하여도 좋은 돌봄을 지속하는 것은 중요하다.** 이러한 부모의 특성은 아동이 성장하더라도 지속될 필요가 있다. 어머니가 청소년기 자녀의 욕구에 지지적이고 잘 맞추어 줄 때, 의견 충돌에도 불구하고 그들의 관계는 유지될 수 있었으며, 애착관계는 더 안정적인 경향이 있다(J. P. Allen et al., 2003; Allen & Tan, 2016). 아버지의 경우에도 비슷하다. 아버지가 자녀와의 갈등 상황에서, 강압적이지 않을 때 의견충돌이 있더라도 긍정적 관계를 유지할 수 있고, 청소년-아버지 애착이 더욱 안정적인 경향이 있다(Allen et al., 2007).

**아기는 침입적(intrusive)이고 성마른(irritable) 돌봄으로 인해 고통받는다.** 영아가 보내는 신호에 반응하지 못하고, 친밀한 신체접촉을 거의 하지 않으며, 함께 있을 때 종종 화가 나 있거나 과민하게 행동하는 특성을 보이는, 침입적이거나 거부적인 부모와 아동은 불안정-회피애착을 발달시킨다는 증거가 있다(Cassidy & Berlin, 1994; Fearon & Belsky, 2016). 사실, 이러한 부모는 자녀가 태어나기 전, 우는 아기가 녹화된 비디오를 보고 화나는 감정마저 느끼는 것으로 관찰되었다(Leerkes et al., 2011). 자신의 부모에게 이러한 행동이 나타날 것으로 기대한다면, 낯선상황 절차에서 영아가 부모와 접촉을 피하고자 장난감에 주의를 기울이는 것은 이해할 만하다.

**아기는 냉담하고 비일관적인 돌봄에 의해 고통받는다.** 한편, 아동이 냉담하고 비일관적인 부모, 즉 아동의 신호에 어떤 경우에는 반응하고, 또 다른 경우에는 무시하는 행동을 보이는 부모(Fearon & Belsky, 2016; Isabella, 1993)와 불안정-양가애착을 발달시키는 경향이 있다는 증거가 있다. 영아들은 친절함을 기대해야 할지, 혹은 차가운 눈빛을 예상해야 할지 모르기 때문에 낯선상황 절차에서 부모의 가용성에 몰두되어 있으며, 이러한 몰두는 탐색을 위해 부모 곁을 떠나는 것을 방해한다. 불안정-양가애착 유아의 어머니는 우는 아기가 녹화된 비디오를 보여 주었을 때 불안을 더 많이 느끼는 것으로 나타났다(Leerkes et al., 2011).

제이슨과 그의 어머니는 서로 전혀 조화를 이루지 못하였다. 제이슨은 심지어 영아 때부터 종종 과민한 반응, 그리고 강한 고집을 보였고, 그의 어머니는 제이슨의 신호에 종종 반응하지 않았으며, 제이슨이 당황했을 때조차 효과적으로 반응하지 않았다. 그 결과, 제이슨과 어머니는 불안정-회피애착 관계를 발달시켰다.

**아기는 방임과 폭력적인 돌봄에 의해 고통받는다.** 부모와 불안정-혼란애착을 형성한 영아는 최악의 돌봄을 경험한 것으로 많은 연구를 통해 밝혀져 왔다. 영아가 낯선상황에서 혼란을 보이는 여러 이유가 있더라도, 주 양육자로부터 방임 혹은 신체적 폭력을 경험한 것과 상관이 있다는 증거가 있다(Granqvist et al., 2017). 예를 들어, 연구자들은 폭력을 경험한 영아의 82%가 부모와 불안정-혼란애착을 발달시켰으나, 폭력을 경험하지 않은 영아는 단 19%만이 이에 해당한다는 것을 확인하였다(Carlson et al., 1989). 폭력을 당한 영아가 낯선상황에서 보이는 혼란형 접근-회피 행동은 아마 실제로는 적응적인 행동일 수 있는데, 왜냐하면 이 아기들의 경우 정확히는 모르지만, 매우 나쁜 일이 발생할 것을 깨달았기 때문일 것이다(Solomon & George, 2016). 자녀 폭행의 위험성을 가진 부모의 양육을 증진시키는 개입에 참여한 부모의 아동들은 32%가 혼란형 애착을 보였는데, 이는 개입에 참여하지 않은 부모의 아동 57%가 혼란형 애착을 보인 것과 비교하여 유의하게 낮은 것이었다(Bernard et al., 2012).

**방임의 원인 중 하나는 어머니의 우울이다.** 우울한 어머니의 아기들은 접근-회피 행동을 자주 보이고, 낯선상황 절차에서 재결합 시 슬픔을 더 많이 표현하며, 불안정-혼란형으로 구분되는 경향이 있다. 우울한 어머니는 아기에게 평균보다 적은 눈맞춤과 반응성을 나타내었다. 이 어머니들은 외면하는 경향이 있었다(Greenberg, 1999). 또한 겁이 많고 두려워하는 어머니는 영아와 불안정-혼란애착을 형성하는 경향이 있었다(Lyons-Ruth & Jacobvitz, 2016; True et al., 2001). 이 어머니들은 편안함과 두려움 모두의 바탕이 되는데, 이는 영아의 혼란된 행동에 이바지한다.

끝으로, 일관된 양육자 없이 기관에서 자란 경우 불안정-혼란애착과 연관이 있었다(Nelson et al., 2014). 부다페스트 보육원의 1~2.5세를 대상으로 한 연구에서, 연구자들은 양육자와 아동 간 상호작용에서 눈맞춤이 없고, 기계적이며, 이야기를 덜 하고, 스트레스에 느리게 반응하며, 애정 없이 달래는 등의 특성을 발견하였다(Zeanah et al., 2005). 〈표 3-5〉에서 볼 수 있듯이, 단지 19%만이 양육자와 안정애착을 형성하였고, 65%는 혼란형으로 구분되었다. 보육원 출신의 몇몇 아동을 무작위로 선택하여 위탁가

〈표 3-5〉 보호시설 아동의 애착 유형 분포

| 낯선상황 절차 애착 유형 | 보호 시설 집단 ($N$=95)(퍼센트) | 일반 가정 집단 ($N$=50)(퍼센트) |
|---|---|---|
| 안정 | 19 | 74 |
| 회피 | 3 | 4 |
| 양가 | 0 | 0 |
| 혼란 | 65 | 22 |
| 미분류 | 13 | 0 |

출처: Zeanah et al., 2005.

정에서 돌봄을 제공하였다(Smyke et al., 2010). 3.5세에 이루어진 애착 평가에서, 이 아동의 49%가 위탁모와 안정애착을 형성하였다. 보육원에 남겨진 아동의 경우, 단 18%만 양육자와 안정애착을 형성한 것으로 나타났다.

**가족 및 지역사회 맥락에서 애착** 영아와 부모의 애착관계는 진공상태에서 발달하는 것이 아니다. 이들은 애착발달에 영향을 미칠 수 있는 가족과 지역사회 맥락에 포함되어 있다. 아동과 부모의 애착에 영향을 주는 하나의 맥락은 어머니와 아버지의 관계이다. 부모가 행복한 결혼생활을 할 때 더욱 안정애착되는 경향이 있다(Belsky & Fearon, 2008; Fearon & Belsky, 2016; Thompson, 2016).

사회경제적 지위 역시 아동 애착의 질에 영향을 미치는 맥락적 요소이다. 저소득층 가정에서 애착관계는 보다 불안정할 가능성이 있다. 경제적, 정서적 위험은 빈곤—충분한 음식 부족, 거친 이웃 환경, 가정폭력, 그리고 알코올 및 약물 사용 모두 포함—과 연관되며, 이는 어머니의 민감성을 감소시키고 또다시 영아가 불안정애착을 발달시킬 가능성을 증가시킨다(Raikes & Thompson, 2005). 위험요인이 많을수록 이러한 결과로 이어질 가능성이 크다. 예를 들어, 연구자들은 어머니가 덜 민감하며, 영양을 충분히 공급받지 못한 아동의 경우 93%가 불안정애착을 발달시키는 것에 반해, 적절한 영양을 공급받은 저소득층 아동은 불안정애착이 50%에 불과하다는 것을 발견하였다(Valenzuela, 1997).

그러나 빈곤과 불안정애착 간 이러한 관계는 불가피한 것이 아니다. 지역사회의 사회적 지지는 가족 내 문제를 완화할 수 있다. 지지적이며 도움을 제공하는 이웃 및 친척으로 구성된 사회적 안전망을 가진 극빈층에서 영아-어머니 간 안정애착이 나타날 수 있다. 이는 어머니가 영아에 대하여 민감하고 반응적인 상호작용 방식을 발달시키고 유지할 수 있도록 하며, 결국 안정애착을 촉진한다. 연구자들은 남아프리카 빈곤 지역에서 상대적으로 높은 안정애착 가능성을 발견하였는데, 예를 들면 영아와 어린 아동이 지역사회에 속해 있고, 이들의 안전과 웰빙이 공동의 몫이라고 간주되는 경우 그러하였다(Tomlinson et al., 2005). 아동의 애착과 지역사회 특성의 관계에 대한 발견은 Bronfenbrenner의 생태학적 체계이론(ecological-systems theory; Bronfenbrenner & Morris, 2006)과 일치하며, 이는 애착이 단순히 부모-자녀만의 관계 이슈가 아니라 가족 환경 및 지역사회 지지로부터 영향을 받는다는 것을 상기시켜 준다.

## 연구 들여다보기: 초기 경험, 호르몬 그리고 애착

동물 및 인간의 건강한 안정애착 발달을 위해서는 두 가지 호르몬이 필요하다(Carter, 2014). 하나는 '포옹 호르몬' 혹은 '사랑 호르몬'이라 알려진 옥시토신이다. 이 호르몬의 수준은 영아가 친숙한 사람과 온정적인 신체적 접촉을 경험할 때 증가한다. 두 번째 호르몬은 바소프레신이다. 이 호르몬의 높은 수준은 친숙한 사람들에 대한 영아의 인식과 관련이 있다. 동물 연구는 옥시토신 처치가 영아의 사회적 행동과 특정 애착발달을 증가시킨다는 것을 보여 주었다(Carter, 2014; Carter & Keverne, 2002). 성인기에서조차도 비강 스프레이를 통해 옥시토신에 노출되는 것은 게임 시 다른 참여자들에 대한 개인의 신뢰수준을 증가시켰다(Kosfeld et al., 2005; 메타분석은 Van IJzendoorn & Bakermans-Kranenburg, 2012 참조).

보호 시설에서 경험한 초기 사회적 결핍은 이러한 사회적 호르몬의 수준을 변화시키는가? 연구자들은 미국 가족에게 입양되기 이전, 러시아와 루마니아의 보육원에 살았던 4세 아동의 사회적 호르몬을 측정하였다(Wismer Fries et al., 2005). 비록 이 아동들이 3년 동안 안정적이고 돌봄을 제공하는 가족과 함께 살아왔을지라도, 그들은 생물학적 부모에 의해 키워진 미국 아동들과 비교했을 때 사회적 행동 및 사회적 호르몬에 있어 결핍을 보였다. 보육원에서 입양된 아동은 사회적으로 덜 반응적이었고, 양부모와 불안정-혼란애착을 가질 가능성이 높았으며, 양어머니와 신체적으로 상호작용할 때(놀기, 만지기, 속삭이기, 간지럽히기), 그들의 옥시토신 수준은 생물학적 부모에 의해 키워진 아동들만큼 증가하지 않았다. 증가한 호르몬은 스트레스 관련 호르몬인 코르티솔이었는데, 이는 이 아동들이 양어머니와 상호작용을 지속적으로 스트레스로 경험하고, 자신의 정서적 각성을 통제할 수 없었다는 것을 의미한다(Wismer Fries et al., 2008). 또한 이전에 보호시설에 있었던 아동은 가정에서 양육된 아동보다 낯선 사람과 상호작용 시 바소프레신 수준이 더 낮았고, 이러한 결핍과 연관하여 이들은 얼굴 정서 표현을 식별하고, 얼굴 표정을 기쁨, 슬픔, 두려움 등의 시나리오와 연결 짓는 것에서 더욱 미숙하였다(Camras, Perlman, et al., 2006; Wismer Fries & Pollak, 2004).

> 멜리사가 두 살 때 우리는 루마니아에서 그녀를 데려왔는데, 이때부터 우리의 다른 자녀들과 다르다는 것은 명확했다. 안아 주고 뽀뽀해 주려는 우리의 노력에 멜리사는 저항하였고, 종종 눈도 맞추지 않았다. 멜리사는 쾌활했지만 다른 아동 혹은 나와 그렇게 친하지 않았다.

이 아동들이 이후 삶에서 건강한 관계를 발달시키고, 초기 결핍의 영향력을 극복할 수 있는지는 분명하지 않다. 분명한 것은 초기 경험이 뇌에 영향을 미치는 호르몬을 변화시킬 수 있고, 이는 영아의 사회적 상호작용 능력에 영향을 미치며, 결국 최적이 아닌 애착 유형으로 이어질 수 있다는 것이다.

**애착의 세대 간 연속성** 부모 자신이 유년기에 받은 돌봄의 종류는 아동 애착발달의 또 다른 맥락이 된다. 아동은 Bowlby가 제안한 **내적 작동모델(internal working model)** 혹은 애착 표상을 형성하는데, 이는 아동과 부모의 상호작용 방식을 반영한다(Bretherton & Munholland, 2016). 이 작동모델은 아동이 성장하여 성인기를 거치면서 수정되고 재구성되며, 그들의 초기 경험을 재해석하게 한다. 이들이 부모가 될 때, 어머니와 아버지는 자신이 아동기에 가졌던 관계 작동모델을 자신의 자녀와 동일한 것으로 재창조하는 경향이 있다.

아동 애착 내적 작동모델을 측정하기 위해 많은 방법이 사용되었다. 내러티브를 사용하는 방식은 연구 참여자에게 가족 구성원을 나타내는 인형을 제공하고 "하루는 어머니가 너를 데리러 늦게 왔어…."처럼 애착 관련 사건에 관한 이야기를 들려준다(Emde et al., 2003). 그 후 아동에게 이야기를 완성하도록 격려한다. 아동의 이야기는 아동 자신이 어머니와 애착관계에서 형성한 내적 작동모델을 반영하는 것으로 가정된다. 다른 방법은 아동이 부모에 대한 자신의 경험을 기술하고 이해하는 능력에 의존한다. 연구자들은 불안정애착을 가진 아동보다 안정애착을 가진 3세 아동이 부모와 경험한 긍정적인 사회적 사건에 대하여 더욱 정확하게 기술하는 것을 발견하였다. 그리고 이러한 발견은 작동모델이 아동이 인식하고 기억하는 사회적 정보의 유형을 조직화하고 안내하는 정신적 도식이라는 관점과 일치한다(Dykas & Cassidy, 2011; Waters & Waters, 2006).

연구자들은 성인 애착의 내적 작동모델을 측정하는 기술 역시 발달시켰다. 그중 하나는 Mary Main과 동료들에 의해 개발된 성인 애착 면접(Adult Attachment Interview: AAI)이다. 이 인터뷰에서 성인 참여자들은 아동기 자신과 부모와의 관계에 대한 질문을 받는데, 내러티브의 응집성에 기초하여 세 그룹 중 하나로 구분된다(〈표 3-6〉 참조). **자율형(autonomous)**은 부모 및 타인과의 친밀한 관계를 가치 있게 생각하면서, 아동기 관계에 대하여 일관되고 외견상 객관적 방식으로 이야기한다. 자신의 부모를 이상화하지 않는 경향이 있으나, 관계에 대해 명료한 이해를 하고 있으며 부모의 긍정적, 부정적 특성을 모두 기술할 수 있다. **무시형(dismissing)**은 애착을 가치롭지 않게 생각하고, 무시하며, 종종 아동기 사건을 회상할 수 없다고 주장한다. 무언가를 회상하였을 때 이는 종종 부모에 대한 이상화된 기억이다. "우리 어머니는 세계 최고예요!" 세 번째 그룹은 초기 가족 애착에 대한 **몰두형(preoccupied)**이다. 이들은 아동기에 갈등에 시달렸던 다수의 사건을 떠올리고, 이를 하나의 응집된 방식으로 조직화하지 못하였다.

AAI를 사용한 연구자들은, 부모가 자신의 아동기 때 주 양육자와의 경험을 이야기하

〈표 3-6〉 어머니와 아동의 애착 유형 관계

| 애착 유형 | | |
|---|---|---|
| 아동 | 어머니 | 설명 |
| 안정 | 자율형 | 어머니는 자신의 경험에 대해 미해결된 고민을 다루지 않으므로, 자녀와의 소통에 민감할 수 있다. |
| 불안정-회피 | 무시형 | 어머니는 자신의 애착 욕구를 인정하는 것을 주저하기에 자녀의 요구에 민감하지 않고 무반응적이다. |
| 불안정-양가 | 몰두형 | 어머니는 자신의 애착 역사에 혼란을 느끼고, 그러므로 자녀와의 상호작용에서 비일관적인 모습을 보인다. |

출처: Main et al., 1985.

는 응집성이 이후 자녀와의 애착관계와 연관된다는 예측을 강력히 지지하였고, 이러한 관계는 위험성이 적은 표본을 대상으로 한 초창기 메타 연구에서 상당한 크기로 나타났다(Van IJzendoorn, 1995). 예를 들면, Main의 연구에서 무시형 어머니를 가진 영아는 회피형 애착을 갖는 경향이 있었고, 몰두형 어머니를 가진 영아는 불안정-양가애착을 가지는 경향이 있었다(Main et al., 1985). 부모에서 자녀로 애착의 세대 간 연속성에 대한 또 다른 증거는 임신 여성을 대상으로 자신의 애착 역사에 대하여 인터뷰하고, 그들의 자녀가 1세가 되었을 때 영아의 애착을 측정함으로써 확인되었다(Fonagy et al., 1991). 이 같은 연구 설계는 연구자들이 어머니가 자신의 아기와 형성하는 경험이 자신의 아동기 기억에 영향을 줄 가능성을 배제하도록 한다. Main의 연구와 일치하게, 연구자들은 어머니 자신의 아동기 관계에 대한 회상과 자녀 애착관계의 유의한 관련성을 확인하였다.

이와 유사하게, 위탁가정 연구 역시 위탁모가 자신의 부모와 가졌던 아동기 관계에 대한 회상과 자신이 돌보는 위탁 아동의 애착의 질 간에 상당히 높은 일치도를 발견하였다(Dozier et al., 2001; Dozier & Rutter, 2016). 이는 애착의 세대 간 연속성이 부모의 애착-위탁 행동의 결과이지, 부모와 자녀의 유전적 연관성 때문은 아니라는 것을 시사한다. 다시 말해, Verhage와 동료들에 의한 최신 양적 리뷰(2016; 2018)는 애착의 세대 간 연속성이 위험도가 낮은 표본에 비하여 위험도가 큰 표본에서 유의하게 약하게 나타난다는 것을 제안한다. 이러한 최신 발견은 '생태학적 제약(ecological constraints)' 가설과 일치하는 증거로 해석될 수 있는데, 이는 초기 맥락적 어려움이 자녀와 애착관계를 예측하는 성인 애착 효과의 영향을 '최대한 덜 받게' 하는 경향이 있다는 것이다.

**어린이집에서 아동의 애착** 심리학자들은 매일 어머니와 떨어져 어린이집(child care)에 있는 아동의 애착발달을 염려해 왔다. 많은 경우, 이 아동들은 부모와 가까운 관계를 형성한다(Burchinal et al., 2015; Clarke-Stewart & Allhusen, 2002, 2005; Lamb & Ahnert, 2006).

> "저는 애비가 4개월 때부터 일을 했기에 애비를 정말 좋은 어린이집에 맡겼어요. 애비는 다른 아동들과 같이 있는 것을 좋아했고, 선생님을 좋아했지만, 다행스럽게도 저를 사랑하는 것을 절대로 멈추지 않았어요. 애비는 제가 일을 마치고 데리러 갈 때마다 저를 보고 행복해했어요. 애비를 사랑해 주는 많은 사람이 있었고, 애비는 그들을 보살피기도 했어요. 그러나 애비는 내가 자기 엄마라는 것을 항상 알았어요!"

하지만 이 아동의 애착이 어머니와 집에서 시간을 보낸 영아가 형성한 애착만큼 안정적인가? 연구자들은 낯선상황 절차를 통하여 영아의 행동을 비교함으로써 이 질문에 답하고자 하였다. 평균적으로, 어린이집 종일반에 있었던 아동은 종일반이 아니었던 아동에 비하여 불안정애착으로 구분되는 경향이 있었다(36% 대 29%; Clarke-Stewart, 1989). 이러한 결과는 아동 보육이 안정애착 발달을 방해할 수 있음을 제안하는 것처럼 보인다. 그러나 어린이집 그 자체보다는 다른 요인들이 아마 이 차이를 설명할 것이다. 첫째, 낯선상황 절차이다. 낯선상황 절차에서 영아가 짧은 분리 후 어머니에게 돌아가지 않으면 아동은 불안정한 것으로 판단된다. 그러나 어머니와 매일 분리를 경험했던 아동은 낯선상황 절차의 분리 경험에 의해 덜 영향받을 것이며, 그러므로 근접성을 덜 추구할 것이다. 두 번째 요소는 어머니일 것이다. 어머니 자신 및 자녀의 독립성을 중요하게 생각하는 어머니는 일을 하는 경향이 있는 반면, 아동과 가까운 관계를 강조하는 어머니는 집에 있는 경향이 있다. 세 번째 요소는 아기와 일을 모두 책임지는 것에 대한 스트레스인데, 이는 안정애착 발달을 가능케 하는 어머니의 민감하고 지지적인 양육을 방해할 수 있다. 어린이집을 거친 영아에게 불안정애착이 보다 공통적으로 나타난다는 발견은, 이 자체만으로 어린이집이 유해하다는 것을 증명하지는 않는다.

어린이집이 영아의 애착발달을 방해하는지 아닌지에 대한 확실한 답을 얻기 위하여, 미국 정부는 전국 10개 지역을 대상으로 초기 아동 돌봄 및 청소년 발달(early child care and youth development) NICHD라는 대규모 연구를 지원하였다. 1,300명 이상의 영아를 출생 시 병원에서 무작위로 선택하였으며, 이들이 15세가 될 때까지 추적하였다. 발달은 반복적으로 평가되었다. 부모의 교육, 수입 그리고 태도가 통계적으로 통제되었을 때, 어린이집 영아는 어린이집에 가지 않았던 영아와 비교하여 어머니와 더 이상 불안정 애착을 보이지 않았다. 그러나 영아가 질적으로 좋지 않은 어린이집에 참여하여 선생님이 아동의 욕구에 민감하거나 반응적이지 않고, 집에서도 어머니가 그들의 욕구에 매우 민감하지 않은 경우, 질적으로 좋은 어린이집에서 자라거나, 어머니가 민감하고 반응적이었을 때보다 안정애착을 덜 발달시키는 경향이 있었다(Belsky et al., 2007; NICHD Early Child Care Research Network, 1997b, 2005, 2006). 질적으로 좋지 않은 어린이집은 가정의 위험 요인의 부정적 효과를 더욱 나쁘게 만들고, 영아가 부모와 안정애착을 형성하는 데 있어 문제의 소지를 높이는 것으로 보인다.

한편, 양질의 어린이집 보육은 가족 외부에서 안정애착을 형성할 수 있는 기회를 제공함으로써 가정 내 소홀한 돌봄의 영향력을 상쇄할 수 있다. 어머니와 불안정애착을 형성하였지만, 어린이집 선생님과 안정애착을 형성한 아동은 가족 외에서 긍정적 관계를 형성하지 못한 불안정애착 아동보다 사회적으로 유능하였다(Howes & Spieker, 2016; Mesman et al., 2016). 아동과 일정 기간 함께할 수 있는 선생님의 존재는 특별히 중요하다. 아동은 어린이집에 오래 근무한 스태프들을 보다 자주 찾으며, 이들은 불안정한 고용 기록을 가진 선생님보다 효과적으로 아동을 달랠 수 있다(Barnas & Cummings, 1994). 어린이집에서 선생님이 바뀌는 것을 최소화함으로써 아동 애착발달을 도울 수 있다(Burchinal et al., 2015). 선생님의 민감성을 증진시키는 훈련 프로그램 역시 중요하다(Galinsky et al., 1995). 어린이집 스태프들이 더 많은 훈련을 받을수록, 아동은 그들과 안정애착을 발달시킬 가능성이 더욱 컸다(Burchinal et al., 2015; Clarke-Stewart & Allhusen, 2002).

## 실생활 적용: 어머니(혹은 아버지)가 교도소에 간 경우의 애착발달

미국에서 5,000,000명 이상의 아동들, 혹은 전체 미국 아동의 7%는 함께 사는 부모가 감옥이나 교도소에 가는 것을 경험한다(Dallaire, 2019; Murphey & Cooper, 2015). 이 아동들은 애착 문제를 더 많이 가지는 경향이 있다. 이들 중 몇몇은 심지어 어머니에 대한 애착을 형성하는 것조차 허락되지 않는다. 몇몇 여성은(교도소에 있는 여성들의 6%) 체포 당시 임신 상태이지만, 교도소는 이들이 영아와 함께 있는 것을 거의 허용하지 않는다(Gabel & Girard, 1995). 대부분의 경우, 감방으로 돌아가기 전에 단 며칠만 영아와 접촉하도록 허용되고, 영아를 보내야 한다. 그 결과, 어머니가 아기와 유대를 형성하거나, 혹은 아기가 어머니에 대한 애착을 형성할 기회가 거의 없다. 반면, 프랑스에서는 아동이 18개월까지는 어머니와 교도소에서 함께 지낼 수 있다. 이는 어머니와 아동이 상호 애착을 형성할 수 있는 시간을 준다.

어머니가 교도소에 가기 전에 이미 애착이 형성되었다 할지라도, 수감생활은 애착의 질에 부정적인 영향을 미칠 가능성이 있다. 한 연구에서, 연구자들은 수감생활 중인 어머니의 자녀 54명의 애착 표상을 조사하였다(Poehlmann, 2005). 아동들은 네 가지 이야기를 읽었다. 저녁 식사 자리에서 주스를 엎는 아동, 바위에서 떨어져 무릎을 다친 아동을 부모가 위로하는 것, 괴물을 보았다고 생각한 아동이 부모에게 전화하는 것, 그리고 부모가 여행을 떠나게 되어 아동이 부모로부터 분리되는 이야기. 거의 3분의 2에 해당하는 아동은 강력한 양가성, 혼란, 폭력 혹은 분리 등을 포함하는 이야기를 보고하였다. 비록 아버지의 수감이 아버지와 아동의 애착에 미치는 영향에 대해서는 거의 알려진 바 없지만, 아버지의 수감은 빈약한 양육자(어머니)-아동 애착과 관련이 있었는데, 특히 아동이 아버지의 범죄나 아버지의 체포에 노출되었을 때 그러했다. 그러나 민감하고 자극이 풍부한 가정 환경을 제공하면, 아동과 수감되지 않은 양육자 간의 불안정애착 수준은 감소하였다(Poehlmann-Tynan et al., 2017).

수감된 어머니에 대한 불안정애착은 아동에게 부정적 결과를 가져올 수 있다. 수감된 어머니를 둔 어린 아동의 약 70%가 불안, 우울, 수치심, 죄책감과 같은 내재화 문제를 경험하며(Bloom & Steinhart, 1993; Dallaire, 2019; Dressel et al., 1992), 다수가 분노, 공격성, 적대감과 같은 외현화 문제를 보인다(Murray et al., 2012; Parke & Clarke-Stewart, 2003b). 다음은 13세 샤이엔이 자주 거주지를 옮기며 다른 친척들과 살게 만든, 자기 어머니의 수감생활에 어떻게 반응하였는지를 보여 준다(Anderson, 2012, p. 1).

> "나는 정말 어머니가 그리워요. 어느 날, 나는 우울한 하루를 보내고 정말 감정을 주체할 수가 없어요. 나는 보통 어머니에게 편지를 받으면 아주 감정적이 돼요. 나는 그 편지봉투를 알아봐요. 어머니는 편지봉투를 장식하고 나는 어머니의 손글씨를 알아요. 매년 어머니는 항상 밸런타인데이 카드를 보내요. 어머니는 항상 '엄마(mommy)'라고 마지막에 적어요. 절대 '어머니(mom)'이라 적지 않아요. 항상 '엄마(mommy)'라 적죠."

아동이 위탁 보호 시설에 맡겨지는 대신 할머니가 양육을 전담하면 어머니의 수감 이후 생활에 더 잘 적응할 수 있다(Bloom & Steinhart, 1993; Mumola, 2000). 할머니는 더 많은 연속성과 친숙함을 제공하며, 수감 중인 어머니와 빈번하고 지속적 접촉을 촉진할 수 있다(Poehlmann-Tynan, 2014). 한편, 수감 중인 어머니와 더 정기적인 접촉을 경험한 아동이 더 잘 적응한다. 그러나 교정 정책은 어머니와 자녀가 연락을 유지하기 어렵게 만든다. 교도소는 아동이 사는 곳에서 종종 멀리 떨어진, 외진 곳에 주로 위치하기 때문에, 제한된 자원을 가진 가족들이 방문하는 것을 매우 어렵게 한다(Poehlmann-Tynan, 2014). 이 문제는 남성보다 여성에게 더 심각한데, 왜냐하면 여성들을 위한 교도소가 더 적기 때문이다. 실제로, 지역 내 감옥에 있는 사람들보다, 주 혹은 연방 교도소처럼 더 먼 곳에 수감된 사람들이 정기적인 면회를 경험할 가능성이 더 낮다(Poehlmann et al., 2010). 한 통계에 따르면, 수감생활 중인 여성들은 남성들보다 가족으로부터 평균 160마일 더 멀리 있었다(Coughenour, 1995). 또한 아동은 항상 면회 자격을 갖지 못하며, 한 번에 소수의 면회자들만 허용되고, 면회가 사생활을 보호해 주지도 않고, 면회실이 아동 친화적이지 않으며, 아동들이 면회 오는 것을 불안해하기 때문에 어머니들에게 면회를 오는 것 역시 드물다(Poehlmann-Tynan, 2014). 수감 중인 부모의 절반가량은 자녀의 면회를 아예 받지 못하고(Snell, 1994), 자녀가 방문한다고 해도 그 빈도가 잦지 않다. 미국 사법부 연구는 수감 중인 어머니 가운데 다수가 자녀와 편지나 전화로 연락을 하긴 하지만, 오직 8%만이 주 1회 자녀를 본다는 것을 확인하였다(Mumola, 2000).

수감 중인 아버지들은 어머니들보다 훨씬 적은 면회를 받았다. 이는 매우 안타까운 일인데, 왜냐하면 수감 기간 동안 더 많은 면회와 편지 연락이 수감 기간 이후 아버지-아동 접촉, 더 좋은 아버지-아동 관계, 그리고 아동발달 결과

(LaVigne et al., 2005)와 연결되어 있을 뿐 아니라 수감자들의 더 낮은 재범률(Bales & Mears, 2008)과 관련이 있기 때문이다.

수형생활이 끝난 뒤에, 어머니는 자녀와의 관계를 회복시키기 위한 작업을 반드시 시작해야 한다. 이는 아동이 어머니가 수감생활을 하는 동안, 할머니나 위탁 부모 등과 새로운 관계를 맺었을 가능성이 있으므로 어려운 일이다. 게다가 수감 기간 중 교도소에서 시달렸던 경험들은 가족과 다시 통합을 이루고, 자녀를 위한 지지적인 돌봄을 제공할 수 있는 어머니의 능력에 영향을 미친다.

> "어머니가 집으로 돌아온 후, 15세가 된 샤이엔은 어머니와 함께하는 삶에 다시 적응하는 데 어려움이 있었다. '엄마는 돌아온 후, 바로 통제하고 싶어 하는 것 같아요. 나는 그게 전혀 마음에 들지 않아요. 엄마는 자신이 떠날 당시처럼 내가 어린 소녀가 아니라는 것을 깨달아야만 해요. 나는 엄마가 출소했을 때 몹시 들떴지만 이제 나는 내가 무엇을 원하는지 모르겠어요'(Anderson, 2012, p. 2)."

부모의 수감생활로 인한 부정적인 영향을 줄이기 위해, 교도소 정책은 분리 기간을 최소화하고, 아동의 생활에 혼란을 주는 것을 최소한으로 줄이며, 부모와 아동이 접촉을 유지하도록 허용해야 한다.

## 애착발달에 영향을 미치는 영아의 특성

제2장 '생물학적 기초'에서 이미 논의한 것처럼, 어떤 아기들은 다른 이들에 비해 돌보기가 더 어렵다. 이러한 특성이 애착의 질에 영향을 줄 수 있을까? 몇몇 연구자는 영아의 기질적 특성과 애착관계 간 연관성을 확인하였다. 사람들과 문제를 일으키는 성마른(irritable) 신생아는 보다 불안정애착을 형성하는 것으로 확인되었다(Spangler & Grossmann, 1993; Susman-Stillman et al., 1996). 그러나 까다로운 기질과 불안정-저항애착 간의 견고한 관계를 제외하고는, 많은 연구에서 이러한 관계성을 확인하지 못하였다(Vaughn & Bost, 2016). 게다가 아동 초기 까다로운 기질과 애착 불안정성에 관한 많은 연구를 포함한 최신 메타 연구($N$=11,440)는 이 변수들 간 연관성이 아주 작다는 것을 발견하였는데, 이는 상관 .07에 해당하는 정도였다(Groh et al., 2017). 비슷하게, 유전-행동 쌍생아 연구(Fearon et al., 2006; Roisman & Fraley, 2008)와 분자-유전학 연구(Luijk et al., 2011; Roisman et al., 2013)는 영아 애착에서 유전의 부가적인 기여도에 관한 증거를 거의 제공하지 못하였다.

만약 영아의 기질이 애착발달에 영향을 미치지 못한다면, 다른 요소가 이 영향력을 조절하는 것으로 보인다. 까다로운 기질의 영아라고 해서 어머니와 꼭 좋지 못한 관계를 맺는 것은 아니다. 만약 부모가 다른 가족 구성원으로부터 도움과 지원을 받는다면, 부모는 대체로 까다로운 기질의 아이에게 잘 대처한다. 또 적절한 사회적 지지가 가능하다면, 까다로운 영아는 불안정애착을 쉽게 형성하지 않는 경향이 있다(Crockenberg, 1981). 전문적 개입 역시 도움을 제공할 수 있다. 네덜란드에서 수행된 연구에서 까다로운 영아 중 반응적이고 민감하게 행동하는 것이 어떤 것인지를 배운 어머니를 둔 경우, 통제집단의 까다로운 영아에 비하여 더 나은 애착관계를 발달시켰다(van den Boom, 1994). 훈련을 받은 어머니의 영아 가운데 68%가 1세 때 안정애착으로 나타난 반면, 통제집단의 경우 단 28%만이 안정애착을 형성하였다. 그러나 만약 어머니가 사회적으로 고립되어 있거나 다른 성인과 빈약한 관계를 맺고 있다면, 까다로운 영아와 안정애착을 맺는 데 어려움을 갖는 경향이 있었다(Levitt et al., 1986). 따라서 애착에 대한 기질의 효과는 아기가 발달하는 전반적인 사회적 맥락의 효과로부터 분리하여 볼 수 없다(Sroufe, 1996; Vaughn & Bost, 2016).

## 애착 안정성과 결과

어머니 혹은 아버지에 대한 안정애착은 아동기에 걸쳐 지속되는가? 부모와 안전한 관계를 형성한 아동은 이후 다른 성인들과도 안정적인 관계를 발전시키거나, 또래와 가까운 관계를 형성하는가? 이번 절에서는 아동발달에서 애착의 안정성과 결과에 대해 논한다.

### 시간의 흐름에 따른 애착 안정성과 변화

아동 애착을 시간의 흐름에 따라 추적하는 소규모 종단 연구들이 초창기에 몇몇 수행되었다. 예를 들어, 독일 연구에서 1세 때 애착은 6세 때 안정애착의 90%를, 그리고 불안정애착의 75%를 예측하였다(Wartner et al., 1994). 심지어 더 장기적으로도 애착 안정성은 관찰되었다. Waters와 동료들(2000)은 연구 참여자 중 영아 때 안정애착으로 구분된 아동의 72%가 20년 뒤에도 안정애착을 보이는 것을 발견하였다—장기간에 걸친 애착의 상당한 안정성을 보여 준다. 그리고 영아에서 성인기에 이르는 애착 안정성에 관한 초기 메타 연구들은 상관 .40에 버금가는 보통 이상의 관계성을 보여 주었다(Fraley, 2002). 그러나 최근에 이루어진 보다 대규모의 연구들은 취약 집단과 보통 수준의 위험요인을 가진 집단 모두에서 영아의 애착은 성인 초기 애착과 아주 약하게 관련되어 있다는 것을 제안하였다—같은 연구에서 초기 어머니 및 아버지의 돌봄의 질이 성인기 안정애착을 예측하는 상대적으로 강력한 변인이라는 것을 보여 주었으며, 이는 애착이론의 예상과 같다(Groh et al., 2014; Haydon et al., 2014; Raby et al., 2013).

부모-아동 관계의 질적 차원 변화는 확실히 가능하다(Waters et al., 2000). 영아기 불안정애착을 보인 상당수의 아동은 학령기까지 부모와 더 나은 관계를 발전시키도록 시도해 볼 만하다. 한 연구에서, 1세경 불안정애착을 보인 42%의 아동은 5세 때 안정애착을 보였다(Lounds et al., 2005). 또 다른 연구에서, 1세경 혼란형 애착을 보인 57%의 영아는 4세 때 안정애착을 보였다(Fish, 2004). 애착의 변화는 양방향일 수 있으나, 불안정 아동이 안정형으로 되는 것이 보통이다. 이는 아마도 영아와 전반적으로 성공적이지 못했던 어머니가 자녀가 성장함에 따라 아동의 신호를 보다 쉽게 읽어 낼 수 있기 때문일 것이다. 불안정애착에서 안정애착으로의 변화는 아동이 상향이동 저소득층 아동일 경우에 더욱 빈번하다. 가족이 경제적 자원을 얻음에 따라, 부모는 자신의 삶에서 스트레스를 덜 경험한다. 부모는 아동에게 보다 가용적이 되고, 아동의 욕구에 반응하는 방식으로 상호작용하게 된다(Thompson et al., 1982).

불안정애착에서 안정애착으로의 변화가 보다 일반적이라고 해도, 실직, 병환, 사망 혹은 이혼의 결과 등 가족 삶에서 일어나는 환경의 해로운 측면은 안정애착 관계를 불안정애착으로 바꿀 수 있다. 사진을 보면, 여아의 얼굴은 부모의 이혼을 경험한 아동의 고통을 보여 준다. 아동의 세계가 혼란스러움으로 가득함에 따라, 부모에 대한 안정애착은 과소평가되기 쉽다. 한 연구는 어머니-아동 대화의 낮은 질, 적대성, 갈등, 혹은 조부모 사망과 같은 트라우마 가족 사건에 대한 노출로 학령전기 아동이 안정애착에서 불안정애착으로 이동한다는 것을 발견하였다(Moss et al., 2005). 요약하면, 애착관계는 부모의 행동 및 환경 변화에 대한 반응으로 보인다(Thompson, 2016; Waters et al., 2000).

한 가지 다행인 것은 아동기에 경험하는 주 양육자 혹은 가깝고 친밀한 대상의 죽음이 애착을 뒤바꾸는 일은 거의 없다는 것이다. 미국 연구에서 약 5%에 이르는 소수의 아동만이 아동기 부모 상실을 경험하는데, 어머니보다는 아버지인 경우가 많다. 그럼에도 Bowlby는 아동기 및 성인기 애착대상의 상실에 지대한 관심을 가지고 있었으며, 이

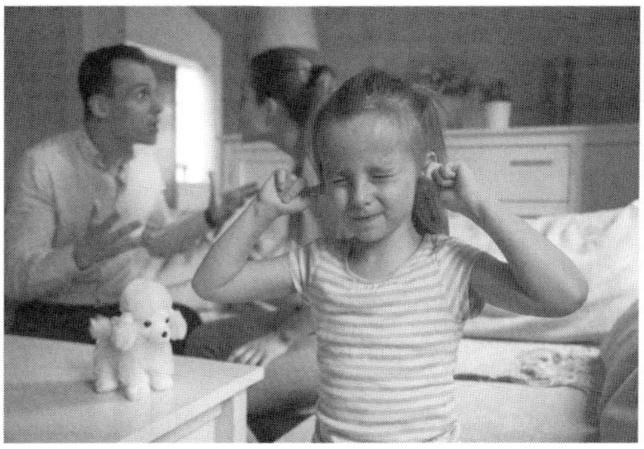
Fizkes/iStock/Getty Images Plus

에 자신의 주요 저서 세 권 중 한 권에서 이러한 내용을 다루었다(Bowlby, 1980). Fraley와 Shaver(2016)가 강조한 것처럼, Bowlby가 제안한 주 양육자 상실의 주요 발견 중 하나는 "불신, 분노, 탐색, 그리고 상실한 애착대상이 계속해서 존재한다고 느끼는 것 등은 겉보기에 비이성적이거나 '미성숙한' 반응들이나, 윤리적 또는 진화적 관점에서 보면 이해할 수 있다." 우리는 아동의 죽음에 대한 이해(Talwar, Harris, & Schleifer, 2015)뿐 아니라 아동에게 부모의 상실이 어떤 개인적 의미를 지니는지 오랜 기간에 걸쳐 배워 왔다. 당연하게, 부모의 죽음은 아동 적응에 중요한 많은 영역에 걸쳐 유의미한 위험요인이 된다. 예를 들어, 주 양육자의 죽음을 경험한 아동은 위축되거나, 보다 나이가 있는 아동은 우울로 고통받을 수 있고, 학교에서 학업, 행동 문제를 경험할 가능성이 있다. 그러나 아동의 적응에 있어서 부모의 죽음 이후 영향을 주는 것은, 상실 이후 비탄에 빠진 아이에게 배우자의 상실을 경험한 나머지 한쪽 부모가 제공하는 양육의 질이다. 이러한 이유로, Irwin Sandler와 동료들은 부모 상실을 경험한 아동 및 청소년뿐 아니라, 남겨진 배우자를 주요 대상으로 하는 부모 상실 개입을 개발하였고 이는 효과적인 것으로 보인다(Ayers et al., 2013, 2014).

## 더 나이 든 아동의 애착

부모와의 애착관계는 아동이 성숙해지고, 아동의 사회적 관계가 확장됨에 따라 아동기에서 청소년기에 걸쳐 지속적으로 발달한다. 학령전기 후반부에, 가정 밖의 세상을 탐색할 기회는 아동이 자신의 부모를 안전기지로서 어떻게 사용하는지, 그리고 이들의 부모가 아동의 탐색을 어떻게 지도하고 지지하는지에 주요 변화를 생성해 낸다. 안정애착 관계를 유지하기 위하여 아동과 부모는 서로의 행동과 목표에 대하여 반드시 명확하고 더욱 정교한 기대를 발달시켜야 하며, 부모는 보호 및 안전감을 제공하되, 아동의 탐색을 지지하고 도와야 한다. 부모는 이 시기 아동 지식의 중요한 자원으로 기능하며, 애착관계의 특성은 부모가 제공하는 정보를 아동이 신뢰하는 수준에 영향을 준다. 연구자들은 안정애착된 4~5세 아동이 자신의 어머니 혹은 낯선 이를 믿으며, 가능한 지각적 신호에 더욱 의존하는 것을 발견하였으나, 불안정-회피애착 아동은 가능한 신호에 상관없이 어머니에게 덜 의존하였다(Corriveau et al., 2009; Harris, 2012). 다시 말해, 학령전기 아동은 자신이 어렸을 때 어머니를 믿었던 만큼 어머니가 말하는 것을 믿는다. 아동이 성장함에 따라, 아동과 부모는 보다 거리를 두게 된다. 거리가 늘어남에 따라 소통의 특정 형태는 바뀔지라도, 부모-아동 관계는 아동의 탐색 및 접근, 부모의 안전 기반 지지를 포함하는 것을 지속한다. 아동 중기 아동은 가까운 친구들과 애착관계를, 청소년기에는 연인관계 역시 발달시킬 수 있다(Furman & Rose, 2015; Kerns & Brumariu, 2016). 이러한 관계는 부모와 이미 형성한 애착과 공존하며, 하나가 어떤 하나를 대체하지는 않는다(Allen & Tan, 2016). 아동이 달성하고자 하는 목표는 가족과 가까운 관계를 유지하며, 동시에 또래와 친밀한 애착 형성을 포함하는 자신의 사회적 네트워크를 확장하는 자율성 간에 균형을 맞추는 것이다.

## 애착의 결과

아동이 발달함에 따라, 부모와 형성한 애착의 질은 또 다른 관계 및 인지, 사회 그리고 정서적 기술에 영향을 미친다.

**탐색과 인지발달과의 연관성** 부모와 불안정애착을 형성한 영아와 비교하여, 안정애착 영아는 보다 복잡한 탐색적 행동을 보인다(Main, 1973). 문제를 풀도록 하였을 때, 영아는 불안정애착 아동보다 흥미를 느끼고, 지속하였으며, 효과적이었다(Matas et al., 1978). 이들은 덜 좌절하고 적게 울었다. 또한 상징 놀이, 가장 놀이에 더욱 많이 참여하였다—예를 들어, 나무 블록을 차 혹은 막대기 모양에서 마녀의 빗자루 같은 것으로 형태를 변환하였다. 안정애착 영아는 매우 까다로운 기질의 신생아가 아닌 경우라면, 유아시기에 더욱 탐색적이다(Stupica et al., 2011). 안정애착 영아는 IQ 테스트에서도 더욱 잘 하였다. 네덜란드와 이스라엘의 연구에서 어머니, 아버지 그리고 또 다른 양육자에게 형성한 안정애착은 5세 때 높은 지능을 예측하였다(Mesman et al., 2016). 네덜란드의 또 다른 연구에서 입양된 아동의 안정애착 역시 7세 때 앞선 인지적 능력과 연관되었다(Stams et al., 2002). 아이슬란드의 레이야비크에서 이루어진 연구에서, 7세 때 부모와 안정애착을 형성한 아동은 회피, 양가형, 혹은 혼란형으로 구분된 아동보다 수업에 더 잘 참여하였으며, 9, 12, 15세에 더 좋은 성적을 받았다(Jacobsen & Hofmann, 1997).

심지어 보다 나이가 든 청소년의 경우에도 대학 입학 전 AAI에서 애착 표상이 자율형으로 구분되었다면, 애착표상이 무시형이거나 몰두형인 경우보다 대학에서 더 좋은 학생이었는데 이는 시험을 더 많이 준비하는 것, 그리고 보다 효율적인 일처리 습관을 가졌기 때문이다(Larose et al., 2005). 안정애착 관계를 형성한 아동은 인지적 능력과 노력을 요하는 상황에서 보다 성공적인 경향이 있는데, 이는 아동의 정서적 안정성이 탐색, 그리고 물리적 환경에 대한 습득을 쉽게 하고, 부모의 민감하고 반응적인 돌봄이 애착 안정성뿐 아니라 인지적 발달을 촉진하기 때문이다.

**사회성 발달에 대한 시사점** 안정애착 관계는 아동의 이후 사회성 발달을 촉진할 수 있다. 가장 명백한 증거는 생애 초기 정상적 애착발달에 실패한 사회적으로 고립된 영장류 연구에서 알 수 있다. Harlow가 생후 첫해 모든 사회적 접촉에서 원숭이를 고립시켰을 때, 원숭이들은 심각한 영향을 받았다. 정상적인 원숭이들이 이들과 접촉했을 때, 이들은 코너로 숨거나, 움츠러들거나, 몸을 좌우로 흔들었다. 성년이 되었을 때, 정상적인 성 관계를 맺지 못하였다. 몇몇 암컷은 인공수정을 통해 아기를 가졌으나, 이들은 아기 원숭이를 무시하였고, 아기 원숭이가 스트레스를 받았을 때, 신체적 학대를 하거나 심지어는 종종 죽이기까지 하였다(Harlow, 1964; Harlow & Suomi, 1971; Suomi, 2016).

**초기 애착은 이후 사회적 유능성과 연결된다** 당연하게도 우리는 Harlow의 실험을 인간에게 적용할 수 없다. 그러나 많은 연구는 부모에 대한 영아 애착의 질이 이후 사회성 발달과 연관된다는 것을 제안한다(Thompson, 2016). Alan Sroufe와 동료들이 미네소타에서 진행한 종단연구는 특히 중요한 연구로, 이 연구는 영아기에서 성인기까지 아동을 추적하며 초기 애착이 이후 사회적 행동에 미치는 영향의 중요성을 입증하였다(Carlson et al., 2004; Sroufe et al., 2005). 사회적 발달궤적에서 안정애착과 불안정애착 아동은 매우 달랐다. 영아기에 불안정애착 아동에 비하여, 부모와 안정애착을 형성한 아동은 4~5세 때 더욱 긍정 정서를 가지며, 공감적이고, 사회적으로 유능한 것으로 교사에 의해 평가되었다. 이 아동들은 덜 칭얼거리고, 덜 공격적이며, 다른 아동이 다가올 때 부정적인 반응을 적게 보였다. 이 아동들은 친구가 더 많았으며, 학급 친구들은 이들을 더욱 인기 있는 것으로 생각하였다. 안정애착 아동들은 8세, 12세에도 사회적으로 유능한 것으로 계속해서 평가받았다(Simpson et al., 2007; Sroufe et al., 2005). 나아가 안정애착 아동들은 또래와 친밀한 우정을 발달시키며, 안정애착을 가진 아동과 우정을 형성하는 경향이 있었다. 이들은 영아 때 불안정애착을 형성한 이들에 비하여 자신의 우정을 더욱 친밀하고, 정서적으로 연결되어 있는 것으로, 그리고 자신이 갈등 해결에 유능한 것으로 이해하였다. 19세가 되었을 때, 안정애착을 가진 청소년은 보다 친밀한 가족관계, 장기적인 친구관계, 높은 자신감을 가졌으며, 나아가 개인적 목표를 달성하는 경향이 있었다.

이와 유사한 결과가 초기 아동 돌봄 및 청소년 발달이라는 NICHD 연구에서도 보고되었다. 영아기에 어머니와 불안정애착을 형성한 아동과 비교하여, 안정애착을 형성한 아동은 유치원 및 초등학교 1학년 때 보다 사회적으로 유능하며, 외현화 및 내재화 행동 문제를 적게 보였다(NICHD Early Child Care Research Network, 1997b). 그리고 2세 혹은 3세에 어머니와 안정애착을 형성한 아동은 4세와 10세 때 보다 나은 사회적 문제해결 기술을 보였으며, 외로움이 적었고, 더 나은 우정관계를 형성하였다(Lucas-Thompson & Clarke-Stewart, 2007; McElwain et al., 2008, 2011; Raikes & Thompson, 2008). 다른 연구자들은 초기 애착과 이후 학령기 또래 유능성 및 우정 간의 유사한 패턴을 발견하였다(Contreras et al., 2000; Schneider et al., 2001). AAI로 평가한 애착의 안정성이 청소년기 좋은 또래관계, 그리고 더 적은 내재화, 외현화 문제와 관련된다는 것을 발견하였다(Allen, 2008; Allen et al., 2007). 초기 애착 (불)안정성에 대한 광범위한 연구를 대상으로 한 최신의 메타 연구들은 초기 애착과 좋은 사회적 유능성($r$=.20; Groh et al., 2014), 그리고 적은 외현화 문제($r$=−.15; Fearon et al., 2010), 더 적은 내재화 문제($r$=−.08; Groh et al., 2012) 간의 연관성을 확인하였다. 이러한 연관성의 크기가 중간 정도일지라도, 아동기에 걸쳐 사라지지 않는 것처럼 보이며, 이는 애착의 지속적 효과를 시사한다(Roisman, Fraley, & Haltigan, 2013).

**내적 작동모델 및 정서는 초기 애착과 이후 사회적 유능성을 연결한다** Bowlby가 주장한 대로, 초기 애착과 사회적 결과는 아동의 내적 작동모델에 의해 매개된다. 미네소타 연구에서 Sroufe와 동료들(2005)은 아동기 여러 시점에 걸쳐 아동의 내적 작동모델을 평가하였다. 예를 들어, 학령전기에 아동이 관계에 대해 가지고 있는 기대, 태도 그리고 느낌을 평가하였다. 안정애착 아동의 관계 모델은 상대에게 공감을 기대하고, 놀이 상황에서 나눠 쓰는 것을 기대하며, 건설적인 갈등 해결 접근 등의 특징을 가지고 있었다(예: 순서 지키기, 어른의 도움을 요청하기, 혹은 다른 장난감을 선택하기). 연구자들은 아동의 내적 작동모델과 사회적 행동이 시간의 흐름에 따라 근본적으로 서로 영향을 주고받는다는 것을 발견하였다. 학령전기 관계 작동모델은 아동 중기 사회적 행동을 예측하였다. 아동 중기 관계 작동모델은 12, 19세 때 사회적 행동을 예측하였다. 아동 중기 사회적 행동은 청소년 초기 관계 작동모델을 예측하였다. 내적 작동모델과 사회적 행동의 교차 지연 관계는 [그림 3-1]에서 확인할 수 있다.

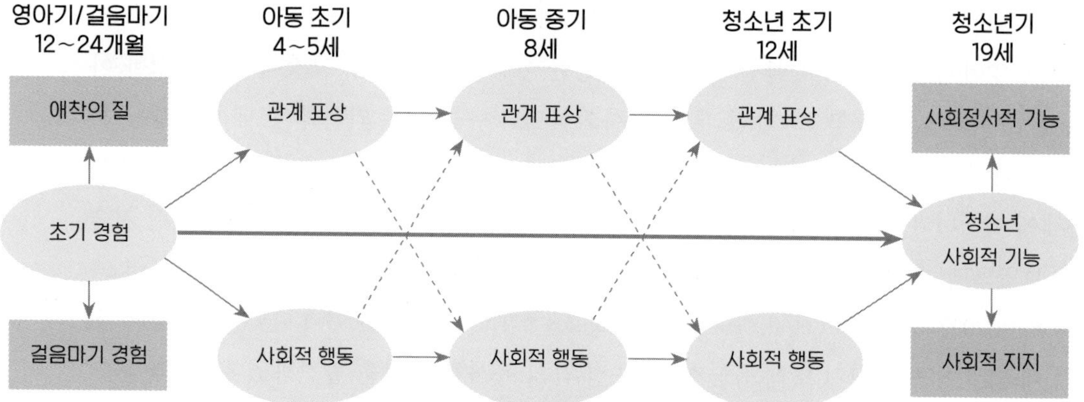


**[그림 3-1] 관계의 내적 작동모델과 사회적 행동 간 교차 지연 모형**

내적 작동모델은 아동 초기 인터뷰, 아동 중기의 그림, 청소년 초기 내러티브를 바탕으로 친구, 가족과의 관계에 대한 아동의 표상에 의해 추론되었다. 사회적 행동은 세 연령대에서 아동의 또래 유능성과 정서적 건강에 대한 교사의 평가로부터 추론되었다.

출처: Carlson, E. A. Sroufe, L. A., Egeland, B. (2004). The construction of experience: A longitudinal study of representation and behavior. *Child Development, 75*, 66-83. This material is reproduced with permission of John Wiley & Sons, Inc.

정서 역시 애착과 사회적 관계를 연결한다. 안정애착은 아동이 정서 정보를 처리하고, 이해하고 조절하는 방식에 영향을 미친다. 어머니와 안정애착을 맺은 학령전기 아동은 불안정애착을 맺은 아동에 비하여 정서를 더욱 잘 이해하였다(Laible & Thompson, 1998; Ontai & Thompson, 2002). 정서 이해에서 이러한 차이는, 부분적으로는 안정애착 가족 내 어머니-아동의 대화 시 정서적 요소의 정교화에서 비롯된다(Raikes & Thompson, 2008). 예를 들어, 5세 아동을 대상으로 한 연구에서 아동-어머니의 안정애착은 어머니-아동 간 보다 적절하고 반응적인 정서 대화와 연결되었고, 이는 아동의 정서 이해를 예측하였으며, 이는 또다시 더 적은 행동 문제와 연결되었다(Farrant et al., 2013). 7세 때 안정애착 아동은 정서-조절 전략에 대하여 더 많이 알고 있었다(Colle & Del Giudice, 2011). 연령이 증가하면서, 안정애착 아동과 청소년은 도전적인 상황에서 정서를 잘 조절하였다(Contreras et al., 2000; Zimmer-Gembeck et al., 2015). 이는 아마도 아동, 청소년기 양질의 또래관계에 기여할 것이다.

요약하면, 부모에 대한 안정애착은 아동이 사회적 세계를 습득하는 것을 돕는다. 부모는 다른 사회적 관계에 대한 아동의 신뢰를 증가시키고, 또한 또래와 성숙한 정서적 관계를 발달시키는 것을 촉진한다. 초기 부모-영아 상호작용과 청소년기 및 성인기 관계의 연관성에 대한 연구는 초기 애착이 갖는 사회적 효과의 장기적 안정성을 보여 주었다(Groh et al., 2014; Thompson, 2016). 안정애착의 장기적 결과는 생물학적으로 연결된 가족뿐 아니라 입양 가족에서도 나타난다(Stams et al., 2002).

**자존감에 대한 효과** 아동의 안정애착은 자존감과도 연결된다(Thompson, 2016). 한 연구에서 6세 아동의 자기개념과 애착을 평가하였다(Cassidy, 1988). 안정애착을 형성한 아동은 자신이 완벽하지 않다는 것을 인정하면서도 자신을 긍정적으로 보았다. 불안정-회피 아동은 자신이 완벽하다고 보았다. 불안정-양가형 아동은 명확한 패턴을 보이지 않았다. 불안정-통제형(불안정-혼란형과 유사)은 부정적인 자기개념을 보였다. 또 다른 연구에서 애착과 자존감의 관계가 확인되었다. 안정애착을 형성한 학령전기 아동은 불안정한 아동보다 자신을 긍정적으로 보고, 자기개념은 시간의 흐름에도 더욱 안정적이었다(Goodvin et al., 2008). 안정애착과 자존감의 이 같은 관계는 성인 초기에서도 마찬가지로 확인되었다(Wu, 2009). 요컨대, 초기 애착의 질은 아동이 자신을 긍정적이고 현실적으로 바라보는 데 영향을 미치며, 이 두 가지는 사회성 발달에 중요한 능력이다.

**어머니, 아버지와의 애착관계는 모두 이후 발달과 관련된다** 아동은 어머니, 아버지와 각기 다른 종류의 애착관계를 발달시킬 수 있다. 한 연구에서, 연구자들은 1세 영아를 부모 모두와 안정애착을 맺은 경우, 어머니와는 안정애착이지만 아버지와는 그렇지 않은 경우, 반대로 아버지와는 안정애착이나 어머니와는 그렇지 않은 경우, 끝으로 부모 모두와 안정애착을 맺지 못한 경우로 구분하였다(Main & Weston, 1981). 그 후 '상냥한 삐에로'를 보는 영아의 반응을 관찰하였다. 부모 모두와 안정애착을 맺은 아동은 부모 중 한쪽과 안정애착을 맺은 영아에 비하여 삐에로에게 보다 반응적이었으며, 부모 모두와 안정애착을 맺지 못한 아동은 가장 적은 반응을 보였다. 이러한 결과는 만약 당신이 영아의 정서적 안정성에 대하여 알기를 원한다면, 아동을 가족체계의 일부로 바라보고, 양쪽 부모와의 애착관계를 평가해야 함이 중요하다는 것을 제안한다(Cowan et al., 2005; Parke & Buriel, 2006). 만약 조부모, 유모, 어린이집 보육교사 등 다른 성인이 아동 세계에서 중요한 부분을 차지한다면, 보다 완전하고 정확한 아동발달을 예측하기 위하여 이들 역시 애착 평가에 포함해야 한다(Howes & Spieker, 2016; Mesman et al., 2016).

**애착 혹은 양육: 무엇이 이후 발달에 더 결정적인가** 애착의 질이 이후 인지, 사회, 정서적 발달의 중요한 예측 요소이자 전조가 된다는 것은 명백하다. 그러나 이후 발달에 대한 효과는 애착 그 자체 때문인가 혹은 양육 및 이를 지지하는 가족 환경 때문인가? 애착의 질과 이후 발달의 관계성에 대한 많은 설명이 제안되어왔다(Lewis, 1999; Lewis et al., 2000). 첫째, '강력한 초기효과(extreme early effects)' 설명은 초기 애착이 트라우마나 경험으로부터 아동을 보호한다고 제안한다. 둘째, '매개 경험(mediating experiences)' 설명은 시간의 흐름에 따른 연속성이 초기 애착 패턴의 특성보다는 부모의 행동과 환경적 조건의 안정성 때문이라고 제안하였다. 12개월에 안정애착을 맺은 아동은 보다 민감하고 반응적인 양육을 그 시기에 경험하고, 유사한 종류의 돌봄을 그들이 성장하는 과정에서도 지속적으로 받게 된다. 이들의 어머니는 아동의 자율성을 존중하고 새로운 경험에 독립적으로 대처하는 노력을 지지하면서도 아동이 필요로 할 때 직접적 도움을 줄 준비가 되어 있다. 그러므로 아동이 어느 정도 성장한 후 보이는 잘 발달된 사회적 행동은 이전 시기에 존재했던 관계의 결과라기보다 현재 아동이 부모와 맺고 있는 건강한 상태를 반영하는 것이다. 초반에 언급한 대로, 아동의 환경이 변하면 그들의 애착 역시 변화하는 경향이 있다. 삶의 환경 개선은 안전감을 높인다. 가족이 적대적 경험에 많이 노출된다면 이는 안전감을 낮춘다(Thompson, 2016). 이러한 설명에 따르면, 아동의 초기 애착 패턴이 이후 사회적 행동을 그 자체로 설명하는 것이 아니라, 부모와의 관계, 아동 경험의 연속성 혹은 불연속성이 이를 설명한다. 세 번째 설명은 애착이 '역동적인 상호작용 과정(dynamic interaction process)'이라는 것을 제안한다. 이 관점에서 아동의 애착 역사는 그들이 가족 환경의 변화를 지각하고 반응하는 방식을 수정한다. 안정애착 아동은 부모의 반응성이 감소하는 것을 경험하더라도 불안정애착 아동보다 잘 해낼 수 있을 것이다.

이러한 세 가지 가능한 설명을 검증하기 위하여 초기 아동 돌봄과 청소년 발달에 관한 NICHD 연구는 초기 어머니에 대한 애착과 학령전기 및 학령초기 사회적 유능성 간의 관계를 확인하였는데, 이때 어머니의 돌봄이 감소했는지, 안정적이었는지, 개선되었는지 구분하였다(NICHD Early Child Care Research Network, 1997b). 이 연구자들은 애착과 이후 결과가 양육의 질에 의해 매개된다는 것을 확인하였고, 이는 '매개 경험' 설명을 지지한다. 양육의 질이 시간의 흐름에 따라 개선되었을 때, 아동의 결과는 더 나았다. 양육의 질이 저하되었을 때, 아동은 좋지 않은 결과를 나타내었다. 또한 연구자들은 '역동적인 상호작용 과정' 역시 지지하는 증거를 찾았다. 영아기에 불안정애착을 가진 아동은 양육의 질이 개선되었을 때 더 나은 결과(더 적은 외현화 문제)를 보였고, 양육의 질이 저하되었을 때 결과가 좋지 않았다(더 많은 외현화 문제). 그러나 안정애착 아동은 부모 양육 질의 변화로부터 보호받았다. 그들의 사회적 결과는 양육 질의 저하 혹은 증진에 따라 변화하지 않았다. 가족관계 및 경험의 변화는 어떤 아동들에게는 명확하게 영향을 미쳤지만, 아동이 이미 기존에 발달시킨 애착은 이들이 사회적 세상의 변화에 대하여 어떻게 반응할 것인지를 조정하는 중요한 변인이었다. 메시지는 명확하다. 초기 애착 역사, 그리고 현재의 사회적 상황은 모두 애착 안정성의 장기적 결과를 이해하는 데 고려되어야 한다.

## 성인기로의 확장: 초기 애착에서 이후 연인관계까지

많은 연구자는 초기 애착관계와 성인기 친밀한 관계 간 연관성이 있는지 호기심이 있었다(Zeifman & Hazan, 2016). Cindy Hazan과 Phillip Shaver(1987, 1990)는 Ainsworth의 세 가지 애착 유형을 성인이 친밀한 관계에 접근하는 방식을 평가하기 위한 설문지 형태로 바꿈으로써 이 문제를 살펴보았다. 설문지에 따르면, **안정적인** 친밀한 관계가 있는 성인들은 친밀한 관계를 즐겼고 친밀감을 쉽게 형성할 수 있다고 생각했다. 그들은 다음 문장들에 동의했다. "나는 타인에게 다가가는 것이 상대적으로 쉽다. 나는 타인에게 의지하는 것과 상대가 나에게 의지하게 하는 것이 편하다. 나는 버려지는 것이나 타인이 나에게 다가오게 하는 것에 대해 보통 걱정하지 않는다." **회피적인** 관계가 있는 성인들은 가까운 관계가 편하지 않고 자신의 연인을 믿는 것을 어려워한다. 그들은 다음의 문장에 동의했다. "나는 타인과 가까워지는 것이 약간 불편하다. 나는 사람들이 너무 가까워지려 하기 시작할 때 불안해진다. 나는 내가 편하게 느끼는 것 이상으로, 다른 사람들이 내가 더 친밀해지길 원하는 것처럼 느낀다. 나는 타인에게 의지하는 것이 어렵다. 나는 사람들을 전적으로 믿는 것이 어렵다." **불안한** 관계가 있는 성인들은 버려지는 것에 대해 지속적으로 걱정한다. 그들은 다음 문장에 동의했다. "나는 다른 사람들이 내가 원하는 만큼 가까워지는 것을 꺼린다고 느낀다. 나는 나와 가까운 어떤 사람이 실제로는 나를 사랑하지 않거나 나와 함께 있는 것을 원하지 않을까 봐 자주 걱정한다. 나는 다른 사람과 완전히 융합되길 원하고 이것은 가끔 사람들을 도망가게 한다."

Hazan과 Shaver는 성인 표본에서 이 세 가지 유형의 비율이 영아들을 대상으로 한 연구들의 결과와 유사하다는 것을 발견했다. 50%가 약간 넘는 정도의 성인들이 안정애착 유형이었고, 33%에 조금 못미치는 정도가 회피애착 유형이었으며, 나머지는 양가애착 유형이었다. 또한 Hazan과 Shaver는 이러한 애착 유형들이 아동기에 자신의 부모와 경험한 관계에 대한 성인들의 기억, 그리고 아동기의 탐색적 활동과 기능적으로 동일하다고 연구자들이 주장한, 성인기의 직업 활동과 관련이 있음을 밝혔다. 안정애착을 가진 성인들은 일과 사랑의 균형을 잘 유지했다. 이들은 다른 이들보다 자신의 일에 전체적 만족을 느끼고, 자신감 수준이 더 높았지만, 일보다 관계에 더 큰 가치를 두었고, 만약 둘 중 하나를 선택해야 한다면, 일의 성공보다 관계의 성공을 택할 것이라고 말했다. 양가애착을 가진 성인들은 일보다 사랑을 강조했다. 그들은 자신의 직업을 불안정적이라 느꼈고, 연애 고민이 자신의 일을 방해한다고 주장할 가능성이 컸다. 이들은 업무를 사랑과 존경을 얻을 기회로 인식할 때를 제외하고 업무에 집중하는 데 어려움이 있었다. 이들은 세 그룹 중 가장 낮은 수입을 보고했는데, 이는 아마도 불안정애착이 실제로 업무 수행과 생산성을 방해하였기 때문일 것이다. 회피애착을 가진 성인들은 사랑보다 일의 중요성을 더 강조했다. 그들은 혼자 일하는 것을 선호했고, 친구를 만드는 것이나 사회적인 생활을 피하고자 일을 이용하며, 직장에서 벗어나 즐거운 휴가를 떠나지 않았다. Hazan과 Shaver의 연구는 영아기와 성인기 애착 유형 간의 유사점들을 입증하였다. 그러나 이 연구는 영아기의 애착에서 성인기 관계까지 종단적인 연속성이 있는지는 밝히지 못했다(Fraley et al., 2013; Zeifman & Hazam, 2016).

미네소타 종단 연구의 연구자들은 영아기 부모에 대한 애착이 성인기 연인관계와 연관이 있음을 발견했다. 영아기에 낯선상황 실험에서 평가되었듯, 어머니와 안정적인 관계를 경험한 젊은 성인들은 자신의 연인관계를 묘사하는 데 일관적인 담론을 펼치고 갈등과 협동 과제에서 연인과 더 좋은 관계를 경험할 가능성이 높았다(Roisman et al., 2005). 이와 유사하게, 독일의 종단 연구에서, 연구자들은 어머니에 대한 애착 안정성(영아기와 6세에 평가된)과 22세경의 안정적인 연인관계 사이에 의미 있는 관련성이 있음을 발견했다(Grossmann et al., 2002, 2008).

어머니의 무릎에서부터 사랑과 연애로의 직접적인 연결은 존재하지 않는다. 이것은 그것보다 더 복잡하다. 우리가 강조했던 것처럼, 가족 환경의 변화는 아동의 내적 작동모델에 영향을 미치고 초기 관계의 영향을 방해할 수 있다(Berlin et al., 2008; Bretherton & Munholland, 2016). 하지만 만약 아동이 자신의 부모에 대한 안정애착 형성에서 시작한다면—또는 치료에서 문제를 해결하고 관계 안정성을 '획득'한다면—그들은 결국 사랑에서도 행복을 얻을 확률이 더 높을 것이다(Roisman et al., 2002).

## 요약

- 생후 첫해 6개월간 영아는 자기 삶에서 중요한 사람들과 애착을 형성한다.

### 애착이론

- 정신역동적 관점에 따르면, 영아의 어머니에 대한 애착의 기초는 구강 만족이다.
- 학습이론 관점에서 어머니는 배고픔 감소와 연합되기 때문에 가치 있는 애착대상이 된다.
- 인지발달 관점에서 애착 형성 전에 영아는 어머니와 낯선 이를 반드시 구분할 수 있어야 하며, 어머니가 보이지 않아도 계속해서 존재한다는 사실을 인식해야만 한다.
- Bowlby가 제안한 애착의 행동학 이론은 부모의 돌봄과 보호를 일으키는 영아의 본능적인 반응 역할을 강조하며, 부모가 안전기지로서 행하는 방식에 초점을 둔다.
- 양육의 유대감 이론은 어머니가 자기 자녀에게 느끼는 애착은 어머니와 신생아 간 초기 접촉에 의해 영향을 받는다고 제안한다.

## 애착이 어떻게 발달하는가

- 애착발달의 첫 번째 단계는 친숙한 상대와 그렇지 않은 상대를 변별하는 것을 학습하는 것이다. 두 번째 단계에서 아동은 특정 사람들에게 애착을 발달시킨다. 애착은 애착대상이 떠날 때 보이는 저항, 그리고 애착대상과 재결합 시 보이는 즐거운 반응으로 나타난다.
- 대부분의 영아는 자신의 첫 애착을 어머니와 발달시키며, 위로를 얻기 위하여 의존한다. 이후 영아는 애착을 아버지에게 그리고 가능하다면 조부모나 형제에게 발달시킨다.
- 아동이 성숙해 감에 따라, 아동은 또래, 연인관계에서 새로운 애착관계를 발달시킨다. 청소년 애착관계는 이미 부모 및 형제와 형성된 애착과 공존한다.

## 애착의 특성과 질

- 초기 애착은 관계마다, 그리고 아동마다 질적 측면에서 차이가 있다.
- 영아 애착의 질은 집에서 어머니 그리고 영아를 관찰하는 것을 통해 평가될 수 있다. Ainsworth는 낯선상황 절차라고 하는 실험실 평가를 개발하였는데, 이는 어머니와 아동이 잠시 분리되었다가 재결합하는 과정 이후 어머니와 아동의 상호작용을 관찰하는 것이다.
- 낯선상황 절차에서 보통 60~65%의 영아는 안정애착으로 구분된다. 이들은 어머니와 분리되는 것으로 인한 스트레스 경험 이후, 어머니와 접촉을 추구하며, 처음에는 많이 당황하였더라도 빨리 안정을 되찾는다.
- 안정애착 영아는 어머니의 가용성과 반응성에 믿음을 가진다. 이들은 어머니를 안전기지로 사용하며, 낯선상황을 탐색하고 또 시시때때로 안식처로 돌아온다.
- 불안정-회피형 영아는 낯선상황 절차에서 어머니의 부재에 대하여 다소 적은 행동적 스트레스를 보이며, 어머니가 돌아왔을 때 적극적으로 회피한다. 불안정-양가형(저항형) 아동은 낯선상황 절차에서 어머니가 자신을 두고 떠났을 때 극도로 당황하지만, 어머니가 돌아왔을 때는 양가적으로 반응한다. 이들은 어머니와 접촉을 추구했다가, 어머니를 화난 마음으로 밀치는 행동을 보인다.
- 불안정-혼란형 영아는 낯선상황에서 어머니와 재결합하였을 때, 혼란스럽고, 정신이 나간 듯한 반응을 보인다. 이들은 어머니가 가용한 상황에서조차 일관되고 조직화된 방식으로 스트레스에 대처할 수가 없다.

- 부모가 가용할 때, 영아의 욕구에 민감하고 반응적일 때, 이 둘이 조화로울 때 아동은 보다 안정애착으로 발달하는 경향이 있다. 부모는 영아만큼 애착을 형성하기 위한 생물학적 준비가 되어 있다. 가족 및 공동체 내 맥락적 요소 역시 애착과 관련되어 있다.
- 사회적으로 결핍된 환경에서 길러진 영아는 사회적 반응성을 변화시키고 애착 문제를 초래하는 호르몬 결핍을 경험할 수 있다.

### 애착의 안정성과 결과

- 애착의 질은 시간의 흐름에 따라 상대적으로 안정적이지만, 환경의 긍정적, 혹은 부정적 변화에 의해 변화할 수 있다.
- 초기 애착은 아동의 이후 태도와 행동을 조형한다. 영아기에 안정애착을 형성한 경우, 지적 호기심이 많고 탐색을 즐기며, 또래 및 타인들과 더 좋은 관계를 맺고 자신을 긍정적으로 본다.
- 아동의 내적 작동모델은 애착과 이후 결과를 연결하는 매개 기제를 제공한다.
- 부모가 자신의 부모와 경험한 내적 작동 모델은 그들의 양육행동 및 영아의 애착에 영향을 주는 경향이 있다. 성인 애착 인터뷰(AAI)를 통해 어머니와 아버지가 자율형, 무시형 그리고 몰두형이라면, 그들의 자녀인 영아는 순서대로 안정, 회피, 양가형일 가능성이 있다.
- 영아의 안정애착이 불안정애착이 되기보다는, 불안정애착에서 안정애착으로 전환되는 경향이 있다.
- 애착 안정성의 두 가지 설명에 대한 근거가 발견되었다. 매개 경험 관점은 시간에 따른 연속성이 초기 애착 패턴의 특성보다는 부모의 행동 및 환경적 상황에 따른 것이라고 제안한다. 역동적 상호작용 과정 관점은 아동의 애착 역사가 그들이 가족 환경 내 변화를 지각하고 반응하는 방식을 수정한다고 제안한다.

## 핵심 용어

- 각인
- 낯선상황 절차
- 내적 작동모델
- 분리에 대한 고통과 저항
- 불안정-양가애착
- 불안정-혼란애착
- 불안정-회피애착
- 안전기지
- 안정애착
- 애착
- 어머니와의 유대감

제 4 장

# 정서

## 감정에 대한 생각

생후 6개월경 애비는 엄마가 미소를 짓거나 몸을 굽혀 침대에서 자기를 들어 올릴 때마다 활짝 미소 지었다. 9개월쯤 애비는 생후 2개월 이후로는 보지 못했던 고모 수지로부터 고개를 돌리고 얼굴을 찌푸렸다. 한 살이 되었을 때, 애비는 아빠와 까꿍놀이를 할 때 웃고 키득거렸다. 두 살 때, 엄마가 울면 애비는 슬퍼 보였다. 이 장에서는 정서 및 정서 표현에서의 이러한 변화와 이로 인한 사회성 발달상의 결과를 다룬다.

Andy Cross/Getty Images Inc

아동들은 영아일 때부터 다양한 종류의 정서를 표현한다. 그들은 이러한 표현을 통해 자신의 감정, 욕구, 바람을 전달하고 타인의 행동에 영향을 미친다. 아기가 미소 지을 때 어머니가 미소로 반응하는 것은 거의 확실하다. 아기가 비명을 지를 때, 낯선 사람은 다가가는 것을 멈추고 뒤로 물러선다. 이 장에서 우리는 정서가 왜 중요한지를 기술하고, 정서발달을 설명하는 몇 가지 이론을 제시할 것이다. 우리는 미소 짓기, 웃기, 찡그리기, 울기 등 가장 초기의 정서적 표현을 탐색하고, 이후에 발달하는 자부심, 수치심, 죄책감, 질투 등 다른 정서들도 살펴볼 것이다. 우리는 또한 영아와 아동이 어떻게 타인의 정서를 인식하고, 그들 자신의 정서를 조절하며, 정서에 대해 생각하는 것을 배우게 되는지를 논의할 것이다. 우리는 부모, 형제, 교사, 또래들이 아동의 정서 표현과 조절을 어떻게 사회화시키는지를 기술할 것이다. 마지막으로, 우리는 아동기 우울증에 초점을 두어, 전형적이지 않은 정서발달을 살펴보게 된다.

## 정서란 무엇인가

정서는 복잡하다. 정서는 환경 내 어떤 것에 대한 주관적 반응을 포함하며 일반적으로 일종의 생리적 각성을 동반하고 어떤 표현이나 행동을 통해 타인에게 전달된다. 정서는 보통 유쾌하거나 유쾌하지 않은 것으로 경험된다. 영아는 새로운 조제분유의 맛에 혐오를 보일 수 있는데, 그 맛을 불유쾌한 것으로 경험하고 심장박동이 증가할 수 있다. 영아는 아직 정서를 숨기는 것을 학습하지 않았기 때문에, 얼굴을 찡그리고, 뱉고, 울기까지 하면서 부모에게 자신의 불유쾌함을 분명하게 보이게 된다. 아동기와 청소년기를 지나면서 그들의 정서 표현과 인식은 더 정교해지고 복잡해지는데, 정서 어휘의 증가와 함께 정서적 각성을 조절하고 정서 표현을 관리하며 타인의 정서적 표현을 처리하는 능력에 의해 영향을 받은 결과이다(Lewis, 2014; Saarni et al., 2007). 초기 일차 정서와 이후의 이차 정서를 구분하는 것은 유용하다. **일차 정서**(primary emotion)는 공포, 기쁨, 혐오, 놀람, 슬픔, 흥미를 포함하며, 생의 초기에 나타나고 내성이나 자기 숙고를 요구하지 않는 정서이다. **이차 또는 자의식적 정서**(secondary or self-conscious emotion)는 자부심, 수치, 죄책감, 질투심, 당황스러움, 공감을 포함한다. 이차 정서는 이후에 나타나며 자기감과 타인의 반응에 의존한다(Lewis, 2014; Saarni et al., 2006).

## 정서는 왜 중요한가

정서는 아동의 삶에 다양한 기능을 갖는다. 먼저, 정서는 자신이 어떻게 느끼는지를 타인이 알게 하는 방식이다. 정서는 아동의 선호와 비(非)선호를 보여 주는 창이며, 세상에 대한 아동의 일반적 관점을 전달한다. 둘째, 정서는 아동의 사회적 성공과 연결된다. 정서를 표현하고 해석할 수 있는 것은 지적인 문제를 해결할 수 있는 것만큼 중요하다. Daniel Goleman이 그의 유명한 저서 *Emotional Intelligence*(1995)에서 처음 설명했듯이, 정서의 바다를 성공적으로 항해하는 것은 사회적 성공의 핵심 재료이다. 셋째, 정서는 아동의 정신적 · 신체적 건강과 연합된다(Rieffe et al., 2008). 심하게 슬픔을 느끼고 실의에 빠진 아동은 집중력 결여와 같은 문제를 발달시키고 사회적 상호작용을 피하게 될 수 있다. 극단적인 경우, 이러한 아동의 자아존중감은 저하될 수 있다. 정서발달이 잘못될 때 신체적 건강 역시 문제가 생긴다. 긍정적 정서를 거의 경험하지 못하는 환경에서 자란 아동들은 스트레스와 불안을 다루는 문제를 흔히 겪는다. 이러한 아동이 스트레스에 대한 자신의 반응을 조절하는 데 겪는 어려움은 코르티솔(스트레스 반응의 생물학적 지표) 수준의 상승에서 드러나며, 이는 신체적 문제를 낳게 된다(Nelson et al., 2014; Reid et al., 2017). 아동은 부모 사이의 정서적 적대감에 노출될 때 마찬가지로 신체적 건강이 손상되며 고통받는다(Davies & Martin, 2014; Gottman et al., 1996). 분명, 정서는 아동 발달에 다양한 핵심적 역할을 한다.

## 정서발달의 관점

아동이 건강한 정서와 정서 지능(emotional intelligence)을 발달시키도록 하는 것은 무엇인가? 정서발달은 천성과 양육 모두에 의해 영향을 받는다. 이 절에서 우리는 아동의 정서발달을 설명하는 데 유용한 세 가지 이론적 관점을 살펴볼 것이다.

### 생물학적 관점

생물학적 관점은 기본 정서의 표현을 설명하는 데 유용하다. Charles Darwin(1872)에 의해 처음 제안된 정서의 구조적 관점에 따르면, 정서 표현은 선천적이고 보편적이며, 인간 진화에 뿌리를 두고 있고, 해부학적 구조에 기초한다. 행복함, 슬픔, 놀람, 혐오 등 기본 정서의 얼굴 표정이 여러 나라에서 동일함을 보여 준 연구는 정서 표현이 보편적이라는 주장을 확증한다(Ekman, 1972). 올림픽 메달을 땄을 때 맹인이든 시력이 있는 사람이든 동일한 얼굴 표정으로 행복함을 드러냄을 보여 준 연구 역시 이러한 주장을 지지한다(Matsumoto & Willingham, 2009). 영아의 정서 표현에 대한 연구들도 정서 표현이 선천적이라는 주장을 지지한다. 영아가 예정보다 일찍 태어나든 임신 후 40주라는 정상 시기에 맞게 태어나든, 모든 영아는 그들이 미소 짓는 얼굴에 얼마나 오랫동안 노출되었는지와는 상관없이 임신 후 46주에 미소 짓기 시작한다(Dittrichova, 1969).

각각의 정서가 서로 구분되는 얼굴 근육 집단에 의해 표현됨을 보여 준 연구는 정서 표현이 해부학적 구조에 기반하고 있다는 주장을 지지하였다(Ekman, 2003). 게다가 뇌 연구는 좌반구는 기쁨 정서의 표현을 통제하며, 우반구는 공포의 표현을 통제함을 보여 주었다(Alfano & Cimino, 2008; Davidson, 1994; Fox, 1991). 기본 정서의 생물학적 기초는 일란성 쌍생아가 이란성 쌍생아보다 그들이 처음으로 미소 짓는 시기, 미소 짓는 양, 낯선 사람에 대한 공포 반응의 시작, 정서적 억제의 일반적 정도에서 더 유사함을 보여 준 유전 연구를 통해서도 분명해졌다(Peleg et al., 2006; Plutchik & Kellerman, 2013; Robinson et al., 1992; Rutter, 2006). 이처럼 다양한 연구 검증을 통해, 생물학이 정서의 표현에 기여하며, 아동의 기본 정서가 해부학, 뇌 조직, 유전자 등 생물학적 특징과 과정에 기초하고 영향을 받는다는 증거가 일관되게 제시되어 왔다.

## 학습적 관점

학습적 관점은 정서 표현의 개인차를 설명하는 데 유용하다. 아동이 미소 짓고 웃는 빈도는 양육자의 행동과 관련이 있다(Denham et al., 2007). 부모가 영아의 미소에 적극적으로 반응하면 영아가 더 많이 미소 짓게 된다. 이는 성인이 아기의 미소에 긍정적 자극으로 반응할 때 아기의 미소 비율이 증가함을 보여 준 많은 연구에서 입증되어 왔다(Rovee-Collier, 1999; Rovee-Collier et al., 2001). 학습 경험은 아동의 공포 반응 또한 강화할 수 있다(Denham et al., 2007). 아동은 병원에 갔을 때 아픈 주사를 놓는 의사를 두려워하도록 고전적으로 조건화될 수 있다. 아동은 또한 높은 사다리에 올라간 후에 떨어져서 고통을 느낄 때처럼, 조작적 조건화를 통해 공포를 획득할 수도 있다. 아동은 다른 사람들의 반응을 관찰함을 통해 다른 공포들을 학습하기도 한다(Bandura, 1986). 예를 들어, 엄마가 거미를 보고 껑충 뛰며 비명을 지르는 것을 본다면, 아동은 거미를 두려워하게 될 것이다. 이런 모든 예에서 아동의 긍정적, 부정적 정서 표현의 빈도와 상황은 환경에 의해 변화되어 왔다. 게다가 부모는 어떤 정서 표현을 보상함으로써 자녀가 자신의 정서 표현을 관리하도록 학습시킬 수 있다. 또는 자녀의 정서 표현을 처벌하고 무시함으로써 자녀의 정서발달을 방해할 수도 있다(Nelson et al., 2009; Shaffer et al., 2012).

## 기능적 관점

기능적(functional 또는 기능주의자 functionalist) 관점에 따르면(Saarni et al., 2006; Shiota et al., 2014; Uchiyama & Campos, 2014), 정서의 목적은 새로운 친구를 만들거나 위험에서 벗어나는 것처럼 그들의 사회적, 생존 목표를 달성하도록 돕는 것이다. 이러한 목표들은 정서를 일으킨다. 새로운 우정이 형성될 것이라 예상될 때 기쁨과 희망이 일어나며, 상황이 위협적일 때 공포가 생겨난다. 두 예 모두에서 정서는 목표 달성을 돕는다. 희망의 정서는 친구가 될 것 같은 사람과의 상호작용을 시작하게끔 하고, 공포의 정서는 위험한 상황에서 도망치도록 한다. 이처럼 정서가 기능하는 한 가지 방식은 아동으로 하여금 그들의 목표에 가까이 가게 한다는 것이다.

정서가 기능하는 두 번째 방식은 정서적 신호가 타인의 행동을 안내하는 피드백을 제공한다는 것이다. 아동이 사회적 접근을 시도할 때 잠재적 친구가 반응하는 방식은 아동이 어떻게 느끼고 행동하는지에 핵심적인 결정요소이다. 잠재적 친구가 긍정적으로 반응을 하면, 아동은 행복하게 느끼고 상호작용을 계속할 것이다. 만약 잠재적 친구가 찡그린다면, 아동은 위축되고 아마도 다른 사람과 친구가 되려고 노력하게 될 것이다. 마찬가지로, 아동이 양육자에게 미소를 보내면, 그 양육자는 더 기꺼이 가까이 가서 대화를 하려고 할 것이다. 성인기에도 정서적 표현은 타인의 행동에 영향을 미친다. 예를 들어, 연구자들은 남자든 여자든 계약 협상 동안 긍정적 정서를 보일 경우 계약을 성사시키는 데 더 성공적이며(Kopelman et al., 2006), 식당 종업원이 미소를 짓고, 농담을 하며, 칭찬을 하고, 날씨가 좋을 것이라 이야기하거나, 영수증에 웃는 얼굴을 그려 넣을 경우 더 큰 팁을 받는다는 것(Guéguen, 2002; Lynn, 2004; Seiter, 2007)을 발견해 왔다.

정서의 세 번째 기능 방식은 과거 정서의 기억이 사람들이 새로운 상황에 반응하는 방식을 만들어 낸다는 것이다. 잠재적 친구들에게 반복적으로 퇴짜를 맞았던 아동은 훨씬 더 조심하게 되며, 친구를 만들려는 사회적 접근에서 성공해 왔던 아동은 더 자신감이 있게 된다. 두 경우 모두, 정서적 기억이 아동의 행동에 영향을 미치며 그들의 환경에 적응하는 것을 돕는다. 이처럼 정서는 아동이 그들의 목적을 달성하고, 사회적 관계를 확립하고 유지하며, 그들의 환경에 적응하도록 돕는다(Saarni et al., 2006).

어떤 단일의 이론도 정서발달의 모든 측면을 설명하지는 못한다. 생물학적, 학습적, 기능적 관점 각각은 정서발달이 어떻게 진행되는지에 대한 구체적 질문에 답하는 데 유용하다.

## 정서의 발달

자신의 아기가 미소 짓고, 찡그리고, 웃고, 우는 것을 관찰하는 대부분의 부모는 영아가 아주 어린 나이에도 광범위한 정서를 표현할 수 있다는 데 동의할 것이다. 한 연구에서 90%의 어머니는 자신의 한 살짜리 아기가 분명하게 흥미를 표시했다고 보고했으며, 95%가 기쁨을 관찰했고, 85%는 분노, 74%는 놀람, 58%는 공포, 그리고 34%는 슬픔을 보이는 것을 관찰했다고 보고하였다(Johnson et al., 1982). 이 여성들은 그들 아기의 얼굴 표정, 발성, 신체 움직임을 고려했을 뿐 아니라, 이런 행동들이 일어났던 상황에 근거하여 판단하였다. 예를 들어, 아기가 요람 위의 모빌을 뚫어지게 바라보는 것을 관찰한 어머니는 영아의 정서를 '흥미'라고 명명하고, 모빌이 위아래로 흔들릴 때 아기가 목에서 까르륵거리는 소리를 내고 미소 짓는 것을 보고 아기의 정서를 '기쁨'이라고 명명할 가능성이 크다.

그러나 어머니의 판단에만 근거하는 것은 영아의 정서에 대해 알아내는 최상의 방법이 아닐 수 있다. 연구자들은 얼굴 표정과 움직임에서의 변화를 기록하는 상세한 코딩 시스템을 사용하여 영아의 다양한 정서 표현을 구분한다. 이 시스템은 얼굴의 여러 부위

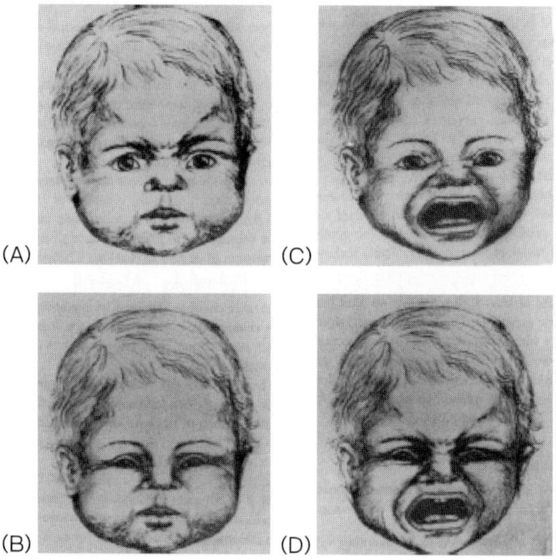


[그림 4-1] Maximally Discriminative Facial Movement(Max) 코딩 시스템

정서의 얼굴 표현을 식별하기 위해, 관찰자는 얼굴의 세 개 영역, 즉 눈썹; 눈, 코, 뺨; 그리고 입, 입술, 턱에서 움직임을 부호화한다. 이 예시는 영아의 분노 표현을 보여 준다. 그림 A에서 눈썹은 내려가 있으며 한데 모여 있다(Max code 25). 그림 B에서 눈은 좁아져 있거나 찡그려졌다(Max code 33). 그림 C에서 입은 각져 있거나 거의 사각형이다(Max code 54). 그림 D에서는 완전한 분노 표현을 볼 수 있다(Max code 25/33/54).

출처: Izard, C. E., & Dougherty, L. M. (1982). Two complementary systems for measuring facial expressions in infants and children. In C. E. Izard (Ed.), *Measuring emotions in infants and children* (pp. 97–126). New York: Cambridge University Press. With permission from Cambridge University Press.

와 기저의 근육계(예: 입술, 눈꺼풀, 이마), 그리고 특정한 영아의 움직임 패턴에 세분화된 점수를 할당한다. 연구자들은 이 점수들을 사용하여 영아가 특정한 정서를 표시했는지 여부를 판단한다. 영아의 정서 표현에 대한 정교한 코딩 시스템 중 하나는 [그림 4-1]에 제시된 Maximally Discriminative Facial Movement 또는 Max(Izard et al., 1983)이다. 이 코딩 시스템은 출생부터 2세까지 영아가 보이는 흥미, 기쁨, 놀람, 슬픔, 분노, 공포, 혐오를 부호화하기 위해 사용되며, 영아의 정서를 연구하는 많은 연구자가 사용하고 있다.

〈표 4-1〉은 보통의 아동이 보이는 정서발달 지표들의 시간 순서를 간략하게 보여 준다. 초기 정서발달의 이러한 일반적 개관을 안내 삼아, 우리는 다음 절에서 주요 정서의 발달에 대해 구체적으로 논의한다. 더 최근에 컴퓨터 자동화 시스템을 사용하여 실시간으로 정서를 측정하는 새로운 방법이 개발되었고 연구자들은 일정 기간의 상호작용 동안 정서가 변화함에 따라 정서의 강도 변화를 추적할 수 있게 되었다(Messinger et al., 2014). 이러한 접근은 기쁨 같은 정서가 정서 강도의 연속선상에서 변화함을 보여 주며, 더욱 정확하게 특정 정서 범주 내에서의 변화를 탐색할 수 있게 한다.

〈표 4-1〉 영아 및 아동 초기의 정서 표현과 이해

| 연령 | 정서 표현 및 이해 |
|---|---|
| <1개월 | 울음을 통해 괴로움을 나타냄 |
| 1개월 | 일반화된 괴로움을 드러냄. 오후 늦게 짜증을 내기도 함 |
| 2개월 | 기쁨을 나타냄. 장난감을 보면 약간 각성됨. 사회적 미소를 지음 |
| 3개월 | 흥분과 지루함을 보임. 활짝 그리고 자주 미소 지음. 지루하면 욺. 경계심이나 좌절을 드러내기도 함 |
| 4개월 | 특히 특정한 소리에 웃음. 덜 욺. 기쁘면 까르륵거림. 분노가 나타나기 시작함. 즐거움 같은 긍정적 정서를 타인에게서 인식하기 시작함 |
| 5개월 | 주로 신나하고 기뻐하지만 때때로 좌절함. 싫어하는 음식을 보면 고개를 돌림. 거울에 비친 자기 모습에 미소 지음. 낯선 사람에 대한 경계심을 보이기 시작함 |
| 6개월 | 정서를 타인에 맞춤(예: 엄마가 미소 짓거나 웃으면 자기도 그렇게 함). 공포나 분노를 보이기도 함 |
| 7개월 | 공포와 분노, 반항, 애정, 수줍음을 표현함 |
| 8개월 | 정서 표현에서 더욱 개성이 드러남 |
| 9개월 | 제지되면 부정적 정서를 보임. 화가 나면 얼굴을 찌푸림. 피곤하면 타인의 위안을 적극적으로 구함. 밤에 우는 일이 다시 나타날 수 있음. 대부분이 낯선 이에 대한 공포를 드러냄 |

| | |
|---|---|
| 10개월 | 강렬한 긍정적 및 부정적 정서를 드러냄. 가끔 짜증을 냄 |
| 11개월 | 정서가 더욱 다양해짐. 개인적 기질이 더 분명히 드러남 |
| 12개월 | 다른 사람이 괴로워하면 고통스러워함. 무언가 마음에 들지 않으면 욺. 질투의 첫 신호가 나타나기도 함. 자신의 영리함에 대해 자주 웃음. 걸을 때 우쭐대거나 뽐냄 |
| 15개월 | 기분 변동이 더 많이 나타남. 또래 친구들에 더 관심을 보임. 손이 더러워지면 짜증을 냄. 특정한 옷을 매우 선호함. 자주 안절부절못하거나 울긴 하지만 보통 지속시간은 짧음 |
| 18개월 | 가만히 있지 못하고 고집스러울 수 있음. 때때로 심하게 성질을 냄. 때때로 수줍어함. 담요나 좋아하는 헝겊인형 같은 물체를 사용해서 스스로를 진정시킴. 형제자매를 질투함 |
| 21개월 | 부정적 정서를 통제하기 위해 어느 정도 노력할 수 있음. 지나치게 까다롭거나 엄격할 수 있음. 상황을 통제하기 위해 더 많이 노력함 |
| 2세 | 버릇없을 수 있지만, 적절히 뉘우칠 수도 있음. 다른 사람의 기분에 반응함. 매우 진지할 수 있음. 변화에 압도당할 수 있음. 꿈 때문에 괴로워할 수 있음. 정서 표현의 규칙을 이해하기 시작함. 죄책감의 비언어적 신호를 보임 |
| 2½세 | 수치심, 당황스러움, 분명한 죄책감의 표현을 보임. 정서 표현에 이름을 붙일 수 있음 |
| 3세 | 자부심, 수치심, 당황스러움, 질투와 같은 다양한 범위의 이차 정서를 보임. 얼굴 표정에 기초하여 행복함, 슬픔, 공포, 분노와 같은 일차 정서를 인식함 |
| 4세 | 정서 표현 규칙에 대한 더 나은 이해와 적용을 보임 |
| 5세 | 정서의 외적 원인을 식별할 수 있음 |
| 6세 | 두 개 이상의 정서가 어떻게 동시에 발생할 수 있는지 이해하기 시작함 |
| 7세 | 믿음이 정서에 미치는 영향을 이해함 |
| 9세 | 사람이 다수이거나 혼합된, 또는 때로는 모순적이며 양가적인 정서를 가질 수 있음을 이해함 |

주: 이 발달적 시간표는 연구에 의해 확인된 전반적 경향을 나타낸다. 개별 아동은 이런 행동들을 보이는 연령에서 서로 차이가 있다.

출처: LaFreniere, 2000; 2010; Kopp, 1994; Lewis, 2014; Pons et al., 2004; Saarni et al., 2006; Sroufe, 1996.

## 일차 정서

이른 연령부터 아기들은 기쁨, 공포, 고통, 분노, 놀람, 슬픔, 흥미, 혐오 등 일차 정서를 경험한다. 이러한 정서는 정서를 일으킨 사건들과 직접적으로 연합된다. 공포는 눈에 보이는 위협에 대한 직접적 반응이며, 고통은 통증에 대한 직접적 반응이고, 기쁨은 흔히 주 양육자와 상호작용하는 것에서 생겨난다.

**기쁨** 기쁨(joy)은 영아의 미소와 웃음에 반영된다. 면밀히 관찰한다면 신생아에서조차 미소를 볼 수 있다. 이러한 **반사 미소**(reflex smiles)는 보통 자발적이고 영아의 내적 상태에 달려 있다(Fogel, 2014; Fogel et al., 2006). 그러나 대부분의 양육자는 이를 기쁨의 신호로 해석하며, 이는 양육자에게 유쾌함을 제공하고 그들이 더 많이 아기를 껴안고 말을 하도록 만든다. 이 점에서 이러한 미소는 영아에게 적응적 가치를 갖는데 양육자의 주의와 자극을 보장하기 때문이다. 미소는 양육자가 가까이 있도록 돕고, 의사소통의 수단과 생존을 위한 보조물이 된다(Saarni et al., 2006).

생후 3주에서 8주 사이에 영아는 내적 상태뿐 아니라 얼굴, 목소리, 빛, 접촉, 가볍게 들었다 내리는 것에 대한 반응으로도 미소 짓기 시작한다(Sroufe, 1996). 영아는 특히 사람에 흥미를 보이며, 고음의 사람 목소리 또는 목소리와 얼굴의 조합은 2개월에서 6개월 사이 아기에게서 **사회적 미소**(social smiles)를 확실하게 끌어낸다.

> 에이든은 낮잠을 자고 일어난 그를 들어 올리기 위해 내가 그에게로 갈 때, 그리고 아침에 처음으로 나를 볼 때도 활짝 웃었다. 에이든은 아빠를 보거나 쌀 시리얼, 자기 침대 옆의 밝게 채색된 말 장난감을 보고도 활짝 웃었다. 우리는 그가 이렇게 활짝 웃는 것과 사랑에 빠졌고, 언젠가 그의 아빠는 "이 아이는 우리를 물개인 것처럼 훈련시키네."라고 말했다.

3개월경이면 아기들은 친숙하지 않은 얼굴보다는 친숙한 얼굴에 더 많이 미소 짓는다(Camras et al., 1991). 이는 미소가 단순히 정서적 각성이 아니라 유쾌함의 신호가 되기 시작함을 의미한다. 추가적 연구 증거들에 따르면, 엄마만큼이나 잘 반응해 주는 낯선 여성이 아기의 미소를 강화할 때보다도 엄마가 상호적 미소와 발성으로 아기의 미소를 강화할 때 아기는 더 많이 미소 짓는다(Wahler, 1967). 이러한 발견은 정서발달의 학습적 및 기능적 관점과 일치하며, 영아의 미소가 아기가 성숙함에 따라 더 변별적이 된다는 것을 보여 준다. 예를 들어, 연구자들은 10개월 된 영아가 자신의 어머니를 위해 결코 낯선 사람에게는 보이지 않는 특별한 미소를 남겨 둔다는 것을 발견해 왔다(Fox & Davidson, 1988). **뒤센 미소**(Duchenne smiles)로 명명되는 이러한 특별한 미소는 위로 올라간 입뿐 아니라 눈 옆의 주름까지 포함하며 전체 얼굴을 기쁨으로 환하게 밝아지도록 만든다.

물론, 모든 아기가 똑같이 자주 미소 짓지는 않는다. 학습적 관점과 일치하게, 영아가 얼마나 많이 미소 짓는가는 그들 환경의 사회적 반응성에 달려 있다. 이는 많은 관심이 주어졌던 가정환경에서 자란 영아들이 키부츠(Kibbutz)라는 공동생활시설이나 사회적 반응성 수준이 낮았던 시설에서 키워진 영아들에 비해 더 많이 미소를 지었음을 보여 준 이스라엘 연구에서 증명된다(Gewirtz, 1967). 미소에서의 차이는 영아의 성별과도 관련이 있다. 정서 표현의 성차에 대한 메타분석은 차이가 작긴 하지만 여아가 남아에 비해 긍정적 정서를 더 많이 보임을 확인하였다(Chaplin & Aldao, 2013). 태어난 시점부터 여아는 남아보다 더 많이 미소 지으며(Korner, 1974), 이러한 차이는 성인기에도 지속된다(LaFrance et al., 2003). 생물학적 관점과 일치하게, 이러한 차이가 유전적이라는 설명이 있어 왔다. 그러나 부모들이 남아보다는 여아에게서 더 많은 미소를 기대하고 이를 유도하기 때문에, 유전적 요인을 환경적 영향과 분리시키는 것은 어렵다. 환경과 생물학적 요인의 상호작용은 여러 나라와 민족 집단에서 미소의 빈도를 비교한 연구에서도 증명된다. 이러한 연구에 따르면, 아프리카계 미국인 남성과 여성에 비해, 유럽계 미국인 남성과 여성은 미소 짓는 비율에서 더 큰 차이가 난다. 이는 유럽계 미국인 부모와 비교하여 아프리카계 미국인 부모가 그들의 아들, 딸을 더 비슷하게 다룬다는 발견과 일치한다(LaFrance et al., 2003).

영아는 미소 짓기뿐 아니라, 키득거림과 크게 웃는 것으로도 기쁨을 표현하며, 이러한 정서 표현은 나이가 들면서 변화한다. 연구자들은 다양한 자극을 보여 주거나 서로 다른 활동을 하게 함으로써 서로 다른 연령대의 아기들을 웃게 만드는 것이 무엇인지 연구해 왔다. Sroufe와 동료들은 4개월에서 12개월 사이 영아들을 입술을 맞부딪쳐 공기 소리를 내거나, 속삭이거나 칭얼거리는 소리를 내는 등의 청각적 자극, 사람 얼굴 마스크 등 시각적 자극, 까꿍 놀이 같은 사회적 자극에 노출시켰다(Sroufe, 1996). 청각적 자극은 어떤 연령에서든 거의 웃음을 유발하지 않았다. 촉각적 자극은 7~9개월 영아에게서만 상당한 웃음을 유발하였다. 시각적 및 사회적 자극이 전반적으로 더 많은 웃음을 유발하였는데, 이러한 가능성은 연령과 함께 증가하였다. 연구자들이 12~24개월 영아를 연구했을 때 아기들은 엄마의 얼굴을 천으로 가렸다가 다시 보이게 하거나 담요로 줄다리기를 하는 것처럼 자신이 참여할 수 있는 활동을 특히 즐거워했다. 다른 연구에 따르면, 웃음의 빈도는 계속해서 증가하였고 아동이 성숙해 감에 따라 더 사회적인 것이 되었다(LaFreniere, 2010; Saarni et al., 2006).

## 모든 미소가 다 똑같다고 생각하였는가

많은 사람이 아동의 미소는 모두 같다고 생각한다. 그러나 영아들조차 서로 다른 긍정 정서를 표현하기 위해 각기 다른 미소를 짓는다. 어떤 미소는 수줍고, 어떤 미소는 신나며, 어떤 미소는 시끌벅적하다(Messinger & Fogel, 2007). [그림 4-2]는 영아 미소의 몇몇 다른 유형을 보여 준다.

백 년 이상 앞서 프랑스 의사인 Guillaume Duchenne(1862)은 모든 미소가 같지 않다는 것을 발견했다. 그는 입꼬리가 올라가고 눈가에 주름이 지는 미소는 입꼬리는 올라가되 눈의 수축은 없는 미소와 질적으로 다르다는 것을 알게 되었다. 현재 우리가 뒤센 미소(Duchenne smiles)라고 부르는 미소에서는 눈가의 잔주름이 나타난다. 성인의 경우 이러한 미소는 진정한 기쁨의 표현이지만, 눈을 움직이지 않는 미소는 그저 예의 바르거나 정중하고자 하는 노력일 뿐이다. *Authentic Happiness*(2002)의 저자인 Martin Seligman은 이런 가짜 미소에 **팬아메리칸(Pan American)** 미소라는 이름을 붙였는데, 주로 팬아메리칸 항공사의 스튜어디스가 텔레비전 광고나 기내 서비스를 제공할 때 흔히 짓는 표정이기 때문이다. 웨이터와 점원들은 항공승무원만큼이나 예의 바르지만 진정성이 없는 미소를 자주 보여 주는데, 진정한 뒤센 미소는 꾸며 내기 어렵기 때문이다. 뒤센 미소에 사용되는 얼굴 근육은 자발적으로 통제하기 어렵다. 진심이 아니라면, '진짜' 미소를 짓기는 쉽지 않을 수 있다.

아기들조차도 이처럼 서로 다른 유형의 미소를 보인다(Messinger & Fogel, 2007). 한 연구에 따르면, 10개월 아기는 엄마가 미소 지으며 자기에게 다가올 때는 뒤센 미소를 지었으나, 무표정한 낯선 사람이 다가올 때는 눈 수축이 없는 미소를 짓는 경향이 더 많았다(Fox & Davidson, 1988). 다른 연구에서, 더 어린 아기들조차 혼자 있을 때보다는 웃고 있는 양육자와 상호작용할 때 진정한 미소를 더 많이 보였다. 이러한 뒤센 미소는 다른 미소보다 더 오래 지속되었으며(Messinger et al., 1999, 2001), 더욱 강렬하였다(Mattson et al., 2013). 뒤센 미소를 짓는 동안 영아는 눈 수축이 없는 미소를 지을 때보다 더 많이 옹알거리는데, 이는 이들이 파트너와 진정으로 함께하며 기쁨을 경험하고 있음을 알려 준다(Hsu et al., 2001). 뒤센 미소는 공유된 기쁨을 표현하는 방법이다(Messinger & Fogel, 2007). 서로 다른 종류의 미소에는 뇌의 각기 다른 부분이 관여한다. EEG 기록을 통해 10개월 아기의 뒤센 미소는 상대적으로 좌반구 앞쪽이 더 많이 활성화되는 것과 관련된다는 사실이 밝혀진 바 있다. 비슷한 뇌 활성화 패턴이 성인에게서도 나타난다(Murphy et al., 2003).

뒤센 미소의 빈도는 개인마다 다르지만, 이러한 차이는 전반적인 정서적 안녕감과 관련이 있다. 한 연구에 따르면, 대학 졸업사진에서 거의 절반의 학생들이 뒤센 미소를 보였고 다른 절반은 팬아메리칸 미소를 보였다(Harker & Keltner, 2001). 이들이 27세, 43세, 57세가 되었을 때 연락해 본 결과, 뒤센 미소를 지었던 사람은 예의상 졸업사진용 미소만 지은 사람에 비해 결혼했거나 자

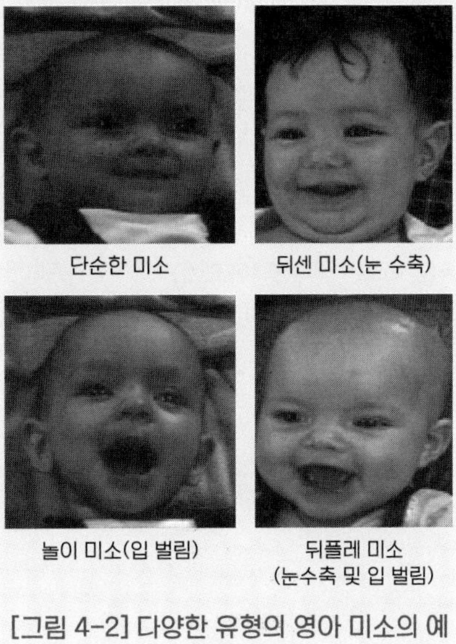


**[그림 4-2] 다양한 유형의 영아 미소의 예**

단순한 미소는 내적인 상태와 사회적, 비사회적 자극에 의해 유발된다. 뒤센 미소(Duchenne smile)는 진심 어린 기쁨을 반영한다. 놀이 미소는 장난스러운 흥분과 각성의 신호이다. 뒤플레 미소(Duplay smile)는 파트너와의 흥분된 긍정적 경험을 공유한다는 신호이다.

Messinger, D. S., & Fogel, A. (2007). The interactive development of social smiling. In R. V. Kail (Ed.), *Advances in child development and behavior* (Vol. 35, pp. 327-366). San Diego, CA: Reproduced with permission of Elsevier

기 삶에 만족할 가능성이 더 높았다. 물론 이는 미소가 사회적 성공을 이끈다는 것을 의미하지는 않지만, 진심 어린 미소 짓기와 사회적 안녕감이 관련이 있음을 시사한다.

아기들은 놀이를 할 때 세 번째 종류의 미소를 보이는데, 입을 넓게 벌리는 것과 뒤센 미소가 함께 나타난다. 이러한 놀이 미소(play smile)는 가쁜 숨, 소리 내기, 웃음과 함께 나타난다. 이는 흥분과 각성의 신호이며(Bolzani-Dinehart et al., 2003, 2005), 간지럽히기 놀이와 까꿍놀이의 후반부에 흥분이 고조되면 나타난다(Fogel et al., 2006). 비인간 영장류가 보이는 편안하게 벌린 입은 인간 영아가 입을 벌리고 미소 짓는 모습과 비슷하며, 진화적으로는 인간의 웃음과 연관이 있다고 여겨진다(Waller & Dunbar, 2005). 이는 두 동물이 함께 놀고 있을 때 그리고 놀이가 오랫동안 지속되는 경우에 가장 많이 나타나며, 상호작용이 서로에게 즐겁다는 것을 나타낸다.

영아가 보이는 네 번째 종류의 미소는 뒤센 미소와 놀이 미소의 조합이다. 이러한 뒤플레 미소(Duplay smile)에서는 눈 수축과 입 벌림이 모두 나타난다. 이는 양육자, 특히 미소 짓고 있는 어머니와 면대면 놀이를 시작한 어린 영아에게서 찾아볼 수 있다(Adamson & Frick, 2003; Delgado et al., 2002; Messinger et al., 2001). 어머니가 반응적이지 않거나 굳은 표정일 때는 미소를 짓지 않는다(Acosta et al., 2004). 6~12개월인 영아들에게서 뒤플레 미소는 부모와의 신체적 놀이 도중이나 간지럽히기 놀이가 절정에 이르렀을 때 나타난다(Dickson et al., 1997). 이런 종류의 미소는 파트너와 함께 공유하는 흥분된 긍정적 경험을 분명하게 신호한다(Messinger & Fogel, 2007).

아동은 자라나면서 더 많은 미소를 보이게 된다. 정서 전문가인 Paul Ekman(Ekman, 2004)에 따르면, 성인기에는 적어도 17개 유형의 미소가 나타난다. 각각의 미소는 서로 다른 사회적 기능을 수행하며, 서로 다른 사회적 메시지를 보내고, 서로 다른 얼굴 근육을 사용하며, 심지어는 서로 다른 뇌 부위를 활성화시킬 수 있다. 예를 들면, 다른 사람에게 보상적인 미소는 대칭적이며 눈썹 올리기를 동반하고, 친밀함을 표현하는 미소를 지을 때는 입술을 다물며, 지배적인 미소는 비대칭적이고 코 찡그리기와 윗입술 올리기를 포함한다(Rychlowska et al., 2017). 요약하자면, 미소는 그냥 미소가 아니다. 미소 짓기는 많은 얼굴을 갖고 있다.

Andy Cross/Getty Images Inc

불쌍한 에이든! 그가 9개월일 때, 나는 에이든을 산타클로스의 무릎에 앉히려고 데려갔다. 나는 그를 붉은 바지를 입은 산타의 무릎에 앉혔다. 에이든이 몸을 돌려 그 길고 하얀 수염과 덥수룩한 눈썹을 보았을 때, 그는 충격에 얼어붙고 말았다. 산타가 "호! 호! 호!" 하는 소리를 내자 충격은 공포로 바뀌었고, 에이든은 온 동네에 들릴 정도로 날카로운 비명을 질렀다.

공포 영아기에 나타나는 두 번째 일차 정서는 공포(fear)이다. 연구자들은 이 정서의 출현에서 두 단계를 발견하였다(Sroufe, 1996). 첫 번째 단계인 생후 3~7개월 사이에 영아는 경계심을 발달시키는데, 이 정서는 자신이 이해하지 못하는 사건들을 접할 때 나타난다. 먼저, 이 단계에서 영아는 친숙하지 못한 사람을 직면했을 때 두려워하지 않는다. 사실, 그들은 상당히 관심을 보인다. 흔히 그들은 친숙한 사람보다는 낯선 사람을 더 오래 쳐다보며, 낯선 사람이 나타났을 때 엄마가 함께 있다면 마치 둘을 비교라도 하는 것처럼 엄마의 얼굴과 낯선 사람의 얼굴을 번갈아 쳐다볼 것이다. 약 5개월경, 흥미는 진지한 응시로 대체되기 시작한다. 6개월경, 영아는 낯선 사람에게 진지함과 어쩌면 약간의 고통으로 반응한다. 이는 경계심의 분명한 증거이다. 다음 달쯤 영아의 고통은 증가하며 7~9개월경 영아가 진짜 공포를 보이게 되는 공포 발달의 두 번째 단계가 시작된다. 그들은 자신이 인식하지 못하고 좋아하지 않는 사건이나 사람에 대해 즉각적인 부정적 반응을 보이게 된다. 영아는 낯선 사람이 근처에 서서 자신을 관찰하고 있는 것을 보면, 빤히 쳐다보고 칭얼거리며 얼굴을 돌리고 울기 시작할 가능성이 크다. 긍정적 정서의 경우에 모든 미소가 똑같지 않았던 것처럼, 모든 공포 반응 역시 동일하지 않다. 사실 영아가 주사를 맞아 우는 것 같은 강렬한 부정적 정서를 경험할 때, 그들은 우리가 뒤셴 미소에서 봤듯이 눈 주변에 유사한 찡그림을 보인다. 이는 강렬한 부정적 정서를 전달하고 아마도 위로가 매우 필요하다는 것을 알리기 위해 영아가 보이는 뒤셴 고통 표현이 있음을 시사한다(Mattson et al., 2013). 영아가 불행하거나 심지어 경미하게 고통을 느낄 때 그들은 입을 내밀거나 칭얼거리지만 극심한 고통이 분명할 때 나타나는 눈의 찡그림은 동반하지 않는다. [그림 4-3]은 낯선 사람에 대한 흥미(얼굴을 비교함)에서 경계심(진지해 보임), 그리고 **낯선 사람 불편감(stranger distress)**이나 **낯선 사람에 대한 공포(fear of stranger)**까지 생후 첫 1년간의 진행과정을 요약해 보여 준다(Emde et al., 1976).

낯선 사람에 대한 공포는 한때 불가피할 뿐 아니라 보편적인 발달적 지표로 간주되어 왔다. 이제 연구자들은 그 어느 쪽도 아니라는 것을 안다(La Freniere, 2010; Saarni et al., 2006). 낯선 사람 불편감은 유럽계 미국인과 호피 인디언(Dennis, 1940), 우간다(Ainsworth, 1963) 등 일부 다른 문화에서 7~9개월 사이 영아 대부분에게서 나타난다. 그러나 아프리카의 Efe 부족처럼 공동 육아를 강조하는 문화에서 아기들은 낯선 사람에 대한 공포를 거의 보이지 않는다(Tronick et al., 1992). 반대로 테러리즘의 역사 때문에 부모가 낯선 사람을 경계하는 중동 문화에서는 영아는 낯선 사람에게 강렬한 공포로 반응한다(Sagi et al., 1985). 한편, 유럽계 미국인 문화 내에서조차 아기들이 낯선 사람에게 똑같

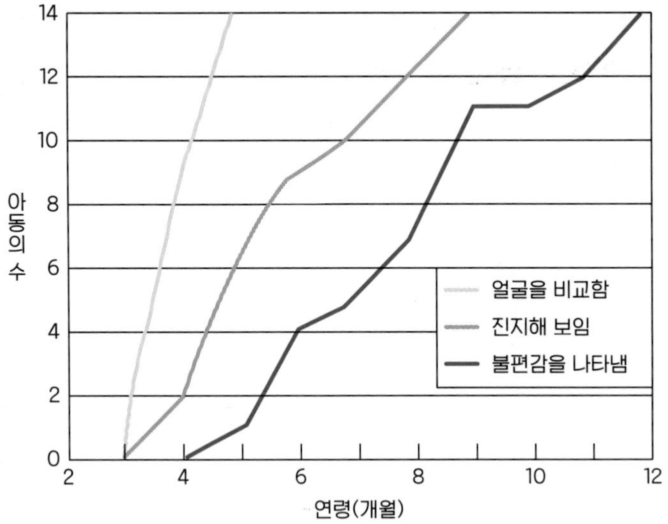


[그림 4-3] 낯선 사람 불편감의 시작

이 종단연구에 참여한 14명 아동 중 절반이 8개월 때 실험실에 등장한 낯선 이에 대해 불편감을 표현했으며, 한 달 정도 지나면서 이러한 반응은 더 분명해졌다.

출처: Emde, R. N., Gaensbauer, T. J., & Harmon, R. J. (1976). Emotional expression in infancy: A biobehavioral study. *Psychological Issues, 10*(37).

은 수준의 공포로 반응하는 것은 아니다. 인사와 미소는 어떤 영아들에게는 계속해서 가장 흔한 반응인데(Rheingold & Eckerman, 1973), 특히 낯선 사람이 무반응이라기보다 배려 깊고 상냥할 때 그러하다(Devouche et al., 2012). 아기가 낯선 사람을 두려워할지는 낯선 사람이 누구이고 그 사람이 어떻게 행동하는지, 만남이 이루어진 장소와 낯선 사람과의 아동의 과거 경험 등 다수의 변인에 달려 있다(〈표 4-2〉; Saarni et al., 2006).

"매트가 9개월이었을 때, 어느 오후에 그는 조부모와 함께 있었다. 그들은 이웃집 십대 소녀가 잠시 들렀을 때 매트가 왜 그렇게 심하게 울었는지 이해할 수가 없었다. 그는 아마도 그녀가 베이비시터라고 생각했고 할머니, 할아버지가 떠나고 그가 그녀와 혼자 남게 될 거라고 생각했을 수 있다. 물론 그가 봐 왔던 십대 소녀 대부분이 베이비시터는 아니었다."

아기들은 자신의 집에서 낯선 사람을 만날 때 연구실 같은 친숙하지 않은 장소에서 그들을 만날 때보다 덜 두려워한다(Sroufe et al., 1974). 마찬가지로 낯선 사람이 나타났을 때

〈표 4-2〉 영아의 낯선 사람에 대한 공포에 영향을 미치는 요인들

| 요인 | 더 큰 공포 | 더 적은 공포 |
|---|---|---|
| 장소 | 친숙하지 않은 장소<br>(예: 실험실) | 친숙한 장소<br>(예: 집) |
| 부모의 가용성 | 부모에게서 떨어짐 | 부모와 가까이 있음 |
| 부모의 행동 | 부모가 낯선 사람에게<br>냉정하거나 부정적으로 반응 | 부모가 낯선 사람에게<br>긍정적이거나 친절하게 반응 |
| 낯선 사람의 특성 | 성인 크기와 외모 | 아동 크기와 외모 |
| 낯선 사람의 행동 | 수동적, 냉담하고 위협적 | 능동적, 미소 지으며 친근함 |
| 사건의 예측 가능성 | 예측 불가 | 예측 가능 |
| 사건에 대한 영아의 통제 | 낮은 통제 | 높은 통제 |
| 낯선 사람에 대한<br>문화적 규범 | 낯선 사람에 대한<br>문화적 경계심 | 낯선 사람에 대한<br>문화적 수용 |
| 낯선 사람과의 영아의 경험 | 부정적 경험<br>(예: 의사에게 예방접종 받기) | 긍정적 경험<br>(예: 방문객이 선물을 가져옴) |

영아가 친숙하고 편안한 상황인 어머니나 아버지 무릎에 앉아 있다면, 그들은 거의 공포를 보이지 않는다(Bohlin & Hagekull, 1993; Morgan & Ricciuti, 1969).

아기의 반응은 또한 부모가 낯선 사람에게 어떻게 반응하는지에 달려 있다. 영아가 그들의 엄마가 낯선 사람과 긍정적으로 상호작용하는 것을 보면, 그들은 미소 짓고 낯선 사람에게 다가가며 장난감을 주기도 한다(Feinman & Lewis, 1983). 반대로 어머니가 걱정하는 듯이 보일 때 아기는 더 많이 울고 낯선 사람에게 미소를 덜 보이는 경향이 있다(Boccia & Campos, 1989; Mumme et al., 1996). 영아는 그들이 친숙하지 않거나 불확실한 상황에 있게 될 때 부모를 사회적 참조점으로 사용한다. 영아들은 부모의 얼굴 표정과 목소리에 의존하며, 그 둘의 조합은 목소리나 표정 단독인 경우보다 더 효과적이다. 한 가지 양식만 사용할 수 있다면 단순히 정서적 표현보다는 목소리가 더 좋다(Vaish & Striana, 2004). 그들은 어머니의 정서적 단서를 사용하여 자신의 반응을 안내한다(Saarni et al., 2006). 이러한 **사회적 참조(social referencing)**는 영아가 발달하면서 분명한 변화를 겪는다. 더 어린 영아는 먼저 행동하고 이후에 바라보는 경향이 더 크고, 더 나이 든 영아는 행동하기 전에 부모부터 살펴볼 가능성이 크다. 6~9개월 사이에 영아는 어머니를 보지만 그녀의 얼굴을 살피지는 않는다. 14개월경 영아는 그녀의 얼굴을 강하게 응시하

며, 분명히 이것이 정서적 정보의 가장 좋은 원천임을 안다(Walden, 1991). 게다가 첫 1년이 끝나 갈 때쯤 영아의 사회적 참조는 주목할 만하게 선택적이다. 영아는 주어진 맥락 내 어른의 전문성(즉, 장난감을 작동시킬 때 친숙하지만 덜 전문적인 사람보다는 전문가)을 고려하는 듯 보인다(Schmitow & Sternberg, 2013; Sternberg, 2012). 영아는 덜 반응적인 사람보다는 더 반응적인 사람에 주의를 기울인다(Striano et al., 2006). "모호한 상황에서 나에게 주의를 기울이며, 나보다(그리고 함께 있는 다른 사람들보다도) 그 상황을 더 잘 알고, 상황에 대한 자신의 평가를 나에게 기꺼이 전달해 줄 또 다른 사람을 적극적으로 바라보는 것은 합리적이다. 첫 1년이 끝나 갈 무렵 영아는 이미 새롭고 모호한 상황에서 다른 사람들을 바라볼 때 이러한 모든 요소를 고려한다."(Hoehl, 2013, pp. 202-203)

낯선 사람에 대한 영아의 반응에 영향을 미치는 또 다른 맥락적 요소는 그 상황이 낯선 사람에 대한 통제를 영아에게 허용하는 정도이다(Mangelsdorf et al., 1991). 예를 들어, 아기들은 만약 그들이 낯선 사람의 접근을 통제할 수 있어서 자신이 찡그리거나 성내거나 몸을 돌릴 때 낯선 사람이 더 이상 오지 않도록 할 수 있다면 덜 두려워한다. 낯선 사람의 특징과 행동도 중요하다. 영아는 낯선 어른보다는 낯선 아동을 덜 무서워하는데, 그들이 더 작고 어린아이의 특징을 더 많이 갖고 있기 때문이다. 영아는 이야기를 하고 몸짓을 하며 미소 짓고 아이를 모방하며 장난감을 주는, 적극적이고 우호적인 낯선 사람을 수동적이고 조용하며 진지한 낯선 사람보다 덜 두려워한다(Devouche et al., 2012; Mumme et al., 1996; Saarni et al., 2006).

> 엠마는 항상 가족 밖의 대부분의 사람에게 수줍어한다. 그러나 우리 친구들 중 한 명이 첫 만남에 엠마와 친해졌다. 그녀는 들어올 때 엠마에게 "안녕"이라고 말하고 미소 지었지만, 결코 서두르지 않았다. 엠마가 그녀 옆에 갔을 때 그녀는 엠마에게 엠마가 얼마나 예쁜지 부드럽게 말했고 그녀에게 장난감을 주었다. 30분 만에 엠마는 그녀 의자 옆에 매달려 있었다. 그 친구가 그것을 보고는 손가락으로 동물 모양을 만들고 우스꽝스러운 소리를 내기 시작했다.

다른 공포들은 문화나 맥락과 상관없이 더 보편적일 수 있다. 영아기의 한 가지 흔한 공포는 제3장 '애착'에서 다루었듯이 어머니나 다른 친숙한 양육자와 분리되는 것이다. **분리 불안**(separation anxiety)으로 언급되며 분리 고통이나 분리 항거(separation protest)에 드러나는 이런 공포는 미국과 캐나다 아기들의 경우 약 15개월에 절정에 이른다. 또한 과테말라와 보츠와나 등 다양한 문화에서 비슷한 시기에 관찰된다. 높이에 대한 공포도 흔한데 약 6개월 정도에 시작된다. 걷는 경험과 아마도 넘어지는 경험이 이런 공포의 시작에 기여한다(Campos et al., 2000). 이런 종류의 공포는 영아가 가파른 경사면에서 떨어지지 않도록 보호하며, 분명하게 진화적 기능을 담당한다.

아동의 이해가 증가하면서, 모든 공포 반응은 변화한다(Lagattuta, 2007). 일반적으로 공포는 물리적 사건에 대해서는 덜하게 되며 인지적 해석에 의해 더 많이 영향을 받게 된다(Sayfan & Lagattuta, 2009). 나이가 들어 가면서, 아동은 분리와 낯선 사람을 덜 무서워하게 되고, 사회적 평가, 거부, 실패를 더 두려워하게 된다(〈표 4-3〉 참조). 아동은 또한 나이가 들어 가면서 인지적 해석 차원에서 공포를 더 잘 설명하게 된다(Muris et al., 2008). 3~5세경 아동은 사람들의 공포를 그들의 물리적 속성(아기는 자기가 작기 때문에 두려워한다) 또는 두려워하는 자극의 물리적 특성(소년은 벌이 그를 쏠 수 있기 때문에 무서워한다)으로 설명한다. 더 나이 든 아동(그리고 성인)은 정신 상태(그 아기는 벌이 무엇인지를 알기에는 너무 어리기 때문에 두려워한다) 또는 두려운 자극과 사람을 동시에 고려해서(소년은 그가 가만히 서 있으면 벌이 쏘지 않을 것이라는 것을 알고 있기 때문에 무서워하지 않는다) 공포를 설명한다. 이처럼 나이가 들면서 아동은 공포를 야기하는 것은 자극 그 자체가 아니며 공포 반응은 그 사람의 생각, 믿음, 지식에서 생겨난다는 것을 학습한다. 현실과 상상의 사건 간 차이를 이해하는 아동의 능력은 마찬가지로 연령과 함께 증가하며, 이는 공포를 다스릴 수 있게 돕는다. 7세 아동은 유령, 마녀, 괴물은 단지 상상 속에 있음을 스스로에게 상기시킴으로써 4세 아동에 비해 공포를 더 잘 감소시킬 수 있다(Sayfan & Lagattuta, 2009).

〈표 4-3〉 아동의 공포

| 연령 | 공포를 유발하는 자극 |
|---|---|
| 0~1세 | 지지를 받지 못함, 큰 소리, 갑자기 나타난 물체, 낯선 사람, 높은 곳 |
| 1~2세 | 부모와의 분리, 부상, 낯선 사람, 목욕(물에 빠지는 것) |
| 2~3세 | 부모와의 분리, 동물 특히 큰 개, 곤충, 어둠 |
| 3~6세 | 부모와의 분리, 동물, 어둠, 낯선 사람, 신체 상해, 괴물이나 유령 같은 상상의 존재, 악몽 |
| 6~10세 | 뱀, 부상, 어둠, 혼자 있는 것, 강도, 학교에 입학하는 것 같은 새로운 상황 |
| 10~12세 | 또래에게 받는 부정적 평가, 학교에서의 실패, 천둥 번개, 조롱이나 난처함, 부상, 강도, 죽음 |
| 청소년기 | 또래 거부, 학교에서의 실패, 헤어짐, 이혼 같은 가족 문제, 전쟁이나 다른 재난, 미래 |

출처: Gelfand & Drew, 2003; Goetz & Myers-Walls, 2006.

**분노** 분노(anger)는 또 다른 일차 정서이다. 영아 정서 연구의 선구자인 Carroll Izard에 따르면, 신생아의 첫 번째 부정적 표현은 분노 그 자체가 아니라 시끄러운 소리에 대한 반응과 같은 놀람(startle), 쓴맛에 대한 반응과 같은 혐오, 그리고 통증에 대한 반응과 같은 고통이다. 2~3개월은 되어야 영아는 분노의 얼굴 표정을 확실하게 보이게 된다(Izard, 1994; Izard et al., 1995). 한 연구에서 연구자들이 아기의 팔을 부드럽게 눌렀을 때, 1개월 아기들은 거의 분노 표현을 하지 않았지만 4~7개월 영아의 절반은 분노를 표현하였다(Sternberg & Campos, 1989). 어른과 같지는 않지만, 영아도 보통 특정한 외적 사건에 대한 반응으로 분노를 표시한다(Saarni et al., 2006; Sroufe, 1996). 예를 들어, 6개월경의 아기들은 의사가 백신 주사를 놓을 때 그에 대한 반응으로 분노를 표현하였다(Izard et al., 1987). 7개월 때 영아는 연구자가 치발과자(teething biscuit)를 주고 아기가 씹으려고 하는 순간에 바로 빼내었을 때 분노를 표현하였다(Sternberg et al., 1988). 아기들은 정서적 도발에 예측 가능한 방식으로 반응을 하며 분노는 고통과 좌절에 의해 유발되는 것으로 보인다(Denham et al., 2007). 전반적으로 분노 반응성은 생후 4개월에서 16개월까지 증가하지만(Braungart-Rieker et al., 2010), 이후 감소하기 시작한다. 14개월에서 33개월까지 분노 표현의 감소는 안정애착과 관련이 있으며, 양육자와 불안정한 애착관계를 맺은 아동은 분노와 같은 부정적 정서를 더 높은 수준으로 표현한다(Kochanska, 2001). 학령전기 동안 아동은 분노를 덜 빈번하게 표현하지만 여전히 분노와 여러 다른 정서들의 표현을 잘 통제하지 못한다(Lemerise & Harper, 2010). 학령기 아동은 계속해서 분노 조절 능력을 향상시켜 나가는데, 부분적으로는 또래들이 분노 조절을 못하는 아동을 거부하거나 무시하는 경향이 있고 이런 또래들에 의해 자신이 수용되기를 원하기 때문이다(Lemerise & Dodge, 2008; Rubin et al., 2015)(제7장 '또래' 참조). 마지막으로, 메타분석에 따르면 특히 학령전기와 아동 중기 동안 남아는 여아보다 분노를 더 많이 표현한다(Chaplin & Aldao, 2013).

**슬픔** 슬픔 또한 고통과 좌절에 대한 반응이지만, 영아기에 분노보다는 덜 흔하게 나타난다. 어린 영아는 부모-영아 의사소통이 나빠질 때, 예를 들어 보통은 반응적인 양육자가 아기의 사회적 접근에 반응하지 않을 때 슬퍼진다(Tronick et al., 2005). 더 나이 든 영아의 경우 일정 기간 어머니나 다른 친숙한 양육자로부터 분리되는 것이 슬픔을 낳을 것이다. 그러나 슬픔은 단순히 이와 같은 사건에 대한 반응이 아니다. 슬픔은 아동이 그들의 사회적 파트너를 통제하기 위해 사용할 수 있는 신호이다. 한 연구에서 연구자들은 낯선 사람이 접근한다거나 장난감을 뺏기는 등 위협적이고 불만스러운 상황에서 2세 영아의 분노, 공포, 슬픔 표현을 기록하였다(Buss & Kiel, 2004). 그들은 아동이 어머니를 보고 있을 때 공포나 분노보다는 슬픔을 더 빈번하게 표현한다는 것을 발견했는데, 이는 아동이 어머니의 지원을 유도하기 위해 이러한 정서적 표현을 사용한다는 것을 나타내는 결과이다. 슬픔은 어른들로부터 돌봄과 위로를 유도하는 효과적인 정서적 신호이며, 영아의 생존을 도모하는 중요한 진화적 기능을 담당한다. 다른 정서들과 마찬가지로 아동의 성별이 중요한데, 여아는 남아보다 슬픔을 더 많이 표현한다(Chaplin & Aldao, 2013).

## 이차 정서

생후 2년째에 아기들은 자부심, 수치심, 질투, 죄책감, 공감 등 더 복잡한 이차 정서를 경험하기 시작한다. 이러한 사회적 또는 자의식적 정서는 아동이 타인과의 관계에서 자신에 대해 인식하고 자신에 대해 이야기하고 생각하는 능력에 달려 있다(Lewis, 2014; Tracy et al., 2007). 그런 정서는 사회성 발달에 중요한 역할을 한다. 자부심과 수치심은 자기 자신과 타인에 대한 아동의 감정을 정의하며, 질투심은 아동이 더 나아 보이는 다른 아동들을 평가할 때 생겨난다. 죄책감은 아동으로 하여금 사과하도록 동기화시키며 공감은 아동이 친사회적 행동을 할 수 있게 이끈다.

**자부심과 수치심** 아동이 자신의 성취에 기뻐할 때 그들은 자부심을 느낄 가능성이 크다. 누군가 자신을 부족하다고 여긴다는 것을 알게 되면 아동은 수치심을 표현하게 된다. 아동은 고개를 숙이고 시선을 떨구며 얼굴을 가리고 숨음으로써 수치심을 표현한다. 수치심을 느끼려면 아동은 반드시 자신의 행동이 다른 사람들의 눈에 수용할 만한지 평가하고 판단할 수 있어야만 한다. 여기 예가 있다(Denham et al., 1998, p. 42).

> 에린은 화장실에 가기까지 너무 오래 기다리다가 화장실 바닥에 실수를 한 적이 있다. 그녀의 어머니는 화가 나서 외쳤다. "왜 그렇게 오래 기다렸니? 네가 뭘 했는지 봐 봐." 에린은 몸을 웅크렸고 반쯤 돌아서서 조용하게 말했다. "엄마, 미안해요." 그녀는 수치심을 느끼고 있었다.

Michael Lewis와 동료들은 아동이 3세가 될 때쯤 특별히 어렵지 않은 문제를 해결하는 것은 기쁨을 유발하지만, 어려운 과제에 성공하는 것은 자부심을 일으킨다는 것을 발견하였다(Lewis, 1992; Lewis et al., 1992). 어려운 과제에 실패하는 것은 슬픔을 야기한 반면, 쉬운 과제에 실패하는 것은 수치심으로 이끌었다. 연구자들이 나이 든 아동들에게 사람들이 자신의 노력이나 우연 또는 운에 의해 어떤 것을 이루어 내는 이야기를 들려주었을 때, 7세 아동은 주인공이 자신의 노력으로 성공했는지 여부와는 상관없이 좋은 결과를 표현하기 위해 '자랑스러운'이라는 용어를 사용했지만, 10세 아동은 좋은 결과가 그 사람 자신의 노력으로 얻어졌을 때에만 자랑스러움을 느낀다고 인식하였다(Thompson, 1989). 자부심은 타인이 주변에 있을 때 더 두드러진다. Voltaire는 현명하게도 "우리는 우리가 혼자일 때에는 결코 자부심을 느끼지 않는다."라고 말한 바 있다.

자부심은 서구 세계와 피지(Fiji) 같은 다른 문화권 모두에서 가장 눈에 띄며, 타인에게 높은 지위를 드러내는 기능을 담당할 수 있다(Martens et al., 2012). 마지막으로, 문화와 성별도 중요하다. 일본 아동들은 미국이나 한국 아동보다 수치심을 더 많이 표현하는 반면, 개인적 성취를 강조하는 문화에서 자란 미국 아동들은 자부심의 표현에서 최고였다(Furukawa et al., 2012). 여아는 남아에 비해 더 쉽게 수치심을 느끼는 경향이 있지만(Roos et al., 2014), 자부심의 표현에서 성차는 없었다(Else-Quest et al., 2012).

**질투심** 질투심은 흔한 정서로 아동 초기에 형제가 부모의 관심을 더 받을 때부터 청소년기에 친구가 자신의 새로운 연애 파트너에게 집적거릴 때에도 경험된다. 사실 질투심은 한 살처럼 매우 어린 나이에도 발생할 수 있다(Hart, 2015). 연구자들은 아동이 자신의 어머니가 다른 아동, 새로 태어난 아기, 또는 심지어 실물과 똑같은 인형을 보려고 자신으로부터 주의를 거둘 때 질투심을 표현한다는 것을 발견하였다(Case et al., 1988; Hart & Behrens, 2013). Charles Darwin조차 "질투심은 내가 작은 아기 인형을 쓰다듬을 때 분명하게 나타났다."라고 언급했다(Darwin, 1877, p. 289).

> "제이슨은 우리가 남자 아기를 입양했을 때 분명 질투심을 보였는데, 적어도 한동안 나와 내 남편 모두 제이슨보다는 새로운 가족 구성원에게 더 많은 주의를 기울였기 때문이었다. 그는 '아기 보내 버려' 또는 '아기 싫어'라고 말하곤 했다. 우리가 문제를 인식하고 제이슨과 더 많은 시간을 보내기 시작했을 때, 그는 질투심 폭발을 멈추었다."

Brenda Volling과 동료들(2002)은 16개월 된 아기와 그들의 학령전기 남자 또는 여자 형제로 이루어진 형제자매 쌍을 대상으로 질투심을 탐구하였다. 어머니나 아버지가 한 아동과 놀았고 형제자매는 혼자서 놀도록 했을 때, 더 어린 아동이든 더 나이 든 아동이든 모두가 부모의 관심을 받았던 형제자매를 질투하였다. 그러나 아동이 그들의 질투심을 표현하는 방식은 연령에 따라 달랐다. 더 어린 아동은 고통의 표현을 통해 질투심을 표현했고, 더 나이 든 아동은 분노와 슬픔으로 이를 표현하였다. 질투심을 더 많이 보였던 아동은 놀이 활동에 집중할 수가 없었고, 질투심을 덜 느꼈던 아동도 그러하였다. 질투심을 느꼈던 아동은 정서에 대한 이해도 좋지 못하였다. 형제자매 간의 질투심은 부모와 자신의 관계가 안정적이고 믿을 만할 때 그리고 그들 부모가 행복한 결혼생활을 할 때에는 덜 빈번하게 나타났다. 이러한 친밀하고 긍정적인 관계는 아동을 형제자매 간 질투를 완충시키는 분명한 보호요인으로 작용하였다(Hart, 2015). 그러나 질투심은 어떤 연령이나 어떤 유형의 친밀한 관계에서도 발생할 수 있다. 아동이 가족 맥락에서 질투심을 보일 수 있는 반면, 청소년들은 우정 관계에서 질투심을 보일 수 있다(Parker et al., 2005; Rubin et al., 2015).

**죄책감** 아동은 상당히 어릴 때부터 죄책감을 경험하기 시작한다. Grazyna Kochanska와 동료들은 22, 33, 45 그리고 56개월 때 아동을 검사하였다(Kochanska et al., 2002). 그들은 각 아동에게 실험자에게 속한 물건, 예를 들어 실험자가 좋아하는, 아동기부터 가지고 있었던 헝겊 인형이나 그녀가 스스로 조립했던 장난감을 주고 매우 조심해서 가지고 놀라고 당부하였다. 그러나 아동이 그것들을 만지기 시작하자마자 찢기고 망가졌다. 연구자들에 따르면 22개월 아동은 그런 나쁜 일이 일어났을 때 죄책감을 보였는데, 찡그리거나 얼어붙거나 불안해했다. 33~56개월 아동은 겉으로 드러나는 부정적 정서는 더 적게 표현했지만 죄책감은 안절부절못하거나 고개를 숙이는 등 더 미묘한 방식으로 새어 나왔다(실험이 끝난 직후, 실험자는 자신이 '고친' 동일한 물건을 주어서 아동이 계속해서 죄책감을 느끼지 않도록 하였다). 아동이 죄책감에 대해 분명히 말할 수 있으려면 더 많은 발달이 필요하다. 또 다른 연구에서 연구자들은 6세와 9세 아동에게 그들이 죄책감을 느꼈던 상황을 말해 달라고 하였다(Graham et al., 1984). 9세 아동만이 그 정서와 개인적 책임감과의 관계를 이해하였다. 6세 아동은 결과에 대해 자신이 통제력을 갖지 못한 상황에서도 죄책감을 느꼈다.

> "실수로 내 동생을 너무 세게 쳐서 동생 코에서 코피가 나왔을 때 죄책감을 느꼈어요."

9세 아동은 죄책감을 느끼려면 그 결과에 대해 책임이 있어야 함을 인식하였다.

> "내가 너무 게을러서 숙제를 제출하지 않았을 때 죄책감을 느꼈어요."

다른 연구자들은 더 어린 아동은 단순한 결과에 주목하고 더 나이 든 아동은 자신이 그 결과를 일으키지 않는 한 그들이 죄책감을 느낄 필요는 없다는 것을 이해하고 있음을 발견하였다(Malti, 2016; Saarni et al., 2006). 마지막으로, 여아는 남아보다 죄책감을 느끼기 더 쉽다(Else-Quest et al., 2012; Roos et al., 2014).

**공감** 공감(empathy)은 또 다른 사람의 정서, 대부분의 경우 고통에 대한 정서적 반응이다. 공감은 타인의 감정을 공유하고 이해하는 것을 포함한다. 이는 흔히 다른 사람의 (정서적) 신발을 신어 보는 것으로 묘사되곤 한다. 공감적 반응의 증거는 뇌의 기능적 자기공명 영상법(fMRI)에서 관찰될 수 있다. 예를 들어, 한 연구에서 연구자들은 아동이 고통스럽거나 고통스럽지 않은 상황에 있는 사람들을 그린 짧은 만화 영상을 보는 동안, 7~12세 아동의 뇌를 스캔하였다(Decety, 2015; Decety et al., 2008). 사람들이 고통 속에 있는 것을 보면, 아동이 직접적으로 고통을 경험할 때 활성화되는 것과 동일한 신경 회로가 활성화되었다.

고통에 대한 공감적 반응의 가장 초기 시발점은 신생아가 다른 아기들이 우는 것을 듣고 우는 것이다. Martin Hoffman(2000)은 이러한 반응을 '기초적인 공감적 반응'이라고 명명한다. 생후 첫 해의 끝 무렵 영아는 Hoffman이 '자아중심적 공감적 고통(egocentric empathic distress)'이라고 명명한 두 번째 유형의 반응을 보인다. 이때쯤이면 영아는 타인과 분리된 존재로서 자신을 인식하기 시작하고 그 결과 타인의 고통에 대한 반응으로 자신을 위한 안락함을 추구한다. 보통 그들은 다른 아동의 고통에 대한 반응으로 불편해하거나 울지만, 다른 아동을 도와주려는 노력을 하지 않는다. 둘째 해에 걸음마기 아동들은 타인을 위한 공감적 관심(empathic concern)을 경험하기 시작한다. 그들은 자신만이 아니라, 다른 아동을 위로하거나 달래려고 한다. 13개월이나 14개월쯤, 아동은 고통을 겪는 다른 아동에게 접근하여 위로를 건넨다. 이러한 위로는 상당히 일반적이다. 아동이 18개월쯤 될 때 그들은 고통을 겪는 사람에게 접근할 뿐 아니라 구체적인 도움을 제공한다. 예를 들어, 고장 난 장난감을 가진 아동에게 장난감을 주거나 손가락을 다친 어른에게 반창고를 주는 식이다. Hoffman은 이러한 수준을 '유사-자아중심적 공감적 고통(quasi-egocentric empathic distress)'으로 명명하는데, 이 아동들이 여전히 자기 자신의 감정과 타인의 감정을 구분할 수 없기 때문이다. 둘째 해의 후반부에 아동은 타인의 감정과 관점이 자신과는 다르다는 것을 이해할 수 있게 되고 타인의 감정을 더 잘 인식하게 된다. '진정한 공감적 고통(true empathic distress)'을 보이는 이 단계에는 아동은 자아중심적 반응보다는 타인의 고통에 더 적절한 반응을 하게 된다. 연구자들은 어머니의 고통(van der Mark et al., 2002) 및 또래의 고통(Lamb & Zakhireh, 1997)에 대한 어린 아동의 공감적 반응에서 발달적 향상을 발견해 왔다. 다음에 제시된 어머니와 학령전기 자녀 간 대화에서 공감의 증거를 살펴보라(Denham, 1998, p. 33).

> 어머니: 좀 슬프네.
> 아　동: 슬퍼하지 마세요. (어머니의 등을 두드리고 눈물을 닦아 주고 그녀를 안아 주면서) 나는 엄마의 친구야. 울지 마요.

아동이 발달하면서 그들은 진정한 고통과 유사-고통을 더 잘 인식하게 된다. 3세 아동은 더 심각하게 해를 입은 후 고통스러워했던 사람보다는 '울보(즉, 아주 약간 불편함을 느낀 후 고통을 과장했던 사람)'를 향해 더 적은 공감을 보였다(Hepach et al., 2013). 더 어린 아동은 고통을 겪는 사람이 존재할 때에만 공감을 경험한다. 더 나이가 들면 다른 사람의 고통에 대한 이야기에도 반응한다. 아동 중기나 후기쯤에는 장애가 있다거나 가난한 것 등 타인의 일반적 조건에도 공감으로 반응할 수 있다. 청소년은 정치적으로 압박받거나 질병에 걸리거나 영양실조인 사람들처럼 일군의 사람들에 의해 경험되는 어려움에도 반응할 수 있다. 인지적 발달은 더 나이 든 아동과 청소년으로 하여금 운이 좋지 못한 집단의 고통을 이해하고 공감으로 반응할 수 있게 만든다(Eisenberg et al., 2003, 2015). 동시에, 우리가 다른 집단보다는 우리 자신의 민족/인종 집단을 선호하는 것처럼, 공감과 신경활동은 다른 인종이 아니라 같은 인종의 사람이 고통스러운 주사를 맞는 것을 관찰할 때 더 높은 수준으로 나타났다(Azevedo et al., 2013). 그러나 주사 맞는 것을 보는 사람들에게 참가자의 인종이 아니라 고통에 주의를 기울이도록 촉진하게 되면, 공감에서의 이러한 인종 관련 차이를 감소시킬 수 있었다(Sheng & Han, 2012). 즉, 공감 반응은 변화시킬 수 있고 더 인간미 있게 만들 수 있다!

## 정서 표현에서의 개인차

이른 영아기에 시작하는 아동의 정서적 표현에는 명확한 개인차가 존재한다. 어떤 아기들은 더 기꺼이 미소 짓고, 더 활짝 웃는다. 다른 아기들은 새로운 사람과 사건들을 더 두려워하거나 더 쉽게 화를 낸다(LaFreniere, 2010). 정서적 반응성에서의 이러한 차이는 제2장 '생물학적 기초'에서 살펴봤던 기질의 차이와 관련된다. 이러한 차이는 Thomas와 Chess(1986)의 기질 차원 중 하나인 기분(mood)과 Rothbart(2011)의 기질 차원 세 개 모두, 즉 공포와 슬픔을 포함하는 부정적 정서성(negative affectivity), 저강도(low-intensity) 활동으로부터의 유쾌함을 포함하는 의도적 통제(effortful control), 그리고 고강도 활동으로부터의 유쾌함을 포함하는 외향성-정열성(extraversion-surgency)[1)]에 반영된다. 또한 수줍고 공포가 많으며 불안해하고 약간 스트레스적인 상황에서도 힘들어하는 아동을 특징짓는 행동적으로 억제된 기질과도 관련된다(Kagan & Snidman, 2004). 기질과의 이러한 연합은 아동이 정서적으로 각성시키는 상황에서 얼마나 강렬하게 반응하는지 그리고 이러한 반응을 얼마나 잘 조절하는지에서 생물학적 요인이 핵심 역할을 한다는 것을 시사한다. 긍정적, 부정적 정서성에서의 개인차는 아동의 전반적 적응과도 관련된다. 정서적으로 더 부정적인 아동은 더 높은 비율로 발달 문제를 경험하며 정서적으로 더 긍정적인 아동은 더 높은 자기존중감, 더 많은 사회적 역량, 그리고 더 좋은 적응을 보인다(Buss, 2011; Eisenberg et al., 2015; Goldsmith et al., 2001; Halverson & Deal, 2001; Lengua, 2002; Rothbart, 2011).

---

1) 역자 주: surgency는 우리말로 번역하는 것이 어려운 용어 중 하나인데, Rothbart, Ahadi와 Hershey(1994)에 따르면 높은 활동 수준, 고강도 쾌락 추구, 미소와 웃음, 충동성, 낮은 수준의 수줍음으로 특징지을 수 있는 기질의 한 측면이다. Blandon, Calkins, Keane 그리고 O'Brien (2010)에 따르면, 높은 수준의 긍정 정서를 갖도록 하는 특질(trait) 차원의 정서적 반응성으로 정의된다.

# 정서 이해의 발달

정서적으로 유능하기 위해서는 단순히 정서를 표현할 수 있는 것만으로는 부족하다. 정서를 잘 이해하는 것도 중요하다. 아동은 정서에 대한 지식을 획득하고 자신과 타인에게서 정서를 인식할 수 있어야만 한다. 그들은 또한 정서의 원인과 결과, 상황에 따라 적절한 정서, 그리고 자신과 타인에게서 정서를 변화시킬 수 있는 방법을 학습할 필요가 있다(Castro et al., 2016). 정서적 지식의 발달 지표는 〈표 4-1〉에 포함되어 있다.

## 타인의 정서를 인식하기

정서 이해의 첫 단계는 영아와 아동이 다른 사람들의 정서적 표현을 인식하는 방법을 학습하는 것이다. 3개월에서 6개월 사이에 아기들은 부모 및 다른 양육자의 정서적 얼굴 표현에 32,000번 노출되는 것으로 추정되어 왔다(Malatesta, 1982). 대면 상호작용이 절정인 이 기간 동안 부모의 얼굴 표정은 아직 언어를 이해하지 못하는 영아에게 그들의 감정과 바람을 소통하는 효과적 수단이다. 어른의 표현을 해석하는 법을 학습하는 것은 아기들에게 어마어마한 과제이지만, 이 상호작용 동안 영아는 몇몇 정서를 인식할 수 있게 학습한다. 그들은 긍정적 정서를 부정적 정서에 비해 더 자주 그리고 더 일찍 인식한다(Denham et al., 2011; Hoeh, 2014; Izard et al., 1995). 태어난 지 며칠 안 된 영아조차 두려워 보이는 얼굴보다는 행복한 얼굴을 더 오래 바라본다(Farroni et al., 2007). 3개월경 영아는 미소 짓는 얼굴을 찡그리고 놀라는 얼굴과 구분한다(Barrera & Maurer, 1981). 게다가 4개월, 7개월 영아는 화난 얼굴과 중립적 얼굴보다 행복한 얼굴을 바라보는 것을 더 좋아한다(Grossman et al., 2007). 그러나 일부 연구자에 따르면, 정서 표현의 초기 인식은 단순히 긍정적(좋은 느낌) 및 부정적(나쁜 느낌) 정서를 구분하는 것일 뿐이며, 아동은 특정한 구체적 정서들을 인식하는 것을 점진적으로 배우게 된다(Widen, 2013, 2016).

기능주의자 관점과 일치하게, 영아가 분노보다 기쁨을 먼저 인식하는 것은 기능적 가치를 지닌다. 기쁨의 인식은 영아에게 보상적 경험을 제공한다. 이는 어머니와 영아 간 유대를 강화하고 특히 아기의 기쁨 인식이 기쁨의 표현으로 이어지는 경우 상호적으로 보상적인 경험을 촉진시킨다. 분노 인식은 첫 반년간 적응적이지 않다. 위협적인 상황은 6개월 영아의 능력을 넘어서는 대처 반응을 요한다(La Barbera et al., 1976). 기쁨-분노 인식의 순서는 미소와 웃음이 찡그림보다 앞서 나타나는 영아의 정서적 표현 과정과 일치한다(LaFreniere, 2010). 영아는 기고 걷기 시작하면서 부분적으로는 자녀를 안전하게 지키려고 애쓰는 양육자의 부정적인 정서 반응 때문에 긍정적 정서보다는 공포 표현에 주의를 기울이게 된다(Campos et al., 2000; Hoeh, 2014).

학습적 관점이 제안하듯이, 초기 경험은 아동의 정서 인식 능력에 영향을 미친다. 대부분의 영아는 아버지나 낯선 사람보다는 어머니의 정서 표현을 더 일찍 인식하는데, 어머니가 영아와 더 많은 시간을 보내기 때문이다. 게다가 어머니와 더 많은 시간 상호작용한 아기들은 그렇지 않은 아기들에 비해 어머니의 표현을 더 잘 인식한다(Montague & Walker-Andrews, 2002).

더 나이 든 아동과 부모 간 상호작용의 질 역시 정서 인식 능력에 차이를 만든다. 높은 수준의 위협과 적대감을 경험한 학대받은 아동은 학대받지 않았던 아동에 비해 분노 표현을 더 잘 식별할 수 있지만(Cicchetti & Ng, 2014), 슬픔의 표현은 잘 탐지하지 못한다(Pollak & Sinha, 2002). 학대받은 아동은 긍정적, 부정적, 모호한 사건들을 모두 똑같이 슬픔과 분노를 유발할 수 있는 원인으로 해석한다(Perlman, Kalish, et al., 2008). 학대가 아니라 방임된 아동 역시 정서 이해에 결함을 보이며(Sullivan et al., 2008), 직원 수가 부족한 고아원처럼 집단 시설에서 자란 아동도 그러하다(Fries & Pollak, 2004; Nelson et al., 2013). 환경은 분명히 아동의 정서 인식 능력에 영향을 미친다.

3~4세 정도 되었을 때 학대나 방임을 겪지 않고 시설에 있지도 않았던 아동은 행복, 슬픔, 분노, 공포에 대한 타인의 표현을 인식하고 정확하게 명명할 수 있다(Denham et al., 2011).

> 두 살 생일파티 때 애비는 손님 중 한 명이 크게 웃고 있는 것을 보았다. 그녀는 "애니 행복해? 나도 행복해."라고 질문하였다.
>
> 두 살 매트는 그림책 주인공들의 얼굴 표정을 읽곤 했다. 만약 그가 표현을 인식하지 못할 경우 그것이 무엇인지를 질문하였다. 시리얼 상자, 시럽 병, 그 외 무엇이든지 사람 얼굴을 보면 매트는 "그 사람 행복해?"라거나 "너무 무서워?" 또는 "이 여자 웃어?" 등 질문을 해야만 했다. 요즘도 내 얼굴에 약간의 찡그림이라도 나타나면, 그는 불안해하며 "엄마 화났어?"라고 질문한다.

다른 문화의 아동들도 기본적 정서를 인식하는 데 비슷한 발달 시간표를 따른다. 예를 들어, 미국과 일본의 학령전기 아동들은 비슷한 나이에 언어적으로 정서를 명명할 수 있다(Bassett et al., 2008; Fujioka, 2008). 정서 인식 능력은 아동이 성장하면서 계속해서 향상된다(Widen & Russell, 2010). 아동들은 미묘한 얼굴 표현 사이를 구분하는 것을 배우게 된다. 9세경 아동은 뒤센 미소와 뒤센 미소가 아닌 것을 확실하게 변별할 수 있는데, 6세 때에는 할 수 없었던 일이다(Gosselin et al., 2002). 이 변별 능력은 아동 중기와 청소년기 동안 계속해서 향상되며(Del Giudice & Colle, 2007), 또래집단 활동에 성공적으로 참여하고 사회적 상호작용을 지속시키는 아동 능력의 증가에 기여하는 것으로 보인다(Denham et al., 2011; Saarni et al., 2006). 혐오와 같은 일부 정서의 경우 이른 영아기에 나타날 수 있지만, 인식은 지연된다. 아동은 점차적으로 '혐오 얼굴'에서 '혐오'를 구체적으로 '인식'하게 된다. 향상은 점진적인데 대부분의 아동은 혐오 얼굴을 9세경에 인식하며 십대 후반이나 성인 초기까지 점진적으로 추가적인 향상이 이어진다. 연구된 대다수의 아동은 8세까지는 표준적인 혐오 얼굴이 분노를 나타낸다고 믿었다(Widen & Russell, 2013).

## 문화적 맥락: 서로 다른 문화에서의 정서 표현 및 이해

다양한 문화에서의 정서 연구에 따르면, 공포, 분노, 기쁨, 슬픔, 혐오와 같이 기초적 정서를 나타내는 얼굴 표정은 전 세계적으로 유사하다(Ekman, 1992; Elfenbein & Ambady, 2002). 게다가 발달과정 역시 문화와 관계없이 유사하다. 성장과 함께, 아동은 다양한 정서를 더 잘 이해할 수 있게 되고, 비언어적 표현을 더 정확하게 읽어 내며, 어떤 사람이 겉으로 표현하는 정서와 실제 기분이 다를 수 있다는 점을 인식하게 되고, 자신의 정서를 조절하는 방법을 배운다(Camras & Halberstadt, 2017; Tenenbaum et al., 2004). 그러나 문화는 정서 표현과 그 발달의 몇몇 측면에 분명 영향을 미친다.

서로 다른 문화의 부모들은 아동의 정서 표현을 장려하는 정도에서 차이가 있다. 미국 같은 개인주의 문화권에서 정서 표현은 내적 기분의 자발적인 표현이며 부모들은 이를 장려한다(Camras et al., 2014; Matsumoto & Juang, 2017; Matsumoto et al., 2008). 반대로 집단주의 사회에서 개인의 기분은 집단의 기분과 분리될 수 없으며, 정서의 통제나 억압은 집단의 조화를 위해 중시되며 장려된다(Masuda et al., 2008). 따라서 미국, 캐나다, 유럽의 부모들이 유쾌함, 분노, 우울함을 그대로 표출하는 것보다는 정서를 안으로 간직하는 것과 평정심, 만족함을 선호하는 중국, 일본, 인도, 네팔 등 아시아권 부모들보다 정서에 대해 더 많이 말하고 정서 표현을 더욱 장려하는 것은 놀라운 일이 아니다(Cole et al., 2002; Doan & Wang, 2010; Novin et al., 2011; Wilson et al., 2012). 아시아권 부모들은 아동의 정서 억압에 긍정적으로 반응한다(Zahn-Waxler et al., 1996). 미국 부모들이 자녀의 부정적 표현에 반응하고 이들이 자신의 감정에 대처할 수 있게 돕는 반면, 아시아권 부모들은 아동의 부정적 정서 표현을 예측하고 이를 예방하고자 한다(Rothbaum et al., 2002). 서로 다른 문화권의 부모들 또한 각기 다른 정서를 표현한다. 미국 어머니는 아시아권 어머니보다 긍정 정서를 더 많이 표현한다(Camras et al., 2008). 게다가 부모들은 문화적 대본에 따라 정서에 대해 이야기한다. 아동이 정서를 안으로 간직하고 타인을 배려할 수 있도록 장려하기 위해, 아시아권 부모들은 다른 사람의 정서에 대해 더욱 많이 이야기하며 아동의 정서에 대해서는 덜 이야기한다(Chan et al., 2009; Wang, 2001). 이들은 아동이 어떤 기분인지를 논의하기보다는 아동에게 교훈을 가르치고 사회적 규범을 주입하는 데 집중한다(Wang & Fivush, 2005).

부모가 아동의 정서를 사회화하는 다양한 방법은 아동에게서 차이를 가져온다. 타인의 기분을 파악하는 일에 초점을 둔 아시아 문화권에서 아동들은 미국 아동들보다 타인의 얼굴 표정을 더 잘 읽었다(Markham & Wang, 1996). 그러나 이들은 정서와 관련된 어휘 지식은 더 적었는데 아마도 이들이 자신의 정서에 대해 논의한 적이 더 적기 때문일 것이다(Wang, 2003). 서로 다른 문화권의 아동들은 정서 표현에서도 차이를 보인다. 미국 여아들은 중국 여아들과 비교하여 그들의 어머니나 다른 성인들처럼 더 많이 미소 짓고 전반적으로 더 많은 정서를 표현한다(Camras, Bakeman, et al., 2006; Lim, 2016). 부모가 정서에 대한 세심한 통제를 가르치고, 대인 간 화합을 중시하며, 분노는 내적 평화와 사회적 조화를 방해한다고 생각하는 아시아 문화권에서 아동들은 자신의 정서 표현을 억누른다(Cole & Tan, 2015; Lewis et al., 2010). 한 연구에서 아시아와 미국의 초등학생들이 보이는 정서적 반응을 비교한 바 있다(Cole et al., 2002). 연구자들은 누군가 아동의 숙제에 음료수를 쏟거나 아동이 물건을 훔쳤다고 거짓말로 고발하는 등의 어려운 대인관계 상황에서 어떻게 반응할 것인지에 대해 아동을 인터뷰했다. 그리고 아동에게 어떤 느낌이 들지, 다른 사람이 자기 기분을 알아주기를 원하는지 물었다. 미국 아동들은 더 많이 분노를 느꼈고, 사회적으로 용인되는 방식으로 분노를 표현하는 것은 정당하다고 생각하였다. 아시아 아동들의 경우, 수치심을 느끼겠지만 기분을 상하게 하는 문제에 대한 반응으로 수치심이나 분노를 드러내지는 않을 것이라 말했다. 해당 문화권의 **정서 표현 규칙(emotional display rules)**을 학습하는 것은 중요한 발달적 성취인데, 이는 이러한 규칙 시행에서의 유능성이 또래와의 좋은 사회적 관계와 연결되기 때문이다(Parke et al., 2006; Valiente & Eisenberg, 2006). 서로 다른 문화권의 어머니들은 아동에게 문화적으로 적절한 형식의 표현 규칙을 가르친다. 예를 들면, 선물을 받는 상황에서 독일(베를린)의 어머니들은 아동의 긍정적 정서를 최대화하고 아동이 선물에 감사를 표하는 일에 중점을 두는 반면 인도(델리) 어머니들은 아이가 선물을 주는 사람에게 감사를 표현하도록 유도한다(Kartner et al., 2006).

몇몇 중국 도시의 유치원과 초등학교 저학년 교사들은 학교에서 아동의 정서에 대한 지식과 정서 표현을 증가시키는 프로그램을 실시하였다(Partnership for Children News, 2006, 2008). 6개월간의 프로그램에서 아동들은 대벌레 지피와 친구들에 대한 이야기를 들었고, 함께 문제를 마주하여 해결했으며, 연약한 벌레의 죽음에 대처했고, 프로그램이 끝날 쯤에는 새로운 시작을 기대하였다. 한 교사는 다음과 같이 보고했다.

> "지피의 친구들은 아이들이 자신의 기분을 표현하도록 훈련시켰어요. 전에는 아이들이 '기쁘다'나 '슬프다' 같은 기초적인 단어만 사용할 수 있었죠. 이제 아이들은 자기가 '걱정스러운지', '외로운지', 아니면 '질투가 나는지' 말할 수 있어요."

부모들도 가정에서 달라진 점을 발견했다.

> "다섯 살인 제 아들은 분노 폭발을 일으키곤 했어요. 이제는 화가 나면 깊이 심호흡을 하고, 행복한 생각들을 떠올린답니다."

덴마크, 리투아니아, 아일랜드, 노르웨이, 네덜란드, 체코 공화국에서 이 프로그램에 대한 평가가 이루어졌다. 그 결과, 프로그램에 참여한 아동들은 통제집단의 아동과 비교하여 대처, 사회적 기술, 정서 지식과 이해에서 유의한 증진을 보였다(Partinership for Children, 2017).

## 인식을 넘어서: 정서 지식과 정서 이해

성장하면서 아동은 단순히 정서를 인식하는 것에서 더 나아가 정서에 대해 더 깊이 생각하게 된다. 정서 지식은 타인의 정신 상태에 대한 지식으로 구성되는데, 상황 간에 그리고 상황 내에서 정서 상태들을 구분하고 흔한 정서 유발 상황에서 믿음과 바람에 기초하여 정서를 설명할 수 있는 능력을 포함한다. 정서 지식은 또한 주어진 정서 유발 상황에서 적절한 전략을 구분하고 선택하는 능력 같은 정서의 관리를 의미하기도 한다(Castro et al., 2016). 예를 들어, 아동들은 그들이 생일파티에 간다면, 좋아하는 애완동물이 죽는다면, 또는 그들이 예기치 못한 큰 폭발음을 듣는다면 어떤 기분이 들지 정서에 대해 생각한다. 그들은 사람들이 동시에 하나 이상의 정서를 느낄 수 있는지에 대해서도 생각한다.

**정서를 상황에 일치시키기: 정서 도식** 성장하면서 아동은 정서 용어의 의미, 서로 다른 감정을 일으키는 상황에 대한 더 복합적인 이해를 발달시킨다. 이러한 이해는 아동이 특정 사건에 대한 정서적 반응을 식별하고 예측할 수 있게 하는 **정서 도식(emotional scripts)**의 집합에 기초한다(Camras & Halberstadt, 2017; Saarni et al., 2006). 아동은 어린 나이에 이러한 정서 도식을 만들어 내기 시작한다. 한 초기 연구에서 연구자는 3~4세 아동들에게 숲속에서 길을 잃는 것, 싸움을 하는 것 또는 파티에 가는 것 같은 단순한 이야기들을 들려주고 그 이야기 속의 주인공들이 어떤 감정을 느낄 거라고 생각하는지 말하도록 요구하였다(Borke, 1971). 아동들은 행복으로 이끄는 상황들을 쉽게 알아차렸고, 슬픔이나 분노를 느끼게 될 이야기들을 찾는 것도 비교적 잘하였다. 이후의 연구에 따르면, 3~4세 아동은 흥분, 놀람, 공포의 정서를 일으키는 상황들도 기술할 수 있었다(Cole & Tan, 2007, 2015; Levine, 1995). 어린 아동들이 어떤 감정이 어떤 상황과 함께 가는지를 알고 있다는 것은 분명하다. 아동이 성장하면서 정서의 외적 원인에 대한 이해는 증가한다(Weimer et al., 2012). 발달과 함께 아동들은 더 복잡한 정서 도식을 획득하게 된다. 5세경 아동들은 어떤 상황에서 분명한 얼굴 표정을 지닌 감정(예: 찡그림에 드러나는 분노)이 나타나는지, 그리고 어떤 상황이 특정 행동(예: 울기나 훌쩍거림으로 나타나는 슬픔)으로 이끄는지를 이해한다. 7세경 그들은 어떤 상황이 자부심, 질투, 걱정, 죄책감처럼 분명한 얼굴 또는 행동적 표현이 없는 감정을 낳는지를 기술할 수 있다. 10세쯤 되면 안도감이나 실망을 초래하는 상황들을 묘사할 수 있다(Harris et al., 1987). 아동 중기에 그들은 독특한 관계에 내재된 정서에 대해 발전된 지식을 보이기 시작한다. 예를 들어, 부모의 규칙에도 불구하고 저녁식사 전 쿠키를 몰래 먹는 것처럼 누군가의 행동이 다른 사람을 실망시킬 수 있음을 이해하기 위해서, 아동은 정서를 설명하기 위해 상황에 대한 지식을 사용할 뿐 아니라 자신의 감정과 다른 사람의 감정을 구분하여 타인이 어떻게 느끼고 반응할지를 예측해야만 한다. 이 두 과정 모두 대인관계와 관련이 있는데, 예를 들어 아동이 훔친 쿠키 맥락에서 정서를 올바르게 구분하고 귀인하기 위해서는 부모의 승인을 얻는 것에 관심이 있어야만 한다(Castro et al., 2016).

이 발달적 순서는 영국, 미국, 네덜란드, 네팔 등 많은 나라에서 관찰되어 왔다(Harris, 1989, 1995). 그러나 이러한 여러 나라에서 특수한 정서 도식에 차이가 있다. 예를 들어, 미국 아동은 그만 놀고 잠을 자라는 부모의 요구에 전형적으로 분노로 반응하는데, 그것이 자신의 놀이를 방해하기 때문이다. 그러나 네팔 아동은 혼자가 아니라 부모와 함께 자게 될 것임을 알기 때문에 행복해한다(Cole & Tamang, 1998).

**다수의 정서, 다수의 원인** 정서 이해의 또 다른 측면은 어떤 사람이 한순간에 하나 이상의 감정을 가질 수 있고 심지어 서로 갈등적인 감정을 경험할 수도 있음을 아는 것이다. 영아도 장난감 로봇에 매력을 느끼면서도 경계하거나 심지어 무서워하는 것처럼 갈등적 감정을 경험한다는 단서들을 보이긴 하지만, 혼합된 감정(mixed emotions)을 이해하고 기술하는 능력은 천천히 발달한다. 사람이 혼합된 감정을 느낄 수 있는지를 질문받을 때, 어린 아동은 "동시에 두 개의 감정을 느끼려면, 두 명의 서로 다른 사람이 되어야만 해요."라고 반응하였다(Harter & Buddin, 1987, p. 398).

4~12세 사이 아동을 대상으로 한 연구에서 Susan Harter는 아동들에게 행복과 흥분처럼 두 개의 비슷한 정서 또는 행복과 슬픔처럼 두 개의 반대되는 정서를 느끼는 상황에 대해 설명하라고 요청하였다. 대부분의 6세 또는 7세 아동은 비슷한 성격의 두 개 감정을 야기할 수 있는 상황을 기술할 수 있었지만 나이 든 아동들만이 두 개의 반대되는 혼합된 감정을 느끼게 하는 상황을 기술할 수 있었다. 10~12세는 되어야 아동들은 서로 반대되는 정서가 동시에 존재할 수 있음을 생각할 수 있었다. 〈표 4-4〉는 다수의 갈등적 감정을 이해하는 아동 능력의 발달적 진전을 요약한 것이다(Harter & Buddin, 1987).

혼합된 감정에 관한 아동의 이해력에 대한 또 다른 연구에서 연구자들은 5~12세 아동들에게 만화영화 〈인어공주〉에서 트리톤 왕과 딸 에리얼의 행복하면서도 괴로운 이별

〈표 4-4〉 다수의 그리고 갈등적인 정서에 대한 아동의 이해

| 대략적 연령 | 아동의 이해 |
|---|---|
| 4~6세 | 한번에 한 가지 정서만을 상상할 수 있음: "동시에 두 가지 감정을 느낄 수는 없어." |
| 6~8세 | 동시에 일어나는 같은 종류의 두 가지 감정을 상상할 수 있음: "내가 홈런을 쳤을 때 행복하기도 하고 자랑스럽기도 했어.", "나는 여동생이 내 물건을 어질렀을 때 속상하고 화가 났어." |
| 8~9세 | 동시에 일어나는 서로 다른 상황에 대한 반응으로 두 개의 개별 정서를 상상할 수 있음: "나는 할 일이 없어서 지루했고, 엄마한테 혼나서 화가 났어." |
| 10세 | 서로 다른 사건에 대해, 또는 같은 상황의 서로 다른 측면에 대해 두 가지 상반된 기분을 상상할 수 있음: "난 다음 축구 경기를 걱정하며 학교에 앉아 있었지만, 수학시험에서 A를 받아서 행복했어.", "나는 남동생이 나를 때려서 화가 났지만, 내가 반격하는 걸 아빠가 허락해 줘서 좋았어." |
| 11~12세 | 서로 상반되는 기분을 유발하는 동일한 사건에 대해 상상할 수 있음: "나는 선물을 받아서 기뻤지만, 내가 원하던 물건이 아니어서 실망했어." |

출처: Harter & Buddin, 1987.

과 작별인사 부분을 보여 주었다(Larsen et al., 2007). 그들이 무엇을 보았는지를 인터뷰했을 때, 8세 이상의 나이 든 아동들은 더 어린 아동들에 비해 트리톤 왕이 정서적으로 복잡한 상황에서 혼합된 감정을 느꼈고 그들 역시 그 부분을 보면서 혼합된 감정을 경험했다고 더 많이 답하였다.

3~11세 아동 대상 연구에서 연구자들은 아동이 정서에 대해 생각하는 세 개의 발달 시기를 확인하였다(Pons et al., 2004). 첫 번째 시기에 아동은 정서의 중요한 외적 측면을 이해하기 시작한다. 이 시기에 대부분의 3세 아동은 외적(얼굴) 표현에 기초하여 행복, 슬픔, 공포, 분노 등 일차 정서를 인식할 수 있으며 대부분의 5세 아동은 정서의 외적 원인을 알아차릴 수 있다. 이 나이의 아동들은 좋아하는 장난감을 잃어버렸기에 슬픔을 느끼거나 선물을 받았을 때 행복을 느낄 거라고 예측할 수 있으며, 동일한 상황의 두 사람은 서로 다른 바람을 가지고 있기 때문에 다른 감정을 느낄 수 있음을 이해할 수 있다. 두 번째 시기에 아동은 정서의 심리적 본질을 이해하기 시작한다. 7세부터 대다수 아동은 정서 표현은 단순히 상황 때문이 아니라 내적 상태에 의해 생겨나며, 믿음이 상황에 대한 그 사람의 정서적 반응을 결정하고, 정서의 외적 표현과 그 사람이 느끼는 실제 정서

사이에는 불일치가 존재할 수 있음을 이해하였다. 정서에 대해 생각하는 세 번째 시기에 아동은 어떤 사람이 다양한 관점에서 주어진 상황에 대해 고찰할 수 있기에 동시에 또는 순차적으로 서로 다른 감정을 경험할 수 있음을 이해하였다. 9세부터 대다수 아동은 주인공이 다수의, 혼합된, 그리고 심지어 모순적이거나 양가적인 정서를 가질 수 있음을 이해하였다. 이 세 개의 시기는 위계적으로 조직되는데, 초기의 이해는 이후에 나타나는 이해의 필요조건이다.

이러한 연구자들은 그들 연구에 기초하여 Test of Emotion Comprehension을 개발하였다. 이는 정서의 얼굴 표정을 인식하기, 정서의 외적 원인을 이해하기, 느껴진 정서와 표현된 정서 간의 차이를 이해하기, 혼합된 정서를 이해하기 등 9개 문항으로 구성되었다. 연구자들은 연령이 증가하면서 아동들이 이 검사에서 더 나은 수행을 보이며(Aldrich et al., 2011; Kårstad et al., 2015), 같은 나이의 아동들 사이에서도 어떤 아동은 다른 아동에 비해 더 나은 수행을 보인다는 것(Pons & Harris, 2005)을 발견하였다. 정서 이해에서 더 높은 점수를 받은 아동은 더 인기가 있었고(Harris, 2008), 더 친사회적이었으며(Belacchi & Farina, 2010; Ensor et al., 2011), 더 공감적이었고(Belacchi & Farina, 2012), 사회적으로 더 유능하였다(Castro et al., 2016; Trentacosta & Fine, 2010). 마지막으로, 아동의 정서 이해를 향상시키려는 최근의 개입방법은 정서 이해의 모든 측면에서 아동의 점수를 성공적으로 증가시켰다(Sprung et al., 2015).

## 정서 조절

정서발달의 또 다른 중요한 측면은 **정서 조절(emotion regulation)**이다(Cole et al., 2004; Eisenberg et al., 2017; Gross, 2015; Thompson, 2011). 장거리 비행에서 아이 옆에 앉아 본 적이 있는 사람이라면 분명 누구나 동의할 텐데, 아동이 정서를 조절하는 법을 배우는 것은 필수적이다. 아동은 자신의 정서적 반응을 모니터링하고 수정하며 그들의 정서적 각성과 부정적 폭발의 강도와 지속 시간을 줄일 필요가 있다(Thompson, 2011). 이것이 중요한 이유 중 하나는 정서를 조절할 수 있어야 아동이 더 기분이 좋아질 수 있다는 점이다. 두 번째 이유는 정서 조절이 비행기 옆좌석에 앉은 사람들을 포함하여 다른 사람들이 아동에게 긍정적으로 반응할 가능성을 증가시킨다는 점이다. 정서를 조절하는 능력의 변화는 뇌의 전전두피질(prefrontal cortex)의 성숙과 연합된다(Thompson, 2011).

정서 조절의 기원은 출생 전 태아가 엄지손가락을 입으로 빨면서 스스로를 진정시킬 때부터 나타난다. 어린 영아는 정서를 조절하기 위해 매우 단순한 전략을 사용하는데, 예를 들어 낯선 사람을 만나게 되면 보채거나 얼굴을 돌린다. 더 나이가 들게 되면, 무서운 어떤 것에 직면하게 될 때 영아는 시선을 회피하거나 얼굴을 가리거나 스스로를 진정시키거나 놀이로 자신을 산만하게 한다(Bridges & Grolnick, 1995; Geangu et al., 2011; Mangelsdorf et al., 1995).

학령전기 아동들은 자신의 주의를 분산시키고, 어떤 자극으로 주의를 가게 하거나 그 자극에서 주의를 돌리며, 어떤 상황에 접근하거나 피하는 등의 정서 조절 전략을 사용한다(Denham et al., 2011). 그들은 정서를 조절하려는 자신의 노력과 감정 변화 간 연결을 보기 시작하고, 맥락에 맞는 적절한 대처 수단을 찾는 데 더 유연하게 된다. 강한 정서로부터 생겨난 행동 와해는 이 시기에 극적으로 줄어든다. 학령전기 후반쯤 아동은 울기, 소리 지르기, 바닥에 드러눕거나 장난감을 바닥에 내던지기보다는 입을 내밀고 불평을 하는 식으로 좌절에 대한 반응을 조절할 수 있다. 그들은 또한 어떤 상황에서 어떤 정서를 보여야 하는지를 다스리는 정서 규칙을 학습하며, 자신의 감정을 정서의 표현으로부터 분리시킬 수 있게 된다. 그러나 아동은 표현 규칙(display rules)에 대한 지식을 먼저 획득하고, 그다음에 자신의 표현을 능숙하게 조절할 수 있게 된다(Saarni, 2007). 표현 규칙을 따르려는 최초의 시도에서 어린 학령전기 아동들은 자신의 정서 표현을 단순히 과장하거나 최소화시킨다. 8세에서 10세 정도는 되어야 표현 규칙을 학습하여 자신이 행복하지 않을 때에도 미소를 짓고 실제로는 없는 고통을 꾸며 내고, 웃어서는 안 된다는 것을 알 때 즐거움을 감출 수 있다(Garner & Power, 1996; Saarni et al., 2006; von Salisch, 2008).

초등학교 시기 동안 아동은 일련의 가능한 조절 전략과 다양한 상황에서 각각의 효과성에 대해 더 잘 알게 되며, 정서를 조절하기 위해 인지적, 행동적 대처 전략을 더 많이 사용하게 된다(Denham et al., 2011; von Salisch, 2008). 예를 들어, 집을 떠나 야영지에 있을 때 울거나 혼자 있거나 두통 또는 복통을 겪는 대신에 자신을 기분 좋게 하고 대화를 할 수 있는 누군가를 찾음으로써 심한 향수병을 조절한다(Thurber & Weisz, 1997). 문화는 아동이 사용하는 정서 조절 유형을 어느 정도 형성시킨다. 서구 사회는 적극적인 문제 초점적 조절 전략을 사용하도록 아동을 사회화시킨다. 아시아 사회는 부정적 정서를 조절하고 체면을 지키며 사회적 조화를 유지하기 위한 방법으로 인내를 장려한다(Chin, 2007; Lee & Yang, 1998).

모든 아동이 정서를 조절하는 법을 배우긴 하지만, 어떤 아동은 다른 아동에 비해 정서 조절을 더 잘한다. 정서 조절을 잘하는 아동은 생물학적 이점을 갖고 출발한다. 제2장 기질 부분에서 언급했듯이, 영아와 아동은 그들의 정서적 반응성과 시선을 피하고 엄지 손가락을 빨고 양육자에게 가까이 가는 등의 전략을 사용하여 정서의 강도와 지속 기간을 수정하는 능력에서도 차이가 있다(Rothbart, 2011). 기질적으로 반응적이고 자신의 주의를 잘 조절하지 못하는(편안하게 하는 물체나 생각에 집중할 수 없는) 아동은 정서 조절을 못한다(Denham et al., 2011; Eisenberg et al., 2017). 그들은 강렬한 정서적 경험에서 벗어나는 능력을 방해하는 이중의 올가미에 매여 있다. 이 이중 구속은 생물학적 측정치에 나타나는데, 상을 기다리는 것 같은 좌절을 유도하는 과제에서 정서 조절을 잘 못하는 아동은 더 높은 수준의 부정적 정서성과 더 낮은 심장의 미주 신경 톤(cardiac vagal tone, 정서적 어려움에서 회복하는 능력을 측정하는 심장 박동의 생리학적 지표)을 갖고 있다(Santucci et al., 2008). 아동의 사회인지적 이해도 조절에 중요하다. 타인의 정서와 정서 표현 규칙을 이해하는 아동은 그런 지식이 부족한 또래에 비해 정서 조절을 더 잘한다(Hudson & Jacque, 2014).

정서 조절 능력은 아동의 이후 적응에 중요한 예측요인이다. 5세의 정서 조절 능력은 7세 때의 사회적 기술, 10세 때의 우정의 질과 또래 수용 모두와 연합된다(Blair et al., 2015). 좌절감을 주는 상황으로부터 주의를 돌리는 것으로 자신의 분노를 잘 조절하는 유치원 아동은 학교에 진학했을 때 덜 공격적이고 덜 산만하다(Gilliom et al., 2002). 표현 규칙을 더 잘 알고 이를 더 잘 사용하는 아동은 사회적으로 더 유능하고 또래에 의해 더 선호된다(Parke et al., 2006; Perry-Parrish & Zeman, 2011). 정서적 각성과 표현을 조절하는 것은 아동의 안녕감에 좋을 뿐 아니라 세상과 아동의 상호작용에도 좋다. 자신의 정서 표현을 조절할 수 있는 것은 아동이 자신이 원하는 관심과 승인을 구할 수 있게 돕는다(Tronick et al., 2005). 어른들은 아동이 울거나 물건을 집어던질 때보다는 미소 짓거나 슬퍼 보일 때 더 긍정적으로 반응한다(Howes, 2000).

## 성인기로의 확장: 성인기의 부정적 정서 통제하기

Fancy/Veer/Corbis/Getty Images Plus

아동기가 사람들이 부정적 정서를 다루는 자신의 전략을 향상시킬 수 있는 유일한 시기는 아니다. 성인기에도 가능하다. 나이 든 성인들이 이용하는 효과적인 대처 전략 중 하나는 긍정적인 생각으로 주의를 돌리는 것이다(Charles et al., 2003; Mather, 2012). 젊은 성인들은 종종 부정성 편향(negativity bias)을 보이는데, 이는 긍정적인 사건보다 부정적인 사건을 더욱 잘 기억하고 처리하는 경향이다. 그러나 이러한 편향은 나이가 들면서 점차 사라진다(Carstensen & DeLiema, 2018). 예를 들면, 슬픔, 분노, 공포, 행복감을 나타낸 얼굴 그림을 바라볼 때, 대학생들은 공포에 찬 얼굴을 가장 오래 바라봤으나 나이 든 성인들은 행복한 얼굴을 가장 오래 쳐다보았다(Isaacowitz et al., 2006). 이들은 "긍정적인 것을 강조하고, 부정적인 것은 제거하며, 긍정적인 사람들과 어울려라." 그리고 "언제나 삶의 긍정적인 면을 바라보라."는 시인의 말을 가슴에 새긴 것이 분명하다. 사진 속의 나이 든 커플은 앨범을 보면서 좋은 시절을 떠올리며 즐거워하고 있는 게 분명하다. 노화에 따른 이러한 긍정성 효과는 기억에 대한 주의에 영향을 미치는데, 예를 들어 나이 든 성인들은 정서적으로 더 만족스러운 것으로 자신의 기억을 왜곡한다(Mather & Carstensen, 2005). 이들은 부정적인 표정의 얼굴보다 긍정적인 얼굴을 더 잘 기억했지만, 이러한 편향은 젊은 성인들에게서는 나타나지 않았다(Mather & Carstensen, 2003). 자극에 대해 처음으로 주의를 기울일 때조차 나이 든 성인들은 긍정적인 면에 집중했다. 긍정적 이미지를 볼 때, 이들에게서 정서 조절과 관련된 뇌 영역인 복내측 전전두피질(ventromedial prefrontal cortex)이 부정적 이미지를 볼 때보다 더욱 활성화되었다. 젊은 성인들에게서는 이와 반대되는 결과가 나타났다(Leclerc & Kensinger, 2008).

정서사회적 선택 이론(socioemotional selectivity theory)에 따르면, 연령이 증가함에 따라 사람들은 시간의 유한성에 대해 더 많이 지각하게 되고, 따라서 긍정적인 경험은 증가시키고 부정적인 경험은 감소시키기 위해 정서 조절에 더 많은 노력을 기울이게 된다(Charles & Carstensen, 2014). 이를 위해 사람들은 주의의 방향을 돌리고, 환경의 더 긍정적 측면을 편향되게 기억하고, 부정적인 사회적 사건에서 빠져나오려 한다. 예를 들면, 모든 부정적 정서가 나이에 따른 변화를 보이는 것은 아니지만, 나이 든 성인들은 젊은 성인들보다 대인관계 갈등에 대해 덜 분노한다(Charles & Carstensen, 2008). 분노와 달리, 슬픔은 나이 든 집단과 젊은 집단에서 비슷하게 나타난다(Kunzmann & Thomas, 2014). 나이 든 성인들은 젊은 성인에 비해 대인 간 갈등을 피하려는 경향이 더 크다(Luong et al., 2011). 이들은 사회적 파트너를 더욱 조심스럽게 고르며, 자신의 사회적 관계망을 사랑하는 사람들로 제한할 가능성이 높다(Carstensen et al., 1997). 나이 든 사람들은 젊은 사람들에 비해 사회적 상호작용 시 더욱 상호적이고 더욱 너그러운 경향이 있다(Luong et al., 2011). 나이 든 성인들은 젊은 성인들에 비해 긍정적인 기억을 더 많이 가지고 있는데, 이는 이들이 정서적으로 더 만족스러운 쪽으로 기억을 왜곡하기 때문이다(Mather & Carstensen, 2005). 이들은 부정적인 얼굴보다 긍정적인 얼굴을 더욱 잘 기억하지만, 젊은 성인들에게서는 이러한 편향이 나타나지 않는다(Mather & Carstensen, 2003). 자극에 처음으로 주의를 기울일 때조차 나이 든 성인들은 긍정적인 면에 초점을 맞추며, 긍정적인 이미지를 볼 때 이들에게서 정서 조절과 관련된 뇌 영역인 복내측 전전두피질이 부정적 이미지를 볼 때보다 더욱 활성화된다. 젊은 성인들에게서는 이와 반대되는 결과가 나타난다(Leclerc & Kensinger, 2008).

나이 든 성인들은 그들이 젊었을 때보다도 자신의 정서를 더 잘 조절하고 있으며(Charles & Carstensen, 2014), 더 적은 부정적 정서를 경험하고(Gross et al., 1997; Lawton et al., 1993), 부정적인 정서 에피소드도 덜 오래간다고 보고한다(Charles & Piazza, 2009). 강점 및 취약성 통합(Strength and Vulnerability Integration: SAVI)에 대한 이론적 모형에 따르면, 부정적 경험을 줄이기 위해 어떻게 살아야 하는지 배우는 것은 나이가 들며 견고해진다(Charles & Luong, 2013). 예를 들어, 부정적인 각성상태를 피하려는 목적으로, 나이 든 성인들은 그 상황으로부터 분리하여 자신의 생각과 행동을 재설정하거나 정서적 반응을 느끼거나 드러내지 않기 위해 노력하여 분노를 통제한다. 이들은 정서에 직면하거나 이를 반추하거나 문제의 원인으로 보이는 사람에게 분노를 표현하지도 않는다(Blanchard-Fields & Coats, 2008; Coats & Blanchard-Fields, 2008). 그러나 나이 든 성인들이 부정적인 사건을 피할 수 없는 경우에는 강한 정서적 반응이 갖는 신체적 효과에 더욱 취약하다. 부정적인 상황을 마주하는 순간, 나이 든 성인들은 젊은 성인보다 더하지는 않지만 그만큼 강하게 반응한다(Kliegel et al., 2007; Scott et al., 2017). 그러나 부정적 정서를 유발하는 상황을 더 자주 피하는 것이 나이 든 성인들에게 도움이 되는데, 과거의 부정적 사건을 무시하는 대신 이를 반추한다면, 혈압에서 알 수 있듯이 이들은 젊은 성인들에 비해 스트레스 요인으로부터 회복되는 데 더 힘든 시간을 겪는다(Robinette & Charles, 2016). 나이 든 성인들은 젊은 성인들에 비해 정서적 안녕감이 더 좋은데, 부정적 정서에 대한 관리 향상이 중요한 원인이다. 마지막으로, 긍정적인 것은 중요한 시사점을 지니고 있는데, 정서적 경험이 수명을 예측한다는 사실이다. 일상에서 부정적 정서보다 긍정적 정서를 상대적으로 더 많이 경험한 사람들은 13년의 기간 동안 생존해 있을 가능성이 더 높았다(Carstensen et al., 2011).

## 정서 사회화

아동은 사람들이 정서적으로 자신에게 어떻게 반응하는지 보고 사람들이 서로서로 어떻게 반응하는지를 관찰하여 정서에 대해 학습할 수 있다. 엄마, 아빠가 말다툼하는 것, 형제자매가 다투는 것, 할머니가 여동생에게 미소 짓는 것을 관찰하는 것은 모두 정서의 세계를 학습하는 방식이다. Denham과 동료들(Denham, 1998; Denham et al., 2015)은 사람들이 아동의 정서를 사회화시키는 세 가지 방식을 확인하였다([그림 4-4] 참조). 첫째, 사람들은 정서적 표현의 모델을 제공한다. 둘째, 사람들은 정서를 격려하거나 억제하는 방식으로 아동의 정서에 반응한다. 셋째, 사람들은 자신과 다른 사람의 정서적 반응에 대해 이야기함으로써 정서적 코치의 역할을 한다.

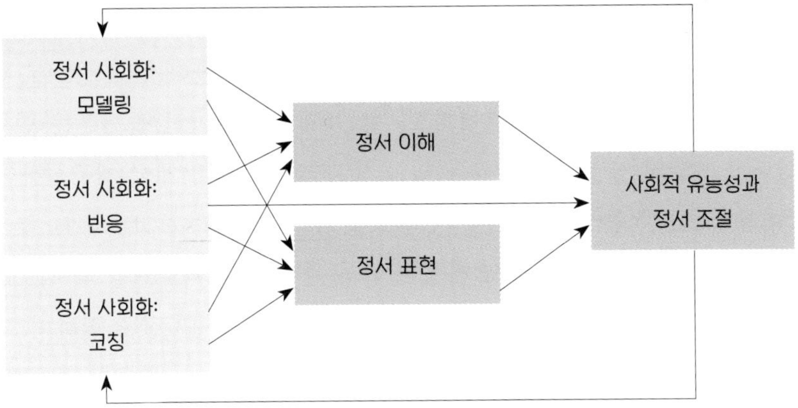


[그림 4-4] 정서 사회화 모델

사회화 연습은 정서의 이해와 표현에 변화를 가져오며, 이는 다시 사회적 유능성과 정서 조절능력의 변화로 이어진다.

출처: Emotional Development in Young Children (Paper) by Susanne A. Denham. Copyright 1998 by Guilford Publications, Inc. Reproduced with permission of Guilford Publications, Inc. in the format textbook via Copyright Clearance Center.

## 부모에 의한 사회화

아동은 그들 부모를 관찰함으로써 정서 표현에 대한 상당 부분을 학습한다. 어떤 부모는 정서적 반응이 미온적이고 억제되어 있지만, 다른 부모는 정서를 겉으로 드러내며 강렬하기까지 하다. 많은 연구에 따르면 아동의 정서는 그들 부모의 정서를 반영하는데, 그들은 정서적 표현성과 그들이 보이는 정서의 유형에서 유사하다. 긍정적 정서가 풍부한 부모와 함께 성장한 아동은 긍정 정서를 더 많이 표현하고, 부모가 고통에 민감하게 반응하는 아동은 더 공감적이며, 적대감과 갈등을 흔히 보이는 부모의 자녀는 부정 정서를 더 많이 보인다(Ayoub et al., 2006; Denham et al., 2007; Halberstadt et al., 2002; Newland & Crnic, 2011). 어머니뿐 아니라 아버지도 중요한 사회화 역할을 한다. 아버지가 분명하게 정서 표현을 할 때 그들의 학령기 자녀는 정서적 표현을 인식하는 데 더 유능할 가능성이 있다(Dunsmore et al., 2009). 부모와 자녀의 정서 간 이러한 연결은 아동기에 끝나지 않는데, 정서적 교환의 상호적 패턴이 청소년과 그들 부모 간에도 관찰된다(Kim et al., 2001).

아동은 또한 그들 부모로부터 정서 조절을 학습한다. 어머니가 실망스러운 상에 대해 이야기하는 대신 상이 담긴 가방의 스티커를 보게 하는 경우처럼 고통스러운 자극으로부터 자녀의 주의를 돌리기 위해 다른 곳에 주의를 맞추게 한다거나, 상으로 받은 아기 양말은 가족이 알고 있는 다른 아기에게 줄 수 있다거나 손가락에 끼우는 인형으로 사용할 수 있다고 제안하는 것처럼 상황을 더 이상 부정적이지 않게끔 재구성한다면, 이런 전략들은 아동이 표현하는 분노와 슬픔의 강도를 낮춘다(Morris et al., 2011). 부모가 학령전기 아동과 상호작용 시 긍정적이고 아동이 화가 나 있거나 괴로워할 때 위로를 제공한다면, 아동은 분노에 더 건설적인 반응을 발달시키고, 정서를 더 잘 조절하며, 정서가 어떻게 표현되어야만 하는지를 알게 된다(Eisenberg & Fabes, 1994). 부모가 자녀가 정서, 특히 부정적 정서를 표현할 때 꾸짖거나 처벌할 때 아동은 정서 조절의 어려움을 갖게 된다(Parke et al., 2006; Valiente & Eisenberg, 2006). 학대받은 아동은 보통 정서 조절을 잘하지 못한다(Cicchetti & Toth, 2015; Pollak & Sinha, 2002; Shipman et al., 2007). 자녀의 정서를 하찮게 여기거나 "네가 슬퍼해야 할 이유는 없어."처럼 무효화하거나 "걱정하지 말고 가서 TV나 봐."라는 식으로 자녀가 어떤 감정인지에 관심이 전혀 없는 부모는 자녀에게 그들의 정서를 어떻게 조절해야 하는지를 가르치지 않는다. 이런 식의 정서 무효화를 경험한 청소년은 높은 수준의 정서적 조절불능과 더 많은 내재화, 외현화 문제를 보인다(Buckholdt et al., 2014). 자녀들 앞에서 싸우는 부모 역시 자녀의 정서 조절을 돕는 데 실패하고 있는 것이다. 높은 수준의 가정 폭력에 노출된 아동은 정서를 조절하는 데 더 큰 어려움을 겪는다(Katz et al., 2007). 그러나 만약 부모가 그들의 논쟁을 건설적으로 해결한다면, 자녀는 정서 조절의 문제를 덜 겪게 된다(Cummings & Davies, 2010).

부모는 자녀를 적극적으로 코칭하고 그들이 정서를 이해하고 조절하는 것을 돕는 교훈을 제공할 수도 있다. 심리학자 John Gottman에 따르면, 자녀를 걱정하고 따뜻하며 자녀에게 관여된 부모조차도 때때로 자신의 감정과 자녀의 감정에 대한 태도로 인해 자녀에게 대화할 수 없게 된다. 이런 부모들은 자신의 돌봄을 기본적 코칭 기술을 활용할 수 있는 쪽으로 전환할 필요가 있다. 그의 저서인 *The Heart of Parenting: Raising an Emotionally Intelligent Child*에서 Gottman은 정서 코칭(emotion coaching)을 구성하는 양육의 다섯 가지 측면을 정리하였다(Gottman & De-Claire, 1997).

1. 자녀의 정서를 인식하기

어느 날 아침 5세인 에이든과 엠마는 함께 놀고 있었다. 엠마의 어머니는 이제 코트를 챙겨 입고 집으로 가야 할 시간이라고 말하였다.

"가기 싫어."라고 엠마가 불평하였다.

자기 장난감을 함께 사용하는 것에 지친 에이든이 "넌 이제 집에 가."라고 말하였다.

"에이든, 우린 사람들한테 그런 식으로 말하지 않아."라고 그의 어머니가 바로 잡았다. "그건 사람들의 감정을 상하게 해. 나는 네가 장난감을 엠마와 함께 가지고 노는 것에 지쳤다는 것을 알아, 그렇지만 엠마는 네 친구고 네가 그렇게 말하면 그녀의 감정을 상하게 해."

2. 친밀감과 가르침의 기회로 정서 표현을 인식하기

에비는 새로운 어린이 풀장에 들어가야 하는지 나와야 하는지 결정할 수가 없었고 결국 주저앉아 울었다. 그녀의 어머니는 그렇게 행동할 수 없다고 에비에게 말하였다. 그녀는 에비가 잠시 울게 놔둔 후 그녀를 달래고 무슨 일이 벌어졌는지에 대해 이야기하였다. 에비는 어떤 정서 표현은 수용되지 않으며 감정을 분출시키는 것보다는 감정에 대해 이야기하는 것이 모두가 풀장으로 돌아가 즐거운 시간을 보냈기 때문에 긍정적 결과를 가져올 수 있음을 배웠다.

3. 공감하여 듣고 아동의 감정을 타당화하기

매트와 어머니는 무서운 이야기를 담은 그림책을 보고 있었다.

"그들은 무서웠어. 그들은 개를 들어 안전한 곳에 두었어. 무서워하는 것 보이지?" 그의 어머니가 말했다.

"정말 무서워하는 얼굴이야." 매트도 동의했고 그들은 계속해서 이야기를 읽었다.

4. 아동이 이해할 수 있는 단어로 정서를 명명하기
엠마의 어머니는 함께 그림책을 보면서 이러한 적절한 단어들을 사용했다.

"그 소년은 분명 혼란스러워하는(discombobulated) 것 같아, 그렇지 않니?"라고 하는 대신 "깜짝 장난감이 상자에서 갑자기 튀어 올라왔을 때 그 소년은 놀랐고(surprised) 좀 무서웠어(scared)."

5. 아동이 적절한 방식으로 문제를 풀거나 화나는 상황을 다룰 수 있도록 돕기
에이든이 여동생의 생일파티 후 흥분이 가라앉지 않자, 그의 아버지는 그를 진정시켰다.

> "나는 네가 지금 동생의 새로운 장난감을 가지고 놀 수 없기 때문에 불만스러운 것을 알아. 새로운 장난감이 네 차례가 될 때까지 네가 가지고 놀 수 있는 장난감을 찾아보자."

Gottman은 이런 정서 코칭 기법을 사용하는 부모의 자녀들이 부모에 의해 코칭을 받지 못한 아동에 비해 더 정서적으로 유능함을 발견하였다. 부모가 이런 식의 가르침을 주는 아동은 화가 났을 때 자신을 진정시키며 스스로 정서적 불편함을 더 잘 다스릴 수 있고, 사람을 더 잘 이해하며, 다른 아동들과 더 좋은 우정을 쌓고, 또래들로부터 더 잘 수용된다(Gottman et al., 1996; Gottman & DeClaire, 1997; Katz et al., 2012). 그들은 타인의 관점을 취하고 자신과 타인의 정서를 이해하는 데 더 능하다. 관련 연구에서 Judy Dunn과 동료들은 감정 상태에 대한 3세 아동과 어머니의 대화는 6세 때 다른 사람들의 감정을 이해하는 아동의 능력을 예측함을 발견하였다(Dunn, 2015; Dunn & Hughes, 1998). 부모가 아동이 정서에 대해 배우는 것을 돕는 또 다른 방법은 과거에 함께 공유한 정서적 경험에 대해 이야기를 나누는 것이다. 추억에 대해 이야기하는 어머니의 자녀는 훨씬 논리정연하고, 정서적으로 표현적인 자서전적 이야기를 말할 수 있으며, 자신의 정서를 더 잘 조절할 수 있다(Fivush, 2007, 2013). 일반적으로 어머니와 감정에 대해 더 많이 이야기한 아동이 정서 이해와 조절에서 더 뛰어나다(Garner, 2006; LaBounty et al., 2008).

물론 이는 모두 상관 연구의 결과이며, 어쩌면 정서 사회화에 능한 어머니가 정서 이해를 촉진시키는 기질을 지닌 자녀를 가졌을 수도 있다. 그러나 연구자가 이야기 삽화를 사용해서 아동에게 정서적 반응의 원인을 설명하는 실험적 연구도 아동의 정서 이해를 향상시키며, 이는 실제로 부모가 아동의 정서적 역량을 형성하는 데 인과적 역할을 한다는 것을 시사한다(Tenenbaum et al., 2008).

자신의 정서를 조절하는 데 능한 어머니는 특히 자녀의 정서 사회화에 기여하는데, 정서에 대한 더 많은 가르침과 긍정 정서와 부정 정서 간 더 좋은 균형을 제공한다(Perlman, Camras, et al., 2008). 그들 자녀는 얼굴 표정과 정서 상황에 대해 더 많은 것을 안다. 마찬가지로 더 긍정적인 정서를 지닌 어머니도 정서 사회화를 더 잘하는데, 그들

은 자녀의 정서 상태에 민감하고 자녀와 긍정 정서를 공유하며 자녀의 자부심과 효능감에 기여한다(Hoffman et al., 2006). 운 좋게도 아동의 정서 학습을 지지해 주는 부모가 한 명 있는 것은 그렇지 않은 다른 부모의 영향을 상쇄시킬 수 있다(McElwain et al., 2007).

## 다른 아동들에 의한 사회화

또래와 형제자매도 아동의 정서를 사회화시킨다. 아동이 분노를 표시할 때 다른 아동들은 분노, 거부, 또는 불승인으로 반응하기 쉽다(Denham et al., 2007; Fabes et al., 1996). 아동이 행복하게 행동할 때 또래들은 승인하는 경향이 있다(Sorber, 2001). 이러한 또래 반응은 아동에게 부정 정서와 긍정 정서를 표현하는 것의 결과를 가르친다. 또한 또래들은 아동이 정서 이해와 지식을 향상시키도록 도울 수 있다. 한 연구에서 또래들과 좋은 관계를 지닌 유치원 아동들은 사회적으로 고립된 아동들에 비해 그해 동안 정서 지식이 증가하였는데, 아마도 그들이 또래와의 상호작용 속에서 정서의 뉘앙스에 대해 학습할 기회가 더 많았기 때문일 수 있다(Dunsmore & Karn, 2004). 형제자매, 친구들과 가장 놀이(pretend play)를 하는 것은 아동이 다른 사람들의 감정을 이해하는 것을 돕는다(Dunn & Hughes, 2001). 마찬가지로 아동은 자신의 분노폭발에 대해 형제자매가 긍정적 또는 부정적으로 반응하거나 그들 부모에게 알릴 때 정서에 대해 학습한다(Denham et al., 2007; Kramer, 2014). More Fun with Brothers and Sisters 같은 프로그램은 아동에게 형제자매의 정서적 반응을 어떻게 식별하고 모니터링하며 평가하고 변화시키는지를 가르친다. 이러한 프로그램은 아동의 정서 조절 기술을 향상시키며 형제자매와의 더 긍정적인 관계로 이끈다(Kennedy & Kramer, 2008).

### 연구 들여다보기: 고등학교 연극 프로그램에서의 정서발달

정서 사회화에 대한 대부분의 연구는 어린 아동에게 초점을 맞추고 있다. 그러나 정서 사회화는 청소년기에도 계속된다. Reed Larson과 Jane Brown(2007)은 〈레미제라블〉을 고등학교 연극으로 만드는 과정에서 청소년기에 어떻게 새로운 정서적 기술이 학습되는지 연구하였다. 배역 선정부터 작품 제작 기간에 걸쳐 상세한 질적 인터뷰와 관찰이 이루어졌으며, 이를 통해 청소년이 경험하는 정서를 확인하고 연극 제작에 참여하는 것이 청소년들의 정서발달을 어떻게 변화시켰는지 탐색하였다.

실망감은 흔한 초기 정서였는데, 많은 학생이 원하던 배역을 얻지 못했기 때문이었다. 하지만 학생들이 자신의 실망감에 대해 친구들과 이야기를 나누고 주어진 배역에 젖어 들게 되면서 이러한 실망감은 1~2주 내에 사라졌다. 리허설에 참여하고 자기 역할을 숙지하기 시작하면서, 학생들은 흥분, 만족감, 고양감, 아드레날린 분출을 자주 경험하는 것으로 보고했다. 흔히 고양감은 집단 내에 만연해 있었다. 마리나는 다음과 같이 말했다.

> "무대 위에 있을 때, 에너지는 전염성이 있어요. 제가 크게 노래를 하고 이에 흥분하게 되면 보통 그 흥분은 퍼져 나가고 다른 사람들도 그걸 느끼는 것과 같죠."

시간이 경과하고 부담이 쌓이게 되면, 분노와 대인관계 스트레스가 보고되었다. 이러한 부정적 정서 또한 전염되었다. 거의 대부분의 학생이 자기중심적이거나 방해를 일삼는 또래들에 대해 불만을 느꼈다. 연극 준비가 끝나 갈 무렵 몇몇 학생은 사람들 앞에서 공연할 생각에 불안해했다. 하지만 집단의 지지는 곤두선 신경을 진정시키고 긴장한 배우들이 자기 일을 계속할 수 있도록 도와주었다. 정서적 절정은 〈레미제라블〉을 성공적으로 공연했을 때 모두가 느낀 고양감이었다. 공연 후 이루어진 인터뷰에서 몇몇 청소년은 연극이 끝나서 슬프다고 보고했다.

연극 경험은 이들 청소년에게 실망, 고양감, 좌절, 불안을 포함하는 일련의 독특한 정서적 경험을 제공하였다. 이 경험으로부터 다양한 종류의 정서적 학습이 일어났다. 먼저, 학생들은 정서에 대해 추상적인 지식을 얻었으며, 그중에서도 특히 정서와 성격 간의 연결에 대한 지식을 얻었다고 보고했다. 이들은 동료 배우 중 몇몇은 남들보다 더 변덕스럽고 감정적이라는 점을 배웠다. 나아가, 그러한 정서성의 차이가 진짜일 수도 있고, 단지 그렇게 보이는 것일 수도 있음을 배웠다. 자신의 정서적 패턴에 대한 인식 또한 증가했다. 몇몇 학생은 자신이 맡은 역할을 만들어 내는 상상의 과정을 통해 다른 사람의 입장이 되어 보고 다른 사람의 정서를 경험해 보며 배움을 얻었다고 말했다. 덧붙여 이들은 피로, 스트레스, 비판, 성공과 같이 정서에 영향을 미치는 요소에 대한 지식을 얻었고, 정서가 집단에 어떻게 영향을 미치는지에 대해서도 민감해졌다고 말했다. 집단이 행복하면, 일도 훨씬 더 부드럽게 진행되었다. 또 다른 주요한 발전은 분노와 대인관계 스트레스를 다루는 법을 배운 것이었다. 학생들은 원하는 배역을 얻지 못했다는 실망감을 다루고, 불안을 관리하며, 연극 제작으로 자기 시간이 부족해지면서 생겨난 스트레스를 줄이기 위한 전략들을 만들어 냈다고 보고했다. 가장 빈번히 언급된 주제는 제작과정에서 경험했던 대인관계 스트레스를 다루는 방법을 배운 일이었다. 분노, 특히 또래에 대한 분노는 힘들었지만, 배움의 자극이 된 것 같았다.

2년 후 이들을 다시 인터뷰했을 때, 몇몇 학생은 다른 사람에 대한 부정적 반응을 참는 법을 배운 것이 연극 경험에서 얻은 가장 중요한 교훈 중 하나라고 말했다. 이들은 분노를 억제하고, 긴장을 풀며, 흥분을 가라앉히는 법을 배웠다. 이들은 또한 자신의 분노를 증가시켰던 요소들을 보상하는 법을 배웠다. 잭이라는 한 학생은 피곤할 때 자기가 얼마나 감정적이 되는지 관찰하고 다음과 같이 말했다.

> "일단 피곤하면 감정적이 된다는 걸 인식할 수 있게 배워야만 하고, '그래. 오늘은 너무 힘든 날이었고, 평소보다 더 조심할 필요가 있어.' 식으로 가야 해요. 왜냐하면 나는 내가 쉽게 화를 낼 거고, 어떤 것들을 다루는 것이 쉽지 않을 수 있음을 알기 때문이에요."

학생들은 결과물을 향상시키기 위해 긍정적 정서를 이용할 수 있다는 점 또한 배웠다. 사라는 집단의 분위기를 밝게 하고 긴장된 상황을 풀어 주기 위해 코미디를 사용하는 법을 배웠다고 말했다. 학생들은 거의 항상 그들이 겪었던 과정에서 서로가 정서적인 사건을 이해하는 것을 돕고 이를 어떻게 다루어야 하는지 이야기 나누었던 능동적 학습의 협력자였던 것으로 기술하였다. 학생들은 그 과정을 촉진시킨 성인 지도자의 공을 인정했는데, 이들은 정서에 대해 추상적으로 가르치려 하지 않고 함께 일하는 과정에서 발생했던 정서로부터 배울 수 있는 여건을 조성해 주었다.

## 교사에 의한 사회화

교사 역시 아동의 정서발달을 촉진시킨다. 특히 학령전기에 교사는 아동의 사회적 성공에 매우 중요한 정서 기술의 발달에서 의미 있는 역할을 한다(Denham et al., 2015). 교사는 걸음마기 아동이 부정 정서를 조절할 수 있도록 신체적 위로와 분산시키기를 사용한다. 학령전기 아동을 대상으로 교사는 아동이 자신의 분노, 좌절, 또는 슬픔의 원인을 이해할 수 있게 언어적 중재와 설명을 사용하며 아동에게 그런 부정적인 정서를 표현하는 건설적인 방법을 가르친다(Ahn, 2003; Morris et al., 2013). 아이들이 초등학교에 준비될 수 있도록 학령전기에 교과목을 배우게 하라는 압력이 있긴 하지만, 여러 연구자는 정서 학습이 학교 준비성의 중요한 요소임을 인식해 왔으며, 학령전기 아동들이 그들의 정서적 역량을 향상시키도록 도울 수 있게 교사를 훈련시켜 왔다(Denham & Burton, 2003; Izard et al., 2008).

### 실생활 적용: 정서적 유능성의 촉진자로서의 교사

솔직히 말해, 네 살짜리는 사랑스럽지만 동시에 자기중심적이고, 충동적이고, 자제력을 잃고 폭발해 버리기 쉽기도 하다. 이들에게 다른 아동의 정서적 신호를 이해하고 자신의 정서를 조절하는 법을 가르치면 갈등이나 정서적 붕괴를 피하도록 도울 수 있다. The Preschool Promoting Alternative Thinking Strategies(PATHS) 커리큘럼은 교사가 아동의 사회-정서적 기술 학습을 촉진시킬 수 있는 환경을 조성할 수 있도록 돕기 위해 고안되었다. 이는 Head Start 교사가 집단 활동 시간 중 한 주에 한 번 실시하는 30개 수업으로 구성되어 있다(Domitrovich et al., 2007; Morris et al., 2014). 커리큘럼의 일차 목표는 자기 자신과 다른 사람의 정서에 대한 인식과 의사소통을 발전시키기, 각성과 행동의 자기-통제를 가르치기, 긍정적인 자기개념과 또래관계를 촉진하기, 자기-통제, 정서 인식, 의사소통 기술의 통합을 촉진시켜 아동의 문제해결 기술을 발달시키기, 그리고 사회정서학습(social-emotional learning)을 지원하는 긍정적인 교실환경을 만들기를 포함한다. 이러한 수업 외에도 교사들은 집단 게임이나 미술 수업, 책 읽기와 같은 활동을 통해 관련 개념들을 촉진시킨다.

프로그램이 끝날 무렵 PATHS 프로그램에 참여했던 아동들은 더 많은 정서 어휘를 알고 있었다. 커리큘럼에 노출되지 않았던 아동들과 비교할 때, PATHS 참여 아동들은 정서적 표현에 정확한 이름을 붙일 수 있었고, 기분과 얼굴 표정을 더욱 정확하게 식별할 수 있었다. 이들은 서로 다른 기초 정서들을 유발하는 상황 또한 정확하게 식별할 수 있게 되었다. 게다가 PATHS에 대한 노출은 아동의 분노 귀인 편향을 유의하게 감소시켰다. PATHS 참여자들은 PATHS 경험이 없는 아동들에 비해 정서 표현을 분노로 잘못 파악할 가능성이 더 적었다. 아동의 정서 지식을 증가시키고 분노 편향을 감소시키는 것은 PATHS 참여 아동들이 또래와의 사회적 상황에서 성공적일 가능성을 증가시켰다. 실제로 PATHS 교실의 교사들은 통제 교실의  교사들에 비해 자기 학생들을 더 협동적이고, 정서에 대한 인식이 높고, 대인관계 기술이 좋은 것으로 기술하였다.

또 다른 학령전기 커리큘럼은 단어 읽기와 정서 읽기 모두를 다루었는데, 이는 아동의 학업적 기술과 사회정서적 기술이 서로 밀접하게 관련되어 있기 때문에 합리적인 접근이다. Karen Bierman과 그녀의 동료연구자들은 44개의 Head Start 교실을 두 개 집단으로 나누었다. 절반은 전통적인 Head Start 커리큘럼을 따르고, 다른 절반은 REDI

(Research Based Developmentally Informed, 연구에 기반하여 발달적으로 적절한) Head Start(Bierman et al., 2008; Nix et al., 2016)라는 프로그램을 따랐다. 이 프로그램은 아동에게 읽기 준비성(reading readiness)뿐 아니라, 구체적인 정서 관리, 사회적 문제해결 기술 또한 가르친다.

프로그램의 스타 중 하나는 지혜로운 늙은 거북의 조언을 따르는 거북 트위글이었다. 늙은 거북에 따르면, 트위글이 속상할 때는 등딱지 안으로 들어가 깊이 심호흡을 하고, 무엇이 자기를 괴롭혔고 그래서 자기가 어떤 기분인지를 말해야 했다. 유치원 교사들이 주로 하는 "말로 표현하라" 같은 모호한 조언보다, 교사들은 유치원생들에게 다음과 같이 말하게 된다. "자기 껍데기 안에 있는 트위글처럼 팔짱을 껴 봐. 수지가 제임스가 원하는 장난감을 가져간다면 제임스가 뭐라고 말해야 하는지 연습해 보자. 빌리가 토미에게 나쁜 말을 한다면 뭐라고 말해야 하지?", '트위글처럼 되기'는 인기를 끌었다. "당신은 교실 한쪽에 있는 아이들을 보게 될 거예요. 어떤 아이가 일어나서 거북이 역할을 하며 말을 하고, 또 다른 아이가 일어나서 거북이 역할을 하며 말을 하고, 그러고 나서 아이들은 앉아서 다시 놀아요."

한 해가 끝났을 때, REDI 프로그램의 유치원생들은 일반적인 Head Start 프로그램의 아이들보다 사회적, 학업적 측면 모두에서 더 높은 학교 준비성 점수를 받았다. 이들은 다른 사람의 정서를 인식하고, 갈등적인 상황에 적절하게 반응하는 더 좋은 기술을 지니고 있었다. REDI 프로그램에 참여한 아동들의 70%는 파괴적 행동을 거의 또는 전혀 보이지 않았던 반면, 일반 프로그램에서는 56%의 아동만 그랬다. 게다가 REDI 집단 아동들의 부모는 전통적 프로그램에 참여한 아동들의 부모보다 가정에서 더 적은 충동성, 공격성, 주의 문제를 보고했다. 최근 평가에 따르면, 이 개입의 긍정적 효과는 원래 3학년이었던 아동이 8학년이 된 5년 후에도 지속되었다(Nix et al., 2016).

AP Photo/Carolyn Kaster/Wide World Photos

펜실베이니아 주립대학교 University Park 캠퍼스의 Bennett Family Child Care Center에서 교사가 네 살 아동들에게 거북이 트위글의 갈등해결전략을 보여 주고 있다.

## 정서발달이 잘못될 때

아동들의 개인차에도 불구하고, 아동 대부분은 보통의 사회적, 정서적 어려움을 잘 다룰 수 있게 하는 정서 패턴을 발달시킨다. 그러나 일부 아동은 사회적 기능을 손상시킬 수 있는 극심한 분노, 공포, 불안, 우울 같은 정서 문제를 가지고 있다. 제11장 '공격성'에서 다루겠지만, 극심한 분노는 공격성과 폭력으로 이끌 수 있다. 극심한 공포는 아동과 가족에게 상당한 불편함을 야기할 수 있다. 다행스럽게도 이러한 공포의 대부분은 몇 년 이내로 사라진다(Gelfand & Drew, 2003). 높이에 대한 공포인 고소공포증이나 신체 질병에 대한 공포처럼 소수의 공포만이 더 오래도록 남아 있으며 전생애에 걸쳐 지속된다. 일반적인 걱정과 낮은 자신감으로 특징지을 수 있는 불안장애 역시 성인기까지 계속될 수 있다(Ollendick & King, 1998).

아동기에 가장 흔한 정서 문제는 **아동기 우울증(childhood depression)**이다. 이는 지난 2주 동안 아동이 우울해 보이거나 거의 모든 활동에서 흥미나 즐거움을 잃었을 때 진단된다. 우세한 기분은 슬픔과 낙담이라기보다는 짜증과 성마름일 수 있다. 가족 구성원들은 종종 이 아동들이 위축되어 있거나 전에는 즐겼던 활동들을 멈추었다는 것을 알아차린다. 예를 들어, 축구를 하는 것을 좋아하던 아동이 연습하지 않으려고 변명을 늘어놓기 시작한다. 우울은 식욕과 섭식을 방해하며 부모는 아동이 정상 또는 기대되는 체중 증가에 실패함을 보게 될 수도 있다. 우울의 또 다른 흔한 효과는 생각하거나 집중하거나 과제에 초점을 맞추는 능력이 손상되는 것이다. 급작스러운 성적 저하는 아동이나 청소년에게서 우울의 신호일 수 있다. 두통이나 복통 같은 신체 증상 호소도 우울한 아동에게서 드물지 않다. 남아에 비해 여아가 아동기 우울증을 두 배나 더 경험한다(Hilt & Holen-Hoeksema, 2014; Thapar et al., 2012).

> "줄리가 십대 청소년이 되었을 때 그녀는 정말로 변하기 시작했다. 그녀는 우리에게서 멀어졌고 불안하고 걱정이 많아졌으며 스스로를 의심하기 시작하였다. 그녀는 체중이 줄었고 불면에 시달렸다. 의사가 그녀에게 도움이 될 치료법이 있다고 말했을 때 우리는 안도하였다. 그녀는 이제 도움을 받고 더 좋아질 수 있다. 이는 우리 모두에게 힘든 시간이었지만, 특히 줄리에게 그러하였다. 그녀의 남동생 조는 이런 문제 없이 청소년기를 보냈다."

아동기 우울증은 부분적으로는 확실하게 진단하는 것이 어렵기 때문에 발생빈도가 낮게(2%) 나타나긴 하지만, 이는 상대적으로 안정적이고 성인기 우울과 유사하다(Cole et al., 2008). 우울증은 젊은이들의 상당수에서 약 13세부터 진단되기 시작하는데, 13세에서 18세 사이 청소년의 거의 6%가 우울 증상을 보고한다(Costello, 2006). 우울의 한 가지 불행한 결과는 자살의 증가이다. 예를 들어, 우울한 청소년은 우울하지 않은 청소년에 비해 자살 시도를 할 가능성이 6배 더 높다(Stewart et al., 2015). 자살은 청소년에게서 더 흔하지만, 심지어 초등학생들도 자살로 사망한다. 1993년에서 2012년 사이, 657명의 5~11세 아동이 미국에서 자살로 사망하였는데, 553명(84%)이 남아였고 104명(16%)이 여아였다. 미국 질병관리예방센터(Centers for Disease Control and Prevention)의 연구자들은 고등학생의 약 17%가 자살을 심각하게 고려하였고 14%가 구체적인 자살 계획을 세웠음을 발견하였다(Centers for Disease Control, 2015). 자살은 청소년과 젊은 성인(15~24세)의 사망원인 중 두 번째로, 사고 다음이다. 자살은 10~14세의 경우 사망원인 3위에 해당한다(CDC, 2017). 고등학생 중 17.7%는 자살을 심각하게 고려했으며, 14.6%는 자살 계획을 세웠고, 8.6%는 자살을 한 번 이상 시도한 적이 있으며, 2.8%는 의사나 간호사의 처치를 받아야만 했던 자살 시도를 한 적이 있었다(American Association of Suicidology, 2017; Centers for Disease Control and Prevention, 2017). 여성이 남성보다 자살 시도를 더 많이 하는 경향이 있지만 자살로 인한 사망은 더 적다. 이는 부분적으로 여성이 남성보다 약물 과다복용이나 음독, 질식 같은 방법을 더 많이 사용하고 남성은 총기나 폭발 같은 더 빠르고 분명한 결과를 가져오는 방법을 사용하는 경향이 있기 때문이다. 자살률은 도시나 교외보다는 시골 지역에서 더 높은데, 사회적 고립, 총기 보유, 경제적 어려움, 정신건강과 응급건강관리서비스 접근성이 떨어지는 것 등 다양한 이유와 관련이 있다(VanOrman & Jarosz, 2016).

문화 역시 자살에 중요한 역할을 한다. 자살률은 일본처럼 자살을 명예로운 전통으로 간주하는 오랜 역사를 지닌 나라에서 높다. 자살을 종교적 가르침의 위배로 간주하는 이슬람교와 기독교 국가에서는 자살률이 낮다. 북미 원주민 청소년의 자살률은 높은데, 한 연구는 그들의 자살률이 일반 인구의 청소년 자살률보다 5배나 더 높음을 발견하였다(Chandler et al., 2003). 가난, 전통문화의 상실, 제한된 교육 및 직업 기회, 술과 약물 사용 등 많은 요인이 이러한 높은 사망률에 기여한다. 도심 지역 아프리카계 및 라틴계 미국인 폭력조직에서 자살률이 증가하고 있다(Rotherman-Borus et al., 2000).

우울과 자살은 흔히 연결되어 있긴 하지만, 항상 그런 것은 아니다. 자살은 가족 갈등, 질병, 사망이나 이혼으로 인한 가족 구성원의 상실, 연애나 우정관계의 파탄이나 문제, 학교 실패, 금지되거나 당혹스러운 행위 또는 상황으로 체포되는 것, 정신 또는 신체 질환 등 부정적 사건들의 누적으로 생겨날 수 있긴 하지만, 보통 압도적인 절망감과 관련된다(Jellinek & Snyder, 1998). 자살을 시도한 많은 청소년이 자신을 정서적으로 지지해 줄 사람이 없다고 느낀다. 그들은 가족에게서 소외되어 있을 수 있고, 친밀한 관계의 와해나 문제를 겪어 왔을 수 있고, 고립감과 무력감을 일으키는 또래관계를 갖고 있을 것이다.

### 극단적 사례로부터의 통찰: 아동이 자살할 때

댄 키드니가 11세였을 때, 그의 부모는 그가 침실과 욕실 사이의 출입구에 있는 철봉에 벨트로 목을 매단 것을 발견했다. 그는 인기가 많은 아이였고, 잘생겼으며, 교육 수준이 높은 가족 속에서 모든 이점을 누리며 성장하고 있었다. 그러나 댄의 아버지와 어머니는 아들이 그가 인정하기 어려운 어떤 문제를 겪고 있는 것으로 의심해 왔다. 그는 자신을 해치려고 한 적은 없었으나 자살하기 몇 달 전부터 우울해 보였고, 때로는 초조해 보였다. 우리는 댄만큼 어린 아동이 자살할 것이라고 예상하지 않지만, 불행하게도 이는 특수한 사례가 아니다. 영국의 11세 남아는 학교와 버스에서 너무나 심하게 괴롭힘을 당했고, 결국 목숨을 끊었다. 그의 아버지는 2층 침대 한편에서 신발 끈으로 목을 맨 그를 발견했다. 미국의 10세 남아는 약물을 과다 복용하고, 자해를 하고, 결국 2층 침대에 목을 매 죽은 채로 그의 형제에게 발견되었다. 그는 목을 매단 자신을 그린 그림과 "아이들은 무시당해서는 안 된다."고 말하는 쪽지를 남겼다. 상하이의 11세 여아는 방학이 끝난 첫날 학교의 6층 창문에서 뛰어내렸다. 그녀의 선생님은 그 아이가 엄마 때문에 불행했고, 겨울방학 동안 두 사람 사이에 갈등이 있었다고 보고했다.

이러한 비극은 세 가지의 분명한 통찰을 준다. 먼저, 아동들도 청소년이나 성인들이 자기 삶을 끝내게 만드는 압박감이나 낙담으로부터 자유롭지 않다. 비록 아동의 실제 자살 사망률이 낮긴 하지만, 앞서 언급했듯이 실제로 사춘기 전의 아동 일부가 자살을 고려한다. 12세 이하 아동 중 1년에 10만 명 중에서 1.5명이 자살한다. 더욱 놀라운 점은 미국에서 이 수치는 1979년 이래 2배가 되었다는 사실이다(CDC, 2017). 두 번째 통찰은 아동이 청소년이나 성인만큼 자살을 계획하고 실행할 능력이 있다는 것이다. 6세에서 12세 아동들도 높은 곳에서 뛰어내리거나, 기차나 차에 뛰어들거나, 익사하거나, 찌르거나, 데이거나, 불에 타거나, 목을 매다는 방식으로 자살한다. 10세에서 14세가 쓰는 가장 흔한 방법은 총기 사용(50%), 목 매달기(33%), 음독(12%)이다. 이러한 비극에서 얻을 수 있는 세 번째 통찰은 나이 든 사람들처럼 아동도 심오한 정서를 경험하며, 그에 따라 행동한다는 점이다. 이러한 비극적인 사례는 부모와 교사가 아동의 기분 변화나 위축, 낙담과 같은 초기 경고신호(warning signs)를 더 잘 알아차리도록 해서 아동기 자살을 예방하고자 하는 노력으로 이어졌다. 국립 과학 아카데미는 미국 정부가 아동의 정신건강을 국가적 우선순위로 둘 것을 요청해 왔다. 국제적으로는 세계보건기구(World Health Organization)가 전 세계 아동·청소년의 자살을 예방하기 위한 노력에 앞장서고 있다.

한 연구에서 6학년 때 우울과 품행 문제를 동시에 지녔던 청소년들은 이후의 자살사고(suicidal ideation), 반복적 자살 행동, 그리고 자살 시도에서 위험성이 가장 높게 나타났다(Vander Stoep et al., 2011).

## 아동기 우울증의 원인

인간의 많은 장애처럼, 우울도 다수의 원인에 의해 생겨난다. 정상적인 정서발달이 복합적으로 결정되는 것처럼 비전형적인 정서발달도 마찬가지이다.

**생물학적 원인** 일련의 연구들은 아동기 우울증에 생물학적 원인이 있다고 제안한다.

행동유전학 연구는 아동기 우울증은 임상적으로 우울한 부모의 자녀에게서 더 흔하며 그 연합은 생물학적 자녀 및 일란성 쌍생아 간에 더 강하다(Cicchetti & Toth, 2015; Gotlib & Hammen, 2014). 스트레스에 대해 호르몬이 느리게 회복되는 것처럼 스트레스 관리 능력이 부족한 것은 우울에 기여한다(Harkness et al., 2011; Stewart et al., 2013). 신경과학 연구에 따르면 우울은 뇌 기능과 연합된다. 예를 들어, 뇌의 편도체 영역은 우울한 어머니의 자녀에게 무서운 얼굴을 보여 줄 때 크게 활성화되는 것으로 나타난다(Monk et al., 2008). 우울한 청소년은 긍정적 단어보다는 부정적 단어, 행복한 얼굴보다는 슬픈 얼굴에 대한 반응으로 뇌 활동(전전두피질에서)이 더 많아지는데, 이는 우울하지 않은 또래들에게서는 반대이다(Auerbach, Stanton, et al., 2015; Auerbach, Stewart, et al., 2015). 다른 연구에 따르면, 청소년기 동안 특정 뇌 부위[전전두피질, 해마, 편도체, 복측 선조체(ventral striatum)]의 성숙과 스트레스 노출이 청소년들을 우울의 발달에 더 취약하게 만든다(Andersen & Teicher, 2008). 그러나 어머니가 우울에서 회복한 아동은 정상적 뇌 활동을 보이며, 이는 어머니의 행동도 아동의 초기 우울에 영향을 준다는 것을 시사한다(Embry & Dawson, 2002). 가족 상호작용과 유전적 요소가 각각 얼마나 아동기 우울증에 기여하는지는 아직 미해결된 문제이다(Gotlib & Hammen, 2014; Silberg et al., 2001). 그러나 제2장 '생물학적 기초'에서 살펴보았듯이, 아동의 양육조건들과 조합하여 우울증에 대한 취약성에서의 개인차를 설명하는 유전자 X 환경 모델이 이 문제를 이해하는 데 가장 유용한 접근을 제공한다.

**사회적 원인** 아동기 우울증에 대한 사회적 설명을 지지하는 연구들은 우울한 어머니의 자녀들의 경험이 우울하지 않은 어머니의 자녀들과는 다르다는 것을 보여 준다. 우울한 어머니는 훨씬 긴장되어 있고, 비조직적이며, 화가 나 있고, 양면적이며, 그들 자녀에게 덜 민감하고 의사소통을 덜 하며 덜 애정적이다(Gotlib & Colich, 2014). 그들은 자기 아기와의 긍정적 상호작용에서도 협응이 덜 되어 있으며(Reck et al., 2011), 자녀에게 더 많은 정서적 학대를 가한다(Kohl et al., 2011). 게다가 우울한 어머니는 자녀의 행동을 부정적으로 지각하는 경향이 더 많다(Hammen, 2009). 우울한 부모와의 손상된 관계는 자신의 정서 상태를 이해하는 능력과 가장 결정적으로는 자신의 정서, 특히 부정적 정서를 조절하는 능력을 떨어뜨리면서 아동의 정서발달을 방해하는 것으로 보인다(Hoffman et al., 2006; Maughan et al., 2007). 예를 들어, 부모로부터 방임된 아동은 수치심에 훨씬 취약하며(Bennett et al., 2010), 이는 결국 우울의 발달에 기여할 수 있다(Cole et al., 2008;

Kovacs et al., 2008). 한 연구에서 우울한 어머니의 자녀들은 16세가 될 때쯤, 특히 그들이 탄력적이지 못한 기질, 불안정한 애착, 가족 역경을 겪고 있다면, 자신도 우울을 발달시킬 가능성이 더 컸다(우울하지 않은 어머니의 자녀에게서 12.5%인 것과 비교하여 41.5%)(Murray et al., 2011). 게다가 입양된 아동의 사례에서 유전적 요인이 통제되었을 때조차 우울은 생물학적인 관련성은 없지만 우울한 어머니의 자녀들에게서 더 흔하였다(Tully et al., 2008). 또래들 역시 아동의 정신건강에 중요한 역할을 할 수 있다. 수줍어하고 사회적으로 불안하며 또래들에게서 배제된 초등학교 아동들은 덜 불안하며 더 잘 수용된 급우들에 비해 우울의 위험이 높다(Gazelle & Ladd, 2003). 지속된 외로움을 경험한 아동(즉, 5세와 9세 모두에서 외로웠던)은 13세에 더 많은 우울을 보고한다(Qualter et al., 2010). 생활 스트레스 요인도 아동기 우울증에 기여하는 것으로 알려져 있다(Hammen, 2005; Shih, 2014).

**인지적 원인** 우울증의 또 다른 설명은 자기 세계의 사건들을 통제하는 데 자신이 무력하다는 믿음에서 생겨나는 **학습된 무기력(learned helplessness)** 개념이다(Seligman, 1974). 우울증의 학습된 무기력 이론에 따르면, 우울한 아동들은 무력감을 경험할 뿐 아니라 자신이 세상을 통제하지 못하는 이유를 지속적인 개인적 약점 때문이라 설명한다. 본질적으로 이 인지적 이론은 아동이 스스로를 자신의 삶에서 원하는 결과를 이루는 데 실패한 것으로 지각하게 될 때 우울하게 된다고 주장한다(Garber & Martin, 2002; Joormann & Arditte, 2014).

## 아동기 우울증 치료하기

우울한 아동·청소년은 광범위한 개입방법으로부터 도움을 받을 수 있다. Fluoxetine(Prozac), escitalopram(Lexapro), sertralin(Zoloft) 같은 항우울제는 널리 처방되며 상당히 효과적이다(Bridge et al., 2007; Emslie et al., 2009; Wagner et al., 2012). 안타깝게도 항우울제는 제대로 사용되지 않을 경우 위험하며 과다복용은 치명적일 수 있다(Gelfand & Drew, 2003). 2004년에 미국 정부는 항우울제 사용으로 소수의 청소년에게서 나타나는 자살위험의 증가를 알리기 위해 경고 표시를 의무화하기 시작했으며 이후 25세까지로 경고 표시를 확대하였다. 그러나 청소년들의 항우울제 사용이 줄어듦과 동시에 자살률은 급격히 증가하였으며, 이는 십대 자녀가 항우울제를 사용하든 아니든 간에 부모가 자살의 경고 신호(warning signs)를 잘 알고 있어야 함을 의미한다.

**인지행동치료**(cognitive behavior therapy)는 특히 경미하거나 중간 정도의 우울증을 앓고 있는 경우 청소년의 우울증 치료에 가장 효과적인 치료법 중 하나이다(Hammen, 2005; Hollon & Dimidjian, 2014; Wagner et al., 2012). 이런 유형의 치료는 수주에 걸쳐 개별적으로 또는 소집단의 청소년들을 대상으로 흔히 행해진다. 목표는 십대의 자의식과 남과 다르다는 느낌을 줄이고 그들이 자신의 어두운 기분을 조절할 수 있도록 이완 기법과 자기-조절 전략을 제공하는 것이다. 이 치료는 또한 또래관계를 향상시키고 현실적 목표를 세우며 활동들로부터 더 큰 즐거움을 얻는 방법을 배우는 것 같은 긍정적 전략을 강조한다. 유감스럽게도 인지행동치료로 치료를 받은 청소년이 몇 년 내로 우울증을 다시 겪는 것이 드문 일은 아니다(Birmaher et al., 2000). 인지행동치료는 흔히 항우울제와 함께 사용된다. 예방 프로그램들도 우울을 경감시키거나 피하는 데 효과적이다. 메타분석에 따르면 우울증 예방 프로그램에 참여한 청소년들은 그렇지 않은 청소년들과 비교하여 우울 증상을 더 적게 경험하고 우울장애를 더 적게 발달시키는 경향이 있다(Brunwasser et al., 2009; Cuijpers et al., 2008; Stice et al., 2009).

## 요약

### 정서란 무엇인가

- 환경적 사건에 대해 각성과 표현 또는 행동을 동반하는 주관적 반응

### 정서는 왜 중요한가

- 아동은 그들의 감정, 욕구, 바람을 다른 사람들에게 소통하고 정서 표현을 통해 타인의 행동을 조절한다.

### 정서발달의 관점

- 생물학적, 학습적, 기능적 이론인 정서발달의 다른 측면들을 설명한다.

### 정서의 발달

- 아기들은 생의 초기부터 분노, 기쁨, 공포, 슬픔의 일차 정서를 표현하기 시작한다.

- 미소는 신생아의 내적 상태에 달려 있는 반사 미소와 함께 시작된다. 사회적 미소는 3~8주 사이에 나타난다. 12주경 영아는 상황에 따라 친숙한 얼굴과 목소리에 선택적으로 미소 짓는다. 4개월쯤 영아는 웃기 시작한다. 웃음과 미소 모두 기쁨을 표현하며 양육자를 아기 근처에 있게 하는 데 결정적 역할을 한다.
- 공포는 생후 첫 해에 나타난다. 아기들은 친숙한 장소에서 그리고 자신이 상황에 대한 통제력을 어느 정도 가지고 있다고 느낄 때 공포를 덜 느낀다. 사회적 참조는 낯선 상황에서 어떻게 행동해야 하는지 알 수 있게 돕는다.
- 둘째 해에 아동은 자부심, 수치심, 죄책감, 질투, 공감 같은 이차 또는 자의식적 정서를 발달시킨다. 이 정서들은 자기인식의 발달에 의존한다.

## 정서 표현에서의 개인차

- 정서적 표현성에서의 차이는 생물학에 기초하며 아동의 이후 적응에 중요한 함의를 지닌다.

## 정서 이해의 발달

- 첫 6개월 동안 영아는 다른 사람들의 정서 표현을 인식하기 시작한다. 그들은 보통 부정적 정서보다는 긍정적 정서를 먼저 인식하며 이는 그것이 유아와 양육자의 유대를 강화하기 때문에 기능적 가치를 지닌다.
- 아동이 성숙하면서, 그들은 정서 용어와 원인에 대한 이해를 발달시킨다. 정서 도식은 그들이 특정 상황에 흔히 동반되는 감정을 식별할 수 있게 돕는다. 그들은 사람들이 한번에 하나 이상의 정서를 경험할 수 있다는 것과 두 정서가 충돌할 수 있음을 학습한다.

## 정서 조절

- 아동의 경우 주요한 도전은 정서가 덜 빈번하고 덜 강렬하도록 정서를 수정하고 통제하며 조절하는 것을 학습하는 것이다.
- 학령전기쯤 아동은 어떤 상황에서 어떤 정서를 보여야 하는지를 지시하는 정서 표현규칙을 따르기 시작한다. 문화는 이러한 규칙에 영향을 주며 분노와 수치심 같은 정서의 표현은 어떤 문화에서는 용인되지만 다른 문화에서는 허용되지 않을 수 있다.

### 정서 사회화

- 부모는 아동의 정서 표현, 이해, 조절에 영향을 미친다. 그들은 정서적 표현의 모델로 작용하며, 아동의 정서 표현에 반응함으로써 그러한 표현을 장려하거나 억제한다. 아동이 자신의 정서를 이해하고 관리할 수 있도록 부모가 코치 역할을 하는 아동은 자신의 정서적 혼란을 더 잘 다룰 수 있으며 또래에 의해 더 많이 수용된다. 아동의 정서를 하찮게 여기거나 무시하거나 아동의 정서 표현 때문에 처벌하는 것은 아동이 자신의 감정을 어떻게 관리하고 타인의 정서는 어떻게 이해해야 하는지 학습하는 것을 막을 수 있다.
- 또래와 교사 역시 아동의 정서 사회화에 역할을 담당한다.

### 정서발달이 잘못될 때

- 아동은 때때로 극심한 분노, 공포, 공포, 불안, 우울을 경험한다.
- 우울은 청소년기에 증가하며 남아보다는 여아에게서 더 높은 수준으로 나타난다. 극단적인 경우에 어떤 아동은 자살하기도 한다.
- 생물학적, 사회적, 인지적 요인 모두가 우울의 발달에 잠재적 기여요인이다. 약물, 인지치료, 예방 프로그램들이 아동과 청소년의 우울을 치료하는 방법들이다.

## 핵심 용어

- 공감
- 낯선 사람 불편감 또는 낯선 사람에 대한 공포
- 뒤센 미소
- 반사 미소
- 분리불안
- 사회적 미소
- 사회적 참조
- 아동기 우울증
- 이차 또는 자의식적 정서
- 인지행동치료
- 일차 정서
- 정서 도식
- 정서 조절
- 정서 표현 규칙
- 학습된 무기력

제 **5** 장

# 자신과 타인

## 나를 알게 되고, 타인도 알게 되는 것

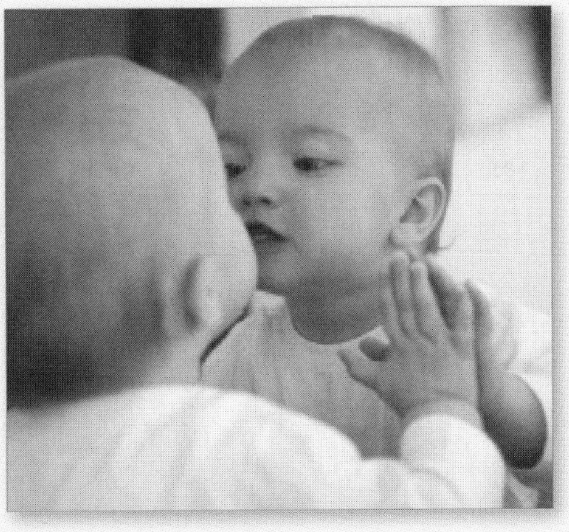

Plus/iStockphoto

나는 세 살 때 어머니, 아버지, 형 제이슨 그리고 여동생 리사와 함께 큰 집에 살았다. 나는 파란 눈을 가졌고, 오렌지색의 고양이가 있고, 내 방에는 TV가 있다. 나는 알파벳도 다 알고 있다. 한번 들어 볼래요. A, B, C, D, F, G, I. 나는 정말 힘이 세다. 나는 의자도 들 수 있다.

나는 여섯 살이고, 많은 것을 정말 잘 해낼 수 있다. 많이! 빨리 달릴 수 있고, 더 높이 기어 올라가고, 공부도 잘한다. 만약 뭔가를 잘한다면, 동시에 적어도 못할 수는 없다. 나는 뭔가 못하는 아이들을 알고 있지만, 나는 아니다.

나는 아홉 살이고, 상당히 인기가 있다. 적어도 여학생들에게는. 왜냐하면 친절하고, 남을 잘 돕고, 비밀을 잘 지킬 수 있기 때문이다. 나는 기분이 나쁘면 가끔은 조금 못되게 굴지만 대체로 친구들에게 친절하다. 학교에서 나는 국어나 사회 과목 같은 일부 과목을 상당히 잘하는 것 같다. 그렇지만 수학과 과학에서는 정말 멍청이 같다. 비록 내가 이 과목을 지금 잘하고 있지는 못하지만, 나는 그래도 내가 한 사람으로서 여전히 마음에 든다. 왜냐하면 수학과 과학은 내가 어떻게 보이고 얼마나 인기 있는지만큼 내게 중요하지 않기 때문이다.

나는 열세 살이 되었다. 나는 수다스럽고, 상당히 시끄러우며, 친구들과 재미있게 지낸다. 내 주변에 친구들이 많을 때 나는 내가 마음에 든다. 부모님하고 있을 때는 좀 더 우울해지는 것 같다. 나는 부모님을 기쁘게 하는 것에 관해서는 슬프고, 화가 나고, 희망이 없다. 부모님이 나에 대해서 생각하시는 것은 여전히 중요하지만, 부모님이 나에 대해서 간섭을 하시면 한 인간으로서 내 자신이 싫다. 학교에서 나는 대부분의 아이보다 더 좋은 성적을 받긴 하지만, 그게 그렇게 멋진 건 아니기 때문에 자랑을 하지는 않는다. 나는 잘 알지 못하는 사람들과 같이 있을 때 부끄럽고, 불편하고, 긴장된다.

열다섯 살이 되었고, 한 인간으로서 나는 어떻지? 나는 복잡하다! 진짜 친한 친구들과 있을 때는 매우 관대하고, 이해심이 많고, 배려심이 많다. 친구들 사이에서 나는 시끄럽지만 대개 친절하고 명랑하다. 하지만 그들이 맘에 들지 않는 행동을 하면, 매우 불쾌해질 수도 있다. 학교에선 간단하지가 않은데, 너무 학구적이기만 하면 인기가 없을 수 있기 때문에 학구적이면서도 또 빈둥거리기도 한다. 그래서 성적이 들쑥날쑥한 탓에 썩 좋지 않다. 그런데 그런 점이 집에서 부모님과의 관계를 불안하게 하는 문제가 된다. 친구들과 있을 때는 기분이 좋다가 집에만 오면 불안하고 좌절하고 또 부모님에게 빈정거리는데, 난 도무지 내가 어떻게 그렇게 빨리 달라지는지 이해할 수가 없다. 누가 진짜 나인가에 대해서 많이 생각하지만, 이 문제를 풀 수가 없다. 나 자신으로부터 영향을 받지 않기를 바라는 때가 있다.

열여덟 살이 되어 고등학교 졸업반이 되었고, 나는 과제를 할 때는 특히나 매우 성실한 사람이다. 부모님은 내가 가르치는 일을 하길 원하시지만 나는 법대에 가기를 원한다. 때로는 조금 게으르기도 하지만 그건 정상이다. 완벽할 수는 없다. 나이가 들면서 좀 더 신앙심이 생겼지만, 그렇다고 해서 내가 성자 같은 사람이 되었다는 건 아니다. 종교는 나에게 목적의식과 내가 어떤 어른이 되고 싶은지에 대한 방향성을 제시해 주었다. 다른 아이들만큼 그렇게 인기가 있는 건 아니지만, 다른 애들이 나에 대해서 뭐라고 말하건 간에 더 이상 신경 쓰지 않는다. 내가 중요하다고 생각하는 것을 믿으려고 노력한다. 비록 약간은 양가적인 감정이 들긴 하지만, 집을 떠나 대학에 가고, 좀 더 독립적이 될 것으로 기대하고 있다. 나는 항상 조금은 부모님에게 의지할 것이지만, 나 자신에 대해 기대하고 있다.

"너는 어떤 사람이니?"라는 질문에 대한 아이들의 대답(Harter, 2006, pp. 513–546)은 이 장의 중요 주제 가운데 하나인 나이에 따른 자기(self)의 변화에 대한 생각을 보여 준다. 자기감(sense of self) 혹은 타인과 구분되는 자기에 대한 인식은 아동발달에 중요하다. 우리는 아이들이 자기감을 어떻게 발달시키는지에 대해서 살펴본다. 또한 아이들이 자신에 대해 어떻게 느끼는지에 관한 자존감과 자신에 대한 생각인 정체성에 대해서도 다룬다. 아이들은 또한 다른 사람들과 의사소통하는 것을 배운다. 이 세 가지 발달영역 (1) 자신에 대한 이해, (2) 타인에 대한 이해, (3) 타인과의 의사소통은 아동이 사회적으로 잘 적응하고 사회적 세계를 성공적으로 헤쳐 나가는 데 있어 매우 중요한 함의가 있다.

## 자기개념

**개인적 자기(individual self)**란, 한 개인을 독특하게 만드는 자기의 측면을 일컫는다. 예를 들어, 어떤 사람은 자신에 대해 열심히 일하는 사람, 체력이 좋은 사람, 그리고 자신감이 있는—이 모든 특징은 개인적이다—사람으로 볼 수 있다. 또 다른 유형의 자기도 가능하다(Sedikides & Brewer, 2001). **관계적 자기(relational self)**란, 다른 사람과의 관계성을 포함하고 있고 사회적 상호작용을 통해 발달하는 자기의 측면을 일컫는다(Chen et al., 2011). 제3장에서 다루었던 애착의 내적작동모델이 관계적 자기의 한 예라고 할 수 있다. 이것은 부모나 형제자매 같은 타인과의 관계에서의 아동을 나타내며, 사회적 파트너로서의 자기의 개념을 포함하고 있다. **집단적 자기(collective self)**란, 인종, 민족, 성별 같은 집단 내에서의 자기에 대한 개인의 개념을 일컫는다(Sedikides et al., 2013). 인종과 관련된 예로, 아프리카계 미국인 학생은 집단적 자기가 가장 핵심적일 수 있다.

기술이 발달함에 따라 자기를 표현하는 새로운 방식들이 가능한 자기의 범위를 넓히고 있다. 온라인 자기(online self)는 자기표현에 관한 최신의 형태라고 할 수 있다. 온라인 커뮤니티와 멀티플레이어 게임이 보편화되는 가운데 여기에 참여하는 개인은 온라인상의 정체성 혹은 자기를 가정하게 되는데, 이러한 자기는 실제 자신의 성, 인종, 직업, 교육과 일치할 수도 있고, 그렇지 않을 수도 있다. 온라인상의 자기는 인상 관리 혹은 새로운 정체성을 시험해 보는 수단이 된다(Greenfield, 2019; Greenfield, Gross, et al., 2006). 새로운 자기를 위한 또 다른 기회는 유전학 기술로부터 시작된다. 이제 생물학적, 심리적 특성에 관한 정보를 포함하고 있는 유전체 자기(genomic self)에 관한 개인적 프로필을 구입하는 것이 가능해졌다. 이러한 정보의 신뢰성과 유익성 여부는 아직 남아 있는 부분이다.

## 자기개념의 발달적 기원

아동의 자기인식에 관한 연구는 어린 영아기부터 생겨나는 과정에 초점이 맞추어져 있다. 18주 된 어린 영아는 거울에 비친 자신의 모습을 바라보지만, 거울 속의 모습이 자신인지에 대해서는 깨닫지 못한다. 아동의 자기인식 발달을 연구하기 위해서 연구자들은 거울에 비친 모습을 아동에게 보여 주고, 아동을 거울에서 멀리 떨어뜨려 놓은 상태에서 코에 빨간 점을 찍거나 이마에 스티커를 붙인 다음, 아동이 어떤 반응을 보이는지를 보기 위해 다시 거울 앞에 데려다 놓았다(Brooks-Gunn & Lewis, 1984). 연구자들은 만약 아동이 거울 속에 비친 자신을 알아본다면 얼굴에 묻은 것이 무엇인지를 알아보기 위해 얼굴을 만질 것이라 가정했다. 단순한 이 실험을 통해 연구자들은 1세 미만의 아동은 마치 또 다른 아이가 거울 뒤에 있는 것처럼 행동함을 발견했다. 아기들은 거울을 응시했으나 얼굴을 만지진 않았다. 생후 2년 즈음 아동의 자기인식이 시작되며, 2세 말경이 되면 거의 모든 아동이 웃으면서 당혹감을 나타내거나 혹은 자신의 빨간 코나 이마에 붙은 걸 보고는 재밌어한다. 아기는 분명한 자기인식을 나타낸다. 그러나 이 시기에 자기인식의 감각은 현재 시점에 제한된다. 연구자들이 아동의 이마에 스티커를 붙이고 난 다음, 이마에 스티커를 붙이는 모습의 비디오테이프 녹화 장면을 아동에게 보여 주는 시간의 간격을 지연시키자, 2~3세 된 아동은 얼굴의 스티커를 만지거나 제거하려는 자기인식의 행동을 나타내지 않았으며, 비디오테이프에 나오는 스티커에 대해서 '나의' 얼굴에 붙어 있는 것으로 설명하기보다는 '그'의 혹은 '그녀'의 얼굴에 붙은 것으로 설명하였다(Miyazaki & Hiraki, 2006; Povinelli et al., 1996). 아동은 약 4세경이 될 때까지 자신의 과거 이미지를 표상하고 기억하는 데 어려움이 있다.

Plus/iStockphoto

이 아기는 거울 속에 친구가 있다고 생각할 수 있다. '친구'가 자신이라는 사실을 깨닫기까지는 몇 개월이 더 걸릴 것이다.

성장하면서 아동의 자신에 대한 관점과 기술은 점점 더 자세해지고 구체적이 되며 심리적이 된다(Harter, 2012). Susan Harter는 아동기와 청소년기에서 각각 자기기술의 3단계 발달과정을 확인했다. 이 책의 서두에서 아동 자신이 스스로에 대해 기술한 내용을 인용하는 방식으로 여섯 개의 연령 단계에서의 자기기술의 특징을 예시하였다.

아동이 3~4세가 되면, 아동은 관찰 가능한 외적 특성("나는 파란 눈을 가졌어요."), 선호("나는 피자를 좋아해요.", "나는 수영을 좋아해요.", "나는 TV를 좋아해요."), 소유물("나는 오렌지색 고양이를 가지고 있어요."), 사회적 특징("나는 형, 제이슨이 있어요.")의 측면에서 자신을 기술한다. 특정한 능력이나 재주를 자랑하기도 하는데("나는 숫자를 셀 수 있어요.", "나는 빨리 달릴 수 있어요."), 3 이후는 세지 못하거나 또래만큼 잘 달리지 못하는 등 자기 평가가 종종 정확하지 않음에도 불구하고 그렇다. 이 나이의 아동은 자신에 관한 구분된 표상들을 통합할 수 없기 때문에 자기기술에 있어 일관성이 부족하다.

5~7세가 되면, 아동은 "나는 달리기, 점프, 공부를 잘해요."와 같이 자신을 능력의 측면에서 기술한다. 이제 아동은 구분된 자기개념들을 조화시킬 수 있지만, '착하다/나쁘다'나 '똑똑하다/멍청하다'와 같이 서로 반대되는 개념들에 대해서는 그렇지 않다. 여전

히 아동은 자기기술에 있어 지나치게 긍정적이고 자신의 능력을 과대평가한다.

8~10세경, 아동은 자신의 개인적이고 독특한 감정과 생각을 좀 더 잘 인식하게 되고, 자신을 좀 더 복잡한 용어로 기술하기 시작한다. 아동은 능력("나는 똑똑해."), 대인관계적 특성("나는 인기가 있고, 친절하고, 다른 사람들을 잘 도와줘.")에 초점이 맞춰진 용어를 사용한다. 아동은 구분된 영역들 간의 성취에 대해 통합한다("나는 국어랑 사회는 잘하지만, 수학하고 과학은 잘 못해."). 게다가 자기의 구성은 점점 더 아동이 속한 문화적 공동체의 가치, 역할, 선호 등에 맞추어져 간다.

11세경 시작되는 청소년 초기의 아동은 사회적 관계, 성격 특성, 그리고 또 다른 일반적이고 안정적인 심리적 특징들의 측면에서 자신을 기술한다. 아동 자신에 관한 기술은 대인관계적 특성과 사회적 기술("나는 잘생겼고, 다정하고, 수다스러워."), 능력("나는 머리가 좋아."), 정서("나는 명랑해.", "나는 기분이 안 좋아.")에 초점이 맞춰진다. 아동은 다양한 사회적 맥락, 즉 아버지, 어머니, 친구, 선생님 등에서 각각 다른 자기에 대해 인식한다. 자신을 좀 더 추상적인 측면, 예를 들어 지능과 같은 측면에서 기술하지만 추상성은 여전히 통합되어 있지 않다.

청소년 중기에는 다른 사람들이 자신을 어떻게 생각하는지에 대해 고민하고 여기에 사로잡혀 있다. 이전에는 의심의 여지가 없었던 자신에 관한 믿음에 대해 의문을 갖게 된다. 새로운 역할을 맡게 되면서 다양한 '나'의 측면들이 확장되어 간다. 청소년의 추상적 사고력의 발달은 자기에 관한 보다 통합된 관점을 만들어 낸다. 예를 들어, 영리하고 창의적인 특성을 합쳐서 똑똑하다고 생각하는 동시에 다른 사람들과 사회적으로 잘 어울리지 못하기 때문에 자신을 '멍청하다', '부적응자'라고 생각하기도 한다. 이 나이대의 청소년은 명확한 모순들을 해결하기 위해 자기-표상들을 통합하는 데 어려움이 있다. 자신이 다른 역할을 하게 되면 달라질 수 있다는 것에 대해 이해하기 어렵고, 반대되는 자기 특성들 간에 갈등을 경험하기도 한다.

청소년 말기에 이르면, 자기기술에 있어 개인적 신념, 가치관, 도덕적 기준 등을 강조한다. 청소년은 미래와 가능한 자기에 대해 생각한다. 잠재적으로 모순되는 특성을 통합하고 자기에 관한 일관된 생각을 발달시킨다. 예를 들어, 더 나이 든 청소년은 '쾌활한'과 '우울한' 같이 반대되는 특성에 대해 재개념화할 수 있게 되고, 따라서 자기감에 있어 분명한 모순들을 해결할 수 있게 된다(Harter, 2012, 2016).

## 문화적 맥락: 문화가 어떻게 자기표상을 만들어 내는가

문화가 어떻게 아동의 자기기술에 영향을 미치는지를 이해하기 위해서 두 명의 6세 아동이 자신에 대해 설명하는 것을 살펴보자.

"나는 멋지고 아주 똑똑한 사람이야. 재미있고 즐거운 사람이지. 훌륭한 사람이야."

"나는 사람이고, 어린이야. 나는 엄마와 아빠의 아들/딸이고, 할아버지와 할머니의 손주야. 나는 열심히 노력하는 아이야."

첫 번째 아이는 유럽계 미국인이고 두 번째 아이는 중국인이라는 점은 그리 놀랄 일이 아니다. 이 같은 자기기술은 동양 문화와 서양 문화의 가치들을 반영한다. 서양인과 유럽인은 개인의 독특성의 측면에서 기술되는 자율적 자기를 강조한다. 동양인은 관계 안에서의 사회적 역할과 책임의 측면에서 기술되는 상호의존적 자기를 강조한다. Qi Wang(2001, 2004b, 2013)은 미국과 중국의 아동과 성인에게 '당신에 관한 이야기를 쓸 수 있게' 자신을 묘사해 달라고 요청했다. 유럽계 미국 아동들의 설명은 좀 더 '개인적' – 개인적 특성("나는 귀여워."), 선호("나는 피아노 치는 걸 좋아해."), 소유물("나는 테디 곰인형이 있어."), 타인과 관련되지 않은 행동들("나는 행복해.")을 좀 더 많이 사용했다. 중국 아이들은 좀 더 '사회적' – 집단의 성원("나는 여자야."), 대인관계적("나는 엄마를 사랑해.", "나랑 사촌은 많은 걸 같이해.")인 특성을 좀 더 많이 언급했다.

문화는 자기개념의 다른 차원에도 영향을 미칠 뿐만 아니라 또한 자기기술에서 표현되는 긍정성과 자부심의 수준 등에도 영향을 미친다. 서양 문화는 아동에게 긍정적 자기관점을 수용하도록 격려하고, 아시아 문화는 집단의 결속과 조화를 추구하기 때문에 자기비판과 겸손함을 가치 있게 여긴다. Wang의 연구에서, 유럽계 미국 아동들은 자신에 대해 좀 더 긍정적인 용어들로 표현한 반면("나는 예뻐.", "나는 똑똑해."), 중국 아동들은 비가치판단적인(nonevaluative) 설명("나는 게임을 해.", "나는 학교에 다녀.")을 사용했다.

아이는 자기표현에 있어 이러한 문화적 방식을 어떻게 학습할까? Wang은 중국 엄마와 미국 엄마가 3세 된 아이와 가족에 관한 기억을 공유하는 과정을 관찰했다(Wang & Ross, 2007). 미국 엄마들은 아이와 아이가 성취한 것에 좀 더 주의를 기울이고, 아동의 개성이 담긴 표현을 좀 더 많이 알아주었으며, 아이의 독특함이나 자율성을 강조하는 개인적 경험을 좀 더 기억하도록 하였다.

엄마: 너, 우리가 휴가 때 Nana's에 가서 Grandmommy's 부두에 내려간 거 기억나니? 너 거기서 수영했잖아.

아동: 응.

엄마: 그때 네가 정말 잘 해냈던 게 뭐였지?

아동: 부두에서 뛰어내린 거.

엄마: 그래. 네가 그런 게 처음이었어.

아동: 꼭 다이빙 보드 같았어요.

엄마: 맞아. 진짜 그래. 엄마는 어디에 서 있어야 했을까?

아동: 모래사장에요.

엄마: 맞아. 모래사장. 엄마가 "기다려, 기다려, 기다려! 내가 모래사장에 도착할 때까지 뛰어내리지 마."라고 말했지.

아동: 왜요?

엄마: 내가 호수 바닥에 나뭇잎이 쌓여 있다고 말했던 거 기억나니? 그래서 그게 약간 물을 흐리게 한다고. 너는 부두로 뛰어내렸고 그다음 뭘 했더라?
아동: 수영이요.
엄마: 어디로.
아동: Nana.
엄마: 그렇지. 혼자서.

반대로 중국 엄마는 엄마가 주도적인 역할을 하고 중요한 질문을 던지는 집단적 활동에 초점을 둔다. 엄마는 스토리텔링 기회를 이용해서 자녀에게 사회적 위계 내의 위치를 상기시키고, 사회적 소속감과 조화를 유지하기 위해 규칙을 따라야 할 필요성에 대해 상기시켰다. 여기에는 아동의 개인적이거나 독특한 특성은 거의 다루어지지 않는다.

엄마: 그날, 엄마는 너를 큰 버스에 태워서 공원에 있는 스키장에 갔지. 너는 거기서 뭘 했더라? 뭐하고 놀았지?
아동: 놀았는데…. 놀았는데….
엄마: 얼음 배를 탔잖아. 그렇지?
아동: 맞아요.
엄마: 우리 둘이서 노를 저었잖아, 맞지?
아동: 그리고…. 그리고….
엄마: 우리는 노를 젓고, 젓고, 여러 번 저었지. 그렇지?
아동: 응.
엄마: 우리는 여러 번 노를 저었어. 그리고 네가 말했지. "이제 그만 저어요. 집에 가요." 맞지?
아동: 응.
엄마: 그리고 우리는 집에 오려고 버스를 탔지. 맞지?
아동: 응.

이 연구는 가족의 기억을 공유하는 것이 아동에게 자신이 속한 문화에 맞추어서 자기의 현재와 과거를 어떻게 생각할지를 배우도록 하는 한 방법임을 시사한다.

## 자기감 발달의 어려움: 자폐 아동

자폐장애는 자기감을 발달시킬 수 있는 아동의 능력에 영향을 미친다. 자폐장애를 가진 일부 아동은 자신에 대해 독립적인 사회적 존재로 인식하지 못하는 것 같다(Dawson et al., 1998). 이 아이들은 자기인식에서의 결함이나 지연을 보인다. 한 연구에서 자폐장애 아동들(3~13세)에게 거울에 비친 자신의 모습을 보여 주었을 때, 전체 아동의 31%가 거울 속 자기 모습을 인식하는 데 어려움을 보였다(Spiker & Ricks, 1984). 좀 더 최근의 연구에서, 자폐스펙트럼장애(ASD)를 가진 아동에게 자기인식에서의 지연이 나타남을 확인하였다(Nielsen et al., 2006). 심지어 자폐장애 아동이 거울 속의 자신의 모습을 알아차렸을 때조차도 정서적 반응은 거의 나타나지 않았다. 이러한 결과는 자폐장애 아동이 정상적인 발달을 하는 아동들에 비해 정서를 이해하는 데 있어 덜 유능하다는 결과와 일치한다(Harms et al., 2010; Rump et al., 2009). 자폐장애 아동의 거울뉴런 시스템의 문제(제2장 참조)가 정서처리에서의 어려움에 대한 이유가 될 수 있을 것 같다(Burrows et al., 2016; Dapretto et al., 2006). 연구자들은 자폐장애 아동들이 자신의 얼굴, 친숙한 얼굴, 그리고 낯선 얼굴에 대해 유사한 신경학적 반응을 보인다는 점을 발견했는데, 이는 자폐장애 아이들이 자신과 타인을 구분하지 않음을 암시하는 것일 수 있다(Gunji et al., 2009).

## 자기인식

### 전반적 자존감

자기발달은 아동이 타인과의 관계에서 자신을 긍정적으로 보는지 혹은 부정적으로 보는지를 나타내는 평가적 요소를 가지고 있다. 친구들만큼 또는 반 친구들보다도 더 나은가 혹은 이웃 사람보다 못한가? 자신에 대한 전반적 평가인 **자존감**이라는 개념만큼 부모, 교사, 아동 자신으로부터 관심을 끈 주제는 없다(Harter, 2012, 2016). 자녀의 자존감을 높일 수 있는 방법을 알려 주는 수많은 학교 프로그램, 인기 있는 글, 그리고 인터넷 사이트가 이 주제에 몰두해 있다.

아동의 자존감 향상에 이렇게 집착하는 것은 높은 자존감을 가진 아이는 자신을 유능하고 자신감이 있으며 스스로 만족해하는 반면, 그렇지 않은 아이는 스스로에 대해 부적절하고 타인에 비해 열등하다고 본다는 증거에 기반하고 있다(Harter, 2012, 2016). 또한 자존감이 높은 아이는 낮은 자존감을 가진 아이보다 더 행복하다(Baumeister et al., 2003). 이뿐만 아니라 아동기의 높은 자존감은 학업 성적, 부모와 친구들과의 원만한 관계, 낮은 불안과 우울 같은 다양한 긍정적 적응 지표들과도 관련이 있다(Harter, 2012). 게다가 높은 자존감은 성인기의 관계, 일, 건강 같은 영역에서의 성공과 웰빙을 예측한다(Orth & Robins, 2014). 그러나 원인과 그 영향의 방향성이 항상 분명한 것은 아니다. 훌륭한 수행이 높은 자존감의 원인일 수도 있지만, 반대일 수도 있으며, 아동의 유능감과 같은 변인들이 통제되었을 때 자존감과 긍정적인 사회적 적응과의 관련성은 감소하는 경향이 있다(Baumeister et al., 2003). 자존감은 또한 어두운 면도 있을 수 있다. 높은 자존감이 흡연, 음주, 약물 사용, 이른 성관계 등으로부터 아동을 보호해 주진 않는다. 오히려 이른 성행동과 음주를 증가시킬 수 있는 실험을 촉진할 수 있다(Baumeister et al., 2003). 높은 자존감은 또한 **편견**과 반사회적 행동과도 관련될 수 있다. 한 연구에서, 높은 자존감을 가진 청소년이 낮은 자존감을 가진 경우보다 자신의 반사회적 행동과 피해자에 대한 무시를 좀 더 정당화하려는 경향을 보였다(Menon et al., 2007). 이러한 결과는 경고 메시지를 보낸다. 모든 아이의 자존감을 높인다는 것은 함정일 수 있다. 어떠한 경우에서도, 연구자들은 아동의 자존감을 향상시키는 것—치료적 개입 혹은 학교 프로그램을 통해—이 좀 더 나은 사회적 결과를 초래한다는 사실에 대해 확인하지 못했다(Baumeister et al., 2003).

## 영역-특정적 인식

전반적인 자기가치감을 발달시키는 것과 더불어 아동은 학업, 운동, 외모 등과 같은 영역에서 영역-특정적인 자기인식을 발달시킨다. 어떤 아이는 학업적인 영역에서는 높은 유능감을 가질 수 있지만, 운동 영역에서는 낮은 유능감을 가질 수 있다. Harter(1982, 2012)는 전반적인 자존감과 특정한 자기인식을 측정하기 위한 척도를 개발했다. 이 측정도구를 이용해서 아동은 자신의 전반적인 자존감("나는 가치 있는 사람이야.")과 5개 영역에서의 자신에 대해 평가할 수 있다. 학업적 능력, 운동 능력, 신체적 외모, 행동적 수행, 사회적 수용 등이다(〈표 5-1〉). 연구자들은 이 척도를 사용해서 전반적인 자존감과 특정 영역에서의 자기인식 간의 의미 있는 차이점을 확인했으며, 5개 영역에 걸쳐 개인적인 자기평가 프로파일을 만들어 냈다.

〈표 5-1〉 아동용 Harter 자기인식 프로파일 예시 문항

| 나에게 정말 사실인 | 나에게 어느 정도 사실인 | 나에게 정말 사실인 |
|---|---|---|
| 학업적 능력 | | |
| 어떤 아이들은 또래의 다른 아이들만큼 똑똑하다고 느낀다. | ~지만 | 어떤 아이들은 자신이 그렇게 똑똑한지 확신을 하지 못한다. |
| 운동 능력 | | |
| 어떤 아이들은 운동을 아주 잘한다. | ~지만 | 어떤 아이들은 운동을 잘하지 못한다. |

| 전반적 자존감 | | |
|---|---|---|
| 어떤 아이들은 종종 자신에 대해 불만족스러워한다. | ~지만 | 어떤 아이들은 스스로에게 꽤 만족한다. |

출처: Harter, 1982.

## 자기평가의 학습

아이들은 어떻게 자기인식을 발달시키게 될까? 아동 초기 자기평가는 정확하거나 현실적이지 못하다. 8세 미만의 아동은 스스로에 대해 긍정적으로, 과도하게 긍정적으로 평가한다. 타석에서 항상 삼진 아웃을 당하는 아이조차도 "나는 운동을 잘해."라고 말할 수 있으며, 교실 안의 문제아일지라도 "난 품행이 바르다."라고 주장할 수 있다. 이 연령대의 아이들에게 있어 자기인식은 실제 자신보다는 '되고자 하는' 자기가 반영된 것일 수 있다. 자기평가와 실제 간에 괴리가 있기는 하지만, 아동의 자기평가는 교사의 평가와 상당한 관련성이 있는데, 이는 자신의 유능성에 대한 아동의 관점이 적어도 어느 정도는 현실적이라는 것을 나타낸다(Harter, 2012, 2016).

아동이 성장하고 타인으로부터의 평가가 쌓이면서 점점 더 자기평가가 현실적이 된다. '삼진 아웃의 아동'은 더 이상 자신을 야구 선수로 보지 않으며, 학급 내의 문제아는 충분히 교장실에 왔다 갔다 하면서 자신이 더 이상 '품행이 바른 아이'의 예시가 될 수 없다는 점을 깨닫게 된다(Harter, 2012). 또래로부터 거부당한 아이들은 이러한 판단을 수용해서 스스로에 대해 사회적 능력이 낮은 것으로 간주한다(Rubin et al., 2015). 아동은 서로 다른 종류의 능력들을 구분할 수 있게 되고, 몇몇 영역에서 자신이 남보다 더 낫다고 본다. 아동은 자신이 좀 더 뛰어난 영역에 더 가치를 둔다. '삼진 아웃'의 아동은 '수학박사'의 모습을 드러내고, 운동 능력보다 학업적 성취에 더 큰 가치를 부여한다. '학급 내 문제아'는 또래에게 인기를 얻게 되면서 친구 만들기를 자기평가에서 더 중요한 부분으로 만든다.

제이슨과 존은 어느 날 자신이 모든 것에 뛰어나지 않다는 것을 깨달았다. 제이슨은 야구를 잘하긴 했지만 대수학은 그렇지 못하다. 존은 수학이 쉬웠지만, 부끄러움이 많고 학급에서 가장 인기 있는 아이가 될 수는 없다는 걸 깨달았다. 두 아이 모두에게 있어 자신의 강점과 한계를 알게 되었다는 것은 다행이다. 존은 반장선거에 나가지 않기로 결심했고, 제이슨은 야구팀에 지원해 볼 계획을 세웠다.

아동이 여러 영역에서 자신에 대해 평가하는 방식은 각 영역에 부여하는 중요성에 따라 전반적인 자존감에 영향을 미친다. 고등학교에서 축구 스타였다가 대학에 오게 된 한 학생이 대학에서는 운동을 가치 있게 평가하지 않으며 심지어 축구부도 없다는 사실을 알게 되었다. 대학에서는 학업적 성취가 더 가치가 있었지만 그의 경우에는 공부는 가장 자신 있는 영역이 아니었다. 한 개인으로서의 전반적인 자기가치감이 떨어졌다. 그렇지만 그가 드라마 클럽에 가입해서 자신이 노래와 춤에 재능이 있다는 사실을 발견하고, 자신의 예술적 재능을 높게 평가하며, 또한 이 영역을 중요하다고 생각한다면, 그는 다시 높은 자존감을 얻을 수 있게 될 것이다(Harter, 2012, 2016).

시간이 지날수록 한 영역에서의 아동의 자기인식과 그 영역에서의 활동에 투자하는 노력, 흥미, 동기 간에 상호관련성이 생겨난다. 예를 들어, 사회적으로 유능하다고 지각할 때, 자신감을 가지고 사회적 상황에 접근할 것이고, 이는 사회적 상호작용에서의 성공을 증가시킨다. 이러한 성공은 차례로 자신감과 사회적 자기인식을 강화한다. 자기평가와 실생활에서의 경험이 상호 연결되어 있다는 점은 학업, 운동, 사회적 수용 등 여러 영역에서 확인되고 있다(Harter, 2012, 2016; Marsh et al., 2007; Valentine et al., 2004).

## 전반적 자존감에서의 성차

자존감을 연구하는 연구자들은 자존감에서의 성차가 있는지에 대해 의문을 가졌다. 연구자들은 아동 중기에서부터 여아가 남아보다 전반적인 자존감이 더 낮아지며 이러한 성차는 특히 청소년기에 현저해짐을 확인했다(Mellanby et al., 2000; Van Houtte, 2005). 48개국에서 수행된 연구에서 이러한 성차는 청소년 말기에 가장 커지며 나이가 들어 성차가 줄어들거나 사라지기 전까지인 성인 초기와 성인 중기까지 지속되었다(Bleidorn et al., 2016). 사회적인 양성평등이 증가하면 이러한 성차가 줄어들 것이라고 생각할 수 있다. 하지만 전반적인 자존감에서의 차이는 과거 30년간 변화하지 않고 있다.

왜 자존감에서의 성차가 발생할까? 몇 가지 설명이 제안되었다. 첫째, 남아는 여아에 비해 좀 더 지배적이고 주장적인데, 특히 혼성 집단에서 그렇다. 이런 점은 남아가 좀 더 많은 힘과 영향력을 가진 것 같은 느낌을 갖게 하는 데 영향을 미칠 수 있다. 심지어 성인기에도 남성에게 좀 더 흔한 특성은 남녀 모두의 자존감과 정적 관계가 나타나지만, 여성에게 좀 더 흔한 특성과 자존감과의 관련성은 훨씬 더 약하거나 비일관적으로 나타난다(Gebauer et al., 2013). 체육활동에 참여하는 기회 역시 한 요인이 될 수 있다. 여성의 스포츠 참여를 좀 더 촉진하기 위한 프로그램이 있음에도 불구하고, 여전히 지위나 자원 등은 남아에게 좀 더 유리하며, 남아가 여아보다 좀 더 운동 능력이 많은 것으로 지각된다. 게다가 여아는 남아에 비해 체육활동에 참여하려고 하지 않는다. 심지어 일부 여아들은 체육활동에 대해 여성성을 위협하는 것으로 보기도 한다. 남아와 여아 양쪽 모두에서 체육활동에 참여하는 경우가 그렇지 않은 또래들에 비해 더 높은 자존감을 보인다(Harter, 2012). 이 같은 성차는 북미 표본에만 국한되지 않는다. 영국, 호주, 아일랜드, 스위스, 이탈리아, 네덜란드, 중국, 대한민국의 여학생들 역시 자신이 체육에서 남학생들보다 덜 유능하다고 생각한다(Gillen & Markey, 2014; Harter, 2012).

신체적 외모 역시 자존감의 성차에 영향을 미친다. 외모에 대한 자신의 평가와 전반적인 자존감 간에 분명한 관련성이 나타난다(Harter, 2012). 영화나 잡지, TV는 온통 외모의 중요성에 맞춰져 있는데, 이런 데서 그려지는 모습의 대부분은 특수처리나 디지털 수정, 혹은 또 다른 모델의 신체 부위를 합성한 것들이기 때문에 도저히 도달할 수 없는 것들이다. 이런 이미지들은 마르고 키 크고 큰 가슴을 전시하듯 보여 준다. 미래에 좀 더 많은 광고가 여성의 다양한 모습을 보여 줄수록, TV에서는 여성을 좀 더 현실적인 이미지로 그려 내는 경향이 생겨나고, 그래서 여아들의 자존감에 긍정적인 영향을 미칠 수 있을지 모른다. 남아 역시 자신의 신체 이미지에 대해 걱정할 수 있는데, 이는 자존감과 정신건강을 저하시킬 수 있다(Gillen & Markey, 2014).

## 자존감의 사회적 결정요인

가정과 학교에서의 사회적 환경 요인들이 아동의 전반적 자존감에 영향을 미친다.

**가족의 영향** Stanley Coopersmith(1967)는 수용적이고, 온정적이며, 자녀와 관계를 맺고, 분명하고 일관된 규칙을 세우며, 비강압적인 훈육기술을 사용하고, 가족 내 의사결정 시 자녀의 입장을 고려하는 부모의 자녀는, 그렇지 않은 부모의 자녀에 비해 아동 중기와 청소년기에 더 높은 자존감을 보인다는 사실을 발견했다. 이후 연구자들은 좀 더 온정적인 어머니를 둔 사춘기 여아는 더 높은 자존감을 보이며, 좀 더 심리적으로 통제적이고 침범적이며 조종적인 어머니를 둔 사춘기 남아들은 더 낮은 자존감을 보인다는 점을 확인했다(Qjanen & Perry, 2007). 이와 유사하게, 권위적인—온정적이지만 단호한—부모의 사춘기 자녀는 권위주의적인—통제적이고 처벌적인—부모의 자녀에 비해 더 높은 자존감을 나타냈다(Lamborn et al., 1991). 지지적인 아버지의 청소년 자녀는 더 높은 자존감을 보고하였다(Behnke et al., 2011). 학대적인 부모를 둔 아동 역시 비학대적인 부모를 둔 아동보다 자존감이 더 낮았다(Cicchetti & Toth, 2015). 부모의 인정은 학업 능력과 훌륭한 성취의 영역에서 자기인식을 촉진하는 데 특히 더 중요한 것 같다(Harter, 2012).

**또래와 멘토의 영향** 아동이 성장할수록 또래의 의견은 자존감에 더 많은 영향을 미친다. 또래는 특히 사춘기 청소년의 외모, 인기, 운동능력 같은 영역에서의 자기인식을 촉진하는 데 중요하다(Harter, 2012). 흥미롭게도, '공식적인 영역'—즉, 학급, 클럽, 팀, 실습장—에서 또래의 지지가 '개인적인 영역'에서의 가까운 친구의 지지보다 더 중요하다(Harter, 2012). 아마도 이것은 배려하는 행동이기는 하지만 한쪽으로 치우친 친구의 지지보다 공개적인 지지가 좀 더 객관적이고 신뢰로운 것처럼 보이기 때문일 수 있다. 사실, 친구들에게 수용된다는 것은 청소년기 동안에 긍정적인 전반적 자존감을 유지하는 데 중요하고, 자신을 인기 있는 것으로 지각하는 청소년은 더 높은 자존감을 갖게 된다(Litwack et al., 2012). 심지어 익명의 낯선 또래로부터의 반응도 자존감에 영향을 미칠 수 있다. 한 실험에서 청소년기 이전 아동들에게 자신의 지능, 우호성, 신뢰도, 유머감각 등을 사용해서 자기 프로필을 완성해 달라고 요청했다(Thomaes et al., 2010). 그리고 이 개인 프로필과 사진이 서바이벌 게임(Survivor Game) 웹페이지에 포스팅되어 또래 친구들로부터 평가를 받을 거라고 얘기해 주었다. 또래 판정단으로부터 부정적인 평가를 받은 아동은 자존감이 떨어졌다. 긍정적인 평가를 받은 아동은 자존감이 상승했다고 보고했다. 이 연구는 아동의 자존감에 또래의 의견이 미치는 단기 효과를 보여 주었다. 물론, 실생활에서는 또래의 지속적인 평가가 중요하다.

코치, 선생님, 친척과 같은 멘토 또한 자존감에 있어 영향력 있는 지지 자원이 될 수 있다. 예를 들어, 한 연구에서 선생님으로부터 더 많은 지지를 받고 있다고 생각하는 6~8학년 학생들은 자존감이 상승했다(Reddy et al., 2003; Rhodes & Frederikson, 2004). Big brothers Big Sister와 같은 73개의 청년 멘토링 프로그램에 관한 메타 연구에서 아동의 자존감에 미치는 긍정적 효과를 확인했다(Rhodes et al., 2000). 미국 내의 3백만 청년이 이 프로그램에 참가하고 있는데, 이 프로그램이 아동의 학업적 자신감을 높여 주고 부모와의 관계를 개선시킴으로써 분명한 효과를 발휘하고 있다. 그렇지만 프로그램의 효과성은 종종 그다지 크지 않으며, 멘토링의 일관성과 질, 그리고 기간에 따라 달랐다 (Grossman et al., 2012).

**자존감 키워 주기** 부모가 자녀에게 자존감을 높여 주는 후한 칭찬을 한다고 가정할 때("너는 정말 똑똑해!", "너는 너희 팀에서 가장 훌륭한 축구 선수야.", "너의 색칠하기는 천재적이야!"), 이렇게 하는 것이 자녀의 자존감을 높여 줄까? 점점 더 많은 연구 결과가 아동의 재능과 지능을 칭찬하는 것이 수행에 도움이 되지 않음을 시사하고 있다. 칭찬은 아이들에게 실망감을 준다. 이런 아이들은 집에서 들었던 칭찬을 즉각적으로 제공해 주지 않는 도전에 직면했을 때 학교에서 어려움을 겪는다. 또한 이런 아이들은 어려운 일을 해낸 것에 대해 칭찬을 받았던 아이들보다 실패할 가능성이 있는 과제를 피하려는 경향이 있다. Carol Dweck(2008)은 상대적으로 쉬운 퍼즐이 포함된 IQ 검사를 받은 5학년 두 집단을 비교했다. 한 집단은 똑똑하다는 칭찬을 받았고, 다른 한 집단은 노력한 것에 대해 칭찬을 받았다. 이후 검사에서 똑똑하다는 칭찬을 받았던 아이들은 쉬운 문제를 제안받자 어려운 문제를 풀려고 하지 않았다. 이들은 또 다른 매우 어려운 문제에서의 실패에 대해 자신이 전혀 똑똑하지 않다는 것으로 받아들였다. 처음 풀었던 것과 완전히 동일한 최종 IQ 검사에서 처음에 똑똑하다는 칭찬을 받았던 집단은 처음에 비해 20% 수행이 저하되었다. 노력에 대해 칭찬을 받았던 집단은 점수가 30% 향상되었다. 아이에게 똑똑하다거나 재능이 있다는 명칭을 붙임으로써 부모는 아이의 자존감을 '외부에 위탁(outsourcing)'하게 된다. 아이가 칭찬을 많이 받을수록 점점 더 불안해지고 의심을 하게 된다. "내가 칭찬을 받을 수 있을까? 사람들이 이걸 잘했다고 생각할까?" 아이에게 노력을 통해 자신의 능력을 발전시킬 수 있다고 보는 '성장의 마음가짐'을 키워 주는 것이 더 좋다. 이를 위해서 부모는 아동의 노력과 아이가 어떻게 과제를 다루는지에 좀 더 초점을 맞추어야 한다. 부모는 아이의 지능보다는 전략과 과정을 칭찬해야만 한다. 능력보다는 사회적으로 바람직한 행동과 자기계발에 대해 칭찬해야 한다. 칭찬은 근거가 없거나 과장된 것이 아니라 구체적이고 진실해야 한다(Dweck, 2017). 부모가 1~3세 아이의 능력이나 지능에 초점을 맞춘 경우보다 노력과 전략에 초점을 맞출 때 아이들이 5년 뒤에 성장의 마음가짐을 좀 더 발달시키는 경향이 있었다(Gunderson et al., 2013). 한 발 뒤로 물러나 아이가 스스로 문제를 풀 수 있게 함으로써 진정한 자존감을 발달시킬 수 있도록 도와줄 수 있다(Dweck, 2008; Young-Eisendrath, 2008).

## 정체성 형성

> 가끔씩 나는 거울을 쳐다보면서 나 자신에게 "너는 진짜 누구니?"라는 질문을 한다. 머리카락을 머리 뒤로 넘기고 화장을 하고 그러면 정말 세련돼 보인다. 그게 나야. 머리를 어깨 위로 늘어뜨리고, 스웨터를 입는다. 또 다른 나다. 나는 시를 쓰고 망원경으로 별과 행성을 보기 위해서 늦게까지 깨어 있다. 이것도 또 다른 나다. 나는 화학 숙제에 열중하고, 의사가 될 거라고 생각하거나, 번역가가 되고 싶다고 생각하거나, 혹은 해외 특파원이 되고 싶다고 생각한다. 너무 많은 가능성이 있다.

**정체성**을 형성한다는 것은 자신을 개별적이고 분리된 존재로 정의하는 것과 '나는 누구인가' 그리고 '나는 무엇이 될 것인가'와 같은 질문에 대해 종교적 관점, 정치적 가치, 성적 선호, 그리고 직업적 포부의 관점에서 기술하는 것을 포함한다. 이 과정은 청소년기에 중요한 도전이다(Crocetti, 2017). Eric Erikson은 청소년기의 정체성 발달에 대해 연구한 최초의 심리학자 중 한 명이다(제1장 참조). 그가 제안한 다섯 개의 발달단계는 안정적인 자기-정체성에 대한 탐색에 초점을 맞추고 있다. Erikson은 안정적인 정체성을 획득하지 못하면 정체성 혼란이 초래된다고 주장하는데, 그는 이 상태를 Miller의 희극인 〈어느 세일즈맨의 죽음(Death of a Salesman)〉에 나오는 대사로 묘사했다. 여기에서 Biff는 "엄마, 난 붙잡을 수가 없어요. 삶의 어떤 것도 붙잡을 수가 없어요."라고 얘기했다. Erikson의 생각을 검증하는 것이 어렵기 때문에 그의 이론에 대한 경험적 지지가 일부 제한적이기는 하지만 그의 작업은 연구와 이론화에 중요한 촉매제가 되었다.

Erikson의 뒤를 이어 James Marcia(1966, 1993)는, 청소년들이 대안적인 정체성을 탐색하고 선택을 시도하며 새로운 존재 방식을 상상할 때 의사결정의 위기를 경험하는 시기에 대해 설명했다. 예를 들어, 한 남자 청소년은 요리사가 되거나, 의사가 되거나, 혹은 재즈 음악가가 되는 것 같은 다양한 직업을 추구하는 것에 대해 생각한다. 그는 요리책을 사고, 〈Top Chef〉를 시청하며, TV에 나오는 의학 드라마의 팬이 되었으며, 매일 밤 색소폰을 연습한다. 그는 또한 다른 종교적 신념과 관습을 경험하기 위해 몇몇 종교 집단도 방문한다. 이런 가능한 자기에 대한 실험을 경험하는 동안 네 가지 유형의 정체성 결과가 가능하다(〈표 5-2〉 참조). 모든 청년의 목표는 안정적이고 만족스러운 정체성을 획득하는 것이지만, 표에 제시된 것처럼 모든 사람이 바람직한 정체성 헌신 상태를 획득하는 것은 아니다. 운이 좋은 누군가는 적극적으로 정체성 탐색에 매진하고, 그 결과 만족스럽고 수용할 수 있는 정체성에 자신을 헌신할 수 있다.

정체성 성취—발달적으로 가장 발전된 결과—는 높은 자존감, 인지적 유연성, 성숙한 도덕적 추론, 분명한 목표 설정, 그리고 더 나은 학업 성취와 같은 몇몇 긍정적인 결과와 관련이 있다(Meeus, 2011; Moshman, 2005). 이러한 개인의 인지적 유연성은 종교적 정체성에 대한 주의 깊은 접근에 드러난다. 종교적 신념에 대해 전적으로 닫힌 마음을 갖기보다는, 오히려 종교적 정체성에 관해 일부 의심하는 요인들을 갖고 있을 수 있다(Puffer et al., 2008). 정체성을 성취한 청소년은 아직까지 안정적이고 성숙한 자기감을 성취하지 못한 청소년보다도 더 쉽게 부모님, 형제 그리고 연인과 친밀한 관계를 발달시킬 수 있다(Crocetti, 2017).

〈표 5-2〉 네 가지 정체성 유형

| 유형 | 결과 |
|---|---|
| 정체성 혼미 | 개인은 정체성 위기도 정체성 헌신도 경험하지 않는다. |
| 정체성 유실 | 개인은 정체성 탐색을 시도하지 않고 헌신을 결정한다. |
| 정체성 유예 | 개인은 적극적으로 다양한 정체성 탐색을 시도하지만 아직 헌신을 결정하지 못했다. |
| 정체성 성취 | 개인은 다양한 정체성 탐색을 경험하고 하나에 헌신하기로 결정했다. |

출처: Marcia, 1996.

유실 집단의 일부 청소년들은 아동기의 가치와 신념에 대한 헌신을 유지하고, 청소년기를 또 다른 잠재적인 정체성 탐색을 위한 시기로 사용하지 않는다. 다른 청소년과 비교해서 이들은 종교적 정체성과 신념에 관한 의심과 불확실성을 더 적게 표현한다(Puffer et al., 2008). 좀 더 권위주의적이고, 경직되어 있으며, 급진적 정치 운동이나 광신적 추종 같은 좀 더 극단적인 사상과 운동에 취약하다(Saroglou & Galand, 2004).

또 다른 청소년 집단은 적극적으로 탐색을 하지만 자신이 누구인지 그리고 무엇을 믿고 따를 것인지에 관한 해결책에 도달하는 데는 실패한다. Marcia(1966, 1993)는 이들에 대해 유예 상태에 있다고 기술했다. 이들은 안정된 상태에 도달해서 계속해서 정체성을 형성해 가는 과정 중에 있다. 이러한 청소년은 불안하고, 열정적인 경향이 있고, 부모님과 다른 권위적 대상과 불편하거나 양가적인 관계에 있을 수 있다(Krogerr & Marcia, 2011). 그러나 유실이나 혼란 상태의 정체성을 가진 사람들보다는 더 잘 적응한다(Berzonksy & Kuk, 2000).

혼미한 정체성을 가진 청소년들은 탐색도, 특정한 정체성에 대해 헌신하는 것에도 관심이 없다. 이들은 삶이란 그저 우연히 일어나는 일이라고 생각한다. 정체성 발달 수준은 가장 낮게 평가된다. 일부는 비행과 약물 남용을 하기도 한다. 일부는 외롭거나 우울하다. 일부는 화가 나 있거나 반항적이다(Kroger & Marcia, 2011). 헌신하지 않는 태도는 종종 학업 문제와 무망감과 관련이 된다(Snarey & Bell, 2003).

네 가지 유형의 정체성은 정체성 형성 과정에서의 단계라기보다는 서로 다른 수준을 나타내는 것으로 간주된다(Kroger & Marcia, 2011). 개인은 청소년기가 끝나 가는 시점에서도 한 상태에서 다른 상태로 옮겨 갈 수 있다. 예를 들어, 유예 상태에 있던 청소년이 정체성을 정하고 성취한 뒤 얼마 지나지 않아 다시 유예 상태로 되돌아갈 수도 있다. 이러한 이동은 발달 초기에 정체성을 획득한 청소년들에게 특히 더 그런 것 같다. 유실과 혼미 집단의 청소년들의 경우, 자기정체감을 결코 발달시키지 않기 때문에 정체성 상태를 오가는 것이 흔치 않다. 청소년 초기에서 말기까지의 정체성을 살펴본 종단 연구에서 정체성 수준이 오락가락한다는 증거가 확인되었다(Meeus, 2011). 그러나 일반적으로 이 시기를 지나면 정체성 혼미와 정체성 유예 상태에 있는 청소년의 수는 감소하고, 정체성 유실 상태나 정체성 헌신 상태의 청소년의 수는 증가한다. 모든 청소년이 정체성의 이동을 경험하는 것은 아니다. 청소년 초기에서 청소년 말기까지 동일한 정체성 수준을 유지하는 경우는 약 60% 정도이다(Meuss et al., 2010).

정체성 형성은 청소년기에 끝나지 않는다. 한 메타 연구에 따르면, 정체성에서의 변화는 성인 초기까지도 흔히 일어난다(Roberts et al., 2006). 많은 초기 성인이 정체성과 관련된 이슈들로 고민을 하는데, 특히 오늘날에는 과거보다 교육 기간은 연장되고 부모에게 경제적으로 의존하는 기간이 길어졌다(Arnett, 2014). 시간이 지나면서 정체성이 역동적으로 변화한다는 점을 인식하게 되면서 정체성의 형성, 유지, 변경 혹은 재수정 과정에 초점을 맞춘 연구들로 확장되었다. Elisabetta Crocetti(2017)에 의하면, 정체성 형성은 다음의 세 과정으로 가장 잘 이해될 수 있다. "(1) 헌신이란 개인이 다양한 발달영역에서 자신의 선택을 지속하면서 이러한 선택을 통해 자신감을 갖는 것을 의미한다, (2) 철저한 탐색이란 자신이 정한 헌신에 관해 적극적으로 생각해 보는 것을 나타낸다(즉, 자신의 선택에 대해 성찰하고, 추가적인 정보를 탐색하며, 자신의 헌신에 대해 타인과 대화하는 것), (3) 헌신에 대한 재고(reconsideration)란 현재의 헌신이 더 이상 만족스럽지 않아서 현재의 헌신과 또 다른 대안적 헌신을 비교하는 것을 나타낸다."(2017, p. 146) 이 관점에 의하면, 개인은 시간이 지나는 동안 이러한 과정에 참여하면서 새로운 사회적, 인지적 경험에 비추어 자신의 정체성에 대해 생각하고 재고한다.

수많은 요인이 청소년의 정체성 발달에 영향을 미친다. 첫째, 부모와 또래는 정체성 발달에 지속적인 영향을 미친다. 둘째, 생물학적 변화 역시 정체성 형성과정에 기여한다. 사춘기는 아동기가 끝나고 성인기가 다가오고 있음을 알려 준다. 자신을 성적 존재로 인식하는 것은 성적 정체성과 성적 관계에 대한 탐색을 촉진한다. 인지 기능에서의 변화 역시 청소년의 정체성 성취에 영향을 미친다. 청소년기 동안의 인지 능력 발달은 좀 더 추상적인 사고가 가능하도록 하고, 이로 인해 자신에 대해 좀 더 깊이 생각할 수 있게 된다. 그 결과, 이상적 자기와 실제적 자기 간의 차이에 대해 인정하게 될 뿐만 아니라, 서로 다른 맥락에서 각기 다른 자기에 대해서도 인식할 수 있게 된다. 한 청소년은 다음과 같은 식으로 표현한다.

> "친구들과 있을 때의 나는 외향적이다. 부모님과 있을 때는 좀 더 의기소침해진다. 또한 내가 잘 알지 못하는 사람들과 있을 때는 정말 내향적이 될 수도 있다."

분명히, 이 청소년은 서로 다른 사회적 맥락에서의 다양한 자기에 대해 인식하고 있다.

## 성인기로의 확장: 정체성 형성은 지속된다

성인 진입기—십대 후반에서 이십대 중반의 시기—는 정체성 탐색에 있어 이례적으로 자유로운 시기이다. "의사가 될까? 이게 정말 내가 원하는 걸까?", "작가가 되어 볼까?" 부푼 희망과 큰 꿈의 시간 동안 갖는 자유는 정말 흥분된다. 그렇지만 또한 정체성 확립이 더 중요해짐에 따라서 불안하고 불확실한 시기이기도 하다(Arnett, 2014). 부모가 지지적이고 자녀의 바람과 욕구를 존중해 주며 또한 침투적이거나 조종적인 방법을 사용하지 않는다면, 대학생들은 점점 더 정체성을 확립해 나가게 된다(Luyckx et al., 2007). 만약 부모가 민감하지 못하거나 정서적으로 잘 조율해 주지 못하면, 대학생들은 자신에 대한 파편화된 정체성을 갖게 된다.

청소년기에서 성인 초기까지 종단적으로 수행된 한 국가 연구에서 연구 대상자의 가족 배경과 경험에 따라 서로 다른 네 가지 유형의 정체성이 확인되었다(Benson & Elder, 2011). 역기능적인 가족을 가진 젊은 성인들은 '가짜-성인(pseudo-adult)' 정체성을 발달시킬 가능성이 높았고, 아시아계 미국인 가족들은 자율성의 발달이 지연되고 뒤늦게 성인 정체성을 확립할 가능성이 높았으며, 아프리카계 미국인 가족 출신의 성인들은 좀 더 빨리 성인 정체성을 성취하는 경향이 있었다(이들은 좀 더 빠른 사춘기와 성적 경험을 하였으며, 더 어른 같은 책임을 맡았다). 그리고 부모와 거리를 두고 갈등적인 관계에 있는 여성은 심리사회적 기술의 발달이 늦어지고, 성인으로서의 역할과 정체성을 훨씬 더 빨리 채택했다.

아직 정체성 성취가 이루어지지 않았다면 성인 진입기 이후까지도 정체성 형성은 지속된다(Kroger et al., 2010).

핀란드의 연구자들이 27, 36, 52, 50세의 성인들을 대상으로 연구했을 때 정체성 혼미에서부터 정체성 성취까지의 연속적 발달이 가장 흔한 발달경로였으며, 정체성 성취는 좀 더 연장된 교육 기간과 이로 인해 성인기의 직업 세계로의 진입이 지연되는 것, 그리고 너무 늦게도 혹은 너무 빠르게도 아닌 '제때에' 가정을 형성하는 것과 관련이 있었다(Fadjukoff et al., 2005, 2007, 2016). 각 연령대에서 다양한 영역에 걸쳐 정체성 수준에 큰 차이가 있으며, 정체성 경로는 27~50세 사이에 가장 변동이 컸다.

30~60세를 대상으로 한 미국의 종단연구는 정체성 발달이 성인기 동안 지속됨을 보여 주었다(Cramer, 2004). 정체성 성취 가능성이 증가하고 정체성 혼미 가능성이 감소하는 성인 초기부터 성인 중기 동안에 가장 큰 변화가 나타났다. 정체성 성취는 좀 더 높은 지능, 일에서의 성공 경험, 좀 더 긍정적인 결혼생활과 가족관계, 그리고 지역 사회 및 정치적 활동 참여와 관련이 있었다. 유실 상태의 정체성을 가진 성인들은 부모나 친척과 강한 유대감을 가지며, 모임에 참여하고, 정치적으로 좀 더 보수적인 경향이 있었다. 정체성 유예 상태의 성인들은 부모와의 관계가 더 느슨했으며, 지역사회 및 정치 활동에 좀 더 참여하고, 보다 진보적인 경향이 있었다.

## 민족적 정체성

우리 사회가 점점 더 다인종 사회가 되어 가면서 아이들이 어떻게 자신의 인종 및 민족성과 관련된 정체성에 대해 배워 나가는지에 대한 관심이 높아지고 있다. 다수 민족과 인종 집단의 아동에게는 이러한 주제가 그다지 두드러지지 않을 수 있겠지만, 소수 인종 집단의 아동은 좀 더 넓은 문화권 안에서 적응하는 동안 자신의 독특한 정체성과 균형을 맞추어야 하는 과제에 직면한다(Phinney & Ong, 2007; Worrell, 2015). **민족적 정체성**이란 특정한 인종이나 민족 집단에 대한 소속감을 의미한다. 여기에는 몇 가지 요소가 있다(〈표 5-3〉 참조).

〈표 5-3〉 민족적 정체성의 모습들

| 유형 | 기술 |
|---|---|
| 민족적 지식 | 아동은 자신의 민족 집단이 행동, 성격특질, 풍습, 스타일, 언어를 포함한 구별되는 특성들을 가지고 있음을 안다. |
| 민족적 자기 동일시 | 아동은 자신을 특정 민족 집단의 일원으로 범주화한다. |
| 민족적 불변성 | 아동은 자신의 민족 집단의 특성이 시간과 상황에 따라 안정적이며 집단의 구성원들이 변하지 않는다는 것을 이해한다. |
| 민족적 행동 | 아동은 자신의 민족을 구별하는 행동패턴을 규정하고 지지한다. |
| 민족적 선호 | 아동은 자신의 민족 집단에 소속되어 있다는 것에 대해 긍정적 감정을 느끼고 자신의 민족 집단의 행동패턴을 더 선호한다. |

출처: Bernal et al., 1993.

**민족적 정체성의 발달** 민족적 정체성은 아동기에서 청소년기에 걸쳐 서서히 출현한다. 영아기의 3개월 된 아기조차도 다른 인종의 얼굴보다 자신과 같은 인종의 얼굴을 더 오래 응시한다(Kelly et al., 2005). 9개월경이 되면 아기들은 긍정적 정서를 동일 인종의 얼굴과 연결 짓는 반면, 부정적 정서를 다른 인종의 얼굴과 연결 짓는다(Xiao et al., 2017). 걸음마기 아동도 암묵적인 인종 편견이 있는 것으로 나타났다(Banaji & Greenwald, 2006, 2013; Qian et al., 2016). 예를 들어, 걸음마기 아동에게 인종을 명확하게 알기 어려운 얼굴과 함께 긍정적이거나 부정적인 정서를 함께 제시했을 때, 어른과 마찬가지로, 아동도 긍정적 정서의 얼굴은 자신과 같은 인종으로, 부정적 정서를 가진 동일한 얼굴은 다른 인종으로 범주화했다(Xiao et al., 2015). 학령전기 아동은 피부색과 같은 인종이나 민족성을 나타내는 단서들을 알아채며, 자신과 동일한 민족 집단의 아이들과 어울리는 것을 더 선호한다(Rubin et al., 2015). 소수 집단의 아동은 다수 집단의 아동보다 더 빨리 이러한 인식과 선호를 나타낸다(Milner, 1983). 학령전기 아동은 또한 문화 특정적 혹은 하위문화 특정적인 다수의 활동에 참여한다. 예를 들어, 아이들은 생일 파티에서 장난감과 사탕이 가득 들어 있는 스페인 전통의 피냐타(piñata)를 치고, 멕시코 음식인 타말레를 먹는다. 그렇지만 아이들은 이러한 경험이 자신의 문화에 고유한 것이라는 점을 깨닫지 못할 수도 있다.

Guy Cali/Corbis/Getty Images

아버지와 함께 Kwanzaa 촛불을 켜고 있는 이 남자 청소년은 자신의 민족적 정체성을 탐색하고 있는 중이다.

학령기 동안 인지발달이 이루어짐에 따라 아동은 어떤 행동이 주류 문화에 속하는 것이고 어떤 것이 자신의 민족 집단에 고유한 것인지를 깨닫기 시작한다. 아이들은 스스로 인종/민족 집단의 일부로 자신을 나타낼 수 있게 된다(Brown & Bigler, 2005). 민족-집단 활동에 대한 긍정적 감정과 선호가 이 시기 동안에 나타날 수 있다(Xiao et al., 2015). 더 어린 아동은 가족과 함께하기 때문에 이런 활동을 더 좋아할 수 있다. 초등학교에서 아동은 이러한 활동들이 자신의 민족적 배경에 대한 고유한 표현이라는 사실을 깨닫는다. 학령전기 아동은 자신이 속한 문화에 대해 겨우 포괄적인 이해만 가능하며, 민족성에 대한 표현은 기계적인 방식으로 사용한다. "우리 가족이 나한테 그렇게 말했기 때문에 나는 중국계 미국인이야." 초등학교 저학년 시기에 아동은 민족성에 대한 의미를 이해하기 시작한다(Bernal et al., 1993). 이 시점에서 아이들은 혈통, 긍지, 관습을 민족적 관점에서 이해한다. 중국계 미국인이라는 용어는 그들의 부모(혹은 조부모나 증조부모)가 중국에서 태어나 이후에 미국으로 이민을 왔다는 의미이다(Gillen-O'Neel et al., 2015). 초등학생은 또한 민족 집단의 불변적 특성에 대해서도 깨닫는다. 자신의 민족성은 바꿀 수 없을 뿐만 아니라, 자신의 영구적 특징 중 하나로 남는다는 점을 깨닫는다(Quintana, 2011). 중국계 미국인, 아프리카계 미국인, 멕시코계 미국인으로서의 자신의 정체성은 시간이 지남에 따라 혹은 맥락에 따라 변하지 않음을 점차 인식하게 된다(Ocampo et al., 1997).

뉴욕시에 살고 있는 초등학생 아동들과의 인터뷰는 민족적 정체성이 다른 민족 집단들과 어떻게 구별되는지를 보여 준다(Rogers et al., 2012). 아이들에게 "[민족성]이라는 것은 무엇을 의미하나요?"라는 질문을 했을 때, 이민자 집단의 아이들은 자신들의 언어에 대해 좀 더 언급하는 경향이 있었다.

> "그것은 만약 당신이 당신의 모국어를 알면 다른 모든 사람과 대화를 할 수 있고 그들에게 말할 수 있다는 걸 의미해요."(러시아계 미국 소녀)
>
> "그것은 중국어를 말하는 것을 의미해요. 하지만 영화에서 백인들이 중국어를 말하는 건 가짜예요. 나는 실제로는 그런 모습을 결코 본 적이 없어요."(중국계 미국 소년)

또한 이민자 아동은 민족적 유산에 대해 좀 더 언급하는 경향이 있다.

> "당신도 그렇게 태어났기 때문에, 당신 어머니가 중국인이라면, 당신도 그럴 거예요."(중국계 미국 아동)

유럽계 미국인과 아프리카계 미국인 아동들은 '백인' 혹은 '흑인'이 의미하는 것이 무엇인지를 물어보면 외모에 대해 언급하는 경향이 있다.

> "내 친구의 대부분은 백인이에요. 걔들은 내가 그들과 같은 피부색을 가지고 있다면 날 더 좋아할 거예요."(유럽계 미국 아동)

아이들은 또한 사회적 지위에 대해서 언급하는 경향이 있다.

> "당신은 흑인으로 태어났어요. 게토(빈민가) 출신이죠. 당신은 백인보다 더 멋져요. 더 많은 곤경에 빠지죠. 그리고 경찰서에는 백인보다 흑인들이 더 많이 수감되어 있죠."(아프리카계 미국인 소녀)
>
> "글쎄요, 많은 사람이 백인이거나 흑인이고, 어떤 직업은 백인이어야 하고 다른 직업은 흑인이어야 해요. 그래서 당신은 그 선택을 할 수 있어요."(유럽계 미국인 소녀)

도미니카계 미국인과 아프리카계 미국인 아동들은 자부심에 대해 좀 더 언급하는 경향이 있다.

> "당신은 당신이 가진 것을 좋아하고, 당신인 것을 자랑스러워해요."(도미니카계 미국인 소녀)
>
> "그건 매우 중요해요. 나는 흑인 가정에서 태어났어요. 나는 흑인이고 그게 자랑스러워요."(아프리카계 소녀)

중국계 미국인 아동들은 좀처럼 자부심에 대해 언급하지 않는다.—아마도 아시아 사람들은 자랑을 덜 하기 때문인 것 같은데, 아마도 민족적 정체성에 대한 정의에서 언어와 유산이 더 중요하기 때문이거나(응답의 76%를 차지) 혹은 다른 민족 집단보다 중국계 미국인 아동들이 자부심에 초점을 두지 않는 집단주의적 관점의 민족적 정체성을 드러내기 때문일 수도 있다.

도미니카계 미국인 아동과 러시아계 미국인 아동들은 긍정적 특성에 대한 언급을 좀 더 많이 하는 경향이 있다.

> "도미니카인들은 열심히 일하고, 책임감이 있고, 자신을 잘 돌봐요."(도미니카계 미국 소년)
>
> "똑똑하고, 성공하고, 강해요."(러시아계 미국인 소년)

민족성에 대한 인식이 아동 중기에 발달하기 시작하지만, 민족적 정체성 발달이 가장 활발하게 일어나는 시기는 일반적인 자기 정의의 과정이 시작되는 청소년기이다(Quintana, 2011). 청소년들은 차별, 선입견, 편견 역시 인종/민족적 정체성의 일부라는 점을 깨닫는다(Umana-Taylor et al., 2014). 예를 들어, 한 연구에 따르면 정체성과 관련된 주제에 대해 8학년 미국계 아프리카 아동의 3분의 1이, 그리고 10학년 학생의 절반이 적극적인 탐색을 하였으며, 그 숫자는 대학생 때까지도 증가하는 것으로 나타났다(Phinney, 1992). 또 다른 연구에서는 아프리카계 미국인 아동과 라틴계 미국인 아동은 청소년기 동안 좀 더 많은 민족적 정체성에 대해 탐색하고, 자신의 민족 집단에 대해 자부심을 갖는 것으로 나타났다(Rivas-Drake et al., 2014).

청소년이 얼마나 빨리 그리고 온전하게 자신의 민족적 정체성에 대한 명확한 인식을 갖게 되는가는 개인에 따라 다르다. 한 연구에서 소수 민족 학생의 상당수가 11학년에 민족적 정체성을 성취하는 것으로 나타났다(라틴계 학생의 26%, 아시아계 미국인 학생의 39%, 아프리카계 미국 학생의 55%; Umaña-Taylor et al., 2004, 2014). 다른 청소년들은 유실된 정체성을 갖는다(라틴계 34%, 아시아계 미국인 13%, 아프리카계 미국인 24%). 이들은 별다른 의문을 가지지 않은 채 아주 빠른 나이에 민족적 정체성을 선택하고 결정한다. 세 번째 집단은 민족적 정체성이라는 주제에 대해 주의를 기울이지도 않고, 생각도 별로 하지 않으며, 검증되지 않은 혹은 혼미한 민족적 정체성을 채택하는 것으로 특징지어진다(라틴계와 아시아계 미국인 23%, 아프라카계 미국인 8%). 가장 적은 수의 학생들이 유예 상태에 머문다(라틴계 미국인 9%, 아시아계 미국인 13%, 아프리카계 미국인 8%).

분명하고 긍정적인 민족적 정체성을 획득하는 것은 자신의 민족 집단에 대해 긍정적인 감정을 갖는 것과 더불어 더 높은 자존감과 낙관주의 그리고 사회성과 관련이 있다(Chavous et al., 2003; Rivas-Drake et al., 2014). 이런 점은 특히 차별을 많이 경험하지 않은 청소년—예를 들어, 학급의 학생들 중 다수가 자신과 같은 민족 집단인 경우—의 경우에 더욱 그러하다(Greene et al., 2006). 청소년이 자신의 민족 집단에 동일시하지 않으면 위험에 처하게 된다. 지배적 문화에 너무 강하게 동일시를 하게 되면 종종 또래들로부터 '너무 백인' 같다는 비난을 받거나 배척을 당하게 된다. '오레오(Oreo)', '바나나', '사과' 같은 명칭—안은 하얗고 겉에는 색이 있는—은 주류 문화의 가치와 스타일, 포부 등에 동일시하는 아프리카계 미국인, 아시아계 미국인 그리고 미국 원주민의 소수 민족들을 지칭하는 비속어이다. 이들은 자신의 민족 집단 또래들로부터 거부를 경험할 수도 있고, 성적을 숨기거나 혹은 백인의 성공에 신경 쓰지 않는 척하는 전략들을 발달시킬지도 모른다(Ogbu, 2003). 11~16세의 아프리카계 미국인 청소년들을 대상으로 한 연구에서

Margaret Spencer는 주류 문화에 동일시한 개인들이 분명한 아프리카계 미국인 정체성을 가진 경우보다 더 낮은 성취와 자존감을 보인다는 점을 발견했다(Spencer et al., 2006). 반 백인주의적인 태도를 가진 학생들 역시 수행이 좋지 않았다. 소수 민족 학생들은 자신의 민족성을 받아들이고 주류 문화를 폄훼하지 않으면서 긍정적인 민족적 정체성을 형성할 때, 가장 유익한 것 같다. 긍정적인 강한 민족적 정체성을 형성한 소수 민족 집단의 청소년은 약하거나 부정적인 정체성을 형성한 경우보다 더 잘 적응한다(Rivas-Drake et al., 2014). 비행 청소년이 될 가능성이 더 적고(Bruce & Waelde, 2008), 학교에서 더 잘 적응하고(Costigan et al., 2010), 우울감을 더 적게 경험하며(Mandara et al., 2009), 다른 민족 집단에 대해서도 좀 더 긍정적인 태도를 가질 뿐만 아니라(Phinney et al., 2008), 인종차별주의의 부정적 영향으로부터도 보호를 받는다(Neblett et al., 2012; Tynes et al., 2012). 차별의 경험은 더 나쁜 결과와 관련된다(Galliher et al., 2011; Jackson et al., 2012). 이러한 효과는 유럽과 남아메리카뿐만 아니라 캐나다와 미국 내의 여러 다양한 민족 집단(히스패닉, 중국계 미국인, 아프리카계 미국인, 캐나다와 미국 원주민)에 걸쳐서 확인된다(Umana-Taylor et al., 2014).

**혼혈 및 이중 문화 청소년** 혼혈 아동, 즉 다른 인종의 가족에 입양되거나 혹은 서로 다른 인종의 부모를 둔 아이들 집단이 2000년 이후로 32%나 증가했다(Humes, Jones, & Ramirez, 2011). 이 아이들은 민족적 정체성을 형성하는 데 있어 독특한 도전에 직면하게 된다(Umana-Taylor et al., 2004). 백인의 미국인 어머니와 흑인의 아프리카 아버지를 둔 미국 대통령 버락 오바마는 수년 동안 정체성에 대해 고민했다. 그의 책 『아버지로부터의 꿈(Dreams from My Father)』에서 그는, 더 넓은 사회 속에서 자신의 위치에 대해 확신할 수 없었던 아동기와 청소년기가 지나서야 마침내 흑인 정체성이 자리를 잡았다고 기술했다. 그는 흑인인가? 백인인가? 그러나 혼혈인의 다수가 혼합된 유산을 인정하는 다인종 정체성을 선택한다. Townsend 등(2012)에 의하면, 백인 학교에 다니는 학생들과 마찬가지로, 중산층은 노동자 계층보다 이중 문화를 좀 더 지지하는 경향이 있다. 긍정적인 다인종 정체성은 단일 정체성을 선택한 경우보다 더 높은 자존감과 자기효능감, 그리고 더 낮은 정형화된 취약성을 포함한 긍정적인 심리적 건강과 관련된다(Binning et al., 2009; Shin et al., 2007). 인종 정체성은 변화 가능하며, 다민족적 정체성을 가진 개인이 단일 인종 정체성을 가진 경우보다 좀 더 쉽게 바뀐다는 점에 주목하는 것이 중요하다(Doyle & Kao, 2007).

서로 다른 문화권 출신이거나 서로 다른 문화권에서 이민을 온 부모를 둔 아이는 어떨까? 이들이 주류 문화와 새로운 문화에 대한 규준과 태도 그리고 소수 문화의 가치 있고 소중한 전통 두 가지를 모두 선택하여 이중 문화 정체성을 발달시킬 수 있을까? 이중 문화 정체성은 두 가지 문화의 언어와 관행을 자발적으로 선택하는 것을 포함한다. 그러한 정체성의 발달은 아동과 청소년으로 하여금 이들이 다수 문화와 소수 문화 사이를 오가며 매일매일 부딪히게 되는 이중적 기대를 충족할 수 있게 해 준다. 이민자 가족 출신의 한 청소년은 다음과 같이 기술하였다(Phinney & Rosenthal, 1992, p. 160).

> "누군가의 집에 초대를 받는 경우, 나는 문화적인 차이 때문에 집에서 내가 행동하는 것과는 다른 방법으로 바꾸어야 한다…. 나는 지금은 둘 사이를 이동하는 것에 익숙해져서 별로 어렵지 않다."

멕시코계 미국인 청소년이 형성한 네 개의 정체성에 대한 설명을 [그림 5-1]에 제시하였다: 유럽계 미국인과 멕시코계 미국인 둘 다에 속해 있는 이중 문화 정체성, 멕시코인 정체성은 멕시코계 민족 집단에서만 동일시한다. 유럽계 미국인 정체성은 주류 문화 속에서 동일시한다. 주변인 정체성은 주류 문화나 소수 문화 어느 쪽에서도 강하게 동일시하지 않는다. 주변인 정체성을 채택한 청소년은 '문화적으로 박탈된(decultured)'다. 이들은

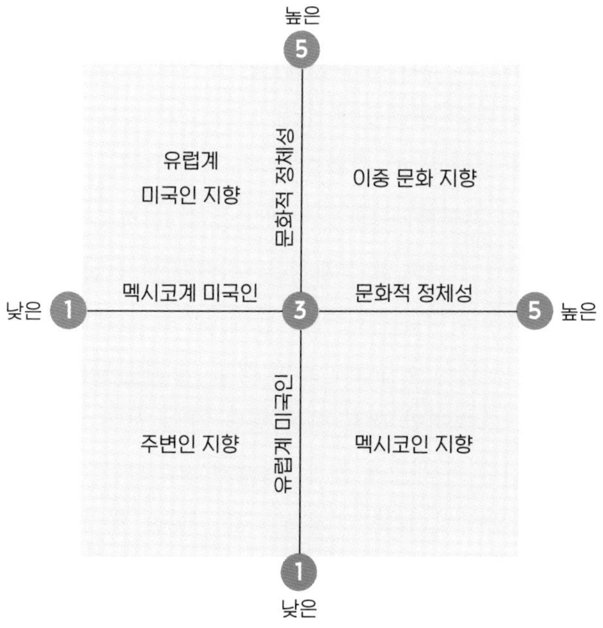


[그림 5-1]
민족적 정체성 유형

멕시코계 미국인 청소년이 유럽계 미국인 문화적 정체성 수준과 멕시코계 미국인 문화적 정체성 수준의 5점 척도로 된 2개 척도상에서 자신을 평가할 때, 이 점수를 사용해서 4개의 민족적 정체성 집단에 배치할 수 있다.

출처: Parke, R. D., & Buriel, R. (2006). Socialization in the family: Ethnic and ecological perspectives. In W. Damon & R. M. Lerner (Series Eds.), & N. Eisenberg (Vol. Ed.), *Handbook of child psychology: Vol. 3. Social, emotional and personality development* (6th ed., pp. 429-504). Hoboken, NJ: Wiley.

선조들의 문화로부터 거부당하고 다수 문화로부터 소외된다(Berry, 2008). 이들은 좀 더 많은 사회적, 심리적 문제를 갖는 경향이 있다(Nugent & Benet-Martinez, 2013). 두 사회적 세계를 다루는 그들의 능력은 대인관계 기술과 더 높은 자존감을 발달시키는 데 도움이 된다(Buriel et al., 2006).

**민족적 정체성 발달을 촉진하는 요인들** 부모는 문화적 전통에 관한 지식을 전달하고, 문화적 유산에 대한 자부심을 고취시키며, 편견이나 차별과 같은 소수 집단이 갖는 어려움—특히 최근에 이민을 온 경우—에 대해 자녀를 준비시킴으로써, 자녀의 민족적 정체성 형성에 중요한 역할을 한다(Seaton et al., 2012; Umaña-Taylor et al., 2013). 이 같은 사회화 과정은 보호적인 기능을 하며, 아동이 편견에 직면했을 때 좀 더 회복력을 갖게 해준다(Neblett et al., 2012). 한 연구에서, 부모로부터 편견에 대비한 상당량의 준비와 민족적 자부심에 관한 메시지를 받은 8학년의 아프리카계 미국인 아이들은 그렇지 않은 부모를 둔 아이들에 비해 차별에 직면했을 때 더 높은 자존감을 나타냈다(Harris-Britt et al., 2007). 또 다른 연구에서 아프리카계 미국인 가족에서 높은 민족적 사회화 수준은 청소년기에 더 낮은 공격성과 행동화와 관련이 있었다(Bannon et al., 2004). 대다수의 소수 집단 부모들은, 특히 좀 더 나이 든 자녀에게(Hughes et al., 2006, 2009) 민족적 주제와 편견에 관해 사회화시킨다(Spencer et al., 2015). 자녀를 사회화시키지 않는 부모는 아이를 차별에 좀 더 취약하고 준비되지 않은 상태로 방치한다(Spencer et al., 2015).

아이가 청소년기에 들어서면 또래가 또 다른 사회화 원동력이 되고 민족적 정체성을 형성하도록 한다. 고등학교에서 대다수의 학생은 자신과 동일한 민족 집단의 또래들과 시간을 보낸다. 학생들은 자신과 다른 민족 집단의 또래들에 대해 알려고 하지 않는데, 왜냐하면 그 아이를 개인으로 보려 하기보다 집단의 한 성원으로 보려 하기 때문이다(Steinberg et al., 1992). 자신과 같은 민족 집단의 친구들과 더 잦은 만남을 갖는 청소년은 그런 친구가 거의 없는 청소년보다 좀 더 안정적인 민족적 정체성을 갖는다(Yip et al., 2010). 그러나 단순히 동년배의 또래들이 같은 인종의 다른 누군가와 함께하기를 선택하는 것이 아니라, 시간이 지나면서 또래들끼리 서로 영향을 주고받으며 점점 더 자신들의 인종적 정체성이 유사해진다(Santos et al., 2017). 그렇지만 서로 다른 집단 간의 접촉 역시 긍정적인 효과가 있다. 학교에서 다른 민족 집단 아이들과 좀 더 폭넓게 접촉하는 청소년은, 심지어 그러한 접촉이 온라인상에서 이루어지더라도(Tynes et al., 2009), 좀 더 성숙한 민족적 정체성을 발달시키고, 타민족 집단에 대해 좀 더 우호적인 태도를 발달시킨다(Phinney et al., 1997). 그러나 다른 민족 집단에 대한 긍정적인 태도를 높이는 가장 효과적인 길은 다른 집단의 사람들과의 우정을 발달시키는 것이다(Davies et al., 2011).

부모와 또래의 영향을 넘어 더 광범위한 문화적 영향력과 사건들이 청소년의 민족적 정체성 발달에 긍정적이고 부정적인 영향을 미친다. 부정적인 방식으로 정체성 발달에 영향을 미치는 한 가지 요인은 미국의 TV 프로그램과 리얼리티 쇼에 나오는 정형화된 아프리카계 미국인과 아시아계 미국인의 모습이다(Pettigrew & Tropp, 2011; Ramasubramanian, 2011; Tyree, 2011)(제8장 참조). 그 반대로, 청소년들에게 긍정적인 이미지와 역할 모델을 제공해 주고 민족적 정체성을 고취시키는 것은 흑인 역사의 날(Black History Month)이다. 좀 더 특수한 긍정적 사건은 버락 오바마가 2008년에 미국의 대통령에 선출된 사건으로, 이 일은 아프리카계 미국인 학생들의 경험을 '상쇄시키는' 데 기여하였고, 이들이 좀 더 자신의 정체성을 탐색하도록 촉진하였으며, 그들의 긍정적인 인종적 정체성에 즉각적이고도 장기적인 영향을 미쳤다(Fuller-Rowell et al., 2011).

## 종교적 정체성

다수의 청소년에게 정체성이란, **종교적 정체성**을 포함해서 여러 형태를 취한다(King & Boyatzis, 2015). Anna Lopez와 동료들(2011)은 10학년, 11학년, 12학년에 다음과 같은 진술문에 어느 정도나 동의하는지를 질문하는 방식으로 라틴계와 아시아계 미국인과 유럽계 미국인 청소년들의 종교적 정체성을 측정했다.

> "나는 나의 종교에 강한 소속감을 갖고 있다."
> "일반적으로, 내가 가진 종교의 일원이 되는 것은 나의 자기 이미지의 중요한 부분이다."
> "내 종교의 일부가 되는 것은 내가 누군지를 반영하는 데 중요하다."
> "나는 내 종교에 강한 애착을 갖고 있다."

연구자들은 종교적 정체성이 이 연령대에서 상당히 안정적임을 발견했는데, 왜냐하면 고등학교 내에서의 안정적인 사회적 환경이 종교적 정체성을 갖는 것에 있어 크게 위협적이지도 않을 뿐만 아니라, 탐색할 필요성도 거의 없기 때문이다. 연구자들은 개인이 집을 떠나거나, 대학에 입학하거나, 좀 더 장기적인 연애를 하거나, 혹은 새로운 직업적 환경에 마주하게 되는 성인기로의 이행과 같이 중요한 전환점에서 더 큰 변화가 있을 것이라 제안했다.

종교적 정체성의 강도는 성별에 따라 차이가 있다. 여성, 특히 유럽계 미국인과 라틴계 여아들은 평균적으로 남아들에 비해 더 강한 종교적 정체성을 나타낸다(Lopez et al., 2011). 유사하게, 또 다른 연구자들은 아프리카계 미국인 여아들이 남아들보다 더 강한 종교적 정체성을 갖는다는 사실을 발견했다(Mattis et al., 2005; Taylor et al., 2004). 모든 민족의 여아들이 남아들보다 종교적 활동에 더 적극적으로 참여한다(Lopez et al., 2011; Mattis et al., 2005). 제9장의 '성과 젠더'에서 신앙심에서의 성차를 여아가 남아에 비해 좀 더 정서적이고 친사회적이며 낭만적이라는 측면에서 비교하여 논의하였다.

Lopez와 동료들은 또한 종교적 정체성에서의 민족적 차이에 대해서도 확인하였다. 라틴계와 아시아계 청소년은 유럽계 미국인 청소년에 비해 더 강한 종교적 정체성을 보고하였다. 왜 그럴까? 몇몇 이론가에 따르면, 다수 문화로부터 차별받는다고 느끼는 소수 집단은 사회적 위협에 직면 시 힘의 근원으로서의 종교적 정체성 같은 추가적인 사회적 정체성에 좀 더 비중을 두려는 것일 수 있다(Tajfel & Turner, 2001). 종교적 정체성은 또한 아프리카계 미국인 청소년에게 강하고, 이들은 종교적 정체성을 사회적 차별에 대한 대처 전략이나 보호요인으로 보고한다(Mattis et al., 2005). 게다가 Lopez와 동료들은 종교적 정체성의 변화는 민족적 정체성의 변화와 관련이 있음을 발견했는데, 아마도 민족성과 신앙은 둘 다 청소년의 문화적 배경의 일부이며, 따라서 한 영역에서의 탐색은 또 다른 영역에서의 탐색을 포함하기 때문인 것으로 보인다. 멕시코계 이민자 청년이 다음과 같이 이야기했다.

> "내가 멕시코인이고 가톨릭 신자라는 사실은 내가 어떻게 생각하고 내가 누구인지의 핵심이기 때문에 이 둘을 따로 분리하기가 어렵다."

마지막으로, 소수 민족의 청소년이 좀 더 강한 종교적 정체성을 갖는 또 다른 이유는 다수 집단의 청소년보다 이들이 좀 더 종교적인 활동에 적극적이기 때문일 수 있다. 연구자들은 아프리카계 미국인과 라틴계 청소년들이 유럽계 미국인보다 종교 활동에 더 많이 참여한다는 점을 확인했다(Chatters et al., 2009; Lopez et al., 2011; Pew Charitable Trust, 2010).

민족적 정체성의 경우와 마찬가지로, 종교적 정체성 역시 심리적 웰빙과 관련된다. 강한 종교적 정체성을 가진 청소년은 더 나은 정서조절과 행동조절을 보이며, 반사회적 활동에 덜 관여하는 경향이 있고, 더 적은 심리적 문제를 보고하며, 성인이 되었을 때 취업할 가능성이 더 높다(Mattis et al., 2005; Pope et al., 2014; Stolz et al., 2013). 그러나 종교적 정체성과 종교적 참여가 서로 밀접히 관련되어 있기 때문에 이러한 효과의 일부는, 부분적으로 종교 단체로부터 제공되는 사회적 지지와 구조화된 활동에 기인한 것일 수 있다. 예를 들어, 교회 기반의 사회적 지지가 아프리카계 미국인들의 교회 참석 횟수와 전반적인 삶의 만족도의 관계를 완전 매개하는 것으로 나타났다(Assari, 2013).

다양한 사람, 특히 어머니와 또래는 청소년의 종교적 정체성 발달에 영향을 미친다(King & Boyatzis, 2015). 예를 들어, 한국계 미국인 이민자 청소년에 대한 연구에서 부모와 또래에 의한 종교적 사회화는 청소년의 종교적 정체성과 정적인 관련이 있었다(Seol & Lee, 2012). 또한 신부, 목사와 그 밖의 종교적 리더들도 종교적 정체성에서 사회화 역할을 하였다(King & Boyatzis, 2015; Mattis et al., 2005).

## 실생활 적용: 성적 지향과 정체성

전국적으로, 88.8%의 학생들이 이성애로, 2%가 게이나 레즈비언으로, 6%가 양성애자로, 그리고 3.2%가 자신의 성적 정체성에 대해 확신하지 못하는 것으로 나타났다(Kann et al., 2016). 성적 파트너로 자신과 같은 성의 상대를 선호한다는 사실을 인지하는 것은 대개 점진적인 과정이다(Diamond & Alley, 2017).

> "아주 어렸을 때는 내가 게이라는 사실이 두려웠어요. 십대 때 내가 게이라는 사실을 알았어요. 그렇지만 내가 커밍아웃을 한 건 대학생이 되어서예요."

많은 게이와 레즈비언 성인들이 어린 시절에도 자신이 또래와 다르다는 느낌을 받은 것으로 회상하며(Bailey & Zucker, 1995), 게이와 레즈비언 성인의 홈 비디오 연구는 이들이 어렸을 때부터도 생물학적 성에 맞지 않는 행동을 했음을 확인시켜 준다(Rieger et al., 2008). 4학년 정도에 몇몇은 자신의 이성애에 대한 의심을 표현하고(Carver et al., 2004; Edan & Perry, 2001), 17세 정도가 되면 대부분은 자신이 레즈비언, 게이, 양성애, 혹은 트렌스젠더임을 확실히 알게 된다(Taylor, 2013). 게이 남성들은 레즈비언과 양성애자보다 커밍아웃 시점이 다소 빠른 것으로 보고된다. 이들은 "어떤 남자애들은 언젠가 분명히 결혼할 거야."라거나 "어떤 여자애들은 분명히 언젠가 엄마가 될 걸로 생각할 거야." 같은 식의 질문에 대해 좀 더 부정적으로 대답한다. 이들은 여자가 아기를 돌보거나 남자가 야구를 하는 것과 같은 자신의 성과 관련된 정형화된 활동들에 대한 관심을 더 적게 표현하고, 자신의 성에 대한 불만족을 더 많이 표현한다. 이성애자임을 확신하는 또래와 비교해서 이들은 좀 더 손상된 자기개념을 보고하는 경향이 있다.

의문을 갖는 시기에 이어 청소년기에는 시험과 탐색의 시기가 뒤따른다. 이 시기 동안 동성애자와 양성애자 십대는 동성애적 선호에 대해 양가적인 태도를 보이며 이 감정을 탐색하기 시작한다(Diamond & Alley, 2017; Savin-Williams, 2016). 정체성 수용의 단계에서 이들은 자신의 동성애적 지향을 받아들이기 시작한다. 이 과정에서의 최종 단계는 '정체성 통합'으로, 게이, 레즈비언 그리고 양성애자들은 자신의 성적 지향을 받아들이고 자신의 정체성을 타인에게 드러낸다. 정체성 통합이 더 많이 이루어질수록, 더 적은 우울감과 불안 증상을 보이며, 더 적은 품행문제와 더 높은 자존감을 보인다(Rosario et al., 2011). 최종적으로 '커밍아웃'하는 나이와 상관없이 거의 항상 게이, 레즈비언, 양성애자들은 동성과의 성적 활동을 하기에 앞서 자신이 동성애자라고 생각한다(Calzo et al., 2011).

오늘날 성적 정체성과 지향의 이슈를 다루는 세대에게 있어 누구를 사랑하는지 혹은 누구와 섹스를 할 것인지가 중요한 것이 아니라, 내가 누구인지가 핵심 질문이다(Diamond & Alley, 2017; Halberstam, 2012; Schulman, 2013). 이들은 자신의 정체성을 정의하는 데 있어 '동성애자', '레즈비언(lesbian)-게이(gay)-양성애자(bisexual)-트랜스섹슈얼(transsexual)(LGBT)'보다 더 넓은 스펙트럼의 포괄적인 범주를 원한다. 새롭게 출현한 것이 'L.G.B.T.Q.I.A'이다. 이것은 누구에게 물어보느냐에 따라 다른 의미를 갖는다. 'Q'는 '의문(Questioning)' 혹은 '퀴어(Queer)'를 의미한다. 'I'는 해부학적으로 남성도 아니고 여성도 아닌 사람인 '간성(Intersex)', 'A'는 '무성애자(Asexual)'로 성적 욕구가 없음을 나타낸다. 아주 복잡해 보일 수 있지만 자유로운 대학들과 소셜 미디어 사이트에서 특히 인기를 끌고 있다. '시스젠더가 아닌(non-cisgender)(cisgender란 사회적 성이 생물학적 성과 일치하는 경우를 의미한다)', 'bi-gender', 'agender', 'gender-queer(비전통적인 사회적 정체성들을 전체적으로 포괄하는 용어)', 'pansexual', 'omnisexual', 'trisexual', 'agender', 'bigender', 'third gender', 'transgender'를 포함하는 다른 용어도 제안되었다.

오늘날, 56%의 동성애자와 양성애자 성인들이 자신의 성적 정체성을 어머니에게 드러내고, 39%가 아버지에게 말하는데(Taylor, 2013), 이는 10여 년 전에 비해 분명히 증가한 수치이다(Savin-Williams & Ream, 2003). 또한 과거 10년 전에 비해 좀 더 일찍 평균적으로 20대 중반에 자신을 드러낸다(Taylor, 2013). 동성애자의 정체성을 드러내는 것은 지역 사회 내의 다른 사람들에게 어느 정도 수용된다. 아버지는 어머니에 비해 아들이나 딸이 동성애적 지향을 가지고 있다는 사실에 대해 덜 수용적이고, 보수적인 종교 집단의 일원들 역시 덜 수용적이다(D'Augelli, 2006; Taylor, 2013). 아시아계 미국인과 라틴계 미국인들은 유럽계 미국인에 비해 덜 관용적이다(Taylor, 2013). 많은 동성애자(20~40%)가 차별과 거부와 적대감을 경험하고(D'Augelli, 2006), 39%의 사람들이 삶의 어느 시점에서부터 자신의 성적 정체성이나 지향 때문에 가족이나 가까운 친구로부터 거부당했다고 말한다(Taylor, 2013).

## 타인에 대한 지식의 발달

자신에 대해 아는 것은 사회성 발달의 절반에 불과하다. 아이들은 사회적 단서, 신호, 의도, 또한 타인의 행동에 대해서도 알아야 한다.

### 의도와 규범에 대한 초기 이해

생후 1년경 영아는 사람들의 행동이 의도적이며 목표 지향적이라는 점을 이해하기 시작한다(Brandone, 2015; Thompson, 2015). 예를 들어, 사람들이 어떤 물체를 바라보고 손을 뻗으려고 하거나 그 대상을 가리키면 그 대상에 관심이 있음을 나타낸다는 사실을 알아챈다(Woodward, 2009). 생후 1년 이후 영아는 동일한 대상을 쳐다봄으로써 혹은 성인의 주의를 그 대상으로 가져오기 위해 대상을 가리키거나 손을 뻗는 식의 자신의 행동을 사용해서 성인과 공동주의 상태(joint-attentional states)를 만들어 낸다(Tomasello, 2014; Tomasello & Rakoczy, 2003). 18개월경 유아는 또한 단순한 사회적 규범에 대해 알아채기 시작한다. 유아는 부서진 물건은 사물의 마땅한 존재 방식이 위배된 것이고, 코에 발린 립스틱은 사람들이 나타내는 마땅한 방식이 위배된 것임을 이해한다(Lewis, 2008a). 2세 말경 유아는 취침 의식, 가족 식사시간, 그리고 어린이집에 갔을 때 어떤 일들이 생기는지와 같은 통상적인 사회적 상황(routine)에 대한 사회적 규범 혹은 **스크립트(script)**를 설명할 수 있게 된다(Nelson, 1993, 2007). 이러한 스크립트에 대한 지식은 친구에게 인사하기, 학교 점심시간에 줄 서기, 그리고 보드게임이나 축구와 같은 게임을 할 때 규칙 지키기 등을 포함한 좀 더 폭넓은 사회적 사건을 이해하는 기초가 된다. 스크립트를 아는 것은 아동의 사회적 에너지를 줄여 주고, 사회적인 예측 가능성을 보장해 주며, 또래와의 상호작용을 원활하게 해 준다. 스크립트는 또한 아동의 전생애적 사건에 대한 장기기억을 발달시키는 데에도 도움을 준다(Bohn & Bernsten, 2013).

## 마음상태에 대한 이후의 이해: 마음이론

나이가 들수록 유아는 또한 타인의 마음상태—생각, 믿음, 소망—와 그것들이 어떻게 행동에 영향을 미치는지에 대해 이해할 수 있게 된다(Birch et al., 2017; Harris, 2006, 2012). 이러한 이해는 사회성 발달에 매우 중요한 함의를 갖는데, 왜냐하면 아동으로 하여금 관찰 가능한 행동과 외적인 부분을 넘어서서 보이지 않는 상태에 반응할 수 있도록 해 주기 때문이다. 아동의 **마음이론** 발달에 대해 연구하는 연구자들은 아이들이 어떻게 인물의 행동이 그의 마음상태에 기반하고 있음을 알게 되는지 알아보기 위해 이야기를 사용했다(Wellman, 2017; Wimmer & Perner, 1983). 예를 들어, 부엌 찬장 속에 사탕을 넣어 두고 놀기 위해 다른 방으로 간 맥시라는 아이에 관한 이야기를 들려준다. 맥시가 노는 동안 엄마가 사탕을 찬장에서 서랍으로 옮겨 둔다. 잠시 후에 맥시가 돌아오고, 사탕을 찾는다. 연구자들은 아동에게 맥시가 사탕을 어디에서 찾을 것인지 묻는다. 좀 더 나이 든 유아(4~5세)는 전형적으로 맥시가 찬장 속에서 찾을 것이라고 말하는데, 왜냐하면 유아는 자신이 알고 있는 사탕이 있는 장소에서가 아니라, 맥시가 자신이 놓아 두었다고 믿는 곳에서 찾을 것이라는 점을 알기 때문이다. 유아의 대답은 맥시의 행동이 그의 마음상태에 기초한 것임을 알고 있음을 시사하며, 또한 맥시가 사실이라고 믿는 것과 자신이 사실로 알고 있는 것이 구분된다는 것을 알고 있음을 나타낸다. 좀 더 어린 유아(3세)는 맥시의 마음상태를 무시하고, 그가 서랍에서 사탕을 찾을 것이라고 대답한다. 이러한 '거짓-믿음(false-belief)' 이야기 기법을 사용한 연구들은 마음상태에 대한 유아의 이해가 아동 초기 동안 발달함을 시사한다(Wellman, 2017; Wellman et al., 2001).

## 연구 들여다보기: 마음이론 기저의 뇌

연구자들은 마음이론의 신경학적 기반을 조사하기 위해서 사건관련전위(event-related potental: ERP) 연구와 fMRI 같은 뇌영상 기법을 사용한다(Savvagh et al., 2009). 연구자들은 전두엽 영역에 초점을 맞추고 있는데, 왜냐하면 이 영역이 마음이론 과제의 처리를 담당하는 것으로 생각되고, 학령전기 말에 가장 급격히 성장하는 영역이기 때문이다. 한 연구에서 아동에게 틀린-믿음 과제를 제시하고 전두엽에서의 활성화를 조사했다(Liu et al., 2009). 4~6세의 아동들에게 만화 이야기를 보여 주고, 인물의 마음상태(믿음)에 대해 추정해 보도록 요구했다. 모든 실험 절차는 동일했다. 먼저, 두 개의 상자와 두 마리의 동물 옆에 서 있는 가필드 고양이 같은 만화캐릭터를 보여 주는 것으로 시작한다. 그다음 만화캐릭터가 한 개의 상자 속에 동물 하나를 집어넣고, 또 다른 상자에 다른 동물 하나를 집어넣은 다음, 어떤 상자도 볼 수 없도록 상자 앞으로 지나간다. 그런 다음, 상자 속 동물들 가운데 하나가 상자 밖으로 튀어나와서 다른 상자 속으로 들어가거나 뒤로 돌아서 같은 상자 속으로 들어간다. 128개의 전극이 꽂힌 고무 헬멧을 사용해서 연구자들이 계속해서 뇌의 활성화를 측정하는 동안 아이들에게 실제 상황에 대한 판단("**실제로**, 동물이 어디에 있을까?")이나 생각("가필드는 동물이 어디에 있다고 **생각할까**?")을 요구한다. 만화캐릭터의 믿음에 관한 질문에 정답을 말한 아동들은 전두엽 영역에서 성인이 나타낸 것과 동일한 신경학적 패턴을 보였다. 과제에 실패한 아동들은 이 패턴을 나타내지 않았다([그림 5-2] 참조).

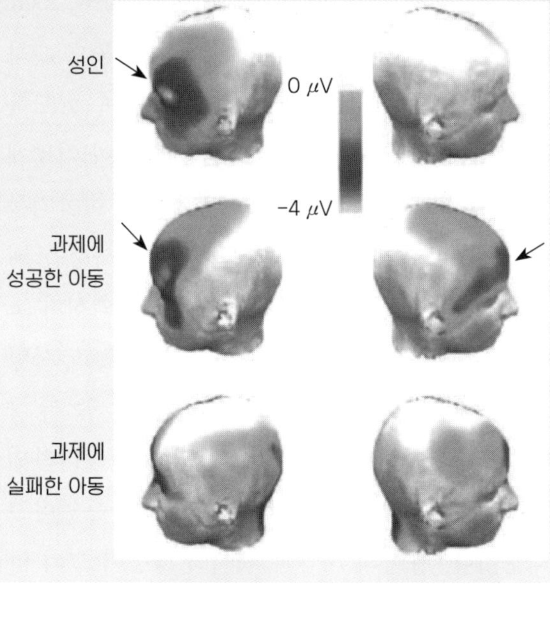


[그림 5-2]
**거짓믿음 과제를 통과한 성인 및 아동의 뇌활성화 패턴과 실패한 아동의 뇌활성화 패턴**

'생각' 반응에서 '실제' 반응을 뺀 것에 대한 평균 진폭 차이를 나타내는 각 그룹별 두피 전기 활성 지도

출처: Liu et al., 2009. Neural correlates of children's theory of mind. *Child Development, 80*, 318-326. Society for Research in Child Development. This material is reproduced with permission of Wiley-Blackwell.

이 연구는 전두엽이 마음이론 발달에 기여함을 확인시켜 주었다. 이 대뇌 영역은 아동기 동안 발달이 계속되기 때문에 과제에 실패한 대부분의 아이도 결국 따라잡게 된다. 자폐장애 아동은 그렇게 운이 좋지 않을 수 있다. 이들은 이런 과제를 수행하기 위해 신경학적으로 준비되어 있지 않다. 그러나 만약에 사회적 조망 능력을 향상시키는 것을 목적으로 한 개입이 제공된다면, 이 아이들도 전형적인 발달을 하는 아동과 거의 유사한 신경학적 패턴을 발달시킨다(Wang et al., 2006). 분명히, 타인의 마음상태를 이해하는 것은 신경학적 기반을 가지지만, 뇌는 경험에 의해 수정 가능하다는 사실을 기억하는 것이 중요하다.

아동의 마음상태 추론 능력을 보여 주기 위해 연구자들이 사용하는 또 다른 기법은 아동에게 숨겨진 스티커의 위치에 관해 알려 주는 누군가를 보여 주는 것을 포함하고 있다. 이 정보는 정확한 정보를 제공하는 조력자(helper)일 수도 있고 부정확한 정보를 주는 속임꾼(tricker)일 수도 있다. 3세 아동은 조력자와 속임꾼의 정보를 모두 받아들인다. 4세 아동은 좀 더 의심스러워한다. 5세 아동은 조력자의 정보를 더 선택한다. 이들은 정보제공자의 이전 속임수 경력이 신뢰성을 나타낸다는 점을 이해하고, 속임꾼을 믿지 않는다(Vanderbilt et al., 2011).

이런 지적 능력은 거의 모든 사람에게 존재하고, 영장류에게도 어느 정도 존재한다(Tomasello et al., 2005). 그러나 자폐장애 아동은 이 능력의 발달이 지연되거나 일부의 경우엔 마음이론 발달에 심각한 결함이 나타나기도 하는데, 이들은 마음상태가 행동의 원인이 되거나 혹은 다른 사람의 마음상태가 자신의 것과 다르다는 점을 이해하지 못하기 때문이다(Baron-Cohen, 2000; Lillard, 2006). 그러므로 자폐아들은 타인의 마음상태에 기초해서 그 사람의 행동을 평가할 수가 없다. 자폐장애 아동 대상의 한 연구에서 자폐장애가 없는 아동의 80%가 성공하는 거짓-믿음 과제에서 자폐장애 아동들은 오직 20%만이 과제에 성공하였다(Baron-Cohen et al., 1985). 완벽한 마음이론을 발달시킬 수 없는 무능함은 부분적으로 자폐장애 아동의 빈약한 의사소통 및 사회적 기술을 설명한다(Baron-Cohen, 2003). 비자폐장애 아동들에게 마음이론의 발달은 사회적 유능함을 향한 진전에 있어 결정적 단계이다(Carpendale & Lewis, 2006; Lanattuta et al., 2015; Tomasello et al., 2005). 이것이 없다면, 사회적 변화는 흔히 잘못 이해되고, 간단하고 비효과적인 사회적 상호작용을 초래할 수 있다. 사실, 거짓-믿음 이해에서의 개인차와 마음이론의 또 다른 측면은 또래관계에서의 아동의 현재와 이후의 사회적 유능함을 예측한다(Caputi et al., 2012).

## 아기는 마음을 읽지 못한다고 생각하였는가

University of Illinois at Urbana-Champaign News Bureau

타인 행동의 의미를 이해하는 능력은 마음상태를 이해할 것을 요구한다. 너무 앞서 나가는 것일 수도 있지만, 여러분은 아마도 아기는 그러한 '마음읽기'를 할 수 없을 거라고 생각할 것이다. 사실 최근까지도 과학자들은 아기들이 다른 사람의 마음상태를 이해할 수 없을 것이라는 생각에 동의했다. 그러나 최근의 연구들은 그렇지 않음을 시사한다.

Renee Baillageon(사진에 나오는)은 유아의 응시 행동을 관찰함으로써 유아의 마음상태에 관한 지식을 측정하는 방법을 고안해 냈다. 그녀는 유아에게 각기 다른 사건을 보여 준 뒤 각 사건을 응시한 시간을 측정했다. 유아는 뜻밖의 사건을 발견했을 때 더 오래 응시하는 경향을 보였다. Baillageon은 이 방법을 사용해서 15개월 영아가 초록색 상자와 노란색 상자 중 어느 하나에 인형을 숨겼다고 믿고 있는 여성의 행동을 예측할 수 있는지 연구했다(Baillageon et al., 2010; Onishi & Baillageon, 2005). 연구의 첫 번째 단계는 유아에게 실험에 사용된 물체와 절차에 익숙해지도록 하는 것이다(습관화 시행). 유아는 여성이 장난감 수박 조각을 가지고 놀다가 그것을 상자 안에 숨긴 다음 박스 안으로 손을 뻗는 모습을 몇 초 동안 본다. 두 번째 단계는 유아에게 그 여성이 인형을 숨긴 위치에 대해 옳은 믿음과 틀린 믿음을 갖게 되는 장면을 보여 준다(믿음-유도 시행). 인형이 노란 박스 안에 숨겨져 있다고 하는 틀린 믿음을 만들기 위해 여성은 인형이 초록색 상자에서 노란색 상자로 옮겨 가는 것을 본 다음, 그녀가 없는 동안 인형은 노란색 상자에서 나와서 초록색 상자로 옮겨 간다. 인형이 노란색 상자 안에 있다는 옳은 믿음을 만들기 위해 여성은 인형이 노란색 상자 안에 들어가고 그 자리에 계속 있는 것을 본다. 마지막으로, 세 번째 단계(시험 시행)에서 여성은 초록색 상자나 노란색 상자 중 하나에 손을 뻗는다.

Baillageon은, 아동이 인형을 찾는 여성의 행동에 대해 인형의 실제 위치에 대한 **유아의** 지식이 아닌 **그녀 자신의** 믿음에 기초해서 인형을 찾을 것으로 기대했다면, 그러한 기대가 위배될 때 유아가 더 유의하게 오래 응시할 것으로 예측했다. 예를 들어, 인형이 노란색 상자 안에 숨겨져 있다고 믿고 있는(틀린 믿음) 조건에서 여성이 초록색 상자에서 인형을 찾는다면, 영아가 더 오래 응시할 것이다. Baillageon은 여성이 인형이 숨겨진 위치에 관한 자신의 믿음과 일치하지 않는 상자에서 인형을 찾을 때 유아가 유의하게 더 긴 시간을 응시함을 확인하였다. 이 같은 결과는 심지어 어린 유아조차도 타인이 틀린 믿음을 가지고 있으며, 타인의 믿음은 자신의 믿음과 다를 수 있고, 이러한 믿음이 다른 사람들의 행동에 영향을 미친다는 사실을 알고 있음을 지지한다. 유아가 타인의 잘못된 믿음에 관한 언어적 질문에 답할 수 없는 경우에도 '마음읽기'의 초보적 능력을 가지고 있으며 마음이론이 이미 시작되었음을 보여 주었다.

## 심리적 특질 단서의 이해

아동이 언제 그리고 어떻게 타인을 심리적 존재로 생각하기 시작하는가는 사회적 이해에 있어 또 다른 중요한 측면이다. 학령전기 아동은 자신에 대해 설명할 때와 마찬가지로 타인에 대해서도 신체적 특성과 관련된 용어로 설명한다("그녀는 크고, 빨간색 머리카락을 가졌고, 우리 동네에 살아요."). 점차 아동은 심리적인 묘사("그녀는 남을 잘 도와주고 친절해요.")를 사용하기 시작하고, 특질 단서들을 이해한다는 조짐이 나타난다. 4세경이 되면 아동은 한 개인이 많은 사람을 마주치는 것과 같은 사건에 대해 어떻게 반응할지를 추론할 때 특질 단서들을 사용할 수 있게 된다(Hayman & Gelman, 2000). 아동은 '수줍어하는' 사람은 많은 사람을 보면 좋아하지 않겠지만 '부끄러워하지 않는' 사람은 좋아할 수도 있을 거라고 이야기한다. '심술궂은', '친절한'과 같은 특질 단서에 기초해서 또래의 미래 행동을 예측하는 이러한 능력은 문화권 전반에서(미국과 아시아) 분명하다(Chen et al., 2016). 그러나 특질 단서를 이해하는 아동의 능력은 이 연령대에는 아직 불완전하고, "모든 사람은 쇼핑몰에 사람이 많으면 좋아해요."와 같이 자신만의 혹은 관습적인 반응에 의존한다.

5~7세경, 아동은 사람들이 타인과 구별되는 심리적이거나 성격적인 속성을 가지고 있으며, 이러한 특질들은 각기 다른 시간과 상황에서 그 사람이 어떻게 행동할지를 예측하기에 충분히 안정적임을 알게 된다. 이것은 특질에 대한 본질주의적 관점으로 설명되는데, 즉 특질은 고정적이고, 생물학적인 기초를 가지며, 안정적임을 의미한다(Gelman et al., 2007). '심술궂은' 친구는 학교 점심에서 사탕을 훔쳐 갈 수 있고, 비디오 게임을 하는 동안 방해할 수 있고, 공원에서 밀칠 수 있다. 만약 '쩨쩨함'이 지난 달, 지난주, 혹은 오늘 이런 일들을 했다면, 그/그녀가 그걸 또 하거나 혹은 내일 똑같이 기분 나쁠 만한 뭔가를 할 거라고 가정할 수 있다(Flavell et al., 2002). 이 나이의 아동은 타인의 행동에 대해 '선함' 혹은 '악함'을 판단하는 평가적 방식으로 특질 단서들을 사용한다.

9세 내지 10세경, 아동은 다른 사람의 행동에 대해 선함과 악함에 관해서는 덜 사용하고, 이타적인, 관대한, 쩨쩨한, 이기적인 같은 좀 더 안정적인 심리적 특질은 더 많이 사용한다(Alvarez et al., 2001). 아동은 수학, 과학, 사회를 잘하는 친구를 설명하는 데 '똑똑한'과 같은 특질 단어를, 그리고 다른 친구와 대화를 잘 시작하고 교실을 방문한 어른에게 말을 걸고 방과 후에 집에서 함께 놀 새로운 친구를 초대하는 여자아이를 설명하기 위해 '친절한'이라는 특질 단어를 여러 상황에 걸쳐 일반화시킨다. 아동은 일반적인 단어(예: '심술궂은')를 좀 더 구체적인 단어(예: '짜증나는', '마음 상하게 하는', '경솔한')로 대체한다(Yuill & Pearson, 1998). 아동은 특질을 좀 더 안정적인 것으로 본다(Heyman, 2013). 학령중기 동안 아동은 외양과 실제가 때로 충돌할 수 있다는 점을 인식하게 되고, 이것은 누군가의 자기보고에 대해 회의를 하게 한다(Heyman, 2013). 한 연구에서 아동에게 자기보고가 사람의 특질에 관한 믿을 만한 정보원(sources of information)이 될 수 있는지를 질문했다(Heyman & Legare, 2005). 부끄러운 혹은 소심한과 같은 평가적이지 않은 특질에 관하여 질문을 했을 때, 6세와 10세의 아이들은 의문의 여지없이 자기보고를 받아들였다. 그러나 평가적인, 예를 들어 머리가 좋다거나 사회성이 좋다 같은 평가적인 특질에 대한 자기보고의 진실성을 질문했을 때, 좀 더 나이 든 아동은 어린 아동에 비해 더 회의적이었다. 아이들은 사람들이 때로 좀 더 좋은 인상을 주기 위해서 자신의 특질을 왜곡한다는 사실을 깨닫는다. 회의론은 대인관계에 있어 중요한 부분이며 누군가로부터 조종을 당하거나 속임을 당하는 것을 막아 준다.

청소년기는 타인의 특질에 대한 좀 더 복잡한 이해가 시작됨을 예고한다. 청소년은 사람들이 매우 복잡하고, 모순되며, 공적인 면과 사적인 측면을 가지고 있음을 깨닫는다. 이들은 특질이 아주 긴 시간 동안 지속되지만 행동은 상황과 내적 상태에 따라 달라짐을 이해한다(Flavell et al., 2002; Harter, 2012; Heyman, 2013). 예를 들어, 16세의 청소년이 동생에 대해 다음과 같이 설명했다(Livesley & Bromley, 1973).

> "그는 사람들과 함께하는 것을 좋아해요…. 대부분의 경우에 그는 성격이 좋고 재미있어요…. 하지만 축구를 할 때…, 공을 놓치면 정신이 나가요…. 나중에 나는 그가 방에서 우는 것을 봤어요."

타인의 심리적 특성을 이해하는 이러한 발달적 변화는 각 연령대에서 아동들이 받아들이는 심리적 이론의 관점에서 설명될 수 있다. 7~8세 이전에 아동의 설명은 인구통계학자나 행동주의자의 설명과 닮아 있다. 아동은 관찰 가능한 특성, 행동, 환경적인 정황에 초점을 맞춘다. 아동 중기에 아동은 심리적 특성은 시간과 상황에 걸쳐 고정적이고 안정적이라는 점을 믿는 특질 이론가가 된다. 청소년기에 아동은 상호주의자적 관점을 채택해서 사람들의 특질은 환경적인 영향과 상호작용하여 행동을 결정한다는 사실을 깨닫는다.

## 조망수용

조망수용이란 타인의 관점에서 이해하는 능력이다(Birch et al., 2017). 조망수용 발달을 조사하는 한 가지 방법은 다른 누군가를 위한 적절한 선물을 선택할 수 있는 능력에 대해 살펴보는 것이다. 예를 들어, 아동에게 아동이 좋아할 만한 선물(예: 곰인형)에 대한 선택권과 어른이 좋아할 만한 선물(예: 잡지)의 선택권을 준다. 아동에게 어머니를 위한 선물을 고르라고 하면, 3세 아이는 자신이 좋아하는 선물을 고르는 반면, 더 나이 든 아동은 어른이 좋아하는 선물을 고른다. 어린아이들은 엄마의 입장을 취하는 것이 어렵고, 게다가 인형에 대한 강한 바람은 엄마의 바람을 고려하는 것을 더욱 어렵게 만든다. 만약 아동에게 처음에 원하는 인형을 주거나 혹은 나중에 그걸 가질 수 있게 될 거라고 얘기해 주면, 아이들은 엄마를 위한 적절한 선물을 더 잘 선택할 수 있다(Atance et al., 2010).

Rober Selman(2003)은 대부분의 아이가 타인의 생각과 관점을 이해하는 데 있어 다섯 단계를 거침을 확인했다. 이 단계들은 아동이 자신의 관점과 타인의 관점을 구별하는 것을 배우고 타인의 관점과 나의 관점 간의 관계를 이해함에 따라, 자기중심적 관점에서 출발해서 좀 더 복잡한 사회적 이해와 사회적인 고려로 진행해 간다(〈표 5-4〉 참조).

〈표 5-4〉 타인조망 능력의 발달

| 단계 | 기술 |
|---|---|
| 0단계: 자기중심적 조망 | 아동은 자신의 관점과 타인의 관점을 구별하지 못하며, 다른 사람은 경험을 다르게 해석할 수 있다는 것을 알지 못한다. |
| 1단계: 분화된 조망 | 아동은 자신이 타인과 같거나 다른 관점을 가질 수 있다는 것을 깨닫는다. 타인의 관점이 무엇인지 정확히 판단할 수는 없다. |
| 2단계: 상호적 조망 | 아동은 자신과 타인의 관점을 구분할 수 있고 다른 사람도 그렇다는 것을 알기 때문에, 타인의 생각과 감정을 예상하고 고려할 수 있다. |
| 3단계: 제3자적 조망 | 아동은 제3자의 관점에서 자신의 관점, 타인의 관점, 그리고 공유된 혹은 상호적 관점을 볼 수 있다. |
| 4단계: 사회적 혹은 심층적 조망 | 아동은 사회당 관점, 공화당 관점, 혹은 아프리카계 미국인 관점과 같이 조망의 네트워크를 볼 수 있다. |

출처: Selman & Jacquette, 1978.

## 사회적 이해의 발달

타인의 의도, 마음상태, 특질 그리고 조망에 대한 이해에서 모든 아이가 다 똑같이 능숙하지는 않다. 이러한 사회적 이해에서의 차이를 예측하는 것은 무엇일까? 부모, 형제자매, 친구, 문화와 같은 다양한 영향요인이 아동의 사회적 이해와 관련이 있음이 확인되었다(Devine & Hughes, 2017).

**아동의 능력** 사회적 이해는 아동의 사회적 성향과 지적 능력에 내재해 있다. 더 높은 수준의 사회적 이해력을 가진 아동은 표준화된 지능검사에서 더 나은 수행을 보이고, 운동장과 교실에서 타인을 돕거나 함께 나누는 것과 같은 친사회적 행동을 좀 더 빈번하게 보인다(Eisenberg et al., 2015). 반대로, 앞에서 언급했듯이 자폐장애를 가진 아동은 타인의 마음상태에 대한 이해력이 결핍되어 있다(Baron-Cohen et al., 2013; Lillard, 2006). 또한 자폐장애 아동은 사회적 조망수용에서도 결함이 있다(Gould et al., 2011; Hamilton et al., 2009; Nilsen & Fecica, 2011).

**부모의 영향** 부모와의 대화 역시 아동의 사회적 이해 발달에 중요한 역할을 한다(Devine & Hughes, 2017). 연구자들은 마음상태에 대해 좀 더 자주 이야기를 나누는 가족을 둔 아동이 부모가 그러한 발판화를 제공해 주지 않는 아동에 비해 마음이론 과제를 더 잘 해내는 경향이 있음을 보여 주었다(Ensor et al., 2014; Taumoepeau & Ruffman, 2008). 심지어 영아기에 어머니가 마치 아기가 독립된 심리적 존재인 것처럼 이야기하는 경향은 이후 아동의 마음이론 수행을 예측하였다(Meins et al., 2002). 부모가 '왜냐하면', '어떻게', '왜'와 같은 단어를 사용해서 마음상태의 원인과 결과에 대해 자녀와 대화를 하는 것은 특히 유익하다(LaBounty et al., 2008). "전등이 망가졌을 때 그녀의 기분은 어땠을까?", "그녀는 그가 일부러 그랬다고 생각했기 때문에 화가 난 거야."와 같이 대화의 상호적 특성이 중요하다. 연구자들은 2~4세 아동과 그들의 어머니가 좀 더 상호적인 대화를 할 때 아동의 사회적 이해력이 향상됨을 확인하였다(Enson & Hughes, 2008). 서로의 대화를 조율하는 것은 타인의 관점을 이해하는 데 있어 분명 중요하다. 상대방의 말을 무시하거나 화제를 전환하는 것은 도움이 되지 않는다.

**형제자매와 친구** 형제자매와 친구들과의 상호작용 역시 아동이 타인의 생각과 특질에 대해 배울 수 있는 기회를 제공한다(Devine & Hughes, 2017). 두 가지 형태의 상호작용이 특히 유익하다. 가장놀이와 갈등 해결. 이 두 가지 활동은 조망수용과 역할놀이를 포함하고 있는데, 이것들은 아동의 사회적 이해를 향상시킬 수 있다(Foote & Holmes-Lonergan, 2003; Howe et al., 2002). 형제자매와 친구들과의 상호작용은 서로 공유하고 있는 관심과 흥미, 목표에 대한 논의를 포함하고 있기 때문에 또한 중요하다. 아동은 어른과 이러한 논의를 자주 할 수가 없다. 아이들은 일반적으로 어른들의 목표가 아닌 자신의 목표에 대해 이야기한다. 형제자매와 친구들과의 상호작용 속에서 아동은 종종 자신의 바람과 다른 친구들의 바람이 일치하지 않는 상황에 직면하는데, 이러한 차이를 경험하게 되면 거짓 믿음에 대한 이해가 더 높아질 것으로 예상된다(Brown et al., 1996). 사실, 형제자매가 있는 아동은 그렇지 않은 아동—형제자매가 쌍생아가 아닌 한(Cassidy et al., 2005)—에 비해 거짓 믿음 과제를 더 잘 해결한다(Perner et al., 1994). 쌍생아는 서로의 사회적 이해를 높여 주기에는 너무 비슷하다. 형제자매들 간의 의견 충돌을 중재해 주고 아이들 사이의 갈등을 해결할 수 있도록 지도해 주는 부모를 두는 것 역시 도움이 된다. 연구자들은 부모에게 자녀가 기본적인 규칙을 세울 수 있도록 돕고, 논쟁의 핵심과 공통점을 파악하고, 자신의 감정과 목표에 대해 나눌 수 있도록 격려하며, 문제에 대한 해결책을 찾도록 하는 것과 같은 갈등 중재 기술을 훈련시켰다. 부모가 이러한 기술들을 적용했을 때, 자녀의 사회적 이해력이 높아졌고, 형제자매 간의 갈등이 감소했다. 아이들은 형제자매의 입장을 좀 더 잘 알게 되었고, 형제자매가 그 상황을 보는 방식과는 다르게 갈등을 정당하게 해석할 수 있었다(Smith & Ross, 2007). 이러한 실험적 작업은 단순히 갈등에 노출되는 것뿐만 아니라 건강한 갈등 해결 방법을 배우는 것이 타인에 대한 아동의 이해력을 향상시킬 수 있음을 나타내는 주목할 만한 증거를 제공한다.

**집 밖에서의 경험** 집 밖에서의 경험 역시 아동의 사회적 이해를 촉진할 수 있다. 영어를 말하지 못하는 이민자 가족의 부모를 위해서 의사, 고용주, 공무원을 만날 때 통역을 해 주는 아동 중개인(child brokers)에 관한 연구가 한 예시가 될 수 있다(Eksner & Orellana, 2012). 이러한 중개인 역할을 하는 아동은 그렇지 않은 아동에 비해 더 우수한 마음이론 과제 수행을 보였다(Love & Buriel, 2007). 이 같은 서로 다른 문화 간의 중개 경험은 다른 사람의 마음상태 및 마음상태와 사회적 행동 간의 관련성에 대한 아동의 이해를 높여 준다. 십대 라틴계 소녀는 다음과 같이 말했다.

> "의사 선생님과 집주인이 부모님과 서로 상의하는 것을 돕는 건 내가 다른 사람의 의도와 동기를 더 잘 이해할 수 있게 해 주었어요."

교사 역시 학교에서 아동의 조망 기술을 지도해 줄 수 있다. Selman(2003)은 교사가 소설 속 인물이 직면한 사회적 딜레마를 이용해서 아동이 타인의 관점을 통해 사회적 갈등을 해결하도록 가르치는 학교 기반의 프로그램을 개발했다. 아동의 사회적 관계 향상에 초점을 둔 학교 프로그램에 대한 메타 연구 결과에 따르면, 이러한 프로그램이 타인의 관점, 시선, 감정에 대한 이해력을 증진하는 것으로 나타났다(Durlak et al., 2011).

**문화적 영향** 연구자들은 사회적 이해에서의 아동의 변화가 보편적인지 그리고 유사한 시기에 모든 문화권에서 나타나는지에 대해 의문을 가졌다(Wellman, 2017). 한 연구에서, 중앙아프리카에 있는 Baka 수렵인 부족의 어린이들을 대상으로 사람들의 믿음과 소망에 대한 인터뷰를 진행했다(Avis & Harris, 1991). 5세경, 대부분의 아이는 잠시 자리를 비운 동안 비워진 상자 안에서 성인이 무엇을 찾을 수 있을지를 정확하게 예측했다. 이 결과는 다른 문화권의 5세 아이들이 마음이론 과제에서 성공했던 결과와 일치한다(Harris, 2006). 그러나 아동의 사회적 이해에서 일부 문화적 차이가 확인되었다. 한 가지 차이는 타인을 기술하기 위한 성격 특질의 사용이 해당 문화권의 가치에 따른다는 것이다. 8~15세 사이의 미국 아동들은 타인의 도와주는 행동을 설명하기 위한 특질 단어의 사용이 점차 증가한다. 인도 아이들은 도와주는 행동을 기술하기 위해 사회적 맥락 단어들(즉, 도움의 필요성과 도울 의무)의 사용이 점차 증가한다(Miller, 1987). 또 다른 차이는 중국 아이들은 정직함과 같은 가치 평가적 특질에 대한 타인의 자기 보고의 신뢰도에 좀 더 회의적인데, 이것은 부분적으로 중국 문화가 개인적 생각과 감정에 대한 노출에 대해서는 자제하는 반면 겸손함을 좀 더 권장하기 때문일 수 있다(Heyman et al., 2007). 그러므로 평범한 아동들이 거의 모두 비슷한 시기에 마음이론을 습득하지만, 타인의 행동을 기술하고 평가하고 설명하는 방식은 문화적 규범과 신념체계에 의해 형성된다.

## 고정관념과 편견

미국, 캐나다, 유럽, 호주 그리고 중동 같은 다민족 사회에 사는 아동은 흔히 다른 언어, 피부색, 문화와 종교적 풍습이 다른 사람들을 마주치게 된다. 아동이 이러한 문화적 다양성을 다루는 방식에서 두 가지 측면이 특히 중요하다. **고정관념(stereotyping)**—다른 집단의 사람들을 분류하고 명명하는 방식—과 **편견(prejudice)**—다른 집단의 사람들에 대해 부정적 태도를 표현하는지의 여부—이다.

**고정관념** **고정관념**이란 한 집단 내의 개인들이 서로 다르다는 점을 인정하지 않고 인종, 민족, 종교적 집단의 구성원들에게 붙여지는 꼬리표를 의미한다(Killen et al., 2006; Mulvey & Killen, 2015). 어린 유아조차도 이미 일부 민족과 인종에 대한 고정관념을 보인다. 아이들은 민족이나 인종 특성이 불변적이라는 사실을 깨달은 이후부터 다른 집단에 대한 고정관념을 갖기 시작한다(Pauker et al., 2010). 3세경 미국의 백인 아동은 아프리카계 미국인의 얼굴이 백인의 얼굴보다 더 무섭다는 고정관념에 암묵적으로 동의한다(Dunham et al., 2013). 5, 7, 9세 아동을 대상으로 수행된 한 연구에서 백인 아동과 흑인 아동에 관한 그림 이야기를 보여 준 뒤, 이야기 속의 각 아동에 대한 기억을 조사했다(Davis et al., 2007). 세 연령 집단 모두에서 아이들은 흑인 아동의 비정형적인(nonstreotyped) 수행에 대한 기억보다 정형화된 행동(특히 열심히 일하는, 가족을 좋아하는, 그리고 냄새나고 욕심 많은)을 좀 더 잘 기억해 냈다. 또 다른 연구에서, 10세경의 거의 모든 아동에게서 사람들이 인종과 민족에 대한 고정관념을 가지고 있다는 사실을 알고 있음을 의미하는 **고정관념 의식(stereotype consciousness)**이 나타났다(McKown, 2015). 아이들은 "백인들은 흑인이 똑똑하지 않다고 생각한다."와 같은 진술문에 대해 동의함으로써 이 같은 지식을 드러냈다(McKown & Weinstein, 2003). 아이들은 자신이 낙인찍힌 집단에 속해 있을수록 이러한 고정관념을 더 잘 알고 있었는데, 아마도 이러한 아이들의 일상적 삶 속에 뚜렷한 고정관념이 더 많기 때문인 것 같다. 고정관념 의식을 가진 아이는 사회적 변화를 해석하기 위하여 이러한 지식을 사용하고, 부정적인 인종 간의 상호작용이 차별을 반영한다고 보는 경향이 있다(McKown & Strambler, 2009). 8~9세경, 아이들은 개인적 신념과 고정관념의 차이를 이해하게 되는데, 집단에 대한 고정관념과 집단 속의 개인에 대한 자신의 개인적 관점을 구분할 수 있다(Augoustinos & Rosewarne, 2001).

**편견** 타인에 대해 고정관념을 가지고 생각하는 아동은 점점 더 사람들에 대해 편견을 갖게 될 수 있다. **편견**을 가진 사람은 집단의 모든 사람이 같을 뿐만 아니라 나쁘다고 정의한다(Aboud, 2008). 민족에 대한 고정관념처럼 민족에 대한 편견은 아동이 5세 정도에 분명해진다. 호주에서 수행된 한 연구에서 백인 아동은 흑인 그림에 대한 설명 시 백인 그림에 대해 설명할 때보다 부정적인 형용사(예를 들어, '더러운', '나쁜', '교활한')를 좀 더 많이 사용했다(Augoustinos & Rosewarne, 2001). 유사하게, 영국계 캐나다인 아동은 프랑스계 캐나다인 아동에 대한 편견을 드러내며(Powlishta et al., 1994), 유대계 이스라엘 아동은 아랍인에 대한 편견을 나타낸다(Teichman, 2001). 전 세계에서 수행된 130개 연구에 대한 메타분석 결과는 암묵적 편견이 5~7세 사이에 가장 높음을 보여 주었다(Raabe & Beelmann, 2011). 7~9세에 인지적 이해력이 발달하면서 아동은 서로 다른 집단들의 유사한 방식을 이해하고, 사람들의 외모에서의 차이에도 불구하고 내적인 유사성을 가지고 있음을 추론하며, 한 집단 내의 사람들이 모두 동일한 것은 아니라는 사실을 깨닫기 시작하면서 노골적인 편견은 점차 줄어든다(Aboud, 2008).

편견이 표현되는 방식 역시 아동이 점차 나이가 들면서 달라진다. 아동 초기에 편견은 회피와 사회적 배제로 표현된다. 아동 말기와 청소년기는 갈등과 적대감으로 표현된다(Aboud, 2005). 그러나 이 시기가 되면, 일부 청소년들은 편견에 대한 외현적 표현은 사회적 비용을 치르게 된다는 사실을 배우게 되고, 따라서 자신의 진짜 감정을 숨긴다. 외현적으로 혹은 사람들 앞에서 편견을 드러내는 대신 이들의 편견은 암묵적—다시 말해, 무의식적이고 자동적—이다. 암묵적 연합검사(The Implicit Association: IAT)는 일련의 백인 혹은 흑인의 얼굴과 긍정적—'기쁨', '사랑', '평화', '즐거움'—이거나 부정적—'끔찍한', '불쾌한', '형편없는', '지독한'—인 단어들을 분류하는 속도를 측정한다(Banaji & Greenwald, 2013). 백인에 대한 암묵적 편견은 얼마나 빨리 정형적 쌍(백인 얼굴/긍정 단어, 흑인 얼굴/부정 단어)과 비정형적 쌍(백인 얼굴/부정 단어, 흑인 얼굴/긍정 단어)에 반응하는지를 비교함으로써 측정한다. 정형적 쌍에 대한 반응시간이 비정형적 쌍에 대한 반응시간보다 짧을 때 편견을 뜻한다. 이 과제를 사용해서 연구자들은 4학년과 5학년 아동이 아프리카계 미국인에 대한 암묵적 편견을 가지고 있음을 확인하였고, 암묵적 편견은 질문지를 통해 평가된 외현적 편견과는 관련이 없음을 발견하였다(Sinclair et al., 2005). 암묵적 편견은 중요한데, 왜냐하면 이것은 다른 인종 집단의 사람들에 대한 아동의 행동과 관련이 있기 때문이다. 예를 들어, 한 연구에서 독일 내의 이민자 집단인 터키인에 대한 암묵적 편견에서 높은 점수를 받은 8학년의 독일인 학생은 낮은 암묵적 편견 점수를 받은 학생보다 컴퓨터 게임에서 터키인 플레이어를 덜 참여시키는 경향이 있었다(Degner et al., 2009). 분명히, 암묵적 편견은 그것을 의식할 수 없다 하더라도 아동의 행동에 영향을 미친다. 외현적 편견과 달리 암묵적 편견은 나이가 들어도 감소하지 않는다(만약 자신의 암묵적 편견 수준을 알고 싶다면, 다음 사이트를 참고하시오. https://implicit.harvard.edu/implicit/educaion.html).

Ansgar Photography/
Corbis/Getty Images

아동 말기에 민족적 편견은 암묵적이 될 수 있다. 소수 민족의 아동이 활동에서 배제될 수 있지만, 민족을 그 이유로 들지는 않는다.

**고정관념과 편견의 결정요인** 연구자들은 성인에게 다른 인종의 얼굴을 제시했을 때, 공포, 분노, 슬픔과 관련된 뇌의 영역인 편도체가 활성화됨을 발견했다(Cunningham et al., 2004). 다른 인종의 사람을 마주쳤을 때 부정적인 정서에 반응하기 위해 준비되는 것(priming)은 진화적 관점에서 적응적일 수 있으며, 이는 편견이 생물학적 편향을 가지고 있음을 시사하는 것일 수 있다(Hirschfeld, 2008). 그러나 편견은 또한 부모, 또래, 학교 그리고 미디어로부터 제공되는 많은 차별적인 사회적 요인의 결과로 생겨난다. 어린 아동에게 부모는 편견을 조장하는 가장 중요한 요인이며, 그 영향은 일찍 시작된다. 한 연구에서 연구자들은 인종에 대한 부모의 사회화가 자녀가 18개월경일 때부터 매우 일찍 시작되며, 이는 3~4세 때의 자녀의 인종에 대한 태도를 예측함을 발견했다(Katz, 2003). 특히 자녀가 부모에 대해 더 동일시하고 부모를 자신의 행동의 모델로 삼을 때 영향력이 크다(Sinclair et al., 2005). 청소년이 부모를 지지적으로 지각한다면, 아이는 부모가 가진 이민자에 대한 태도를 채택할 가능성이 더 크다. 하지만 청소년-부모의 영향은 서로가 서로에게 영향을 주고 받는 양방향적이라는 증거도 있다(Miklikowska, 2016). 그러나 부모가 자녀에게 편견을 표현하지 않을 때조차도 자녀는 편견을 발달시킬 수 있다(Aboud, 2005; Kite & Whitley, 2016). 사실, 부모는 때로 자신들의 자녀가 편견을 가지고 있다는 사실을 발견하고 충격을 받기도 한다. 소수 민족에 대한 대중매체의 부정적 묘사와 고정관념은 아동의 편견에 영향을 미치며(Calvert, 2015), 청소년기에 또래는 다른 인종 집단 사람들에 대한 접촉과 태도를 좌우하는 규준을 제공한다.

**고정관념과 편견의 조장** Rebecca Bigler와 Lynn Liben(2006, 2007)은 아동이 어떻게 편견을 갖게 되는가에 대한 일련의 연구를 수행했다. 연구자들은 초등학교 어린이들에게 몇 주 동안 학교에서 노란색이나 파란색 셔츠를 입도록 함으로써 인종 특성을 바탕으로 서로 유사한 두 개의 지각적으로 구분되는 집단을 만들었다. 집단이 구별될 때 편견이 더 많이 발생한다(Bigler et al., 1997). 이것이 바로 사회가 때로 한 집단의 지각적 독특성을 높이는 이유인데, 독일 나치 시대에 유대인들에게 노란색 별을 달고 다니도록 한 것이 한 예이다. 연구에 참여한 교사들은 노란색 셔츠와 파란색 셔츠를 입은 아이들을 따로 분리시키거나 혹은 같이 모아 놓거나 또는 학급 내 활동을 하면서 아이들을 셔츠 색깔로 부르거나 부르지 않도록 지시를 받았다. 교사가 아이들을 '노랑'과 '파랑'으로 이름을 붙였을 때, 그리고 노란색 셔츠 집단과 파란색 셔츠 집단의 수가 다를 때(즉, 다수와 소수), 고정관념이 증가했다. 학급 활동이 분리될 때 편견은 증가하였다. 고정관념과 편견이 만들어질 수 있다는 점은 확실하다(Bilger et al., 2016). 그렇다면 감소시킬 수도 있을까?

**고정관념과 편견을 감소시킬 수 있는가** 편견을 감소시키기 위한 한 가지 방법은 학교나 캠프 같은 긍정적이고 위협적이지 않은 맥락에서 서로에 대한 편견을 가지고 있는 집단 구성원들끼리의 접촉을 증가시키는 것이다(Pettigrew & Tropp, 2011; Raabe & Beelmann, 2011). 고전적 연구인 로버스 동굴실험(Robbers Cave Experiment)에서 줄다리기와 보물찾기 같은 팀 간의 경쟁으로 인해 상대 팀에 대한 편견을 갖게 된 11세의 캠프 참여 남자아이들을 캠프의 고장 난 수도관을 고쳐야 하는 공통된 문제 상황을 해결하기 위해 함께 모이도록 했다(Sherif, 1966). 수도관 문제를 해결하는 협동적인 경험을 하고 난 이후에 다른 집단의 참가자들에 대한 태도가 변화했다. 오늘날의 연구자들 역시 경쟁의 감소가 편견을 감소시키는 데 중요함을 확인했다(Abrams & Rutland, 2008).

아동의 편견을 줄이기 위한 두 번째 방법은 어른들이 다른 집단 사람들의 독특한 특징을 알려 주는 것이다. 수업 시간 동안 교사가 학생들에게 학급 친구의 인종적 특성 이외의 독특한 특성에 주의를 기울이도록 했을 때, 학생들의 편견이 감소했다(Aboud et al., 2012). 세 번째로, 학생들에게 다른 집단을 포함시키도록 권장하는 학교의 규칙은 또래 집단의 규범과 짝지어질 때, 그리고 학생이 교사가 책임을 질 거라고 생각할 때, 특히 더 다른 집단에 대한 긍정적인 태도를 촉진하였다(McGuire et al., 2015). 네 번째, 책, TV, 영화와 같은 대중매체에서 인종과 민족 집단에 대한 고정관념을 줄이는 것이 아동의 고정관념과 편견을 줄이는 또 하나의 전략이 될 수 있다(Calvert, 2015). 한 연구에서, 독서 시간에 사용되는 이야기책을 다수 민족 집단의 아동과 소수 민족 집단의 아동 간의 우정이 드러나도록 변형시켰다(Cameron et al., 2006). 이 이야기를 들은 5~11세의 영국 아동들은 이야기를 듣지 않은 아이들보다 소수 집단의 아동에 대해 좀 더 긍정적이 되었는데, 특히 이야기에서 독특한 개인적 특징들이 강조될 때 그러하였다. 주의사항: 편향된 태도와 행동을 수정할 수 있기는 하지만, 행동을 변화시키는 것보다 태도를 변화시키는 것이 더 쉽고, 태도나 행동의 수정은 결코 쉽지도 또한 항상 성공적인 것도 아니다(Aboud et al., 2012).

## 극단적 사례로부터의 통찰: 가장 극단적 편견-종족 학살

역사를 통틀어, 사람들은 때로 가장 극단적인 형태의 편견을 드러낸다. 종족 학살. 이 용어는 국가적, 민족적, 인종적, 종교적 집단에 대한 대량 학살이나 이들 집단에 대해 심각한 손상을 가하는 것을 일컫는다. 또한 이것은 출생을 막거나 아이들을 강제로 한 집단에서 다른 집단으로 이주시키는 것과 같은 집단 말살의 방법들을 포함한다(대량 학살 범죄 예방 및 처벌에 관한 유엔 협약 제2조). 집단 간에 큰 차이가 존재한다면, 다수 집단은 소수 집단을 인간 이하의 사소한 것으로 취급한다(Chalk & Janassohn, 1990). 다른 집단을 제거하는 것이 우리 집단을 지키는 데 필수적이라고 믿는 것은 하나의 작은 절차이다.

종족 학살의 잘 알려진 한 예가 제2차 세계대전 당시 독일 나치에 의해 6백만 명의 유대인이 살해당한 홀로코스트이다. 두 번째 종족 학살의 예는 1994년에 르완다의 투치족(Tutsis)에 대한 대량 학살 사건이다. 폭력 사태를 촉발한 르완다 대통령의 비행기 격추 사건 이후, 약 100일에 걸쳐 약 80만 명의 투치인들이 후투족(Hutu)에 의해 살해되었다. 후투 라디오 방송국에서는 후투인들에게 '바퀴벌레 죽이기'를 촉구하는 선정적인 선동 방송을 했다. 투치인들은 당황해서 집을 도망쳐 나왔고, 검문소에서 학살당했다. 여성과 어린 사람들이 특히 목표가 되었는데, 왜냐하면 이 사람들이 미래에 투치족의 다수가 될 사람들이기 때문이었다. 좀 더 최근에는 수단(Sudan)의 다르푸르(Darfur)에서 오마르 알-바쉬르(Omar al-Bashir) 대통령의 무장병력이 Fur, Massalit, Zaghawa 민족을 포함한 약 250만 명의 수단인들을 추방자 캠프로 쫓아냈다. 그러고 나서 이들은 여성들에게 심각한 성적 학대를 자행했다. 장작과 풀 혹은 물을 구하기 위해 캠프 밖으로 나간 여성과 소녀를 강간하는 것은 잔자위드(Janjaweed) 민병대와 수단 군대의 공통적인 전략이었다. 강간으로 태어난 잔자위드 아기들은 어머니 종족의 집단 사람들로부터 버려지거나 죽임을 당했다. 2008년에 국제형사재판소는 '민족을 이유로 세 부족 집단을 실질적으로 파괴하는 계획을 배후에서 조종하고 수행한' 알-바쉬르 대통령에 대해 세 건의 대량 학살 혐의를 제기했다. 2003년 이후로 다르푸르에서의 대량 학살은 400,000명의 생명을 앗아 갔다. 2016년에 UN에 의하면, ISIS(Islamic State Forces)가 시리아와 우라크(Uraq)에서 야시디(Yazidi) 종교 소수 민족을 말살하기 위한 노력으로 대량 학살 및 기타 전쟁 범죄를 저질렀다(UN Human Rights Council, June, 2016).

이러한 인간성에 대한 폭력은 편견의 부정적 결과에 대한 예시를 보여 주며, 어떻게 평범한 사람들이 자신의 집단을 지키기 위해 극도로 끔찍한 범죄를 저지르는지를 보여 준다. 이러한 예시들은 우리가 자신의 민족, 인종, 정치적 집단의 이익을 대표해서 잔혹 행위를 자행하도록 하는 우리 안의 취약성에 대해 경고한다. 1991년 이후로 미국에서는 홀로코스트에 대한 학생 교육이 국가 교육과정 안에 포함되었다. 그러나 교사들은 자주 이 수업에서 학생들이 오늘날에는 대량 학살이 더 이상 일어날 수 없다고 믿고 있음을 본다. 일부 교사들은 학생들에게 르완다와 다르푸르에서의 대량 학살에 관하여 가르침으로써 이러한 믿음에 도전한다. 2011년에 오바마 대통령은 미국의 '핵심 국가 안보 이익과 핵심 국가 도덕적 책임'이 되는 잔혹 행위와 대량 학살 방지를 선포하고, 이러한 계속되는 비극을 줄이기 위한 첫걸음으로서 잔혹 행위 방지 위원회(Atrocities Prevention Board)를 설립했다.

## 나와 너 사이의 의사소통: 언어의 역할

아동과 부모, 아동과 교사, 아동과 또래 친구 사이의 효과적인 의사소통은 아동이 자신의 욕구를 충족시키는 데 있어 매우 중요하다. 성인 역시 의사소통을 통해 아동에게 영향을 미치고 아동을 사회화시킨다. 따라서 언어발달이 전형적으로는 인지발달(cognitive development)의 한 측면으로 여겨지나, 사회성 발달(social development)에서도 역시 중요한 측면이다. 말이란 본질적으로 사회적 현상이다. 말이란 자신의 감정, 소망, 의견을 표현하고, 타인을 이해하고 상호작용하며 의사소통하고, 타인의 행동을 통제하는 데 있어서도 매우 중요하다. 아동은 아기 때부터 의사소통을 시작하지만, 언어의 발달은 사회적 상호작용의 맥락 내에 있는 타인이 제공하는 사회적 지지에 의존한다(Hoff, 2014).

### 유창한 언어를 향한 발걸음

**전언어적 의사소통** 유아의 초기 언어발달은 양육자와의 상호작용 안에서 일어난다. 부모와 아기는 소리, 움직임, 얼굴 표정 같은 다양한 종류의 대화를 자주 한다. 특히 미소는 유아가 발성을 조절하고 표정을 효과적인 의사소통으로 변환시키는 방법을 배우는 데 있어 매우 중요해 보인다(Yale et al., 2003). 이른 시기에 이루어지는 아기와 부모 간의 교류는 언뜻 보면 대화처럼 보일 수 있지만, 그 모습을 자세히 들여다보면, 양자 간의 교류의 흐름에 대한 주도권이 부모에게 있기 때문에 실제로는 가짜대화(pseudo-conversations)임을 알 수 있다(Jaffe et al., 2001). 부모는 마치 아기의 트림과 재채기에 대화하는 것처럼 보이는 행동을 하면서 아기의 반응과 무반응의 반복된 주기 속에 부모의 반응을 끼워 넣는다. 예를 들어, 아기가 까르륵 소리를 내면 엄마는 입으로 소리를 내서 거기에 반응한다. 엄마는 아기의 반응을 기다리는데, 만약 아무런 반응이 없으면, 엄마는 다시 한번 소리를 내거나 아기를 부드럽게 어루만지는 등 표현 방식을 바꾸면서 아기의 반응을 촉구한다. 이러한 상호작용은 생후 1년이 끝나 갈 즈음 아기를 의사소통 파트너로 만들어 준다(Hoff, 2014). 이런 식의 부모의 자극은 아기에게 유익한 것처럼 보인다. 부모가 아기를 인지적으로 자극(놀잇감을 주고, 아기의 마음을 읽어 주고, 언어적으로 반응)할 때, 6개월의 아기는 시선을 따라가고, 감정을 표현하며, 의사소통적인 시도에 좀 더 참여하게 된다. 결과적으로, 이 같은 인지적 도움은 24개월 시점에서의 좀 더 향상된 인지적 발달과 관련된다(Cates et al., 2012). 멕시코의 마야족, 호주의 월피리족(Walpiri) 그리고 미국 남부의 아프리카계 미국인 일부 집단 같은 일부 문화권에서 부모들은 아기를 대화상대로 여기지 않으며(Hoff, 2014), 따라서 아기에게 직접 말을 걸지 않는다. 그러나 이들은 아기를 안고 있기 때문에 아기는 어른이 말하는 것과 무엇을 말하고 있는지를 볼 수 있다(Lieven, 1994).

아기는 또한 의사소통을 위해 몸짓을 사용하는 것을 배운다. 생후 6개월경에 아기에게 무언가를 보여 주면 아기는 몸짓으로 반응하고, 특정한 대상에 대해 타인의 주의를 끌어내기 위해 가리키기(pointing)와 손 뻗기(reaching)를 사용하기 시작하며, 마치 성인이 그러는 것처럼 몸짓과 발성을 동시에 사용한다(Esteve-Gibert & Prieto, 2014). 가리키기를 통해 아기는 관심이 있는 사물의 이름을 알게 되고(Hoff, 2014), 사회적 파트너—흔히 부모—가 중요한 정보원이자 조력자라는 사실을 알게 된다(Cochet et al., 2014). 아기는 자신을 위해서 부모가 뭔가를 가져오게 하기 위한 몸짓을 사용한다. 예를 들어, 높은 선반에 있는 테디베어를 부모가 가져오게 하기 위해 그것을 가리킨다. 좀 더 나이 든 전언어기(preverbal) 유아는 청자가 올바른 방향을 보고 있는지를 확인하면서 이러한 형태의 의사소통을 아주 효과적으로 사용하고, 청자의 요구에도 반응할 수 있다(Bates et al., 1989). 나이가 들수록 유아는 몸짓의 사용이 줄어들고 자신의 욕구와 소망을 표현하기 위한 언어적 기술에 점차 의존하게 된다.

**옹알이 및 기타 초기의 소리** **초기 옹알이(cooing)**는 아기가 내는 최초의 소리이다—흔히 비둘기들이 내는 구구 소리를 닮은 우 소리와 비슷한 모음. 이런 소리는 생후 첫 달이 끝나 갈 즈음 아기와 양육자 간의 사회적 상호작용 동안에 시작된다. 생후 3개월경 어머니와 아기는 서로의 옹알이 소리를 따라 하고 반복한다(Gratier & Devouche, 2011). **옹알이(babbling)**—일련의 자음과 모음이 합쳐진 소리를 내는 것—는 생후 첫 해 중반에 시작된다. 초기 옹알이 소리는 아기가 듣는 언어가 무엇이건 간에 모두 비슷하다(Thevenin et al., 1985). 심지어 청각장애 아기의 초기 옹알이 소리조차 이러한 문제가 없는 아기의 옹알이 소리와 비슷하다(Crystal, 2007). 옹알이에서의 차이는 생후 2년 중반부터 나타나기 시작한다. 프랑스와 일본 아기의 옹알이에는 스웨덴과 영국 아기들의 옹알이에서보다 비음이 좀 더 많은데, 이것은 마치 프랑스어와 일본어 단어에 스웨덴어와 영어 단어에 비해 비음이 더 많은 것과 유사하다(De Boysson-Bardies et al., 1992). 아기는 자신의 주변에서 들리는 말소리에 음을 맞추기 시작한다. 생후 1년이 끝나 갈 즈음 아기는 실제 말소리와 매우 흡사하지만 그렇다고 실제 말소리는 아닌, 자신의 모국어에 있는 음소들을 구성하는 일련의 소리를 말할 수 있게 된다. 이러한 가짜말소리(pseudospeech)는 가족들의 관심을 끌고 가리키기나 몸짓 같은 비언어적 신호와 함께 결합하여 유아가 자신이 발견한 것과 자신이 바라는 것을 다른 세상과 공유하는 한 방법이 된다.

## 의미 발달: 어휘력

10~15개월 사이 아동은 보통 첫 단어를 말한다(Hoff, 2014). 평균적으로 2세경 약 900개의 기본 단어를 말할 수 있게 되고, 6세경이 되면 아동의 어휘력은 8,000개까지 증가한다. 아동이 이해하는 단어의 개수는 말할 수 있는 단어의 수를 넘어선다(Bornstein & Hendricks, 2012).

**아동이 단어를 습득하는 방법과 이유** 어린아이들 사이에서 시간을 보낸 적이 있는 사람이라면 흔한 초기 단어—'엄마', '아빠', '책', '멍멍이'—를 알게 된다. 좀 더 유능한 언어 사용자와 함께 일상적인 사회적 교류를 하는 과정에서 단어는 습득되며, 아동의 어휘력에는 부모와 자신의 문화권에서 사용되는 단어들이 반영된다(Hoff, 2014; Song et al., 2012). 아이가 흔히 가장 처음 배우게 되는 단어는 아이가 알고 있는 사람들—'아빠', '엄마', '삼촌'—이나 아이가 경험한 대상들—'신발', '양말', '장난감'—그리고 자신이 하는 행위—'걷다', '뛰다'—와 같은 단어를 나타낸다. 그리고 부모는 아이의 단어 학습 과정을 돕는다. 부모가 자녀와 이야기할 때, 좀 더 단순화된 단어나 혹은 아기식의 말투(짧고 반복되는 구, 높은 톤의 목소리)를 사용하면 아동은 24개월경에 좀 더 많은 단어를 사용하게 된다(Ramirez-Esparza et al., 2014).

## 문법 습득: 단어에서 문장으로

생후 첫 해에 아동은, 성인들이 문장으로 표현하는 생각을 한 단어와 함께 흔히 몸짓을 사용해서 표현한다(Hoff, 2014). 예를 들어, '테디'라고 하면, "내 테디베어 인형을 주세요."라거나 "테디베어 인형이 탁자 아래에 있어요."라는 의미이다. 이처럼 한 단어가 하나의 생각을 나타내는 것을 일컬어 **일어문(holophrases)**이라고 한다.

엠마는 내 앞에 똑바로 서서, 팔을 머리 위로 뻗어 나에게 "위로(up)"라고 명령했다. 일단 내 팔에 안기면, 손가락으로 가리키며 쳐다보고, 끄응거리는 소리를 내면서, 마치 "Mih"처럼 들리는 소리를 냈다.

생후 2세경 아이들은 소위 **전보식 언어**(telegraphic speech)라고 하는, 단어를 조합해서 사용하는 방식의 말을 한다. 두 개 혹은 세 개 단어를 사용한 말은 자신의 생각을 나타내는 데 있어 핵심적인 단어들만을 포함하고 있다—예를 들어, "나에게 테디베어 인형을 주세요."가 아닌 "테디 줘". 이런 식의 말을 일컬어 전보식(telegraphic)이라고 하는데, 그 이유는 마치 전보문처럼 중요한 단어들만 포함하고 있기 때문이다. 3세 초반, 문법 규칙을 이해하고자 하는 아동의 노력은 정확한 어순의 문장("우와~네가 공을 찼구나.")을 사용하고, 아이의 단순한 문장을 확장시키며(아동의 "공을 찼어."라는 말에 엄마는 "그래, 네가 공을 찼구나."라고 대답), 아이의 부정확한 문장을 교정해 주는 것(아이가 "나는 공을 차."라고 하면, 엄마는 "그래, 너는 공을 찼어.")과 같은 식의 부모가 보여 주는 예시를 통해 도움을 받는다(Cleave et al., 2015; Tomasello, 2011). 대부분의 기초적인 문법은 5세 정도에 습득된다. 이 같은 문법적 발전은 아동이 자신의 소망과 바람을 보다 정확하고 구체적으로 표현할 수 있도록 해 줄 뿐만 아니라, 부모의 바람과 소망에 대해서도 보다 적절하게 반응할 수 있게 해 줌으로써 아동의 사회적 의사소통 능력을 향상시킨다.

## 사회적 언어 사용을 배우기

아동이 단어와 문법을 습득한 다음에는 여러 사회적 상황 및 여러 사람과의 의사소통에서 어떤 단어와 표현을 사용할 것인지를 결정하는 것이 중요해진다.

**화용론** 효과적인 의사소통을 위해 아동은 **화용론**(pragmatics)을 배워야만 한다. 첫째, 말하기에 앞서 듣는 사람(청자)에게 주의를 기울여야 한다는 사실을 배워야 한다. 둘째, 청자의 피드백에 민감해야 함을 배워야 한다. 만약 아동이 청자가 내 말을 이해하지 못한다는 사실을 알지 못한다면, 아동은 성공적인 의사소통을 할 수 없을 것이다. 셋째, 아동은 각기 다른 청자에 적합하도록 자신의 말을 조정하는 것을 배워야 한다. 예를 들어, 아동이 자기보다 더 어린 아이에게 말을 한다면, 좀 더 단순한 형태의 문장으로 말해야 한다. 좀 더 나이가 많은 어른에게 말할 때는 비속어가 아닌 좀 더 정중한 단어를 사용해야 한다. 넷째, 아동은 상황에 따라 말하는 것을 조정하는 법을 배워야 한다. 운동장이나 길거리에서는 크게 말하거나 무례하게 말하는 것이 허용되지만, 교회, 교실 혹은 저녁 식사 자리에서는 그렇지 않다. "크레파스(혹은 잼) 줘."라는 식의 명령보다는 "크레파스 하나만 줄 수 있니?"나 "잼 좀 주시겠어요?"처럼 좀 더 정중하게 말하는 것이 효과적이다. 다섯째, 대화에 참여하기 위해서는 효과적인 화자가 되어야 하는 것뿐만 아니라 유능한 청자가 되어야 한다는 점을 배워야 한다. 말을 할 때는 순서를 지켜야 하고, 다른 사람이 말할 때는 조용히 있어야 한다. 마지막으로, 자신과 타인의 메시지가 명확하고 유용한지를 평가하는 법을 배워야 한다. 아동은 필요한 경우 그리고 상대편이 잘 이해하지 못할 때 더 잘 이해할 수 있도록 자신의 메시지를 수정해야 한다(Hoff, 2014). 아동은 인간의 의사소통에서의 협력적 본질을 이해해야 하고, 나의 요청이 청자에게 작용하게 하려면 청자가 그 요청을 이해하고 또한 그것을 수행하기 위해 협력적이어야 함을 인식해야 한다(Grosse et al., 2010).

**청자에 맞추어 말하는 법 배우기** 효과적인 소통자가 되기 위해 청자에 맞추어 자신의 말을 조정하는 것은 중요하다(Syrett & Kawahara, 2014). 2세경 아동은 눈에 띄게 청자에게 주의를 기울이고 청자의 피드백에 반응하고자 한다. 고전적 연구에서 연구자들은 유치원 수업에서 2세 아동들의 학급 내 의사소통에서의 상호작용을 비디오로 녹화했다(Wellman & Lempers, 1977). 연구 결과에서 아동의 의사소통에서의 유능함이 명확하게 나타났다. 한 아동이 다른 아동에게 특정한 대상을 가리키고자 하는 의도를 나타낼 때, 함께 놀고 있을 때나 혹은 적어도 몇몇은 관여하고 있지 않을 때에도 아이들은 거의 항상 청자에 대해 언급했다. 아이들은 서로를 볼 수 있을 때와, 청자가 화자 가까이 있을 때, 상대에게 의사소통을 시도했다. 아이들은 말할 때 자신과 청자가 서로 이야기 나누고 있는 대상의 가까이에 있는지를 확인했다. 아이들은 청자와 아주 효과적으로 의사소통에 참여하였고, 메시지의 대부분(79%)이 적절한 반응으로 되돌아왔다.

아동은 또한 상황에 따라 의사소통을 조절해야 한다. 아동은 좀 더 어려운 상황, 예를 들어 청자와 대상 간에 장애물이 있는 것과 같은 상황에서 의사소통을 해야 한다. 마지막으로, 아동은 청자로부터의 피드백에 반응해야 한다. 화자가 청자로부터 어떠한 반응도 받지 못할 때, 화자는 어떤 식으로든지 간에 자신의 메시지를 반복해야 하지만, 적절한 반응을 받았을 때에는 그러한 반복을 하지 않는다. 연구자들은 2세의 어린 유아도 나이가 다른 아동에게 이야기할 때에는 자신의 말을 조정한다는 점을 발견했다. 예를 들어, 아동은 어머니에게 말을 할 때보다 어린 동생에게 말을 할 때는 좀 더 여러 번 반복하거나 주의를 끄는 말("야", "안녕", "여기 봐.")을 사용했다(Dunn, 2015). 학령전기 아동들은 또한 다른 지위나 능력을 가진 또래에게 말할 때에도 자신의 말을 조절했다. 아동은 더 낮은 지위의 또래에게는 좀 더 적극적으로 말을 하고, 더 높은 지위의 아동에게는 좀 더 정중하게 이야기하는 데 반해(Kyratzis & Marx, 2001), 5세 아동은 언어 기술이 덜 발달한 아동에게 말을 할 때는 좀 더 지시적이고, 명확하며, 더 많은 정보를 제공함으로써 자신의 말을 조절했다(Murphy et al., 2015). 아동은 심지어 청자를 속이기 위해서도 자신의 말을 조절할 수 있었다(Rhodes et al., 2015).

물론, 학령전기 아동의 의사소통 능력은 일부 한계가 있다. 아이들은 친구가 아닌 사람, 여러 명이 한꺼번에, 전화로, 눈에 보이지 않는 대상 혹은 자신의 감정, 생각, 관계 등에 대해 이야기할 때보다, 일대일로, 면대면의 상황에서, 지금 바로 처해 있는 환경 속의 하나의 친숙한 대상에 대해 친구랑 얘기할 때 더 유능하다(Bauminger-Zviely et al., 2017; Dunn, 1988).

Weekend Images Inc./iStockphoto

학령전기 아동은 진행 중인 활동에 관해 의사소통을 하고 자신의 바람과 욕구를 표현하기 위해 언어와 몸짓을 사용한다. 이들은 상황과 청자에 맞추어 말하기를 조정하고, 그 순간에 비밀을 이야기한다.

**비판적으로 듣는 법 배우기** 메시지를 이해하지 못했다는 점을 아동이 항상 인식하는 것은 아니다. 메시지가 단순하고 명확하지 않다는 것이 확실한 경우에는 학령전기의 아동도 명확성이 부족하다는 점을 알아차릴 수 있다(Gllis & Nilsen, 2014). 연구자들이 3세와 4세 아동에게 모호한 요구(탁자에 4개의 컵이 있는 상황에서 "내게 컵을 줘.")를 하거나 불가능한 요구("나에게 냉장고를 갖다 줘.")를 했을 때, 아동이 그 요구에 문제가 있음을 알아차리고 추가적인 정보를 더 요청하는 것을 보여 줌으로써, 이와 같은 사실을 확인했다(Rovelle et al., 1985). 그러나 과제가 좀 더 많은 생각을 요구하고 명확성이 부족하면 학령기의 아이들조차도 자신이 메시지를 이해하지 못했다는 점을 알아차리지 못할 수 있다. 한 실험에서 연구자들은 1학년과 3학년 학생들에게 필수적인 정보를 누락한 채 게임에 대한 지시를 주었다. 1학년 학생들은 대개 정보가 누락됐다는 점을 깨닫지 못했고, 게임을 하기에 자신들이 충분히 알지 못하고 있다는 점을 깨닫기도 전에 게임을 하도록 촉구를 받았다. 아이들은 좀 더 효과적으로 듣고 설명을 요청하는 것을 배울 수 있고(Patterson & Kister, 1981), 그렇게 하면 전반적인 말하기 기술이 향상될 수 있다(Fricke et al., 2013). 듣는 기술은 아동기, 청소년기 그리고 성인기에 걸쳐 성공적인 사회적 교류와 지속적인 사회적 관계에 필수적인 요소이다(Dunn, 2015; Gottman et al., 2007).

## 요약

### 자기개념

- 생후 6세 말경, 유아는 자신과 타인을 구분할 수 있게 되며, 생후 1년 말이 되면 기초적인 수준의 자기인식에 이른다.
- 4세경의 아동은 과거와 현재의 자신을 구분할 수 있다.
- 처음에 아동은 자신을 설명하기 위해 구체적인 단어를 사용한다(외모, 소유물, 선호하는 활동). 이후에 아동은 심리적 특성을 포함시킨다. 자기에 대한 청소년의 관점은 좀 더 통합되고 모순되는 특질을 포함한다.
- 자폐장애를 가진 아동은 자기인식에서의 지연 혹은 결함을 나타낸다.
- 성별, 문화, 가족 등이 자기발달에 영향을 미친다.

### 자기인식

- 자존감은 전반적인 자기가치감을 의미하며, 학업 능력, 운동 기술, 외모, 행동적 수행, 사회적 수용과 같은 특정 영역에서의 유능함에 대한 평가와는 구분된다.
- 높은 자존감은 학업 성취, 부모와 또래와의 좋은 관계와 같은 긍정적 적응과 관련되며, 더 낮은 위험추구와 불안, 우울 등과 관련된다.
- 높은 자존감은 실험을 촉진하는데, 이는 좀 더 이른 성행동과 음주를 증가시킬 수 있다.
- 아동 중기부터 여아들은 남아에 비해 전반적인 자존감이 더 낮아진다.
- 부모-아동 간의 관계의 질은 자존감에 영향을 미친다. 권위적(단호하고, 분명하며, 애정적인)인 부모의 청소년 자녀는 더 높은 자존감을 나타낸다.

- 또래와 멘토 역시 자존감에 있어 영향력 있는 지지원이다.
- 아동이 발달할수록 자신에 대한 긍정적이고 때로는 비현실적인 관점이 점차 객관적인 평가로 변해 간다.

## 정체성 형성

- 청소년기와 성인 초기의 주요 과제는 성적 정체성과 민족적 정체성을 포함하여 안정적인 정체성을 발달시키는 것이다. **민족적 정체성**이란 자신이 어떤 민족이나 인종 집단에 속해 있다는 느낌을 일컫는다.
- 청소년의 정체성 발달에 영향을 미치는 요인들에는 사회적, 생물학적, 인지적 요인들이 포함된다.
- 안정적인 정체성의 성취는 좋은 적응과 관련된다.
- 혼혈 청소년들은 확실한 정체성 성취에 도전을 받는다.
- 종교적 정체성은 젊은이의 적응과 관련되며 특히 여아와 소수 집단에서 더욱 그렇다.

## 타인에 관한 사회적 지식의 발달

- 아동은 사회적 상호작용에 대한 지침이 되는 기준과 스크립트를 배우는 것뿐만 아니라, 타인의 사회적 행동, 의도, 동기와 목표를 이해하는 능력이 향상된다.
- 마음이론에 관한 작업은 아동이 언제 그리고 어떻게 타인의 마음상태—생각, 믿음, 소망—를 이해하고 어떻게 그러한 마음상태가 행동에 영향을 미치는가를 이해하게 되는지에 대해 밝혀내고 있다.
- 자폐 아동은 마음이론의 발달에 있어 지연 혹은 일부 결함을 나타낸다.
- 문화적인 관례 및 관행뿐만 아니라 가족 및 친구들과의 사회적 상호작용은 사회적 이해 발달에 중요하다.
- 타인의 특성과 특질에 대한 아동의 기술은 구체적이고 물리적인 것에서부터 추상적, 심리적, 구분되는 것으로 변화해 간다.

## 고정관념과 편견

- **고정관념**이란, 민족, 인종, 혹은 종교적 집단 내의 구성원이라는 점에만 근거해서 집단 내의 개인들에 대한 차이를 고려하지 않고 일반적인 명칭을 부여하는 것을 의미한다. 8~9세 무렵의 아동은 개인적 관점과 고정관념을 구분할 수 있다.

- 편견을 가진 사람은 집단 내의 개인들이 비슷하다고 볼 뿐만 아니라 나쁘다고 정의한다. 7~9세의 아동은 집단 안의 모든 사람들이 같지 않다는 것을 이해하기 시작하고, 점차 편견이 감소한다.
- 아동 말기와 청소년기에 이르면 편견은 암묵적이 된다.
- 편견의 많은 원인 가운데에는 부모, 또래, 학교 그리고 대중매체로부터의 편견이 담긴 메시지들이 포함된다.
- 편견을 줄이기 위한 방법에는 서로 다른 집단의 사람들 간의 접촉을 늘리고, 어른들이 다른 집단 사람들의 개별적인 특징들을 알려 주며, 책이나 TV, 영화 속에서 인종과 민족에 대한 고정관념을 줄이는 방법 등이 있다.

### 언어의 역할

- 언어는 아동의 상호작용, 정보 교환, 감정, 소망, 관점의 표현, 행동의 조절, 감정 수정을 도와준다.
- 말을 할 수 있기 전에 아기는 옹알이와 같은 소리를 낸다.
- 말이 생겨나는 의사소통적인 사회적 맥락은 아동의 언어습득을 돕는다.
- **화용론**이라고 하는 언어 사용의 규칙은 말하기가 청중과 상황에 적절한지를 결정한다.

## 핵심 용어

- 개인적 자기
- 고정관념
- 고정관념 의식
- 관계적 자기
- 마음이론
- 민족적 정체성
- 옹알이
- 일어문
- 자존감
- 전보식 언어
- 정체성
- 종교적 정체성
- 집단적 자기
- 초기 옹알이
- 편견
- 화용론

제 6 장

# 가족

## 초기 및 지속적 영향

앨리스는 엄마, 아빠, 할머니, 아홉 살인 형 그리고 여동생과 함께 산다. 부모님은 규칙에 대해서 엄격하고, 모든 아이는 반드시 밤 10시가 되기 전에 불을 끄고 잠자리에 들게 한다. 알레타는 아버지를 한 번도 본 적이 없다. 어머니와 단 둘이 살고 있고, 옆집에 이모와 사촌들이 살고 있다. 알레타는 가끔씩 늦은 밤까지 사촌들과 함께 있다. 어머니는 밤에 자신만의 시간을 갖는 걸 좋아한다. 앨런은 샌프란시스코에서 결혼한 두 명의 아빠를 두고 있으며, 조만간 또 다른 자녀가 입양되기를 기대하고 있다. 이 모든 아이가 가족과 함께 살고 있다—그러나 이 가족들은 정말 다르다. 이 장에서 우리는 이 같은 차이에 대해 다룰 것이며, 아동의 사회성 발달에 강력하게 그리고 지속적인 영향을 미치는 가족에 대해 논의할 것이다.

가족이란 무엇인가? 이것은 부모와 자녀가 경제적, 사회적 그리고 정서적인 권리와 책임 및 서로에 대한 헌신과 동일시를 공유하는 사회적 단위이다. 가족 구조는 매우 다양하다—한 명 혹은 두 명의 부모, 한 명의 자녀 혹은 여러 명의 자녀—. 그러나 모든 가족은 공통의 기능을 갖는다. 그 한 가지는 자녀의 가장 초기의 그리고 지속적인 사회적 접촉원이라는 점이다. 또한 가족은 모든 대인 간 유대 관계 중 가장 강력하고 지속적인 유대감을 제공한다. 게다가 가족은 과거의 기억과 미래에 대한 기대를 공유하고, 이러한 시간에 따른 연속성은 놀이친구, 친구, 선생님 그리고 이웃과 같은 좀 더 단기적인 관계들과는 질적으로 다른 가족관계를 만들어 준다. 가족은 최초의, 가장 강력한, 그리고 가장 오래 지속되기 때문에, 가족관계는 다른 어떤 관계보다도 기본이 된다.

가족은 또한 **사회화**(socialization) 체계로, 가족 구성원들은 아동의 충동성이 사회적으로 수용되는 방식으로 표출되도록 하고, 아이가 사회에서 기능하는 데 필요한 기술과 규칙을 가르친다. 아이가 매우 어릴 때 부모는 사회와 부모가 바람직하고 적절하다고 여기는 기준들에 자녀가 순응하게 함으로써 사회화 과정을 시작한다. 아기는 핑크색 혹은 파란색 담요에 싸이고, 아기포대 혹은 아기침대에 뉘어지고, 부모에게 응석을 부리거나 혹은 혼자 울도록 내버려지는 등 태어난 직후부터 사회화가 시작된다.

**가족체계**(family system)는 어머니와 아버지, 어머니와 자녀, 아버지와 자녀, 어머니, 아버지, 그리고 자녀, 형제관계를 포함하는 하위체계들로 이루어진다. 사회화는 이런 하위체계들 내에서 일어나고, 이 장에서 이와 관련된 내용들이 다루어질 것이다. 또한 가족 내에서의 사회화의 차이가 사회계층, 문화, 역사와 어떤 관련이 있는지를 논의할 것이며, 최근 수십 년 동안의 가족 구조와 기능에서의 주요한 변화에 대해 살펴볼 것이다.

## 가족체계

가족은 상호의존적인 구성원과 하위체계들로 이루어진 복잡한 체계이며, 이런 점이 가족기능에 영향을 미친다. 가장 단순하게, 가족 구성원 중 한 명의 행동 변화는 가족 기능에 영향을 미친다(Bronfenbrenner & Morris, 2006; Kuczynski & DeMol, 2015; Sturge-Apple et al., 2010). 예를 들어, 가족 내에서 아버지의 역할이 변화되면 어머니 역할과 자녀의 경험 역시 변화한다. 가족 구성원들은 한 방향으로 또한 양방향으로 서로에게 영향을 미친다. 직접적 영향은 좀 더 명확하다. 부부는 상대에 대해 칭찬을 하거나 비난을 함으로써 서로 영향을 미친다. 부모는 자녀를 안아 주거나 체벌을 함으로써 영향을 미친다. 아이들은 매달리거나 말대꾸를 함으로써 부모에게 영향을 미친다. 간접적인 영향은 두 단계의 과정을 포함한다. 아버지는 어머니와의 관계를 바꿈으로써 간접적으로 자녀에게 영향을 미치는데, 이것이 자녀의 발달에 영향을 미친다. 어머니는 아버지와 자녀 간의 상호작용의 양과 질을 변화시킴으로써 자녀에게 간접적인 영향을 미치게 되는데, 이는 자녀의 행동을 변화시키게 된다. 자녀는 부모 중 한 명의 행동을 변화시킴으로써 간접적으로 부모 사이의 관계에 영향을 미친다.

잘 기능하는 가족체계 내에서 부모는 서로 좋은 관계를 유지하고, 자녀를 잘 돌보고 지지하며, 자녀는 부모에게 순응하고, 부모에게 관심을 갖는다. 역기능적 가족체계 내에서 부모는 불행한 결혼생활을 하며, 자녀에게 짜증을 내며, 자녀는 반사회적 행동을 나타내게 되는데, 이런 자녀의 문제행동은 부모의 관계 문제를 더욱 악화시킨다. 이 같은 부정적인 가족 간 상호작용의 질을 변화시키기란 매우 어려운데, 왜냐하면 가족체계는 일반적으로 변화에 저항적이기 때문이다. 공격적인 자녀가 있는 가정에서 부정적인 상호작용 패턴이 더 강화되고 공고화되는 것이 한 예시가 될 수 있다(Dishion & Snyder, 2016). 만약 가족 구성원들이 합리적인 방식으로 의사소통하고 분노를 완화시키며 문제를 해결하고자 노력하지 않으면, 가족 구성원들의 부적응적인 행동을 유발하거나 지속시킬 수 있는 상호작용 패턴 속에 갇히게 될 수 있다. 좋은 가족 기능의 핵심은 적응성이다.

## 커플체계

가족체계가 만들어지는 기본적 하위체계는 두 사람의 성인 파트너 간 결합에 의해 이루어진다. 발달심리학자들은 때때로 이러한 하위체계의 중요성에 대해 간과하기도 하지만, 이 관계의 특성은 의심의 여지없이 아동발달에 중요한 영향을 미친다. 커플 간 관계의 질은 직접적 혹은 간접적으로 양육, 형제자매 관계, 자녀발달을 촉진할 수도 방해할 수도 있다.

**커플관계가 어떻게 자녀에게 영향을 미칠까?** 파트너가 서로 정서적이고 물리적인 지지와 위로를 제공할 때, 이들은 자녀에게도 이러한 지지와 돌봄을 제공할 가능성이 더 높다. 연구자들은 파트너들이 서로 지지적일 때, 그들의 자녀와 더 많은 관계를 하고, 자녀 양육에 있어 좀 더 유능하며, 자녀와의 관계는 좀 더 온정적이고, 반응적이며, 민감하다는 점을 보여 주었다(Cowan & Cowan, 2002, 2010; Klausli & Owen, 2011). 결국, 서로 지지적이고 온정적인 부모를 둔 자녀들은 잘 적응하고 긍정적이 될 수밖에 없다(Cummings & Davies, 2010; Davies et al., 2015). 자녀의 발달 초기에 갈등이 발생하면 아이들은 부모에게 정서적으로 안정적인 애착을 발달시키기 어려울 수 있다(Frosch et al., 2000). 좀 더 이후의 갈등이 생기면 자녀는 좀 더 공격적이거나 우울해질 수 있다(Davies et al., 2015; Katz & Gottman, 1993; 1996).

**부부 갈등의 문제** 아동이 부모의 말다툼과 싸움을 목격할 때 부모의 갈등은 아동에게 직접적인 영향을 미친다. Mark Cummings와 동료들은 아동이 부모의 다툼을 관찰하

는 연구에서와 마찬가지로 가정 내에서 부모가 다툴 때처럼 행동하는 두 명의 성인 배우의 모습을 아동에게 실제로 혹은 녹화된 영상으로 보여 주었다. 성인들은 어떤 영화를 볼지 혹은 누가 설거지를 할지와 같은 이슈에 대해 의견 차이를 보였다. 둘 간의 갈등이 더 빈번하고 폭력적일수록, 그리고 아이가 한 일이나 말에 대한 논쟁이 많을수록, 아동은 더 속상해하고 그 일에 대해 스스로를 비난할 가능성이 더 컸다(Cummings & Davies, 2010; Davies et al., 2006). 부모 간의 강렬하고 파괴적인 갈등을 관찰한 아동은 심지어 몇 년 뒤에도 정서적으로 불안정하고, 우울하며, 불안하고, 행동문제나 관계에서의 어려움, 빈약한 정서조절의 문제를 경험한다(Cummings et al., 2006; Cummings & Davies, 2010). 일부 아동은 부모-자녀 간의 갈등에 대한 반응으로 청소년기에 섭식장애를 경험할 수도 있다(George et al., 2014). 일부 사례에서 스트레스를 다루는 아동의 생물학적 능력(코르티솔 수준으로 측정한)에서의 손상이 나타났다(Davies et al., 2007; Sturge-Apple et al., 2012). 그러나 만약 부모가 자신들의 불일치를 건설적으로 다룬다면, 즉 서로에 대한 의견 존중을 보여 주고, 상호적 애정과 지지를 표현하고, 효과적인 갈등해결 전략의 모범이 되어 준다면, 부모의 갈등이 아동에게 미치는 영향은 줄어든다. 건설적인 갈등에 대한 노출은, 비록 파괴적 갈등에 대한 노출의 부정적 효과가 건설적인 갈등에 대한 노출의 효과보다 더 클지라도, 아동에게 가족 밖에서의 갈등을 해결하고 타인과의 견해 차이를 해결하는 방법을 가르쳐 줄 수 있다(Davies et al., 2012; Cicchetti & Martin, 2012). 만약 부모가 빈번하고, 강렬하며, 물리적으로 그리고 문제에 대한 해결 없이 분노를 표현한다면, 아동에게 문제가 생길 수 있다(Cummings & Davies, 2010).

"매트는 정말 다른 사람의 감정에 대해 민감해요. 그게 아마도 부모님이 다툴 때 그가 그렇게 불안한 이유인 것 같아요. 그는 마치 부모님 사이의 분노를 정말로 느끼는 것처럼, 싸움을 멈추기 위해서 최선을 다해요. 다행히도, 부모님이 대개는 우호적인 방식으로 논쟁을 해결해서 매트가 장기적인 영향을 받지는 않아요."

부부 갈등의 간접적인 영향은 부부간의 문제가 자녀 양육에 영향을 미칠 때 발생하고, 자녀 양육은 아동의 발달에 영향을 미친다. 갈등적인 결혼생활을 하는 부모는 화를 내고 침투적인 양육 스타일을 가지고 있을 가능성이 크고, 그러면 아동은 부모나 친구들과의 상호작용에서 많은 분노를 표현할 수 있으며(Katz & Gottman, 1997), 또래를 위협적이고 적대적으로 볼 수 있다(Bascoe et al., 2009).

부부간 갈등이 아동의 사회성 발달에 미치는 영향에 관한 설명을 제공하는 몇 가지 이론적 설명이 있으며, 각각은 모두 경험적 지지를 받고 있다. 사회학습이론은 자녀가 부모를 관찰함으로써 사람들이 어떻게 상호작용하고 갈등을 해결하는지를 배운다고 제안한다. 만약 부모가 싸운다면 아동은 공격적인 상호작용 전략을 배우게 된다(Crockenberg & Langrock, 2001). 애착이론에 기반을 둔 두 번째 설명은, 부모 사이의 갈등에 노출된 결과로 아동은 정서적인 각성과 스트레스를 경험하고, 이는 정서적인 불안정감을 발달시키게 되는데, 이러한 불안정성이 이후의 사회적 상호작용에서의 문제를 일으킨다고 제안한다(Cummings & Davies, 2010). 이러한 관점에 대한 지지로, 연구자들은 부모 사이의 관계에 대한 아동의 불안정한 표상은 파괴적인 부부 갈등과 학령초기 아동의 정서적인 문제 사이를 연결하는 기제임을 확인했다(Sturge-Apple et al., 2008).

아동의 인지적 정보처리 과정을 강조하는 세 번째 이론에 따르면, 부부간 갈등의 영향은 아동이 그것을 어떻게 이해하는가에 달려 있다. 만약 아동이 그 갈등을 위협적인 것으로 지각한다면, 아동은 불안하고 우울하며 위축된다. 만약 아동이 부모의 갈등을 자신의 잘못이라고 지각한다면 아동은 행동화할 가능성이 더 높다. 만약 부모가 갈등을 해결한다면 아동은 자신도 그 갈등을 해결할 수 있다고 기대하기 때문에 문제를 겪을 가능성이 더 적다(Grych & Cardoza-Fernandes, 2001; Grych & Fincham, 1990). 네 번째 이론은 부모의 갈등이 아동의 기능에 미치는 영향을 좋지 못한 부모의 정신건강으로 설명한다. 이러한 관점을 지지하는 한 연구에서 Cummings와 동료들은 부모의 우울증이 부부 갈등과 자녀의 우울 증상 간의 관계를 매개함을 확인했다(Cummings et al., 2005). 다섯 번째 설명은 자녀의 사회적 행동에 미치는 부부 갈등의 영향은 부분적으로 유전되는 것으로 본다. 연구자들은 부부 갈등과 청소년의 품행 문제 간의 관계는 어머니 혹은 아버지가 이란성 쌍생아인 가족에서보다 일란성 쌍생아인 가족에서 더 강한 관련성이 있음을 발견했다(Harden et al., 2007).

각각의 이론이 모두 장점을 가지고 있음에도 불구하고, 부부 갈등과 자녀의 적응과의 관계는 부모와 자녀 간 일방적 영향이라기보다는 상호적이고 **교류적(transactional)**인 관점에서 보는 것이 가치가 있다. Cummings와 동료들이 부부 갈등과 자녀에게 미치는 영향의 관계를 각각 다른 세 시점에서 조사했을 때, 첫 번째 시점에서의 부부 갈등은 두 번째 시점에서의 자녀의 부정적인 정서적 반응성을 예측했다. 아동의 부정적 반응성은 조절되지 못한 행동(아동이 소리를 지르고 문제를 일으킴) 및 대리자적 행동(아동이 부모의 갈등에 개입하려는 노력을 더 많이 함)과 관련이 있었다. 아동의 대리자적 행동은 세 번째 시점에서의 부부 갈등의 감소를 예측했다(Schemerhorn et al., 2007). 또한 아동의 대리자적 행동은 부모의 갈등 해결과도 관련이 있었다(Schermerhorn et al., 2010). 이는 아동이 노력한 결과로 부모는 부부 갈등에 대한 부정적 효과를 좀 더 잘 알아차리게 되고, 그 결과로서 부부간의 외현적 갈등이 감소하고, 갈등에 대한 해결책을 찾게 되는 것일 수 있음을 시사한다. 반대로, 아동의 조절되지 못한 행동과 부정성은 부부 갈등의 증가와 아동의 적응적 문제의 심화를 예측한다.

**문제의 극복** 연구자들은 부부간의 관계를 개선함으로써 자녀에게 도움이 되는 프로그램을 시행하였다. Cummings와 동료들(2008)은 4~8세의 자녀를 둔 커플들에게 건설적이고 파괴적인 부부 갈등이 미치는 효과에 대해 교육하는 프로그램을 만들었다. 동일한 정보를 그저 읽기만 한 통제집단의 부모들에 비해, 이 프로그램에 참여한 커플들은 부부 갈등에 대한 지식이 증가하고, 건설적인 갈등은 좀 더 많이 하게 된 반면, 파괴적인 갈등은 줄어들었으며, 그들의 자녀는 통제집단의 자녀들보다 좀 더 잘 적응하였다. 이러한 효과는 1년이 지난 후에도 유의하게 지속되었다. 청소년기 자녀를 대상으로 한 프로그램 역시 아버지와의 애착을 증진시키는 데 효과적이었다(Cummings & Schatz, 2012). 또 다른 프로그램에서 4세 자녀를 둔 부모들이 육아나 결혼생활에 관한 집단 토론에 참여하였다(Cowan et al., 2005). 그들의 자녀는 통제집단의 자녀들보다 더 적은 공격적 행동 문제를 나타냈고, 내재화 문제도 더 적었으며, 또래와의 문제도 더 적게 경험했다. 심지어 10세가 되었을 때도 사회적으로 더 잘 적응하고 더 적은 문제행동(더 적은 공격성과 충동성)을 보였다(Cowan et al., 2011).

**부부체계에 미치는 아기의 영향** 부부간의 관계가 아동에게 영향을 미치는 것처럼 아동도 부부간 관계에 영향을 미친다. 가장 즉각적인 효과는 부부 사이에 첫 아이가 태어난 직후에 일어난다. 이러한 유의미한 삶에서의 변화는 전통적인 노동 분업으로의 전환을 가져오게 되며(Cowan & Cowan, 2000, 2010), 결혼 만족도 역시 저하된다(Twenge et al., 2003). 만족도의 저하는 여성에게서 더욱 현저하다(Cowan & Cowan, 2010). 사실, 아기가 태어나면 아버지의 노동 시간이 40분 늘어나는 것에 비해, 어머니의 노동시간은 2시간이 증가한다(Yavorsky et al., 2015). 그러나 어머니와 아버지가 서로의 육아에 대해 지지

## 성인기로의 확장: 부모 되기

ⓒ Radius Images/Media Bakery

가족에게 아기가 생기는 것은 일반적으로 행복한 일이 생겼음을 나타내지만, 부모가 되는 것은 여러 위험요소가 생기는 일이기도 하다. 스트레스가 좀 덜 생기도록 하기 위해 심리학자들은 커플관계를 강화하고 역기능적 결과를 줄이기 위한 프로그램들을 고안해 냈다. 가족되기 프로젝트에서 Philip과 Carolyn Cowan(2000, 2010)은 곧 첫아기를 갖게 될 72쌍의 커플과 아직 부모가 될지 여부를 결정하지 않은 24쌍의 커플을 대상으로 연구를 수행하였다. 연구자들은 아기가 출생 후 3개월 뒤에 종결하는 6개월간의 집단 프로그램에 참여하기를 원하는 자원자들을 선발하였다. 매주 회기에서, 임상적으로 훈련받은 결혼한 커플은 예비부모들에게 그들이 겪고 있는 어떤 문제든지 이야기하도록 격려했다. 남편과 아내는 이상적인 가족을 갖는 꿈에 대해 기술하고 곧 태어날 아기에 대해서 이야기를 나누었다. 흥미롭게도 모든 사람이 아기가 태어난 뒤에 일어날 수 있는 문제에 대해 상상하지 못했다. 아기가 태어난 이후 커플은 변화와 문제 그리고 갈등에 부딪혔다. 누가 무언가를 포기할 것인가? 누가 무엇에 대해서 책임을 져야 하는가? 끊임없이 요구하는 아이에 대처하며 어떻게 커플관계를 잘 유지할 수 있을 것인가?

연구자들은 임신 후기와 아이가 6개월, 18개월, 3년, 5년 된 시점에서 가족 기능, 결혼 관계의 질, 부모 효능감, 부모의 적응에 대해 평가했다. 18개월 시점에서 평가 시 개입의 효과는 고무적이었다. 프로그램에 참여했던 아버지들은 양육에 좀 더 많이 관여하고 만족스러워했으며, 결혼 만족도, 성관계 그리고 사회적 지지에서 좀 더 적은 부정적 변화를 보고했다. 프로그램에 참여했던 어머니들은 가사분담과 전반적인 결혼생활에 대해 좀 더 만족감을 나타냈다. 성관계에 대해 좀 더 만족했고, 생활 스트레스와 사회적 지지의 균형을 더 잘 맞추는 것처럼 보였다. 참여 집단 커플 가운데 더 적은 수가 헤어지거나 이혼을 했다. 자녀가 유아기가 됐을 때, 초기 개입의 긍정적 효과 중 일부는 사라졌다. 비록 개입 집단에서 커플 만족도가 더 높게 유지됐지만, 양육 스타일이나 아동의 행동에는 크게 차이가 나타나지 않았다. 연구자들은 좋은 가족기능을 유지하기 위해서 가족 주기에 따라 때때로 '추가적인 예방접종'이 필요할 수 있다는 결론을 내렸다(Schulz et al., 2006).

적일 때, 부부간 만족도 저하는 감소한다(Durtschi et al., 2017, Soloski & Kimmes, 2017).

아기의 탄생이 어머니와 아버지 간의 좋은 관계를 망가뜨리는 경우가 드물긴 하지만, 아기의 존재가 (특히 그 아기가 까다로운 아이라면) 충분히 취약한 부부관계를 악화시킬 수 있다(Hogan & Msall, 2002).

> "되돌아보건대, 제이슨의 출생이 이미 흔들리는 부부관계에 타격을 주었어요. 나는 우리 관계가 무너지고 있다는 생각을 하고 싶지 않았고, 그래서 오랜 시간 동안 그 신호를 무시했어요. 그렇지만 제이슨이 아주 어린 아기였을 때, 아이가 너무나 까다로웠죠. 찰리는 점점 더 오래 일을 하기 시작했어요. 그는 평일 저녁 식사 자리뿐만 아니라, 중요한 가족 행사—결혼식, 휴일, 생일 파티—등도 함께하지 못하기 시작했어요. 제이슨이 잠자러 가기 위해 마루를 걸어가는 곳에도, 평범한 아이들이 걷고 말하는 법을 배우는 것을 지켜보는 곳에도, 그리고 나중에는 학교에서 일어난 일들에 관해 선생님과 이야기하는 데에서도, 그 어디에도 그는 없었어요. 나는 제이슨이 하는 모든 일에 대한 뒷바라지를 끝냈어요. 그건 찰리를 완전히 무시하는 것만큼이나 쉬웠어요."

## 부모-아동체계

대부분의 부모는 자녀가 발달시켰으면 하고 바라는 자질과 자녀 양육방법에 관해 어느 정도의 믿음을 가지고 있다. 이 장의 주제는 부모가 자녀의 양육과정을 어떻게 그리고 얼마나 성공적으로 해 나가는지에 관한 것이다.

**부모가 자녀를 사회화시키는 방법** 사회화는 아기가 태어날 때부터 시작되지만, 아이의 이동 능력이 더 발달하고 언어를 사용하기 시작하면서 보다 정교화된다. 아이가 이 시점에 다다르면, 부모는 아이를 껴안고, 쓰다듬고, 부모와 사회가 바람직한 것으로 여기는 모든 종류의 성취에 대해 칭찬을 한다. 부모는 더 이상 그저 '귀엽다'는 이유만으로 행동을 받아 주지 않는다. 아이가 아기 침대를 기어오르지 못하게 하고, 냄비와 팬을 쾅쾅 두드리지 못하게 하며, 고양이를 때리지 못하게 한다. 어떤 부모는 아이가 이런 행동을 하더라도 상대적으로 좀 더 느긋하고 허용적이다. 또 다른 아이들은 부모가 아기 울타리를 쳐 놓고 "안 돼!" 공세를 가하기 때문에 새로 발견한 운동기술을 연습하고 세상을 탐험하는 것이 정말 어려운 일이 될 수 있다. 자녀를 사회화시키기 위한 부모의 노력은 자녀의 유치원 시기 동안 증가하며, 부모가 그 결과에 만족하거나 좌절감을 느껴 포기할 때까지 유지된다.

대부분의 부모는 자녀가 예의 바르게 행동하고, 다른 사람들과 잘 어울려 지내며, 정직과 성실을 가치 있게 여기고, 가족마다 약간씩 다른 많은 목표를 성취하도록 사회화시키고자 한다. 예를 들어, 캐나다의 오스트레일리아 원주민 부모들 사이에서는 사회화 목표에 문화적 전통을 존중하고 그들의 문화적 유산을 자랑스럽게 여기는 것이 포함된다(Cheah & Chirkov, 2008). 특정한 목표에도 불구하고, 부모는 자녀에게 사회적 규칙과 역할을 가르치기 위한 학습 원리를 사용한다. 부모는 수용 가능한 행동 기준을 설명할 때 강화를 사용하고, 그런 다음 아동이 이러한 규칙들에 순응하는지 혹은 위배하는지에 따라 칭찬을 하거나 처벌을 한다. 부모는 자녀에게 원하는 행동을 알려 줄 때 모델링을 사용한다. 부모는 또한 아동이 따라 하기를 의도하지 않은 상황에서 행동할 때도 무심코 모델링을 사용한다. 만약 부모가 친구에게 거짓말을 하고, 동료를 비웃으며, 자녀를 괴롭힌다면, 자녀는 이러한 부정적인 행동을 부모의 긍정적인 행동처럼 받아들이게 될 가능성이 높고, 부모가 가르치고자 하는 행동보다 더 모방할 가능성이 크다.

**사회화 방식에서의 차이** 다소 다른 사회화 목표를 가지는 것과 더불어 부모가 사회화를 시키는 방식도 다르다. 한 가지 차이는 부모의 정서적 개입방법과 관련된다. 어떤 부모는 사회화에 대한 접근방식이 온정적이고 반응적이다. 어떤 부모는 냉정하고 거부적이다. 부모가 온정적이고 애정적일 때 사회화가 좀 더 효과적이다. 반응적이고 따뜻하며 관계적인 부모의 자녀들이 거부적인 부모의 자녀보다 좀 더 사회적으로 유능하고(Grimes et al., 2004) 인기 있다(Isley et al., 1999). 여러 나라에서 부모의 거부는 저조한 학업적, 사회정서적 결과와 관련이 있었다(China, Colombia, Italy, Jordan, Kenya, Philippines, Sweden, Thailand, and United States; Putnick et al., 2015). 두 번째 차이는 부모의 통제 수준과 관련이 있다. 어떤 부모는 관대하고 요구를 하지 않으며, 자녀가 원하는 대로 하게 허용한다. 또 다른 부모는 요구적이고 제한적이다. 이상적인 것은 중간 정도이다. 만약 부모가 정한 목표에 맞출 수 있을 정도로 자녀의 행동에 대해 최소한의 압력을 사용한다면, 아동은 좀 더 협조적이고 부모의 기준을 내재화할 가능성이 높다(Holden, 2015). 만약 부모가 통제를 너무 적게 한다면, 자녀는 외현적 행동문제를 보일 가능성이 높다(Barber & Harmon, 2002; Barber & Zia, 2013). 만약 부모가 너무 많은 통제를 가할 경우, 아동의 즉각적인 행동에 영향을 미칠 수 있을지는 모르지만, 장기적으로 아동은 자신을 무기력하고 무가치하게 보게 될 수 있으며, 부모와의 접촉을 피하고자 할 수 있다. 그렇게 되면 부모는 자녀를 사회화시킬 수 있는 기회를 잃게 된다.

엄격한 통제의 핵심 측면은 손바닥으로 때리기, 엉덩이 때리기, 흔들기, 매질과 같은 신체적 체벌이다. 한 메타 연구에 따르면, 신체적 체벌은 다양한 부정적 결과와 관련이 있었는데, 특히 아동기의 공격성 증가와 관련이 있었다(Gershoff, 2002). 거의 161,000명의 아동이 포함된 좀 더 최근의 메타분석에서 신체적 체벌과 부정적인 영향 간의 관련성이 확인되었다(Gershoff & Grogan-Kaylor, 2016). 그렇지만 이러한 결과는 논란의 소지가 있는 주제이며, 모든 사람이 체벌을 부정적으로 보지는 않는다(Baumrind et al., 2002). 또 다른 메타 연구에서 연구자들은 (1) 조건적인 체벌, 즉 생각하기와 타임아웃 같은 좀 더 경미한 수준의 훈육 원칙들을 보완하기 위해 사용되는 체벌, (2) 처벌적 측면이 강한 신체적 체벌, (3) 분노에 대한 반응으로 통제력을 상실한 흔들기나 매질과 같은 심각한 체벌을 포함하여 서로 다른 종류의 신체적 체벌에 대해 비교했다(Larzelere & Kuhn, 2005). 신체적 체벌 가운데 두 번째와 세 번째 경우에서만 반사회적 행동과 빈약한 양심 발달을 포함한 아동의 부정적인 결과와 관련이 있었다. 사실, 조건적인 체벌은 무시하기, 타임아웃, 권리 박탈과 같은 훈육 방법보다도 더 아동의 불복종과 반사회적 행동에서의 감소와 관련 있었다. 이와 같은 연구 결과는 가볍고 신중한 신체적 체벌은 효과적인 훈육 방법임을 시사한다. 이러한 견해는, 처벌이 우발적이지 않음을 명확하게 하고 적절한 행동에 대해서는 강화함으로써 처벌의 부정적 영향을 피할 수 있음을 보여 준 실험 연구 결과들과 일치한다(Matson & Taras, 1989; Walters & Grusec, 1977).

**양육방식** 연구자들이 양육의 정서적 측면과 통제적 측면을 조합하여 네 가지 양육방식(parenting styles)을 구분하였다([그림 6-1] 참조). **권위주의적 양육**(authoritarian parenting)은 정서적으로 거부적이며, 통제가 높다.

> "우리가 어릴 때 나쁜 짓을 하면, 어머니는 '너희들 아버지가 집에 돌아오실 때까지 기다려라. 아버지가 혼쭐을 내주실 거다.'라고 위협하셨어요. 그리고 아버지가 집에 돌아오셔서 우리가 한 일을 들으시면, 아버지는 가죽 끈을 가지고 와서 우리 등을 내리치셨죠."

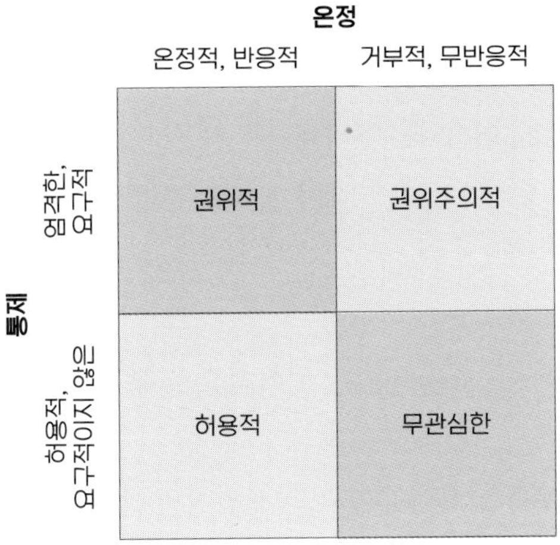


[그림 6-1] 양육방식

통제와 온정 차원의 결합은 네 가지 유형의 양육방식을 만들어 낸다.

출처: Maccoby, E. E., & Martin, J. A. (1983). Socialization in the context of the family: Parent-child interaction. In P. H. Mussen (Series Ed.), & E. M. Hetherington (Vol. Ed.), *Handbook of child psychology: Vol. 4. Socialization, personality, and social development* (pp. 1-102). New York: Wiley.

**허용적 양육**(permissive parenting)은 정서적으로 지지적이며 통제가 낮다.

> "우리 집 건너편에 사는 두 여자애는 버릇이 없었어요. 그 아이들의 부모님은 걔들이 원하는 것은 무엇이든지 다 해 주었어요. 여자애들 중 한 명이 하는 거라곤 입을 삐죽거리는 것이 전부였고, 그러면 어머니는 거기에 굴복했죠. 나는 그들이 부모에게 '당장 해내란 말이야'라고 소리 지르는 것을 들었죠, 그러면 그 부모님은 그렇게 했어요."

**권위적 양육**(authoritative parenting)은 정서적으로 지지적이며, 통제는 단호하다.

> "부모님이 정한 어떤 규칙에 내가 정말 반대한다고 얘기하면, 부모님은 항상 내 편에서 이야기를 들어 주셨어요. 때로 부모님의 마음을 바꾸기도 하셨지만, 그렇게 자주는 아니에요."
>
> "우리 부모님은 나를 두 번 때리셨는데, 두 번 모두 내가 거짓말을 했을 때예요.

어머니는 항상 아이를 때리는 것은 끔찍한 일이라고 말씀하곤 하셨죠. 어머니는 특히 아이가 뭔가 지저분한 말을 했기 때문에 비누로 아이의 입을 씻는 것과 같은 체벌을 끔찍해하셨죠. 어머니는 쫓아내기를 사용하셨어요. '네가 잘 행동할 수 있을 때까지 네 방에 들어가 있어.', '네가 사과할 준비가 될 때까지 의자에 앉아 있어.'"

**무관심한 양육**(uninvolved parenting)은 정서적으로 부정적이며 통제도 낮다.

"우리 부모님은 무관심했던 것 같고, 부모님이 우리에게 관심을 기울일 때는 뭔가 좋지 않았던 것 같아요. 되돌아보면, 우리에게 많은 지시를 내리지도 않았어요. 우리는 꼭 혼자 힘으로 큰 것 같아요."

Diana Baumrind는 권위주의적, 권위적, 허용적 사회화 방식과 아동발달의 관계를 연결지은 최초의 심리학자이다(Baumrind, 1967). 학령전기 아동의 일상생활을 14주 동안 관찰한 뒤, 그녀는 다양한 행동패턴을 보이는 세 집단을 확인했다. 한 집단의 아이들은 에너지가 넘치고 우호적이었다. 두 번째 집단의 아이들은 갈등적이고 불안했다. 세 번째 집단의 아이들은 충동적이고 공격적이었다. 그런 다음 Baumrind는 아이들의 부모와 인터뷰를 하고 그들이 집과 실험실에서 자녀와 상호작용하는 모습을 관찰했다. 그리고 부모와 아동을 청소년기까지 추적 조사했다(Baumrind, 1991; Baumrind et al., 2010). 그녀는 에너지가 넘치고 우호적이었던 집단의 아동들—이들은 모든 방면에서 사회적으로 좀 더 유능했다—이 권위적 부모를 둘 가능성이 더 크다는 점을 발견했다. 이들 부모는 자녀에게 상당한 자유를 허락했지만, 침투적이지는 않았다. 그러나 부모가 좀 더 많은 지식과 통찰을 가진 어떤 영역에 있어서는 아동에게 제한을 가했고, 아동이 부모의 요구를 묵인하고자 할 때는 단호하게 제지했다. 이들은 자녀에게 나이에 적절한 성숙한 행동을 기대했으며, 합리적인 한계를 설정하면서도 동시에 자녀에게 반응적이고 주의를 기울였다. 이 아이들은 높은 수준의 자존감과 적응력, 유능감, 내적 통제력을 발달시켰다. 이 아이들은 또래에게 인기가 있었고 좀처럼 반사회적 행동을 하지 않았다. 학령기 이전에 권위적인 부모를 둔 아동들은 청소년기까지도 긍정적인 영향이 분명히 지속되었다.

반대로, 갈등적이고 불안한 아동들, 이들은 걱정이 많고 우울했는데, 권위주의적 부모를 둘 가능성이 높았다. 이런 부모는 경직되고, 권위를 강조하며, 가혹하고, 자녀의 요구에 반응적이지 않았다. 이 아동들은 환경에 대한 통제력을 거의 가지고 있지 못했고, 만족감을 거의 경험하지 못했다. Baumrind는 이 아이들이 종종 덫에 빠져서 화가 나지만 동시에 적대적인 환경에서 적절히 자신을 내세우지 못하는 것처럼 느끼는 것 같다고 하였다. 아동기와 청소년기에 이 아이들은 (특히 남아의 경우) 자신감이 부족하고, 사회적으로 덜 유능하며, 덜 우호적이고, 또래집단에서 리더가 될 가능성이 더 적었다.

충동적이고 공격적인 집단의 아동은 허용적인 부모를 두었을 가능성이 있다. 이런 부모는 자녀와 온정적인 관계를 맺고 있지만, 과도하게 느슨하고 비일관적인 훈육과 아동의 자유로운 충동 표현에 대한 허용 때문에 아동의 통제되지 못하고 비순응적이며 공격적인 행동을 감소시킬 수가 없었다(Baumrind가 확인한 내용들이 [그림 6-2]에 그래프로 요약되어 있다).

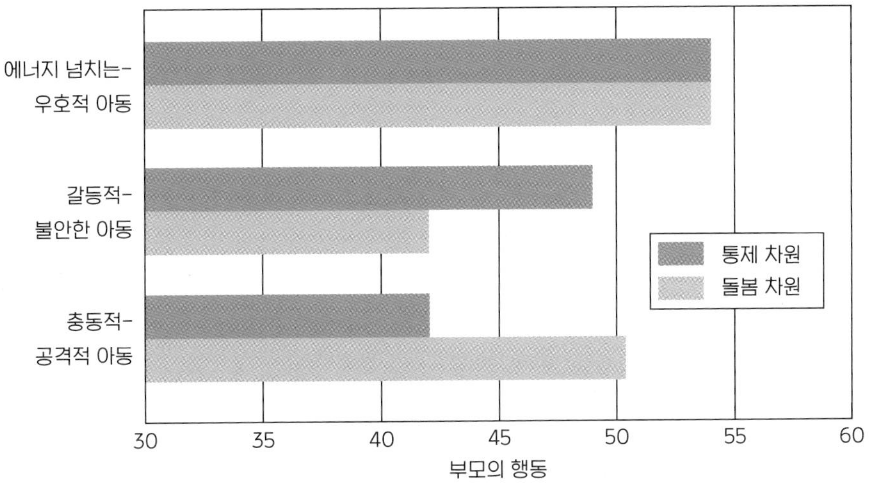


[그림 6-2] 부모의 행동 차원과 아동의 특성

에너지가 넘치고 우호적인 아동의 부모는 통제와 긍정적 정서(돌봄) 두 가지 차원 모두에서 높은 점수를 받는다.

출처: Adapted from Baumrind, D. (1967). Child care practices anteceding three patterns of preschool behavior. *Genetic Psychology Monographs, 75*, 43-188.

이후 연구자들이 무관심한(Maccoby & Martin, 1983) 혹은 비관여적(Sturge-Apple et al., 2010)이라고 하는 네 번째 양육방식을 확인했다. 이 유형의 양육은 자녀에게 무관심한 부모의 행동을 나타낸다. 이들은 무엇을 하건 간에 아이에게 최대한 적은 시간과 노력이 들어가도록 비용을 최소화하는 게 필수적이다. 이들은 자녀의 욕구보다도 자신의 욕구를 중시한다. 특히 아이가 나이가 들면 이런 부모는 아이가 무엇을 하는지 알지 못한다. "10시입니다. 당신의 자녀가 어디에 있는지 알고 있습니까?"라는 식의 전형적인 질문을 하면, 이런 부모들은 종종 자신들이 모른다는 것을 인정해야만 한다. 무관심한 부모를 둔 자녀들은 충동적이고, 공격적이며, 비순응적이고, 우울할 수 있다(Sturge-Apple et al., 2010; Thompson, 2006b). 청소년기가 되면 아이들은 비행을 저지를 수 있다(Dishion & Bullock, 2002). 부모가 개입을 증가시키면 아동의 문제행동은 감소하며 사회적 기술은 향상된다(El Nokali et al., 2010).

네 가지 양육방식이 나타내는 부모의 특징과 그들의 자녀들이 나타내는 전형적인 행동들이 〈표 6-1〉에 요약되어 있다.

〈표 6-1〉 양육방식과 아동 특성 간 관계

| 양육방식 | 아동 특성 |
|---|---|
| 권위적 부모 | 에너지 넘치는 우호적인 아동 |
| • 온정적인, 관여하는, 반응적인<br>• 아동의 바람을 고려하고 의견을 구함, 대안을 제시함<br>• 기준을 설정하고, 그것에 대해 명확하게 의사소통하며, 그러한 기준을 단호하게 시행함<br>• 아이의 강요에 굴복하지 않음<br>• 나쁜 행동에 대해서는 불쾌감을 표시, 반항적인 아동에게 맞섬 | • 명랑함<br>• 자기-통제력이 있고 독립적임<br>• 새로운 상황에 흥미와 호기심을 가짐<br>• 높은 수준의 에너지<br>• 또래와 원만한 관계를 유지함<br>• 어른에게 협조적임<br>• 스트레스에 잘 대처함 |
| 권위주의적 부모 | 갈등적-불안한 아동 |
| • 따뜻함이나 긍정적 개입을 잘 나타내지 않음<br>• 아동의 욕구나 의견을 구하거나 고려하지 않음<br>• 규칙을 엄격하게 강요하지만 명확하게 설명해 주지 않음<br>• 화와 불쾌감을 표현함, 아이의 나쁜 행동과 정면으로 부딪히고, 가혹하고 처벌적인 훈육을 사용함<br>• 아이가 반사회적 충동에 지배당하고 있는 것으로 간주 | • 기분 변화가 심하고, 불행하며, 목표가 없음<br>• 두렵고, 불안하고, 쉽게 짜증이 남<br>• 수동적으로 적대적이고 부정직함<br>• 공격적 행동과 부루퉁한 위축이 반복됨<br>• 스트레스에 취약함 |

| 허용적 부모 | 충동적-공격적 아동 |
|---|---|
| • 적당히 온정적임<br>• 충동과 소망의 자유로운 표현을 미화함<br>• 규칙에 대해서 명확하게 의사소통하지 않거나 규칙을 강요함<br>• 나쁜 행동을 무시하거나 수용함, 훈육이 일관적이지 못함<br>• 강요와 징징거림에 굴복함, 조바심, 분노를 감춤<br>• 성숙한 요구와 독립적 행동을 거의 요구하지 않음 | • 공격적, 지배적, 저항적, 비순응적<br>• 빨리 화를 내지만 금세 기분이 좋아짐<br>• 자기-통제와 독립심이 부족함<br>• 충동적임<br>• 목적의식이 없음, 목표지향적 활동이 부족함 |
| **비관여적 부모** | **충동적-공격적-비순응적-기분 변화가 심한** |
| • 자기중심적, 방임적, 무반응적<br>• 자녀의 행복을 희생해서 자기만족을 추구함<br>• 자녀와의 상호작용에 드는 비용(시간, 노력)을 최소화시키고자 함<br>• 자녀의 행동, 소재, 친구 등에 대해 감독하지 못함<br>• 우울하거나 불안하거나 정서적으로 문제가 있을 수 있음 | • 기분 변화가 심하고, 불안정으로 애착되어 있으며, 충동적이고, 공격적이며, 비순응적이고, 무책임함<br>• 낮은 자존감을 가지고 있으며, 미숙하고, 가족으로부터 소외되어 있음<br>• 사회적 추구를 위한 기술 부족<br>• 무단결석, 비행 또래와의 관계, 비행이 있을 수도 있고, 성적으로 조숙함 |

**부모들의 양육방식이 다른 이유** 자녀에 대한 부모의 사회화 방식에서의 차이는 어디에서부터 비롯되는가? 많은 이유가 있다. 한 가지는 부모 자신들의 관계의 질이다. 좋은 결혼 관계를 유지하는 부모들이 좀 더 권위적일 가능성이 높다(Cowan & Cowan, 2010). 사실, 아이가 태어나기 전 신혼일 때 커플이 얼마나 서로 긍정적이고 지지적이었는지는 십여 년 뒤에 그들이 부모가 되었을 때 얼마나 권위적인지와 관련이 있다(Tanner, Stapleton, & Bradbury, 2012). 양육방식에서의 차이를 만드는 두 번째는 부모의 성격이다(Belsky & Barends, 2002; Bornstein et al., 2011). 덜 우호적인 성격을 가진 부모들(아동 양육 맥락 밖에서 측정된)이 좀 더 권위주의적이었다—덜 반응적이고, 좀 더 거부적이며, 좀 더 권위를 강조한다(Koenig et al., 2010). 부모의 능력도 양육방식에 영향을 미친다. 타인 조망능력이 빈약하거나 공감능력이 낮은 부모들이 좀 더 권위주의적이고(Gerris et al., 1997; Psychcogiou et al., 2008), 스트레스적인 상황이나 변화에 좀 더 잘 적응하는 부모들이 좀 더 권위적이다(van Bakel & Riksen-Walraven, 2000). 부모의 정신건강 역시 자녀의

행동에 영향을 미친다. 신경증적 부모—즉, 우울하고, 불안하며, 강박적인 부모—들이 자녀에게 좀 더 부정적이고 거부적이다(Belsky et al., 1995; Smith, 2010). 부부불화나 이혼으로 스트레스를 받거나(Hetherington & Kelly, 2002) 우울한 부모들(Hammen, 2009)에게서 무관심한 양육방식이 흔히 발견된다. 부모의 불안과 정서적 결핍은 부모가 자녀의 행복을 희생하고 무시하면서 자기만족을 추구하게 만든다(Patterson & Capaldi, 1991).

부모의 양육방식에 영향을 미치는 또 다른 요인은 부모의 교육 정도와 경제적 수준이다. 교육 수준이 낮은 부모가 좀 더 권위주의적 훈육방식을 사용하고(Carpenter, 1999; Evans & Kim, 2013), 좀 더 방임형 양육을 한다(Kang, 2013). 자녀의 발달에 관한 부모의 신념이나 이론 역시 문제가 될 수 있다. 아이가 고의로 나쁜 행동을 한다고 믿는 부모는, 아이가 옳고 그른 것 간의 차이를 이해하지 못한다고 믿는 부모에 비해서, 자녀가 버릇없어지는 것을 막기 위해 좀 더 물리적인 훈육 방법을 사용할 가능성이 높다(Burchinal et al., 2010). 양육방식에서의 차이를 만드는 또 다른 요인은 부모 자신의 원가족이다. 부모가 의식을 하건 하지 못하건 부모 자신은 그들이 어렸을 때 부모로부터 경험한 것에 의해 영향을 받는다(Murphy-Cowan & Stringer, 1999; Smith & Wild, 2019; Wakschlag et al., 1996). 불행하고 불안정한 아동기 기억을 가진 부모가 좀 더 권위주의적이다(Kochanska et al., 2007). 비록 전이되는 과정이 바뀔 수 있는 여지가 있긴 해도, 어느 정도 부모의 양육방식은 한 세대에서 다음 세대로 전이된다.

가족이 거주하는 환경도 부모의 행동에 영향을 미칠 수 있다. 위험한 지역에 살면서 자녀가 밖에서 노는 것을 걱정하는 부모는 좀 더 권위주의적이 될 수 있고 자녀의 활동에 제한을 둘 수 있다(Leventhal et al., 2015; Parech & Kimbro, 2011; Parke, 2013). 위험한 지역에 거주하는 것은 아이가 위험에 처하거나 혹은 반사회적 행동에 관여하게 될 수 있기 때문에 엄격한 통제가 적응적일 수 있다(Dodge et al., 2005). 부모가 좀 더 부유하고 덜 위험한 지역으로 이사를 가면 그들은 여전히 위험한 동네에 남아 있는 부모들에 비해서 엄격한 훈육방식을 좀 덜 사용하였다(Leventhal & Brooks-Gunn, 2003). 자녀를 사회화시키는 방법에 관한 또 다른 중요한 요인은 부모의 문화이다(이 내용은 다음 장에서 다루어짐).

마지막으로, 아동의 행동이 양육방식에 영향을 미친다. 가족 내에서의 주된 이동 방향이 부모에서부터 자녀에게로 향한다고 하는 생각은—특히 자녀를 가져 본 적이 없는 사람들에서—흔하다. 사실, 사회화는 양방향적으로, 부모는 자녀의 행동을 수정하고, 아동은 부모의 행동에 영향을 미침으로써 상호적으로 이루어진다(Holden, 2015; Kuczynski & DeMol, 2015). 첫아이의 행동은 아주 큰 영향을 미쳐서, 심지어 부모가 둘째를 가질지 여부에 영향을 준다. 만약 첫아이가 영리하고 붙임성이 있다면 부모는 둘째를 가지려고 할 것이다. 만약 첫아이가 까다로우면 부모는 아이를 더 이상 갖지 않으려고 할 것이다(Markus, 2010). 까다로운 기질이나 행동문제를 가진 아동은 부모가 점점 더 강압적인 사회화 방식을 사용하게 할 수 있다(Ganiban et al., 2011; Rothbart, 2012). 부모는 겁이 많은 아이에 대해 좀 더 수용적일 수 있고(Lengua & Kovacs, 2005), 이런 아이는 부모의 사회화 방식에 좀 더 민감하게 반응한다(Kochanska et al., 2007).

아동이 미치는 영향은 상관연구에서뿐만 아니라 실험연구에서도 관찰된다. 한 실험에서, 연구자는 품행문제를 가진 남아들과 정상적 발달을 보이는 남아들을 어머니들과 짝을 지어 5분 동안 자유놀이를 하게 한 뒤에, 사용한 물건들을 정리하고, 함께 수학 문제를 풀게 했다(Anderson et al., 1986). 어머니들은—자신의 자녀이건 혹은 그렇지 않건 상관없이—품행문제를 가진 아이에게 좀 더 부정적이고 통제적이었다. 부모의 양육방식에 미치는 아동의 영향은 행동 유전학 연구에서도 나타났다. 한 연구에서, 생물학적 어머니가 고등학생 때 반사회적인 방식으로 행동했기 때문에(가출, 싸움, 수업 빼먹기) 반사회적 행동의 위험이 높은 아동의 경우, 이러한 위험이 없는 아동에 비해 양쪽 어머니들로부터 더 가혹하고 적대적인 반응을 이끌어 내는 경향이 있었다(O'Connor et al., 1998). 분명히, 아동의 특징은 양육에 영향을 미친다.

> "마이키에게 매정한 말을 하면, 그 애는 아마 바로 얼굴을 찡그릴 거예요. 우리는 결코 매를 들어 본 적이 없어요. 그 애는 그걸 견디지 못할 거예요. 그리고 절대 매가 필요하지도 않고요. 우리가 필요한 거라곤 단호한 말 한마디예요. 그렇지만 에리카라면 또 이야기가 다르죠. 우리는 얼굴이 파래질 때까지 소리를 지를 수 있지만, 그녀는 뜻을 굽히지 않을 거예요. 우리는 에리카에게 협조를 구하거나 아니면 아예 잊어버려요."

## 연구 들여다보기: 적대적 양육의 세대 간 전이

Laura Scaramella와 Rand Conger(2003)는 1세대에서의 적대적 양육이 2세대의 부모에게 전이되는 정도를 알아보기 위해 3대에 걸친 종단 연구를 수행했다([그림 6-3], 경로 a). 또한 2세대의 적대적 양육이 3세대 아동의 행동문제와 관련이 있는지도 살펴보았다(경로 b).

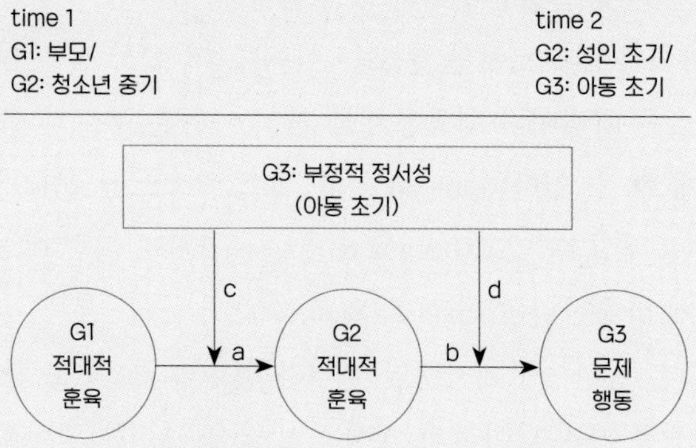


[그림 6-3] 세대에 걸친 적대적 행동의 연속성

G1=1세대, G2=2세대, G3=3세대

출처: Scaramella, L. V, & Conger, R. D. (2003). Intergenerational continuity of hostile parenting and its consequences: The moderating influence of children's negative emotional reactivity. *Social Development, 12*, 420–439. Reprinted with permission of Wiley-Blackwell.

이 연구는 각 시점에서의 부모의 행동과 자녀의 행동을 독립적으로 측정한다는 방법론적인 장점이 있다. 또한 아동의 중요한 성격 특성인 부정적 정서성에 대한 측정도 포함한다. 부정적 정서성에 환경적 제약이 가해질 때 아동이 보이는 반응성은 부모의 적대감을 불러일으키고, 아동의 부정적 기질은 적대적 양육에 대한 반응으로서 좀 더 문제를 발생시키는 경향이 있기 때문에, 이 점은 연구에서 중요한 요인이 된다. 아동의 기질은 세대에 걸친 양육과 자녀의 정서적 발달에 미치는 양육의 효과를 모두 조절할 수 있다(경로 c와 d).

연구자들은 75명의 9학년 학생들과 그들의 부모가 실험실에서 일반적인 가족 문제를 해결하는 과정을 관찰했다(통행금지에 관한 의견 차이, 숙제와 관련된 논쟁). 그들은 적대적 양육의 정도를 기록했다(화내고 강압적인 훈육법). 5~8년 후, 9학년 아이들이 성인이 되어 그들이 부모가 됐을 때, 이들은 자신의 18개월 된 아이와 장난감 치우는 과제를 하였고, 이 장면이 기록되었다. 연구자들은 이 젊은 부모들이 자신의 아이에게 적대적인 양육을 사용하는 정도를 측정할 수 있었다. 연구자들이 아이의 팔을 잡아 제한을 가했을 때, 아이가 보이는 부정적 정서성(분노, 고통, 몸부림)을 측정했다.

예상했던 대로, 9학년 때 자신의 부모로부터 적대적 반응을 경험했던 젊은 부모들은 10여 년이 지난 후 자신의 아이에게 좀 더 적대적인 경향이 있었다. 게다가 젊은 부모가 좀 더 적대적일수록, 그들의 자녀는 좀 더 불순종적이고, 공격적이며, 시무룩하고, 위축되어 있었다. 아동의 기질 역시 문제가 되었다. 양육에서의 연속성은 자녀의 부정적 정서성이 중간값 이상일 때만 명확했다. 이러한 결과에 대한 한 가지 해석은, 아동의 부정적 정서성이 부모에게 스트레스를 주며, 스트레스를 경험한 부모는 자녀의 행동에 대해 그들 자신이 어릴 때부터 배워 온 방식으로 반응하는 것이다.

종합하면, 이러한 결과들은 적대적인 양육을 경험한 부모들이 왜 모두 적대적이 되지 않으며, 왜 적대적인 부모를 둔 모든 아동이 행동문제를 보이지 않는가 하는 질문을 갖게 한다. 부모 자신의 아동기 경험이 적대적이지 않다면, 자녀의 높은 수준의 부정적 기질은 문제에 대한 위험요인이 되지 않을 수 있고, 아이가 부정적 정서성이 높지 않더라도 적대적 양육은 이후 품행 문제를 초래할 수 있다. 그러나 앞 세대 부모의 적대적 양육과 이후 세대 자녀의 부정적 정서성이 합쳐지는 것은 시간이 지날수록 문제를 악화시키는 연속적 사건을 초래하게 될 수 있다.

이와 같은 세대 간 연구는 많은 한계가 있다. 한 가지 제한점은 긴 기간 동안 계속해서 표본 집단과 접촉을 해야 하기 때문에 복잡하고 비용이 많이 들며, 종종 참여자들이 탈락되는 어려움을 겪는다. 게다가 이 연구자들은 아버지의 영향을 온전히 확인할 수가 없었다. 커플들이 이혼을 해서 전체 1세대 아버지 표본 자료의 ¼을 사용할 수가 없었다. 미래의 연구자들은 좀 더 크고, 좀 더 완벽한 표본을 사용해서 양육의 세대 간 전이에 관한 좀 더 중요한 주제들에 대한 더 많은 정보를 제공해 줄 수 있을 것이다. 사실, 연구자들은 적대적 패턴의 세대 간 전이를 막는 또 다른 요인으로 양육 파트너의 질을 제안했다. 특히 부모 자신이 아동기 동안 가혹한 경험을 하였더라도, 성인기에 따뜻하고 지지적인 양육 파트너를 갖는다면, 적대적 양육의 세대적 전이의 연결이 끊어질 수도 있다(Conger et al., 2012).

**사회화: 양방향에서 교류적으로** 오늘날 아동발달 연구자들은 사회화가 양방향(bidirectional)적임을 인정한다—즉, 부모의 행동은 자녀의 행동에 영향을 미치고, 자녀의 행동은 부모의 행동에 영향을 미친다. 그러나 시간에 따른 사회화 과정을 살펴보면 이 과정이 좀 더 복잡함을 알 수 있다. 아동과 부모는 시간이 지남에 따라 교류적(transactional) 과정 내에서 변화한다(Sameroff, 2009, 2010). 사회화의 교류적 특성을 보여 주기 위해 연구자들은 부모와 자녀의 행동 간의 시간에 따른 관계를 조사했다. 한 연구에서, 아동이 7세에 자신의 충동적 행동을 조절하는 능력은 아동이 9세가 되었을 때 어머니의 좀 더 적은 처벌적 반응을 예측하였으며, 이것은 결과적으로 아동이 11세가 되었을 때 아동의 더 나은 충동조절력을 예측하는 것으로 나타났다(Eisenberg et al., 1999). 또 다른 연구에서, 연구자들은 자녀에 대한 부모의 온정적 태도가 2년 뒤 자녀의 공감능력을 예측하였고, 같은 기간 동안 아동의 외현화 행동문제는 부모의 더 적은 온정적 태도와 덜 반응적인 양육을 예측함을 보여 주었다(Zhou et al., 2002). 세 번째 연구에서, 연구자들은 부모의 비일관된 훈육이 8~10세 아동의 더 높은 수준의 과민성을 예측하였으며, 아동의 긍정적인 정서성은 몇 년 뒤 어머니의 더 높은 수용성을 예측함을 보여 주었다(Lengua & Kovacs, 2005). 마지막으로, 네 번째 연구에서, 11,000명의 5~8세 아동을 대상으로 한 전국 규모의 연구에서, 연구자들은 자녀가 5세일 때 부모의 체벌은 외현화 행동문제의 증가를 예측하였으며, 이 시기의 아동의 외현화 행동은 시간이 지날수록 좀 더 많은 체벌을 이끌어 냄을 발견했다(Gershoff et al., 2012).

**어머니와 아버지의 훈육** 과거 몇십 년간 아버지가 자녀의 생활에 참여하는 정도에 유의미한 변화가 있었다. 1970년대에 아버지는 어머니가 자녀와 함께하는 시간의 ⅓만 자녀에게 관여했다. 오늘날은 거의 ¾에 근접하고 있다(Pleck, 2010). 그럼에도 오늘날의 아버지는 어머니보다도 자녀와 더 적은 시간을 함께 보내고, 자녀가 친구들과 어울리는 것에 대해 덜 감독한다(Ladd, 2005; Ladd & Pettit, 2002). 이 같은 차이는 미국에서뿐만 아니라 영국, 호주, 프랑스, 벨기에 그리고 일본을 포함한 다른 여러 나라에서도 마찬가지이다(Zuzanek, 2000). 그러나 아버지들이 자녀와 더 제한된 시간을 보낸다는 사실에도 불구하고, 아버지들은 자녀의 발달에 중요한 영향을 미친다(Lamb & Lewis, 2013). 연구들은 아버지가 어머니의 영향과는 별개로 자녀의 사회적 행동에 중요한 영향을 미침을 보여준다(Hart et al., 1998; McDowell & Parke, 2009; Parke & Cookston, 2019). 만약 아버지가 상호작용 시 좀 더 긍정적이고 친사회적이며 자녀의 정서표현에 대해 좀 더 반응적이라면, 자녀는 또래와의 관계에서 좀 더 유능하다. 만약 아버지가 상호작용에서 공격적이고 화를 내며 정서적으로 둔감하다면, 자녀는 덜 유능하다(Baker et al., 2011).

아버지들은 어머니들보다 자녀와의 놀이 활동에 더 많은 시간을 보내는 경향이 있다(Yeung et al., 2001). 놀이의 특성도 역시 다르다. 아버지의 놀이는 좀 더 신체적으로 자극적이다. 어머니들은 전통 놀이를 하고, 인형을 가지고 상호작용하며, 대화를 더 많이 한다(Parke, 2013a; Parke & Cookston, 2019). 심지어 청소년 자녀와도 아버지는 어머니에 비해 더 장난을 많이 친다—농담과 짓궂게 놀리기(Shulman & Klein, 1993). 아버지들은 자녀와 함께 보내는 시간이 제한되어 있음에도 불구하고 상호작용의 독특함을 증가시키기 위한 방식으로 특징적인 자극 스타일을 사용하는 것일지도 모른다. 혹은 남자들이 여자들에 비해 단순히 좀 더 신체적인 것일지도 모른다(Maccoby, 1998). 그러나 신체적 놀이가 모든 문화권에서 아버지-아기 관계의 핵심적인 부분은 아닌 것 같다(Roopnarine & Jin, 2016; Schwalb et al., 2013). 스웨덴이나 혹은 이스라엘 키부츠(Hass & Hwang, 2013)에서, 그리고 중국, 말레이시아, 이탈리아에서, 또한 어머니와 아버지 모두 자녀와 신체적 놀이를 잘하지 않는 중앙아시아의 아카 피그미족(Hewlett & Macfarlane, 2010; New & Benigni, 1987; Roopnarine, 2004)에서 아버지들은 모두 어머니에 비해 자녀와 덜 놀아 주는 것 같다. 이러한 비교문화적 자료들은 생물학적 요인들만큼 문화적이고 환경적인 맥락이 부모의 놀이패턴을 형성함을 시사한다.

> "우리 집에서, 론이 일을 마치고 집에 돌아오면 아이들은 기뻐서 꽥 소리를 질러요. 그이는 바닥에 엎드려 아이들과 난투극을 벌이죠. 그는 아기를 공중에 던져 올려요. 아이들을 등 위에 태우죠. 그런 다음 말해요, '좋아, 얘들아, 이제 됐다.' 그리고 그는 아기를 나에게 건네주고, 엠마와 동생을 장난감이 있는 곳으로 쫓아 버려요. 내가 일을 마치고 집에 오면, 아이들은 내게 '밥 주세요, 밥 주세요.'라고 해요."

## 육아가 두뇌를 향상시키기보다 고갈시킬 거라고 생각하였는가

육아는 고된 일이다. 한번에 많은 일을 해야 하고, 수면도 부족하고, 신경이 예민해지며, 사회적 관계도 약화된다. 아마도 당신은 부모가 이 같은 자녀 양육에 대한 요구에 부응하는 동안 육아에 대한 부담이 두뇌의 고갈을 초래할 것이라고 생각할 수도 있다. 만약 그렇게 생각했다면, 틀렸다. 양육은 두뇌에 도움이 되는 것으로 밝혀졌다. Craig Kinsley와 Kelly Lambert(2006, 2012)에 따르면, 연구 결과들은 임신, 출산, 수유기 동안에 일어나는 극적인 호르몬 변화가 여성의 두뇌를 재구조화함을 시사하는데, 뇌의 일부 영역에서 뉴런의 크기가 증가하고 다른 영역에서는 구조적 변화가 일어난다. 에스트로겐과 프로게스테론은 기본적인 모성반응을 조절하는 시상하부 영역에서 뉴런의 세포체를 확장시키며, 기억과 학습을 관장하는 해마의 신경 분절 곡면적(the surface area of neuronal branches in the hippocampus)을 증가시킨다. 연구자들이 수유 중인 어미 쥐의 뇌를 기능적 자기공명 영상법(fMRI)을 통해 연구했을 때, 어미 쥐가 새끼를 돌볼 때 강화와 보상에 필수적인 대뇌에서의 활성화가 나타남을 발견했다(Ferris et al., 2005). 임신한 쥐에서 임신 기간 동안 점차적으로 해마에서 뉴런이 증가한다(Kinsley et al., 2006; Pawluski et al., 2016). 실제적으로, 임신 호르몬은 출산과 모성에 대한 요구를 예상하여 이 같은 뉴런들을 '활성화시킨다'. 출산 이후에 이러한 뉴런들은 어머니가 자녀를 돌보고, 보호하고, 양육할 수 있게 자녀에게 주의를 기울이고 동기화되도록 한다(Lambert & Franssen, 2013).

어머니의 생식 경험은 공간 학습과 기억력을 향상시킨다. 연구자들은 한 번 혹은 두 번의 임신 경험이 있는 젊은 암컷 쥐가 출산 경험이 없는 쥐보다 먹이를 찾는 능력이 더 뛰어나며, 미로 속의 음식물 보상의 위치를 기억하는 데 더 뛰어나다는 점을 발견했다(Kinsley & Lambert, 2008). 먹이 찾기에서부터 사냥에 이르기까지 어미 쥐가 우월한 수행을 보였다. 이전에 생식 경험이 있는 암컷이 살아 있는 귀뚜라미에 노출되었을 때, 수유 중인 암컷은 비수유 상태의 암컷보다 귀뚜라미를 포획하는 데 걸리는 시간이 더 짧았다(Kinsley et al., 2014). 임신과 수유 상태의 쥐는 스트레스와 정서를 조절하는 해마 영역에서의 뉴런의 활성화가 감소되기 때문에(Love et al., 2005) 낯선 환경을 탐색하거나 강제로 수영을 해야 하는 것과 같은 도전적 상황에 직면했을 때, 생식 경험이 전혀 없는 쥐에 비해 공포와 불안의 영향(혈액 내의 스트레스 호르몬 수치로 측정한)도 덜 받았다(Wartella et al., 2003). 산통과 젖 분비를 유발하는 호르몬인 옥시토신 역시 학습과 장기기억을 향상시키는 해마에 영향을 미치는 것 같다. 게다가 모성은 학습과 공간 기억을 촉진하는 중추신경계의 결합 조직인 교질세포의 수와 복잡성의 증가와 관련이 있다(Tomizawa et al., 2003). 마지막으로, 어미 쥐는 여러 가지 일을 한번에 해내는 데 능숙하다. 시각, 소리, 냄새 그리고 동시에 다른 동물에 대한 감시가 포함된 경쟁에서 거의 항상 어미 쥐들은 생식 경험이 없는 쥐보다 뛰어나다(Higgins et al., 2007; Lambert & Kinsley, 2009). 이러한 이점은 지속된다. 어미 쥐들은 2년까지—사람으로 치자면 60세까지—생식 경험이 없는 쥐에 비해 공간 과제를 유의미하게 더 빨리 학습하고 기억했다(Gatewood et al., 2005; Pawluski et al., 2016). 이 쥐들의 뇌를 조사하면 대뇌 감퇴에 영향을 미치는 아밀로이드 전구체 단백질의 침전물이 더 적었다(Love et al., 2005). 수컷 역시 부모가 되는 것에서 정신적 이점이 있다. 연구자들이 중남미에 사는 브라질 원숭이인 마모셋 원숭이의 암컷과 수컷에게 어떤 것이 가장 많은 음식을 담고 있는지를 학습해야만 하는 '채집 나무(foraging tree)' 실험을 했을 때, 암컷과 수컷 부모 원숭이가 그렇지 않은 원숭이에 비해 더 뛰어난 수행을 나타냈다(Lambert & Kinsley, 2009). 비슷하게, 수컷이 새끼 양육에 많이 관여하는 쥐의 경우에도 레고 블록과 같이 낯선 자극을 탐색해야 하거나 미로 속 음식의 위치를 찾아야 하는 과제에서 새끼를 둔 쥐가 그렇지 않은 쥐에 비해 더 빨랐다(Kinsley & Lambert, 2008, 2012).

그렇지만 인간 부모의 경우에는 어떨까? 연구자들이 fMRI를 사용해서 어머니가 자신의 아기의 울음소리를 들을 때의 뇌를 조사했다(Lorberbaum et al., 1999). 정서조절, 계획, 의사결정과 관련된 대뇌 영역(전측 대상회와 우측 내측전두엽 피질)에서의 활성화가 증가된 것으로 나타났다. 관찰된 패턴은 설치류 어미들의 패턴과 유사했다. 또 다른 연구자들은 인간 어머니들이 그저 자신의 아이를 바라보기만 할 때에도 보상을 조절하는 대뇌 영역이 활성화된다는 사실을 확인했다(Bartels & Zeki, 2004; Swain & Lorberbaum, 2008). 인간의 대뇌 역시 다른 동물들에게서 나타나는 변화와 마찬가지로 감각 조절 시스템에서의 변화를 겪는다(Barrett & Fleming, 2011). 산후에 높은 코르티솔 호르몬 수준을 보이는 어머니들이 자신의 아기 냄새에 끌리고 동기화되며, 아기의 울음소리를 좀 더 잘 알아차릴 수 있다(Everette et al., 2007). 여러 증거가 출산 이후의 어머니들이 유능한 양육에 필수적인 멀티태스킹이 가능해지도록 준비되며, 좀 더 민감해지고, 시시각각 변하는 아기의 단서에 맞추어 주의를 이동할 수 있게 된다는 점을 지지한다. Barrett과 Fleming(2011, p. 370)은 "어머니는 자신의 아기에게 초점을 맞추기 위한 주의 사령부(attentional command)를 가지고 있어야만 한다. 이것은 어머니로 하여금 적절하게 반응하고, 제때에 자녀의 욕구에 민감해지게 한다. 어머니는 또한 매우 자극적인 환경 가운데서 다양한 상황적 요구에 효과적으로 자신의 주의를 전환하기 위한 인지적 유연성도 가지고 있어야 한다."

어머니가 되는 것(motherhood)의 장기적 효과는 40세 이후에 임신한 적이 있는 여성들이 좀 더 일찍 임신했던 여성보다 100세까지 생존해 있을 가능성이 4배나 높다는 점에서 드러난다(Perls & Fretts, 2001). 아마도 임신과 어머니가 되는 것은 폐경기로 인해 생식 호르몬의 감소가 시작되는 시기에 여성의 대뇌를 향상시키는 것일 수 있다. 어머니뿐만 아버지도 아기의 울음 소리를 들었을 때 정서적 처리 과정에 관여하는 대뇌 영역에서 동일하게 높은 활성화 수준을 나타냈다(Seifritz et al., 2003).

요약하면, 출산과 자녀 양육 경험은 어머니뿐만 아니라 아버지에게서 기술과 행동을 변화시키는 대뇌에서의 변화를 촉진한다. 부모가 되는 것은 분명 뇌에 도움이 되지 나쁜 건 아니다.

## 공동양육 체계

두 명의 부모가 한 아이를 키울 때, 각 부모는 아이들과 상호작용하고, 그들의 행동은 서로 관련된다. 이것은 가족 안에서 또 다른 하위 체계—**공동양육** 체계(coparenting system)—를 만들어 낸다. 이 시스템을 연구하는 연구자들은 세 가지 구별되는 공동양육 패턴을 확인하였다(Kotila & Schoppe-Sullivan, 2015; McHale, 2010). 어떤 가족의 경우, 공동양육은 협조적이고, 응집력이 있으며, 아동중심적이다. 이러한 가족은 높은 수준의 가족 간 화합을 나타내는 경향이 있다. 한 커플이 말하길,

"우리는 한 팀이고, 각자의 양육을 지지하기 위해 정말 열심히 노력합니다. 이것

은 우리와 아이들에게 잘 맞아요."

또 다른 가족에서 공동양육은 적대적이다. 이러한 부모는 자녀의 관심과 충성심을 얻고자 적극적으로 서로 경쟁한다. 세 번째 공동양육 형태에서 배우자들은 양육에 서로 다른 정도의 시간과 에너지를 투자하고, 이것은 자녀에 대한 개입에 불균형을 초래한다. 이 같은 불일치는 양육에 대한 한쪽 부모의 상대적인 무관심 혹은 한쪽 부모가 다른 쪽 부모의 참여 정도를 제한하거나 통제하는 '게이트키핑(gate keeping)'에서 비롯된 것일 수 있다. 예를 들어, 만약 어머니가 여성이 남성보다 양육에 좀 더 적합하다고 생각한다면, 그녀는 아버지의 개입을 제한하는 모호한 벽을 칠 수 있다.

## 극단적 사례로부터의 통찰: 언제 가족이 너무 큰 것일까

미국에서 가족의 크기는 지난 한 세기 동안 점차 줄어들었다. 여러분의 증조할머니는 8명, 9명, 심지어 가족 농장이나 가업을 유지하는 데 도움을 받기 위해 10명의 자녀가 있었을 수도 있다. 확대가족은 흔히 집안일을 공유하고 모든 사람—고모/이모, (외)삼촌, 사촌들, 조부모—이 아이를 돌보는 데 참여한다. 그렇지만 지금은 부모 양쪽이 모두 집 밖에서 일을 하는 경우가 많고, 친척들은 멀리 떨어져 살며, 대가족은 유지하기가 더 힘들다. 오늘날 가족의 자녀 수는 고작 2.4명이다(Livingston, 2015).

대가족 부양에 대한 문제는 홀로 6명의 아이를 키우고 있던 나디아 슐만이 2009년 1월에 8명의 쌍생아를 출산하면서 국가적인 관심을 끌었다. 그녀가 어떻게 14명의 아이들에 대한 양육을 떠맡을 수 있을까? 보육 지침에서는 아이들이 적절한 돌봄을 받기 위해서는 적어도 네 명의 아이당 한 명의 양육자가 필요하다고 제안하고 있다. 이는 슐만의 아이들을 돌보는 데 필요한 양육자의 수가 적어도 4명이어야 한다는 의미이다. 만약, 그녀가 많은 자녀를 키우는 데 따른 부담을 나눌 수 있는 확대가족이 있는 좀 더 이전 시대에 살았더라면, 혹은 그녀가 공동체 구성원 전부가 아이 돌보는 일을 함께하는 다른 문화권에 살았더라면, 이 문제는 그렇게 어렵지 않았을 것이다. 그러나 오늘날 우리 문화권에서 슐만은 상당히 어려운 과제에 직면했다.

이렇게 극단적인 사례는 큰 가족을 돌보는 것, 싱글맘이 되는 것, 그리고 자녀 양육을 위한 제한된 재정적, 인적 자원에 대한 어려움을 보여 주고 있다. 많은 전문가가 이러한 아이들의 발달 결과에 대해 우려한다. '여덟 엄마(octomom)' 사례는 또한 보조 생식술(alternative reproductive technologies) 사용에 관한 의문을 불러일으켰다. 슐만은 6명의 자녀에 더해, 8명의 쌍생아를 체외수정(in vitro fertilization: IVF)을 통해 임신했다. 비록, IVF에 의해 이식되는 배아는 둘 혹은 셋이지만, 의사는 최소 여섯 개의 배아를 이식했다. 이런 극단적인 사례는 다수의 자녀에 대한 양육과 관련된 문제를 보여 주는 것일 뿐만 아니라, 사회적으로는 체외수정을 제한하는 것에 대한 윤리와 지혜를 검토해 볼 필요성을 시사한다. 때로, 너무 많은 것은 그저 너무 많은 것이다. 여덟 쌍생아가 6개월이 되었을 때, 슐만은 두세 개 이상의 배아를 이식한 것에 대해 후회한다고 말했다(*US Magazine*, August 20, 2009). 2012년에 그녀는 불안, 소진, 스트레스로 치료 센터에서 스스로 검진을 받았다. 현재, 그녀는 시간제 상담사이며, 스스로 자신의 자녀를 돌보고 있다. 여덟 쌍생아는 2017년에 8세가 되었으며, 어머니에 의하면 "매일매일 감사하게 받아들이고 있다"(People Magazine, February 6, 2017). 하지만 전혀 그렇지 않다!

연구자들은 이러한 세 가지 공동양육 패턴이 아동의 사회성 발달과 관련이 있음을 발견했다—심지어 어머니의 웰빙, 부모의 전반적인 결혼생활의 질, 자녀와 개별적으로 상호작용할 때의 어머니와 아버지의 온정과 같은, 다른 요인들을 통제한 이후에도(Cox & Paley, 2003). 생후 첫 해에 적대적-경쟁적 공동양육에 노출된 아동은 아동 초기 동안에 좀 더 높은 수준의 공격적 행동을 나타내는 경향이 있었다. 부모 간 더 큰 불일치에 노출된 아동은 불안을 발달시키는 경향이 있었다(Fivaz-Depeursinge & Corboz-Warnery, 1999; McHale, 2010). 반대로 협조적 공동양육은 아동의 사회정서적 발달(McHale, 2010)과 아동기와 청소년기의 적응에 긍정적 영향을 미쳤으며(Teubert & Pinquart, 2010, 2011), 심지어 문제적인 기질의 부정적 효과도 감소시켰다(Schoppe-Sullivan et al., 2009). 공동양육은 부부 하위체계와 양육 하위체계를 조절하는 것으로 밝혀졌는데(Pedro et al., 2012), 이는 공유된 양육의 맥락 내에서 부부가 협력 혹은 갈등의 전략을 배울 수 있음을 시사한다.

## 형제자매 체계

미국과 캐나다 가족의 80% 이상이 한 자녀 이상을 두고 있으며, 자녀의 수와 터울, 관계는 전체 가족 기능에 영향을 미친다. 대부분의 아이는 부모 양쪽 혹은 부모 한쪽보다 형제자매와 더 많은 시간을 함께 보낸다. 형제간의 상호작용은 아동이 긍정적이고 부정적인 상호작용 방식을 학습하는 풍부한 기회를 제공해 주며, 이는 또 다른 가족 구성원 및 친구들과의 교류보다 정서적으로 좀 더 강렬할 수 있다(Katz et al., 1992). 9세 아이가 말하길(Hadfield et al., 2006),

> "우리 언니는 나에 관해 많은 걸 알아요. 그래서 나는 내 친구보다 언니랑 더 가까워요."

**형제자매는 출생 순위에 의해 어떻게 영향을 받는가** 가족 내에서의 위치—즉, 아동이 첫째인지, 둘째인지, 혹은 그다음인지—는 아동에게 다른 경험을 하게 한다. 첫째 아이는 부모의 눈에서 봤을 때, 부모의 사랑을 공유해야만 하는 더 어린 형제가 출생하게 되면 자리를 내어 주어야만 하는 최고 권력을 누리는 시기를 경험한다. '외동'아이는 부모의 배타적 관심을 영원히 누린다. 더 늦게 태어난 아이는 태어난 날로부터 다른 형제의 행동과 요구에 둘러싸인다. 당연히, 연구자들은 출생 순위에 따라 아이들 간에 차이가 있음을 발견했다.

첫째 아이는 일반적으로 다른 형제들에 비해 좀 더 성인 지향적이며, 잘 도우며, 자기-통제를 잘하고, 학구적이며, 성실한 경향이 있다(Herrera et al., 2003; Zajonc & Mullally, 1997). 실제로 첫째들이 명사 인명록(*Who's who*)과 로즈 장학생(Rhodes scholars)에 넘쳐난다. 첫째 아들은 보수적이고 현재 상황을 유지하고자 하는 경향이 있는데, 아마도 이것은 부모의 기대와 요구를 가치 있게 여기기 때문일 수 있다. 둘째 아들은 변화와 개혁을 좀 더 지지하는 경향이 있다(Sulloway, 1995). 이후 출생 아이는 첫째에 비해 두려움과 불안이 덜한 경향이 있다. 이들은 죄책감을 더 적게 느끼는데, 스트레스적인 상황에 대처하는 데 있어 어려움이 덜하고, 심리적 문제에 대한 치료도 덜 받는 경향이 있으며, 자신감과 사회적 침착성을 좀 더 가지고 있다(Dunn, 2015). 첫째와 마찬가지로, 외동아이는 높은 성취를 보이는 경향이 있으나, 부모와 친밀한 관계를 유지하고, 불안을 더 적게 보이며, 개인적인 통제, 성숙함, 리더십을 좀 더 많이 나타낸다(Falbo & Polit, 1986). 가족 안팎의 사회적 관계에서 외동아들은 형제자매 간 경쟁이 있는 다른 아이들보다 좀 더 긍정적인 적응을 보이는 것 같다.

출생 순위에 따른 아동들 간의 이 같은 차이는 그리 크지 않으며, 그 정도가 작기 때문에 우리는 그 차이를 설명하는 데 '경향' 혹은 '그럴 수 있는' 식의 단어를 신중하게 사용한다. 첫째 아이와 이후에 출생한 아이, 그리고 외동아이의 행동과 성격 특성은 상당 부분 중첩되며, 형제자매들 간의 유사성이 그 차이를 능가한다. 그럼에도 출생 순위는 아동의 사회적 경험에서 흥미로운 측면이며, 가족 맥락에서 중요한 요인이다.

**출생 순위와 부모-자녀 간 상호작용** 첫째 아이가 다른 형제의 출생에 의해 생겨나는 변화에 의해 상당한 스트레스를 받을지 여부를 결정하는 것은, 좀 더 넓은 맥락에서 보면 부모에 따라 결정된다(Teti, 2002). 전형적으로, 새로운 아기가 태어나면 부모는 먼저 태어난 아이들과의 상호작용이 감소하고, 특히 새로 태어난 아이가 원치 않았거나 계획된 경우가 아니라면(Barber & East, 2009), 어머니는 큰아이에게 좀 더 강압적이 되며, 아이들과의 장난스러운 상호작용이 줄어든다(Dunn, 2015). 결과적으로, 첫째 아이는 정서적, 행동적 문제를 갖게 될 수 있지만, 대개는 아이의 부정적 정서성이 높은 경우에만 그렇다(Volling, 2017). 손위 청소년 형제자매가 임신하여 부모가 될 때조차, 더 어린 나이의 형제자매는 부모의 관심이 줄어들고 자신이 형이나 언니의 보조 양육자로서 육아를 돕는 일에 관여하는 것 때문에 힘들어할 수 있다(East et al., 2009; East & Chein, 2013).

"에이든은 3세 때 눈에 넣어도 안 아픈 존재였어요. 그렇지만 동생이 태어났을 때, 뭔가가 달라진 것 같아요. 에이든이 어린 아기 같이 굴면, 나는 견딜 수가 없었어요. 지금 나는 그야말로 아기를 돌보고 있고, 그래서 나는 에이든에게 좀 더 엄격해지고 있어요. 그런 점이 에이든에게 한동안 힘들었을 거라는 걸, 나는 알고 있어요."

어머니가 더 큰 자녀의 요구에 지속적으로 반응적이고, 큰 아이가 더 어린 동생의 기분을 이해할 수 있도록 도와준다면, 심한 형제간 경쟁이 좀 덜할 수도 있다(Howe & Ross, 1990). 사실, 어린 동생의 출생이 대부분의 아이에게는 그리 힘든 변화가 아니며, 이들은 가족 구성에서의 변화에 잘 적응한다(Volling, 2017). 그리고 어린 동생이 태어난 이후에 아버지가 첫째 아이에게 좀 더 신경을 쓴다면, 이 역시 아동의 소외감와 질투심의 감정에 대처할 수 있다. 둘째 아이의 출생으로 인한 한 가지 긍정적인 효과는 아버지가 자녀 양육에 좀 더 관여하게 된다는 점이다(Kramer & Ramsburg, 2002). 아버지가 첫아이를 훈육하는 데 있어서의 자신감으로 표현되는 잘 발달된 양육 효능감을 가지고 있을 때, 큰 아이는 동생이 태어난 이후에 더 적은 공격성을 나타낸다(Volling, 2017).

친구 역시 이와 같은 잠재적인 스트레스적인 상황에서 완충 기능을 할 수 있다. 한 연구에서, 연구자들은 동생의 출생으로 인해 생활에 어려움이 생겼을 때 좋은 친구를 둔 학령전기 아동은 친구들과 잘 어울리지 못하는 아동보다 덜 속상해함을 확인했다(Kramer & Gottman, 1992). 게다가, 좋은 친구를 둔 아동은 새로 태어난 동생에 대해 좀 더 수용적이고 긍정적으로 행동했다. 이 아이들을 13세 때 추적 연구를 했는데, 동생이 태어나기 전에 긍정적인 친구관계 경험이 있는 아동이 청소년기에 형제들과의 관계도 더 좋았다(Kramer & Kowal, 2005). 가족 밖에서, 예를 들어 보육시설 같은 곳일지라도, 다른 친구들과 관계를 맺는 것이 동생이 태어났을 때 완충 기능을 할 수 있다. 때로 둘째가 태어나면 어머니들은 일하는 시간을 줄이고 큰아이를 보육시설에서 데리고 온다(Baydar et al., 1997). 이것은 Bronfenbrenner의 생태학적 이론의 좋은 실제 예시이다.

심지어 형제자매가 동일한 부모와 함께 같은 집에서 성장하더라도 아이들은 각자 다른 대우를 받거나 적어도 아이들 스스로는 부모가 다르게 대한다고 지각한다. 이러한 차이는 형제자매들 간에 서로 다른 발달적 결과를 초래하는 가족 내 비공유환경을 만들어 낸다. 아동 스스로가 다른 형제들보다 대우를 못 받는 것으로 지각하면, 형제간 경쟁이나 증가된 스트레스 같은 부정적 효과가 흔히 생긴다(Teti, 2002). 한 연구에서, 자신이 부모로부터 사랑을 덜 받는다고 느끼는 아동은 외현화 문제행동이 증가하는 경향이 있었다(Richmond et al., 2005). 또 다른 연구에서, 부모로부터의 대우가 형제자매와 비교해서 더 좋지 않다고 느끼는 청소년일수록 자신에 대해 덜 긍정적으로 느꼈다(Barrett et al., 2000). 다행히 대부분의 아이는 부모의 차별적 대우를 합당한 것으로 보았다. 11~13세 아동을 대상으로 한 연구에서, ¼만이 부모의 행동을 공정하지 않거나 변덕스러운 것으로 보았다(Kowal & Kramer, 1997). 대다수는 그러한 차이를 수용하고, 형제들 간의 서로 다른 나이와 욕구 그리고 개인적인 특성이 부모의 행동을 설명하는 것으로 이해했다. 아이들이 부모의 차별적 대우를 이해하지 못하거나 참을 수 없을 때 형제들과의 관계를 부정적으로 본다.

**출생 순위와 형제간 상호작용** 가족 내의 위치 역시 아동이 형제자매와 상호작용하는 방식에 영향을 미친다. 좀 더 손위의 여자아이들은 종종 양육자의 역할을 한다. 대가족 내에서의 큰딸은 젖병을 데우고, 기저귀를 갈며, 어린 엄마의 능력과 기술을 사용해서 우는 아기를 잘 달랠 수 있다(East, 2010; Edward & Whiting, 1993). 미국에서 수행된 국가적 연구에 따르면, 140만 명의 어린이들과 청소년들이 어떤 종류의 가족 양육에 참여하는 것으로 추정된다(National Alliance for Caregiving, 2005). 어린 형제 돌보기를 포함하여 그러한 가사에 참여하는 아동과 청소년은 성숙함, 자존감, 독립심, 공감 능력이 향상된다(East, 2010). 그러나 이러한 양육의 '어두운 면'도 있다. 많은 시간이 들거나(한 주에 20시간 이상) 수년간 지속되는 형제 돌보기는 스트레스 증가, 우울감, 학업적 어려움, 학교 중도탈락, 십대 임신 등과 관련이 있다(East, 2010; East & Weisner, 2009). 양육자의 역할을 하는 것뿐만 아니라, 더 손위의 형제자매는 스트레스 상황 시에 더 어린 형제자매들을 위한 자원이 될 수 있다. 특히 도움을 줄 만한 어른이나 친구가 없을 때 더욱 그러하다(Conger et al., 2009). 형제자매와 온정적인 관계를 맺는 것은 특히 생활사적 스트레스가 가족과 관련된 사건일 때, 예를 들어 친척의 죽음과 같은 경우에는 유용할 수 있지만, 친구와의 결별과 같은 개인적인 사건일 때는 덜 유용한데, 이는 형제자매의 지지가 보호적인 기능을 하는 데 있어 일부 특정한 영역이 있음을 시사한다(Waite et al., 2011). 자매는 특히 부모의 이혼이나 손위 형제자매에게 아기가 생기는 것과 같은 가족 위기에 있어 보호적이다(Kramer & Conger, 2009; Shumaker et al., 2011). 손위 형제자매는 또한 더 어린 형제자매에게 선생님의 역할을 할 수도 있다(Watson-Gegeo & Gegeom, 1986, p. 37).

누나: 그러면, 네가 배가 부를 땐, 너는 그냥 "저는 이제 더 이상 원치 않습니다."라고 말해.

동생: (칭얼거리며) 뭐라고?

누나: 저는 이제 더 이상 원치 않습니다.

동생: 난 안 원한다고?

누나: 그러면 너는 그냥 내가 말한 것처럼 "저는 이제 더 이상 원치 않습니다."라고 말해.

동생: 나는 안 원해요.

누나: 나는 지금 배가 불러요.

동생: 지금 배가 불러요.

누나: 나는 배불러요. 나는 이제 더 이상 원치 않습니다.

동생: 나는 지금 더 이상 먹고 싶지 않아요.

손위의 형제자매는 부모를 사회 학습의 주요 근원(source)으로 보는 반면, 더 어린 형제자매는 부모와 손위 형제자매를 모두 이용한다(Dunn, 2015; Pepler et al., 1982). 한 연구에서, 손아래 형제자매들의 70%가 형제자매, 특히 자신보다 더 나이가 많은 자매들에게서 사회적 조언을 얻는다고 응답했다(Zukow-Goldring, 2002). 형제자매가 가르치는 스타일은 아동의 연령에 의해 결정된다. 학령전기의 손위 형제자매들은 더 어린 형제자매에게 어떻게 하는지를 알려 주기 위해 시범을 사용하는 경향이 있다. 학령기 손위 형제자매들은 동생의 나이가 아주 어릴 때, 특히 좀 더 자세한 언어적 지시와 발판화(즉, 힌트와 설명)를 사용하는 경향이 있다(Howe et al., 2006; Recchia et al., 2009). 아동의 문화가 형제자매에 대한 교육에 영향을 미친다. 예를 들어, 더 어린 형제자매에게 토르티야(tortillas)를 만드는 법을 가르치는 학령기의 마야 어린이들은 시범과 발판화를 사용하는 반면 공식 학교교육이 좀 더 일반화된 서양 문화권에서 흔한 언어적 지시는 덜 사용하였다(Maynard, 2004).

손위의 형제자매들은 또한 더 어린 형제자매들이 가족 밖에서 다른 아이들과 상호작용할 기회를 제한하거나 확장시키는 매니저, 슈퍼바이저 그리고 게이트키퍼(gatekeeper)의 역할을 할 수 있다(Edwards & Whiting, 1993; Parke et al., 2003). 이러한 맥락에서 손위 형제자매는 보호적이고 도움을 주는 역할을 할 수 있다—"우리 오빠와 언니가 집 주변과 밖에서 나를 지켜줘요."—혹은 통제적일 수도 있다—"우리 오빠는 항상 나를 부려 먹고, 내 물건을 엉망으로 해 놔요."(Hadfield et al., 2006). 전형적으로, 손위 형제자매는 두 가지 역할을 모두 다 한다. 이들은 좀 더 성숙한 행동을 보여 주기도 하고, 더 어린 형제자매가 손위 형제자매에게 하는 것에 비해, 때리거나, 차거나, 물어뜯는 등의 적대적인 행동도 보인다(Campione-Barr & Smetana, 2010; Dunn, 1993; Teti, 2002).

> "우리 가족이 자동차 여행을 갔을 때, 나는 뒷좌석 어린 여동생 옆에 앉아요. 숨죽여서 부모님이 들을 수 없을 정도로 조용히, 나는 내 여동생을 괴롭히는 소리를 내요. 그게 동생을 미치게 하죠. 걔는 부모님에게 '언니가 나를 괴롭혀요.'라고 소리 질러요. 그렇지만 부모님은 '이제 그만해라, 린. 언니가 아무 짓도 하지 않았잖니.'라고 말해요."

그러나 손위 형제자매가 항상 긍정적인 영향을 미치는 것은 아니다. 이들은 또한 더 어린 형제자매들의 빠른 성행동, 약물 사용, 비행을 조장하는 일탈적인 역할 모델이 될 수 있다(East, 1996; East & Khoo, 2005; Garcia et al., 2000). 손위 자매가 임신을 했을 때, 손아래 형제자매가 그렇게 할 가능성 역시 증가한다(East et al., 2007). 아프리카계 미국 청소년 대상의 한 연구에서, 손위 형제의 12세 때의 약물 사용 의향은 2년 뒤 손아래 형제자매들의 약물 사용을 예측했다(Pomery et al., 2005). 이 영향은 가족이 불법 약물 사용에 대한 기회와 압력이 높은 고위험 지역에 거주할 때 특히 두드러졌다.

형제자매와 좋은 관계를 맺는 것은 또래와의 좋지 못한 관계를 보상해 줄 수 있다. 두 개의 연구에서, 연구자들은 좋지 못한 또래관계를 가진 아동에서 형제자매와의 긍정적인 관계가 적응 문제를 완충시킴을 확인했다(East & Rook, 1992; McElwain & Volling, 2005). 이 반대의 경우도 가능하다. 형제자매와 좋지 못한 관계를 맺고 있는 아동의 경우, 친구와의 관계가 좋다면 부정적 영향을 완화시킬 수 있다(McElwain & Volling, 2005). 이 연구에서 형제자매와 친구 양쪽 모두와의 관계가 좋지 않을 경우에만 더 높은 수준의 공격성과 파괴적 행동문제를 나타냈다([그림 6-4] 참조).

형제자매와의 관계는 아동이 성장함에 따라 변화한다. 형제자매가 청소년기가 되면, 이들은 좀 더 비슷해지고, 관심을 공유하며, 어렸을 때보다 부모의 관심을 받는 것에 대한 관심이 줄어든다(Dunn, 2002). 형제자매 간 경쟁과 양가감정은 줄어드는 경향이 있고, 형제자매 간의 친밀감은 대개 증가한다. 부모가 지지적이고 수용적이라면 형제자매의 관계는 좀 더 친밀해진다(Kim et al., 2007). 청소년기에 형제자매는 친구나 부모와 이야기하는 것보다 외모, 또래관계, 사회적 어려움, 성생활에 관해 더 서로 솔직하게 이야기한다. 청소년기 형제자매 관계의 질은 단기적 그리고 장기적 결과를 갖는다. 지지적인 형제자매 관계를 가진 청소년은 20대인 성인 초기에 좀 더 만족스럽고 좋은 적응을 나타낸다(Hollifield & Conger, 2015). 청소년기에 형제자매와의 관계가 좋지 않았던 남성은 50세경 주요우울장애의 경험과 기분 전환용 약물 사용이 더 많은 경향이 있었다(Waldinger et al., 2007). 이러한 관련성은 더 좋은 형제자매 간의 유대가 아동의 더 나은 정신 기능 발달을 돕는 보호적 기능을 하거나 혹은 형제자매 관계가 전생애에 걸쳐 지속적으로 중요한 긍정적 자원이 되어 주는 보호적 기능을 함을 시사한다.

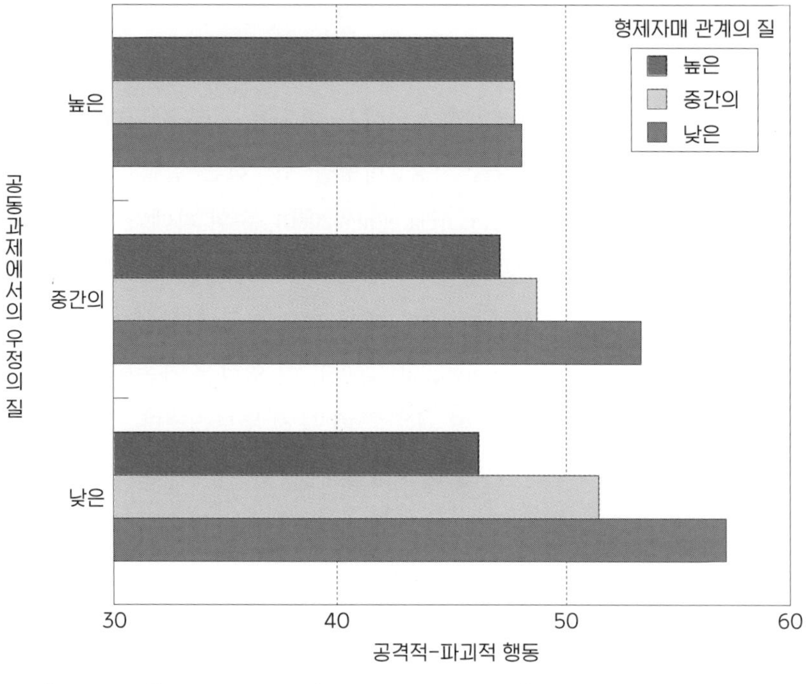


[그림 6-4] 공동과제에서 형제자매 관계 질의 함수로서의 우정의 질과 부모 보고에 의한 공격적-파괴적 행동 간의 관계

출처: Copyright © 2010 by the American Psychological Association. Reproduced with permission. McElwain, N. L., & Volling, B. L. (2005). Preschool children's interactions with friends and older siblings: Relationship specificity and joint contributions to problem behavior. *Journal of Family Psychology, 19*, 486–496.

The use of APA information does not imply endorsement by APA.

## 가족 단위: 이야기, 의례, 일상적 규칙

우리가 다루었던 가족 하위체계에 더해, 가족 단위 그 자체가 사회화의 주체이다. 가족은 아동에게 구별되는 사회적 맥락을 제공하는 특유의 풍토(climate)를 만들어 낸다(Fiese & Schwartz, 2008; McHale, 2010). 스토리텔링, 일상적 규칙, 의례는 부모와 아동이 가족의 분위기를 만들어 내는 중요한 방법이다.

이야기는 가족의 가치를 전달하고 하나의 단위로서의 가족의 독특함을 강화하는 것을 돕는다. 이야기는 아동에게 가족의 정체성에 관해 가르치고 가족에 관한 메시지를 요약해 준다(Sherman, 1990). 가족들은 이야기를 재진술하는데, 왜냐하면 그들 모두가 함께 참여할 수 있게 해 주고 친근감을 느낄 수 있게 해 주기 때문이다(Norrick, 1997). 가족 이야기의 한 출처는 가족의 역사이다. 가족 구성원들은 자신의 이전 경험에 대해 다시 말하고, 이 이야기들은 세대를 걸쳐 전해지며, 가족 간의 상호작용과 기대를 만들어 낸다. 이야기를 사용한다면, 부모는 가족이 가치 있게 여기는 행동들을 자녀에게 가르칠 수 있다. 다음은 어머니가 4세 아이에게 들려주는 이야기의 예로, 조부모의 중요성과 친절함을 강조하고 있다(Fiese & Bickham, 2004, p. 268).

> "내가 어렸을 때, 나는 할아버지, 할머니와 함께 살았단다. 할아버지는 크고 편안한 의자를 가지고 계셨는데, 나는 할아버지 무릎 위에 올라가서 이야기를 해 달라고 했지. 그리고 내가 가장 좋아하는 것 중의 하나는 할머니의 머리빗이었어. 어느 날, 나는 할아버지의 머리카락을 빗겨 드리기로 결심을 했지만, 할아버지는 내가 작은 머리끈과 핀을 가지고 있다는 것을 모르셨어. 나는 할아버지 머리 위에 웨이브를 만들었지. 할아버지는 잠이 드셨어. 그리고 깨어나셨을 때, 나는 할아버지에게서 이전에 본 적 없는 가장 귀여운 웨이브를 봤어. 할아버지는 전혀 개의치 않으셨지. 정말 멋지지 않니?"

이처럼 친밀함, 애정 어린 돌봄, 놀이가 강조된 자신의 어린 시절에 관한 이야기를 하는 어머니는 자신의 자녀와 차례로 이야기 나누기와 호혜적인 상호작용에 좀 더 많이 참여하는 것으로 나타났다. 성취나 가족으로부터의 거부를 강조하는 이야기를 하는 어머니들은 자녀와의 상호작용에 덜 관여하고, 좀 더 침투적이고, 지시적인 경향이 있다(Fiese, 1990). 부모와 자녀가 함께 가족의 이야기를 재진술할 때, 이야기를 하지 않거나 혼란스럽고 두려운 것에 초점이 맞추어진 이야기를 하는 가족에 비해, 스스로를 '스토리텔링 가족'에 동일시하고 노력과 성취에 초점을 맞추는 가족은 좀 더 만족스러워하였고, 더 잘 기능하였다(Kellas, 2005).

가족의 일상적 규칙과 의례는 사회화의 또 다른 중요 요인이다(Fiese, 2006; Fiese et al., 2013; Pratt & Fiese, 2004). **일상적 규칙**(routines)은 저녁 식사 준비 혹은 설거지와 같이 가족의 기능을 유지하는 매일매일의 활동들이다. **의례**(rituals)는 공식적인 종교 의식, 가족 행사 그리고 통과의례를 포함한다. 이것들은 상징적 가치를 가지며, '이것이 우리 가족이다'를 설명해 주는 경향이 있다. 이것은 또한 세대에 걸쳐 연속성을 제공해 준다. 일상적 규칙과 의례 두 가지 모두 아동에게 유익하다. 집안의 일상적 규칙은 한부모(single parent) 가정, 이혼 가정, 혹은 재혼 가정에 사는 아동의 더 나은 적응과 관련이 있다(Fiese et al., 2002; Cicchetti & Toth, 2006; Luthar et al., 2000). 취침에 관한 일상적 규칙은 아동의 더 나은 수면 습관과 관련이 있다(Fiese, 2006). 식사에 관한 일상적 규칙은 아동과 청소년의 자존감이 높아지고 정서적 문제가 줄어들면서 약물과 알코올 사용이 감소하고 섭식장애가 생길 가능성이 낮아질 것으로 예측한다[Center on Addiction and Substance Abuse(CASA), 2010; Eisenberg et al., 2004, 2008; Fiese et al., 2006; Fiese & Hammons, 2011]. 의례는 더 높은 수준의 가족 응집력과 관련되는데, 이것은 차례로 청소년기의 더 나은 결과를 예측한다(Crespo et al., 2011).

한 가지 중요한 질문은 가족 이야기, 일상적 규칙, 의례가 정말로 아동의 더 나은 적응에 기여하는 것인가, 아니면 그저 좋은 가족관계의 다른 측면들을 나타내는 것인가 하는 점이다. 한 연구에서, 연구자들은 식사시간에 관한 일상적 규칙과 청소년의 약물 사용 간의 관계가 가족 간 유대감을 조정한 이후에도 여전히 유의미함을 확인했는데, 이것은 가족 이야기, 일상적 규칙, 의례들이 가족 간의 관계를 넘어서서 가치가 있음을 시사한다(Eigenberg et al., 2008). 다양한 요인(청소년의 나이와 성별, 인종적 배경, 가족의 수입, 가족의 구조, 부모의 교육수준, 어머니의 고용상태, 가족관계의 질)이 통제된 또 다른 연구에서도 식사시간에 관한 일상적 규칙은 여전히 청소년기 우울증 감소와 관련이 있었다(Musick & Meier, 2012). 그럼에도 가족의 일상적 규칙에서의 변화가 그 자체로 아동과 청소년의 적응을 향상시킬 수 있을 것인지를 결정하기 위해서는 개입에 관한 연구가 필요하다.

## 실생활 적용: "식사를 합시다"

당신은 성장 과정에서 가족과 함께 식사를 했는가? 이러한 활동은 당신이 생각하는 것보다 더 중요할 수 있다. 사회 비평가들은 패스트푸드 사회에서 가족 식사를 잃어버린 것에 대해서 한탄하고, 양육 전문가들은 "함께 식사하는 가족은 함께한다"고 제안한다(Grant, 2001). 그들은 대중에게 역설한다. 한 연구에서, 부모의 80% 이상이 가족 식사를 중요하게 보았고, 십대의 79%가 가족 식사를 가족 활동 중 가장 중요한 활동 중 하나로 꼽았다(Zollo, 1999). 조사 연구에 따르면, 아동의 50%와 청소년의 30%가 정기적으로 가족과 식사를 하는 것으로 나타났다(Child Trends, 2012). 그러나 가족 식사는 평균적으로 18분에서 20분 정도로 짧다(Center on Addiction and Substanve Abuse, 2010). 이렇게 짧은 만남이 아이들에게 도움이 될까? 이것은 가족들이 서로 접촉하고, 일상적인 일들을 간략히 파악하는 데 분명하게 도움이 되지만, 어쩌면 그 이상일 수도 있다(Fiese, 2006). 다 함께 식사를 하는 것이 아동과 청소년의 다양한 긍정적 결과와 관련이 있다면, 아동이 가족 식사에 함께하는 가장 좋은 방법은 무엇일까? 부모는 어떻게 하면 아이들이 놀거나 TV를 시청하거나 문자를 보내는 것보다 가족 식사 시간을 의미 있고 기분 좋게 만들 수 있을까? 식사 시간에 관한 일상적 규칙과 의례에 대한 집중적인 질적인 관찰에 근거해서 Barbara Fiese는 〈표 6-2〉에 연령대별로 아동을 위한 가족 식사 시간에 도움이 되는 유용한 가이드라인을 제안했다(Fiese & Schwartz, 2008).

〈표 6-2〉 발달단계별 가족 식사시간에 관한 ABC's(Activity: 활동, Behaviors: 행동, Communication: 의사소통)

| 연령 (나이) | 활동 | 행동 | 의사소통 |
|---|---|---|---|
| 0~1 | • 고형식을 천천히 한번에 하나씩 소개하기 | • 10~15분 정도의 짧은 식사 | • 아동이 먹는 소리를 따라 하기<br>• 음식의 이름을 소개하기 |
| 2~5 | • 식사시간 동안 TV를 끄기<br>• 좀 더 어릴 때는 핑거 푸드를 소개하기<br>• 좀 더 나중에는 아동이 어른의 감독하에 음식을 준비하게 시키기 | • 규칙적인 식사시간을 정하기<br>• 예의 바른 식사예절을 가르치기–감사히 잘 먹겠습니다.<br>• 식사시간은 약 15~20분 정도 유지하기 | • 이웃들에게 무슨 일이 있었는지 이야기해 주기<br>• 형제자매가 학교에서 무슨 일이 있었는지 이야기해 주기 |
| 6~11 | • TV를 끄기<br>• 아이들이 적어도 1주일에 한 번은 식사 준비를 돕게 하기 | • 가족 전체가 5번의 규칙적인 식사를 하도록 노력하기<br>• 아이들 각자에게 역할을 주기(테이블 준비, 테이블 정리, 설거지) | • 학교에서 있었던 일에 대해 이야기하기<br>• 가족에 관해 이야기하기<br>• 주말 계획 세우기 |
| 12~16 | • TV와 휴대전화 끄기<br>• 매주 아이들이 식사 준비를 돕도록 하기 | • 일주일에 한 번 모든 사람이 집에 모이는 시간을 확보하기 | • 최근의 사건들에 대해 이야기하기<br>• 다양한 직업에 대해 알아보기<br>• 다른 나라들에 대해 이야기하기<br>• 가족의 역사에 대해 이야기하기 |

출처: Fiese, B. M., & Schwartz, M. (2008). Reclaiming the family table: Mealtimes and child health and well being. *Social Policy Report*, Volume XXII, Number IV, © 2008. Reproduced with permission of the Society for Research in Child Development.

# 가족의 차이: 사회계층과 문화

모든 가족은 더 큰 사회체계—Bronfenbrenner의 생태학적 이론에서 거시체계로 명명된(Bronfenbrenner & Morris, 2006)—속에 포함되어 있다. 이 장에서 우리는 가족 안에서 일어나는 일에 영향을 미치는 거시체계의 두 가지 측면—사회계층과 문화—에 대해 다룬다.

## 사회경제적 지위와 관련된 가족의 가치와 실제의 차이

사회계층 혹은 교육 수준, 수입, 직업. 이 세 가지 서로 관련된 인구학적 특성들로 구성되는 개념인 사회경제적 지위(SES)에 대한 부모의 신념과 행동에 관한 연구의 역사는 오래되었다. 부모의 언어 사용에서의 차이가 특히 두드러진다. 낮은 SES의 어머니들은 자녀에게 말을 덜하고, 높은 SES의 어머니만큼 자녀의 말에 귀를 기울이지 않는다(Hoff, 2014). 낮은 SES의 어머니들은 좀 더 권위주의적이고, 처벌적이며, 통제적이다(Hart & Risley, 1995; Smith, 2010; Straus & Stewart, 1999). 그들은 좀 더 무뚝뚝하게 명령하고 자세한 설명을 덜하는 경향이 있다. 높은 SES의 부모는 자녀에게 논리적으로 설득하고, 선택지를 제시하며, 그런 다음 개인 교습과 지도를 통한 좀 더 풍부한 기회를 제공할 뿐만 아니라, 아이가 하는 결정에 섬세하게 영향을 미친다(Lareau, 2003, 2011).

전 세계 여러 문화권에 걸쳐 부모의 반응성과 처벌적 훈육 사용에 있어 SES에서의 차이가 관찰되었다(Bradley & Corwyn, 2005). 28개 개발도상국의 127,000명이 넘는 부모에 대한 연구 결과로부터 경제적 자원과 양육 행동 사이의 관련성에 대한 극적인 증거가 도출되었다(Bornstein & Putnick, 2012). 이 연구에서, 어머니들은 인지적 양육(읽기, 이야기하기, 명명하기, 수세기, 아이와 함께 그림 그리기)과 사회정서적 양육(놀이, 노래 부르기, 아이들과 외출하기)에 걸쳐 폭넓은 차이를 나타냈다. 개발도상국 어머니들의 양육은 기대수명과 교육 수준을 통제한 뒤에 그 나라의 GDP(국내총생산-사회경제적 수준에 관한 국가 간 지표)와 관련이 있었다. 더 가난한 나라일수록 어머니들의 인지적, 사회적 양육이 더 적었다. 게다가 권위주의적 훈육방식이 서방국가의 낮은 SES 가족에서 좀 더 일반적인 것처럼, 좀 더 가난한 개발도상국에서 훈육의 한 측면으로서의 폭력이 좀 더 일반적이었다(Lansford & Deater-Deckard, 2012).

개발도상국의 빈곤한 부모들의 연속선상의 다른 쪽 끝에는 서방국가의 부유한 부모들이 있다. 미국 내의 높은 수입을 가진 부모들의 양육 역시 문제가 있음이 연구자들에 의해서 확인되었다(Ansary et al., 2017). 이들은 청소년 자녀에게 성취에 대해 너무 많은 압박을 가하고, 흔히 자녀와 정서적으로 거리를 두며, 자주 자녀의 잘못된 행동에 대해서도 그 대가를 치르게 하지 않으며, 자녀의 활동에 대해 일관적으로 감독하지 않는다(Luthar & Barkin, 2012; Luthar et al., 2013). 분명히, 부유함이 사회적 문제로부터 아동을 보호하지 않으며, 심지어 문제를 증가시킬 수도 있다. 아동과 청소년은 수입, 교육, 혹은 직업의 수준이 어떻든지 간에 지지, 개입, 그리고 관심이 있는 부모를 필요로 한다.

## 아동 양육에서의 문화적 패턴

가족이 속해 있는 문화 역시 부모의 사회화 행동에 영향을 미친다. 전통 문화권의 부모들은 현대화되고 기술적으로 발전된 문화권의 부모들에 비해 덜 반응적이고 덜 다정하다(Bradley & Corwyn, 2005). 높은 비율의 체벌과 엄격한 처벌이 좀 더 일반적이다. 몇몇 나라(가나, 시에라리온, 중앙 아프리카, 코트디부아르)에서 90% 이상의 부모가 훈육방법으로 신체적 체벌을 사용한다고 보고했다(Lansfrod & Deater-Deckard, 2012). 또한 일부 다른 나라에서는 또 다른 이유로 아이를 혼낸다. 예를 들어, 나이지리아의 요루바족 부모는 아이들의 말에 귀를 기울일 필요가 없다고 믿는다. 아이들은 그저 좀 더 지혜롭고 좀 더 지식이 많은 연장자의 말을 들어야 한다. 북미에 있는 우리들에게 신체적 체벌은 좀 더 미숙하고 경솔한 행동으로 간주된다. 인도네시아의 부모는 어른에 대한 존경을 보여 주지 않을 때만 아이에게 벌을 준다. 한 연구에서, 미국 부모의 86%와 비교해서 인도네시아 부모의 42%만이 자녀가 성인에 대해 부정적 감정을 표현하는 것을 허용했다(Zevalkink, 1997). 또 다른 연구에서 네팔의 부모는 분노를 표현하지는 못하게 하지만 수치심에 대해서는 권장한다고 보고했다(Cole et al., 2006; Tamang & Shrestha, 2006; Cole & Tan, 2015).

사회화 행동은 개인주의 문화권과 집단주의 문화권 간에도 차이가 있다(Greenfield, 2009). 미국, 캐나다, 유럽과 같은 개인주의가 우세한 문화에서는 개인의 자율성을 중시하고, 경쟁, 자기실현, 지배, 감정의 솔직한 표현을 강조한다. 집단주의 문화권에서는 집단과의 상호연결성과 유대감을 가치 있게 여기며, 사회적 조화, 협동, 공감, 타인의 요구에 대한 순응, 그리고 권위에 대한 존경을 강조한다. 모든 사회에서 개인주의 문화와 집단주의 문화 둘 다가 발견되지만, 다른 문화권에 있는 사람들에 대한

Hill Street Studios/Blend Images/Getty Images, Inc.

대부분의 라틴 문화권에서 핵가족과 확대가족 모두가 중요한데, 이들은 좋은 시간과 힘든 시간을 공유하고 협력하는 것을 강조한다.

50개 이상의 메타분석 결과는 미국과 캐나다 사람이 인도, 홍콩, 일본, 한국, 싱가포르, 타이완의 사람들보다 좀 더 개인주의적이며, 인도, 홍콩, 타이완, 이스라엘, 나이지리아, 멕시코, 중국, 브라질의 사람들이 덜 집단주의적으로 나타났다(Oyserman et al., 2002).

이러한 차이는 가족 구조와 양육 스타일에도 반영된다. 라틴아메리카 문화에서 집단주의 정신은 자녀가 가족(familia)의 맥락 내에 확고하게 뿌리내린 정체성을 발달시키도록 권장하는 육아 관행에서 분명하게 드러난다. 많은 라틴아메리카인에게, **familia**라는 단어는 **핵가족**뿐만 아니라 **확대가족**—조부모, 고모(이모), (외)삼촌(고모부, 이모부), 조카—을 포함하며, 심지어 대부와 같은 실제 혈족이 아닌 가상의 혈족까지도 포함한다. 가족주의와 나이와 성별에 기초한 존중 때문에 라틴 문화권에서 (외)조모들은 종종 확대가족의 상징적 수장이 되며, 자녀 양육에 있어 조언과 지원을 해 주는 대상이 된다(Ramos-McKay et al., 1988). 라틴아메리카인들에게 있어, 아이들이 부모와 성인에 대한 존경심을 의미하는 respeto(Calzada et al., 2010)의 가치와 가족의 유대감과 의무를 강조하는 개념인 familismo(Tse et al., 2015)를 내재화하는 것은 중요하다. 이러한 목표에 맞게 라틴아메리카 부모들은 유럽계 미국인 부모들보다 좀 더 권위주의적이고 덜 권위적이지만(Schumm et al., 1988; Steinberg et al., 1991), 부모가 새로운 나라의 가치와 관습에 동화되어 갈수록 이들은 점차 더 권위적인 방식을 사용한다(Parke et al., 2004).

아시아 가족의 양육에는 집단주의 및 가족의 통합과 윗사람에 대한 존경과 같은 유교적 원칙이 반영되어 있다. 아이들은 자신의 개인적 요구보다 가족 전체의 욕구를 우선하고, 부모에게 순종과 충성심을 보이도록 배운다. 아시아 부모들은 가족의 협력과 의무를 강조한다. 일반적으로 부모들은 미국 부모들에 비해 좀 더 권위주의적이고, 구속적이며,

지시적이다(Chao & Tseng, 2002). 그러나 시장경제로의 변화가 이루어진 중국의 현대화된 도시(Zeng & Greenfield, 2015)와 같은 몇몇 아시아 문화권의 부모들은 좀 더 개인주의적인 양육 태도를 향해 변화해 가고 있다(Chang et al., 2011). 이러한 문화적 패턴이 점점 덜 뚜렷해질 수 있다.

서아프리카의 영성, 조화, 공동체 의식 같은 전통이 반영되어 아프리카계 미국 가족들은 유럽계 미국인 가족에 비해 좀 더 상호의존적이다(Boykin & Toms, 1985; McLoyd et al., 2015). 이들은 친척들과 좀 더 자주 만나고 강한 가족애와 가족적 의무를 지기 위해 좀 더 가까이에 사는 경향이 있다. 가정의 경계가 유동적이며, 기꺼이 친척들을 가족으로 받아들인다(Harrison et al., 1990; Hatchett & Jackson, 1993). 여성 호주(female-headed households)가 많기 때문에 확대가족이 특히 중요하다. 이러한 가족의 $\frac{1}{3}$은 조부모가 관여되어 있다(Pearson et al., 1990). (외)할머니와 함께한다는 것은 그 가족에 도덕적-종교적 강조가 늘어남을 나타낸다.

> 에비의 할머니로서, 가족의 전통을 지키고 나의 손자들에게 그것을 물려주는 것이 나의 일이다. 나는 그들에게 우리 조상들의 성취와 노력에 대한 이야기를 들려주고, 그들이 훌륭한 종교 수행을 하고 교회에 참석하리라 확신한다. 만약 내가 이러한 일들을 한다면, 아이들은 좋은 기회를 더 많이 갖게 될 것이다.

함께 살건 그렇지 않건 간에 (외)할머니가 어머니와 정서적으로 긴밀할 때, 아이 양육이 좀 더 수월하다(Wakschlag et al., 1996). (외)할머니의 역할에도 불구하고, 아프리카계 미국인 부모들은 유럽계 미국인 부모들에 비해 좀 더 권위주의적이고, 좀 더 어른들에 대한 순종을 강조하는 경향이 있으며, 신체적 훈육을 좀 더 많이 사용하는 것 같다(Dodge et al., 2005; Steinberg et al., 1991). 그러나 처벌 사용에서의 차이는, 부분적으로는 인종이라는 하나의 이유에서 비롯되었다기보다, SES의 차이 때문일 수 있다(Roopnarine & Hossain, 2013; Tamis-LeMonda et al., 2008).

## 문화적 맥락: 양육의 영향은 문화에 따라 어떻게 다른가

기본적 수준에서 양육의 영향은 문화권에 걸쳐 유사하다. 반응적이고 애정적인 양육은 자녀의 긍정적 적응과 관련되고, 적대적이고 거부적인 양육은 부정적인 적응과 관련된다(Bradley & Corwyn, 2005; Hill et al., 2003). 그러나 유의한 차이가 한 영역(신체적 체벌)에서 나타난다. 신체적 훈육이 일반적이고 문화적으로 수용되는 나라의 아이들은 이러한 관행이 드문 나라에서 신체적 훈육을 경험한 아이들만큼 불안하거나 공격적이지 않다. 예를 들어, 케냐, 인도, 이탈리아에서 신체적 체벌은 일반적이며, 이러한 나라의 아이들이 중국, 대만, 필리핀과 같이 신체적 체벌이 덜 흔한 나라의 아이들만큼 불안하거나 더 공격적이 되지 않았다(Gershoff et al., 2010; Lansford et al., 2005; [그림 6-5]). 분명한 것은, 아이들이 신체적 체벌에 대해 그들의 문화적 집단 내에서 널리 수용되는 것으로 지각한다면, 매를 맞는 것에 대해 거부를 의미하거나 부모가 불공정한 대우를 하는 것으로 보지 않는다는 점이다(Rohner et al., 1996). 그렇지만 만약에 자신이 이웃들 중에 매를 맞는 유일한 사람이라면, 아이들은 행동화하거나 위축될 수 있다. 유사한 패턴이 미국 내의 개신교 가족 내에서 발견된다(Ellison et al., 2011). 신체적 체벌은 비보수주의 개신교 가족 아동의 반사회적 행동과 정서적 문제와 관련이 있지만, 부모가 보수주의 개신교도일 때는 관련이 없다. 왜냐하면 보수주의적인 가족의 아동은 신체적 체벌에 대해 규범적이고 종교적인 이유로 보기 때문에 이러한 훈육 방법에 대해 수치스럽거나 모욕적이거나 부당하다고 보지 않는다.

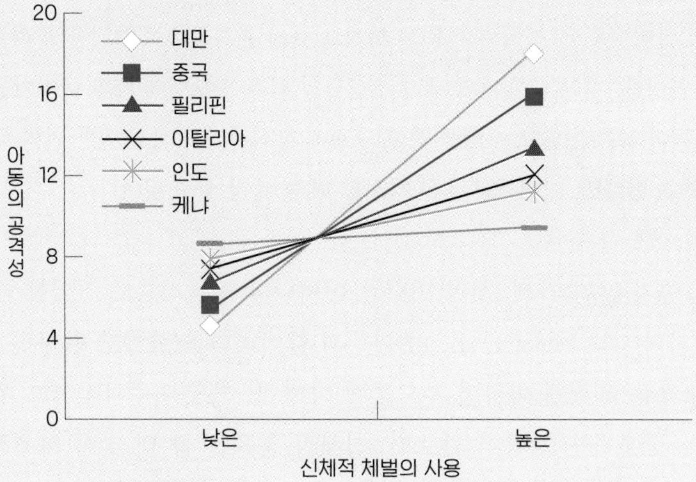


[그림 6-5] 신체적 체벌의 사용이 일반적인 국가들(케냐, 인도, 이탈리아) 혹은 일반적이지 않은 국가들(중국, 대만, 필리핀)에서 신체적 체벌과 아동의 공격성 간의 관계

출처: Lansford, J. E., Chang, L., Dodge, K. A., Malone, P. S., Oburu, P. Palmerus, K., … Quinn, N. (2005). Cultural normativeness as a moderator of the link between physical discipline and children's adjustment: A comparison of China, India, Italy, Kenya, Philippines, and Thailand. *Child Development, 76*, 1234–1246. Reprinted with permission of Wiley-Blackwell.

주의의 말: 신체적 체벌을 옹호하는 사람들은 때로 신체적 체벌을 규범적으로 만들면 그것의 부정적 영향을 줄이거나 없앨 수 있을 것이라고 주장한다. 이 같은 논쟁은 신체적 체벌의 사회적 비율이 폭력적 행동의 사회적 비율에 영향을 미치는가에 대한 질문을 무시한다. Lansford와 Dodge(2008)는 전 세계 6개 주요 지역에 걸친 186개 문화권

에 대한 연구에서 이와 같은 주제에 대해 언급했다. 이들은 좀 더 가혹하고 빈번한 신체적 체벌의 사용이 더 많은 전투, 개인 간 폭력, 그리고 아동에게 폭력을 가르치는 것과 관련이 있음을 발견했다. 그러므로 아동의 개인적인 체벌 경험과 공격적 행동 간의 관련성이, 체벌이 좀 더 보편적인 문화적 집단에서는 약해진다고 하더라도, 더 많은 신체적 체벌의 사용은 더 높은 수준의 폭력성을 나타낸다. 신체적 체벌을 규범화함으로써, 아이들이 문화적 규범을 내재화하고 문제해결에 물리적 힘을 사용하는 것을 일반화시켜 감에 따라, 사회적 공격성과 적대감이 증가할 수 있다(Deater-Deckard et al., 2003). 결과적으로 아동에 대한 신체적 체벌이 일반화되는 문화집단에서 공격성 수준이 더 높아질 수 있다.

많은 국제기구는 신체적 체벌 관행을 인권 침해로 간주하고, 각 국가들이 체벌 금지를 시행하도록 촉구하고 있다(Global Initiative to End All Corporeal Punishment of Children, 2017). 오늘날 전 세계 231개 영토(countries) 51개 국가(nations)가 부모, 교사, 양육자에 의한 아동의 강압적(신체적) 체벌에 대한 법적 금지를 채택하고 있다(Global Initiative to End All Corporal Punishment of Children, 2017). 그러나 이러한 의미 있는 발전에도 불구하고, 여전히 147개 국가(countries)에서 아동이 가정 내에서 맞는 것이 합법적으로 허용되며, 140개 국가는 보육시설과 같은 대체보육 환경에서 폭력적 처벌이 합법으로 유지되고 있고, 69개 국가는 모든 학교에서 처벌이 금지되어 있지 않으며, 60개국은 형법 제도 내에 아동에 대한 보호가 부족하다. 캐나다가 학교 내에서의 이러한 관행을 금지한 반면, 미국은 아직 물리적 체벌을 금지하는 국가들에 참여하고 있지 않다.

## 변화하는 미국 가족

"가족은 정적인 제도가 아니라 복잡하고 역동적으로 끊임없이 수정되고, 재편되며, 재창조되고, 재연된다."(Goldberg, 2010)

서로 다른 문화권에서 가족들 간에 차이가 존재하는 것과 마찬가지로, 역사적 시대마다 차이가 존재한다. Bronfenbrenner의 생태학적 이론에 의하면, 아동과 가족은 연대기적 시스템(chronosystem)에 속해 있는데, 이는 아동과 가족이 시대 변화의 영향을 받음을 의미한다. 오늘날의 미국 가족들은 이전—심지어 십년 혹은 이십년 전—의 미국 가족들과 여러 면에서 다르다.

한 가지 중요한 변화는 일하는 어머니들의 극적인 증가이다. 1960년에는 미취학 자녀를 둔 어머니의 20%만이 일을 했다. 2016년에는 그 숫자가 65%에 가깝다(U.S. Bureau of the Census, 1975; U.S. Department of Labor, 2017). 학령기 자녀를 둔 어머니들의 경우, 1960년에는 40%만이 일을 했지만, 2016년에는 거의 2배가 증가했다(U.S. Department of Labor, 2017).

캐나다에서도 유사한 경향이 뚜렷하다. 6세 이하의 자녀를 둔 어머니들의 경우, 1976년

33%였던 비율이 2014년도에는 60%로 상승했고, 학령기 아동의 어머니들의 경우 동일한 시기에서 그 비율이 50%에서 80%로 상승했다. 또 다른 변화는 커플들이 결혼해서 첫아이를 낳을 때까지의 기간이 길어진 것이다. 부모가 되기 위한 기회 역시 확대되었다. 불임부부는 다양한 최신의 임신 기술들을 통해 자녀를 갖거나 전통적인 방식을 따르기도 한다: 입양. 동성애 커플도 역시 부모가 될 수 있고, 레즈비언과 게이 부모가 가장이 되는 수도 증가하고 있다(Goldberg, 2010).

더 많은 여성이 결혼하지 않은 채 아이를 갖기 때문에 한부모 가족의 수도 늘어나고 있다. 1960년에는 결혼하지 않은 여성 1,000명당 22명의 아기가 태어났다. 2015년에는 44명이 태어났다(National Vital Statistics Report, 2017). 결혼하지 않은 여성의 출산은 미국 내에서 태어난 아기들의 거의 40%에 해당한다(CBS News, 2006). 오늘날 한부모 가정이 증가하는 또 다른 이유는 이혼 비율의 증가이다. 1960년에서 1980년 사이에 그 비율이 두 배로 증가했으며, 그때 이후로 증가하지 않고는 있지만, 인구통계학자들은 오늘날 결혼의 40~50%는 이혼으로 끝나며, 이러한 이혼의 60%에서 자녀를 가지고 있을 것으로 추정한다. 미국 내 아동의 ⅓ 역시 부모 한쪽 혹은 양쪽 모두의 재혼을 경험할 것이고, 재혼의 62%가 이혼으로 끝난다. 그러므로 더 많은 부모와 아이들이 여러 번의 결혼 과정과 가족관계에서의 변화를 경험한다(Cherlin, 2010).

다음 장에서 우리는 가족 내의 이러한 변화들이 양육과 아동발달에 어떠한 영향을 미치는지에 대해 살펴볼 것이다. 이러한 변화들이 새로운 기회가 될 수도 있지만, 어머니의 73%는 그들이 어린아이였을 때와 비교해서 오늘날에 어머니가 되는 것이 더 어렵다고 믿는다(CBS News Poll, 2009).

## 부모의 고용과 아동발달

어머니가 직장에서 더 많은 시간을 보내고 가정에서 더 적은 시간을 보냄에 따라, 가족 역할과 기능 패턴이 변화하고 있다. 일하는 어머니가 직장에서 경험하는 변화들과 스트레스는 자녀 양육과 아동의 행동에 영향을 미친다.

**일하는 엄마** 가정 밖에서 일하는 엄마와 그들의 자녀 모두 서로 함께 보내는 시간을 더 많이 갖고 싶을 수 있다(Bianchi & Milkie, 2010; Booth et al., 2002; Parker, 2009, 2012). 그렇지만 일하는 엄마와 그렇지 않은 엄마가 자녀 양육에 쓰는 시간에서의 차이는 실제로 아주 적다(주당 18시간 vs. 11시간). 시간 할당에서의 주요한 차이는 집에 있는 어머니들은 집 밖에서 일하는 어머니들보다 거의 두 배 이상의 시간을 가사일과 더 많은 수면에 사용하고 더 많은 여가 시간을 갖는다는 점이다(Pew Charitable Trust, 2015). 고용의 결과로 어머니가 해야 하는 것은 자신의 시간과 우선순위를 재할당하고, 일부 가사일을 다른 사람에게 넘겨주며, 아이를 유치원이나 방과 후 프로그램에 등록시키고, 부모의 역할을 재정립하는 것이다. 일하는 어머니를 둔 가족의 아버지들 역시 자녀 양육에 참여하는 시간이 증가한다(Pew Charitable Trust, 2015; Pleck, 2010).

일하는 어머니가 미치는 영향에 관한 대중의 걱정은 감소하고 있다. '남성이 집 밖에서 성공을 하고 여성은 가정과 가족을 돌본다면, 이것이 모두에게 훨씬 낫다'는 말에 동의하는 성인의 비율이 1977년에는 ⅔(66%)였는데, 이것이 2012년에는 32%로 감소했다(Donnelly et al., 2016). Kathleen Gerson이 자신의 저서인 『끝나지 않은 혁명(The Unfinished Revolution)』(2016)에서 기술했던 것처럼, 일하는 어머니를 둔 젊은 성인의 80%는 그들의 어머니가 집에 있었다면 더 나았을 거라는 점을 믿지 않았다. 많은 사람이 어머니가 일하는 데서 오는 혜택에 감사했다. 연구자들은 일하는 어머니의 성인 딸들이 전업주부인 어머니를 둔 여성에 비해 좀 더 일하고 싶어 하며, 일을 할 경우에는 관리 책임을 맡는 경향이 있고, 더 많은 시간을 일하며, 조금 더 높은 보수를 받는 경향이 있음을 발견했다(McGinn et al., 2015). 일하는 어머니를 둔 아동은 성역할에 대해 좀 더 평등한 시선을 가지고 있으며, 일하는 어머니를 둔 중산층 가족의 아동은 더 높은 교육적 · 직업적 목표를 가지고 있었다(Hoffman, 2000). 이러한 차이는, 일하는 어머니들이 전업주부 어머니들에 비해 직업적 목표의 성취에 대한 모델이 되어 주고 그들의 자녀가 좀 더 이른 나이에 스스로 하고 독립적이 되도록 격려하기 때문일 수 있다(Hoffman, 2000). 전업주부 가정의 아이들에 비해 일하는 어머니의 딸들은 여성의 역할에 대해 선택의 자유와 만족스러움, 유능함이 포함된 것으로 보는 경향이 있다. 또한 좀 더 일 지향적이며, 독립적이고, 주장적이며, 높은 자존감을 가진다(Hoffman, 2000). 일하는 어머니를 둔 아들들은 여성을 좀 더 유능하게 볼 뿐만 아니라 남성을 좀 더 따뜻하고 표현력이 풍부한 것으로 지각했다. 남성의 이러한 지각 차에 대한 부분적 이유로, 부부 양쪽이 모두 일하는 가정의 남성은 전업주부 부인을 둔 남성들에 비해 가사와 자녀 양육에 좀 더 많이 참여하기 때문일 수 있다(Pleck, 2010). 그러나 부부 양쪽이 모두 일하는 가정에서도 여성은 여전히 자녀 양육과 가사일의 대부분을 수행한다: 남성은 ⅓인 데 비해 여성은 ⅔(Parke, 2013). 성차는 특히 자녀의 일정을 관리하거나 아이가 아플 때 돌보는 영역에서 더욱 뚜렷하다. 이러한 영역에서는 어머니가 아버지보다 분명히 더 많이 일한다(Pew Charitable Trusts, 2015).

> 나는 안과의사이고, 엠마의 아버지는 외과의사예요. 그래서 우리 아이들은 부모가 모두 일하는 걸 당연하게 받아들이죠. 베이비시터가 새로 오거나 아이들에게 중요한 학교 일을 내가 놓치게 되는 경우엔 아이들이 힘들죠. 그렇지만 아이들은 아빠와 엄마가 일하러 가야 한다는 걸 알고, 그것에 대해서 절대 질문하지 않죠. 나는 엠마가 어른이 되면 일을 할 거라고 확신해요.

연구자들은 엄마의 고용이 자녀의 사회성 발달의 다른 측면들에는 어떻게 영향을 미치는가에 대한 분명한 답을 내놓지 못하고 있다. 몇몇 연구자는 어머니의 고용이 아이가 매우 어릴 때는 아이의 이후 사회정서적 웰빙 및 인지적 발달(Brooks-Gunn et al., 2010)과 부정적인 관계가 있음을 발견했다(Han et al., 2001). 그러나 또 다른 연구자들은 아이의 애착 안정성(Huston & Rosenkrantz Aronson, 2005), 행동문제나 자존감(Harvey, 1999)에 미치는 부정적 효과를 발견하지 못했다. 사실, 영아기에서부터 12세까지 이어진 종단적 연구에서, 한 연구팀은 어머니의 고용과 자녀의 사회-정서적 발달 간에 어떠한 관련성도 확인하지 못했다(Gottfried et al., 2002, 2006). 게다가 일부 연구자들은 저소득 가족의 아동의 경우 어머니의 고용이 더 적은 문제행동과 관련됨을 발견하기도 했다(Dunifon et al., 2003). 약 70여 개 연구에 대한 메타분석 결과, 아동의 성취는 어머니의 고용으로 인해 부정적 영향을 받지 않았다(Lucas-Thompson et al., 2010). 일하는 어머니들은 자녀의 자율성을 강조하기 때문에 아이들이 청소년기가 되었을 때는 위험이 증가할 수도 있다(Zaslow et al., 2005). 자녀의 능력과 잘 조화를 시킨다면, 이러한 격려는 발달적으로 적합한 시기에 독립심을 촉진시킬 수 있다. 만약, 일하는 어머니가 자율성을 촉진하면서 감독과 관찰을 하지 못한다면, 청소년 자녀에게 너무 일찍 독립에 대한 압박을 줄 수 있으며, 이는 문제를 일으킬 수 있다. 특히 남아에게 자율성을 너무 빨리 강조하는 것은 부정적인 반응을 초래할 수 있다.

일반적으로, 어머니가 일을 하느냐 혹은 집에 있느냐와 같은 단순한 이유보다 아동과 어머니 간의 개인차가 좀 더 중요할 수 있다. 가사에 대한 만족감과 자기효능감을 가진 전업주부 어머니와 자신의 일을 즐기는 일하는 어머니 양쪽 모두 일하고 싶은 불행한 전업주부보다 자녀와 좀 더 긍정적인 관계를 맺는다(Gerson, 2010; L. W. Hoffman, 2000). 어머니가 일하는 것이 미치는 영향에 대한 평가 시 어머니가 일하는 이유를 포함해서 어머니가 자신의 일에 만족하는지, 어머니의 고용에 있어 어머니 자신과 가족들에게 어느 정도의 요구가 있는지, 가족들이 어머니의 고용에 대해 어느 정도나 긍정적인지, 그리고 부모 양쪽이 모두 일하는 동안 자녀가 잘 돌봄을 받고 있는지 등 관련된 모든 변인을 고려하는 것이 중요하다.

**직장 스트레스와 아동의 적응** 최근 몇 년간 많은 직장인—남성과 여성—은 노동 시간의 증가와 고용 안정성의 감소, 일용직의 증가, 그리고 특히 저임금 근로자들의 경우 상대적 수입의 감소를 경험하고 있다(Williams, 2010). 이러한 모든 요인이 일-가족 문제에 영향을 미치고, 부모와 자녀 모두가 어려움을 겪을 가능성을 증가시킨다. 직장 스트레스는 자녀, 부모 그리고 결혼생활에 큰 타격을 준다(Crouter & Bumpus, 2001). 직장 스트레스를 겪는 아버지는 자녀와 배우자에게 덜 민감하고, 덜 관여한다(Goodman et al., 2011; Repetti, 1996). 어머니 역시 특별히 스트레스가 많았거나 힘들게 일한 날에는 아이들에게 관심을 덜 기울이며(Repetti & Wood, 1997), 직장에서 부정적인 경험을 했다면, 남편에 대해서도 더 화를 내거나 관심이 줄어든다(Schulz et al., 2004; Story & Repetti, 2006). 부모의 근로 스케줄 역시 스트레스가 될 수 있고, 아동에게 부정적 영향을 미칠 수 있다. 연구자들은 어머니가 일반적이지 않은 근무 일정—예를 들어, 야간 교대 같은—으로 일을 할 때, 아동의 언어발달에 부정적 영향을 미치고, 공격성 수준과 불안/우울 증상이 더 높다는 점을 발견했다(Dunifon et al., 2013; Han, 2005). 반대로, 긍정적인 근로 경험은 양육행동의 질을 향상시킬 수 있다. 직업에 대한 만족도가 높고, 복잡하고 좀 더 많은 독립성과 문제해결 기회가 주어지는 일을 가진 부모들은 자녀의 자율성에 대해 더 온화하고, 덜 엄격하며, 좀 더 지지적이고(Greenberger et al., 1994; Grimm-Thomas & Perry-Jenkins, 1994), 그들의 자녀는 더 적은 행동 문제를 보인다(Cooksey et al., 1997; Johnson et al., 2002). Bronfenbrenner의 생태학적 체계이론이 제안하듯, 일과 가족 맥락은 서로 불가분적으로 연결되어 있다(제1장 참조).

"엄마가 매일 8시에 출근하면서 저를 학교에 데려다주세요. 방과 후 학교 버스를 타고 집에 가면, 나는 숙제를 하고, TV를 보고, 친구랑 채팅을 해요. 엄마가 모임이나 저녁 식사 약속이 없으면 저녁 6시에 집에 오지만, 그렇지 않으면 더 늦게 귀가하세요. 기차가 제시간에 오면 아빠는 저녁 7시에 집에 들어오세요. 우리는 함께 식사를 하고, 나는 8시에 자러 가야 해요. 그렇지만 토요일 아침은 '빈둥거리며' 시간을 보내고, 아빠가 늦게 일어나실 때까지 나랑 엄마는 그냥 왔다 갔다 해요. 엄마가 마감 시한이 없을 때는 참 좋아요. 그 뒤에는 도통 엄마를 볼 수 없어요—엄마는 주말 내내 사무실에 있고, 집에 있는 모든 사람은 투덜거리죠."(에비)

## 30대 이후의 양육

오늘날의 커플들은 이전 사람들에 비해 더 늦게 결혼하고(1950년대보다 3~4년 늦게) 부모가 되는 시기도 더 늦다(Martin et al., 2012; Ventura et al., 2012). 이렇게 늦어지는 이유로는 여성의 고용 및 취업 전망이 증가하고, 남성과 여성 모두에서 성역할 유연성이 증가된 점이 포함된다. 오늘날의 커플들은 책임을 맡기 전에 교육을 끝마치고 자신의 경력을 쌓기를 원한다. 이것은 부분적으로 자녀 양육에 드는 비용 때문이기도 하다. 2016년 기준으로 자녀가 18세가 될 때까지 음식, 주거, 의복, 의료, 교통 등 기본적인 것들을 제공하는 데 233,610달러가 소요되는데, 2000년 이후 거의 61,000달러가 증가했다(U.S. Department of Agriculture, 2017). 산아제한과 사회적 규범들이 가족 형성이 지연되는 것을 가능하게 하고, 흔해지도록 했다.

부모들이 더 오랫동안 기다리기 때문에(그리고 때로는 더 힘들게 노력하기 때문에), 좀 더 나이 든 어머니들은 젊은 어머니들에 비해서 양육에 대한 책임감을 더 느끼고, 양육을 좀 더 즐기며, 자녀에 대한 긍정적 감정을 좀 더 표현한다(Ragozin et al., 1982). 이들은 아기와 더 많은 사회적 시간을 보내고, 아이로부터 더 많은 발화와 모방적 반응을 이끌어 내는 것 같은데, 어쩌면 어머니 자신의 원숙함의 결과로 아이들은 좀 더 많은 사회적, 인지적 기술을 획득하게 된다. 또 다른 증거들은 더 많은 나이에 부모가 되는 것이 더 나은 언어적 기술, 더 적은 사회정서적 어려움(Sutclifffe et al., 2012), 신장의 증가, 고등학교 때 더 나은 성적, 그리고 더 높은 대학진학 가능성(Barclay & Myrskyl, 2016)의 혜택을 줌을 시사한다. 그렇지만 양육의 유능성이 증가하는 데 있어서의 이점은 오로지 30대까지이다(Bornstein & Putnick, 2007). 아마도 이 연령대쯤 되면 여성의 인지적, 정서적 발달이 성숙기에 이르러 양육의 질적 변화가 더 심화되지는 않는 것 같다. 게다가 너무 오래 기다리는 것은 선천적 장애의 위험을 증가시킬 뿐만 아니라 어머니의 피로감도 증가시킨다(Mirowsky, 2002).

"나는 사라가 15세가 되기 일주일 전에 50세가 되었어요. 처음에 나는 나이가 들어 가면서 지독히도 우울했어요. 다음 날 아침 거울을 들여다보고 나는 울기 시작했어요. 왜냐하면 내 뒤에 중년의 여자가 지켜보고 있었기 때문이죠. 아침 식사시간에 사라는 내 화장을 보고 '그게 뭐야?'라고 하면서 내가 일하러 가기 전 기분을 망쳐 놨어요. 차를 타고 나서면서 나는 언젠가는 되돌아오지 않아야지 하고 결심했어요."

나이 든 아버지는 더 젊은 아버지보다 일과 가정의 요구 간에 균형을 잡는 데 좀 더 유연하고 자유로우며, 일상적인 자녀 돌봄에 있어 일정 부분 규칙적인 책임을 맡을 가능성이 3배나 높다(Daniels & Weingarten, 1988). 이들은 부모의 역할에 좀 더 많이 관여하고 자녀 양육과 관련된 긍정적인 정서도 좀 더 많이 경험한다(Cooney et al., 1993; NICHD Early Child Care Ressearch Network, 2000). 이들이 자녀와 상호작용할 때, 나이 든 아버지들은 더 젊은 아버지들에 비해서 격렬한 신체적 놀이는 덜하고 말이나 장난감을 사용한 자극을 더 많이 사용한다. 이는 나이가 들어 감에 따라 신체적 에너지가 줄어드는 것이 반영된 것이거나 더 나이 든 아버지들이 남성에 '적절한' 역할에 관한 고정관념이 더 적기 때문일 수 있다(Neville & Parke, 1997). 부모가 되기 위해 너무 오래 기다리는 것은 어머니들뿐만 아니라 아버지들에게도 불리할 수 있다. 남성이 나이가 들수록 선천적 장애의 위험을 증가시키는 질 낮은 정자가 생산된다(Wyrobek et al., 2006). 여성뿐만 아니라 남성 역시 계속해서 째깍거리는 생체 시계를 가지고 있다. 마지막으로, 제1장에서 이야기했던 동시대효과(cohort effect)를 기억하는 게 중요한데, 더 늦게 태어난 아이들은 부모의 행동에서뿐만 아니라, 사회적 진보의 결과로 그들이 태어난 시점에 이용 가능한 사회적, 교육적 기회의 증가에서도 혜택을 받을 수 있기 때문이다.

## 새로운 생식기술

현대의 생식기술은 자녀를 갖지 못하는 커플에게 희망을 준다. 1978년에 Louise Brown이 최초의 '시험관' 아기를 출산한 이래로, 전 세계 약 5,000만 커플들이 불임이나 파트너가 없는 상황을 극복하고 부모가 되고자 생식기술의 도움을 받는다. 500만이 넘는 아이들이 이러한 기술로 임신되었다(International Committee for Monitoring Assisted Reproductive Technologies, 2016). 사실, 여성이 나이가 들수록 성공률이 감소함에도 불구하고(CDC, 2017), 미국(Toner et al., 2016)과 유럽(Anderson et al., 2006) 내 출생의 1.5% 이상은 이러한 신기술을 포함하고 있다. 그러나 비용이 많이 들기 때문에 미국을 포함한 많은 나라에서 부모가 되기 위한 이러한 대안적 방법들은 가난한 사람들보다는 부유한 사람들이 더 많이 이용 가능하다(Parke, 2013; Spar, 2006).

시험관 시술(intracytoplasmic sperm injection: ICSI)은 남성의 정자 수가 적거나, 정자의 활동성이 떨어지거나, 혹은 정자가 비정상적 형태를 띠는 등의 문제를 해결하기 위해 개발되었다(Schultz & Williams, 2002). 체외수정(IVF)은 여성의 나팔관이 막혀 있는 문제를 해결하기 위해 개발되었다. 만약 남성의 정자 공급이 적절하지 못한 경우, 남성 기증자의 정자를 사용하거나 여성이 난자를 생산해 낼 수 없는 경우, 여성 기증자의 난자를 사용할 수도 있다. 대안적으로, 수정란을 대리모의 자궁에 이식시킨 후 임신 개월 수를 채울 수도 있다.

ICSI나 IVF를 통해 임신된 아기의 선천적 장애의 위험은 자연적으로 임신된 아기에 비해 약 30~40%가 더 높다(Hansen et al., 2005). 그러나 이들이 살아남는다면, 이 아이들은 어머니와의 관계나 자존감, 그리고 행동적, 정서적 문제를 갖게 될 가능성 면에서, 일반적인 방식으로 임신된 아이들만큼 잘 해낸다(Golombok, 2015; Hahn & DiPietro, 2001; Patterson, 2002). 부분적으로, 이러한 아이들은 아이를 갖기 위해 특별한 노력을 한 부모의 열정과 헌신 때문에 잘 해낸다(Golombok, 2015). 연구자들은 이러한 부모들이 일반적인 방식으로 자녀를 가진 부모들에 비해 자신의 아기와 아이에게 좀 더 다정함을 느끼고 보다 보호적임을 발견했다(Golombok, 2015; Hahn & DiPietro, 2001). 입양에 대한 다음 절에서 이야기하겠지만, 부모가 유전적 기원에 대해 자녀에게 더 개방적일 때 아동의 적응이 더 좋다(Golombok, 2015).

## 입양: 부모되기의 또 다른 방법

부모가 되기 위해 다른 커플들은 아이를 입양한다. 이들은 다양한 이유로 입양을 선택한다: 불임이기 때문에, 나이가 많아 유전적 이상의 가능성이 높아져서, 가족과 관련된 유전적 장애를 피하기 위해서, 혹은 장애가 있는 아이들에게 좋은 가정을 주고 싶어서. 2012년 미국에서는 119,514명의 아이들이 입양되었다. 이 수치는 2001년에 입양된 140,034명의 아이들보다 15% 줄어든(20,520명) 것이다(Child Welfare Information Gateway, 2016).

일반적으로, 입양된 아이들은 그렇지 않은 아이들에 비해 심리적 문제의 위험이 더 높다(Grotevant & McDermott, 2014). 그렇지만 입양이 장기 위탁이나 보호시설 같은 역기능적인 상황을 줄여 준다면, 이러한 좋지 않은 환경에서 거주하는 것보다 나을 수 있다(Nelson et al., 2014; Rutter et al., 2001). 이러한 사례들에서 입양이 갖는 이점은 아동이 입양되는 나이에 의해 결정된다. 6개월이 되기 전 입양되었던 루마니아 고아원의 영아들은 초기 박탈을 경험하지 않았던 입양아만큼이나 사회적 또는 정서적으로 잘 적응했다. 그러나 좀 더 장기적인 박탈에 노출되거나 태아기 동안의 약물 노출, 여러 번의 위탁 보호, 또는 신체적 혹은 성적 학대와 같은 역기능적 사건을 경험한 아이들은 좋은 입양가정에 가게 되더라도 초기의 어려움을 완벽하게 극복해 낼 수 없었다. 우리가 제2장과 제3장에서 보았던 것처럼, 입양된 아이들에 비해 보호시설의 아이들에게서 대뇌발달의 문제와 불안정애착 패턴이 좀 더 흔하다(Nelson et al., 2014). 게다가 어린 나이의 입양은 부모에게도 역시 더 낫다. 자녀가 더 어린 나이에 입양이 될 때, 양육 스트레스가 더 적다(Grotevant & McDermott, 2014; Tomello et al., 2011).

1970년대 이후로 입양 절차가 좀 더 개방적이 되었고, 현재는 친부모, 입양 부모, 그리고 입양아들이 서로 누구인지를 알거나 적어도 각 사람들의 신분을 아는 것이 좀 더 보편화되었다. 공개 입양이 입양 가정에 해가 되고 입양된 자녀에게 혼란과 적응 문제를 초래할 것이라는 우려에도 불구하고, 문제는 거의 나타나지 않았다(Grotevant & McDermott, 2014). 아동, 친부모, 입양 부모 모두 친모가 임신 상태에 있을 때 입양을 결정하는 것이 도움이 된다. 아동의 문제행동이 더 적을수록, 입양 부모는 자녀와 좀 더 안정적인 관계를 맺을 수 있고, 친부모는 우울감, 죄책감, 후회를 덜 경험한다(Grotevant, 2007). 유익한 효과를 얻는 이유 중 한 가지는 친가족과의 접촉은 입양에 관한 더 빈번한 가족 대화와 관련이 있고, 이것은 입양아에게 긍정적인 입양 정체성 발달과 관련되기 때문이다(Von Korff & Grotevant, 2011).

> "나는 양부모님과 함께 나의 친가족이 얼마나 극적인 상황에 있었는지에 대해 이야기를 나누었고, 내가 그 안에 있는 게 아니라 밖에 있다는 것에 대해 감사했어요. 모두를 위해 그곳에 머물 수도 있었겠지만, 나는 떠나 왔고, 아주 완벽하진 않지만, 입양 가족으로 왔다는 것에 감사해요. 입양은 내게 많은 것을 준 것 같아요. 많은 아이와 십대가 갖지 못한 완벽한 관점. 그것은 내가 다른 가족들을 완전하게 받아들이는 것을 가능하게 해 주었고, 내가 일반적으로는 알기 어렵거나 실제로는 관심

도 없었을 가족 안의 문제들을 볼 수 있게 해 줬어요. 한동안 나를 알고 지낸 사람들은 질문을 해요, 천성이냐 유전이냐…. 나는 그런 점에서 둘 다의 결과물인 최고의 예죠. 나는 입양이 내게 준 관점을 좋아해요."

## 게이와 레즈비언 부모

동성 부모 가족은 두 가지 방식으로 만들어진다: (1) 게이 혹은 레즈비언 부모가 자녀의 생물학적 부모인 이성애 파트너와 헤어진 다음에 두 명의 파트너가 함께 아동을 돌보는 새로운 동성애 관계를 시작할 때 혹은 (2) 이전의 관계에서 자녀를 갖지 않았던 게이와 레즈비언 커플이 입양이나 인공수정을 통해 부모가 되기로 선택했을 때.

연구자들은 이성애 파트너와 이혼한 레즈비언 엄마들은 자존감, 일반적 행복감, 그리고 전반적 적응에 있어 이성애적 엄마와 거의 다르지 않다고 지적한다(Goldberg, 2010; Patterson, 2017). 이혼한 게이 아버지의 극소수만이 자녀 양육권을 얻거나 혹은 아이와 함께 살기 때문에 이들에 대해서 아는 것이 적다(Patterson, 2017). 게이와 레즈비언 부모에 관해 우리가 아는 대부분의 지식은 부모가 되기로 선택한 동성 커플들에 대한 연구에서 온 것들이다. 동성애자 가족과 이성애자 가족을 비교하는 연구들은 게이와 레즈비언 부모가 이성애 커플보다 좀 더 동등하게 가사 분담을 공유하는 경향이 있음을 발견했다(Solomon et al., 2004). 그럼에도 레즈비언 가족에서는 생물학적 어머니가 자녀 양육에 좀 더 관여하는 경향이 있고, 비생물학적 어머니는 좀 더 긴 시간을 일하는 데 사용하는 경향이 있다. 게이 아버지들도 유사하게 이성애자 커플보다 자녀 양육과 가사 분담을 좀 더 공유하는 경향이 있다(Goldberg & Allen, 2013). 이성애 커플 가족처럼 두 명의 파트너가 자녀 양육을 공유할 때, 이들은 만족도가 더 높았고, 자녀들이 더 잘 적응했다(Patterson & Farr, 2011).

Monkey Business Images/ShutterStock

게이 아빠들을 둔 아이는 아빠들과 따뜻한 상호작용을 즐긴다.

일반적으로 레즈비언과 게이 커플 가족의 자녀들 역시 전형적인 발달을 한다. 이들이 이성애 가족의 아이들보다 정서적, 사회적 성취 문제를 가질 가능성이 더 높다는 어떠한 증거도 없고, 바뀐 성역할에 대한 뚜렷한 증거도 존재하지 않는다(Biblarz & Savci, 2010; Patterson, 2017; Potter, 2012). 게이 아버지를 둔 아이들의 다수도 이성애자 아버지를 둔 아이들이 그런 것처럼 이성애자 성인으로 성장한다. 게다가 게이 아버지들은 의심의 여지없이, 편견과 차별에 직면하지만, 이들의 자녀는 아버지와의 관계에 대해 따뜻하고 지지적인 것으로 보고한다(Goldberg, 2012; Golombok et al., 2014). 이용 가능한 증거들을 보면, 게이와 레즈비언 부모에 대한 수용이 증가하면 이러한 가정에서 양육된 아이들에게 도움이 될 수 있음을 시사한다. 예를 들어, 레즈비언 부모와 게이 부모가 모두 인정되는 네덜란드 레즈비언 부모들의 자녀는, 동성 부모에 대해 덜 수용적인 미국의 레즈비언 부모들의 자녀들보다 어머니의 성적 정체성에 관한 편견을 덜 경험한다(Bos et al., 2008). 비슷하게, 지역 사회 내에서 LGBT와 친하게 지내는 것은 양육과 아동의 적응을 좀 더 수월하게 한다(Lick et al., 2012). 사회 속에서 자신의 위치에 대해 자신감과 편안함을 느끼는 온정적이고 다정한 부모들은, 스스로에 대해 안전하고 만족스럽게 느끼며 부모의 사랑을 되돌려 주는 자녀를 갖게 되는 것 같다.

## 단독양육

가족 내의 또 다른 변화는 더 많은 어머니가 혼자 힘으로 아이를 키운다는 점이다. 이들은 남편 없이 아기를 갖거나 이혼 후 자신을 찾는 중이다. 1960년대 아이들 중 8%만이 모자 가정(single-mother families)에서 살았던 것과는 대조적으로, 2015년에는 23%가 되었다(Child Trends, 2015). 이러한 모자 가정에서 자라는 것은 어떤 영향이 있을까? 일반적으로, 부모가 둘 다 있는(two-parent) 가정의 자녀보다 모자 가정의 아동들이 발달적으로 좀 더 많은 어려움을 갖는다(Bornstein, 2015; Child Trends, 2015). 캐나다에서 수행된 국가 연구에서 Ellen Lipman과 동료들(2002)은 모자 가정의 6~11세 아이들이 부모가 둘 다 있는 가정의 자녀들보다 사회적, 심리적 문제를 더 많이 갖고 있음을 확인했다. 유사하게, 미국에서 수행된 국가 연구에서도 연구자들은 부모가 둘 다 있는 가족의 아이들보다 모자 가정의 미취학 아동들이 어머니와의 안정애착이 더 적고 어머니에게 좀 더 부정적으로 행동함을 발견했다(Clarke-Stewart et al., 2000).

그러나 모자 가정의 유형에 따라서도 차이가 있다. 한 번도 결혼한 적이 없는 어머니를 둔 아동들이 헤어지거나 이혼을 해서 혼자가 된 어머니를 둔 아동들에 비해 덜 사교적이고, 사회적으로 덜 유능하며, 어머니와의 긍정적인 행동이 더 적었다. 핀란드에서 수행된 국가적 연구에서, 한부모 양육의 차등적인 결과가 자녀가 성인이 된 이후에서조차도 명확하게 나타났다. 적어도 자녀가 14세가 될 때까지 결혼한 적이 없는 어머니를 둔 남아들이 양쪽 부모가 둘 다 있는 가정에서 자란 남아들에 비해 폭력적인 범죄를 반복할 가능성이 8배나 높았지만, 어머니가 이혼을 해서 혼자가 된 경우라면, 이러한 가정의 남아들은 부모가 둘 다 있는 가정에서 성장한 아이들이 폭력적인 범죄자가 되는 것보다 겨우 2배 정도 높았다(Koskinen et al., 2001).

미국 내 한부모 가정 내에서 이러한 차이가 생기는 한 가지 이유는, 결혼한 적이 없는 어머니들의 중위 가구 소득이 이혼한 어머니들의 소득에 절반에 불과하기 때문이다(Clarke-Stewart et al., 2000). 이러한 어머니들은 이혼한 어머니들에 비해 더 젊고, 덜 교육을 받았으며, 아프리카계 미국인일 가능성이 더 높다. 이들은 더 많은 심리적 문제를 가지고 있을 수 있다. 부모가 둘 다 있는 가족에서도 그런 것과 마찬가지로, 스트레스, 경제적 어려움, 사회적 지지의 부족 같은 모든 것이 모자 가족 아동의 더 좋지 못한 적응에 기여한다(Parke, 2013; Smock & Greenland, 2010). 한 싱글맘은 다음과 같이 회상했다(Golombok, 2000, p. 4).

> "당신은 모든 사람에게 모든 것이 되어야만 합니다. 당신은 절대 아플 수도 없고, 피곤해서도 안 되며, 심지어 아주 힘든 상황일 때조차도 절대 모든 걸 다 써 버려서는 안 됩니다. 만약 내가 동일한 선택에 직면한다면, 나는 또 다시 그렇게 하겠지만, 나는 그러한 삶의 방식을 선택하지 않을 거예요."

더 빈곤하고 더 젊은 한부모 가정의 아이들보다, 좀 더 경제적 능력이 있고 스스로의 선택으로 싱글맘이 된 경우의 자녀들이 일반적으로 더 잘 적응한다(Graham, 2012; Hertz, 2006). 모든 한부모가 같지 않다는 것을 기억하는 것이 중요하다.

## 이혼과 재혼

백 년 전, 미국 내 연간 이혼율은 천 명당 한 명에 불과했다. 1980년까지 그 비율은 천 명당 5명 이상으로 상승했다. 이러한 증가는 이혼에 대한 법적, 도덕적 제약이 감소한 것, 그리고 가족의 핵심이 경제적 의존에서부터 정서적 욕구 충족으로 이동한 것과 관련이 있다. 1980년 이후로 그러한 흐름이 다시 바뀌어 이혼이 줄어들었다. 오늘날 이혼율은 천 명당 세 명 정도이다—30여 년 만에 최저 수준이다(National Center for Health Statistics, 2017). 그러나 이혼율의 감소에도 불구하고, 미국 내 이혼율은 서구세계의 어떤 나라보다도 가장 높은 수준을 유지하고 있다.

이혼에 대한 이유는 한 가지가 아니지만, 남편과 아내가 다른 인종적 배경을 가졌거나, 이혼이 나쁘다는 종교적 신념이 없거나, 술이나 다른 약물 남용이 있거나, 의사소통 기술이 부족하거나 정신건강 문제가 있을 때 그 가능성이 증가한다(Clarke-Stewart & Brentano, 2006). 만약 커플이 결혼생활에 대한 헌신이 낮고, 제한된 교육을 받은 것으로 인해 높은 수준의 스트레스를 경험하며, 경제적 어려움에 직면하고, 어린 나이에 결혼을 하였으며, 자녀를 갖는 것에 대한 책임감, 특히 문제가 있는 자녀나 결혼 전 아이를 임신한 경우라면, 이혼하기 쉽다(Amato, 2010).

이혼은 일회적 사건이 아니다. 커플이 헤어지기 오래전에 시작된 일련의 단계들이 있으며, 이별의 고통과 두 세대로 분리하는 것에서의 어려움이 지속되고, 긴 법적 과정이 계속된다. 비록 이혼이 파괴적인 가족 상황에 대한 긍정적인 해결책이었음이 결국에는 증명될 수도 있지만, 가족 구성원 대부분에게 이혼 이후의 기간은 매우 스트레스이다. 이혼 이후 첫 해 동안, 흔히 부모의 고통스럽고 불행한 감정은 증가하고, 부모와 자녀 간의 관계에서 문제가 더 많아지며, 대개 아동의 사회적, 정서적 웰빙은 악화된다(Hetherington & Stanley-Hagen, 2002). 둘째 해에 가족이 새로운 지위에 적응을 하면, 많은 부모가 개인적 웰빙, 대인관계 기능, 가족관계에서 호전을 경험한다. 결국에 안정적이고 잘 기능하는 한부모 가정의 아이들은 갈등에 시달리는 부모가 둘 다 있는 가정의 아이들보다 더 잘 지낸다. 그렇다고 해서 이러한 과정이 쉽다거나 혹은 이혼이 모든 아이에게 유익하다는 의미는 아니다.

**이혼이 아동에게 미치는 영향** 연구자들은 이혼 가정의 아동이 부모가 둘 다 있는 가정의 아이들보다 평균적으로 행동적, 정서적 문제가 좀 더 많음을 발견했다. 이들은 좀 더 공격적이고, 덜 순응적이며, 반사회적이다. 또한 덜 친사회적이며, 더 낮은 자존감을 보이고, 또래관계에서 더 많은 문제를 경험한다(Amato, 2010; Amato & Anthony, 2010, 2014; Hetherington, 2006). 게다가 이혼 가정의 아동들은 아버지와의 관계가 덜 긍정적인데, 특히 아동이 어린 나이에 이혼을 했고, 아동이 여아인 경우에 더 그렇다(Amato, 2006). 이혼

후에 아버지들은 아들에 비해 딸들과 접촉할 가능성이 더 적다(Manning & Smock, 2006).

그러나 이혼 가정과 그렇지 않은 가정의 아이들 간 이 같은 차이는 크지 않다. 이혼 가정과 부모가 둘 다 있는 가정의 아동들을 비교하는 메타 연구는 심리적 적응(우울과 불안)의 경우, 효과크기($d$)가 .31이었고, 품행 문제(공격성과 비행)의 경우에는 $d = .33$이었다(Amato, 2001). 이것이 의미하는 것은, 평균적으로 심리적 안녕과 바람직한 행동에 대한 평가에서 이혼한 부모를 둔 아동들이 결혼생활을 지속하고 있는 부모를 둔 아동보다 표준편차 약 ⅓ 정도 낮은 점수를 기록했음을 의미한다. 또 다른 최근 연구(Amato & Anthony, 2014)에서 이혼이 아동에게 부정적인 영향을 미친다는 점이 확인되었다. 읽기 점수와 수학 점수, 학습에 대한 긍정적 접근, 대인관계 기술, 그리고 내재화 문제와 외현화 문제가 증가하는 동안 자기-통제는 감소하였다. 연구자들은 또한 부모가 둘 다 있는 가정의 아동과 비교해서 이혼 가정의 아동들이 학교를 빠지거나 정학을 당하거나, 경찰과 마찰을 빚고, 십대에 임신을 하며, 십대 후반과 이십대 초반에 취업을 하지 못하고, 임상적 수준의 심리적 고통과 우울감, 알코올 사용, 흡연, 약물 사용 문제가 약 두 배에 이른다는 점을 확인했다(Anderson, 2014; Lacey et al., 2016; Zeratsion et al., 2014). 부모가 둘 다 있는 가정의 아이들에서 겨우 1/10 혹은 1/7인 것과 비교해서, 이혼 가정 아동의 약 ⅓이 적응 문제를 가지거나 원치 않는 십대 임신을 하고, ¼은 적응 문제 혹은 좋지 못한 사회적 관계를 가지고 있다(Hetherington & Kelly, 2002; McLanahan, 1999; Wolchik et al., 2002). 이혼의 영향이 그리 크지 않더라도, 인종, 출생 순서, 질병, 가족 구성원의 사망, 혹은 부모의 낮은 교육 수준보다도 아동의 문제행동과 심리적 스트레스에 미치는 효과가 더 크다. 사실, 흡연과 암 사이의 관련성의 정도보다도 더 크다. 또한 그 영향 역시 오래 지속될 수 있다. 부모의 이혼을 경험한 성인들은, 결혼할 때까지 부모님들이 살아 계신 성인들과 비교해서, 평균적으로 더 적은 교육을 받고, 덜 안정적인 결혼생활을 하며, 부모와의 친밀감을 덜 느끼고, 더 좋지 않은 심리적 웰빙을 보인다(Amato, 2010; Friedman & Martin, 2011).

**누가 가장 많은 영향을 받는가** 부모의 이혼이 모든 사람에게 동일하게 영향을 미치는 것은 아니다. 부모가 이혼할 당시의 아동의 나이가 차이를 만든다. 흔히 자녀가 매우 어리거나 다 성장한 뒤에 부모가 이혼을 한다면 그 효과가 미미할 것으로 가정한다. 실제로 이 두 집단에 미치는 효과가 가장 덜 심하지만, 연구자들은 이혼이 모든 연령에 영향을 미칠 수 있다는 점을 발견했다. 이혼 가정의 아기들이 그렇지 않은 가정의 아기들보다 어머니 혹은 아버지와 불안정 혹은 혼란애착을 형성하게 될 가능성이 더 컸다(Solomon & George, 2011). 부모가 이혼할 당시 더 어린아이들은 혼란스럽고, 두렵고, 불안해할 수 있으며, 좀 더 미숙한 행동으로 퇴행할 수도 있다(Clarke-Stewart & Brentano, 2006). 한 대학생이 다음과 같이 회상하였다(Clarke-Stewart & Brentano, 2005, p. 111).

> "내가 네 살일 때 부모님이 이혼하셨고, 나는 혼란스럽고 당황스러웠어요. 나는 손가락을 빨기 시작했고, 다른 아이들과 어울리지 않기 시작했어요. 나는 우리 엄마가 나를 버리지 않을까 너무 무서웠고, 왜 아빠를 볼 수 없는지 이해할 수 없었어요. 나는 내가 아버지를 잘 모른다고 느꼈고, 나는 아버지를 이해하지도 않고 화를 냈어요. 나는 엄마가 있을 때에만 진정으로 '안전'하다고 느꼈던 게 기억나요. 엄마는 내가 믿을 수 있는 유일한 사람이었어요."

학령기 아동들은 어린아이들보다 '이혼', '별거'라는 개념을 더 잘 이해하지만, 부모가 별거 중이라는 사실을 알게 되면 그래도 역시 보통은 충격을 받고, 걱정을 하며, 슬퍼한다. 6~8세 아이들은 특히 아버지를 잃는다는 사실에 속상해하고, 우울과 불안을 경험한다. 8~10세 아이들은 이혼, 친구를 떠나 멀리 이사를 가는 것, 부모님이 힘들어하는 것, 그리고 두 집에서 살게 되는 것과 같은 양육권 문제들에 대해 좀 더 화를 내는 경향이 있다. 이 연령대의 많은 아이가 이혼에 대해 곱씹어 생각한다. 한 연구는 이 연령대 아동의 40%가 하루에 적어도 한 번 이상 이혼한 이유에 대해 생각하며 시간을 보낸다는 점을 발견했다—적어도 1년 이상(Weyer & Sandler, 1998). 이 나이대의 많은 아동이 두통, 구토, 어지러움, 수면 문제, 집중곤란과 같은 정신신체적 스트레스 증상을 경험한다(Bergman et al., 1987). 부모님이 5학년 때 이혼한 한 대학생은 다음과 같이 회상했다(Clarke-Stewart & Brentano, 2005, p. 115).

> "부모님이 헤어지신 일은 내 인생에서 가장 충격적인 사건이었어요. 부모님의 계획에 대해 들은 후에 내가 아팠던 게 기억나요. 나는 일주일 동안 아팠어요. 내가 한 거라곤 자고 토하는 것뿐이었어요."

청소년기에는 부모의 문제에 대한 인식과 이해가 증가하지만, 여전히 자신의 관점에서 대상을 보는 경향이 있다. "나한테 어떻게 이럴 수 있어?" 이들은 부모가 둘 다 있는 가정의 또래들보다 성, 약물, 술과 같은 위험 행동에 좀 더 관여하는 경향이 있고, 결과적으로 학교나 법적인 문제를 겪게 된다(Kirby, 2002). 이들은 버려지고, 불안하고, 우울하다고 느낄 수 있다. 이들은 자살을 생각할 수도 있다(Simons et al., 1999).

많은 연구가 이혼은 여아보다 남아에게 더 나쁨을 시사한다. 예를 들어, Hetherington (1989)의 연구에서, 이혼 가정의 미취학 남아가 여아에 비해 좀 더 공격적이고 미숙하게 행동하는 경향이 있었다. 남아는 여러 가지 이유로 여아보다 더 많은 문제를 보일 수 있다. 남아는 여아보다 생리적으로 스트레스에 더 취약하다. 부모와 교사는 남아의 분노폭발에 더 엄격하다. 이혼 가정의 남아는 대개 어머니와 함께 살기 때문에 남성 롤모델을 잃어 버린다. 남아의 부모는 아이의 시끄럽고 과격하고 반항적인 행동에 좀 더 지치고 양육하기가 힘들다고 생각하기 때문에, 남자아이는 스트레스를 많이 받는 부모에게서 정서적 지지를 덜 받는다. 그러나 성차가 항상 관찰되는 것은 아니다. 메타 연구에서 남아가 심리적 적응에서 더 부정적 영향을 받는 것은 아닌 것으로 나타났다(Amato, 2001). 그러나 이혼 가정의 남아는 이혼 가정의 여아와 비교해서 유의하게 사회적 적응이 좀 더 좋지 못하다: 이들은 인기, 외로움, 협조, 부모-자녀 관계에서 좀 더 어려움이 많다. 몇몇 대규모 연구에서는 이혼 가정의 남아 역시 여아에 비해 절도, 재산손괴, 경찰에 의한 연행, 법원 출두를 포함해서 더 많은 행동문제를 보인다는 사실을 발견했다(Morrison & Cherlin, 1995; Mott et al., 1997; Simons et al., 1996).

남아와 여아 모두 이혼에 의해 영향을 받지만, 이들이 그 영향을 다른 방식으로 표현하는 것이라는 의견이 제기되었다. 남아는 고통감을 외현화하는 경향이 있고, 여아는 내재화하는 경향이 있다. 이러한 생각을 지지하는 일부 증거들이 있다. 이혼 적응 집단의 아이들이 아버지에게 쓴 편지에서, 남아의 주제는 좀 더 분노에 관한 것이었고, 여아는 좀 더 불안에 관한 것이었다(Bonkowski et al., 1985). 남아는 여아에 비해 이혼한 어머니와 좀 더 많이 싸우는 경향이 있고(Brach et al., 2000), 성인기에 이혼 가정의 젊은 여성은 좀 더 장기적인 불안, 우울, 대인관계의 어려움을 보였다(Dixon et al., 1998; Feng et al., 1999; McCabe, 1997; Rodgers et al., 1997). 또 다른 의견은, 여아는 이혼 전에 고통을 받고, 남아는 이혼 후에 고통을 받는다는 것이다. 한 연구에서 청소년 여아는 별거 전에 부정적 영향을 나타낸 반면, 남아는 이혼 후에 나타났으며(Doherty & Needle, 1991), 부모의 가상(simulation) 다툼 상황에서 남아는 싸움이 끝난 뒤에 좀 더 공격성을 나타냈고, 여아는 실험 기간 동안 좀 더 고통스러워했다(Cummings et al., 1985). 세 번째 의견은 어린 나이에는 부모의 이혼에 대한 반응이 남아에게 좀 더 강하고, 청소년기에는 여아에게 좀 더 강하게 나타난다는 것이다. 이러한 제안을 지지하면서 연구자들은 이혼 부모의 청소년 딸들이 반사회적 행동, 정서적 문제, 어머니와의 갈등이 증가한다는 점을 보여 주었다. 이들은 성적으로 좀 더 적극적이며, 임신을 하거나 결혼을 하게 될 수 있다(Hetherington, 1998, 2006). 이후에, 부모가 이혼하지 않은 여성들보다 이혼 가정의 여성들이 좀 더 많은 관계 문제를 가지는 경향이 있고, 그들 자신도 부모가 전에 그랬던 것처럼 이혼을 하게 될 수 있다(Amato, 2006; Hetherington, 2006). 남아는 청소년기와 성인에 이러한 영향을 나타내지 않는다.

그러나 성차보다도 좀 더 중요한 것은 아동이 부모의 이혼에 적응하는 것을 돕는 개인적 특성이다. 심리적으로 건강하고 행복하며 자신감이 있는 아동은 이혼 전에 심리적 어려움을 가지고 있던 아동보다 새로운 도전과 이혼이 초래한 스트레스 경험에 좀 더 쉽게 적응한다(Masten, 2014). 심지어 그러한 경험을 통해 뭔가를 배우기도 하고, 사회적 문제 해결에 더 유능해진다(Hetherington, 1989, 1991). 높은 지능은 아동에게 미치는 이혼의 부정적 영향을 완충시키는 데 도움을 준다(Hetherington & Kelly, 2002; Katz & Gottman, 1997). 순한 기질도 아동이 부모의 이혼으로부터 회복되는 것을 돕는다. 만약 아동이 좀 더 낙관적이고 건설적이며 현실적인 관점을 가지고 있다면 이혼에 대해 더 잘 적응할 수 있다. 이러한 아동은 아동기에 심리적 문제가 더 적고(Guidubaldi et al., 1987; Mazur et al., 1999), 성인 초기에 자신의 연인과 좀 더 안정적인 관계를 맺을 수 있다(Walker & Ehrenberg, 1998).

**이혼과 한부모 가정** 우리는 이혼이 아동에게 미치는 영향을 어떻게 설명할 수 있을까? 많은 설명 가운데 가장 중요한 한 가지는, 이혼 가정의 아동이 양육을 어렵게 만드는 다양한 스트레스의 위험이 높아지는 한부모 가정에서 성장하게 된다는 점이다. 사실, 흔히 이혼 뒤에는 양육에 소홀해진다(Hetherington & Stanley-Hagan, 2002). 어머니 자신이 이혼에 따른 어려움을 겪고, 그래서 자신에게 몰두해 있으며, 변덕스러우며, 자녀에게도 비일관적이 되기 쉽다. 이들은 종종 자녀의 행동이 올바른지에 대한 점검과 감독을 하지 못한다. 아이도 이혼에 따른 즉각적 여파를 나타내게 되는데, 좀 더 요구적이 되고, 불순종하며, 공격적이거나, 징징거리면서 과도하게 의존적이 된다. 이혼 가정의 어머니와 아들은 특히 점점 더 증가하는 강압적 교류에 빠져들게 될 수 있다.

아이들 역시 익숙한 가정과 삶의 방식을 잃어버리기 때문에 힘들 수 있다. 가정의 수입이 줄어들고, 어머니는 흔히 생계 문제에 직면하게 된다. 어떤 아이들은 이혼 뒤에 좀 더 많은 가사에 대한 책임을 지게 되고, 이에 대해 억울해하거나 반항할 수 있다. 아이들은 부담스러운 집안일, 어린 동생에 대한 책임, 새로운 도시로의 이사, 법원을 오가는 일과 같은 스트레스가 더 적을수록 이혼에 대한 적응이 더 쉬워진다(Crarke-Stewart & Brentano, 2006).

이혼 2년 이후에는 양육이 크게 나아지지만, 문제적인 양육은 아들에게 좀 더 지속될 수 있다—특히 기질적으로 까다로운 아들. 비록 어머니는 사춘기 딸의 행동화를 견뎌 내야 할 수도 있지만, 결국에는 이혼한 어머니와 딸은 친밀한 관계를 형성하게 되는 것 같다(Hetherington & Kelly, 2002). 권위적인 양육방식은 이혼하지 않은 가정에서 그런 것처럼, 이혼 가정 자녀의 긍정적인 적응과 관련 있다. 이혼이 스트레스와 갈등을 줄여 주고, 부모가 더 잘 기능할 수 있도록 해 준다면, 결국엔 아동에게 도움이 되는 경향이 있다.

Stockbyte/Getty Images, Inc.

이혼한 어머니들은 아버지의 훈육이 뒷받침되지 않으면 아들을 다루는 데 어려움을 겪는 경우가 흔하다.

이혼 가정 자녀의 웰빙에 관한 또 다른 중요한 핵심은 함께 살지 않는 부모, 주로 아버지와의 관계이다. 이혼한 부부가 자녀 양육방식에 대해 동의하고 원만한 관계를 유지하는 한, 함께 살지 않는 부모와 자주 만나는 것은 아동의 긍정적인 적응과 관련된다(Dunn, 2008; Fabricius et al., 2010; Warshak, 2014). 이러한 만남은 특히 아들에게 유익하다. 만약 아이들이 함께 살지 않는 부모에게 집안일에 대한 감독, 식사 준비, 기념일 챙기기 등에 대해 그저 아는 어른 이상의 부모의 역할을 할 수 있도록 허용하는 경우, 특히 더 중요하다. 그러나 부부 사이에 갈등이 지속되고, 특히 그것이 아이로 하여금 중간에 끼어 있는 느낌을 갖게 한다면, 함께 살지 않는 부모와의 잦은 만남은 아동의 문제 행동과 관련이 될 수 있다(Buchanan & Heiges, 2001). 또한 아버지가 도벽이나 폭력과 같은 반사회적 행동의 이력을 가진 경우라면 아버지와의 잦은 접촉 역시 좋지 않다(DeGarmo,

2010). 분명히, 아이에게 도움이 되는 것은, 갈등과 스트레스 그리고 반사회적 행동이 없는 상태에서 함께 살지 않는 부모와 긍정적인 만남을 하는 것과 건강한 협력적 공동양육이다(Carlson & McLanahan, 2010).

**양육권이 중요한가** 아이가 어머니 혹은 아버지에 대해 **단독양육권(sole custody)**이 있는지, 아니면 양쪽 부모에 대한 공동양육권이 있는지가 중요할까? 오늘날 대부분의 아이는 어머니에게 단독양육권이 있다. 어머니들은 사례의 80% 가깝게 일차적인 신체적 양육권(physical custody)을 얻고, 아버지들은 약 10% 정도이다. **공동 신체적 양육권(joint physical custody)**은 이혼 사례의 경우 4%에서만 내려진다. 그러나 어머니 양육권이 항상 최선의 방식일까?

연구자들은 아버지 양육권이 아동의 자존감, 불안, 우울, 행동문제에 더 도움이 될 수 있음을 발견했다(Clarke-Stewart & Hayward, 1996). 친권자 아버지(custodial fathers)는 친권자 어머니보다 수입이 더 많고, 가족과 친구들의 정서적 지지도 더 많이 갖고 있는 경향이 있다. 게다가 어머니에게 양육권이 있는 경우보다 아버지에게 양육권이 있을 때, 어머니가 자녀와 계속 관계를 유지할 가능성이 더 높다(Fabricius et al., 2010). 그러므로 아버지에게 양육권이 있는 아이들이 양쪽 부모 모두와 지속적인 친밀한 관계를 갖는 장점이 있다. 12~16세 청소년 1,400명을 대상으로 한 국가적 연구에서 친권자 어머니의 ⅓만이 아이의 아버지와 긍정적 관계를 유지하고 있었던 반면, 친권자 아버지의 절반 이상이 아이 어머니와 친밀한 관계를 유지했다(Peterson & Zill, 1986).

그렇다고 해서 이런 사실이 법원이 무조건 아버지에게 모든 아이의 양육권을 주어야 한다는 의미는 아니다. 양육권을 추구하는(seek) 아버지들은 그렇지 않은 아버지들보다 자녀에게 정서적 투자를 좀 더 하고, 실질적인 부모들이다. 게다가 한 연구에서 아버지에게 양육권이 있는 아이들이 평균적으로 어머니에게 양육권이 있는 아이들보다 더 잘 해내는 것으로 밝혀졌지만, 어머니에게 양육권이 있으면서 아버지와 자주 접촉하는 아이들만큼 더 잘 적응하는 것은 아니었다(Clarke-Stewart & Hayward, 1996).

양쪽 부모와의 접촉이 이혼 후 아동의 적응에 중요하다면, 공동양육권이 해결책일까? **공동 법적 양육권(joint legal custody)** 계약에서 어머니와 아버지는 자녀의 삶에 관해 공동의 의사결정 책임을 가지지만, 아동은 부모 중 한쪽하고만 살게 된다. 공동 신체적 양육권 계약에서 아동은 부모 양쪽과 반반씩 살고 아버지와 어머니 모두 정기적으로 만날 수 있다. 이 같은 계약은 아동에게 안전감을 주고 부모에게 버림받았다는 느낌을 줄여 줄 수 있다(Emery, 2011). 33개의 메타 연구에 따르면, 공동 법적 양육권에 있는 아동들이 단독양육권에 있는 아동보다 더 잘 적응하는 것으로 나타났다. 이들은 더 적은 문제행동과 정서적 어려움을 나타냈으며, 더 높은 자존감과 더 좋은 가족관계를 보여 주었다(Bauserman, 2002).

그러나 많은 요인이 공동양육권의 성공을 약화시킬 수 있다. 부모가 너무 다른 생활방식, 모순되는 가치들, 빈약한 의사소통 기술을 가지고 있다면, 혹은 부모가 자신들의 갈등을 제쳐 두지 못한다면, 혹은 서로 다른 지역으로 이사를 가기를 원한다면, 공동양육권은 문제가 될 수 있고 불안정해지는 경향이 있다. 만약 아동이 매우 어리거나, 부모가 자신들의 싸움에 아이를 볼모로 잡는다면, 혹은 공동양육권이 부모의 의지에 반해 법원 명령이 내려진 경우라면, 아동에 대한 결과는 부정적이 될 수 있다(Clarke-Stewart & Brentano, 2006). 공동양육은 부모 간의 갈등이 적고, 아동이 중간에 끼어 있다는 느낌이 들지 않을 때 가장 효과적이다. 협력적인 부모에게서조차 아이들은 공동양육으로 인해 마음을 다칠 수 있다. 여기, 아빠 집과 엄마 집을 매일 오간 학생의 경험이 제시되어 있다(Clarke-Stewart & Brentano, 2005, p. 203).

> "아버지의 문 여는 소리가 들리고 나를 따뜻한 침대 밖으로 꺼내서 차가운 밴에 옮겨 싣는 시간이 오전 4시 30분이에요. 그다음엔 언니 차례예요. 아버지는 밴 뒤에 우리를 위해 만든 침대에 우리를 갖다 눕혀요. 그런 다음 아버지는 우리의 하루치 옷, 숙제, 그리고 한 달에 한 번은 엄마에게 줄 양육비를 확인하기 위해, 마지막으로 한 번 더 집으로 들어가요. 아침 5시에 우리는 엄마 집에 도착해요. 그런 다음 아빠는 일단 우리를 한 명씩 어깨에 안고 집 안으로 옮겨 줘요. 언니랑 나는 학교에 가기 위해 일어나야 하는 6시 30분까지 다시 잠들려고 노력해요. 엄마는 우리 점심을 준비하고 학교에 운전해서 데려다줘요. 아빠는 3시 30분에 일을 마치면 우리를 다시 데리고 가기 위해 오세요. 우리는 아빠와 식사를 하고, 숙제를 마치고, 가방을 싸고, 자러 가고, 이런 일상이 반복돼요. 내가 여섯 살 때부터 열네 살 때까지 이런 일이 일주일에 다섯 번이었어요. 주말에 우리는 하루 반을 엄마와 함께 보내고, 반나절은 아빠와 함께 보내요…. 이런 양육권 계약에 관한 유일한 긍정적인 점은 내가 나를 정말 잘 돌보아 주는 두 명의 부모가 있다는 사실을 알고 있다는 점이에요. 만약 그렇지 않다면, 모든 것이 둘로 나누어져 있기 때문에 정말 힘들어요—휴일에 가는 곳도, 학교 행사에서 우리 옆에 앉아 있는 사람도, 생일파티 하는 장소

도…. 나는 항상 어떻게 나를 둘로 쪼갤 수 있을까에 대해 생각하기 때문에 그 스트레스는 정말 끔찍해요."

공동양육권은 분명히 이혼 가정에 만병통치약이 아니며, 이것을 실행 불가능하게 만드는 많은 방식이 있다. 장기적으로, 이것의 이점은 부모와 아동에게 상징적 가치가 될 수 있다는 것이다(Emery, 2004, 2011). 이것은 아버지에게는 부모로서의 자신의 권리와 의무를 유지하고 있다는 암시를 주고, 자녀들에게는 양쪽 부모가 그들을 사랑하고 아버지가 여전히 중요하다는 메시지를 전달한다.

**재혼** 이혼한 사람들 가운데 ¾이 재혼한다(Kreider & Fields, 2001). 이혼한 여성에게 재혼은 빈곤을 벗어나는 가장 확실한 방법이며, 새로운 파트너는 정서적 지원과 자녀 양육에 있어 도움을 줄 수 있다.

한 어머니가 "나는 완벽한 남자가 필요한 게 아니에요. 집으로 월급을 가져다주고 내가 설거지하는 걸 도와주는 남자에게 의지할 거예요."라고 직접적으로 얘기했다(Hetherington & Kelly, 2002, p. 164).

그러나 재혼은 행복을 보장해 주지 않고, 아이의 문제가 고착될 수 있다. 재혼 가정의 아이들은 부모가 둘 다 있는 가정 혹은 심지어 이혼 가정의 아이들보다 더 많은 정서적 문제를 가진다(Clarke-Stewart & Brentano, 2006; Leidy et al., 2011; Pryor, 2008; Sweeney, 2010). 양쪽 부모가 다 있는 가정에 비해 재혼 가정에서 형제자매들, 특히 형제들 간에 적대적인 관계가 좀 더 많이 나타난다(Conger & Conger, 1996; Dunn & Davies, 2000). 그러나 이러한 차이가 불변적인 것은 아니다(Amato, 1994, 2010). 의붓 자녀의 다수는 재혼 직후 과도기 동안 문제를 나타내기도 하지만, 대부분은 상당한 회복탄력성을 보여 주며, ¾에서 장기적인 문제를 나타내지 않는다(Hetherington & Jodl, 1994). 좀 더 어린아이들은 더 쉽게 적응한다. 십대는 부모의 재혼을 받아들이는 데 더 어려운 시간을 보내며, 음주, 비행, 이른 성관계와 같은 외현화 문제의 위험이 좀 더 크다. 이들은 또한 부모가 둘 다 있는 가정의 청소년들보다 의붓 부모와의 갈등을 더 많이 보고한다(Hetherington & Stanley-Hagen, 2002). 생물학적 부모가 자신들의 친자녀에게 하는 것보다 의붓 부모가 의붓 자녀를 좀 덜 보살피고 덜 다정하다는 점 때문에 이런 사실들은 그리 놀라운 것이 아니다(Clarke-Stewart & Brentano, 2006; Pryor, 2008; Sweeney, 2010). 특히 여아는 의붓 아버지가 가족 안으로 들어와서 친밀한 모녀 관계를 손상시켰고 그래서 그 관계가 상실되었다고 더 자주 느낀다.

> "내 생각에, 나는 질투가 났던 것 같아요. 나는 엄마 침대에 앉아서 함께 TV를 보면서 중국음식을 먹었던 시간이 그리웠어요. 나는 엄마에게 어떤 일—연애 문제, 부당한 선생님이나 친구와의 다툼—에 대한 조언을 얻고 싶은 저녁 식사 자리에 닉이 와 있다는 것에 분개했어요. 나는 그들이 포옹을 하고 키스를 하는 걸 견딜 수가 없었어요. 정말 혐오스럽다고 생각했어요. 난 혼자가 된 것 같았어요."

의붓 부모와 의붓 자녀 간의 갈등에 대한 또 다른 원인은 개입에 관한 분명한 규칙이 없다는 점이다. 의붓 아버지가 다음과 같이 개탄했다.

> "나는 내가 어떻게 해야 하는지, 혹은 규칙이 뭔지에 대해 알지 못했어요. 내가 의붓 자녀들 앞에서 와이프에게 키스를 해도 될까? 내가 의붓 아들에게 숙제를 하라고 말해야 하나? 그건 내 권한 밖일까? 규칙이나 권한의 한계가 명확하지 않은 가족에서 사는 것은 힘들어요."

분명히 재혼은 도움이 될 수 있지만 여전히 부모와 아이들에게는 도전적이다.

## 요약

- 가족은 성인 배우자 혹은 파트너와 그들의 자녀들이 서로에 대한 헌신과 동일시뿐만 아니라, 경제적, 사회적, 정서적 권리와 의무를 공유하는 사회적 단위이다. 가족은 또한 사회화 체계로, 가족 구성원들은 아동의 충동을 사회적으로 수용 가능한 방식으로 배출하도록 하며, 사회에서 기능하는 데 요구되는 기술과 규칙을 아동에게 가르친다.

## 가족체계

- 가족은 상호의존적인 구성원들과, 다른 구성원들의 행동과 관계에 의해 변화될 수 있는 기능을 가진 하위체계를 포함한 복잡한 체계이다. 커플 체계, 부모-자녀 체계, 형제자매 체계의 기능은 서로 관련되어 있으며, 아동의 사회적 웰빙에 영향을 미친다.
- 아동에게 직접적 혹은 간접적인 영향을 미치는 부모 간 갈등은 아동에 대한 부정적 감정과 행동 및 아동의 사회성 발달 문제와 관련이 있다. 특히 갈등이 해결되지 않을 경우 아동은 부정적 정서 반응을 보일 가능성이 있다. 갈등의 영향은 상호적이어서 아동과 부모는 시간이 지날수록 서로가 서로에게 영향을 미친다.
- 아동은 커플 관계에 영향을 미친다. 첫아이의 출생은 좀 더 전통적인 남성적, 여성적 역할로의 변화와 관련이 있다. 첫아이 출생 후 어머니와 아버지 양쪽 모두 결혼만족도의 감소를 보고하지만, 아버지는 이러한 감소를 좀 더 늦게 표현한다. 기질적으로 까다롭거나 장애를 가진 아이는 이미 취약해져 있는 결혼생활에 충분히 파괴적이다.
- 아기가 태어날 때부터 이미 사회화가 시작되지만, 아동이 발달할수록 그 과정이 좀 더 정교해진다. 부모는 직접적으로 아이에게 사회적 기술을 가르치고 아동이 모방해야 할 모델이 되어 준다.
- 부모와 자녀와의 관계는 온정과 통제의 연속적 차원에서 분류된다.
- 온정과 일관성, 그리고 엄격한 통제를 포함하고 있는 권위적 양육은 가장 긍정적인 아동의 사회적, 정서적 발달을 이끈다. 권위주의적 양육방식(낮은 온정과 높은 통제)은 아동이 갈등적이고 불안해지도록 한다.
- 부부관계, 부모의 정신적 건강, 그리고 아동의 기질과 행동을 포함한 많은 요인이 부모의 양육방식에 영향을 미친다.
- 사회화 과정 동안 아동과 부모는 교류적이라는 말로 가장 잘 설명되는, 서로가 서로에게 맞물려진 상호작용에 영향을 미친다.
- 아버지와 어머니는 구별되는 상호작용 방식으로 아동의 발달에 고유한 영향을 미친다. 어머니는 좀 더 언어적이고, 아버지는 좀 더 신체적이다.
- 협력적인 공동양육체계는 긍정적인 사회성 발달에 영향을 미친다. 경쟁적이거나 불균형적인 공동양육은 좋지 못한 사회적 결과를 초래할 수 있다.
- 형제자매의 수, 성별, 터울은 가족 기능에 영향을 미친다. 가족 크기가 증가할수록,

부모와 아이들은 더 많이 접촉할 수 있는 기회가 줄어들지만, 형제자매들은 서로 더 많이 접촉한다.

- 첫째 아이는 형제자매가 태어난 뒤에 정서적, 행동적 문제를 나타내기도 하지만, 어머니의 반응, 첫째를 참여시키려는 노력, 그리고 아버지의 개입이 이러한 문제를 조절한다. 첫째 아이는 좀 더 성인 지향적이고, 협조적이며, 자기-통제적이고, 순응적이며, 이후에 태어난 형제자매들에 비해 불안하다.
- 가족은 이야기, 일상적 규칙, 가치를 전달하는 의식을 공유하고, 가족 규칙을 가르치며, 가족의 독특성을 강화시킨다.

### 가족 간 차이: 사회계층과 문화

- 각각의 가족은 Bronfenbrenner의 생태학적 이론에서 거시체계라고 불리는 더 큰 사회적 체계에 속해 있다.
- 낮은 사회경제적 지위를 가진 부모는 좀 더 권위주의적이다. 더 높은 사회경제적 지위를 가진 부모들은 자녀를 좀 더 논리적으로 설득하고 더 많은 선택권을 제시한다. 덜 관여하고 냉담한 높은 사회경제적 지위를 가진 부모의 자녀들도 사회적 문제를 발달시킬 수 있다.
- 부모의 사회화 실제는 문화, 직장환경, 이웃 등에 의해 영향을 받는다.

### 변화하는 미국 가족

- 어머니의 고용이 미치는 영향은 어머니가 일을 하는 이유, 자신의 역할에 대한 만족도, 다른 가족 구성원들이 가진 태도와 요구, 그리고 아동에게 제공되는 대체 양육의 질에 달려 있다. 일하는 부모의 직장 관련 스트레스는 부부관계와 아동에게 부정적 영향을 미칠 수 있다.
- 새로운 생식기술은 아이를 가질 수 없는 커플들에게 희망이 되고 있다. 비록 이러한 방법을 통해 임신된 아이들이 자연적으로 임신된 아이들에 비해 선천적 장애의 위험이 높기는 하지만, 이 아이들이 비정상적 수준의 심리적 문제를 갖는 것은 아니다.
- 입양은 역기능적인 환경으로부터 아이들을 벗어나게 해 줌으로써 아이들을 보호해 준다. 입양된 아이들은 심리적 어려움에 대한 위험이 있지만, 연령, 성별, 이전의 거주 환경 등이 이러한 위험 수준을 결정한다.
- 게이와 레즈비언 부모들이 점차 일반화되고 있다. 증거들은 이러한 가정의 아이들

이 정상적으로 발달함을 시사한다.

- 한부모 양육 역시 좀 더 흔해지고 있다. 일반적으로, 싱글맘의 나이가 더 어리고 빈곤하고 전에 결혼을 해 본 적이 없을수록 아이들이 잘 적응하지 못한다. 잘 교육받고 높은 사회경제적 수준을 가진 싱글맘의 자녀들이 좀 더 잘해 낸다.
- 이혼 후 첫 해에 아이들은 매우 불안해하는 경향이 있지만, 결국에 대부분의 아이는 부모의 이혼에 적응할 수 있다. 이혼 직후 가족 간 상호작용은 부적절한 양육과 고통스럽고 요구적이며 불순종하는 자녀로 특징지어진다.
- 연령에 따라 부모의 이혼을 이해하고 그것에 반응하는 것이 달라진다. 청소년기 이전의 아들과 청소년기 딸에 미치는 영향이 좀 더 크다. 쉬운 기질과 다른 심리적 자원을 가진 아이들은, 이혼 전에 심리적 문제를 가지고 있었던 아이들에 비해 이혼에 좀 더 쉽게 적응한다.
- 이혼 이후 부모 양쪽 모두와 접촉하는 것이 아동의 적응에 더 좋지만, 대다수의 아이가 이혼 후 어머니와 함께 거주한다. 공동양육은 부모 간의 갈등이 적고 아동이 중간에 끼어 있다는 느낌을 갖지 않을 때 가장 효과적이다.
- 재혼에 대한 아동의 반응은 이전 가족에서의 경험과 재혼 당시 아동의 나이에 따라 달라진다. 특히 청소년기에 가장 어렵다.

## 핵심 용어

- 가족체계
- 공동 법적 양육권
- 공동 신체적 양육권
- 공동양육
- 교류적
- 권위적 양육
- 권위주의적 양육
- 단독양육권
- 무관심한 양육
- 사회화
- 의례
- 일상적 규칙
- 핵가족
- 허용적 양육
- 확대가족

제 7 장

# 또래

## 그들만의 세상

애비가 1세 때, 엠마는 애비의 팔을 잡아당기고 엠마를 향해 소리를 내며 관심을 나타냈다. 애비가 3세가 되자, 애비는 엠마와 같이 놀고 엠마를 따라다니며 그녀의 행동을 모방하기 시작했다. 애비가 8세 즈음엔, 엠마는 애비를 무시하고 주로 같은 반 친구들과 어울렸다. 애비가 12세 때, 애비는 엠마와 함께 중학교를 다니면서 학교 행사에 함께 참여했다. 애비와 엠마는 다시 둘도 없는 친구관계가 되었다. 나이 차이는 더 이상 큰 문제가 되지 않았다. 학교 행사, 교회 행사, 동네 행사들에 같이 참여하고, 음악과 책의 관심사를 공유하게 되면서 그들은 더욱 가까워졌다. 이러한 예처럼 아동은 자라면서 같이 어울리고 친구관계를 발전시켜 나간다. 제7장에서는 이와 같은 아동들 사이의 상호작용과 친구관계에 대해 다루고자 한다.

Jani Bryson/iStockphoto

아동의 또래관계는 어른과의 관계와는 다른 특성이 있다. 아동의 또래관계는 더 자유롭고 평등하다. 또한 가족과의 관계와는 다르게 아동이 자발적으로 선택하여 형성되는 관계이다. 아동은 또래와의 관계에서 더 자주 긍정적인 감정과 충돌을 경험하곤 한다(Gerrits et al., 2005). 또래관계는 아동에게 새로운 인간관계를 탐색할 기회를 주고, 사회적 자신감을 기를 수 있도록 해 주며, 가족 외의 사회적 관계를 형성할 수 있도록 해 준다. 또한 또래관계는 그들의 행동 패턴과 양식을 공유하는 그들만의 문화적인 커뮤니티를 제공한다(Howes & Lee, 2006). 이 장에서는 아동의 또래와의 상호작용에 대해 설명하고 이러한 상호작용의 특성이 아동이 발달함에 따라 어떻게 달라지는지 알아보고자 한다. 먼저, 또래가 아동의 사회화 과정에 미치는 역할과 아동의 또래 지위와 관련된 요소들을 살펴볼 것이다. 그리고 이러한 또래 지위의 형성에 어른이 미칠 수 있는 영향, 아동이 친구관계를 발전시키는 과정, 또래 그룹 안에서의 아동의 행동 발달에 대해 살펴볼 것이다.

## 용어의 정의와 용어 간의 구분

아동의 또래 상호작용과 또래관계에 대한 연구를 이해하기 위해서는 여러 용어의 정의와 용어 사이의 구별을 명확히 할 필요가 있다. 첫째, 또래(peer)와 친구(friend)의 구분이 필요하다. 또래는 비슷한 나이의 아동을 지칭하고, 친구는 아동이 특별한 관계를 가지는 또래를 지칭한다. 또래는 아동의 사회 환경에서 중요한 부분을 담당하게 된다. 또래는 학급, 동네, 방과 후 활동에 존재하며, 아동은 일상생활의 모든 영역에서 또래와 상호작용하게 된다. 아동은 또래와 과제에 대한 정보를 교환하고, 일상적인 대화를 나누며, 운동장에서 축구를 같이하기도 한다. 또래와의 이러한 상호작용은 오랫동안 지속되기보다 짧은 활동을 통해 이루어지지만, 그 영역에 있어 제한이 없다. 또한 상호적인 선호를 동반하는 것은 아니기 때문에 일방적인 관계일 수 있다. 이러한 또래 상호작용을 통해, 아동은 소수의 또래와 친구관계와 같은 가까운 관계를 발전시켜 나가게 된다. 친구는 정기적이고 지속적인 만남, 미래에도 지속적인 상호작용이 있을 것이라는 예상, 개인적이나 비밀스러운 이야기를 공유하고 서로를 북돋아 주는 등 상호적인 관계를 특징으로 들 수 있다. 상호적인 선호를 바탕으로 하는 관계라는 면에서 또래관계와 구분된다. 둘째, 둘 사이의 관계(dyads)와 그룹과의 관계를 구분할 필요가 있다. 친구관계는 둘 사이의 관계인 반면, 또래관계는 그룹과의 관계라고 볼 수 있다. 또한 아동은 파벌(clique), 팀(team), 무리(crowds)와 같은 경계가 있는 특정 또래 그룹을 형성하기도 하는데, 이러한 또래 그룹은 그룹의 멤버에게 영향을 미치는 규준, 룰, 위계 관계를 가지는 특성을 지닌다. 이처럼 아동의 또래와의 관계는 비슷한 또래와의 활동, 친구관계, 또래 그룹 등 다양한 또래와의 상호작용으로 나타나고, 각각 아동의 사회성 발달에 중요한 영향을 미친다.

## 또래 상호작용의 발달적 패턴

꽤 오랫동안, 심리학자들은 영아 또는 유아들이 상호작용을 할 것이라는 가능성을 배제해 왔다. 그러나 오늘날의 연구들은 아동이 매우 어린 시기부터 서로의 사회적 상호작용의 파트너가 되고 있다는 사실을 입증하고 있다. 〈표 7-1〉은 나이에 따른 아동의 또래 상호작용과 또래관계의 변화를 요약하여 보여 준다.

## 영아기: 또래 상호작용의 시작

생후 6개월, 영아는 서로를 만지고 바라보며 서로의 행동에 반응한다. 하지만 이 시기의 영아가 서로에게 반응하는 것을 진정한 의미의 사회적 상호작용이라 보기는 어렵다. 6개월이 지나서야 영아는 다른 또래를 사회적 상호작용의 파트너로 인지하기 시작한다(Brownell et al., 2006; Howes, 1987). 6~12개월 사이, 영아는 다른 영아에게 소리를 내거나, 손을 흔들고 만지면서 상호작용을 시도하기 시작한다. 때로는 서로를 밀치거나 때리기도 하지만, 이들의 상호작용은 대개의 경우 친화적이다(Hay et al., 2000, 2014; Rubin et al., 2015). 그러나 생후 6개월의 이른 시기에도 소수의 영아는 폭력적으로 행동하기도 하고, 이들은 2년 후에 이르기까지 다른 영아를 때리는 행동을 지속하기도 한다(Hay et al., 2014). 두 영아가 상호작용하는 예를 살펴보면 다음과 같다(Mueller & Lucas, 1975, p. 241).

> "래리는 바닥에 앉아 있고, 버니는 몸을 돌아 래리를 바라본다.
> 버니는 래리를 향해 손을 흔들며 '다'라고 말한다.
> 버니는 래리가 웃을 때까지 '다'라고 말하는 것을 세 번 더 반복한다.
> 버니는 '다'라고 다시 말하고 래리는 다시 웃는다.
> 이와 같은 행동이 12번 더 반복된 후 버니는 뒤를 돌아서 사라진다."

영아들 사이의 상호작용은 어른들과의 상호작용과 비교할 때 뚜렷한 차이를 보인다(Rubin et al., 2015). 어른들과의 상호작용에 비해 영아들은 서로에게 덜 반응적이기 때문에, 상호작용이 더 짧고 덜 지속적인 특징이 있다. 또한 어른들이 영아들과의 상호작용을 이끌어 나가는 것에 반해, 영아들 간의 상호작용은 서로 평등하게 진행된다.

〈표 7-1〉 아동의 또래 상호작용과 친구관계의 변화

| 나이 | 사회적 상호작용 |
|---|---|
| 0~6개월 | • 서로를 만지고 바라본다. 다른 영아가 울면 따라 운다. |
| 6~12개월 | • 다른 영아를 바라보고, 만지고, 소리를 내거나, 손을 흔든다.<br>• 다른 영아와 친화적인 방법으로 상호작용을 하지만, 가끔씩 밀치거나 때리기도 한다. |
| 1~2세 | • 서로 돌아가며 순서나 역할을 바꾸는 등의 상호 교환하는 행동을 시작한다. 사회적 놀이와 가상 행동 놀이를 시작한다. |
| 2~3세 | • 놀이와 사회적 행동을 함에 있어, 다른 아동을 초대한다든가 순서를 바꿀 시간이라는 것을 알리는 등 의미의 교환을 시작한다.<br>• 어른보다 또래와의 상호작용을 선호하기 시작한다.<br>• 보다 복잡한 수준의 협동 행동과 가상 행동을 하기 시작한다.<br>• 동성 친구를 선호하기 시작한다. |
| 4~5세 | • 또래와 더 많은 것을 공유하기 시작한다.<br>• 놀이를 통해 재미를 극대화하려고 한다.<br>• 놀이의 시간이 길어진다.<br>• 가상 놀이에서 주연이 아닌 다른 역할을 받아들이기 시작한다. |
| 6~7세 | • 가상 놀이를 즐기는 데에 있어 정점에 이른다.<br>• 동성 친구를 선호하는 뚜렷한 특성을 보인다.<br>• 친구관계의 주 목적이 협동 놀이나 가상 놀이를 하는 것이 된다. |
| 7~9세 | • 친구에게 놀이를 같이하고, 도움을 주고, 옆에 있어 줄 것을 기대한다.<br>• 또래에게 소속되기를 바라고, 또래로부터 배제되는 것을 피하려 한다. |
| 9~11세 | • 또래에게 받아들여지고 선호되기를 기대한다.<br>• 친구와 지속적인 관계를 맺기를 바란다.<br>• 이전의 상호작용을 바탕으로 친구관계를 맺는다.<br>• 친구관계에서 동성친구에게 선호되는 것이 매우 중요하게 여겨진다. |
| 11~13세 | • 친구관계에 있어 진실성, 친밀감, 속내를 털어놓기, 같은 관심사, 비슷한 태도나 가치를 기대한다. |
| 13~17세 | • 친구관계를 통해 자기 자신을 더 이해하고자 한다.<br>• 이성관계를 가지기 시작한다. |
| 17세~ | • 친구에게 정서적인 지지를 기대한다.<br>• 이성관계를 통해 친밀감과 지지를 추구한다. |

* 나이는 대략적인 것으로, 이러한 변화가 나타나는 나이는 개인차가 있을 수 있다.

출처: Collins et al., 2009; Hartup, 1996; Rubin et al., 2015.

## 걸음마기의 사회적 상호작용

유아가 1~2세가 되면, 운동 능력과 언어 능력의 발달이 이루어지는데, 이는 유아의 사회적 상호작용의 복잡성을 증대시키게 된다(Dunn, 2005; Rubin et al., 2015). 장난감과 같은 물건들은 이러한 상호작용을 촉진시킨다. 예를 들어, 유아가 또래에게 장난감을 건네주면 대부분 또래로부터 긍정적인 반응을 얻고, 또래가 가지고 놀고 있는 장난감을 만지거나 가져 가려 하면 부정적인 반응을 얻게 될 것이다(Williams et al., 2010). 이처럼 어린 나이부터 나누고 협동하는 행동은 효과적인 사회적 상호작용 전략이다(Brownell et al., 2006, 2013). 유아는 또한 상호 보완적인 상호작용을 시작하게 된다(Howes, 1987). 예를 들어, 유아는 서로의 차례를 기다리고, 역할놀이에서 역할 바꾸기를 할 수 있게 된다. 그리고 유아는 서로의 행동을 모방하며 자신이 모방되고 있다는 사실을 지각하기 시작한다(Eckerman, 1993). 유아가 서로 긍정적인 상호작용을 하게 되면, 그들은 미소를 짓거나 웃는 행동을 영아일 때보다 많이 보이게 된다(Mueller & Brenner, 1977). 또한 유아의 상호작용은 더 오래 지속된다(Ross & Conant, 1992).

그렇다면 유아는 한번에 여러 명의 또래와 상호작용도 가능할까? 이 시기의 아동은 유아센터에서 주로 그룹으로 시간을 보내게 된다. 그렇다면 여러 명의 아동이 있을 때 그들은 어떠한 방식으로 상호작용을 할까? 두 살짜리 아이 세 명의 상호작용을 살펴본 연구에 따르면, 물론 가끔은 두 명이 같이 놀고 다른 한 명이 구경할 때도 있으나, 대부분의 경우 세 명의 아이가 모두 서로에게 소리를 내고, 몸짓을 하고, 표현하며 복잡한 상호작용을 하는 것으로 알려졌다(Ishikawa & Hay, 2006).

걸음마기의 후반(2~3세), 유아의 주된 사회적 과업은 또래와 의미를 공유하는 것이다(Mueller, 1989). 아동은 또래를 바라보며 특정한 놀이를 제안하고 바로 세발자전거나 레고를 향해 달려가기도 한다. 그들은 또래에게 "내 차례야."라고 말하며 역할을 바꾸어야 한다는 시그널을 보내고 인형을 잡아당기기도 한다. 인형의 손 모양을 바꾸며 서로를 바라보고 웃는 등 그들은 서로 의미를 공유하며 대

Jani Bryson/iStockphoto

이 아이들은 서로에게 관심을 가지고 있는 것이 분명해 보이며, 단순한 방식으로 상호작용을 하고 있다.

화를 하기도 한다. 이와 같이 유아는 의미를 공유하게 되면서, 또래와 더 다양한 게임과 **가상 놀이**를 할 수 있게 된다(Howes, 1987; Lillard et al., 2013).

## 아동 초기의 또래 놀이

거의 90년 전에 Mildred Parten(1932)은 아동 초기에 아동이 또래와 어울리는 방식을 여러 가지 범주로 설명하였는데, 이는 현재까지도 적용될 수 있다. 〈표 7-2〉에 Parten이 관찰한 3~5세 아동의 또래 놀이의 여러 범주를 요약하여 제시하였다. 이 시기의 아동은 상황에 따라 표에 제시한 여러 가지 범주의 또래 놀이를 모두 보일 수 있다. 그러나 아동은 나이가 들면서 **연합 놀이**나 **협동 놀이**와 같은 보다 복잡한 방식의 상호작용이 반영된 놀이를 더 많이 보이고, 비교적 단순한 방관자 행동이나 **병렬 놀이**는 덜 보이게 된다. 아동 초기에는 아동 사이에 충돌이 증가하기도 한다(Rubin et al., 2015). 사실, 사회적 놀이와 충돌은 같이 간다고 볼 수 있다. 다른 또래와 충돌을 많이 보이는 아동이 주로 사회적이고 다른 또래와의 상호작용을 시작하는 아동이기도 하다(Brown & Brownell, 1990).

〈표 7-2〉 아동 초기의 여러 가지 또래 놀이

| 놀이 | 설명 |
|---|---|
| 방관자 행동 | 아동은 또래 놀이를 하고 있는 다른 아동을 바라보거나 그 아동과 대화를 한다. 2세 아동의 거의 반 정도가 방관자 행동을 보인다. |
| 병렬 놀이 | 아동은 나란히 앉아서 비슷한 놀이를 각자 한다. 이러한 놀이는 2세 아동에게 매우 많이 나타나지만, 아동이 3~4세가 되면서 줄어든다. |
| 연합 놀이 | 아동은 다른 아동과 같이 놀이를 하지만, 놀이의 목적이 꼭 같은 것은 아니다. 아동은 서로 장난감이나 자료를 공유하고, 다른 아동의 놀이에 반응하기도 한다. 그렇지만 아직 같은 목표를 가진 놀이를 완벽히 공유하는 것은 아니다. 이러한 연합 놀이는 3~4세 아동에게 많이 나타나며 2세 아동에게는 많이 나타나지 않는다. |
| 협동 놀이 | 아동이 3~4세가 되면서, 아동은 서로 같은 목표를 가진 놀이를 공유하며 협동하고, 도와준다. 이러한 예로, 모래성을 같이 쌓는 것, 그림을 같이 그리는 것, 특정 역할을 맡아 게임을 함께하는 것을 들 수 있다. |

가상 놀이는 아동 초기에 아동의 사회적 자신감, 사회적 기술, 정서적 이해를 발달시키는 데 특히 중요하다고 볼 수 있다. 가상 놀이를 통해 아동은 다른 아동의 역할과 감정을 이해하게 되고, 속한 그룹에서 다른 또래와 함께 역할을 수행하는 것을 배우게 된다(Li et al., 2016; Lindsey & Colwell, 2013). 가상 놀이는 2세 중반기에 처음 나타나며, 처음에는 엄마 또는 나이 많은 형제, 자매와 시작하게 된다. 그러나 아동이 사회적인 기술을 발달시키고 다른 아동을 만날 기회가 더 많아지게 되면서, 또래는 가상 놀이의 주요 상대가 된다(Dunn, 1988; Haight & Miller, 1993). 아동이 3세가 되면서, 가상 놀이는 좀 더 복잡해지고 협동을 요하게 되며, 더 극적인 특성을 띠게 된다. 이 시기의 아동은 상징적인 의미를 공유하여 가상 놀이를 하게 되고(Fein, 1989), 이러한 능력은 나이가 들면서 더욱 성장하게 된다(Goncu, 1993). 이에 따라, 4세 아동은 3세 아동에 비해 가상 놀이의 역할, 규칙, 테마를 상의하며 가상 놀이를 더 길게 진행할 수 있게 된다. 예컨대, 아동이 3세 때에는 모든 아동이 배트맨 역할을 맡고 싶어 했다면, 4세 아동은 자신이 나중에 배트맨 역할을 할 수 있다는 것을 생각하며, 이번에는 보조 배역인 로빈의 역할을 맡겠다고 받아들이게 되는 것이다.

5세 아동의 가상 놀이는 느린 속도로 진행되는 주먹 싸움이나 권총 싸움, 또는 천천히 비틀거리며 죽는 장면 등 보다 과장된 제스처를 포함하게 된다. 이 시기의 가상 놀이는 옷을 멋지게 차려입고 진행되는 결혼식, 왕자에게 구출되는 장면 등 보다 복잡한 형식을 포함하게 된다. 아동이 6세경, 가상 놀이는 그 정점에 이른다. 이 시기의 가상 놀이에서, 아동은 높은 수준의 공상을 놀이에 구현하고, 여러 역할을 바꾸어 경험하며, 다양한 물건을 특이한 형태로 바꾸어 상상하기도 한다(Power, 2011). 미국의 경우, 중산층 가정의 아동과 여자아이가 서민층 가정의 아동이나 남자아이보다 가상 놀이를 더 많이 경험한다고 알려져 있다(Kornik & Tudge, 2010). 서구화된 국가에서 가상 놀이가 흔하기는 하지만(Smetana, 2002), 이러한 가상 놀이가 보편적인 것은 아니다. 예를 들어, 이탈리아의 아동은 미국 아이에 비해 가상 놀이에 감정을 더 많이 표현하는 특성을 보이는 반면, 미국의 아동은 가상 놀이에 상상력을 더 많이 사용하는 특성을 보인다(Chessa et al., 2013). 그러나 이러한 가상 놀이가 보편적인 것은 아니다. 16개의 나라를 조사한 결과에 따르면, 5개 나라(모두 서부권)의 부모들만 아동이 가상 놀이를 자주 보인다고 보고하였다(Singer et al., 2009). 개인주의 중심인 서부권 문화와 달리, 케냐, 멕시코, 베트남, 태국, 모로코, 인도 등 그룹 중심의 집단주의 문화권에서는 아동이 가상 놀이를 거의 보이지 않는 것으로 알려진다(Ariel & Server, 1980; Edwards, 2000; Singer et al., 2009). 대부분의 연구자가 가상 놀이는 친사회적 행동을 예측하는 중요한 지표라고 여기지만, 가상 놀이가 어떻게 아동의 사회적인 발달을 설명하는지에 대한 이해는 아직 충분히 이루어지지 않았다(Lillard et al., 2013).

## 아동 중기(학령기)의 또래 사회

아동이 학교에 들어가면, 다른 또래와의 사회적인 상호작용은 증가하고 부모와의 상호작용은 감소하는 특성을 보인다. 1~12세 아동을 대상으로 한 연구 결과에 따르면, 아동은 점차적으로 친구와 더 많은 시간을 보내고, 어른과 보내는 시간은 줄어드는 것으로 나타났다(Ellis et al., 1981, [그림 7-1] 참조). 또래 상호작용의 특징도 이 시기에 중요한 변화를 보인다. 또래에 대한 신체적 공격성은 줄어들고 친사회적 행동이 증가한다(Eisenberg et al., 2015). 학령기 시기의 중요한 특징은 아동이 또래에게 받아들여지는 정도에 초점을 맞춘다는 것이다.

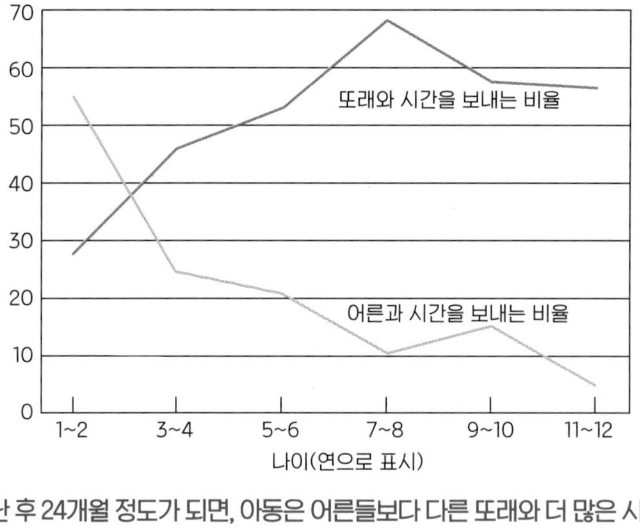


**[그림 7-1] 태어난 후 24개월 정도가 되면, 아동은 어른들보다 다른 또래와 더 많은 시간을 보내게 된다.**

출처: Copyright © 2010 by the American Psychological Association. Reproduced with permission. Ellis, S., Rogoff, B., & Cromer, C., Age segregation in children's social interactions. *Developmental Psychology, 17*, 399-407. The use of APA information does not imply endorsement by APA.

**또래 나이의 중요성** 아동이 주로 시간을 같이 보내는 또래를 선택하는 특성이 학령기 시절 큰 변화를 보인다. 또래의 나이는 선택에 중요한 요소가 되어, 같은 나이의 또래를 선택하는 성향이 더욱 강해지게 된다(Rubin et al., 2015). 아동이 같은 나이의 또래를 선호하는 성향은 또래의 비슷한 관심사와 능력을 공유하게 함으로써 그들의 사회성 발달에 중요한 영향을 미친다(Maccoby, 1998). 서부 문화권에서는 학급과 스포츠팀이 주로 나이에 따라 구분되기 때문에 이러한 경향성이 심화되기도 한다. 그러나 다른 문화권의 경우, 나이가 많은 아동이 나이 어린 아동과 함께 어울리며 보살펴 주고 가르쳐 주는 현상이 나타나기도 한다(Weisner, 2011; Zukow-Goldring, 2002).

**또래 성별의 중요성** 아동이 놀이를 함께하는 또래를 선택하는 데 있어 성별도 중요한 요소가 된다(Martin et al., 2013; Mehta & Strough, 2009). 3~4세 때까지는 아동은 거의 같은 비율로 같은 성별의 또래나 다른 성별의 또래를 선택하는 경향성을 보인다. 아동이 7세 때까지는 오히려 다른 성별의 또래와 노는 것을 선호하기도 한다. 그러나 초등학교 시절을 보내면서, 남자와 여자아이 모두 같은 성별의 아동을 또래로 선호하고 다른 성별의 아동을 배척하는 특성을 보이게 된다(Furman & Rose, 2015; Rubin et al., 2015). 이러한 특성은 비서부권 문화에서도 일관적으로 나타나는 현상이다(Monroe & Romney, 2006). 물론 때때로 다른 성별의 아동과 또래 상호작용이 이루어질 수 있으나, 주로 명시적으로 나타나는 현상은 아니다. 예를 들어, 한 소녀와 소년이 교회나 동네에서 친구로 시간을 같이 보낼 수는 있으나, 학급에서는 이러한 친구관계를 눈에 띄게 드러내지 않는다(Gottman, 1986; Thorne, 1986). 학급에서 이러한 친구관계를 드러내면 소녀와 소년이 놀림을 당할 수도 있기 때문이다. 이러한 경향성은 적어도 사춘기까지 지속된다. 초등학교 6학년에서 중학교 3학년이 될 때까지, 또래 그룹에 남녀 아동이 같이 섞여 있는 경우는 고작 10%에서 22%로밖에 증가하지 않는다(Molloy, Gest, Feinberg, & Osgood, 2014).

이처럼 또래관계에서 남자와 여자가 분리되는 것은 남녀가 서로 다른 게임과 물건들에 관심을 보이기 때문이라 볼 수 있다(Blatchford et al., 2003; Leaper, 1994, p. 29).

> 제이크와 데니는 큰 그네 위에서 놀고 있다. 로라가 달려와 소리지른다. "나도 그네 타도 될까?", "안 돼." 제이크는 강하게 말한다. "우린 너와 같이 놀고 싶지 않아. 우린 남자들끼리만 놀 거야."

초등학교 1학년생의 경우에도 남자와 여자 아동은 서로 다른 관심사를 가지고 또래 놀이의 특성이 차이를 보이기 때문에, 주로 남자와 여자가 분리된 또래 그룹을 형성하는 특성을 보인다(Silvern, 1995, p. 3).

> "여자아이들은 여자아이들이 관심 있는 것에 대해 이야기하는 것을 좋아해요. 이에 반해 마이크랑 그 친구들은 플라스틱 스푼으로 건포도를 던지는 놀이를 주로 하고, 데이비드는 초콜릿 우유에 거품을 많이 만드는 놀이에 관심이 있죠."라고 카트리나는 말한다.

연구자들은 남자와 여자 아동의 또래 놀이에 차이를 보인다는 것을 일관적으로 보고해 왔다(Power, 2011; Rose & Rudolph, 2006). 여자 아동은 주로 조용한 게임을, 소규모 그룹으로, 학교 근처에서, 어른들의 보호를 받으며 하는 특성을 보인다(Thorne, 1986). 그들은 그림을 그리거나 책을 읽고 인형과 놀거나, 친구와 이야기하고 산책하는 것을 좋아한다. 그리고 남자아이에 비해 또래와 가깝고 친밀한 관계를 형성하며 많은 정보를 공유하는 특성을 보인다(Fabes et al., 2003; Lansford & Parker, 1999; Zarbatany et al., 2000). 그에 반해, 남자아이들은 높은 에너지를 필요로 하는 술래잡기 놀이 또는 대규모로 이루어지는 스포츠나 뚜렷한 규칙이 있는 게임을 선호한다(Pellegrini et al., 2004; Rose & Rudolph, 2006). 남자 아동의 또래 활동은 주로 시끄럽고 난폭한 특성을 가지고 있다. 남자아이들은 여자아이에 비해 경쟁하는 놀이를 선호하고, 뚜렷한 규칙을 바탕으로 승부를 거는 게임을 선호하는 특성을 보인다(Pellegrini et al., 2004). 심지어 가상 놀이의 특성도 뚜렷한 성차를 보인다. 남자아이들은 슈퍼히어로의 역할을 더 선호하는 데 반해, 여자아이는 엄마나 공주 역할을 더 선호한다(Haight & Miller, 1993). 이러한 성차를 고려해 보면 아동이 같은 성별의 또래를 친구로 선호하는 것은 어찌 보면 당연한 것이다.

여자와 남자 아동 모두 둘이 놀 때보다 그룹으로 놀 때 더욱 경쟁적인 특성을 보인다. 그러나 이 역시 남녀에 따라 차이가 있다(Benenson et al., 2001). 남자 아동의 경우 그룹이 모두 남자로 구성될 경우 특히 경쟁적이고 활동적인 모습을 보인다. 남녀가 모두 포함된 혼성 그룹의 경우 남자는 덜 활동적이 되고 여자는 더 활동적이 되는 특성을 보이는데, 이는 아동이 자신의 행동을 다른 성별의 또래 특성에 더 맞추려 하기 때문에 나타나는 현상이라 볼 수 있다(Fabes et al., 2003). 그러나 또래 놀이에서 나타나는 성차를 과장되게 강조하는 것은 바람직하지 않다. 남자와 여자 아동 모두 어느 정도는 협동적이고 경쟁적인 활동에 참여하고, 남자와 여자 아동의 또래 행동은 비슷한 점도 많기 때문이다(Underwood, 2004).

## 사춘기의 또래 상호작용

아동이 또래와 함께 보내는 시간은 사춘기에 그 정점에 달한다(Lam et al., 2014). 고등학생의 경우, 청소년은 수업을 같이 듣는 시간을 제외하고서도 깨어 있는 시간의 30%를 또래와 함께 보낸다고 한다. 이는 청소년이 부모와 다른 어른과 보내는 시간(13%)의 두 배에 달하는 양이다. 이처럼 청소년이 또래와 많은 시간을 보내는 현상은 서부 문화권의 경우 더욱 두드러진다(Brown, 2004; Brown & Braun, 2013). 연구에 따르면, 미국의 고등학생은 매일 또래와 평균적으로 2시간 반 정도를 이야기하며 보내는데, 이는 한국이나 일본의 청소년에 비해 두 배나 많은 양이라고 한다(Larson & Verma, 1999). 또한 아동기에 비해, 청소년의 또래 상호작용은 어른의 보호와 감시가 덜한 특성이 있다.

사춘기 청소년이 또래와 함께 있을 때, 청소년은 주로 여가활동을 공유하거나 대화를 하는데(Larson et al., 2009), 이러한 활동을 통해 청소년은 그들이 어떻게 행동해야 하는지에 대해 배우게 된다. 또래는 능력과 목표, 처한 문제가 비슷한 입장에서 청소년에게 사고의 관점을 제시한다. 또래는 그들 사이에서 멋있어 보이는 것과 요즘 관심사들에 대해 잘 알고 있으며, 청소년의 사회적 행동, 친구 선택, 패션이나 연예의 취향에 영향을 미친다. 또래는 청소년의 알코올, 담배, 약물 사용에 부모보다 더 큰 영향을 미치고(M. Allen et al., 2003), 이러한 또래의 영향은 청소년이 부모의 지지를 받지 못할 경우 더욱 심해진다. 따뜻하고, 지지적이며, 권위 있는 양육태도를 보이는 부모가 있는 청소년은 그렇지 못한 청소년에 비해 또래 압력에 영향을 덜 받는 경향을 보인다(Steinberg, 1986). 물론, 청소년의 친구 부모가 권위적인 양육태도를 보일 경우에도 마찬가지이다. 연구에 따르면, 친구의 부모가 권위적인 양육태도를 보일 경우 그렇지 않을 때보다 청소년이 약물을 사용하고 범법행위를 하는 경향성이 낮아진다고 한다(Fletcher et al., 1995). 이와 같은 친구 부모의 영향은, 청소년의 부모 영향을 통계적으로 통제한 이후에도 유의미한 것으로 나타났다.

청소년기에는 이성관계가 시작됨에 따라, 또래 그룹이 성별에 의해 분리되는 특성은 줄어든다(Brown & Klute, 2006; Mehta & Strough, 2009). 또한 스포츠, 학교 생활, 그 외 다양한 활동에 대해 공통적인 관심사를 가진 또래 그룹에 속해 활동하면서 자신의 정체감을 형성해 나간다(Brown & Braun, 2013; Brown & Klute, 2006). 이 장의 후반부에 청소년의 이성관계와 또래 그룹에 대한 보다 자세한 설명이 제공될 것이다.

## 또래를 통한 사회화

학령기와 청소년기에 또래는 아동의 가치 태도와 행동을 형성하는 데 있어 부모만큼 중요한 영향을 미친다.

### 모델링 행동

또래는 사회적 모델의 역할을 하며 서로에게 영향을 미친다. 아동은 또래의 행동을 관찰하며 어떻게 행동해야 하는지 배운다. 심지어 2세의 유아도 다른 또래를 흉내 내며 상호작용을 하고, 공을 받고 던지는 등 보다 복잡한 놀이를 배우게 된다(Eckerman, 1993). 언어능력이 뒤떨어지는 유아도 말을 잘하는 또래들에 둘러싸여 있으면 언어능력이 향상된다(Justice et al., 2011). 좀 더 성장한 아동의 경우, 또래의 행동을 관찰하며 사회적인 규칙을 배워 나간다. 예를 들면, 학교에 처음 입학한 날, 아동은 선생님이 들어오면 학생들이 일어나야 한다거나, 교실에서 공을 던지면 안 된다는 것을 배운다. 다른 또래의 행동을 모방하면서, 아동은 학급의 규칙을 배워 나가고 다른 학급친구들과 잘 어울릴 수 있도록 하는 사회적인 기술을 발전시킨다. 사춘기에 청소년은 입는 옷과 먹는 음식에서 흡연 및 문제행동에 이르기까지 또래를 따라하는 특성을 보인다(Albert et al., 2013; Dishion et al., 2001). 주로 청소년은 자신보다 나이가 많고, 영향력이 있으며, 인기가 많은 또래를 따라하는 특성이 있다(Bandura, 1986).

### 행동에 대한 강화와 벌

또래는 또한 보다 직접적인 방법으로 서로에게 영향을 미친다. 또래 압력이라는 단어가 의미하듯, 청소년은 그저 또래의 행동을 모방할 뿐만 아니라 다른 또래에게 적극적으로 행동에 참여하도록 압박한다. 청소년들은 또래에게 어떻게 행동해야 하는지 이야기해 주고, 자신들이 좋아하는 행동에 대해서는 칭찬과 긍정적인 반응으로 강화하며, 자신들이 좋아하지 않는 행동에 대해서는 비판과 부정적인 반응을 보인다. 이러한 방식으로 또래는 나이가 들면서 서로에게 강화를 통해 지속적으로 영향을 미친다(Charlesworth & Hartup, 1967).

연구자들은 또래의 긍정적인 강화가 아동의 사회적 행동의 발달에 어떻게 영향을 미치는지 검증해 왔다. 예를 들면, 연구자들은 세 명의 소극적인 소녀를 대상으로 또래 사이에서의 칭찬이 사회적 관계와 관련된 참여 행동에 미치는 영향을 살펴보았다(Moroz & Jones, 2002). 교사는 소녀의 친구들 중 사회적인 관계에 적극적인 행동을 보이는 소녀를 수업시간에 공개적으로 칭찬하였고, 쉬는 시간에 칭찬의 효과를 관찰했다. 이러한 실험 후, 연구자들은 세 명의 소녀 모두 사회적으로 보다 적극적인 태도를 보이고, 또래 활동에 보다 적극적으로 참여하며, 또래와 더욱 활발하게 어울리는 것을 살펴볼 수 있었다.

연구자들은 또한 또래의 부정적인 반응이 다른 아동의 행동에 미치는 효과를 검증해 왔다. 예를 들면, 연구자들은 아동이 다른 성별의 또래와 어울린 후 또래들로부터 비판적인 반응을 받은 후에는 다른 성별의 아동과 장난감을 가지고 노는 행동을 덜 보이는 것을 발견했다(Lamb et al., 1980). 비슷하게, 청소년이 옷을 입는 방식이나 어울리는 아이들 때문에 또래로부터 부정적인 반응을 받을 경우, 청소년들은 드레스코드나 어울리는 아이들을 바꾸는 것을 살펴볼 수 있었다.

연구자들에 의해 가장 많이 연구되고 가장 뚜렷하게 검증되는 효과는 아마도 반사회적인 행동에 대한 또래 압력 효과일 것이다(Albert et al., 2013; Sullivan, 2006). 이러한 경우 또래 압력은 반사회적인 행동을 모델링하는 것, 다른 친구들에게 참여를 독려하는 것, 친구가 반사회적인 행동에 참여할 때만 친구와 어울리는 등의 강화행동, 친구가 비슷한 반사회적인 행동에 참여하지 않으면 부정적인 반응을 보이거나 친구관계를 끊어버리는 등의 벌을 포함한다. 당연하게도 이러한 또래 영향력은 높은 또래 지위를 가지고 있는 아동이 문제행동을 독려할 때 가장 뚜렷하게 나타난다(Prinstein et al., 2011).

## 전염

강화와 벌에 초점을 맞춘 연구들은 또래들이 적극적으로 서로의 행동을 독려하거나 못하게 한다는 관점을 전제로 또래 영향을 설명한다. 그러나 우울증과 불안과 같은 내면화 문제에 초점을 맞춘 연구들은 또래들 사이에서 정서적 전염과 같은 보다 수동적인 과정에 의한 또래 영향이 있을 것이라 설명한다(Giletta, 2011; Schwartz-Mette & Rose, 2012). 특히 청소년들이 우울증과 불안과 같은 심리적인 문제가 있는 친구와 자주 어울릴 경우, 청소년 자신도 비슷한 심리적 문제를 가질 확률이 높아진다고 알려져 있다. 우울하고 불안한 청소년은 스스로에 대해 부정적으로 생각한다든가, 문제에 대한 이야기를 지나치게 많이 하는 등 우울증과 관련이 높은 방식으로 친구와 이야기하거나 생각을 공유할 것이고, 이는 친구에게도 영향을 주어, 친구 역시 비슷한 심리적 문제를 발전시키게 되는 것이다(Giletta et al., 2011; Schwartz-Mette & Rose, 2012).

## 사회적 비교

또래는 또한 아동이 자기 스스로를 판단하기 위한 기준을 제시함으로써 서로에게 영향을 준다. 아동은 스스로의 특징, 능력, 행동을 평가할 객관적인 기준이 많지 않기 때문에, 타인 특히 또래를 평가의 기준으로 이용하게 된다. **사회적 비교**라는 과정을 통해 아동은 다른 또래를 관찰하고 평가하며, 이를 바탕으로 자기 자신을 평가하게 된다. 이러한 사회적 비교는 자기효능감에 중요한 영향을 미친다(Harter, 2012). 만약 아동이 자신이 또래만큼 뛰어나다고 생각하면 아동의 자기효능감이 높겠지만, 아동이 자신이 또래에 비해 부족하다고 생각하면 아동의 자기효능감은 낮을 것이다.

자신을 또래와 비교하는 사회적 비교는 적응적인 활동이라 볼 수 있다. 만약 아동이 자신의 읽기 능력을 평가하고자 한다면, 자신보다 높은 학년에 다니는 학생보다 자신과 비슷한 또래와 비교하는 것이 더 바람직하다. 초등학교 저학년 시절부터, 아동은 또래를 대상으로 자신을 평가하는 사회적 비교를 자주 하기 시작하고, 이는 이후에도 멈추지 않는다. 청소년의 경우, 부모와 언쟁을 하면서 "모든 친구가 다 하는데 왜 나만 못하게 해요."라며 자신과 또래를 비교하는 행위를 매우 자주하는 것을 살펴볼 수 있다(Daddis, 2011). 소셜 미디어의 발달로, 아동과 청소년은 이제 온라인을 통해 만나는 타인을 기준으로 사회적 비교를 하게 되었다(Fardouly & Vartanian, 2015).

### 문화적 맥락: 다른 문화에서의 또래의 역할과 관계

또래의 역할은 문화에 따라 다르다. 미국의 청소년에 비해 일본과 중국의 청소년은 또래와 시간을 덜 보내고 부모의 가치가 더 중요한 영향을 미친다(Chen, Chung et al., 2011; Rothbaum, Pott, et al., 2000). 라틴계 아동도 마찬가지로 가족의 영향을 더 많이 받고 또래의 영향을 덜 받는 것으로 나타난다(DeRosier & Kupersmidt, 1991). 이들의 부모는 또래와의 상호작용을 가능하면 저지하려고 하는 편이다(Ladd, 2005; Schneider, 2000).

또래와 상호작용을 하는 양식도 문화에 따라 차이가 있다. 이탈리아의 아동은 캐나다의 아동에 비해 또래와의 토론과 논쟁을 더 잘 받아들이는 편이다. 이들은 충돌에 대한 관용이 높은 편이라, 우정도 상대적으로 안정적인 특성을 보인다(Casiglia et al., 1998). 중국, 인도, 한국의 아동은 캐나다와 미국의 아동에 비해 보다 협력적이고 유순한 특성을 보인다(Farver et al., 1995). 한 연구의 예를 들면, 연구자들은 중국의 경우 85%의 5세 아동이 또래와 협력적이고 사려 깊은 상호작용을 보이는 데 반해, 캐나다의 경우 78%의 아동은 단순한 의견 불일치에서 공격적인 행동에 이르기까지 더 많은 충돌을 보이는 것을 발견했다(Orlick et al., 1990). 미국의 서로 다른 인종에 따른 차이 역시 이러한 문화별 차이와 비슷한 패턴을 보인다. 한국계 미국인 아동은 미국계 미국인 아동에 비해 보다 예절바른 요구를 하고 또래와 잘 어울리며, 또래와의 상호작용에서 또래에게 명령을 하거나 또래의 제안을 거부하는 행동을 덜 보이는 것으로 나타났다(Farver et al., 1995; Farver & Shin, 1997). 이러한 차이는 개인과 집단의 중요성을 평가하는 데 있어 아시아와 미국이 다른 문화를 가지고 있는 데 기인한다(Chen, Chung et al., 2011; Chen & French, 2008). 개인주의적 사회에서는 개인의 성취가 개인의 정체성에 큰 영향을 끼치는 데 반해, 집단주의적 사회에서는 개인의 정체성이 그가 속한 그룹에 큰 영향을 받는다(Schneider, 2000). 아동의 또래관계는 이러한 문화적인 영향을 반영하는 것이다.

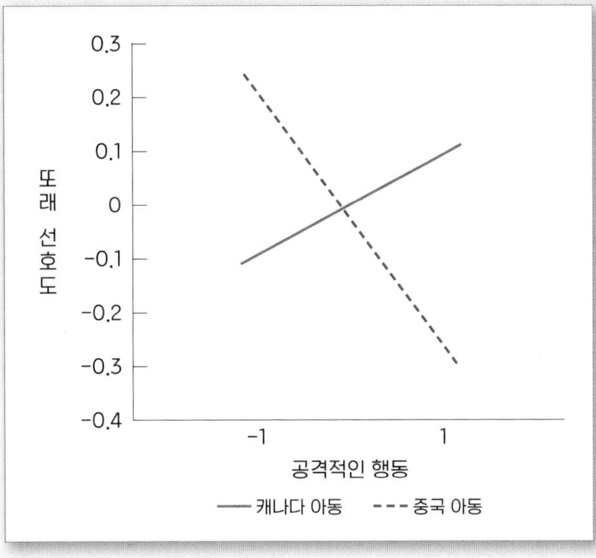


[그림 7-2] 장난감을 얻기 위해 공격적인 모습을 보이는 중국인 아동은
또래로부터 덜 선호되는 모습을 보였으나, 캐나다 아동의 경우 그렇지 않았다.

출처: French, D. C., Chen, X., Chung, J., Li, M., Chen, H., & Li, D. (2011). Four children and one toy: Chinese and Canadian children faced with potential conflict over a limited resource. *Child Development, 82*, 830–841.

또래관계의 차이에 영향을 미치는 또 다른 요소로는 각 문화가 가치 있게 평가하는 사회적 행동의 종류를 들 수 있다. 예를 들면, 전통적인 중국 문화권에서는 수줍음과 민감성이 가치 있게 평가되고 성취, 성숙, 이해심을 반영하는 특성이라고 여겨진다(X. Chen et al., 2006; Chen, Chen et al., 2009; Chen, Chung et al., 2011). 당연스럽게도, 캐나다 아동은 수줍고 민감한 아동을 배척하는 데 반해, 중국인 아동은 이러한 특성을 보이는 또래를 선호하는 것으로 나타났다(Chen & Tse, 2008). [그림 7-2]에서 보듯, 7세 아동의 놀이 그룹에서, 캐나다 아동에 비해 중국인 아동은 얼마 남지 않은 장난감을 양보하는 행동을 보이는 또래를 더 선호하는 것으로 나타났다(French et al., 2011). 그러나 중국에서도 좀 더 나이 든 아동이나 청소년의 경우, 수줍은 또래는 배척되는 경향이 있고(Chen & Rubin, 1994; Chen et al., 2005), 외로움을 더 많이 경험하는 것으로 나타났는데(Yang et al., 2015), 이는 아동이 자라면서 보다 독립적이어야 한다는 기대를 반영하는 현상으로 보인다. 그러나 중국이 많은 변화를 겪으면서, 그들이 중요시하는 가치도 변화하고 있다. 1990년대에는 초등학교 아동이 또래의 수줍음을 이해하는 모습을 보인 데 반해, 2002년에는 더 이상 그런 선호 현상이 발견되지 않았다(Chen et al., 2005). 시장경제로의 변화를 맞이하는 중국에서 독립적이고 자주적인 태도가 더 강조되기 때문으로 보인다. 중국에서도 시골에서는, 아직 수줍음이 아동들 사이에서 적응적인 태도로 여겨지고 있는데(Chen, Wang et al., 2009, 2011), 중국의 변화가 계속될수록 이러한 현상도 점점 사라질 것으로 예상된다. 그러나 **사회적 민감성**과 같은 중국의 전통적인 특성은 지속적으로 중국 아동들에게서 중요하게 여겨진다. 캐나다의 12세 아동에 비해, 중국의 아동은 사회적인 평가에 대해 더욱 민감한 특성을 보이고, 이러한 아동은 사회적으로 더 잘 적응하는 것으로 나타났다(Chen et al., 2016). 이를 바탕으로, 또래관계를 명확히 이해하기 위해서는 문화적인 맥락과 역사적인 맥락을 동시에 고려해야 한다는 것을 알 수 있다.

## 또래 지위

또래는 아동에게 가족 외의 그룹에서 소속감과 사회적 지위를 부여하기 때문에 그 중요도가 높다. 이 절에서는 또래 지위에 대한 심리학자들의 연구를 다루고자 한다. 또래의 관점이 아동의 발달에 어떠한 방식으로 영향을 미치는지, 그리고 어떠한 아동이 또래로부터 인정을 받을 수 있는지 살펴볼 것이다.

### 또래 지위 연구: 선호와 배제

아동의 또래 지위를 살펴보기 위해 가장 널리 사용되고 있는 방법은 또래 지명 분석 방법이다. **또래 지명 분석 방법**을 통해 아동이 특정 또래를 좋아하는지 그리고 좋아하지 않는지를 측정하여 이를 바탕으로 아동의 선호도와 배제를 계산한다(Rubin et al., 2015). 연구자들은 각각의 아동에게 학급에서 가장 좋아하는 또래와 가장 싫어하는 또래를 지명하게 한다(Coie et al., 1982). 그리고 각각의 아동이 받은 지명의 총합을 계산한다. **인기 있는 아동**은 '좋아하는'에 해당하는 지명을 가장 많이 받고 '싫어하는'에 해당하는 지명을 가장 적게 받은 아동이다. **평균 아동**은 '좋아하는'과 '싫어하는'에 각각 제법 지명을 받았으나, 인기 있는 아동에 비해 '좋아하는'의 지명을 덜 받은 아동이다. **무관심 아동**은 '좋아하는'

ⓒ Blend Images/Media Bakery

프롬 퀸과 킹(무도회 왕과 여왕)은 또래에 의해 선출된, 또래 선호도와 영향력을 지닌 인기 있는 아동을 보여준다.

과 '싫어하는'의 지명 모두 거의 받지 못한 아동이다. **혼란 아동**은 '좋아하는'과 '싫어하는'의 지명을 모두 많이 받은 아동이다. **배제되는 아동**은 '좋아하는'의 지명은 거의 받지 못하고 '싫어하는'의 지명을 많이 받은 아동이다. 아동이 싫어하는 또래를 지명하게 하여 그 방법에 대해 윤리적인 논란이 있었으나, 연구 결과는 또래 지명이 제대로 이루어진다면 아동에게 해가 되지 않는다고 밝히고 있다(Hymel et al., 2002; Mayeux et al., 2007).

또래 지명 방법은 쉽고 빠르게 진행할 수 있다는 장점이 있다. 그러나 지명의 수에 제한을 둘 경우, 연구자는 아동이 대다수의 학급 내 또래에게 어떻게 느끼는지에 대한 정보를 놓칠 수 있다는 단점이 있다. 따라서 학급 명부를 사용하여 아동이 학급 내 모든 또래를 평가하도록 하는 대안적인 방법이 있다(Parker & Asher, 1993). 예를 들어, 아동에게 학급의 명부를 제시한 후, 아동이 각각의 아동에 대해서 놀이나 프로젝트 파트너로서 얼마나 선호하는지 평가하게 할 수 있다. 각각의 아동의 선호도는 그/그녀가 받은 모든 또래 지명의 수의 평균으로 나타낼 수 있다.

이와 같은 형식의 두 또래 지명 방식은 유용하다. 전자는 아동의 선호와 비선호를 살펴보는 데 효과적이고, 후자는 아동이 모든 또래에 대해 느끼는 것을 알아보기에 효과적이다. 후자의 방법은 특히 또래 문제가 있는 특정 아동을 돕기 위한 개입이 이루어진 후 그 아동의 선호도에 대한 변화를 알아보기에 효과적인 방법이다(Asher et al., 1996).

그동안 많은 연구자는 '선호도가 높은 아동'을 '인기 있는 아동'으로 간주하였으나, 청소년들은 선호도가 높은 아동('좋아하는'의 지명을 많이 받고, '싫어하는'의 지명을 적게 받는 아동)이 꼭 인기 있는 아동이 아니라는 것을 보여 준다. 이에 최근의 많은 연구자는 아동에게 실제로 '인기 있는' 아동을 지명하도록 하는 방식을 사용하였고, '인기 있는' 지명을 많이 받고 '인기가 낮은' 지명을 적게 받은 아동은 '**인기도가 높은 것으로 인지되는**' 아동이라 명명되었다. 아동기에는 인기도와 선호도의 또래 프로파일이 많은 부분 공유되는 것으로 나타났으나, 청소년기로 갈수록 인기도와 선호도는 구분되는 것으로 나타난다. 청소년기에는 인기 있는 학생은 또래들에게 인지도와 영향력이 있으나 많은 아이에게 선호되지는 않는 것으로 나타난다. 많은 경우, 이들은 공격적이고 폭력적인 성향을 나타내기도 한다(Asher & McDonald, 2009; Cillessen & Bellmore, 2011; Rose, Swenson, & Waller, 2004).

## 또래 선호도에 영향을 미치는 요인

아동의 인기도, 선호도, 배제와 같은 또래 지위는 아동의 행동과 인지적, 사회적 기술에 의해 결정된다. 물론, 아동의 이름과 외모와 같은 피상적인 요인도 영향을 미친다.

**영향을 미치는 행동** 연구자들은 아동의 또래 지위와 아동의 행동의 관계에 대해 검증해 왔다(Rubin et al., 2015). 인기 있는 아동은 크게 두 타입으로 나뉘는데, 대부분의 인기 있는 아동은 또래에게 우호적인 태도를 취하고 선호되는 특성을 보인다. 인기 있는 아동은 자기주장을 하는 편이지만, 독단적이거나 공격적인 특성을 보이지는 않는다. 그들은 의사소통에 능하고, 그룹의 규칙을 세우는 것을 도울 줄 알며, 인기도가 낮은 아동에 비해 친사회적인 행동을 더 많이 보이기도 한다.

> 에이든은 학교에서 친구를 만나면 절대 그냥 지나치지 않는다. 그가 아는 친구를 보면 얼굴이 환해지며 큰소리로 "안녕"이라고 인사한다. 그러면 친구들은 항상 웃으며 에이든에게 인사한다.

그런데 일부의 인기 있는 아동 및 청소년의 경우에는 긍정적인 행동과 부정적인 행동을 동시에 보이기도 한다(Closson, 2009; Hawley, 2003a; LaFontana & Cillessen, 1999). 이와 같은 인기 있으나 공격적인 아동은 운동을 잘하고, 거만한 태도를 취하며, 공격적인 특성을 보이지만, 쿨하고 매력 있는 것으로 여겨진다. 많은 또래가 그들을 부러워하기 때문에, 그들의 공격적인 행동이 인기도에 큰 영향을 미치지 않는다(Kuryluk et al., 2011). 친사회적이기보다는 또래를 조종하는 특성을 가지고 있음에도 불구하고 그들은 또래들에게 사회적인 영향력을 행사한다(Cillessen & Mayeux, 2004; Cillessen & Rose, 2005; Rodkin et al., 2000). 또래들은 그들의 옷 입는 방식이라든가 음악 취향을 따라하고, 그들과 친구가 되어 그들이 속한 그룹에 속하기를 원한다. 학교 폭력의 가해자들이 이러한 특성을 지닌 인기 있으나 공격적인 아동에 속한다고 볼 수 있다(Juvonen et al., 2003). 이처럼 인기 있으나 공격적인 아동은 공격행동의 적응적인 측면을 보여 준다. 공격성이 파워와 영향력을 얻기 위한 도구로 사용이 되는 것이다(Hawley, 2014; Hawley et al., 2007). 그러나 이러한 아동들은 발달적 위험요소를 가지고 있는 것으로 보인다. 인기 있으나 공격적인 아동은 고등학교 시절 더 많은 알코올 섭취와 성적 활동(Mayeux et al., 2008), 학업 성취의 저하를 보이는 것으로 알려지고 있다(Rodkin & Roisman, 2010; Schwarz et al., 2006).

인기 있는 아동뿐 아니라 배제되는 아동도 두 가지 타입으로 나뉜다. **공격적이고 배제되는 아동**은 주로 자기-조절능력이 떨어지고 공격행동과 문제행동을 빈번하게 보이는 것으로 나타난다(French, 1990; Parkhurst & Asher, 1992). **비폭력적이고 배제되는 아동**은 주로 근심이 많고, 위축되거나 소외되며, 사회적인 기술이 떨어지는 특성을 보인다(Crick & Ladd, 1993; Gazelle & Ladd, 2003; Oh et al., 2008). 아동기와 청소년기에 사회적으로 위축되는 특성은 또래로부터 배제되는 것과 높은 상관을 보이며(Deater-Deckard, 2001; Newcomb et al., 1993) 이는 서부뿐만 아니라 인도와 같은 여러 문화권에서 공통적으로 나타나는 현상이다(Prakash & Coplan, 2007).

> 우리 옆집에 사는 소녀는 에이든과 같은 학년인데 학교에서 주로 우울한 표정을 하고 걸어다닌다. 눈은 항상 땅을 바라보고, 친구에게 먼저 인사를 하지 않는다. 그녀는 주로 혼자 있는 경우가 많아서 나는 그녀를 볼 때마다 안쓰러운 마음이 든다.

무관심 아동은 또래들이 배제하지는 않으나 관심 없어 하는 아동을 말하며 주로 소심하고, 조용하며, 비공격적인 특성을 보인다. 두 가지 유형의 아동이 무관심 아동에 속한다. 첫 번째 유형은 말이 없고 불안해하는 특성을 보이는 아동으로 주로 친구들을 멀리에서 바라보고 특정 또래 그룹에 속해 있지 않으며, 사회적인 상호작용에 잘 참여하지 않는다. 두 번째 유형은 사회관계에 관심이 없거나 비사회적인 특성을 보이는 아동으로 불안해하거나 소심하지 않으나 단순히 혼자 있는 것을 좋아하는 아동이 이에 해당된다(Ladd et al., 2011).

**생물학적 요인** 또래 지위에 영향을 미치는 이러한 행동 기저에는 아동의 기질과 관련된 생물학적 요인들이 존재한다. 공격행동이나 문제행동을 많이 보여 또래로부터 배제당하는 아동은 기질적으로 적극적이고 활달하며 충동적이고 집중을 잘 못하는 극-외향적인 성향을 보인다. 소극적인 모습을 많이 보여 또래로부터 배제되거나 무시되는 아동은 기질적으로 비사회적인 성향을 보인다. 그들은 어린 시절 엄마와의 상호작용에서도 눈을 맞추거나 미소를 짓는 행동을 덜 보이고 아동기에도 내성적인 특성을 보인다(Ormel et al., 2005). 또래와 활발한 상호작용을 하고 자신감 있어 또래 사이에서 인기 있는 아동은 내성적이지도 충동적이지도 않다(Corapci, 2008).

발달의 모든 이슈에서처럼, 기질은 경험과 상호작용하여 또래 지위를 예측한다. 아동이 부모와 많은 갈등을 경험하고 주의집중이 부족한 기질을 가지고 있는 경우 또래로부터 배제될 확률이 높아진다(David & Murphy, 2007). 부모로부터 부정적인 양육을 받고 소심한 기질을 가지고 있는 아동의 경우 사회적으로 더 고립되는 경향이 높아진다(Hane et al., 2008).

또래 상호작용과 관련된 몇 가지 행동의 경우 행동활성화시스템(BAS) 또는 행동억제시스템(BIS)과 같은 뇌 신경기반 시스템과도 연관이 있는 것으로 보인다. 행동활성화시스템(BAS)이 높은 아동의 경우 또래에게 잘 다가가고 상호작용을 많이 하는 데 반해, 행동억제시스템(BIS)이 높은 아동의 경우 또래와의 상호작용을 피하는 태도를 보인다. 연구 결과는 사회적으로 유능한 아동은 행동활성화시스템(BAS)이 높고, 행동억제시스템(BIS)이 낮다고 보고하고 있다(Kingsbury et al., 2013). 또래 지위가 생물학적 기반을 가지고 있다는 것은 아동의 호르몬 수치와 심장박동을 살펴본 연구에서도 그 근거가 나타난다. 코르티솔 수치가 낮은 아동이 또래관계에 비적응적인 면을 보이고, 심장 박동을 더 잘 조절하는 아동이 높은 또래 지위를 가지게 되는 것으로 보인다(Graziano et al., 2007).

**사회인지 기술** 처음 보는 또래에게 정보를 물어보거나("어디 살아?"), 정보를 제공하고("나는 야구를 좋아해."), 다른 또래를 초대할 수 있는("성쌓기 놀이 같이할래?") 사회적인 지식과 기술이 있는 아동은 또래에게 더 선호될 수 있다(Putallaz & Gottman, 1981). 이러한 아동은 새로운 사회적인 상황에서 편안하고, 다른 또래와 상호작용하고 싶어 하며, 무엇인가를 제안하는 데 자신감이 있고, 또래와 같이 배우는 것에 흥미를 보인다. 다른 사람의 정신적 상태나 감정을 더 잘 이해하는 아동은 그렇지 못한 아동에 비해 긴장하거나 위축되거나 공격적인 모습을 덜 보인다(Hoglund et al., 2008). 사회적인 기술이 부족하여 그룹에서 보일 듯 말 듯 행동하고, 공격적인 행동을 하거나, 비적절한 언행을 하는 아동은 시작부터 뒤처질 수밖에 없다.

새로운 사회적 상황에 맞닥뜨리는 것은 인지적인 문제를 해결하는 것과 유사하다. 새로운 또래들에게 다가가기 위해서 아동은 타인의 의사소통방법을 이해하고, 그들의 행동을 정확히 해석해야 하며, 이러한 해석을 바탕으로 목표를 세우고, 어떻게 행동해야 할지 결정하여, 다가가 의사소통을 하고, 그들의 사회전략을 평가해야 한다. 이는 특히 어린 아동에게는 꽤 어려운 주문이고, 개인차가 있어 다른 아동보다 뛰어난 능력을 보이는 아동이 있게 마련이다. 이러한 능력을 검증하기 위해, Kenneth Dodge는 사회정보처리 모델(제1장 서론, [그림 1-3] 참조)을 고안하였다. 사회정보처리 모델은 사회적 상황을 평가하는 데 있어 인지적인 과정을 강조한다. 아동이 모델의 각 과정을 이행함에 따라 결정을 내리고, 정확하든 정확하지 않든 혹은 도움이 되든 안 되든, 행동으로 옮기게 된다. 다음은 한 아동이 사회적인 상황에 맞닥뜨리게 되었을 때 일어날 수 있는 한 예이다.

> 사회적으로 유능한 7세 아동 조니는 두 소녀가 보드게임을 하고 있는 것을 본다. 조니는 그중 한 소녀가 자신을 향해 친밀하게 미소 짓는 것을 느꼈다(1단계, 신호 받아들이기). 조니는 그녀가 자신과 함께 놀고 싶어 하는 것이라고 생각하고(2단계, 신호 해석), 두 소녀와 보드게임을 같이하기로 마음을 먹는다(3단계, 목표 정하기). 조니는 목표를 달성하기 위해 가능한 행동을 다음과 같이 생각해 본다—미소 짓기, 같이 게임하자고 이야기하기, 그냥 그대로 서 있기—그리고 각각의 상황에서 두 소녀가 어떻게 반응할지 고민해 본다(4단계, 행동/반응 리뷰), 조니는 보드게임에 대해 친절한 반응을 보이기로 결정한다(5단계, 결정하기). 그때 조니를 향해 미소 짓던 소녀가 다시 자신을 쳐다보는 것을 깨닫고, 조니는 그녀를 향해 미소를 지으며 말한다. "보드게임이 재밌어 보이네."(6단계, 행동하기) 소녀들은 그녀에게 게임을 같이하자고 한다.

> 사회적으로 좀 덜 능숙한, 6세 남자아이인 제이미는 두 남자 소년이 놀고 있는 것을 본다. 그러나 제이미가 두 소년의 운동화를 바라보느라 그중 한 소년이 제이미를 향해 미소 짓는 것을 미처 알아채지 못한다(1단계, 사회적 신호를 받아들이지 못함). 제이미는 소년들이 친절하지 않다고 여기며(2단계, 사회적 신호를 정확하게 해석하지 못함) 그가 할 수 있는 일이 없다고 생각한다. 제이미는 다음과 같이 그가 할 수 있는 말을 생각하며—소년에게 왜 그에게 같이 놀자고 말하지 않는지 물어보기, 그들을 불친절하고 오만하다고 하기—올바르게 대처하는 방안을 생각하지 못한다(3단계, 목표를 명료히 하지 못함; 4단계, 가능한 행동과 반응을 리뷰하지 못함). 제이미는 후자의 행동을 하기로 결정하고(5단계, 결정하기) 소리친다. "너희 둘은 같이 놀자고 하지도 않고 너무 이기적이구나."(6단계, 행동하기) 당연하게도, 두 남자 소년은 제이미를 무시하고, 그는 떠나간다.

사회정보처리 모델을 사용하여, Kenneth Dodge는 교사와 또래로부터 사회적으로 능숙하다고 평가받는 아이와 능숙하지 않다고 평가받는 5~7세의 아동을 비교했다. 아동에게 조니와 제이미와 같은 상황의 비디오테이프를 보여 주고 이와 비슷한 상황에서 어떻게 행동할 것인지 물어보았다. 연구자들은 사회적으로 능숙하지 못한 아동은 사회적인 정보를 놓치고 부정확하게 해석하며 비효과적인 반응을 더 많이 생성해 내고, 덜 효과적인 반응을 선택하는 것을 발견했다. 연구자들은 또한 아동이 실제 또래 활동에 처음 참여하는 상황에서 학급의 두 친구에게 어떻게 대응하는지 관찰하였다. 비디오테이프를 보았을 때 상황을 적절히 해석한 아동은 실제 상황에서도 또래 활동에 적응적으로 참여하는 것으로 나타났다. 후속 연구에서, 이 연구자들은 8~10세의 아동에게 또래가 화나게 하는 상황에서(예: 아동이 만들어 놓은 타워를 또래가 부수었으나, 실수로 그런 것인지 일부러 그런 것인지 애매한 상황에서) 어떻게 행동을 할 것인지 물어보았다. 교사나 또래에게 더 폭력적이라고 평가된 아동은 사회정보처리 모델의 각 단계에서 부족한 능력을 보였고 또래가 화나게 하는 상황에서 적절히 대응하지 못하는 것으로 나타났다. 이러한 연구들은 아동이 또래와 상호작용하는 과정은 아동이 사회적 정보를 처리하는 인지기술과 관련이 있다는 근거를 제시한다(Caputi et al., 2012; Slaughter et al., 2015).

사회적 이해능력이 부족할 경우 아동은 부적응 행동과 부적절한 상호작용을 보이고, 또래로부터의 선호도도 떨어질 수 있다. 그러나 그 반대의 관계도 가능하다. 또래로부터 거부되는 것이 사회정보처리의 부족으로 이어질 수 있다(Gifford-Smith & Rabiner, 2004). Dodge와 동료 연구자들은 유치원에서 또래에게 거부되는 아동이 초등학교 2~3학년이 되었을 때 사회정보처리에 덜 능숙하다는 것을 보여 주었다. 마찬가지로, 또래의 실수(의도하지 않은 사회적인 실수)를 제대로 이해하지 못하는 아동은 또래로부터 거부될 확률이 높고, 이는 그 이후에 또래의 사회적인 실수를 더욱 이해할 기회를 가지지 못하게 하는 것으로 알려지고 있다(Banerjee et al., 2011). 사회정보처리와 또래 상호작용은 이처럼 상호적인 관계를 가지고 있다.

**아동은 항상 숙고하는 특성을 보일까** 사회정보처리 모델이 장점이 있기는 하지만 이 이론이 또래 사이의 상호작용을 모두 설명해 주지는 못하는 면이 있다. 아동은 항상 숙고하면서 반응하는 것이 아니고, 때때로 충동적이거나 자동적인 반응으로 행동하기도 하기 때문이다. 아동은 의식적으로 인식하지 않은 채로 많은 사회적인 결단을 내리곤 한다. 아동은 그들의 결정을 잘 인식하고 있다고 생각할지 모르지만, 실제로 결정을 내리는 많은 단계는 아동이 어떻게 행동할지 생각하는 중에 이미 끝난 경우가 많다는 것을 뇌 과학 연구들은 밝히고 있다(Klaczynski, 2005). 아동이 많은 사회적 상호작용에 노출되면서, 그들은 비슷한 상황에 마주치게 되면 사용하는 사회적인 습관 세트를 만들게 된다. 이러한 사회적 행동의 반응성은 빠르고, 시간을 절약하며, 인지적인 에너지를 절약한다는 이점이 있다. 동시에, 새로운 상황에 대한 가정이 정확하지 않을 경우 문제가 발생할 수 있다는 측면도 있다. 예를 들어, 아동이 또래가 실수로 의도하지 않는 신체의 공격을 하였을 때, 자신에게 폭력을 행사하는 것으로 잘못 이해하고 반응할 수 있다. 그러한 상황에서, 아동은 자신을 향한 부정적이거나 애매한 행동을 의도적인 적대적 행동으로 깊은 고민 없이 해석할 수 있다(Fite et al., 2008; Gifford-Smith & Rabiner, 2004). 이러한 아동의 반응은 스크립트화되고 일상적으로 되면서 숙고하는 반응이 행동에 거의 영향을 미치지 못할 수 있다.

따라서 각 단계별로 생각해 보는 사회정보처리이론은 친밀한 또래와의 익숙한 상황보다는 새로운 상황에 더 잘 적용되는 이론이라고 볼 수 있다. 연구자들은 아동이 빠르게 반응을 할 경우, 그들은 자신의 반응에 대해 많은 시간 동안 숙고하기보다 습관적인 행동에 의존한다는 것을 발견했다(Rabiner et al., 1990). 사회정보처리 모델은 또한 기질상 충동적인 아동보다는 숙고하고, 이성적이며, 신중한 아동의 반응을 설명하는 데 더 적합하다(Dodge & Pettit, 2003). 사회적인 상황에서 아동의 인지적 평가와 행동 반응은 아동의 감정과 사고에 영향을 받기 때문에, 감정 또한 사회정보처리 모델에 포함이 되어야 한다(Lemerise & Arsenio, 2000; Lemerise & Maulden, 2010). 설명하자면, 불안, 공포, 슬픔과 같은 감정이 사회적인 신호를 해석하는 데 방해가 될 수 있고 우울한 아동은 또래로부터 덜 선호될 수 있는 것이다(Kochel et al., 2012).

**사회적 상호작용에서 아동의 목표** 아동의 목표는 사회적인 상황에서 사용하는 전략에 영향을 미치고, 또래 지위와도 관련이 높다(Asher et al., 2008; Rodkin et al., 2013). 아동이 친밀한 관계를 지향하는 목표를 지향할 경우 친사회적인 전략을 더 많이 사용하고 또래로부터 선호될 확률이 높아진다. 반면, 아동이 타인을 지배하려는 목표를 지향할 경우 아동은 강압적인 전략을 더 많이 사용하고 또래로부터 배제된다. 연구자들은 아동에게 "네 가족이 새로운 도시로 이사를 갔고 오늘은 새로운 학교에 가는 첫 날이야. 쉬는 시간에 또래들이 모두 밖에 나가 놀고 있어. 너는 어떻게 할 것 같니?"와 같은 가상적인 사회적 상황을 제시하고 어떻게 반응할 것인지 물어보았다. 높은 또래 지위를 가지고 있거나 인기 있는 아동은 주로 긍정적인 목표와 전략들을 제시하였다. 예를 들면, 그들은 운동장에서 친구를 사귀고 같이 놀기를 요청할 것이라고 말하였다. 그들은 이러한 목표를 이루기 위해 활달하고 사회적인 행동을 할 것이라 설명하였다. 반면, 낮은 또래 지위를 가지고 있거나 거부되는 아동의 경우 적대적인 목표와 전략들을 제시하고 가능한 그러한 상황을 피하도록 노력하겠다고 말했다. 예를 들면, "전 혼자 놀 것 같아요." 하고 말하였다. 사회적으로 배제되는 아동은 사회적인 상호작용을 시작하는 데 있어 대가를 치르지 않아도 되는 중립적인 목표와 간접적인 전략들을 사용하는 것으로 나타났다. 예를 들면, "나도 너희 노는 데 끼워 줘."라고 말하기보다는 "이것 좀 봐 줄래?"라고 말하였다. 목표는 아동이 폭력과 놀림을 포함한 부정적인 사회적 상황에서 반응하는 양식에 영향을 미친다. 다른 아동과의 조화로운 관계를 발달시키는 목표를 가지고 있는 아동은 문제해결 및 조언 구하기와 같은 보다 적응적인 전략들을 사용하는 경향이 있다. 반면, 사회적인 지위를 추구하는 목표를 가지고 있는 아동은 보복과 같은 문제해결적인 전략들을 덜 사용하는 특성이 있다. 그리고 이러한 반응은 이후의 언쟁을 야기하고 사회적인 관계를 발전시키는 데 도움이 되지 않는다(Rudolph et al., 2011). 가끔 아동은 여러 가지 사회적 목표를 가지고 있는 경우가 있다. 예를 들어, 지각된 인기 있는 아동의 경우, 인기를 추구하는 목표와 다른 또래를 지배하거나 영향을 끼치고자 하는 목표를 모두 가지고 있을 수 있다. 그들은 친사회적인 행동과 타인을 지배하는 행동, 때로는 공격적인 행동을 보이며 이러한 여러 목표를 성취한다(Caravita & Cillessen, 2012; La Fontana & Cillessen, 2010; Cillessen & Bellmore, 2011; Rodkin et al., 2013).

**외모** 아동의 또래 지위에 영향을 미치는 또 다른 요소는 외모이다. 어른의 경우 파티나 식당에서 새로운 사람을 처음 볼 경우, 외적인 특성을 바탕으로 첫인상을 형성하게 된다. 아동의 경우도 마찬가지이다. 심지어, 갓난아이도 처음 보는 사진을 제시할 경우, 어른이 보다 매력적이라고 판단한 사진을 더 자주 쳐다본다(Langlois et al., 2000; Slater et al., 2000). 3세 아동도 더 매력적인 얼굴을 선호하는 비슷한 경향성을 나타낸다(Langlois, 1986).

어른의 경우 외적으로 더 매력적인 사람이 더 긍정적인 특성을 지니고 있다고 해석하는 경향성을 보이는데 아동의 경우에도 마찬가지이다(Langlois & Stephan, 1981; Langlois et al., 2000). 아동은 매력적인 또래가 친밀하고 대담하며 자신의 것을 공유할 줄 알 것이라 예상하고, 매력적이지 않은 또래는 공격적이고 반사회적이며 비열할 것이라 예상하였다. 이러한 예상은 현실에서도 마찬가지일까? Judith Langlois와 동료들(2000)은 연구 결과가 이러한 예상과 동일하며, 실제에서는 매력적인 외모가 우리 생각보다 더욱 중요하다고 보고한다. 일련의 연구에서, 사람들은 실제로 상대방을 꽤 잘 알고 있을 때에도 매력적인 아동을 매력적이지 않은 아동보다 더 호의적으로 판단하는 것으로 나타났다. 매력적인 아동은 사회적인 매력, 인간관계에서의 자신감, 심리적인 적응에서 더 우수한 것으로 나타났으며, 또래 사이에서도 인기가 더 높았다(Langlois et al., 2000). 외모와 인기의 이러한 관계는 다른 여러 연구에서도 동일하게 나타났다. 초등학교 4학년에서 중학교 1학년의 흑인 아동들을 대상으로 인기 있는 소녀나 소년의 특질을 물어보았을 때, 외모적인 매력은 가장 많이 언급되었다(Xie et al., 2006). 예를 들면, 12세 남자아이는 다음과 같이 말했다.

> "저는 잘생긴 애들이 좋아요. 그들은 굉장히 멋져요!"

13세 아동을 대상으로 한 연구에서 스스로를 매력적이지 않다고 지각하는 아동은 다른 아동에게 선호되지 않는다고 느끼는 것과 높은 관련이 있는 것으로 나타났다(Radiukiewicz & Dzielska, 2010). 또한 아동과 청소년들은 비만인 또래를 덜 매력적이고 덜 좋아한다고 보고했고(Zeller et al., 2008), 체중 조절 프로그램에 참여한 아동은 체중 조절에 성공한 후 사회적인 선호가 높아졌다고 보고했다(Nguyet et al., 2012). 대학에서도 매력적인 교수가 덜 매력적인 교수에 비해 더 높은 학생 평가를 받는 것을 보면 아동기 이후에도 외모가 미치는 영향력은 줄어들지 않는 것으로 보인다(Hamermesh & Parker, 2005).

**화합** 또래 지위에 영향을 미치는 다른 요소는 남들과 화합할 수 있는 능력이다. 또래 사이에서 어색한 태도를 취하는 아동은 인기가 낮을 확률이 높다. 방해 행동 또는 과잉 행동을 보이는 아동은 거부될 확률이 높다(Mrug et al., 2009; Pedersen et al., 2007; Stenseng et al., 2016). 연구자들은 아동이 사회적으로 위축된 또래를 거부하는 이유는 그들이 잘 화합하지 못하기 때문이라고 말한다. 그들의 행동은 사회 작용에서 요구되는 규준이나 기대에 잘 맞지 않는 특성을 보인다(Rubin et al., 2009, 2015). 아동이 나이가 들어가면서, 또래 사이에서 전형적이지 않은 행동은 더욱 두드러지게 되고, 사회적으로 위축된 행동을 보이는 아동은 더욱 거부되는 경향성을 보인다(Ladd, 2006).

심지어 특이한 이름을 가지고 있는 것도 '화합되지 않는 것'으로 해석될 수 있다. 아동은 어떤 이름이 인기가 있고, 받아들여지는지 재빨리 파악하는 것으로 보인다. 그 결과, 자신이 선호하지 않는 이름을 가진 아동보다 자신이 친숙하게 느끼는 이름을 가지고 있는 아동에게 더 친밀하게 대하는 경향성을 보인다(Rubin, Bukowski, et al., 2015). 아동은 여성과 남성에게 적합하다고 생각하는 이름을 선호하고, 여자 아동이 남자 이름을 가지고 있는 것을 좋아하지 않는다(Figlio, 2007). 아동은 또한 많은 또래가 적절하다고 생각하는 방식으로 상호작용하는 것을 선호한다. 아동이 성별에 적합하지 않다고 생각되는 행동을 보이는 경우 인기가 낮은 특성을 보인다. 예를 들어, 남자아이가 지나치게 의존적이거나 자신의 슬픈 감정을 잘 조절하지 못하고, 여자아이가 지나치게 독립적이고 행동이 거칠 경우 또래로부터 덜 선호되는 경향이 있다(Bakker et al., 2011; Perry-Parrish & Zeman, 2011). 뿐만 아니라, 성 규준에 적합하게 행동해야 한다고 생각하는 친구가 있을 경우 청소년 자신도 비슷하게 생각하게 된다고 알려지고 있다(Korienko et al., 2016). 고등학생의 경우에도 외모나 행동에 있어 규준에 맞는 학생은 그렇지 못한 학생들보다 또래에게 더 선호되는 것으로 나타난다(Horn, 2007).

적합한 옷을 입는 것도 중요하다. 한 연구에서, 8~12세의 영국 아동들은 잘 알려진 브랜드의 운동화를 신는 것이 인기에도 도움이 되고 또래와 잘 어울리는 데에도 매우 중요하다고 말했다(Elliott & Leonard, 2004). 그들 자신도 그런 또래들을 더 선호한다고 주장하기도 하였다.

주 인종 그룹에 속해 있는 것도 인기와 관련이 있다. 아동은 비슷한 또래와 주로 어울리는 특성이 있다. 인도네시아의 7세 아동을 대상으로 한 연구에서, 대표적인 인종 그룹에 속해 있는 남자 소년들은 소수 인종 그룹에 속해 있는 소년들에 비해 덜 외로움을 느꼈다(Eisenberg et al., 2009). 또한 미국의 보육원에 있는 아동을 대상으로 한 연구에서, 같은 인종의 또래가 없는 아동은 또래 상호작용에 더 많은 어려움을 겪는 것으로 나타났다(Howes et al., 2008).

## 또래 거부의 결과

아동은 다양한 방법으로 또래를 선호하지 않음을 표현한다. 초등학교 3학년에서 6학년을 대상으로 한 연구에서, 아동은 창의적이고 잔인한 방법으로 좋아하지 않는 또래를 거부하는 것으로 나타났다(Asher et al., 2001). 아동은 또래를 피하고("우리 프랭키를 피하기 위해 우리집으로 가자!"), 잔인한 말을 하며("나는 제인을 참을 수가 없어. 소름 끼치도록 싫어."), 그들이 그룹에 참여하는 것을 막고("너는 이 그룹에 속할 수 없어—우리는 네가 필요 없어."), 때로는 신체적인 폭력을 가하거나 언어적인 비난을 하기도 한다("대체 머릿속에 뭐가 들어 있는 거야?"). 따라서 또래로부터 거부되는 아동은 심리적인 타격을 크게 받을 수밖에 없다. 이와 같은 또래 거부의 결과에 대해서 더 자세히 알아보고자 한다.

**또래 거부에 대한 아동의 대응에 영향을 주는 요인** 아동은 자신의 특성에 따라 또래 거부에 대해 다양한 방법으로 대응한다(Asher et al., 2001; 〈표 7-3〉 참조). 아동이 거부에 민감하고 부정적인 피드백을 자주 받을 경우, 애매한 상황을 거부로 잘못 해석하고 스트레스를 받는 경향을 보인다. 반면, 아동이 자신감이 있고 사회적인 상황을 긍정적으로 해석하며 접근하는 경우에는 애매한 상황을 거부로 잘못 해석하는 일이 적어진다. 유머 감각을 가진 아동은 또래의 거절을 장난으로 여기고 이는 종종 상황을 뒤바꾸기도 한다. 그러나 또래 거부에 공격적으로 대응하거나, 위축되어 자기 자신을 보호하지 못하는 경우는 이후에도 지속적인 거부를 당하게 될 확률이 높아진다. 아동의 거부에 대한 반응은 누가 거부를 하느냐에 따라 달라지기도 한다. 아동과 친한 친구나 선망하는 대상이 자신을 거부하게 되면 심리적인 상처는 더욱 커진다.

〈표 7-3〉 또래 거부에 대한 아동의 대응에 영향을 주는 요인

| 또래 거부의 특성 | 반응 |
|---|---|
| 거부를 당하는 아동의 의사소통의 명확성 | 거부하는 아동의 의도가 불명확한 경우—예를 들어, 시끄러운 카페테리아에서 거부를 당하는 아동의 말을 거부하는 아동이 듣지 못하는 것인지, 아니면 일부러 무시하는 것인지 알기가 힘들 때—예민한 아동은 거부를 당한 것처럼 행동할 확률이 높다. |
| 거부하는 아동의 정체성 | 거부하는 아동이 친한 친구이거나 가족일 경우, 거부당하는 아동은 더 많은 스트레스를 받는다. |
| 거부되는 아동의 성격 | 배제되는 아동은 부정적인 경험의 원인을 외부의 요인보다 자신의 부족함에 기인하는 성향을 보인다. 자신의 능력이나 특성이 쉽게 변하지 않는다고 믿으며, 새로운 사회적 환경을 새로운 사람을 만나고 새로운 환경을 배우는 기회라기보다 자신의 능력을 시험하는 기회라고 생각하는 경우, 배제에 대해 더 많은 스트레스를 받는다. |
| 거부되는 아동의 행동 | 거부되는 아동의 반응은 거부의 강도와 지속시간에 영향을 준다. 예를 들어, 거부에 대한 복수를 한다든가, 자기 자신을 스스로 보호하려는 노력을 하지 못할 경우 상황은 더욱 심각해질 수 있다. 반면, 거부에 대해 유머로 반응하거나 웃기는 상황으로 전환할 수 있는 능력을 보일 경우 거부는 선호로 바뀔 수 있다. |
| 거부되는 아동에 대한 사회적 지원 | 거부되는 아동이 다른 친구가 있거나 사회적인 지원을 받을 수 있는 경우 거부에 보다 쉽게 대응할 수 있게 된다. |
| 거부의 일관성 | 거부의 경험이 자주 있고 일관적으로 지속될 경우 거부를 받아들이고 예상하게 된다. |

출처: Asher et al., 2001.

## 이름이 절대 해가 되지 않을 것이라 생각하였는가

어렸을 적 엄마가 "나뭇가지와 돌멩이는 네 몸을 다치게 할지 모르겠지만, 이름은 절대 널 다치게 하지 않아."라고 말했었다. 그러나 그것은 사실이 아니다. 또래들에게 이름으로 놀림을 당하고 여러 가지 형태로 거부되는 것은 매우 고통스러운 경험이다. 2000년 전, 아리스토텔레스는 "친구가 없다면 그 누구도 사는 것을 선택하지 않을 것이다."라고 말했다. 그 이후로 수많은 작가, 음악가, 시인들이 사회적인 관계가 끊어지는 것이 얼마나 고통스러운 것인지 잘 묘사해 왔다. 일부 나라에서는 사회적인 고립을 법적인 처벌의 한 형태로 채택하고 있다. 우리의 일상생활에서도 사회적인 관계가 끊어지는 것이 얼마나 고통스러운 것인지 "가슴에 상처가 된다.", "심장에 멍이 든다" 등 여러 가지 언어로 잘 묘사되고 있다. 신경 영상을 연구하는 연구자들은 실제로 사회적인 거부가 개인에게 고통을 주며, 심리적인 고통이 육체적인 고통과 비슷한 신경적 기반을 가지고 있음을 보고하고 있다(Eisenberger & Lieberman, 2004).

한 연구에서 젊은 성인들은 컴퓨터로 공을 던지는 게임에 참여했다(Eisenberger et al., 2003). 그들에게 사이버상의 다른 두 명의 성인 참여자들과 게임을 하는 것이라 설명하고, 다른 '참여자'가 연구에 참가한 성인을 거부했을 때, 기능적 자기공명 영상법(fMRI)을 통해 참여한 젊은 성인의 뇌를 관찰했다. 관찰 결과, 젊은 성인이 거부를 경험할 때 육체적인 불편감과 고통을 느끼는 뇌의 부위인 전방 피질이 활성화되었고, 거부 경험을 강하게 느낄수록 활성화의 강도도 높아졌다. 또한 감정의 상처를 조절하는 부위인 전전두엽 피질이 활성화되는 것이 관찰되었는데, 이 부분이 활성화될수록 연구에 참여한 젊은 성인은 스트레스를 덜 느끼는 것으로 보고하였다. 또한 추가 연구들은 젊은 성인들이 사이버 게임에서 거부되는 것과 실제 사회적 관계에서 거부되는 것에 비슷한 반응을 보였다고 보고했다(Eisenberger et al., 2007).

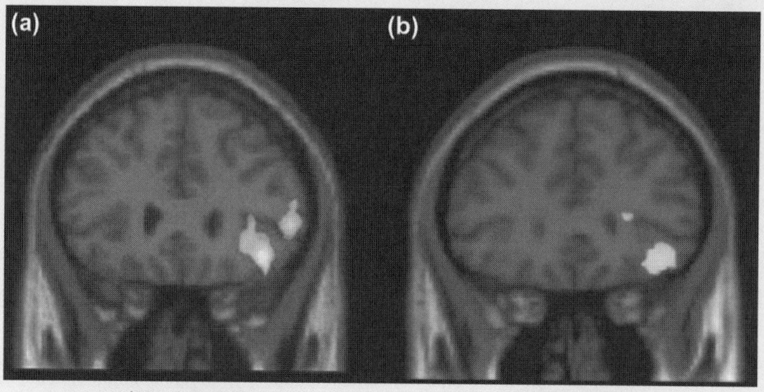


사회적 고통 조절
우측 전두엽 피질(나이=27)

신체적 고통 조절
우측 전두엽 피질(나이=30)

**[그림 7-3] 우측 전두엽 피질 활성화는 사회적 · 신체적 불편감 및 고통 조절과 관련이 있다.**

출처: Eisenberger, N. I., & Lieberman, M. D., Why rejection hurts: A common neural alarm system for physical and social pain. *Trends in Cognitive Sciences, 8*, 294–300.

Reproduced with permission of Elsevier.

**또래 거부의 장단기적 결과** 또래 거부는 장단기적으로 많은 문제를 야기한다. 외로움은 가장 직접적인 결과 중 하나이다(Kochenderfer & Ladd, 1996). 거부되는 아동은 자주 우울감을 보고하고, 사회적으로 고립되는 느낌을 경험한다. 다음은 거부되는 아동이 느끼는 우울감의 예들이다.

> "오늘 다른 친구들은 모두 메리의 파티에 간다. 그러나 나는 홀로 남겨져 있다. 나는 초대를 받지 못했고, 주말에도 아무 할 일이 없다. 모든 또래가 가는 곳에 나는 가지 못한다. 나는 그저 항상 배제되는 사람이다. 나도 옆에 항상 있지만, 내가 배제되고 있는 것을 아무도 모르는 것 같다. 항상 이런 식이다."
>
> "지난 일요일이었다. 모든 상점은 문을 닫았다. 한 친구, 제이슨은 이모네 집에 가야 했다. 나는 제이미를 부르기로 결심했지만, 아무도 집에 없었다. 텔레비전을 틀었지만, 재미있는 게 아무것도 없었다. 나는 위층에 올라가 놀아 보려 했지만, 모든 게 다 재미없었다. 강아지는 소파 뒤에 있어서 귀찮게 하고 싶지 않았다. 엄마는 주무시고 계셨고, 언니는 아기를 보고 있었다. 그냥 참 별로인 날이었다. 말할 사람도 함께 놀 사람도 아무도 없고, 볼 것도 들을 것도 아무것도 없었다."
>
> "나는 어렸을 적 매우 외로웠다. 그래서 마치 친구가 많이 있는 척하는 것에 매우 익숙하다. 나는 해나 전구를 바라보며 얼룩덜룩한 점들이 내 눈으로 들어오도록 했다. 그것들이 친구인 것처럼 생각했다. 그것들이 사라지면, 나는 매우 슬펐다."

**비폭력적이고 배제되는 아동**과 청소년들은 공격적이고 배제되는 아동이나 청소년에 비해 우울감을 더 많이 느낀다(Parkhurst & Asher, 1992; Woodhouse et al., 2012). 거부되는 청소년이 우울감을 많이 느끼는 주요 이유는 또래로부터의 선호 부재이다(Vanhalst et al., 2014; Woodhouse et al., 2012). 그러나 한 명의 친구라도 있다면 매우 도움이 된다. 한 명이라도 지속적인 관계를 유지할 친구가 있는 거부되는 아동은 아예 친구가 없는 아동에 비해 우울감을 덜 느낄 확률이 높다(Parker & Asher, 1993; Sanderson & Siegal, 1991). 거부되는 아동은 우울감을 느낄 뿐만 아니라 학교 생활에서도 많은 어려움을 겪는다. 그들은 교사와의 관계도 원만하지 못하고 학교 성적도 좋지 못하다(Parker & Asher, 1987; Rubin et al., 2009). 학급에서 활동적이지 못하고 비협력적인 특성을 보이며(Ladd et al., 2008) 학교를 그만두거나 범죄 행동을 하게 되기도 한다(Nelson & Dishion, 2004). 그들은 불안, 수치심, 죄책감, 우울증, 낮은 자존감 등의 행동적, 정서적인 문제를 더 발전시키기도 한다(Hoglund et al., 2008; Klima & Repetti, 2008; Leary, 2015; Nesdale & Lambert, 2008; Pedersen et al., 2007). 그들은 심지어 신체적 건강 문제를 가지게 되기도 한다(Brendgen & Vitaro, 2008).

## 연구 들여다보기: 적을 사랑하지 못하면…

**상호 반감**은 서로 싫어하거나 혐오할 때 가지는 감정을 말한다. 상호 반감은 모욕, 경멸, 충돌, 해결되지 않는 분쟁, 좋지 않게 끝난 관계 등 여러 가지 요인에 기인한다(Rubin et al., 2015). 아동과 청소년의 경우 3명 중 1명이 이러한 상호 반감의 관계를 유지하고 있다고 한다. 5,000명의 아동을 대상으로 한 네덜란드의 연구에서, 5학년과 8학년(중학교 2학년) 학생들은 그들이 제일 싫어하는 학급 친구들을 지명했다. 남자아이들은 여자아이들에 비해 동성의 친구들과 서로 반감을 가지고 있는 것으로 나타났고, 이러한 상호 반감의 관계를 가지고 있는 아이들은 싸우고 폭력을 행사하는 반사회적인 경향을 더 많이 보이거나 폭력의 대상이 되는 것으로 나타났다(Abecassis et al., 2002). 거부되는 아동은 인기가 있는 아동이나 일반 아동에 비해 상호 반감의 관계를 많이 형성하고 있는 것으로 나타났다(Rodkin & Hodges, 2003). 뿐만 아니라, 상호 반감의 관계는 특정 개인들에게 해당되는 경향이 있었다. 예를 들면, 다른 아이에게 폭력을 행사하는 아동은 폭력의 타깃이 되는 아동으로부터 반감의 대상이 되고, 폭력을 행사하는 아동은 타깃에게 반감을 가지고 있는 경우가 많았다(Hafen et al., 2013). 가까운 친구관계에서 살펴볼 수 있듯, 상호 반감의 관계는 2명의 특정 아동 간의 관계로 생각해 볼 수 있다.

상호 반감의 관계를 가지고 있는 아동은 상대방으로부터 부정적인 태도를 예상하는 경우가 많다. 에스토니아의 10세 아동을 대상으로 한 연구에서, 아동은 상대방이 일반 아동일 때보다 적으로 생각될 때 같은 상황을 적대적인 상황으로 해석하고 적대감을 느끼는 것으로 나타났다(Peets et al., 2007). 상호 반감은 아동의 발달에도 부정적인 영향을 미치는 것으로 나타난다. 아동이 적대적인 관계를 많이 가지고 있을수록, 아동의 사회적-정서적 발달은 늦어지고 학업적인 성취도 떨어지는 것으로 나타났다(Hembree & Vandell, 2000). 아동기에 적대적인 관계를 가지고 있을 경우 사춘기에 더 많은 문제를 경험할 확률이 높다. 10세 때 적대적인 관계를 가지고 있는 남자아이들은 사춘기에 마약 중독이나 비행과 같은 문제를 더 많이 경험할 확률이 높고, 여자아이들은 낮은 학업 성취를 경험할 확률이 높은 것으로 나타났다(Abecassis et al., 2002).

상호 반감의 관계는 관계가 발전되는 양상에 있어서도 차이를 보인다. 많은 상호 반감의 관계는 예전에 친구였던 사이나 이전부터 좋아하지 않았던 또래 사이에서 발전되는 경향이 있다. 이전에 친구였던 사이의 경우, 개인적인 정보를 노출하는 등 가까운 친구 간에 지켜야 할 약속을 지키지 않아서 상호 반감의 관계로 발전되는 경향이 있고, 이전부터 좋아하지 않았던 또래의 경우는 라이벌이거나 경쟁 등 서로에게 좌절을 주는 경험으로부터 발전되는 경향이 있다(Casper & Card, 2010).

## 극단적 사례로부터의 통찰: 배타적인 관계에서 복수까지

1999년 4월 20일, 콜로라도의 한 고등학교에서 에릭과 딜런이라는 두 고등학생은 미국 역사상 최악의 학살 사건을 일으키게 된다. 폭탄, 단총, 장총 등을 이용하여 그들은 12명의 학생들과 교사를 죽이고 23명의 학생들을 다치게 하고 자살했다. 그들은 카페에 폭탄을 설치하고 탈출하며, 빠져나오는 사람들을 모두 죽일 계획이었다. 이러한 계획은 1년 전부터 구상된 것으로 알려졌다. 왜 두 고등학생은 이러한 사건을 계획하고 실행하게 된 것일까?

알려진 바에 따르면 에릭과 딜런은 학교 생활에서 늘 외톨이였고, 친구들로부터 따돌림을 당하며 폭력의 대상이 되었다고 한다(Kass, 2000). 이 학교의 학생에게 다른 아이들이 에릭과 딜런에게 어떠한 태도를 보였었냐고 묻자, 그는 바로 따돌림의 대상이었다고 답했다. "당연히 우리는 그들을 놀리곤 했죠. 그런데 학교에 이상한 머리 모양을 하고 오는데 당연한 거 아닌가요? 일부 학생들만 그런 게 아니에요. 학교의 거의 모든 학생이 그들을 싫어했어요."(Gibbs & Roche, 1999)

그러나 콜로라도의 학살 사건은 단순히 또래 거부가 복수로 이어진 사건이라고 보기는 힘들다. 학살 사건에서 살아남은 한 학생은 그 사건으로 이어지기까지 학교 폭력 가해자들의 공격, 그러한 공격을 용인한 교사들, 아무런 조치를 취하지 않은 학교 행정 직원들 등을 비롯한 여러 가지 요인이 있다고 설명했다(Simon, 1999). 또한 에릭과 딜런은 총기과 폭탄을 만드는 재료를 소유하고 있었고, 폭력적인 비디오 게임을 많이 보며, 폭력적인 영화도 많이 시청했던 것으로 알려진다(Block, 2007). 뿐만 아니라, 에릭과 딜런은 정신적인 문제도 있었던 것으로 보고된다. 그들의 일기를 분석한 저널리스트는 에릭을 화가 많고 우울한 아이로, 딜런을 가학적인 사이코패스로 설명했다.

이러한 충격적인 사건으로부터 몇 가지 통찰을 얻을 수 있다. 학교 행정 직원들과 교사들은 학생들의 상호작용에 관심을 기울이고, 학교 폭력을 줄이기 위한 프로그램을 진행해야 한다(Juvonen et al., 2003). 많은 학교는 학교에서 무기를 절대 용인하지 않는 정책을 실시했다. 부모들은 아동의 활동이나 행동에서 우려해야 할 기미가 있는지 잘 살펴야 한다. 변호사들은 총기 규제법과 폭력적인 방송 규제법을 탄원했다. 많은 연구자는 또래 거부의 파괴적인 역할을 검증하기 위한 연구들을 진행하고 이 장을 이루는 많은 내용을 보고했다.

때때로 또래 거부는 단기적으로 부정적인 결과를 낳을 수 있고, 장기적으로는 긍정적인 결과를 초래할 수 있다. 중학교 때 조지 클루니는 얼굴이 부분적으로 마비되어 쇠약해지는 Bell 마비에 걸렸었다. 그의 왼쪽 눈은 감겨 있었고 제대로 먹거나 마시지 못해서 프랑켄슈타인이라는 별명을 얻기도 했다. 그는 "내 인생에서 최악의 시간이었어요. 아이들이 얼마나 잔인한지 알고 있습니다. 아이들의 비웃음과 조롱을 당했지만 그 경험이 나를 강하게 만들었어요."라고 말했다.

**또래 지위는 변할 수 있을까** 일반적으로, 아동의 또래 지위는 꽤 안정적인 특성을 가진다. 물론 인기 있는 아동도 가끔은 높은 또래 지위를 잃기도 하고, 배제되던 아동이 또래로부터 선호되기도 한다. 그러나 거부되는 아동은 그 지위를 변화시키기가 쉽지 않은 편이다(Coie & Dodge, 1983). 이처럼 또래 지위가 안정적인 특성을 가지는 것은 일부분은 **평판 편견**(아동이 또래의 행동을 과거의 행동이나 인상에 근거하여 해석하는 것) 때문이라고 볼 수 있다(Hymel et al., 1990). 아동이 또래의 부정적인 행동을 판단할 때, 아동이 좋아하는 또래의 행동은 뭔가 사정이 있을 것이라며 이해해 주는 경향을 보이지만, 좋아하지 않는 또래의 행동에는 같은 이해심을 보여 주지 않는 경향을 보인다. 또래의 평판은 또래의 행동에 대한 아동의 해석에 영향을 미치고, 이는 아동의 또래 지위가 왜 안정적인 특성을 보이는지 설명한다(Denham & Holt, 1993; Hymel, 1986). 하지만 또래의 평판만이 또래 지위의 안정성을 설명하는 것은 아니다. 아동의 행동과 특성 또한 영향을 미친다. 연구자들이 남자아이들을 모아 서로 섞은 후 그들 사이에서 새로운 그룹을 형성하도록 하였는데, 남자아이들은 각자가 이전 그룹에서 어떠한 또래 지위를 가지고 있었는지 알지 못함에도 불구하고 이전에 가졌던 또래 지위와 동일한 또래 지위를 가지게 되는 것으로 나타났다(Coie et al., 1990). 이전 그룹에서 많은 또래에게 선호되던 아동은 새로운 그룹에서도 인기가 높았고, 이전 그룹에서 거부되던 아동은 새로운 그룹에서도 외톨이가 되었다.

## 또래 선호에 영향을 미치는 요인

분명, 심리학자들이 낮은 사회적 지위를 가지고 있는 아동의 사회적 기술을 발달시켜 또래로부터 선호되도록 도울 수 있는 방법을 발견한다면 매우 바람직할 것이다. 또한 인기 있는 아동이 사회적으로 미숙한 아동과 어울릴 수 있는 방법을 찾아낸다면 매우 좋을 것이다. 일부 연구자들은 사회적 기술 트레이닝을 통해 아동의 강점을 강화하고 약점을 보완할 수 있다고 믿는다. 부모, 교사, 또래는 그러한 트레이닝의 중요한 요소이다.

### 또래 선호에 영향을 미치는 요인으로서의 부모

부모는 아동이 보다 적응적인 또래관계를 발전시킬 수 있도록 다양한 방법을 통해 도울 수 있다(McDowell & Parke, 2009; Parke & O'Neil, 2000). 부모는 아동의 또래 상호작용의 교사이자 코치가 될 수가 있다. 부모는 또한 아동이 긍정적인 사회적 행동을 보이고 발달시킬 수 있도록 상호작용을 할 수 있다.

**긍정적 파트너로서의 부모** 연구자들은 아동이 부모와 형성하는 관계가 아동이 또래와 형성하는 관계와 밀접한 관계가 있다고 보고한다. 부모와 좋은 관계를 형성하고 있을 경우, 아동은 사회적 상호작용에 필요한 기술을 더 숙달할 확률이 높다(McDowell & Parke, 2009; Parke et al., 2004). 부모와 아동의 관계가 따뜻하고, 허용적이며, 상호적이고, 호의적일 경우, 아동은 친사회적인 행동을 하고 또래에게 공감 능력을 보이게 되며, 이는 또래로부터의 선호로 이어진다. 반면, 부모와 아동의 관계가 부정적이고 통제적일 경우, 아동은 또래로부터 덜 선호되고 낮은 또래 지위를 가지게 된다(Clark & Ladd, 2000; Feldman et al., 2013; Grimes et al., 2004). 이러한 결과는 이스라엘, 영국, 호주, 네덜란드와 같은 여러 나라에서 동일하게 나타나고 있다(Feldman & Masalha, 2010; Kretschmer et al., 2016). 부모와 안정적인 애착을 형성한 아동은 사회적으로 유능하며 또래와 좋은 관계를 형성하고(Groh et al., 2014; Lindsey et al., 2019; Lucas-Thompson & Clarke-Stewart, 2007; McElwain et al., 2008), 외로움을 덜 느끼며 사회적인 문제도 더 잘 해결한다(Raikes & Thompson, 2008).

한 연구에서, 1세경에 부모와 안정적으로 애착을 형성한 아동은 초등학교 시절 또래와 어울리는 데 있어 사회적으로 더 유능한 모습을 보였고, 16세경 친구와 긴밀한 관계를 형성하고, 성인기에 이성과 문제를 해결하고 협업을 할 때 부정적인 정서를 덜 보이는 것으로 나타났다(Simpson et al., 2007). 가족에 중요한 가치를 두는 라틴계 미국인의 경우는 개인주의적인 가족에서 자란 미국인에 비해 문제행동을 보이는 또래에게 영향을 덜 받는 것으로 나타났다(Roosa et al., 2011).

위축된 아동의 부모는 과보호적이고 통제적인 양육을 하는 것으로 나타난다(Coplan et al., 2004; Lieb et al., 2000; Parke et al., 2004; Rubin et al., 2015). 이러한 양육태도는 아동의 불안정한 감정을 강화하여 불안하고 무기력한 행동으로 이어지게 하고, 이는 다시 부모의 과보호적이고 통제적인 양육으로 이어지게 된다(Rapee, 1997; Wood et al., 2003). 공격적이고 배제되는 아동과 부모의 상호적인 관계도 이와 비슷한 과정을 보인다(Dodge, Coie, et al., 2006; Rubin et al., 2015).

아동이 부모와의 상호작용을 통해 배우는 사회적인 기술은 정서를 받아들이고 해석하는 것, 정서를 조절하는 것, 타인의 의도와 행동에 대해 정확한 판단을 하는 것, 사회적인 문제를 해결하는 것 등이다(Eisenberg et al., 2010; Ladd, 2005; McDowell & Parke, 2005; Parke et al., 2006). 정서적인 신호를 부호화하고 해석하는 능력은 부모-아동의 놀이, 특히 육체적인 놀이를 통해 얻어진다(Parke et al., 2004). 부모, 특히 아버지와의 육체적인 놀이를 통해, 아동은 사회적이고 정서적인 신호를 어떻게 해석하는지, 그리고 타인의 행동을 조절하는 데 있어 정서적인 신호를 어떻게 이용하는지 배우게 된다. 정서표현을 해석하고 부호화하는 능력은 또래 친구들과의 사회적 유능성과 관련이 있으며(Castro et al., 2016; Halberstadt et al., 2001), 정서적 각성을 조절하는 아동의 능력 또한 또래와 상호작용에서 보이는 유능성과 관련이 높다(Eisenberg et al., 2010; Parket et al., 2006; Rogers et al., 2016). 주의와 관련된 능력은 상호작용을 하는 파트너의 사회적인 신호를 알아채고 따라가는 데 매우 중요한데, 이는 가정에서 얻게 되는 또 하나의 기술이다. 반응적이고 따뜻한 부모 아래서 자란 아동은 이러한 주의적 기술이 높고, 이는 초등학교 1~3학년에서의 사회적인 유능성과 높은 관련을 보였다(NICHD Early Child Care Research Network, 2009).

아동은 또한 부모의 상호작용을 관찰하면서 또래와의 상호작용에서 어떻게 행동해야 하는지를 배운다. 부모가 서로 사랑하고, 가까운 관계적 기술을 보일 경우, 아동은 이러한 기술을 또래와의 관계에서 나타낸다(Lucas-Thompson & Clarke-Stewart, 2007). 자주 싸우는 부모에게서 자란 청소년은 또래로부터 덜 선호되고, 친구가 별로 없으며, 친구와의 관계에서도 부정적인 특성들을 나타내게 된다(Vairami & Vorria, 2007). 또한 이후 이성 간의 관계에서도 짜증이나 화를 더 많이 표현한다(Stocker & Richmond, 2007).

19세인 엠마는 다음과 같이 회상한다. "저는 남자친구인 벤과 자주 싸웠어요, 마치 우리 엄마와 아빠가 그랬던 것처럼. 그리고 벤의 부모님도 이혼하시기 전에 자주 싸웠다고 해요. 아마, 우리 둘 다 그런 부모님으로부터 문제를 해결하는 방식을 배운 것 같아요."

그러나 부모가 배우자와의 문제를 해결하는 데 있어, 추론하기, 차분하게 논의하기, 정보를 더 모아서 논쟁하기, 문제를 해결하기 위해 타인에게 도움을 구하기 등의 보다 건설적인 전략들을 사용하는 경우, 아동은 또래와 덜 충돌적인 관계를 가지고, 성인이 되었을 때 더 정서적이며 만족스러운 이성관계를 가지게 된다(Miga et al., 2012).

아동이 속한 가정에서 사용되던 전략들은 어떻게 아동의 또래와의 상호관계로 연결이 되는 것일까? 심리학자들은 아동이 작업 모델, 스크립트, 인지적 지도라고 일컬어지는 내적 표상을 형성하고 이는 그들의 행동을 안내한다고 설명한다(Bretherton & Munholland, 2016; Grusec & Ungerer, 2003). 한 연구에서, 연구자들은 정서적이고 반응적인 부모의 아동은 긍정적인 목표, 건설적인 문제해결전략, 부모와 또래와의 갈등상황에서 우호적인 귀인을 포함하는 긍정적인 내적 표상을 형성하는 것을 발견했고, 이러한 아동은 부정적인 내적 표상을 형성한 아동보다 또래에게 선호되는 것으로 나타났다(Rah & Parke, 2008).

**코치 또는 교사의 역할을 하는 부모** 아동은 부모로부터 사회적인 기술을 배운다. 부모는 아동의 사회적인 능력과 또래 선호에 대한 것을 직접 가르치기도 한다. 부모는 아동이 성공적이고 만족스러운 사회적 관계를 가질 수 있도록 코치를 하기도 하고 알려 주기도 한다(Ladd & Pettit, 2002; Lollis et al., 1992). 부모는 아동의 바람직한 사회적인 행동을 칭찬하거나 상을 주고, 아동의 노력이 성공적이지 못했을 경우 대안적인 방식을 제시해 주기도 한다. 부모는 아동에게 전반적인 개념이나 전략을 가르치고, 바람직한 행동의 예를 알려 주며, 특정 행동을 연습을 통해 익힐 수 있도록 돕기도 한다. 부모는 아동의 연습을 함께 살펴보며 아동이 스스로의 행동을 평가하는 방식을 가르치기도 한다. 이러한 방식으로, 부모는 또래와 상호작용을 하는 데 도움이 되는 방식을 조언하고, 유용한 사회적인 전략을 제시하며, 새로운 시도를 할 때 지원을 해 준다.

물론, 이러한 방식의 지지는 부모 자신이 사회적으로 유능할 때 가능한 것이다. 호주인을 대상으로 한 연구에서, 연구자들은 또래 지위가 높은 아동의 엄마와 또래 지위가 낮은 아동의 엄마가 아동을 가르치는 방식에서 뚜렷한 차이를 발견했다(Finnie & Russell, 1988; Russell & Finnie, 1990). 또래 지위가 높은 아동의 엄마는 일반적으로 긍정적인 사회 전략을 제시했다. 예를 들면, 아동이 다른 또래와 타협이 되지 않을 때 대안을 제시하도록 했다. 또한 이들은 규칙 중심의 전략을 사용하도록 했다 예를 들면, 장난감을 가지고 싸우기보다는 서로 돌아가며 노는 방식을 제안했다. 반면, 낮은 또래 지위를 가진 아동의 엄마는 주로 회피 전략을 제시했다. 예를 들면, 아동은 또래의 불친절한 행동을 그냥 무시하도록 했다. 또한 "또래와 잘 지내라." 혹은 "문제를 일으키지 말라."와 같은 구체적이지 않은 방식을 제안했다. 엄마들이 아동의 활동에 같이 참여를 하였을 경우에도, 두 그룹의 엄마들은 사회적인 기술을 사용함에 있어 뚜렷한 차이를 보였다. 또래 지위가 높은 아동의 엄마들은 전반적으로 아동들 사이에 대화를 장려하고, 적극적으로 다른 아동을 대화에 포함할 수 있도록 했다. 또래 지위가 낮은 아동의 엄마들은 주로 게임을 통제하려고 하고, 아동의 놀이를 방해하거나, 아이들을 감독하지 않는 모습을 보였다.

아동의 사회적인 유능성과 또래 선호를 높이기 위해서 중요한 것은 부모가 다른 어른 또는 아동과 상호작용을 할 때 보여 주는 모습이다. 아동은 부모가 하는 말과 행동을 모두 관찰하고 배운다. 아동은 부모가 예의 바르게 요구하거나 흥미로워하며 질문하는 모습, 또는 예의 없게 감탄사를 내뱉거나 자기 본위의 요구를 하는 모습을 모두 관찰한다. 부모는 이것을 잊기 쉽다. 그러나 아동이 긍정적인 사회적 행동을 배우고, 자신의 부정적인 '실수'를 배우지 않기를 바란다면 아동 앞에서 항상 신경을 써야 한다.

**준비자 혹은 감시자로서의 부모** 부모는 아동에게 또래 상호작용을 할 수 있는 기회를 만들어 줄 수도 있다(Ladd, 2005). 가장 첫 번째 단계는 아동이 적절한 친구들을 찾을 수 있고 놀이를 할 수 있는 공간이 있는 기관을 찾는 것이다. 이는 도시에서 가장 부유한 동네를 의미하는 것이 아니다. 한 연구에서, 연구자들은 아동의 또래관계가 부유한 동네에서 낮은 소득의 동네보다 수월하거나 풍성하지 않음을 발견했다(Berg & Medrich, 1980, Medrich, 1981). 부유한 동네의 경우, 아동들은 서로 멀리 떨어져 있어 부모가 미리 소셜 이벤트를 계획하고 데리고 다녀야 했으며, 아동들은 고작 한두 명의 친구밖에 없었다. 낮은 소득의 동네의 경우, 아동들은 비슷한 또래가 주변에 많이 있고 모두 가까이 살았으며, 특별한 계획 없이 자주 만나고, 기본적으로 4~5명의 친구들이 있었다. 그러나 위험한 지역에 사는 아동들은 정서를 조절하는 기술이 부족했으며, 또래로부터 더 자주 거부되는 모습을 보였다(Kelly et al., 2008). 아동이 위험한 동네에 거주하는 경우, 부모는 아동의 활동과 또래의 선택을 감독하고, 또래와의 활동의 기회를 만들어 주는 역할을 해야 할 것이다(Brody et al., 2001; Leventhal et al., 2015; O'Neil et al., 2001).

또래의 사회적인 기회를 만들어 주는 것은 특히 어린 아동의 부모에게 더욱 필요하다. 비슷한 또래의 아동과 플레이데이트를 하고, 아동을 조직화된 활동에 참여시키고, 보육 시설에 보내는 것은 부모의 선택이다. 그리고 이러한 노력은 모두 의미가 있다. Gary Ladd와 동료 연구자들에 따르면, 부모가 그 자녀를 위해 사회적인 활동의 기회를 마련하고 참여시킬 경우, 그렇게 하지 않는 부모에 비해 아동은 큰 이점들을 가지게 된다. 아동들은 더 많은 또래를 사귀고, 학교 밖에서 만나는 친구들이 많으며, 또래로부터 더 많이 선호되는 특성을 보였다(Ladd & Golter, 1988; Ladd & Pettit, 2002). 부모가 자녀를 위해 이와 같은 노력을 하는 것은 또한 매우 가치 있다. 종교적인 활동에 참여하도록 하는 것도 아동이 또래와 가치 있는 경험을 공유하도록 하는 좋은 방법이다. 한 연구 결과에 의하면, 중학교 시절 교회를 다녔던 청소년은 고등학생이 되었을 때 또래와 더 좋은 관계를 맺게 되었다고 한다(Elder & Conger, 2000).

아동의 사회적인 기회를 만들어 주기 위해서는 부모가 많은 시간을 투자해야 한다. 에이든의 엄마는 다음과 같이 탄식하였다. "부모의 공간은 집인데, 왜 나는 이처럼 많은 시간을 차 안에서 보내는지 모르겠어요. 가끔은 내가 엄마가 아니라 운전사 같아요."

지금까지 살펴본 부모의 역할(긍정적인 부모-아동 상호작용 가지기, 바람직한 조언하기, 사회적인 기회를 만들어 주기)은 모두 중요하고, 세 가지가 모두 잘 이루어질 때 아동의 사회적인 유능성과 사회적인 선호로 이어질 것이다(McDowell & Parke, 2009).

마지막으로, 부모가 아동의 긍정적인 또래관계를 촉진하기 위해 할 수 있는 것은 아동의 활동을 잘 감독하는 것이다. 연구자들은 부모가 학령기 아동의 사회적인 활동을 잘 감독한 경우, 아동이 또래로부터 덜 거부되는 것을 보고하고 있다(Sandstrom & Coie, 1999). 또한 부모가 아동의 또래관계와 또래와의 활동을 잘 파악하고 있을 경우, 아동은 더 친밀하고 안정적인 또래관계를 형성하는 것으로 알려졌다(Krappmann, 1986). 청소년기, 부모의 감독은 직접적인 개입에서 보다 간접적인 체크의 방식으로 변하지만, 그 중요도는 변하지 않는다. 부모가 청소년의 또래와의 활동을 제대로 체크하지 않는 경우, 청소년은 위험 행동을 할 확률이 높아지고 정신 건강에도 문제가 생길 수 있다(Hair et al., 2008; Tilton-Weaver et al., 2013). 이러한 경우 청소년들은 일탈 행동을 하는 또래와 더 자주 어울리게 될 수 있다(Knoester et al., 2006).

그러나 아동의 활동을 감독하는 책임은 전적으로 부모에게만 있는 것은 아니다. 이는 부모와 아동의 공동 책임이다(Kerr & Stattin, 2000; Laird et al., 2003). 부모가 아동을 감독하는 것은 아동이 또래와의 활동을 얼마나 부모에게 공유하는가에 달려 있다(Mounts, 2000; Smetana, 2008). 고위험군의 청소년을 대상으로 한 연구에서, 연구자들은 이러한 청소년들은 부모의 감독하려는 시도를 자주 거부한다는 것을 발견했다(Schell, 1996). 예를 들면, 그들은 부모에게 자신들이 어디에 가는지에 대한 정보를 솔직히 말하지 않아 부모가 제대로 그들의 활동을 체크하지 못하도록 했다. 아동이 사회적이고 표현을 잘하는 경우에, 부모는 아동의 활동을 제대로 알 수 있을 것이다(Crouter et al., 1999). 부모의 감독이 성공적이기 위해서는, 부모는 아동의 책임감과 통제력에 대해 현실적으로 파악하고, 아동은 부모의 감독을 공정하게 받아들여야 한다. 사실, 부모가 아동의 활동을 너무 제한하며 특정 친구들과 어울리지 못하게 하면, 이러한 부모의 노력은 비효과적이거나 더 안 좋은 방향으로 흐르게 될 가능성이 높다(Tilton-Weaver et al., 2013). 네덜란드 부모가 그들의 십대 자녀의 친구관계를 제한하려 하자, 또래와의 일탈 행동은 더 늘어나는 것으로 나타났다(Keijsers et al., 2012). 부모가 자녀의 활동을 너무 제한하는 것은 오히려 역효과를 가져올 수 있다.

**제대로 된 부모 역할을 하지 못할 경우: 학대당하는 아동의 또래로부터의 거부** 부모가 아동을 학대할 경우 아동은 또래와 긍정적인 관계를 맺는 데 어려움을 겪을 수 있다. 연구자들은 부모로부터 만성적으로 학대당하는 아동은 또래로부터 거부당할 확률이 높아진다고 보고한다([그림 7-4] 참조; Bolger & Patterson, 2001; Cicchetti & Toth, 2015). 학대당한 아동은 친구를 맺고 유지하는 데 더 어려움을 겪고, 학대가 학령기 전에 일어날 경우 이와 같은 현상은 더욱 심해진다. 신체적으로 학대당한 아동은 아동 자신이 더 공격적인 성향을 보이게 되므로 또래로부터 거부된다. 학대당한 아동은 자신의 감정을 제대로 조절하지 못하고(Cicchetti & Ng, 2014), 이는 또래 거부로 이어진다(Shields et al., 2001). 학대를 당한 아동은, 부모가 그랬던 것처럼 또래로부터 괴롭힘을 당하게 될 확률이 높아지며, 이는 남자아이일 경우 더욱 그렇다(Schwartz et al., 1997). 부모로부터 무시받은 아동은 또한 또래로부터 확률이 높다(Bolger et al., 1998; Garbarino & Kostelny, 2002).

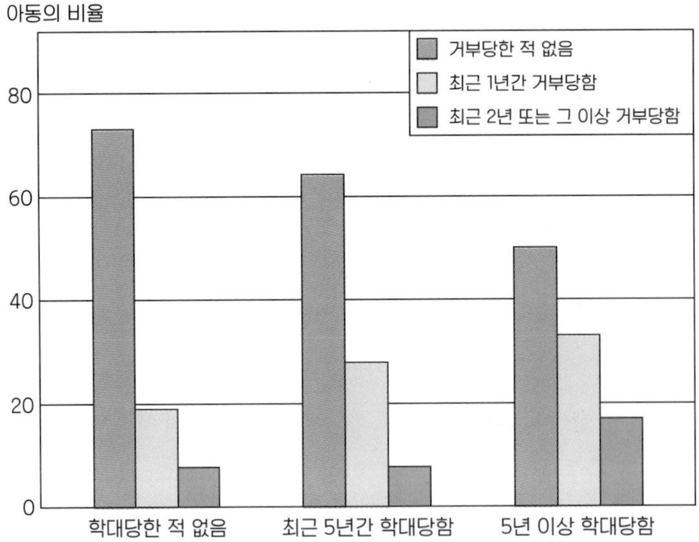


[그림 7-4] 학대당한 아동은 또래로부터 거부당할 위험이 높으며, 학대가 지속된 시간이 길어질수록, 거부당할 확률은 더 높아진다.

출처: Bolger, K. E., & Patterson, C. J. (2001). Developmental pathways from child maltreatment to peer rejection. *Child Development, 72*, 549–568. Reprinted with permission of the Society for Research in Child Development and Wiley-Blackwell.

## 또래 선호를 촉진할 수 있도록 도울 수 있는 연구자

연구자들은 외롭고, 사회적으로 어색하거나 위축된 아동이 사회적인 기술을 증진시켜 또래 사이에서 선호도를 높일 수 있도록 도울 수 있다(Bierman & Motamedi, 2015; Bierman & Powers, 2009). 한 연구에서, Ladd와 동료 연구자들은 미취학아동과 초등학교 3학년생들에게 또래와 대화를 하는 세 가지 방법(긍정적인 톤으로 질문하기, 유용한 제안하기, 지지하는 발언하기)을 가르쳤다(Ladd, 2005; Mize & Ladd, 1990). 3주 동안, 아동은 각 세션당 1시간 정도 진행되는 8세션의 프로그램에 참가했다. 프로그램에서 어른들은 아동에게 방법을 가르치고 제안하고, 아동이 직접 연습해 볼 기회를 주고, 연습한 것을 다시 살펴보고 복습할 기회를 주었다. 이러한 프로그램을 마치고 4주 후, 아동의 학급 내 행동은 바람직하게 변화하였으며 학급 내의 인기도도 높아진 것으로 나타났다.

연구자들이 아동의 사회적 기술을 증진시킬 수 있는 또 다른 방법은 아동의 자기효능감을 높이는 것이다. 아동이 새로운 또래와 관계를 맺으려는 시도가 거부된 후, 연구자가 아동에게 "무슨 일이 있었니?"라고 묻자, 어떠한 아동은 서로 간에 오해가 있었다고 답하거나 자신이 충분히 노력을 하지 않았다고 말하며, 다음번에는 좀 더 잘할 수 있을 것이라고 자신감을 보였다(Dweck, 2006, 2017; Goetz & Dweck, 1980). 반면, 다른 아동은 새로운 또래와 관계를 맺는 것은 자신에게 너무 어려운 것이라고 말했다. 첫 번째 그룹의 아동은 문제를 일시적이고 변할 수 있는 것으로 본 반면, 두 번째 그룹의 아동은 자신의 능력이 부족하다고 생각했다. 이러한 패배적인 생각을 막기 위해, 연구자들은 아동의 실패 경험을 자신의 무능력으로 간주하기보다는 새로운 것을 시도하는 쪽으로 전환할 수 있도록 했다(Erdley et al., 1997). 그들은 아동을 배우는 것에 초점을 두도록 하는 그룹과 능력치를 보이는 데 초점을 두도록 하는 두 그룹으로 나누었다. 연구자들은 아동에게 펜팔 친구를 만드는 활동을 하겠다고 이야기하며, 첫 번째 그룹에는 이 활동을 통해 친구를 만드는 그들의 능력을 '연습하고 향상시킬 수 있을 것'이라고 말했다. 두 번째 그룹에는 이 활동을 통해 친구를 만드는 그들의 능력이 '얼마나 뛰어난지' 평가해 볼 것이라 말했다. 첫 번째 그룹에 속했던 아동은 두 번째 그룹에 속했던 아동에 비해 더 끈기 있는 노력을 보였고 결과적으로 더 성공의 경험을 많이 하는 것으로 나타났다. 이는 제1장에서 설명한 Bandura의 사회적인 자기효능감 이론과 일관된 결과이며, 높은 자기효능감을 가진 아동은 거절이나 실패의 경험을 하더라도 지속적인 노력을 보인다는 다른 연구들과도 일치하는 결과이다(Ladd, 2005).

연구자들은 또래로부터 선호되지 않는 아동에게 협동하는 법, 반응적으로 대화하는 법, 다른 아동의 아이디어와 행동을 지지하는 법, 게임이나 스포츠를 같이하는 법 등을 직접 가르쳐 줄 수 있다(Asher & Hopmeyer, 2001). 거부되는 아동은 타인과 상호작용하는 방법을 잘 모르고 충분히 노력을 하지 않기 때문에, 이러한 구체적인 사회적인 기술을 배울 필요가 있다. 거부되는 아동은 일반적으로 또래와의 상호작용에 있어 친사회적이거나 협동적이지 못하고, 부정적이거나, 위축되어 있거나, 비반응적인 태도를 보인다. 거부에 대한 불안과 공포가 새로운 아동과 관계를 맺도록 하는 시도 자체를 막는 것이다. 게임이나 스포츠는 이러한 아동에게 사회적으로 유능한 능력을 키울 수 있도록 가르치는 데 유용한 환경이 된다. 다음은 아동에게 게임에서 협력하는 방법에 대해 가르쳐 주는 코치의 예이다(Oden & Asher, 1977, p. 500).

코치: 좋아. 내가 다른 사람과 게임을 재미있게 하는 방법에 대해 알려 줄게. 네가 꼭 알아야 할 몇 가지가 있어. 너는 다른 아이들과 협력을 해야 해. 너는 협력이 무엇인지 알아? 네가 이해하는 협력이 무엇인지 말해 볼래?

아동: 음…, 나누는 거요.

코치: 그렇지, 공유하는 거야. 지난번에 네가 했던 게임을 너와 내가 같이한다고 가정해 보자. 그 게임이 뭐였지?

아동: 그림 그리기요.

코치: 그래, 그림 그리기를 할 때 공유하기의 예가 무엇이 있을까?

아동: 내가 코치님께 펜을 사용하게 해 줄 수 있어요.

코치: 그래. 너는 나와 펜을 공유할 수 있지. 그게 협력의 한 예인 거야. 자, 이제 너와 내가 그림 그리기 게임을 한다고 가정해 보자. 협력하지 않는 예는 무엇이 있을까?

아동: 내가 모든 펜을 가져가는 거요.

코치: 내가 모든 펜을 다 가져가 버리면 게임이 즐거워질까?

아동: 아니요.

코치: 그렇지, 그래서 너는 모든 펜을 다 가져가 버리지 않을 거야. 대신, 나와 펜을 공유하려고 하겠지. 다른 공유의 예는 또 뭐가 있을까? (코치는 잠시 대답을 기다린다) 좋아, 차례대로 순서를 정해 하는 것은 어떨까? … 예를 들어, 너와 내가 (코치는 예를 든다) 좋아, 나는 네가 이러한 예들을 게임할 때 적용하면

좋을 것 같아. 자, 이제 저 친구와 함께 놀아 봐. 조금 후에 다시 한번 이야기 해 보자. 너는 나와 함께 이야기했던 것을 시도해 보고, 그게 게임을 더 재미있게 하는 데 도움이 되었는지 말해 주렴.

연구자들은 아동이 주의조절 및 자기-조절 능력을 향상할 수 있도록 돕거나 학업 수행의 어려움을 도와주는 등 다양한 방법을 사용하여 사회적인 선호를 증진시킬 수 있도록 도울 수 있다(Bierman & Motamedi, 2015).

## 또래도 도움이 된다

또래도 아동이 사회적 기술을 향상시키고 또래 선호의 경험을 할 수 있도록 도울 수 있다. 인기가 낮은 아동도 어리고 친절한 아동과 상호작용을 할 경우 좀 더 쉽게 또래로부터 선호되는 경험을 할 수 있다. Harlow는 이러한 현상을 처음으로 발견했다. 그는 어린 시절 다른 원숭이로부터 고립되었던 원숭이도 다른 어린 원숭이들과의 지속적인 교류를 통해 부정적인 패턴을 극복할 수 있음을 발견했다(Suomi & Harlow, 1972). 이러한 발견은 연구자들로 하여금 위축된 4~5세 아동이 어린 아동들과 어울림으로써 얻게 되는 효과를 검증하도록 하였다(Furman et al., 1979). 첫 연구 결과에서 그랬던 것처럼, 위축된 아동은 보다 사회적으로 변하였다.

두 성별의 아동과 상호작용을 하는 것도 좋은 방법이다. 두 성별이 섞인 그룹 그리고 같은 성별끼리 구성된 그룹의 놀이는 남자와 여자아이에게 보다 확대된 행동 양식을 경험하도록 돕는다. 이는 인기도가 낮은 아동이 친구를 만들 가능성의 기회를 더 넓히고, 두 성별이 모두 공유하는 특성에 대한 이해를 확대하도록 도울 수 있다. 한 연구에서, 연구자들은 두 성별이 섞인 친구 그룹과 같은 성별의 친구 그룹을 모두 가진 아동이 그렇지 못한 아동보다 사회적인 기술이 더 발달하고 또래로부터 더 선호됨을 밝혔다(Kovacs et al., 1996). 비슷한 이유로, 아동은 중학교로 진급하면서, 더욱 많은 아동 및 다양한 또래와 상호작용을 하게 되는 기회를 얻게 되므로, 이를 통해 또래 선호도를 높이게 될 수도 있다(Rubin et al., 2009).

## 또래가 친구가 될 때

지금까지의 논의는 아동이 다른 또래, 특히 학급의 급우들로부터 얼마나 선호되는가에 초점을 맞추었다. 그런데 또래관계의 또 다른 중요한 맥락은 아동이 특정 또래와 맺는 친구관계이다. 선호도와 친구관계는 어느 정도 독립적인 특성을 가진다. 급우들로부터 거부되거나 무시되는 아동일지라도 최소한 한 명의 친구는 가질 수 있다. 또한 급우들로부터 널리 선호되는 아동일지라도 가까운 친구는 많지 않을 수도 있다(Parker & Asher, 1993).

### 친구관계에서의 나이에 따른 변화

이 절에서는 아동의 친구관계와 친구관계에 대한 개념이 나이에 따라 어떻게 변화하는지 살펴볼 것이다(우정에 대한 발달적 변화는 〈표 7-1〉 참조).

**어린 시절의 우정** 1세 또는 2세의 아이도 기본적인 형태의 친구관계를 맺는다. 그들도 주고받는 행동에 대한 긍정적 혹은 부정적 경험을 통해 특정 놀이 친구에 대한 선호가 있다(Ross et al., 1992). 이에 대한 뚜렷한 근거로 아이는 아무 아이한테나 자신의 인형을 들고 있거나 가방을 만질 수 있도록 하지 않는다는 것을 들 수 있다. 이처럼 어린아이도 그들의 친구가 누군지 알고 있고, 특정 아이와의 상호작용만을 원한다. 뿐만 아니라, 이러한 특정 아이에 대한 선호도 일시적인 것이 아니다. 50~70%의 어린 시절의 우정은 1년 이상 지속되는 특성을 보이고(Howes, 1996), 가끔은 몇 년간 지속되기도 한다(Dunn, 2005).

취학 전, 아동은 나이, 성별, 인종뿐 아니라 행동 성향이 비슷한 아동과 친구관계를 맺는다(Barron, 2011). 활동적인 아동은 활동적인 아동끼리, 조용한 아동은 조용한 아동끼리 어울린다. 이처럼 비슷한 타인과 어울리는 현상, 비슷한 사람을 좋아하는 현상을 **동질성**이라고 부른다(Ryan, 2001). 어린 나이에도, 아동은 친구와 친구가 아닌 사람에게 다르게 행동한다. 아동은 친구와 더 협력을 잘하고 보다 친사회적인 행동을 보인다(Dunn, 2005; Dunn et al., 2002). 아동은 친구에게는 지지적이고, 친구 이외의 타인에 배타적인 성향을 보인다(Sebanc, Kearns, Hernandez, & Galvan, 2007).

나이가 들면서 아동은 상호적인 친구관계를 선호하게 된다. 그러나 취학 전 시기에는 4분의 1 정도의 아동이 특정 친구관계를 맺지 않기도 한다(Dunn, 1993; Sebanc et al., 2007). 친구관계를 잘 맺는 아동은 다른 사람의 관점이나 의도를 이해하는 능력, 타인의 감정을 잘 알아채고 그들의 정서 상태를 잘 조절하는 능력 등 보다 발달된 사회-인지적 능력을 발전시키게 된다. 물론 학령전기의 친구관계가 후기의 친구관계만큼 중요한 심리적 의미를 가지는 것은 아니지만, 아동기 전체의 친구관계의 초석을 다진다는 면에서 중요하다(Dunn, 2005; Ladd, 2005).

**우정에 대한 목표의 변화** 아동이 자라면서, 친구관계에 대한 목표와 과정이 변하게 된다(〈표 7-4〉 참조; Parker & Gottman, 1989). 아동 및 청소년은 친구를 선택하는 데 있어 비슷한 점을 많이 가진 사람을 선호하는 성향을 보이지만, 비슷한 점에 대한 기준이 나이가 들어 감에 따라 달라지게 된다. 3~7세의 아동에게는 놀이를 같이하는 것이 중요하기 때문에 모든 아동의 사회적인 과정은 즐거운 놀이를 통한 성공적인 상호작용을 하는 것이다. 8~12세의 아동에게는, 동성 또래로부터 선호되는 것이 중요해진다. 이 시기의 아동은 또래로부터 선호와 배제에 영향을 주는 그룹의 규준을 알고 싶어 한다. 이 시기의 가장 뚜렷한 사회적인 과정은 타인에 대해 **부정적인 정보 등의 가십**을 공유하게 되는 것이다. 이러한 과정을 통해 서로 흥미를 보이고, 연대 의식을 가지게 된다. 다음 예시에서 에리카와 미카가 케이티에 대해 험담하는 것을 살펴보자(Gottman & Mettetal, 1986, p. 204).

에리카: 캐이티는 너무 이상한 행동을 많이 해. 매번 자기가 실수하고는 "아, 미안." (비꼬는 말투로)

미 카: 맞아. 캐이티는 못됐어. 그 애가 한번은 나를 때리기도 했어. 배를 세게 쳐서 숨쉬기 힘들 정도로 아팠어.

에리카: 캐이티는 마치 자기가…,

미 카: 대장인 것처럼 행동하지.

주로, 가십은 그룹의 규준을 만드는 용도로 쓰이기도 한다. 이 예에서 볼 수 있는 것처럼 너무 폭력적이거나 대장인 것처럼 행동하는 것은 바람직하지 않다. 청소년 시기, 친구관계의 초점은 자기 자신을 이해하는 쪽으로 옮겨 간다. 스스로를 탐색하고 **스스로를 오픈**하는 것은 사회적인 과정의 주요한 과정이 된다. 청소년은 관계에 있어 감정의 중요성을 이해하기 시작한다. 특히 이성관계를 시작하면서 이러한 성향은 더욱 뚜렷해진다.

〈표 7-4〉 나이에 따른 친구관계 관심사 변화

| 나이 | 주요 관심사 | 주요 과정 및 의사소통의 목표 | 정서발달 |
|---|---|---|---|
| 아동 전기 (3~7세) | 흥미와 즐거움을 놀이를 하며 최대화하기 | 같이 놀이하기, 활동에 대해 이야기하기, 갈등 해결하기 | 놀이를 하는 과정에서의 감정을 조절하는 것을 배움 |
| 아동 중기 (8~12세) | 또래에게 소속되기, 거부를 피하기, 자신을 타인에게 긍정적으로 어필하기 | 다른 사람에 대해 잡담을 같이 나누기 | 감정을 표현하는 규칙에 대해 배움 |
| 청소년기 (13~17세) | 스스로를 탐색, 이해, 정의 내리기 | 자신을 타인에게 표현하고 갈등 해결하기 | 논리와 감정을 통합하고, 관계에 있어 감정의 효과를 이해하기 |

출처: Gottman, J. M., & Mettetal, G. (1986). Speculations on social and affective development: Friendship and acquaintanceship through adolescence. In J. M. Gottman & J. G. Parker (Eds.), *The conversations of friends* (p. 237). New York: Cambridge University Press.

**변화하는 친구관계에 대한 기대** 나이가 들면서, 친구관계에 대한 기대도 달라진다(〈표 7-5〉 참조; Berndt, 2004; Bigelow, 1977; Schneider, 2000; Smoller & Youniss, 1982). 7~8세일 때, 아동은 친구가 같은 놀이를 하며, 재미있는 아이디어를 제시하고, 자신과 비슷한 부분을 공유하기를 바란다. 아동이 9~10세가 되면서, 친구는 서로 친절하게 대하고 서로를 도와야 한다고 생각한다. 그들은 서로에게 존경과 신뢰를 원한다. 친구가 자신을 선호하고 존경하기를 바라며, 자신과 비슷한 가치 태도를 보이기를 바란다. 11~12세가 되면서, 아동은 친구에게 선호와 선망, 충성스러운 관계를 원하면서도, 진정성 있고 친밀한 관계를 요구하기 시작한다. 그들은 친구가 자신을 이해하고 진심을 공유하기를 바라며, 필요할 때 도와주고, 관심사를 공유하며, 규칙뿐 아니라 다양한 주제에 대해 비슷한 태도를 가지기를 바란다. 12세 이후, 청소년은 계속해서 진정성, 친밀감을 바라며 관심사를 공유하기를 원하지만, 이제 친구에게 정서적인 지지를 요구하기 시작한다.

> "우정은 신뢰입니다. 당신은 친구와 다른 사람에게 말할 수 없는 개인적인 것에 대해 서로 말합니다. 친한 친구를 사귀는 것은 오래 걸리는 일이기 때문에, 자신의 친한 친구가 다른 친한 친구를 사귀려 노력한다는 것을 알게 될 때 기분이 안 좋아지기도 합니다."
>
> "제 친한 친구와 저는 매우 사적인 일을 포함한 모든 것에 대해 서로 이야기하겠다고 약속했어요."

〈표 7-5〉 친구관계에 대한 기대 변화

| 단계 | 설명 |
|---|---|
| 보상-비용 단계<br>(2~3학년) | 아동은 친구가 도움을 주고, 같은 놀이를 하며, 재미있는 아이디어를 제시하고, 판단을 하며, 옆에 있고, 자신과 비슷한 점을 공유하기를 바란다. |
| 규범 단계<br>(4~5학년) | 아동은 친구가 자신을 선호하고 존경하기를 바라고, 충성심을 가지길 원하며, 비슷한 가치와 태도를 보이길 바란다. |
| 공감 단계<br>(6~7학년) | 아동은 진정성을 요구하기 시작하고 친구관계에서의 친밀감을 기대한다. 친구가 자신을 이해하고 진심을 공유하기를 바라며, 필요할 때 도와주고, 관심사를 공유하고, 비슷한 가치 태도를 유지하기를 바란다. |

출처: Bigelow, B. J. (1977). Children's friendship expectations: A cognitive-developmental study. *Child Development, 48*, 246-253.

다른 문화권에서는 친구에 대한 기대에 대해 차이를 보인다. 자신의 발견 및 발전을 중요한 발달 과업으로 여기지 않는 비서부 문화권에서는 자기 자신을 발전시키는 역할로서의 친구는 그다지 강조되지 않는다. 중국이나 인도네시아, 아랍, 캐리비안 문화권의 아동은 자신을 발전시키는 데 있어 친구의 중요한 역할에 대해 거의 답하지 않는다(Chen et al., 2004; French et al., 2005; Dayan et al., 2001). 또 하나의 중요한 차이는 부유한 서부 문화권에서는 정서적 친밀감이 친구관계에서 중요하게 여겨지지만, 경제적으로 덜 발달된 나라에서는 실질적인 지원이 더 중요하게 여겨진다는 것을 들 수 있다(Beer, 2001; Keller, 2004).

마지막으로, 친구관계에 대한 기대는 우정의 질뿐만 아니라 아동의 사회적-정서적인 적응에도 중요한 역할을 한다는 것을 기억해야 한다. 3학년 학생을 대상으로 5학년까지 추적한 연구에서, 친구관계에 대해 높은 기대를 가지고 있는 아동은 더 바람직한 친구관계를 유지할 뿐만 아니라 사회-정서적으로 적응을 더 잘하는 것으로 나타났다(MacEvoy et al., 2016). 분명, 친구에 대해 높은 기준을 가지는 것은 아동의 사회적인 발달에 있어 적응적이고 도움이 되는 것이 틀림없다.

## 친구와의 상호작용

아동이 실제로 그들의 친구와 어떠한 상호작용을 하는지 살펴보기 위해 John Gottman은 그의 동료와 함께 3세에서 7세 아동을 대상으로 연구를 진행하였다(Gottman, 1983; Parker & Gottman, 1989). 그들은 아동의 가정에 비디오테이프를 설치하고 아동이 친한 친구 또는 친하지 않은 또래와 노는 것을 세 가지 방법으로 면밀히 살펴보았다. 아동은 잘 모르는 또래에 비해 친한 친구와 더 긍정적인 교환을 하고, 의사소통하며, 동질감을 찾고, 더 많은 정보를 공유했으며, 스스로에 대해 더 오픈하고, 분쟁을 더 효과적으로 해결하는 것으로 나타났다. 다른 연구들도 이와 같은 결과를 얻었다. 아동은 친구가 아닌 또래보다 친구에게 더 긍정적인 감정을 표현하였다(Hartup, 1996; Ladd, 2005; Schneider, 2000). 물론, 친구가 경쟁자일 경우 공유하는 것이 좀 줄기는 하지만(Berndt, 1996; Laursen et al., 1996), 일반적으로 아동은 친구와 더 많은 것을 공유하였다(Berndt, 2004). 아동은 친구가 아닌 또래보다 친구에게 더 동의를 하지 않을 때도 많지만, 그러한 분쟁은 덜 심각해지는 경향이 있고, 분쟁 이후에도 관계는 지속되는 경향을 보였다(Hartup et al., 1988). 친구들은 분쟁을 더 평등하고 우정을 지속적으로 유지할 수 있는 방식으로 해결하였다(Hartup, 1996; Laursen et al., 1996). 그냥 아는 또래보다 친구에게 자신을 더 오픈하였으며, 서로에 대해 더 잘 알고 있었다. 아동은 서로의 장점과 비밀, 바람, 단점을 모두 잘 알고 있었다(Ladd & Emerson, 1984; Schneider, 2000). 또한 그들은 그들이 처한 사회적인 환경을 비슷한 방식으로 해석하는 모습(예: 관계의 문제를 해결하는 데 있어 비슷한 사회정보처리 과정)을 보였고, 이는 친구관계를 성공적으로 유지하는 데 도움이 되었다(Spencer et al., 2013).

우정이 표현되는 방식은 개인주의적 또는 집단주의적 문화에 따라 차이를 보인다. 서로 돕는 것이 우정의 중요한 특징이지만(French et al., 2005), 개인주의적 문화권에서는 도움은 주로 조언을 주는 형태로 나타난다면, 집단주의적 문화권에서는 실제적인 도움이나 경제적인 지원이 더 중요하게 여겨진다(Chen et al., 2004; D. C. French et al., 2005, 2006; Gonzalez et al., 2004). 친밀감은 또한 문화권마다 차이를 보인다. 한국, 쿠바, 이스라엘과 같은 집단주의적 문화권에서는 미국이나 캐나다와 같은 개인주의적 문화권에 비해 우정이 더욱 친밀한 특성을 가진다(D. C. French et al., 2006; Gonzalez et al., 2004; Sharabany, 2006). 친밀감을 형성하는 과정도 문화적 차이가 있다. 예를 들면, 미국의 청소년은 친구관계에 있어 자신을 표현하고 오픈하는 것을 중요시 여기는 데 반해, 중국의 청소년은 직접적으로 물어보지 않고 상대방이 필요로 하는 것을 민감하고 반응적으로 살피는 것을 더 중요하게 여긴다(Gummerum & Keller, 2008).

### 극단적 사례로부터의 통찰: 아동이 서로를 사랑하고 보호할 때

제2차 세계대전 당시, 많은 유태인 아동은 독일 나치로부터 안전을 위해 영국으로 이동했다. 1938년 12월부터 1939년 9월에 이르기까지 10,000명의 유태인 아동이 기차와 배를 통해 이동을 했다. 안나 프로이트는 이들 중 영국의 조그만 소도시에 있는 보육원으로 이동하는 4세의 6명 아동을 관찰하게 되었다(Freud & Dann, 1951). 이 아동들은 영아 시절부터 자신의 가족들로부터 헤어져 수용소에 있어야 했다. 그들이 영국의 보육원에 도착한 이후, 이 아동들은 보육자들로부터 무시되고 학대받았다. 그러나 이 6명의 아동은 서로를 보호하며 결속력 있는 관계는 형성했고, 조랑말 타기와 같은 특별한 상이 주어질 때에도 서로 떨어지지 않았다. 한 아동이 아프면, 다른 아동은 아픈 아동 주변에 모두 모여 있었고, 그들 사이에는 부러움, 질투, 경쟁 등을 하지 않았다.

그들 사이에 서로 돕고 나누는 행동은 실로 놀라울 정도였다. 한번은, 아동들이 케익을 먹고 있었는데, 한 아동인 존이 더 먹을 케익이 없어 울었다. 그러자 루스와 미리엄은 자신이 먹던 케익을 존에게 모두 주었다. 또 그들 중 한 명이 장갑을 잃어버리자, 추위에도 불구하고 자신의 것을 벗어 빌려주는 것도 볼 수 있었다. 위험한 상황에서도, 아동들은 두려움을 극복하며 서로를 챙기고 도왔다. 한번은 큰 개가 다가와서 아동들이 공포에 질린 적이 있었다. 그러자 두려운 마음에도 불구하고 루스는 무서워서 비명을 지르는 피터에게 다가가 위안을 주기 위해  토끼 인형을 주기도 했다. 또 바닷가에서 루스가 조약돌을 물에 던지며 놀고 있었는데 큰 파도가 몰려오자 피터가 위험함을 무릅쓰고 루스에게 다가가 "파도가 밀려오고 있어."라며 루스를 끌고 나온 적도 있었다.

이 아동들이 처한 상황은 물론 일상적인 상황들은 아니다. 보육원은 주위의 어른들이 자신들에게 친절하지 않은 처음 접하는 환경이었고, 그들이 주변의 어른들에게 의심과 부정적인 감정을 가지고 대하는 것은 따라서 놀라운 것이 아니었다. 그러나 놀라운 것은 그들 사이에 형성된 강한 결속력이었다. 그들의 행동은 매우 어린 아동들 사이에서도 결속력 있는 관계가 형성될 수 있다는 것과 그러한 관계가 아동의 정서적인 적응에 중요한 영향을 미친다는 것을 보여 주었다. 물론 대부분 아동의 친구관계는 이와 같지 않지만, 이러한 극단적인 사례는 아동의 친구관계가 아동에게 재미뿐만 아니라 편안함과 돌봄을 제공한다는 중요한 교훈을 준다.

## 친구관계의 파트너

친구관계가 항상 문제없는 것은 아니다. 다툼이 일어나기도 하고, 서로에게 상처를 주기도 하며, 친구관계가 끝나기도 한다. 아동은 심지어 며칠 또는 몇 주 만에, 때로는 몇 년에 걸쳐서, 기존의 친구관계를 끝내고 새로운 친구를 만들기도 한다. 아동의 친구관계 파트너를 살펴보기 위해, 연구자들은 한여름 캠프에서 8~15세의 아동들을 관찰하였다(Parker & Seal, 1996). 그들은 다섯 가지 다른 친구관계의 패턴을 발견했다. 회전이 빠른 관계의 경우, 아동은 쉽게 새로운 관계를 형성하지만, 그 관계가 오래 지속되지는 않았다. 이러한 아동들은 장난스럽게 다른 아동을 괴롭히는 특성을 지니고 있었다. 그들은 가장 최근의 흥미로운 가십을 잘 알고 있었지만, 폭력적이고 믿음직스럽지 못한 태도를 보였다. 성장하는 관계의 경우, 아동은 기존의 관계를 지속적으로 유지할 뿐만 아니라 새로운 관계 또한 잘 맺는 특성을 보였다. 이러한 아동은 타인을 통제하거나 난폭하게 대하는 성향을 보이지 않았다. 쇠퇴하는 관계의 경우, 아동은 기존의 친구와 관계가 끊어지고 새로운 친구도 만들지 못하는 특성을 보였다. 이러한 아동은 타인을 배려하고, 공유하는 특성을 가졌지만, 장난스럽게 남들을 괴롭힌다든가 타인 앞에서 잘난 척을 하는 특성을 보이기도 했다. 정적인 관계의 경우, 아동은 기존의 친구들과 오랫동안 관계를 유지하고, 새로운 관계는 잘 맺지 않는 특성을 보였다. 이들은 타인을 잘 괴롭히지 않지만, 타인을 배려하는 행동을 보이지도 않았다. 이러한 그룹에 속하는 여자아이는 특히 정직한 특성을 보였다. 마지막으로, 친구가 없는 그룹의 경우, 아동은 여름 캠프 내내 친구를 만들지 못하였다. 많은 아동은 이 그룹에 속하는 아동을 소심하고, 부끄러움을 잘 타며, 혼자 노는 것을 좋아한다고 인지했다. 이들은 놀림을 견디지 못하며, 때로는 쉽게 화를 내기도 했다. 뿐만 아니라 이들은 타인을 배려하거나, 타인과 공유하는 모습을 보이지 않았다. 예상대로 이들은 가장 외로운 그룹이었다. 이처럼 아동의 친구관계 패턴은 다양한 편차를 보였다.

성별도 친구관계 파트너에 중요한 영향을 미친다(Rose & Asher, 2017). 여러 가지 면에서 여자아이의 우정은 결속력이 강한 것으로 나타났다. 여자아이들의 친구관계는 남자아이들의 친구관계보다, 친밀도와 자기 표현력이 높은 특성을 보였다. 그러나 여자아이의 친밀한 친구관계는 양날의 칼과 같은 면이 있다. 여자아이들은 개인적인 문제나 부정적인 감정을 친구와 오랫동안 이야기하는 동반-반추를 많이 하는 것으로 나타난다(Rose, 2002). 여자아이들은 친구와 문제를 이야기하며 타인으로부터 보살핌을 받고 이해되고 있다는 느낌을 받기를 기대하는 데 반해, 남자아이들은 이를 시간을 낭비하는 것이라고 여겼다(Rose et al., 2012). 여자아이들이 문제에 초점을 맞추어 대화하는 경향은 긍정적인 친구관계를 형성하도록 돕지만, 우울증이나 불안감을 높일 수도 있다(Rose et al., 2007; Schwartz-Mette & Rose, 2012). 이는 동반-반추를 할 때 나타나는 공감에서 오는 피로가 증가하기 때문에 나타나는 현상일 수 있다(Smith & Rose, 2011).

실제로, 남성과 여성 모두 제일 친한 친구들 사이에는 우울증이 정도가 비슷한 것으로 나타났다(Giletta et al., 2011). 또한 여성의 친구관계가 더 친밀한 특성을 보이는 것은 여성의 경우 친구가 자신이 예상하는 것처럼 행동해 주지 않을 때 남자에 비해 더 부정적인 태도(더 화를 내고 슬퍼하는 것)를 보이는 것으로 잘 설명될 수 있다(MacEvoy & Asher, 2012). 이는 여성이 남성에 비해 친구의 잘못을 잘 용서해 주지 못하는 특성으로 이어지기도 한다(Rose & Asher, 2017). 건강한 관계에서 용서가 중요한 역할을 한다는 것을 고려하면 이는 참 안타까운 부분이다(van der Wal, Karremans, & Cillessen, 2017).

## 친구관계의 장단점

대부분 아동에게, 친구를 사귄다는 것은 긍정적인 경험이다. 친구는 지지와 친밀감을 제공하며, 안내하고 지원한다. 친구와 좋은 관계를 유지하는 아동은 자신의 사회적인 기술도 향상시킬 수 있다. 친구관계를 오랫동안 유지하는 것은 정서적으로 안정되고 사회적으로 유능함을 예측하기도 한다(Glick & Rose, 2011). 친구가 있는 아동은 덜 외롭고 우울하다(Berndt, 2004; Furman & Rose, 2015). 폭력적이고 거부되는 아동이나 위축된 아동도 많은 또래에게 선호되는 것이 쉽지 않음에도 불구하고, 친구관계를 발전시켜 나가며(Pedersen et al., 2007; Rubin et al., 2009), 친구는 이러한 아동이 외로움이나 슬픔, 또는 다른 심리적인 문제를 겪지 않도록 돕는 역할을 하기도 하고(Laursen et al., 2007; Markovic & Bowker, 2017), 또래 거부와 관련된 생리적인 기능 장애를 줄여 주기도 한다(Schwartz et al., 2008).친한 친구의 존재는 또래와의 싸움, 교사로부터의 비난 등의 부정적인 경험이 생리적인 스트레스 반응에 미치는 충격을 완화시켜 준다(Adams et al., 2011). 장기적인 결과는 더욱 긍정적이다. 한 연구에서, 연구자들은 상호적인 관계의 친한 친구를 가진 5학년 아동이 성인기에 들어섰을 때 더 잘 적응했음을 발견했다(Bagwell et al., 1998). 이들은 5학년 시절에 친구가 없이 지냈던 성인들에 비해 우울감이 낮고, 문제행동에 덜 관여했으며, 가족, 또래들과 더 좋은 관계를 유지했다.

그러나 모든 친구관계가 지지적이고 바람직한 것은 아니다. 어떤 친구관계는 보호하기보다 위기를 만들 수도 있다(Furman & Rose, 2015). 위축된 아동의 친구들은 마찬가지로 위축되고 또래들로부터 괴롭힘을 당할 확률이 높으며(Rubin, Wojslawowicz, et al., 2006; Rubin et al., 2009), 이러한 친구관계는 도움과 재미, 안내의 역할을 하지 못한다(Rubin et al., 2015). 마찬가지로, 거부되는 아동의 친구들도 또래로부터 거부되고, 그들의 친구관계는 친밀감보다는 갈등의 성격을 띠게 된다(Poulin et al., 1999). 이러한 아동들은 커닝, 싸움, 마약과 같은 문제행동을 서로 장려하기도 한다(Bagwell, 2004; Dishion & Dodge, 2006). 따라서 친구관계의 가치를 평가할 때는 관계의 특성과 질을 고려해야 한다. 아동이 좋지 못한 친구관계를 가지고 있을 경우 더 우울감을 느끼며(La Greca & Harrison, 2005), 또래 그룹에서 거부되는 경우 또래로부터 괴롭힘을 받게 된다(Malcolm et al., 2006).

## 이성관계

청소년기에는 이성관계가 시작되는 시기이다(Collins et al., 2009). 그러나 부모와 교사를 포함한 많은 사람은 이성관계가 미치는 중요성을 과소평가하는 경향이 있다. 이 절에서는 청소년기의 이성관계에 대한 일반적인 잘못된 생각들을 설명하고자 한다.

### 청소년기의 사랑은 진정으로 중요하다

잘못된 생각 1: 청소년의 이성관계는 흔하지 않고 잠깐 진행되는 것이다

진실: 청소년의 이성관계는 흔한 편이고 잠깐 진행되는 것도 아니다. 청소년 중반기까지, 대부분 청소년은 적어도 한 번 정도 이성관계를 가지는 것으로 나타났다. 한 연구에 따르면, 36%의 13세 청소년, 53%의 15세 청소년, 70%의 17세 청소년이 지난해에 이성관계를 가졌다고 보고했으며, 60%의 17~18세 청소년은 그들의 이성관계는 적어도 11개월 이상 유지되었다고 보고하였다(Carver et al., 2003). 고등학생의 경우 부모, 형제나 자매, 친구들보다 이성 친구와 더 자주 만나는 것으로 나타났다(Laursen & Williams, 1997).

잘못된 생각 2: 청소년의 이성관계는 중요하지 않다

진실: 청소년의 이성관계는 청소년의 발달에 중요한 역할을 한다. 부정적인 측면을 살펴보면, 이성관계를 유지하는 청소년은 그렇지 않은 청소년보다 더 많은 다툼을 보고하고, 자주 기분 변화를 보고하며, 관계가 끝날 경우 우울증을 더 많이 보고한다(Harper & Welsh, 2007). 우울증은 특히 부정적인 성격 특질을 가졌거나(Harper & Welsh, 2007; La Greca & Harrison, 2005; Zimmer-Gembeck et al., 2001, 2004), 부정적인 이성관계 경험을 가졌을 경우 더 많이 보고된다(Davila et al., 2004; Harper & Welsh, 2007). 긍정적인 측면을 보면, 이성관계를 유지하는 청소년은 그렇지 않은 청소년보다 높은 자존감을 보이고, 사회적 불안을 적게 보고하며, 또래 그룹에 더 소속감을 느꼈다(La Greca & Harrison, 2005; Pearce et al., 2002; Zimmer-Gembeck et al., 2001). 이처럼 청소년의 적응에 상반되는 여러 결과는 이성관계가 긍정적인 측면과 부정적인 측면을 모두 가지고 있다는 것을 의미한다. 이성관계는 지지적인 역할을 하기도 하지만, 서로를 통제하려 하고 질투하는 부정적인 상호작용으로도 이어질 수 있다(Lantagne & Furman, 2017).

청소년의 이성관계는 장기적인 효과도 있다. 독일의 연구자들에 따르면 청소년기에

긍정적이고 친밀한 이성관계를 가졌던 청소년은 그렇지 않은 청소년보다 성인기에 더 헌신적인 관계를 가지게 된다고 밝혔다(Seiffge-Krenke & Lang, 2002). 또 다른 연구에서, 연구자들은 청소년기에 소수의 파트너와 꾸준한 관계를 유지했던 청소년은 많은 파트너와 돌아가며 관계를 형성했던 청소년보다 성인기에 관계를 형성하고 유지하는 데 유리하다고 보고했다(Collins, 2003; Collins & van Dulmen, 2006). 뿐만 아니라, 관계의 질도 중요하다. 적은 수의 파트너와 친밀한 관계를 유지하는 것은 성인기 관계의 질을 예측하는 것으로 나타났다(Madsen & Collins, 2011). 그럼에도 청소년기 이성관계의 장기적인 효과는 모든 연구에서 나타난 것은 아님을 기억할 필요가 있다(Roisman et al., 2004). 청소년기 이성관계의 단기적인 효과는 뚜렷하게 나타나는 데 반해, 장기적인 효과에 대해서는 더 많은 연구가 필요하다.

잘못된 생각 3: 청소년의 이성관계는 다른 사회적인 관계를 그대로 반영하는 것이다

진실: 청소년의 이성관계가 청소년의 다른 사회적인 관계와 관련이 있다는 것은 사실이다. 부모와 가까운 관계를 유지하는 청소년은 친밀한 이성관계를 가지는 경향이 있다(Conger et al., 2000). 청소년이 부모와의 갈등을 원만하게 잘 해결하는 경우, 그들은 이성 친구와도 갈등을 원만하게 해결하는 것으로 나타난다(Cui & Conger, 2008; Donnellan et al., 2005). 청소년의 부모가 청소년을 엄하고 거칠게 대할 경우, 청소년은 이성 친구에게 공격적으로 행동하는 것으로 나타나기도 한다(Kim et al., 2001). 청소년의 이성과의 관계는 청소년의 동성 친구와의 관계와도 관련이 있다. 동성 친구들은 이성 친구와의 관계에 있어 모델로서의 역할을 하기도 하고 사회적인 지지를 제공하기도 한다(Connolly et al., 2004). 동성 친구와 좋은 관계를 유지하는 청소년은 이성 친구와도 친밀한 관계를 유지한다(Collins & Sroufe, 1999; Furman & Shomaker, 2008; Furman et al., 2002). 동성 친구와 적의적인 관계를 유지하는 청소년은 이성 친구에게도 적의를 더 표현할 수 있다(Leadbeater et al., 2008; Stocker & Richmond, 2007). 마지막으로, 청소년의 부모와 또래에 대한 헌신과 믿음은 이성 친구에 대한 헌신과 믿음과도 연관성이 높다(De Goede et al., 2012; Furman & Collibee, 2018). 그러나 이러한 모든 관련성에도 불구하고, 청소년의 부모와 또래와의 관계와 이성과의 관계는 뚜렷한 차이점이 있고, 청소년이 필요로 하는 것도 각각의 관계마다 다르다. 부모에게는 교육이나 직업에 대한 조언을 필요로 하고, 친구에게는 스타일에 대한 조언을 얻거나 이야기 상대가 되어 주며, 이성 친구에게는 정서적인 친밀감을 얻고 미래의 계획을 의논한다(Furman, 2002). 뿐만 아니라, 청소년은 가까운 친

구보다 이성 친구와 더 많은 충돌을 경험하는 것으로 보인다(Furman & Shomaker, 2008).

**발달에 따른 이성관계의 변화** 청소년의 이성관계는 청소년 초기와 중기를 지나면서 급격하게 변화한다(Furman & Rose, 2015). 이성과의 교류도 증가하고 이성관계를 유지하는 시간도 길어진다(Carver et al., 2003). 청소년 초기에는 또래 그룹이 이성 친구를 선택하는 데 중요한 역할을 한다. **또래 그룹 네트워크**와 이성관계는 실제로 서로 영향을 미치는 것으로 나타난다. 또래 그룹 네트워크는 이성 친구를 찾는 데 도움이 되고, 이성관계는 또래 네트워크의 관계적 연결성을 높인다(Connolly et al., 2000; Furman, 2002). 청소년은 자신의 또래 그룹 친구들이 괜찮다고 생각하는 이성을 파트너로 주로 고르는 측면이 있다. 외모, 옷 입는 스타일, 또래 지위, 그리고 그 밖의 외적인 측면이 청소년이 이성 친구를 고르는 데 고려된다. 나이가 들면서, 청소년은 성격, 가치, 관심사 등의 친밀감과 유사성에 중요한 특질들을 고려하게 된다(Zani, 1993). 그들은 청소년 초기에 비해 이성 친구와 더욱 상호의존적인 특성을 보이고(Laursen & Jensen-Campbell, 1999), 문제를 해결하는 데 있어 더 양보하는 태도를 보인다.

**동성 연애** 그 어느 때보다도 북미, 유럽 그리고 세계 여러 지역에서 동성 연애 파트너에게 끌리는 청소년들이 공개적으로 성적 지향성을 표현하고, 동성 파트너와 관계를 맺고 있다(Russell, Watson, & Muraco, 2012). 그럼에도 동성 파트너와 관계를 유지하는 청소년은 이성 파트너와 관계를 유지하는 청소년에 비해 그들의 관계를 비밀에 부치는 경향이 높다. 동성 파트너에게 매력을 느끼는 많은 청소년은 그들의 성적 지향성을 숨기기 위해 이성 파트너와 관계를 맺기도 한다. 또한 동성 파트너에게 끌리는 청소년들의 삶의 모습은 그들이 어디에서 학교생활을 하는지에 따라 달라지기도 한다. 주로 유럽계 미국인 학생들이 많은, 규모가 작은 고등학교에 진학하는 청소년의 경우 동성 파트너와 관계를 유지할 경우 또래로부터 소외되지만, 다양한 인종의 청소년이 진학하는 규모가 큰 학교에 진학할 경우 또래 문제가 적은 것으로 나타난다(Martin-Storey, Cheadle, Skalamera, & Grosnoe, 2015).

## 또래 그룹 내의 상호작용

아동과 청소년은 같은 목표와 규칙을 가진 위계적인 그룹을 형성한다.

### 지배의 위계

유아가 2세가 되면서, 사회적 지배라는 개념에 대한 기초적인 이해를 하게 된다. 크거나 작은 적을 만났을 때, 11~13개월 된 유아는 작은 아이들은 큰 아이들에 비해 더 굴복하고 패배하는 특성이 있음을 알아차리게 된다(Thomsen et al., 2011). 아동이 2~3세가 되면서, 그들은 그룹 내에서 지배의 **위계**를 형성하게 된다(Hawley, 1999; Rubin et al., 2015). 이 시기에, 지배적인 아동은 힘이 세고, 인지적으로 더 발달했으며, 끈기가 있는 특성을 보이고, 여자아이가 남자아이들을 지배하는 특성을 보인다. 그러나 3세 이후에는, 남자아이들이 여자아이들을 지배하는 특성을 보인다. 그 이후로, 지배는 또래 그룹 내에서 타인의 행동을 지시하는 능력, 놀이에서 리드하는 능력, 그리고 육체적으로 위협적인 특성에 의해 결정된다. 아동 중기와 청소년 초기에, 지배는 리더십, 매력적인 외모, 학업 능력, 운동 능력, 신체 발달 등에 의해 결정된다.

"제스 가족이 이 동네에서 이사를 가게 되면, 나는 또래 지위 서열에서 한 등급 올라가게 되어 있어."

Carpenter, Dave/CartoonStock

학령기 전 아동의 지배의 위계는 꽤 단순한 편이고, 아동은 자신의 위치를 실제보다 높게 생각하는 측면이 있다. 그러나 나이가 들면서, 아동은 자신의 위치를 보다 정확하게 파악하게 된다(Hawley, 2007). 나이와 상관없이, 지배의 위계는 빠르게 형성된다. 한 연구에서, 연구자들은 유치원생 남자들이 서로 알게 된 지 45분 만에 놀이를 통해 지배의 위계를 형성하는 것을 발견했다(Pettit et al., 1990).

그룹의 위계는 여러 가지 기능을 한다. 첫 번째 기능은 그룹 멤버들 사이의 적대적인 행동을 줄여 주는 것이다. 실제로, 위계가 잘 형성된 그룹에서는 공격행동이 거의 나타나지 않는다. 그저 지위가 높은 멤버가 지위나 낮은 멤버에게 위협을 함으로써 질서가 정렬된다. 두 번째 기능은 그룹 멤버 사이에 과제를 분배하는 것이다. 주로 낮은 지위의 멤버는 일을 하는 역할을 맡고, 높은 지위의 멤버는 지시를 하는 역할을 맡는다. 세 번째 기능은 자원의 분배를 결정하는 것이다(Hawley, 2002). 청소년을 대상으로 한 여름 캠프에서, 연구자들은 지배적인 위치에 있는 청소년은 제일 큰 케익을 먹고, 앉고 싶은 위치에 앉으며, 가장 좋은 곳에서 잠을 잔다는 것을 발견했다(Savin-Williams, 1987). 이처럼 지위는 나이와 상관없이 모든 개인에게 특권이 된다. 마지막으로, 지배는 개인의 생물학적인 특성에 근거한다. 인간과 동물 모두 테스토스테론 레벨이 높은 개인이 그렇지 못한 개인보다 지배적인 위치를 가진다(Eisenegger et al., 2011).

## 파벌, 무리, 갱

아동 중기에, 아동은 친구관계와 관심사를 바탕으로 한 **파벌**을 형성한다(Brown & Braun, 2013; Brown & Klute, 2006; Chen et al., 2003; Kwon et al., 2012). 파벌의 규모는 3명에서 9명에 이르고, 멤버들은 주로 같은 성별이나 인종이다. 아동이 11세 정도가 되면서, 그들의 또래와의 상호작용은 주로 파벌 내에서 이루어진다. 파벌의 멤버가 되는 것은 아동의 심리적인 안녕감과 스트레스에 적응하는 능력에 도움이 된다. 청소년기에도 파벌은 뚜렷하게 나타난다. 그러나 청소년이 고등학교로 진학하면서, 파벌은 서서히 **해체**된다.

파벌은 **무리**—비슷한 태도와 활동을 공유하는 그룹을 의미하며 다수에게 인지되는 특성에 따라 인기 있는 그룹, 공부만 열심히 하는 그룹, 운동선수들 등으로 나뉜다—에 의해 대체된다(Shrum & Cheek, 1987). 그들은 같이 시간을 보낼 수도, 보내지 않을 수도 있다. 그러나 무리는 멤버에게 지지적이고 친구관계를 형성하도록 도와주며 사회적인 상호작용을 촉진하는 역할을 한다(Brown & Klute, 2006). 연구 결과들은 고등학교 1학년 시기에 무리를 잘 찾는 것이 고등학교 기간의 적응을 예측하며(Heaven et al., 2008), 무리의 멤버들과 잘 어울리는 청소년은 사회적인 불안을 덜 느낀다고 보고하였다(La Greca & Harrison, 2005). 물론, 어떠한 무리에 속하느냐가 중요하다. 청소년이 운동선수 그룹, 공부벌레 그룹, 인기 있는 그룹 등의 높은 지위를 가진 무리에 속할수록 잘 적응할 확률이 높다. 흥미롭게도, 청소년들은 무리를 실제보다 응집력이 높다고 생각하고 틀에 박힌 특성을 바탕으로 인식하는 것으로 나타난다. 예를 들면, 청소년들은 인기 있는 그룹은 술을 마시거나 마약을 하는 문제행동에 많이 참여하는 것으로 인식하고, 그러한 행동을 따라 하는 것으로 나타났다(Helms et al., 2014; Choukas-Bradley, Widman, Gilletta, Cohen & Prinstein, 2014).

> "우리는 공부벌레(브레인) 그룹을 쉽게 파악할 수 있어요. 왜냐하면 그들은 항상 선생님 책상 바로 앞자리에 앉기 때문이죠. 문제아들은 항상 교실 뒷자리를 두고 싸우고요."

청소년 후기로 가면서, 청소년이 단짝 친구 혹은 이성 친구에 초점을 맞추면서, 무리의 중요도는 약해진다(Brown et al., 1986).

**갱**은 동일한 목표를 이루기 위해 연합을 맺은 청소년 또는 성인의 그룹을 의미한다. 갱은 느슨하게 조직될 수도 있고, 리더, 의원을 가지며 공식적인 조직을 형성할 수도 있다. 갱에 소속된다는 것은 문제행동이나 다른 부정적인 활동에 연루될 확률이 높다. 또한 이는 청소년의 사회적인 만남을 제한할 수도 있다. 특정 갱에 소속되는 것은 청소년으로 하여금 삶의 방식을 바꾸거나 새로운 정체성을 탐색하는 것을 어렵게 할 수 있다(Brown & Braun, 2013; Brown & Klute, 2006). 갱은 또한 편견을 형성하게 한다. 청소년들은, 특히 애매한 상황에서 평판이나 편견을 바탕으로 다른 갱의 멤버들을 판단하는 경향을 보인다(Horn, 2003).

청소년은 여러 가지 이유로 갱에 소속된다. 지루함이 첫 번째 이유이다. 청소년들은 그들의 시간을 채울 다른 할 일을 찾지 못하여 즐거운 활동을 위해 갱에 참여한다. 물론, 이것이 가장 중요한 이유는 아니다. 많은 청소년은 무언가에 소속되고 싶은 마음으로 갱에 참여한다(Rizzo, 2003). 갱은 청소년에게 마치 새로운 가족의 구성원이 된 것 같은 소속감을 준다. 또 다른 이유로 관심을 받고 싶은 욕구와 물질에 대한 욕구가 있다. 많은

## 성인기로의 확장: 운동선수, 브레인, 공주들과 같은 무리는 어떤 어른이 될까

고등학교 시절, 운동을 잘하던 아이들, 높은 성적만 받던 똑똑한 아이들, 그리고 외모와 꾸미기에 관심이 많던 아이들을 기억할 것이다. 아마도 학교마다 그들을 다른 이름으로 부르긴 하겠으나, 모든 학교마다 이와 같은 무리들은 존재한다. 이러한 청소년들이 자라면 어떤 어른들이 될까? 이 질문에 대한 답을 찾기 위해 Jacquelynne Eccles와 Margaret Stone(2001)은 990명의 청소년을 고등학교부터 성인기에 이르기까지 추적 조사하였다. 처음 연구를 시작할 때, 청소년들에게 자신이 운동선수(jocks), 브레인(brains), 문제아(criminals), 공주(princesses), 외톨이(basket cases) 등 어떤 무리에 속하는지 물어보았다. 연구자들은 문제아를 힘이 세고, 반항하며, 많은 어른과 또래들이 좋아하지 않는 무리로 설명하고, 공주는 많은 또래가 좋아하고, 영향력이 있으며, 높은 또래 지위를 가지는 무리로 설명했다. 브레인은 또래 사이에 인기가 없을지라도 높은 성적을 받는 무리로, 운동선수는 스포츠에 능한 무리로, 외톨이는 또래로부터 떨어져 혼자 지내는 아이들로 설명했다. 참여자들 중 40%가 공주, 12%가 브레인, 11%가 외톨이, 9%가 문제아에 속하는 것으로 나타났다.

그들이 24세가 되었을 때, 운동선수와 브레인에 속했던 아이들이 가장 성공하고, 문제아와 외톨이가 가장 성공하지 못한 것으로 나타났다. 문제아와 외톨이는 우울감이 높고 걱정이 많으며 자존감이 낮은 것으로 나타났다. 운동선수와 브레인 중 6%가 심리사의 치료를 받는 데 반해 문제아와 외톨이 중 25%가 심리사의 치료를 받고 있는 것으로 나타났다. 그러나 운동선수에 속했던 어른들도 문제는 있었다. 운동선수와 문제아는 술을 가장 마시는 것으로 나타났고 알코올을 끊기 위한 프로그램에 가입해 있었다. 특히 남자 문제아의 경우, 마리화나와 같은 마약을 가장 많이 사용했으며 대학을 제대로 마친 비율이 가장 낮은 것으로 나타났다. 여자 운동선수의 경우, 다른 그룹에 비해 돈을 많이 버는 것으로 나타났다.

고등학교 시절 속했던 무리가 어떻게 이와 같은 장기적인 효과를 가져올 수 있었을까? 청소년들은 그들이 속했던 무리에 적합한 행동 패턴이나 성격을 발달시켰고(Brown, 1989), 이러한 행동 양식이 성인기까지 이어진 것으로 볼 수 있다. 젊은 성인으로서, 운동선수들은 운동과 관련된 모임에 나가고 그곳에서 성공적인 비즈니스를 위한 네트워크를 만들며, 그들과 술을 마셨을 것이다. 브레인들은 교육에 대한 관심을 지속적으로 유지했을 것이고(Raymore et al., 1999), 문제아와 외톨이들은 정신적인 문제를 계속 가지고 있었을 수 있다. 이러한 시간을 넘어선 연결고리와 관계는 개인이 자신과 맞는 그룹을 찾아 그에 속하고, 이를 통해 자신의 정체성을 더욱 공고히 하며, 비슷한 개인들이 속한 그룹에서 그들과의 새로운 경험을 통해 새로운 기회를 창출해 낸다는 것을 보여 준다(Barber et al., 2001).

## 실생활 적용: 청년 갱들

갱은 오랜 시간 동안 존재해 왔다. 해적들도 갱의 한 종류로 볼 수 있고, 19세기에는 아일랜드, 이탈리안, 폴란드 이민자들을 보호하기 위한 갱들이 뉴욕에 존재하기도 했다. 청년 갱은 1969년 로스앤젤레스에서 Cribs라 불리는 흑인 길거리 청년들에 의해 처음 형성되었다. 처음의 의도는 1960년대의 혁신적인 이데올로기를 유지하고 그들의 동네에서 지역의 리더와 보호자로서의 역할을 하기 위해서였으나, 이러한 의도는 오래 지속되지 않았다. 그들은 강도와 폭행을 하기 시작했고, 피해자들로부터 Crips라고 불리게 되었다. 이와 같은 갱들은 급속도로 퍼지기 시작했다. 현재 Crips와 그들의 가장 큰 라이벌인 Bloods는 미국 전 도시에 존재한다. 대략 25,000개의 청년 갱이 존재하고 그 멤버는 1,100,000명에 이르는 것으로 알려진다. 10,000명 이상의 시민들이 사는 도시의 86%에 이러한 갱이 존재한다고 하니, 미국의 주요 문제 중의 하나라 볼 수 있다.

일반적으로, 청년 갱은 갱을 유지하기 위해 범죄를 저지르고 그에 따른 악명을 퍼뜨리는 여러 갱 멤버로 이루어져 있다(Snyder & Sickmund, 2006). 갱들은 비슷한 옷을 입고 갱의 정체성을 보여 주는 색깔을 가지고 있다(예: Crips는 파란색, Bloods는 붉은색). 그들은 그들의 구역을 자신들의 색깔로 칠해 놓고 갱의 상징을 표현해 둔다. 많은 갱은 비슷한 헤어스타일을 하고 비슷한 손동작을 하기도 한다. 갱에 새로운 멤버가 들어오면, '개시'를 해야 하는데, 가장 일반적인 개시는 모든 갱 멤버로부터 두들겨 맞음을 당하는 것이다. 대략 94%에 달하는 대부분의 갱 멤버는 남자인데(Snyer & Sickmund, 2006), 가끔 여성을 갱 멤버로 받아들이면 개시로서 강간을 하기도 한다. 갱의 상징으로 문신하는 것도 개시의 일부분에 해당된다(Deschesnes et al., 2006). 가끔은 새로운 갱 멤버가 미션을 수행해야 하는 경우도 있는데, 차를 훔치거나 라이벌 갱과의 싸움에 참여하는 것 등이 이에 해당된다. 어떤 갱의 경우 새로운 멤버가 총을 맞거나 타인을 죽인 경험을 가질 때까지 완전한 멤버로 인정하지 않는 경우도 있다.

갱은 실제로 도둑질을 하거나 마약을 파는 등, 돈과 관련된 사업에 연루가 되어 있다. 청소년들이 갱에 소속되는 또 다른 이유는 힘에 대한 욕구와 다른 갱으로부터의 보호를 원해서이다.

청소년들은 모집이 되어 갱에 소속되기도 하지만, 또래 압력에 못 이겨 갱에 참여하기도 한다. 특히 청소년 갱이 많은 지역에 살 경우, 학교에 가면 갱의 압력을 받기 마련이고, 친한 친구들이 갱에 참여함으로써 따라 참여하기도 한다(Gilman et al., 2014). 연구자들은 갱 멤버들이 주로 가난하거나 문제가 있는 가정, 또는 부모로부터 관심을 받지 못하거나, 위험한 지역 출신인 것을 발견하였는데, 이는 놀라운 일이 아니다. 그들은 괜찮은 직업을 얻어 가난한 지역을 떠나거나, 교육을 받을 기회가 없어서, 갱에 소속되는 것이 유일한 방법이라고 생각한다. 갱 멤버들은 갱에 소속되기 전부터 많은 문제행동을 보이는 것으로 나타났다. 초등학교 시절에, 또래로부터 거부되거나 학교 과제를 잘하지 못하며, 반사회적인 행동을 많이 보였다(Dishion et al., 2005). 자존감이 낮은 청소년은 자존감이 높은 청소년에 비해 더 일찍 갱에 참여하는 것으로 나타났고, 교사와 또래는 이들이 더 폭력적이라고 평가했다(Craig et al., 2002).

갱의 멤버가 되는 것은 결과적으로 참혹하다. 갱에 소속되는 것은 정서, 태도의 변화를 가져오고(Melde & Esbensen, 2011), 결과적으로 더 많은 문제행동, 폭력, 마약으로 이어지며(Gatti et al., 2005; Snyder & Sickmund, 2006), 성인기에 더 많은 범죄에 연루될 가능성을 높이고(Taylor et al., 2007), 심리적인 문제를 가지게 될 확률을 높인다(Li et al., 2002). 갱은 또 간접적으로 멤버들에게 해를 끼칠 수 있다. 멤버들은 갱에 소속됨으로써 일반 사람들과 상호작용할 기회나 도움을 받을 기회를 잃어버리게 된다. 청소년들은 교육을 일찍부터 포기하게 될 확률이 높고, 마약 등의 문제로 건강 문제를 가지게 되며, 안정적인 직업을 얻지 못하고 종국에는 문제 행위로 체포될 가능성이 높아진다(Gilman et al., 2014; Snyder & Sickmund, 2006). 연구에 의하면, 갱에 소속된 청소년은 일반 청소년보다 고등학교를 졸업할 확률이 30% 낮아지고, 대학에 진학할 확률이 58% 낮아진다고 한다(Pyrooz, 2013). 다행스럽게도, 미국이나 유럽의 경우 갱 멤버쉽은 평균 1년 정도의 짧은 기간 안에 끝나는 경우가 많다고 한다(Weerman et al., 2014).

상대 갱 멤버를 권총으로 쏘아 감옥 생활을 했던 한 갱 멤버는 강한 조언을 던진다. 그에 따르면, 갱 멤버가 되는 것은 이점이 없다고 한다. 물론 술 마시고, 마약을 하고, 싸우는 것이 좋게 느껴지는 때가 있을지 모르겠으나, 종국에는 감옥 생활로 끝을 보게 된다고 한다. 그는 갱 멤버가 되는 것은 귀중한 시간을 낭비하는 것이라고 말한다.

## 요약

### 또래 상호작용

- 아동의 또래와의 상호작용은 어른들의 상호작용에 비해 짧고, 자유로우며, 보다 평등한 특성이 있다. 이러한 상호작용은 대인 간의 탐험과 사회적인 능력의 성장을 촉진한다.

### 또래 상호작용의 발달적인 패턴

- 영아들은 소리 내기와 만지기를 통해 또래와 상호작용을 한다.
- 걸음마기의 유아는 또래와의 상호작용에서 서로 돌아가며 순서나 역할을 바꾸는 등의 상호 교환하는 행동을 한다. 사회적 놀이와 가상 행동 놀이를 하는 것을 주요 성취로 볼 수 있다.
- 아동은 자라면서 어른보다 또래와의 상호작용을 선호하기 시작한다.
- 학교를 다니면서 같은 나이의 또래와의 동반자적 관계가 증가한다.
- 아동은 동성의 또래를 놀이의 상대로 선호한다.
- 청소년기에 이성교제가 늘어나면서, 성별에 따른 구분이 느슨해진다. 청소년은 또래관계를 통해 자신의 정체성을 탐색하고 공고히 한다.

## 또래를 통한 사회화

- 또래는 아동에게 사회적 행동의 모델이 된다. 또래들은 서로 간에 행동을 강화하고 벌을 주기도 하며, 개인 자신을 평가하는 데 기준을 제공하고, 소속감을 발달시키는 중요한 기회를 제공한다.
- 또래는 부모에 비해 청소년의 삶의 방식을 결정하는 데 있어 더 영향력이 있다.
- 문화마다 또래 간의 상호작용과 영향의 양식에 차이가 있다.

## 또래 지위

- 또래 지위는 아동이 특정 또래를 좋아하는지 그리고 좋아하지 않는지를 지명하는 또래 지명 분석 방법을 통해 측정된다. 또래 선호도는 각각의 아동이 받은 지명의 총합으로 계산되며, 인기 있는 아동, 무관심 아동, 혼란 아동, 배제되는 아동으로 나뉜다.
- 또래 지위는 아동이 또래와 상호작용하는 능력, 의사소통하는 능력, 타인의 관심사와 행동에 반응하는 능력, 활동에 협동하는 정도 등에 영향을 받는다.
- 인기 있는 아동은 친사회적인 행동을 보이며 또래 그룹의 규준을 만드는 데 영향력이 있다. 비폭력적이고 배제되는 아동은 주로 근심이 많고, 위축되거나 소외되며, 사회적인 기술이 떨어지는 특성을 보인다. 공격적이고 배제되는 아동은 자기-조절 능력이 떨어지고 문제행동을 보인다. 무관심 아동은 말이 적고 소심하며 불안해하는 특성을 보인다. 혼란 아동은 많은 또래로부터 선호와 비선호 지명을 받는 아동이다.
- 사회정보처리 모델에 따르면, 아동은 사회적인 상황에서 사회적 정보를 잘 파악하고 타인의 행동을 적절히 해석하며, 자신의 목표와 전략을 잘 알고 사용하며, 상황에 적절한 대응을 한다.
- 아동은 사회적 상황에 항상 숙고적으로 대응하는 것은 아니다. 때때로 아동은 충동적이고 자동적으로 반응한다.
- 인기 없고 사회적으로 덜 유능한 아동에 비해, 인기 있고 사회적으로 유능한 아동은 보다 긍정적인 목표와 전략을 가지고 있고, 자신감과 끈기가 있으며, 실패의 경험에도 새로운 전략을 이용하여 대응하고, 매력적이며, 다른 아동과 잘 어울리는 특성을 가지고 있다.
- 인기가 없는 아동은 단기적으로 높은 외로움과 낮은 자존감을 가지게 될 수 있고, 장기적으로는 우울증으로 이어질 수 있다. 한 명의 친구라도 옆에 있는 것이 우울증을 낮추는 데 도움이 된다.

- 또래 지위는 시간과 상황을 초월하여 안정적인 특성을 보이는데, 거부되는 아동의 경우 더욱 그렇다.

### 또래 선호에 영향을 미치는 요인

- 부모는 아동의 또래 상호작용의 교사이자 코치가 될 수가 있다. 부모는 또한 아동이 긍정적인 사회적 행동을 보이고 발달시킬 수 있도록 상호작용을 할 수 있다.
- 연구자들은 또래로부터 선호되지 않는 아동에게 협동하는 법, 반응적으로 대화하는 법, 다른 아동의 아이디어와 행동을 지지하는 법, 게임이나 스포츠를 같이하는 법 등을 직접 가르쳐 줄 수 있다.
- 또래도 아동이 사회적인 기술을 향상시키고 또래 선호의 경험을 할 수 있도록 도울 수 있다. 인기가 낮은 아동도 어리고 친절한 아동과 상호작용을 할 경우 좀 더 쉽게 또래로부터 선호되는 경험을 할 수 있다.

### 또래가 친구가 될 때

- 아동은 소수의 또래와 가까운 친구관계를 형성한다.
- 우정에 대한 목표와 기대는 나이가 들면서 변한다.
- 아동은 잘 모르는 또래에 비해 친한 친구와 더 긍정적인 교환을 하고, 의사소통하며, 동질감을 찾고, 더 많은 정보를 공유하며, 스스로에 대해 더 오픈하고, 분쟁을 더 효과적으로 해결한다.
- 남자아이의 우정은 여자아이의 우정보다 깨지기 쉬운데 이는 남자아이들의 우정이 주로 큰 그룹으로 이루어지는 데에 기인한다.
- 친구는 지지하고, 친밀감을 제공하며, 안내하고 지원한다. 그러나 어떤 친구는 커닝, 싸움, 마약과 같은 문제행동을 장려하기도 한다.
- 위축되고 공격적인 아동은 비슷한 특성을 가진 또래와 친구가 되는 경향이 있다.
- 청소년기의 이성관계는 매우 중요하며, 다른 사회적 관계와는 다른 특성이 있다.

### 또래 그룹 내의 상호작용

- 아동과 청소년은 같은 목표와 규칙을 가진 위계적인 그룹을 형성한다.
- 아동 중기에, 아동은 친구관계와 관심사를 바탕으로 한 파벌을 형성하는데, 이는 아동의 심리적인 안녕감과 스트레스에 적응하는 능력에 도움이 된다.

- 고등학교에서, 아동은 특정 무리에 속하게 된다.
- 갱은 동일한 목표를 이루기 위해 연합을 맺은 청소년 또는 성인의 그룹을 의미한다. 갱은 느슨하게 조직될 수도 있고, 리더, 의원을 가지며 공식적인 조직을 형성할 수도 있다. 갱에 소속될 경우, 문제행동이나 다른 부정적인 활동에 연루될 확률이 높다.

## 핵심 용어

- 가상 놀이
- 갱
- 공격적이고 배제되는 아동
- 동질성
- 또래 그룹 네트워크
- 또래 지명 분석 방법
- 무관심 아동
- 무리
- 배제되는 아동
- 병렬 놀이
- 부정적인 가십
- 비폭력적이고 배제되는 아동
- 사회적 민감성
- 사회적 비교
- 상호 반감
- 스스로를 오픈하기
- 연합 놀이
- 위계
- 인기 있는 아동
- 지각된 인기도
- 파벌
- 평균 아동
- 평판 편견
- 협동 놀이
- 혼란 아동

제 8 장

# 학교, 멘토 그리고 미디어

## 사회와의 연결

3세인 매트는 TV에서 〈탐험가 도라(Dora the Explorer)〉를 보는 것을 좋아한다. 도라의 모험을 보고 도라가 어린 시청자들에게 가르치는 스페인어를 따라 하기도 한다. 4세인 애비는 〈토마스와 친구들(Thomas [the Tank Engine] & Friends)〉로부터 눈을 떼지 못한다. 유용한 기차 엔진에 대한 내용을 골똘히 시청하며, 책임감, 돕기, 격려의 가치, 타인을 친절하게 대하는 일의 중요성에 대한 교훈을 얻는다. 5세인 에이든은 〈세사미 스트리트(Sesame Street)〉를 가장 좋아한다. 재미와 교육을 결합한 이 프로그램은 매트에게 알파벳을 가르칠 뿐만 아니라, 나눔이나 정직함과 같은 친사회적 교훈을 전달한다. 이 세 가지 TV 쇼는 오늘날 학령전기 아동에게 가장 인기 있는 프로그램이다. 그렇다면 이 같은 프로그램이 아동의 사회성 발달에 영향을 미칠 수 있을까? 이에 대한 답은 학교, 멘토 그리고 전자 미디어의 영향력을 다루는 이번 장을 통해 얻을 수 있을 것이다.

Ranald Mackechnie/Getty Images, Inc.

이번 장에서는 가족과 또래 이외의 다른 사회화의 근원 중에서도 특히 학교, 멘토, 그리고 TV, 비디오 게임, 인터넷 등 전자 미디어가 아동에게 미치는 영향에 대해 알아볼 것이다. TV는 생애 초기부터 아동의 일상에서 큰 부분을 차지하며, 4~5세가 될 무렵에는 많은 아동이 비디오 게임이나 컴퓨터 게임에 상당한 시간을 보내게 된다. 또한 아동들은 이 시기에 학교에 다니기 시작하고, 나이를 먹을수록 학교 활동에 점점 더 많은 시간을 할애하게 된다. 방과 후 시간에 아동은 운동, 동아리 그리고 지역사회 및 종교 활동에 참여하는데, 여기서 아동은 코치나 다른 중요한 어른들과 만난다. 아동이 깨어 있는 시간 대부분은 이러한 활동으로 채워지며, 미디어와 멘토가 부모나 또래만큼이나 아동의 사회성 발달에 큰 영향을 미칠 수 있다는 사실은 그다지 놀랍지 않다.

## 사회성 발달에서 학교의 역할

오늘날 아동들은 그 어느 때보다 학교에서 많은 시간을 보내는데, 매일 더 많은 시간을, 매년 더 많은 날을 학교에서 보낸다. 현재 미국 아동들은 평균적으로 1년에 180일, 하루에 5시간을 학교에서 보낸다. 1880년에 미국 아동들은 1년에 80일만 학교에 갔다. 아동들은 학교에서 더 많은 시간을 보낼 뿐만 아니라, 더 어린 나이부터 더 늦은 나이까지 학교에 다닌다.

학교의 1차 목적은 아동에게 교과목을 가르치는 것이지만, 학교는 쓰기, 수학 문제 풀기, 지도 읽기 등의 교육 그 이상을 제공한다. 학교의 또 다른 비공식적인 역할은 사회에서 잘 어울려 사는 데 필요한 규칙, 규준, 가치를 가르치고 타인과 상호작용하기 위해 필요한 기술을 훈련시키는 것이다. 수학과 언어를 배우는 와중에, 아동은 사회적 기대, 정서 조절, 행동 수칙과 기준에 대해 학습한다. 따라서 학교는 중요한 사회화의 장이다. 또한 학교는 교실, 식당, 놀이터, 운동장 등과 같이 또래들과 상호작용하는 장소를 제공한다. 이러한 상호작용을 통해 아동의 사회적 기술과 사회적 이해가 발달한다. 어떤 학교는 다른 학교보다 아동의 사회성 발달을 더욱 잘 촉진시킨다. 이 절에서는 학교가 사회성 발달을 촉진시키는 데 영향을 미치는 학교 환경의 특징을 알아볼 것이다.

> 애비는 엄마에게 다음과 같이 말했다. "엄마는 학교가 수학이랑 읽기를 배우는 곳이라고 말씀하셨지만, 제가 학교를 좋아하는 이유는 새로운 친구들을 사귈 수 있기 때문이에요. 학교에서 수학 문제 푸는 걸 배우는 것은 맞지만, 사실 그건 부가적일 뿐이죠. 학교가 좋은 이유는 친구들이 있기 때문이에요."

### 사회적 공동체로서의 학교

학교는 단순히 교실이나 건물, 놀이터가 아니다. 아동, 교사 그리고 학교 관계자들이 목표와 가치를 공유하고, 서로의 노력을 지지해 주고, 모두가 학교생활에 중요한 기여를 한다고 믿을 때 아동은 학교에 대한 공동체 의식을 형성한다(McDevitt & Ormrod, 2007). 강한 공동체 의식을 느끼는 학교를 다닐 때 아동은 사회적으로 더 잘 어울리며, 정서적 스트레스를 덜 경험하고, 더 친사회적이며, 수업에 결석하거나 학교를 중도 탈락할 가능성이 더 적다(Osterman, 2000).

공동체 의식이 이러한 긍정적인 영향을 불러일으키는 원리는 '**집단효능감(collective efficacy)**'으로 설명되며, 이는 제1장에서 정의한 바와 같이 목표를 달성하거나 원하는 결과를 얻기 위한 자기 집단의 힘에 대해 사람들이 공유하는 신념을 의미한다(Bandura, 2000). 공동체 의식이 존재할 때 교사, 학생 그리고 행정가들은 목표를 공유하고 집단적으로 협력하며, 목표를 이룰 수 있다고 믿는 경향성이 더 크다. 79개 초등학교를 대상으로 집단효능감을 살펴본 연구 결과, 교사가 학생들을 동기부여하고 교육하는 데 있어서 자신들의 집단효능감을 믿고 있을 때 학생들의 학업 수행이 더 좋은 것으로 나타났다(Bandura, 1993). 집단효능감은 고등학생들의 학업 수행을 정적으로 예측하는 주요한 변인이며(Goddard et al., 2004) 더 적은 괴롭힘 행동과도 관련이 있다(Olsson et al., 2017). 집단효능감과 아동의 사회적 행동 간의 직접적 관련성은 아직 연구되지 않았으나, 학업적으로 우수한 아동이 더 좋은 사회적 행동을 보일 가능성이 크다는 사실이 밝혀졌다(Reid et al., 2002). 나아가 교사가 학교 정책에 더 많은 영향력을 행사하고 더 많은 효능감을 보고할수록 초등학교 교실 내에서 더 긍정적인 정서적 분위기가 나타났다(Pianta et al., 2007). 따라서 집단효능감 증진을 통해 학생들의 학업 성취 및 교실 내 분위기뿐 아니라 사회적 행동 역시 향상될 것으로 기대된다.

Bacall, Aaron/CartoonStock

"내 목적은 모든 학생이 더 통찰력 있고, 동정심이 있고, 자기 성찰적이며, 공감적이 되도록 하는 거야. 네 경우에는 네가 그냥 조용히만 있으면 좋겠다."

## 학교 크기와 조직

외부인의 관점에서 큰 학교는 상당한 외적 규모, 전문화된 교실, 많은 학생 수 같은 더 많은 이점을 가지고 있을 것으로 보인다. 작은 학교의 웅장하지 않은 외관이나 더 적은 수의 교실, 그리고 더 적은 학생 수는 덜 매력적으로 보인다. 그러나 겉모습만으로 학교를 판단할 수는 없다.

**큰 학교, 작은 학교** 연구 결과, 학교에 학생 수가 600명 이상인 경우 학생들은 더 많은 어려움을 보고하는 것으로 나타났다(Weiss et al., 2010). 학교가 제공하는 대부분의 이점은 동아리, 스포츠, 자동차 세차, 빵 바자회 등과 같은 다양한 비교과 활동을 통해 나타난다. 당신은 큰 학교가 학생들에게 밴드와 오케스트라, 풋볼과 축구, 프랑스어 동아리와 일본어 동아리, 미술 동아리와 디지털 아트 동아리, 지뢰 반대 학생모임과 사회정의를 위한 청년 민주당원처럼 더욱 다양한 비교과 활동을 제공하리라 생각할 수 있다. 그러나 학교 크기와 관련된 연구 결과에 따르면 큰 학교와 작은 학교는 각각이 제공하는 비교과 활동의 다양성에서는 차이가 없었고, 학생들의 비교과 활동 참여 수준은 오히려 작은 학교에서 더 높았다(Barker & Gump, 1964). 작은 학교의 경우, 학생 수보다 학생들에게 주어진 자리가 더 많기 때문에 학생들은 모임이나 동아리에 참가할 기회가 많다. 또한 작은 학교의 학생들은 적극적으로 참가해야 한다는 의무를 더 많이 느끼며 더 깊은 소속감을 느끼는 것으로 나타났다. 큰 학교는 제한된 자리에 비해 학생 수가 너무 많아서 다수의 학생이 관중 역할에 머물게 된다. 최근 연구 결과에 따르면 학교 크기는 비교과 활동 참여도 및 학교 애착 수준과 부적인 관련을 보였다(Crosnoe, 2011; Crosnoe et al., 2004). 낮은 동일시 및 참여도는 큰 학교 학생들의 중도탈락률이 작은 학교의 경우보다 높은 이유 중 하나인 듯하다(Wood et al., 2017).

비교과 활동 참여는 다수의 긍정적인 결과와 연합된다. 비교과 활동에 참여하는 학생들은 출석률이 높고, 자아존중감이 높으며, 높은 성취동기를 갖는다(Child Trends, 2008). 이들은 비행 행동에 관여하거나, 임신하거나, 우울을 경험하거나, 자살 시도를 할 확률이 낮다(Barber et al., 2014; Mahoney, 2000). 특히 학교 스포츠에 참여하는 학생들의 경우 긍정적인 또래집단에 속해 있을 확률이 높으며, 이는 학업 성취 및 높은 학교 소속감 모두와 관련 있는 것으로 나타났다(Hughes et al., 2016; Simpkins et al., 2006). 또한 비교과 활동 중 고등학교 미술 동아리 활동은 현재 및 미래의 우정을 촉진시킨다(Schaefer et al., 2011). 중요한 점은, 다문화 학교에서 다양한 인종 및 민족성을 지닌 또래와 함께 과외 활동에 참여하는 학생들은 그렇지 않은 학생에 비해 인종과 민족성에 구애받지 않고 또래 관계를 형성할 확률이 높으며, 이는 다른 인종이나 민족성을 지닌 또래 학생들을 향한 더욱 긍정적인 태도로 이어졌다(Juvonen & Knifsend, 2016). 비교과 활동이 중요하지 않다는 학교 예산 담당자들의 의견과는 다르게 이러한 결과는 동아리 및 스포츠 활동이 아동 및 청소년이 성공적인 학교생활에 도움을 준다는 것을 보여 준다.

작은 학교가 주는 여러 이점에도 불구하고 미국의 학교 크기는 점차 증가하고 있다

(Mitchell, 2000). 교육자들은 큰 학교 내부에 '학교 안의 학교(schools within schools)'를 만드는 것이 학생들이 소속감을 느낄 수 있도록 하여 학교 중도탈락을 예방하고 긍정적인 사회정서적 결과에 기여할 수 있는 환경을 조성할 수 있다고 제안한다(Seidman & French, 1997).

**나이에 따라 분류하기** 학년을 조직화하는 방법 역시 아동의 발달에 영향을 미친다. 전통적인 분류 방식은 나이에 따라 학교를 크게 두 부분, 즉 첫 8년과 그 이후의 4년으로 나누는 것이었다. 오늘날은 다른 방식의 분류 방법이 일반적이다. 이에 따르면, 학교는 초등학교 첫 6년, 중학교 3년(7학년부터 9학년), 고등학교 3년(10학년부터 12학년)으로 묶인다. 연구 결과에 따르면 이러한 변화는 아동들에게 긍정적이지 않다. 가장 두드러지는 점은 중학교에 진학하여 7학년에 새로운 학교로 등교하는 학생들은 익숙한 초등학교에 머물러 있는 학생들보다 더 많은 사회적 문제 및 학업의 어려움을 겪는다는 것이다. 이들의 자아존중감은 떨어지고, 동아리 활동에 덜 참여하며, 중학교로의 전환을 겪지 않은 아동에 비해 학교나 또래집단에 덜 융화되어 있다고 느끼는 것으로 나타났다(Eccles & Roester, 2003; Wigfield et al., 2015).

이러한 부정적인 결과를 일으킨 원인은 무엇인가? 초등학교와 비교했을 때, 중학교는 더 크기 때문에 학생들은 더욱 소외감을 느끼고 익명의 존재가 된 느낌을 받는다. 학생들은 교내 활동에 덜 참여하게 되고, 이는 그들의 소속감과 사회적 유능감을 떨어뜨린다. 교수법 역시 변화하는데, 초등학교에서는 한 명의 교사와 한 교실에서 있었다면, 중학교는 과목별로 다른 교사와 다른 교실이 있다. 학생들은 초등학교 교사들과는 달리 중학교 교사들과 가깝고 지지적인 관계를 형성하는 것이 어려워진다. 중학교에서는 다른 초등학교를 나온 아동들과 여러 수업을 듣게 되면서 아동의 또래 네트워크는 무너지고, 이러한 변화와 더불어 엄격해진 평가 제도로 인해 또래 간 경쟁이 더 치열해진다. 이러한 변화가 복합적으로 작용하여 중학교 진학은 어린 학생들에게 큰 도전이 되고, 자연스럽게 사회적 유능성이 떨어지며 학교 중도탈락의 가능성은 증가하게 된다(Wigfield et al., 2015).

중학교 진학은 엠마에게 매우 힘든 일이었다. 새로운 것에 적응하는 데 오랜 시간이 걸렸기 때문이다. 동시에 사춘기를 겪게 되면서 상황은 더욱 힘들어졌다. 엠마와 같은 아동의 경우, 지나치게 많은 변화가 한번에 일어나면 대처하기 아주 어려울 수 있다.

중학교 진학이 부정적인 결과를 야기하는 또 다른 이유는 사춘기 이전의 아동이 다른 변화를 함께 경험하기 때문이다. 이 시기에 새로운 학교에 다니게 되는 것은 좋은 **단계-환경 적합도**(stage-environment fit)를 제공해 주지 않는다. 연구 결과, 이 연령대에 사춘기로 진입하거나 이성 교제를 시작하는 등 더 많은 변화를 경험하는 아동, 특히 여아의 경우 한번에 더 적은 변화를 경험하는 아동에 비해 더 낮은 자아존중감 및 비교과 활동 참여도, 그리고 더 낮은 성적을 보였다(Mendle et al., 2007; Simmons et al., 1987). 이러한 결과가 보여 주는 바는 명확하다. 변화가 너무 갑작스럽게, 또는 너무 이르게, 한번에 동시다발적으로 일어날 경우, 아동들이 어려움을 겪을 확률은 더욱 높다. 자신의 삶에 어느 정도 '편안한 부분'이 있을 때, 자아존중감과 행동적 대처에서 더 좋은 결과를 얻게 된다.

많은 이의 관심이 초등학교에서 중학교로의 전환에 쏠려 있으나, 중학교에서 고등학교로의 전환 역시 큰 도전이 된다. 대부분의 학생은 고등학교에 진학하며 완벽히 구분된 교과목, 문·이과 같은 더 많은 학업적 분리, 그리고 인간미 없는 사회적 분위기를 마주하게 되는데, 학교 크기가 어느 정도 영향을 미쳤다고 볼 수 있다. 학생들은 성적 저하를 경험하거나 더 깊은 사회적 고립을 느낄 수 있다. 특히 여아의 경우, 고등학교에 진학하게 되면서 외로움, 불안과 같은 적응상의 문제들을 더 많이 경험하기 쉽다(Barber & Olsen, 2004; Barber et al., 2014). 고등학교 내의 민족적 균형(ethnic balance)은 소수집단에 속한 아동들이 이러한 전환을 다루는 데 영향을 미친다. 라틴계와 아프리카계 미국 아동은 자기가 다녔던 중학교와 비슷한 정도의 민족적 균형이 있는 고등학교를 다닐 때보다 자신의 민족 집단에 속한 아동이 훨씬 적은 고등학교에 다닐 때 더욱 부정적인 영향을 받는다(Benner & Graham, 2009).

한편, 일부 아동은 학교 전환을 다른 아동에 비해 더 잘 다루기도 한다. 이 시기에 스스로 통제감이 있다고 지각하고 자신을 중요한 존재라고 인식하는 아동의 경우, 자신에 대해 부정적인 인식을 가진 아동에 비해 스트레스 및 우울을 덜 경험하는 것으로 나타났다(Rudolph et al., 2001). 실제로 일부 아동의 경우 전환으로 인해 이득을 보기도 한다. 예를 들어, 변화에 따른 문제를 다루기 위한 부모의 조언은 전환기에 또래들이 아동을 좋아하는 정도와 관련이 있었다(Gregson et al., 2017). 더불어, 일부 아동들은 이러한 전환기 동안 또래집단을 재정비하여 이득을 보기도 한다. 이는 외톨이인 불안한 청소년들, 즉 또래와 어울리고 싶지만 사회적 상호작용을 쑥스러워하거나 불안해해서 많은 시간을 홀로 보내는 청소년들이 해당된다. 비록 외톨이이며 불안한 청소년이 또래로부터 배척되거나 괴롭힘 피해를 당할 위험이 전반적으로 더 크기는 하지만, 이러한 위험성은 중학교에 들어가는 과정에서 작아진다(Shell et al., 2014). 이러한 결과는 이들이 나이가 들면서 사회적 기술을 발달시키고 어울릴 수 있는 새로운 또래집단을 갖게 되기 때문일 수 있다.

또한 Carnegie Foundation 및 National Middle Schools Association과 같은 교육 단체들에 따르면, 학교 전환에 따르는 부정적인 영향을 감소시키기 위해 중 · 고등학교를 개편할 수 있는 여러 방안이 있다. 이들은 특수 아동의 교육적 요구에 대한 교사 인식을 증진시키고 모든 학생을 대상으로 조언과 상담을 제공할 것을 제안하였다. 또한 학생들로 이루어진 소규모의 학습 팀을 만들 것을 권고하였다. 이러한 방식은 대부분의 학생에게 더 큰 공동체 의식을 느끼게 만든다는 점에서는 이점을 가지지만, 또래로부터 선호되지 않는 학생에게는 괴롭힘을 당할 위험을 증가시킨다는 단점을 지닌다(Echols, 2015). 그러나 전반적으로 봤을 때 이러한 개선방법을 적용한 학교의 학생들은 그렇지 않은 학교의 학생들에 비해 더 높은 자아존중감을 보고하였고, 더 적은 행동 문제를 보였으며, 학교에서 자신에게 나쁜 일이 일어날 것이라는 두려움을 더 적게 보고하였다(Felner et al., 1997; MacIver et al., 2002).

**혼성 학교(남녀공학) 대 동성 학교** 남자 청소년과 여자 청소년을 위한 단일 성별(single-gender) 학교와 남녀공학 중 어느 학교를 다니는 것이 아동들의 발달에 더 좋은지에 대한 논의가 오래 전부터 계속되어 왔다. 1972년, 미국에서는 공립학교를 대상으로 남녀공학을 의무화하는 법이 통과되었다. 그러나 다수의 여학생이 교육적, 전문적 잠재력을 달성하지 못했기 때문에, 여학생들은 남학생이 없는 교육환경에서 더 좋은 수행을 보일 수 있을 것이라는 의견이 대두되었다. 그 결과 2002년에 남녀공학 규정이 폐기되었고, 동성 학교가 법적으로 허용되었다. 2002년부터 2014년까지 동성 학급을 제공하는 공립학교의 수는 11곳에서 750곳으로 증가하였다.

어떤 연구자들은 여학생들끼리만 있는 학교에서 교육을 받을 경우 이들이 더 많은 것을 성취하고 더 높은 직업적 목표를 갖게 된다는 생각에 열광했다. 더불어 이성의 방해(예: 급우 간 '집적거림')가 없을 때 학생들의 학급 내 행동이 더 좋아질 것이고, 여학생과 남학생 모두 더 높은 성취를 이룰 것이라 예상하였다. 비록 일부 연구자들은 여학생들만 있는 학교에서 이들이 더 많은 것을 성취하고 더 높은 직업적 열망을 갖게 된다고 주장하였으나(예: Sax, 2005), 몇몇은 이에 대한 근거가 비일관적이라고 주장한다(Halpern et al., 2001). 한편, Pahlke와 동료들(2014)과 같은 다른 연구자들은 21개국 1,700,000명에 육박하는 학생들을 대상으로 한 메타분석에 기초했을 때 동성 또는 혼성 학급에서 사회적 · 학업적 결과의 성차는 발견하지 못하였다. 동성으로만 이루어진 학급의 학생들이 혼성 학급의 학생들보다 더 좋은 수행을 보인 경우에도, 이는 아주 유능하고 강한 동기를 지닌 학생과 교사들이 더 좋은 교육적 환경을 추구하기 때문인 것으로 보인다(Halpern et al., 2011; Pahlke et al., 2014). 다시 말해, 이러한 학생과 교사들은 이성이 섞여 있는 학급에서도 마찬가지로 좋은 수행을 보였을 것이다. 교육자들은 동성으로만 이루어져 있는 학급에 대해 서로 다른 견해를 가지고 있다(Fabes et al., 2015). 일부 교육자들은 동성 학급이 여학생과 남학생 모두에게 더 높은 집중력을 발휘하게 만들며 특히 여학생들을 학업적으로 크게 발전하게 만든다고 주장하는 반면, 다른 교육자들은 동성 학급 여부에 따른 학업적 차이가 존재하지 않으며 동성만 존재하는 교육 환경은 학생들의 현실 적응을 충분히 준비시키지 못한다고 생각한다.

사실 동성과 혼성 학급 학생들 간 차이는 사회적 결과에서 가장 두드러진다. 특히 동성 학급의 아동들에게서, 성차는 더욱 뚜렷해진다(Halpern et al., 2011). 예를 들어, 동성으로만 이루어진 학급에서 더 많은 시간을 보낼수록 7학년 학생들은 '여자는 언어를 잘하고 남자는 수학을 잘한다'는 성 고정관념적 견해를 더욱 지지하는 것으로 나타났다(Fabes et al., 2013). 동성으로 이루어진 학급이나 학교가 사회적 · 교육적 이점을 제공한다는 초기 견해에도 불구하고 이는 명백한 이득을 제공하지 않는 것이 분명하다.

## 학급 크기와 조직

아동의 사회적 경험과 발달은 학급 크기와 조직에 영향을 받을 뿐만 아니라, 학급 크기와 조직의 다양성에 더 강한 영향을 받는다.

**작은 학급이 가진 이점** 작은 학급은 작은 학교만큼이나 아동의 사회성 발달에 이로운데, 특히 학년이 낮을수록 그러하다. 미국, 영국, 이스라엘 등의 연구 결과에 따르면, 작은 학급에서는 교사와 학생 간에 더 빈번하고 개인적인 접촉이 이루어지며, 아동들은 더 바르게 행동하고, 또래와 더 활발하게 어울리고, 괴롭힘을 당할 가능성도 더 낮다(Blatchford et al., 2011; Finn & Pannozzo, 2004; Khoury-Kassabri et al., 2004). 작은 학급의 학생들은 학급 활동에 더 많이 참여하고, 수업에 더 집중하며, 장난을 치거나 수업에 방해가 될 만한 행동을 덜 보이고, 반사회적 행동은 적게, 친사회적 행동은 더 많이 보인다(Finn et al., 2013). 작은 학급은 초등학교에서 학급 내의 더 긍정적인 정서적 풍토와도 관련이 있다(Pianta et al., 2007). 작은 학급은 학생들이 서로를 더 잘 보살피고 지지해 주는 분위기를 촉진하는 것처럼 보인다. 당연하게도 작은 학급의 교사가 더 큰 만족감을 얻는 것으로 나타났다(Blatchford, 2005). 연구자 및 교육자들은 작은 학급이 학생들의 참여도를 높이고 문제행동 관리에 쏟는 시간을 감소시키는 등 사회적 · 정서적 환경에 영향을 미치며, 이는 더 큰 학업 성취로 이어질 것이라 기대해 왔다. 큰 학급보다 작은 학급에서 학생들의 학업 성취가 더 높기는 하지만, 이러한 차이는 매우 작으며 이 같은 학업적 이득이 작은 학급을 만드는 데 들어가는 경제적 비용을 고려했을 때 충분한 가치가 있는지에 대한 논의도 존재한다(Hattie, 2016). 비용적 측면에서 작은 학급의 정당성을 확보하기 위해서는 작은 학급이 학생들의 사회적 · 정서적 발달에 미치는 더 크고 장기적인 영향이 있는지 살펴봐야만 한다.

**열린 교실, 협력학습, 거꾸로 학습이 가진 이점** 교사는 교실 구성과 학급 활동을 다양한 방식으로 조성할 수 있다. 교사는 교실 앞에 서서 강의할 수도 있고, 학생들을 돌아다니게 하고 소그룹으로 학습하게 할 수도 있으며, 프로젝트를 위해 서로 돕거나 의사결정에 참여하게 할 수도 있다. 이는 **열린 교실(open classroom)**이라 불린다. 강의와는 다르게 교사가 거꾸로 학습법(flipped classroom model of instruction)을 사용할 수도 있다. **거꾸로 교실(flipped classroom)**에서는 학생들이 토론이나 서로를 평가하는 등의 상호적 학습 활동에 대부분의 시간을 쓰고, 교사는 필요할 때만 도움을 주고 개인적인 피드백을 제공한다(Bishop & Verleger, 2013).

이와 같은 활동 대부분은 **협력학습(cooperative learning)** 활동으로 분류된다. 협력학습이란 다양한 능력과 배경을 가진 학생들이 함께 학습하는 소규모의 그룹 활동을 가리킨다(사진 참조). 리더의 역할을 담당하는 단 한 명의 학생을 두기보다는 모든 학생의 학습을 최대화하고 아동들 간의 관계를 다양하게 만드는 데 목적이 있다. 열린 교실과 거꾸로 교실 모두 교사가 전달하는 지식을 수동적으로 받아들이는 것이 아니라 학생들 스스로 자신의 학습에 적극적으로 참여하도록 촉진한

Boogich/iStockphoto

협력학습 상황에서 학생들은 함께 활동하는데, 이 사진에서 학생들은 함께 과학 실험을 하고 있다.

다. 열린 교실에서 아동들이 항상 더 많은 것을 배우는 것은 아니지만, 이를 통해 학교에 대해 더 긍정적인 태도를 갖게 되고, 자립적이고 협력적인 행동을 더 많이 보이며, 더욱 다양한 사회적 관계를 형성하고 훈육 문제는 더 적게 보이는 것으로 나타났다(Minuchin & Shapiro, 1983; Rothenberg, 1989; Shield et al., 2010). 더 나아가, 거꾸로 교실은 학생들의 비판적 사고 능력을 키우고 학업 성취를 높인다고 알려져 있으며(Bishop & Verleger, 2013), 어린 초등학생들을 대상으로 했을 때도 동일한 결과가 나타났다(Aidinopoulou & Sampson, 2017). 거꾸로 교실의 사회적 영향에 대해서는 자세히 알려진 바가 없다. 그러나 거꾸로 교실이 협력적 학습 활동을 포함하며, 협력학습은 학생들의 또래를 향한 관심과 서로를 돕고자 하는 의지를 증가시킨다는 점에 근거하여(Slavin & Cooper, 1999), 거꾸로 교실 역시 질 높은 사회적 관계 형성을 촉진시킬 것이라 기대할 수 있다.

**또래교사** 교사들은 간혹 나이가 더 많고 경험이 많은 학생이 더 어리거나 덜 유능한 학생을 지도하도록 하는 **또래지도(peer tutoring)** 방법을 사용하기도 한다. 또래교사들은 아동들에게 사회적 기술뿐만 아니라 수학과 읽기 기술을 가르치기도 한다. 예를 들어, 한 연구 결과에 따르면 9~13세 학생들은 사회성 기술 커리큘럼을 적용하여 특수학급 학생들의 사회적 기술을 향상시킬 수 있었다(Blake et al., 2000). 또래교사와 이들의 학생들 모두 다양한 방식으로 이득을 얻기는 하지만, 또래교사들은 주로 더 많은 사회적 이득을 얻게 된다. 이들의 자아존중감과 지위는 상승하고, 남을 돕는 것으로부터 만족감을 얻는다(Dansereau, 1987; Miller et al., 2010). 다양한 민족적 배경을 가지고 있는 성취 수준이 낮은 학생들과 심리적 어려움을 지닌 학생들을 포함하여, 많은 학생이 또래지도를 통해 사회적·학업적 혜택을 누릴 수 있다(Cochran et al., 1993; Leung, 2015).

## 홈스쿨링을 받은 학생들은 사회적으로 불리할 것이라고 생각하였는가

"이제 다시 학교로 돌아가는 시기이다. 홈스쿨링 학생들 말을 빌리자면 그냥 그대로 있는(stay-where-you-are) 때이다."(Stephen Colbert)

기존의 학교교육에 대한 대안으로, 집에서 아동을 교육하는 방법이 점점 더 인기를 얻고 있다. 미국의 경우, 160만 명 이상의 아동이 홈스쿨링을 받고 있다(Redford et al., 2016). 2015년 캐나다에서는 27,000명 이상의 아동이 홈스쿨링을 받았으며, 이는 2007년과 비교하여 26% 증가한 수치이다(Van Pelt, 2017). 부모들은 종교(33%), 더 좋은 학습 환경(30%), 학교가 가르치는 내용에 대한 반대(14%), 아동들의 수준에 미치지 못하는 학교교육과정(11%) 등의 다양한 이유로 홈스쿨링을 선택한다(Princiotta & Bielick, 2006; Redford et al., 2016).

연구 결과는 부모의 선택을 지지한다. 홈스쿨링을 받은 학생들은 학교교육을 받은 학생들에 비해 표준화된 검사에서 더 좋은 수행을 보였다(Basham, 2001; Ray, 2013, 2015). 그러나 앞서 지적했듯이 학교는 학업적인 부분 그 이상을 제공한다. 학교는 아동에게 또래와 어울리며 사회적 기술을 학습하는 소중한 기회를 제공한다. 홈스쿨링을 향한 가장 큰 비판은 아동들이 또래와의 경험, 특히 다른 민족적, 종교적 배경을 가진 또래와 어울릴 기회를 박탈한다는 것이다. 또한 이는 사회적 소외나 고립감을 유발할 수 있으며 또래와 잘 어울리지 못하는 등의 사회적인 문제를 야기할 수도 있다. 한 어머니는 다음과 같이 말했다.

> "홈스쿨링을 받았던 내 친구 몇몇은 사회성 발달에 큰 어려움을 겪는 것 같았어요."

이 부모의 걱정은 옳을까? 만약 그렇다고 생각한다면, 다시 생각해 보자. 연구 결과에 따르면, 홈스쿨링을 받은 학생들의 사회성 발달을 걱정할 필요는 없다(Ray, 2013, 2015; Shaw, 2008). 홈스쿨링을 받은 학생들과 학교에 다닌 학생들이 무리 지어 노는 비디오테이프를 본 훈련된 상담가들은 오히려 홈스쿨링을 받은 학생들이 더 적은 문제행동을 보였다고 답하였다(Shyers, 1992). 또 다른 연구 결과로, 홈스쿨링을 받은 학생들은 학교교육을 받은 학생들에 비해 더 높은 적응 수준을 보였으며 더 행복하고 사교적인 것으로 나타났다(Moore, 1986). 세 번째 연구 결과로, 홈스쿨링을 받은 학생들은 학교교육을 받은 학생들보다 학업 성취와 사회화 영역에서 자신을 더 높이 평가하였다(Taylor, 1986). 홈스쿨링은 장기적으로 봐도 긍정적이다. 한 연구 결과, 홈스쿨링을 받았던 성인의 71%는 코칭이나 봉사와 같은 지역사회 활동에 참여하는 반면, 전통적 방식으로 교육받았던 성인의 경우 37%만이 이에 참여하였다(Ray, 2003). 또한 그들은 시민 활동에 더 많이 관여하고, 2배 이상으로 더 자주 투표했으며, 더 행복하다고 보고하였다.

왜 홈스쿨링을 받은 아동들은 사회적으로 잘 성장하는가? 첫째로 주목할 것은 이들이 사회적으로 고립되어 있지 않다는 점이다(Ray, 2013, 2015). 홈스쿨링을 하는 부모들은 박물관, 지역사회 센터, 체육 기관, 방과 후 프로그램, 교회, 공원 등에서 자녀를 위한 사회적 기회를 얻는다. 홈스쿨링을 하는 가족들끼리 주기적으로 모이는 홈스쿨링 조합을 형성하여 아동들이 또래와 어울리고 우정을 쌓을 수 있도록 하기도 한다. 일부 주에서는 홈스쿨링 가족이 공립학교의 자원을 이용할 수 있도록 하는 법을 만들어 다른 아동들과 함께 스포츠 팀이나 학교 밴드, 미술 수업 등에 참여할 수 있도록 하고 있다. 덧붙여 홈스쿨링을 받는 아동들에게 형제자매가 있을 가능성도 있다.

## 교사의 영향

학급에서 교사는 교수자, 사회적 모델, 평가자, 훈육자 등 몇 가지 역할을 담당한다. 교사가 수행하는 각각의 역할은 아동에게 다양한 방식으로 영향을 줄 수 있다.

**통제하기: 학급 훈육과 관리** 교사들은 학급을 관리하고 말을 듣지 않는 아동을 훈육하는 데 많은 시간을 할애한다. 교사가 사용하는 다양한 전략은 아동의 사회적 행동에 상당한 영향을 미칠 수 있다. 일부 교사들은 포커 칩이나 사탕을 사용하여('토큰 제도'라 불

림) 아동이 올바른 행동을 하고 학업을 잘 수행하도록 격려한다. 다른 교사들은 언어적인 인정을 통해 아동의 적절한 행동을 체계적으로 칭찬한다. 학급을 통제하기 위해 조작적 강화 원리를 적용하려는 교사들의 시도는 상당한 성공을 거두어 왔다. 다수의 연구에서 체계적인 강화를 통해 아동의 행동을 통제하는 것이 효과적이라고 밝혀졌다(Chang, 2003; Kazdin, 2000; Maggin et al., 2011). 학생들이 포인트, 토큰, 별 스티커 등을 모으게 하여 이를 사탕이나 장난감과 같은 물질적 보상으로 교환하도록 하는 것은 오늘날 교사들이 흔히 사용하는 방식이다. 게다가 아동들은 이러한 보상을 다 모아서 파티나 수학여행과 같은 특별한 보상으로 바꿀 수도 있다.

조작적 조건형성의 원리를 이용하는 것은 교사가 소리를 지르고 학급 전체가 통제 불가한 수준에 이르게 하는 것보다 훨씬 좋은 방법이다. 그러나 이러한 물질적 보상을 이용하는 방법에는 부정적인 면도 있다. 어떤 경우에는 물질적 보상이 교사의 목표나 학생들의 발전을 저해할 수 있다. 활동이 그 자체로 흥미로운 경우, 보상을 받게 되면 그 활동은 매력을 잃게 될 수 있다(Lepper & Henderlong, 2000). 예를 들어, 다른 학생을 돕는 행동에 보상을 주게 되면 아동의 내면화된 도덕적 의무감이 저하되었다(McLean, 2003). 토큰 프로그램은 학급에서 활용되어야 하나, 교사들은 목표 행동을 설정하는 것과 보상 시스템을 적용할 때 주의를 기울여야 한다. 학급 관리는 실행되는 시스템에 따라 달라질 뿐 아니라, 시스템을 실행하는 사람에게도 영향을 받는다. 다시 말해, 일부 교사들은 다른 교사들보다 더 효과적인 학급 관리자가 될 수 있다. 예를 들어, 교사가 학생들에게 긍정적 정서를 보이며 학생들의 요구를 알아채고 이에 반응해 주는 형태로 높은 수준의 정서적 지지를 제공할 경우, 학급 내 학생들의 문제행동 비율은 낮아졌다(Shih & Ryan, 2016). 더불어 교사가 지지적인 경우, 문제행동이 또래들 간에 확산될 가능성도 더 낮다. 따라서 교사가 지지적이지 않은 경우, 문제행동을 보이는 학생의 친구들도 문제행동을 할 가능성이 커진다. 이는 교사가 지지적인 학급에서는 발생하지 않는다.

교사의 결정에 학생들의 문화적 배경에 대한 이해가 반영되어 있을 때 학급 관리는 더욱 효과적일 수 있다. 라틴계 미국 학생들의 교사들이 집단주의 문화에서는 남을 돕는 행동을 높게 평가한다는 것을 인정하고, 이에 기반하여 학급 규칙을 정할 때 문제행동이 감소하는 것으로 나타났다(Rothstein-Fisch & Trumbull, 2008). 이러한 인식이 없을 경우, 교사는 학생들에게 칠판 청소하기나 출석 체크와 같은 학급 내 역할을 개별적으로 부여하게 된다. 학생들이 서로 도울 때, 교사가 "그건 마르코가 해야 할 일이야. 너는 네가 해야 할 일이 따로 있잖니!"라며 꾸짖는 일이 일어날 수 있다. 학생들의 도움 행동을 해야 할 일에서 벗어났다고 보거나 비생산적이라고 볼 뿐만 아니라, 더 나쁘게는 부정행위로 해석하기도 한다. 교사가 각 과제에 두 명의 학생을 임명하거나 학생들이 서로를 도울 수 있도록 허용할 경우, 청소 시간이 즐거워질 수 있다. 교사가 학생들의 도움 행동을 다른 학생의 책임에 간섭하는 행동으로 여기고 꾸짖기보다는 이를 지지해 주는 것이 능률, 과제 완성도, 그리고 학급의 화합을 증가시킨다.

## 교사의 기대와 아동의 성공

> 많은 사람은 자기가 처음에 생각했던 것 이상을 해내는데, 이는 다른 누군가가 '그 사람은 할 수 있다'고 생각했기 때문이다. (성명 미상)

비록 대부분의 교사가 부인하겠지만, 그들은 학기 초에 새로운 학생들이 얼마나 좋은 수행을 보일 것인가에 대한 기대를 형성한다. 이러한 기대는 학생들의 실제 수행에 영향을 미치게 된다. Robert Rosenthal과 Lenore Jacobson(1968)의 연구에서는 일부 초등학교 교사에게 특정 학생들에 대한 기대를 심어 주었다. 연구진은 교사들에게 실제로는 연구진에 의해 무작위로 뽑힌 학생들을 '빠른 발전을 보이는 아동'으로 칭하며 해당 학년 동안 놀라운 성과를 보일 것이라고 알려 주었다. 8개월 후, 이 학생들의 IQ 점수는 다른 학생들에 비해 유의미하게 큰 증가폭을 보였다. 이러한 결과는 **자기충족적 예언(self-fulfilling prophecy)**의 인상적인 예시인데, 자신의 작품을 살아 있는 여인으로 만든 그리스 신화 속 피그말리온이라는 조각가의 이름에서 유래하여 **피그말리온 효과(Pygmalion effect)**라고도 불린다. 그 학생들이 특히나 뛰어나다고 믿었던 교사들은 그들을 다르게 대했다. 교사들은 그 학생에게 학급에 참여할 기회를 더 많이 주었고, 질문에 답할 더 많은 시간을 주었으며, 옳은 답을 했을 때 더 많이 칭찬하고 틀린 답을 했을 때는 덜 꾸짖었다. 이들을 특별하게 대해 줌으로써, 교사들은 자신들이 그 학생들에게 기대한 행동 양상을 강화한 것이다(Brophy, 1998).

후속 연구 결과에 따르면 피그말리온 효과는 학생들의 기대가 변화할 때도 발생했다. 교사들이 학생들이 잘할 것이라고 생각할 경우, 학생들 역시 높아진 기대를 갖게 되고, 이는 결과적으로 성취의 증가로 이어졌다(Kuklinski & Weinstein, 2001). 연구 결과, 헤드스타트(Head Start) 학급, 지적 장애를 지닌 아동을 위한 프로그램, 청소년을 위한 기관, 그리고 일반 학급 내에서도 이러한 자기충족적 예언이 작용함을 확인할 수 있었다

(Kuklinski & Weinstein, 2001). 479개의 연구를 대상으로 한 메타분석 결과, 피그말리온 효과는 상당한 것으로 나타났다(mean $r = .30$; Rosenthal, 2006). 대부분의 연구가 아동의 학업적 성공에 초점을 두고 있으나, 아동의 사회적 행동에 대한 교사들의 기대는 사회적 성공에도 영향을 줄 수 있을 것이다. 주목할 만한 점은 교사들의 기대에서 나타나는 차이는 소수집단과 주류집단 학생의 서로 다른 성공률에 기여할 수 있다는 것이다. 교사들은 아시아계 미국 학생들에게 가장 높은 기대를 가지며 라틴계 미국 학생과 아프리카계 미국 학생들에게는 가장 낮은 기대를 갖고 있다(Tenenbaum & Ruck, 2007). 학생들의 수행이 실제로 이러한 기대를 충족시키는 경우에도 이러한 기대는 문제가 될 수 있는데, 그것이 해당 민족 집단의 모든 학생에게 적용되는 것은 아니기 때문이다. 그러나 한 가지 좋은 소식이 있다. 연구 결과에 따르면 한 민족 집단이 수적으로 열세일 때(예: 학급의 10~20%만을 차지하는 경우), 이들의 성취에 대한 교사의 지각은 주류집단 학생들에 대한 지각에 비해 더 정확한 것으로 나타났다(Kaiser et al., 2017). 학생들이 학급 내에서 수적으로 열세일 때, 학생들의 성취는 교사에게 더 기억에 남을 수 있다.

**교사와 학생 간의 관계** 아동이 교사와 형성하는 관계의 질은 아동의 사회적·학업적 성공에 크게 기여한다. 교사와의 관계에서 갈등을 경험하는 아동은 학교를 그다지 좋아하지 않으며 교실에서도 별로 협조적이지 않다. 이들은 시간이 지남에 따라 더욱 비협조적이고 공격적으로 변하며 더 우울해진다. 교사에게 지나치게 의존적인 아동 역시 문제를 겪는다. 이들은 학교 활동에 덜 참여하며, 더욱 공격적이거나 또래와의 관계에서 사회적으로 더 위축되어 있다. 그러나 특히 초등학교에서 교사와 친밀하고 따뜻한 관계를 맺는 아동들은 높은 학교 적응 수준과 높은 자아존중감을 지니며 또래들에 의해 더 많이 수용된다. 이러한 결과들은 미국뿐만 아니라 중국과 같은 다른 나라에서도 관찰되었다(Birch & Ladd, 1997; Hughes & Kwok, 2006; Jia et al., 2009; Lee & Burkam, 2003; Pianta, 1999; Yang, 2001).

교사-학생 관계는 특히 소수집단 아동의 사회적 적응에 중요하다. 한 연구 결과, 2학년 또는 3학년 때 담임교사와 긍정적인 관계를 형성했던 공격적인 아프리카계 미국 학생과 라틴계 미국 학생들은 1년 후 공격성 수준이 낮아졌다. 한편, 이러한 관계는 유럽계 미국 학생들에게서는 그만큼 강하지 않았다(Meehan et al., 2003). 이는 애초에 교사들이 유럽계 미국 학생들에게 지지적이기 때문일 수 있으며, 그에 따라 교사와의 긍정적 관계가 소수집단 학생들에 비해 유럽계 미국 학생들에게 영향을 덜 미쳤다고 해석될 수 있다. 실제로 교사들은 아프리카계 미국 학생이나 라틴계 미국 학생들보다 유럽계 미국 학생들을 향해 긍정적인 어투를 더 많이 사용하고 부정적인 어투를 더 적게 사용하는 경향이 있다(Tenenbaum & Ruck, 2007).

교사들은 또한 유럽계 미국 학생들의 문제행동을 더 긍정적으로 해석하는 경향이 있다(Hill & Bromell, 2008). 교사들은 유럽계 미국 학생이 문제행동을 일으키는 경우, 이를 아동의 지루함에 의한 것이라 이해하고 더욱 재미있는 수업자료를 제공해야 한다고 생각한다. 그러나 아프리카계 미국 학생들이 문제행동을 보이는 경우, 교사들은 이들이 학업에 관심이 없다고 해석하거나 우수한 학생이 아니라고 판단한다.

소수집단 아동에게 교사-학생 관계의 질이 더 중요한 다른 이유 중 하나는 개인주의적인 주류문화 출신의 부모들과 비교하여 이들의 부모는 교사와 학생 사이의 개인적 관계를 중시하는 집단주의 문화로부터 왔을 가능성이 있기 때문이다(Greenfield, Suzuki, et al., 2006). 어떤 이유에서든, 교사와의 긍정적인 관계는 이후 학교에서 부적응을 보일 위험이 있는 아동에게 보호요인으로 작용할 수 있다.

## 학교-가정 연결

학교와 학급은 아동의 자아존중감과 사회적 기술 증진을 위한 중요한 맥락으로 작용한다. 그러나 이들의 효과성은 아동과 그 부모가 학교에서 얼마나 편안하고 환영받고 있다고 느끼는지에 달려 있다.

**학교 문화, 가정 문화** 사회경제적 지위가 낮고 소수 민족에 속하는 아동들은 전반적으로 학교에서 더 많은 어려움을 보고하는데, 이는 그들의 가족 문화가 학교 문화와 다르기 때문일 수 있다(Hill, 2010, 2015). 학교는 중산층의 가치에 기반하고 있고, 중산층에 속하는 교사들로 이루어져 있으며, 미국의 경우 유럽계 미국인들의 개인주의적 지향성에 큰 영향을 받는 중산층 기관으로 볼 수 있다(Greenfield, Suzuki, et al., 2006; Hill, 2010; Wang et al., 2014). 빈곤한 소수집단 아동과 중산층에 속하는 교사 간의 이러한 차이는 오해를 불러일으킬 수 있다. 한 연구에서 참가자를 유럽계와 라틴계로 나누고, 학생들과 그들의 부모 및 교사에게 학교 상황과 관련된 시나리오를 읽게 하였다. 예를 들면, 다음과 같다(Raeff et al., 2000, p. 66).

한 학기를 마무리하는 날, 반 전체가 대청소를 하고 있다. 드니스는 몸이 좋지 않아 재스민에게 자기가 해야 하는 칠판 청소를 도와달라고 요청하였다. 그러나 재스민은 시간 내에 본인에게 주어진 일과 드니스의 일 모두를 끝낼 자신이 없다. 이러한 상황에서 교사는 어떻게 행동해야 하는가?

교사들은 이 시나리오를 읽고 개인주의적 답변을 하였다. 칠판 청소를 할 수 있는 다른 학생을 찾아서 재스민이 본인에게 주어진 일을 끝낼 수 있도록 해야 한다고 답하였다. 반면, 학생들과 그 부모는 자신의 문화적 배경을 반영한 답변을 내놓았다. 이민 온 라틴계 학생들, 특히 그들의 부모는 재스민이 본인의 일을 하는 동시에 아픈 친구를 도와야 한다는 집단주의적 답변을 더 많이 하는 경향이 있었다. 이 학생들은 학교가 추구하는 방향과 가정이 추구하는 방향 간의 불일치를 경험하게 된다. 라틴계 부모와의 교사 면담에 대한 연구는 이러한 문화적 차이를 더 분명하게 보여 준다. 교사가 아동의 개인적인 성취를 칭찬했을 때, 그 초점이 집단이 아니라 개인에 있다는 점 때문에 라틴계 부모들은 어색함을 느낀다(Greenfield et al., 2000).

이러한 결과가 사회경제적 지위가 낮거나 소수집단에 속하는 부모들이 자녀의 교육을 덜 중요시한다는 의미는 아니다. 초등학교 아동을 대상으로 한 연구에서, 아프리카계 미국 어머니와 라틴계 미국 어머니는 유럽계 미국 어머니보다 자녀의 교육에 더 높은 가치를 두는 것으로 나타났다(Steinberg et al., 1992). 또한 San Francisco Bay 지역 청소년과 부모 약 8,000명을 대상으로 한 연구 결과, 아프리카계 미국 부모들은 분명히 자녀의 교육에 대한 걱정을 가지고 있었다(Steinberg et al., 1991). 세 번째 연구 결과, 비록 부모 본인의 언어적 장벽과 부족한 공교육으로 인해 유럽계 미국인 부모에 비해 자녀의 교육에 직접적인 관여도는 낮았으나, 멕시코계 미국인과 같은 라틴계 부모, 특히 이민자 집단 역시 자녀의 교육에 관심이 있었다(Greenfield, Suzuki, et al., 2006). 비록 부모와 교사가 교실에서 나타나는 아동의 행동에 대해 다른 의견을 보이지만, 이들 모두 아동의 교육에 대한 관심을 공유한다(Hill, 2010, 2015). 빈곤한 소수집단 아동의 학교 경험을 더욱 좋게 만들고자 하는 프로그램이라면 교사가 학생들의 문화적 배경을 더 잘 이해할 수 있도록 교사들에게 다양한 문화적 가치와 신념을 교육시켜야 할 것이다.

## 문화적 맥락: 교실 조직을 문화적 가치 및 관습과 일치시키기

학교는 문화적 공간이며, 대부분의 경우 학교에서 아동의 성공은 학급의 사회적 조직과 아동의 기대가 일치하는 정도에 달려 있다. 학급 활동을 계획할 때, 교사가 학생들의 문화적 배경을 인식하는 일은 아주 중요하다. 일반적인 미국 학급에서는 교사가 개별적으로, 또는 학급의 일부로서 각각의 학생을 지도하거나 학생들이 자기 자리에서 스스로 공부한다. 대부분의 유럽계 미국 학생들에게 이러한 방식은 잘 통한다. 그러나 다른 문화적 배경을 가진 학생들에게는 잘 통하지 않는 방법일 수도 있다. 연구 결과, 아메리카 인디언 아동의 경우 학급의 사회적 규칙과 가정의 사회적 규칙 및 관습 사이에서 충돌을 경험하는 것으로 나타났다(Phillips, 2001; Wiesner, 2017). 아메리카 인디언 아동은 가정에서 말을 할 상황과 시기를 결정함에 있어 높은 자율성을 지니고 있으며, 보통 집단으로 상호작용한다. 학교에서 이들은 유럽계 미국 아동에 비해 교실 앞에서 말하는 상황이나 교사에게 이름을 불리는 상황을 꺼린다.

하와이의 연구진들은 이와 같은 학교와 가정 간의 불일치를 줄이기 위해 노력해 왔다(Tharp, 1989; Tharp & Gallimore, 1988). 전통적인 학급 환경에서 하와이 학생들은 교사의 말에 주의를 덜 기울였으며 다른 또래로부터 관심을 얻고자 하였는데, 이는 협조와 협력을 강조하는 그들의 문화적 가치와 일맥상통한다. 유치원 및 초등학교 학생들을 위한 Kamehameha Early Education Program(KEEP)은 아동들의 협조와 협력을 격려하는 프로그램이다. 프로그램의 구성 요소에는 교실 내 또래 학습 센터, 아동들을 네다섯 명으로 이루어진 독립적인 집단으로 학습하게 하고 교사가 각 집단을 오가며 집중적으로 가르치는 소집단 교실 구성, 그리고 함께 이야기를 읽게 하는 것 같이 아동의 협력적 반응을 격려하는 방법이 있다. 하와이 아동들은 전통적인 학급보다 이와 같은 학급 상황에서 더 좋은 수행을 나타냈다. 이들은 더 높은 학업 성적뿐만 아니라 더 좋은 사회적 행동을 보였으며, 수업을 방해하는 일도 적었고, 더욱 협조적이었으며 또래 및 교사와도 긍정적인 관계를 형성하였다.

**부모의 학교 참여** 한 연구 결과, 미국 학생의 부모 중 대략 70%는 1년에 최소 하나 이상의 학교 또는 학급 행사에 참여하고 있는 것으로 나타났다(Herrold & O'Donnell, 2008). 그러나 여전히 많은 부모가 학교 활동에 전혀 참여하지 않으며, 특히 자녀의 학년이 높을 때 그러하다(Epstein & Sanders, 2002; Herrold & O'Donnell, 2008). 50개 연구를 대상으로 메타분석을 실시한 결과, 부모가 학교 활동에 관여하고, 교사와의 면담에 참석하고, 학부모 모임에 가입하고, 학급 봉사활동에 참여할 때 그들의 자녀는 학업적 · 사회적으로 더 높은 수행을 보이는 것으로 나타났다(Hill & Tyson, 2009). 또 다른 연구 결과, 부모의 관여는 1학년부터 5학년에 걸친 아동들의 문제행동 감소 및 사회적 기술 향상과 관련이 있었다(그러나 학업 성취에서의 차이는 발견되지 않았다; El Nokali et al., 2010). 덧붙여, 비록 어머니가 아버지보다 자녀들의 학교생활에 더 많이 관여하지만 아버지의 관여는 어머니의 관여만큼이나 아동의 긍정적인 학교 적응과 관련이 있는 것으로 나타났다(Kim & Hill, 2015). 그러나 모든 형태의 부모 참여 방식이 똑같이 효과적인 것은 아니다. 학교가 부모들을 학교의 중요한 의사결정 과정에 참여시키지 않고 놀이터 관리와 같은 단순한 일을 맡기는 경우, 부모의 참여는 아동들에게 큰 혜택을 주지 못한다(Pena, 2000). 학교 참여를 통해 부모가 자신의 기대를 교사에게 알리고, 자녀에게 부모가 교육을 중요시 한다는 것을 보여 줄 때 부모의 참여는 더욱 효과적이었다(Hill, 2015; Hill & Tyson, 2009). 이러한 방식으로 부모가 학교에 참여하는 유치원생들은 부모가 학교에 참여하지 않는 아동에 비해 더욱 협조적이고 친사회적이었으며, 자기-통제 수준이 높았다(McWayne et al., 2004). 부모와 교사 간의 관계가 특히나 친밀했던 유치원생의 경우, 적절한 행동이 향상될 가능성이 더 높았다(Serpell & Mashburn, 2012).

무엇이 부모의 학교 참여수준을 결정하는가? 보통 부모가 바쁘거나, 스트레스 수준이 높거나, 소외되었을수록 참여도는 낮아진다. 예를 들어, 부모가 독신 상태이고, 빈곤하고, 교육 수준이 높지 않고, 소수집단에 속하는 경우가 이에 해당한다(Adler, 2004; Baeck, 2010; Epstein & Sanders, 2002; Jeynes, 2011). 학교의 분위기 역시 부모의 참여에 영향을 줄 수 있다. 학교가 모든 부모를 환영하고 학교 참여방법에 대한 정보를 제공할 때 부모들은 더 높은 참여도를 보인다(Sanders et al., 1999). 최근 연구에 따르면, 이민자 또는 아프리카계 미국인들처럼 잘 정착된 소수 민족의 구성원들조차 언어적 장벽이나 문화적 차이로 인해 학교로부터 환영받지 못한다고 느끼는 사람의 비중이 높았다(Adler, 2004; Garcia Coll et al., 2002; Hill, 2015). 가정과 학교 간의 상호작용에 대한 질적 연구 결과, 교육 수준이 낮은 라틴계 미국인 부모들은 학교 관계자들과의 상호작용에서 열등감, 당혹감, 무기력감, 수치심을 경험한 것으로 나타났다(Auerbach, 2002). 이들 부모는 학교나 학교의 운영 방식을 잘 알지 못하며, 결과적으로 학교 활동에 덜 참여하게 된다(Greenfield, Suzuki, et al., 2006; Vega et al., 2005).

소수집단 부모들이 자녀의 학교생활에 더 많이 참여할 수 있도록 돕는 몇몇 프로그램은 성공적이었다. 이 프로그램에서 교사는 부모가 학교에서 자녀를 도울 수 있는 방법에 대해 알려 주며, 부모는 자신들의 목표, 가치, 신념, 관습에 대해 교사와 소통한다. 로스앤젤레스에서 실시된 한 프로젝트 결과, 교사의 문화적 이해 수준을 향상시킴으로써 교사와 부모 간의 관계뿐만 아니라 교사와 학생 간의 관계 또한 개선되었다(Trumbull et al., 2003). 교사들은 소수집단의 문화적 관점을 이해할 수 있게 됨에 따라 소수집단 가족과 더욱 가까워질 수 있었다. 한 교사는 다음과 같이 말했다(Trumbull et al., 2003, p. 57).

> "저는 소수집단 가족들을 더 잘 이해할 수 있게 되었고, 왜 이 아동이 결석을 하는지('할머니가 편찮으셔서 할머니 댁에 가야만 해요') 또는 왜 가족 전체가 학교에 오는지에 대해 비판하기보다 공감할 수 있게 되었어요. 전에도 저는 열린 마음을

가지고 있었지만, 이제는 이들이 왜 이런 행동을 하는지 이해해요."

또한 교사들은 더욱 개인적이고 비공식적인 방식으로 소수집단 가족과 상호작용하는 방법을 터득하였다. 이들의 문화적 가치에 대한 이해를 반영하여 새로운 학급 활동을 기획하고, 학급 내 부모 봉사자의 수를 증가시켰다. 부모의 요구를 반영하여 면담 스케줄을 조정하고, 라틴계 부모들이 일대일 면담 방식보다 더 선호하는 집단 면담 방식을 도입하기도 하였다. 교사들은 부모들이 학교의 목표와 가치를 더 잘 이해할 수 있게 도왔다. 마지막으로, 교사들은 학교 시스템 속에서 학생과 가정을 위한 더 효과적인 지지자가 되어 주었다. 이러한 변화의 결과로 활발한 소통이 이루어졌으며, 부모와 교사 모두에게서 서로에 대한 존중감이 증가하였다. 최종적으로, 가정과 학교 간의 문화적 차이가 감소함에 따라 아동들에게 그 혜택이 돌아갔다(Collignon et al., 2001; Duran et al., 2001; Wang et al., 2014).

**아동을 위한 완충제로서의 학교** 가정에서 여러 종류의 결핍에 노출된 아동들의 경우, 학교 환경은 실패에 대한 완충제(buffer)로 작용할 수 있다. 완충효과는 유치원 시기에도 발생하는데, 어머니와 불안정애착을 형성했다 하더라도 유치원 내에서 교사와 안정애착을 형성할 경우 아동의 적응수준은 높아졌다(Howes & Spieker, 2008). 마찬가지로, 학교 내의 지지적인 학급 환경은 비지지적인 가정환경으로 인한 여러 부정적인 결과를 완충할 수 있다. Gene Brody와 그의 동료들(2002)은 아프리카계 미국 어머니와 그들의 7~15세 자녀를 대상으로 이 점을 살펴보았다. 어머니가 아동의 활동에 덜 참여하고 최소한의 모니터링만 제공했더라도 만약 교사가 더 명확한 규율을 제시하며 학급이 잘 조직화되어 있고, 또래가 학급활동에 적극적으로 참여할 경우 아동은 더 좋은 수행을 보였다. 어머니와 학교 모두 비지지적이었던 아동에 비해 이들은 정서조절을 더 잘하였고, 덜 공격적이었으며, 덜 우울하였고, 비행 행동을 덜 하는 것으로 나타났다.

21세인 잭슨은 다음과 같이 회상하였다. "가정환경이 썩 좋지는 않았지만, 운이 좋게도 제게는 부모님과도 같았던 좋은 선생님이 계셨어요. 선생님은 항상 제가 정신을 바짝 차리고 숙제를 끝내도록 하셨어요. 선생님이 안 계셨더라면 저는 고등학교를 졸업하지 못했을 거예요."

긍정적인 학교경험의 이러한 이점들을 참고했을 때, 학교 현장에서 소외될 경우 위기 청소년들(민족성 또는 사회경제적 지위 등으로 인한)이 가장 큰 타격을 받게 된다는 것은 놀라운 일이 아니다. 구체적으로, 정학과 같이 학교에서 퇴출당한 경험이 있는 아프리카계 미국 학생들은 학교에 대한 더 낮은 소속감을 지니며 더 많은 적응 문제를 보인다(Bottiani et al., 2017). 학교에서 퇴출당하는 일과 이러한 문제 간의 연합은 유럽계 미국 학생들에게는 나타나지 않는다. 좋은 학교 환경에 머무는 일은 결핍된 가정환경의 아동들에게 보호적인 면을 제공할 수 있으며, 지지적이지 않은 가정환경에도 불구하고 아동이 성공할 수 있게 만든다.

## 학교 통합

미국에서 학교 인종 분리(racial segregation)만큼이나 큰 논란을 일으킨 주제는 많지 않다. 1954년, 미국 대법원은 분리된 교육시설이 근본적으로 불평등하다는 이유로 인종 분리 교육을 법적으로 금지하였다(*Brown v. Board of Education*, 1954). 인종 분리 교육의 폐지는 아프리카계 미국 학생들의 자아존중감 및 성취 수준 향상을 가져올 것이며, 아프리카계 미국 학생과 유럽계 미국 학생 모두 서로를 더 긍정적으로 바라보게 하고, 이를 통해 점점 더 다양한 인종이 공존하는 사회에서 학생들의 사회 적응을 도울 수 있을 것이라는 기대를 받았다.

이와 같은 국가 단위 실험의 성공 여부를 판단하는 기준이 아프리카계 미국 학생들의 자아존중감 및 성취 수준 향상이라면, 결과는 비일관적이었다. 일부 연구 결과에 따르면 통합 학교의 아프리카계 미국 학생들은 자아존중감 및 학업 성취가 향상되었지만, 모든 연구가 이러한 좋은 결과를 보여 주지는 못하였다(Wells, 1995). 그러나 판단기준이 아프리카계 미국 학생들을 위한 더 많은 기회 및 서로 다른 인종 간의 더 긍정적인 태도라면, 결과는 일관되게 긍정적이었다(Pettigrew, 2004). 인종 분리 학교와 비교했을 때, 통합 학교의 아프리카계 미국 학생들은 유럽계 미국인들이 주를 이루는 대학에 다니고 졸업할 가능성이 더 높았고, 유럽계 미국인들과 함께 일하고 좋은 직업을 가질 가능성도 더 높았다. 이들은 다양한 인종이 한데 어울려 사는 동네에 살 가능성이 더 높았고, 유럽계 미국인 친구들이 있으며 유럽계 미국인들을 향해 긍정적인 태도를 더 많이 보였다. 또한 통합 학교의 유럽계 미국 학생들은 분리 학교의 유럽계 미국 학생들보다 아프리카계 미국 학생들을 향한 더 긍정적인 태도를 보였다. 메타분석 결과, 515개 연구 중 94%가 통합 학교에서의 집단 간 접촉이 인종적 편견을 감소시킬 것이라는 가설을 지지하였는데, 특히 학교가 각 인종 집단에 동등한 지위를 부여하고 집단 간 협력을 장려하며 경쟁은 지양할 때 그러하였다(Pettigrew & Tropp, 2006). 최근의 연구 결과(Johnson, 2015)는 학교 통합이 성인에게 미치는 긍정적인 효과를 확인하였다. 아프리카계 미국인들에게 학교 통합은 학업적 · 직업적 성취, 대학교육의 질과 성인기 소득을 유의하게 증가시켰으며, 수감될 확률은 낮추고, 성인기 건강 상태는 증진시켰다. 이러한 결과들은 유럽계 미국인들에게는 나타나지 않았다. 학교 통합이 아프리카계 미국인들에게 성인기의 긍정적인 결과를 초래하는 기제에는 학급 크기 감소와 학생당 지출 증가를 통해 얻는 더 많은 학교 자원이 포함된다.

학급 내 인종 통합은 안전감 및 사회적 만족감과도 관련이 있다. 6학년 학급을 대상으로 한 연구 결과, 아프리카계 미국 학생과 라틴계 미국 학생들은 단일 인종으로 구성된 학급보다는 인종적으로 다양한 학급에 있을 경우 학교에서 더 안전하고 덜 외롭다고 느꼈으며, 또래로부터 괴롭힘을 덜 받았고, 더 높은 자기가치감을 보고하였다(Juvonen et al., 2006). 이와 유사한 패턴은 학교 수준에서도 관찰되었다. 인종적으로 더 다양한 학교에서 학생들은 더 안전하고 덜 외롭다고 느꼈으며, 괴롭힘은 덜 경험했다. 통합 학교에서는 학생들 내에서 집단 간 관계를 향상시키기 위한 많은 노력이 있어 왔다. 그 예시로 830명의 1, 2학년 학생들이 다른 인종의 또래들과 친분을 쌓을 수 있도록 하는 4주짜리 프로젝트가 진행되었다. 프로젝트 결과, 학생들은 자신이 가장 선호하는 친구를 선택할 때 더욱 포용적으로 행동했다(Houlette et al., 2004).

안타깝게도, 지난 수십 년 동안 미국에서 발생한 거주 분리와 그에 따른 학교 분리는 증가하였다(Orfield & Gordon, 2001). 많은 도시에서 학교 통합 프로그램이 중단되었는데, 이는 그 도시에 학교 통합을 위해 필요한 유럽계 미국 아동의 수가 부족하고, 부모들이 자기 자녀가 통합 학교에 다니는 것을 원치 않으며, 법원이 더 이상 통합을 의무화하지 않기 때문이다. 통합 학교의 경우에도 학급 배정이 사실상 인종 분리를 초래하기도 한다. 많은 통합 학교에서 아프리카계 미국 학생과 라틴계 학생들은 유럽계 학생들보다 수준이 낮은 학급에 배정될 때가 많으며, 그들이 상호작용할 기회는 적다. 통합 학교에서 또래들 간의 인종 분리가 더욱 심화되기도 하며, 이는 특히 소수 민족 학생들 사이에서 심하다. 예를 들어, 한 연구 결과에 따르면, 또래의 호감을 원하는 아프리카계 미국 아동들은 다른 아프리카계 미국 학생들과는 긍정적인 관계를 더 많이 형성했지만, 유럽계 미국 학생들과는 긍정적인 관계를 더 적게 발달시켰다(Wilson et al., 2014). 그럼에도 모든 인종의 미국 부모들은 여전히 학교 통합을 지지하며(Pettigrew, 2004), 아마도 미래에는 통합을 위한 새롭고 창의적인 방식의 등장과 함께 통합 정책이 활기를 띠게 될 것이다.

## 방과 후 프로그램

부모님 모두 전임제나 정규직으로 일하는 경우, 방과 후에 아동이 머무를 수 있는 곳이 필요하다. 미국을 기준으로 6~12세 아동 중 약 15%가 방과 후 스스로 집에 가고 부모가 돌아올 때까지 혼자 지내는 **맞벌이 가정 아동(latchkey children)**이다(Rajalakshmi & Thanasekara, 2015). 아동이 성장함에 따라 스스로를 더 잘 돌보게 되고, 청소년의 경우 최소 몇 시간 정도는 홀로 지내게 되는 것이 당연하다. 긍정적으로 보자면, 스스로를 돌보는 일은 아동들에게 책임감과 성숙함을 요구한다(Belle, 1999). 그러나 단점도 존재한다. 방과 후에는 아동이 괴롭힘을 당하거나 반사회적 행동에 참여할 가능성이 크기 때문에, 맞벌이 가정 아동은 반사회적 행동, 낮은 성적, 스트레스 증가, 약물 사용 등과 같은 문제를 겪기 쉽다(Belle, 1999; Lord & Mahoney, 2007; Rajalakshmi & Thanasekara, 2015; [그림 8-1] 참조) 부모들은 아동을 혼자 두는 데 따른 위험들을 잘 알고 있다. 한 어머니는 다음과 같이 말했다(Belle, 1999, p. 87).

> "오후에 우리 딸이 무엇을 하고 있을지 걱정하면서 너무 스트레스를 받아요. 오후 3시부터는 계속해서 긴장된 상태에 있어요. 딸이 과연 집에서 숙제를 하고 있을지 계속 생각하게 돼요."

부모는 아동이 스스로를 돌볼 때 일어날 수 있는 위험을 감소시키기 위해 휴대전화로 아동을 확인하는 등의 원격 관찰방법을 이용하거나 허용되는 행동, 어울릴 수 있는 친구, 갈 수 있는 장소에 대한 명확한 규칙과 요구를 만드는 방법을 사용할 수 있다(Belle, 1999).

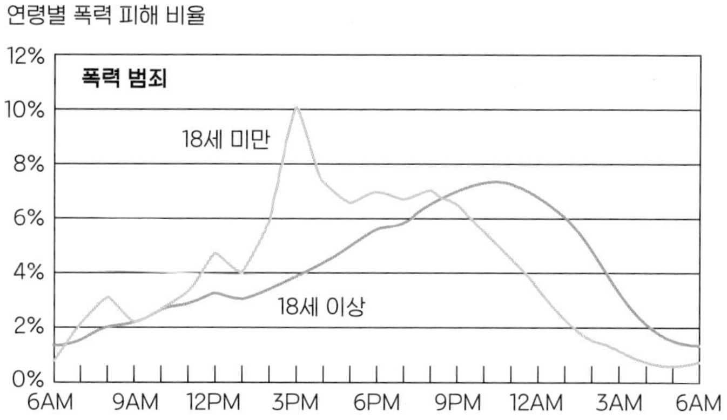


[그림 8-1] 18세 미만 아동의 경우, 학교 수업이 끝난 직후에 폭력 피해가 급증한다.

출처: Office of Juvenile Justice and Delinquency Prevention. (1999). Violence after School. Juvenile Justice Bulletin: 1999 National Report Series. Washington, DC: U.S. Department of Justice. Retrieved from http://www.ncjrs.gov/pdffiles1/ojjdp/178992.pdf

방과 후 프로그램은 이 문제에 대한 대안을 제공한다. 1998년에 방과 후 프로그램을 지원하는 법이 통과된 이후로 홀로 시간을 보내는 아동의 수는 급감하였다(Rajalakshmi & Thanasekara, 2015). 방과 후 프로그램은 아동이 컴퓨터, 학업, 미술 등의 새로운 기술을 배울 수 있게 돕는다. 높은 수준의 방과 후 프로그램은 신체적 · 심리적 안전감, 어른 및 또래와의 지지적 관계, 집단에 소속될 기회, 긍정적인 사회 규준 등을 특징으로 한다(Spencer & Rhodes, 2014; Vandell et al., 2015). 이러한 프로그램에 참여하는 초등학교 학생들은 여러 가지 면에서 혜택을 본다. 이들은 다른 아동에 비해 정서 조절을 더 잘하고, 또래와의 관계가 더 좋으며, 갈등 해결 기술 또한 우수하다. 성적 또한 더 좋았고, 약물을 사용하거나 비행 행동에 가담할 확률도 낮았다(NICHD Early Child Care Research Network, 2004a; Mahoney et al., 2007; Vandell et al., 2015). 질적으로 우수한 방과 후 프로그램에 참여하는 자녀의 부모는 더 높은 만족감을 보고했다(Belle, 1999, p. 88).

> "저스틴이 다니고 있는 방과 후 프로그램은 아이가 누구의 주의도 받지 못한 채 길거리에 있을지 모른다는 제 두려움을 덜어 주었어요. 우리 아들은 좋은 친구들과 어울려요. TV 앞에만 앉아 있지도 않아요. 방과 후 프로그램과 교사들 덕분에 정말로 안도감을 느껴요."

그러나 제대로 감독되지 않고 체계적이지 못한 방과 후 프로그램들은 아동의 발달에 악영향을 미칠 수 있다(Vandell et al., 2015). 부모는 질적으로 우수한 방과 후 프로그램을 선택하기 위해 신중해야 할 필요가 있다.

## 사회성 발달을 돕는 멘토

삶의 난관을 극복한 성인에게 자신의 삶에 큰 영향을 끼친 것이 무엇이냐고 물어보면, 많은 사람이 어린 시절 자신을 잘 돌보아 주었던 어른의 존재가 모든 것을 바꿔 놓았다고 답한다. 이러한 '가장 중요한 사람'에는 이모나 삼촌, 이웃 또는 친구, 교사 또는 상담사, 목사님이나 랍비(rabbi), 코치나 동아리 리더 등이 포함되어 있다. 이들은 멘토(mentor)의 역할, 즉 아동 또는 청소년의 사회성 발달에 있어 큰 역할을 한 사람이다. 그들과의 관계는 일상 경험을 통해 자연스럽게 생겨났을 수도 있고, 멘토와 멘티(mentee)를 연결해 주는 학교나 지역사회 프로그램을 통해 형성되었을 수도 있다.

### 자연적 멘토

**자연적 멘토(natural mentor)**에는 친척, 가족의 친구, 이웃, 교사, 코치, 방과 후 프로그램 직원, 종교 단체의 리더 등이 포함된다(Schwartz et al., 2013). 멘토와의 관계는 몇 년 동안 이어지는 장기적인 것일 수도 있고, 결정적 시기의 짧은 만남이지만 지워지지 않는 인상을 남기는 식의 단기적인 것일 수도 있다. 자연적 멘토 관계는 프로그램을 통해 맺어진 공식적인 멘토 관계보다 훨씬 많다. 미국 청소년을 대상으로 전국적으로 실시한 연구에 따르면, 전체 응답자의 75%는 멘토와 자연스레 만났다고 답하였다. 이들 멘토 중 43%는 가족 구성원이었으며(할머니, 할아버지, 나이가 많은 형제, 이모, 또는 삼촌), 23%는 가족이 아닌 사람이었고(코치, 고용주, 동료, 이웃, 또는 친구의 부모), 35%는 '전문적인' 멘토(교사 또는 진로 상담자, 성직자, 신부, 랍비, 의사, 치료사, 또는 사회복지사)인 것으로 나타났다. 멘토 관계의 평균 지속 기간은 9년이었다(DuBois & Silverthorn, 2005; Erickson et al., 2009). 많은 자원을 가진 아동일수록 그렇지 못한 경우에 비해 자연적 멘토를 둘 가능성이 높았다.

연구 결과는 자연스레 형성한 멘토와의 관계가 줄 수 있는 다양한 이점을 보여 준다.

멘토와 더 자주 만나고 질 높은 관계를 형성한 아동들의 경우 더 적은 행동 문제를 보고하였다(Rishel et al., 2005). 멘토가 있는 도시 청소년은 학교를 향한 더 긍정적이고 친사회적인 태도를 가지고 있었으며, 학교에 더 많이 참여했고(Schwartz et al., 2013), 비폭력적인 비행 행동에도 덜 가담하였다(Zimmerman et al., 2002). 방과 후 프로그램의 멘토는 도시에 거주하는 아동들의 자아존중감을 증진시킨다(Hirsch, 2005). 종교적인 멘토는 아동을 우울 증상들로부터 보호해 준다(Carleton et al., 2008). 교사 또는 상담자 멘토는 아동이 졸업 이후에도 계속해서 교육을 받을 가능성을 증가시키고(Ahrens et al., 2010; DuBois & Silverthorn, 2005; Erickson et al., 2009), 자아존중감을 증진시키며(Ahrens et al., 2010), 약물 사용 및 폭력 등의 문제행동을 감소시킨다(Ahrens et al., 2010; Black et al., 2010; DuBois & Silverthorn, 2005). 자연적 멘토는 아프리카계 미국 청소년들이 긍정적인 인종적 정체성을 발달하게 하며 학교 내 성취의 중요성을 강조함으로써 장기적인 학업 성취를 촉진한다(Hurd et al., 2012).

청소년은 자기 멘토의 특징을 그대로 갖게 된다. 교육 수준이 높은 멘토는 멘티로 하여금 높은 수준의 교육을 열망하도록 만들며, 만약 멘토가 학교 중도탈락자라면 멘티는 낮은 교육 수준에 머물 위험이 증가한다(Chang et al., 2010). 멘토가 높은 자아존중감을 지니고, 긍정 정서를 지니고, 사회적으로 유능하며, 본인의 문화적 배경에 깊이 관여되어 있다면, 멘티 역시 이러한 특징을 그대로 갖게 될 가능성이 높다(Chen et al., 2003; Haddad et al., 2011; Lam et al., 2012).

> 한 싱글맘은 다음과 같이 말했다. "남성 멘토의 존재는 우리 사춘기 아들의 삶을 크게 변화시켰어요. 그 멘토는 우리 아들의 롤모델인 동시에 친구이자 절친이에요. 우리 아들은 문제를 일으키지 않고 학교에서 열심히 공부했어요. 우리 아들에게 있어 그 멘토는 구원자인 셈이죠."

멘토의 중요성과 멘토 · 멘티 간 연결은 미국뿐만 아니라 중국 등과 같은 다른 문화권에서도 관찰되고 있다(Chen et al., 2003; Lam et al., 2012).

## 멘토 프로그램

자연적 멘토가 아동발달에서 갖는 중요한 역할을 보여 주는 자전적 서술과 연구 결과에 힘입어, 심리학자, 교육자, 지역사회 사업가 그리고 사회복지사들은 공식적인 멘토 프로그램을 구축하기 위해 큰 노력을 기울였다. 현재, 미국에서는 5,000개 이상의 멘토 프로그램이 약 450만 명의 아동을 돌보고 있다(Bruce & Bridgeland, 2014). 이러한 프로그램은 멘토의 효과성을 보다 체계적으로 탐색할 기회를 제공했다.

지난 10년간 실시되었던 멘토링 프로그램들에 대한 독립적 평가 73개를 메타분석한 결과는 연구자들이 학습한 사실에 대해 간략한 요약을 제공한다(DuBois et al., 2011). 전반적으로, 연구 결과는 멘토링 프로그램의 사회적, 정서적, 행동적 발달 그리고 학업적 발달에서의 효과성을 보여 준다. 멘토링 프로그램에 제공하는 혜택의 가장 흔한 양상은 멘토링을 받은 아동은 이점을 취하고 멘토가 없는 아동은 퇴보했다는 것이다. 이러한 이득은 아동 초기부터 청소년기까지 여러 영역에 걸쳐 동시적으로 분명하게 나타난다. 그러나 그 영향력은 미비하였다(약 백분위수 9점). 프로그램은 아동이 이미 행동 문제와 같은 어려움을 갖고 있거나 불우한 배경에서 자란 경우에, 평가 표본에 남자아이들이 더 많이 포함되어 있을 때, 멘토의 개인적인 배경과 프로그램의 목표가 잘 맞아떨어질 때, 멘토와 아동이 공통의 관심사를 바탕으로 맺어졌을 때 더 효과적이다. 추가 연구에 따르면, 멘토와 멘티가 동일 민족 출신이며(Rhodes et al., 2007; Syed et al., 2012) 멘토가 관계에 꾸준히 참여하고(Karcher, 2005), 멘토와 멘티가 상대적으로 친밀한 관계를 형성하며(Bayer et al., 2015; Rhodes & DuBois, 2008; Thomson & Zand, 2010) 멘토와 멘티 관계가 오래 지속되는 경우(Rhodes et al., 2008; Schwartz et al., 2013) 도움이 될 수 있다. 멘토-멘티 짝이 단체로 모이는 것은 여자 청소년에게 있어서 신뢰 및 관계의 다른 측면을 향상시키는 데 특히 효과적이다(Deutsch et al., 2017). 마지막으로, 아동이 지역사회 내에서 자신의 멘토를 적극적으로 찾도록 돕는 프로그램은 새로운 접근 방법으로 주목받고 있다(Schwartz et al., 2013; Spencer et al., 2016).

Jean Rhodes(2002)가 만든 멘토링 모델은 멘토링이 아동의 사회정서적 발달에 어떻게 기여하는지를 보여 준다. 목표지향적 과제를 위해 협력하는 과정에서 어린 학생과 멘토 간에 강력하고도 의미 있는 관계가 구축되며, 이는 때로 '도구적 도움(instrumental help)'이라고 불린다. 긍정적인 대인관계 기반은 사회정서적 영역 및 정체성과 관련된 영역에서 발달과정에 촉매로 작용한다. 보살피는 행동을 모델링해 주고 도움을 줌으로써, 멘토는 아동이 가진 스스로에 대한 부정적인 시각에 맞서도록 하며, 어른과의 긍정적 관계 형성이 가능하다는 것을 보여 준다. 이러한 방식을 통해 멘토링 관계는 부모나 다른 양육자들과의 불만족스러운 관계를 형성한 아동들에게 '교정 경험'으로 작용한다. 자문 역할을 해 주고 성인 의사소통의 효과적인 모델을 제공해 줌으로써 멘토는 아동으로 하여금 자신의 감정을 이해하고, 표현하며, 조절할 수 있게 돕는다. 이때 그들은 아동이 부정적인 경험마저 성장과 학습의 기회로 접근할 수 있게 도우며 아동의 대처기술을 촉진시킨다. 멘토와의 긍정적인 사회정서적 경험은 이후 일반화되어 아동이 타인과 더욱 효과적으로 상호작용하게 만든다. 또한 멘토는 아동에게 새로운 활동, 자원, 학업적 또는 직업적 기회를 소개함으로써 아동이 자신의 현재와 미래 정체성에 대한 생각을 변화시키도록 도울 수 있다.

## 전자 미디어와 아동의 사회생활

TV, 비디오 게임, 온라인 비디오, 스마트폰, 인터넷 등 전자 미디어는 아주 어린 나이에도 아동의 삶에 매우 중요하며, 대부분의 아동은 학교에서 보내는 시간 또는 멘토와 함께하는 시간보다 전자 미디어와 함께하는 시간이 더 많다. 게다가 자녀를 둔 가정 중 95% 이상은 최소 한 대의 TV 세트와 태블릿 또는 스마트폰과 같은 모바일 기기를 가지고 있다(Common Sense Media, 2017). 또한 80% 이상은 가정에 인터넷이 연결되어 있으며 Xbox나 Playstation과 같은 비디오 게임 콘솔을 두고 있는 것으로 나타났다(Common Sense Media, 2017; Rideout et al., 2005).

### 스크린 미디어: TV와 디지털 미디어

이전 세대의 경우 대부분의 가정에는 한 대 또는 두 대의 TV가 있었다. 가족 중 한 명 이상이 보고 싶은 것이 있을 때면 무엇을 볼지에 대해 가족 구성원 간의 합의가 이루어져야 했고, 대부분의 경우 가족이 함께 모여 TV를 시청하였다. 그 후로 스크린 미디어의 지형은 크게 변하였다. 아동들은 여전히 실시간으로 상영하는 TV 프로그램을 많이 보지만, DVR 또는 On Demand를 통해 녹화 방송을 볼 수도 있고, TV, 컴퓨터 또는 포켓용 DVD 플레이어를 사용하여 DVD를 볼 수도 있으며, TV, 컴퓨터, 태블릿, 또는 스마트폰을 통해 녹화 프로그램 또는 스트리밍 비디오를 시청할 수도 있다. 오늘날, 4인 가족이 네 개의 다른 기기를 사용하여 서로 다른 네 개의 프로그램을 동시에 시청하는 것은 흔한 일이다. 이러한 새로운 발전에 따른 이점과 걱정이 동시에 존재한다.

대부분의 아동은 영아기 또는 걸음마기 때 스크린 미디어를 시청하기 시작한다. 평균적으로 2세 미만의 아동은 매일 약 30분간 TV 또는 다른 스크린 미디어를 시청한다(Common Sense Media, 2017). 한편, 미국 소아과학회는 2세 미만 아동의 스크린 미디어 시청을 일절 금할 것을 제안하였다(American Academy of Pediatrics, Committee on Education, 2001). 그러나 특정 유형의 스크린 타임과 교육 프로그램의 이점이 존재하기 때문에 이러한 주장은 다소 약화되었다. 미국 소아과학회는 18개월 미만의 아동에게는 조부모와의 Skyping 등 비디오 채팅만을 허용하고, 18개월 이상의 아동에게는 높은 수준의 교육용 프로그램을 시청하기를 권한다. 더 나이가 많은 아동과 청소년은 매일 평균적으로 2.5시간 동안 스크린 미디어를 시청하며([그림 8-2]; Common Sense Media, 2015, 2017; Loprinzi & Davis, 2016), 일부 아동은 이보다 훨씬 더 많은 시간 동안 스크린 미디어를 시청하기도 한다(Romer et al., 2013). 아동이 스크린 미디어를 시청하는 정도는 이들의 가정 특성과 관련이 있다. 아프리카계 또는 라틴계 가정의 아동일수록 스크린 미디어를 더 많이 시청한다(Child Trends, 2012c; Rideout et al., 2010). 이는 부분적으로 사회경제적 지위에 따른 결과로 설명할 수 있다. 저소득 가정의 8세 미만 아동은 고소득 가정의 아동보다 스크린 미디어를 두 배 더 많이 시청하였다.

## 스크린 미디어의 긍정적 효과

교육용 TV 프로그램은 아동의 인지 및 언어 발달에 긍정적인 영향을 미치는 것으로 나타났다(Calvert, 2015; Comstock & Scharrer, 2006). 그러나 TV가 아동의 사회성 발달에 미치는 긍정적 효과도 존재할까?

연구자들은 〈Mister Rogers' Neighborhood〉 시청이 어린 아동의 친사회적 행동에 미치는 영향을 살펴보았다. 현재까지 재방송되고 있는 이 프로그램과 이의 파생 프로그램인 〈Daniel Tiger's Neighborhood〉는 감정을 이해하고, 동정심을 표현하고, 타인을 돕는 것에 중점을 두고 있다. 〈Mister Rogers〉를 시청한 아동들은 프로그램에서 다룬 특정한 친사회적 행동을 학습했을 뿐 아니라 이를 또래와 어울리는 다른 상황에도 적용할 수 있었다(Anderson et al., 2001; Mares & Woodard, 2012; Singer & Singer, 2001). 마찬가지로, 나눔이나 협력 등의 친사회적 행동을 장려하는 〈Sesame Street〉와 같은 프로그램은 어린 시청자들의 친사회적 행동을 증진시킨다(Mares & Woodward, 2012). 이는 부모가 자녀와 함께 프로그램을 시청하고 이타적인 행동을 하도록 격려하는 중산층 이상 가정의 아동

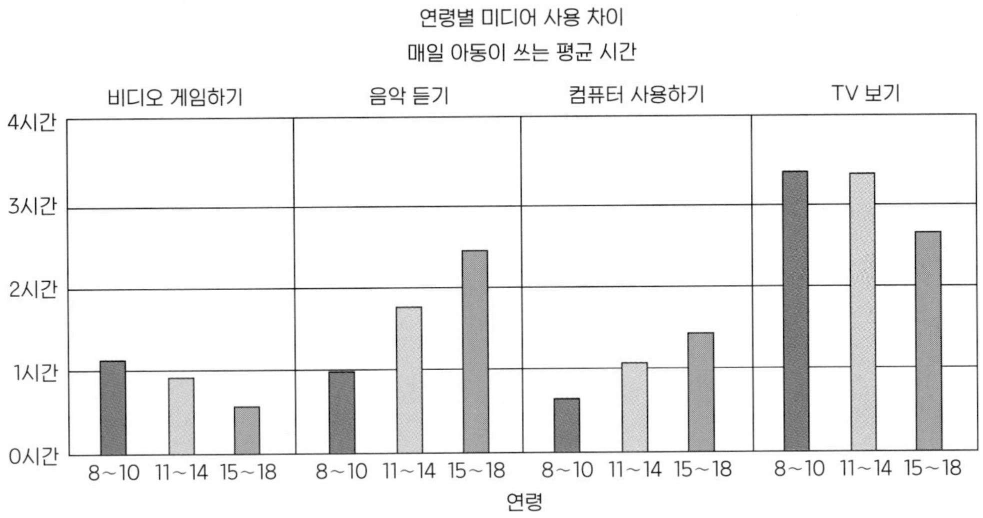


**[그림 8-2] 아동들의 미디어 사용**

아동의 연령이 증가하면서 TV 시청은 줄어들고 비디오 게임을 하는 시간도 감소한다. 대신 음악 감상이나 컴퓨터 사용에는 더 많은 시간을 쓰게 된다.

출처: Rideout et al., 2010. Report Generation M2: "Media in the Lives of 8 to 18 Year Olds," (#8010) The Henry J. Kaiser Family Foundation, January 2010. This information was reprinted with permission from the Henry J. Kaiser Family Foundation. The Kaiser Family Foundation is a non-profit private operating foundation, based in Menlo Park, California, dedicated to producing and communicating the best possible analysis and information on health issues.

들에게 특히 효과가 있었다. 친사회적인 TV 프로그램의 긍정적인 효과는 다양한 문화에서 나타나고 있다. 이스라엘, 웨스트 뱅크, 가자 등의 지역에서 방영되고 있는 프로그램 중에는 〈Sesame Street〉처럼 아동에게 존중이나 이해와 같은 가치를 격려하는 〈Rechov Sumsum〉이나 〈Shara'a Simsim〉이 있다. 이 두 프로그램은 이스라엘과 팔레스타인 유아들이 갈등을 해결할 때 친사회적 방법을 더 많이 사용하고 다른 집단의 사람을 기술할 때 긍정적인 속성을 더 많이 언급하는 것과 관련이 있었다(Cole et al., 2003). 34개 연구를 대상으로 한 메타분석 결과, 친사회적인 TV 프로그램 시청은 아동들이 보이는 높은 수준의 사회적 상호작용 및 이타심과 일관적인 관련이 있었으며, 낮은 수준의 공격성 및 고정관념과 관련이 있었다(Mares & Woodard, 2005, 2012). 또한 이러한 효과는 청소년기까지 지속되는 것으로 나타났다(Lee & Huston, 2003).

## 스크린 미디어의 잠재적인 부정적 효과

아동들은 만화, 시트콤, 가족 프로그램 그리고 〈Sesame Street〉와 같은 교육용 프로그램 등 다양한 프로그램을 시청한다. 이들은 부모나 나이가 많은 형제가 즐겨 보는 일반적인 프로그램들도 시청한다. 불행히도, 이러한 프로그램들이 다루고 있는 내용은 여러 이유로 인해 아동들에게 부적절하다. 특히 공격적이고 폭력적인 내용, 선정적인 내용, 그리고 소수집단 사람들을 묘사하는 방식에 대한 우려가 존재한다.

**공격성 및 폭력성** 첫째로, 다수의 프로그램은 상당히 폭력적이다. 이를 제한하려는 단체들의 노력에도 불구하고, 폭력성은 분명히 더 빈번하게 다뤄지고 있다. 여섯 개의 대형 방송사에서 1998년부터 2006년까지 프라임 시간대에 방영되었던 프로그램들을 살펴본 결과, '가족 시간'인 오후 8시대에 폭력적 내용은 45% 증가하였고(시간당 1.61회에서 2.34회로 상승), 오후 9시대에는 92% 증가하였으며(시간당 2.41회에서 4.63회), 오후 10시대에는 167% 증가(시간당 3.53회에서 9.43회)한 것으로 나타났다(Schulenburg, 2007). 더 심각한 것은, 네트워크와 케이블 채널에서 학교 가기 전, 방과 후, 그리고 토요일 아침에 방영되는 프로그램의 경우 시간당 평균 7.86회로 폭력적인 상황을 방영하고 있는 것으로 밝혀졌다(Fyfe, 2006). 이는 프라임 시간대보다 더 많이 방영되는 수준이다. 폭력은 어디에나 있었고, 흔히 사악하고, 대부분의 경우 무서울 정도로 현실적이었다. 아동용 프로그램에서조차 공격성을 피하지는 못한다. 아동용 라이브 액션 시트콤의 내용 분석 결과, 프로그램에 등장하는 주인공들은 웃길 목적으로 다른 사람을 열등하게 취급하였으며, 이러한 잔인하고 비열한 행동은 시간당 평균 34회로 집계되었다(Starsen, 2011).

**아동들이 스크린 미디어의 폭력성에 노출되는 것은 어떤 결과를 가져오는가** TV가 아동의 사회성 발달에 미치는 가장 심각한 부정적인 영향 중 하나는 공격성 증가이다. 스크린 미디어상의 폭력 시청은 아동들의 태도와 행동에 영향을 미치며, 폭력을 대인관계의 갈등을 해결하는 데 정당하고 효과적인 수단으로 여기게 한다(Bushman & Huesmann, 2012; Calvert, 2015). TV 폭력성의 이러한 효과는 미국뿐 아니라 호주, 핀란드, 영국, 이스라엘, 네덜란드 그리고 폴란드 등 다른 나라에서도 보고되었다. TV 시청이 아동의 공격성에 미치는 영향은 제11장 '공격성'에서 자세히 다룰 것이다.

스크린 미디어상의 폭력을 시청하는 것이 공격성의 증가로 이어지는 이유는 **둔감화**

(desensitization)가 이루어지기 때문이다. 즉, 폭력을 자주 접하는 시청자들은 폭력에 둔감해지게 되며, 그 결과 폭력 및 공격성에 대해 정서적 반응을 덜 보인다(Cantor, 2000).

**젠더 및 선정적인 내용** 특히 여아들과 성인 여성들은 TV에 실제보다 적게 나타난다. 여성은 미국 전체 인구의 절반 이상을 차지하지만, 프라임 시간대에 방영되는 연속극에서 이들이 차지하는 비중은 고작 43%에 불과하다(GLAAD, 2011). 그러나 이게 가장 큰 문제는 아니다. 아동과 청소년이 자주 보는 특정 프로그램에서 여성을 그려 내는 방식이 더욱 큰 문제이다. 리얼리티 쇼에서 여성은 대부분 복종적이고, 복수심이 강하며, 물질주의적이고, 돈만 좇으며, 오로지 한 남자로부터 인정을 받기 위해 존재하는 것으로 그려진다. 〈The Bachelor〉를 생각해 보라(Pozner, 2010). 2011년에 〈Jersey Shore〉, 〈Real World〉, 〈Teen Mom 2〉, 〈16 and Pregnant〉 등 12세에서 17세에게 가장 인기가 많았던 프라임 시간대 케이블 채널 리얼리티 쇼들을 대상으로 내용 분석을 실시한 결과, 기이한 행동이 보상을 받고, 모멸적이고 성적인 언어표현이 장려되는 등, '현실'을 불편할 정도로 비현실적으로 그려 내고 있었다(Parents Television Council, 2011). 여성은 항상 폄하의 대상이었지만, 자기 자신과 다른 여성들에 대해서 남성들보다 더 부정적인 경향이 있었다. 여성이 자기 자신을 가리키며 한 말 중 고작 24%만이 긍정적이었다. 남성이 서로에게 사용하는 언어들은 주로 칭찬하는 표현들(big man, dawg, superhero)이었지만, 여성은 서로를 향해 주로 비하적인 표현(bitch, cunt, skank, slut)을 사용하였다. 이런 모욕적인 말은 혐오적이다. 또한 이는 정말로 '현실'이라고 보기 어렵다. 〈GQ Magazine〉과의 대화에서 Nicole 'Snooki' Polizzi는 Jersey Shore에서 긍정적으로 그려진 장면들은 제작자들에 의해 잘려 나갔고, 그렇기 때문에 편집실을 나서는 순간 리얼리티 쇼는 더 이상 리얼리티가 아니게 된다고 말하였다. 또한 아동과 청소년에게 긍정적이거나 영감을 주는 그 어떠한 것도 제공하지 못한다. 이러한 상황은 변하지 않고 있다. 1,254명의 캐릭터와 89개 프로그램을 포함하여 프라임 시간대 프로그램들을 최근 분석한 것에 따르면, 여성은 여전히 실제 비율보다 낮게 나타날 뿐 아니라, 지배적인 남성과 성적으로 도발적인 여성이라는 고정관념이 지속되고 있었다(Sink & Mastro, 2016).

더불어, 성인 여성과 여아들의 섹슈얼리티와 성적 어필은 점점 더 어린 연령에서도 강조되고 있으며, 이들이 지닌 다른 특성들은 보통 무시된다. 여아들의 성애화(sexualization)는 심지어 매우 어린 여아들의 경우에도 명백하다. 〈Toddlers & Tiaras〉와 같은 프로그램에서 어린 여자아동들은 비키니 입은 몸매를 뽐내며, 미인 대회에서 우승을 차지하기 위해 다투고, 가발을 착용하고, 속눈썹과 가짜 손톱을 붙이며, 태닝을 한다. 학령전기 여아들은 욕조에 앉아 술을 마시고 있는 브라츠 인형(Bratz dolls)과 놀고 있는 모습으로 그려진다. 초등학교 여아들은 다리 왁싱을 위해 살롱을 찾는 모습으로 나타난다. Victoria's Secret은 어린 청소년들을 대상으로 'Wild in Bed' 핑크 의류 라인을 광고한다. 프라임 시간대 TV 쇼들을 대상으로 Parents Television Council(2010)이 실시한 내용 분석 결과, 스크린 미디어가 어린 여아들을 대상화하고, 페티시(fetish)의 대상으로 삼으며, 성애화하는 경향성을 확인하였다. 또한 American Psychological Association Task Force on the Sexualization of Girls(2010)는 미디어가 머리 스타일, 화장품, 옷, 다이어트 그리고 운동 등에 대한 조언을 주는 방식을 통해 여아들과 어린 여성이 남성 욕망의 대상이 되도록 반복적으로 시도하며, 이들의 성적 대상화를 끊임없이 부추긴다고 보고하였다. 2010년, 사회학자 Gail Dines는 다음과 같이 지적하였다.

> "대중문화에서 우리가 보는 대부분의 이미지는 포르노화되어 있습니다. 처음에는 사랑스럽고 어린 Hannah Montana로 인기를 얻은 Miley Cyrus였지만, 그의 매니저들은 16세의 Cyrus에게 여러 형태의 노출 의상을 입히고 폴 댄스와 랩 댄스를 추며 뮤직비디오에 출연토록 하는 등 정교하게 그의 커리어를 만들어 갔습니다. 우리 문화에서 살아남기 위해서 그는 이러한 포르노 이미지를 받아들여야만 했죠."

Dines 교수는 2010년 이후 더욱 성애화된 Cyrus의 이미지 변천사에 분명한 통찰을 제공하고 있다.

TV 속 여아들의 일관된 성애화를 시청한 결과, 현실 속 여아들은 본인의 가치가 자신의 섹슈얼리티에서 비롯된다고 보게 된다(Parents Television Council, 2010). 이는 여아들로 하여금 미디어가 보여 주는 이상적인 매력에 맞추려고 하는 욕구를 강화시킨다(Dines, 2010). 안타깝게도, 대부분의 여아는 자신이 결코 기대에 부합할 수 없음을 깨닫게 될 것이다. 예를 들어, 지난 수십 년 동안 이상적인 신체상에 대한 기준은 6 사이즈에서 비현실적인 0 사이즈로 줄어들었다(Clark, 2008). American Psychological Association Task Force on the Sexualization of Girls(2010)에 따르면, 성애화 및 대상화는 여아들이 본인의 몸에 대한 자신감과 편안함을 저하시킨다. 실제로, 9~10세 미국 아동 중 40%는 몸무게를 줄이려고 했던 적이 있고, 30%는 이미 폭식증이나 거식증과 같은 섭식장애를 앓고 있는 것으로 나타났다. TV와 성애화로 인한 문제들이 여아들에게만 국한된 것은 아니다. 여성의 성적 매력이라는 편협한 이상에만 노출되면서 남성은 '적합한' 파트너를 찾는 것을 어려워하게 되고, 여성 파트너와의 친밀한 관계를 완전히 즐기지 못하게 될 수 있다. 남아들 역시 이상적인 신체상을 좇는 이러한 추세로부터 자유롭지 않다. 그러나 남성에게 있어서 미디어 속 남성 이미지에 대한 기대에 부합한다는 것은 근육을 키우거나 몸을 크게 하는 것을 의미한다(Cruz, 2014; Field et al., 2014). 메타분석 결과, 근육질의 미디어 이미지에 대한 노출과 남성의 부정적인 자아상(신체 불만족, 낮은 신체 존중감, 낮은 자아존중감; Barlett et al., 2008) 사이에 유의한 관계가 나타났다. "미디어는 오히려 남녀가 평등한 기회를 갖는지 여부를 가리는 데만 관심이 있게 된 듯하다. 남성의 몸도 더 이상 충분하지 않게 된 것이다."(Lemberg, Cruz, 2014에서 재인용)

스크린 미디어상의 성적 콘텐츠의 양과 성격은 아동들의 성적 경험에 영향을 미칠 수 있다. TV 프로그램 속 노골적인 성적 콘텐츠의 양은 많고 계속 증가하고 있다(Calvert, 2015; Comstock & Scharrer, 2006; Fyfe, 2006). 어린 아동들은 일 년 동안 스크린 미디어를 통해 14,000개의 성적인 이미지 또는 메시지를 접한다(Strasburger & Wilson, 2002). 성적 콘텐츠는 나이가 많은 아동 및 청소년 대상의 시트콤, 연속극, 그리고 프라임 시간대에 방영되는 프로그램의 기본 특징이다. 오후 7~11시에 방영되는 TV 프로그램 900개를 조사한 결과, 이들 중 66%는 성적 메시지를 담고 있었으며, 시간당 4회 정도 성적인 내용이 언급되는 것으로 나타났다(Kunkel et al., 2001). 가족 시청 시간대에도 절반 이상의 프로그램에 성적 콘텐츠가 포함되어 있었다(Parents Television Council, 2007).

중요한 것은, 건강하지 못한 성적 메시지를 전달하는 스크린 미디어상의 성적 콘텐츠가 아동들에게 부정적인 영향을 끼친다는 점이다(Furman & Rose, 2015). TV는 흔히 헌신적인 관계 밖에서 이루어지는, 성관계의 '오락적인' 측면을 강조하는데, 피임, 임신 예방, 성병에 대한 언급은 거의 없다(Kunkel et al., 2003). Parents Television Council(2010)에 따르면, 청소년들에게 인기 있는 프라임 시간대 TV 쇼들의 내용 분석 결과, 성적 관계의 98%는 미성년자 여성 캐릭터를 포함하며 헌신적인 관계 밖에서 이루어진 것이었다. 한 연구 결과, 성적 내용이 주를 이루는 프라임 시간대 프로그램을 많이 시청한 고등학교 학생들은 오락적인 성관계를 지지하였다(Ward & Friedman, 2006). 이는 TV로 인해 만들어진 태도라기보다는 오히려 이들이 이미 성에 대한 태도를 형성해 왔고 이를 지지하는 TV 쇼를 선택했기 때문으로 볼 수도 있다. 이에 따라 연구자들은 실험을 진행하였는데, 학생들에게 성관계를 오락적으로 비추고, 여성을 성적 대상화하고, 성 충동적인 남성의 모습을 담은, 〈Seinfeld〉나 〈Friends〉와 같이 당시 유행하던 드라마와 시트콤 속 영상을 보여 주었다. 통제집단의 청소년들은 동일 프로그램 속 성적이지 않은 장면을 시청하였다. 성적인 장면을 본 청소년들은 통제 조건 속 청소년들에 비해 여성은 성적인 대상이라는 의견에 더 많이 동의하였다. 마찬가지로, TV를 더 많이 시청할수록, 그리고 이때 성적 콘텐츠가 많은 프로그램을 시청하는 청소년들일수록, 또래가 성적으로 활발하다고 믿고, 성관계를 더 많이 하며, 더 이른 나이에 성관계를 시작하고, 임신할 가능성이 높은 것으로 나타났다(Brown, 2011; Chandra et al., 2008; Collins et al., 2011a, b; Eggermont, 2005).

TV가 섹슈얼리티에 긍정적인 영향을 미칠 가능성도 존재한다. 예를 들어, 청소년에게 인기 있는 프로그램에서 데이트 강간이 발생한 후 강간 위기 전화상담 서비스를 사용하는 장면이 방영된 이후, 실제 전화상담 건수가 증가하였으며(Folb, 2000), 피임 관련 광고들에 더 많이 노출되는 것은 안전한 성관계에 대한 인식을 고취시켰다(Agha, 2003). 그러나 스크린 미디어의 현재 콘텐츠로는 아동의 성적 태도 및 행동 발달에 미치는 영향이 긍정적이기보다는 부정적일 가능성이 더 크다.

**소수집단에 대한 고정관념** 스크린 미디어는 아동으로 하여금 소수집단에 대한 편견을 갖게 만들 수 있다(Greenberg & Mastro, 2008). 캐릭터의 민족성과 성적 지향성의 다양성은 여전히 미국의 현실을 정확히 반영하지 않고 있다(GLADD, 2011; Lowry, 2013). 프라임 타임 TV 방송에서 일반적인 캐릭터들은 유럽계 미국인일 확률이 압도적으로 높으며, 라틴계 미국인과 아프리카계 미국인들은 실제보다 더 적게 나타난다(각각 16%가 아니라 6%, 13%가 아니라 10%; GLADD, 2011). 마찬가지로, 아시아 태평양계 사람들은 TV 쇼의 배우 중 단지 4.3%만을 차지하고 있다(Chin et al., 2017). 캐릭터 중 고작 2.9%만이 게이, 레즈비언, 양성애자, 또는 트랜스젠더이며, 이는 대부분의 미국 내 LGBT 인구 추정치보다 낮은 수치이다. 그럼에도 TV 속 게이 캐릭터들은 이성애자인 남성 캐릭터에 비해 성적인 상황 속에서 그려질 가능성이 더 높은데, 이는 그들의 성생활에 대한 고정관념을 반영한 것이다(Netzley, 2000). 마찬가지로, TV 속 라틴계 사람들은 의사나 판사와 같은 전문 직종을 연기하기보다는 가정부나 범죄자 역할을 할 확률이 높다(Children Now, 2004). 리얼리티 쇼에서조차 아프리카계 미국인들은 인종적 고정관념에 부합하는 식으로 그려진다(Tyree, 2011). 심지어 스페인어로 방영되는 연속극에서도 등장인물 대다수는 밝은 피부색을 가지고 있으며, 어두운 피부일수록 더욱 극단적인 캐릭터를 연기할 확률이 높은 것으로 나타났다. 이는 영어로 방영되는 프로그램 속 고정관념을 그대로 반영하고 있음을 보여 준다(Rivadeneyra, 2011). 마지막으로, 아시아 태평양계 사람들은 지속적으로 모범적 소수집단(model minority), 무력한 남성, 이국적인 여성, 또는 쿵푸 전사 등 비현실적으로 그려지고 있다(Chin et al., 2017).

모든 인종의 아동이 TV 속 유럽계 미국인 캐릭터들을 부유하고, 똑똑하고, 좋은 교육을 받은 것과 연합시키며, 소수 민족 캐릭터들은 법을 어기고, 경제적으로 어렵고, 게으르거나 바보같이 행동하고(Children Now, 1998), 괴짜이거나 과잉성취자인 것(Park et al., 2015)과 연결 짓는다는 것은 놀랄 만한 일이 아니다. TV 시청이 인종적 태도에 미치는 영향을 살펴본 연구에 따르면, 아동이 기존에 어떤 생각을 하고 있었는지가 TV 속 묘사 방식이 그들의 견해에 영향을 미치는 방식을 좌우한다(Huston & Wright, 1998). TV는 심한 편견을 유발하기보다는 기존의 부정적인 태도를 강화하는 것이라 할 수 있다. 어느 쪽이든지 우려해야 할 이유는 충분하다.

**스크린 미디어가 지각에도 영향을 주는가** 스크린 미디어를 통해 아동이 접하는 정보가 그들이 세상을 바라보는 방식에 영향을 주는지 여부는 중요한 질문일 것이다. 실제로, TV는 타인에 대한 정보를 제공하는 중요한 자료이며, 아동들이 TV 속 세상에 더 오랜 시간 머물수록, 그 정보가 부정확할지라도 TV에서 본 것을 반영하여 현실 사회를 지각할 확률이 높은 것으로 나타났다(Calvert, 2015; Gerbner et al., 1980). 예를 들어, TV를 광범위하게 시청한 사람일수록 현실 속 위험, 범죄, 그리고 나쁜 행동의 수준을 과대추정하고 타인의 진정성과 도움을 과소추정하는 경향이 있었다(Nan, 2011). 몇 년 전, TV가 사회적 세상에 대한 아동의 지각을 편향시키는 방법에 대한 또 다른 실험이 있었다(Mares et al., 2012). 5학년 학생들이 사회적 갈등 수준이 높거나 낮은 TV 에피소드를 시청하는 조건에 무선 배정되었고, 중학교에 들어간 이후 어떤 경험을 하게 될 것으로 기대하는지 답하도록 하였다. 갈등 수준이 높은 에피소드를 시청한 아동의 경우, 갈등 수준이 낮은 에피소드를 시청한 아동에 비해, 미래 학교생활이 더 적대적이고, 덜 친근할 것으로 예상하였으며, 중학교 진학에 대해 더 불안해하고 덜 긍정적이었다. 스크린 미디어에 노출되는 것이 아동이 세상을 지각하는 방식에 영향을 미치고, 그 결과 폭력, 섹슈얼리티 그리고 소수집단에 대한 편협한 인식이 형성될 수 있다는 것은 분명해 보인다.

## 아동은 자신이 보는 것을 이해하는가

TV에서 본 것을 이해하기 위해서는, 아동이 현실과 판타지를 구분할 줄 알아야 한다.

매우 어린 아동은 **요술 창문 사고(magic window thinking)**라는 것을 보이는데, 이들이 TV 속 이미지들을 현실로 받아들이는 것을 가리킨다(Bushman & Huesmann, 2012; Calvert, 2015). 3세 아동은 TV 화면 앞으로 걸어가 자신이 가장 좋아하는 캐릭터를 향해 손을 흔들며 인사하거나 캐릭터를 만지려고 한다(Valkenburg, 2014). 많은 어린 아동이 〈Sesame Street〉에 나오는 Big Bird가 실재한다고 생각하며(Howard, 1998), 〈Sesame Street〉를 실제로 사람들이 사는 공간이라고 여기고, 자신이 캐릭터들을 보고 있을 때 그들 역시 자신을 보고 들을 수 있다고 믿으며, 화면상의 모든 것이 TV 세트 속에 실재한다고 생각한다(Nikken & Peeters, 1988; 〈표 8-1〉 참조).

아동이 나이를 먹고 인지적 기술이 향상됨에 따라, 판타지와 현실을 구분할 줄 아는 능력 역시 발달한다. 4세 아동은 TV 속 캐릭터들과 사물들이 TV 세트 속에 실제로 존재하지 않는다는 것을 이해한다(Flavell et al., 1990). 나이가 많은 아동은 대부분의 쇼가 만들어진 것이고, 대본으로 짜인 것이며, 리허설을 거친 것임을 이해한다(Wright et al., 1994).

아동의 인지적 기술 발달은 TV 쇼 내의 인과 관계를 이해할 수 있게 돕는다. 행동과 그 결과를 연결 지을 줄 아는 능력은 TV 속 폭력을 시청하는 것의 부정적인 효과로부터 아동을 보호해 줄 수 있다. 다수의 연구 결과, TV 쇼의 등장인물이 공격적인 행동으로 처벌받을 경우, 아동은 이러한 행동을 덜 모방하였다(Bushman & Huesmann, 2012). 그러나 안타깝게도 TV상의 폭력 행동은 거의 처벌받지 않으며, 비난받지도 않는다(Center for Media and Public Affairs, 1999). 게다가 TV 프로그램의 복잡한 구성은 등장인물의 공격적 행동과 그 결과를 종종 분리시켜 놓기 때문에, 어린 시청자들은 범죄와 처벌을 연결 짓는 데 어려움을 겪는다. 한 연구에서는 3학년, 6학년, 10학년 학생들에게 공격적인 장면들을 연속적으로 보여 주었다(Collins, 1983). 일부 아동은 등장인물이 곧바로 처벌받는 모습을 시청하였고, 나머지 아동은 등장인물이 처벌받는 모습 전에 광고를 시청하였다. 광고는 기억 폭이 긴 나이가 많은 아동들에게는 영향이 없었지만, 지연된 처벌 장면을 시청한 3학년 학생들의 경우, 곧바로 처벌 장면을 본 학생들에 비해 자신이 공격적으로 행동할 것이라고 더 많이 답하였다.

일반적인 TV 프로그램에서 행동과 결과를 연결 짓는 능력의 부족은 TV 속 공격성이 더 어린 시청자들에게 미치는 영향을 고조시키는 데 기여할 수 있다(Bushman & Huesmann, 2012; Calvert, 2015).

〈표 8-1〉 어린 아동이 TV에 대해 믿는 것

"한번은 제가 〈Sesame Street〉를 보고 있었는데, Mr. Snuffalupagus가 Gordon 바로 뒤에서 걸어오고 있었고 저는 '걔가 너 바로 뒤에 있어!!!'라고 외쳤어요. Gordon은 카메라(제) 쪽으로 돌아서서는, '네가 방금 걔가 내 바로 뒤에 있다고 말했니?'라고 물었어요. 이날 이후로 전 다시는 속옷만 입은 채로 TV 앞에 앉아 있지 않아요."

"전 한때 TV가 우리 집에 있는 또 다른 창문이라고 믿었어요. 그리고 〈Sesame Street〉의 등장인물들은 제 이웃들인 줄 알았죠."

"TV 속 사람들이 우리가 집에서 하는 말을 들을 수 있다고 생각했었어요. 그래서 우리 부모님이 다른 얘기를 할 때마다, 뉴스 아나운서들에게 미안했어요. 자신들이 무시당하고 있음을 알고 있다고 생각했거든요."

"저는 컬러 TV가 발명되기 전에는 세상이 실제로 흑백이었다고 믿었었죠."

"영화에서 장면이 바뀔 때, 그 전 장면 속 사람들은 자신이 말할 수 있는 차례가 다시 오기 전까지 얼어붙어 있는 줄 알았어요."

"화면상에 사람이 있는 상태에서 TV를 끄면 그 사람이 죽는 줄 알았어요! TV를 끄려면, 사람이 등장하지 않는 장면이 나올 때까지 기다리고 또 기다렸어요."

"전 어렸을 때 영화가 하늘에 있는 카메라로 촬영된 것이라고 믿었어요. 그래서 전 제가 영화에 등장하는 것처럼 하고 놀았죠."

"제가 어렸을 때, 우리 가족은 거실에 앉아 뉴스를 봤어요. Operation Christmas Child[1]가 보도되고 있었고, 아이들이 선물을 받지 못했다는 소식을 듣고는 크리스마스 트리 아래에 있던 제 선물을 가지고 와 TV 속 아동에게 주려고 했었어요."

출처: http://iusedtobelieve.com/

그러나 아무리 어리다고 할지라도, 이들에게 TV에서 보는 것과 현실에서 허용되는 것을 구분하는 방법을 가르칠 수 있다. 한 연구에서 아동들은 2년 동안 소규모 그룹 토의 활동에 참여했고, 이를 통해 이들에게 TV가 현실 세계를 비현실적으로 묘사하고 있으며, 공격적인 행동이 현실에서는 TV에서 보이는 것만큼 빈번히 발생하지 않고, TV 속 등장인물처럼 공격적으로 행동하는 것이 부적절하다는 것을 가르쳤다(Huesmann et al.,

1) 역자 주: Samaritan's Purse라는 기관에 의해 행해지는, 세계에서 가장 큰 크리스마스 프로젝트. 신발상자에 선물을 담아 전쟁, 기아, 자연재해 피해지역의 아동들에게 보냄.

1984). 2년의 기간이 끝나는 무렵, 토의 활동에 참여한 아동들은 이에 참여하지 않았던 아동들에 비해 덜 공격적인 것으로 나타났다. TV에서 본 것이 (리얼리티 쇼라 할지라도) 현실이 아니라는 것을 아동들이 이해할 수 있게 돕는 것은 TV 폭력 시청의 해로운 효과를 감소시킬 수 있을 것이다.

## 실생활 적용: 광고가 아동들의 선택에 미치는 영향

평균적으로, 아동들은 매년 대략 25,000개의 광고에 노출된다(Desrochers & Holt, 2007). 달콤한 시리얼, 패스트푸드 스낵, 비싸고 때로는 유치하고 위험하기까지 한 장난감이 아동 대상으로 광고가 되고 있다(Calvert, 2015; Matthews, 2008). TV 광고는 하루에 수백만 명의 아동에게 전달되며, 120만 명의 아동들은 매달 식품 웹사이트에 방문한다(Harris et al., 2012). 너무나 많은 광고가 아동에게 전혀 이롭지 않은 많은 물건을 홍보하고 있어서, 부모와 발달심리학자들은 이에 대해 우려하고 있다. 8세부터 아동은 광고에 대해 더 회의적이고 비판적이 되어 가기 시작한다. 이러한 경향은 12세 때 정점을 찍는다(Bousch, 2001). 그럼에도 광고는 어린 아동과 나이가 많은 아동 모두의 선호도에 영향을 미칠 수 있다.

4세부터 12세 사이의 아동들은 자신이 TV 광고에서 봤던 특정 브랜드의 음료, 스낵, 시리얼 그리고 단 음식을 선호하는 것으로 나타났다(Buijen et al., 2008; Pine & Nash, 2003). 안타깝게도 2015년 기준, 식품 및 음료 광고의 80%에 포화지방, 당, 나트륨이 다량 함유된 건강하지 않은 제품이 등장하고 있다(Sadeghirad et al., 2016). 놀랄 것도 없이, 아동의 가정 배경, 이전 몸무게, 운동량, TV 시청 도중에 먹는 행동 등을 통제했을 때조차, 광고 시청은 비만과 유의하게 연합되어 있었다(Sadeghirad et al., 2016; Zimmerman & Bell, 2010). TV 광고를 더 많이 시청한 아동들은 정크 푸드(Junk food)에 대해 더 긍정적인 태도를 지니고 있었고, 이를 더 많이 소비하였다(Dixon et al., 2007).

6세 영국 남아는, "사과를 먹는 도중에 정크 푸드 광고를 보게 된다면, 아마 먹고 있던 사과를 버리고 건강하지 못한 그 음식을 사기 위해 엄마한테 돈을 달라고 할 거예요."라고 말하였다(Cancer Research, UK, 2016).

광고의 효과는 아동이 장난감을 선택할 때에도 관찰된다. 한 연구 결과, 어린 아동들이 산타 할아버지에게 편지를 쓸 때, TV 시청을 더 많이 했을수록, 특히나 홀로 시청했을수록, 더 많은 장난감을 원하는 것으로 나타났으며(Pine & Nash, 2002), TV 광고에 등장했던 특정 장난감을 더 많이 원하는 것으로 나타났다(Pine et al., 2007). 광고는 많은 돈을 벌고 많은 것을 소유하고 있는 것이 중요하다는 믿음을 증가시켰는데, 나이가 많은 아동들의 장난감, CD, 옷, 컴퓨터 게임, 스포츠 장비에 대한 요구와 더불어 물질만능주의 수준과 관련이 있었다(Buijzen & Valkenburg, 2003).

아동들이 광고에 노출될 때, 이들은 부모를 움직여 자신이 광고에서 본 물건을 사기 위해 노력한다(Kunkel & Castonguay, 2012). 광고 속 제품에 대한 요구와 애원은 부모와 자녀 간의 갈등을 증가시킨다(Valkenburg, 2004). 즉, 광고는 한 가정의 경제적 손실뿐만 아니라 정서적 긴장을 유발하기도 한다. 광고는 구매 요청으로 이어지고, 구매 요청은 부모-자녀 갈등을 낳으며, 만약 요청이 거절된다면 아동의 실망감으로 이어지고, 실망감은 삶에 대한 불만족을 증가시킨다([그림 8-3] 참조; Buijzen & Valkenburg, 2003). 부모는 아동에게 광고의 목적은 물건을 팔기 위함이고 광고가 늘 진실만을 말하지 않는다는 것을 설명해 줌으로써 TV 광고의 원치 않는 효과를 줄일 수 있다. TV 광고에 아동들이 노출되는 것을 막으려는 시도는 효과적이지 못하다(Buijzen & Valkenburg, 2005).

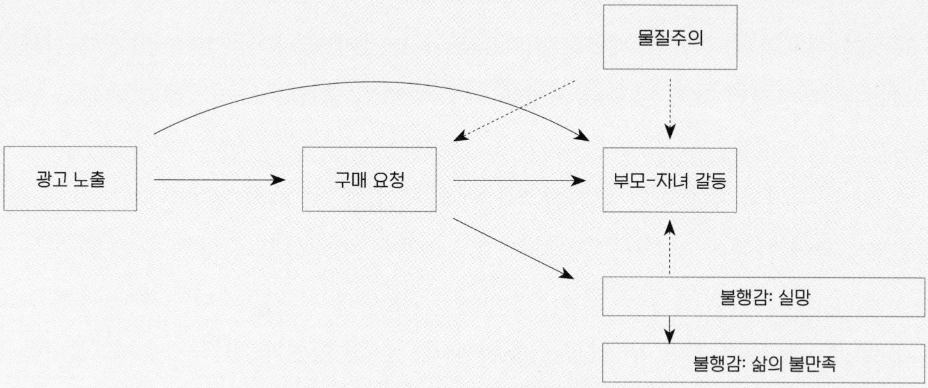


[그림 8-3] 광고의 의도치 않은 효과

광고에 노출되는 것은 아동의 더 많은 구매 요청과 물질만능주의적 태도와 관련이 있었다. 구매 요청을 더 많이 하는 것은 부모와의 더 많은 갈등과 더 많은 실망감으로 이어진다.

출처: Buijzen, M., & Valkenburg, P. M. (2010). The unintended effects of television advertising: A parent-child survey. *Communication Research, 30*, pp. 483−503, copyright © 2010. Sage Publications. Reprinted by Permission of Sage Publications.

## 부모와 형제자매는 TV의 부정적 효과를 어떻게 바꿀 수 있을까

6~11세 미국 아동 30,000명 이상을 대상으로 전국적으로 실시된 설문조사에 따르면, TV를 자주 시청하고 그들 부모가 이들의 삶에 적극적으로 관여하지 않는 경우에 특히 행동문제가 더 많은 것으로 나타났다(Mbwana & Moore, 2008). 하루에 3시간 이상 TV를 시청하고, 부모와 대화를 잘하지 않고, 부모가 자녀의 친구들을 거의 또는 전혀 알지 못하는 아동들이 가장 높은 수준의 외현화 문제(행동화)와 내재화 문제(우울 및 불안)를 보고하였다.

부모는 여러 방법으로 스크린 미디어가 아동에게 미치는 잠재적인 부정적인 영향을 감소시킬 수 있다(Hogan, 2012). 첫 번째는 자녀와 함께 프로그램을 시청하는 것이다. 이는 부모들 사이에 알려져 있는 메시지인 것 같다. 아동이 부모와 함께 스크린 미디어를 시청했다고 보고한 시간의 비율은 1999년 5%에서 2004년 32%로 상승하였다(Rideout et al., 2005). 프로그램을 '함께 시청'하는 것은 모두에게 도움이 될 수 있다(Troseth et al., 2016). 어머니, 아버지와 함께 시청함으로써 아동은 무서운 장면을 봤을 때 느껴지는 공포감에 적절히 대처할 수 있게 된다. 실제로, 아동은 무서운 것을 볼 때 가장 흔히 사용하는 전략은 '엄마, 아빠 옆에 앉는 것'이라고 답하였다(Huston & Wright, 1998). 아동은 때로 자신의 형제자매와 함께 시청하며(Roberts et al., 1999), 나이가 많은 형제와 함께 무서운 것을 본 학령전기 아동은 홀로 시청한 아동에 비해 덜 고통스러워했다(Wilson & Weiss, 1993).

스크린 미디어의 부정적인 효과를 감소시키기 위한 두 번째 전략은 부모가 적극적인 중재자가 되어 아동이 자신이 시청하는 프로그램을 이해하고 해석할 수 있게 돕는 것이다(Valkenburg, 2004; Wright, Huston, Murphy et al., 2001). 부모는 어린 아동이 행동과 그에 대한 결과를 연결 지을 수 있도록 도와줄 수 있다. 이렇게 연결 지을 수 있도록 어른이 도움을 줄 때, 어린 아동은 나이가 많은 아동만큼이나 프로그램 줄거리를 잘 이해하게 된다(Collins et al., 1981). 더불어, 부모가 사건을 설명해 주고 정보를 명확히 해 줄 경우, 자녀들은 상상력이 풍부해지고, 덜 공격적이며, 지나친 활동성을 덜 보였다(Singer et al., 1988).

세 번째 전략은 자녀가 보고 있는 것에 대해 부모가 승인하지 않음을 표현하는 것이다(Anderson et al., 2003). 한 연구에서는 보조자가 아동들과 함께 TV를 시청하도록 하였고, 이때 그들이 보고 있는 폭력 행동을 승인하거나—"우아, 한 방 제대로 먹였네.", "대단하다!"—승인하지 않도록 하였다—"정말 끔찍하다.", "정말로 해를 입히고 있네."(Grusec, 1973). 불승인하는 말을 들은 아동은 승인하는 말을 들은 아동에 비해 TV 쇼 이후 공격적으로 행동할 가능성이 더 낮았다.

네 번째 전략은 아동이 피해자에게 공감하고 그들의 입장을 취하도록 장려하는 것이다. 한 연구에서 공격적인 〈Woody Woodpecker〉 만화를 시청한 6학년 남아의 경우, 성인 실험자가 이들에게 Woody가 한 행동의 피해자에 대해 생각해 보라고 할 경우, 이후 덜 공격적이 되었다(Nathanson & Cantor, 2000). 이러한 말을 듣지 못한 남아의 경우 더욱 공격적이었다. 안타깝게도 부모들은 TV 프로그램의 내용을 잘 설명해 주지 않고, 가치를 논하거나 그 의미를 해석해 주지 않는다(Barron et al., 2001).

다섯 번째 전략은 미디어에 대한 아동의 노출을 제한하는 것이다. 이 방법이 얼마나 자주 사용되는지는 명확하지 않다(Barron et al., 2001). TV 세트와 모바일 기기가 자녀들의 방으로 옮겨 감에 따라, 자녀의 미디어 사용을 조절하는 부모의 능력은 줄어들고 있다(Rideout et al., 2005; Valkenburg, 2004). 전국적으로 실시된 연구에 따르면, 8~18세 중 절반 정도만이 본인 가정에 TV와 관련된 규칙이 존재한다고 답하였다(Rideout et al., 2005).

## 성인기로의 확장: 여전히 게임 중?

오늘날의 젊은 성인들은 비디오 게임을 하며 자란 첫 세대이다. Atari에서 Nintendo 그리고 Xbox에 이르기까지, 게임은 그들 삶의 일부였다. 그러나 이들이 성인기에 접어들면 어떻게 될까? 직업, 결혼, 대출 그리고 자녀를 위해 게임을 포기하게 될까? 분명 그렇지는 않다. Entertainment Software Association(2017)의 보고서에 따르면, 비디오 게임을 하는 전체 인구 중 72%는 18세 이상이며, 오늘날의 전형적인 게이머는 35세인 것으로 나타났다.

게이머들이 성장해서 마주하는 결과들은 무엇인가? 일부 저널리스트들은 현대의 '아이-남자(child-man)'의 낮은 성취를 비디오 게임 탓으로 돌린다. 그들은 번듯한 직장이 있고, 좋은 남편과 아버지가 되기 위해 노력하고, 가정의 미래를 위해 부동산 계획을 세우는 1960년대의 젊은 남성과 '놀이터에 죽치고 앉아 술 마시고, 여자들에게 작업이나 걸고, Halo 3이나 하는' 오늘날의 젊은 남성을 비교한다(Hymowitz; Smith, 2008에서 재인용). 이러한 시선은 게임을 하기 위해 종종 오전 4시에서 7시 사이에 일어난다고 자인하면서도 게임은 그저 취미일 뿐이라고 주장하는 성인 게이머들의 격렬한 반응을 끌어냈다(Smith, 2008).

성인 802명을 대상으로 한 조사에 따르면, 게이머들은 원만한 생활을 하는 것으로 나타났다. 93%는 책 또는 신문을 읽고, 94%는 뉴스와 최근 사건을 접하고 있으며, 61%는 종교 활동을 하고 있고, 50%는 그림을 그리고, 글을 쓰고, 악기를 연주하며 시간을 보냈다. 비디오 게임이나 컴퓨터 게임을 하는 데 보내는 시간보다 이러한 활동 또는 다른 '여가 활동'을 하며 보내는 시간이 평균적으로 매주 3배나 더 많았다(Fahey, 2005).

성인 게임 플레이어들은 청소년들과 다르다. MMORPG(massively multiplayer online role-playing game) 중 하나인 Everquest 플레이어들을 대상으로 한 조사 결과, 게임을 하는 시간은 20~22세 때 정점을 찍으며(주당 평균 29시간), 이후 감소(30세경 주당 23시간)하는 것으로 나타났다(Griffiths et al., 2004). 성인 게이머들은 청소년들에 비해 여성일 확률이 유의하게 높았다(20% 대 7%). 그들은 게임을 하기 위해 학업이나 직장을 희생시킬 가능성이 낮았으며(7% 대 23%), 취미를 포기할 확률은 높았고(28% 대 19%), 친구 또는 가족과 보내는 시간을 포기할 확률도 높았다(21% 대 12%). 이들은 폭력성을 게임의 가장 좋아하는 특징이라고 말할 가능성이 적었다. 성인 플레이어들이 더 '성숙'하게 게임을 한다는 것은 분명해 보인다.

부모는 성인 게임 인구에서 점차 커지는 부분이다. 그들에게 시간은 가장 큰 걸림돌이다. 자녀가 어리고 요구가 많을 때, 부모는 기저귀를 갈아야 하는 순간마다 저장할 수 있는 게임을 필요로 한다(Struck, 2007). 자녀가 성장하면서, 부모는 자녀와 함께할 수 있거나 최소한 그들 앞에서 할 수 있는 게임을 원하게 된다. Entertainment Software Association(2017)에 따르면, 부모의 67%는 일주일에 최소 한 번 자녀와 함께 게임을 하였다. 이들 중 45%는 게임을 함으로써 가족이 더 가까워졌다고 믿었고, 그것이 야구든 비디오 게임이든 간에 자녀가 하는 일에 부모로서 관여할 수 있다는 것에 감사해했다(Entertainment Software Association, 2017).

게임을 하는 것은 성인기 때에도 지속되며, 부모가 자녀와 게임에 대한 자신의 관심을 공유함에 따라 가정의 삶에 통합되는 것으로 보인다. 이것이 다음 세대에 미치는 장기적인 영향은 의심할 것 없이 비디오 게임 그 자체가 어떻게 진화하고 성숙하는지에 달려 있다. 언젠가는 게임이 어린이 야구단보다 더 긍정적인 사회성 발달의 장이 될 수도 있을 것이다. 그러므로 계속 주목해 보자.

## 비디오 게임하기

Ranald Mackechnie/Getty Images, Inc.

비디오 게임은 매력적인 활동이며 어렸을 때부터, 특히 남아에게, 오락, 정보, 즐거움, 좌절, 사회적 상호작용의 중요한 원천이 된다.

비디오 게임은 또 하나의 거대한 미디어 취미활동이다. 아동들은 스마트폰, 태블릿 그리고 컴퓨터상에서 게임을 하지만, 진정한 비디오 게임 플레이어들은 Playstation, Xbox, Nintendo Switch 등의 비디오 콘솔로 게임을 한다. 8세 또는 그 이하의 어린 아동조차 비디오 게임을 하지만, 연령과 함께 비디오 게임 사용은 증가한다(Common Sense Media, 2015, 2017). 나이가 많은 아동과 청소년의 경우, 남아가 여아보다 더 높은 비율로 비디오 게임을 한다(Common Sense Media, 2015). 한 연구 결과, 8~10세 남아의 73%가 하루 평균 한 시간 반 동안 게임을 하는 것으로 추정되었다(Rideout et al., 2005). 부분적으로 이는 대부분의 게임이 여성의 관심사와 취향을 고려하기보다는 남성에게 맞추어져 있기 때문이다(Subrahmanyam & Greenfield, 2012). 물론 일부 아동들은 매일 4시간 이상 비디오 게임을 하는 등 훨씬 더 많은 시간을 보내기도 한다(Romer et al., 2013). 자신의 방에 비디오 콘솔을 둔 채로 자란 아동의 경우, 그렇지 않은 아동에 비해 비디오 게임을 하는 시간이 더 많았으며, 이러한 차이는 연령, 성별, 인종, 사회경제적 지위를 통제했을 때에도 유의하였다(Rideout et al., 2010).

비디오 게임과 관련된 가장 큰 우려는 아동들이 폭력적인 내용에 노출된다는 점이다. 전체 비디오 게임 중 85% 이상은 폭력적인 내용을 담고 있다(Subrahmanyam et al., 2001; Subrahmanyam & Greenfield, 2012). 다른 형태의 스크린 미디어와 관련하여 논의되었듯이, 비디오 게임의 폭력성에 노출되는 것 역시 **둔감화(desensitization)**를 불러일으킨다. 예를 들어, 게임을 자주 하는 사람들은 폭력적인 게임을 하고 나서 현실에서의 공격성에 대해 더 약한 생리적 반응(예: 느려진 심장 박동)을 보였다(Carnagey et al., 2007). 또한 비디오 게임을 자주 할수록 그렇지 않은 사람들에 비해 폭력적인 이미지에 대한 뇌의 반응성이 더 약했으며(Bailey & West, 2011), 평소 비디오 게임을 잘하지 않는 사람들은 비디오 게임을 단 한 번 했음에도 이러한 생리적 둔감화를 보였다(Engelhardt et al., 2011). 비디오 게임을 자주 하는 사람들은 타인에게 덜 공감하며(Fraser et al., 2012; Funk et al., 2004), 다른 사람들이 느끼는 고통과 아픔에 더 둔감하였다(Bushman & Huesmann, 2012). 한편, 스크린 사용이 공격적인 행동에 미치는 영향과 마찬가지로, 비디오 게임과 공격성 간의 관련성 정도는 작으며, 상관은 .15 정도였다(Ferguson, 2013).

## 스마트폰과 소셜 미디어

스마트폰을 통한 아동들의 인터넷 접속은 지난 몇 년 동안 급증하였다. 청소년의 약 75%는 스마트폰을 가지고 있다(Common Sense Media, 2015; Lenhart, 2015). 대부분의 휴대전화는 LTE(Long-Term Evolution)를 통해 인터넷 접속을 가능케 하는 데이터플랜을 가지고 있지만, 없다고 하더라도 공공장소에서 무료로 사용할 수 있는 와이파이(WiFi)를 통해 접속할 수 있다. 아동들은 사진을 찍거나 온라인 비디오를 보는 등 다양한 용도로 휴대전화를 사용하는데, 인터넷과 스마트폰이 가져온 가장 큰 변화는 아무래도 또래 상호작용과 관련된 부분일 것이다. 아동들은 이제 문자를 하거나 인스턴트 메시지를 주고받으며 거의 항상 서로와 소통할 수 있게 되었다. 이들은 또한 자신의 활동이나 의견을 실시간으로 Instagram이나 Snapchat 등의 소셜 미디어 사이트에 게시할 수 있다. 인터넷과 소셜 미디어에 거의 항시적으로 접속된 상태에 있는 것은 아동들에게 긍정적인 영향과 부정적인 영향 모두를 끼칠 수 있다.

인터넷의 광범위한 사용에도 불구하고, 인터넷 연결 및 사용에서 인구통계학적 차이가 존재한다. 집에 인터넷이 연결된 저소득층 가정은 2011년 42%에서 2017년 74%로 급증하였다(Common Sense Media, 2017). 그러나 집에 인터넷이 연결된 고소득층 가정은 2011년 92%였으며, 2017년에는 96%로 더 상승하였다. 한편, 인터넷 사용에서의 성차는 크지 않다. 예를 들어, 인터넷 검색을 하거나 음악을 다운로드하는 데 보내는 시간은 여아와 남아가 비슷하다(Gross, 2004). 그러나 이미 언급했듯이, 남아는 여아보다 비디오 게임을 더 많이 한다. 또한 여아는 남아보다 소셜 미디어를 사용하는 시간이 더 많았다(Common Sense Media, 2015; Lenhart, 2012).

## 스마트폰과 소셜 미디어의 잠재적인 긍정적 영향

일부 연구 결과에 따르면, 소셜 네트워킹 목적으로 인터넷을 사용하는 것은 긍정적인 심리적 적응과 관련이 있다(Mikami et al., 2010). 실제로, 많은 청소년이 소셜 미디어 사용이 정서적 웰빙에 미치는 긍정적인 영향을 보고하였는데(Common Sense Media, 2012), 즉 소셜 네트워킹 사이트를 사용함으로써 수줍음은 감소하고(29%), 더 외향적이고(28%), 더 자신감 넘치게 되었으며(20%), 타인을 더욱 동정하게 되었고(19%), 스스로를 더 좋게 여기게 되었다(15%). 스마트폰과 소셜 미디어가 사회적 관계와 개인의 정체성 형성 모두에 미치는 이점이 존재할 것으로 보인다.

**사회적 관계에 미치는 영향** 많은 아동이 스마트폰이 삶의 질을 향상시켰다고 느낀다(CTIA, 2009). 대체로 부모는 자녀와 떨어져 있어도 자녀에게 연락할 수 있다는 것을 알기 때문에 더욱 안전하다고 느끼며, 약 80%의 아동도 휴대전화 덕분에 더 안전함을 느낀다고 답하였다. 이스라엘 청소년 대상의 한 연구 결과, 위험한 환경에 처해 있을 때 휴대전화는 언제라도 연락과 소통을 가능케 만든다는 점에서 부모-자녀 관계에서 '안전 물품'이 되었다(Ribak, 2009).

그러나 대부분의 경우, 아동은 또래와 소통하기 위해 컴퓨터, 특히 스마트폰을 사용한다. 많은 아동이 스마트폰이 친구와 소통하는 경험을 더 풍부하게 만듦으로써 친구들과의 소통을 향상시켰다고 느낀다(CTIA, 2009). 스마트폰을 통해 아동들은 소중한 타인들과 자신의 일상 속 경험을 시시각각 공유하는 것이 가능해졌고, 그 결과 친구들과 훨씬 더 지속적인 연결감을 갖게 되었다. 그러나 단점도 존재하는데, 면대면으로 마주한 상태에서 헤어짐을 고하는 것의 불편함을 피하고자 스마트폰을 통해 관계를 끊어 내는 경우도 존재한다(Forgays et al., 2014). 인터넷을 사용할수록 더 외로워지고, 현실 속 사회적 관여 수준이 감소한다는 주장도 한때 존재했으나 최근의 연구 결과는 이를 지지하지 않는다.

연구자들은 아동이 새로운 친구를 사귈 목적으로 인터넷을 사용한다는 것을 보여 주고 있다. 청소년(13~17세) 대상의 전국 설문조사 결과, 57%는 온라인을 통해 새로운 친구를 사귀는 것으로 나타났으며, 29%는 온라인으로 5명 이상의 친구를 사귀었다고 답하였다. 이러한 친구관계는 대부분 디지털상에 머물며, 모든 청소년 중 고작 20%만이 온라인에서 사귄 친구를 실제로 만난 적이 있다고 답하였다(Lenhart, 2015). 대부분의 경우

(69%), 온라인으로 친구를 사귄 청소년들은 인터넷 밖에서도 이들과 연락을 주고받지만 (예: 휴대전화를 통해), 실제로 만나는 일은 흔치 않다(Mitchell et al., 2001). 새로 형성된 온라인 관계 대부분은 친구들 또는 친척들과의 면대면 관계보다 덜 강렬하고 덜 지지적이다(Subrahmanyam et al., 2001). 다중사용자 도메인(multiuser domains: MUDs)과 다중접속 역할수행게임(massively multiplayer online role-playing games: MMORPGs) 모두 온라인상의 사회적 관계를 제공한다. 한 연구 결과, 거의 모든 청소년은 MUD 게임을 하며 적어도 한 명과 개인적인 관계를 맺고, 대부분은 네다섯 번 연락하며, 이때 매우 가까운 친구관계(44%), 일반적인 친구관계(26%), 연애관계(26%)를 형성한 것으로 나타났다(Parks & Roberts, 1998). 남아는 여아에 비해 다른 사람을 만나고 친구관계를 유지하기 위해 게임 플랫폼을 사용할 가능성이 더 높다(Lenhart, 2015). 요약하면, 인터넷은 사회적 유대를 유지하고, 비록 약하기는 하지만 새로운 관계를 형성하는 장이다. 인터넷은 또한 사회적 접촉을 넓히는 방법이기도 하다. 예를 들어, 한 연구에 따르면, 유럽계 미국 청소년은 다른 인종의 사람들과 상호작용하는 것이 온라인 경험 중 가장 두드러지고 영향력 있는 측면이라고 보고하였다(Tynes et al., 2008).

연구자들은 실험실 설계를 통해 인터넷 관계가 형성되는 방법을 살펴보았다. 이 연구에서 서로 모르는 사이였던 청소년들이 인터넷 채팅방 또는 면대면으로 서로를 처음 만나도록 하였다. 인터넷에서 서로를 처음 만난 경우와 면대면으로 만난 경우 모두 동일한 상대였음에도 불구하고, 이를 알지 못한 이들은 인터넷상에서 서로를 처음 만난 경우에 서로에 대해 더 높은 호감을 보였다(McKenna et al., 2002). 청소년들은 중요하지만 사적인 자신의 '진짜' 모습을 온라인 친구들에게 표현하기가 더 쉽다고 느꼈다(Bargh et al., 2002). 인터넷상의 상대적인 익명성은 자기 개방에 따른 잠재적인 위험을 감소시킴으로써 친밀한 관계 형성에 기여한다.

인터넷 커뮤니케이션은 또한 오프라인에서 형성된 친구와의 관계를 지지하고 강화시키기도 한다(Reich et al., 2012). 비록 대부분의 사회적 관계는 '현실 세계'로부터 비롯되지만, 스마트폰은 방금 막 헤어졌던 친구에게 문자를 보내거나 인스턴트 메시지(IM)를 보낼 수 있도록 하여 그들과 계속 연락할 수 있도록 만든다. 실제로, 중국에서 실시된 연구 결과, 청소년은 현실에서의 대인관계를 향상시키기 위해 IM을 사용한다고 보고하였다(Lee & Sun, 2009). 한 설문 조사에 따르면, 소셜 미디어를 사용하는 청소년의 절반가량은 이러한 미디어의 사용이 친구와의 관계에 도움을 주었다고 답하였으며, 소셜 미디어가 오프라인 관계에 해를 주었다고 답한 비율은 고작 4%에 불과했다(Common Sense

Media, 2012). 게다가 이들 중 대다수는 소셜 미디어 덕분에 주기적으로 만나지 못하는 친구들과 계속 연락할 수 있었고(88%), 학교의 다른 친구들을 더 잘 알게 되었으며(69%), 공동의 관심사를 갖는 새로운 사람들과 만날 수 있게 되었다고 답하였다(57%).

**인터넷 정체성** 개인의 정체성을 탐색하고 표현하는 것은 인터넷을 사용하게 하는 또 다른 강력한 동기이다. 현실에서는 성적 지향성처럼 자신의 정체성의 중요한 일부를 표현하지 못한다고 느끼는 청소년들은 이러한 특성을 표현할 수 있는 장을 찾아 나선다(Long & Chen, 2007; Miller, 2016). 부분적으로는 이러한 이유로 인해, LGBTQ 커뮤니티가 이성애자들보다 인터넷을 더 많이 사용하는 경향이 있다(Miller, 2016). 이들은 다중접속 역할수행게임(MMORPG)을 하며 다양한 정체성을 탐색하고, Instagram이나 Snapchat 등의 소셜 미디어 사이트에서 자신을 어떻게 보여 줄지 적극적으로 관리하려 애쓴다. 청소년은 소셜 미디어를 사용하여 자신의 변화하는 정체성을 표현하고 탐색하며(Schmitt et al., 2008; Seargeant & Tagg, 2017), 유튜브에서 자신의 정체성이 유명세를 얻기를 원한다(Uhls & Greenfield, 2012). 온라인 정체성이 아동의 심리적 적응 또는 현실 속 자기의 발달에 미치는 영향에 대한 연구는 이제 막 시작 단계에 있다. 그러나 한 연구 결과, 자신의 정체성을 실험할 목적으로 인터넷을 사용하는 외로운 청소년의 경우 사회적 유능성이 증가하였다(Valkenburg & Peter, 2008).

## 스마트폰, 소셜 미디어와 관련된 우려

이러한 이점들에도 불구하고, 인터넷 사용과 관련된 위험도 존재한다. 즉, 인터넷 과다 사용, 위험한 성적 상호작용, 사이버불링, 다른 사람들이 게시글을 보는 것과 관련된 부정적 감정, 부적응적인 사회적 지지 등이 그 예이다.

**과다 사용** 일부 아동은 휴대전화에 지나치게 빠져 있어서 그 수준이 중독과 유사해지는 경우도 존재한다(Walsh et al., 2008). 최근의 한 설문 조사 결과에 따르면, 청소년의 50%는 휴대전화에 중독되었다고 느꼈고, 78%는 매 시간마다 휴대전화를 확인한다고 답하였다(Common Sense Media, 2016). 예를 들어, 한 연구에서 아동은 불안정함을 경험하고 메시지를 보내느라 밤 늦게까지 깨어 있었으며, 휴대전화 없이는 살 수 없다고 믿는 것으로 나타났다(Kamibeppu & Sugiura, 2005). 다른 연구들은 스마트폰 과다 사용이 수면 문제와 관련이 있다고 보고하였는데, 자기 직전에 미디어 기기를 사용하는 아동은 필요한 수면 시간보다 더 적게 자고, 수면의 질이 나쁠 가능성이 더 높았으며, 낮에 졸려 할 확률은 두 배 이상 높았다(Twenge, 2017). 실제로, 한 연구에서 연구자들은 5개 대륙, 10개 국가의 학생 1,000명에게 하루 동안 모든 전자 미디어 사용을 완전히 끊도록 요구하였다(Moeller, 2012). 학생들은 이렇게 미디어 없이 사는 것이 자신의 일부를 잃은 것과 같았다고 보고하였다. 매일같이 디지털 테크놀로지에 얽매여 있는 것은 단순한 습관이라기보다는 자신의 친구관계와 사회생활을 구축하고 관리하는 필수적인 방법으로 봐야 한다. 다음은 하루 동안 미디어 사용을 전혀 할 수 없었을 때 어떠했는지에 대한 학생들의 소감이다.

> "휴대전화를 사용하지 못하니까 코카인 중독자처럼 근질거렸어요." (미국 학생)
>
> "소셜 네트워크를 하고 있지 않으니까 다른 사람들이 지금 뭘 하고 있는지, 무슨 일이 일어나고 있는지 전혀 알지 못했어요. 그리고 저 자신도 뭘 해야 할지 몰랐어요. 만약 소셜 네트워크에 접속할 수 있다면 어떤 상태를 올릴지 생각하는 제 모습을 발견하기도 했어요." (영국 학생)
>
> "휴대전화를 사용하지 못하게 되자 짜증이 나고, 긴장되었고, 안절부절못하고, 불안했어요. 제 친구들과 소통하지 못하니까 마치 무인도에 있는 작은 우리 안에 갇힌 것처럼 너무 외로웠어요." (중국 학생)
>
> "새 신발을 샀는데 휴대전화가 없으니까 이게 얼마나 예쁜지 엄마한테 전화해서 말할 수 없다는 게 너무 어이가 없었어요." (슬로바키아 학생)
>
> "제 친구들이랑 가족들이 놀라지 않도록 제가 참여하고 있는 이 프로젝트에 대해 말해야만 했어요. 우리 가족은 제가 어디 있는지 묻기 위해 자주 전화를 하거나 문자를 하거든요." (아르헨티나 학생)
>
> "꿈속에서도 전 채팅을 하고, Skype나 Twitter를 하고, Facebook으로 새로운 친구를 추가하고 있더라고요." (칠레 학생)

아동들이 하는 인터넷상의 활동이 적절하다 할지라도, 이에 지나치게 의존하는 것은 수면이나 다른 활동을 방해할 수 있으며, 기기를 사용하지 못할 때 불안을 야기할 수 있다. 강박적인 인터넷 활동은 수업 결석, 낮은 성적, 사회적 교류 결여 등 실생활에서의 문제와도 연관되어 있다(Kim et al., 2009). 모바일 기기 사용을 일절 금한 여름 캠프에 참여한 6학년 학생들 대상의 최근 연구에 따르면, 단 5일 동안만이라도 모바일 기기로부터 떨어져 있는 것은 사회적 이득을 가져올 수 있었다(Uhls et al., 2014). 캠프에 참가하지 않고 모바일 기기를 계속 사용하였던 학생들과 비교했을 때, 기기를 사용하지 않았던 학생들의 경우 캠프가 끝나는 시점에 다른 사람의 감정을 읽는 능력이 향상되었다. 지나친 스크린 타임은 타인의 감정에 대한 사회적 인식을 방해하는 것으로 볼 수 있다.

**인터넷 성관계의 영향** 성 정체성 탐색이라는 측면에서 인터넷은 작고 보수적인 동네에 사는 LGBT 청소년들처럼 일부 아동들에게는 유용한 배출구이지만, 다른 아동들은 인터넷을 통해 문제시되는 성적 상호작용을 하거나 위험한 행동에 가담하기도 한다. 부모는 인터넷을 통해 자녀에게 접근하는 소아성애자나 범죄자들을 걱정하는데, 이와 같은 위험 상황의 발생 빈도는 상대적으로 낮다(Berkman Center for Internet and Society, 2008). 더 흔한 현상은 청소년들이 찾아보든 아니든, 포르노나 다른 성인물에 노출되는 것이다(Owens et al., 2012; Peter & Valkenburg, 2016; Subrahmanyam & Greenfield, 2008). 인터넷상의 포르노에 노출되는 것은 아동을 불안하고 불편하게 만들 수 있다. 실제로, 한 연구에서 10～17세 아동 중 25%는 의도치 않게 음란물을 접한 적이 있다고 답하였고, 상당수는 이를 보고 불편감 및 당혹감을 보고하였다(Mitchell et al., 2003). 그러나 일부 청소년 특히 남아의 경우, 성적으로 노골적인 이미지를 검색한다는 점에서 성적 이미지에 대한 노출이 항상 우연적이지는 않음을 알 수 있다(Peter & Valkenburg, 2006, 2016).

또 다른 위험은 온라인상에서 아동이 직접 만나서는 불편해할 만한, 심리적으로 준비되지 않은 성적 상호작용에 참여할 수 있다는 점이다. 나중에 논의되겠지만, 이는 개별 또래와 문자나 인스턴트 메시지를 보내는 것, 심지어는 성적으로 노골적인 사진을 보내는 것까지 포함할 수도 있다. 이와 관련된 가장 큰 우려는, 이러한 상호작용에 대한 디지털 기록이 남게 되어 다른 사람과 공유될 수 있다는 점이다. 성적 상호작용은 온라인 토론에서도 일어난다. 예를 들어, 한 연구 결과 청소년 채팅방에 참여하는 이들은 평균적으로 성적 코멘트에 분당 한 번, 음담패설에는 2분당 한 번 꼴로 노출되는 것으로 나타났다(Subrahmanyam et al., 2006). 게다가 약 700명의 체코 학생을 대상으로 한 연구 결과, 인터넷 사용 경험이 있는 이들 중 16%는 성에 대한 대화, 섹슈얼리티에 대한 탐색, 탈의 및 자위 경험 등 사이버섹스 경험이 있었고, 사이버섹스를 할 가능성은 남아와 여아 모두 동일하였다(Vybíral et al., 2004). 그리고 사이버섹스의 결과가 실생활에서도 나타난다. 청소년 대상의 전국 설문조사 결과, 성적인 사진을 공유하는 것은 구강성교나 질 내성교 등 여러 성적 행동뿐만 아니라, 위험한 성행위—특히 동시에 여러 명의 성적 파트너를 두거나 과거에 더 많은 파트너를 두었던 것—와도 관련이 있었다. 성적인 사진을 공유한 청소년들은 인구통계학적으로 유사한 또래에 비해 약물을 더 많이 사용하고, 높은 자아존중감을 갖지 못할 가능성이 더 높았다(Ybarra & Mitchell, 2014a).

**러킹** 최근에 확인된, 고통을 유발하는 현상으로 러킹(lurking)이 있는데, 이는 다른 사람들의 소셜 미디어 게시글을 보는 것을 가리킨다. 대부분의 사람, 특히 아동은 세심하게 다듬어진 정보와 자신의 삶을 가장 멋지게 보여 주는 사진만을 게시하며, 이를 본 다른 사람들은 자신의 경험을 돌이켜보며 좋지 않은 감정을 갖게 된다(Underwood & Ehrenreich, 2017). 러킹의 또 다른 위험은 아동이 자신이 초대받지 못한 사회적 행사에 대한 게시글이나 사진을 보게 된다는 것이다(Przybylski et al., 2013). 실제로, 아동의 50%가 자신이 초대받지 못한 행사에 대한 게시글을 읽은 적이 있었으며, 약 20%는 친구들의 소셜 미디어 게시글을 보고 나서 기분이 더 나빠진 적이 있다고 답하였다(Lenhart, 2015).

**사이버불링** 인터넷 소통의 또 다른 위험은 사이버불링(cyberbullying)으로서, 이는 누군가가 디지털 커뮤니케이션을 통해 다른 사람을 해하는 행동을 하는 것을 가리킨다. 사이버불링은 상처가 되는 메시지를 다른 사람에게 직접 전달하는 방식과, 어떤 사람에 관한 부정적인 정보나 의견 등을 또래 집단에 전달하거나, 누군가를 상처 주기 위해 고의로 정보 또는 사진을 게시하는 행동 모두를 포함한다(예: 현재 여자 친구에게 상처 주기 위해 바람을 피우고 있는 남자친구의 사진 올리기). 인터넷 커뮤니케이션의 익명성은 이러한 부적절한 행동으로 이어질 수 있다. 아동 및 청소년은 자신들이 드러나지 않고 자신의 말이 다른 사람에게 미치는 영향을 볼 필요가 없을 때, 더 자유롭게 부정적인 의견을 표현할 수 있다고 느낀다.

최근의 전국 설문 조사 결과, 15~17세의 인터넷 사용자 중 49%는 모욕적 별명으로 불리는 것처럼 어떤 식이든 온라인상의 언어적 학대를 경험한 적이 있으며, 83%는 이러한 종류의 사이버불링을 목격한 적이 있다고 답하였다(Lenhart et al., 2016). 또한 38%는 "누군가가 의도적으로 자신을 창피하게 만들었다"고 답하였고, 78%는 이러한 종류의 피해를 목격한 적이 있다고 답하였다. 성 소수자들은 이성애자들에 비해 더 높은 비율로 온라인상에서 괴롭힘을 당한다. 피해자들은 분노, 짜증과 걱정, 그리고 심지어는 두려움마저 보고한다. 지난해에 온라인상에서 괴롭힘을 당한 적이 있는 10~17세 미국 학생을 대상으로 행해진, 더 초기의 전국 설문조사에서 이들 중 ⅓은 매우 또는 극심한 분노를 경험하였고, ⅓은 그 사건 이후 최소 하나 이상의 스트레스 증상을 경험한 것으로 나타났다(Finkelhor et al., 2000; Ybarra, 2004). 피해를 당한 남아는 그렇지 않은 남아에 비해 주요우울장애를 경험할 가능성이 세 배 이상 높았다. 부정적인 온라인상의 공격 결과, 자살이 발생할 수도 있다. 추후 연구를 통해, 젊은이들이 부정적인 인터넷 경험에 대한 반응으로 우울 증상을 보고하는지, 아니면 우울이 부정적인 온라인 사건을 겪을 위험을 높이는 것인지 살펴볼 필요가 있다.

**위험한 사회적 지지** 인터넷은 문제를 지닌 개인들 간의 상호작용을 장려한다는 측면에서 아동 및 청소년의 정신건강 문제를 증가시킬 수 있다. 연구자들은 청소년들이 온라인 게시판을 통해 자해행동처럼 자신이 가지고 있는 문제들에 관한 정보를 구하고 이를 공유하기도 한다는 것을 확인해 왔다(Whitlock et al., 2006). 이 연구자들은 자해행동과 관련된 400개 이상의 게시판을 발견했는데, 자신이 12~20세라고 답한 여성들에게서 크게 인기를 끌고 있었다. 연구 결과, 온라인 상호작용이 소외된 청소년들에게 사회적 지지를 제공해 주는 것은 분명하지만, 한편으로는 자해행동을 정상화하고 장려하기도 하며, 자해행동을 하고 있는 이들의 목록에 잠재적으로 치명적인 행동들을 추가시키기도 하였다. 다른 연구들도 마찬가지로 온라인 사회적 지지에 대한 혼재된 결과들을 보고한다(Best et al., 2014).

### 연구 들여다보기: 역할수행게임과 사회생활

Rift, Everquest, World of Warcraft 등의 MMORPGs는 플레이어들이 팀워크, 격려 그리고 재미를 경험하도록 하며, 현실에서는 자신의 외모, 성별, 성적 지향성, 또는 나이 등의 이유로 자신을 표현하는 것이 불편했던 플레이어들에게 이를 가능케 하는 장을 마련해 준다. 이러한 온라인 역할수행게임이 사람들의 사회생활에 미치는 영향을 알아보기 위해, Helena Cole과 Mark Griffiths(2007)는 약 45개국의 플레이어 약 1,000명을 대상으로 설문을 실시하였다. 플레이어들은 MMORPGs가 친구관계와 정서적인 관계를 형성할 수 있도록 많은 기회를 제공하는, 굉장히 사교적인 공간이라고 답하였다. 실제로, 사회적 상호작용에 대한 기회는 플레이어들의 즐거움에 가장 크게 기여한 요인이었으며, 상당히 많은 사람이 평생을 함께할 친구를 사귀었다고 답하였다. 그러나 참여자들이 스스로 프로젝트에 참여하기로 선택한, 이러한 상관 연구에서 어떤 결론을 내는 것은 어렵다. 어쩌면, 활발하고 사교적인 사람들이 그런 게임의 기회를 더 많이 선택했을 가능성이 있고 그들의 사회적 성향이 MMORPGs의 매우 사교적인 분위기를 만들어 냈을 수 있다.

Joshua Smyth(2007)는 MMORPGs가 플레이어들의 사회적 웰빙에 미치는 효과를 실험연구를 통해 살펴봄으

Nigel Treblin/AFP/Getty Images Inc

로써, 이러한 문제를 해결하였다. 18~20세 100명(남성 73%, 백인 68%)을 1개월 동안 각각 아케이드 게임, 콘솔 게임, 혼자서 하는 컴퓨터 게임, 또는 MMORPGs를 하는 조건에 무선 할당하였다. 이후 연구자들은 서로 다른 유형의 게임이 참여자들의 게임 사용, 건강, 웰빙, 수면, 사교생활 그리고 학업 활동에 미치는 영향을 살펴보았다. MMORPG 플레이어들은 나머지 세 집단과 유의한 차이를 보였다. 이들은 더 오랜 시간 동안 게임을 했고, 게임을 하는 도중 더 큰 즐거움을 경험하였으며, 게임을 계속하면서 더 큰 흥미를 느꼈고, 새로운 친구관계를 더 많이 만들었다고 보고하였다. 여기까지는 좋은 결과들에 해당한다. 그러나 이들은 건강과 수면 질이 나빠졌다고 보고하였고, 현실 속 사교생활과 학업에 지장이 생겼다고 답하였다. 이러한 결과들은 MMORPGs가 사회적인 기회를 제공하기는 하지만, 그에 대한 대가를 치러야 함을 시사한다. 사이버공간에서의 새로운 사회적 관계와 현실 속 사회적 관계가 성공적으로 조화를 이룰 수 있도록 하는 방법을 찾는 것이 숙제이다.

## 극단적 사례로부터의 통찰: 섹스팅의 위험성

2008년 7월 3일, 오하이오주 신시내티시에 거주하는 Jessica Logan은 남자친구에게 보냈던 자신의 나체 사진이 학교의 다른 여학생들에게 퍼진 후 자살하였다(Celizic, 2009). 그녀는 그 사건 후 몇 개월 동안 놀림, 비웃음, 조롱의 대상이 되었고, 아버지에 따르면 '도저히 살 수가 없는' 상태였다. 한 목숨을 잃게 한 이 비극은 '섹스팅(sexting)'의 최후이다. 이는 휴대전화 간에 또는 인터넷상에서 성적으로 노골적인 메시지 또는 사진을 보내는 행위를 가리킨다. 섹스팅은 미국과 영국, 호주, 캐나다, 뉴질랜드 등의 다른 나라들에서도 늘어나는 추세이다. 2009년의 설문조사에 따르면, 청소년 다섯 명 중 한 명은 성적으로 노골적인 사진을 다른 사람에게 보낸 적이 있었다(Harsha, 2009). 이렇게 주고받는 행위가 사적이기는 하지만, 그 자료는 다른 사람들에게 퍼져 나갈 수 있다. 심지어 일부 자료는 아동 성범죄자들에 의해 사용되는 온라인 포럼에 등장하기도 한다.

사적인 사진들의 유포는 피해자에게 해를 입힐 뿐 아니라, 그 사진을 공유한 사람 역시 피해자의 사생활 침해 혐의로 법적 처벌을 받을 수 있다. 여러 사례에서 자신의 나체 사진을 보냈거나 타인의 나체 사진을 공유한 청소년들은 아동 포르노 혐의로 기소된 바 있다. 예를 들어, 플로리다주 올랜도에 거주하는 18세 소년 Phillip Alpert는 16세인 자신의 전 여자친구의 나체 사진을 친구 수십 명에게 보낸 후, 5년의 보호관찰 기간을 선고받고, 성범죄자 리스트에 이름이 올라, 43세까지 성범죄자란 꼬리표를 달고 살게 되었다(Feyerick & Steffen, 2009). 그는 대학에서 퇴출당했으며, 상당수의 친구를 잃었고, 유죄 판결을 받은 범죄자라는 신분 때문에 직장을 구하는 것 역시 어려웠다.

대부분의 청소년은 때때로 어리석은 결정을 내리고 위험한 행동에 가담하며 자신의 한계를 시험하고자 한다. 이것이 그들이 배우고 성장하는 방식이다. 그러나 단 한 번의 클릭으로 얻게 되는 즉각적인 만족으로 인해, 단순히 청소년기 경솔함으로 치부되던 것이 새로운 차원으로 내던져질 수 있다. 현대 기술은 청소년으로 하여금 자기 자신 또는 타인에게 끼칠 수 있는 장기적인 결과를 고려하지 않은 채 순간적으로 실수를 저지르게 만든다.

Jessica Logan의 자살이나 Philip Alpert에게 내려진 판결 등 섹스팅의 비극적인 결말에 대한 대중의 관심은 이러한 행동의 위험성에 대해 부모, 교사 그리고 청소년의 인식을 고양시켰다. 학교는 학생을 위한 교육 프로그램을 시작하였고, 각종 기관에서는 가이드라인을 만들어 이 새로운 사회적 동향과 연합된 위험을 알리고 있다(National Campaign to Prevent Teenage and Unplanned Pregnancy, 2009). 이들의 조언을 따르는 것은 섹스팅을 줄이고, 미래의 Jessica가 희생되는 것을 막고, Phillip처럼 법적 처벌을 받는 것을 막을 수 있을 것이다.

## 요약

### 사회성 발달에서 학교의 역할

- 학교는 아동들에게 사회에서 살아가는 데 필요한 규칙, 규준 그리고 가치를 가르치고 또래와 성공적으로 상호작용하기 위한 기술을 기르도록 도움으로써 아동들을 사회화시키는 비공식적인 계획을 가지고 있다.
- 학교는 교사, 학생 그리고 직원들로 이루어진 공동체이다. 학교에 대해 공동체 의식을 갖고 있는 아동의 경우, 사회적으로 더 좋은 수행을 보이며, 폭력과 약물 사용을 덜 보이고, 학교에서 중도탈락할 가능성 또한 더 낮다.
- 작은 학교에서 아동들은 과외 활동에 참여할 가능성이 더 높으며, 큰 학교의 경우보다 중도탈락률이 낮다.
- 초등학교에서 중학교, 또는 중학교에서 고등학교로의 전환은 아동들의 자아존중감에 부정적인 영향을 미칠 수 있다.
- 동성 학교의 아동은 남녀공학의 아동보다 학업적, 사회적으로도 더 좋은 수행을 보이는데, 이는 학교의 특성과 그 학교를 선택하는 부모들의 특성이 다르기 때문일 것이다.
- 작은 학급에서는 교사와 학생 간 접촉이 더 빈번하고 사적이며, 아동이 더 바르게 행동하고 또래와 상호작용을 더 많이 하며, 괴롭힘을 당할 가능성이 더 낮다.
- 열린 교실의 초등학교 학생들은 더 다양한 사회적 접촉을 하며, 학교를 향한 더 긍정적인 태도를 형성하고, 학습 상황에서 더 자기 의존적이고 협력도 많이 한다. 열린 교실의 고등학교 학생들은 학교 활동에 더 많이 참여하고, 더 다양한 사회적 관계를 지니며, 훈육 문제를 더 적게 보인다.
- 협력학습은 학생들이 소집단으로 함께 공부하는 방식을 포함한다. 이러한 학급 운영 방식은 아동들의 자아존중감, 또래를 생각하는 마음, 도울 의지 및 학교생활의 즐거움에 긍정적인 영향을 미친다.

- 또래지도는 나이가 많고 경험이 풍부한 학생이 더 어린 아동을 가르치는 것으로서, 이는 또래교사와 학생 모두에게 이점을 제공한다. 그러나 대개는 또래교사가 더 많은 이득을 얻는다. 이들은 자아존중감과 지위에서 이득을 취하고, 타인을 도움으로써 만족감을 얻는다.
- 교사와의 관계가 가깝고 온정적인 아동들의 경우 높은 학교 적응 수준을 가지며, 또래로부터 수용되기 쉽다. 특히 소수집단 아동들은 친밀한 교사-학생 유대로부터 도움을 받게 될 가능성이 크다.
- 교사가 아동들이 학업적, 사회적으로 성공하리라 믿을 경우, 아동들은 정말로 성공할 가능성이 높으며, 이는 자기충족적 예언 또는 '피그말리온 효과'를 보여 준다.
- 빈곤한 소수집단 아동들을 향한 교사의 기대는 다른 아동들의 경우보다 덜 긍정적이다.
- 부모가 아동들의 학교생활에 관여되어 있을 때, 특히 부모가 자신의 기대를 교사에게 소통하고, 자녀에게 교육의 가치를 알려 줄 경우에 아동들은 더 좋은 수행을 보이게 된다.
- 수준 높은 방과 후 프로그램에 참여하는 아동들은 맞벌이 가정의 아동에 비해 정서적 적응이 더 우수하며, 또래관계가 더 좋고, 갈등해결 기술이 뛰어나며, 비행은 덜 보인다.
- 통합된 학교의 아동은 분리된 학교의 아동보다 더 안전하다고 느끼며 더 많이 만족하고, 다른 인종을 향한 더 긍정적인 태도를 발달시킨다.

## 멘토

- 자연적 멘토와 자주 만나 좋은 질의 상호작용을 하는 아동의 경우, 행동문제를 덜 보이고 더 높은 수준의 자아존중감을 보이며, 학교를 향한 긍정적인 태도와 더 많은 교육적 성취를 보인다.
- 멘토링 프로그램은 아동 초기부터 청소년기에 이르기까지, 사회적, 정서적, 행동적 그리고 학업적 발달과 관련된 적지 않은 이득을 제공하는데, 아동이 기존에 이미 어려움을 겪고 있었거나, 좋지 않은 환경에서 왔을 때, 멘토와 멘티가 서로 잘 맞을 때 특히 그러하다.

## 스크린 미디어

- 스크린 미디어는 아동의 사회적 행동에 중대한 영향을 미친다. 어릴 때부터 이를 시청하기 시작하며 청소년이 될 때까지 시청 시간은 증가한다.
- 아동은 만화, 시트콤, 가족 프로그램, 교육용 프로그램 등 다양한 프로그램을 시청한다. 남아의 경우 액션 어드벤처 및 스포츠 프로그램을 더 많이 시청하며, 여아들은 사회문제를 그린 드라마나 연속극을 선호한다.
- 아주 어린 아동은 요술 창문 사고 현상을 보이는데, 즉 이들은 스크린 미디어의 판타지와 현실을 구분하지 못한다.
- 아동에게 사회적 규칙과 기대에 대해 가르치는 프로그램들은 아동의 친사회적 행동에 긍정적인 영향을 미친다.
- TV와 비디오 게임의 부정적 효과에는 아동의 지각을 왜곡시키는 것이 포함된다. TV를 과도하게 시청하는 아동의 경우 현실에서의 위험 및 범죄 수준을 과대평가하고, 사람들의 신뢰성과 도움은 과소평가하는 경향이 있다.
- 스크린 미디어와 비디오 게임은 운동이나 동아리 활동과 같은 아동의 사회적 상호작용 및 활동을 축소시킨다.
- 스크린 미디어는 종종 인종적 고정관념을 지지하는 방식으로 소수집단의 모습을 그려 낸다.
- 폭력적인 스크린 미디어에 대한 노출은 둔감화 및 공격성 증가를 야기한다.
- 성적으로 노골적인 미디어에 대한 노출은 섹슈얼리티에 대한 더 많은 수용, 더 이른 성적 활동, 높은 임신율로 이어진다.
- 스크린 미디어의 광고는 아동들의 소비 선택, 특히 건강에 해롭거나 위험할 수 있는 식품 및 장난감에 대한 선호도에 영향을 미치게 된다.
- 부모는 미디어가 전달하는 메시지를 해석해 주고 프로그램과 게임에 대한 접근을 관리함으로써 미디어 시청의 효과를 수정할 수 있다.
- 거의 모든 미국 청소년은 인터넷 소셜 미디어를 사용한다.
- 남아는 지나칠 정도로 게임을 할 가능성이 더 크고, 여아는 소셜 미디어에 더욱 관여되어 있다.
- 인터넷은 사회적 유대를 유지하고, 약하지만 새로운 관계를 형성할 뿐 아니라 정체성을 탐색하는 장소이다.
- 아동은 흔히 우연하게 포르노그래피와 기타 성적인 성인 자료를 접하게 되며, 이는

불안 또는 불편함을 야기할 수 있다.

- 인터넷은 과도한 관여, 온라인 괴롭힘이나 사이버불링 등으로 인해 아동과 청소년의 웰빙에 영향을 미칠 수 있다. 또한 자해 행동 같은 문제를 지닌 개인들 사이에 정보 교환을 촉진시킬 수도 있다.
- 스마트폰은 시간과 장소를 넘나들며 또래와의 사회적 연결을 촉진시킨다. 아동들이 스마트폰 없이 살 수 없다고 여긴다면 이에 '중독'될 수 있으며, 섹스팅을 위해 스마트폰을 사용한다면 위험한 상황에 처하게 될 수도 있다.

## 핵심 용어

- 거꾸로 교실
- 단계-환경 적합도
- 둔감화
- 또래지도
- 맞벌이 가정 아동
- 열린 교실
- 요술 창문 사고
- 자기충족적 예언
- 자연적 멘토
- 피그말리온 효과
- 협력학습

제 9 장

# 성과 젠더

## 차이는 있는가

엠마는 자신의 인형을 아기처럼 대하는 것을 좋아한다. 엠마는 친구가 넘어져 무릎에 상처가 난 경우 연민을 느끼고, 재빨리 친구의 부모님에게 알린다. 제이슨은 트럭과 기차를 가지고 노는 것을 선호한다. 제이슨은 친구와 게임 및 스포츠를 하되, 부모님과 떨어져 노는 것을 엠마보다 좋아한다. 이러한 행동이 남아와 여아 간 차이를 얼마나 반영하는가? 이 장에서는 이 질문에 답하고자 한다.

Fuse/Corbis/Getty Images

모든 사회에서 여아와 남아는 어떤 면에서 다르게 행동하며, 또 달리 보이고 대해지며, 성장하면서 다른 역할을 갖게 된다. 동시에 남아와 여아는 많은 면에서 비슷하게 행동하기도 하고, 종종 동등한 대우를 받기도 하며, 유사한 역할을 수행하기도 한다. 심리학자들에게 주어진 과제는 어떤 행동이 어떤 영역으로 구분되는지, 그리고 어떻게 이러한 차이와 유사성이 발생하는지 결정하는 것이다. 이는 얼마만큼 생물, 인지 그리고 사회화의 결과로 볼 수 있는가? 이 장에서 우리는 이러한 사안을 다루는 연구들을 살펴보고자 한다.

## 들어가기: 성과 젠더의 정의

전통적으로 성(sex)은 남성, 여성과 같은 개인의 생물학적 정체성을 뜻하는 것으로, 젠더(gender)는 사회적으로 구성된 개인의 정체성을 의미하는 것으로 사용되었다. 오늘날 이러한 용어는 종종 혼용되어 사용된다. 아동이 자신의 성(혹은 젠더)에 적절하게 보이는 사회적 행동을 습득하는 과정을 **젠더 유형화**(gender typing, Hines, 2015)라고 칭한다. 이는 다차원적 개념이다. 아동은 **젠더 기반 신념**을 발달시키기 시작하는데, 이 신념은 자신의 젠더에 대한 인식, 자신 및 타인에게 적용되는 젠더 명명의 이해, 그리고 젠더 고정관념에 대한 지식을 모두 포함한다. 또한 생애 초반 아동은 자신이 남성 혹은 여성인지에 대한 지각, 자신의 젠더에 적절한 흥미와 특성을 갖는 **젠더 정체성**(**gender identity**)을 발달시킨다. 젠더 정체성 발달 이후, 아동은 **젠더 역할 선호**를 발달시키거나, 특정 젠더에 유형화된 특성을 갖기를 원한다. 장난감, 놀이 파트너 선택은 이러한 아동의 선호를 반영한다. 아동은 또한 남성은 남성으로, 여성은 여성으로 남는 것을 뜻하는 **젠더 안정성**(**gender stability**) 개념, 그리고 외양과 행동에서의 인위적인 변화가 개인의 젠더를 바꿀 수 없음을 의미하는 **젠더 불변성**(**gender constancy**) 개념을 습득한다. **젠더 고정관념**(**gender stereotypes**)은 문화 내의 구성원들이 각 젠더에게 전형적으로 수용되거나 적절하다고 판단되는 태도, 활동, 특성, 직업, 신체적 외모 등이 있다고 믿는 것이다. **젠더 역할**(**gender roles**)은 특정 문화 내에서 남성 혹은 여성과 연관된 외모, 행동의 일반적인 양상이다.

## 성장, 능력, 활동 그리고 흥미에서 젠더의 차이

어떤 점에서 남성과 여성이 다른가? 특정 행동 및 특성에서 남성-여성 차이에 대한 일관된 증거가 아동기에 나타나며, 남성, 여성의 또 다른 차이는 일, 힘, 지위, 아동 양육, 집안일 등의 경험에 의해 영향받는다(Hines, 2015; Leaper & Farkas, 2015). 그러나 남성과 여성의 특성이 겹친다는 사실을 기억하는 것은 필수적이다([그림 9-1] 참조). 예를 들어, 만약 여성이 남성보다 일반적으로 순응적이고 언어적이라고 해도, 어떤 남성들은 어떤 여성들보다 더욱 순응적이고 언어적이다. 반대로 남성은 평균적으로 신체적 이점을 가진다. 어떤 여성은 일반적인 남성보다 더욱 강하고 또 복싱, 농구, 축구, 하키 같은 전통 남성 스포츠를 더욱 잘한다. 남녀 차이가 실제로 존재할지라도, 이를 과장하지 않는 것이 중요하다. 대부분의 차이는 매우 작다(Hyde, 2005). 당신이 들어 본 적 있는 것처럼 남성은 화성에서, 여성은 금성에서 온 것이 아니다. 이보다 남성은 몬타나(Montana)에서, 여성은 버지니아(Virginia)에서 온 것과 같다.

신체 발달에서 여아와 남아의 많은 유사성에도 불구하고, 젠더 차이는 존재한다. 평균적으로 여아는 남아보다 '빠른 성숙'을 보인다. 이는 여아가 신체적으로, 신경학적으로 보다 발달되어 출생 시, 그리고 걸음마 학습에서 더욱 성숙하며, 나아가 남아보다 빠른 시기에 사춘기가 시작된다는 것을 의미한다. 그러나 아동이 성숙해 감에 따라 남아는 여아와 비교하여 근육, 폐, 심장 크기에서 발달상 이점을 가지며, 남아는 보통 힘과 운동 기술을 요구하는 활동에 더욱 능하다. 2세경 남아는 여아보다 위험 행동에 더 많이 관여하고, 부상 비율은 여아의 2～4배에 달한다(Morrongiello & Hogg, 2004). 이는 아마도 남아가 자기 행동에 대한 억제적 통제(inhibitory control)가 덜하기 때문일 것이다(Moilanen et al., 2010).

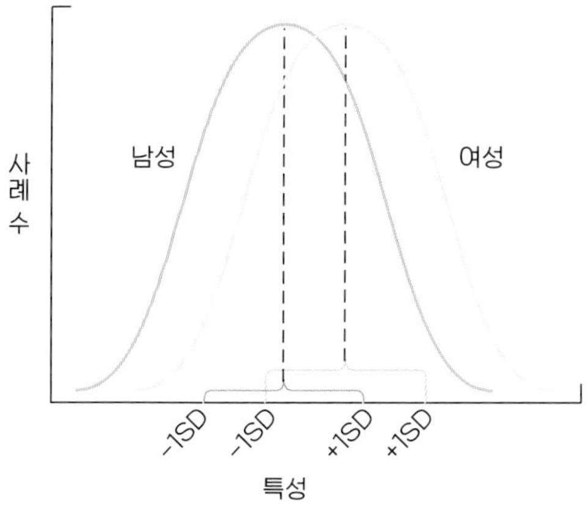


[그림 9-1]
중첩된 종모양 커브

이 분포는 평균적인 여성적 특성이 남성보다 더 높은 값을 가진다는 것을 보여 준다. 이 예시에서, 평균차이는 1표준편차의 80% 가량 되며, 효과크기($d$)가 .8 정도 된다.

인지적 기술도 차이가 있다. 평균적으로 남아는 여아보다 시각-공간 능력이 발달 되어 있다. 이는 남아가 지도 읽기, 목표 설정하기, 그리고 공간 내의 대상 조작하기 등을 더욱 쉽게 할 수 있게 한다(Newhouse et al., 2007). 반면, 여아는 남아보다 더 나은 언어적 기술을 보인다—더 많이 이야기하고, 단어를 더욱 빨리 습득하며, 더 잘 읽고, 언어적 창의성을 보인다(Eriksson et al., 2012). 여아의 대화는 더욱 조화롭다(Leaper & Smith, 2004; Leman & Björnberg, 2010; Rose et al., 2016).

또 다른 차이는 정서발달이다. 여아는 얼굴 표정 인식 및 처리에서 남아보다 더욱 능했다(Alexander & Wilcox, 2012; McClure, 2000). 게다가 여아는 어머니에게 더욱 정서적으로 반응하는 경향이 있었다(Bornstein et al., 2008). 여아가 슬픔 같은 정서를 남아보다 더 많이 보임에도 불구하고(Perry-Parrish & Zeman, 2011), 여아는 자신의 정서를 더욱 잘 통제할 수 있다(Else-Quest et al., 2006).

여아는 남아보다 대인관계 지향적이다. 출생 후 4개월 된 여아는 여성과 짝이 되어 상대를 서로 응시하는 평균 시간이 남아가 남성과 짝을 이루어 서로 응시하는 시간보다 4배 더 길었다(Leeb & Rejskind, 2004). 여아는 또한 일반적으로 남아보다 부모 및 다른 성인의 요구에 더욱 순응적이고, 어린 아동을 더 잘 돌본다. 또래관계 측면에서, 여아는 남아보다 친구들에게 자신을 개방하고, 어려움에 대하여 더 많이 이야기하는 경향이 있다(Rose & Rudolph, 2006). 남아와 비교하여 여아의 우정은 더 많은 도움, 타당화, 돌봄으로 특징지어진다(Rose & Asher, 2017).

반면, 남아는 여아보다 전형적으로 신체적 놀이를 한다. 남아는 큰 집단으로, 넓은 장소에서 시끄럽고 격렬한 신체적 놀이를 즐긴다. 남아는 여아보다 경쟁적인 스포츠와 게임에 더 많이 참여한다(Fabes et al., 2003). 게다가 남아는 여아보다 서로 더욱 방해하며(Leaper & Smith, 2004; Leman & Björnberg, 2010), 밀치고 때리는 등 신체적으로 더욱 공격적이다(Card et al., 2008). 여아와 비교하여 남아는 또래 집단 내에서 지배 위계를 더욱 인식한다. 동시에 남아는 우정 관계에서 유머를 사용하며, 활동을 통한 즐거움과 신남을 추구하는 경향이 있다(Rose & Asher, 2017; Rose et al., 2016).

© NMPFT Kodak Collection/SSPL/The Image Works

드레스를 차려입고 인형을 들고 있는 100년 전 소녀의 모습은 오늘날 모습과도 같다.

> 어린이집에서 에이든은 나에게 강도로부터 TJ를 구했다고 말하였다. 그리고 에이든과 TJ는 거대한 전기 거미줄을 쳤고, 강도가 공격했을 때 그들은 재빨리 자폭했다.

여아 및 남아의 놀이 행동 차이는 장난감 선택에도 반영된다. 심지어 말을 할 수 있기 전, 혹은 장난감을 가지고 놀 수 있기도 전에 영아는 무엇인가를 응시하고, 얼마나 오래 보는지를 통하여 자신의 선호를 표현한다. 아동의 시각 선호 측정에서 Lisa Serbin과 동료들(2001)은 남아와 여아가 인형 및 자동차에 매료되는 정도의 차이가 있다는 점을 발견하였다. 1세경, 여아는 남아보다 인형을 더욱 오래 바라봤고 이러한 차이는 더욱 강하게 나타나 18개월경에도 여아는 인형을 더욱 오래 응시하였다([그림 9-2] 참조). 남아는 18개월경 자동차, 트럭 같은 운송수단을 바라보는 것을 선호하였는데 이러한 선호는 2세까지 증가하였다. 또 다른 연구에서 18개월경 여아는 아기 인형, 찻잔 세트, 화장품을 가지고 노는 데 더 많은 시간을 보냈으나, 남아는 블록, 자동차, 연장 같은 것을 가지고 노는 데 더 많은 시간을 할애하였고, 이러한 선호는 특히 여아에게 강하게 나타났다(Alexander & Saenz, 2012). 가장놀이에서도 성차가 있다. 여아의 사회극 놀이는 요리 혹은 인형을 돌보는 가정적인 상황이었지만, 남아의 경우 배트맨처럼 리더십이 있는 슈퍼히어로와 어드벤처 같은 환상놀이였다(Leaper & Farkas, 2015). 이러한 선호는 학령전기(Weisgram et al., 2014)뿐 아니라 아동 중기에도 지속되었다. 5~13세 대상 연구에서, 여아는 인형과 솜 인형을, 남아는 조작 가능한 장난감이나 운송수단, 영화에 나온 영웅 모형을 선호하였다(Cherney & London, 2006). 이러한 선호를 증명하듯이, 여아는 남아보다 부모에게 인형을 더 많이 요구하였다. 남아는 스포츠 장비나 운송수단, 군대 관련 장난감, 영웅 모형 등을 요청하였다(Etaugh & Liss, 1992). 여아가 좋아하는 장난감은 인형, 옷, 의상, 장신구처럼 외모와 관련 있는 경향이 있었고, 남아의 장난감은 트럭, 자동차, 비행기, 영웅 모형, 무기 등 액션, 공격성, 폭력과 관련이 있었다(Blakemore & Centers, 2005).

아동의 장난감 선택의 폭이 약간 확장되고 있음을 암시하는 몇몇 징후가 있다. 1975년에 남성적인 것(예: 과학 관련 인형, 레고, 큰 운송수단 장난감) 혹은 여성적인 것(예: 청소기 모형)으로 생각되었던 장난감은 2005년에는 중성적인 것으로 판단되었다(Blakemore & Centers, 2005). 한편, 인간이 아닌 유인원을 대상으로 한 연구에서 인간 아동에게 관찰되는 것과 같은 장난감 선택이 일어난다는 것을 발견하였다—특히 어린 암컷 동물은 인형과 노는 것을 선호하고, 어린 수컷 동물은 자동차 장난감을 가지고 노는 것을 선호하였다(Alexander & Hines, 2002; Williams & Pleil, 2008)—이는 아동 선호 차이 중 일부는 사라지지 않을 가능성이 있다는 것을 시사한다.

일반적으로 선호하는 여가 활동의 유형에서도 남녀 차이가 있다. 7~11세의 아동 2,000명을 대상으로 한 조사에 따르면, 남아가 여아보다 슈팅, 복싱, 레슬링, 무술, 팀으로 하는 게임, 그리고 무언가를 고치거나 만드는 것을 좋아했지만, 여아는 남아보다 바느질, 요리, 춤, 그리고 어린 아동을 돌보는 것 등을 즐겼다(Zill, 1986). 아동 중기에서 청소년기에 여아는 사냥, 낚시, 건축 혹은 경쟁적인 스포츠와 같은 남성적 활동보다 춤, 작문, 수공예, 예술 등과 같은 여성적 여가 활동에 더욱 많은 시간을 할애하였다(McHale et al., 2004).

남녀 모두 책을 읽고 전자매체를 사용하지만, 책과 매체 선택에서 역시 차이가 있다. 책의 경우, 여아는 로맨틱 소설을, 남아는 스릴러나 폭력 어드벤처를 택하는 경향이 있었다(Collins-Standley et al., 1996). 이러한 선호 양상은 TV 프로그램에서도 유사하게 나타난다 — 여아는 연속극이나 사회극을, 남아는 액션-어드벤처와 스포츠를 선호한다(Valkenburg, 2004). 여아와 남아가 음악 다운로드, 인터넷 탐색과 같은 전자 매체 관련 활동에 소비하는 시간은 비슷하다. 하지만 여아는 남아보다 사회 관계망 서비스(social media)를 더욱 많이 사용하는 경향이 있고 남아는 여아보다 액션 기반 게임 같은 비디오 게임을 더 많이 하는 경향이 있다(Common Sense Media, 2015).

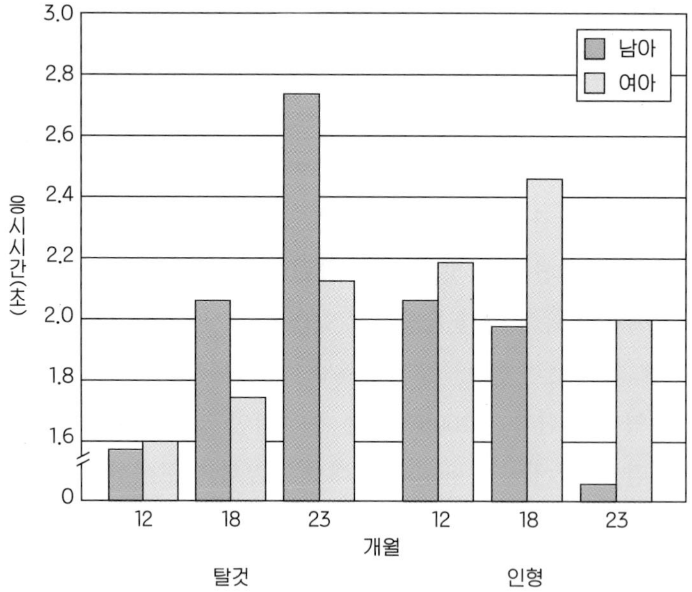


[그림 9-2] 18개월 남아와 여아는 젠더 유형화된 장난감을 선호한다. 남아는 탈것을, 여아는 인형을 더 응시하는 것으로 선호를 나타낸다.

출처: Serbin, L. A., Poulin-Dubois, K. A., Colburne, K. A., Sen, M. G., & Eichstedt, J. A. (2001). Gender stereotyping in infancy: Visual preferences for and knowledge of gender-stereotyped toys in the second year. *International Journal of Behavioral Development, 25*, 7-15, copyright ⓒ 2010 Sage Publications Ltd. Reproduced by permission of Sage Publications Ltd.

## 청소년기 및 성인기 변화

젠더 유형화된 선호 및 흥미가 아동기에 발견됨에도 불구하고, 상당수의 아동은 양쪽 젠더 활동에 참여한다. 그러나 청소년기에 젠더 강화(gender intensification)가 발견되었다. 사춘기 시작과 함께 아동은 전형적인 젠더 유형화된 행동 패턴으로 옮겨 간다(Larson & Richards, 1994; McHale et al., 2004). 한 연구에서 12세에 톰보이 같았던 여아는 부모와 또래의 압력, 그리고 낭만적 관계에 관한 관심이 점점 증가하기 때문에 전통적으로 여성적인 행동과 흥미를 채택하기 시작했다고 보고하였다(Burn et al., 1996). 또 다른 연구자는 청소년기 동안 젠더 고정관념과 일치하는 방식으로 여아는 타인을 돌보는 일에 더 많이 참여하기 시작하는 반면, 남아는 덜 그렇다는 것을 관찰하였고(Aubé et al., 2000), 여아는 정서적으로 표현적이지만 남아는 정서적으로 제한되어 있었으며(Polce-Lynch et al., 2001), 여아가 더욱 슬픔을 발달시켰다(Ge et al., 2001). 최근 연구자들은 젠더 강화 증거가 미약하다는 것을 발견하였는데, 이는 오늘날의 청소년이 이전 시대보다 젠더 고정관념에 의해 덜 제약받는다는 것을 시사한다(Priess et al., 2009; Priess & Lindberg, 2015). 그럼에도 남성과 여성의 사회-정서적 차이는 특별히 청소년기에 두드러진다. 한 예로 여자 청소년은 남자 청소년보다 정서적이고 개인적인 사건에 더 많이 관여되었고, 이러한 사건들은 여자 청소년들의 기분과 깊은 관련이 있었다(Flook, 2011).

젠더 역할은 성인이 부모가 되면서 더욱 강해지는 경향이 있다. 자녀 출생 이후, 남성과 여성은 젠더 역할 태도에서 전형적인 양상을 보였는데, 특히 이는 처음 어머니가 된 경우 더욱 그러하였다(Katz-Wise et al., 2010). 심지어 집안일을 균등하게 나눠서 하는 부부 사이에서도, 부모가 되는 것은 일반적으로 전형적인 젠더 역할의 등장을 예고한다(Cowan & Cowan, 2000; Parke & Cookston, 2019; Yavorsky et al., 2015). 이러한 역할은 여성의 **표현적 특성**—양육, 연민, 감정에 대한 염려, 아동 중심—과, 남성의 **도구적 특성**—과업, 직업 중심—을 강조한다. 아동이 성장하면서 여성은 더욱 자율성을 얻는 경향이 있고 남성은 더 표현적이고 돌보는 특성을 보인다(Jones et al., 2011). 삶의 후반부에 나이 든 여성은 여성성을 더 추구하는 방식으로 되돌아갈 것이며, 이는 아마도 큰 도움이 필요하기 때문일 것이다(Hyde et al., 1991). 종합하면, 젠더 유형은 전생애에 걸쳐 지속되는 역동적인 과정으로, 확장을 포함한다.

## 젠더 유형의 안정성

아동기, 청소년기, 성인기 동안 젠더 유형에서 전반적인 변화가 일어남에도, 특정 연령대에서 강한 남성성 혹은 여성성을 가진 개인은 연령이 증가하여도 강한 남성성 혹은 여성성을 유지하는 경향이 있다. 영국을 대표하는 5,500명의 남녀 아동을 대상으로 한 연구에서, 학령전기에 가장 젠더 유형화된 행동을 보인 아동은 8세에도 가장 젠더 유형화되어 있었다(Golombok et al., 2008). 심지어 성인의 행동도 아동기의 젠더 유형화된 흥미에 의해 예측되는 것 같다. 미국의 한 종단연구에서 뛰어난 운동 능력을 요구하는 경쟁적인 게임 및 활동에 관심이 있었던 남아와 비경쟁적 게임, 요리, 바느질, 읽기에 관심을 가진 여아는 성인기에도 유사한 젠더 유형화된 활동에 참여하였다(Kagan & Moss, 1962). 젠더 유형의 안정성은 특히 아동의 특성이 젠더 고정관념과 일치할 때 더욱 강력하였다. 아동이 아동기에 젠더 유형에 맞지 않게 행동할 때, 연구자들은 이것 역시 시간이 지나도 안정적이라는 것을 발견하였다. 아동기에 몇몇 남아의 행동은 젠더에 맞지 않는 것이다—이들은 스포츠를 좋아하지 않고, 여아의 게임을 선호하며, 이들은 종종 여자아이 같은 남자아이(sissies)라고 불린다. 이러한 남아는 자신을 보다 여성적으로 보는 경향이 있으며, 성인기에 여성-고정관념적인 직업에 더욱 흥미를 보인다. 이와 유사하게, 드레스를 좋아하지 않고, 아동기에 남자아이 같은 여자아이(tomboy)라고 불린 여아는 성인이 되었을 때 자신을 보다 남성적으로 보았고 남성-고정관념적 직업에 흥미를 가졌다(Lippa, 2008). 따라서 젠더 유형화의 증거는 이른 시기에 나타나고 큰 영향력을 미친다. 안정성에 대한 또 다른 관심사는 시간의 흐름에 따라 모집단(population)이 젠더 유형화되는 정도에 관한 것이다. 이를 위하여 한 연구는 1993년에서 2012년 사이 여성적 특성(표현적)과 남성적 특성(도구적)을 측정하여 점수를 제공하는 벰 성역할 인벤토리(Bem Sex Role Inventory)를 사용하여 수행된 모든 연구를 분석하였다(Donnelly & Twenge, 2017). 2012년 여성은 1993년 여성과 비교하여 자신이 덜 여성적이라고 보고하였다. 남성의 젠더 유형은 시간의 흐름에 따라 변화하지 않았다. 여성은 남성보다 여전히 자신이 민감하고 친절한 여성적 특성을 가졌다고 생각함에도, 이전에 비해 이러한 특성을 덜 가지고 있었다.

## 성인기로의 확장: 남성과 여성의 직업

"오직 두 가지 직업에서만 여성이 경험하는 일" 1895년 뉴욕 타임즈에 실린 헤드라인이다. 11회 미국 인구조사 결과는 '임금을 제공하는 직업에 종사한 10세 이상의 인구'에 대한 것이었다. 여성이 제지를 당한 유일한 직업은 미 육해군 장교와 군인, 선원, 해병대였다. 그러나 파일럿 한 명, 우물 배관공 한 명, 수레바퀴를 만드는 수공예가 한 명, 그리고 석회공 몇 명, 지붕 수리가, 증류주 생산자, 주석 세공사, 원예사, 석탄 광부, 맥주 양조업자 등 대부분의 직업에 종사하는 여성 역시 소수였다. 여성은 대부분 하인이 될 가능성이 가장 컸다. 일하는 여성 ¼ 이상이 하인이었으며, 하인의 84%가 여성이었다. 여성은 또한 간호사, 조산사, 가정주부, 선생님, 음악가, 여성 옷—드레스, 장갑, 코르셋, 모자, 양말, 레이스, 자수, 단추, 세탁 등—과 관련된 직업 종사자의 대부분을 차지하였다. 남성은 연기자, 작가, 제빵사, 의사, 외과 의사 등 대부분 직업에서 주를 이루었다.

1895년 이후 변화가 시작되었다. 여성은 남성-지배적이었던 직업에 진입하였고, 하인이나 코르셋을 제작하는 일을 그만두었다. 1960년과 1980년 사이, 여성 관리자가 800%까지 증가하였고, 여성 전문가는 300% 증가하였다(Beller, 1985). 그 이후에도 여성은 남성 지배적이었던 직업에 지속적으로 진입하였다(Longley, 2005). 가장 큰 변화는 여성 인력이 거의 400% 증가한 자동차 수리공 분야였다. 전통적인 남성 직업이었으나 여성의 비율이 눈에 띄게 증가한 또 다른 직업은 형사, 공학자, 기계학자, 소방관, 파일럿이었다. 그러나 특정 직업에서 여성 비율의 증가는 매우 큰 증가를 의미하지는 않는다. 예를 들어, 미국에서 자동차 수리공으로 일하는 여성은 여전히 5,000명밖에 되지 않는다. 여러 직업에서 남녀 간 불균형은 지속되고 있다. 남성은 성직자, 의사, 외과 의사의 주를 차지하였다. 여성은 가정주부, 간호사, 선생님의 대부분을 차지하였다.

직업적 분리는 남성이 여성보다 더 많은 소득을 얻는 이유 중 하나이다. 여성의 노동력은 뉴욕 타임즈 기사가 출판된 1895년에 20% 증가하고, 오늘날 약 75% 증가하였음에도 불구하고 여성의 경제적 자립은 겨우 중간 정도로 증가하였다. 평균적으로 오늘날 미국 여성의 소득은 남성보다 19.5% 낮다(Hegewisch & Williams-Baron, 2017). "만약 연간 소득 비율의 변화가 1960년 이후 동일한 비율로 지속된다면 남성과 여성이 동등하게 되는 데 43년이 걸리며 2059년이 될 것이다(Institute for Women's Policy Research, 2017)." 직업 선택은 젠더 간 임금 격차에서 중요한 요소인데 왜냐하면 여성이 대부분 종사하는 직업은 남성이 대부분 종사하는 직업에 비하여 일반적으로 낮은 임금을 제공하기 때문이다. 게다가 1963년 시민혁명 이후 성별에 따라 고용 시 차별을 두는 것은 불법임에도 불구하고, 어떤 고용주들은 더 많은 임금을 제공하면서도 남성을 선택하는데, 이는 여성 노동자가 자녀를 돌보기 위하여 특정 기간, 혹은 완전히 일을 그만둘 것을 염려하기 때문이다. 실제로 자녀가 있는 여성은 남성 지원자보다 덜 고용되었으며, 만약 고용되었더라도 낮은 연봉을 제안받았다(Correll & Benard, 2005). 임금에서 발생하는 젠더 차이의 절반은 고용주들이 남성과 여성이 심지어 같은 일을 할 때에도 여성에게 더 적게 임금을 지불한 결과이다(Bayard et al., 2003). 젠더 차별은 남성에서 여성으로 성전환을 한 개인에 대한 연구에서 잘 나타난다. 이 연구에서 이들은 성전환 이전과 비교하여 평균적으로 32% 적은 임금을 받았지만, 여성에서 남성으로 성전환한 개인은 2%를 더 받았다(Schilt & Wiswall, 2008). 여성은 또한 고임금을 요구할 경우 남성과는 다르게 차별받았다(Babcock, 2007). 학계에서의 젠더 차별을 확인하고자, 연구자들은 연구 중심 대학의 과학 분야 단과대학에 가상의 직업 지원서를 보냈다(Moss-Racusin et al., 2012). 이 지원서는 이름만 존과 제니퍼로 달랐을 뿐 모든 면에서 동일하였다. 교수들은 자신의 성별이 남자이든 여자이든 존이 더욱 훌륭하며, 연구실 매니저로 고용 가능한 것으로 평가하였으며 존이 제니퍼보다 더 높은 임금을 받을 것이라고 언급하였다.

노동 시장에서 차별을 제거하고자 하는 노력은 지속적으로 이루어지고 있다. 여성 임금은 1963년 동일임금 운동(Equal pay act), 1964년 공민권법 제7편(Title VII), 그리고 1972년 평등 고용 추진 위원회(Equal employment opportunity commission) 결과 증가하였으나, 여전히 갈 길이 멀다. Obama 대통령이 2009년 집권 후 처음 서명한 서류는 앨라배마(Alabama)의 굿이어 플랜트(Goodyear plant)에서 19년 동안 일한 후 남성 동료보다 적게 임금을 받은 여성의 이름을 딴 「릴리 리즈 임금 차별 방지법(Lilly Leabetter Wage Discrimination Act)」이었다. 지속적인 입법이 노동 시장에서 남녀평등의 길을 닦는 데 도움이 되기를 희망한다.

성인이 선택하는 직업은 어떤 면에서 젠더 역할 지향성에 의해 영향을 받는다. 전통적인 젠더 역할 태도를 더 많이 가진 남성은 초등학교 상담교사 같은 비전통적인 직업보다 기계공학과 같은 남성-지배적인 분야에 진입하는 경향이 있다(Dodson & Borders, 2006). 사실 반대 성에 의해 지배적인 직업 종사는 스트레스가 있다. 남성이 간호직 같은 여성-지배적 분야에 진입한 경우, 높은 수준의 질병, 결석, 그리고 직무 관련 문제들을 보고하였다. 회계직 같이 남성-지배적인 직업에 종사하는 여성은 높은 수준의 불안과 직무 관련 문제를 보고하는 경향이 있었다(Evans & Steptoe, 2002). 게다가 보다 전통적인 젠더 역할 지향성을 가진 남성은 전통적인 믿음을 덜 가진 남성보다 소득이 높았다(Judge & Livingston, 2008). 여성은 그 반대였다. 흥미롭게도 부모의 젠더 역할 역시 자녀의 미래 직업 선택에 영향을 주는 것으로 보인다. 한 연구에서는 어머니가 더 전통적인 젠더 역할 태도를 가지면, 그 아들이 성인이 되었을 때 젠더 유형화된 직업을 추구하는 경향이 있다는 것을 발견하였다(Lawson et al., 2015).

## 젠더 유형화의 성차

남성이 여성보다 젠더 고정관념에 더 얽매여 있듯이, 남아는 여아보다 놀이나 장난감 선택에 더 민감하다(Leaper & Farkas, 2015; Moller & Serbin, 1996). 남아의 젠더 고정관념적 장난감 선호는 연령이 증가하여도 지속적인 반면, 여아의 젠더 고정관념적 행동 관심은 줄어든다(Cherney & London, 2006). 게다가 남아는 여아보다 대상과 활동에 '극단적으로 강력한 흥미'를 발달시키고, 이러한 열정적 관심은 종종 젠더 고정관념적인데, 기차 수집, 집 짓기, 자동차 경주 등을 예로 들 수 있다(DeLoache et al., 2007).

여아가 트럭을 가지고 노는 것에 비하여 남아는 인형을 가지고 노는 것을 왜 덜 하는가? 한 가지 이유는 서구 문화에서 성인은 기본적으로 남성 중심적이기 때문이다. 남성은 여성보다 자신감 있고, 명예롭고, 지위가 높고, 모두 높은 지위를 추구할 수 있도록 지지받는다. 남성의 역할 역시 여성의 역할보다 더욱 명료하게 정의되어 있고, 남아가 남성적인 젠더 고정관념에 맞는 방식으로 행동하게 하는 압력이 여아에게 주어지는 것보다 더 크다. 남아는 '여자아이다운' 것에 거리를 두는데, 이는 만약 그렇지 않을 경우 다른 남아로부터 조롱받거나 부모로부터 비난받기 때문이다. 부모와 또래 모두 남아가 울거나, 싸움에서 물러서거나, 여아의 옷을 입거나, 인형이랑 노는 것 등을 비난한다. 반면, 부모와 또래는 여아가 종종 나타내는 분노 발작, 거친 신체놀이, 청바지, 청자켓 등을 입는 것, 그리고 트럭을 가지고 노는 것 등을 허용하는 경향이 있다. 한 조사에서 여성과 여아의 절반 이상은 아동기 특정 시점에 스포츠에 참여하고, 남아의 장난감을 가지고 놀았던 자신을 톰보이라고 묘사하였다(Morgan, 1998). 여성스러운 남아는 거절당하는 반면, 톰보이 여아는 보다 용인되었다(Halim et al., 2012).

## 젠더 유형

고정관념은 개인이 전형적으로 무언가를 하거나 혹은 해야만 하거나, 보여지거나 행동하는 특정 성향(남성 혹은 여성)에 대하여 사람들이 생각하는 방식이다. 우리 문화는 지속적으로 남성과 여성의 고정관념을 유지해 왔다. 전형적 남성은 환경을 통제하고 조작한다. 이들은 독립적이고 자립적이며, 강한 의지와 주장을 가지고 있고, 지배적이고 경쟁적이며, 결단력 있고, 직접적이고, 적극적이며, 모험적 · 세속적이고, 강할 것으로 예상된다. 남성은 스트레스를 받을 때조차 자신의 정서를 통제하고, 생각과 감정을 쉽게 분리할 수 있을 것으로 기대된다. 전형적인 여성은 친구, 연인, 가족에게 지지를 제공한다. 여성은 예쁘고, 사회적이고, 사랑이 많고, 예민하며, 사려 깊고, 부드럽고, 공감적이며, 감상적이고, 동정심이 있을 것으로 기대된다. 일반적으로 사람들은 대인관계에서 애정을 표현하고, 압력이 있을 때 불안을 보이며, 공격성과 성욕을 억제하는 것이 남성보다는 여성에게 더욱 적절하다고 여긴다(Prentice & Carranza, 2002; Seem & Clark, 2006). 젠더 고정관념은 아동에게도 적용된다. 여아는 사랑스럽고, 부드럽고 예뻐야 한다. 여아가 드레스와 보석으로 치장하고, 인형 및 주방 놀이 기구를 가지고 놀며, 자신의 외모에 대하여 염려하는 것과 달리 남아는 거칠고 과격하고 용기 있으며, 스포츠 및 비디오 게임을 좋아하고, 자동차, 총, 건축 장비 장난감, 액션 피겨를 가지고 노는 것을 기대받는다(De Caroli & Sagone, 2007; Leaper & Farkus, 2015; Miller et al., 2009).

아동은 성인 및 아동의 젠더 고정관념을 아주 어린 나이에서부터 인식한다. 한 연구에서 2세 아동은 화장처럼 정형화된 여성의 것을 하는 남성의 사진을 여성의 사진을 보았을 때보다 더욱 오래 응시하였다—이는 아동이 놀랐다는 것을 의미한다(Serbin et al., 2002). 고정관념에 대한 아동의 지식은 3~5세 사이 급격하게 증가하며, 학교 입학 전까지 상당히 발달한다(Signorella et al., 1993). 이 연령부터 7~8세까지 젠더 고정관념에서 아동은 상당히 유연하지 않다(Conry-Murray & Turiel, 2012; Ruble et al., 2006). 8~9세경 아동 대부분이 아직은 립스틱을 바른 남아 혹은 축구를 하는 여아와 친구가 되지는 않을 것이라고 말한다. 그럼에도 남성과 여성에게 수용될 만한 것이 무엇인가에 대해서는 점점 유연해진다. 고정관념 지식의 발달은 5학년까지 지속되며, 이는 아동이 남성, 여성, 여아 그리고 남아가 어떠해야 하는지 묘사하는 것에서 드러난다(Miller et al., 2009). 여아는 남아보다 고정관념에 더욱 해박하고, 아동 중기에 스스로에 대하여 더욱 유연해진다.

당신은 남녀에 관한 고정관념이 실제 행동에서 보여지는 젠더 차이와 상당히 일치한다는 것을 인식했을 것이다. 예를 들어, 여성이 남성보다 '정서적'이며 정서적으로 표현적인 경향이 있다는 고정관념이 있다. 하지만 고정관념은 그들이 평균 수준의 차이를 보일 때에도 문제가 있다. 전반적으로 여성이 남성보다 정서적으로 표현적일지라도, 어떤 여성은 아마 정서적으로 표현적이지 않을 수 있다. 만약 사람들이 고정관념 때문에 그녀가 정서적으로 표현적이기를 기대한다면, 이는 그녀가 해당 방식으로 행동하도록 압력을 주는 것이다. 게다가 타인이 그녀에게 갖는 구체화되지 않은 기대는 대인관계 및 상호작용에서 어려움을 발생시킬 수 있다.

1960년대 여성 운동으로 시작된 젠더 평등에 대한 염려에도 불구하고, 젠더 고정관념은 여전히 상당히 안정적으로 남아 있다. 태도는 변화되었겠지만, 과정은 여전히 냉혹하다. 소수의 변화에 대해 연구한 결과, 연구자들은 현재 남성은 1970년대 남성보다 자신들이 덜 거칠고 덜 공격적이라고 언급하는 경향이 있고(Spence & Buckner, 2000), 심리학 전공 학생들은 건강한 여성은 다정하고 보살피는 것—여성성의 전형적인 관점—뿐 아니라, 독립적이고 도전에 맞서는—남성에 대해 고정관념적인(Seem & Clark, 2006)—특성을 모두 가지는 것이라고 정의하였다. 하지만 직업에 대한 젠더 고정관념은 여전하다(Liben & Bigler, 2002). 아동과 성인 모두 여전히 의사, 치과의사, 자동차 정비공, 파일럿, 배관 기술자, 트럭 운전사, 소방관, 전기 기술자, 건축가, 경찰, 공학자는 남성이라고 생각하고, 사서, 간호사, 교사, 비서, 무용수, 미용사, 실내 장식가는 여성이라고 생각하였다(Oakhill et al., 2005; Wilbourn & Kee, 2010). 이처럼 직업에서의 젠더 차이는 젠더 역할 발달이 사회적 맥락에 얼마나 녹아들어 있는지 보여 주며, 남녀 지위와 힘의 차이를 반영한다(Wood & Eagly, 2002). 문화 간 연구는 이러한 고정관념이 미국뿐 아니라 다른 사회에서도 발생하는 광범위한 것임을 보여 준다(예: De Caroli & Sagone, 2007). 15개국(북미, 남미, 유럽, 아프리카, 아시아) 10~14세 450명을 대상으로 한 최근의 연구에서 연구자들은 경제적으로 부유한 나라이든 아니든 남아와 여아가 남녀에 대한 일반적인 고정관념을 공유한다는 것을 발견하였다(Blum et al., 2017).

하지만 젠더 고정관념에 얼마나 강하게 동의하는지에 있어서는 약간의 개인차가 있다. 대학 교육을 받은 여성은 그렇지 않은 여성에 비하여 여성성에 대한 고정관념적 시야를 덜 가지고 있었으며, 여성의 관점은 남성의 관점보다 덜 전형적이었다(de Pillis et al., 2008; Pasterski et al., 2011; Seem & Clark, 2006)—심지어 북미 이외의 국가에서도 이러한 경향이 있었다(예: in China; Wang & Liu, 2007). 고정관념에 있어 문화 간 차이도 존재하였는데, 이는 해당 문화에서 남성과 여성의 실제 지위를 반영한다. 예를 들어, 과학 분야를 하도록 지지받은 여성이 많은 문화권에서 사람들은 젠더와 과학에 대한 고정관념이 적었다(Miller et al., 2015). 이러한 차이에도 불구하고, 대부분은 공격성을 남아와 남성의 것으로, 대인관계 민감성은 여아와 여성의 것으로 본다(Dodge, Coie, et al., 2006; Eisner & Malti, 2015).

## 문화적 맥락: 젠더 고정관념에서 문화적 차이

젠더 고정관념은 모든 문화에서 나타나며, 문화 간 차이보다 유사성이 더욱 크다(Best, 2004). 그러나 젠더 고정관념은 남성-여성의 사회적 지위 격차가 큰 전통적인 문화에서 더욱 지배적인 것으로 보인다(Wood & Eagly, 2002). Thalma Lobel과 동료들(2001)은 대만의 중국 아동—사회적 역할, 개인 간 의존성, 그리고 사회적 맥락에 맞추기를 강조하는 전통적, 집단주의적, 위계적 문화—과 이스라엘의 아동—현대적이고, 개인주의적, 독립성과 자기-표현을 강조하고 개인적 목표와 흥미를 추구하는 평등한 문화—이 가진 젠더 고정관념에 관한 연구를 하였다. 연구자들은 중국 아동이 이스라엘 아동보다 젠더 고정관념에서 벗어나는 것을 덜 받아들이고, 덜 유연할 것이라고 예측하였다. 이를 확인하기 위하여 연구자들은 남성성 고정관념을 반영하거나, 여성성 고정관념을 보여 주는 남아 혹은 여아에 관한 이야기를 3학년 및 5학년에게 들려주었다. 각 아동은 하나의 이야기를 들었다. 남성적인-남아 이야기 조건에서 아동은 "너와 나이가 비슷한 싱밍(혹은 론)이라는 남아가 이 근처에 살고 있다. 그는 남자 친구와 어울리는 것을 좋아하고, 야구(혹은 축구)하는 것을 좋아한다. 싱밍은 종종 전쟁 게임(혹은 비행기를 조립)을 한다."라는 이야기를 들었다. 여성적인-여아에 관한 이야기도 남성적인-남아 이야기와 같은 구성이었으나, 인형을 가지고 노는 것 같은 여성적인 선택을 포함하고 있었다. 반대되는 고정관념 이야기에서 주인공은 젠더 고정관념에 위배되었다. 남성적인-여아 이야기에서 시우 메이(혹은 루씨)는 남아들과 야구(축구), 전쟁 게임(비행기 조립)을 하는 것을 좋아했다. 여성적인-남아 이야기에서 남아는 여아와 어울렸고 인형을 가지고 놀았다. 이 네 가지 이야기 주인공에 대한 아동의 태도를 평가하기 위하여, 연구자들은 각 주인공의 전형적인 남성적 특성(공격적, 강하고, 용감한), 전형적인 여성적 특성(부드럽고, 쉽게 울며, 꾸미는 것을 좋아하는 것)에 대해 평정하도록 요구하였다.

두 문화권 모두에서 아동은 남성적으로, 혹은 여성적으로 행동한 남자 주인공을 구분하였으나, 차이는 현대화된 이스라엘 문화보다는 전통적인 중국 문화에서 더욱 잘 나타났다. 연구자들은 연구 참여자들에게 이 이야기의 주인공이 또래들 간에 얼마나 인기가 있을지 물었다. 중국 아동은 남성성에 맞게 행동한 남아가 여성스럽게 행동한 주인공보다 더욱 인기 있을 것이라고 응답하였다. 이러한 차이는 이스라엘에서 더욱 적게 나타났다. 끝으로, 아동은 각 이야기에서 남아와 여아를 얼마나 좋아하는지, 얼마나 그들과 친구가 되고 싶은지, 그리고 다양한 활동에 그들과 함께 얼마나 참여하고 싶은지 응답하였다. 다른 평가와 마찬가지로 중국 아동은 남성적인 남아를 여성적인 남아보다 좋아하였고, 이는 이스라엘 아동보다 더욱 두드러졌다.

이러한 연구 결과들은 더 전통적이고 집단적 문화권의 아동은 남아가 젠더 고정관념을 위배할 때 덜 관용적이라는 것을 보여 준다. 전통적인 문화는 사회적 규준에 따르기를, 그리고 어떠한 위반도 엄격하게 판단하기를 강조한다. 집단적 문화는 사회적 규준과 동조의 중요성을 강조한다. 더욱이 위계적인 문화에서 개인은 자신의 역할에 충실하고, 타인의 역할을 의식하는 경향이 있다. 이러한 모든 특성은 젠더 일관성에 대한 관심을 증가시키고 젠더 위반적인 것이 두드러지는 행동이라는 것을 보여 준다.

하지만 Lobel의 연구 결과는 여아가 젠더 고정관념을 위반할 때 문화적 차이에 대한 증거는 미약하다는 것을 보여 준다. 중국과 이스라엘 아동 모두 인형을 가지고 노는 여아를 더욱 여성적이고 전쟁 게임을 하는 여아를 더욱 남성적이라고 생각하였고, 그들은 여성적인 여아를 남성적인 여아보다 더욱 좋아하였다. 그러나 아동은 여성적인 여아가 또래 사이에서 더욱 인기가 있을 것이라고 생각하지는 않았다. 서구 문화에서 이루어진 다른 연구 역시 남성적인 행동을 보이는 여아가 여성적인 특성을 가진 남아만큼 비판을 받지 않으며, 남성적 방식으로 행동한 여아는 여성적 방식으로 행동한 여아보다 덜 인기 있을 것이라고 인식하지 않음을 보여 주었다(Ruble et al., 2006). Lobel의 연구는 대만 여아의 반-고정관념적 행동에 대한 자유로움을 발견하였다. 서구화된 대만은 결과적으로 여아가 고정관념적인 남성의 행동을 보이는 것에 정적 강화된 것처럼 보인다. 전 세계적인 소통과 기술의 발전이 보다 많은 문화가 서로 젠더 고정관념에 대한 문화적 차이, 정보, 태도를 공유하는 것을 허용하게 되었고, 이로 인하여 남아들에 대한 젠더 고정관념에 대한 문화적 차이도 줄어들 수 있다.

## 젠더 차이의 생물학적 요인

남아와 여아, 그리고 남성과 여성의 특성 및 행동의 차이는 무엇에 의한 것인가? 생물학적 특성은 중요한 기여 요인이다. 생물학적 요인은 진화, 호르몬 기능, 유전적 요인, 뇌를 포함하며, 젠더 유형에 영향을 미친다.

### 젠더 정체성이 생물학적 성에 의해 결정된다고 생각하는가

대부분의 사람에게 젠더 정체성은 생물학적 성과 일치한다. 하지만 성전환자(transgender)에게 젠더 정체성은 자신의 생물학적 성과 일치하지 않는다. 이 사람들은 오래도록 불일치성을 지속적으로 경험한다. 그들은 보통 자신의 정체성이 하나의 성을 반영하지만, 성기 모양은 다르다는 점에서 깊은 불편감을 느끼는 젠더 불편증(gender dysphoria)으로 고통받는다. 만약 이들이 성에 대해 정의하지 않고 그냥 생물학적 성을 기반으로 산다면, 우울, 불안, 공포, 분노, 자해행동, 낮은 자존감 혹은 자살 충동을 자주 경험한다. 이러한 불일치는 한때 심리학적 장애로 고려되었다. 그러나 지난 몇십 년 동안, 젠더의 다양성에 대하여 사람들을 병리화하는 것에 대한 불편감이 증가하였다(Hill et al., 2007).

젠더 정체성 이슈는 보통 아동 초기에 시작된다(Mallon & DeCrescenzo, 2006). 성전환 아동은 반대 성처럼 옷을 입는 것을 선호한다. 그들은 반대 성의 게임 및 활동에 참여하고, 자신의 성에 일치하는 것은 피한다. 성전환 남아는 소꿉놀이, 공주 그림 그리기, 인형 놀이, 드레스 입고 꾸미기, 그리고 놀이 친구로 여아와 어울리기를 선호하고, 성전환 여아는 배트맨, 슈퍼맨 놀이, 야구, 하키, 그리고 다른 경쟁적인 스포츠를 하며, 남아들과 어울리는 것을 선호한다. 성전환 아동은 자신이 반대 성이 되는 것을 원했다고 주장한다. 또한 자신이 정의 내리지 않은 젠더를 나타내는 신체 부위에 대하여 부정적인 감정을 드러냈다. 여아는 아마도 남자 성기 모양대로 자라고, 소변기 옆에 설 것이라고 주장할 것이다. 남아는 여아가 되는 것, 변기에 앉는 것, 그리고 자신의 성기를 없애는 것에 대하여 환상을 가지고 있을 수 있다. 조이 로메로는 4세 때, 사람들에게 자신이 여자아이라고 말하기 시작하였다. 그는 핑크색과 가장 유사한 주황색 옷 입는 것을 좋아하였다. 5세 때, 그는 머리 자르는 것을 거부하였고, 종종 여자아이로 오해받았다. 또 다른 성전환 남아 브랜든은 유아였을 때부터 타월, 장식용 덮개, 스카프 등 자신의 머리를 감쌀 무언가를 집 안에서 찾기 시작하였다(Rosin, 2008). 그의 어머니는 마침내 그가 긴 머리를 가진 것처럼 느낄 만한 무언가를 원한다는 것을 알아챘다. 가족들과 함께 레스토랑에 갔을 때 브랜든이 처음으로 얘기한 완전한 문장은 다음과 같았다. 그는 화려한 빨강 드레스를 입은 여성을 향해 "나는 당신의 하이힐이 좋아요."라고 말하였다. 집에서 브랜든은 어머니가 입혀 주는 옷들을 찢어 버리곤 했으며, 어머니의 옷장에서 뭔가 입어 보는 것을 시도하였다. 장난감 가게에서 그는 바비 인형과 분홍색, 보라색 인형의 집이 있는 곳으로 곧장 향하였다. 어느 날 오후, 그는 욕조에 올라서서 거울을 보면서, 자신의 성기를 다리 사이에 끼운 채 춤을 추었다. 그리고 그는 행복한 음성으로 "이거 봐요, 엄마! 나는 여자아이예요."라고 말하였다. 어머니는 "브랜든, 신은 특별한 이유로 너를 남아로 만들었어."라고 말하였다. 브랜든은 주저하지 않고 "신은 실수한 거예요."라고 대답하였다.

2013년 6월, 남자아이로 태어났지만 자신을 여자로 정의내린 성전환 아동 코이 마티스(Coy Mathis)는 학교에서 여자 화장실을 사용하는 권리를 얻어 냈다. 성전환 지지모임은 이러한 결정이 성전환자 권리에 대한 대단한 진보라고 여겼다.

아동이 성전환에 대한 선호를 가지고 있다는 징후는 빠르면 2세 혹은 3세에서도 발견될 수 있으며, 성전환자들은 일반적으로 4세부터는 자신에게 주어진 젠더에 대하여 혼란과 불편감을 느꼈다고 공통적으로 보고한다(Vitale, 2001). 그러나 많은 성전환자는 사춘기나 성인기까지 성전환 성 정체성을 드러내지 않는다(Hines, 2006). 불행하게도 많은 성전환 청년은 적어도 부분적으로는 부정적 반응을 예상하기 때문에 자신의 젠더 이슈를 비밀로 하려고 애쓴다(Mallon & DeCrescenzo, 2006). 사실 성전환 청년들의 고백은 종종 부모들을 놀라게 하는데, 충격, 부정, 분노, 슬픔, 죄책감, 수치심, 그리고 청년들의 안전, 건강, 수술, 고용, 미래 관계에 대한 염려가 뒤따라 올 수 있다. 아버지는 어머니에 비해 자녀의 젠더 변형에 대한 수용이 종종 어려울 때가 있다(Wren, 2002). 어머니는 자녀의 비전형적인 젠더 정체성 발달을 정당한 것으로 보고, 연민과 돌봄 등의 방식을 찾는 경향이 있다. 자녀의 조건이 선천적인 것에 의한 것이고(생물학적), 길러진 것(가족 내 문제)이 아니라는 것을 믿는 부모의 경우 가장 잘 견디었고, 실제로 뇌의 성 분화(sex differentiation)가 젠더 다양성(gender variance)에 기여할 것이라는 증거들이 있다(Blackless et al., 2006). 점점 더 많은 연구에서 부모들이 젠더 정체성에 따라 자신을 표현하는 트랜스젠더 자녀들을 지지하고 있다는 것이 좋은 결정이라는 것(예: 브라이언은 집이나 학교에서 메간과 함께 어울리며, 머리를 기르고, 드레스를 입는다)을 보여 준다. 최근의 연구는 자신이 정의 내린 젠더대로 사는(자신이 타고난 생물학적 성보다) 성전환 아동이 자신이 정의 내린 젠더에 대하여 긍정적으로 느끼고, 정신건강 문제로 고통받지 않는다는 것을 보여 준다(Olson et al., 2015, 2016). 한편, 자녀의 성전환 문제를 거부하는 부모는 성전환 청년의 외로움과 우울 같은 적응 문제를 초래할 수 있다

(Yadegarfard et al., 2014).

젠더 불일치 젊은이들은 때때로 게이나 레즈비언 청소년과 혼동되어 왔다. 대부분의 성전환 청소년은 동일한 생물학적 성을 가진 사람들에게 매료되어 왔다(예: 생물학적으로 남성으로 태어났지만, 여성 젠더로 자신을 정의 내린 청소년은 대부분 남성에 의해 끌릴 것이다). 그러나 아동이 성인이 되어서도 자신을 트랜스젠더로 계속 인식할지, 그리고 어떤 성에 끌릴지 확실하게 판단할 수 없기 때문에, 젠더 불일치 아동들은 성인들처럼 반대 성의 호르몬 치료를 하지 않는다. 최근 의사들은 사춘기 발현을 억제하고 발달을 지연시키는 상태를 만들어 아동이 자신의 미래에 대한 결정을 사춘기 후반까지 미룰 수 있도록 하는 약물로 아동을 치료하기 시작하였다(Cohen-Kettenis et al., 2008). 그러나 사춘기 발현 억제제의 장기적 효과는 여전히 분명하지 않고 계속 논란이 되고 있는 치료법이다(Mahfouda et al., 2017). 조이는 테스토스테론 차단제를 복용하기 시작했고, 13세에 여성 호르몬을 투여할 계획이다. 우리가 젠더 불일치에 대하여 더 많이 알게 된다면, 우리는 부모, 의사, 그리고 사회가 이를 다루는 방식에 상당한 변화를 보게 될 것이다(Byne et al., 2012).

## 진화이론과 젠더 발달

진화이론은 자연 선택과 적응의 원리를 강조한다. 이 원리들은 한 개인의 유전이 다음 세대로 전달될 가능성을 증가시키는 개인의 젠더 유형화된 행동을 설명하기 위한 젠더 발달에 적용될 수 있다. 한 세대에서 다음 세대로 유전이 전이되려면, 인간은 재생산을 성공케 하는 짝짓기 전략이 필요하다. 남성은 다른 남성과 경쟁에서 이기기 위하여 공격적이고, 경쟁적인 기술을 필요로 한다. 여성은 자원을 제공하고 자손을 보호하는 상대에게 매력적으로 보여야 하는 전략이 필요하다. 여성은 또한 양육에 전념하기 위한 기술과 흥미 역시 필요로 한다(Buss, 2000; Geary, 2006, 2015). 진화이론에 따르면, 이러한 두 가지 상호보완적 전략은 동물 및 인간 행동에서 젠더 차이의 진화, 즉 남성의 힘, 강함, 그리고 공격성의 표현, 여성의 외모에 대한 관심, 돌봄 기술 등의 발달을 이끌었다. 이는 또한 여성이 자신의 부정적 정서를 개방적으로 표현할 수 있는 이유가 될 수도 있다. 눈물을 보이거나 슬퍼 보이는 것은 친밀하고, 특별한 역동적 관계를 유지하는데, 그리고 특히 적대적 환경 속에서 사회적 네트워크 및 가족 구성원들로부터 정서적 지지를 얻는데 도움이 되는 기능일 수 있다(Vigil et al., 2010).

그러나 진화론적 설명은 한계가 있다. 첫째, 검증이 어렵다. 둘째, 여성 및 남성을 집단으로 설명할 때는 가능하나, 개인차를 설명하지는 못한다. 셋째, 기술 발달로 인하여 크기 및 힘 등 남-여 차이가 상대적으로 작아진 젠더 역할의 급격한 최신 변화를 설명하지 못한다. 넷째, 문화 비교 연구는 문화에 따라 젠더 역할에서 상당한 다양성이 있다는 것

### 극단적 사례로부터의 통찰: 미국의 첫 번째 성전환자

채즈 보노(Chaz Bono)가 〈스타와 함께 춤을(Dancing with the Stars)〉에 출연하기 훨씬 전에 언론의 관심은 크리스틴 요르겐센(Christine Jorgensen)에게 집중되었다. 1926년 5월 30일 뉴욕에서 태어난 조지 윌리엄 요르겐센 주니어 크리스틴(George William Jorgensen Jr., Christine)은 성전환 수술을 받은 최초의 잘 알려진 사람이었다(Meyerowitz, 2002). 요르겐센은 어렸을 때 주먹다짐이나 거친 놀이에는 관심이 없었다. 1945년 그는 군대에 징집되었고, 집으로 돌아왔을 때 여성 호르몬인 에스트라디올(estradiol)을 복용하기 시작했다. 그는 의사가 성전환 수술을 시행하고 있는 스웨덴으로 갈 생각이었으나 코펜하겐에서 덴마크의 내분비학자인 크리스티앙 함부르거(Christian Hamburger) 박사를 만났다. 그는 결국 덴마크에 머물게 되었고, 힘부르거 박사의 지시에 따라 호르몬 대체 요법, 그리고 고환과 음경을 제거하고 음부를 형성하기 위한 일련의 수술을 받았다. 1952년 12월 1일 뉴욕 데일리 뉴스(New York Daily News)는 1면 기사를 통해 "군인이었던 자가 금발의 미인이 되다"라는 제목으로 요르겐센이 '성전환'의 첫 번째 수혜자가 되었다고 발표하면서 언론의 돌풍이 일었다. 이 주장은 사실이 아니었다. 이러한 형태의 수술은 1920년대 후반, 그리고 1930년대 초반 독일 의사들에 의해 시행된 바 있다. 요르겐센의 사례에서 다른 점은 추가적인 호르몬 요법이 시행되었다는 점이다.

1953년 2월 요르겐센이 뉴욕에 돌아왔을 때, 그녀는 즉각적인 유명인사가 되었다. 그녀는 명성을 이용하여 성전환자들의 대변인이 되었고, 1970년대에는 대학 캠퍼스를 돌며 자신의 경험에 관해 이야기했다. 그녀는 직설적이고 재치 있는 것으로 알려졌으며, 미국 부통령인 스피로 애그뉴(Spiro Agnew)가 특정 정치인을 '공화당의 크리스틴 요르겐센'이라고 부르자 사과를 요구한 적이 있다. 요르겐센은 배우 및 나이트클럽 엔터테이너로 일하면서 노래를 불렀고, 명확하게 "나는 소녀가 되는 것이 즐겁다."라고 하였다. 그녀는 1982년까지 연기를 계속했다. 1989년 그녀가 사망하던 해에 요르겐센은 성혁명에 대해 "바지를 멋지게 빨리 걷어찼다."라고 말했다.

그녀는 또한 한 개인의 젠더 정체성이 그 사람의 성 염색체와 항상 일치하는 것은 아니며, 이 사람들이 한 성에서 다른 성으로 성공적인 심리적 전환을 할 수 있다는 것을 젠더 연구자들에게 보여 주었다. 그녀의 용기 있는 행동은 다른 사람들에게 성전환자의 충동을 표현하도록, 사회가 젠더의 다양성을 받아들이기 시작하도록, 그리고 연구자들이 젠더의 복잡성을 연구할 수 있도록 문을 열어 주었다.

을 보여 주는데, 이는 진화론의 가정에 도전하는 것이다(Wood & Eagly, 2002). 끝으로, 진화이론은 환경의 역할을 모두 포용하는 상호적 관점보다 지나치게 유전적 결정주의와 연결되어 비판을 받아 왔다(Lickliter & Honeycutt, 2003).

## 호르몬과 사회적 행동

호르몬 역시 젠더 차이 및 젠더 유형에 기여하는 생물학적 요인이다. 성적 특성 및 재생산 기능과 관련된 호르몬은 영아 초기부터 남성과 여성에게 다른 농도로 나타난다. 테스토스테론(testosterone)은 가장 강하고 핵심적인 남성 호르몬이다. 에스트로겐(estrogen)과 프로게스테론(progesterone)은 핵심적인 여성 호르몬이다. 각 성은 이 호르몬들을 상당한 수준으로 가지고 있으며, 반대 성의 호르몬도 약간 가지고 있다. 즉, 남성은 높은 수준의 테스토스테론과 낮은 수준의 에스트로겐 및 프로게스테론을, 여성은 높은 수준의 에스트로겐과 프로게스테론 및 낮은 수준의 테스토스테론을 가진다.

이 호르몬은 태아의 생물학적, 심리학적 경향을 남성적이거나 혹은 여성적인 것으로 조직화하고, 사춘기 호르몬의 급등은 이러한 초기 경향성을 활성화시킨다(Hines, 2004, 2011, 2015). 호르몬이 남성과 여성의 사회적 행동에 이바지하는 것은 동물 연구에서 분명히 증명되었다. 예를 들어, 임신한 원숭이를 대상으로 한 연구에서 연구자들이 임신 2분기 원숭이에게 테스토스테론을 주입했을 때, 이 원숭이들이 출산한 암컷 새끼 원숭이들은 위협적 몸짓, 기어오르는 행동, 거친 놀이같은 수컷 원숭이의 특징적인 사회적 행동 패턴을 보여 주었다(Young et al., 1967). 연구자들이 정상적으로 출생한 암컷 원숭이에게 남성 호르몬을 투여하였을 때, 이들 역시 보다 주장이 강하고, 때로는 심지어 원숭이 무리에서 가장 우세한 지위를 차지하기도 하였다(Zehr et al., 1998).

인간 대상 연구 역시 호르몬 수준의 효과를 보여 준다. 예를 들어, 비정상적으로 높은 수준의 안드로겐(androgen)을 보이는 여자 태아는 전통적인 남성적 행동과 흥미를 보였다(Money, 1987; Money & Ehrhardt, 1972). 이들은 공놀이 같은 활발한 신체적 활동을 즐기는 한편, 인형을 가지고 놀거나, 아이를 돌보는 것에는 관심을 거의 보이지 않았다. 또한 단순한 옷을 선호하며, 화장품, 보석, 혹은 머리 모양에 대해서 관심을 거의 보이지 않았다. 이들의 관심은 남아의 관심사와 더욱 비슷했을 뿐 아니라, 성욕과 성취에 대한 주장과 태도 역시 남아와 유사하였다. 태내에서 안드로겐에 과잉 노출된 여아(androgenized girls)에 대한 추가 연구 결과, 그들은 보통 남아가 선호하는 장난감을 선호하였고, 거친 놀이 등 남아에게 더 많이 나타나는 행동을 보여 주었다(Berenbaum, 2018; Berenbaum & Snyder, 1995; Hines, 2015; Reiner & Gearhart, 2004). 태아기에 안드로겐 노출이 높을수록 남성적인 놀이 및 활동에 대한 여아의 선호 역시 강하게 나타난다(Berenbaum, 2001; Servin et al., 2003). 부모들이 여성적인 놀이를 격려하는 노력에도 불구하고, 남성성에 관한 선호는 지속되었다(Pasterski et al., 2005). 또 다른 연구는 음경은 없지만 유전적으로 남성으로 태어나서 여아처럼 길러진 경우 전형적인 남성 행동을 보인다는 것을 발견하였는데, 이는 아마도 높은 수준의 테스토스테론 때문일 것이다(Reiner & Gearhart, 2004). 실제로 높은 수준의 태내 테스토스테론은 남아 및 여아 모두에게 보다 남성 전형적인 놀이를(Auyeung et al., 2009), 3~12세 여아의 낮은 공감과 높은 공격성을 예측한다(Pasterski et al., 2007). 이 연구들은 호르몬이 젠더 역할 발달에 중요한 역할을 한다는 것을 분명히 증명한다(Hines, 2015).

## 젠더와 뇌

남성과 여성의 뇌는 차이보다 유사성이 높음에도 불구하고, 구조와 기능에서 몇 가지 흥미로운 차이가 있다([그림 9-3]; Cahill, 2006; Hines, 2015; Ritchie et al., 2018; Yamasue et al., 2009). 연구자들은 이를 뒷받침하는 증거로 남성의 경우 평균적인 회백질 대 백질의 비율이 여성보다 상대적으로 크다는 것을 발견하였는데(J. S. Allen et al., 2003), 특히 사회적 두뇌 영역에서 그러하였다(Yamasue et al., 2009; 제2장 '생물학적 기초'의 [그림 2-4] 참조). 뇌 영상 연구는 여성의 경우 뇌의 사회적 영역에서 남성보다 더 많은 활성화가 일어난다는 것을 보여 주었다. 예를 들어, 재미있는 만화를 보거나, 농담을 들었을 때(Chan, 2016) 좌측 전두엽 피질(left prefrontal cortex)이, 도박 게임에서 상대방이 돈을 잃은 것에 대해 더욱 공감적으로 반응할 때 중앙 전두엽 피질(medial frontal cortex)이 활성화되었고(Fukushima & Hiraki, 2006), 하전두엽(inferior frontal cortex)은 얼굴 정서 단서에 기초한 의사결정을 내릴 때 활성화되었다(Hall et al., 2012).

뇌 영역에서 또 다른 성차는 정서 처리에 주요 역할을 하는 두뇌 구조인 편도체(amygdala)에서 나타난다(Hamann, 2005). 남성이 여성보다 더 큰 편도체를 가지고 있음에도 불구하고(전체 두뇌 크기에 맞춰 조정됨), 여성은 상대적으로 보다 큰 안와전두 영역(orbital-frontal region)을 가지고 있는데(Gur et al., 2002) 이는 편도체 정보 입력을 조절하는 역할을 한다(LeDoux, 2000). 즉, 여성이 정서 입력을 조절하는 데 이용할 수 있는 피질을 상대적으로 더 많이 가지고 있음을 의미하며, 이는 여성이 정서를 더 효율적으로 처리하고 정서 기억 통합을 잘할 수 있다는 것을 뜻한다. 또한 인간의 거울 뉴런 체계에서도 성차에 관한 연구들이 누적되었는데, 여성은 남성보다 강한 공감적 반응을 보인다(Cheng et al., 2006; Schulte-Rüther et al., 2008; Yang et al., 2009). 남성에 비해 여성은 익숙한 부정적 이미지에 대하여 편도체의 지속적 반응을 보이는데 이는 높은 수준의 기분 장애와 연관된다(Andreano et al., 2014).

두뇌 반구에 작동하는 두뇌 기능의 정도는 남성과 여성의 또 다른 차이이다. 제2장에서 논하였듯이, 대부분 사람의 우반구는 시각, 얼굴, 정서 표현과 같은 사회-정서 정보 처리에 관여하며, 좌반구는 언어 정보 처리 역할을 한다. 남성의 뇌는 여성의 뇌보다 편재화되어 있는데, 좌반구의 언어 처리 및 우반구의 시각 정보 처리에 더욱 특화되어 있다고 제안되어 왔다(Tomasi & Volkow, 2012). 모든 연구가 편재화의 성차를 보여 준 것은 아니지만, 이러한 연구 결과는 음운정보 처리(Lindell & Lumb, 2008; Sommer et al., 2008), 그리고 시각 처리(Bourne, 2008) 등의 뇌 이미지 연구에서 확인되었다. 심지어 영아도 단어 이해 과제에 대한 편재화의 성차를 드러냈다(Hines, 2004, 2015). 그뿐만 아니라 좌반구에 손상을 입은 남성은 좌반구에 손상을 입은 여성에 비하여 언어적 결함을, 그리고 우반구 손상을 경험한 남성은 우반구 손상을 경험한 여성에 비하여 공간 결함을 더 많이 경험하는 경향이 있었다(Halpern, 2000). 두 반구 간 정보 전달이 가능하도록 이를 연결하는 섬유 묶음인 뇌량의 끝부분은 남성보다 여성이 더 크며(Driesen & Raz, 1995), 이는 여성에게 적은 편재화를 설명해 줄 수 있다. 종합하면 이러한 연구들은 남성과 여성의 뇌가 구분되는 특색이 있다는 점을 뒷받침해 주고, 여성이 갖는 사회적, 정서적 이점에 관해 설명하는 것을 가능케 한다.

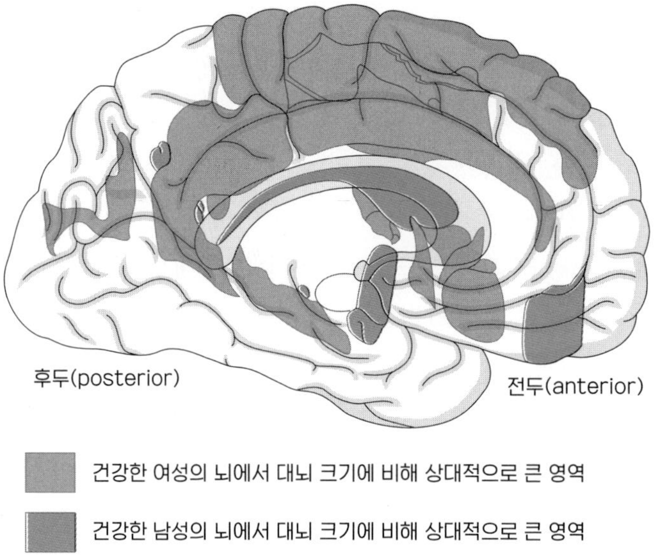


[그림 9-3] 뇌 구조에서 성차

출처: Cahill, 2006, adapted from Goldstein, J. M., Seidman, L. J., Horton, N. J., Makris, N., Kennedy, D. N., Caviness, V. S., … , and Tsuang, M. T. (2001). Normal sexual dimorphism of the adult human brain assessed by in vivo magnetic resonance imaging. *Cerebral Cortex, 11*, 490–497.

## 젠더의 유전

2008년 스웨덴 연구팀은 인간 두뇌의 유전적 차이에 관한 광범위한 연구 결과를 발표하였다(Reinius et al., 2008). 그들은 여성의 뇌와 비교하여 남성의 뇌에서 달리 발현되는 1,349개의 유전자를 발견하였고, 이는 뇌의 성차가 유전적으로 프로그래밍화되어 있다는 것을 밝히는 강력한 증거가 되었다. 인간의 유전자 표현에서도 명백한 젠더 차이가 존재한다는 것이 최신 연구에서도 확인되었다(Gershoni & Pietrokovski, 2017). 1970년 그리고 1980년대에 젠더는 근본적으로 사회적 구성에 의한 것으로 여겨졌다. 아동은 어떻게 '젠더에 맞게 하는 것인지'를 배웠고—남아는 트럭을, 여아는 인형을 가지고 놀아야만 한다는 것을 배웠다. 비교적 최근까지도 과학자들은 유전자 표현의 성차가 X와 Y염색체상의 유전자에 한정될 것이라고 가정하였다.

> 엠마의 어머니는 자신의 셋째 자녀가 첫 아들이라는 것을 알았을 때, 에이든의 어머니가 자동차와 트럭에 대해 어떻게 배웠는지 물었다. "에이든이 가르쳐 줬으니 네 아이도 너한테 가르쳐 줄 거야. 에이든이 태어나기 전에, 나는 남아와 여아의 차이가 완전히 사회적으로 결정되는 것이라고 믿었어. 하지만 지금 나는 그렇지 않다는 것을 알고 있지. 에이든은 박제된 동물들을 사랑하고, '오늘 밤 요리사는 나야.'라고 하며 저녁 식사 준비를 같이하곤 해. 하지만 그는 처음부터 움직이고 굴리는 것들에 매료되었어. 그는 장난감 자동차 바퀴에 얼굴을 가까이 대고 바퀴가 돌아가는 것을 보는 것을 좋아해. 내 남편은 Y 염색체에 트럭 유전자가 있다고 농담도 해. 너도 곧 알게 될 거야."

그러나 우리는 이제 46개의 염색체에 흩어져 있는 유전자가 남성과 여성의 뇌에서 다르게 표현된다는 것을 알고 있다. 우리는 또한 개인의 행동이 젠더 유형화되어 입력되는 정도가 유전적 요인과 관련이 있다는 것을 알고 있다. 약 4,000명의 3세 아동을 대상으로 한 연구에서 행동 유전학 연구자들은 총을 좋아하고, 군인 놀이를 하고, 거친 놀이를 즐기고, 집안 놀이를 하고, 옷을 입고, 예쁜 것을 좋아하는 등의 젠더 유형화된 행동에서 이란성 쌍생아보다 일란성 쌍생아의 상관관계가 더 높다는 것을 발견하였다(Iervolino et al., 2005). 중간 정도의 유전적 영향이 특히 여아에게 발견되었고, 강력한 환경적 영향은 남아에게 특히 확인되었다. 남아가 환경으로부터 많은 영향을 받는 이유는 남아가 젠더에 맞지 않는 행동을 할 때 부모나 또래가 강력한 피드백을 제공하고, 더 많이 비판하는 경향이 있기 때문일 것이다(Ruble et al., 2006). 또한 남아는 반대 젠더 유형의 놀이를 하는 것에 대하여 다른 사람들이 '나쁜 것'으로 생각할 것이라 믿는 경향이 여아보다 더 높았고, 이러한 믿음에 더욱 영향을 받았다(Banerjee & Lintern, 2000). 또 다른 쌍생아 연구에서, 젠더 전형적 가치를 가진 아동(또다시 여아에게 특별히)에게서 중간 정도로 높은 유전성이 발견되었다(Knafo & Spinath, 2011). 이는 여아가 타인을 돌보는 것, 그리고 남아가 힘과 성취에 가치를 두는 것을 의미한다. 그러나 타인을 돌보는 것에 가치를 두지 않는 비전형적인 가치를 가진 여아에게도 강한 유전성이 있었다. 그리고 타인을 돌보는 것을 중요하게 여기는 비전형적인 가치를 가진 남아에게는 유전성이 발견되지 않았다. 다시 말해 남아는 여아보다 환경의 영향을 더 많이 받는다.

## 생물학 그리고 문화적 기대

아동기에서 성인기까지 모든 연령대에서 여성은 남성보다 영아에게 관심을 보인다. 여성은 아기를 갖는 데 강한 열망을 경험한다. 남성도 이러한 열망이 있지만, 여성만큼 강렬한 수준은 아니다(Brase & Brase, 2012). 아기를 돌보도록 요청받았을 때, 남아는 아기를 수동적으로 바라보는 경향이 있는 반면, 여아는 아기를 돌보는 것에 더욱 관여하는 경향이 있었다(Berman, 1987; Blakemore, 1990). 아동, 청소년, 성인 초기, 중년, 혹은 노년에 상관없이 여성은 아기 사진 보는 것을 좋아하였고, 그들의 선호를 언어적으로 표현하였다(Maestripieri & Pelka, 2002). 성인에게 두 아기 중 귀여운 아기를 선택하라고 하면 여성은 확실히 할 수 있지만, 남성은 어려움을 겪는다(Lobmaier et al., 2010). 게다가 이러한 차이는 여성의 월경 주기 중 배란기에 더욱 두드러졌는데, 이는 호르몬이 중요한 역할을 함을 보여 준다(Lobmaier et al., 2010). 이러한 연구 결과들은 젠더 차이의 생물학적 설명과 일치한다. 여성이 남성보다 양육 행동에 관여한다고 주장한 진화론적 관점과도 일치한다. 또한 모유 수유를 가능케 하는 신체적, 호르몬 요소들이 여성이 영아와 아동의 신호에 더욱 반응적이도록 프로그램화되어 있다. 하지만 이러한 행동적 경향성은 문화적 기대와 훈련 때문일 수도 있다(Parke & Cookston, 2019). 청소년과 성인의 젠더 기반 차이는 사람들이 그들이 어떻게 행동하는지 관찰하는 상황보다, 혼자 있는 사적인 조건에서 덜 두드러졌다(Berman, 1987). 연구자들이 영아 울음에 대한 성인의 반응성을 혈압 변화, 피부 전도율, 혹은 자율신경계와 같은 암묵적 방식으로 측정하였을 때, 어머니와 아버지

간 차이를 발견하지 못하였다(Frodi et al., 1978; Lamb, 2004). 아기에 대한 젠더-관련 반응은 생물학적, 진화론적 프로그래밍뿐 아니라 문화적 조건에 의해서도 영향을 받는다.

## 젠더 유형화에서 인지적 요인

젠더 유형화는 인지적 요소에도 기반을 두고 있다. 아동 자신의 젠더, 젠더 역할, 그리고 젠더 규칙에 대한 이해는 젠더 유형화에 기여한다. 젠더 유형화의 인지적 기초를 설명하고자 한 초기 시도 중 하나는 Sigmund Freud(1905)가 제안한 것으로, 이에 따르면 아동은 자신의 성적 신체 구조(sexual anatomy)에 대해 호기심을 갖고, 남성과 여성의 성적 신체 구조를 알게 되는 5~6세경 자신의 젠더 정체성을 형성한다. Freud는 아동이 젠더 정체성 형성 후, 자신과 동일한 성의 부모를 **동일시**(identification)하는 과정을 거쳐 여성성 혹은 남성성에 부합하는 특성과 행동을 습득한다고 제안하였다. 젠더 유형에 대한 최신 설명은 인지발달에 대한 두 가지 주요 이론적 접근에 기반을 둔다. 인지발달이론에 따르면 아동은 신체적, 행동적 단서에 기초하여 자신을 여성 혹은 남성으로 유형화하고, 젠더에 적절하다고 이해한 방식으로 행동하여 6세 혹은 7세경 보다 안정적인 젠더 유형화를 형성한다. 정보 처리 **젠더 도식 이론**(gender-schema theory)에 따르면, 아동은 젠더 차이에 대한 자신의 순수이론(naive theory)을 발달시키기 시작하고, 2~3세경 젠더 부합 행동에 대한 도식을 형성한다. 이 두 이론은 모두 아동이 환경에서 제공되는 정보를 인식하고 해석하는 데, 그리고 자신의 젠더 발달에 대한 이해를 돕는 환경을 형성해 나가는 데 적극적 역할을 한다고 가정한다. 이 두 이론은 언제 아동이 다른 유형의 젠더 정보를 습득하는지, 어떻게 지식이 젠더 역할 활동 및 행동을 수정해 나가는지에 대한 아이디어는 다르다. 우리는 이 두 가지 인지이론을 다음 절에서 논할 것이다.

### 인지발달이론

Lawrence Kohlberg(1996)는 **젠더 유형화 인지발달이론**(**cognitive developmental theory of gender typing**)을 통하여 아주 어린 나이부터 아동은 남성과 여성의 역할을 구분하기 시작하고, 자신을 반대 성 모델보다는 동일 성과 더욱 유사하게 인식한다고 제안하였다. 이러한 과정은 의도적인 가르침 없이도 Freud가 제안한 동일시 과정 이전에 시작된다.

머리 모양, 옷 등 신체적, 행동적 단서를 사용하여 아동은 자신을 남성 혹은 여성으로 유형화한다. 그리고 그들은 젠더에 부합하는 방식으로 행동하는 것, 그리고 동일-젠더 모델을 따라 하는 것이 보상적인지 확인한다. 예를 들어, 여아는 다음과 같이 생각한다. '나는 아빠나 남자 아동보다는 엄마나 여자 아동 같으므로 나는 여자야. 그러므로 나는 여자 아동처럼 옷 입기를, 그리고 여자 아동용 게임을 하고, 여자 아동처럼 느끼고 생각하기를 원해.' 아동의 실제 젠더—자신이 자신을 스스로 어떻게 보는가—와 그들의 행동, 가치의 일치는 자존감에 결정적이다.

Kohlberg에 따르면, 모든 아동은 젠더 이해 3단계를 거친다. 첫째, 2~3세 사이, 아동은 자신이 여자 혹은 남자라는 것을 인식하면서 기본적인 젠더 정체성을 습득한다. 둘째, 4~5세경, 아동은 남성은 남성으로, 여성은 여성으로 남는다는 젠더 안정성의 개념을 습득한다. 어린 남자 아동은 자신이 엄마처럼 성장할 수 있다는 생각을 더 이상 하지 않으며, 어린 여아는 슈퍼 히어로처럼 되고 싶다는 소망을 포기한다. 셋째, 6~7세경, 아동은 외모에서의 인위적인 변화 혹은 활동이 젠더를 변화시키지 못한다는 젠더 불변성 인식을 습득한다. 심지어 여아가 청바지를 입고, 축구를 하거나 남아가 긴 머리를 하고 자수 놓는 것에 흥미를 가진다 하여도 아동은—또래를 인식하는 방식도 마찬가지이다—젠더가 불변하는 것으로 인식한다. Kohlberg는 젠더 불변성이 젠더 유형화 선택에 영향을 주기 때문에 이러한 달성이 중요하다고 주장하였다.

Kohlberg 이론을 검증한 연구자들은 남아 및 여아 모두 첫 번째로 젠더 정체성을, 그 다음으로 젠더 안정성을, 그리고 마지막으로 젠더 불변성을 습득한다는 것을 확인하였다(Chauhan et al., 2005; Martin & Little, 1990; Ruble et al., 2006). 북미 외의 다른 문화권의 아동은 젠더 이해에서 유사한 과정을 보였으나(Munroe et al., 1984), 비산업화된 문화 그리고 저소득 가정의 경우에는 미국이나 캐나다 중산층 아동보다 1년 정도 늦게 도달하였다(Frey & Ruble, 1992).

아동은 언어나 표식을 이해할 수 없는 영아기 때부터 남성과 여성을 별개의 범주로 인식하기 시작한다. 한 연구에서 12개월 영아의 75%는 남성과 여성의 얼굴이 별개의 범주에 속한다는 것을 인식할 수 있었다(Leinbach & Fagot, 1993). 이는 자신이 이 범주 중 어디에 속하는지 인식하는 것과 같은 것은 아니지만, 이러한 결과는 젠더 이해 과정이 Kohlberg가 제안한 것보다 더 일찍 시작된다는 것을 시사한다. 여아, 남아와 같은 젠더 표식 이해 능력은 뒤떨어진 것이 아니다. 아동의 언어에 관한 부모 일기를 이용한 연구에서, 연구자들은 17개월 아동의 25%, 21개월 아동의 68%가 젠더 표식—여아, 남아, 여성, 남성, 아가씨, 사나이—을 사용한다는 것을 밝혔다(Zosuls et al., 2009). 젠더 표식을 알고 사용하는 아동은 모두, 더 많은 젠더 유형화된 놀이를 하였다. 그러나 2세 아동은 젠더 정체성에 대하여 아직은 매우 제한된 이해를 보였다(Fagot & Leinbach, 1993). 어떤 활동이나 대상이 각각의 젠더와 연관된다는 것을 인식한다고 하여도—예를 들어, 남성은 넥타이를, 여성은 치마를 입는 것—이는 3세 때 자기 자신을 다른 아동과 마찬가지로 개념화하고, 또 젠더 종류 혹은 집단에 속하는 것을 아는 것에는 미치지 못한다. 심지어 혼란은 지속될 수 있다. 다음 4세 남아 간 대화를 보자. 레오는 어린이집에 여아용 머리핀을 하고 온 제레미에게 "여자만 머리핀을 할 수 있어."라고 비난하였다. 제레미가 바지를 내려서 자신이 남자 아동이라는 것을 보여 주었을 때, 그의 다른 학급 친구가 "모두 다 음경이 있어. 여아만 머리핀을 하는 거야."라고 대꾸하였다(Bem, 1983, p. 607).

생식기에 대한 지식은 젠더 불변성 이해를 결정하는 데 중요하다. Sandra Bem(1989)은 학령전기 아동에게 해부학적으로 정확한 나체 여아 및 남아 사진을 보여 주었다. 그리고 아동에게 동일한 아동이지만 그 아동의 성에 적절하거나, 혹은 반대 성에 적절한 사진을 보여 주었다. 남아가 드레스를 입거나, 여아가 바지를 입었을 때도, 거의 40%의 아동이 그 아동의 정확한 젠더를 밝혀냈다. Bem이 학령전기 아동의 생식기 차이에 대한 성별 간 이해를 조사했을 때, 생식기에 대한 지식을 가진 아동의 60%가, 그러나 생식기에 대한 지식이 없는 경우는 10%만이 젠더 불변성을 이해한다고 보았다. 아동은 젠더 불변성의 개념을 타인에게 적용하는 것보다 조금 앞서 자신에게 적용한다. 학령전기 아동은 자신의 젠더 불변성을 4.5세경 달성하지만, 이러한 개념이 다른 아동에게 적용된다는 것은 5.5세까지 이해하지 못한다(C. L. Martin et al., 2002).

## 젠더 도식 이론: 정보 처리적 접근

**젠더 도식 이론**(gender-schema theory)에 따르면, 아동은 젠더 차이 및 젠더 역할과 관련된 경험을 조직화하고 구조화하는 것을 돕는 도식(schema)을 발달시킨다(Martin & Ruble, 2010). 어떤 장난감과 활동이 남아 혹은 여아에게 '적절한 것'인지, 그리고 어떤 직업이 남성 혹은 여성을 '위한 것'인지 일반화된 내용은 아동이 환경 속에서 이러한 정보를 발견하고, 해석하는 법을 알려 준다.

아동은 부모, 또래, 문화적 고정관념이 제공하는 정보를 스스로 지각하고 이에 기초하여 도식을 발달시킨다. 아동은 행동을 설명하고 평가하는 데 젠더 도식을 사용한다. 예를 들어, 우유를 쏟은 아동 이야기를 들었을 때, 아동은 이야기의 주인공이 남아일 때 더욱 부정적으로 평가하였는데, 이는 남아들이 나쁘게 행동한다는 고정관념 때문이다(Giles & Heyman, 2004). 아동은 부상의 위험성을 남아보다 여아에게 더 높은 것으로 평가하였는데, 이는 여아가 더욱 약하다는 고정관념 때문이다—심지어 남아가 여아보다 실제로 더 많이 다침에도 불구하고 말이다(Morrongiello et al., 2000). 젠더 도식과 아동 행동 간 관계는 자신 고유의 성과 관련된 정보에 선택적으로 주의를 기울이고 기억하는 것을 통해, 그리고 동일-성을 가진 다른 사람들과 비슷해지고자 하는 동기에 의해 일어나는 것으로 여겨진다(Martin & Ruble, 2010).

젠더 역할 도식이 아동이 바라보는 것에 어떻게 영향을 미치는지 살펴보기 위하여 연구자들은 5~6세 아동에게 젠더 일치(예: 남아가 기차를 가지고 노는 것) 혹은 젠더 불일치한 활동(예: 여아가 나무에 톱질하는 것)을 하는 남녀 사진을 보여 주었다(Martin & Halverson, 1983). 그리고 1주 후 아동에게 사진을 회상하도록 요청하였다. 아동이 젠더 불일치한 사진에 대하여 설명할 때, 아동은 젠더 혹은 주인공을 바꾸는 방식으로 정보를 왜곡하는 경향이 있었다. 반면, 젠더 일치 사진을 회상할 때, 아동은 더욱 정확하게 보고하였으며 자신의 기억에 대하여 신뢰감을 가졌다. 또 다른 연구도 이와 유사한 결과를 보여 준다. 여아는 남아보다 여성스러운 인형, 또래 그리고 행동을 더 쉽게 회상하였다. 남아는 남성적인 인형, 또래 그리고 활동을 더 잘 기억하였다(Martin, 1993; Signorella et al., 1993). 사실상 아동은 남성 혹은 여성으로서 자기상(self-image)과 일치하는 남성적, 여성적 특성을 기억하고 발달시킴으로써 '성차별적인 자기 사회화(sexist self-socializer)'를 이룬다.

젠더 도식 형성에 있어 그 범위는 아동마다 매우 다양하다(Signorella et al., 1993). 어떤 아동은 **젠더 도식화(gender schematic)**되어 젠더 정보에 보다 민감하지만, 다른 아동은 **젠더 비도식화(gender aschematic)**되어 정보의 다른 측면에 더욱 초점을 둔다. 당연하게 젠더 도식화된 아동은 젠더 비도식화된 아동보다 젠더 일치 정보를 더 잘 기억하고, 젠더 불일치 정보를 더욱 왜곡하였다(Levy, 1994). 이 아동들이 젠더 일치 정보를 더 잘 기억하는 이유 중 하나는 동일 젠더 정보에 더 많은 주의를 기울였기 때문일 것이다. TV를 보는 자연관찰 연구에서 연구자들은 젠더 불변성을 더욱 잘 이해하는 남아가 젠더 불변성이 충분히 발달하지 않은 아동보다 남성적 특성으로 구성된 남성 배우와 프로그램을 더 많이 본다는 것을 발견하였다(Luecke-Aleksa et al., 1995). 마찬가지로 젠더 불변성이 발달한 여아는 그렇지 않은 여아에 비해 동성 주인공을 더 많이 보았다. 젠더 역할 도식은 아동이 사회정보를 처리하고 이를 자신이 가진 정보에 비추어 정확하게 혹은 왜곡하여 회상하는 데 분명히 영향을 준다. 7~12세 여아를 대상으로 아동의 젠더 도식과 젠더 고정관념 행동 간 관계성을 연구하였다. 자신이 톰보이라는 도식을 가지고 있지 않은 여아는 젠더 고정관념에 불일치하는 반응보다 젠더 고정관념에 일치하는 반응을 14배 더 많이 응답하였다. 자신을 톰보이라고 여기는 여아는 일치 반응을 단지 4배 더 많이 하였다(Martin & Dinella, 2012).

### 인지적 발달이론과 젠더 도식 이론의 비교

이 두 이론은 젠더 유형화 지식이 어떻게 젠더 역할 활동과 행동에 영향을 미치는지 달리 예측한다(Martin & Ruble, 2010). 인지발달이론은 젠더 불변성의 획득이 아동의 젠더 유형화 선택에 영향을 미친다고 보았으므로 5~7세 이전에 아동은 젠더 부합 활동에 적은 선호를 보여야만 한다. 젠더 도식 이론은 성을 형성하고 성에 관한 규준을 따르기 위해서 성을 식별하는 것과 같은 젠더에 관한 기초 정보만이 필요하다고 보았다. 이러한 사안에 대하여 젠더 도식 이론가들이 더 정확한 것 같다. 학령전기 아동에게 젠더 불변성을 가르치는 것은 그들의 성-유형화 반응에 영향을 미치지 않았다(예: 활동 선택 혹은 옷을 갈아입는 것; Arthur et al., 2009). 젠더 표식은 아동의 젠더 유형화된 활동 선호에 영향을 미치는 데 충분하다(Martin & Little, 1990). 한 연구에서 아동에게 매력적이고 신기한 장난감이 아동과 반대 성을 가진 아동들이 정말 좋아하는 것이라고 말해 주는 것만으로도 아동이 그 장난감을 뜨거운 감자처럼 떨어뜨리는 결과를 가져왔다(Martin et al., 1995). 자기에게 적절한 장난감으로 트럭 혹은 인형을 선택하는 젠더 유형화된 놀이는 젠더 안정성이나 젠더 불변성에 대한 아동의 이해에 의존하지 않는 것이 분명하다.

## 젠더 유형화에 대한 사회적 영향

가족, 또래, 교사 그리고 TV는 모두 아동의 젠더 유형화 행동 발달에 영향을 준다. 그들은 모델이 되기도, 또 아동의 행동을 조형(shaping)하기도, 촉진하기도, 그리고 강화하기도 한다.

## 사회적 영향에 관한 이론들

젠더 유형화의 사회적 영향을 설명하는 가장 영향력 있는 이론은 **젠더 발달의 사회인지이론**(social cognitive theory of gender development)으로, Bandura의 사회인지학습이론 원리를 젠더 발달에 적용하여 Bussey와 Bandura(1999)가 개발하였다. 이 이론에 따르면, 아동이 젠더 이슈에 대하여 학습하는 하나의 방법은 관찰학습이다. 성별에 상관없이 또래와 성인을 관찰하여 아동은 어떤 행동이 자신의 성에 적절한 것인지 학습하고, 양쪽 성에 적절한 외모, 직업 그리고 행동에 대한 인식을 적극적으로 구성한다. 아동은 이러한 지식을 젠더 일치 행동에 대한 개념을 발달시키는 데 사용한다. 또한 아동은 자신의 행동에 주어지는 다른 사람들의 긍정적이고 부정적인 피드백에 대한 반응으로 행동이 젠더에 적절한 것인지, 아닌지 학습한다. 또래, 부모 그리고 교사는 수용 가능한 젠더 부합 행동의 판단자이다. 아동의 행동조절이 우선적으로 외부 영향에 의한 것일지라도, 시간이 흐름에 따라 아동의 젠더 부합 선택에 대한 내면화된 기대는 긍정적 결과를 이끌 수 있고, 젠더 위반(violation) 행동은 패널티와 처벌을 이끌 가능성이 있다. 3~4세 사이 어느 시점에 아동은 젠더 부합 행동에 대한 개인적 기준을 유지하기 위하여 자기 칭찬과 처벌을 사용하면서 외부 조절에서 자기-조절로 이행한다(Bussey & Bandura, 1992). 자기 효능감 획득, 젠더 동기, 행동을 안내하는 데 유능하고 숙련되었다는 인식, 젠더 역할 부합 행위와 기회에 관한 자기 선택 조절 등을 갖고자 하는 아동의 욕구는 다시 아동의 젠더 관련 흥미와 믿음을 강화한다. 요약하면, 젠더, 젠더와 관련된 활동 패턴, 젠더 관련 행동을 촉진하거나 방해하는 환경적 영향에 대한 개인적 개념은 모두 아동의 젠더 발달에 이바지한다.

이 젠더 발달 이론은 젠더 이해에서 인지, 그리고 아동의 적극적 역할의 중요성을 강조한다는 점에서 인지 발달 및 젠더 도식 이론과 일부 유사하다. 그러나 다른 두 이론에 비하여 사회인지이론은 젠더 발달에 있어서 동기, 정서, 환경적 영향력을 더욱 강조한다. 또한 사회적 관습에 젠더 발달이 포함되어 있다는 것을 인식한다. **젠더 역할의 사회구조이론**(social structural theory of gender roles)은 젠더 역할의 결정요소로서 교육, 직업, 정치적 영역에서 남성 및 여성에게 주어지는 기회와 같은 관습화된 제약과 같은 요소에 특히 초점을 맞춘다(Wood & Eagly, 2000, 2012). 이는 가정, 직장 그리고 정치적 장면에서 남성과 여성 간 힘과 지위의 분배가 젠더 발달에 강력한 영향을 미친다는 여성학적 관점을 공유한다(Miller & Scholnick, 2000). 사회인지이론 및 사회구조이론은 모두 역사적 시대에 걸친 사회적 영향의 변화를 추적하는 것의 중요성, 그리고 아동과 성인의 젠더 관련 기대와 행동을 설명하기 위한 사회적, 관습적 제약의 중요성을 강조한다.

## 아동의 젠더 유형화 선택에 대한 부모의 영향

부모는 아동의 초기 젠더 유형화에 강력한 영향력을 행사한다(Leaper & Farkas, 2015; McHale et al., 2003). 부모는 아동이 가까이서 관찰하는 최초의 사람이며, 부모는 또한 아동에게 행동을 가르치고 조성하는 것을 시도하는 최초의 사람이기도 하다. 아동이 아직 영아일 때, 부모는 이미 젠더 역할과 고정관념에 대한 메시지를 보낸다. 출생 시 이름을 짓는 것에서부터 그 과정은 시작되며—남성스러운 브래드 혹은 여성스러운 안젤리나—스포츠 테마나 꽃무늬, 혹은 파란색이나 분홍색으로 꾸며진 방으로 남자 아기 혹은 여자 아기를 데리고 온다. 부모는 자녀의 젠더를 옷 입히는 방식을 통해 세상에 드러낸다. 연구자들은 쇼핑센터에 오는 영아들을 관찰하였는데, 남자 아기는 단순한 파란색 혹은 빨강색 옷을, 여아는 레이스나 장식, 리본이 달린 분홍색 옷, 그리고 머리에는 핀이나 리본을 달고 있다는 것을 발견하였다(Shakin et al., 1985). 젠더 유형화된 옷은 아동의 젠더를 알리고, 심지어 낯선 사람조차 아동에게 젠더 부합하는 방식으로 반응할 수 있도록 한다. 남아와 여아의 연령이 증가함에 따라, 부모는 바지 혹은 드레스 둘 중 하나를 입히며, 머리는 짧은 머리 혹은 파마로 스타일링하고, 장난감이나 활동은 젠더에 적절한 것을 선택하며, 아동이 같은 성을 가진 또래들과 어울리게 촉진하고, 종종 아동이 젠더에 부합하지 않게 행동하는 방식에 대해서는 비난 혹은 실망하는 방식으로 반응한다. 부모는 남아의 방을 액션 장난감—탈것, 기계, 군대 장비, 군인, 스포츠 장비—으로, 여아의 방은 가족-중심 장난감과 여성스러운 장식—인형, 인형의 집, 꽃무늬 및 주름 장식이 달린 가구들—으로 채운다(Pomerleau et al., 1990). 그러나 동성 부모의 경우 아동의 방을 젠더 유형화된 방식으로 장식할 가능성이 낮았다(Sutfin et al., 2008). 따라서 아동이 생일이나 특별한 날 선물로 받고 싶은 장난감 목록을 작성하고, 부모는 어린 자녀의 취향과 선호를 만들어 나간다. 부모는 또한 남아와 여아를 각기 다른 유형의 젠더 유형화된 활동, 클럽, 그리고 스포츠에 등록시켜—예를 들어, 남아는 야구팀에, 여아는 발레 수업에 등록—젠더 유형화된 행동을 배우는 기회를 제공한다(Leaper & Friedman, 2007). 미국과 캐나다에서 1972년 남녀 아동에게 학교에서 하는 스포츠에 참여할 동등한 기회를 제공해야 한다는 법안 통과 이후, 여아의 스포츠 참여를 지지하는 정도가 증가하였고, 고등학교 스포츠에 여아의 참여는 27명 중 1명에서 2012년 2.5명 중 1명으로 늘어났다(National Federation of State High School Associations, 2013). 그리고 더 많은 여아와 여성들이 올림픽에도 출전한다. 여성 참가자는 1960년에 11%였으나, 2012년에는 44%였다(International Olympic Committee, 2013).

## 여아 및 남아에 대한 부모의 행동

아동의 젠더 유형에 대한 부모의 영향은 야구 방망이와 야구공, 혹은 인형과 튜튜를 선택하는 것 이상이다. 부모는 아들과 딸을 처음 만난 출생 순간부터 달리 대한다.

**영아와 유아를 대하는 행동방식** 부모는 자녀들이 태어나자마자 남아와 여아가 다르다는 것을 지각한다. 남성에게 경쟁과 강함을, 여성에게 양육을 강조한 진화 이론과 마찬가지로(Geary, 2015), 부모는 신생아 딸을 아들에 비하여 작고, 부드럽고, 귀엽고, 연약하고, 섬세한 특성을 가진 것으로 묘사한다. 부모는 아들의 크기, 강함, 신체 협응 능력, 그리고 활동성을, 딸의 여림, 아름다움 등을 강조한다(Stern & Karraker, 1989). 이와 같은 부모의 지각 차이는 아들과 딸을 달리 대하는 부모의 행동에서도 나타나며 이는 놀랍지 않다. 부모는 아들보다 딸에게 언어적으로 반응적이다. 부모는 영아 때부터 이후 시기까지 여아에게 더 많이 말하며, 보다 지지적으로 지시적인 말을 많이 사용한다(Clearfield & Nelson, 2006; Kitamura & Burnham, 2003; Leaper & Farkas, 2015; Lovas, 2011). 부모들은 남아를 더욱 엄하게 다룬다(McKee et al., 2007).

어린 영아의 성별에 따른 차별적 인식과 대우는 특히 어머니보다 아버지에게서 두드러진다(Stern & Karraker, 1989). 아버지는 임신 소식을 들었을 때부터 아들에 대한 선호를 보이고, 아기가 출생한 후 아버지는 딸보다는 아들과 더 많이 이야기하고 노는 것으로 나타났으며, 특히 첫째인 경우 더욱 그러하였다(Parke & Cookston, 2019; Schoppe-Sullivan et al., 2006). 아기가 유아가 되면 아버지는 딸보다 아들을 더 많이 보고, 만지고, 함께 노는 경향이 있다. 아버지는 터무니없는 거친 행동이나 놀이를 다 받아 주며, "이봐! 이 사내 녀석(Hey tiger)!"이라고 말하는 것 같이 남자다움을 과시하는 방식으로 상호작용한다(Parke & Cookston, 2019). 딸과는 활동적인 놀이보다는 더 부드러운 방식으로 속삭이는 경향이 있다. 반대로 어머니는 여자 아기와 남자 아기를 상당히 비슷한 방식으로 다루는 경향이 있다(Leaper, 2002; Lytton & Romney, 1991). 학령전기에 남아의 아버지는 여아의 아버지보다 신체적 놀이에 더 많이 참여하였다. 여아의 아버지들은 언어적 활동을 더욱 많이 하였다(Leavell et al., 2012). 부모가 아들, 딸과 상호작용하는 방식에서 나타나는 이러한 차이는 젠더 유형화에 대한 사회적 압력이 출생 시부터 존재하며, 아버지들이 남녀 아동을 명백히 달리 대함으로써, 결국 젠더 유형화 과정에 어머니보다 더 기여할 수 있다는 것을 시사한다.

> 제이슨의 아버지는 첫째 자녀가 아들이라는 것을 알았을 때 소리쳤다. "와아! 사내아이! 정말 좋다. 나는 남자아이에게 무엇을 해야 할지 알고 있어. 축구 같은 것. 하지만 난 여자아이에 대해서는 잘 모르지. 정말 다행이다!" 반면에 제이슨의 엄마는 신생아의 젠더에 대해 덜 걱정했다. "그는 정말 귀여워. 하지만 나는 우리의 새로운 아기가 조세핀이라면 그녀도 똑같이 귀여울 거라고 장담해."

**더 나이 든 아동에 대한 행동방식** 아동이 성장함에 따라, 부모는 적극적으로 자녀의 젠더 유형화된 행동을 촉진하고 강화한다. 이러한 특성이 관찰되는 한 영역은 놀이이다. 한 연구에서 연구자들은 부모가 어떻게 3~5세 자녀와 놀이하는지 살펴보는 과정에서 아동의 장난감 선택을 의도적으로 조작하였다. 군인, 주유소 같은 남성적인 장난감과 인형의 집이나 주방 도구 같은 여성적인 장난감 모두 있었지만, 연구자들은 아동에게 젠더에 부합하거나 혹은 젠더에 부합하지 않는 장난감 중 하나를 선택하여 놀도록 하였다. 그 후 아동의 장난감 선택에 대한 부모의 반응을 기록하였다. 아버지는 아동에게—아들, 딸 모두—젠더 유형화된 장난감을 가지고 놀라는 압력을 표하였다. 젠더 부합 장난감을 가지고 놀 때 보상받았으며, 반대 젠더의 장난감을 가지고 놀 때 처벌받았다. 어머니는 딸에게 비슷하게 접근하는 것으로 보였으나, 아들에게는 덜 일관적이었다. 아들이 상대 젠더의 장난감을 가지고 놀 때 어떤 경우에는 보상을 제공하였으나, 어떤 경우에는 처벌하였다(Langlois & Downs, 1980). 다른 연구에서도 마찬가지였는데, 연구자들은 어머니에 비하여 아버지가 자신의 자녀가 상대 젠더에 적절하다고 생각되는 활동에 참여하는 것을 승인하지 않는 경향이 있었다(Leve & Fagot, 1997). 여성에 비하여 남성은 특히 남아를 위한 젠더 유형화된 장난감을 구매하는 경향이 있었다(Fisher-Thompson et al., 1995).

아들과 딸에게 각기 다른 행동을 촉진하는 두 번째 영역은 독립성과 의존성에 관한 것이다. 부모는 남아가 독립적이고, 탐험적이며, 개인적 책임감을 갖기를 촉진한다. 여아에게는 의존적이고, 순종적이며, 가족들과 긴밀한 연결을 유지하는 것을 장려한다(Leaper & Farkas, 2015; Martin & Ruble, 2010). 부모는 딸의 신체적 건강을 더욱 보호한다. 아동이 다쳤다고 가정하였을 때, 부모는 심각하지 않은 딸의 부상에도 염려 반응을 보였다(Morrongiello & Hogg, 2004). 부모는 딸이 가해자거나 피해자인 경우 모두 아동의 싸움을 더 중단시키려는 경향이 있었다(Martin & Ross, 2005). 부모는 남아가 여아보다 어린 시기부터 모험적인 활동에 참여할 수 있어야만 한다고 생각하였는데, 예를 들면 자신이 어디 있는지 말하지 않고 집 밖에서 노는 것, 동네 심부름, 길에 혼자 다니는 것, 그리고 날카로운 가위 사용 등이다(Pomerantz & Ruble, 1998). 부모는 딸의 경우 방과 후 데리러 가고, 관리 감독하였으며 제약 및 통금 시간 등을 정하는 경향이 있었다(Parke & Buriel, 2006). 많은 심리학자는 여아의 자유를 제약하는 것이 그들이 부적절한 느낌이 들게 하고, 세상을 탐색하거나, 위험을 감수하는 것을 방해할 수 있다고 염려한다(Ruble et al., 2006).

부모가 아들과 딸을 달리 촉진하는 세 번째 영역은 성취이다. 부모는 딸보다 아들의 경우 성취와 경쟁을 더욱 촉진한다(Ruble et al., 2006). 학령기 동안, 남아와 여아에 대한 차별적 대우는 수학과 과학 성취에서 두드러진다(Wigfield et al., 2015). 부모는 수학 영역에서 남아가 여아보다 더 우수한 능력을 가지고 있다고 믿는다(Gunderson et al., 2012). 또한 남아가 수학 및 과학 활동을 더 많이 하도록 권장하는 경향이 있다(Simpkins et al., 2015a). 한 연구에서 과학 박물관 방문 시 부모는 딸보다 아들에게 전시에 대해 더욱 상호 교환적 설명을 하는 경향이 있음이 밝혀졌다(Crowley et al., 2001). 또 다른 연구에서 6학년 여아 및 남아가 과학에 대하여 동등한 흥미를 가지고 동일한 성적을 받았음에도, 그들의 부모는 딸의 흥미를 과소평가하였고, 과학은 여아에게 더욱 어려운 것이며, 물리 관련 과제를 할 때 과학적 설명을 덜 제공하는 경향이 있었다(Tenenbaum & Leaper, 2003). 아버지는 성취, 진로, 그리고 직업적 성공의 중요성을 딸보다는 아들에게 더욱 강조하였다. 아버지는 딸의 대인 간 상호작용에 대해 더욱 염려하였다(Block, 1983). 심지어 부모가 자기 전에 책을 읽어 줄 때도, 어머니는 딸보다는 아들에게 더욱 많이 가르쳤다. 부모는 친숙하지 않은 단어를 아들에게 더 많이 제공하는 한편("여기 봐, 기린이 있네. '기린'이라고 말해 볼 수 있니?"), 딸들에게는 상호작용의 기쁨을 강조하고(Weitzman et al., 1985), 정보나 학습보다 감정과 정서에 더욱 초점을 두었다(Cervantes & Callanan, 1998). 이러한 부모 행동의 차이는 자녀에게서 사라지지 않는다. 부모가 남아와 여아의 능력에 대한 강력한 고정관념을 가지고 있을 때, 그 자녀는 실제 자신의 능력 수준과 상관없이 부모와 유사한 관점을 가지며(Eccles et al., 1993; Simpkins et al., 2015b), 아동의 수학 수행

능력은 젠더가 두드러지는 이야기를 읽는 것에서 영향을 받는다(Tomasetto et al., 2011). 여아는 자신의 부모가 젠더평등주의 태도를 보이는 경우, 그리고 남아와 여아를 동등하게 대할 때 더욱 잘 성취한다(Leaper & Friedman, 2007).

어떤 부모가 자녀의 젠더 차이를 더욱 장려하는지에 대한 정도는 민족 집단에 따라 다르다. 아프리카계 미국인(African American) 부모는 유럽계 미국인(European American)보다 아들 및 딸 모두 어린 시기부터 독립성을 강조하고, 누가 가족의 역할과 과업을 이끌 것인지를 결정하는 데 젠더 구분을 덜 사용한다(Gibbs, 1989). 아프리카계 미국인 부모는 또한 유럽계 부모보다 여아가 공격적이고 주장적인 것을, 그리고 남아가 정서나 애정 어린 돌봄을 표현하는 것을 더욱 장려한다(Allen & Majidi-Abi, 1989; Basow, 1992). 반대로 멕시코계 미국인(Mexican American) 부모는 유럽계 미국인 부모에 비하여 젠더 역할 사회화 규준을 보다 강하게 변별한다(Coltrane & Adams, 2008). 아동 행동은 부모의 사회화를 반영한다(Martin & Ruble, 2010). 예를 들어, 유럽계 미국인 여아와 비교하여, 멕시코계 미국인 여아는 교육적 성취를 덜 강조받고, 전통적인 아내 혹은 어머니 역할로 사회화되며, 멕시코계 남아는 유럽계 미국인 아동보다 주장적이며, 전통적으로 강조된 '마초스러운(machismo)' 면을 보인다(Adams et al., 2007).

> 멕시코에서 이민 온 조세 마르티네즈는 "만약 내 딸이 결혼하고 가정을 꾸린다면 나는 행복할 것이다. 나는 딸의 대학 문제에 대해서 많이 염려하지 않는다. 나는 교육적 측면은 아들에게 더욱 중요하다고 생각하는데, 왜냐하면 아들은 미래에 자신의 가족에게 더 많은 것을 제공할 수 있도록 추가적인 학교교육을 받는 것이 필요하기 때문이다."

## 부모 특성 모델링

젠더 부합 장난감을 제공하는 것을 넘어, 부모는 젠더 유형화된 행동의 모델이 되어 아동의 젠더 역할 발달에 영향을 미친다. 부모의 태도, 행동 그리고 생활 양식 등은 아동이 자신의 젠더 역할을 연습할 때 따라 할 수 있는 모델이 된다. 부모와 아동의 젠더 신념 관계에 관한 한 연구는 다음과 같은 사실을 밝혔다. 전통적인 젠더 역할에 충실한 부모의 자녀는 젠더 고정관념을 더 잘 알고 있었다(Turner & Gervai, 1995). 또 다른 연구에서 연구자들은 부모와 아동의 행동 관련성을 관찰하였다. 강하고 '남성적인' 아버지, 그리고 약하고 '여성적인' 어머니를 둔 남아는 약한 아버지와 강한 어머니를 둔 남아에 비하여, 남성적인 특성을 더 드러내고, 여성적인 특성은 덜 나타내는 경향이 있었다(Hetherington, 1965). 아동의 젠더 유형화에 영향을 미칠 수 있는 또 다른 부모 모델링의 원천은 어머니와 아버지가 집안일을 나누는 방식이다. 연구자들은 집안일을 보다 전통적으로 나누는 부모들의 자녀는 젠더 분리에 대하여 더 많은 지식을 가지고 있었다(Serbin et al., 1993; Turner & Gervai, 1995). 〈표 9-1〉은 아동의 젠더 역할 발달과 부모에 의한 젠더 역할 사회화를 보여 준다. 모델링은 더 광범위하고 사회적인 수준에서도 이루어진다. 국제 메타 연구에 따르면, 여성이 과학 연구 분야에서 더 많이 일하는 사회적 맥락에서 성장한 여아는 과학, 기술, 공학, 수학 분야(STEM)의 진로가 자신에게도 가능한 것이라는 명백한 메시지를 전달받는다. 반대로 만약 여아의 어머니, 이모, 그리고 자매가 STEM 분야에 진출하지 않은 경우, STEM은 남성의 영역이며 따라서 수학에 대해 불안감을 느끼고, 도전적인 수학 코스를 듣는 데 자신감이 없으며, 수학 시험에서 좋은 성적을 얻지 못한다(Else-Quest et al., 2010).

Fuse/Corbis/Getty Images

아동은 자신과 동성인 부모의 젠더 유형화된 행동을 분명히 모방한다.

〈표 9-1〉 젠더 유형화와 젠더 역할의 발달

| 연령 | 설명 |
|---|---|
| 영아기 | • 부모는 아동의 옷과 방을 분홍 혹은 파란색으로 장식한다.<br>• 남아는 '강하고', '활발한' 것으로, 여아는 '사랑스러운'으로 표현한다.<br>• 아버지는 남아에게는 "어이 사내녀석!!"으로, 여아에게는 "안녕 애야."라고 말하며 맞이한다. |
| 1~3세 | • 부모는 젠더 부합 장난감을 선택하고, 동성 놀이 친구와 어울리도록 장려하며, 아동이 자신의 젠더에 적절하지 않은 행동을 하는 것을 승인하지 않는다.<br>• 아버지는 어머니보다 아동을 젠더 유형화시키는 경향이 있다.<br>• 아동은 남성과 여성의 얼굴이 두 가지 별도의 범주에 속한다는 것을 인식한다.<br>• 아동은 자신의 젠더를 정확하게 명명할 수 있지만, 젠더 정체성을 이해하고 이것의 확장된 시사점을 이해하는 데에는 제한이 있다.<br>• 3세경, 아동은 젠더 정체성에 대한 개념을 이해한다. |
| 3~5세 | • 아동은 자신과 다른 아동이 젠더 종류(class)에 속한다는 것을 이해한다.<br>• 아동은 젠더에 적절한 장난감에 명확한 선호를 보인다.<br>• 여아는 남아보다 아기와 더 많이, 적극적으로 상호작용한다.<br>• 아동은 성인보다 더욱 젠더 고정관념화된다.<br>• 아동은 젠더 안정성에 대한 개념 이해를 시작한다. |
| 5~7세 | • 남아는 여아보다 동성 집단과 더 많이 어울리는 경향이 있다.<br>• 아동은 반대 성의 아동보다는 동성의 놀이 친구와 더 많은 시간을 보낸다.<br>• 아동은 젠더 안정성과 젠더 불변성을 이해한다(약 7세경). |
| 7~11세 | • 아동은 문화적 젠더 고정관념에 일치하는 활동에 관한 흥미를 발전시킨다.<br>• 대부분 아동은 젠더 유형화 특성에 대한 지식을 표현한다. |

주. 발달 사건은 연구에서 밝혀진 전반적 경향성을 보여 준다. 각 연령대에서 보이는 발달적 변화에서 개인차가 존재한다.

출처: Leaper & Farkas, 2015; Martin & Ruble, 2010; Maccoby, 1998; Pasterski et al., 2011; and Ruble et al., 2006.

## 연구 들여다보기: 전통적이지 않은 형태의 가족에서 젠더 역할

가족 생활 프로젝트(Family Lifestyle Project) 연구자들은 1970년대부터 캘리포니아 남부에서 200여 가구를 추적하여 생활 양식과 아동 젠더 발달 사이의 관계를 조사했다(Eiduson et al., 1988). 그 가족 중 일부는 전통적 방식으로 결혼한 부부였고 다른 가족들은 전통적이지 않은 가족 구성, 즉 한부모, 사실혼 관계, 동거 커플 혹은 특정 공동체에서 사는 경우 등을 모두 포함하였다.

이러한 비전통적인 가족 중 상당수(78)는 젠더 평등주의 신념과 가치관에 전념하고 있었다. 이처럼 기존 문화에 반하는 혁명적인 가정의 부모들은 전쟁 반대 시위나 환경 운동과 같은 진보적 정치 활동에 적극적인 경향이 있었다. 그들은 페미니즘에 전념하고, 일상생활에서 이를 실천하려고 시도했다. 또한 가정, 재정, 보육 업무를 공유하거나, 아버지들이 대부분 이를 수행했다고 보고했다.

이 가정의 아이들이 6세경, 연구원들은 아동과 부모를 대학 센터로 데려갔다(Weisner &Wilson-Mitchell, 1990). 부모가 젠더 가치를 어떻게 자신의 자녀 양육에 반영하는지 부모들을 인터뷰했고, 외모, 활동과 관심, 사회적 관계, 그리고 성격-사회적 속성(예: 모험적인, 사려 깊은, 외향적인, 침착한) 등 여러 영역에서 아동의 젠더 유형화를 평가하였다. 전통적 방식으로 결혼한 가정의 아동과 비교하여, 혁신적이고 기존 문화에 반하는 가정의 아동들은 활동 및 흥미에 있어 덜 젠더 유형화된 것을 선택하였고, 여아가 공학자나 소방관이 될 수 있다거나, 남아가 어린이집 선생님이나 사서가 될 수 있다고 여기며 젠더 고정관념을 덜 보였다. 여아와 남아의 직업으로 적절한 것이 무엇인가에 대한 질문에 기존 문화에 반하는 새로운 형태 가족의 아동 70%가, 전통적 가정에서 길러진 아동의 경우 단지 40%만이 덜 고정관념적인 답변을 하였다. 새로운 형태의 가정의 아동은 선호하는 놀이, 친숙한 놀이 대상과 노는 방식 등 문화적으로 젠더 유형화된 기본적 지식 면에서는 전통적 가족 아동과 매우 흡사했다.

새로운 형태의 가정에서 성장한 아동은 젠더 유형화에 대한 일반적인 문화적 도식을 가족의 비관습적인 생활방식에 상관없이 습득한다. 이들은 반대로 고정관념화되는 것이 아니다. 그보다 아동은 **다방면으로 도식화(multischematic)** 되는 경향이 있었다. 즉, 아동은 상황에 따라 전통적인 혹은 평등주의적인 젠더 유형 도식을 보여 주었다. 그들은 사용 가능한 다양한 도식을 가지며, 언제 이를 사용해야 하는지 선택적 기준을 개발했다. 유연해야 하는 이 능력은 가족에 의해 특성화되는 일반적인 양상의 일부였다. 아동의 부모는 정기적으로 온갖 문화적 기준, 논쟁에 대한 토론 및 협상에 아동을 참여시켰다. 이 과정은 아동이 항상 전통적인 혹은 반문화적인 기준 중 하나를 채택하기보다는 신념과 행동에 대해 생각하고 의문을 갖도록 촉진한다.

그러나 이 연구에서 관찰된 일부 가족 양식은 아동이 더욱 엄격한 성 고정관념을 가지도록 만들었다. 문화적으로 관습적인 성역할을 강하게 강조하는 종교적 집단에서 자란 아동은 전통적 방식으로 결혼한 가정의 아동보다 젠더에 대한 열린 마음을 가질 가능성이 더욱 적었다. 이 연구는 부모들이 어떻게 아동의 젠더 역할을 보다 젠더 차별적 혹은 젠더-평등적인 역할로 수정할 수 있는지에 대한 명확한 실증을 제공했다.

## 아버지의 부재

지금까지 살펴본 것처럼, 아버지는 어머니보다 아들과 딸을 더욱 달리 대한다. 이러한 이유로 우리는 아버지가 부재하거나, 오랜 시간 동안 아버지가 멀리 떨어져 지냈으면 아동이 젠더 유형화가 덜 될 것이라 기대할 수 있다. 남성 모델의 부재 및 남성과 상호작용할 기회의 결여는 젠더 정체성과 젠더 역할 발달의 어려움을 이끌 수 있다. 연구자들은 아버지가 이혼이나 사망으로 인하여 영속적으로 존재할 수 없는 경우, 군대처럼 직업적 필요 때문에 일시적으로 함께할 수 없는 경우, 혹은 아동에게 관심이 적은 경우, 어린 남아는 젠더 역할 발달에 더욱 도전적인 경험을 한다는 것을 밝혔다(Hupp et al., 2010; Ruble et al., 2006). 그러나 아동 세계에서 사회화를 이끄는 사람들은 더 다양하고 폭넓게 존재하며, 대부분 아동이 아버지 부재에도 젠더 유형화된 특성을 발달시킨다는 것은 놀라운 일이 아니다.

아동기에 여아의 젠더 유형화에 대한 아버지 부재의 효과는 매우 적다. 그러나 청소년기 아버지 부재 대 존재의 차이는 아동이 상대 성에 대해 행동하는 방식의 차이를 가져온다. 미국과 뉴질랜드의 5~8세 여아에 관한 연구에서 아버지의 부재는 이른 성적 활동 및 임신 위험성 상승과 관련이 있었다([그림 9-4]; Ellis et al., 2003). 이러한 관련성은 빈곤, 폭력에 대한 노출, 부적절한 부모의 안내, 관리 감독의 부재 등과 같은 가족 조건을 통제한 후에도 유지되었다. 이러한 연구 결과는 심리학적 이론으로 설명될 수 있다. 예를 들어, 학습이론은 아버지가 없었던 딸의 경우 일반적으로 이성애에 필요한 사회적 기술과 자신감을 발달시키지 못한다고 제안한다. 이는 여성성에 보상을 제공하고 즐기는 남성과 상호작용하는 방식, 그리고 상대 성과 어떻게 행동해야 하는지 따라 할 기회가 없었기 때문이다. 한 십대 소녀는 다음과 같이 회상하였다.

> "나는 데이트를 시작하기 전까지 아버지 없이 자라면서 내가 놓친 것이 무엇인지 인식하지 못하였다. 그러나 이후 나는 남자들과 어떻게 관계를 맺는지 찾아내는 데 힘든 시간을 보냈다. 만약 내가 어렸을 때 엄마가 남성과 함께하는 것을 보았더라면, 내가 남자들을 어떻게 대해야만 하는지 쉽게 알았을 것이다."

그러나 레즈비언 가정에서 성장한 아동은 젠더 유형화에 대한 아버지 역할의 중요성에 도전한다. 이 아동들은 이성애 가정에서 성장한 아동보다 젠더 고정관념을 덜 가지고 있지만(Bos & Sandfort, 2010; Goldberg et al., 2012), 언제나 차이를 보이는 것은 아니다. 레즈비언 부모를 둔 남아 및 여아는 평균적으로 전통적인 젠더 기반 장난감, 활동 그리고 친구를 선택한다(Patterson & Hastings, 2007). 게다가 동성 부모(여성이든 남성이든)에 의해 양육된 아동에 관한 연구는 일반적으로 아동이 전통적인 가정에서 자란 아동과 적응(예: 자존감, 품행 문제) 혹은 성인 및 또래와의 관계에서 다르지 않다는 것을 보여 준다(Patterson & Farr, 2015).

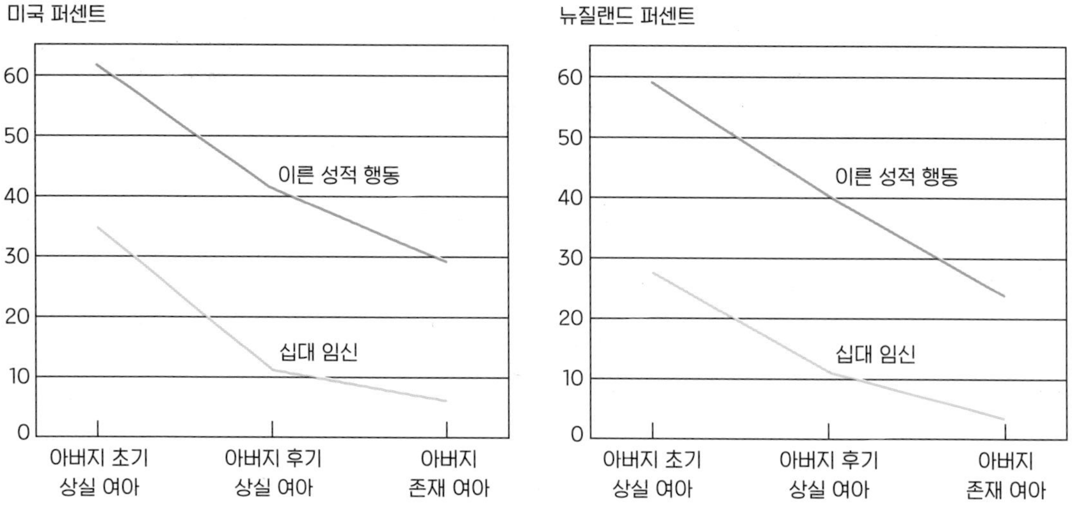


[그림 9-4] 여아의 성생활 및 임신에 대한 아버지 부재의 효과

미국과 뉴질랜드 연구에서 아버지를 상실한 여아는 성생활에 더 많이 관여되어 있었고, 이러한 효과는 아버지를 5세 이전에 상실한 경우 더욱 크게 나타났다.

출처: Ellis, B. J., Bates, J. E., Dodge, K. A., Fergusson, D. M., Horwood, L. J., Pettit, G. S., and Woodward, L. (2003). Does father absence place daughters at special risk for early sexual activity and teenage pregnancy? *Child Development, 74*, 801-821. Reprinted with permission of the Society for Research in Child Development and Wiley-Blackwell.

## 젠더 사회화 주체로서 형제

형제 역시 아동의 젠더 선택, 태도, 행동에 영향을 미친다. 한 종단연구에서 연구자들은 첫째 아동의 젠더 역할 태도, 활동 및 특성이 둘째 형제자매의 동일한 특성을 예측하는지 연구하였다(McHale et al., 2001). 이들은 어린 아동의 젠더 유형화는 더 나이가 많은 아동의 태도와 관련되어 있다는 것을 밝혔고, 이는 심지어 부모의 영향력보다 강력하였다. 또 다른 연구는 형제 성의 효과를 발견하였다. 여자 형제가 있는 경우, 아동은 더욱 여성스러운 특성을 발달시키는 경향이 있었다. 남자 형제가 있는 경우, 보다 남성적인 특성을 발달시키는 경향이 있었다(Rust et al., 2000). 최근의 메타분석은 남아든 여아든 손위 남자 형제가 있는 경우 손위 여자 형제가 있는 경우보다 전통적인 남성적 특성을 보인다는 것을 확인하였다(Farkas & Leaper, 2014). 손위 여자 형제의 효과가 나타나지 않은 것은 아마도 여성성보다 남성성이 높은 지위임을 반영하는 것일 수 있다. 남자-남자 형제는 남자다운 놀이나, 공놀이, '부릉부릉' 하는 탈것을 만드는 것, 그리고 장난감 총을 쏘는 것 같은 놀이를 더 많이 한다. 여자-여자 그리고 여자-남자의 경우 더욱 여성스러운 것을 추구하고, 그림 그리기나 만들기, 인형 놀이, 소꿉놀이 등을 더 많이 한다(Stoneman et al., 1986). 남동생이 있는 첫째 남아의 경우 가장 고정관념적인 젠더 태도를 보였다. 반대 성의 손위 형제를 둔 아동은 젠더 역할 개념에서 낮은 수준의 고정관념을 가지고 있었다(Crouter et al., 2007).

## 책, 게임, 텔레비전에서 역할 모델

아동이 성장하면서, 가족 외 요인 역시 젠더 역할 발달에 중요성이 커진다. 아동이 읽는 책은 일반적으로 남성과 여성의 역할을 젠더 편견에 기반하여 서술한다. 미국 책에서 사용되는 대명사(예: 그 혹은 그녀)를 보면 남성은 여성보다 2배 더 많이 언급된다. 이는 남성이 여성보다 4~5배 더 많이 언급되었던 1950년대나 1960년대에 비하면 더 나은 수치이다(Twenge et al., 2012). 동물 이야기에서 소와 원숭이는 여성보다 남성인 경우가 많다(McCabe et al., 2011). 스웨덴 같이 더욱 평등한 국가에서도 아동은 남성 캐릭터보다 여성 캐릭터에 노출되는 경우가 적다(Lynch, 2016). 교육자들이 더 평등한 제시를 할 것을 지지해 왔음에도 불구하고, 책들은 여전히 많은 젠더 고정관념을 포함한다. 여전히 여성을 남성보다 수동적이고 의존적이며, 더 소수의 직업에 관여하는 것으로, 그리고 남성을 보다 주장적이고 행동 중심적인 것으로 보여 준다(Turner-Bowker, 1996; Uttley & Roberts, 2011). 이러한 젠더 고정관념은 심지어 '남녀 차별을 하지 않는' 것으로 명시된 책에서도 발견된다(Diekman & Murnen, 2004).

텔레비전 프로그램 역시 젠더 고정관념의 원천이 된다. 남성은 여성보다 공격적이고, 결정적이며, 전문적으로 유능하고, 합리적이고, 안정적이며, 힘이 있고, 관대한 것처럼 보인다. 여성은 따뜻하고, 행복하고, 사회적이고 정서적인 것으로 표현된다. TV에 등장한 여성이 몇몇 특별한 상황에서 공격적일 때, 보통 서툴고, 성공적이지 않으며, 폭력을 시작하기보다는 피해자로 비치는 경우가 많다. 여성은 남성보다 프로그램 진행을 덜하는 경향이 있으며, 웃긴 역할을 맡거나, 결혼 혹은 약혼을 하는 것, 그리고 젊고 매력적인 역할을 하는 경향이 있다(Calvert, 2015; Comstock & Scharrer, 2006; Lauzen, 2017). 스페인 언어 TV에서 여성 캐릭터는 외모와 돌보는 역할에 초점이 맞춰져 있다. 남성 캐릭터는 직업 역할에 초점이 맞춰져 있다(Rivadeneyra, 2011). 이러한 젠더 불균형의 이유 중 일부는 감독, 작가, 프로듀서의 단지 28%만이 여성인 것에서 비롯한다(Lauzen, 2017). 여성이 더욱 넓은 범위의 직업적 역할을 하는 것을 보여 주는 경향이 점점 증가하고는 있다(Coltrane & Adams, 2008; Douglas, 2003). 그러나 심지어 광고에서도 젠더 고정관념은 아주 많이 존재한다(Paek et al., 2011). 남성은 권위적인 것으로 묘사되고, 상품의 이점에 대하여 직접 언급하는 반면, 여성은 소비자 역할을 하거나, 상품에 흥미를 보이는 역할을 주로 한다. 여성이 전문가로 보이는 경우, 식품, 세제, 혹은 미(아름다움)와 관련된 용품인 경우가 많았다. 비디오 게임 역시 젠더 고정관념적인 이미지와 활동을 제공한다. 흥미롭게도 남성 비디오 게임 캐릭터는 시간이 지날수록 남성성이 증가하고, 신체가 강력해지면서 더욱 남성적으로 된다(Miller & Summers, 2011).

이러한 방식의 고정관념 제시는 염려스러운 부분인데, 이는 아동이 TV에서 자신과 동일한 젠더의 배우를 보는 경향이 있기 때문이다. 북미와 아시아 모두에서 연구자들은 남아는 남성 캐릭터를, 여아는 여성 캐릭터를 선호하며 아동은 젠더 일치 내용을 선호함을 밝혀냈다. 즉, 남아는 폭력적인 것을, 여아는 평화로운 내용을 좋아하였다(Knobloch et al., 2005). 아동의 젠더 도식은 특정한 프로그램을 보도록 아동을 안내하고, 아동이 보는 것은 아동의 젠더 신념을 형성한다—즉, 젠더 유형화와 고정관념의 끊임없는 사이클이 생성된다(Leaper & Farkas, 2015).

남성과 여성 역할에 대한 고정관념 제시의 영향은 TV를 더 많이 보는 아동이 젠더에 대한 고정관념을 가지며, 문화적으로 수용되는 젠더 유형에 더 많은 동조를 보인다는 연구에 의해 뒷받침된다(Berry, 2000; Ward & Friedman, 2006). 제8장 '학교, 멘토 그리고 미디어'에서 보았듯이, TV를 볼 때 어떤 일이 일어나는지에 관한 캐나다 연구는 2년 후 아동의 고정관념적 젠더 태도가 유의하게 증가하였다는 것을 발견하였다(Kimball, 1986; MacBeth, 1996). 아동의 젠더 역할 고정관념을 줄이는 데 TV를 사용하는 것도 가능하다. 5~6세 대상 연구에서 비전통적인 젠더 역할을 하는 캐릭터가 등장하는 만화(예: 여아가 클럽하우스 짓는 것을 돕는 것)를 보여 준 경우, 전통적인 고정관념을 덜 발달시켰다(Davidson et al., 1979). 아동의 젠더 고정관념을 축소하고자 시도하는 〈프리 스타일(Freestyle)〉이라는 TV 시리즈는 여아가 운동이나 자동차 정비 활동에 참여하고, 남아가 돌보는 역할을 하는 것을 보여 줌으로써 아동이 젠더 유형화되지 않은 행동을 수용하는 정도를 성공적으로 증가시켰다(Johnston & Ettema, 1982). 그러나 TV 기반 개입 프로그램의 효과는 상대적으로 중간 정도였고, 오래가지 못하였으며, 어린 아동에게만 효과적이었다(Calvert, 2015; Comstock & Scharrer, 2006). 아동의 젠더 역할 고정관념 발달을 감소시키기 위하여 책과 TV에서 보다 확실하고 전반적인 변화가 이루어져야만 한다.

## 실생활 적용: 컴퓨터가 젠더 차이를 확대하는가

교실이나 집, 방과 후 학교, 여름 캠프 등 어디서든 컴퓨터는 흔하지만, 남녀 아동에게 젠더 측면에서 공평한 장을 제공하는가? 컴퓨터가 처음 보급되었을 때, 여아와 남아의 컴퓨터 사용은 매우 달랐다(Lepper, 1985; Lepper & Gurtner, 1989). 여아 1명당 남아 10명이 기본 컴퓨터 수업에 등록하였고, 그 비율은 고급반에서 더 높았다. 남아는 여아보다 더 많은 컴퓨터 게임을 했고, 이 게임이 자신들에게 더욱 적합하다고 믿었다(Funk &Buchman, 1996). 심지어 남아는 여아가 게임을 하는 데 많은 시간을 쓴다면 그 아동은 인기가 없고, 만약 인기를 얻고 싶다면 게임을 그만두되 특히 '싸우는 게임'을 그만둬야 한다고 주장하였다(어쨌거나 여아는 이에 동의하지 않았다).

컴퓨터 사용 시 존재하는 젠더 불일치를 많은 요인이 설명할 수 있다. 첫째, 컴퓨터 분야는 남성에 의해 지배되어 왔고, 여아에게 매력적인 여성 역할 모델은 매우 소수였다. 21세기 두뇌게임(Real Genius), 빅뱅 이론(Big Bang Theory), 실리콘 밸리(Silicon Valley)와 같은 유명한 영화나 텔레비전 쇼에서 컴퓨터 전문가가 등장할 때, 기본적으로 백인 혹은 보다 최근에는 아시안 남성을 컴퓨터 과학자로 선정하였다(Cheryan et al., 2015). 둘째, 컴퓨터 연구는 경쟁적이고 활기차므로 여아보다는 남아에게 더욱 편안한 것으로 여겨지는 경향이 있다. 셋째, 학교는 컴퓨터가 다른 여러 방식으로 사용될 수 있음에도 전형적으로 수학적 도구로 사용한다. 컴퓨터 연구는 보통 수학 분야에서 찾아볼 수 있고, 컴퓨터 관련 수업 학점은 수학 필수 학점으로 계산된다. 여아는 종종 자신의 수학능력이 남아보다 낮다고 믿는 경향이 있으므로, 이러한 상황은 여아가 컴퓨터를 멀리 하게 하고, 때로는 수학과 과학 분야의 진로에서 멀어지게 한다(Shea et al., 2001). 넷째, 대부분의 컴퓨터 프로그램은 남아를 위해 만들어진 것처럼 보인다(Subrahmanyam et al., 2001). 심지어 특별히 교육적인 게임조차도 마초적 제목으로 여아의 흥미를 잃게 할 수 있다. 에일리언 애디션(Alien Addition), 디몰리션 디비전(Demolition Division), 스펠링 베이스볼(Spelling Baseball). 끝으로, 남아는 또래들이 컴퓨터 하는 것을 더욱 촉진하고 보상하기 때문에 컴퓨터에 더 많은 시간을 할애한다(Funk & Buchman, 1996; Lawry et al., 1995).

최신 보고에 따르면, 컴퓨터 사용에서 젠더 차이는 점점 줄어드는데, 이는 단순히 컴퓨터 프로그래밍이나 게임이 아닌 이메일, 채팅, 교육적 목적의 콘텐츠처럼 근본적으로 가능한 어플리케이션이 확장되었기 때문이다(Miller, 2012; Munusamy & Ismail, 2009). 최근의 자료는 여아와 남아가 비슷한 정도의 시간을 컴퓨터 하는 데 소비하며, 자신의 컴퓨터 실력에 대해 동등한 정도의 자신감을 가진 것으로 나타난다. 그러나 좋아하는 컴퓨터 활동에서는 여전히 차이가 있다. 하단의 사진에서 볼 수 있듯이, 여아는 컴퓨터를 사회적 접촉을 위해 사용하는 반면, 남아는 게임을 위해 사용한다(Kirmani et al., 2009). 여아와 남아 모두 자신의 흥미에 맞는 기능을 제공할 때 컴퓨터를 더욱 잘 다루었다(Subrahmanyam et al., 2001). 그러므로 컴퓨터 그 자체는 젠더 차이를 확장하지 않으나, 남아와 여아 모두에게 동등하게 어필하는 컴퓨터 프로그램과 기회가 있지 않은 한 차이를 없애지 못할 것이다.

애비는 12세 때 "오빠는 멋진 컴퓨터 게임을 많이 하기 때문에 정말 부럽다. 게임 제작자들은 여자 아동 역시 전쟁이나 영웅에 대한 게임뿐 아니라 컴퓨터 게임을 좋아한다는 것을 깨달아야 한다. 여자 아동을 위한 더 많은 게임(비폭력적인 것)이 있다면 정말 멋질 것 같다."라고 한탄하며 말했다.

Fuse/Corbis/Getty Images

© Onoky/Media Bakery

긍정적인 젠더 역할 모델의 원천 중 하나는 TV 프로그램 중 스포츠이다. 하계 혹은 동계 올림픽 게임은 아동과 청소년에게 젊은 여성과 남성이 비슷한 분야에서 경쟁할 수 있고, 같은 운동복을 입을 수 있다는 것을 보여 주며, 전 세계 젊은이들에게 영감을 주는 훌륭한 기회이다. 남성, 여성 모두 참여하는 게임으로는 하키, 체조, 평영 등이 있다.

> 엠마의 노트: "적어도 올림픽에서 여자는 남자와 마찬가지로 무대의 중앙에 선다. 여자 선수가 남자 선수만큼 잘할 수 있다는 것을 보는 것은 매우 좋은 일이다. 이제 우리 학교가 여학생들의 스포츠에 적절한 대우를 해 준다면 이것이야말로 진정한 발전일 것이다."

'과학 치어리더(Science Cheerleaders)'(http://www.sciencecheerleader.com/)—과학 영역의 진로와 학위를 가진 치어리더—는 긍정적인 젠더 역할 모델의 또 다른 원천으로, 그들의 TV 출연과 행동은 여자가 (그리고 남자도) 매우 훌륭하고 재주가 많을 수 있다는 것을 보여 준다.

## 또래, 젠더 역할, 젠더 분리

또래는 사회 젠더 역할 규준의 강화자이며 동시에 역할 모델로, 학령기 아동의 젠더 유형화 행동에 주요 영향을 미친다(Leaper & Friedman, 2007; Rose & Rudolph, 2006). 또래 모델의 효과를 연구하기 위하여 연구자들은 3, 4학년 아동을 다양한 대상에 선호를 보이는 또래 모델에 노출시켰다(Bussey & Perry, 1982). 아동은 자신과 동일 성별의 모델이 젠더 중립적인 장난감 혹은 반대 성의 장난감을 가지고 노는 것을 관찰한 후, 자신도 그렇게 하는 경향이 있었다. 또래 강화 효과를 연구하기 위하여 연구자들은 200명의 학령전기 아동의 놀이 장면을 몇 달에 걸쳐 관찰하였다(Fagot, 1985a, b). 아동이 젠더 역할에 맞는 행동 양상을 벗어날 때, 또래는 강력한 반응을 보였다. 트럭보다 인형을 가지고 노는 남아는 특히 더욱 힘든 시간을 보냈다. 이 아동들은 고정관념에 일치하는 방식으로 노는 다른 남아보다 5~6배 더 많은 비난을 받았다. 한편, 간호사 놀이보다 소방관 놀이를 하는 여아는 덜 거칠게 대했다. 또래는 이러한 아동을 비난하기보다는 무시하는 경향이 있었다. 또래가 젠더 역할에 적절한 행동에 보상을 주면, 아동은 보상받은 활동을 더 오랫동안 지속하였다. 자신의 젠더와 다른 행동에 대한 또래의 부정적 반응은 학령전기뿐 아니라 아동 중기(Blakemore, 2003), 청소년기(Young & Sweeting, 2004)에도 발견되었다.

강화자 역할을 하는 또래에 관한 초기 연구에서 아동은 반대 성별을 가진 아동에게 영향을 미치기보다 동성 또래친구의 행동을 조성해 나가는 데 보다 영향이 있었다(Fagot, 1985a, b). 최신 연구에서 9세 남아의 또래 폭력은 비전형적인 젠더 행동의 감소를 예측하였는데, 이러한 경향성은 남자 친구들이 많은 남아에게서만 나타났다(Lee & Troop-Gordon, 2011). 이러한 또래 상호작용 양상은 아동을 동성 집단에 어울리게 하는 **젠더 분리(gender segregation)**와 관련이 있다. 어떤 학교든 운동장을 보면, 당신은 아동이 자신과 동일 성별을 가진 친구와 어울린다는 것을 볼 수 있을 것이다. 아동의 행동 과정에 부모의 영향이 중요한 역할을 하지만, 아동이 학교에서 시간을 보냄에 따라 아동은 성인의 장려나 안내, 혹은 압력 없이도 동일 젠더를 가진 아동을 선택한다(Pellegrini et al., 2007). 학령전기 아동에 관한 연구에서, 남녀 아동 모두 이성 친구보다는 동성 친구와 2~3배 더 많이 상호작용하였으며, 놀이가 중단된 후에도 더 빨리 같이 어울리며, 더 빨리 놀이를 시작하였다(Martin & Ruble, 2010). 이러한 양상은 학기 초 어린이집에서도 나타난다. 또 다른 연구를 보면, 어린이집 학기가 끝날 때 즈음, 아동은 이성 친구보다 동성 친구와 보내는 시간이 약 3배 정도 되었고, 6세 아동은 동성 친구와 11배 이상 시간을 보냈다(Maccoby, 1998). 남아는 여아보다 동성 친구끼리 어울리는 경향이 있었다(Benenson et al., 1997). 이러한 양상은 초등학교까지 지속된다. 아동은 동성 친구를 이성 친구보다 더 좋아하고, 덜 부정적으로 행동한다(Underwood, Schockner, et al., 2001). 젠더 분리는 북미나 유럽뿐 아니라 인도, 그리고 몇몇의 아프리카 나라 등 많은 문화에 걸쳐 나타난다(Munroe & Romney, 2006).

그러므로 아동은 남성과 여성에게 구분된 별도의 상호작용 방식을 촉진하는 분리된 세계에 산다. 여아는 여자 친구들과 소꿉놀이를 하고, 남아는 남자 친구들과 탐험 놀이를 한다. 이러한 활동은 젠더 유형화된 행동에 참여할 기회를 제공한다. 여아의 놀이는 돌봄, 사이좋게 어울리는 것, 협력적 행동을 연습하도록 한다. 남아의 놀이는 주장적이고, 경쟁적인 행동, 신체적 행동, 주의를 끄는 방식 등을 연습하게 한다. 이는 아동이 젠더 역할을 배우고 유지하게 하는 하나의 또 다른 방식이다.

젠더 분리를 더욱 자세히 연구하기 위하여 Carol Martin과 Richard Fabes(2001)는 1년 동안 학령전기 아동을 추적 연구하였다. 연구자들은 젠더 분리가 1년 동안 증가하며, 남녀 아동 모두 자신의 동성 집단과 어울릴 때 명백히 다른 활동을 한다는 것을 발견하였다. 남아는 더 많은 시간을 함께 보내고, 활동 수준이 높았다. 또 남자 친구들과 어울리는 시간이 많은 남아는 외현적 공격성을 더 많이 보이고, 거친 몸 놀이에 참여하는 시간이 많았으며, 성인과 함께 시간을 보내거나 성인 주변에 머무르는 시간이 적었고, 긍정적 정서를 더 많이 표현하였다(즉, 더 즐거운 시간을 가짐). 반면, 여자 친구들과 시간을 보내는 여아의 경우 활동성과 공격성은 감소하였고, 성인과 혹은 성인 주변에서 더 많은 시간을 보냈다. 따라서 젠더 분리는 남아와 여아에게 구분된 사회화 경험을 제공한다. 이러한 연구 결과들과 일관되게, 또 다른 연구는 학령전기 남아가 높은 활동 수준을 가진 친구를, 여아는 활동 수준이 낮은 친구를 선택한다는 것을 발견하였다. 요약하면, 아동은 자신에게 편안한 수준의 활동성을 가진 친구를 선택한다(Gleason et al., 2005).

남아와 여아의 놀이 간 차이에 대한 한 사례가 있다(Pitcher & Schultz, 1984, pp. 6-7).

존: 나는 엄청난 지하 창고를 만들 거야!

아담: 우리는 조커를 죽일 수 있어. 우리는 나쁜 악당을 죽이는 데 총을 사용할 수 있어. 우리가 최고다.

존: 내 총은 태양 폭풍 전체를 날려 버릴 수 있어. (총을 쏜다.)

아담: 태양 폭풍을 날려 버리지 마! (존은 계속한다. 아담은 이를 무시하고, 계속 펑펑 폭파시키는 시늉을 하며, 로켓 위에 국기로 싼 고릴라 인형을 올려놓는다.) 이제 나 한다~ (구조물을 무너뜨린다.)

존: 내 것을 무너뜨리지는 마. 조심해.

아담: 알았어. 이제 폭파한다. 자 간다.

완다: 엄마, 나 지금 쇼핑가요. [다른 여자 친구가 '엄마' 역할을 하고 있다.]

'엄마': 알았어.

완다: 엄마, 나 새로운 종이랑 마술펜 샀어요.

'엄마': 그래, 저쪽에 놓으렴. 그거 비싼 거니까 아껴 쓰렴.

남아: 같이 놀아도 돼?

완다: 안 돼, 여기는 이미 사람이 너무 많아.

여아: 같이 놀아도 돼?

완다: 그래, 너는 강아지로 변장할 수 있어.

젠더 분리는 아동기에서 청소년기까지 계속된다. 한 연구에서 15~17세 아동의 72%

는 같이 놀러 나가는 친구로 동성 친구를 지목하였다(Mehta & Strough, 2010). 남녀 아동 모두 동성을 자신의 참조 집단으로 정의하는 경향이 있었다. 그러나 여아의 젠더 분리는 여아가 남아보다 의사소통 방식에서 더욱 반응적이라는 신념과 상관이 있었다.

Eleanor Maccoby(1990, 1998)는 아동의 젠더 분리의 몇 가지 이유를 제안하였다. 첫째, 여아는 남아의 격렬한 신체 놀이와 경쟁-지배 지향성을 적대적인 것으로 보기 때문에 남아와 상호작용을 피한다. 반대 성과 상호작용하는 것에 대한 이러한 정서적 반응은 특히 젠더 유형화된 아동에게 더욱 강력하게 나타났다(Martin & Ruble, 2010). 둘째, 남아와 여아는 다른 활동을 선호한다. 남아는 스포츠와 게임을, 여아는 사람들과 어울리는 것과 TV 보는 것을 즐긴다(Cherney & London, 2006; Mathur & Berndt, 2006). 확실히 젠더 유형화 행동 양상의 유사성은 젠더 분리의 토대가 되며, 아동의 신념은 반대 성을 가지면서 동일한 나이의 친구보다 같은 젠더를 가진 또래와 더욱 유사하다(Martin et al., 2011). 셋째, 여아는 남아를 다루는 것을 어려워한다. 여아는 다른 여아에게 자신이 선호하는 것을 얻기 위해 적절한 제안을 하면서 쉽게 상호작용할 수 있으나, 이러한 방식은 직접적 요구를 하는 남아에게 아주 효과적인 방법은 아니다. 그래서 여아는 남아를 피한다. 같은 동성과 놀이하려는 아동의 선호는 젠더 분리만 이끄는 것이 아니라 아동의 능력 차이 역시 초래할 것이다. 예를 들어, 남아는 자기 시간의 대부분을 남아와 어울리는 데 사용하며 이는 그들이 발달시키는 사회적 기술의 유형을 제한할 것이다. 집단 안에서 상호작용하면서 남아는 경쟁적이고 주장적인 기술을 얻을 가능성이 있다. 남아와의 상호작용 속에서 남아는 자신을 개방하고 정서를 표현하는 것은 덜 배우는 경향이 있다(Leaper & Friedman, 2007). 끝으로, 태내 호르몬의 역할 가능성이다. 선천성 부신 과형성(congenital adrenal hyperplasia: CAH; 즉, 일반적 수준보다 높은 테스토스테론)을 가진 여아는 이에 영향을 받지 않은 경우보다 남성적 친구를 선택하였고, 이들은 또한 남자 아동의 놀이 방식을 선호한다.

## 학교 및 교사

학교는 부모, 또래 그리고 매체처럼 아동의 젠더 유형화에 영향을 미치는 또 다른 요인이다(Leaper & Friedman, 2007; Ruble et al., 2006).

**학교 문화** 대부분의 학교 체계 안에서 남성이 교장이나 교육감 등을 맡으며 높은 지위를 차지하더라도, 여자 선생님은 적어도 초기에 여아에게 긍정적인 학교 문화를 만든다. 초등학교의 여자 선생님은 남아가 영아 때부터 장려받아 온 특성인 독립적이고, 주장적이며, 경쟁적인 특성을 못마땅해하는 경향이 있다. 선생님들은 보다 언어 지향적이고, 잘 행동하며, 규칙을 잘 따르는 여아를 선호한다. 여아는 남아보다 학교를 좋아하는 경향이 있으며, 수업 시간에도 더 잘한다. 매우 활동적인 남아에게 학교는 행복한 장소가 아니다. 이 아동들은 학교 규칙에 적응하는 데 어려움이 있고, 교사와 갈등을 경험한다. 평균적으로 여아는 자신의 선호와 학교가 잘 맞는다고 여긴다(McCall et al., 2000; Ruble et al., 2006). 그러나 초등학교 선생님이 여아에게 격려하는 행동들은 장기적 관점에서 창조적 생각과 문제해결, 그리고 더 높은 성취를 가능케 하는 독립성, 주장성, 그리고 비동조성 발달에 해로울 것이다(Dweck, 2001, 2006, 2017).

심리학자들은 경쟁 활동에서 성취는 종종 여아와 여성에게 불편하다는 것을 발견하였다. 여아가 성취와 관련된 갈등을 다루는 방식은 남자 아동에게 자신의 능력을 숨기는 방식이다(Ruble et al., 2006). 예를 들어, 여아는 남아와 같은 시험을 봤을 때, 실제 자기 성적보다 낮은 성적을 받았다고 남아에게 말하거나, 의도적으로 자신의 능력에 못 미치게 수행할 수 있다. 심지어 매우 성공한 여성은 자신의 성취에 대해 스스로 '낮추고' 여성들에게 보편적인 부드러운 지지에 관여할 필요가 있다고 느낀다. 이러한 행동은 상당히 기술적이기 때문에 그들이 '사회적 반발(social backlash)'(예: 타인에 의해 차가운 사람 혹은 비호감으로 지각되는 것)을 받을 확률을 감소시키는 것으로 보인다(Phelan et al., 2008).

**교사의 태도 및 행동** 학령전기 젠더 차이는 남녀 아동의 놀이 및 타인과의 상호작용에서 드러난다. 남아는 여자 선생님과 상호작용할 때, 예술, 음악, 퍼즐, 책, 글쓰기, 전화놀이, 꾸미기, 부엌놀이, 인형 놀이와 같은 여성스러운 활동에 유의하게 많이 참여한다(Goble et al., 2012). 교육자들이 한때 남성 교사 수를 늘리는 것이 남녀 아동에 대한 여성 교사의 효과를 감소시킬 것이라고 믿었음에도, 남녀 교사는 아동 성별에 상관없이 예술 활동이나 글쓰기, 그리고 타인 돕기 등 여성스러운 활동에 더욱 긍정적으로 반응한다(Fagot, 1985a, b). 교사는 학급 내에서 학급 운영 및 아동과 이야기하는 방식을 통하여 젠더 구분을 최소화 혹은 최대화할 수 있다. 이러한 사실은 연구로 밝혀졌다. 어떤 선생님들은 물리적인 구분(예: 성에 따라 줄 세우기), 학급 조직화(예: 남녀 게시판 별도 운영), 그리고 젠더 특수적인 용어(예: "나는 마커를 나눠 줄 여학생이 필요해.")를 통하여 현격한 젠더 구분을 만들어 낸다(Hilliard & Liben, 2010). 한편, 다른 선생님들은 젠더화된 용어나 학급 운영을 하는 것을 피하며, 남녀 아동 간 경쟁 구도 촉진을 삼간다. 2주 후, 젠더를 두드러지게 한 조건에서는 그렇지 않은 조건에 비하여 젠더 고정관념이 유의하게 증가하였으며, 반대 성의 또래에 대하여 덜 긍정적으로 평가하고, 덜 어울리는 것으로 나타났다. 따라서 교사가 어린 아동의 젠더 유형화된 행동에 영향을 준다는 것은 명확하다.

역사적으로 학령전기 남녀 학생은 언어 및 수학 과제에서 다른 수행을 보였는데, 여아는 언어를, 남아는 수학을 더욱 잘하였다(Eccles et al., 1998). 오늘날 여아가 남아보다 언어적 측면(예: Herbert & Stipek, 2005)에서 더욱 우수하다는 증거, 그리고 여성이 아동기에서 청소년기까지 보다 많은 이점을 가진다(Scheiber et al., 2015)는 증거가 확인되었다. 그러나 미국, 전 세계 여러 국가의 아동, 청소년을 분석한 대규모 연구는 수학 능력에서 젠더 차이는 아주 작거나 없다는 것을 보여 준다(Hyde, 2014; Lindberg et al., 2010; Scheiber et al., 2015; Voyer & Voyer, 2014).

> "애비는 수학 시간에 마음을 다잡고 있다. 애비는 영어를 잘하지만 수학 과목에서 분수를 다루는 것은 자신이 없다. 나는 사실 왜 여학생들이 수학에서 남학생들보다 뒤떨어지는지 잘 모르겠다. 생물학적 차이라면 어떻게 기술자나 물리학자가 되는 여성들이 있는가?"

성취에서 흥미로운 젠더 차이도 있다. 여학생과 남학생이 심지어 비슷한 수준의 능력을 갖추고 있음에도 남학생들은 왜 여학생들보다 수학 관련 대학 전공과 진로를 더 많이 선택하는가? 한 가지 이유는 수학은 '남성' 영역이라 여겨지기 때문이다. 2학년 때 이미 아동은 수학이 남학생을 위한 것이라는 고정관념을 믿는다(Cvencek et al., 2011). 두 번째 이유는 수학이 남아를 위한 것이라는 고정관념 때문에 가능한 것으로, 남아는 스스로 수학에 더 유능하다고 인식한다. 남아는 3학년 초반 자신의 수학 유능성을 여아보다 높게 평정하고, 이는 고등학교까지 지속된다. 남아는 수학에 대해 자신 있고, 불안해하는 경향이 적으며, 수학에서 잘할 수 있다고 동기화되고, 수학에 대한 자기개념 및 자기효능감에서 여학생보다 ⅓ 표준편차 더 높은 점수를 얻었다(Else-Quest et al., 2010; Gunderson et al., 2012; Herbert & Stipek, 2005; Nagy et al., 2010; Watt et al., 2012). 흥미롭게도, 수학 능력에 대한 남녀 아동의 지각 차이는 실제 능력에서 젠더 차이보다 더욱 강력하다(Hyde, 2014). 수학 유능감에서 이러한 차이는 전 세계에서 관찰되며, 수학 수행, 수학 수업 수강, 그리고 수학 관련 진로 선택에 핵심적 역할을 한다. 여아는 스스로 언어 영역만 잘한다고 생각하는데, 왜냐하면 여아들이 언어를 잘하는 것으로 여겨지기 때문이다(Pomerantz et al., 2002).

수업 등록에서 차이가 나는 세 번째 이유는 교사가 여아보다는 남아가 수학적 관심을 가지도록 장려하기 때문이다(Wigfield et al., 2015). 왜 그럴까? 하나는 교사가 남아가 여아보다 수학 능력이 좋다고 믿기 때문이다(Gunderson et al., 2012). 우리 사회의 다른 성인들과 마찬가지로 교사는 남성이 여성보다 수학과 과학 영역에서, 여성이 남성보다 언어 영역에서 더 잘한다는 고정관념을 가지고 있다(Halpern et al., 2011; 〈표 9-2〉). 또한 교사는 남아의 수학적 성공을 능력에 귀인하고, 실패는 노력의 부재로 귀인하는 반면, 여아의 수학적 성공은 노력에, 실패는 능력에 귀인한다. 게다가 스스로 수학 영역에 불안감을 가진 교사는 자신의 학생들에게 수학-젠더 고정관념을 주입하는 경향이 있다(Beilock et al., 2010). 수업 등록에서 젠더 차이를 줄이기 위해서 학생들은 수학에 자신감이 있는 교사와 긍정적인 경험을 할 필요가 있다. 수학 교과에 자기효능감이 높고, 불안이 낮은 교사는 사회적 고정관념을 깨고, 수학에 대한 긍정적인 태도를 장려하는 능력이 있을 것이다. 이는 유능한 여성 역할 모델이 여학생들의 높은 수학 성취를 촉진할 수 있다는 연구 결과에서 보여지듯, 특히 여성 선생님과 여학생에게 중요하다. 앞으로 교사는 여아와 남아를 동등하게 칭찬하고 격려하는 것을 통하여 수학에서 젠더 차이에 대한 아동의 인식이 정확히 이루어지도록 노력할 수 있다.

〈표 9-2〉 고정관념에 대한 진실

남녀 아동이 어떻게 다른지, 당신의 지식에 기반하여 Part 1의 질문에 답하시오. 그 후 당신의 답변을 Part 2에 제시된 다른 성인의 생각 및 연구와 비교해 보시오.

**Part 1**

언어 능력

1. 2세경, 얼마나 많은 의미 있는 단어를 말할 수 있는가(평균적으로)?
   남아 ______________ 여아 ______________

2. 읽기 장애로 진단받는 퍼센트는 얼마나 되는가?
   남아 ______________ 여아 ______________

3. 12학년 국가 작문 평가에서 얼마나 앞서 있는가?
   남아 ______________ 여아 ______________

수학 및 과학 능력

4. SAT–수학 점수의 평균은?

남아 ______________ 여아 ______________

5. 심적 회전 과제(특정 대상이 다른 각도에서 어떻게 보일지에 대하여 상상할 수 있는 능력)의 몇 퍼센트를 정확하게 수행할 수 있는가?

남아 ______________ 여아 ______________

6. 얼마나 많은 국가에서(34개국 중) 8학년 국제 과학 성취도 평가 수행이 더 낫다고 생각하는가?

남아 ______________ 여아 ______________

## Part 2

| 과제 | 성인 신념 | 연구 결과 | 고정관념적 차이 | 실제 차이 |
|---|---|---|---|---|
| 언어 능력 | | | | |
| 1. 2세 의미 있는 언어 평균 수 | | | 28 | 78 |
| 남아 | 194 | 197 | | |
| 여아 | 222 | 275 | | |
| 2. 읽기 장애 진단 퍼센트 | | | 5 | 11 |
| 남아 | 17 | 21 | | |
| 여아 | 12 | 10 | | |
| 3. 12학년 국가 작문 평가수행에 앞선 개월 수 | | | 14 | 36 |
| 여아 > 남아 | 14 | 36 | | |
| 수학 및 과학 능력 | | | | |
| 4. SAT–수학 평균 | | | 34 | 34 |
| 남아 | 566 | 538 | | |
| 여아 | 532 | 504 | | |
| 5. 심적 회전 과제 정확도 퍼센트 | | | 6 | 40 |
| 남아 | 69 | 70 | | |
| 여아 | 63 | 30 | | |
| 6. 8학년 과학 성취도 검사에서 더 나은 수행을 보이는 국가 수 | | | | |
| 남아 > 여아 | 18 | 28 | | |
| 여아 > 남아 | 9 | 6 | | |

성인은 남성이 여성보다 수학 및 과학에서 더 나은 수행을 보이며, 여성은 언어를 더 잘한다고 믿었다. 결과에서 알 수 있듯이 사실 많은 성인이 언어 및 과학에서 차이의 크기를 과소평가하였다. 당신은 어떻게 하였는가?

출처: Halpern et al., 2011.

### 천성 그리고 양육

오래전부터 발달이 천성(즉, 생물학적 특성)에 의한 것인지 양육(즉, 사회화)에 의한 것인지에 대한 질문이 있었다. 이제는 이러한 질문을 할 필요가 없다. 지금은 젠더 차이가 천성과 양육 모두에 의한 것이며, 하나의 효과는 다른 하나의 효과를 줄이거나, 혹은 영향을 줄 수 있다는 것이 널리 받아들여지고 있다. 영아에게 매료되는 것에 대해 이전에 논의한 것처럼 생물학적 특성의 효과는 문화적 기대 때문에 극대화될 수 있다. 사회화의 영향력 또한 생물학에 의해 제약받을 수 있다. 예를 들어, 1965년 출생한 브루스는 할례를 받다가 성기를 잃었는데 이는 드물게 일어나는 사고였다(Colapinto, 2006). 그 당시 영향력 있는 심리학자인 존 머니(John Money)의 감독하에, 그는 여자 아동으로 길러졌다. 이 과정은 수술과 호르몬 요법을 포함하고 있었으며, 이름은 브렌다로 변경하였고, 여성으로 사회화시켰다. 초기에 그가 여성 정체성을 갖추었다고 보고되었을지라도, 십대가 되면서 그는 자신의 정체성을 부인하고 남성으로 살고자 했다. 생물학적 효과가 문화와 사회화에 의해 영향받는 것만큼, 사회화 역시 생물학에 의해 영향받을 수 있다.

연구자들은 여아와 여성의 수학 수행을 향상시킬 수 있는 간단한 조작을 시행하였다. 교사가 4학년 아동에게 여아가 심적 회전 과제를 더 잘한다거나, 남녀 간 차이가 없다고 언급하였을 때, 남아가 더 잘하는 현상은 사라졌다. 왜냐하면 여아의 수행이 개선되었고, 남아의 수행은 나빠졌기 때문이다(Neuburger et al., 2011). 이와 유사하게 여성이 고정관념 변화에 관한 지침을 받았을 때—수학 시험에서 다음과 같은 문장을 보여 주었다. '다음 수학 문제에서 여성은 남성보다 더 잘할 것으로 기대된다.'—여성은 고정관념 위협을 받은 여성—이들의 시험에서는 다음과 같은 문장을 보여 주었다. '다음 수학 문제에서 여성은 남성보다 더 못할 것으로 기대된다.'—보다 더욱 잘 수행하였다(Johnson, Barnard-Brak, et al., 2012).

## 양성성

많은 심리학자는 젠더 역할에 대한 전통적 견해가 너무 협소하다고 믿었다. 각 개인이 흥미, 태도 그리고 행동에서 남성적이거나 여성적인 것 둘 중 하나를 말하고 행동하는 것은 다소 받아들이기 어려운데, 왜냐하면 현실에서 대부분 사람은 남성적이거나 여성적이라 묘사될 수 있는 특성을 모두 드러내기 때문이다. 성별에 상관없이 아동을 부드럽게 대하고, 돌봄을 제공할 수 있으며, 일을 할 때 주장적이고, 테니스장에서 매우 경쟁적일 수 있으며, 음식을 잘할 수 있다. 남성적이고 여성적인 특성을 모두 가진 사람에게 **양성적(androgynous)**이라는 표현을 사용한다(Bem, 1974; Martin et al., 2017). 흥미롭게도 미국(Donnelly & Twenge, 2017)뿐 아니라 중국 같은 다른 나라에서도 마찬가지로(Qiuxia, 2013) 양성적인 여성의 비율은 1970년 이후 증가하였다. 이 여성은 적응을 잘하고, 보다 더 창의적이었다(Norlander et al., 2000; Pauletti et al., 2017). 남성적이거나 혹은 양성적인 아동은 여성적이기만 아동보다 높은 자존감을(Boldizar, 1991; Ruble et al., 2006), 그리고 낮은 내재화 문제를 가지고 있었다(Pauletti et al., 2017). 자신의 고유 젠더를 수용하고, 다른 젠더 영역을 넘나드는 것이 괜찮다고 믿는 아동은 자신의 젠더 역할에서 안전감을 느끼지 않는 아동보다 더 잘 적응하였다(Carver et al., 2004; Egan & Perry, 2001). 끝으로, 양성적인 남아는 상대적으로 성차별적인 믿음을 덜 가졌다(Pauletti et al., 2017).

양쪽 젠더의 매력적인 특성—사회적 민감성, 양육, 긍정적 느낌에 대한 표현과 개방, 주장성, 독립성—을 발달시키는 것을 가능케 하는 것은 건설적일 수 있다. 그러나 아동에게 양성적인 것을 가르칠 수 있는가? 다음에 제시된 심리학자의 4세 아들과 친구의 사례에서 볼 수 있듯이 이는 쉽지 않다.

아들: 우리 엄마는 사람들을 도와줘. 엄마는 닥터(doctor)야.

친구: 간호사(nurse)를 의미하는 거겠지.

아들: 아냐, 엄마는 그런 종류의 닥터가 아니야. 엄마는 심리학자야. 엄마는 심리학 박사(doctor)야.

친구: 그렇구나. 그녀는 심리학 간호사(nurse)구나.

아동은 노력 끝에 고정관념을 덜 사용하는 것을 배울 수 있었다. 연구자들(Bigler & Liben, 1990, 1992)은 보통 남성적인(예: 치과의사, 농부, 건축가) 혹은 여성적인(예: 미용사, 승무원, 사서) 직업으로 여겨지는 일의 역할에 대한 아동의 고정관념을 약화시켰다. 연구자들은 아동에게 젠더는 중요하지 않다는 것을 가르쳤다. 그 후 직업 적절성을 생각할 때 두 가지 다른 방식으로 주의를 기울이도록 하였다. 직업을 좋아하는지, 그리고 이를 하는 데 필요한 기술이 무엇인지, 예를 들어 건축가의 경우 무언가를 짓는 것을 좋아해야 하고, 큰 장비들을 가동할 수 있는 기술이 있어야 한다. 그 후 연구자들은 한 집단의 아동에게 왜 이 직업이 그 사람에게 적절한지에 대한 문제를 풀도록 했다. 만약 아동이 흥미나 기술보다 젠더에 기반하여 응답한다면, 이를 교정하는 피드백을 제공하였다. 통제집단의 아동에게는 젠더 유형화에 대한 강조 없이, 특정 직업의 역할에 대하여 논하도록 하였다. 추후 이들을 검사하였을 때, 실험집단에 속한 아동은 레슨 시 포함되었던 직업이나, 연습한 질문뿐 아니라 다른 직업에 대해서도 보다 덜 젠더 고정관념적 응답을 하였다. 예를 들어, 경찰과 간호사와 같은 활동을 누가 할 수 있는지 물었을 때, 아동은 더 많이 "여성과 남성 모두요."라고 응답하였다. 통제집단의 아동은 여전히 "여아는 소방관이 될 수 없다."라고 주장하였다. 젠더 도식 이론과 마찬가지로 실험 집단의 아동은 통제 집단보다 추후 기억 검사에서 고정관념과 반대되는 정보 회상을 더 잘하였다. 두 집단 모두 소방관 프랭크, 미용사 베티에 관한 이야기를 더 잘 기억했음에도, 실험 집단의 아동은 사서 래리와 우주비행사 앤의 이야기 역시 잘 기억하였다.

젠더 고정관념을 최소화하려는 노력을 지속적으로 시도하는 교사를 둔 학령전기 아동은 전통적인 교사를 둔 아동보다 혼성 집단에서 더 많은 시간을 보내고, 관습적인 젠더 유형화된 활동을 적게 하였다. 남녀 아동 모두 소꿉놀이와 장난감 트럭에 주유하는 놀이를 하였다(Bianchi & Bakeman, 1983). 아동의 젠더 역할과 태도는 분명히 수정 가능하다. 스웨덴과 같은 몇몇 국가에서 시민권자들은 젠더 평등에 대하여 분명하게 터놓고 이야기하여 남녀가 젠더 고정관념 없이 직업과 활동에 참여할 수 있는 기회를 만들었고 이는 결과적으로 아동의 양성적 태도를 증가시켰다(Coltrane & Adams, 2008; Tenenbaum & Leaper, 2002). 미국의 경우, 젠더 역할에 대한 태도는 천천히 바뀌는 중이지만, 더 많은 사람이 자신의 고유 성을 넘어 상대 성의 것으로 자신의 행동 패턴을 확장하려는 변화를 지속할 것이다.

## 요약

### 젠더 정의

- 아동이 속한 문화에서 남녀에게 적절한 것으로 여겨지는 가치 및 행동을 습득하는 과정이 젠더 유형화이다. 아동은 젠더 고정관념을 포함하는 젠더 기반 신념을 발달시키며, 이는 젠더 역할에 반영된다. 아동은 젠더 정체성을 형성하고, 일찍부터 젠더 역할에서 선호를 발달시키기 시작한다.

## 젠더 발달 차이

- 평균적으로 여아는 출생 시 신체적으로, 신경학적으로 발달되어 있으며, 초기 언어 기술 발달이 빠르고, 어린 아동을 돌보는 특성이 있다. 남아는 근육 발달이 더욱 성숙하며, 보다 공격적이다.
- 두 성별 간 차이에도 불구하고 유사점은 차이점보다 더 많다.
- 아동은 1세경, 젠더 유형화된 선호도를 보인다.
- 여아는 남아보다 젠더 역할 고정관념에 덜 사로잡히는 경향이 있으며, 이는 부모와 교사가 남아에게 남성적 역할에 충실하도록 더욱 큰 압력을 행사하기 때문일 가능성이 있다. 여아는 아마도 남성 역할을 모방할 가능성이 있는데, 이러한 역할이 더 높은 지위와 명성을 갖도록 하기 때문이다. 남녀 아동 중 몇몇은 반대 젠더 행동을 하도록 지지받지만, 대부분 전통적 고정관념에 일치하는 행동을 하도록 권장받는다.
- 성인기 행동은 초등학교 시기 젠더 유형화에 관한 흥미에 의해 예측된다. 젠더 고정관념에 일치하는 성격적 특성을 가지고 있을 때 안정성은 더욱 크다.
- 젠더 역할은 청소년기와 성인이 부모가 되었을 때 강화될 것이다.

## 젠더 역할 고정관념

- 우리 문화에서 남성은 독립적, 주장적 그리고 경쟁적이도록 기대된다. 여성은 수동적이고, 민감하며, 지지적이도록 기대된다. 이러한 신념은 여성주의자와 젠더 평등 지지자들의 노력에도 불구하고, 시대의 흐름에 따라 약간 변화했을 뿐이다.

## 젠더 차이의 생물학적 요인

- 남녀는 재생산을 성공적으로 이루어 내기 위해 사용하는 전략이 다르다. 진화이론에 따르면, 이러한 전략은 여성에게 신체적 외양, 민감성, 양육기술을 강조하고, 남성에게 강함, 힘, 공격성을 강조하는 젠더 차이를 초래하였다.
- 호르몬은 남성적 혹은 여성적으로 되도록 하는 생물학적 경향성을 태내에서 조직화하며, 사춘기 호르몬 증가는 이러한 경향성을 활성화한다.
- 남성과 여성의 뇌는 구조와 기능에서 다소 다르다. 여성의 뇌는 사회적 영역에서 더 활성화를 보이며, 남성의 뇌보다 편재화가 덜 되어 있는 경향이 있다. 이는 여성이 젠더 관련 행동에 대하여 남성보다 더욱 유연한 경향을 가지는 것을 설명한다.

- 1,000개 이상의 유전자가 남성과 여성의 뇌에서 달리 표현되었으며, 이는 젠더 유형화된 개인의 행동이 유전적 요인과 관련된다는 것을 보여 준다.

### 젠더 유형화의 인지적 요인

- 젠더 및 젠더 고정관념에 대한 아동의 이해는 젠더 역할 습득에 이바지할 것이다.
- Kohlberg의 인지발달이론은 아동이 자신을 남성 혹은 여성으로 처음 범주화하며, 젠더 일치하는 방식으로 행동함으로써 보상을 얻게 된다고 보았다. 젠더 유형화된 행동은 아동이 젠더 불변성을 이해하기 전까지 나타나지 않는다.
- 젠더 도식 이론은 아동이 자신의 경험을 조직화하고 젠더에 관한 규칙 형성을 돕는 정신 도식을 발달시키는 데 단지 젠더에 대한 기초 정보만 필요하다고 제안하였다. 연구들은 Kohlberg의 이론보다는 젠더 도식 이론을 지지한다. 젠더 명명은 젠더 유형화된 장난감과 활동 선호에 영향을 미치는 데 충분하다는 것을 나타낸다.
- 어떤 아동은 다른 아동보다 젠더 도식화되어 있다. 어떤 아동은 다양한 도식을 가지고 있다.

### 젠더 유형화에 대한 사회적 영향

- 젠더 발달 사회인지이론은 Bandura의 사회인지학습이론의 원칙을 젠더 발달에 적용한다. 사회구조이론은 교육, 직업, 정치적 영역에서 남녀에게 주어지는 기회에서 일상화되어 버린 제약에 초점을 둔다.
- 부모는 남녀 아동에게 다른 옷을 입히고, 다른 장난감을 주는 등 환경적 차이를 제공함으로써 아동의 젠더 유형화를 촉진한다. 부모는 또한 이들을 달리 대한다. 부모는 남아를 심지어 출생 시부터 더욱 강하다고 여기며, 더욱 거칠고 활동적으로 놀아 준다. 아동이 성장하면서 부모는 남아보다 여아의 자율성을 덜 허용하며 이들을 보호한다.
- 또한 부모는 역할 모델로 작용하여 아동의 젠더 유형화에 영향을 미친다.
- 아버지는 어머니보다 아동의 젠더 유형화에 보다 엄격하다.
- 손위 형제는 동생의 젠더 역할 발달에 영향을 미친다.
- 아동의 젠더 역할은 아버지가 부재하거나, 관여하지 않을 때 손상될 것이나, 레즈비언 가족에서 남녀 아동의 젠더 역할에서 손상이 발견되었다는 증거는 없다.
- 아동 도서, TV에서 남녀 특성은 전형적으로 젠더 고정관념적으로 묘사되어 있다.

TV를 보는 아동은 더욱 젠더 고정관념적 관점을 가진다. 젠더 고정관념을 줄이도록 TV 프로그램을 사용하려는 시도는 성공적이었으나, 이 효과는 중간 정도였으며, 단기적이었다.

- 또래 역시 젠더 역할 사회화의 중요한 원천이다. 또래는 모델로 작용하며, 젠더 유형화된 행동과 선택을 강화한다. 또래는 아동이 젠더 규준을 위반할 때 부정적으로 반응하며, 이는 아동 행동의 변화를 가져온다. 젠더 분리 및 또래 놀이는 젠더 전형적 역할을 학습할 수 있는 기회 역시 제공한다.
- 교사는 종종 아동에게 젠더 고정관념적으로 반응하며, 여아보다 남아를 비판하는 경향이 있다.

### 양성성

- 대부분 사람은 절대적으로 여성적이거나 남성적이기보다는 양성적 특성을 가짐으로써 남성성과 여성성 모두를 소유하고 있다.
- 더욱 양성적인 아동은 고정관념적 놀이와 활동을 덜 선택하며, 전통적으로 여성적인 특성을 가진 아동보다 더 높은 자존감을 보인다.

## 핵심 용어

- 다양한 도식
- 도구적 특성
- 동일시
- 양성성
- 젠더 고정관념
- 젠더 기반 신념
- 젠더 도식 이론
- 젠더 발달의 사회인지이론
- 젠더 분리
- 젠더 불변성
- 젠더 안정성
- 젠더 역할
- 젠더 역할 선호
- 젠더 역할의 사회구조이론
- 젠더 유형화
- 젠더 유형화 인지발달이론
- 젠더 정체성
- 표현적 특성

제10장

# 도덕성

## 옳은 일을 아는 것, 선한 일을 행하는 것

지금은 7학년 시험시간이다. 에이든은 눈썹을 모으고, 한껏 집중하여 수학 문제를 풀기 위해 노력하고 있다. 에이든은 어젯밤에 더 많은 공부를 했어야 했다고 생각한다. 그 뒤에 앉아 있는 베카 역시 공부를 위해 더 많은 시간을 썼어야 했다. 그러나 그녀는 문제를 풀기 위한 노력을 하지 않고 있다. 그녀는 에이든이 답안을 작성하기를 기다렸다가 그 답을 베끼려고 시도 중이다. 그녀는 교사가 알아채지 못하기를 바라면서 에이든의 어깨를 비밀리에 톡톡 친다. 이 두 아동의 행동은 도덕 행동의 명확한 차이를 보여 준다. 두 행동이 왜 이렇게 다른가? 이는 연령, 성별, 양육, 혹은 상황 때문인가? 이 장에서는 도덕발달과정 및 이에 영향을 미치는 요소들에 대해 논한다.

Miguel Villagran/Getty Images Inc

교실에 있는 아동을 관찰해 보면, 그 누구라도 아동이 보이는 도덕 행동의 차이를 발견할 수 있다. 어떤 아동은 규칙을 명확하게 따르지만, 어떤 아동은 서로 속삭이거나, 노트를 돌리거나, 책상 밑에 책을 숨기고 비밀리에 보거나, 혹은 다른 학생의 답안을 본다. 운동장에서도 이러한 차이는 나타난다. 어떤 아동은 책을 잃어버렸거나 넘어져 다친 학급 친구를 돕고 위로해 준다. 이 아동은 점심을 가져오지 못한 아동과 자신의 음식을 나눈다. 다른 아동은 이러한 사건을 무시하고, 친구들과 놀고, 수다를 떨며 음식을 먹는다. 이처럼 아동 행동의 다양한 차이에 기여하는 요소는 무엇인가? 어린 아동의 도덕적 가치는 어떻게 발달하는가? 아동은 어떻게 관대함과 동정심을 가지게 되는가?

이번 장에서 우리는 아동 도덕발달에 대해 논함으로써 이러한 질문에 대한 답을 일부 제공한다. 도덕발달은 몇 가지 구성요소로 구분될 수 있다. 첫 번째 구성요소는 인지(cognition)이다. 아동은 윤리적 규칙에 대한 지식을 발달시켜 나가고, 특정 행동에 대해 옳고 그름에 관한 판단을 내린다. 다른 구성요소는 행동(behavior)이다. 아동은 윤리적 결정이 필요한 상황에서 옳거나 그른 방식으로 행동한다. 셋째, 도덕발달은 정서(emotion)를 포함한다. 아동은 특정 상황에서 자신의 행동에 대하여 좋거나 나쁜 느낌을 경험한다. 우리는 이 구성요소 각각에 대해 논하고, 긍정적인 도덕 행동 발달, 즉 친사회적 행동에 대해서도 다룰 것이다. 우리는 연령에 따라 판단, 정서, 행동이 어떻게 변화하는지 살펴보고, 부모, 또래, 그리고 더 넓은 문화적 특성이 어떻게 아동발달에 영향을 미치는지도 살펴볼 것이다.

## 도덕 판단

Jean Piaget와 Lawrence Kohlberg는 몇 가지 원칙과 더불어 인지적 발달과정에 근거한 아동 도덕 판단 발달에 대한 설명을 제공하였다. 이들의 이론에서 도덕발달은 단순한 인지발달의 일부였다.

### Piaget의 도덕 판단 인지이론

Piaget는 아동 도덕발달을 두 가지 방식으로 연구하였다. 게임 규칙에 대한 아동의 태도가 연령에 따라 어떻게 달라지는지, 그리고 규칙 위반의 심각성에 대한 아동의 판단 방식이 연령에 따라 어떻게 달라지는지에 관한 연구가 이에 속한다. Piaget는 자신의 관찰을 토대로 아동의 도덕 개념 발달 3단계를 제안하였다.

**도덕 추론의 단계** **전도덕 단계**(premoral stage)에서 어린 아동은 규칙에 관한 관심이나 인식이 크지 않다. 구슬 게임을 할 때, 아동은 이기려는 의도를 가지고 체계적으로 게임을 하지 않는다. 아동은 단지 구슬을 얼마나 다양한 방식으로 가지고 놀 수 있는지 그것에 만족감을 느끼며 게임에 참여한다. 아동은 5세경에 Piaget가 **도덕적 현실주의**(moral realism)라고 부른 단계로 이행하는데, 이 단계는 규칙에 대한 고려가 나타나는 단계이다. 아동은 규칙을 바꿀 수 없는 것으로 보고 이에 의문을 갖지 않으며, 이는 보통 부모의 권위에서 비롯된 것이다. 아동은 "우리 아빠(혹은 엄마)가 안 된다고 했으니까"라고 말하며 자신이 맞다고 여기는 특정 결론에 도달한다. 이 단계에서 **도덕률**(moral absolutism)이 강력하게 드러난다. 만약 아동에게 다른 나라의 아동이 다른 규칙을 적용한 구슬게임을 할 수 있는지 아닌지 물어보면 아동은 할 수 없다고 확신한다. 아동은 또한 **내재적 정의**(immanent justice)를 인식한다. 아동은 규칙에서 벗어나는 행위는 반드시 처벌로 이어진다고 생각한다. 누군가, 혹은 무언가가 자신을 한 가지 방식 혹은 다른 방식으로 처벌하게 된다고 여기며, 처벌은 아마도 무생물(inanimate)이나 신에 의해 불행한 사고, 또는 기대하지 않은 사건의 형태로 나타날 것이라 믿는다. 어머니에게 거짓말을 해 온 아동이 나중에 자전거에서 떨어져 무릎에 상처가 나면 "내가 엄마에게 거짓말을 했기 때문이야."라고 생각할 것이다. 또한 이 단계의 아동은 비도덕적 행동의 심각성을 결과에 초점을 두어 평가한다. 아동은 행위자의 의도를 고려하지 않는다.

Piaget의 **도덕적 상호주의**(moral reciprocity) 단계는 11세경에 시작된다. 이 단계의 도덕 판단을 하는 아동은 사회적 규칙에 대해 의문을 가질 수 있고, 사회적 규칙을 변화 가능한 합의로 인식한다. 아동은 권위에 복종하는 것이 필수적이거나 항상 바람직한 것만은 아니며, 규칙 위반이 항상 잘못되거나 피할 수 없는 처벌을 초래하지 않는다는 것을 인식한다. 이 단계의 아동은 타인의 행동을 판단할 때 그 사람의 감정과 관점을 고려할 수 있다. 아동은 만약 특정 행동이 처벌받아야 한다면, 그 처벌에는 잘못한 사람의 의도 및 규칙 위반 행동 특성 모두가 고려되어야만 한다고 믿는다. 또한 그 처벌은 반드시 잘못을 배상하거나, 잘못한 사람이 미래에 더 올바르게 행동할 수 있도록 가르치는 방식이어야 한다. 이 단계의 아동은 '평등주의(equalitarianism)' 역시 믿게 된다. 아동은 모두에게 동등한 정의가 있어야만 한다고 믿는다. Piaget에 따르면, 성숙한 도덕성은 사회적 규칙에 대한 이해 및 수용과 더불어 평등에 대한 고려, 그리고 인간관계에서 상호성(reciprocity) 모두를 포함한다.

일련의 실험에서, Piaget는 아동에게 몇 가지 이야기 쌍을 읽어 준 다음, 각 이야기의 주인공이 똑같이 나쁘다고 느끼는지, 혹은 한쪽이 더 나쁘다면 왜 그렇게 느끼는지에 대해 물었다(Piaget, 1932, p. 122).

> 이야기 I. 어린 소년 존이 자신의 방에 있다. 저녁을 먹으라는 소리가 들려 왔다. 존은 식당으로 갔다. 그러나 문 뒤에는 의자가 있었고, 그 의자 위에는 15개의 컵이 담긴 쟁반이 놓여 있었다. 존은 문 뒤에 이런 것들이 있는지 몰랐다. 존은 식당에 들어갔고, 문은 쟁반에 부딪혔으며, 큰소리와 함께 15개의 컵은 모조리 깨졌다.

> 이야기 II. 어린 소년 헨리가 있다. 어느 날 엄마가 외출하였을 때, 헨리는 찬장에

서 잼을 꺼내려고 의자 위에 올라가서 팔을 쭉 뻗었다. 그러나 잼은 너무 높은 곳에 있어서 닿을 수 없었다. 헨리는 잼을 꺼내려다가 컵을 건드렸고, 그 컵은 떨어져서 깨져 버렸다.

헨리는 명백히 어머니를 속이려는 시도를 했기 때문에 덜 도덕적이라고 보아야 한다. 그러나 도덕적 현실주의 단계에 있는 아동은 존이 더 나쁘다고 생각하는 경향이 있는데, 이는 존이 더 많은 컵을 깨뜨렸기 때문이다(존의 행동에는 그럴 의도가 없었음에도 불구하고 그렇다). 도덕적 상호주의 단계에 도달한 아동은 헨리가 더 나쁘다고 생각하는 경향을 보이며, 존이 더 많은 컵을 깬 것과 차이가 있는지 물었을 때 "그렇다. 왜냐하면 15개의 컵을 깬 소년은 그러려는 목적이 아니었기 때문이다."라고 대답하였다.

**Piaget 이론의 평가** 도덕발달에 대한 Piaget 이론은 1932년 이후 많은 연구의 주제가 되었다. 미국, 영국, 프랑스 그리고 스위스와 같은 산업화된 서양 국가에서 다양한 인구 집단 및 사회적 지위를 대상으로 연구가 수행되었고, 연구자들은 Piaget 이론이 예측한 것처럼 도덕 판단 발달에서 남녀 아동 모두 연령 증가에 따라 도덕적 현실주의에서 도덕적 상호주의로 이행하는 일반적 경향성을 발견하였다. 하지만 또 다른 국가에서 이루어진 연구 결과는 다소 비일관적이다. 예를 들어, 미국 내 열 개의 원주민 집단을 대상으로 한 연구에서 내재적 정의에 대한 믿음은 연령 증가에 따라 감소하기보다 증가하였고, 이 중 오직 두 집단만이 규칙 개념에 대하여 더 많은 유연성을 반영하는 방식으로 이행한다는 것이 확인되었다(Harvighurst & Neugarten, 1955).

또한 Piaget는 아동의 능력을 과소평가한 것으로 보인다. Piaget의 주장과 다르게, 6세 아동이 이해할 수 있는 방식으로 상황을 보여 줄 때는 이들도 연기자의 의도를 고려할 수 있었다. 예를 들어, 6세 아동 대상 연구에서 글을 읽고 쓰도록 하기보다 연기 혹은 비디오 테이프로 이야기를 보여 주면 6세 아동도 나이가 많은 아동만큼이나 연기자의 의도에 잘 반응하였다(Chandler et al., 1973). 이야기를 볼 때 연기자의 정서적 상태에 대한 추가적 정보를 제공하면 아동이 연기자의 의도를 추측하는 데 더 도움이 되었다. Piaget가 아동의 능력을 과소평가하게 된 이유 중 하나는 Piaget는 이야기의 간략한 기본 요소만 제공했기 때문이다.

Piaget가 아동 능력을 과소평가한 또 다른 이유는 Piaget가 주인공의 의도와 행동 결과를 혼합하였기 때문이다. Piaget는 아동에게 언제나 나쁜 의도를 가지고 적은 양의 손실을 가져온 사람과 좋은 의도를 가졌지만 많은 양의 손실을 가져온 사람 중에 누가 더 나쁜지 판단하게 하였다. 연구자들이 좋은 의도와 나쁜 의도, 그리고 좋은 결과와 나쁜 결과를 보여 주었을 때, 그 이야기들은 달리 평가될 수 있었으며 심지어 초등학교 아동도 판단의 근거로 의도를 사용 하였다(Helwig et al., 2001). 예를 들어, 깨진 컵 이야기에서 결과는 같지만(아동이 6개의 컵을 깸), 의도에 초점을 두고 다시 이야기하는 경우(아동이 어머니를 도와주려고 했든, 아니면 쿠키를 꺼내려고 했든), 아동이 의도를 이해하는 데는 전혀 문제가 없었다. 연구자들은 Piaget가 사용한 기본 이야기들을 변형하여 아동의 도덕 판단에 영향을 미치는 요소들을 분리해 내었다. 그 결과, 아동이 내리는 옳고 그름에 관한 판단은 행동의 결과가 긍정적인지, 부정적인지, 그리고 그 결과가 의도된 것인지 아니면 우연에 의한 것이었는지에 의존한다는 것을 밝혀냈다.

## Kohlberg의 도덕 판단 인지이론

Kohlberg(1969, 1985)는 Piaget 이론을 기반으로 도덕발달이론을 구축하였으나, 도덕발달 단계를 정리하고 더욱 확장시켰다. Piaget와 마찬가지로, Kohlberg는 아동의 인지적 능력이 그들의 도덕 추론 수준을 결정 지으며, 도덕발달은 이전 단계를 기반으로 형성된다고 믿었다.

**도덕 판단 수준과 단계** Kohlberg는 일련의 도덕적 딜레마, 즉 주인공이 규칙과 권위에 복종하거나 타인의 필요나 복지를 위하여 반응하는 것 중 하나를 선택하는 이야기를 제시함으로써 도덕발달을 연구하였다. 연구 참여자들은 도덕적 딜레마 이야기 속의 주인공이 어떤 선택을 해야만 하는지, 왜 그래야 하는지에 대한 질문을 받았다. 예를 들면, 다음과 같다(Colby et al., 1983, p. 77).

> 하인즈는 죽어 가는 자신의 아내를 돕기 위하여 매우 값비싼 약이 필요하다. 그 약을 개발하고 공급을 책임지는 약사는 필요한 돈의 절반밖에 되지 않지만, 자신이 가진 전부를 먼저 지불하고 추후에 나머지를 갚겠다는 하인즈의 제안을 거절하였다. 하인즈는 사회의 법과 규칙에 복종할 것인지, 혹은 아내를 살리기 위하여 이를 위반하고 약을 훔칠 것인지 결정해야만 한다. 하인즈는 어떤 선택을 해야만 하는가? 왜 그러한가?

연구를 통하여 Kohlberg는 도덕발달을 크게 3수준으로 구분하고 각 수준을 다시 2단계로 구분하였다. 각 수준과 단계는 이야기 속 주인공의 선택에 대한 연구 참여자의 응답뿐 아니라, 연구 참여자들이 제시한 이유와 그 선택의 근거 모두에 기초하였다.

수준 1(Level 1)은 **전인습적 수준**(preconventional level)으로, 도덕 판단은 처벌을 피하기 위한 욕구에 기초하거나(단계 1) 보상을 얻기 위한 욕구(단계 2)에 기반한다. Kohlberg는 이를 전인습적으로 명명하였는데, 왜냐하면 이 수준의 추론은 아직 사회적 상호작용을 가능케 하는 규칙과 규준, 즉 인습에 기반을 두지 않았기 때문이다. 수준 2(Level 2)는 **인습적 수준**(conventional level)으로, 도덕 판단은 규칙과 규준에 따르고자 하는 동기에 기반을 둔다. 단계 3에 해당하는 사람의 경우, 타인의 승인을 얻기 위해 규칙을 준수한다. 단계 4에서 사람들은 사회의 규칙, 법, 가족, 결혼풍습 혹은 국가에 대한 의무로 인습에 따른다. 수준 3(level 3)은 **후인습적 수준**(postconventional level)으로, 도덕 판단은 타인의 승인 혹은 비승인에서 상대적으로 독립적인 내면화된 윤리 기준에 기반한다. 단계 5에서 도덕성은 인간 권리에 대한 사회 구성원들의 합의에 기반하며, 단계 6의 경우 정의와 공정성 같은 추상적 원칙에 기반을 둔다. 이 수준에 도달한 사람들은 규칙과 법이 임의적이라 보지만, 인간 복지 보호를 위하여 이를 존중한다. 만약 법이 악법이라면 인간의 권리가 법에 우선할 수 있다고 믿는다(도덕 추론 단계에 대한 보다 상세한 설명은 〈표 10-1〉 참조).

〈표 10-1〉 Kohlberg의 도덕발달이론

| 단계 지향 | 설명 |
|---|---|
| 수준 I. 전인습적 도덕성 | |
| 단계 1 | |
| 복종, 처벌 지향 | 아동은 처벌을 피하고자 지위나 권력이 있는 사람, 보통 부모를 따른다. 행위의 도덕성은 물리적 결과에 따라 정의된다. |
| 단계 2 | |
| 쾌락주의 및 도구적 지향 | 아동은 보상을 얻기 위하여 순응한다. 아동은 상호성, 나눔에 대하여 이해하지만 이러한 상호성은 정의감, 관대함, 연민, 혹은 동정심 같은 진실함보다는 자신의 이익에 초점이 맞춰져 있다. "네 자동차를 가지고 놀 수 있게 해 주면, 내 자전거를 빌려줄게.", "밤늦게 영화를 볼 수 있게 해 주면 숙제를 할게요." |

| | |
|---|---|
| 수준 II. 인습적 도덕성: 인습적 규칙 및 순응 | |
| 단계 3 | |
| 착한 소년/소녀 도덕성 | 아동의 좋은 행동은 타인과 좋은 관계를 유지하고 승인을 구하기 위한 것이다. 이 단계의 아동은 옳고 그름에 대한 판단을 할 때 타인의 반응에 기초하지만, 타인의 물리적 힘보다는 승인, 비승인을 염려한다. 아동은 관계를 위하여 가족과 친구의 규준에 순응한다. 그러나 아동은 타인의 사회적 조절을 수용하고, 규칙을 위반한 사람의 의도에 대하여 좋고 나쁨을 판단하기 시작한다. |
| 단계 4 | |
| 법 · 질서 기반 도덕성 | 사람들은 맹목적으로 사회적 인습과 규칙을 수용하고, 비난을 면하려면 사회적 규칙을 준수해야 한다고 믿는다. 그들은 개인적 기준뿐 아니라 사회적 질서에도 순응한다. 이는 '법과 질서' 도덕성으로 사회적 기준을 의심의 여지없이 받아들이는 것이다. 사람들은 확고한 규칙에 대한 순응 여부로 행동의 좋음을 판단한다. 많은 사람이 인습 수준 도덕성 이상으로 발전하지 못한다. |
| 수준 III. 후인습적 도덕성: 자기-수용적 도덕 원칙 | |
| 단계 5 | |
| 사회 계약, 개인의 권리, 그리고 민주적으로 수용되는 법의 도덕성 | 도덕적 신념은 이전 단계에서는 없었던 유연성을 가진다. 도덕성은 사회질서를 유지하고 타인의 권리를 유지하는, 그리고 규준에 순응하는 개인 간 합의에 기초한다. 그러나 이는 사회적 계약이기 때문에, 한 사회 구성원들은 합리적 논의를 통하여 더 많은 이에게 이점을 갖는 대안을 도출할 수 있다. |
| 단계 6 | |
| 개인의 원칙과 양심의 도덕성 | 사람들은 사회적 기준과 내면화된 이상 모두를 따르며, 타인의 비난보다는 자기 비난을 피하고자 한다. 정의, 동정심 그리고 평등과 같이 자신의 추상적 원칙에 기반하여 결정을 내린다. 이러한 도덕성은 타인 존중에 기반한다. 이러한 발달 수준에 도달한 경우, 다수에 의해 수용되는 사회적 규칙과 갈등을 경험할 수 있는 높은 수준의 개인적 도덕 신념을 가진다. |

출처: Kohlberg, 1969.

Kohlberg에 따르면 여섯 단계 순서는 고정되어 있다. 이는 모든 사람이 같은 순서로 이 단계를 거치며, 특정 수준에 도달하면 그 이전 단계로 되돌아갈 수 없음을 의미한다. 각 단계는 각기 다른 연령에서 각기 다른 사람들에게 나타날 수 있는데, 모든 개인이 최고 수준에 도달하는 것은 아니다. Kohlberg와 동료들의 연구 결과는 Kohlberg가 제안한 단계의 일반적 순서를 지지한다(Colby et al., 1983; Colby & Kohlberg, 1987; Kohlberg, 1985). 지난 20년간 연구 참여자들은 도덕적 딜레마에 대해 도덕 판단을 요청받았다. 모든 사람이 낮은 단계에서 높은 단계로 이행해 갔지만, 단계를 건너뛴 사람은 아무도 없었다. 어린 아동은 보다 전인습적(수준 I) 응답을 하였고, 더 나이 든 아동은 보다 인습적(수준 II) 응답을 하였다. 대부분의 연구 참여자는 단계 4 도덕 추론에 머물렀다. 소수의 사람(10%)만이 20대에도 도덕 추론을 계속해서 발달시켰고, 성인 초기(young adulthood)에 단계 5에 도달하였다. 그러나 단계 6에는 아무도 도달하지 못하였다([그림 10-1]).

Kohlberg에 따르면 여섯 단계 순서는 고정되어 있을 뿐 아니라 보편적이다. 이는 전 세계, 모든 나라 사람의 발달이 같은 단계를 따른다는 것을 의미한다(도덕 추론의 궁극적 수준에 도달한다고 해도, 같은 문화 내에서 개인차가 존재하는 것처럼 문화에 따른 차이도 아마 나타날 것이다).

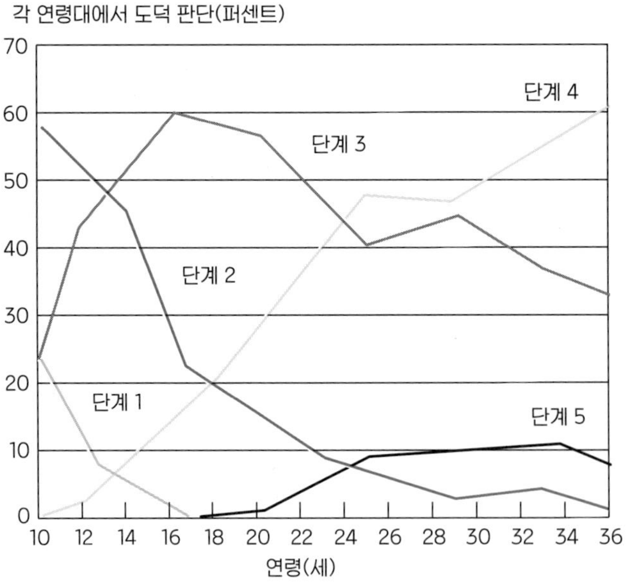


[그림 10-1] 도덕 추론은 어떻게 발달하는가

Kohlberg 연구에서 10세 남아의 약 20%가 단계 1 추론을 사용하였으나, 이러한 경향성은 16세경 사라졌다. 단계 2 추론은 10세 남아의 60%에 의해 사용되었으나, 24세에 이 추론을 사용하는 사람은 10% 미만이었다. 단계 4 추론은 36세경 가장 보편적인 추론이었으나, 3명 중 1명은 여전히 단계 3 추론을 사용하였다.

출처: Colby, A., Kohlberg, L., Gibbs, J., & Lieberman, M. (1983). A longitudinal study of moral judgment. Monographs of the Society for Research in Child Development, 48 (Serial No. 200). Fig 1, p. 46. Reprinted with permission of Wiley-Blackwell.

## 극단적 사례로부터의 통찰: 도덕적 영웅

아동의 도덕발달에 영향력을 미치는 사람의 대부분은 부모, 또래, 코치 그리고 성직자이다. 그러나 역사적으로 아동과 성인은 높은 단계의 도덕적 사고와 행동에 도달하기 위한 영감을 도덕적 영웅을 통해 얻는다. 의무를 넘어선 행동을 하는 개인은 그 비용에도 불구하고 우리가 옳은 것에 도전하게 한다. 다음 세 영웅은 Kohlberg 도덕발달의 가장 높은 단계를 설명하는 모델들이다.

Abraham Lincoln은 미국에서 특별한 용기와 인내심, 명료한 도덕적 목표, 그리고 '모든 인간은 동등하므로 피부색깔은 다름을 만들 수 없다'는 생각에 전념하여 노예해방을 성공적으로 이끌었다.

거의 한 세기 후, Mahatma Gandi는 인도에서 인간 권리 신장을 위해 노력했다. 그는 '비폭력 불복종'을 전략으로 가난 감소, 여성 권리 확대, 그리고 종교와 민족 계파 간의 관계 개선 등을 포함한 사회적 변화를 성공적으로 끌어냈다. 비록 투옥되고, 신체적 폭력을 당하고, 단식 투쟁으로 고통받았음에도 그는 도덕적 목표하에 인도인들을 위하여 지속적인 운동을 전개하였다. 30년간의 투쟁 끝에 그의 노력은 영국 식민지였던 인도를 해방시켰다. 그의 생일인 10월 2일은 세계 비폭력의 날로 지정되었다. Gandi에 따르면, "인류는 후대의 복지를 위하여 노력하는 만큼 위대해진다."

Gandi는 미국 시민 혁명의 리더였던 Jr. Martin Luther King에게 영감을 주었다. 1950년에서 1960년대, King은 Gandi의 비폭력 불복종 전술을 적용하여 몽고메리 버스 보이콧, 몽고메리 유권자 저항, 셀마 행진, 그리고 '나에게는 꿈이 있습니다(I have a Dream)' 연설로 유명한 워싱턴 행군을 이끌었다. King은 시민 혁명 운동에 대한 대중의 의식을 불러일으켰고, 미국 역사상 가장 위대한 도덕적 지도자로서 입지를 다졌으며 "한 인간이 개인적 관심사의 좁은 한계를 넘어 전 인류에게 관심을 가지기 시작할 때, 진짜 인생을 살게 된다."라는 말을 남겼다.

이 도덕적 영웅들은 몇 개의 핵심 특성을 공유하는데, 더욱 숭고한 선을 위한 자기희생, 명료한 도덕적 책임감과 의무, 그리고 옳은 것에 대한 확고한 의식을 포함한다. 이들의 삶은 최고 수준의 도덕발달에 대한 통찰을 제공한다.

**Kohlberg 이론의 한계** 1987년 Kohlberg 사망 이후, 경험적 연구를 통해 Kohlberg 이론의 핵심 측면에 관한 증거들이 제시되었다. 모든 사람이 불변의 순서로 도덕 판단 단계를 거친다는 주장은 단계 3과 4를 통해 지지되었다(Turiel, 2015; Walker et al., 2001). 단계 5, 6은 덜 명료하였는데, 이는 소수의 사람만이 최상의 도덕적 단계에 오르기 때문이다. 또한 도덕적 진전은 낮은 단계에서 높은 단계로 향한다는 Kohlberg의 관점과 일치하는 경험적 증거들도 확인되었다. 연구자들이 아동, 청소년, 성인 중 누구를 연구하든, 관점 취하기 시나리오 혹은 또래 모델링을 통해 도덕 추론의 향상을 이룰 수 있었다. 예를 들어, 일반적으로 사람들은 더욱 진전된 추론을 선호하며, 개인 도덕 판단을 낮은 단계로 이동시키는 것보다 높은 단계로 이동시키는 것이 더욱 쉽다는 사실을 발견하였다(Turiel, 2006, 2015).

Kohlberg 이론의 다른 측면을 지지하는 경험적 증거는 상대적으로 약하다. 알래스카에서 잠비아까지 다양한 문화권에서 실시된 연구에서 사람들은 도덕 추론 단계를 같은 순서로 거치며, 단계를 거의 뛰어넘지 않았고, 또 더 낮은 단계로 돌아가지 않았다. 이는 보편적 단계가 존재한다는 Kohlberg의 주장을 지지하는 것이긴 하지만, 분명 문화 차이가 존재하였다(Gibbs et al., 2007). 집단주의 문화, 예를 들어 파푸아뉴기니, 대만, 그리고 이스라엘 키부츠(Israeli kibbutzim) 사람들은 개인의 기준보다 공동체의 중요성을 언급하며 도덕적 딜레마를 설명하였다. 인도 사람들은 도덕 추론을 할 때 개인적 고결함을 유지하되, 젠더와 카스트 지위에 일치하는 행동방식의 중요성을 추론에 포함하였다(Shweder et al., 1997). Kohlberg의 인간 권리 및 의무에 대한 설명은 어떤 문화권의 도덕 발달을 과소 평가하였고, 문화적으로 특수한 도덕적 영역을 고려하지 못하였다(Snarey & Hooker, 2006; Wainryb & Recchia, 2014).

또한 연구자들은 역사가 도덕에 대한 인간의 관점을 형성시킨다는 사실을 발견하였다. 시민 혁명 운동, 그리고 뉴욕 세계 무역 센터를 공격한 9.11 사건은 사람들이 공정성과 정의에 민감하도록 만들었다(Turiel, 2015; Wainryb & Pasupathi, 2008, 2015). 발달이 시간체계(chronosystem)의 영향을 받는다는 Bronfenbrenner의 생태학적 이론의 설명대로(제1장 '서론' 참조), 각기 다른 시대에 산 사람들은 도덕적 사안에 대하여 다른 이해를 하는 경향이 있다.

심각한 경제적 손실로 고통받는 사람들은 가난의 역경에 대해 더욱 민감하고, 따라서 더욱 진보적인 태도를 지지할 것이다. 요컨대, 인간이 사는 시간은 인간의 도덕적 판단에 영향을 미칠 수 있다(Rest et al., 2000; Turiel, 2015). 심리학자들은 도덕이 문화와 역사적 시대 모두에 의해 형성된 경험, 관습, 그리고 공동체의 숙고 끝에 발달한 사회적 구성물이라고 주장한다.

Kohlberg 이론의 또 다른 한계는 도덕적 딜레마 인터뷰에 대한 언어적 응답이라는 한 가지 형태의 자료에만 의존하였다는 것이다. Kohlberg는 연구 참여자들에게 그들이 내린 도덕 판단에 대한 설명을 요구하였다. 그들은 언어적으로 명료하게 설명하고, 추론할 수 있어야 했다. 이러한 방식은 Kohlberg가 단계 5 및 단계 6에 대한 소수의 증거만을 확인하게 된 이유 중 하나로 제안되고 있다. 연구자들은 개방형 질문(open-ended)보다 선다형(multiple-choice) 질문을 받을 때 사람들이 더 많이 후인습적 추론을 적용하는 경향을 발견하였다(Rest et al., 2000). 물론, 선다형 질문에도 쟁점은 있다. 연구자가 실험참여자를 지켜보는 상황이고, 더 높은 수준의 선택지가 눈에 띈다면 사람들은 더 높은 수준의 선택지를 고르는 것이 쉬울 것이다.

Kohlberg 이론에서 사용한 가상의 도덕적 딜레마는 실제 생활의 딜레마와 다르기 때문에 또 다른 한계를 지닌다. Kohlberg는 사람들이 도덕적 결정을 내릴 때 부분적으로 타인의 관점을 상상한다고 가정하였다. 실생활에서 도덕적 결정을 내리는 사람들은 보통 도덕적 판단의 대상이 되는 사람들을 알고 있으며, 그들에 대한 감정을 가지고 있고, 또 과거에 그들과 상호작용한 역사도 있으며, 현재의 결정이 미래에 미치는 파급효과를 고려한다. 도덕적 결정을 내려야 하는 사람들은 보통 강렬한 정서를 불러일으키는 도덕적 갈등을 경험하며, 결과가 가져오는 이권에 관심이 있다(Greene et al., 2001; Krebs & Denton, 2005). 사람들은 개인적이지 않은 철학적 딜레마에는 단계 3 혹은 4에 해당하는 도덕적 판단을 내리는 경향이 있으나, 더욱 개인적인 현실 세계의 딜레마에 대해서는 더 낮은 단계의 판단을 내리는 경향이 있다(Wark & Krebs, 1996).

이러한 한계에도 불구하고, Kohlberg의 선구적인 작업은 도덕발달에 대한 사람들의 생각을 혁신적으로 바꾸어 놓았다. 인지적 판단은 도덕성을 설명하는 데 핵심적인 측면으로 남았다. Kohlberg 이후 심리학자들은 그의 이론을 수정하며 연구를 확장해 나갔으며, 윤리적 영역 또한 확대되었다. 그리고 도덕 판단 발달을 계단식으로, 순차적으로 설명하는 대신, 도덕 판단에서 복잡한 추론이 추가되는 빈도 분포를 통해 도덕발달을 구성할 것을 제안하면서 Kohlberg 발달 단계의 명확한 구분을 완화하였다. 또한 연구자들은 Kohlberg 연구가 도덕 추론의 확실한 예시를 포함하도록 하였다.

**도덕발달에 대한 새로운 관점** Kohlberg 이론의 한계점 중 어떤 측면은 도덕발달에 관한 연구를 생산적으로 확장하고 재수정을 가능케 하였다. Carol Gilligan(1982)은 도덕적 영역에 성차 및 돌봄 차원을 포함하여 Kohlberg 이론을 확장하였다. Kohlberg 연구는 남아 혹은 성인 남성만을 대상으로 시행되었기 때문에, Gilligan은 여아 혹은 성인 여성들이 도덕 추론에서 같은 패턴을 보일 것인지에 대해 의문을 가졌다. Gilligan은 여성이 남성보다 도덕적 딜레마에 더욱 돌봄적 접근을 할 것이라 제안하였다. Gilligan이 남아와 여아에게 하인즈가 아내를 살리기 위하여 약을 훔쳐야만 했는지 질문한 결과, 응답에서 성차가 존재한다는 것을 밝혔다. 남아의 응답은 보다 논리를 강조하고, 생명과 재산에 대한 권리 간 균형을 강조하는 경향이 있었다. 여아의 응답은 종종 대인관계 측면을 포함하였고, 절도가 하인즈와 하인즈의 아내, 그리고 아내의 상황에 영향을 미치는 효과를 고려하는 경향을 보였다. 여아와 남아의 도덕 추론에 대한 Gilligan의 연구와 같이, 연구자들은 남성과 여성에게 실제 삶의 도덕적 쟁점에 관해 질문했을 때 Gilligan이 주장한 성-기반 도덕 지향(gender-linked moral orientations)을 지지하는 증거를 확인할 수 있었다(Jaffee & Hyde, 2000). 그러나 가설에 기초한 도덕적 딜레마에 관한 질문을 했을 때, 추론과 그에 따른 응답에서 남녀는 크게 다르지 않았다(Jaffee & Hyde, 2000; Raaijmakers et al., 2005; Walker, 2006). 사실, 남성과 여성 모두 정의(예: 동등한 권리)와 배려(예: 가족 책임)를 가치 있게 여긴다(Killen & Smetana, 2015). 게다가 신경 영상 연구는 성별에 상관없이 정의 문제와 배려 문제에 대한 의사결정에 관여하는 뇌 영역이 서로 다르다고 주장한다(Robertson et al., 2007). Gilligan은 도덕성의 범위가 반드시 모든 사람, 즉 남성과 여성에 관계없이 배려의 관점을 포함하는 방식으로 확장되어야 한다는 자신의 주장을 재구성하였다(예: Gilligan, 1993).

Kohlberg 이론의 두 번째 수정은 사람들의 도덕 추론이 다양한 상황에 따라 달라질 수 있다는 인식에 기반하여 이루어졌다. Kohlberg는 사람들이 모든 도덕적 쟁점에 대해서 같은 수준의 도덕 추론을 적용할 것이라 가정하였다(Colby & Kohlberg, 1987). 그러나 이를 비판하는 사람들은 맥락에 따라 각기 다른 형태의 도덕 판단이 나타날 수 있다고 주장하였다(Krebs & Denton, 2005). 비즈니스 세계는 수단 교환에 기초한 단계 2 도덕 질서를 따르며, 결혼은 성숙에 기초한 단계 3 도덕 질서를, 그리고 법체계는 사회 유지를 기반으로 하는 단계 4 도덕 질서에 의해 움직인다. Kohlberg 이론의 비판자들은 사람들이 발달함에 따라 자신의 도덕 추론 범위를 확장해 나가며, 도덕 정보를 처리하는 방식은 그들이 경험하는 도덕적 딜레마의 유형과 정신 구조 모두에 의존한다고 주장하였다. 사람들은 도덕 질서를 넘나드는 것이지 도덕발달의 단계를 넘나드는 것이 아니다. 계속해서 단계 1의 도덕 판단을 하는 어린 아동에 대한 설명은 예외적인 경우인데, 이 아동은 도덕 추론의 다른 구조를 습득하지 못하였기 때문이다. 이는 Kohlberg가 시행한 방법처럼 도덕 딜레마에 대한 사람들의 도덕 판단에 기초하여 도덕발달 단계를 이야기하는 것이 잘못되었다는 것을 의미한다.

Kohlberg 이론의 세 번째 수정은 시민권리 및 언론의 자유, 종교의 자유와 같은 자유 영역을 포함하여 이론을 확장하는 과정에서 이루어졌다(Helwig et al., 2014). 도덕 추론에서 무시된 측면에 관한 연구를 시작한 연구자들은 아동이 성숙해 감에 따라 우리가 당연시한 자유에 대한 인식이 증가한다고 보았다. 캐나다의 한 연구를 예로 들면, 6세 아동의 62%, 8세 아동의 92%, 그리고 10세 아동의 100%가 언론의 자유를 권리로 인정하였다(Helwig, 1998). 모든 연령에서 대다수 아동은 언론의 자유가 권위나 법과는 독립적인 '자연권(natural right)'이라고 보았다. 그러나 아동이 시민권리를 정당화하기 위하여 사용하는 추론은 나이에 따라 변화하였다. 어린 아동은 시민 자유를 개인적 선택과 표현의 욕구에 기초하여 정당화했다. 아동은 8세부터 시민 권리가 개인적인 것뿐 아니라 사회 · 정치적 사안과 연관된다는 사실을 인식하기 시작한다. 아동들은 이러한 권리가 개인 간의 의사소통을 강화하는 데 필수적이라는 것을 알 수 있었으며, 탄원과 저항을 통하여 사회적 정의를 바로잡을 것을 촉구하며 권리를 옹호하였다. 10세 아동은 언론의 자유가 민주주의의 핵심 측면이라는 것을 인식하였는데, 왜냐하면 이는 '사람들에게 발언권을 주는 일'이기 때문이다. 성인기에 시민 권리에 대한 사람들의 지지는 도덕 추론 및 정치적 태도와 관련된다. 미국에서 이루어진 한 연구에서, 후인습적 도덕 추론에서 높은 점수를 받고 자신을 자유주의자라고 밝힌 성인들은 자신을 보수주의자라고 밝힌 사람들에 비하여 미국 시민권자, 재외국민, 테러리스트 용의자, 그리고 정치운동가의 시민 자유를 제약하는 것에 대해 상대적으로 낮은 지지를 보이는 경향이 있었다(Crowson & DeBacker, 2008). 시민 권리에 관한 판단은 이와 경쟁하는 도덕적 갈등이 포함될 때 달라진다. 예를 들어, 언론과 종교에 대한 자유를 승인하는지에 대한 단순한 질문을 받았을 때는 대부분 아동이 '그렇다'고 하였다(Helwig et al., 2014). 그러나 이러한 자유가 신체적 · 심리적 손해에서 비롯되는 자유와 갈등을 빚을 때에는 더욱 적은 수의 아동들이 언론의 자유를 승인하였다. 아동과 청소년들은 피양육권(아동이 보호받고 돌봄받을 권리)과 자기결정권(개인이 자율성을 보장받고 자신의 삶을 통제할 권리)과 같은 다양한 형태의 권리를 구분할 수 있었으며, 권리의 유형에 따라 이를 정당화하는 이유도 달라졌다. 양육 관련 아동 권리를 정당화하기 위해서 아동은 사회와 가족의 역할에 초점을 맞추지만, 자기결정권에 대해서는 개인적 자유와 자율성에 초점을 두었다. 청소년들은 부모보다 자기결정권(예: 일기장을 비밀로 하는 것) 승인에 대해 더 언급하고, 가정에서 양육의 권리에 대한 선호(예: 정서적으로 당황했을 때 부모에게 말하는 것)는 덜 하는 경향이 있었다(Ruck et al., 1998). 영국 청소년들은 망명을 원하는 또래 아동에 대하여 양육 권리를 넘어서는 자기결정권을 지지하였고, 이는 난민, 이민자 권리와 같은 최신 주제를 더 잘 이해하도록 도움을 준다(Ruck et al., 2007).

정부 형태에 대한 아동의 판단 역시 나이에 따라 변한다. 각기 다른 정부 시스템을 비교하도록 했을 때, 1학년인 어린 아동은 민주적 형태가 능력주의 사회(meritocracy) 혹은 독재체제와 같은 비민주적 형태보다 공정하다고 보았고, 나이가 증가하면서 더욱 민주주의를 선호하였다(Helwig et al., 2014). 또한 아동은 언론의 자유 규제와 같은 갈등적 쟁점에 대해서도 각기 다른 정부 시스템을 기반으로 하여 더 잘 비교할 수 있게 되었다. 5학년 아동은 언론의 자유 규제가 민주적 체계에서 비롯된 제한일 때 비민주적 체계에 비해 이를 더욱 수용하는 경향을 보였다. 놀랍게도, 심지어 비민주적 국가에 사는 아동조차 민주적 사고를 옹호하였다. 예를 들어, 언론의 자유는 이스라엘의 전통적이고 위계적으로 조직된 무슬림 사회인 드루즈(Druz)와(Turiel & Wainryb, 1998) 공산주의 중국 아동에 의해서도 지지되었다(Helwig et al., 2003, 2014). 이 아동들은 비민주적인 정부보다 민주적인 정부를 더 선호하는데, 이는 표현의 원칙과 주요 규칙에 기초하기 때문이다(Helwig et al., 2007). 시민 권리 개념의 이해는 아동발달의 보편적 측면으로 보인다.

도덕 추론과 관련된 또 다른 진보는 신경생물학적 발견이다. 아직 연구 결과는 미약하지만, 우리가 도덕 딜레마에 직면할 때 활성화되는 뇌영역에 대한 정보가 점차 축적되고 있다. 메타분석을 이용한 최근의 연구(Garrigan et al., 2016)에 따르면, 타인의 도덕 행동에 대해 판단하는 경우와 개인이 자신과 관련된 도덕적 결정을 내리는 경우에 각기 다른 뇌 영역이 관여하는 것으로 밝혀졌다. 도덕 판단의 유형(자신 대 타인)과 딜레마의 유형(돌봄 대 정의)은 명백하게 서로 다른 신경생물학적 영역을 활성화하는 것으로 보이며, 이때 뇌의 단일 영역보다는 다양한 영역이 관여되는 것으로 보인다. 끝으로, 모든 사회-정서 사안의 경우와 마찬가지로 도덕성에 대한 이해는 생물학적인 것에서부터 개인, 그리고 더욱더 큰 사회적 맥락까지 다양한 수준의 분석을 포함한다.

## 문화적 맥락: 인도와 미국에서 정의 대 대인관계적 의무

도덕 추론에서 돌봄의 중요성과 대인관계적 관점은 Gilligan이 여아와 여성의 도덕성에 대해 제시한 인식보다 더 많은 시사점을 가질 것이다. 문화 간 연구에 따르면 인도 힌두 문화권의 아동과 성인의 80% 이상이 도덕적 딜레마를 판단할 때 대인관계적 측면을 승인하는 반면, 미국 아동과 성인 중 3명 가운데 1명만이 이를 승인한다. Joan Miller와 동료들은 코네티컷주 뉴헤이븐 지역 및 인도 마이수르 지역에서 3학년, 7학년 아동과 대학생 연령의 성인들에게 정의 혹은 대인관계적 의무를 위반한 것으로 기술된 사건의 바람직하지 못한 부분을 평가할 것을 요청하였다(Baron & Miller, 2000; Miller & Bersoff, 1992). 본 연구의 두번째 단계에서 연구자들은 예시로 제시된 사건을 수정하였고, 그래서 연구 참여자들은 모든 사건이 동등하거나, 거의 비슷한 정도의 중요성이 있다고 고려하였다. 연구의 다음 단계

Christoper Pillitz/The Image Bank/Getty Images, Inc.

인도의 힌두 어린이들은 모든 삶은 신성한 것이며, 타인을 돌보는 것이 도덕적 의무임을 배운다.

에서 연구자들은 다른 가치 하나를 위반함으로써 행동적 의무를 달성할 수밖에 없는 갈등 상황(정의 혹은 대인관계)을 제시하였다. 미국 연구 참여자들에게 제시된 갈등 상황은 다음과 같다(Miller & Bershoff, 1992, p. 545).

> 벤은 비즈니스를 위해 로스앤젤레스에 있었다. 미팅 후에 벤은 절친한 친구의 결혼식에 참여하기 위하여 샌프란시스코로 여행을 계획하였다. 결혼식 시간에 맞춰 가기 위해서 그는 바로 다음 열차를 타야만 했다. 그러나 벤은 지갑을 기차역에서 도둑 맞았다. 벤은 돈뿐 아니라 샌프란시스코로 가는 기차표 모두를 잃어버렸다. 벤은 몇몇의 사무원과 여행자들에게 다가가 새 티켓을 사기 위하여 돈을 빌려 달라고 부탁하였다. 벤이 의자에 앉아 무엇을 할 수 있는지 고민하는 사이, 잘 차려입은 사람이 벤의 옆에 앉은 후, 잠시 후 자리를 떠났다. 벤은 그 사람이 코트를 두고 간 것을 알아차렸다. 그 사람의 코트 주머니 바깥 쪽에 샌프란시스코행 기차표가 붙어 있었다. 벤은 그 기차표를 자신이 가질 수 있고, 이를 이용하여 다음 열차를 탈 수 있다는 것을 알았다. 벤은 또한 그 사람의 주머니에는 또 다른 표를 살 수 있는 충분한 돈이 있다는 것도 알았다.

연구 참여자들은 다음 두 가지 가능한 행동 중 벤이 선택해야만 하는 행동을 결정하도록 요청받았다.

1. 벤은 그 사람의 기차표를 가져서는 안 된다—심지어 절친한 친구의 결혼 반지를 제때 샌프란시스코까지 배달하지 못한다고 해도. 이는 **정의에 기반한 응답**(justice-based response)이다.

2. 벤은 자신의 절친한 친구에게 반지를 전달하기 위하여 반드시 샌프란시스코에 가야 한다—심지어 다른 사람의 기차표를 사용하게 될지라도. 이는 **대인관계적 응답**(interpersonal response)이다.

인도 연구 참여자들은 대인관계적 응답을 미국인보다 두 배 더 많이 선택하였다. 이들은 더욱 심각한 위반에 대해서는 정의 기반 반응으로 전환하기는 하였으나, 그러한 경우에서도 명백히 대인관계적 응답을 선호하였다. 인도 연구 참여자들은 대인관계적 반응을 도덕적으로 반드시 해야 하는 일로 설명하는 반면, 미국인들은 상황이 생명을 위협하는 것이 아닌 한 이를 개인적 선택으로 보았다. 왜냐하면 힌두교는 사회의 시작점으로서 사회적 의무를 강조하며, 인도인들은 다른 사람을 돕는 일은 얼마나 작은 일이든지 간에 도덕적이라고 본다. 이러한 관점은 Gilligan이 여성적 관점으로 보았던 것과 다르지 않다. 그러나 배려와 대인관계적 도덕 추론은 그 자체로 여성적인 것이 아니라, 단지 정의와 개인의 권리 개념에 근거한 엄격하지 않은 도덕 관념인 것 같다.

## Turiel의 사회영역이론

Kohlberg 이후, 도덕발달 연구의 많은 부분은 Elliot Turiel의 사회영역이론(social domain theory)에 의해 확장되었다(Smetana et al., 2014; Turiel, 2006, 2015). 이 이론에 따르면, 도덕성은 아동이 가진 사회적 지식의 몇 가지 갈래 혹은 영역 중 하나에 해당하며, 이는 또한 사적인 것(privacy)과 개인적 선택(personal choice)에 대한 사회적 규준과 관심에 대한 지식을 포함한다. 사회영역이론에 영감을 받은 연구들은 각기 다른 영역에 대한 아동의 규칙 이해에 초점을 맞추어 왔다. 예를 들어, 먹는 것, 옷 입는 것, 얘기하는 것, 그리고 다름을 표현하는 것 등에 대한 규칙이다. 그리고 이러한 것이 속임수, 거짓말, 그리고 도둑질 등 도덕적 규칙과 어떻게 다른가에 대해 연구하였다. 무엇보다 연구자들은 각기 다른 영역을 구분하는 아동의 능력을 강조하였다. 보다 최근에는 상황에 대한 아동의 추론이 다양한 영역을 포함하며, 아동과 청소년이 사회적 추론을 일상생활에서 일어나는 다양하고 중요한 사안들을 평가하는 데 어떻게 사용하는지 연구하고 있다.

사회-관습적 영역 **사회-관습적 영역**(social-conventional domain)은 사회적 체계가 효과적이고, 순조롭게 운영되는 것을 돕는 사회적 기대와 규칙을 포함하는 것으로, 식사 예절, 만남, 그리고 에티켓에 대한 규준, 입욕 예절, 사회적 위계에서 지위에 대한 존중, 사회적 교환에서의 상호성(Smetana et al., 2014) 등을 예로 들 수 있다. 아동이 사회적 관습과 도덕적 규칙을 구분하는지 연구하기 위하여 연구자들은 아동에게 다른 사람을 한 대 때리는 것, 거짓말하는 것, 혹은 훔치는 것(도덕적 위반)이 얼마나 나쁘다고 생각하는지, 그리고 선생님 이름을 부르는 것, 남학생이 여학생 화장실에 들어가는 것, 혹은 여학생이 남학생 화장실에 들어가는 것, 혹은 식기를 사용하지 않고 손으로 음식을 먹는 것(사회-관습적 영역)이 얼마나 나쁘다고 생각하는지 등을 물었다. 모든 연령대의 아동은 일관되게 도덕적 위반이 사회 관습적 위반보다 더 나쁘다고 보았다(Turiel, 2015; Turiel & Wainryb, 2000). 심지어 3세밖에 되지 않은 어린 아동조차도 도덕과 사회 관습적 규칙을 구분하였다(Smetana et al., 2014).

아동은 도덕적 위반을 사회 관습적 위반보다 더욱 나쁜 것으로 보았는데, 이는 전자가 타인을 해치는 것, 그리고 정의 및 공정성의 규준을 어기는 것이기 때문이다. 아동이 성숙해 감에 따라, 이들은 무엇이 해로운 것인지에 대한 인식을 확장한다(Smetana et al., 2014). 아동 초기에 이는 보다 사실적이고 실제적인 것에 기초한다. 아동 중기에 불공정한 피해는 사람들 간의 불평등으로 정의된다. 청소년 초기에 피해는 개인의 욕구 및 상태에서 발생하는 개인차를 고려하는 것에 실패하기 때문에 발생한다고 이해되며, 청소년기에 해를 끼친다는 개념은 보다 확장되어 다양한 도덕적 사안에 대하여 더욱 일관적인 적용이 가능해진다. 아동과 청소년 모두 도덕적 규칙이 의무적이고, 절대적이며, 일반적으로 적용할 수 있고, 불변성을 가지며, 규범에 가까운 것이라고 믿었다(Smetana, 2014). 예를 들면, 절도에 관한 법이 없는 나라에서 절도가 받아들여질 수 있는 것인지 질문하였을 때, 6세 정도의 어린 아동들은 잘못되었다고 하였다. 반면에 아동은 사회 관습이 임의적이고 상대적이며, 변경될 수 있고, 합의를 통해 동의를 구할 수 있고, 따라서 공동체와 문화에 따라 달라질 수 있다고 믿었다. 그들은 사회 관습에서 벗어나는 것을 무례하거나, 혹은 사회적 규칙이나 전통을 파괴하는 위반이라고 인식하였다. 도덕적 규칙과 다르게 관습적 규칙은 사회적 기대, 사회적 규준, 그리고 부모, 교사 같은 권위의 힘에 의해 인식되었다(Helwig, 2006; Turiel, 2015; Wainryb, 2006). 종교적 배경에 상관없이 아동은 절도 행위, 그리고 타인을 해치는 일은 도덕적으로 잘못되었다고 보았으나, 종교 의식을 거행하는 날과 같은 종교적 관습의 변화는 받아들일 수 있는 것으로 간주하였다(Nucci & Turiel, 1993). 이러한 차이는 북미, 중국, 중앙 및 남미, 유럽, 중동 지역 등 다양한 문화권에서 확인되었다(Smetana, 2013).

**심리적 영역** 도덕적 영역 및 사회-관습적 영역과 구분된 사회적 지식의 또 다른 영역은 **심리적 영역(psychological domain)**이다. 이는 자신과 타인의 심리적 체계에 대한 이해를 반영하는 것으로, 몇 가지 다른 유형의 사안을 포함한다. 개인적 사안(personal issue)은 자신의 신체, 사생활, 친구, 그리고 레크리에이션 활동에 대한 선호와 선택 같이 자기에게만 영향을 미치는 것이다. 타산적 사안(prudential issue)은 안전, 편안함, 건강처럼 즉각적인 물리적 결과를 동반하는 것이며, 심리적 사안(psychological issue)은 자신과 타인에 대한 믿음과 지식, 그리고 자신을 타인에게 드러내는 것에 대한 선택과 관련된 것이다.

이 영역은 도덕적 영역과 달리, 개인적 선택을 수용할 만한 것으로 여긴다. 독특한 머리 모양이나 문신을 하는 것, 그리고 폭력적인 영화를 보는 것은 개인적 사안이지, 도덕적인 것이 아니다. 흡연, 음주, 약물을 소비하는 것은 타산적 염려이지 도덕적인 것이 아니다. 타산적 사안 위반은 도덕적 위반만큼 나쁜 것이 아닌데, 왜냐하면 이는 오직 그 개인만을 해칠 뿐 타인을 포함하지 않기 때문이다. 6~10세 아동의 도덕적 영역과 타산적 영역 이해에 관한 한 연구에서, 아동은 어떤 사람이 다른 사람을 그네에서 밀쳐 결과적으로 해를 입힌 사건(도덕적 위반)을 한 개인이 그네에서 의도적으로 뛰어내려 다친 사건(타산적 행동)보다 더욱 잘못되었다고 판단하였다(Tisak & Turiel, 1984). 아동은 피해의 심각성보다 종류, 즉 도덕(다른 사람에게 미친 영향) 혹은 타산성(자신에게 미친 영향)을 더욱 고려하였다.

또한 아동은 사람들이 각기 다른 심리적 믿음을 가지고 있다는 것을 이해한다. 최신 연구자들은 도덕적 영역과 마음읽기 간의 관련성을 연구하였다(Jambon & Smetana,

2014)(제5장 마음읽기 발달에 관한 이전의 리뷰를 떠올려 보라). 예를 들어, 어떤 이들은 상대에게 자신이 실제로 어떻게 느끼는지 솔직하게 말하지 않는 것이 좋은 친구가 되는 방법이라 믿었지만, 어떤 사람들은 진실한 느낌을 공유하는 것이 우정의 중요한 측면이라고 믿었다. 아동은 사람들의 신념이 다르다는 것을 깨달았으나, 두 가지 모두 꼭 틀린 것은 아니라고 생각하였다. 아동은 사람들의 각기 다른 종교적 신념 역시 수용하였다. 예를 들어, 3학년과 7학년 모두 만약 어떤 사람이 38개의 신이 있다고 믿거나, 화요일에 죽은 사람만이 천사가 될 수 있다거나 하는 믿음을 가지고 있다면 심지어 이러한 것들이 자신의 종교적 신념과 갈등을 일으킨다고 해도 모두 맞다고 생각하였다(Wainryb et al., 2001). 끝으로, 아동이 가지는 타인의 관점에 대한 이해와 자신의 도덕적 이해가 서로 영향을 주고받는 관계에 있다는 것을 인식하는 것은 중요하다. "도덕적 경험은 아동이 가지는 타인의 마음에 대한 이해를 용이하게 하고, 이는 다시 도덕적 사고의 발달을 일으킬 것이다."(Killen & Smetana, 2015, p. 719)

아동은 특히 우정이나 머리 모양의 선택, 그리고 옷 스타일 결정 등과 같은 개인적 사안에 대해서 개방적이었다(Nucci, 2014). 이러한 개인적 선택은 아동이 자신을 다른 사람과 다르게 정의 내리는 데 중요한 부분이었다(Nucci, 2002, 2014). 한 연구에서 4~7세 아동은 주인공이 부모님이 정한 규칙과 갈등을 빚는 이야기를 들었다. 그리고 아동은 그 주인공의 행동과 감정을 예측하고 설명하였다(Lagattuta et al., 2010). 더 나이 든 아동은 어린 아동에 비하여 주인공이 도덕적 규칙에 대해 따를 것이고, 좋은 기분도 동반될 것이나, 개인적 영역에서는 자기 마음대로 행동하는 것을 방해하는 규칙에 복종하지 않을 것이며, 복종하지 않은 것에 대해서도 좋은 기분이 동반될 것이라 대답하였다. 특히 어떤 선택이 자신의 정체성에 핵심적일 때 이러한 경향성은 더욱 커졌다. 심지어 상대적으로 집단주의적 뿌리가 있는 중국과 같은 문화에서도 아동은 도덕적 규칙과 개인적 선택을 구분하였고, 이는 나이가 증가하면서 더욱 두드러졌다(Smetana, 2013; Yau & Smetana, 2003). 그러므로 아동이 청소년기로 이행해 감에 따라 부모와 갈등이 있을 때 합리화를 위하여 개인적 선택을 강조하는 것은 놀랄 일이 아니다.

**복합적 사안에 대한 판단** 사회영역에 관한 대부분의 연구는 아동이 어떻게 도덕과 사회-관습, 그리고 개인적 사안을 각기 따로 평가하는지를 연구해 왔다. 실제 현실에서 사람들은 이러한 다양한 영역이 동시에 합쳐진 상황에 종종 직면한다. 대부분 도덕적 사안은 사회 관습과 개인적인 것에 우선하는 중요성을 가진다(Smetana, 2014). 그러나 각기 다른 영역에서의 규칙 간 갈등은 사람들이 도덕적인 것을 다른 것에 종속하게 만드는 모호함을 초래할 수 있다. Stanley Milgram(1974)의 복종 실험은 개인의 도덕적 판단이 사회-관습적 판단에 종속된 상황의 잘 알려진 예시이다. 연구 참여자들은 다른 방에 있는 사람에게 전기 충격을 가하도록 실험자가 요청하였을 때(도덕적 위반), 권위적 인물(사회 관습)에게 복종하였다. 현실에서 낙태에 관한 결정을 하도록 요구받았을 때 사람들은 도덕적 판단을 심리적 영역으로 종속시키곤 한다. 이러한 결정은 태아를 죽이는 것이 살인인지(도덕적 사안), 혹은 여성이 재생산과 관련된 자신의 건강 문제를 통제할 수 있는 권리가 있다고 보는지(개인적 사안), 그리고 수술을 하는 것에 물리적 위험이 따른다고 보는지(타산적 사안)와 같은 개인의 관점에 의존한다. 낙태를 도덕적인 것보다 개인적 사안으로 여기는 여성은 낙태에 더욱 허용적인 경향이 있다(Smetana, 1994).

복합 영역 사안의 한 예는 아동이 사회적 집단에서 다른 아동을 배제할 때 현격히 드러난다. Melanie Killen과 동료들의 연구에서 초등학생은 사회적 배제가 옳거나 그른지를 설명할 때 도덕적, 사회-관습적, 개인적 추론을 사용하였다(Killen & Cooley, 2014; Killen & Stangor, 2001). 인종이나 성별에 기초하여 한 아동을 배제하는 것이 괜찮은지 물었을 때, 아동은 종종 이를 비난하였는데, 왜냐하면 공정함과 평등함의 원칙에 위배되기 때문이라고 설명하였다(도덕적 추론). 그러나 아동이 만약 다른 인종의 친구가 없는 경우에는 배제 행위를 보다 수용할 만한 것으로 보는 경향이 있었다. 아동은 "이건 언제나 일어나는 일이에요(관습적 추론)."라고 하면서 배제를 더욱 받아들일 만한 것으로 주장하였다. 아동은 다른 아동을 배제하는 것이 더욱 수용 가능한 것이라고 본 상황은 다음과 같다. (a) 인종, 성별과 마찬가지로 특정 활동에서 전문성이 낮은 경우(사회-관습적 주장을 바탕으로 하여, 집단의 목적을 달성하기 위하여 배제할 필요가 있다고 주장하였다), 혹은 (b) 인종 및 성별과 마찬가지로 대인관계를 고려하였다(형제보다는 학급 친구를 배제하는 것이 더 낫다는 개인적 주장을 하였다). 청소년 초기에는 배제를 정당화, 혹은 비난하기 위하여 다양한 추론을 제공하였다. 예를 들어, 성별에 바탕을 둔 배제에 대해서는 남자와 여자에게 동등한 기회를 제공하지 않는 불공정성에 대해 언급하며 배제가 잘못되었다고 보거나(도덕적 추론), 가끔은 성을 바탕으로 한 남학생과 여학생의 구분이 집단을 더 기능적으로 만들기 때문에 괜찮다고 보거나(사회-관습 추론), 혹은 이것은 해당 아동들이 결정할 문제이기 때문에 괜찮다고 보았다(개인적 추론).

배제는 종종 내집단/외집단 그리고 주류/비주류 집단에 바탕을 두고 이루어지며, 이는 배제에 대한 다른 추론을 가능케 한다. 미국의 9~15세 주류 집단 아동은 인종과 무관한 요소가 언급되었을 때(부모 혹은 또래 압력) 비주류 집단 아동보다 인종 간 배제를 정당한 것으로 보는 경향이 있었다(관습적 추론). 반면, 비주류 집단의 아동은 배제하지 않기 위하여 도덕적 추론을 사용하는 경향이 있었다(Crystal et al., 2008; Killen & Smetana, 2015). 이민자 아동을 배제하는 연구에서도 이와 비슷한 결과가 나타났다. 비주류 청소년들은 그룹 간 배제를 피하기 위하여 도덕적 추론을 더 많이 사용하는 경향이 있지만, 주류 청소년들은 배제를 용납하기 위하여 집단 정체성이나 전통에 의존하는 경향(관습적 정당화)이 있었다(Malti et al., 2012).

현재 복합적 사안의 또 다른 예는 성소수자에 대한 청소년의 도덕 추론이다(Horn, 2008). 성에 관한 편견[레즈비언, 게이, 양성애자 혹은 성전환자(LGBT) 또래에 관한 것]은 다차원적이며, 도덕적, 관습적, 개인적 추론뿐 아니라 고정관념적 기대를 포함한다. 청소년들은 동성애자 친구, 성에 일치하는 모습보다 불일치하는 모습(예: 여학생이 남학생처럼 옷을 입거나, 남학생이 여학생처럼 옷을 입는 것) 혹은 활동(예: 발레하는 남자 아동과 축구하는 여자 아동)을 선택한 또래를 배제하는 데 도덕 추론보다는 관습적 추론을 사용하였다(Horn, 2008). 연구에 참여한 절반의 청소년들이 동성애가 잘못되었다고 믿는 한편, 오직 11%만이 불공정한 대우와 같은 도덕적 추론을 사용하여 배제를 정당화했다. 이는 개인적인 성적 정체성에 대한 판단이 정체성에 기반을 둔 사회적 배제에 관한 판단과는 다르다는 것을 보여 준다. 또 다른 사회 · 정치적 사안 중 복합적인 것은 사회 전반에 걸쳐 나타나는 수입의 불평등에 관한 청소년들의 이해이다. 이러한 염려가 커지는 가운데, Arsenio(2015)는 미국 청소년들은 실제 부의 불평등 수준을 과소 추정하는 한편, 부의 이상적 분배를 위한 합의를 공유하는 것이 현재 존재하는 불평등을 추정하는 것보다 평등하다고 본다는 것을 발견하였다. 청소년들은 어떻게 부와 사회적 자원이 분배되어야 하는지에 대하여 생각할 때 도덕적인 것(예: 공정함)과 도덕이 아닌 것(예: 효율성)에 의존하였다. 이러한 사안은 도덕발달이 종종 정치적이고 경제적 사안과 상호작용한다는 것을 알려 준다.

정리하면, 아동은 복합적 사안에 직면하였을 때 각기 다른 영역으로 추론의 범위를 적용하며, 연령과 경험에 기초한 결정을 내린다. 어린 아동은 복합적인 사안에 비하여 한 가지 사안에 관한 판단을 더 쉽고 일관되게 내릴 수 있다(Crane & Tisak, 1995; Killen & Cooley, 2014). 아동이 성숙해 감에 따라, 복합적 사안에 대한 중요한 세부요소들을 이해하는 능력은 증가한다.

## 아동은 어떻게 규칙을 학습하고 사회적 영역을 구분하는가

사회영역이론에 따르면 아동은 각각의 사회적 지식을 각기 다른 사람과 경험한 각기 다른 유형의 경험을 기반으로 구성한다. 이는 아마도 신경학적 지표들을 반영할 것이다. 최신 연구는 도덕적 영역과 관습적 영역에 관한 판단에 각기 다른 뇌 영역이 관여할 것이라고 제안한다(Lahat et al., 2013). 이 절에서 우리는 부모, 교사, 형제 그리고 또래와의 경험이 주는 영향에 대해 논한다.

**도덕 및 사회-관습 추론에 대한 부모와 교사의 역할** Judy Dunn과 동료들은 아동이 도덕적 사안과 사회적 규칙을 습득하게 하는 경험을 확인하고자, 유아가 어머니와 집에서 상호작용하는 것을 오랜 시간 관찰하였다(Dunn, 2006, 2014). 아동은 약 16개월의 어린 시기에도 옳고 그름에 대한 이해를 발달시키기 시작하며, 2~3세 사이에는 이에 대한 이해가 급격히 향상되었다. 한편, 어머니는 어린 아동에게 규칙에 대한 도덕적 언급을 하였고, 아동은 어머니의 요청에 대하여 고개를 가로젓거나 위아래로 흔들며 언어적 응답을 하기도 했다. 다음의 예시는 21개월 된 엘라가 위반과 관련된 자신의 책임에 반응하는 모습을 보여 준다(Dunn, 1988, p. 30).

엘 라: [테이블 위 인형을 바닥으로 내던지는 행동을 하지 않기로 이전에 약속했음에도 그 행동을 한 후 어머니를 바라본다.]
어머니: 하지 마, 이게 뭐니 엘라야!
엘 라: 나쁜, 나쁜 아기.
어머니: 나쁜, 나쁜 아기.

3세경, 아동은 자신의 행동을 정당화하고, 어머니는 대부분의 갈등 상황에서 규칙을 정당화하고 있었다. 정당화는 아동 자신의 바람, 욕구, 혹은 감정("하지만 저는 이게 필요해요."), 아동 행동의 결과("이 행동을 하면 타임아웃[1]이야."), 사회적 규칙("이건 네 것이 아니야.") 또는 타인의 감정("네가 이렇게 하면 레이첼이 상처받을 거야.")을 포함할 수 있다. 이

1) 역자 주: '타임아웃(Time-out)'이란 아동이 잘못을 한 경우 일정 시간 동안 다른 장소에서 자신의 행동을 돌아보게 하는 훈육방법이다.

러한 예시에서 알 수 있듯이 도덕적, 사회-관습적 추론은 가족 상호작용에 필수적이었다.

아동이 조금 더 성장하였을 때 부모가 타인의 감정에 관한 토론을 시작하고, 추론과 설명을 포함하는 훈육방식을 사용하며, 민주적인 가족 토론을 장려한다면 아동의 도덕 판단은 발달한다(Hoffman, 2000; Pratt & Hardy, 2015; Walker et al., 2000). 이러한 부모 양육 전략은 아동에게 자신의 행동, 그리고 자신의 행동이 타인의 안녕에 미치는 영향력에 대하여 생각하도록 자극함으로써 아동의 도덕발달을 촉진한다. 부모가 제시하는 추론은 그 내용이 아동의 도덕 규칙 위반과 명확하게 연결될 때, 그리고 타인의 도덕적 권리에 대한 행동의 결과를 강조할 때 가장 효과적이다. '다른 사람한테 그렇게 해서는 안 된다'고 일반적으로 질책하는 것은 자세한 설명, 즉 '사람을 때리는 것은 그 사람을 다치게 하고, 슬프게 만들기 때문에 그렇게 행동해서는 안 된다'와 같은 도덕적 교훈을 아동에게 가르쳐 주지 못한다.

또한 아동은 도덕적 규칙과 사회-관습적 규칙에서 벗어나 매우 다양한 결과를 가져오는 가족 간 상호작용을 통해서도 도덕을 발달시킨다. 아동은 손으로 스파게티를 먹는 것, 우유를 엎지르는 것, 혹은 스웨터를 거꾸로 입는 것은 형제의 장난감을 빼앗거나, 형제의 머리를 잡아당기는 것보다 덜 심각한 것이라는 것을 안다. 어머니는 아동에게 도덕적 영역보다 개인적인 것과 사회-관습적 영역에서 더욱 자유로운 선택을 허락하는 경향이 있지만(Nucci, 2014; Nucci & Weber, 1995), 관습적 위반보다 도덕적 위반에 대하여 더욱 분노를 표하며 반응한다(Dahl & Campos, 2013).

부모의 추론과 훈육은 그 영역이 일치할 때 가장 효과적이다. 도덕적 위반 때문에 다치는 것에 초점을 두거나, 관습적 위반으로 인하여 발생하는 혼란에 초점을 두는 것이 그 예시이다(Nucci, 2014). 관찰 연구에서 어머니는 자연스럽게 아동의 잘못된 행동 근원에 관해 설명하였다(Smetana et al., 2014). 부모는 엉망인 결과에 초점을 두고 사회-관습적 위반에 대해 반응하였다. "코트 벗어서 바닥에 내던지지 마라. 네가 얼마나 여기를 지저분하게 만들었는지 봐!" 그리고 도덕적 위반에 대해서는 타인의 권리와 안녕에 영향을 미치는 행동의 결과에 초점을 두었다. "너는 그 아이를 다치게 했어. 누군가가 너를 한 대 쳤다고 생각하면 넌 어떻게 느낄지 생각해 봐라!" 영역에 맞는 설명을 다양하게 사용함으로써, 부모는 아동이 어떤 사안이 도덕적인 것이고 절대적인 것인지, 또 어떤 것이 사회 관습적인 것 혹은 개인적 선택인지 이해하도록 하고 이를 더욱 유연하게 적용할 수 있게 한다. 아동은 부모만큼이나 양육자와 교사로부터 다양한 유형의 규칙을 배운다

(Killen & Smetana, 2015). 그러나 아동은 교사의 권위를 학교에서의 규칙에 한정하여 생각한다(Smetana, 2002).

부모 및 교사 효과는 그들이 전달하는 메시지가 아동발달 수준에 얼마나 적합한지에 달려 있다. 1세 유아에게 도덕적 설명을 제공하는 방법은 효과적이지 않을 가능성이 있으며, 이는 영문도 모르는 반응을 초래할 것이다. 아동의 인지적 능력이 발달함에 따라, 성인은 아동의 행동을 주의를 흩뜨리거나, 특정 상황에서 아동이 물러서도록 하는 등 물리적으로 통제하는 전략에서 간단한 설명을 제시하는 언어적 전략으로 옮겨 갈 수 있다(Dunn, 2006, 2014). 아동이 3세경, 성인은 유아 행동을 지도하기 위하여 장난감이 망가질 수 있다는 주의 같은 확실한 이유를 사용할 수 있다. 누가 장난감의 주인인지에 대한 애매한 규칙을 제시하는 것보다 이는 더욱 효과적일 것이다(Walker & Taylor, 1991). 아동의 현재 이해 수준보다 조금 더 복잡한 성인의 설명은 아동이 더욱 발전된 방식으로 생각하고, 도전하게 하며, 아동의 도덕적 이해를 발전시키는 경향이 있다(Turiel, 2015). 이러한 비계설정(scaffolding)은 Vygotsky의 발달에 대한 관점과 일치한다(제1장 참조).

아동의 도덕발달에 대한 부모의 영향력은 아동기에 한정되지 않는다. 청소년은 부모가 자신의 도덕적 행동을 조절하는 것이 정당하다는 것을 이해한다(Padilla-Walker & Carlo, 2006; Smetana, 2013). 청소년들은 심지어 부모가 사회-관습적 그리고 타산적 사안을 조절하는 것도 받아들인다(Hasebe et al., 2004). 그러나 청소년들은 부모가 외모, 친구 선택 혹은 어떻게 시간을 보낼 것인지 결정하는 것 같은 개인적인 것에 대한 조절을 시도할 때 이를 덜 받아들이는 경향이 있다. 십대와 부모 간의 갈등은 개인적 사안 영역에서 가장 빈번하게 나타나며, 청소년이 성숙해 감에 따라 빈도가 더욱 늘어난다(Smetana, 2014). 사회-관습적인 것과 개인적 사안이 혼합된 갈등, 예를 들어 부모가 청소년에게 자기 방을 청소하거나 샤워를 하라고 요구하는 상황에서 갈등은 더욱 두드러진다.

부모가 청소년에게 개인적인 사안에 대한 합리적인 통제권을 주지 않는 것은 청소년의 심리적 적응에 나쁠 수 있다. 한 연구에서, 부모가 자신의 개인적 사안, 머리 모양, 혹은 음악 취향 등에 대하여 과잉통제한다고 보고한 일본과 미국의 십대는 더 높은 수준의 불안과 우울을 보고하였다(Hasebe et al., 2004). 또 다른 연구에서 아프리카계 미국 청소년들은 부모가 청소년 초기에 개인적 영역을 강력하게 통제할 때 더 잘 적응하였으나, 청소년 중기 혹은 청소년 후기까지 부모의 통제가 지속되는 경우 더 낮은 자존감과 더 높은 우울감을 보였다(Smetana et al., 2004). 청소년이 성장해 감에 따라 개인적 사안에 대한 통제권을 얻는 것은 더욱 중요해진다. 권위 있는 부모는 청소년들에게 도덕과 관습, 그리고 개인적 사안에 있어 더욱 명료하고, 정당한 경계를 세워 주는 경향이 있다(Smetana, 2014). 권위주의적인 부모는 청소년들이 욕을 하거나, 테이블 위에 팔꿈치를 올려놓는 것과 같은 관습적 위반에 대하여 마치 도덕적 위반을 한 것처럼 대하고, 옷 입는 것이나 머리 모양 선택과 같은 개인적 사안을 사회-관습적 사안인 것처럼 대한다. 허용적 부모는 모든 사안을 개인적인 것처럼 여기는 경향이 있다. 부모가 아동에게 긍정적인 영향을 줄 수 있는 것과 마찬가지로 부모가 종교, 인종, 민족 집단에 대한 고정관념을 자녀에게 전달하여 아동의 사회적 판단에 부정적 영향을 줄 수 있다는 것을 기억하는 것은 중요하다. 다행히 아동은 부모 혹은 타인이 도덕적 사안 및 관습적 사안과 관련하여 전달하는 정보를 단순히 받아들이는 수동적 존재가 아니다. 발달과정에서 "아동은 부모의 가치를 주는 그대로 받아들이지 않는다. 청소년들은 이를 타협하고, 실험해 보며, 자신이 생각하기에 불공정하거나 정당하지 않다고 생각되는 기대에 대해 저항하기도 한다"(Killen & Smetana, 2015, p. 728). 사회화는 아동과 부모 간의 불일치 과정과 토론을 포함하는 역동적인 과정이며, 아동 및 청소년은 자신의 사회적 세계에 대한 감각을 발달시키기 위해 애쓴다.

**도덕 및 관습적 판단에 대한 형제와 또래의 영향** 형제 및 또래는 성인과 마찬가지로 아동이 도덕과 사회-관습적 규칙을 배우는 데 도움을 주는 한 요소이다. 순서를 기다리는 어려움, 소유권에 대한 논쟁, 사회적 배제, 놀림, 조롱, 그리고 상처 주는 일은 모두 규칙을 배우는 기회이며 이는 성인과의 관계보다는 다른 아동과의 상호작용에서 더 많이 일어나는 경향이 있다(Dunn, 2014). 연구자들은 형제간 경쟁을 경험한 2~3세 아동이 5~6세가 되었을 때, 형제관계가 가깝고 사이좋은 아동보다 어떻게 상대방에게 상처를 주고 당황케 하는지 더 많이 알고 있다는 것을 발견하였다. 형제간 관계가 가까웠던 아동은 더욱 성숙한 도덕적 지향을 가지고 있었다(Dunn et al., 1995). 이와 유사하게 친밀하고 가까운 우정을 경험한 4세 아동은 도덕적 위반에 대한 가설적 상황에 관하여 이야기하게 했을 때 더욱 성숙한 정당화를 언급하였다(Dunn et al., 2000). 예를 들어, 친밀하고 가까운 우정을 경험한 아동은 놀이 상황에서 한 친구를 배제하는 것에 관해 이야기할 때 친구의 감정, 그리고 배제가 관계에 미치는 영향에 대하여 설명하였다. 그들은 내적 상태와 감정에 대한 더 나은 이해를 하고 있었으며, 이는 도덕발달에 이바지할 것이다.

도덕적 위반에 대하여 타인과 이야기하는 것은 아동이 도덕 규칙과 개념을 배우도록 돕고(Dunn, 2014), 친구관계에서 충성과 배신의 경험은 도덕 학습에 대한 정서적 장을 제공한다(Singer & Doornenbal, 2006). 예를 들어, 가상의 사회적 딜레마에 대한 갈등을 해결할 때, 더 좋은 갈등 해결법을 가진 절친한 청소년 친구 쌍은 갈등 해결 방식이 빈약한 절친한 친구들보다 도덕적 추론을 더욱 많이 사용하고, 더욱 건설적인 대화 전략을 사용하였다(McDonald et al., 2014). 아동의 도덕 및 사회-관습적 위반에 대하여 또래는 성인과 달리 반응하는데, 이 역시 아동의 발달을 돕는다. 어린이집에서 3세 아동을 관찰할 때, 이들은 다른 아동이 도덕적 위반에 관여되었을 때 사회 관습적 위반보다 더욱 감정적으로 반응하고, 보복하는 모습을 보였다. 아동은 도덕적인 것과 사회적인 규칙을 표현할 수 있고, 구분할 수 있었으며, 또래의 행동에 조작을 가하고, 관리하기 위하여 이를 사용한다(Smetana, 2014). 끝으로 이 장의 초반과 제5장에서 본 것처럼, 또래 집단에서 아동은 자신이 속한 집단에 대한 자신의 입지를 강화하는 특별한 전략을 발달시키는 반면, 다른 사람들을 비방하기도 한다—또래집단은 도덕발달에 긍정적인 동시에 덜 바람직하며, 때로는 도덕성의 어두운 면에 기여하기도 한다는 사실을 기억하라(Killen & Smetana, 2015).

**문화의 역할** 사회영역 연구자들은 전 세계의 모든 아동이 세 영역, 즉 도덕적, 사회-관습적, 심리적 영역을 구분한다는 것을 보여 주었다. 이는 콜롬비아의 샨티(shanty) 타운, 브라질 북동부의 중산층 및 빈곤층, 중국의 지방 및 도시, 이스라엘의 고대 드루즈(Druze) 문화와 텔아비브(Tel Aviv), 나이지리아, 인도, 대만, 한국 그리고 일본의 지방 소도시(Smetana, 2013) 등의 다양한 지역에 사는 아동 모두에게 입증된 사실이다. 그러나 사회-관습적 영역의 내용은 문화에 따라 극적으로 달랐다. 인도에서 여아와 여성에 대한 사회-관습적 사안은 전통 의상(sari)을 입고, 얼굴에 표식(bindi)을 붙이는 것이다. 캐나다 및 미국의 메노나이트(Mennonite)와 아미쉬(Amish) 공동체의 여아에게 적용되는 사회 관습은 긴 드레스를 입고, 턱 밑에서 끈으로 묶는 모자인 보닛을 쓰는 것이다. 이슬람 표준 옷차림을 따르는 중동 여성은 자신의 머리와 몸을 가리고, 어떤 때는 얼굴 역시 가린다. 이러한 사회-관습적 규칙은 전통 문화에서 사회적 규칙을 유지하는 데 필요한 것이다. 개인적 사안의 내용도 이와 유사하게 문화에 따라 변한다. 도덕적 사안의 사회화를 위한 부모의 전략 역시 문화마다 상이하다. 중국 부모들은 캐나다 부모와 비교하여 도덕적 위반에 대해 수치심과 애정 철회 방법을 더 많이 사용한다(Helwig et al., 2014). 그러나 사회-관습적 사안 및 개인적 사안의 내용에 대한 문화적 차이에도 불구하고, 아동은 여전히 도덕적 영역에 대한 위반을 사회-관습적 그리고 심리적 영역 위반보다 더욱 심각한 것으로 판단한다.

## 도덕 행동

도덕발달의 두 번째 구성요소는 도덕 행동이다. 도덕은 규칙을 아는 것뿐 아니라, 그 것을 따르는 것 역시 포함한다. 즉, 도덕발달은 무엇이 옳은 것인지 아는 것뿐 아니라 행하는 것을 포함한다. 아동의 삶은 도덕적으로 옳은 행동에서 벗겨 나게 하는 유혹으로 가득 차 있다. 아동은 유혹에 저항하는 법을 배워야만 하고, 자신의 행동을 통제하기 위하여 노력해야만 한다. 자기-통제 발달은 도덕 행동 발달의 필수적인 과정으로 여겨진다.

### 도덕 판단이 도덕발달을 이끈다고 생각하는가

만약 도덕적 지식이 더 나은 행동을 이끈다고 생각했다면, 이는 놀랄 만한 일이 아니다. 그렇지 않다면 왜 부모나 교사가 아동에게 도덕 규칙을 가르치기 위하여 큰 노력을 기울이겠는가? Kohlberg는 도덕 판단과 도덕 행동이 관련되어 있다고 믿었다. 그는 사람들이 무엇이 옳은지 먼저 알아낸 후, 도덕 행동을 하기 위한 책임을 질 것인지 아닌지 결정하고, 마침내 책임을 느낀다면 도덕 행동을 시도하리라 생각하였다(Kohlberg & Candee, 1984). 그러나 도덕 행동은 단순히 도덕적 지식의 결과가 아니며, 도덕 판단 단계는 행동과 약하게 연결되어 있다(Krebs & Denton, 2005). 연구자들은 아동의 도덕 판단 성숙이 실제로 그 아동이 어떻게 행동할 것인지 반드시 예측하지 않는다는 것을 발견하였다. 특히 어린 아동의 경우, 도덕 판단과 도덕 행동은 종종 연결되지 않았다. 아동의 행동은 자주 충동적이었으며, 이성적이거나, 심사숙고한 결과 드러나는 것이 아니었다(Walker, 2004). 한 남자 아동은 Kohlberg의 단계 3 '착한 소년'에 도달하였다. 그는 자신이 무엇을 행할지 알지 못하기 때문에, 어린 아동을 때리는 것이 잘못되었다고 연구자들에게 말할 수는 있을 것이다(Batson & Thompson, 2001). 그러나 자신이 가장 좋아하는 장난감을 동생이 고장 냈다면, 이 아동은 동생을 걷어찰 것이다. 생각이 언제나 행동을 이끄는 것은 아니다.

더 나이 든 아동의 도덕 판단과 도덕 행동은 조금 더 연관되는 경향이 있다. Kohlberg의 단계 5에 도달한 사람들은 타인에게 부정행위를 하거나 고통을 줄 가능성이 적고 자유언론을 지지할 가능성이 더 높으며, Kohlberg의 틀에서 낮은 단계의 사람들에 비하여 사형제도를 반대한다(Gibbs, 2010; Judy & Nelson, 2000; Pizarro & Bloom, 2003). 이와 비슷하게 독일 청소년의 도덕 추론은 또래 괴롭힘과 부적으로 관련되었다(von Grundherr et al., 2017). 도덕 발달과 행동에 관한 메타 연구에서, 연구자들은 발달적으로 지연된 도덕 판단은 연구 참여자의 연령과 성별, 지능, 사회경제적 지위 그리고 문화적 배경을 통제하고도 청소년 범죄와 강력하게 연관된다는 것을 발견하였다(Stams et al., 2006). 그러나 최신 연구에서 한 집단의 구성원들에게 협력 게임에 참여하면서 각자의 행동에 대한 도덕 판단을 할 기회를 제공하였을 때, 이들은 도덕 판단 피드백을 허락받지 못한 사람들에 비하여 서로를 신뢰하고 더욱 관대하였다. 도덕 행동을 증진시키기 위해서 때로는 도덕적 평판에 대해 상기시키는 것만으로도 충분한 효과가 있다(Simpson et al., 2017; Willer & Simpson, 2017).

한 개인이 특정 사안을 어떻게 도덕적, 사회-관습적 혹은 개인적인 것으로 구분하는지 고려한 연구자들은 도덕 판단과 행동 간의 강력한 관계를 발견하였다. 예를 들어, 낙태를 개인적 사안보다 도덕적 사안으로 보는 여성의 경우, 이를 더욱 강력하게 반대하는 경향이 있었다(Smetana, 1994). 다른 아동의 장난감을 빼앗는 것이 개인적 사안이라기보다 도덕적 위반이라고 보는 아동은 장난감을 덜 빼앗았고, 타인을 때리거나 다치게 하는 것을 도덕적 사안으로 보는 청소년들은 개인적 사안이라고 보는 청소년들에 비해 덜 공격적이었다(Guerra et al., 1994). 요약하면, 도덕 판단과 도덕 행동의 관계가 존재하는지 아닌지를 알기 위해서는 개인의 도덕 판단 단계에 대한 고려 및 그 사람이 해당 사안을 도덕적인 것으로 분류하는가에 대한 고려가 필요하다.

## 행동의 자기-조절

외부의 통제가 없는 상태에서 사회적·도덕적 규칙에 일치하는 방식으로 행동하고, 충동을 통제하는 아동의 능력을 **자기-조절**(self-regulation)이라고 한다. 이는 도덕발달에 중요한 측면이다. Claire Kopp(1991)에 따르면, 자기-조절 발달은 세 단계를 거친다. 통제 단계(control phase)에서, 아동의 수용 가능한 행동은 부모의 요구, 그리고 부모가 상기시키는 내용에 의존한다. 자기-통제 단계(self-control phase)에서 아동은 성인이 그 순간에 특정 행동을 요구하지 않더라도, 그리고 아동이 적절하게 행동하는지 아닌지 보고 있지 않더라도 성인의 기대에 부응한다. 자기-조절 단계(self-regulation phase)에서 아동은 자신의 행동을 안내하고, 유혹에 대한 저항을 돕는 전략을 계획하고 사용할 수 있으며, **만족 지연**(delay of gratification)을 보인다. 아동이 자신의 행동을 통제하는 능력의 증진을 보여 주는 한 연구에서, Kopp과 동료들은 18, 24, 30개월 아동에게 장난감 전화기처럼 매력적 대상을 보여 준 후, 이를 즉시 만지지 않기를 요구하였다(Vaughn et al., 1984). 18개월 아동은 미약한 자기-통제를 보였다. 아동은 해당 물건을 만지기 전까지 단 20초만 기다릴 수 있었다. 2세 아동은 한정된 자기-통제를 보였다. 24개월 아동은 70초를 기다렸고, 30개월 아동은 거의 100초를 기다렸다. 학령전기 동안 아동은 자기-통제와 자기-조절 발달을 지속해 나간다(Cole et al., 2011; Kochanska & Aksan, 2006; Moilanen et al., 2010). 마찬가지로 초등학교 초반에 아동은 자기-조절 기술 발달을 지속해 나간다(예: 계획, 인내; Tao et al., 2014). 이러한 자기-조절 발달은 전두엽 발달에 수반된다(Ochsner & Gross, 2004; Tarullo et al., 2009).

## 도덕 행동의 개인차

모든 아동이 타인에 의한 통제에서 자기-통제로, 그리고 자기-조절 단계로 발달하지만, 어떤 아동은 보다 더욱 빠른 속도로 더 높은 수준의 자기-조절에 도달한다. 어떤 아동은 4~5세에 자기-조절에 도달한다. 또 다른 아동은 규칙 준수를 위하여 계속해서 성인의 통제에 의존한다. 어린 시기부터 자기-조절을 보인 아동은 강력한 '도덕적 자기'를 갖는다. 이들은 부모의 가치와 규칙을 승인하고 **내면화**하며, 자신에게 기쁨을 주는 결과를 지연시키거나, 혹은 포기하기를 요구받을 때도 자신의 행동을 통제하기 위한 의식적 노력을 한다(Kochanska, 2002).

부모의 행동은 아동의 자기-조절 발달을 더욱 쉽게 한다. 아동의 자기-통제 및 행동조절 발달은 생후 첫 두 해 동안 영아의 자율성에 대한 어머니 지지와 민감성(Bernier et al., 2010), 2~4세 사이 부모의 긍정 행동 지지(Moilanen et al., 2010), 30~42개월 사이 어머니의 민감성과 애정(Spinrad et al., 2012), 아동이 5세 때 어머니의 애정(von Suchodoletz et al., 2011), 그리고 5~10세 사이 안정적이고 애정 어린 반응적 양육에 의해 예측된다(Vazsonyi & Huang, 2010). 게다가 아동의 스트레스에 대한 어머니의 반응성은 5세 아동의 행동 규칙 내면화와 연결되었다(von Suchodoletz et al., 2011). 협력적이고, 애정 어리며, 상호 간 반응적인 부모와의 관계는 아동이 행동의 도덕적 기준에 대한 강력한 **양심** 혹은 내적 지침을 발달시키도록 돕는다. 부모와 이러한 관계를 맺은 아동은 부모의 가치와 기준을 내면화하며, 이 내면화된 규칙과 가치를 사용하여 성인이 보고 있지 않을 때도 자신의 행동을 안내할 수 있다(Kochanska et al., 2008). 아동은 자신의 부모와 긍정적 관계를 유지하기 위하여 내면화된 규칙을 지키는 데 열성적이다. Kochanska와 동료들은 어떻게 양심이 아동의 이후 기능을 촉진하는지 연구하였다(Kochanska et al., 2010). 연구자들은 아동이 2~5세일 때, 어머니와 아버지의 규칙에 대한 아동의 내면화를 평가하였다. 또한 아동이 5.5세 때 손가락 인형을 활용한 인터뷰를 통해 도덕적 자기를 평가하였다. 그리고 아동이 약 7세가 되었을 때, 부모와 교사는 아동의 행동을 평가하였다. 기대대로 부모의 규칙을 강력하게 내면화한 아동은 이후 더욱 유능감을 느끼고 사회화되었으며, 어머니의 규칙은 아동의 도덕적 자기에 의해 매개되었다.

도덕 행동에서 개인차는 아동의 기질과도 관련된다. 자기-조절과 관련된 기질의 한 측면은 아주 어린 나이에 나타나며, 의도적으로 행동을 통제하거나 지속해서 개인의 행동을 억제하는 능력이다. 연구자들은 학령전기 아동의 적극적인 통제를 측정하고자 아동이 얼마나 천천히 움직이는지, 주의를 기울이기 위하여 노력하는지, 그리고 듣기 게임(Symon says game)에서 특정 신호에 대한 반응을 시작하거나, 억제하는 정도를 측정하였다. 행동을 억제할 수 있는 아동은 더 나은 자기-조절자가 되었다. 그들은 행동 규칙을 더욱 잘 내면화하였고, 성인의 감독이 부재할 때에도 규칙을 지키려고 하였다(Kochanska & Aksan, 2006). 5세 때 더 많은 능동적 억제를 보인 아동은 이러한 기질적 특성을 가지지 않은 아동에 비하여 7세 때 게임 규칙을 덜 위반하는 경향이 있었다(Asendorpf & Nunner-Winkler, 1992).

도덕 행동과 관련된 기질의 두 번째 측면은 두려움 혹은 수동적인 억제이다. 이는 부모의 양육과 상호작용을 통한 자기-조절 발달과 관련된다. 어머니의 부드러운 양육은 두려운, 수동적 억제형 기질(fearful or passive inhibition)을 가진 아동의 양심발달을 촉진하지만, 두려움이 없는 아동에게는 작동하지 않는다. 이 아동에게는 긍정적 동기에 초점을 둔 양육이 자기-조절을 촉진하는 경향이 있다(Kochanska & Aksan, 2006).

도덕 행동과 관련된 기질의 세 번째 측면 역시 부모 관계와 상호작용한다. 부정적 정서성—분노 에피소드 및 부모와의 상호작용에서 관찰됨—은 어머니와 아동 간의 관계가 아동의 자기-조절에 미치는 효과를 조절하는 것으로 밝혀졌다(Kim & Kochanska, 2012). 높은 수준의 부정적 정서성을 가진 영아가 비반응적인 어머니-아동 관계에 있을 때는 자기-조절이 낮은 것으로 확인되었으나, 보다 반응적인 관계에서는 자기-조절을 더욱 잘하였다. 반면, 기질적으로 부정적 정서성 경향이 없는 영아의 경우, 어머니-아동 간의 관계와 자기-조절 간의 관계가 나타나지 않았다.

## 상황과 시간에 따른 도덕 행동의 일관성

자기-조절이 기질과 관련되어 있다는 사실은 아동이 도덕 행동에서 상대적으로 일관적일 것이라고 기대하게 한다—그리고 실제로 그렇다. 11,000명의 학령기 아동을 대상으로 한 연구에서 연구자들은 다양한 상황(스포츠, 사회적 이벤트, 학교, 집, 혼자 있을 때, 또래와 있을 때 등)에서 속임수, 절도 그리고 거짓말을 할 기회를 아동에게 제공하였다(Burton, 1963). 자신의 행동이 들킬 것에 대한 두려움, 이탈 행동에 대한 또래 지지, 그리고 결과의 중요성 등 상황적 혹은 동기적 요소에 의해 영향받음에도 불구하고, 아동이 도덕적 혹은 비도덕적으로 행동하는 데 일반적 경향성이 있다는 것을 확인하였다.

또한 아동은 각기 다른 연령대에서조차 일관된 도덕 행동을 보였다. 연구자들은 22개월에 도덕 규칙에 순종한 아동들은 45개월에도 유사한 패턴을 보인다는 것을 발견하였다(Aksan & Kochanska, 2005). 학령전기에 자기-통제를 잘하는 아동은 청소년기 및 젊은 성인기에 더 나은 자기-조절자였다. 이러한 아동의 부모는 자신의 자녀가 보다 계획적이고, 주의가 깊으며, 아동이 14세 때 좌절을 더 잘 다룬다고 평정하였고(Mischel et al., 1988; Shoda et al., 1990), 학령전기 만족 지연을 보인 경우, 27세 때 코카인 같은 마약을 덜 사용하는 경향이 있었다(Mischel & Ayduk, 2004; Peake et al., 2001). 학령전기에 만족 지연을 할 수 없었던 아동은 40세 때 낮은 자기-통제 능력을 보였다(Somerville et al., 2011). 뇌에서도 차이를 발견할 수 있었는데, 만족 지연을 하지 못했던 사람은 더 나은 통제를 했던 또래보다 40세 때 복측 선조체(ventral striatum)의 활동성이 두드러졌다(Somerville et al., 2011). 또 다른 연구는 아동기 양심의 결함—무감각, 손상된 도덕 정서, 행동 규칙에 대한 제한된 내면화 등—은 청소년기 및 성인기의 비도덕적 행동을 이끄는 궤도를 안착시킬 수 있다는 것을 보여 준다(Frick et al., 2003; Goffin et al., 2017).

## 성인기로의 확장: 돈에 대한 사랑은 모든 악의 근원이다

도덕적 시험은 아동기에 끝나지 않는다. 성인 역시 일상생활에서 도덕적 딜레마를 마주한다. 이러한 딜레마의 상당 부분은 "돈에 대한 사랑이 모든 악의 뿌리입니다(티모티 1서, 6장 10절)"라는 성경의 지혜를 따르는 것처럼 보인다. 2008~2009년에 있었던 경제 위기 때, 부를 축적하기 위해 주가 조작을 하거나 비우량 주택담보 대출을 하고, 상여금을 받으면서 회사 부채를 증가시키는 것, 그리고 세금 납부를 위한 수입 신고를 속이는 나쁜 행동을 하는 사람이 주변에 상당히 많다는 사실에 충격을 받았다. Bernie Madoff는 한 사람이 저지른 가장 큰 투자 사기행위로 일컬어지는 피라미드형 사기 혐의로 유죄 판결을 받았다. 연방 검찰은 그로 인한 고객들의 손실을 약 650억 달러로 추산했다. 마도프는 최대치인 150년 징역형을 선고받았다. 그의 도덕적 위반은 특별히 터무니없는 일이기도 하지만, 상당수의 다른 사람들 역시 돈을 쓰지 않고 이익을 얻기 위하여 음악, DVD를 불법 다운로드하거나, 혹은 자신이 받을 만한 것보다 더 많은 돈을 벌기 위해 사업비를 부풀리거나, 직장에서 솔리테어(solitaire, 일종의 카드게임)를 한다. 성인기에 부정행위를 할 기회는 많으며, 도덕적 근성이 부족한 사람은 유혹의 희생양이 될 수도 있다. 그들은 고의로 도덕적 규칙을 위반할 수도 있고, 도덕적 문제를 개인적 사안, 타산적 사안 혹은 사회-관습적인 것으로 재구성할 수도 있다.

Marc H. Miller/Newscom

2009년 1월 14일, 스윈들러 베르니 마도프(Swindler Bernie Madoff)(좌)가 맨해튼 뉴욕 연방법원에 모습을 드러냈다.

2001년 엔론 주식회사 붕괴나 2009년 주식시장을 생각해 보자. 이러한 재앙은 탐욕에 의한 비도덕적 행동의 결과인가? 혹은 불행하지만, 선의로 이루어진 자본주의적 결정의 결과인가? 엔론, 월 스트리트, 혹은 '거짓 대출'을 제공하는 은행(즉, 대출자의 명목 소득을 부풀림)에 있는 대부분의 직원은 회사 규칙을 따르고 조직을 유지하며 자신의 고객이나 동료들의 복지를 보호하기 위해 일하고 있다고 주장할 것이다. 그들은 자신의 결정이 도덕적 영역이 아닌 사회적 관습에 따른 결과라고 말할 것이다. 이러한 결정으로 돈을 잃은 사람들은 상황을 다른 시각에서 볼 것이다. 이들과 이를 지켜본 많은 사람은 이러한 결정이 신중함보다는 이익에 높은 우선권을 둔 사람들의 자기-조절 실패라고 볼 것이다. 뉴스 캐스터 Ted Koppel(2002)은 "대부분의 미국 기업이 가지는 특징은 탐욕, 부정직, 윤리적 맹목과 희망적 사고의 문화 산물"이라 표현하였다. 행동주의 경제학자에 따르면, 탐욕과 같은 감정은 경제적 의사결정에 크게 기여하고 때로는 도덕적 의사결정을 무시하게 한다. 사람들은 마땅히 해야 할 일이 무엇인지 알고 있을지도 모르지만, 단기 목표에 맞추어 문제를 재구성하는 능력과 결합한 그 순간의 감정은 종종 타인의 장기적 복지를 해치는 부도덕한 행동을 초래한다.

여러분에게 더욱 피부로 와닿는, 의심을 가져볼 만한 도덕적 행동의 또 다른 예는 인터넷에서 음악이나 영화를 불법 복제하는 것이다. 대부분의 미국인은 돈을 지급하지 않고 영화를 다운로드하는 것을 '사소한 주차 위반'과 같다고 본다(Robertson, 2007). 이들은 불법으로 내려받아 소유한 파일이 개인적 용도로만 사용되며(도덕적 문제가 아니라 개인적 문제라고 주장) 로열티를 받을 대기업과 연예인은 이미 너무 부자라고 말하면서 이런 행동을 정당화한다. 정규 근무시간에 사무용 컴퓨터로 솔리테어를 하는 것 또한 도덕적 문제 혹은 개인의 재량 문제로 볼 수 있다. 게임 사용자는 아마도 열심히 일한 것에 비해 보수가 낮다고 느낄 것이며, 이러한 행동을 불공정한 상황을 바로잡는 방편으로 본다. 솔리테어를 할 권리가 있다고 지지하는 사람은 "회사 자원을 이용하지 못하게 하는 회사에서 절대 일하지 않을 거야. 그건 비인간적일 뿐이야."라고 말하거나 "이게 **부도덕한** 거야?"라고 말한다. 마지막으로, 성인들이 매년 경험하는 경제적 사안은 소득세 신고이다. 2012년, 미국 국세청은 보고되지 않은 소득을 추산, 연간 4,500억 달러의 세금 차이를 보고하였다. 약 14%의 미국인들은 이것을 개인적 사안으로 생각하고 있으며 단지 '자신의 것을 지키는' 한 방법일 뿐이라고 여긴다(Pew Research Center, 2006).

기억해야 할 메시지는 분명하다. 도덕적 원칙을 지키는 일은 평생의 도전이며, 성인의 대응 방식은 각각 다르다. 어떤 사람들은 일관되게 도덕적인 것을 택하지만, 어떤 사람들은 옳은 일을 하지 않기 위해 도덕적인 사안을 사회-관습적이나 개인적인 것으로 재구성한다. 다른 사람들은 어떤 사안을 도덕적으로 인식하지만, 여전히 낮은 수준의 도덕 추론을 사용한다. 예를 들어, 수십억 달러의 혈세로 구제된 한 회사에서 거액의 상여금을 받은 임원들의 행동은 Kohlberg의 '법과 질서' 단계에 있을 수도 있고, 오바마 대통령이 언급한 대로 "법적이었지만 도덕적이지 않았다"(*The Tonight Show*, 2009년 3월 19일)라고 볼 수도 있다.

## 연구 들여다보기: 거짓말하는 아동

도덕 행동의 가장 흔한 위반 중 하나는 거짓말이며, 연구자들은 언제 그리고 왜 아동이 거짓말하는지에 대해 연구해 왔다. 캐나다의 한 연구에서 Anne Wilson과 동료들은 2~4세 아동을 대상으로 집에서 일상생활을 관찰하였다(Wilson et al., 2003). 2년 후, 연구자들은 아동을 다시 관찰하였고, 각 시점에서 90분씩 6개의 관찰기록을 만들었다. 녹음된 자료를 축어록으로 만들고, 거짓말 사건을 코딩하였다. 대부분의 아동(96%)은 관찰 중 어떤 시점에 거짓말을 하였고, 거짓말 비율은 연령과 함께 증가하였다. 2세 아동은 5시간마다, 4세 아동은 2시간마다, 그리고 6세 아동은 1시간 30분마다 한 번씩 거짓말을 하였다.

아동은 위반에 대한 책임을 회피하거나, 형제자매를 고발하거나, 혹은 타인의 행동을 통제하기 위해 거짓말을 했다. 남아가 감추어야 할 사실이 더 많았다는 사실을 감안한 후에도, 남아는 여아보다 더 많은 거짓말을 하였다. 부모는 자식들이 거짓말을 하고 있다는 것을 알았을 때 거짓말을 하는 행위 자체는 거의 다루지 않았지만 종종 그 거짓말의 진실성에 이의를 제기하거나 근본적인 위반을 다루었다. 형제 중 더 나이 든 아동은 어린 아동에 비하여 더 자주 거짓말을 하였고, 시점 1에서 거짓말을 허용한 경우, 시점 2에서 아동은 더 많이 거짓말을 하였다. 또한 더 나이 든 아동은 어린 아동에 비하여 복잡한 거짓말을 하였고, 자신의 동기와 행동을 교묘하고 정교하게 설명하였다(예: "나는 그 아이를 치려고 한 게 아니야."). 반면, 어린 아동은 단순하게 "조넬이 그 자동차를 고장 냈어."와 같이 형제의 잘못된 행동을 비난하는 설명을 사용하였다.

이 연구는 어린 아동의 거짓말에 대한 귀중한 자료를 제공한다. 성공적으로 거짓말을 하는 능력의 일부는 아마도 거짓된 믿음(false belief) 이해의 발달에 의존하는 것으로 보이는데, 왜냐하면 거짓말을 하는 아동은 진실을 고백하는 아동에 비하여 거짓된 믿음에 대한 더 나은 이해를 하는 것으로 보이기 때문이다(Evans, Xu, & Lee, 2011).

타인의 정신 상태를 이해하는 것은 긍정적 발달일 수 있지만, 이는 거짓말처럼 덜 바람직한 사회적 행동의 형태로 이어질 수 있다(Dunn, 2014). 7~11세 아동을 대상으로 한 중국의 연구에서는 예의를 위하여 선의의 거짓말을 하는 경향이 나타났다(Xu et al., 2010). 거짓말에 대한 또 다른 연구에서 Genyue Fu와 동료들(2007)은 캐나다와 중국이라는 서로 다른 문화에서 거짓말에 대한 아동의 태도를 비교 연구하였다. 7, 9, 11세 아동은 도덕적 딜레마에 직면한 주인공의 이야기를 읽고, 그 주인공이 집단을 위한 일이지만 자기 자신에게는 득이 되지 않는 거짓말을 해야 하는지, 혹은 진실을 말해야 하는지 답하였다. 하나의 예시를 들면 다음과 같다(Fu et al., 2007, p. 293).

> 이 아동은 수잔이다. 수잔의 선생님은 교내 철자법 대회에 참가할 학급 대표 자원자를 구하고 있었다. 수잔은 철자법에 아주 능하지 않았으나, 이 대회는 철자법을 향상하는 데 좋은 기회였다. 수잔은 스스로 '내가 자원할 경우 우리 반은 철자법 대회에서 좋은 성적을 얻을 수 없겠지만, 자원하지 않는다면 나는 철자법을 향상시킬 기회를 잃어버리게 될 거야.'라고 생각하였다.

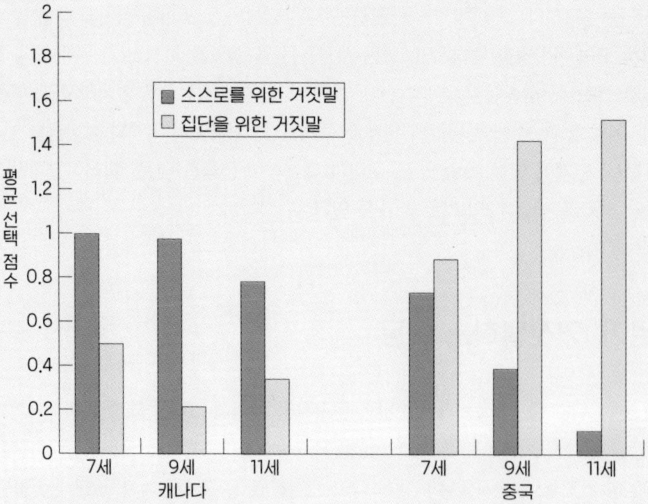


**[그림 10-2] 집단 또는 자신을 보호하기 위한 중국, 캐나다 아동의 거짓말 선택**

출처: Copyright © 2010 by the American Psychological Association. Reproduced with permission. Fu, G., Xu, F., Cameron, C. A., Heyman, G., & Lee, K. Cross-cultural differences in children's choices, categorizations, and evaluations of truths and lies. *Developmental Psychology, 43*, 278–293. The use of APA information does not imply endorsement by APA.

아동은 "만약 네가 수잔이라면, 어떻게 할 거니? 너는 철자법을 향상시킬 좋은 기회를 위해서 선생님에게 네가 철자법에 능하다고 말할 거니, 혹은 학급을 위해서 네가 철자법에 능하지 않다고 말할 거니?"라는 질문에 대답하였다. 중국 아동은 자신이 속한 집단을 돕되 자신에게 도움이 안 되는 거짓말을 하는 경향이 더욱 많았다. 캐나다 아동은 이와 반대로 하였다([그림 10-2] 참조). 이 연구는 거짓말에 대한 아동의 도덕 판단이 문화적 가치를 반영한다는 사실을 명확하게 증명한다.

네 번째 연구는, 중국 어머니들이 자녀에게 거짓말에 대하여 어떻게 가르치는지에 대한 것이다(Wang et al., 2012). 어머니들은 4세 아동에게 정직함의 결과를 보여 주는 긍정적이거나 부정적인 예시를 들면서 정직함의 가치에 대하여 적극적으로 가르쳤다. 그러나 어머니들은 타인과의 상호작용 속에서 조화로운 대인관계를 유지하기 위하여 상황에 적합한 속임수를 사용함으로써 모델링 역시 사용하였다. 예를 들어, 거짓된 칭찬("당신 딸은 매우 아름답군요."), 핑계 대기("아파서 못 갔어."), 긴장 완화("그런 의미는 아니야."), 거짓 겸손("내 음식 솜씨는 별로지.") 그리고 타인을 구슬리는 것—종종 아동이 무엇인가를 하도록 설득하는 것("이 수프를 마신다면, 열이 빠르게 내릴 거야.")—이 이에 속한다.

네 연구를 바탕으로 우리는 아동의 거짓말이 갈등에서 벗어나기 위하여, 타인을 통제하거나 돕기 위하여, 그리고 예의 바르기 위하여 등 다양한 이유로 빈번해지고 증가한다는 것을 배운다. 거짓말은 아동이 속한 문화와 가족 경험의 영향을 받는다. 남학생, 맏이 그리고 허용적인 부모를 둔 아동은 거짓말을 더 많이 하는 경향이 있다.

## 도덕 정서

도덕발달의 세 번째 구성요소는 정서이다. 우리는 모두 규칙을 어기거나, 심지어 규칙을 어기는 것을 생각만 해도 기분이 좋지 않다는 것을 경험하였다. 우리는 후회를 느끼거나, 수치스러워하거나, 죄책감을 느낀다. 이러한 정서들은 도덕 행동과 사고를 조절하는 역할을 하며, 우리가 바라는 것과 규칙 사이에서 느끼는 곤란함을 조절하도록 돕는다.

### 도덕 정서의 발달

제4장 '정서'에서 논의한 대로, 아동은 죄책감이라는 도덕 정서를 아주 어린 시기인 2세부터 경험한다(Lewis, 2014). Kochanska와 동료들이 아동에게 망가질 수 있는 장난감을 주면서 매우 조심히 다루라고 요청하였다. 22개월 아동은 장난감이 망가졌을 때 죄책감을 느끼는 것처럼 보였다. 그들은 얼굴을 찡그리거나, 얼어붙거나, 초조해했다. 33개월 아동은 몹시 당황해하며 고개를 숙였다(Kochanska et al., 2002). 만약 이 아동들이 장난감이 망가졌을 때 거의 놀라지 않았다면, 아동의 행동은 부정 정서나 긴장을 나타내는 신호를 포함하지 않았을 가능성이 크다. 아동은 자신이 무언가 잘못했다는 것을 깨닫는

것처럼 보였고, 그 결과 나쁜 감정을 느꼈다. 연구자들은 죄책감이 보편적으로 출현하는 시기는 2~3세경이며, 의식적인 수준에서 발달한다고 주장한다(Groenendyk & Volling, 2007; Kochanska & Aksan, 2006; Lewis, 2014). 그러나 몇 년 후에야 아동은 타인의 죄책감 표현 기능에 민감하게 된다. 5세가 되어서야 아동은 타인의 얼굴에 나타난 죄책감이 양심의 가책과 화해 등을 나타낸다는 것을 인식하게 된다(Vaish et al., 2011).

**도덕 정서와 아동의 성격** 그러나 도덕 규칙을 위반하였을 때 모든 아동이 똑같이 죄책감을 느끼는 것은 아니다. 더 조심스러운 기질을 가진 아동은 규칙 위반 후 더 많은 죄책감을 경험한다. 예를 들면, Kochanska의 연구에서 트램펄린에서 거꾸로 떨어지는 것, 혹은 무서운 상황에 더 많은 두려움을 느끼는 아동은 장난감을 망가뜨렸을 때 더 많은 죄책감을 보였다(Kochanska & Aksan, 2006). 이와 유사하게, 또 다른 연구에서 부모가 자신의 자녀가 영아 때 더 많이 두려움을 느꼈다고 보고한 경우, 그 아동은 6세 때 더 높은 죄책감과 수치심을 느끼는 경향이 있었다(Rothbart et al., 1994). 도덕 정서에서 성차도 존재한다. 여아는 남아 혹은 남성에 비해 더 높은 죄책감과 수치심을 보였다(Else-Quest et al., 2012; Kochanska et al., 2002; Lewis, 2014). 아마도 이는 규칙 준수에 대해 사람들이 여아에게 가지는 더 큰 기대를 반영하며, 따라서 여아는 규칙을 위반했을 때 더욱 당황스러움을 느끼게 될 가능성이 있다.

**도덕 정서와 부모의 행동** 부모는 아동의 도덕 정서에 다양한 방식으로 영향을 준다. 그중 하나는 가정에서 긍정적 혹은 부정적인 정서적 분위기를 조성하는 것이다. 온정적이고 지지적인 분위기에서 아동은 부모의 메시지를 듣고, 자신의 행동을 조절하기 위한 죄책감, 수치심 같은 정서적 반응을 긍정적 방식으로 내면화하도록 동기화된다(Kochanska et al., 2008). 한편, 결혼생활 불만족이 높은 가정 환경에서 아동은 부적응적인 형태의 수치심과 죄책감을 발달시키게 되는데, 이는 아마도 부모의 갈등에 대하여 아동이 자기 자신을 비난하기 때문일 것이다(Parisette-Sparks et al., 2017).

아동의 도덕 정서발달에 기여 하는 부모의 또 다른 방식은 설명을 제공하는 것이다. 만약 부모가 단순히 무력을 행사하거나, 자녀의 잘못을 처벌한다면 아동이 죄책감을 느낄 가능성은 적다. 만약 부모가 규칙을 설명하고, 규칙을 위반하지 않아야 하는 이유를 제공한다면 아동은 규칙을 위반했을 때 더욱 후회하며 더 큰 죄책감을 보인다(Forman et al., 2004). 부모가 "너는 여동생을 때리면 안 된다는 걸 잘 알고 있을 거야. 너는 스스로

부끄러운 줄 알아야만 해."라고 말할 때, 아동은 위반사항과 도덕 정서를 연결한다. 부모가 "너는 여동생을 때린 나쁜 아이야."라고 말할 때, 아동은 정서적 방식으로 자신을 평가하는 것을 배운다(Stipek et al., 1992). 이러한 과정을 거쳐 아동은 규칙 위반에 대해 죄책감 혹은 수치심 등으로 반응하는 것을 배우며, 아동은 이 정서를 기억하여 미래의 잘못을 피하는 데 사용한다.

아동의 도덕 정서발달에 기여하는 부모의 세 번째 방식은 자신의 정서를 강력하게 표현하는 것이다. 어머니가 아동의 도덕적 위반에 대하여 강한 부정 정서로 반응할 때, 아동은 어머니의 메시지가 정서적으로 중립적일 때 비하여 더욱 자신의 잘못을 바로잡으려는(reparation) 경향이 있었다(Grusec et al., 1982). 부모가 자신의 분노 및 스트레스를 극대화하여 표현할 경우, 아동의 주의는 자신이 초래한 불공정함과 잘못에 집중되었다(Arsenio, 2014; Arsenio & Lemerise, 2004). 이는 부모가 반드시 소리를 질러야 함을 의미하지 않는다. 부모의 강력한 분노는 아동을 부정적으로 각성시키며, 아동이 정서에 초점을 두는 것을 방해하는 경향이 있다. 강력한 정서적 각성은 **연민**(sympathy)과 같은 타인-초점적 반응 보다 자기-초점적(self-oriented)이 되도록 하며, 공포 혹은 슬픔과 같은 혐오적인 정서적 반응을 이끈다(Eisenberg et al., 2015).

끝으로 아동의 도덕 정서발달에 기여 하는 부모의 특성은 아동의 정서적 표현에 대한 반응이다. 만약 부모가 아동이 후회, 수치심, 혹은 죄책감을 표현할 때 긍정적으로 반응한다면, 아동은 이러한 정서 표현이 부모의 질책, 그리고 부모와의 관계 손상을 최소화하고 관계를 회복시키는 것임을 배운다(Thompson, 2015).

부모의 행동은 도덕 정서가 쉽게 발달하는 경향성을 가진 아동에게 특히 중요하다. 연구자들은 억제된 기질의 아동은 일반적으로 죄책감을 발달시키는 경향이 있고, 부모의 행동은 큰 차이를 만들어 내지 않았다. 그러나 억제되지 않은 기질의 아동은 부모가 지속적인 훈육을 제공하는 경우에만 죄책감을 발달시켰다([그림 10-3] 참조; Cornell & Frick, 2007).

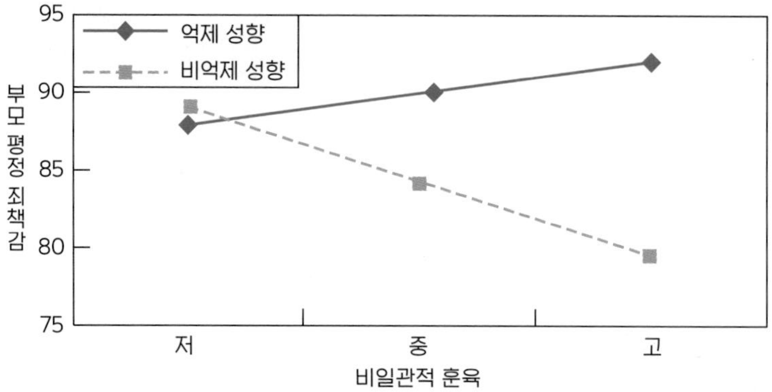


[그림 10-3] 부모가 평정한 아동의 죄책감에 대한 기질과 부모 양육의 상호작용

출처: Cornell, A. H., & Frick, P. J. (2007). The moderating effects of parenting styles in the association between behavioral inhibition and parent-reported guilt and empathy in preschool children. *Journal of Clinical Child & Adolescent Psychology, 36*, 305-318. Taylor & Francis, reprinted by permission of the publisher, Taylor & Francis Group, http://www.informaworld.com.

## 도덕 정서가 도덕 행동에 영향을 미치는가

도덕적 위반 이후 느끼는 죄책감은 이후 아동이 같은 행동을 반복하지 않을 것을 예측하는가? Kochanska와 동료들은 어머니가 방을 나간 후 매력적인 장난감들을 만지지 말라는 어머니의 제약에 아동이 순종하는지 아닌지 관찰하였는데, 어린 시기에 죄책감 반응을 더 많이 보인 아동의 경우 4세 6개월경 금지된 장난감을 덜 가지고 노는 경향을 관찰할 수 있었다(Kochanska & Aksan, 2006). 또한 아동의 죄책감 예견은 규칙 위반과 그 이후의 잘못된 행동을 근절하는 역할을 하였다. 초기에 죄책감 징후를 보인 아동은 더욱 강력한 도덕적 자기를 발달시켰다. 이 아동들은 규칙에 대해 더욱 염려하고, 규칙에 맞는 행동에 전념하는 것으로 자신을 표현하였으며, 대체로 4세 6개월 때 높은 도덕적 염려를 보였다(Kochanska, 2002). 죄책감, 수치심, 후회 같은 도덕 정서가 아동을 불편하게 할지라도, 이러한 정서들은 도덕발달에서 명확히 긍정적 기능을 수행한다.

도덕 정서와 도덕 행동의 관계는 더욱 나이가 많은 아동과 청소년에게서도 관찰된다. 5학년 때 죄책감을 느끼는 경향이 있는 아동은 더 적은 수의 파트너와 성적 관계를 갖고, 불법 약물 및 알코올 사용 역시 적으며, 18세 때 범죄 관여도 적은 것으로 나타난다(Stuewig et al., 2015). 수치심은 죄책감과 똑같이 억제 기능을 갖지 않으며, 심지어 해로운 요소가 될 수도 있다. 수치심-경향성은 이후 이탈 행동의 위험 요소이다. 수치심-경향이 있는 5학년 아동은 성인 초기에 안전하지 않은 성관계, 불법 약물 사용을 더 많이 하는 경향이 있었다(Stuewig et al., 2015). 수치심이 아닌 죄책감은 사람들이 도덕적 방식을 택하도록 동기화시키는 가장 효과적인 요소이다(Tangney et al., 2015). 강렬한 죄책감이 아동발달에 해로운 영향을 끼치는가에 대해서는 더욱 연구가 필요하다. 하지만 극도의 죄책감 경향성이 있는 아동은 자신을 질책하거나, 우울해지고, 불안감을 느낄 것이라고 제안된 바 있다(Zahn-Waxler & Kochanska, 1990).

Barbara Smaller/The New Yorker Collection/The Cartoon Bank

"적절한 처벌이라고 생각하는 것은 무엇인가? 나는 적절한 처벌이란 죄책감을 안고 사는 것이라 생각한다."

## 실생활 적용: 성인 기준 행동에 대한 청소년의 유능성

Miguel Villagran/Getty Images Inc

사진을 보면 한 십대 소년이 자신의 형량을 선고받기 위해 변호사 옆에 앉아 기다리고 있다. 그는 고속도로 고가도로에서 지나가는 차에 돌을 떨어뜨려 두 명의 여성을 살해하고, 다른 운전자 네 명을 다치게 한 혐의로 살인죄로 기소되었다(CBS News, 2000). 아동의 도덕 판단은 나이가 증가할수록 향상된다는 증거에도 불구하고, 청소년들이 어른들만큼 도덕적으로 능력이 있는지, 혹은 과실이 있는지, 그들이 법체계에 내에서 어떻게 다루어져야 하는지는 명확하지 않다. Laurence Steinberg와 Elizabeth Cauffman과 동료들은 청소년이 성인 책임 기준을 충족하는지, 그리고 성인 법정에서 재판을 받아야 하는지 결정하고자 노력했고, 그렇게 되어서는 안 된다고 결론지었다(Albert & Steinberg, 2011; Cauffman et al., 2015; Monahan et al., 2015).

유죄를 결정하기 위해서는 몇 가지 요인이 필요하다. 첫째, 범죄에 대한 유죄 판결을 위해서는 자발적인 인식하에 죄를 지어야 하며, 행동의 잠재적 결과에 대한 합리적인 기대를 형성할 수 있는 능력이 있어야 한다. 즉, 논리적 의사결정을 내리고 그 결과를 예측하는 인지 능력이 필요하다. 이러한 인지 능력은 15세 이전에 발달하지 않는 경향이 있다. 정서적 가용성 역시 중요하다. 청소년들은 성인보다 도둑질, 흡연, 마리화나, 도둑질한 차를 타는 즐거움 등 불법적 행동을 할 가능성이 더 크다. 또한 청소년들은 책임감(독립적인 결정을 할 수 있는 능력), 관점(넓은 시야 및 대인 관계적 맥락을 고려한 결정을 내릴 수 있는 능력), 절제(자기-조절과 충동 조절을 할 수 있는 능력)를 포함하는 심리사회 성숙도 측정에서 낮은 점수를 받는다. 심리사회 성숙도 척도에서 낮은 점수를 받은 개인은 가상의 상황에서 사회적으로 책임감 있는 결정을 덜 하는 경향이 있다. 요컨대, 그들은 심리적으로 덜 성숙하기 때문에 충분치 못한 결정을 내리게 되며, 성인보다 불법적 활동에 관여하겠다고 할 가능성이 더 크다. 이러한 발견이 갖는 의미는 청소년들이 자신의 범죄에 대한 책임을 면죄받을 수 있다는 사실을 의미하는 것이 아니라, 신중한 결정을 내리는 데 필요한 능력의 부족함이 청소년을 위한 법적 치료에서 인식되어야 하는 치료요인이 될 수 있다는 것이다.

둘째, 범죄를 저지른 사람들은 재판을 받기 위해 인지, 사회적, 정서적 유능성에 대한 시험을 거쳐야만 한다. 그들은 합리적인 수준의 이해력을 가지고 변호사와 자신의 권리 포기, 탄원서 입력, 그리고 다른 절차상의 문제에 관한 결정을 내릴 수 있는 능력을 갖추고 있어야 한다. 법정에 서는 일은 변호사의 변호를 돕는 정교한 이해와 추론 기술이 필요한 복잡한 사안이다. 논리적 의사결정 능력, 범죄에 대한 정확한 정보를 제공하는 믿을 만한 기억력, 다양한 청원의 결과를 이해하는 미래 지향적 사고, 변호사와 판사의 역할과 동기에 대한 사회적 관점을 취하는 능력, 그리고 자신의 동기와 심리 상태에 대한 인식을 모두 포함한다. 15세 이하의 청소년들은 이러한 기술이 부족한 경향을 보인다. 3분의 1 이상이 권리라는 단어를 정의할 수 없으며, 대부분은 자신을 보호할 만큼 재판 절차를 잘 이해하지 못한다. 불리한 법적 환경 속에서 청소년들은 묵비권, 유죄 협상 수용권, 또는 피고로서 증언할 권리가 내포하고 있는 의미를 충분히 인식하지 못한다. 상당수는 재판에서 다양한 법정 인력과 피고인의 권리를 이해하지 못한다. 청소년들은 침묵을 지키기보다 자백하기가 더 쉽다. 권위적 인물에 의한 심문 결과, 청소년들은 재판까지 가기보다 유죄 협상을 받아들일 가능성이 더 크다. 청소년들은 다양한 의사결정에 참여할 때 위험성이 더 적다고 생각하며, 실제로 위험이 발생할 것이라고 믿는 경우가 적고, 위험의 심각성을 최소화한다. 이러한 일은 실제로 발생한다. 더불어 청소년이 가진 능력에 대한 신중한 평가 없이 성인 법정에서 청소년들을 재판하는 경우, 청소년 범죄자들이 부당한 법적 대우를 받을 심각한 위험이 증가할 가능성이 크다. 소년 법원의 규칙은 더 유연하며, 양형에 대하여 판사에게 더 많은 선택안을 주기 때문에 성인 법원보다 청소년 범죄자들에게 더 적절하다.

## 전인적 도덕적 아동

지금까지 도덕발달의 인지적, 행동적, 정서적 구성요소에 대하여 각각 살펴보았다. 하지만 실생활에서 이러한 요소들은 함께 나타나며, 상호작용하고 나아가 심지어는 갈등적이기도 하므로, 발달과업 중 하나는 이들을 통합하는 것이다. 각각의 구성요소는 학령전기 후반부터 통합적으로 아동의 의사결정과 행동을 안내한다. 3~4세에 도덕적 행동과 정서 구성요소 간 연결이 증가한다. 외부의 감독이 부재할 때에도 도덕적 규칙을 따를 수 있는(도덕 행동) 아동은 위반 행위에 가담한 이후, 혹은 이를 예상하였을 때 더 많은 죄책감을 느끼는 경향(도덕 정서)이 있었다. 인지적 측면(도덕적 규칙과 사회 관습에 대한 이해)은 조금 더 나중에 통합되었다. 학교에 입학한 후, 대부분의 아동은 작은 도덕적 점(dots)들을 연결하여 형성된 도덕적 자기 혹은 양심을 발달시킨다(Kochanska & Aksan, 2006). 아동은 금지된 행동을 하고 싶은 충동에서 벗어날 수 있으며, 게임의 규칙을 따르고, 이를 위반했을 때 죄책감을 느낀다. 아동은 행동의 규칙과 기준에 대한 인지적 평가를 할 수 있으며, 이러한 규준에 비춰 자신 혹은 타인이 저지른 위반의 결과를 인지적으로 표상할 수 있다.

구성요소의 통합과정 및 양심의 발달은 아동기에 계속된다. 한 연구에서 6세 아동의 절반가량은 도덕적 규칙을 위반한 사람들(예: 도둑질)이 자신이 가진 욕구를 만족시켰기 때문에 후회나 죄책감 같은 도덕 정서를 경험하기보다는 행복할 것이라 기대하였다(Nunner-Winkler, 2007). 이 아동들은 일상생활에서 속임수를 반대하거나 도덕적으로 행동하려는 경향이 적었다. 나이가 증가하면서 아동은 도덕적 위반이 후회로 이어진다는 사실을 더욱 잘 이해하는 경향이 있었고, 도둑질이나 속임수 같은 도덕적 규칙을 위반하는 경향이 더 적었다(규칙 위반이 후회나 죄책감으로 이어질 수 있다는 것을 인지한 아동의 비율은 8세에서 65%, 17세에서 75%, 그리고 22세에서 80%였다).

아동이 경험하는 도덕적 구성요소의 통합은 사회적 영역의 지식이 이들의 도덕적 행동 및 도덕적 정서와 연결되어 있다는 사실 역시 반영한다. 일상생활의 딜레마를 개인적, 관습적 혹은 도덕적 사안 중 어떤 것으로 정의하는지는 아동이 어떻게 행동하고 느끼는지에 영향을 준다(Killen & Smetana, 2015). 예를 들어, 만약 아동이 자신의 사회적 무리에서 한 아동을 배제하는 이유를 집단에 대한 충성 및 집단 결속력을 유지시키기 위한 것이라고 주장하면서 이를 사회-관습적 사안이라고 생각한다면, 아동은 실제로 다른 아동을 배제하고 후회, 수치심, 혹은 죄책감을 덜 느끼는 경향이 있다. 만약 아동이 이를 권리를 위반하는 것이라고 생각하며 도덕적 사안으로 본다면, 아동은 죄책감이나 수치심과 같은 부정적 정서를 예측할 것이며, 이는 결국 다른 아동을 덜 배제하도록 할 것이다.

모든 아동이 도덕성의 구성요소들을 통합하고 강한 도덕적 자기를 성공적으로 발달시키지는 않는다. 한정된 인지적 이해를 보이는 몇몇 아동은 자신의 행동이 다른 이를 해칠 것이라고 예견하지 못하며, 도덕적 비행에 가담할 때 낮은 수준의 후회 혹은 죄책감을 경험한다. 극단적인 경우, 이러한 아동은 아마 사이코패스로 성장할 것이다. 이들은 대부분 사회화된 개인에게 조절 체계로 작동하는 도덕적 체계의 인지적, 정서적, 행동적 측면 통합의 실패로 어떤 일이 일어나는지를 보여 준다.

# 친사회적, 이타적 행동

도덕 규칙을 위반하려는 유혹에 저항할 수 있는 능력은 도덕발달의 일부분일 뿐이다. 또 다른 차원은 좋은 방향으로 행동하는 것이다. 도덕발달은 '옳은 일을 아는 것' 이상이다. 또한 '선한 일을 하는 것'이기도 하다. **친사회적 행동**(prosocial behavior)은 타인에게 이익을 주려는 의도로 이루어지는 자발적 행동이다. 이는 나눔(sharing), 돌봄(caring), 위로(comforting), 협력(cooperating), 도움(helping), 연민(sympathizing) 그리고 '기회가 있을 때마다 친절한 행동'을 하는 것을 포함한다. 친사회적 행동은 집단, 사회, 국가, 심지어 세상을 돕는 행동을 포함할 수 있다. **이타적 행동**(altruistic behavior)은 개인에게 즉각적 안녕감을 주지 않을 수 있으며, 상호성 혹은 인정에 대한 기대 없이 일어나는(종종 익명으로 수행됨) 친사회적 행동이고, 어떤 경우에는 심지어 개인의 장기적인 욕구나 바람을 희생하면서 나타나기도 한다. 아주 어린 시기부터 친사회적 행동은 시작된다. 진실한 이타적 행동은 높은 연령대에서만 발생한다(Eisenberg et al., 2015).

## 어떻게 친사회적 행동과 추론이 발달하는가

이번 절에서 아동의 친사회적 행동과 추론이 연령 및 성별에 따라 어떻게 달리 발달하는지, 그리고 아동의 친사회적 행동이 시간의 흐름에 얼마나 안정적인지 논한다.

**친사회적 행동에서 연령의 변화** 선행 연구들은 심지어 영아도 친사회적 행동을 선호한다는 것을 보여 준다. 3개월 영아에게 손가락 인형을 사용하여 도움을 주는 인형과 도움을 주지 않는 인형을 보여 주었을 때 영아는 전자를 선호하였고, 6개월 영아는 인형들이 공을 주고받는 게임에서 공을 가지고 달아났던 인형보다는 협력을 보여 준 인형을 돕는 경향이 더 많았다(Hamlin et al., 2007; Hamlin & Wynn, 2011).

따라서 생후 1년이 채 되기도 전에 영아는 친사회적 행동에 대한 이해와 평가를 할 수 있는 것처럼 보인다. 공정하고 친사회적인 대상에 대한 선호는 학령전기까지 지속된다. 주인공이 목표를 이룰 수 있도록 도와주는 인물과 주인공의 목표를 좌절시키는 인물을 보여 주었을 때, 3~5세 아동은 전자를 더욱 선호하며, 더 좋은 사람이라고 평가하였고, 방해한 이에 대해서는 선택적으로 처벌을 주었다. 처벌의 이유를 정당화하도록 하였을 때, 아동은 전형적으로 사회적 염려(social consideration)를 내세웠다. 즉, 도움이 되지 않은

Courtesy of Kiley Hamlin at the University of British Columbia

영아가 도움 행동을 이해하는지 연구하기 위하여 실험 상황에서 도움을 주거나 혹은 도움을 주지 않는 인형을 보여 주었다. 이후 영아는 자신이 선호하는 인형을 가리키거나 집었다.

행동을 언급하였다. 이러한 증거는 어린 아동이 공정한 게임을 선호할 뿐 아니라, 선호의 바탕이 되는 도덕적 기초에 대한 평가도 잘할 수 있다는 것을 제안한다(Van de Vondervoort & Hamlin, 2017). 어떤 이들은 친사회적 상대와 그렇지 않은 상대를 구분하는 초기 능력이 진화론적 관점에서 적응적인 것이라 주장한다(Hamlin, 2015). 게다가 단순히 생애 초기의 친사회적 행동에 대한 평가 혹은 이해에 대한 발달만 이루어지는 것이 아니라, 친사회적 행동은 그 자체로 영아에게 나타난다. 예를 들어, 영아는 흥미로운 대상이나 자신이 보고 있는 것을 가리키는 행위로 공유행동의 초기 신호를 보이며, 1세경 그들은 부모, 심지어는 낯선 사람에게 장난감을 보여 주거나 나눠 준다(Brownell, 2016; Hay, 2009). 이와 같은 아동의 생애 초기 공유행동은 아동의 행동을 촉진하려는 시도나 안내, 혹은 칭찬이나 선물에 의한 강화 없이도 나타난다. 2세경, 아동은 언어적 조언("조심해.")이나, 위로 행동(상심한 부모를 포옹), 간접적 도움(다른 아동의 장난감을 되돌려 주기 위하여 부모를 부르는 것), 나눔(자신의 형제자매나 강아지에게 먹을 것을 나눠 주는 것), 기쁨을 제공하는 것(어머니가 말한 대로 책을 덮는 것), 그리고 보호나 방어(타인이 다치거나, 상처받거나, 공격받는 것을 예방하기 위한 시도) 등과 같은 광범위한 친사회적 행동을 보인다(Brownell, 2016; Garner et al., 1994). 하지만 우리가 제11장에서 공격성 출현에 대해 살펴볼 것처럼 영아에게 항상 긍정적인 행동만 나타나는 것은 아니며, 이들은 종종 친절하지 않고, 형제의 장난감이나 음식을 빼앗기도 하며, 심지어 서로 갖기 위해 다투기도 한다. 아동은 연령이 증가하면서, 그리고 인지적으로 더욱 성숙해지면서 친사회적 행동에 개입하는 경향이 늘어난다(Eisenberg et al., 2006, 2015). 향상된 정서적 지식은 타인의 잘 보이지 않는 정서적 신호를 감지하고 상대가 도움이 필요하다는 사실을 인식하도록 돕는다. 〈표 10-2〉는 친사회적 행동과 이타적 행동에서 연령의 변화에 따른 구체적 내용을 보여 준다.

<표 10-2> 친사회적, 이타적 행동

| 연령 | 행동 |
|---|---|
| 출생~6개월 | • 타인의 고통에 대하여 정서적으로 반응(울음 혹은 당황스러움)<br>• 타인의 도움 행동에 대한 선호 |
| 6~12개월 | • 나눔 행동의 등장<br>• 친밀한 사람에 대한 정서 표현<br>• 타인의 협동에 대한 선호 |
| 1~2세 | • 협력적 놀이<br>• 고통스러워하는 타인을 위로<br>• 부모의 집안일 돕기<br>• 성인에게 장난감을 보여 주고 나누어 줌 |
| 2~3세 | • 나눔<br>• 돌봄과 도움이 보다 계획적으로 등장, 향상됨<br>• 도움 의도를 언어적으로 표현<br>• 도움이 될 만한 언어적 충고를 제공<br>• 타인을 보호하려는 시도 |
| 3~10세 | • 쾌락에 의해 동기화된 친사회적 행동 수행<br>• 자신의 욕구와 충돌하더라도 타인 욕구 인식<br>• 좋은 것, 나쁜 것에 대한 인식, 그리고 타인의 승인과 수용을 기반으로 한 친사회적 행동의 정당화 |
| 10~17세 | • 타인의 권리와 존엄성에 대한 염려 및 내면화된 가치를 기반으로 도움을 정당화<br>• 개인적, 사회적 의무와 개인의 동등성에 대한 믿음<br>• 자신만의 가치, 규준에 부응하는 일에 대한 자긍심 |

주. 이 자료는 연구에서 밝혀진 전반적인 경향성을 나타낸다. 이러한 행동을 보이는 정확한 연령은 아동에 따라 다를 수 있다.

출처: Brownell and the Early Social Development Research Lab, 2016; Eisenberg et al., 2015; Hay & Rheingold, 1983; Hamlin et al., 2007; Hamlin & Wynn, 2011.

**친사회적 행동의 안정성** 친사회적 행동의 개인차는 아동 초기부터 드러나며, 아동이 발달함에 따라 상당히 안정적이다. 아동이 또래에게 보이는 애정 어린 돌봄과 공감적 행동은 학령전기에서 초등학교까지 중간 정도로 안정적이었다. 도움이 필요한 아동에게 기부하려는 경향, 성인을 돕고자 하는 경향(예: 떨어진 종이 클립을 주워 주는 행동),

그리고 타인을 돕고자 하는 경향은 초등학교 시기 전반에 걸쳐 일관적이다(Eisenberg et al., 2015). 또래에 대한 친사회적 행동은 청소년기에도 상대적으로 안정적이며(Wentzel et al., 2004), 성인 초기에서도 개인은 타인에 대한 염려에 가치를 두었다(Pratt & Hardy, 2015). 아동의 친사회적 경향성은 심지어 학령전기인 4~5세에서 성인 초기에 이르기까지 일관적이었다(Eisenberg et al., 2015). 친사회적 행동은 시간의 흐름에도 상당히 일관적인 것으로 보인다. 관대하고, 도움을 주며, 친절한 행위를 시작한 아동은 성숙해 가면서 이러한 친사회적 특성을 지속하는 것으로 보인다.

**친사회적 추론** Nancy Eisenberg와 동료들은 Kohlberg 도덕 추론에 상응하는 **친사회적 추론** 발달 모델을 정립하였다. 이 모델을 연구하기 위하여 친사회적 딜레마에 대한 몇몇의 가설적 시나리오를 고안하였으며, 예시는 다음과 같다(Eisenberg-Berg & Hand, 1979, p. 358).

> "어느 날 마리는 친구의 생일파티에 가고 있었다. 마리는 길에서 어떤 한 여자아이가 넘어져 다리를 다친 것을 보았다. 그 아동은 마리에게 자신의 집에 가서 부모님에게 사실을 알리고 자신을 의사에게 데려 갈 수 있도록 해 달라고 부탁하였다. 만약 마리가 그 아동의 부탁대로 한다면, 마리는 생일파티에 늦어 아이스크림, 케이크, 게임을 전부 놓치게 된다. 마리는 어떻게 해야만 할까? 왜 그렇게 해야 할까?"

Eisenberg와 동료들이 이러한 시나리오를 가지고 아동을 인터뷰했을 때, 가장 어린 아동(4세)은 친사회적 행동을 정당화하기 위하여 **쾌락적 추론(hedonistic reasoning)**을 사용하였다. 이들은 물질적 보상을 얻을 것이기 때문에 사람들은 반드시 친사회적으로 행동해야 한다고 말하였다. 이러한 종류의 추론은 연령 증가와 함께 감소하였다. 아동이 사용한 추론의 두번째 유형은 **욕구-기반 추론(needs-oriented reasoning)**이었는데, 이는 심지어 자신의 욕구와 충돌하여도 타인의 욕구에 대한 염려를 표현하는 것이다. 이 추론 유형은 아동 중기에 정점을 이루고, 이후 평탄하게 유지되었다. 친사회적 추론의 가장 발전된 유형은 **공감적 추론(empathic reasoning)**(연민 반응 포함)과 **내면화된 추론(internalized reasoning**, 사회적 의무 혹은 모든 사람은 동등한 대우를 받아야 한다는 것을 유지하기 위한 내면화된 가치에 기반하여 친사회적 행동을 정당화)이었다. 이러한 친사회적 추론은 Kohlberg의 단계 5 도덕 추론처럼 청소년기나 그 이후까지 나타나지 않을 수 있다(Eisenberg et al., 2005). Eisenberg의 모델을 사용한 다른 연구자들은 청소년들의 친사회적 추론이 그들의 친사회적 행동과 연관된다는 것을 밝혀냈다. 쾌락적 추론은 낮은 수준의 나눔 및 공감과 연관되었다. 욕구-기반 추론은 보다 많은 친사회적 행동과 연관되었다. 내면화된 친사회적 추론은 친사회적 행동과 연관되었는데, 이는 누군가 떨어뜨린 책을 주워 주는 것과 같은 단순한 행동을 넘어 어떤 인지적 반영을 필요로 한다(Carlo et al., 2003).

**여자 아동이 남자 아동보다 더욱 친사회적인가** 어떤 이들은 여아가 남아보다 더욱 친사회적이라 주장해 왔지만, 친사회적 행동의 성차는 특정 행동에 기반한다. 친절한 행동 및 염려의 경우 차이는 두드러진다. 여아는 남아보다 지속적으로 더 많은 유형의 친사회적 행동을 보인다(Eisenberg et al., 2015). 또한 여아는 남아보다 더욱 공감적이다. 여아는 타인이 느끼는 정서를 경험하는 더 많은 능력이 있으며(Zahn-Waxler et al., 2001), 특히 연령이 증가하면서 더욱 그렇다. 여아는 도구적 도움(instrumental helping), 위로, 나눔, 기부 등에 조금 더 관여하는 경향이 있지만, 이러한 행동에서 성차는 적었다. 친사회적 행동이 익명인 상황에서 성차는 발견되지 않았다(Carlo et al., 2003). 남성은 여성보다 홍수나 산사태 같은 생명-위험 상황처럼 극단적인 상황에서 더욱 친사회적인 것으로 관찰되었다(Becker & Eagly, 2004; Eagly, 2013). 장기기증 혹은 평화 봉사단 자원 봉사처럼 덜 위험한 상황에서 남성과 여성은 유사하였다.

성차는 객관적 관찰로 얻어진 자료보다 친구나 가족 구성원에 의한 보고, 그리고 자기 보고식 자료에서 더욱 두드러진다(Hastings, Rubin, et al., 2005). 이는 성차가 실제로 아동이 어떻게 행동하는지를 반영하기보다는 남아, 혹은 여아가 어떠해야 한다는 사람들의 생각을 반영한다고 제안한다(Eisenberg et al., 2015). 부모는 아들보다 딸에게 예의 및 친사회적 행동의 중요성을 더욱 강조한다(Maccoby, 1998). 게다가 부모는 여아의 친사회적 행동을 타고난 성향으로 귀인하지만, 남아의 친사회적 행동은 사회화의 영향으로 귀인하였다. 이러한 발견은 성차가 자신 혹은 이를 관찰하는 사람의 마음에 존재한다는 것만을 의미한다기보다, 동시에 성 고정관념, 그리고 여자 아동은 '모든 것이 좋은 사람'이어야 한다는 신념에 의해 영향받는다는 것을 의미한다. 친사회적 행동에서 성차는 연령 증가와 함께 커지는데, 이는 아마도 아동이 성 고정관념을 더욱 많이 인식하고, 이를 자기-이미지에 더욱더 내면화하기 때문일 것이다(Eisenberg et al., 2015).

## 친사회성 발달의 결정요인

친사회적 행동 발달은 생물학적, 환경적 요인, 문화, 공감 그리고 관점 취하기 등에 기초한다. 이 절에서는 영향 요인의 유형에 관하여 논할 것이다.

**생물학적 영향** 친사회적 행동은 여러 방식으로 생물학과 연관되어 있다. 영아 때부터 징조가 나타나며, 진화론에 기반한 유전 및 뇌활동에서 영향을 받고, 기질과도 연관되어 있다. 제4장 '정서'에서 이미 살펴본 것처럼, 신생아는 다른 영아의 울음을 들을 때 고통스러워했다. 이 장의 초반에 언급한 대로, 영아는 생후 1년경에 나눔 행동의 징조를 보이기도 한다. 이는 친사회적 정서와 행동의 전조로 볼 수 있다. 왜냐하면 이는 매우 이른 시기부터 등장하며, 이러한 징조들은 인간이 타인에게 공감적으로 응답하도록, 그리고 친사회적 행동에 관여하도록 생물학적으로 준비되어 있음을 시사하기 때문이다.

도움 행동, 나눔, 위로와 같은 행동이 심지어 인간 이외의 동물에게도 나타난다는 사실은 친사회적 행동의 진화론적 기초를 제안한다(Preston & de Waal, 2002; Silk & House, 2016). 진화론자들은 이러한 친사회적 행동을 '친족 선택(kin selection)'으로 설명한다. 동물 간의 협력, 그리고 필요할 경우 상대를 위해 자신의 사냥감을 희생하는 일은 그들의 친족이 생존하고 재생산할 가능성을 높인다. 따라서 심지어 만약 자신이 죽더라도 생존한 그들의 친족들이 자신의 유전자를 다음 세대로 전달할 것이다. 이는 관련이 없거나, 혹은 먼 친족보다는 가까운 친족에게 더 많은 친사회적 행동이 직접적으로 나타나야 한다는 것을 보여 준다(Hastings, Zahn-Waxler, et al., 2005). 실제로 연구는 다음과 같은 사례를 보여 준다. 사람들은 유전적으로 연관된 상대를 관련 없는 사람보다 더 많이 도우며, 관계가 가까울수록 더욱 기꺼이 돕는다(Eisenberg et al., 2015).

유전이 친사회적 행동에 영향을 준다는 증거는 일란성 쌍생아가 이란성 쌍생아보다 친사회적 행동과 공감적 염려 측면에서 더욱 유사하다는 연구에서 확인할 수 있다(Fortuna & Knafo, 2014; Knafo-Noam et al., 2015). 또한 극단적인 친사회적 행동을 보이는 아동이 특정 유전자 이상을 보인다는 연구도 있다. 예를 들어, Williams 증후군(7번 염색체의 장완 근위부의 미세결실)을 가진 아동은 정상 아동보다 공감적이고 친사회적인 반면, 자폐증을 가진 어린 아동의 경우 공감적, 친사회적 행동은 더 적게 나타났다(Campbell et al., 2015).

유전 연구에 따르면, 친사회적 행동과 관련된 유전 인자의 관여는 아동기부터 발견되지만(Knafo & Plomin, 2006) 그 영향력은 청소년기에서 성인기에 걸쳐 더욱 확연히 드러난다(Fortuna & Knafo, 2014). 타고난 유전 양상은 연령과 함께 증가하되, 공유된 환경의 효과가 점차 줄어드는 것과 맞물려 나타난다는 사실이 공감에 대한 쌍생아 메타 연구에서 발견되었다(Knafo & Uzefovsky, 2013). 이는 유전-환경 상관 과정, 즉 유전적으로 영향받은 아동의 행동이 환경으로부터 받는 정보 입력에 영향을 주며(Scarr & McCartney, 1983), 이는 유전형의 영향력을 증가시키는 기전으로 설명할 수 있다. 친사회적 행동의 기저에 존재하는 구체적인 유전자에 대한 연구는 이제 막 시작단계이다. 도파민 수용 유전체인 DRD4(Bachner-Melman et al., 2005)와 같은 단일 유전자, 그리고 1a 수용 유전체(Knafo et al., 2008)인 아르기닌바소프레신(arginine vasopressin)의 변종 등은 성인의 친사회적 행동과 연관된 것으로 밝혀져 왔다. 게다가 옥시토신 수용 유전체의 변종(제3장에서 사랑 관련 호르몬이었던 옥시토신에 관한 논의 참조)은 어린 자녀의 위험 상황에 대한 어머니의 높은 반응성과 관련되어 있다(Bakermans-Kranenburg & Van IJzendoorn, 2008). 최신 연구에서 옥시토신 수용 유전체의 변종은 공감적 염려를 통하여 친사회적 행동을 간접적으로 예측하는 것으로 밝혀졌는데, 이는 유전이 공감에 영향을 미치고, 이 공감이 친사회적 행동을 달리 만드는 방식으로 이루어진다. 유전은 공감을 증가시켜 친사회적 행동에 간접적으로 영향을 미친다. 하지만 이러한 연구는 매우 복잡하며, 측정된 유전자의 효과 크기는 상당히 작거나(Conway & Slavich, 2017) 거의 탐지하기가 어렵다(Bakermans-Kranenburg & Van IJzendoorn, 2014). 이는 다양한 유전이 친사회적 행동과 연관되어 있기 때문이며, 앞으로 특정 유전 요소에 관한 연구는 의심의 여지없이 지속될 것이다. 게다가 유전 요소가 아동보다 청소년 및 성인의 친사회적 행동에 기여한다는 사실은 친사회적 행동에 기여하는 어떤 유전자들은 성숙과 함께 활성화된다는 것을 제안하며(Knafo & Plomin, 2006), 이는 연구를 더욱 복잡하게 한다. 그래서 도전은 계속된다. 쌍생아 연구에서 밝혀진 것처럼 친사회적 행동이 유전적 기초에 기반한다는 것은 명백하나, 이러한 효과를 설명하는 특정 유전에 대한 발견은 아직 이해가 부족하다.

다양한 뇌 연구는 친사회적 행동의 신경학적 근거에 대한 증거들을 보여 준다. 심지어 영아의 특정한 신경학적 패턴은 친사회적 행동의 각기 다른 측면과 연관되었다. 18~24개월 영아를 대상으로 한 연구에서 좌측 전두피질의 활성화는 타인의 고통에 대한 이해 및 위로 과제에서 공감적 반응과 연관된 반면, 우측 측두의 활성화는 영아의 도구적 도움과 관련이 있었다(Paulus et al., 2013). 뇌 이미지 연구는 사람들이 슬픈 이야기를 듣거나(Decety & Howard, 2014), 공감반응을 보이거나(Amodio & Frith, 2006; Overgaauw et al., 2014), 동정심을 느낄 때(King et al., 2006), 그리고 타인의 관점을 취하거나(Ruby &

Decety, 2001) 푸드뱅크에 돈을 기부할 때(Harbaugh et al., 2007), 도덕적 결정을 내릴 때(Ayram et al., 2014) 특정 뇌 영역이 활성화된다는 것을 보여 준다. 제2장 '생물학적 기초'에서 논의한 거울 뉴런 체계는 이러한 연결 기저에 존재하는 신경학적 기제일 수 있다(Iacoboni, 2009). 다수의 연구에서 밝혀진 거울 뉴런 체계의 활성화와 공감적 염려 간의 상관은 이러한 관점을 지지한다(예: Flournoy et al., 2016).

기질 역시 아동의 친사회적 행동에서 일정한 역할을 차지하고 있다. 타인의 고통은 상대적으로 덜 억제된 기질을 가진 아동에 비하여 높은 수준으로 억제된 아동을 더욱 당황하게 만드는 것으로 밝혀졌고(Young et al., 1999), 높은 반응 수준을 보이는 기질의 아동은(친숙하지 않은 것에 의해 잘 놀라는 경향 혹은 매우 수줍거나 어둠 혹은 광대 등에 대하여 두려움을 보이는 경향이 있음) 덜 반응적인 아동에 비하여 덜 친사회적이었다(Laible et al., 2017). 유사하게, 심장 박동을 측정치로 사용한 연구에서 자신의 정서를 잘 조절할 수 있는 아동은 위로 행동을 더 많이 보이는 경향이 있었다(Eisenberg et al., 2015).

요약하면, 타고난 준비성, 진화, 유전, 신경학, 기질과 같은 다양한 생물학적 요인은 아동이 친사회적으로 행동하도록 만든다. 이러한 생물학적 영향력은 아동의 친사회성 정도를 결정하는 데 환경과 함께 상호작용한다.

**환경적 영향** 가족, 또래, 교사, 언론 등의 환경은 모두 아동의 친사회성 발달에 기여한다. 부모는 다양한 방식으로 친사회적 행동 발달을 촉진한다(Brownell et al., 2016). 심지어 생애 어린 시기부터 부모는 아동에게 친사회적 행동 기회를 제공하며 이를 촉진한다. 예를 들어, 부모는 아동에게 집안일을 맡길 수 있다. 한 예로 어머니들 가운데 93%는 13~24개월 된 아동에게 빗자루질, 청소 그리고 테이블을 세팅하는 일상적인 집안일 돕기를 촉진하였다고 보고하였다(Dahl, 2015). 밀린 집안일에 참여하는 기회를 가진 아동일수록 이후에 타인을 더 돕는 경향이 있었다(Hammond & Carpendale, 2015; Pettigrove et al., 2013). 이러한 도움과 관련하여, 만약 어머니가 관계적 사회화 목표를 자녀에게 강조하였다면—특히 복종—이는 유아의 친사회적 행동을 예측하는 것으로 보인다(Kärtner et al., 2010). 이러한 방식으로 아동의 도움을 허용하는 것은 아동이 견습을 통하여, 그리고 어머니의 비계화에 의해 학습하는 Vygotsky의 사회문화적 이론(제1장)과 일치한다. 성인은 보통 떨어진 물건에 손을 뻗어 도움이 필요하다는 신호를 보내거나, 도움이 필요하다고 말하는 신호를 보낸다(**자, 봐 봐, 저 사람이 무언가를 떨어뜨렸어. 도와줄 수 있니?**)(Brownell et al., 2016).

에이든은 다음과 같이 회상하였다. "내가 어렸을 때부터 우리 부모님은 나에게 하기 싫은 일과 밀린 집안일을 하도록 했어. 나는 어렸을 때 고양이 먹이를 챙겨 줘야 했고, 더 성장한 후에는 쓰레기 버리는 일과 잡초 뽑는 일을 했어. 이 일들을 언제나 좋아한 것은 아니지만, 책임감을 배웠기 때문에 나는 이 경험이 장기적으로는 좋았다고 생각해."

인지사회학습이론(Bandura, 2006)에서 본 것처럼, 아동은 친사회적 모델을 관찰하고 따라하며 친사회적 개념과 행동을 습득한다. 실험 연구에서, 타인과 자원을 공유하거나 자신의 자원을 기부하는 사람을 본 아동은 같은 행동을 더 많이 하는 경향이 있었다(Hart & Fegley, 1995). 따뜻하고, 지지적이며, 긍정적으로 아동에게 대하는 부모 모델을 둔 아동은 보다 친사회적이고 이타적이다(Eisenberg et al., 2015). 공동체에서 친사회적으로 행동하는 부모 역시 아동의 친사회적 행동에 기여한다. 한 예시로 부모가 자원봉사에 참여할 때, 자녀는 환경적 이유로 노숙자 보호소에서 일하는 것과 같이 부모와 같은 종류의 자원봉사에 참여하게 된다(McLellan & Youniss, 2003). Carolyn Zahn-Waxler와 동료들은 어머니에게 18개월 아동을 9개월 동안 관찰하며 고통에 대한 아동의 반응을 녹음하도록 하였다(Zahn-Waxler et al., 1979). 연구자들은 일정 시간마다 어머니가 고통을 느끼는 것처럼 행동하도록 요청하였다. 예를 들어, 어머니는 슬픈 것처럼 연기해야만 했고(잠시 흐느껴 우는 척), 고통을 경험하는 것처럼 보이거나(머리를 부딪치고는 '아오'라고 말하는 것), 혹은 호흡이 고통스러운 것처럼(기침 및 숨 막히는 시늉) 해야만 했다. 대부분의 아동은 전체 시간의 ⅓ 정도 고통에 대하여 친사회적 방식으로 반응하였다. 그러나 이때 아동 간의 확연한 개인차가 존재하였다. 어떤 아동은 거의 대부분의 고통 상황에 반응한 반면(전체 시간의 60~70%), 다른 아동은 전혀 하지 않았다. 만약 어머니가 아동이 자기 행동의 결과에 대하여 주의를 기울이도록 가르쳐 왔다면, 아동은 더 많이 도움을 주는 방식으로 반응하는 경향이 있었다. 이 어머니들은 "탐이 울고 있는데, 이는 네가 그를 밀었기 때문이야." 혹은 심지어 보다 강력한 표현으로 "네가 나를 상처입히면, 나는 너를 가까이 하고 싶지 않아."라는 식으로 말하였을 것이다.

이러한 발견과 유사하게 어머니가 또래의 고통에 대하여 정서적 방식을 강조한 아동의 경우 더욱 공감적으로 반응하는 경향이 있었다(Denham et al., 1994). 반대로 어머니가 물리적 제재(아동을 격리시키거나, 피해자로부터 멀리 떨어지게 하는 것), 물리적 처벌(좋은 사람이 되라고 때리는 것), 설명 없는 통제("그만해!") 혹은 분노 설명("지금까지 너한테 이렇게 하지 말라고 경고했어. 너는 좋은 사람이 아니야.")을 사용하는 일은 친사회적 행동 발달을 방해하는 경향이 있었다.

부모가 아동의 친사회적 행동을 촉진할 수 있는 다른 방법은 정서에 민감하게 반응하는 것이다. 부모가 타인이 경험하는 불공정함에 대하여 민감성을 보일 때(Cowell & Decety, 2015), 아동이 정서를 표현하도록 촉진시킬 때(긍정적이든, 부정적이든), 아동의 정서적 고통을 처벌하기보다 잘 견뎌 줄 때(Strayer & Roberts, 2004), 부모가 자녀의 불안과 당황스러움의 원인을 찾고자 노력할 때(Eisenberg et al., 1993), 그리고 부모가 자신이 경험하는 슬픈 감정에 대하여 자녀에게 설명할 때 자녀는 더욱 친사회적으로 행동한다(Denham et al., 2007).

또한 부모는 가정 외에서 도움의 기회를 제공하여 아동의 친사회적 행동을 촉진시킬 수 있다(Lam, 2012). 자원봉사에 참여할 기회를 가진 아동은 보다 친사회적 태도와 행동을 발달시킨다(Metz et al., 2003). 그리고 현 세대가 이전 세대에 비하여 보다 자기중심적이라는 염려에도 불구하고(Konrath, 2010; Twenge, 2006), 12개 대학에서 이루어진 조사는 밀레니얼 세대가 실제로는 자신의 부모보다 공동체 활동에 더 많이 관여되어 있다는 사실을 보여 주었다(Kiesa et al., 2007). 캐나다의 경우 2007년 15세 이상 인구의 46%가 자원봉사에 참여하였으며, 캐나다 젊은이들 가운데 가장 높은 자원봉사 비율을 보여 주었다(Statistics Canada, 2009). 미국 대학생들의 자원봉사 역시 높은 기록에 도달하였다. 공동체 활동에 의도적으로 참여한 비율은 30.8%였다(Pryor et al., 2010).

> 엠마의 부모는 다음과 같이 회상하였다. "엠마가 자라는 과정에서 우리는 해변을 청소하거나, 초등학교에서 어린 학생들이 읽기를 배울 수 있도록 돕는 것과 같은 공동체 자원봉사에 많이 참여했어요. 우리는 이런 활동이 엠마에게 좋은 예시가 될 것이며, 엠마가 이를 따르도록 하는 일이 중요하다고 느꼈죠. 십대인 엠마는 우리가 보여 준 선례를 따랐고, 자기 친구들과 함께 아프리카 고아들을 돕는 프로젝트를 시작했어요."

부모는 정기적인 종교 활동을 통해 조금 더 나이가 많은 아동과 청소년의 친사회적 행동을 증진시킬 수 있다(Bartkowski et al., 2008; Saroglou, 2013). 특히 부모 모두가 교회에 출석할 때 이는 아동이 교회에 가는 것을 장려할 뿐 아니라(Regnerus et al., 2004), 교회에 가는 아동과 부모는 공동체에서 보다 친사회적이었다(Van Cappellen et al., 2016).

또래와 친구 역시 아동의 친사회적 행동에 영향을 준다. 일반적으로, '유유상종(類類相從)'이라는 표현처럼, 아동은 자신과 비슷한 사람들과 어울린다. 매우 친사회적이지 않은 아동은 친절한 영혼이 없는 또래와 시간을 보낸다. 매우 친사회적인 아동은 친절하고 협력적인 또래와 어울린다. 이러한 '친사회적 분리(prosocial seregation)'의 결과, 관대하지 않거나, 도움을 주지 않는 아동은 친사회적 실제를 배울 기회를 적게 가지게 된다.

그러나 만약 기회가 주어진다면 또래는 친사회적 행동 모델이 될 수 있다. 학령전기 아동을 대상으로 한 연구에서 학기 초에 친사회적 또래에게 노출된 아동은 학기 말에 친사회적 또래 상호작용에 더욱 관여하는 모습을 보였다(Fabes et al., 2002). 게다가 친사회적 행동은 종종 상호적이다. 자신의 또래들에게 보다 친사회적이었던 아동은 일 년 후 또래로부터 더 많은 친사회적 행동을 받았다(Persson, 2005). 우정 역시 선택이다. 자기 자신보다 더욱 친사회적으로 평가받은 친구를 둔 아동은 2년 후 타인에게 더 많은 도움을 주며 사려 깊다고 평가받은 반면, 덜 친사회적으로 평정된 아동을 친구로 둔 아동은 친사회적 행동이 줄어들었다(Wentzel et al., 2004). 자신의 가까운 친구가 더욱 친사회적인 청소년들은 자신의 친사회적 목표와 행동을 1년에 걸쳐 증가시켰고, 이는 그들의 관계가 아주 긍정적이고, 빈번하게 상호작용하는 경우에 특히 그러하였다(Barry & Wentzel, 2006). 끝으로, 청소년의 연령이 증가하면서 친구는 청소년이 타인을 돕거나 돕지 않는 것을 결정하는 데 부모보다 더욱 중요하였다(van Goethem et al., 2014).

교사 역시 아동의 친사회적 행동에 영향을 줄 수 있다(Jennings & Greenberg, 2009). 전학교적 폭력-예방 노력(peacebuilders program)의 일환으로 아동의 친사회적 행동을 촉진하고 보상을 제공하도록 초등학교 선생님들을 훈련시킨 결과, 1년 후 학생들은 자신의 친사회적 행동을 더욱 높게 보고했다(Flannery et al., 2003). 그리고 아주 단순한 개입이지만 중학교 선생님들이 7학년 학생들에게 자신에게 가장 중요한 세 가지 가치를 생각하고 이를 글로 적게 하는 방법은 이후 몇 달 동안 학생들의 친사회적 정서와 행동을 증가시켰다(Thomaes et al., 2012).

텔레비전은 친사회적 학습을 위한 또 다른 수단이다(Calvert, 2015). 제8장 '학교, 멘토 그리고 미디어'에서 지적한 것처럼, 타인의 정서를 이해하고, 연민을 표현하고, 도움을 주는 것에 초점을 둔 프로그램을 볼 때 아동은 친사회적 행동에 대한 일반적 규칙을 학습하고, 이를 또래와 상호작용할 때 적용한다. 이는 부모가 자녀들과 함께 프로그램을 보고, 이타적 행동을 촉진할 때 특히 그렇다(Mares & Woodward, 2001). 친사회적 매체 이미지와 아동의 친사회적 행동 간의 관계는 다양한 문화권에서 증명되었다(호주, 중국, 크로아티아, 독일, 일본, 루마니아, 미국)(Prot et al., 2013).

끝으로 애완동물 역시 아동에게 친사회적 행동을 배울 수 있는 기회를 제공한다. 집에 강아지나 고양이가 있는 어린 아동은 친사회적 행동 및 공감 측정 시 높은 점수를 받았으며, 특히 아동이 애완동물과 유대를 형성했을 때 더욱 그러하였다(Toeplitz et al., 1995; Zhou et al., 2010). 심지어 한 연구에서는 가상의 동물을 온라인에서 3주간 돌보는 게임을 한 경우, 아동의 공감과 친사회적 태도가 향상되었다(Tsai & Kaufman, 2010)!

**문화적 영향** 어떤 문화권에서는 아동이 자신의 형제를 돌보고 집안일을 하는 데 주요한 책임을 가진다. 비서구권 나라의 시골 지역에서 사회적 상호작용과 친사회적 행동은 공동체의 이익을 목적으로 하는 대인관계에 기반한 책임감에 의해 나타나는 반면, 서구 사회에서 친사회적 행동은 개인적 선택의 강조에 의해 나타나게 된다(Koster et al., 2015). 멕시코, 일본, 인도 그리고 케냐의 문화 간 연구에서, 공동체에서 필요로 하는 일을 더 많이 수행하고, 자신의 어린 형제, 자매, 사촌을 돌보는 데 더 많은 시간을 소비한 아동은 더욱 이타적이었다(Whiting & Edwards, 1988). 이와 유사한 결과가 폴리네시아의 아이투타키(Aitutaki), 아리조나의 파파고(Papago) 인디안 부족, 아마존의 전통 평등 공동체인 마치겐카(Matsigenka), 그리고 많은 아시안 문화 등 공동의 가치를 강조하는 문화 내에서도 발견되었다(Chen, 2000; Eisenberg et al., 2006; Zaff et al., 2003). 친사회성과 협력적 가치를 강조하는 이스라엘 키부츠(Israeli kibbutzim) 공동체에서 성장한 아동은 도시에서 성장한 그들의 또래에 비하여 더욱 친사회적이었으며(Aviezer et al., 1994), 멕시코계-미국 아동들은 그들이 성장하여 미국의 규준에 동화될 때까지 유럽계 미국 아동에 비하여 더욱 친사회적이었다(de Guzman & Carlo, 2004). 라틴계 청소년들 중 자신의 라틴 뿌리를 추구하는 청소년들은 그렇지 않은 청소년에 비하여 더욱 친사회적이었다(Davis et al., 2015).

**공감 그리고 관점 취하기** 친사회적 행동에 기여하는 마지막 두 가지 중요한 요인은 공감과 관점 취하기(Eisenberg et al., 2015; M. L. Hoffman, 2000)이다. 2세경, 아동은 타인의 정서적 상태에 공감하는 능력을 가진다. 타인의 고통 표현은 그것을 목격하는 아동이 유사한 정서를 느끼게 한다. 이러한 공감적 능력은 타인의 고통을 완화할 뿐 아니라, 때로는 자신의 정서적 당혹감 역시 감소시키는 친사회적 행위에 관여하도록 아동을 동기화시킨다.

타인이 긍정 정서를 느끼게 하는 친사회적 행위의 결과는 이를 도운 아동 역시 유사한 긍정 정서를 대리로 느끼도록 한다. 한 연구에서 아동은 각기 다른 세 개의 상황에 놓인 성인을 도울 수 있는 기회를 제공받았다(Svetlova et al., 2010). 하나는 단순한 도구적 도움을 필요로 하는 상황이었다. 예를 들어, 실험자는 빨랫줄에 옷을 걸고 있었고, 닿을 수 없는 곳에 집게를 떨어뜨렸다. 아동의 친사회적 행동은 집게를 성인에게 건네 주는 것이었다. 두 번째 상황은 공감을 요구했다. 예를 들어, 실험자는 머리빗을 아동 근처에 있는 쟁반에 놓은 후 이를 방에 놓고 나갔다. 그 후 또 다른 실험자가 엉킨 머리를 보면서 방에 들어와 쟁반이 손에 닿지 않는 바닥에 앉더니, 헝클어진 머리를 풀려고 애쓰는 행동을 하면서 신음과 한숨으로 좌절과 괴로움을 보여 주었다. 아동의 친사회적 행동은 머리빗을 성인에게 주는 것이었다. 세 번째 상황은 이타성을 요구했다. 과제는 두 번째 상황과 같았으나, 아동의 목표를 실험에 포함하였다. 18개월 및 30개월 아동 모두 즉각적으로 도구적 과제에서 실험자를 도왔다. 그러나 18개월 아동은 도구적 도움보다 공감적 도움을 더욱 어려워했으며, 실험자의 욕구를 알기 위해 더 많은 상호작용을 필요로 하였다. 이타적 행동은 두 연령집단 모두에게 가장 어려웠다.

이러한 발견들은 친사회적 행동이 생애 2년에 걸쳐 행동, 타인의 정서에 대한 이해, 그리고 공감적 감정에 대한 명시적인 의사소통에서 발달한다는 것을 시사한다(Svetlova et al., 2010). 연구자들은 더 공감적인 아동이 더 친사회적이라는 사실 또한 발견하였다(Eisenberg et al., 2015). 심지어 공감이 실험실 상황에서 유발되었을 때(즉, 강아지를 잃어버린 아동에 대해 듣기)에도 아동은 보다 친사회적 방식으로 행동한다(Williams et al., 2014). 공감과 친사회적 행동의 관계는 이탈리아, 일본, 터키, 미국 등 다양한 문화권에서 발견되었다(Asakawa & Matsuoka, 1987; Bandura et al., 2003; Kumru & Edwards, 2003; Vitaglione & Barnett, 2003). 개인주의보다 집단주의 문화권에서 일반적으로 공감과 친사회적 행동이 높았다(Chopik et al., 2016).

연구자들은 또한 친사회적 행동과 관점 취하기 능력 간의 관계를 발견하였다(Eisenberg et al., 2015; Farrant et al., 2012; Knafo et al., 2011; Strayer & Roberts, 2004). 타인의 관점을 취할 수 있는 아동은 그렇지 않은 아동에 비하여 더욱 친사회적이었다. 그리고 관점 취하기 능력은 향상될 수 있었다. 보다 나은 관점 취하기 능력을 갖도록 훈련받은 학령전기 아동은 더 많은 친사회적 행동을 보인다(Cigala et al., 2015). 그러나 관점 취하기 능력은 아동이 친사회적으로 행동하고자 하는 동기 또는 사회적 주장의 필요성을 느끼지 않을 경우에는 그 자체로 친사회적 행동을 이끌기에 충분치 않을 것이다. 몇몇 연구자는 관점 취하기 능력에 더하여 사회적으로 주장적이거나 타인에게 공감적인 아동의 경우, 관점 취하기 능력만 좋은 아동보다 더욱 친사회적이라는 것을 발견하였다. 예를 들어, 한 연구에서 화재로 모든 것을 잃은 아동에게 거의 모든 돈을 기부한 아동은 좋은 관점 취하기 능력을 갖추고 있었으며, 나아가 공감적이었고, 돈의 가치를 이해하였다(Knight et al., 1994). 또 다른 연구에서 범죄 청소년 중 보다 친사회적이었던 청소년들은 피해자의 상황 및 감정을 알아내고, 관점을 이해하고, 염려할 수 있었다(Stams et al., 2008).

종합하면, 친사회적 행동은 다양한 요인에 의해 결정된다고 이해하는 것이 최선이다. 신경학적 · 유전적 요소를 포함하는 다양한 생물학적 영향력, 그리고 가족, 또래, 문화를 포함하는 모든 환경적 영향력은 아동의 친사회적 행동의 다양성을 이해하는 데 반드시 고려되어야 한다.

## 요약

### 도덕발달의 구성요소

- 도덕발달의 세 가지 측면은 인지, 행동, 정서이다.

### 도덕 판단

- Piaget와 Kohlberg는 아동의 인지 능력의 향상에 따라 진보하는 단계를 도덕발달이론에 포함, 제안하였다.
- Piaget의 전도덕 단계에서, 어린 아동은 규칙에 대한 고려가 충분치 않다. 도덕적 현실주의 단계에서 아동은 옳고 그름을 즉각적인 정의와 객관적인 결과에 기반하여 판단하고, 규칙이 변화할 수 없다고 여기며, 규칙에 대해서 의문을 가질 수 없다고 생각한다. 도덕적 상호주의 단계에서 아동은 사회 규칙의 변화 가능성과 의도에 대해 인식한다.
- Piaget는 아동의 능력을 과소평가하였다. Piaget가 사용한 것보다 덜 복잡한 방식으로 과제가 제시될 경우 어린 아동도 의도와 결과를 구분할 수 있다.
- Kohlberg의 전인습적 수준 발달에서 도덕 판단은 처벌을 피하고자 하는 욕구에 기반하거나(단계 1), 보상(단계 2)에 기반한다. 인습적 수준에서 도덕 판단은 인정을 얻

기 위하여 규칙에 순응하거나(단계 3), 사회 규칙에 일치하는 방식에 바탕을 둔다(단계 4). 후인습적 수준에서 도덕 판단은 인간 권리에 대한 사회의 합의에 기반하거나(단계 5), 추상적인 정의 원칙에 기초한다(단계 6). 도덕 판단 발달은 성인기까지 지속되나, 소수의 사람만이 후인습적 단계에 도달한다.

- Kohlberg 이론이 비판받는 이유는 문화적 · 역사적 환경을 무시하였기 때문이다. 이 이론은 대인 간 돌봄과 시민 권리를 포함하는 방식으로 확장되었다.
- Turiel의 사회영역이론은 도덕 추론이 사회적 지식의 여러 영역 중 하나라고 제안한다. 다른 영역으로는 사회적 관습(예: 식사 예절에 대한 지식)과 심리적 영역(개인적 선호, 타산적 염려, 그리고 자신과 타인에 대한 지식)이 포함된다. 아동은 이러한 영역 간의 구분을 상당히 어린 시기부터 배운다. 아동은 도덕적 규칙이 다른 영역을 위반하는 것보다 더욱 나쁘다고 판단하는데, 도덕 영역의 위반은 타인을 해치거나, 정의와 공정성의 기준을 해치는 결과를 가져오기 때문이다.
- 도덕 추론은 종종 다양한 영역을 포함한다. 도덕적 염려는 일반적으로 사회-관습적 사안 및 개인적 사안을 넘어 보다 우선권을 가진다.

## 도덕 행동

- 도덕 행동은 더 나이 든 아동의 도덕 판단과 관련되는 경향이 있으며, 또한 특정 사안을 사회 관습적이거나 개인적인 것보다 도덕적인 것으로 보는 관점과 연관되어 있다.
- 자기-조절은 외부의 통제 없이도 사회적, 도덕적 규칙에 일치하는 방식으로 행동하고 충동을 억제하는 능력이다.
- 자기-조절의 발달은 긍정적이고 반응적인 어머니-아동 관계에서 발달하며, 능동적 억제 및 의도적 통제(effortful control)를 특징으로 하는 기질에 의해 뒷받침된다.
- 아동의 도덕적 혹은 비도덕적 행동은 시간과 상황에 높은 수준의 일관성이 있다. 그러나 자신의 위반 행동이 들킬 것이라는 두려움, 이탈 행동에 대한 또래 지지, 그리고 아동 행동 결과의 중요성은 아동이 속임수, 거짓말, 혹은 절도에 관여하는 데 영향을 준다.

## 도덕적 정서

- 후회, 수치심, 죄책감 등의 정서는 도덕적 위반에 관여하거나 이를 예견하였을 때

빈번하게 나타나는 반응이다.

- 여아 및 두려움이 높은 기질을 가진 아동은 보다 도덕 정서를 더 많이 경험하는 경향이 있다.
- 부모는 온정적이고 지지적인 분위기를 가정에서 제공하고, 아동이 규칙을 위반하였을 때는 정서에 기반한 설명을 제공하여 아동의 도덕 정서발달을 촉진한다.
- 도덕적 정서는 3~4세에 시작되는 도덕 행동과 연관된다.
- 도덕발달의 인지적, 행동적, 정서적 측면은 동시에 발생하며, 상호작용하고, 심지어 어떤 경우에는 충돌한다. 딜레마를 개인적, 관습적, 혹은 도덕적인 것 중 어떤 것으로 정의하는지는(인지적 과정) 아동이 어떻게 행동하고(행동) 느낄지에 영향을 준다(정서).

### 친사회적 그리고 이타적 행동

- 돕기, 나눔, 공감은 2세경 등장한다. 이타적 행동은 더 늦은 시기에 발달한다.
- 친사회적 행동의 개인차는 시간의 흐름에도 상대적으로 안정적이다.
- 아동의 친사회적 추론은 내면화된 가치와 규준에 기반하여 여러 단계를 거쳐 발달한다.
- 여아는 남아보다 친절하고 더 많은 염려를 보이는 경향이 있다.
- 돕기와 나눔이 유인원에게서 나타난다는 사실은 인간이 친사회적 행동에 진화적으로 준비되어 있다는 것을 제안한다. 유전적 요인들은 친사회적 행동의 개인차에 영향을 준다.
- 부모, 또래, 텔레비전, 애완동물, 문화는 모두 아동이 친사회적으로 행동할 가능성에 영향을 준다.
- 공감과 관점 취하기는 아동의 친사회적 행동 및 이타적 행동 능력에 기여한다.

## 핵심 용어

- 공감적 추론
- 내면화
- 내면화된 추론
- 내재적 정의
- 도덕률
- 도덕적 상호주의
- 도덕적 현실주의
- 만족 지연
- 사회-관습적 영역
- 심리적 영역
- 양심
- 연민
- 욕구-기반 추론
- 이타적 행동
- 인습적 수준
- 자기-조절
- 전도덕 단계
- 전인습적 수준
- 친사회적 추론
- 친사회적 행동
- 쾌락적 추론
- 후인습적 수준

제11장

# 공격성

## 언어적 모욕과 신체적 상해

제이슨은 유치원 운동장에서 그네를 타고 싶어서, 타고 있는 탐을 밀쳤다. 신디는 하나에 대한 루머를 퍼뜨렸고, 그 결과 하나는 중학교에서 항상 같이 점심을 먹는 그룹으로부터 제외되었다. 14세가 된 모스는 워싱턴에 있는 학교에 장총과 두 개의 권총을 들고 들어가 총을 쏘았고, 그 결과 교사와 두 학생이 죽었다. 이러한 세 예시는 아동의 공격성을 잘 보여 준다. 제11장에서는 이와 같은 공격성의 여러 형태와 원인을 살펴보고 공격성을 줄일 수 있는 방법에 대해 알아보고자 한다.

Erich Auerbach/Hulton Archive/Getty Images, Inc.

공격성은 다른 사람을 귀찮게 하는 것에서부터 상해를 입히는 등의 여러 가지 형태로 나타난다. 이처럼 다양한 형태의 행동의 근원적 이유가 되는 것은 무엇일까? 공격성의 정의를 살펴보면 타인에게 고통이나 상해를 입힘으로써 피해를 주려는 의도나 행동을 의미한다. 여기에서 의도에 초점을 맞추어 생각해 볼 필요가 있다. 공격성에서의 의도는 의사들이 타인의 건강을 보호하거나 유지시키기 위해 신체적인 고통을 야기하는 것과는 구분이 된다. 물론, 공격성의 정의에 의도를 포함하는 것은 모든 행동이 의도적이었는지 사고였는지 알기 힘들기 때문에 공격성을 살펴보는 데 어려움을 야기할 수 있다. 따라서 대안적인 정의는 공격행동의 형태(물기, 차기, 때리기 등)에 초점을 맞춘다. 윤리학자인 Konrad Lorenz와 Nikolas Tinbergen은 동물의 행동을 살펴보는 데 있어 이와 같은 대안적인 정의를 바탕으로 공격성을 설명하였다. 그러나 이를 사람에게 그대로 적용하는 것은 무리가 있다. 때로는 어깨를 툭툭 치는 행위가 그저 반가운 친구 간의 행동으로 간주될 수도 있기 때문이다. 공격성을 살펴보는 또 다른 접근은 행동의 결과에 초점을 맞추는 것이다. 만약 타인이 상해를 입었다면 행동을 한 사람의 의도가 어떠했든 그 행동은 공격행동으로 간주될 수 있을 것이다. 물론 이러한 접근도 사고에 의한 상해를 포함하게 되기 때문에 문제가 있다. 따라서 공격성을 살펴보는 가장 바람직한 접근은 공격을 행한 사람, 피해자, 그리고 그 맥락을 같이 살펴보는 것이다. 공격을 행한 사람이 피해를 입히려는 의도를 가졌고, 피해자가 상해를 입었다고 생각하며, 맥락의 규준을 바탕으로 평가할 때 공격적인 행동이라고 판단된다면 그 행동은 공격행동이라고 간주될 수 있을 것이다. 범죄자의 행위가 그 지역의 판례를 바탕으로 평가되듯이, 사람들은 공격행동을 판단하는 데 그 맥락의 표준을 적용한다(Dodge, Coie, et al., 2006). 행동이 공격적인지 판단하기 위해 여러 요인을 고려하는 것은 중요하다. 왜냐하면 우리가 행동을 어떻게 정의 내리느냐에 따라 그 대응이 달라질 수 있기 때문이다.

## 공격성의 형태

공격성은 여러 가지 형태로 구분될 수 있다. 첫째, 공격행동의 기능이 반응적이거나 주도적일 수 있다. 뚜렷한 목표를 얻기 위해 하는 행동은 **주도적 공격성(proactive aggression)**이다. 예를 들어, 아이는 장난감을 얻기 위해 다른 아이를 때리거나 밀칠 수 있다. 좀 더 나이가 많은 아동은 사회적인 힘을 가지기 위해 특정 아이를 괴롭힐 수 있다. 이러한 형태의 공격성은 특정 목표를 얻기 위해 수단적으로 사용되는 것이므로 도구적 공격성이라고 일컬어지기도 한다. **반응적 공격성(reactive aggression)**은 위협, 공격, 좌절에 대한 반응으로 나타나는 행동이다. 예를 들어, 아동은 타인이 자신에게 모욕을 주거나 놀릴 때 그 아이를 때릴 수 있다. 이러한 공격행동은 주로 화나 적대감이 생길 때 일어나기 때문에 적대적 공격성이라고 일컬어지며, 주로 충동에 의해 행해진다.

둘째, 공격행동은 여러 형태를 띤다. **신체적 공격성(physical aggression)**은 치기, 밀치기, 총을 쏘기 등, 다른 사람의 신체에 해를 가하는 행동을 의미한다. **언어적 공격성(verbal aggression)**은 소리 지르기, 모욕 주기, 창피 주기, 말다툼하기, 놀리기 등으로 타인에게 언어를 통해 상처를 주는 행동이다. **관계적 공격성(relational aggression)**은 사회적인 그룹에서 타인을 제외시키는 행동을 의미하며, 의도적으로 타인의 인간관계를 조종하거나, 타인의 지위에 해를 가하는 행동을 의미한다(Crick & Grotpeter, 1995; Underwood,

Galen, et al., 2001). **사회적 공격성**(social aggression)은 관계적 공격성과 비슷한 행동을 포함하지만, 눈 굴리기와 혀를 내밀기를 포함한 언어적이지 않은 행동들을 포함한다(Coyne et al., 2011; Underwood, 2004). 이러한 각각의 공격성은 직접적 혹은 간접적으로 표현될 수 있다. **직접적 공격성**(direct aggression)은 타인을 향해 직접적인 공격을 하는 것을 의미한다. **간접적 공격성**(indirect aggression)은 가해자가 직접 나서지 않은 채로, 타인의 물건을 파괴함으로써 고통을 가하거나, 다른 사람을 이용하여 공격을 하거나, 루머를 퍼뜨려 타인의 사회적 지위에 해를 가하는 행동을 말한다(〈표 11-1〉 참조). 물론 이와 같은 다양한 형태의 공격성을 구분할 수 있기는 하지만, 공격적인 아동은 이와 같은 모든 행동을 모두 보이는 것으로 나타난다. 아동의 간접적 공격성과 직접적 공격성은 98의 연구를 메타분석한 결과 상관이 .76 정도로 높게 나타나는 편이다(Card et al., 2008).

공격성은 적응적일 수도 부적응적일 수도 있다. 대부분 부정적인 측면에 많이 초점을 맞추지만, 윤리학자와 진화론자들은 공격성이 보호의 역할을 하거나, 살아남게 하거나 발달적인 이점을 가짐으로써 적응적인 측면을 가지고 있다고 말한다(Bjorklund & Hawley, 2014; Hawley, 2003a; Hawley et al., 2003). 아동 초기에는, 아동은 서로 공격적인 행동을 보이면서 아동이 다툼을 해결하는 방법을 알게 되고, 인지적 발달을 촉진하게 된다. 아동 중기에는, 공격성은 또래에게 관심을 얻고 터프함을 보이며 매력을 발산하는 용도로 사용되기도 한다(Rodkin et al., 2000).

청소년기에는 공격적인 힘을 보이는 것은 그룹의 멤버가 되거나 그룹의 리더가 되는 데 있어 매우 중요하게 여겨진다(Prinstein & Cillessen, 2003; Thornberry et al., 2003). 물론, 이와 같은 적응적인 측면들뿐 아니라 비적응적인 측면도 존재한다. 높은 또래 지위를 얻는 것은 문제행동으로 이어지기도 하고, 성인기에 법을 저촉하는 행위로 연결되기도 한다.

〈표 11-1〉 직접적 및 간접적 공격성의 예

| 형태 | 직접적 | 간접적 |
|---|---|---|
| 신체적 공격성 | 밀치기, 때리기, 차기 | 개인의 물건을 부수기, 다른 사람을 이용하여 타인을 해하기 |
| 언어적 공격성 | 모욕을 주기, 놀리기, 별명 부르기 | 루머 퍼뜨리기, 뒤에서 욕하기 |
| 관계적 공격성 | 따돌리기, 위협하기 | 루머나 거짓말 퍼뜨리기, 타인의 비밀을 노출하기, 타인을 무시하거나 배신하기 |

출처: Dodge, Coie, et al., 2006; Eisner & Malti, 2015; Hay, 2017; Ostrov & Crick, 2007; Underwood, Galen, et al., 2001.

요약하면, 공격성은 형태, 기능, 적응적인 측면에서 다면적인 요소를 가지고 있다. 이 장에서는 다양한 형태의 공격성이 발달에 따라 어떠한 변화를 겪게 되는지 살펴보고, 그 원인과 결과를 알아보며, 아동과 청소년의 공격성을 줄이기 위한 방법을 논의해 보고자 한다.

## 공격성의 패턴

이 절에서는 나이, 성별, 안정성과 관련한 공격성의 패턴에 대해 살펴보고자 한다.

### 공격성의 발달적인 변화

나이에 따라 공격성은 빈도, 형태, 기능에 있어 큰 차이를 보인다(Eisner & Malti, 2015; 〈표 11-2〉 참조). 영아기 시절, 공격성은 아이가 1세의 끝 무렵에 장난감을 뺏으려고 하는 행동을 통해 나타나기 시작한다. 따라서 이 시절의 공격성은 주도적 공격성으로 이해될 수 있다(Caplan et al., 1991; Hay, 2017). 어린 시절의 공격성은 신체적이고 직접적이며, 언어적이거나 간접적인 특성을 보이지 않는다. 발달함에 따라 소유물에 대한 다툼은 지속되고, 신체적 공격성은 빈도도 높아진다. 한 연구에서, 21개월 아이의 또래 다툼 중 87%가 신체적 싸움이라고 보고되었고(Hay & Ross, 1982), 나이가 들면서 이러한 다툼은 줄어드는 것으로 나타났다(Hay et al., 2011; Hay, 2017).

〈표 11-2〉 공격성의 발달

| | |
|---|---|
| 영아기:<br>0~2세 | • 영아는 화와 분노를 표현한다.<br>• 공격성(밀치기)의 초기 표현이 나타난다.<br>• 예민함 등의 차이가 후기의 공격성을 예측한다. |
| 유아기:<br>2~6세 | • 주도적이고 도구적인 공격성이 나타난다.<br>• 언어적 공격성이 증가한다.<br>• 남아가 여아에 비해 신체적 공격성을 많이 보인다.<br>• 관계적 공격성이 나타나기 시작한다. |

| | |
|---|---|
| 아동기: 6~10세 | • 반응적/적대적 공격성이 나타난다.<br>• 주도적 공격성이 줄어든다.<br>• 남아는 신체적 공격성과 관계적 공격성을 모두 사용한다.<br>• 여아는 관계적 공격성을 많이 사용한다.<br>• 관계적 공격성이 보다 발달된 형태를 보인다.<br>• 신체적 공격성이 줄어든다.<br>• 공격적인 아동은 학교에서 적응을 잘하지 못하고 또래로부터 배척된다.<br>• 부모의 감독이 나중의 문제행동을 예방하기 위해 중요해진다. |
| 청소년기 | • 공격적인 청소년은 비슷한 또래와 관계를 맺는다.<br>• 관계적 공격성이 계속된다.<br>• 폭력적 공격행동이 일부 청소년 사이에 증가한다.<br>• 폭력적 행동은 여아보다 남아에게서 보다 많이 나타난다.<br>• 호르몬 변화가 남아 사이에서의 반응적 공격성에 영향을 미친다.<br>• 호르몬 레벨의 개인차가 공격성에 중요한 영향을 미친다. |

출처: Coie & Dodge, 1998; Dodge, Coie, et al., 2006; Eisner & Malti, 2015; Ostrov & Crick, 2007; Underwood, 2004.

유아기 시절, 주도적 공격성은 반응적 또는 적대적 공격성보다 더 자주 나타나지만, 반응적 공격성도 차츰 나타나기 시작한다(Ostrove & Crick, 2007). 언어적 공격성도 시작되고 증가하는 특성을 보인다(Caplan et al., 1991). 짜증을 내고, 형제자매와 다투는 등의 공격적인 행동들은 2~3세에 정점에 다다르고 그 이후에 줄어들게 된다(Dodget, Coie, et al., 2006; Tremblay et al., 2005). 또한 신체적 공격성도 줄어들게 된다. NICHD 연구자들은 유아기 시절 신체적 공격성이 뚜렷하게 감소하고 있다고 보고했다. 엄마들은 그의 자녀들이 2~3세경에는 70% 정도가 타인을 발로 차고, 밀고, 때리는 행동을 보였으나, 4~5세경에 이르러서는 20% 정도만 그러한 행동을 보였다고 보고했다(NICHD Early Child Care Research Network, 2004a, b). 아동이 자신의 행동을 조절하고 통제하는 능력이 증가하고, 만족지연을 하는 능력이 발달하는 것은 공격성이 줄어드는 것과 관련이 있다. 자신이 원하는 물건으로부터 주의를 분산시키려는 전략을 습득함으로써 장난감을 가지기 위해 또래를 때리는 행동은 줄어들게 된다. 아동이 화가 나는 자극으로부터 주의를 분산시키는 능력을 습득하게 되는 것은 화를 더 잘 조절하고 공격성을 덜 나타내게 만든다(Gilliom et al., 2002).

신체적 공격성이 감소하는 것은 초등학교 시절에서 계속된다. NICHD 연구에 의하면 오직 14% 정도의 아동만이 초등학교 1학년 때 신체적 공격성을 보였고, 12%의 아동이 초등학교 3학년 때 신체적 공격성을 보인 것으로 나타났다(NICHD Early Child Care Research Network, 2004a, b). 이 시기의 아동은 공격적인 기술을 사용하지 않고도 자신의 목적을 달성할 수 있었다. 이 시기의 아동은 전두엽의 발달로 자기-통제 및 집행기능이 향상됨에 따라서 목표를 세우고, 목표를 위한 행동 계획을 세우며, 목표를 달성하기까지 과정을 잘 체크할 수 있었다(Barkley et al., 2002; Bjorklund, 2011). 이러한 이유로, 이 시기의 공격성은 주로 주도적 공격성에서 반응적 공격성으로 바뀌게 된다. 장난감을 얻기 위해 공격성을 사용하기보다는, 위협을 느끼거나 개인적인 모욕을 당했을 때 공격적인 행동을 보이게 된다. 아동들은 또래가 자신에게 피해를 주거나 기분 나쁘게 하기 위해 의도적으로 행동하는 것을 알아채고, 그러한 행동에 보복을 하는 모습을 보인다(Gifford-Smith & Rabiner, 2004). 모욕적인 언사를 하거나, 별명을 부르는 등의 직접적인 언어적 공격성과 루머를 퍼뜨리거나 뒤에서 욕하기 등의 간접적인 언어적 공격성이 주를 이루게 된다. 특정 아동과 놀지 못하게 하거나 따돌림을 시키는 관계적 공격성도 좀 더 자주 나타나게 된다(Coyne et al., 2011; Underwood, 2003).

청소년기에는 신체적 공격성은 더 줄어들게 된다(Cleverley et al., 2012). 언어적으로 모욕을 주거나 조롱하는 행동이 지속되고, 떼거리를 형성하거나 연합을 형성하면서 보다 발달된 형태의 관계적 공격성을 보이게 된다(Coyne et al., 2011). 소수의 청소년에게는 매우 심각한 형태의 공격적인 행동이 증가하기도 하는데, 이는 청소년의 전두엽 발달이 아직 충분히 발달하지 않아서 나타나는 현상이기도 하다(Steinberg, 2007). 강도, 강간 등의 심각한 폭력 행동에 연루되는 개인은 청소년 전기에는 거의 없다가 16세경에 이르면 5%로 증가한다(Dodge, Coie, et al., 2006). 이와 같은 심각한 폭력 행동은 청소년기에 꾸준히 증가하며, 17세에 정점에 달하는데, 이때 19%의 남자 청소년, 12%의 여자 청소년이 적어도 한 번은 폭력적인 행동에 연루된 적이 있다고 답하고 있다. 흑인계 미국 청소년과 멕시코계 청소년이 특히 그러한 행동에 연루되어 체포되는 것으로 나타난다(Guerra & Smith, 2006). 소수 민족에 속하는 청소년이 사법기관에서 다루어지는 청소년 문제의 69%를 형성하는 것으로 나타난다(Children's Defense Fund, 2017). 아프리카계 미국인 청소년은 청소년 인구의 16%에 불과하지만, 소년 법원 위탁에 있어 30%, 소년 법원 배치에 있어 38%, 성인 교도소에 있는 청소년의 58%를 차지한다. 이들은 백인 청소년 비율의 6배 수준으로 수감되어 있다(Children's Defense Fund, 2011; Hodgdon, 2008). 이러한 인종에 따른 청소년 문제의 차이는 경제적인 빈곤, 위험한 지역, 인종 차별 등에 기인한다.

## 공격성의 성차

성별은 공격성에 차이를 보이는 또 다른 중요한 요인이다. 영아기에는 성차가 거의 나타나지 않지만, 걸음마기에 들어서면서 남아가 여아보다 때리기, 밀치기와 같은 직접적인 신체적 공격행동과 별명 부르기, 놀리기와 같은 언어적 공격성을 더 보인다(Card et al., 2008; Hay et al., 2011).

길거리의 꼬마가 에이든을 괴롭히고 있습니다. 어제 에이든이 책을 집으로 가져가기를 거부했을 때, 그는 야구방망이를 에이든의 발가락에 내리쳤습니다.

이러한 차이는 미국의 모든 사회경제적 그룹뿐 아니라 영국, 캐나다, 중국 외의 거의 모든 나라에서 동일하게 나타나는 현상이다(Archer, 2004; Broidy et al., 2003; Lansford et al., 2012).

남녀 간에 나타나는 공격성의 형태도 중요한 차이를 보인다. 17~29개월 된 어린 영아에게서도, 남아는 여아보다 신체적으로 더 공격적인 특성을 보이며, 이러한 차이는 학령전기까지 계속 이어진다(Crick et al., 2006; Lussier et al., 2012). 6개의 나라를 대상으로 한 연구에서, 연구자들은 아동기에서 청소년기에 이르기까지, 평균적으로 남아는 여아보다 신체적으로 공격적인 모습을 보이며, 가장 공격적인 여아도 남아보다는 공격적이지 않은 것을 발견했다(Broidy et al., 2003). 캐나다의 아동 및 청소년을 대상으로 한 종단연구에서, 5~11세 무렵에 남아는 4%가 신체적인 폭력성을 보이나, 여아는 2% 정도가 신체적 폭력성을 보이는 것으로 나타났다(Lee et al., 2007). 따라서 이러한 결과들은 여아들에게서는 신체적 공격성의 만연도가 감소함에 비해, 남아들에게서는 그렇지 않다는 것을 말해 준다. 5~21세의 아동 및 청소년을 종단 연구한 뉴질랜드의 사례를 살펴보면, 청소년기에 폭력이나 범죄로 체포되는 확률이 여자에 비해 남자가 5배 정도 높은 것으로 나타나며, 특히 신체적 폭력에 대한 성차는 성인기에 이르기까지 지속되는 것으로 나타났다(Moffitt et al., 2001). 자기 보고를 통해 조사된 미국의 범죄행위 비율은 [그림 11-1]을 참조하기 바란다(Coie & Dodge, 1998). 최근 연구 결과도 이러한 패턴이 지속되고 있음을 보고하고 있다. 남성은 여성에 비해 체포될 확률이 매우 높고(70%), 특히 폭력적인 범죄에 있어서는 더욱 그렇다(80%). 뿐만 아니라, 아동기에 폭력적이었던 남자는 성인기에 음주 운전, 배우자 폭력, 교통 법규 위반, 등의 범죄 행위를 보일 확률이 높으며, 아동기

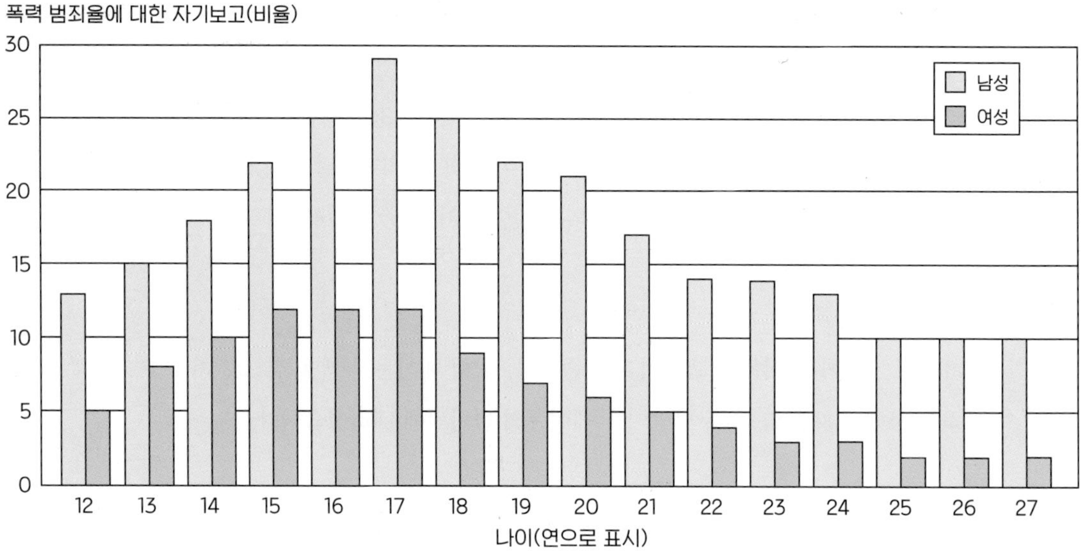


[그림 11-1] 청소년과 청년층의 폭력 범죄율에 대한 자기보고. 여성보다 남성이 가중폭행 (범죄를 목적으로 한 폭행), 강도, 강간 등의 폭력적인 범죄를 저지르는 경우가 많지만, 소녀의 범죄는 소년보다 2세 정도 어릴 때 최고조에 달한다.

출처: Coie, J. D., & Dodge, K. A. (1998). Aggression and antisocial behavior. In W. Damon (Series Ed.), & N. Eisenberg (Vol. Ed.), *Handbook of child psychology: Vol. 3. Social, emotional, and personal development* (5th ed., pp. 779–862). New York: Wiley

에 폭력적이었던 여자는 마약과 같은 비폭력적인 범죄 행위를 보일 확률이 높다고 보고되고 있다(Bushman & Huesmann, 2001; Huesmann et al., 1984).

다른 형태의 폭력성에 있어서도 남아의 폭력성은 여아의 폭력성을 넘어서는 특성을 보인다. 미국과 뉴질랜드를 비롯한 14개의 나라의 아동을 대상으로 한 연구에서, 거짓말하기, 커닝하기, 훔치기와 같은 비신체적이나 비사회적인 행동의 경우에도 여아보다 남아에게서 더 많이 나타나는 것으로 보고되었다(Crijnen et al., 1997). 남아는 여자에 비해 타인의 권리를 침해하는 행동이나 사회적인 규준과 규범을 깨뜨리는 행동도 2배 넘게 많이 보이는 것으로 나타나며(Dodge, Coie, et al., 2006), 다른 사람으로부터 공격을 받았을 경우 보복을 하는 확률도 더 높은 것으로 나타났다(Darvill & Cheyne, 1981). 비록, 아동기에는 여아가 남아의 폭력성의 피해자가 되고(Rodkin & Berger, 2008), 더 자라서는 데이트 폭력의 피해자가 되기는 하지만(Archer, 2002, Fernández-Fuertes & Fuertes, 2010), 남아들은 기본적으로 여자보다는 남자들을 더 공격하는 모습을 보인다(Barrett, 1979). 십대 청소년 사이에 보이는 데이트 폭력도 걱정되는 부분이다. 2013년의 연구조사에 따르면, 데이트를 했던 학생 중, 20.9%의 여학생과 10.4%의 남학생이 지난해에 데이트 폭력을 경험했다고 보고했다(Vagi et al., 2015). 이는 남자도 여자로부터 폭력의 피해가 될 수 있다는 것을 보여 주며, 폭력성은 상호적인 측면을 가지고 있다는 것을 말해 준다(Langhinrichsen-Rohling et al., 2012).

여아는 남아에 비해 공격성을 용인하지 않는 모습을 보이며, 폭력 행동에 대해서 부모가 더 비판적인 태도를 취할 것이라 생각한다(Huesmann & Guerra, 1997; Perry et al., 1989). 여아는 남아에 비해 다툼의 상황에서 언어적인 반대와 설득을 더 사용하고, 언어적 또는 신체적 공격성을 덜 보인다(Eisenberg et al., 1994). 이는 여아가 덜 폭력적이라는 것을 의미하는 것은 아니다. 다만, 여아들이 목표를 성취하기 위해 더 다양한 전략을 사용한다는 것이다. 학령전기에, 여아들은 보다 구체적이고 상대적으로 고차원적인 형태의 관계적 공격성(따돌리기나 무시하기)을 직접적인 언어적 또는 신체적 공격성보다 많이 보인다(Card et al., 2008; Nelson et al., 2005). 초등학교 시절, 여아는 타인의 관계를 파괴하는 관계적 공격성을 더 많이 보인다(Card et al., 2008; Cote et al., 2007; Crick et al., 2004; Underwood, 2003).

> 나는 내 생일날 학교에서 집으로 가는 길에 같은 반 친구들과 무리를 지어 걸어가며 또래들에게 했던 내 행동을 잊지 못합니다. 한 소녀를 지나치며 나는 이렇게 말했죠. "이 친구들은 모두 내 생일 파티에 갈 텐데 너는 초대를 받지 못했구나?" 내가 어떻게 그런 말을 했을까요? 내가 어떻게 저렇게 못된 아이였을까요. 그 친구는 결국 내게 복수를 했어요. 내 책 중 하나를 빌려 간 다음 돌려주지 않았죠.

그들은 속한 그룹에서 특정 아이의 또래 지위를 박탈하면서 자신의 또래 지위를 강화하는 모습을 보인다(Dodge, Coie, et al., 2006).

> "때때로 그녀가 정말 냄새난다는 말 들었어?"
>
> 한 소녀는 자신이 싫어하는 사람에 대한 험담에서 매우 악랄했다.
>
> "그녀의 아빠는 마약 중독자예요.", "나는 그녀가 속임수 쓰는 것을 보았어요.", "그녀는 도둑이에요."

중학교 시절, 여아는 직접적인 대결보다 사회적으로 따돌리는 형태의 간접적 공격성을 선호하게 되고, 사춘기에 진입하면서 사회적인 무리에서 특정 아이를 제외시키는 폭력적인 전략들을 많이 보인다(Crick et al., 1999, 2004; Underwood, 2003; Xie et al., 2005). 집단 내 자신들의 지위를 공고히 하기 위한 방법으로 특정 아이를 깎아내리는 관계적 공격성을 사용한다.

비록 여아가 신체적 또는 언어적 공격성에 비해 관계적 공격성을 많이 보이기는 하지만, 남아에 비해 더 높은 공격성을 보이는 것은 아니다. 남아도 여아만큼 관계적 공격성을 보이지만, 남아는 다른 형태의 공격적 행동들을 많이 보이는 것뿐이다(Card et al., 2008; Pepler et al., 2005; Underwood, 2003). 남아가 신체적 공격성을 선호하는 데 비해 여아가 관계적 공격성을 선호하는 이유는 무엇일까? 첫째, 여아는 남아보다 관계 중심적이며, 사회적인 관계에 가치를 많이 두는 특징을 가진다(Leaper & Farkas, 2015). 그러므로 사회적 관계에 해를 끼치는 공격성의 형태는 여아들에게 보다 합리적인 사회적 전략이다(Crick et al., 1999; Coyne et al., 2011). 둘째, 청소년 중기, 여아의 관계적 공격성은 남아로부터의 선호를 예측하는데(Smith et al., 2010), 이는 진화론적 입장에서 여아에게 매우 중요한 목표라 할 수 있겠다(Artz, 2005; Bjorklund & Pellegrini, 2011). 셋째, 관계적 공격성은 사회적으로 여자에게 더 용인되는 방식이다(Crick et al., 1999; Dodge, Coie, et al., 2006). 신체적 공격성은 '여성적'이라고 생각되지 않는다. 남아가 신체적으로 공격적이면, 흔히 '남자답다'라고 평가되는 것과는 상반되는 모습이다.

관계적 공격성은 누군가를 때리거나 상해를 입히는 것처럼 겉으로 드러나는 것은 아니지만, 마찬가지로 문제적인 행동이다. 아동은 관계적 공격성도 상처가 된다는 것을 잘 알고 있다. 학령전기의 여아와 남아들도 관계적 공격성과 신체적 공격성이 동일하게 상처가 되고 타인을 슬프게 만든다고 보고한다(Crick et al., 2004). 좀 더 자라면, 여아는 관계적 공격성이 신체적 공격성만큼 타인에게 상처를 주는 것이라고 생각하지만, 남아는 신체적 공격성이 더 상처를 준다고 말한다(Galen & Underwood, 1997; Underwood, 2003). 관계적 공격성의 또 다른 문제는 이러한 행동을 보이는 아동들은, 신체적 공격성을 보이는 아동들처럼, 타인에게 거부될 확률이 높아진다는 것이다(Crick et al., 2004, 2006). 관계적 공격성은 또한 친구관계의 질을 침해할 수 있다(Banny et al., 2011). 또한 여아의 경우 불안이나 우울증으로 이어질 수 있고, 남아의 경우 문제행동으로 이어질 수 있다. 이처럼 관계적 공격성은 부정적인 결과로 이어질 확률이 높아진다.

## 공격성에서 나타나는 개인차의 안정성

어린 시절부터, 어떤 아동은 다른 아동에 비해 화와 폭력을 더 많이 보이는 특성을 나타낸다. 이러한 아동은 결국 나중에 더 폭력적인 어른이 되는 것일까? 즉, 공격성에 보이는 개인차는 얼마나 안정적인 특성을 가지고 있는 것일까? 연구자들은 남자와 여자 모두에게 공격성은 꽤 안정적인 특질이라고 보고한다(Cairns & Cairns, 1994; Dodge, Coie, et al., 2006; Eisner & Malti, 2015; Olweus, 1979). 초등학교 1학년 시절 다른 친구들에 비해 폭력적이던 아동은 고등학교에 들어가서도 공격적이고, 더 많은 문제행동, 심리 증상을 보일 확률이 높다(Ehrenreich et al., 2016). 높은 수준의 공격성을 보이는 아동은 성인기에도 법적인 문제를 일으키고, 직업도 안정적으로 유지하지 못하며, 배우자와의 사이도 좋지 않을 확률이 높다(Bushman & Huesmann, 2001; Olson & Ip, 2017). 이처럼 공격성도 지능과 마찬가지로 꽤나 안정적인 특성을 보인다. 신체적, 관계적 공격성 모두 안정적이기는 하지만, 신체적 공격성은 더욱 그런 모습을 보인다(Vaillancourt, Brendgen, et al., 2003).

> 제이슨은 폭력적인 아동입니다. 유치원 시절부터 그는 항상 또래들과 싸우곤 했습니다. 대부분의 아이와 달리 그의 폭력적인 성향은 청소년기까지 계속되었고, 다른 또래와 달리 법을 어기기도 했습니다. 16세에 그는 벌써 싸움과 도둑질로 여러 차례 체포되었습니다. 때때로는 안정성이 이처럼 중요하기도 합니다.

그러나 공격성이 안정적인 특성을 가지고 있다고 해서, 모든 개인이 다 그렇다는 것은 아니다. 매우 소수의 아동만 어린 시절부터 공격적인 모습을 보이고 그러한 모습을 일생 동안 유지한다. NICHD 연구에 따르면, 오직 18%의 아동만이 걸음마기부터 3학년까지 꾸준히 공격적인 모습을 보였다(NICHD Early Child Care Research Network, 2004a, b). 캐나다의 연구에 따르면, 13%의 공격적인 5세 아동이 청소년기에도 공격적인 모습을 보였으며(Nagin & Tremblay, 1999), 6세에서 12세까지 살펴본 결과 남아(11%)가 여아(1%)에 비해 더 안정적으로 높은 신체적 공격성을 보였다(Joussemet et al., 2008).

더 **일찍부터 공격성을 보이는 아동**(**early starter**)이 지속적으로 공격적인 행동을 할 확률이 높다(Hyde et al., 2015; Patterson et al., 1989). 예를 들면, 걸음마기부터 3학년까지 공격적이었던 아동은 그렇지 않은 아동에 비해 12세에 이르렀을 때 더 심각한 부적응 행동을 보였다(Campbell et al., 2006). 마찬가지로, 6개의 나라를 대상으로 한 연구에서, 어린 시절 높은 수준의 공격성을 보였던 아동은 아동기 전반에 걸쳐 높은 공격성을 보였으며, 청소년기에 폭력 및 문제행동에 연루되는 경우가 많았다(Broidy et al., 2003). 반면, **사춘기 시절에 공격성을 보이는 아동**(late starter)은 오직 청소년기에만 공격적인 모습을 보이고 성인기에 이르러서는 그러한 모습을 보이지 않는 것으로 나타난다.

## 성인기로의 확장: 아동기의 폭력에서 도로 위의 분노로

성인기의 폭력은 난폭운전에서 계획된 살인에 이르기까지 다양한 행동을 포함한다. 난폭한 운전과 배우자 혹은 자녀에게 폭력을 행사하는 행동은 성인기에만 나타나는 행동이다. 다행스럽게도, 성인 초기에 이러한 행동의 전반적인 발생률은 줄어들고 있다. David Farrington(1993)은 영국의 샘플을 바탕으로 한 남성이 강도를 저지르는 비율이 18세가 되면 11%, 21세가 되면 5%, 32세가 되면 2% 줄어든다고 보고했다. 미국의 연구자들도 18~25세 사이에 폭력적인 행동이 줄어들고 35세 이후에는 폭력 범죄가 더욱 줄어든다고 보고했다(Sampson & Laub, 2003). 성인은 분쟁을 해결하기 위해 물리적인 폭력을 쓰기보다 대립하지 않는 방식을 더 사용하도록 요구된다. 성인들은 간접적이고 관계적인 방식으로 공격성을 표현하는데(Xie et al., 2005), 이로 인해 성인들은 범죄로 인해 기소될 확률이 낮아진다.

전반적으로 폭력 행동이 줄기는 하지만, 일부는 지속적으로 공격적인 방식을 유지하기도 한다. 아동기부터 일찍 폭력성을 나타낸 사람은 성인기에 들어서도 지속적으로 공격성을 나타낼 확률이 높다(Dodge, Coie, et al., 2006; Farrington, 1995). 한 연구에 의하면, 8세에 매우 폭력적인 성향을 보였던 아동은 성인이 되어 자신의 배우자와 자녀에게 폭력을 행사하거나, 교통법규를 위반하거나, 음주 운전을 하고, 범죄 행위에 관련될 확률이 높았다고 한다(Huesmann et al., 1984). 또 다른 연구에서, 연구자들은 일찍부터 폭력성을 보이는 아동을 관찰했다. 8~10세 사이 화를 많이 내고 폭력성을 보였던 남자아이는 40세경에 문제 있는 직장 생활을 하고, 부모보다 낮은 지위의 직업을 가지며, 이혼할 확률이 높았다. 마찬가지로, 화를 잘 내는 여자아이는 자신감이 부족하고, 직업적인 안정성이 낮았으며, 이혼할 확률이 높았다(Caspi et al., 1987). 마지막으로, 핀란드의 연구에서 8세에 폭력적인 성향을 보였던 아이는 성인기에 음주 관련 문제를 겪고 실업자가 될 확률이 높은 것으로 보고되었다(Kokko & Pulkkinen, 2000).

그러나 폭력적인 성향을 보였던 모든 아동이 배우자를 폭행하고 난폭운전을 하는 어른으로 성장하는 것은 아니다. 연구자들은 두 가지 요인이 이러한 폭력성의 발달에 보호 요인이 된다고 말한다. 첫 번째 요인은 안정적인 결혼생활이다. 범죄자가 될 위험이 있는 성인이 운이 좋게도 사회적으로 긍정적이고 공격적이지 않은 배우자를 만날 경우 범죄를 저지르거나, 이혼할 확률이 줄어드는 것으로 알려졌다(Andersen et al., 2015; Rutter, 1989; Sampson & Laub, 2003). 34세의 로드니는 과거를 다음과 같이 회상한다.

> "저는 십대와 청소년기에는 정말 성질이 급하고 화를 잘 내는 사람이었어요. 그러나 다행스럽게도 침착하고 심리적으로 안정된 루이스를 만나 결혼했습니다. 그녀는 제게 스트레스가 많은 상황에서 더 잘 대처할 수 있는 많은 좋은 방법들을 알려 주었죠. 그녀가 옳았죠. 제 삶은 더 쉬워졌고 평화로워졌습니다."

반면, 배우자가 범죄 행위에 연루될 경우, 자신도 부적응을 겪을 확률은 높아진다(Giordano et al., 2003; Ronka et al., 2001). 두 번째 요인은 일자리를 가지는 것이다. 안정적이고 좋은 연봉의 직업을 가지는 것은 범죄에 연루될 확률을 낮춘다. 이는 직업을 가짐으로써 가난으로부터 벗어나고, 폭력적인 또래로부터 벗어나며, 스스로 책임감을 가지게 되기 때문이다(Ramakers et al., 2016; Sampson & Laub, 2003).

"차 휠을 훔치고 다른 아이들을 괴롭히는 것도 십대 시절의 일부였지만, 나이가 들면서 이런 일의 재미는 사라졌어요. 졸업할 때쯤, 저는 그것이 어리석고 제 미래를 망칠 것임을 깨닫고 그만두었어요."

이러한 아동은 전자의 아동에 비해 사회적인 거부나 학교 적응 문제를 가지지 않는 것으로 보이고, 이것이 그들을 보호하는 요인이 되는 것으로 보인다. 어린 시절부터 공격성을 보이는 아동의 경우, 확연한 성차가 보고된다. 뉴질랜드의 연구에 따르면, 일찍부터 공격성을 보이는 아동은 거의 대부분이 남자로 나타났음에 반해, 청소년기에 공격성을 보이는 아동은 거의 반반인 것으로 나타났다(Moffitt & Caspi, 2001).

## 공격성의 원인

왜 아동은 공격적인 행동을 보이며, 어떤 아동은 일찍부터 공격성을 보이는 것일까? 유전적, 환경적, 사회문화적, 사회인지적 요인들은 상호작용에 의한 결과라고 보고한다. [그림 11-2]는 이러한 여러 가지 요인을 잘 제시하고 있다.

### 공격행동의 유전적인 요인

**유전과 공격성** 공격성의 유전적인 근원을 찾는 연구는 엄청나게 많으며, 매해 연구자들은 새로운 결과를 발표하고 있다. 한 연구에서, 연구자들은 18개월 된 유아의 신체적 폭력성이 이란성 쌍생아보다 일란성 쌍생아 사이에서 더 비슷하다는 것을 보고하였으며, 이는 공격성에 유전적인 요인이 있다는 것을 의미한다(Dionne et al., 2003). 청소년을 대상으로 한 연구들도 유전적인 요인에 대한 근거를 제시한다. '어떤 사람들은 내가 공격적인 성격을 가지고 있다고 생각한다'라는 문항을 포함한 질문지 검사를 했을 때, 이란성 쌍생아들 보다 일란성 쌍생아들이 문항에 대해 비슷한 평가를 얻었다(Gottesman & Goldsmith, 1994). 네덜란드, 스웨덴, 영국의 연구자들도 비슷한 결과를 얻었다(Eley et al., 1999; Van Den Oord et al., 1996). 쌍생아를 대상으로 한 캐나다의 연구에서, 사회적인 공격성에 대한 유전성은 20%에 달하는 것으로 나타났으며, 신체적 공격성에 대한 유전성은 50%에 달했다(Brendgen et al., 2005). 42쌍의 쌍생아와 10명의 입양아를 대상으로

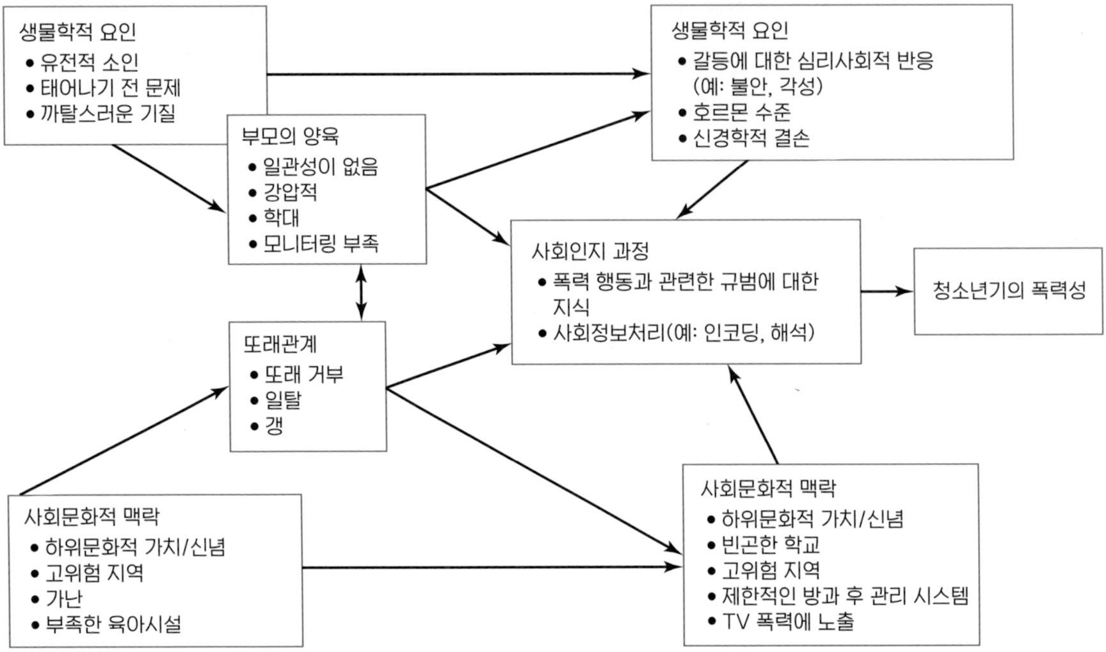


[그림 11-2] 공격성의 발달을 설명하는 생물학적 심리 모델.
그림의 왼쪽은 어린 시기를 의미하고 오른쪽으로 갈수록 사춘기를 의미한다.

출처: Copyright © 2010 by the American Psychological Association. Reproduced with permission. Dodge, K. A., & Pettit, G. S. (2003). A biopsychosocial model of the development of chronic conduct problems in adolescence. *Developmental Psychology, 39*, 349-371. The use of APA information does not imply endorsement by APA.

한 메타 연구들은 유전과 반사회적 행동 사이에 관계가 있다고 보고한다(효과 크기=.41; Rhee & Waldman, 2002). 일찍부터 반사회적인 행동을 보이는 아동은 나중에 공격적인 행동을 보이는 아동에 비해 유전적인 요인으로 더 많이 설명이 된다(Moffitt, 2006). 흥미롭게도, 이와 같은 유전적 요인에 대한 효과는 사는 지역에 따라 다르게 나타난다. 한 연구 결과에 따르면, 속한 환경이 공격성의 유전적 발현에 미치는 효과는 안전하고 더 풍요로운 지역에 사는 청소년보다 위험한 지역에 사는 청소년에게 더 큰 것으로 나타났다(Tuvblad et al., 2006; Grann & Lichtenstein, 2006). 마지막으로, 최근의 연구 결과들은 불행한 인생의 사건, 사고들은 아동이 특정 유전적인 패턴을 가지고 있을 경우 공격성을 나타나게 하는 계기가 된다고 보고하고 있다(Hygen et al., 2015).

**기질과 공격성** 유전이 아동의 공격성에 영향을 미친다는 근거는 태어나자마자 보이는 유아의 기질 차이에서 알 수 있다. 1세 때 민감하고, 불규칙하며, 까다로운 기질을 보이는 아동은 학령전기에 더 적대적인 모습을 보일 수 있다(Bates, 1987). 3세 때 과잉행동을 보이며 성미가 까다로운 아동은 9세 때 신체적 공격성을 포함한 문제행동을 보일 확률이 높다(Campbell, 2000). 충동적인 기질 또한 공격성을 예측한다(Raine et al., 1998; Tremblay et al., 1994). 자기-조절능력이 부족한 어린 아동은 어린 시절부터 공격적인 모습을 보이고 이러한 성향은 지속될 확률이 높다(Moffitt & Caspi, 2001). 스스로를 잘 절제하지 못하는 것으로 나타난 학령전기 아동은 초등학교 시절에 신체적 및 관계적 공격성이 높은 것으로 나타났다(Park et al., 2005). 중국 청소년들을 대상으로 살펴본 연구에서, 화를 잘 내고 감각 추구적인 기질을 가진 청소년은 직접적 신체적 및 언어적 공격성을 많이 나타내는 것으로 나타났다(Dong-Ping et al., 2012). 종합하면, 공격성은 아동이 까다롭고, 민감하며, 충동적인 모습을 보일 때 더 많이 나타나는 것으로 볼 수 있다.

**신경학적 변인과 공격성** 공격성과 신경전달물질 사이에서도 관련이 발견되었다. 신경전달물질은 중추신경계(CNS) 내에서 신경충동의 전달을 촉진하거나 억제하는 신경화학물질이다(Booij et al., 2015; Moeller, 2001). **세로토닌**은 주의와 정서상태를 관장하며 동물과 인간의 공격성과 관련이 있다(Herbert & Martinez, 2001). 쥐와 원숭이를 대상으로 한 연구들은 CNS 세로토닌이 부족할 경우 심각한 공격성을 보인다는 것을 발견했다(Ferrari et al., 2005; Suomi, 2003). 범죄에 자주 연루되고, 높은 수준의 폭력성을 보이는 충동을 잘 조절하지 못하는 남자와 여자들은 세로토닌의 수준이 낮은 것으로 보고되고 있다(Linnoila & Virkkunen, 1992; Virkkunen et al., 1994). 세로토닌의 수준을 조절하는 *MAOA* 유전자는 반사회적인 행동을 관장하는 뇌에 속하는 전두엽의 체적 및 편도체와 관련이 있는 것으로 나타났다(Raine, 2008). 이러한 세로토닌과 공격성의 관계는 아동을 대상으로 한 연구에서는 밀접한 관계가 나타나고 있지는 않지만, 일부 연구에서는 낮은 세로토닌 수준이 높은 신체적 공격성을 예측한다고 발견하기도 하였다(Halperin et al., 2006; Mitsis et al., 2000).

snapphoto/iStockphoto

어린 시절 분노가 많고 과민한 기질을 가진 아동은 공격적인 특성을 가질 확률이 높다.

**호르몬과 공격성** 테스토스테론은 공격성과 관련된 주요 호르몬이다. 동물 연구에서는 관련성이 매우 높게 나타났고, 인간에게는 동물만큼은 아니지만 관련성이 나타나고 있다(Carré et al., 2017; Nguyen et al., 2016). 미국의 연구자들은 폭력적인 공격행위를 하는 청소년은 그렇지 않은 청소년보다 높은 수준의 테스토스테론을 보인다고 보고했다(Brooks & Reddon, 1996). 스웨덴의 연구에서도, 테스토스테론이 높은 15~17세 남자아이는 참을성이 적고 쉽게 화를 내며, 이러한 기질은 공격성으로 이어진다고 밝혀졌다(Olweus et al., 1998). 이 연구는 테스토스테론이 공격성에 간접적인 효과를 준다고 제시한다. 테스토스테론이 쉽게 화를 내는 성향으로 이끌고, 이러한 성향이 폭력성을 높인다는 것이다. 캐나다에서 이와 비슷한 연구가 이루어졌다. 연구자들은 테스토스테론이 몸의 크기와 관련이 높고, 이는 신체적 공격성으로 이어진다고 밝혔다(Tremblay et al., 1998).

아마도 테스토스테론과 공격성의 관계에 대한 가장 신뢰로운 근거는 테스토스테론이 부족한 청소년에게 호르몬을 투여한 실험연구로부터 찾을 수 있을 것이다(Finkelstein et al., 1997). 테스토스테론 호르몬 투여에 따라 신체적 공격성과 공격에 대한 충동이 늘어나는 것을 살펴볼 수 있었다. 연구자들이 아동의 기질, 부모의 양육태도와 같은 혼입변인을 통제했을 경우에도 호르몬의 효과는 강력하게 나타났다. 호르몬의 효과는 남성뿐 아니라 여성에게도 나타난다. 한 연구에서, 연구자들은 여자아이의 에스트라디올(에스트로겐의 형태)의 수준을 높이자, 부모와 상호작용을 하는 데 있어 분노와 공격성을 더 많이 표현하는 것을 발견할 수 있었고(Inoff-Germain et al., 1988), 메타 연구에서 연구자들은 테스토스테론이 남녀 모두에게서 공격성과 높은 관련을 보이는 것을 발견했다(Book et al., 2001). 최근 연구는 아동기에서 성인기에 이르기까지, 테스토스테론의 공격성에 미치는 효과가 뇌의 변화에 따른 것이라 설명하고 있다(예: 아미그달라; Nguyen et al., 2016).

그러나 테스토스테론과 공격성의 관계가 일방적인 것은 아니다. 비록 테스토스테론의 수치가 높아질수록 아동의 공격성이 증가하지만, 반대의 경우도 마찬가지이다. 충돌이 많이 일어나거나 주도성을 가지게 되는 것은 테스토스테론의 수준을 높일 수도 있다. 예를 들면, 유도의 승자는 게임에서 이긴 후 높아진 테스토스테론의 수치를 보인 반면, 경기에서 진 선수는 테스토스테론의 레벨에 변화가 없었음을 발견할 수 있었다(Dodge, Coie, et al., 2006; McCaul et al., 1992).

**태아기의 환경** 태아기에 있을 때 신체적인 문제를 많이 겪은 아동은 태어난 후 자라면서 반사회적인 행동을 보일 확률이 높다. 특히 임신했을 때 엄마가 담배를 피우면 아이의 체중이 감소하고, 아동이 나중에 반사회적이고 폭력적인 행동을 보일 확률을 높인다(Fergusson et al., 1998; Weissman et al., 1999). 또한 임신한 엄마가 코카인을 했을 경우, 아동이 더 폭력적인 성향을 가지게 되는 것으로 나타났다(Bendersky et al., 2006). 마지막으로, 태아기에 높은 세로토닌에 노출될 경우, 아이가 6세가 되었을 때 공격성은 적게 보이지만, 높은 불안과 심리적 문제를 가지게 되는 것으로 나타났다(Hanley et al., 2015).

## 공격성의 발달에 미치는 사회적 영향

아동의 공격성 발달은 그가 속한 환경에 영향을 받는다. 42쌍의 쌍생아와 10명의 입양아를 대상으로 한 메타 연구에서, 연구자들은 반사회적 행동과 아동이 속한 환경이, 유전 못지않게 중요한 관련이 있음을 보고했다(Rhee & Waldman, 2002). 이 절에서는 공격성에 가족, 또래, 이웃, 대중 문화가 미치는 영향력을 살펴보고자 한다.

**상호작용의 중요한 파트너인 부모** 가족은 아동에게 공격적으로 혹은 평화적으로 행동하는 방법을 배우는 첫 사회적인 공간이다. 가족과의 상호작용은 영아기부터 시작된다. 태어난 첫해부터 부모와 안정적인 관계를 형성하는 아동은 공격적 성향을 덜 발달시킬 확률이 높다. 부모와의 관계가 안정적이지 못하면, 특히 비구조적인 애착관계를 형성한 경우, 아동은 5~7세가 되었을 때 공격적 행동을 보일 확률이 높아진다(Eisner & Malti, 2015; Lyons-Ruth & Jacobvitz, 2016; Moss et al., 2006). 특히 가난하거나, 한부모 가정이거나, 가족 멤버 간에 다툼이 많은 등 가족 내에 문제가 있을 경우 이러한 경향성은 더욱 심해진다(Dodge, Coie, et al., 2006; Tremblay et al., 2017).

영아기 이후에도, 부모가 엄격하고, 부정적이며, 강압적일 경우 아동은 신체적, 관계적 공격성을 더 많이 보인다(Deater-Deckard, 2000; Moffitt et al., 2006; Sandstrom, 2007). 그러나 부모가 따뜻하고 지지적인 경우, 아동은 덜 공격적인 모습을 보인다(Joussemet et al., 2008; Nelson et al., 2006). 강압적인 부모 양육은 또한 아동이 안정적으로 공격성을 발달시키게 만든다. 이처럼 부모 양육과 아동의 공격성이 연관성을 보이는 이유는 아동이 부모의 부정적인 행동을 모방하게 되기 때문이다. 또한 부모의 부정적인 감정 표현은 아동이 스스로의 감정을 조절하는 능력을 발달시키지 못하게 하고, 이는 이후 공격적인 행동으로 이어지게 된다(Eisenberg et al., 2001; Grolnick, 2003). 부모의 엄격함은 부분적으로 부부갈등에 기인하기도 한다(Graham et al., 2012; Minze et al., 2010).

부모가 아동을 엄하게 체벌하는 것은 아동의 부정적인 감정을 증가시킨다. 아동을 체벌하는 것이 좋지 않다는 메시지에도 불구하고, 3~4세 아동의 부모의 94%가 아동을 체벌한다고 보고되고 있다(Straus & Stewart, 1999). 제6장 '가족'에서 제시한 것처럼, 가벼운 체벌이나 분별 있는 훈육은 문제가 되지 않지만, 가혹하고 끊임없는 체벌의 경우 아이들의 공격성 증가와 관련이 있다(Larzelere & Kuhn, 2005). 신체적인 처벌이 아동에게 미치는 영향은 물론 부모와 아동의 관계에 따라 달라진다. 부모-아동의 관계가 온정적이지 않을 경우 혹은 신체적 처벌이 당연하지 않게 받아들여지는 문화에서는, 신체적 처벌은 특히 아동의 공격성을 증가하게 만든다(Lansford et al., 2005). 사춘기 자녀에게 엄격한 체벌을 하는 것도 장기적인 영향을 미친다. 연구 결과는 사춘기 시절 부모로부터 공격적인 경험을 한 성인은 이성 파트너에게 더 공격적인 성향을 드러낸다고 보고한다(Cui et al., 2010). 신체적 체벌과 공격성의 밀접한 관계는 멕시코계, 흑인뿐 아니라 백인 가정을 대상으로 한 연구에서 일관적으로 나타나고 있다(Gershoff et al., 2012).

마지막으로, 공격성에 대한 부모의 태도도 중요하다. 부모가 아동의 활동을 잘 살피며, 문제를 평화적인 방법으로 해결하려고 노력하는 경우, 아동 및 청소년은 신체적 공격성을 덜 보이는데, 이는 부모가 아동 스스로 공격성을 조절하는 것을 돕는 역할을 한다는 근거를 제시한다(Farrell et al., 2011).

> "엄마는 공격적인 행동에 대해 매우 엄격했어요. 그녀는 우리가 장난감 총을 가지고 놀지 못하게 했고, 다른 아이들을 때리지 않는 것에 대해 정말 엄격했습니다. 그래서 저는 다른 아이들과 거의 싸우는 일이 없었죠. 결국 엄마가 옳았어요." (피터, 15세)

**학대하는 부모와 공격성** 부모가 아동을 학대할 경우, 아동은 공격성뿐 아니라 반사회적인 행동을 많이 보이게 된다(Dodge, Coie, et al., 2006; Luntz & Widom, 1994). 학대당한 학령전기 아동은 유치원에서 공격적인 모습을 보이고, 사춘기에 들어가서도 신체적 공격성을 많이 보인다(Lansford et al., 2002). 유전적인 요인을 통제한 이후에도, 연구자들은 부모로부터의 학대와 공격성과의 유의미한 관계를 보고하고 있다. 1,000쌍의 쌍생아를 대상으로 한 영국의 연구에서, 연구자들은 유전적인 요인이 7세 때의 아동의 반사회적인 행동의 2/3 정도를 설명하였다고 보고하였는데, 이를 통제한 이후에도 부모의 학대는 여전히 아동의 반사회적인 행동을 유의미하게 예측하였다(Jaffee et al., 2004). 또한 유전적인 요인은 아동의 신체적인 학대의 정도를 예측하지 않았는데, 이는 아동의 타고난 특성이 부모로부터의 학대를 불러온 것은 아니라는 것을 의미한다. 연구자들은 부모로부터의 학대가 아동의 공감능력 발달을 저해함으로써, 타인의 감정을 제대로 해석하지 못하게 하고, 이는 공격성의 증가로 이어진다고 설명한다(Main & George, 1985; Manly et al., 1994). 이처럼 부모로부터의 학대는 아동의 공격성 발달에 직간접적인 영향을 주는 것으로 보인다. 뿐만 아니라, 연구 결과들은 학대받은 아동이 성인기에 들어서 자살을 시도할 확률이 높아진다며 아동학대의 심각성을 강조한다(Harford et al., 2014; Milaniak & Widom, 2015).

**강압적인 모델을 통한 공격성의 발달** Gerald Patterson과 그의 동료들은 1970년대부터 미국 오레곤주의 사회적 학습 센터에서 가족 환경이 아동의 공격성의 발달에 미치는 영향을 연구해 왔다. 그들은 부모와 아동이 의도하지 않은 채 상호 강압적인 행동을 통해 서로를 강화하고 있음을 발견했다(Patterson, 1982, 2002, 2016). 첫째, 부모는 아동이 하고 있는 행동을 방해한다(예: 보고 있는 TV를 끄며, 어서 가서 숙제하라고 혼낸다). 둘째, 아동은 불만을 표현하고 짜증을 내거나, 저항하거나 부모의 말을 무시한다. 셋째, 부모는 아동의 불만과 저항에 혼내는 것을 멈춘다. 이때 아동의 입장에서는 자신의 저항이 효과가 있었다고 생각하게 된다. 그래서 네 번째 단계에서는 부모에 대한 저항을 멈추게 된다. 이러한 방식으로 문제는 해결되는 것처럼 보이지만, 이후 부모가 다시 아동을 혼내며 교육시키려 할 때, 아동은 다시 이전의 저항하는 태도를 보이고, 이러한 행동이 반복될수록 그 행동은 점차 공격적인 방식으로 표현된다. 아동은 강압적(궁극적으로는 공격적) 방식이 부모를 제어하는 데 효과적이라는 것을 배웠고, 부모는 이제 아동이 부모가 바라는 대로 행동하게 하기 위해서는, 더욱 엄하고 강력한 수준의 제어가 필요하다는 것을 깨닫게 된다.

이와 같은 강압적 행동의 순환은 형제자매와의 관계에서도 마찬가지로 적용된다. 아동은 부모와의 관계에서 부모의 행동을 제어하기 위해 사용했던 강압적 행동이 형제와 자매에게도 효과적이라는 것을 배우게 된다. 형제와 자매가 서로 강압적 행동을 보이다 보면, 나이가 많은 형이나 누나는 이미 공격적 모습을 보이고 있을 확률이 높고, 점차적으로 동생도 그대로 따라갈 확률이 높아진다(Slomkowski et al., 2001). 형제자매와의 갈등과 부모로부터의 거부는 아동의 문제행동을 발달시키는 데 강력한 요인이 될 수 있다(Garcia et al., 2000). 이러한 강압적 행동패턴은 세대를 건너 이어질 수 있다. 강압적 부모의 양육을 받던 아동은 자신의 자녀에게도 비슷한 태도로 대하게 되고, 그 자녀는 시간이 흐름에 따라 증가하는 공격적 행동을 보이게 될 것이기 때문이다. 다행스럽게도, 이러한 세대적 유전은 피할 수 없는 것은 아니다. 아동이 정서적으로 덜 반응적인 경우, 이러한 세대적인 유전은 덜 나타나는 것으로 발견된다(Scaramella & Conger, 2003; 제6장 [그림 6-3] 참조).

**공격성의 기회를 제공하는 부모** 부모는 아동의 활동을 감독하고 조정함으로써 아동의 공격성 발달에 영향을 준다. 어떤 부모는 아동이 어디에서 누구와 무엇을 하고 있는지 정확하게 파악하고 있는 반면, 다른 부모는 아동이 공부를 하는지, 운동을 하는지, 친구들과 놀고 있는지 전혀 알지 못한다. 부모가 아동이 어울리는 친구와 활동을 제대로 파악하지 못할 경우, 아동은 높은 공격성을 발달시키게 될 확률이 높다(Patterson & Stouthamer-Loeber, 1984). 아동이 중학교에 갈 때 즈음, 부모가 아동의 친구와 활동을 제대로 파악하지 않은 경우, 아동은 공격성 행동 성향을 어느 정도 발전시켰을 가능성이 있다. 그들은 도벽이나 기물 파손과 같은 문제행동을 보이고, 또래나 교사와 관계가 좋지 않을 수 있다(Pettitt et al., 2001; Snyder et al., 2003).

부모와 청소년이 시간을 같이 보내고, 즐거운 시간을 공유할 때, 그리고 청소년이 부모의 감독을 적절하다고 여길 때, 청소년의 반사회적인 행동은 적게 나타난다(Laird et al., 2003). 부모가 아동의 활동을 잘 감독할 경우 아동의 공격성을 증가시킬 수 있는 요인들에서 아동을 보호할 수 있다(O'Neil et al., 2001). 그럼에도 어떤 청소년은 부모가 자신의 행동을 감독하지 못하도록 한다는 것을 기억할 필요가 있다. 부모가 아동의 행동을 감독하려 하지만 아동은 중요한 정보를 공유하지 않고 어디에 무엇을 하러 가는지 숨김으로써 부모는 아동의 행동에 대한 정확한 정보를 알지 못하게 되는 것이다(Stattin & Kerr, 2000).

**또래의 영향** 아동은 또래로부터 공격행동의 패턴을 배우게 된다. 일찍부터 공격성의 성향을 보이는 아동이 학교에 들어가게 되면 크게 두 가지 현상이 나타날 수 있다. 첫째, 또래가 이들을 거부하고, 둘째, 이들이 학업적인 실패를 경험하게 된다. 이러한 두 가지 현상은 이들을 더욱 공격적으로 행동하게 만든다(Buhs & Ladd, 2001; Ladd et al., 1999).

또래로부터의 거부는 아동에게 매우 힘들고 불쾌한 경험이며, 또래로부터 거부된 아동은 시간이 흐름에 따라 더욱 공격적으로 변한다(Dodge et al., 2003; Snyder et al., 2008). 이후 이러한 공격성은 다시 또래로부터의 거부로 이어지게 되고, 공격성은 아동기 내내 계속 지속된다. 당연하게도, 많은 남아와 여아들 사이에서는 높은 또래 지위를 가지고 있는 아동이 낮은 지위의 아동을 향한 사회적 공격성을 사용하여 자신의 또래 지위를 높이려는 노력을 하고, 일부 남아의 경우 신체적 공격성을 사용하여 자신의 지위를 높이려고 하기도 한다(Shi & Xie, 2012).

청소년기에 아동은 타인을 놀리고 규율을 잘 지키지 않은 친구들과 어울림으로써 그들로부터 공격적인 행동을 배우게 되기도 한다. 자신이 속해 있는 또래 그룹이 관계적 공격성을 지지하면, 청소년은 더욱 그러한 행동을 보이게 된다(Werner & Hill, 2010). 또래 그룹에 문제행동을 많이 보이는 친구들이 많을 경우, 청소년은 마찬가지로 더욱 문제행동을 증가시킨다(Coie, 2004; Evans et al., 2016).

> "고등학교 때 친구들은 제게 또래들을 위협하는 방법을 제대로 가르쳐 주었어요. 우리 또래 그룹이 그런 식으로 운영이 되었죠. 우리는 학교에서 '나쁜 아이들'이었습니다. 모두가 우리를 두려워했고, 그것은 우리 또래 그룹 멤버들 사이가 더 가깝게 느껴지게 했습니다." (제이슨, 17세)

공격적인 청소년은 비슷한 친구들을 찾고, 서로의 문제행동을 증가시켜 나간다. 그들은 서로 간의 문제행동을 더욱 강화하고, 바람직한 행동 성향에서 문제행동 성향을 보이는 방향으로 변해 간다(Dishion, 2014; Dishion & Tiscord, 2011). 이러한 **일탈 강화 과정(deviancy training)**에서, 청소년들은 친구들과 문제행동에 대해 이야기를 많이 하고, 연습하고, 계획할 뿐만 아니라, 이러한 행동에 대해 서로서로 긍정적인 피드백을 준다(Dodge, Dishion, et al., 2006; Snyder et al., 2008). 또한 이러한 강화 과정은 문제행동을 보이는 또래들의 친구관계, 특히 그 관계가 상호적이고 반응적일 경우, 가장 잘 나타난다(Piehler & Dishion, 2007). 공격적인 청소년들은 또래의 문제행동을 보며 모델링하여 배워가고, 서로에게 문제행동을 보일 기회를 제공하게 된다. 한 연구에서 연구자들은 청소년이 규칙 위반이나 무단 결석과 같은 문제행동을 보이는 친구들과 어울리게 될 경우, 청소년이 그 당시 혹은 1년 후에 비슷하거나 다른 문제행동을 보일 확률이 매우 높아진다고 보고했다(Keenan et al., 1995). 이러한 문제행동은 또래와 싸우기와 같은 외현적 공격성과 도벽과 같은 은밀한 공격성을 포함한다. 이러한 문제행동 강화과정의 가장 극단적 형태는 갱 멤버 사이에서 가장 잘 나타난다(Densley & Petersen, 2016). 갱에 속한 십대들은 갱에 속하지 않는 십대들에 비해 난폭한 행동을 보일 확률이 3배나 높아진다고 보고되고 있다(Spergel et al., 1989). 갱에 소속되는 것은 청소년의 불법적이고 폭력적인 활동을 증가시키고, 갱에서 나오는 것은 이러한 활동을 감소시킨다(Densley & Petersen, 2016; Thronberry et al., 2003; Zimring, 1998).

**공격성의 중요한 환경이 되는 지역** 아동은 그들이 속한 지역에서 공격행동을 배우게 된다. 가난하고 실업률이 높은 지역에서는 성인들이 공격성이 높은 특성을 보인다(Beyers et al., 2003; Zahnow & Wickes, 2017). 그들은 서로에게 그리고 아동에게 공격적 태도로 대한다. 이러한 지역의 엄마는 강압적이고 체벌적 양육을 하고(Guerra et al., 1995; McLoyd et al., 2006), 이는 아동을 보다 공격적으로 만들거나 아동이 갱에 소속될 확률을 높일 수 있다(Tolan et al., 2003).

특히 어린 아동에게 있어 이웃의 폭력에 노출되는 것은 아이들에게 고통을 주며, 그들의 공격적 성향을 증가시킨다. 연구자들은 이웃의 폭력과 아이들의 공격성이 연관이 있다고 일관되게 보고해 왔다. 이웃의 폭력에 더 많이 노출된 도시의 저소득층 흑인 아이들일수록 공격성과 폭력성을 포함한 더 많은 외현화 문제들을 가지고 있었으며(Farver et al., 2005; Jones et al., 2005; Ozer, 2005; Zahnow & Wickes, 2017), 이웃 폭력에 덜 노출된 아이들에 비해 갱에 속할 확률이 더 높았다(Howell & Egley, 2005). 또한 도시의 위험한 지역에 거주하는 아이들은 안전한 지역에 사는 아이들에 비해 또래 괴롭힘의 가해자가 될 가능성도 높았다(Espelage et al., 2000). 이웃에 대한 제이슨의 생각을 살펴보자.

> "자신을 제대로 지키는 법을 배워야 해요. 그렇지 않으면 항상 괴롭힘을 당합니다. 난 우리 동네가 험난한 곳이고 약한 자들은 살아남지 못한다는 것을 일찍부터 알게 되었습니다."

78개의 시카고 근교 지역에서 1,000명의 청소년을 대상으로 한 연구에서, 연구자들은 총기 사고와 청소년의 폭력 행동 간에 밀접한 관계가 있음을 발견했다(Bingenheimer et al., 2005). 총기 사고에 노출된 청소년은 1년 후 무기와 관련된 폭력 행동을 보이고, 갱에 참여할 확률이 2배 이상으로 높은 것으로 나타났다. 이 연구에서, 연구자들은 한부모 가정, 문제행동을 보이는 또래와 어울리기, 위험한 지역 등, 청소년의 공격성에 영향을 줄 수 있는 다른 요인들을 통제하였으나, 그럼에도 총기 사고와 폭력 행동은 유의미한 관계를 보였다. 더욱 놀라운 것은, 총기 사고에 반복적인 노출이 아닌 한 번의 노출도 큰 영향을 미친다는 것이었다. 이처럼, 청소년이 총기 사고를 목격하는 것이 그들에게 심각한 결과를 가져온다는 연구 결과는 청소년들을 총기로부터의 노출에서 보호하기 위한 많은 노력을 해야 한다는 메시지를 던진다. 미국에서 총기 사고는 15~19세의 남아 죽음의 가장 큰 원인 중 하나이고([그림 11-3] 참조), 총기 사고로 인해 죽는 청소년 남아 중 60%가 타인을 죽이는 살인에 해당된다. 33%는 자살, 7%가 사고로 인한 원인이다(Child Trends, 2018).

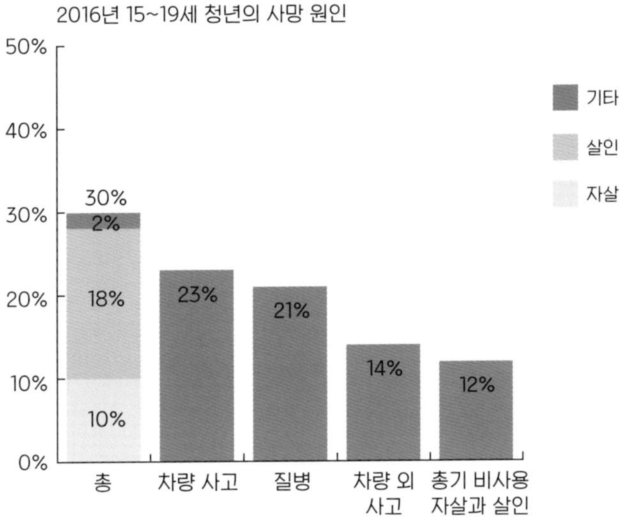


[그림 11-3] 총기 폭력은 젊은이들에게 가장 흔한 사망 원인이다.

출처: Center for Disease Control and Prevention, National Center for Injury Prevention and Control, (2017). *Ten leading causes of death and injury*. Atlanta, GA: Center for Disease Control and Prevention.

## 극단의 사례로부터의 통찰: 아동 군인

전 세계의 250,000명이 아동 군인이다. 수천 명의 아동이 신병으로 모집되어 무장군인으로 훈련되고 차드와 콜롬비아에서 스리랑카와 소말리아에 이르기까지 내전에 배치되고 있다(Flock, 2012). 아동 군인에 대한 세계 리포트를 보면, 2004~2007년 사이, 21개의 지역에서 내전에 아동 군인을 이용했다. 앙골라, 부룬디, 콩고, 르완다, 수단, 우

AP Photo/Adam Butler/Wide World Photos

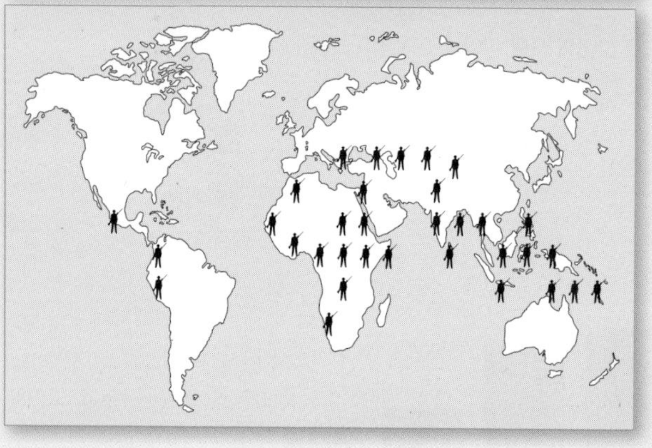

간다와 같은 지역에서 7~8세의 아동이 정부군으로 모집되고, 시에라 레온의 경우 5세의 아동도 반군으로 모집된다. 정부와 무장 그룹은 아동이 청소년과 어른보다 비용이 적게 들고 수가 충분하며 쉽게 복종을 강요하기 쉽기 때문에 군인으로 사용하는 것을 선호한다. 아동은 위험을 제대로 파악하지 못하기 때문에 청소년과 어른에 비해 위험을 감수하려는 경향이 높다. 아동은 많은 경우 반군에 납치된다. 많은 아동은 군인들이 자신의 부모를 죽이는 것을 보게 되고, 훈련 캠프로 끌려간다. 다른 아동들과 페이스를 맞추지 못하거나 자신의 짐을 제대로 버티지 못하면 죽임을 당하기도 한다. 탈출하려는 시도를 하는 아동은 심한 벌을 받는다.

"한 소년이 도망치려고 했지만 잡혔어요. 그의 손은 묶여 있었고, 우리에게 시켜서, 포로들을 막대기로 죽이라고 했어요." (S., 15세; Singer, 2005, p. 91)

여아의 경우 강간을 당하기도 한다.

"컨트롤하는 사람이 없었어요. 성인이든 청소년이든 어두워지면 우리에게 와서 강간을 했어요. 우리 몸 위에 누군가가 있었고 우리는 누구인지 볼 수도 없었어요. 우리가 울면 호스 파이프로 구타를 당했어요."(http://www.child-soldiers.org)

훈련 캠프에서, 아동은 전투 병사로 냉혈한 살인자로 길러진다. 아동들은 폭력, 고문, 강간에 노출되고, 새로 들어온 아동은 다른 아동과 서로 폭력을 행하도록 압력을 받는다. 어떤 그룹의 경우 피를 마시거나 다른 피해자의 살을 먹는 등 식인 풍습을 연습하기도 한다. 훈련을 시키는 어른들은 아동들에게 "이러한 노력들이 너희들을 강하게 만들어."라고 말을 하지만, 실제로 이러한 훈련을 시키는 이유는 아동들에게 다른 사람을 죽이는 것에 대한 정서적인 반응과 생명을 존중하는 마음을 없애기 위해서이다(Wessells, 2006). 현실감을 없애기 위해 아동에게 마약을 먹이기도 한다. 마약을 먹기를 거부하는 아동은 심하게 매질을 당하거나 죽임을 당한다.

"우리는 잠바(마리화나)를 항상 피웠어요. 전투 전에 그들은 여기(눈 옆)를 살짝 베고 파우더를 넣은 후 꼬맸어요. 나는 인간의 가치를 가지는 것을 아무것도 보지 못하고 느끼지 못했죠. 가벼운 마음을 느꼈어어요." (A., 15세; Singer, 2005, p. 82)

동기부여를 위해 복수가 활용되기도 한다. 아동에게 "너희들의 적을 상상해 봐. 너희들의 부모와 가족들을 죽인 반역자들, 그리고 이러한 모든 일이 생기게 만든 사람들을 생각해 봐라."라고 말한다(Beah, 2007). 처음에는 대부분의 아동이 메스꺼움, 죄책감, 자기 혐오를 느낀다(Wessells, 2006). 그러나 시간이 흐르면서, 아동들은 스스로에게 "나는 이런 일을 하고 싶지 않아. 하지만 나는 명령을 따라야 해. 그렇지 않으면 난 죽임을 당하게 될 거야."라며 자신을 합리화하게 된다.

"마치 마법 같아요. 나는 사람을 죽였지만 죄책감을 느끼지 않았어요. 나는 여전히 천국에 갈 수 있어." (B., 나이 미상; Singer, 2005, p. 73)

아동을 비인간화하는 이런 사례를 살펴보면서 우리는 인간의 야만성에 대해 충격을 받는 동시에 역경에 적응하는 아동의 탄력성에 대해 이해하게 된다(Masten et al., 2015; Masten & Narayan, 2012). 많은 연구는 아동 군인의 운명을 추적해 왔다. 한 연구에서, 시에라 레온에서 전쟁에서 다른 이들을 공격하고 죽인 아동 군인들은 2년 사이 적대감이 놀라울 정도로 높아진 것을 보고했다. 강간을 당한 아동은 높은 수준의 공포와 적대감을 보였다. 그러나 이후 일반사회에 수용된 아동은 폭력에 노출되었던 경험과 관계없이 우울증이 줄어들고 자신감과 친사회적인 태도를 회복하는 것을 볼 수 있었다(Betancourt et al., 2010).

또 다른 연구에서, 모잠비크의 39명의 남자아이는 군인으로 일하다가 구조되었고 이후 일상생활에서의 회복도가 평가되었는데(Boothby, 2006), 훈련 캠프에서 있었던 시간이 일상생활로의 회복에 중요한 결정요인이었다. 훈련 캠프에서 6개월 미만으로 있었던 아동은 스스로를 군인이라기보다 피해자로 생각했다. 비록 폭력적인 성향이 있었으나, 그들은 곧 후회하는 모습을 보이고 반사회적인 행동이 급속도로 감소하는 것을 볼 수 있었다. 반면, 훈련 캠프에 오랜 시간 있었던 아동은 정체성의 혼란을 겪었다. 그러나 그들 역시 시간이 흐를수록 과거를 후회하고 자신의 공격성을 컨트롤하기 시작하며 새로운 어른 양육자와 긍정적인 애착관계를 형성하였다. 물론 그들 중에는 지속적으로 공격성을 보이고 복수를 하려는 행동을 보이는 아동도 있었다. 그러나 새로운 환경에 적응하고 회복하는 모습을 보이는 대부분의 아동의 케이스는 아동의 놀라운 회복능력을 잘 보여 준다. 아동과 지역사회의 사회적인 지지는 비인간적인 삶에의 노출되었던 아동도 회복할 수 있도록 돕는 것이다(Klasen et al., 2010).

최근 증거들은 유전자가 회복 과정에서도 중요한 역할을 한다고 보고한다. 트라우마로부터 회복을 할 수 있게 하는 유전적인 요소를 지닌 네팔의 소년병들은 그렇지 못한 병사들보다 전쟁으로 인한 트라우마로부터 더 빨리 회복할 수 있었다(Brandon et al., 2016).

위험과 회복에 대한 최근의 이론은 이처럼 극단적인 상황을 바탕으로 한 근거에 의해 뒷받침되고 있다(Luthar, 2006; Masten, 2014). 오늘날, 유니세프와 같은 구호 단체들은 군인이었던 소년들이 그들의 트라우마로부터 회복하기 위해서는 신체적인 도움 이상이 필요하다는 것을 잘 이해하고 있다. 이들은 정서적인 문제와 트라우마로부터 회복이 필요할 뿐만 아니라, 재입대로부터 보호가 되어야 하고, 신뢰와 평화로운 갈등 해결을 바탕으로 지역 사회에 잘 적응할 수 있도록 도움이 필요하다. 이는 군인으로 참가하지 않았다 하더라도 다양한 정치적 폭력 사태와 무력 충돌에 동원된 세계의 수백만 명의 소년들에게도 마찬가지로 해당되는 부분이기도 하다(Cummings et al., 2017).

**공격성의 결정요인이 되는 문화** 공격행동의 빈도는 나라마다 다르다. 어떠한 문화권에서는 매우 자주 나타나는 데 반해, 다른 나라에서는 공격행동이 드물게 나타난다(Bergeron & Schneider, 2005; Eisner & Malti, 2015). 살인에 의한 죽음이 나타나는 비율을 조사한 통계는 이를 잘 나타낸다. 노르웨이, 스웨덴, 오스트리아, 독일, 스위스, 이탈리아와 같은 서부 유럽권 나라 또는 중국과 일본과 같은 나라에서는 1 혹은 그보다 낮은 지수로(인구 100,000명마다 1명이 살인으로 인해 죽는 것으로) 나타나고, 캐나다는 1.6, 미국은 5, 러시아는 10, 멕시코는 24, 잠비아는 38, 온두라스는 92로 나타난다(UN Data, 2012). 인류학자들은 전통문화의 평화롭거나 폭력적인 정도를 살펴보았는데, 말레이시아, 필리핀, 캐나다의 일부 지역, 멕시코의 자포텍 지역에서 성인과 아동은 매우 낮은 수준의 공격성을 보였다(Howell & Willis, 1989; Sponsel & Gregor, 1994). 반면, 에콰도르와 뉴기니의 일부 지역에서는 살인, 전쟁, 아동에 대한 혹독한 체벌, 및 유아를 죽이는 것이 일반적인 것으로 나타났다(Robarchek & Robarchek, 1998). 2013년에 62개의 나라를 대상으로 한 연구에서, 베르그뮬러는 집단주의적인 나라보다 개인주의적인 나라에서 4~8학년의 아동이 공격성을 더 많이 보인다고 보고했다. 마찬가지로, 28개의 다른 문화를 비교 연구한 연구에서, 연구자들은 타이완, 태국, 인도네시아 등 그룹 멤버 간의 연대를 강조하는 집단주의적 문화보다 미국, 호주, 그리스와 같은 개인주의, 야심, 성공을 강조하는 문화에서 아동 및 청소년이 공격성을 더 많이 보인다는 것을 발견했다(Bergeron & Schneider, 2005). 협동과 평등을 강조하는 집단주의적 문화보다 위계, 지위, 영향력을 중요시하는 개인주의적 문화에서 공격성이 더 많이 나타나는 것으로 보인다. 이처럼 문화적인 가치와 태도 또한 공격성의 발달에 중요한 영향을 미친다.

**대중문화에 나타나는 공격성의 결정요인이 되는 문화** 아동은 영화, 텔레비전을 보거나 비디오게임을 하고 인터넷을 하면서 수많은 폭력적인 장면을 보게 된다. 통계에 의하면 미국 아동들은 초등학교 졸업 때까지 평균적으로 8,000번의 살인, 100,000번의 폭력적인 장면들을 보게 된다고 한다(Bushman & Anderson, 2001). 미디어에 신체적인 폭력 장면만 많이 방영되는 것은 아니다. 대부분 모든 디즈니 영화와 77%의 텔레비전 프로그램은 관계적 공격성을 잘 묘사한 장면들이 포함되어 있다(Coyne & Whitehead, 2008; Linder & Gentile, 2009).

텔레비전의 공격적 장면에 노출되는 것은 아동의 공격성을 증가시킨다(Bushman et al., 2015; Comstock & Powers, 2012). 뉴욕주의 한 상관 연구에서, 연구자들은 텔레비전을 보는 것과 공격적인 행동과의 관계를 707개 가정을 대상으로 17년간 살펴보았다(Johnson et al., 2002). 텔레비전을 더 많이 본 청소년은 그다음 해에 더 공격적인 성향을 보였는데, 이는 이들의 이전 공격성 수준, 가정 문제, 지역의 범죄율을 모두 통제한 이후에도 유의미한 결과였다. 텔레비전의 영향력은 이미 공격적인 성향을 보이는 아동에게 특히 더욱 큰 것으로 나타난다. 또한 텔레비전의 관계적 공격성에 대한 노출은 아동의 관계적 공격성의 증가에 영향을 끼쳤다(Linder & Gentile, 2009). 텔레비전의 폭력적 장면에 대한 노출은 단기적인 영향뿐 아니라 장기적인 영향을 미치기도 하였다. 텔레비전의 폭력적 장면에 대한 노출이 많은 아동은 성인이 된 후에도 텔레비전을 많이 보지 않았던 성인들에 비해 더 공격적인 성향을 보였다(Huesmann et al., 2003). 이들은 더 높은 수준의 신체적 공격성과 언어적 공격성을 보였고, 교통 위반을 많이 하는 것으로 나타났으며, 체포된 수도 더 많았다.

폭력적 미디어에 노출되는 것은 아동에게 마치 그러한 영상이 실제를 반영하는 것으로 믿게 할 수 있다. 아동에게 폭력적 영상을 보여 주며 이 영상이 실제 현상을 녹화한 것이라고 말해 준 경우, 영화라고 말해 준 경우에서보다 더 높은 수준의 공격적인 반응을 보였다(Atkin, 1983). 아동이 성장하여 허구와 실제를 구분하는 능력이 발달하면서, 텔레비전의 폭력적인 영상이 공격적인 행동에 미치는 영향력은 줄어든다(Bushman & Huesmann, 2001).

비디오 게임과 컴퓨터 게임은 아동에게 폭력적인 영상들을 보여 주고 가상의 세계에서 공격적으로 행동할 수 있는 기회를 제공한다. 이러한 게임도 아동의 공격성을 증가시킨다는 근거들이 제시되고 있다(Anderson et al., 2012; Bushman et al., 2015). 조사에 따르면 게임을 많이 하는 청소년들은 교사와 말싸움을 하거나 신체적인 싸움을 하는 등 높은 수준의 공격적인 행동을 한다고 보고되고 있다(Gentile et al., 2004). 이러한 게임이 폭력성에 미치는 효과는 미국에서만 발견되고 있는 것은 아니다. 비슷한 결과가 싱가포르에서도 보고되었다. 또한 이러한 효과는 기존의 공격성 수준이 높았던 청소년과 낮았던 수준의 청소년 모두에게서 발견되었다. 뿐만 아니라, 이와 같은 공격적인 게임과 공격성 간의 밀접한 관계는 시간과 문화를 초월하여 발견된다. 폭력적인 게임을 많이 한 미국과 일본의 청소년 모두 3~6개월 후에, 그들의 기존 공격성을 통제하여도, 공격성의 수준이 높아지는 것으로 나타났다(Anderson et al., 2008). 실험 연구 결과도 이와 동일하다. 실험에서 공격적인 테마로 게임을 더 많이 한 아동은 실제 놀이에서도 더 공격적으로 행동할 뿐만 아니라 좌절감을 많이 느꼈다(Polman et al., 2008). 130,000명의 실험자를 대상으로 한 메타 연구들을 바탕으로, 연구자들은 폭력적 게임과 공격적 행동, 공격적 사고, 화가 난 감정, 신체적 각성에 밀접한 관계가 있다고 보고하였다(Anderson et al., 2010). 비록 남아가 여아보다 비디오 게임을 더 좋아하기는 하지만, 게임의 폭력적인 영상에 노출된 효과는 남아, 여아 모두에게 동일하게 나타나며, 서부와 비서부 문화권 나라에서도 마찬가지로 동일하게 나타났다. 아동과 청소년은 인터넷에서 또한 많은 폭력적 이미지를 보게 된다. 예를 들면, 유튜브는 30,000편 이상의 아동이 싸우는 영상과 75,000편 이상의 여자들이 싸우는 영상을 제공한다고 한다.

폭력적 영상의 신경학적인 기제에 대해서는 많은 연구가 시작되는 단계이다(Murray, 2012). 폭력적 게임의 영상에 반복적으로 노출되는 것은 뇌의 활동에 감소를 가져오며, 특히 장기적인 노출은 무감각한 반응을 가져온다고 알려져 있다(Engelhardt et al., 2011). fMRI를 이용한 신경학 연구들은 전두엽과 같은 뇌의 일부분이 아동이 게임을 볼 때와 폭력적인 영화를 볼 때 덜 활성화된다고 보고한다(Weber et al., 2006; Murray, 2012). 전두엽이 자기-조절과 관련이 있는 뇌의 부분이라는 것을 고려하면, 왜 폭력적 영상이 공격성의 증가를 불러오는지 이해가 가능하다.

## 공격성의 발달에 미치는 유전적 요인과 사회적 요인의 결합 효과

아동의 공격성 발달을 살펴보기 위해서는 화를 내는 유전적, 생물학적 원인, 체벌의 강도, 강압적인 상호작용, 가정에서의 신체적 학대, 문제행동을 보이는 또래와의 어울림, 위험한 지역에서의 거주, 폭력적 영상에의 노출, 등 여러 요인이 모두 고려되어야 한다. 여러 요인 중 한 요인이라도 가지고 있을 경우 아동은 공격적인 행동을 보이게 되며, 여러 요인을 다수 가지고 있을 경우 공격적인 행동을 보일 확률은 높아진다.

연구자들은 이와 같은 여러 요인의 결합된 효과들을 살펴보아 왔다. 그들은 유전적 요인과 환경의 결합된 효과도 검증해 왔다. 6,000명의 네덜란드 가정 입양아를 대상으로 한 연구는 유전적 요인과 환경적 요인이 누적적인 효과를 보인다고 보고한다(Mednick & Christiansen, 1977). 생물학적 부모와 입양한 부모가 모두 범죄 행위를 보인 적이 있는 경우, 입양아의 25%가 범죄에 연루될 확률을 보였으며, 생물학적 부모만 범죄 행위를 보였을 경우 20%의 입양아가, 입양한 부모만 범죄 행위를 보였을 경우 15%의 입양아가 기소되었다. 그리고 두 부모 모두 범죄 행위를 보인 적이 없을 경우, 14%의 입양아가 기소된 것으로 나타났다. 스웨덴의 연구도 비슷한 결과를 보였는데, 남아를 대상으로 하여 그 패턴은 더욱 뚜렷하게 나타났다(Cloninger et al., 1982). 두 부모가 모두 범죄자였을 경우,

40%의 입양아가 범죄에 연루되었고, 생물학적 부모가 범죄자였을 경우 12%의 입양아가, 입양한 부모가 범죄자였을 경우 7%의 입양아가, 두 부모 모두 범죄자가 아니었을 경우 3%의 입양아가 범죄 행위를 보이는 것으로 나타났다.

유전적 요인과 환경의 결합된 효과를 검증한 또 다른 연구는 아동이 유전적으로 반사회적인 성향을 가지고 있을 경우, 그렇지 않은 아동보다 가정에서 부정적인 경험을 했을 때 더욱 공격적 행동을 보이게 된다고 설명한다(Dodge, Coie, et al., 2006). 쌍생아를 대상으로 한 연구에서, 부모로부터 신체적인 학대를 받고, 쌍생아 형이 문제행동을 보일 경우 그 동생도 문제행동을 보일 확률은 24%이지만, 쌍생아 형이 문제행동을 보이지 않을 경우 그 동생이 문제행동을 보일 확률은 2%에 그친다고 보고하였다(Jaffee et al., 2005). 일란성 쌍생아들을 대상으로 살펴봤을 때, 공격적 친구와 어울리지 않는 쌍생아들에 비해, 공격적 친구가 있는 쌍생아들은 시간이 흐름에 따라 더 공격적 성향을 보이는 것으로 나타났다(Vitaro et al., 2011). 마지막으로, 테스토스테론 레벨이 높고 학대적인 양육을 받은 아동은 테스토스테론 레벨이 높으나 학대적인 양육을 받지 않은 아동보다 높은 공격행동을 보이는 것으로 나타났다(Chen et al., 2018). 이처럼 부정적인 환경은 유전적 혹은 호르몬의 영향과 결합하여, 공격적인 행동을 더 발현하도록 만드는 것으로 보인다.

연구자들은 또한 부정적인 환경이 유전적으로 공격적인 성향을 타고 난 아동의 공격성을 더욱 악화시킨다고 보고한다. 예민하고, 성질이 급하며, 충동적인 기질을 가진 아동은 나중에 공격적인 행동을 보일 확률이 큰데, 이러한 아동이 부정적인 환경에 있을 경우 그 확률은 더욱 높아지게 된다. 예를 들어, 충동적인 남아가 가난한 지역에서 자랄 경우, 부유한 지역에서 자란 충동적인 남아보다 더 폭력적인 사람이 될 확률이 높다(Lyman et al., 2000). 연구자들은 환경적인 요인들이 신경전달물질과 상호작용을 한다고 보고한다. 한 종단 연구는, 세로토닌 수준이 낮고 다툼이 많은 가정환경에서 자란 아동은 21세가 되었을 때 범죄 행위를 보일 확률이 매우 높아진다고 보고했다(Moffitt et al., 1997). 연구자들은 또한 아동이 태어나기 전 가졌던 생물학적인 문제들은 아동이 속한 환경조건과 상호작용을 통해 아동에게 영향을 미친다고 보고한다(Raine, 2002). 예를 들면, 임신한 엄마가 담배를 피우고, 아버지 없이 자란 아동은 이러한 문제가 없었던 아동에 비해 폭력적 문제를 일으킬 확률이 12배나 높고(Rasanen et al., 1999), 태어나기 전 신체적 문제가 있고 태어난 후에도 엄마로부터 거부당한 아동은 19세가 되었을 때 범죄 행위를 저지를 확률이 2배 넘게 높아진다(Raine et al., 1994, 1997). 생물학적 요인과 환경적 요인은 이처럼 상호작용을 통해서 반사회적인 행동을 하도록 만든다. 이는 일찍부터 공격적인 성향을 보이는 아동과 청소년에게 더욱 뚜렷하게 나타나는 현상이기도 하다. 마지막으로, 적대적인 부모의 영향을 많이 받은 청소년은(예: 코르티솔 레벨의 변화가 컸던 청소년은) 부모의 충돌에 적게 반응했던 청소년에 비해 반사회적인 행동을 더 많이 보였다(Saxbe et al., 2012).

연구자들은 또한 환경의 여러 요인이 아동의 공격성에 어떻게 영향을 미치는지 살펴보았다. 한 연구에서, 연구자들은 공격적인 청소년들은 아동 초기에 체벌적인 양육을 더 많이 받고, 아동 중기에 부정적인 또래 상호작용을 더 많이 했으며, 아동 후기에 문제행동을 보이는 또래와 자주 어울렸음을 발견했다([그림 11-4] 참조; Patterson et al., 1989). 또 다른 연구에서, 연구자들은 가난한 지역에서 살며 15세에 반사회적인 또래와 자주 어울린 청소년들은 18세에 범죄 행위에 가담할 확률이 높아졌음을 보고했다(Herrenkohl et al., 2003). 연구자들은 또한 단 하나라도 긍정적인 요인이 있을 경우 이와 같은 부정적인 발달 패턴에 보호 요인이 된다고 설명한다. 예를 들면, 가난한 지역에 살지만 부모로부터 긍정적인 양육을 받을 경우 가난한 지역의 폭력 행동에 적게 영향을 받는다고 보고한다(Kliewer et al., 2004; Ozer, 2005). 공격적인 성향을 가진 아동도 부모가 그들의 활동을 잘 감독하고 15세에 종교활동에 참여할 경우 18세에 범죄 행위에 가담할 확률은 낮아졌다. 신체적인 학대를 당한 아동조차도 종교활동에 참여하고 부모와 또래가 반사회적인 행동을 강력하게 반대하는 모습을 보이면 덜 폭력적인 모습을 보였다(Herrenkohl et al., 2005). 이러한 보호 요인이 많아질수록, 아동은 덜 폭력적으로 성장하게 될 확률이 높다(Herrenkohl et al., 2003). 종합하면, 아동의 공격성은 여러 가지 분야 및 부분에서의 다수의 요인에 의해 설명되는 것이고, 한 분야의 한 특성에 의해 설명되는 것은 아니다.

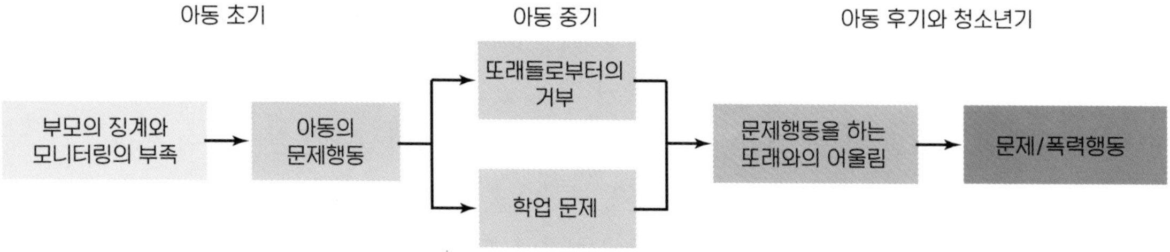


[그림 11-4] 공격적인 행동의 발달. 부모와 또래는 모두 아이들의 반사회적 행동 발달에 중요한 역할을 하지만 영향을 미치는 시점은 차이가 있다.

출처: Patterson, G. R., DeBarshyshe, B., & Ramsey, R. (1989). A developmental perspective on antisocial behavior. *American Psychologist, 44*, 329-335. Copyright © 2010 by the American Psychological Association. Reproduced with permission. The use of APA information does not imply endorsement by APA.

## 연구 들여다보기: 유전과 환경의 방아쇠 그리고 폭력 행동

Caspi, Moffitt, 그리고 그와 함께 연구하는 많은 연구자는 유전과 환경이 어떻게 상호작용하여 아동의 공격성을 증가시키는지 설명한다(Caspi et al., 2002). 부모의 공격성 히스토리를 아동의 공격 성향의 잣대로 보는 이전의 연구와 달리, 그들의 연구는 공격성에 영향을 미치는 특정 '후보 유전자'인 MAOA 유전자에 초점을 맞춘다. MAOA 유전자는 MAOA 효소를 해독하는데, 이는 노르에피네프린, 세로토닌, 도파민과 같은 신경전달물질을 대사하여, 이 효소를 비활성화하는 것을 말한다. 이러한 MAOA 활동이 부족할 경우 동물과 사람 모두 공격성이 높아지는 것이 확인되었다. Caspi와 Moffitt은 MAOA 활동이 낮을 경우, 즉 공격성과 관련 있는 신경전달물질을 줄이지 못할 경우, 개인이 높은 수준의 공격행동을 보인다고 예측했다.

Caspi와 Moffitt은 유전자가 홀로 작용할 수 없는 것을 알았기 때문에, 이러한 유전적인 소인이 작용할 수 있는 환경을 찾아보았고, 아동학대를 그중 하나의 환경, 즉 공격적인 소인을 나타나게 하는 방아쇠로 살펴보았다. 아동은 신체적으로 학대당하는 경우 공격적이고 반사회적인 행동을 보이기 마련이지만(Rutter et al., 1998; Keiley et al., 2001), 그 확률은 보통 50% 수준이다(Widom, 1989). Caspi와 Moffitt은 아동이 공격적인 유전자를 가지고 있을 경우, 학대의 경험은 그 유전자를 발현하게 하는 기회가 된다고 주장하였다. 그들은 *MAOA* 유전자가 아동의 공격성을 발현하게 하는 유전자인지 검증하였다.

뉴질랜드의 442명의 남자아이를 대상으로 종단적 연구를 진행하여, Caspi와 Moffitt은 부모로부터 학대를 당한 아동과 당하지 않은 아동을 비교하였다. 그들은 MAOA 활동이 낮은 아동(공격성 유전자를 가지고 있는 아동)이 부모로부터의 학대의 정도에 따라 공격성의 발현이 달라지는지를 검증하고자 하였다. 남자 아동만을 실험의 대상으로 포함한 것은 MAOA 유전자가 X 염색체와 관련이 되어 여성보다 남성에게 더 확연하게 나타나기 때문이다. 연구자들은 DSM-IV의 표준에 따른 행동장애, 범죄행위로 인해 경찰로부터 유죄판결을 받음, 심리검사를 통해 나타난 공격성 성향, 아동을 잘 아는 개인으로부터 판단된 반사회적인 성격의 증상들을 포함한 네 가지의 공격적인 행동을 살펴보았다. 낮은 MAOA 활동을 보이는 아동 중 학대의 경험이 있는 아동의 85%가 사춘기와 성인기에 폭력적이고 반사회적인 행동 패턴을 보이는 것이 발견되었다. 그러나 MAOA 유전자를 가지고 있으면서 학대의 경험이 없는 경우, 20%의 아동만이 반사회적인 행동을 보였다([그림 11-5] 참조). Caspi와 Moffitt의 연구 결과는 이후 MAOA 유전자와 아동기의 역경을 살펴본 다른 연구들에서 여러 번 반복 검

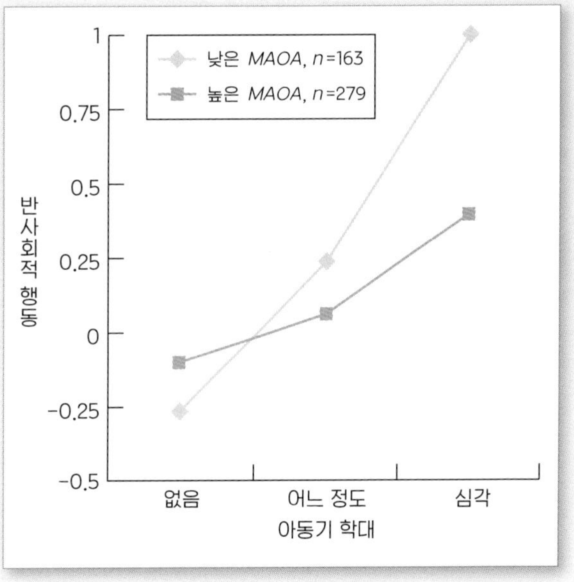


[그림 11-5] 반사회적 행동에 미치는 유전자와 환경의 영향. 가장 공격적인 아이들은 낮은 MAOA활동을 위한 유전자를 가지고 있었고 심각한 학대를 경험했다.

출처: From Caspi, A., McClay, J., Moffitt, T. E., Mill, J., Martin, J., Craig, I. W., Taylor, A., & Poulton, R. (2002). Role of genotype in the cycle of violence in maltreated children. *Science, 297*, 851–854. Reprinted with permission from AAAS.

증되었다(Foley et al., 2004; Kim-Cohen et al., 2006). 뿐만 아니라, 연구자들은 알코올에 의지하기 쉬운 유전자를 가진 젊은이들은 부모가 그들을 잘 감시하지 않을 경우 위험 행동으로 발전시킬 수 있다는 것을 추가로 발견하였다(Dick et al., 2009).

## 공격성 발달에 영향을 미치는 사회인지적 요인

유전, 호르몬, 부모, 또래, 지역, 미디어와 같은 여러 요인은 모두 아동의 공격성 발달에 영향을 미친다. 마지막으로 살펴볼 요인은 아동의 사회인지적 과정이다. 인지적으로 부호화하고 해석하며 이해하는 과정은 아동의 사회적 행동을 가이드하고 공격적인 상황에서 결정을 내리는 데 영향을 미친다. 예를 들어, 학교 점심시간에 같은 상황에서 서로 다른 두 아동이 반응하는 양식을 생각해 보자. 해리의 새 신발에 한 친구가 우유를 쏟았다. 해리는 순간적으로 그것이 실수에 의한 사고였다는 것을 깨닫고, 친구의 사과를 받아들이고, 웃어넘긴다. 그런데 제롬의 새 신발에 친구가 우유를 쏟았을 때, 제롬은 친구가 실수로 한 것이 아니라고 판단하고, 친구의 식판을 빼앗아 땅에 던져 버린다. 이렇게 해리와 제롬은 일어난 동일한 사건에 대해 다른 방식으로 바라본다. 해리는 그가 속한 사회적 환경을 친밀하고 우호적이며 가끔 사고도 일어날 수 있는 것이라고 해석한다. 반면, 제롬은 세상은 적대적이며 타인은 서로에게 피해를 주려 한다고 해석한다. 이와 같은 차이는 공격적인 아동과 공격적이지 않은 아동의 인지적 특성을 잘 설명해 준다.

사회적 정보처리 과정 이론은 이러한 두 사고의 차이를 검증하는 유용한 틀을 제공해 준다(제1장 '서론'의 [그림 1-3] 참조; Crick & Dodge, 1994; Dodge & Pettit, 2003; Gifford-Smith & Rabiner, 2004). 이 이론에 따르면, 아동은 사회적인 상황을 해석하는 데 있어 오랜 시간 동안 형성되고 기억에 저장된 신경학적 능력들을 이용하게 된다. 아동에게 친구가 우유를 쏟는 등의 새로운 사회적인 사건이 일어났을 때, 아동은 이러한 능력을 이용하여 사회적인 단서들을 해석하고 반응한다.

첫째, 아동은 사회적 단서를 해석한다. 공격적인 아동은 주의능력과 해석 능력이 부족하여 사회적 단서의 모든 가능성을 다 고려하지 못한다. 예를 들면, 신체적으로 학대당한 아동은 행복한 표정에 비해 화난 표정에 더 주의를 집중하는 특성을 보인다(Pollak & Tolley-Schell, 2003). 해리와 제롬의 경우, 해리는 친구가 자신의 신발에 우유를 쏟은 것뿐만 아니라 친구의 놀란 표정도 알아채는 데 반해, 제롬은 친구의 표정은 살피지 못하고 자신의 신발에만 집중한다.

둘째, 아동은 사회적인 단서를 의도적이고 위협적인 것으로 또는 사고이며 무해한 것으로 해석한다. 같은 예의 경우, 해리는 우유를 쏟은 것을 사고로 해석하지만, 제롬은 의도적이며 위협적인 것으로 해석한다. 이는 일부분, 공격적인 아동이 상대방의 감정을 정확히 해석하는 데 어려움이 있는 것에 기인한다. 공격적인 아동은 공격적이지 않은 아동에 비해 타인의 행동을 의도적이고 적대적인 것으로 해석한다. 그들은 부정적인 사고를 의도적이고 악의적인 것으로 해석하는 **적대적 귀인 편향**(hostile attribution bias)을 보이고, 이와 같은 특성은 공격적인 행동을 증가시킨다. 다음에 제시된 8세 엘리의 이야기는 적대적 귀인 편향을 아주 잘 보여 준다.

> "아이가 저와 부딪치거나 제 물건을 책상에서 떨어뜨리거나 저를 웃으며 바라볼 때, 저는 그것이 무엇을 의미하는지 알았고 그것은 우연이 아니라고 생각했어요. 저는 보통 다른 아이를 쫓아가서, 바로 복수를 하곤 했어요."

아동을 괴롭히는 가해자와의 관계도 이러한 해석 과정에 중요한 영향을 미친다. 아동에게 해를 가한 사람이 관계가 좋지 못한 적이었다면, 아동은 중립적 관계의 또래가 실수하였을 때보다 더 악의적으로 해석하게 된다(Peets et al., 2007). 아동의 적대적 귀인 편향은 친구의 적대적 귀인 편향에도 영향을 받는다. 아동의 친구들은 비슷한 적대적 귀인 편향의 특성을 보인다고 보고되고 있다(Halligan & Philips, 2010).

셋째, 아동은 가능한 행동적 반응을 생각한다. 공격적인 아동은 공격적이지 않은 아동에 비해 적은 수와 낮은 질의 반응 양식들을 생각해 낸다(Dodget, Coie, et al., 2006; Shure & Spivack, 1980). 해리는 사고를 무시하거나, 웃어넘기거나, 대수롭지 않게 여기는 옵션들을 생각하지만, 제롬은 싸우거나 복수하는 옵션에 초점을 맞춘다.

넷째, 아동은 반응 양식을 결정한다. 그들은 자신의 도덕적 수용 가능성과 타인으로부터의 반응을 바탕으로 반응 양식들을 평가한다. 그들은 각 반응의 결과들을 고려하여 가장 긍정적으로 평가되는 반응 양식을 결정한다. 공격적인 아동은 이러한 과정을 거쳐 공격적인 반응 양식을 결정한다. 그들은 공격적이지 않은 아동에 비해 공격적인 반응 양식이 보다 적합하고 도덕적으로 정당하다고 여긴다(Erdley & Asher, 1998; Werner & Hill, 2010). 그들은 공격적으로 행동하는 것에 대해 보다 긍정적인 결과들을 예상한다. 이에, 제롬은 친구에게 펀치를 가하는 것이 자신의 체면을 살리는 것이라고 생각하게 된다.

마지막으로, 아동은 선택한 반응을 해석하게 된다. 이 단계에서도, 공격적인 아동과 공격적이지 않은 아동은 차이를 보인다. 공격적인 아동은 사회적으로 적절하고 비공격적인 행동을 이행하는 데 덜 유능한 모습을 보인다(Burleson, 1982; Dodge, Coie, et al., 2006).

아동이 이러한 단계를 진행하면서, 그들은 타인의 얼굴 표정과 행동 반응을 통해 피드백을 받게 되고, 이를 통해 이러한 과정은 재순환된다. 시간이 흐름에 따라, 아동은 각 단계에서 단서를 해석하는 스타일의 특성을 발전시키게 되고, 이는 사회적 정보처리 과정의 틀이 되어 그들이 사회적인 상황에서 행동하는 양식에 가이드가 된다. 이와 같은 사회인지 처리과정은 공격행동에 영향을 주는 퍼즐의 마지막 단서가 되는 것이다.

## 또래 공격의 가해자와 피해자

공격성의 한 형태로, 또래관계에서 불평등한 힘을 사용하여 반복적으로 또래를 괴롭히는 공격행동인 **또래 괴롭힘(bullying)**이 있다. 연구자들은 일부의 아동이 습관적으로 또래를 괴롭히는 가해자가 되고, 일부의 아동이 만성적인 피해자가 된다고 보고한다. 미국의 초/중등 6~10학년생 16,000명을 대상으로 한 조사에 따르면, 13%가 가해자, 11%가 피해자에 해당한다(Nansel et al., 2001). 또한 6%의 아동이 가해자이면서 피해자인 그룹에 해당되었다. 이들은 다른 아동에게 공격을 받는 피해자이면서도 또한 약한 아동을 향해 공격하는 가해자이기도 했다. 비록 또래 괴롭힘이 줄어드는 패턴을 보이지만, 여전히 심각한 문제임은 분명하다. 2005년에는 28%의 아동이 또래 괴롭힘을 받은 적이 있다고 보고했으나, 2014~2015년에는 21%의 아동이 또래 괴롭힘을 받은 적이 있다고 보고했다(Child Trends, 2017). 또래 괴롭힘은 세계적으로도 심각한 문제이고([그림 11-6] 참조), 많은 관심을 받고 있다. 2007년, 스위스, 한국, 이탈리아, 노르웨이, 핀란드, 네덜란드, 포르투갈, 오스트리아, 호주, 캐나다, 스페인, 영국, 미국의 학자들은 스위스에서 만나서 아동과 청소년의 또래 괴롭힘 문제의 심각성을 인지하고 문제를 줄이기 위해 노력하겠다는 Kandersteg 협약을 맺었다. 이 협약은 또래 괴롭힘은 인간의 기본 인권을 침해하는 것으로, 모든 개인이 존중받고 안전해야 하는 권리를 보장하는 것은 어른의 도덕적인 책임이라고 선언한다. 2015년까지 미국의 모든 학교는 또래 괴롭힘을 줄이기 위한 정책들을 마련했으나, 정책의 특성들은 주마다 조금씩 차이를 보인다(Cornell & Limber, 2016). 캐나다의 경우에도, 주 차원에서 또래 괴롭힘에 반대하는 정책들이 마련되었다

(Pareé & Collins, 2016). 그러나 두 나라 모두 정책의 정의와 입안에 대한 뚜렷한 해석은 아직 부족한 편이다.

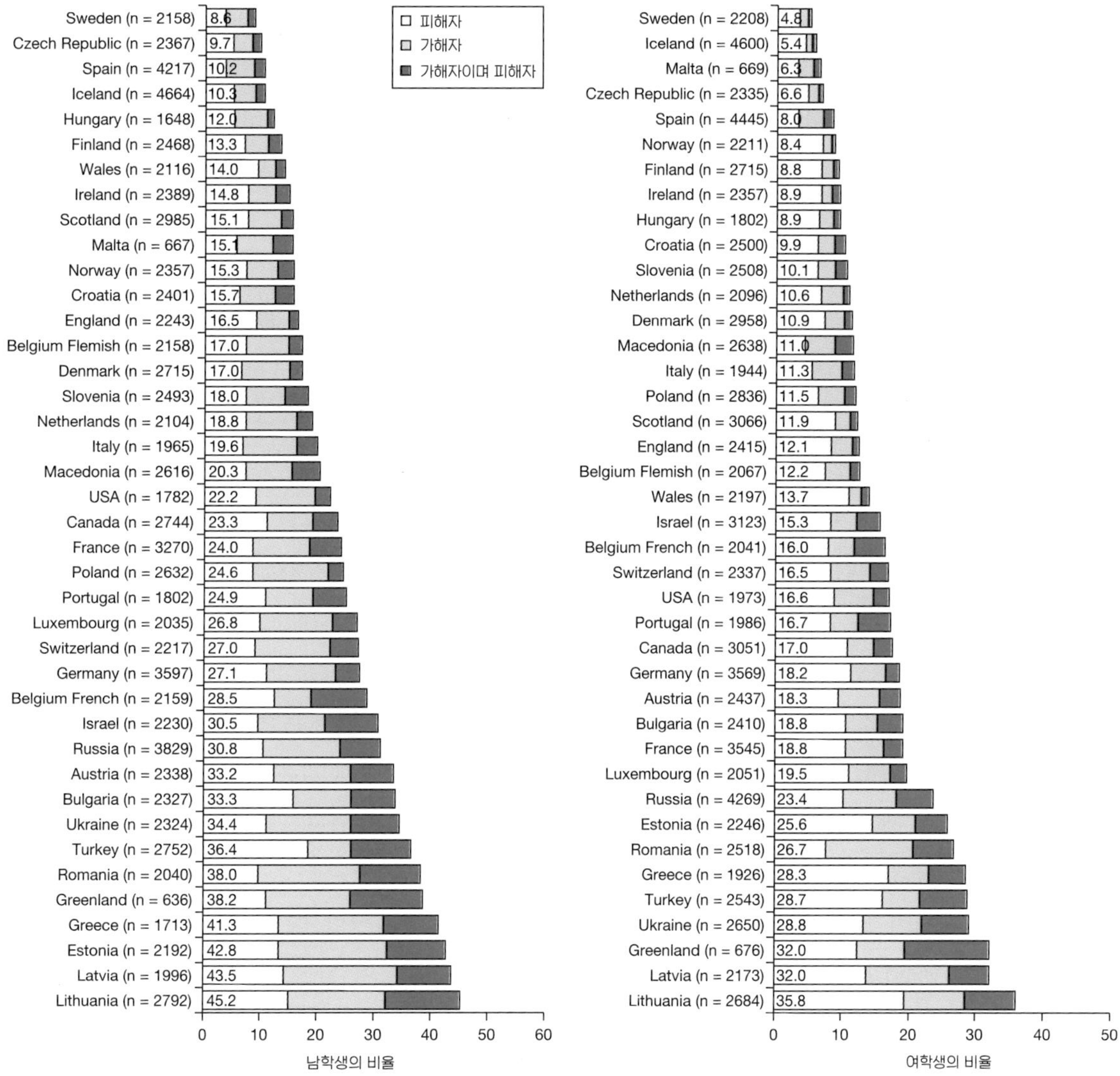


[그림 11-6] 여러 국가에서 남학생(왼쪽)과 여학생(오른쪽)의 피해자, 가해자, 가해자이며 피해자라고 보고된 비율

출처: Craig, W., Harel-Fisch, Y., Fogel-Grinvald, H., Dostaler, S., Hetland, J., & Simons-Morton, B., The HBSC Bullying Writing Group. (2009). A cross-national profile of bullying and victimization among adolescents in 40 countries. *International Journal of Public Health, 54*, S216-S224. Reprinted with permission.

## 또래 괴롭힘의 가해자와 피해자의 행동

또래 괴롭힘의 가해자는 때리기, 치기, 협박하기, 놀리기와 같은 직접적인 공격행동 및 소문내기, 소유물을 파괴하기와 같은 간접적인 공격행동을 사용한다. 그들은 또한 신체적 공격행동과 관계적인 공격행동을 사용한다. 여자 가해자는 상대적으로 관계적 공격행동을 더 사용하고, 남자 가해자는 신체적 공격행동을 더 많이 사용한다(Crick & Bigbee, 1998). 또래 괴롭힘을 통해 가해자는 또래 지위와 힘을 가지게 되고 인기도와 존경을 얻게 되므로 적응적인 측면이 있다(Caravita et al., 2009; Salmivalli & Peets, 2018; Veenstra et al., 2007; Volk et al., 2014). 가해자는 다른 아동들에 의한 선호에 영향을 받지 않기 위해 피해자를 주도면밀하게 고르는 특성을 보인다(Veenstra et al., 2010). 이는 또래 괴롭힘에 다른 아동들이 영향을 준다는 것을 의미한다. 실제로, 캐나다의 연구자들은 운동장에서의 또래 괴롭힘에 85%의 또래들이 관여되었다고 보고한다(Craig & Pepler, 1997; O'Connell et al., 1999). 이 중, 21%의 또래는 가해자를 지지하고, 54%는 수동적으로 구경하며, 25%의 또래만이 피해자를 위해 또래 괴롭힘에 개입한다. 뿐만 아니라, 나이가 들수록 또래 괴롭힘을 목격하는 청소년들 중 가해자의 행동을 강화하는 청소년은 늘어나고, 피해자를 방어하는 청소년은 줄어드는 것으로 나타난다(Pöyhönen & Salmivalli, 2008; Salmivalli & Peets, 2018). 이는 나이가 들수록 또래 괴롭힘을 받아들이는 청소년이 많아지고(Salmivalli & Voeten, 2004), 피해자를 도우려는 의도를 가지는 청소년이 줄어든다는 결과와 일치하는 것이기도 하다(Rigby & Johnson, 2006). 또래 괴롭힘을 받아들이는 태도는 실제 또래 괴롭힘의 증가와도 관련이 높다(Guerra et al., 2011).

**또래 폭력의 피해**(victimization)는 여러 가지 형태로 나타날 수 있다. 남아와 여아 모두 신체적인 폭력(때리기, 밀치기 등)을 당하는 것으로 나타난다. 조사에 의하면 13%의 남아와 12%의 여아가 맞거나 밀치는 신체적 폭력을 지난 1년 동안 당한 적이 있다고 보고했다(Child Trends, 2016). 그러나 여아는 남아에 비해 관계적인 폭력의 피해자가 되는 경우가 많았다(Crick et al., 1999). 38%의 여아와 33%의 남아가 놀림을 당하거나 감정적으로 괴롭힘을 당하는 것으로 나타났다. 폭력의 피해자는 피해에 공격적으로 반응하지 않는 수동적 피해자와 피해에 공격적으로 반응하는 반응적 피해자로 나뉠 수 있다. 그러나 대부분의 경우 피해자는 수동적인 태도를 취한다. 이들은 스스로를 방어하지 못하거나 가해자에게 보복하지 못할 것이라는 암묵적인 시그널을 보내게 되고, 쉽게 울거나, 불안해하는 모습을 보인다(Hodges & Perry, 1999). 이들은 교사에게 의존적인 모습을 보이기도 한다(Troop-Gordon & Kopp, 2011). 실제로, 피해자들은 약한 경우가 많고, 스스로에 대해 불안해하고 자존감이 낮은 편이다(Card & Hodges, 2008). 다음은 고등학생이 또래 괴롭힘의 피해와 관련된 요인을 요약한 내용이다(Guerra et al., 2011, p. 306).

> "약하거나 짜증나게 하거나 다르기 때문에 괴롭힘을 당할 수 있습니다. 귀가 큰 아이들은 괴롭힘을 당합니다. 바보 같은 아이들은 괴롭힘을 당합니다. 자신에 대해 너무 생각이 많거나 자신을 과시하려고 노력하면 또한 괴롭힘을 당할 수 있습니다. 선생님에게 잘 보이려고 하면 괴롭힘을 당합니다. 당신이 수업 시간에 정답을 너무 많이 말하면 괴롭힘을 당할 수 있습니다. 인기 많은 아이들 또래 집단 내에서도 서로를 괴롭히고, 다른 또래 그룹의 아이를 괴롭힙니다. 괴롭힘을 당하지 않으려면 다른 사람의 눈에 띄지 않아야 합니다. 그런데 그렇게 되면 아무도 나에게 관심을 기울이지 않기 때문에 슬퍼집니다."

한 연구에서, 잘 울거나, 고민을 많이 하고, 쉽게 놀라며, 자주 슬퍼하는 등의 내적 문제를 많이 보이는 초등학교 1학년 아동은 3학년이었을 때 또래 괴롭힘의 대상이 된다고 보고되었다(Leadbeater & Hoglund, 2009). 자신도 모르는 사이에, 수동적인 피해자는 가해자들의 행동을 멈추게 하려는 노력을 하지 않고, 자신의 소유물을 포기하는 태도를 보이며, 복종하는 태도를 보임으로써 가해자의 행동을 강화하게 된다(Crick et al., 1999; Juvonen et al., 2003). 잘 부끄러워하고, 소심하며, 위축된 아동은 가해자의 타깃이 되곤 한다. 자신이 신체적으로나 정서적으로 약하고 보복을 하지 못함을 보임으로써 가해자를 자극할 수 있는 것이다(Salmivalli & Peets, 2018). 연구자들은 이러한 아동이 또래 폭력의 피해자가 될 위험성이 높다고 보고한다(Grills & Ollendick, 2002; Hanish & Guerra, 2004; Kochenderfer-Ladd, 2003). 이들은 사회적인 위축을 통해 또래 괴롭힘의 피해를 극복하려 하므로 또다시 피해의 대상이 되는 악순환을 경험하게 된다(Rubin et al., 2009).

반응적인 피해자는 수동적인 피해자에 비해 괴롭힘에 보다 반응하는 태도를 보인다. 그들은 따지고, 가해자의 행동을 방해하며, 보복하려 한다. 그럼에도 이러한 노력은 효과적이지 못할 때가 많다. 그들은 다른 많은 또래의 마음을 얻지 못하고, 오히려 화나 짜증을 불러일으키는 경우가 많다. 초등학교 1학년 때 공격적인 아동들이 3학년 때 그들의 지속된 공격성으로 인해 또래 괴롭힘의 피해자가 되는 경우가 많다(Leadbeater & Hoglund, 2009). 단순히 공격적으로 반응하는 것은 또래 괴롭힘을 피하는 효과적인 방법이 아니다. 효과적으로 공격적인 태도를 보이는 것이 가해자의 행동을 멈추기 위해 중요하다.

## 실생활 적용: 사이버 폭력과 사이버 괴롭힘

전자 미디어는 아동과 청소년에게 이전에는 상상하지 못했덤 많은 경험을 제공한다. 오늘날 많은 청소년과 어른은 북극에서의 삶 또는 라오스의 마을이 어떠한지 쉽게 살펴볼 수 있고, 세계의 반대쪽에 있는 사람들과 소통하며, 헤어진 후 친구들과 메시지를 나눌 수 있다. 새로운 전자 미디어 기술은 사람들 간의 경계를 해제했다. 그러나 이러한 기술의 발전은 단점도 있다. 아동은 폭력적인 모델에 쉽게 노출되어 공격적인 행동을 배우게 될 기회가 많아졌다. 아동은 게임을 하면서 가상의 인물에게 공격적인 행동을 할 뿐 아니라, 인터넷을 통해 실제의 사람들에게도 공격성을 표현한다.

이러한 공격행동의 예로 아동이 서로 싸우는 것을 녹화해서 YouTube, MySpace에 올리는 것을 들 수 있다. 아동은 위험한 스포츠 경기, 예를 들면 헬멧과 글러브를 하고 둘 중 하나가 쓰러질 때까지 싸우는 것이나, 학교 급우들이 그룹으로 몰려가 한 피해자가 의식이 없을 때까지 때리는 것을 녹화한다. 이러한 싸움을 인터넷에 게시하는 것은 싸움에 승리하는 자에게 15분간의 인기를 가져다주고, 피해자에게 모욕을 주며, 비슷한 형식의 사이버 폭력을 자극한다. 또 다른 형식의 공격행동은 플래시몹으로 페이스북을 통해 연결된 군중의 청소년들이 특정 장소에서 발견된 개인에게 폭력을 행사하는 것을 들 수 있다.

이러한 공격행동은 '**사이버 폭력(cyberbullying)**'이라는 언어적인 형식을 띄기도 한다. 아동과 청소년은 인터넷, 모바일 폰을 통해 놀림과 괴롭힘, 또는 협박을 당하고, 모욕과 창피의 대상이 된다. 텍스트 메시지 또는 이메일을 통해 사이버 폭력의 피해자를 만들어 낸다. 인터넷 메시지는 사이버 폭력의 가장 흔한 도구가 된다. 56%의 가해자와 67%의 피해자가 인터넷 메시지를 통해 사이버 폭력을 경험했다고 보고했다(David-Ferdon & Hertz, 2009).

일부의 경우 사이버 폭력을 위해 웹페이지를 만들기도 한다. juicycampus.com이라는 웹 사이트는 사이버 폭력의 도구가 된다. 사이버 폭력의 방법은 비열하거나 저속한 메일이나 이미지를 보내는 것, 타인에 대한 사적인 정보를 게시하는 것, 특정인을 깎아내리기 위해 자신이 그 특정인인 척하는 것, 안 좋은 소문을 퍼뜨리는 것, 특정인을 온라인 그룹에서 배척하는 것, 위협을 가하는 것 등을 들 수 있다. 미디어의 이용이 늘어나면서 사이버 폭력도 증가하고 잇다. 아동과 청소년은 2000년에 비해 2005년에 두 배의 폭력을 경험했다고 보고하였다(Wolak et al., 2006). 여러 연구를 요약한 보고에 따르면, 27%의 십대가 그동안 사이버 폭력의 대상이 되었다고 밝혔다(Patchin & Hinduja, 2012).

사이버 폭력은 직접적인 폭력과 여러 가지 면에서 차이점이 있다. 사이버 폭력은 낮이든 밤이든 언제나 일어날 수 있다는 점, 메시지와 이미지가 빠르게 퍼질 수 있다는 점, 익명으로 폭력이 일어날 수 있다는 점 등을 들 수 있다. 사이버 폭력의 가해자와 피해자는 많은 시간 온라인에서 시간을 보낸다. 그들은 부모와 관계가 좋지 않은 경우가 많고, 집에서 가출하거나 학교를 빠지는 경우가 많으며, 치팅, 마약 및 알코올의 이용이 높은 것으로 알려진다(Hinduja & Patchin, 2015; Ybarra & Mitchell, 2004). 흥미롭게도, 그들은 더 공격적인 행동을 하고 온라인뿐만 아니라 오프라인에서도 괴롭힘의 대상이 된다.

사이버 폭력의 피해자는 특히 그룹에서 배척되는 등의 관계적 문제와 불안, 우울증, 높은 스트레스 등의 정신적인 문제를 겪을 확률이 높다(Spears et al., 2016). 사이버 폭력의 가해자는 규칙을 위반하는 행동과 실제적인 폭력에 휘말릴 확률이 높으며(Ybarra & Mitchell, 2007), 우울증과 불안 및 외로움을 느끼고 자존감이 낮을 경우가 많다(Schoffstall & Cohen, 2011; Spears et al., 2016). 또한 사이버 폭력의 가해자가 있는 학교는 많은 학생이 폭력행동을 용인하는 곳일 경우가 많다. 그러나 지지적인 가족이 있는 경우 사이버 폭력의 피해로부터 보호가 될 수 있다

(Fanti et al., 2012).

아동이 온라인으로 폭력을 당할 경우, 아동은 어른에게 바로 보고하는 편이 아니라서 부모가 중재하고 보호하기가 쉽지 않다. 한 조사에 따르면 35%의 십대와 51%의 아동만이 사이버 폭력을 경험한 후 부모에게 보고했다고 한다. 사실, 아동의 경우 자신이 사이버 폭력의 피해자가 되고 있는 것을 알아채지 못하는 경우도 많다. 2006년, 13세의 메건 마이어는 MySpace에서 조쉬 에반스라는 남자아이를 만났다. 조쉬는 그녀를 즐겁게 하고 그녀는 조쉬에게 빠지게 되었다. 그런데 조쉬는 돌변해서 메건이 친구들에게 못되게 군다고 들었다며, "메건 마이어는 못된 여자", "메건이 없는 세상은 훨씬 나은 세상" 등의 메시지를 게시했다. 이러한 사이버상의 메시지는 메건을 힘들게 만들었고, 결국 그녀는 자살했다. 후에, 어른들이 메건을 둘러싼 온라인 관계를 발견했는데, 조쉬 에반스라는 인물은 존재하지 않았다. 이러한 비극 이후, 메건의 부모는 온라인상의 아동을 보호하기 위해 적극적인 조치를 요구했고, 온라인상에서 모욕을 금하는 법률이 제정되었다. 2007년, 미국의 광고협의회는 국가 범죄 예방 협의회와 함께 십대 청소년에게 사이버 폭력을 줄이기 위한 웹-캠페인을 시작했다. StopCyberBullying.org 웹사이트는 메건을 기리기 위해 서약을 만들었고, 많은 사람에게 사인하기를 독려하였다.

**메건 서약**
**이 서약을 취함으로써:**

- 나는 사이버 괴롭힘을 반대한다는 입장에 동의합니다.
- 나는 다른 사람에게 상처를 주기 위해 인터넷을 무기로 사용하지 않을 것에 동의합니다.
- 나는 클릭하기 전에 고민하는 것에 동의합니다.
- 나는 그 사람의 입장에서 생각하는 것에 동의합니다.
- 나는 다른 사람을 괴롭히기 위해 사이버 괴롭힘에 가담하지 않을 것에 동의합니다.
- 나는 문제를 일으키는 것이 아니라 해결하기 위해 동참할 것을 동의합니다.

사이버 괴롭힘은 많은 주목을 받고 있는 심각한 문제이다. 현재, 미국의 모든 주에는 사이버 괴롭힘을 대한 법률이 있다(Hinduja & Patchin, 2012).

## 또래 괴롭힘의 결과

또래 괴롭힘은 가해자와 피해자 모두에게 부정적인 결과를 가져온다. 또래 괴롭힘의 가해자는 문제행동과 학교생활에 부적응적인 태도를 더 많이 보이게 되고(Juvonen et al., 2003), 청소년기나 성인기에 들어 심각한 우울증을 앓게 될 확률이 높으며(Klomek et al., 2008, 2009), 약물복용을 경험할 위험이 높아진다(Moore et al., 2014, 2017). 그들은 자살을 시도하게 될 확률도 높다고 보고된다. 40년 후 성인기에 들어섰을 때, 아동기 시절 가해의 경험은 흡연과 장기적인 질병으로 이어지는 경우가 많다(Stuart & Jose, 2014). 또래 괴롭힘의 피해자는 다른 또래들로부터 거부되고 학교적응에 많은 문제를 보인다(Ladd &

Troop-Gordon, 2003; Olweus, 2001). 그들은 또래 지위가 낮고, 낮은 자존감을 보이며, 우울증을 경험하게 된다(Juvonen et al., 2003; Ladd, 2005; Leadbeater & Hoglund, 2009; Nangle et al., 2003; Schwartz et al., 2001). 그들은 또한 새로운 친구를 사귀는 데 어려움을 겪고, 낮은 학업 성취를 보인다. 정서조절능력이 부족한 경우에는, 타인이 또래 폭력의 대상이 되는 것을 목격한 것만으로도 부적응적인 모습을 보일 수 있다(Kelly et al., 2008). 또래 괴롭힘의 피해자는 학교생활 내내 폭력의 대상이 될 확률이 높고, 폭력의 피해 기간이 길어질수록 우울증, 불안, 사회적 위축 등의 문제는 점점 더 심각해진다(Goldbaum et al., 2003). 극단적인 경우, 피해자는 자살을 하게 되기도 한다. 성인기에 들어서서도, 사춘기 시절 또래로부터 공격을 받았던 성인은 높은 수준의 우울증과 낮은 자존감을 보이곤 한다(Olweus, 1999; Rigby, 2001). 가해자이면서 피해자인 아동은 가해자나 피해자에 비해 또래로부터 더욱 거부되는 모습을 보이고, 그에 따라 문제행동과 학교 적응 문제를 더 많이 보인다(Juvonen et al., 2003).

또래 괴롭힘은 아동의 호르몬 레벨과 심리적인 안녕감에 영향을 미친다. 처음 한두 번 폭력의 피해를 경험하는 것은 코르티솔의 증가로 인한 높은 스트레스 지수로 이어진다(Carney & Hazler, 2007). 그러나 반복적인 피해를 경험하게 되면 코르티솔 레벨은 떨어지는데, 이는 피해자들이 또래 폭력의 피해에 무감각해짐을 의미한다. 정상보다 낮은 코르티솔 레벨은 만성적 불안감, 정서 불안 등과 같은 신체적, 심리적인 문제로 이어진다.

## 또래 괴롭힘에 영향을 주는 요인

또래 괴롭힘의 가해자와 피해자는 모두 자신의 유전적인 요인과 환경에 의해 영향을 받는다. 10세의 쌍생아와 1,116가족을 대상으로 한 영국 연구에 의하면, 또래 괴롭힘 가해의 61%와 피해의 72%를 유전적인 요인들이 설명한다고 한다(Ball et al., 2008). 또래 괴롭힘이 시작되기 이전에, 가해자와 피해자가 식별 가능하다는 것이다(Rodkin et al., 2015). 초등학교 시절 가해자와 가해자이면서 피해자인 아동은 유치원에서도 더 공격적인 성향을 보이고, 형제자매 사이에서도 높은 수준의 공격성을 보이며, 가족 폭력의 피해자일 확률이 높다. 그들은 자신의 감정을 잘 조절하지 못하고, 반응적 피해자의 경우 사회적 기술과 억제 능력도 낮은 것으로 나타난다(Burk et al., 2008). 피해자는 어린 시절 부모와 불안한 애착관계를 형성하고, 신체적 학대나 폭력을 경험했을 확률이 높다. 또래 괴롭힘의 여자 피해자는 강압적이고, 거부적이며, 비반응적인 엄마로 인해 가까운 사회적 관계를 형성하는 능력을 제대로 발달시키지 못했을 확률이 높다. 가해자의 엄마도 마찬가지로 비반응적인 모습을 보였을 확률이 높고, 지속적인 가해자의 경우 부모가 아동과 대화가 단절되거나 많은 갈등을 가지고 있어 그들의 활동을 제대로 감독하지 못하는 것으로 나타난다(Pepler et al., 2008).

아동의 또래와의 관계는 또래 폭력의 보호요인이 될 수 있다. 한 연구에서, 아동이 친구가 많을 경우, 또래 폭력의 피해자가 될 확률이 낮아진다고 보고되었다(Hodges et al., 1997). 신체적으로 강하거나 공격적인 친구들은 피해로부터 보호해 주는 역할을 할 수 있을 것이다(Laursen et al., 2007). 많은 친구가 있다는 것은 아동의 자존감을 높임으로써 피해로부터 보호하는 역할을 할 수도 있다(Hodges et al., 1999). 한 연구에서, 연구자들은 친한 친구와 관계가 끊어진 후 새로운 친구를 찾지 못한 아동은 또래 폭력의 피해자가 될 확률이 높아진다고 보고하였다(Bowker et al., 2006). 이처럼 친구들은 아동을 또래 폭력의 피해로부터 보호해 주는 역할을 한다.

## '화를 분출함'으로써 폭력적인 감정을 줄일 수 있다고 생각하였는가

오랫동안, 심리학자들과 일반인들은 공격성을 줄이기 위해 '화를 분출하고', '감정을 드러내야 한다'고 믿었다. 가장 오랫동안 지속되었던 믿음 중 하나는 개인이 공격적인 행동에 참여할 기회가 많을 경우, **카타르시스(catharsis)** 효과로 인해 적대적인 충동이 줄어들 것이란 점이었다. 이러한 믿음은 공격적인 충동이 개인 내적으로 축적이 되고, 축적된 내적 충동이 발산되지 않을 경우 결국 폭력적인 행동으로 나타날 것이라는 생각에 근거했다. 그 함의는 분명했다. 사람들에게 펀치 백을 치는 등 공격적으로 행동할 수 있는 충분한 기회를 주어야 한다. 그러면 반사회적 공격행동은 줄어들 것이다. 심리치료사들은 펀치 백은 사무실에 들였고, 때릴 수 있는 인형과 판, 장난감 총, 고무 칼 등은 놀이방에 들였다. 조언을 주는 컬럼니스트도 이에 동의했다. 예를 들면, Ann Landers(1969)는 감정이 표출이 되어야 하므로 아동에게 사람 대신 가구에게 화를 내게 하라고 조언했다.

한 독자는 화를 내는 세 살짜리 엄마에게 주어진 이러한 조언에 충격을 받았다.

> "동생은 화가 났을 때 가구를 차곤 했습니다. 그는 현재 32세입니다. 지금도 여전히 가구를 차고 있습니다. 뿐만 아니라, 그의 아내, 고양이, 아이들도 말입니다. … 아이들에게 분노를 조절하는 법을 배워야 한다고 말하는 것이 옳지 않을까요? 그것이 문명화된 인간과 야만인을 구분하는 것입니다."

이와 같은 카타르시스 개념의 인기에도 불구하고, 연구 결과들은 이러한 공격적인 경험이 공격성을 흘려보내기보다 조장한다고 보고한다. 한 연구에서, 연구자들은 3학년 아동이 또래로부터 좌절했을 때, 한 그룹에게는 장난감 총을 사용하도록 하고, 다른 그룹에는 수학 퍼즐을 푸는 등 공격성과는 상관없는 활동을 하도록 했다. 그런 후에 아동에게 좌절을 가져온 또래에게 공격성을 표출할 기회를 주었다. 연구자들은 조작된 실험을 통해 다른 아동에게 전기 충격을 줄 수 있다고 아동을 믿게 하였다. 연구 결과, 장난감 총을 사용한 아동과 퍼즐을 푼 아동이 큰 차이를 보이지 않았다. 카타르시스가 공격성을 줄이지 못한 것이다.

# 공격성의 억제

지금까지 아동의 공격성 발달과 관련된 많은 요인을 살펴보았다. 이 장의 마지막 절에서는 공격성을 감소하거나 억제할 수 있는 방안을 살펴보고자 한다.

## 인지적 조절 전략

아동의 공격성을 줄이기 위한 한 전략은 아동이 사회적인 상황에 대해 생각하는 방식을 바꾸도록 하는 것이다. 공격적인 아동은 타인의 행동을 잘못 해석하고 사회적인 문제를 해결하는 방식을 잘 모르는 경우가 많다(Dodge & Petit, 2003; Lansford et al., 2010). 아동에게 타인의 행동 양식을 제대로 해석하도록 가르치는 것은 적대적 귀인 편향을 줄임으로써 공격성을 감소시킬 수 있다(Hudley & Graham, 1993). 이러한 전략은 특히 반응적 공격적인 아동에게 효과가 있는데, 그들은 타인의 행동 의도를 이해하는 능력이 부족하기 때문이다. 좀 더 포괄적인 프로그램은 아동에게 화가 났을 때, 주의를 다른 것으로 전환하고 기분 전환이나 휴식시간을 가지도록 하는 것, 타인의 관점을 이해하고 타인의 의도에 대해 정확하게 해석하는 것, 또래 압력에 굴복하지 않는 것, 사회적인 문제를 폭력적이지 않은 방식으로 해결하는 것 등을 들 수 있다. 아동에게 폭력적인 행동을 잠시 멈추고 문제에 대해 생각해 보기, 대안적인 반응을 생각해 보기, 공격행동의 부정적인 결과들을 생각해 보기 등을 가르치고 타인과 협력하는 방식을 가르치는 것은 공격성을 줄일 수 있는 방안이 될 것이다(Guerra et al., 1997; Kazdin, 2014). 이러한 프로그램에 참여한 한 10세 소년은 다음과 같이 회상했다.

> "누군가가 나를 화나게 할 때 내 다음 행동을 멈추고 숙고하는 것을 배우는 것은 정말 좋은 조언이었습니다. 이제 공격적인 폭발을 더 잘 제어할 수 있습니다. 제 자신을 더 잘 통제하고 다른 사람들과 문제가 되지 않도록 하는 데 정말 도움이 되었습니다."

또 다른 방법으로는 아동에게 공격성이 변하지 않는 성격적 특질이 아니고 변할 수 있는 것이라고 가르치는 것이다(Yeager et al., 2013).

## 부모의 역할

아동의 공격성을 줄이기 위한 또 다른 방법은 부모의 행동을 바꾸는 것이다. Patterson (2016)의 강압적인 상호작용 사이클에 기반을 둔 많은 프로그램은 이에 초점을 두고 있다. 부모 행동 트레이닝(Parent management training: PMT)이라고 불리는 이러한 프로그램은 부모의 강압적인 행동을 일관적이고 뚜렷한 규칙을 통해 아동을 양육하도록 하는 데 목표를 두고 있다. 이러한 프로그램은 아동의 공격성을 줄이고, 아동의 삶의 질을 높인다. PMT 프로그램을 대상으로 한 메타 연구들은 이 프로그램이 10세 이하 아동을 둔 가정에 특히 효과적인 것으로 나타나고 있으며, 10~17세의 청소년을 둔 가정에서도 효과가 있다고 보고되고 있다(Woolfendon et al., 2002).

아동의 공격성을 줄이기 위한 또 다른 부모교육 프로그램은 유치원 아동을 대상으로 한 헤드스타트 프로그램(Webster-Stratton, 1998)과, 청소년 보호소의 아동의 문제행동을 줄이기 위한 프로그램을 들 수 있다(Chamberlin et al., 2007; Eddy et al., 2004). 이 프로그램에서, 3~8세 아동의 부모는 그들이 아동의 반사회적인 행동을 어떻게 강화하는지 배우고, 아동에게 뚜렷한 규칙을 제시하며, 아동이 문제행동을 보일 경우 일관적이나 가혹하지 않은 벌을 주도록 교육받았다(Scott, 2005). 프로그램 시작 1년 후, 참가한 아동 중 많은 수가 이전에 비해 공격성이 낮아졌다(37% vs. 68%). 또 다른 프로그램에서, ADHD 문제가 있는 아동의 부모는 벌을 주지 않고 양육하는 방식에 대해 배웠는데, 이러한 교육과 약물치료가 동반된 후 아동은 낮은 공격성과 문제행동을 보였다(Hinshaw et al., 2000). 이러한 결과들은 부모의 양육방식이 아동의 공격성에 중요한 영향을 미친다는 것을 의미한다.

## 개입의 장소로서의 학교

학교 기반 프로그램은 공격적인 아동의 사회적 문제 처리 전략을 향상시키고 공격성을 줄이는 데 초점을 두었다(Juvonen & Graham, 2014; Kress & Elias, 2006). 뉴욕의 15개 초등학교의 아동은 '분쟁을 현명하게 극복하기' 프로그램에 참여하였다. 이 프로그램에서 교사는 아동에게 분쟁의 상황에서 현명한 방법으로 해결하는 방법들을 가르쳤는데, 그 결과 적대적 귀인 편향, 공격적인 해결 전략, 문제행동, 교사보고에 의한 아동의 공격성 등이 모두 낮아진 것으로 나타났다(Aber et al., 2003). 또 다른 학교 기반 프로그램에서, 교사는 '좋은 행동 게임'을 통해 아동의 문제행동을 줄이도록 했다(Flower et al., 2014; Ialongo et al., 2001; van Lier et al., 2004). 이 프로그램에서 교사는 모든 아동이 좋은 행동을 보일 때 피자 파티나 숙제를 없애 주는 등의 상을 주었다. 한 명이라도 수업시간에 방해하는 행동을 보이면 모든 아동은 휴식시간을 가지지 못하거나, 숙제를 해야 하는 벌을 받았다. 이 프로그램은 1학년 학생의 공격성을 낮추는 데 효과를 보였으며 그 효과는 지속적인 것으로 나타났다.

Karin Frey와 그 동료들은 3~6학년 학생을 대상으로, 아동의 또래 폭력을 줄이는 데 주요 초점을 둔 학교 기반 프로그램을 진행했다(Frey et al., 2005, 2009). '존중을 위한 프로그램'은 다음과 같은 세 가지 요소를 포함했다. (a) 학교 전반의 폭력 예방 정책과 과정 수립, (b) 학급 내에서의 또래 규준을 바꾸기 위한 인지-행동적 커리큘럼 수립 및 또래 폭력에 대응하기 위한 사회적-정서적 기술 가르치기, (c) 또래 폭력에 개입된 아동을 따로 코치하기. 2년 후, 또래 폭력은 31% 줄었고, 가해자를 지지하는 방관자 행동은 73% 감소했다. 이러한 효과는 프로그램 전 또래 폭력 행동을 보였으나, 프로그램을 통해 개별적인 코칭을 받은 학생에게서 가장 뚜렷하게 나타났다.

캐나다에서는, 또래 간의 갈등과 또래 폭력을 줄이기 위한 학교 기반 프로그램이 개발되었다. WITS(Walking away, Ignoring, Talking it out, Seek help) 프로그램은 교사와 부모가 아동에게 갈등 상황에서 멀어지고, 무시하며, 문제시하고, 도움을 청하도록 가르쳐 주는 프로그램이다. 이 프로그램은 아동과 어른들에게 갈등상황에서 사용할 수 있는 전략과 대응방안들을 가르쳤다. 이 프로그램 평가 결과, 신체적 및 관계적 또래 폭력이 줄어드는 것으로 나타났으며(Leadbeater & Sukhawathanakul, 2011), 현재 캐나다 전역에서 사용되고 있다.

## 공격성 예방: 여러 갈래의 노력들

**Olweus의 또래 폭력 예방 프로그램** 많은 요인이 공격성에 영향을 미치기 때문에, 효과적인 예방을 위해서는 다각적인 접근이 필요하다. 노르웨이의 반-또래 폭력 프로그램은 이러한 접근의 좋은 예가 될 수 있다. 1982년 급우의 심각한 괴롭힘에 세 명의 남아가 자살을 한 이후, 교육 관계자들은 또래 폭력에 반대하고 또래 폭력을 예방하기 위한 전국적인 캠페인을 시작했다. Dan Olweus에 의해 개발된 프로그램은 문제에 대해 대중의 문제 인식을 높이기, 교사와 부모를 포함하기, 폭력의 피해자를 지지하고 보호하기,

폭력 행동을 반대하는 뚜렷한 학급 규칙 만들기를 포함한 네 가지 목표를 포함하였다. 교사에게는 또래 폭력의 형태와 성격을 자세히 설명하고, 공격행동을 예방하고 조절하기 위해 할 수 있는 제안들을 설명한 책자를 제공하였다. 교사들에게 또래 공격 상황에 직접적으로 개입하고 학생들에게 '이 학교에서 또래 폭력은 용인되지 않는다'라는 메시지를 뚜렷하게 전달하도록 하였다. 부모에게도 또래 폭력에 대한 자세한 정보를 전달하고 자녀가 가해자나 피해자가 될 경우 도움을 줄 수 있도록 했다.

Courtesy Jaguar Educational/www.jaguared.com

이 포스터는 또래 괴롭힘을 줄이기 위한 교내 캠페인 중 하나이다.

아동은 수업 시간에 또래 폭력에 대해 토론하고 학급의 규칙을 세울 수 있도록 하였다. 4~7학년 2,500명을 대상으로 한 데이터를 바탕으로, 연구자들은 이 프로그램이 진행된 후, 또래 폭력과 피해자가 5개월과 8개월 후 각각 50~70% 감소한 것으로 보고하였다. 타인을 공격하는 행위와 폭력의 피해가 줄어들었고, 기물 파손, 도둑질, 무단 결석도 유의미하게 감소하였으며, 학생의 학교 만족도가 증가하였다(Olweus, 1993, 1997, 2004).

이 프로그램은 핀란드에서도 진행이 되었고 마찬가지로 유의미한 효과가 나타나 또래 폭력을 예방하고 접근하는 데 다각적인 접근이 필요하다는 것을 다시 강조하였다. 프로그램의 실효성을 높이기 위해서, 핀란드의 경우 아동의 공감과 자기효능감을 강화하는 것, 피해자를 지지하는 것, '또래 폭력을 하는 것은 나쁘지 않다'라는 잘못된 생각을 바꾸는 것 등의 요인들을 추가하였다(Käarnä et al., 2011). 이 프로그램을 실시한 78개의 학교에서 1년 후, 또래 폭력 피해자가 46% 줄었고, 가해자는 61% 줄었다. 학생들의 방관자 행동도 변화된 것으로 나타났다. 프로그램을 실시하지 않은 39개의 학교 학생에 비해 참여한 학생은 또래 폭력에 대항하여 피해자를 옹호해야 한다고 태도의 변화를 보였다. 이 프로그램이 스칸디나비아반도에서 효과를 보였음에도 불구하고, 미국에서는 효과가 뚜렷하게 나타나지 않았다(Evans et al., 2014). 주된 이유로 스칸디나비아반도의 경우, 대부분 학생이 비슷한 인종으로 구성되어 있어 프로그램을 통한 개입이 모든 학생에게 비슷하게 잘 적용되었기 때문으로 보인다. 반면, 미국의 경우 학생들마다 사회경제적 지위(SES), 인종 등의 개인차가 커서 그 효과성이 떨어진 것으로 생각된다.

미국에서 아동의 공격성과 반사회적 행동을 줄이기 위해 개발된 또 다른 프로그램은 패스트 트랙 프로젝트이다(Conduct Problems Prevention Research Group, 2004, 2011). 초등학교 시절(1~5학년), 빈곤층 가정 아동에게 사회적 문제해결, 정서 이해, 대화능력, 정서조절을 향상시키기 위한 각 주제별 교육이 이루어졌다. 문제가 매우 심각한 그룹(총 샘플의 10%)의 경우 학업 지도와 추가적인 사회적 기술 지도가 이루어지고 그들의 부모를 대상으로 한 부모 개입도 함께 이루어졌다.

중학교와 고등학교 시절(6~10학년), 가족들은 네 가지의 프로그램에 참가하였다. 부모 그룹 미팅은 아동을 향한 긍정적인 개입과 감독에 초점을 맞추었다. 부모와 청소년 그룹 미팅은 청소년의 이성 교제, 술과 담배, 진로와 같은 발달적 이슈를 중점적으로 다루었다. 청소년 그룹 미팅은 또래 압력에 대응하기, 진로 기회, 삶을 살아가는 기술, 회사 인터뷰 기술, 여름 인턴 기회 등과 같은 주제를 중심으로 이루어졌다. 마지막으로 개인화된 개입 프로그램은 개별적인 위험요인과 보호요인을 규칙적으로 체크하는 것을 중심으로 이루어졌다.

연구자들은 각 프로그램의 첫해 말에, 프로그램에 참여한 아동이 덜 공격적이고, 학업적인 향상을 보였으며, 사회-정서적 기술이 향상되었음을 보고했다. 그들은 또래와 잘 어울리고 또래로부터 더 선호되었다. 부모의 아동 활동에 대한 개입도 향상되었다. 3학년 말에 이르렀을 때, 프로그램에 참여한 아동 중 37%가 문제행동을 보이지 않았고, 이와 같은 긍정적인 효과는 5학년까지 지속되었다(Foster et al., 2006). 반사회적인 행동을 줄이는 이 프로그램의 긍정적인 효과는 사회인지적인 과정의 효과를 통해 중재되었다. 적대적 귀인 편향을 줄임으로써 사회적인 문제에 더 유능한 반응 태도를 보이고, 공격적인 반응에 부정적인 태도를 보이게 되었다(Dodge et al., 2013). 이 프로그램의 긍정적인 효과에도 불구하고, 결과는 공격적인 아동의 행동을 변화시키는 것은 쉽지 않다는 것을 제시한다. 참여한 학생이 12학년이 되었을 때, 일부 아동의 문제행동을 줄이는 데 프로그램이 효과적이었지만, 모든 아동의 문제행동을 줄이지 못했다는 것을 고려하면 프로그램의 효과는 어느 정도 한계가 있다는 것을 알 수 있다([그림 11-7] 참조).

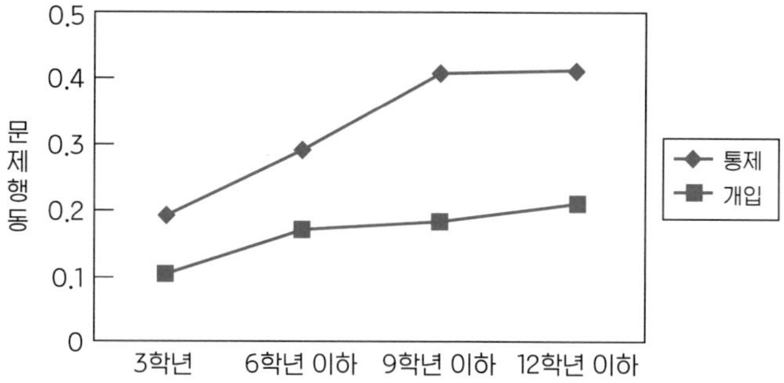


[그림 11-7] 위험도가 가장 높은 그룹 중 개입에 따른 문제행동의 누적 비율

출처: Conduct Problems Prevention Research Group (2011). The effects of the Fast Track Preventive Intervention on the development of conduct disorder across childhood. *Child Development, 82*, 331-345.

다각적인 접근의 프로그램에서 한 요인과 여러 요인을 포함할 때의 효과를 비교한 연구에 따르면, 여러 가지 요인(또래 개입과 가족 개입 등)을 같이 고려할 때 아동의 공격성을 줄이는 데 더 효과적인 것으로 나타난다(Metropolitan Area Child Study Research Group, 2002). 프로그램의 지속시간 또한 중요하다. 한 연구에서, 부모 교육, 교사 교육, 인지적 문제해결에 초점을 맞춘 프로그램에 1학년부터 6학년까지 참여한 아동과 5학년부터 6학년까지 참여한 아동을 비교한 결과(Hawkins et al., 1999), 6년 프로그램에 참여한 아동이 18세가 되었을 때 2년 프로그램에 참여한 아동 혹은 프로그램에 참여하지 않은 아동에 비해 문제행동과 범죄행동을 현저하게 낮은 비율로 나타내는 것으로 나타났다(Dishion, 2014; Kress & Elias, 2006). 물론, 이처럼 오랜 기간 프로그램을 진행하는 것은 비용이 많이 들지만, 결과를 생각한다면 그 비용은 효과적이라고 생각될 수 있다(Foster et al., 2006). Dodge(2008)는 만성 폭력의 가해자는 사회에서 약 200만 달러의 비용이 들기 때문에, 아동 1인당 1,000달러의 예방 프로그램은 오히려 효과적으로 보인다고 제안했다.

## 문화적 맥락: 청소년의 범죄를 예방하기

소수 인종에 속하는 미국의 청소년은 다수에 속하는 청소년에 비해 더 많은 위험 요인들을 가지고 있어, 이러한 예방 및 개입의 노력이 이러한 소수 인종에 초점을 맞추어 이루어져야 한다는 제안이 있어 왔다(Guerra & Smith, 2006; Kenyon & Hanson, 2012). Cynthia Hudley와 April Taylor(2006)는 문화적인 요인을 고려하여 소수 인종에 초점을 맞춘 프로그램을 개발했다. 첫째, 프로그램은 문화적인 면을 고려하여 효과적이어야 한다. 프로그램을 운영하는 스태프의 지식, 태도, 기술이 프로그램에 참여하는 사람의 문화와 적절한 조화가 이루어져야 한다. 둘째, 프로그램은 문화적인 요소들에 민감해야 한다. 프로그램의 자료와 방법들은 참여자의 문화적인 강점들을 반영하고, 그들의 문화적 가치와 관행들을 지지하는 방식으로 이루어져야 한다. 셋째, 프로그램은 문화적으로 참여적이어야 한다. 참여자들이 자신의 문화적인 강점을 이해하고 자긍심을 가지며, 자신들에 대한 긍정적인 자존감을 형성할 수 있도록 해야 한다.

이러한 요인들을 고려하여 문화적으로 민감하게 개발된 프로그램의 예는 다음과 같다. 하와이의 5학년과 6학년의 아동을 대상으로 한 프로그램에서, 아동은 하와이인으로서의 가치와 존중에 대해 배우고, 동시에 문화를 넘어서는 갈등 조절과 문제해결 전략 등을 배웠다. 이 프로그램은 하와이인으로서의 자긍심과 인종적 긍지를 높이면서 아동의 공격성을 줄일 수 있었다(Takeshita & Takeshita, 2002; Mark et al., 2006).

미국 원주민 부족을 대상으로 개발된 부족 청소년 프로그램은 그들 부족의 영적인 면과 문화적인 전통을 강조하면서 사회적인 문제를 해결하는 데 초점을 두었다(Hurst & Laird, 2006). 부족 청소년 프로그램의 개입은 청소년의 문제를 해결하는 데 있어 부족의 전통적인 관행을 사용하려고 노력하였다. 이러한 프로그램은 청소년의 반사회적인 행동을 줄이는 데 효과적인 것으로 나타났다(McKinney, 2003).

문화적으로 민감하게 개발된 프로그램의 효과를 가장 단적으로 보여 주는 예는 흑인 청소년을 대상으로, 한 그룹에는 기존의 사회적 기술 향상에만 초점을 둔 프로그램을 운영하고 다른 그룹에는 기존의 사회적 기술뿐 아니라 흑인의 역사와 가치를 반영한 프로그램을 운영하여 프로그램의 효과를 비교한 연구일 것이다(Banks et al., 1996). 문화적인 가치를 반영한 프로그램에 참여한 청소년이 유의미한 차이로 화의 표현이 줄어들고 자기 조절이 향상된 것으로 나타났다.

종합적으로, 연구 결과는 폭력을 예방하는 프로그램이 참여자의 문화적인 배경을 고려할 때 더욱 효과적이라는 것을 강조한다. 프로그램의 내용이 적절하고 참여자의 일상을 잘 반영할 때 그 효과는 더욱 높아질 것이다(Kenyon & Hanson, 2012).

# 요약

### 공격성의 정의

- 공격성은 가해자가 피해자에게 고통이나 상해를 입힘으로써 피해를 주려는 의도나 행동을 의미한다.
- 공격행동은 직접적 혹은 간접적으로 표현될 수 있다. 직접적 공격성은 타인을 향해 직접적인 공격을 하는 것을 의미한다. 간접적 공격성은 가해자가 직접 나서지 않은 채로, 타인의 물건을 파괴함으로써 고통을 가하거나, 다른 사람을 이용하여 공격을 하거나, 루머를 퍼뜨려 타인의 사회적 지위에 해를 가하는 행동을 말한다.

### 공격성의 발달적인 변화

- 공격성의 형태는 발달에 따라 빈도가 달라진다. 유아기와 아동 초기에는 주도적 공격성이 가장 흔하다. 아동 중기에는 반응적 공격성이 주도적 공격성 보다 많이 나타난다. 아동은 점차적으로 신체적 공격성보다 언어적 공격성을 나타낸다. 발달이 진행되면서 관계적 공격성이 더 자주 나타내고 더 발달하게 된다. 청소년기에는 모욕, 강도, 강간 등과 같은 심각한 형태의 공격성도 나타난다.
- 공격성의 개인차는 아동기부터 성인기에 이르기까지 꽤 안정적인 특성을 보인다. 매우 소수의 아동만이 어린 시절부터 공격적인 모습을 보이고 그러한 모습을 일생 동안 유지한다. 반면, 대부분의 아동은 오직 청소년기에만 공격적인 모습을 보이고 성인기에 이르러서는 그러한 모습을 보이지 않는 것으로 나타난다.

### 공격성의 성차

- 남아는 여아에 비해 신체적인 폭력을 보이고, 여아는 언어적인 폭력을 더 많이 사용하는 것으로 나타난다. 남아와 여아 모두 관계적인 폭력을 보이지만, 여아는 남아에 비해 신체적 폭력보다 관계적 폭력을 더 많이 보이는 것으로 나타난다.

### 공격성의 원인

- 공격적인 아동은 공격적인 가족력, 까다롭고 충동적인 기질, 낮은 수준의 세로토닌, 높은 수준의 테스토스테론, 좋지 않은 태아기의 환경을 가지는 경우가 많다.
- 부모가 엄격하고, 부정적이며, 강압적일 경우 아동은 신체적, 관계적 공격성을 더

많이 보인다.

- 공격적인 청소년은 비슷한 친구들을 찾고, 서로의 문제행동을 증가시켜 나간다. 그들은 서로 간의 문제행동을 더욱 강화하고, 바람직한 행동 성향에서 문제행동 성향을 보이는 방향으로 변해 간다. 가난하고 실업률이 높은 동네에서는 성인들이 공격성이 높은 특성을 보인다. 집단주의적 문화보다 개인주의적 문화에서 공격성이 더 많이 나타난다.
- 텔레비전의 공격적인 장면에 노출되는 것은 아동의 공격성을 증가시킨다.
- 이러한 여러 요인 중 한 요인이라도 가지고 있을 경우 아동은 공격적인 행동을 보이게 되며, 여러 요인을 다수 가지고 있을 경우 공격적인 행동을 보일 확률은 높아진다.

### 또래 괴롭힘의 가해자와 피해자

- 또래 괴롭힘의 가해자는 때리기, 치기, 협박하기, 놀이기와 같은 직접적인 공격행동 및 소문내기, 소유물을 파괴하기와 같은 간접적인 공격행동을 사용한다. 피해자는 반응적인 피해자와 수동적인 피해자가 있다. 어떤 아동은 가해자이면서 피해자이기도 하다.
- 또래 괴롭힘의 피해자는 불안, 우울증, 사회관계에서의 위축 등 많은 심리적인 문제를 경험한다.
- 한 명이라도 친한 친구가 있으면, 특히 친구가 신체적으로 강한 경우, 폭력의 피해자가 될 확률이 줄어든다.
- 사이버 폭력은 부정적인 심리적 결과와 자살로 이어지기도 한다.

### 공격성의 억제

- 화를 분출하는 것은 공격성을 조절하는 데 효과적이지 않다.
- 아동에게 타인의 행동 양식을 제대로 해석하도록 가르치는 것은 적대적 귀인 편향을 줄임으로써 공격성을 감소시킬 수 있다.
- 많은 요인이 공격성에 영향을 미치기 때문에, 효과적인 예방을 위해서는 다각적인 접근이 필요하다.

## 핵심 용어

- 간접적 공격성
- 관계적 공격성
- 또래 괴롭힘
- 또래 폭력의 피해
- 반응적 공격성
- 사이버 폭력
- 사춘기 시절에 공격성을 보이는 아동
- 사회적 공격성
- 세로토닌
- 신체적 공격성
- 언어적 공격성
- 일찍부터 공격성을 보이는 아동
- 일탈 강화 과정
- 적대적 귀인 편향
- 주도적 공격성
- 직접적 공격성
- 카타르시스

# 찾아보기

Ainsworth, M. 138
Big Five 성격 요인 121
Bowlby, J. 130

가상 놀이 348
가소성 106
가족체계 280
가짜대화 270
각인 131
간접적 공격성 575
갱 397
거꾸로 교실 413
거꾸로 학습법 413
거시체계 59
거울뉴런 91
결정적 시기 61
경험-기대적 처리과정 89
경험-의존적 처리과정 89
고전적 조건형성 45
고정관념 264, 265
공감 194
공감적 추론 559
공격적이고 배제되는 아동 361
공동양육 300
공유된 환경 99
관계적 공격성 574
관찰학습 48
교류 과정 49
교류적 25
권위적 양육 289
권위주의적 양육 288
규준적 사건 66
근접발달영역 57
기질 113, 196

낯선 사람 불편감 185
낯선 사람에 대한 공포 185
낯선상황 절차 139
내면화 544
내면화된 추론 559
내재적 정의 519
내재화 문제 119
내적 작동모델 152
놀이 미소 184
뉴런 87
뉴런 급증 87
뉴런 이주 88
능동적 유전자-환경 연합 105

다방면으로 도식화 496

다중결과론 33
단계-환경 적합도 410
대립 유전자 101
대상영속성 55
도구적 특성 467
도덕률 518
도덕적 상호주의 519
도덕적 현실주의 518
동시성 76
동일결과론 35
동일시 483
동질성 384
동형접합 101
동화 54
둔감화 434, 446
뒤센 미소 181, 183
뒤플레 미소 184
또래 괴롭힘 606
또래 그룹 네트워크 394
또래지도 414
또래 지명 분석 방법 358
또래 폭력의 피해 608

마음이론 255
만족 지연 543
맞벌이 가정 아동 426
목표수정적 동반관계 134
몰두형 152
무관심 아동 358
무관심한 양육 290
무리 396
무시형 152
문화적 맥락 29
미시체계 59
민감한 시기 62
민족적 정체성 243

반구 전문화 86
반구 편재화 86
반사 미소 181
반응 범위 102
반응적 공격성 574
발판화 58
배제되는 아동 359
병렬 놀이 348
부모-자녀 조율 81
부부 갈등 281
부정적인 정보 등의 가십 385
부정적 정서성 196
분리 불안 188
불안정-양가애착 141, 148
불안정-혼란애착 141, 149
불안정-회피애착 141, 148
비공유된 환경 99
비교행동학 61
비규준적 사건 67
비연속성 27
비폭력적이고 배제되는 아동 361, 371

사이버불링 453
사이버 폭력 610
사춘기 시절에 공격성을 보이는 아동 584
사회-관습적 영역 532
사회적 공격성 575

사회적 또는 자의식적 정서 191
사회적 미소 181
사회적 민감성 358
사회적 비교 356
사회적 인지영역 이론 56
사회적 참조 187
사회정보처리이론 52
사회정서학습 215
사회화 286
상위성 102
상호 반감 372
상호적 결정 48
생명역사이론 63
생태학적 이론 58
세로토닌 587
소인-스트레스 모델 105
수동적 유전-환경 연합 104
수로화 103
수정 유전자 102
수초화 88
수치심 191
스크립트 255
시간체계 59
시냅스 가지치기 88
시냅스 생성 88
신체적 공격성 574
심리사회적 이론 41
심리역동적 이론 39
심리적 영역 533

아동기 우울증 217
안전기지 131, 138
안정애착 138, 147
암묵적 연합검사 266
애착 127
양성적 511
양심 544
양육권 335
양육방식 288
언어적 공격성 574
엘렉트라 콤플렉스 40
연령 코호트 67
연민 551
연속성 27
연합 놀이 348
열린 교실 413
영역 특수성 56
오이디푸스 콤플렉스 40
옹알이 271
외체계 59
외향성-정열성 196
외현화 문제 119
요술 창문 사고 440
욕구-기반 추론 559
원초아 40
위계 395
윌리엄스 증후군 108
유발적 유전자-환경 연합 104
유전자 94
유전자 X 환경 모델 220
유전자-환경 상호작용 109
유전자-환경 상호작용(G×E) 모델 105
유전형 96
의도적 통제 115, 196

의례 310
이야기 309
이중 위험 105
이차 또는 자의식적 정서 174
이차 정서 191
이타적 행동 556
이형접합 101
이혼 328
인간 행동유전학 65, 95
인기 있는 아동 358
인습적 수준 522
인지사회학습이론 47
인지행동치료 222
인터넷 정체성 450
일상적 규칙 310
일어문 272
일찍부터 공격성을 보이는 아동 583
일차 정서 174, 180
일탈 강화 과정 593
일하는 엄마 318
입양 324

**자**기감 226
자기-조절 543
자기충족적 예언 417
자기평가 234
자기효능감 49
자부심 191
자살 217
자아 40
자연적 멘토 428
자율형 152
자존감 232
자폐증 110
재혼 328, 337
적대적 귀인 편향 605
적소 찾기 105
적합도 120
전도덕 단계 518
전보식 언어 273
전생애적 발달이론 66
전언어적 270
전인습적 수준 522
전전두피질 85
정서 도식 201
정서사회적 선택 이론 207
정서 사회화 208, 212
정서 인식 199
정서 조절 204
정서 코칭 210
정서 표현 199
정서 표현 규칙 200
정체성 239
정체성 성취 240
정체성 유실 240
정체성 유예 240
정체성 혼미 240
젠더 고정관념 462
젠더 기반 신념 462
젠더 도식 이론 483, 485
젠더 발달의 사회인지이론 488
젠더 분리 503
젠더 불변성 462
젠더 안정성 462

젠더 역할 462
젠더 역할 선호 462
젠더 역할의 사회구조이론 488
젠더 유형화 462
젠더 유형화 인지발달이론 483
젠더 정체성 462
조망수용 260
조작적 조건형성 46
조절 54
죄책감 193
주도적 공격성 574
주의력 결핍 과잉행동 장애 108
중간체계 59
직접적 공격성 575
질투심 192
집단효능감 51, 407

**차**별민감성 가설 24
차별민감성 모델 105
천성-양육 이슈 24
첫 단어 272
체계이론 58
체계적 둔감화 46
초자아 40
추동감소이론 46
출생 순위 302
취약 X 증후군 108
친사회적 추론 559
친사회적 행동 556

**카**타르시스 613
커플체계 281
쾌락적 추론 559

**탄**력성 36
터너 증후군 108

**파**벌 396
편견 264, 265
평균 아동 358
평판 편견 374
표현적 특성 467
표현형 96
프로그램된 뉴런 사망 88
피그말리온 효과 417

**학**습된 무기력 221
한부모 가정 333
해체 396
허용적 양육 289
협동 놀이 348
협력학습 413
형제자매 302
혼란 아동 359
화용론 273
후성유전학 37
후성학 103
후인습적 수준 522

## 저자 소개


**Ross D. Parke**
Ph.D. from the University of Waterloo, Ontario
University of California, Riverside 심리학과 명예교수
**전** Society for Research in Child Development (SRCD) 학회장
미국심리학회 발달심리학분과 학회장

**Glenn I. Roisman**
Ph.D. from the University of Minnesota
University of Minnesota 발달심리학 교수

**Amanda J. Rose**
Ph.D. from the University of Illinois, Urbana-Champaign
University of Missouri 발달심리학 교수

## 역자 소개

**이승연**
(Seung-yeon Lee)

Ph.D. from University of Iowa
**현** 이화여자대학교 심리학과 발달 및 발달임상심리전공 교수
이화여자대학교 아동발달센터 소장

〈주요 저서 및 역서〉
코로나 시대 아이 생활 처방전(공저, 와이즈맵, 2021)
자폐증이 있는 아이를 위한 긍정양육(공역, 학지사, 2020)
아동청소년 상담: 이론, 발달 및 다양성의 연계(공역, 시그마프레스, 2019)

---

**송경희**
(Keng-hie Song)

이화여자대학교 대학원 심리학 박사
**현** 우석대학교 상담심리학과 조교수

〈주요 저서 및 역서〉
최신 발달심리학(공저, 사회평론아카데미, 2021)
성인 및 노인심리학(공역, 시그마프레스, 2015)

---

**신희영**
(Hui-young Shin)

Ph.D. from University of Michigan, Ann-Arbor
**현** 전북대학교 심리학과 발달심리전공 부교수

〈주요 논문〉
Who are popular, liked, and admired? Longitudinal associations between three social status and academic-social behavior (*Journal of youth and adolescence*, 2020)
The role of friends in help-seeking tendencies during early adolescence: Do classroom goal structures moderate selection and influence of friends? (*Contemporary Educational Psychology*, 2018)

---

**장희순**
(Hee-soon Jang)

이화여자대학교 대학원 심리학 박사
**현** 용인대학교 교양학부 조교수

〈주요 역서〉
발달정신병리 사례집(공역, 시그마프레스, 2016)
성인 및 노인심리학(공역, 시그마프레스, 2015)

# 사회정서발달 원서 3판

SOCIAL DEVELOPMENT 3rd ed.

2021년 10월 30일 1판 1쇄 인쇄
2021년 11월 10일 1판 1쇄 발행

지은이 • Ross D. Parke · Glenn I. Roisman · Amanda J. Rose
옮긴이 • 이승연 · 송경희 · 신희영 · 장희순
펴낸이 • 김진환
펴낸곳 • (주) 학지사
04031 서울특별시 마포구 양화로 15길 20 마인드월드빌딩
대표전화 • 02)330-5114 팩스 • 02)324-2345
등록번호 • 제313-2006-000265호

홈페이지 • http://www.hakjisa.co.kr
페이스북 • https://www.facebook.com/hakjisabook

ISBN 978-89-997-2527-2 93180

정가 29,000원

역자와의 협약으로 인지는 생략합니다.
파본은 구입처에서 교환해 드립니다.